2004

中国包装年鉴

CHINA PACKAGING YEARBOOK

中国包装联合会 编

中国物资出版社

图书在版编目(CIP)数据

中国包装年鉴.2004/中国包装联合会编.—北京:中国物资出版社,2005.6
ISBN 7-5047-2370-3

Ⅰ.中… Ⅱ.中… Ⅲ.包装—中国—2004—年鉴 Ⅳ.F426.89-54

中国版本图书馆CIP数据核字(2005)第051638号

责任编辑 李晓春
责任印制 李晓春
责任校对 沈兴龙

ISBN 7-5047-2370-3

9 787504 723703 >

中国物资出版社出版发行
网址:http://www.clph.cn
社址:北京市西城区月坛北街25号
电话:(010)68589540 邮编:100834
全国新华书店经销
北京市文星福利印刷厂印刷

开本:850×1168mm 1/16 印张:33.25 字数:888千字
2005年6月第1版 2005年6月第1次印刷
书号:ISBN 7-5047-2370-3/F·0933
定价:150.00元
(图书出现印装质量问题,本社负责调换)

《中国包装年鉴》

编委会

主任委员 钱　进

副主任委员 刘　盛 符国栋
周立成(常务副主任委员)

委　　员 孙　诚 张耀权 杨仲林 张晓琪 宋冀生
彭国勋 奚德昌 徐　明 刘无畏 刘晓玫
龚经强 庄英杰

特约编辑

王寿松 王如锋 陈家谟 王力红 叶柏彰 李建国 林迪华
吴国荣 王佑华 朱铁男 哈警吾 刘景泉 赵嘉祥 张继禾
张雨田 徐　凯 任杰才 刘思敏 缪惟民 郑明显 邱　竞
唐昆碧 卢　俊 谭柳河 翟之荣 戴国新 冯双燕 郭鸿钧
刘玉生 周鹏宇 郭宝华 王学康 杨秀斌

编辑部

周立成　修嘉　廉鲁　公晓南　史越

目　录

有关领导讲话
LEADER’S MESSAGES

认真贯彻中央经济工作会议精神
努力提高包装工业的发展水平

——在中国包协六届二次理事会上的工作报告

中国包装技术协会会长　石万鹏

同志们:

为了传达贯彻党的十六届四中全会和中央经济工作会议精神，总结过去一年的工作，并对2005年的协会工作进行安排和部署，我们今天在广东省中山市召开中国包协第六届二次理事会，这是协会更名后第一次全行业的大会。这次会议的主题是：坚持以邓小平理论和"三个代表"重要思想为指导，认真贯彻党的十六届三中、四中全会精神和中央经济工作会议精神，按照中央制定的2005年经济工作总思路、总目标，全面落实科学发展观，着力推进改革开放，服务大局、励精图治、扎实工作，积极推进我国包装工业的新发展。围绕这个主题，下面我讲三个问题。

一、一年的工作回顾

去年十月下旬，我们在北京召开了中国包协第六次全国代表大会，会议选举产生了新的一届理事会，制定了进一步发展中国包装工业的中长期设想和规划，明确了建设"包装强国"的奋斗目标。会议洋溢着蓬勃朝气、积极向上的热烈气氛。一年来，开局很好。虽然大家在工作实践中遇到了这样或那样的困难，但在国资委的领导下，行业上下团结一致，紧紧依靠包装企业家队伍和包装行业广大职工的聪明才智，扬长避短，战胜困难，赢得了一个又一个的胜利，我国的包装工业在即将过去的一年里，又取得了新的发展。

（一）努力开拓市场，扩大产品销路，产值又创新高

随着我国国民经济的持续、平稳、较快发展，工业、农业的产值不断攀升，对外贸易进一步扩大，人民群众的物质文化生活水平日益提高，对包装的要求越来越高。不仅要求上品质、品种全，而且要求低消耗、低污染的绿色包装。为了适应经济发展的需求，我们包装行业的工作者，积极动脑筋、想办法，在增加包装产品的品种与数量的同时，正确把握产量、产值与质量、效益的关系，在提高包装产品的品位与质量方面都取得了重大突破与进展，产销两旺，总产值又有新的提高，去年"六大"时我们预计2003年全国包装工业的总产值是2700亿元，但到年底国家统计局提供的数据，实际达到2806亿。今年的发展势头更好，头三个季度就达2418亿，估计到年底可能要到3200亿左右，增长14%左右。

（二）狠抓技术改造，提高科技含量，一批技术设备先进、生产能力强的企业脱颖而出

大家在激烈的市场竞争中悟出了一个道理，即走科技发展之路。我们的企业家为了适应市场需求，果断决策，敢于投入，大胆采用先进的设备、科技和管理，用现代化、市场化的经营理念不断提升企业的档次，取得了很好的效果。目前，我们有的包装产品已经达到国际领先水平。据对北京、上海、江苏、广东、浙江、福建等六省市的调研，一批优势包装企业已经脱颖而出，如生产瓦楞纸箱（板）的浙江胜达集团、浙江上峰集团、常州特耐王公司、温州东经公司、上海界龙集团，生产双向拉伸塑料薄膜的江阴申达集团、浙江大东南薄膜公司、佛山塑料集团、生产金属罐的杭州中粮美特容器公司、北京澳瑞金制罐集团公司、镇江华东联合制罐公司、上海皇冠公司、宝翼公司、福建漳州吉马公司、恒隆公司，从事包装印刷的浙江爱迪尔公司、广东中山张家边集团等等。他们的技术、设备确实具有国际一流水平，产品达到国际先进水平，企业年销售规模达到几亿甚至十几亿元，代表了我

国包装行业的最高水平，在行业中发挥着越来越重要的作用。有的包装产品还充分参与国际竞争，并已占有了一定的国际市场份额。

（三）按照市场规律，调整产业结构，企业发展的能力不断增强

前几年，由于有的产品如塑料薄膜、两片罐、瓦楞纸箱市场需求量一时走旺，利润十分可观，从而激发了企业家投资的兴奋点，一些企业纷纷上马，增添设备，增加产能，甚至有的原本不是生产包装产品的企业也怦然心动，投入资金，新建厂房，引进设备，一下子市场出现饱和，产销矛盾突出，企业陷入困境，再加上，受大的经济环境影响，原材料价格攀升，能源紧缺，生产成本剧增，有的企业到了举步维艰的程度。针对这种情况，不少企业审时度势，认真分析本企业的优势和劣势，采取相应的对策和措施，下决心调整产业结构，该停产的停产，该减产的减产，该转产的转产，该兼并的兼并，化被动为主动，使企业的发展能力得到了进一步增强。特别值得一提的是上海华光公司开始迈出了国际兼并的步伐，成功收购了世界第四大印刷机械生产商——日本秋山有限公司，使我们的包装印刷机械打入国际市场。上海华光的成功做法，值得我们大家学习和借鉴。

（四）协会为行业发展服务的宗旨更加明确，协会的自身建设得到进一步提高

中国包协第六届理事会是一届新的领导集体。这届领导集体不仅发扬了以邱纯甫同志为代表的老一代包协领导班子的光荣传统和优良作风，而且在新的形势下，与时俱进，开拓创新，把协会的工作继续推向前进。

一年来，中国包协始终坚持为会员服务、为行业服务、为政府服务的“三个服务”思想，积极开展工作，取得良好的成效。

1. 为了使我们的行业更加认清形势，明确发展方向，除了通过报刊、网络等媒体及时发布国内外的包装工业动态、市场走势外，还分别在上海、杭州、株洲、西安等地成功举办了“包装财富论坛”、“亚洲包装中心建设与中国包装产业发展高层论坛”、“2004 国际现代包装学术研讨会”及“全国第九届包装工程学术会议”等。邀请国内外的专家、学者就目前全球经济形势和包装工业的发展思路发表了精辟的论述，赢得了企业和企业家们的一致好评。

2. 为了加强国际交往，促进共同发展，中国包协及其分支机构，分别在北京、上海成功举办了“亚洲瓦楞纸箱协会第十次全体大会”及“中国日”活动和“泛亚洲制桶行业协会第五届北京会议”。三月份我和谢力健副会长，还有国资委外事局的王山川司长，一起考察访问澳大利亚和新西兰，闪淳昌同志率领中国包装代表团赴英、德两国，进行考察活动，都非常成功。通过考察访问，广泛接触外国的同行，加深了彼此间的了解。外国的同行对中国的市场前景，对中国包装工业的发展普遍表露出浓厚的兴趣，有的公司当场就和我们的企业签订了投资合作的意向书。

3. 为了加深对企业的了解，帮助企业排忧解难，协会部分领导分期分批到北京、上海、山东、江苏、浙江、福建、广东、河北等地考察，调查了解企业的实际情况，一方面帮助企业在招商引资、股票上市、重大项目立项和贷款等问题上积极做工作，为企业的发展创造更好的条件；另一方面把企业的呼声及时向国家有关部门进行反映，请国务院及有关部门能引起足够重视，着力解决这些问题。如在对国内“马口铁反倾销案”、“进口未漂白牛皮箱板纸反倾销案”的调查中，协会积极介入反倾销工作，兼顾到上下游企业和公共利益，为政府科学、审慎地分析和制定贸易政策，提供了正确的依据，从而有效地保护了涉案各方的合法权益，充分发挥了贸易救济措施在维护国内产业安全方面的作用。有些问题由于涉及到国家的整个体制改革和法制建设进程，暂时还不能解决，需要今后不断地做工作。但中国包协确实为维护企业的利益做出了积极的努力。

4. 为了创造包装行业的展览会品牌，促进企业开拓市场，提高市场占有率，协会积极组织国内、国际的包装展览。今年共举办了《第十届中国国际加工、包装及印刷科技展览会》、《汕头包装印刷展览会》、《2004 国际气雾剂技术暨金属容器制造技术展览会》等三个展览会，会议期间还同期举办了一些专业研讨会、技术交流会、新产品发布会等。中国包协还积极协助昆明市包协、中国包协设计委等单位举办了西部少数民族用品包装展和包装设计展。这些展览会都取得了很好的效果，通过搭建展览平台，给广大包装企业创造了展示自己、加强交流，求得合作与发展的条件。

5. 为了加快包装产品的标准化建设，协会经过大量调查研究，制定了“埋纱包装袋纸”、“包装用

镀铝薄膜”等五个行业标准，得到国家发改委的认可，促进了中国包装的规范化建设。

6. 为了适应“三个服务”的需要，协会的自身建设也得到了进一步增强，首先经过多方努力，经国务院领导同意，国家民政部于今年9月2日正式批复《中国包装技术协会》更名为《中国包装联合会》，从而在法律上确定了联合会的业务范围、组织形式，使协会的层面更广，层次更高，更有利于发挥对行业发展服务的作用。这也是今年在协会建设上完成的一件大事；其次是针对协会分支机构“散”、“乱”的状况制定了《中国包装联合会分支机构的管理暂行办法》（征求意见稿），分支机构的整顿也取得了一定进展；第三是协会进行了人事制度改革，以岗定员、定职、定责，推行聘任制和责任制，促进了自身队伍建设；第四是经过中国包协和大多省（市、区）包协的共同努力，又有一批包装企业加入我们的协会，成为协会新会员，这证明了我们协会是一个具有凝聚力、向心力、前景好、有希望的社团。

回顾这一年行业的发展和协会的进步，我们的体会十分深刻。（1）认真贯彻中央的各项经济政策，紧紧依靠各级党委和政府，用科学的发展观来指导行业的建设是行业发展的根本。每一个工业门类都是社会大家庭中的一员，他们相互之间都存在互为依存，相互影响，相互促进的作用，尤其是包装工业，本身就是配套行业，与国民经济建设整盘棋的运作，有着更为密切的关联。所以，包装工业的发展思路和生产经营方式必须按照整个社会的经济发展，依照市场的走向来决定，工作中必须主动争取地方党委政府的合作和支持，如果我们的经营理念既能符合中央的经济工作政策，又能适应地方经济发展和相关行业的实际需要，就能在复杂多变的市场竞争中运筹帷幄，求得发展与进步；（2）二是，走新型工业的道路，不断把企业做大做强，是行业发展的关键。市场经济就是竞争经济，充分体现了优胜劣汰的自然法则。没有竞争，先进的事物就不会脱颖而出，社会就不会发展、进步。为了适应竞争的需要，企业就必须改变过去小农经济的理念，走现代工业之路。包装行业不仅要有世界最先进的技术和设备，而且要扩大生产规模，改善管理模式和管理办法，才能把企业做大做强。这样，我们就能在剧烈的市场竞争中立于不败之地；（3）办成“企业之家”，做好“三个服务”是行业协会生存发展之本。行业协会不是国家政府机关，有固定的行政管理职能和人员编制。协会必须要坚持以代表本行业的根本利益为宗旨，把做好“三个服务”作为协会所有工作的出发点和落脚点，想企业之所想，急企业之所急，全心全意地做好有利于企业发展的事。只有这样，协会才能赢得企业的信赖，才能具有向心力和凝聚力，也才能把协会建设好。

二、要认真学习和领会中央经济工作会议精神，认清形势，把握全局，推进包装工业的健康发展

中央经济工作会议于本月3日至5日在北京召开，胡锦涛、温家宝同志在会上都作了重要讲话。胡锦涛总书记从全局和战略的高度，全面分析了当前国际、国内的形势，明确提出了明年经济工作的指导思想和总体要求及必须把握的原则。温家宝总理在讲话中，全面总结了今年的经济工作，阐明了明年经济工作中需要高度重视的问题，并对明年的经济工作作出了具体部署。

会议认为，今年以来，我们坚持以邓小平理论和“三个代表”重要思想为指导，团结带领全国各族人民，深入贯彻党的十六大和十六届三中、四中全会精神，树立和落实科学发展观，改革开放和经济建设都取得了重大进展，民主法制建设和宣传思想工作得到加强，社会主义物质文明、政治文明、精神文明建设和党的建设取得新的成绩。国防和军队建设继续推进。尤其是党中央审时度势，针对经济生活中出现的新情况、新问题，果断决定采取进一步加强和改善宏观调控的政策措施，抓住主要矛盾，抓准关键环节，抑制经济运行中的不健康、不稳定因素，有效地避免出现大的起落，保持了经济发展的良好势头。今年粮食生产出现重要转机，连续四年粮食减产，去年取得了增产，农民收入实现较快增长；部分行业如钢铁、水泥、电解铝等行业投资过快增长的势头得到抑制，薄弱环节得到加强；经济效益继续提高，财政收入，企业利润大幅增加。全年预计，国内生产总值增长 9%或略高了一些，全国财政收入 2.6 万亿元，增长近 20%，规模以上工业实现利润超过 1 万亿元。各项改革继续推进，对外开放不断扩大，进出口总额超过 1 万亿美元，增长 34%；城镇新增就业超过 900 万人，就业再就业取得新的进展，人民群众的生活进一步改善，城镇居民人均可支配收入和农民人均纯收入扣除价格因素，实际增长分别超过 7%和 6%。实践证明，一年多来，中央所采取的宏观调控政策措施是及时的、正确的、有效的。这次宏观调控不是采取简单地砍、简单地压，而是以科学发展观为指导，是具有预见性的主动调控，是把握全局、有抑有扬的调控，是主要运用经济、法律手段的调控，是治标与治本相结合的调控。通过加强和改善宏观调控，不仅保持了经济的平衡和较快发展，更重要的是使全党同志深化了对科学发展观的认识，加深了对科学发展观是我国经济社会全面发展重要指导思想的认识，加强了在社会主义市场经济条件下防止经济增长出现大幅波动的认识，加深了对发挥市场机制作用和加强宏观调控关系的认识，加深了对我国国情和走新型工业化道路的认识，增长了驾驭社会主义市场经济的本领。从长远来看，我们在思想认识上取得的收获更为珍贵，影响也更为深远。

中央经济工作会议在总结一年来经济工作的同时，对 2005 年经济建设所面临的国际国内形势进行了全面分析。认为，当前国际形势继续发生深刻变化，世界格局处于向多极化过度的重要时期，经济全球化趋势继续在曲折中发展，和平、发展、合作是形势的主流。从国内看，各方面加快改革发展的积极性很高，经济自主增长活力增强，结构调整步伐加快。总的来说，明年国民经济继续保持平稳较快发展的有利条件较多。当然，我们也应该清醒地看到，影响世界和平与发展的不稳定因素也在增加，我们加强和改善宏观调控取得的成效还是阶段性的，经济运行中的矛盾和问题仍然比较突出，还存在不少长期积累、制约全局的深层次矛盾和问题。因此，转变经济增长方式、加快经济结构调整。推进协调发展、加快完善体制机制刻不容缓，还需要作坚持不懈的努力。

中央经济工作会议指出，2005 年是贯彻落实科学发展观、巩固宏观调控成果、保持经济社会良好发展态势的关键一年，也是全面实现“十五”计划目标，衔接“十一五”规划的重要一年。明年经济工作的总体要求是：以邓小平理论和“三个代表”重要思想为指导，认真贯彻党的十六大和十六届三中、四中全会精神，全面落实科学发展观，坚持发展这个党执政兴国的第一要务，进一步提高驾驭社会主义市场经济的能力，加强和改善宏观调控，着力推进改革开放，加快调整结构、转变经济增长方式，更好地利用重要战略机遇期，实现经济社会全面协调可持续发展。

中央经济工作会议强调，按照这个总体要求，最根本的是要以科学发展观统领经济社会发展全局，并切实贯穿于经济社会发展的各个方面。尤其要坚持经济发展以提高质量效益为中心；按照“五个统筹”的要求，切实加强薄弱环节；加快建设节约型社会，努力缓解资源约束矛盾；抓住有利时机，着力推进改革；坚持以人为本，维护和实现广大人民群众的利益。

锦涛同志在明确了明年的经济工作总体要求和五项必须把握的原则的基础上，提出了明年经济工作的六项主要任务。

1. 继续加强和改善宏观调控，确保经济平稳较快发展。要求必须确定经济增长的预期目标，妥善处理发展速度和质量效益的关系，把工作重点真正放在提高经济增长的质量和效益上。要实行稳健的财政政策和货币政策，1998 年以后我们实行的是积极的财政政策和稳健的货币政策，今年的经济工作会议提出了双稳健的政策。继续控制固定资产投资规模的过快增长。在落实加强和改善宏观调控的各项政策措施时，要充分体现区别对待，有保有压的原则；要发挥市场配置资源的基础性作用，更加注重运用经济手段和法律手段；要不断调整投资和消费的关系，提高城乡居民消费能力，增强消费对经济增长的拉动作用。

2. 继续加大对“三农”的支持力度，保持农业和农村发展的好势头。

3. 大力推进结构调整，促进经济增长方式转变。第一提高自主创新能力是推进结构调整的中心环节，要健全技术研究和开发体系，坚持先进技术引进和消化、吸收、创新相结合，完善鼓励创新的政策体系，着力培育富有创新能力的各类人才；第二节约能源、资源是优化结构的重要目标。必须坚决扭转高消耗、高污染、低产出的状况，全面转变经济增长方式。要坚持开发与节约并举，把节约放在首位，大力发展循环经济，逐步构建节约型的产业结构和消费结构，走出一条具有中国特色的节约型发展道路。这一条，对于我们包装工业大有文章可做。

4. 着力推进经济体制改革，建立健全全面协调可持续发展的制度保障。明年的改革要围绕解决影响发展全局的深层次矛盾和问题，突出重点、积极推进、稳步实施。要着眼于增强活力和竞争力，继续深化企业改革。完善国有资产监督管理体制，加快建立健全现代企业制度，积极推进国有经济布局和结构调整，防止国有资产流失。积极鼓励、支持和引导非公有制经济发展，改进服务和加强监管，不断提高非公有制经济的产业层次和企业素质。另外，还要继续深化财政体制改革、金融体制改革、行政管理体制改革等。

5.统筹国内发展和对外开放，增强国际竞争力。要大力提高利用外资质量，以提升自主创新能力为出发点，不断优化利用外资结构，促进产业升级和技术创新。要继续实施“走出去”战略，加强同国外经济技术合作，增强企业的技术和市场开发能力。

6.坚持以人为本，努力构建社会主义和谐社会。

今天在这里，我把中央经济工作会议的最主要、最重要的内容，以及与我们包装行业发展息息相关的内容向大家作了传达。中央经济工作会议精神，对于指导我们行业的发展将起到十分重要的作用。希望大家认真地学习、领会，尤其要结合包装行业和企业实际，把组织生产经营的理念统一到中央经济工作会议精神上来。一方面要看到有利的因素，增强信心，抓住机遇发展自己、壮大自己；另一方面要充分估计到不利的因素，未雨绸缪，研究对策，战胜困难，确保我们包装行业和企业的健康发展。

中国包协在北京，在党中央、国务院身边，我们要发挥这方面的优势，当好企业的参谋和助手，用最快的速度，最正确的信息，帮助企业分析形势，把握方向，理清发展思路。同时，还要帮助企业协调好各方面的关系，为企业的发展创造良好的环境和条件。

三、2005年的工作重点

2005年是贯彻落实科学发展观、巩固宏观调控成果、保持经济社会良好发展态势的关键一年，包装工业充满着生机和活力，发展前景很好。根据明年经济工作的总体要求，中国包装联合会2005年工作的指导思想是：以邓小平理论和“三个代表”重要思想为指导，认真贯彻党的十六届三、四中全会和中央经济工作会议精神，用科学发展观统领包装行业发展，推进包装行业改革开放和技术进步，加大先进技术引进的消化、转化工作，切实转变经济增长方式，大力推进产业结构调整，做好“三个服务”，促进我国包装行业整体水平的提高，促进我国经济社会持续、协调、健康发展。

（一）加快产业结构调整的步伐，不断增强企业在市场竞争中的实力

我国的包装工业起步比较晚，基础差，虽然经过近20年的努力，取得了重大的发展，但是目前仍然处在一个较低的水平上。据国家统计局提供的数据，截止2003年底，我国国有及年销售收入在500万元以上非国有包装企业共有10977家，其中大型企业27家，只占规模以上包装企业总数的0.24%，中型企业795家，占规模以上包装企业总数的7.2%，小型企业10155家，占规模以上包装企业总数的92.5%。这个数据说明，绝大多数是小型企业。诚然，小型企业有“船小好调头”灵活性强的优势，但在剧烈的市场竞争大风大浪中，“小船”的抗风险能力毕竟比较弱。因此，必须走现代工业化的路子，本着互惠互利的原则，在自愿的基础上进行兼并和重组，把企业做大做强。浙江的景兴纸业公司在发展造纸的同时，通过兴建和收购纸箱（板）企业，向瓦楞纸板、纸箱等生产延伸；浙江的胜达公司在发展瓦楞纸箱（板）的同时，通过兴建和收购，发展了纸板、彩印、造纸三大业务。目前，在长江、珠江两个三角洲已建成了以张家边企业集团为核心的中山火炬高新技术产业开发区，以江阴申达集团为核心建成了的亚洲包装制造中心，以上海紫江实业公司为核心的紫江包装工业园，以上海界龙集团为核心的界龙包装印刷工业园等一批产业园区，这些企业都实现了产业集聚和规模经营，效果都很好。因此，我们一定要认真总结经验，加快产业结构调整的步伐，走新型工业化道路。这样，我们具有实力的企业就可以在竞争剧烈的市场经济大潮中处于不败之地。杭州亚洲包装中心是集信息、制造、科研、流通、教学为一体的国际性包装工业基地，经过前几年的筹备，目前准备工作已取得重大进展，预计明年上半年，亚包中心的标志性大厦就要破土动工，其他几个园区也将陆续投入建设。我相信，亚包中心建成以后，必将会进一步推进我国包装工业集约型经济的发展。

（二）解放思想，开拓创新，用科技进步和人才培养推动包装工业的发展

改革开放以来，我们通过大量引进国外的先进技术和设备，大大改变了我国包装业的落后面貌，生产条件大大改善，产量猛增，产品质量也发生了质的变化，这是十分可喜可贺的。但是，光靠引进

而不去消化吸收，研究开发具有自己知识产权的先进技术和设备，到头来，只能是跟在人家后面跑，不能彻底摆脱技术落后的面貌。所以，我们必须在学习、引进国外先进技术的同时，有计划、有重点地进行科研、开发，加快人才培养，提高我国包装业的机械制造水平，开发出自己的先进技术和设备。这个问题已经成为影响我国包装技术进步的一个主要问题，我们要认真研究，提出计划，争取国家的支持，同时我们的企业也要加大科研投入和产品开发的力度，加强职工的教育培训。我国加入世界贸易组织后，一些发达国家将会更多地采取技术性的贸易壁垒手段，限制我国的出口贸易。当前，以至今后一段时间内，就是对我们企业的产品采取所谓绿色壁垒。因此，我们中国的企业要顺利实施“走出去”的战略，就必须面对“绿色壁垒”挑战；而要克服“绿色壁垒”，就必须培育中国企业的绿色竞争力，不然的话，可能就会遇到出口等各方面的问题，这一点是中国包装企业面临的巨大挑战。解决绿色包装问题，不仅关系到扩大出口，增强国际市场的竞争力，而且也关系到我国大力发展循环经济，实施可持续发展战略的大问题，这是时代的要求。现在绝大多数包装废弃物既不能降解，又得不到很好的回收利用。据说，北京市的固体垃圾有1/3属于包装废弃物，不但污染环境也造成巨大浪费。我国本来是一个资源贫乏的国家，不少资源得不到回收利用，实在可惜。从企业管理者的角度来看，绿色竞争力的核心内涵是产品科技含量的竞争。面对绿色壁垒的挑战，适应21世纪人类对产品的新要求，企业要不断加快技术创新步伐，不断加大职工培训力度，提高产品质量和科技含量。因此，我们明年一定要把这个课题列入重点研究内容。在发改委的支持下，争取尽早研究出解决这个问题的良策。我已和国家环保总局领导取得联系，准备在调查研究的基础上，在教学科研和企业大力关心支持下，研究建立起一种激励机制来推动绿色包装工程的进展。比如，对教学科研单位及个人在研发绿色包装上有重大发明的，要颁重奖，既有荣誉称号又有物质奖励。国家环保总局和中国包装联合会准备联合推动国家标准《包装回收标志》（GB18455—2001）的贯彻实施对符合国家标准的绿色包装产品研究颁发绿色环保与合格包装证书和对产品实施相应标志的办法。

中央经济工作会议强调，必须坚决扭转高消耗、高污染。低产出的状况，坚持开发与节约并举，把节约放在首位，大力发展循环经济，逐步构建节约型的产业结构和消费结构，走出一条具有中国特色的节约型发展道路。国家标准《包装回收标志》已经颁布几年，现在条件已经成熟，我们一定要办好这件事。我们企业一定要认识这个问题，加大环保产品的开发力度，树立自己的品牌，实现社会效益和经济效益双赢，这是落实科学发展观的具体体现。

（三）加强行业自律，整顿包装市场秩序，维护企业的合法权益

目前，包装产品作为一种商品，供大于求的现象比较突出，市场竞争剧烈，无序竞争现象也此起彼伏。除了行业内部打价格战之外，有的企业，尤其是中小企业，为了打开市场销路，竟然迎合有的客户需求，制造假冒伪劣的包装产品，为不法商人的制假售假充当帮凶。有的还做起了欺诈包装，直接侵害了消费者的利益。我们必须旗帜鲜明地抵制这些做法。明年，在继续配合国家有关部门做好规范和整顿市场经济秩序工作的基础上，要通过行使行业自律机制，加强监督检查，对有些只看眼前利益，不顾长远和全局利益，制造销售用于包装假冒伪劣商品的包装企业，坚决予以打击。对于情节严重，影响恶劣的企业，要积极协助政府有关部门严肃查处，并通过各种新闻媒体曝光，以维护广大群众和绝大多数包装企业的利益。对此，协会也将发挥积极作用。

（四）抓紧做好世界包装大会的筹备工作

2006年世界包装大会在中国召开，这是宣传我国包装产业的一次极好机会，也是我们这一届理事会承担的第一次世界级的国际性会议。这次会议的主题是：科技、环保、合作、发展。估计能有400名左右外国专家到会。因此，我们要通过办好国际会议来展示我国改革开放的成果，树立中国的形象，尽职尽责把世界包装大会筹办好。

协会已对会议的筹备工作提出了一个方案，包括：筹备工作的领导小组和工作班子，会议的具体开法，大会议程，会议期间有关活动。明天山川同志要专门对方案进行解释，希望大家群策群力搞好这项活动。

我想通过办好世界包装大会及一系列活动：（1）要让全世界的包装同仁从中国包装工业的发展了解中国二十多年来改革开放、经济发展的巨大成就，2006年“世界之星”奖中国企业要占有一定比例；（2）会议安排要紧张有序，要让全世界的包装同仁从我们的会议议程安排到整套会务服务，体会到中国包装工作者的办会水平、整体素质和精神风貌；（3）塔建好交流平台，认真学习工业发达国家先进的科学技术和管理模式，推动和促进我国包装工业的发展；（4）要组织一定数量和高档次的国内外大型包装企业参展，开拓国际、国内两个市场，为中国的包装产品打入国际市场搭台铺路；（5）增进友谊，促进包装行业企业间的交流与合作。要做好这五条，我们在座的各位理事和全行业必须齐心协力。世界包装组织主席埃里克斯十月份在印度出席世界包装大会期间对我们杨伟民同志讲“我相信2006年中国一定能把会议办得更好”。外国人都对中国充满信心，我们自己更要增强信心、扎实工作、办好会议。

（五）加强包装行业教育培训工作的力度，加快包装工业的标准化建设

加强教育培训工作既是我们包装业不断发展壮大的重要因素，又是我们建设包装强国的重要基础。目前我们的科技研究能力不足，包装产品质量不高，包装行业不适应循环经济发展等一系列问题，归根结底是缺乏人才，包括经营管理者、技术力量和企业员工的素质。所以我们一定要贯彻中央的人才发展战略，坚持“产、学、研”相结合的道路，加强专业人才培养和职工教育培训工作。

我国目前有包装标准近500项，大部分标准年代过久，大约有70%～80%的标准低于国际和国外先进标准，现有的包装标准体系已失去了对市场经济环境下和国际大市场条件下的技术指导作用，这是影响我国包装技术进步，急需解决的问题之一。2005年上半年，协会要在国务院有关部门的领导和支持下，尽快理顺全国包装标准化技术委员会的关系，通过充实企业和研究单位委员的比例，发挥技术委员会的组织作用，加快包装标准化建设进度。协会要全力支持全国包装标准化技术委员会的工作，争取相关部门的支持，加快包装标准制修订进度，为我国包装产业提供技术支持。要加快产品标准和行业标准的制订进度，为企业产品开发提供技术服务。同时企业也要重视标准制订工作。国外产品标准都出自企业，通过标准建立自己的品牌，占领市场。因此，有“一流企业搞标准，二流企业搞专利，三流企业搞产品”的说法。经济全球化已经没有国内外产品之分，你不研究开发新的产品，国外产品就会占领你的市场，你的产品标准低，你的产品就出不去。因此，我们对发达国家和国际组织现有标准要进行收集整理和研究，根据我国国情，尽快做好吸收和转化工作，使标准真正做到科学、合理、先进、可操作，并与国际接轨。明年协会要完成“包装容器固碱钢桶”等9个国家标准和“气雾剂产品烯烧性试验方法”等8个行业标准的制定、修订工作。同时，要积极向协会会员和全行业及时提供国内外相关法规、标准信息。这一点一定要在明年的工作中给予重视和加强。

（六）积极开展国际交流与合作，为中国的包装企业走向世界搭建平台

随着经济全球化趋势的日益显现，我国进出口的总量剧增，今年已突破1万亿美元，其中出口总量达 6000 亿美元。作为附属产业的包装工业与世界接轨势在必行，虽然这几年我国的包装产品能基本满足出口商品包装的需求，但成本高、质量次的问题一直没有得到很好的解决。包装行业既是一个行业门类，但又不是一个独立的行业，它需要与别的行业配套发展。作为一个企业特别是我们现在科技含量比较高的企业，在一年中如果不研发新产品，可能就会在世界的大潮中全军覆没，风险非常大。但包装行业的风险相对较小，因为我们是为其他行业配套服务的行业，经济越发展，其他行业发展越快，包装业就会越壮大。当然包装业也必须开拓思路，研发绿色包装，满足经济发展的需要，这一点非常重要。现在我们有很多包装可能要被淘汰，例如到了一个城市后，走在高速公路上，会看到很多的塑料袋，在树枝上飘，非常难看，而且污染环境。从发展来讲，这样的塑料包装袋必须被新的产品代替。例如饭盒问题，一开始有很多不符合标准的饭盒，从发展来看饭盒质量必须符合我们人类需要，可降解的、没有污染的，这都是我们需要不断去研究，不断去开发的，要适应经济发展的要求。因此，必须加大中国包协与国外相关行业的合作力度，拓宽国际交流的渠道，使我们的企业有更多的机会向国外的先进技术和管理学习，学人之长补己之短，尽快提高自己，做强自己。另外，我们的包装产品在中国的市场上已经供大于求，需要到国外去开拓市场，推销产品。要让外国人了解我们的产品，这也需要通过国际交流与合作去实现。所以，协会国际合作部的任务很重，责任很大。为了

加强领导，这次我们特别聘请国资委外事局原正局级巡视员王山川同志来担任协会副会长职务，请他主抓外事工作。山川同志做外事工作几十年，是一位很有外事工作经验的老同志。我相信，今后协会在帮助企业加强国际间的合作与交流，开拓国际市场方面会做得更好。

在外事工作方面，明年的重点：（1）要认真筹备好2006年的世界包装大会；（2）要办好各类国际性会议和展览的招商工作，如明年组织企业参加"世界之星"评选和颁奖大会。2005年欧洲气雾剂招商会等；（3）要邀请更多的国外商务考察团来我国进行考察活动；（4）要组织好国内企业参加国外的重要国际展示和经济技术交流活动。如明年4月份要分别组团赴日本和德国，参加《2005大阪亚洲包装展览会》和《2005德国杜赛尔多夫国际包装机械、包装及糖果机械展览会》等。

（七）要进一步增强协会服务的意识，努力做好"三个服务"

1.要主动关心企业的发展，积极为企业提供信息、咨询服务，同时要经常深入企业了解情况，及时发现企业的困难和问题，为企业出点子，谋发展。

2.要对企业反映的困难和问题及时进行梳理，有针对性地抓紧做好工作，该向政府有关部门反映的要及时反映，争取政府支持尽快解决问题；该向相关行业反映的问题，也要及时联系相关行业，做好协调工作。有的问题可能涉及到国家宏观的政策或体制、机制问题，一时难以解决，也要在做好解释工作的同时，积极向国家有关部门提出合情、合理的工作建议，决不能麻木不仁，束之高阁。协会是包装企业的家，协会的每一个工作人员应该都成为企业家的知心朋友和得力助手，真心实意地为企业办好事、办实事。所以我们包协一定要办成企业之家。只要我们全心全意地为企业服务，就能够为企业办更多的事情。一些有困难的企业应当紧紧依靠当地党委和政府，这样，企业才能做大才能做好。

（八）要进一步加强协会的自身建设

今年，协会在加强自身建设方面，采取了很多措施，收到了一定成效，总的感到工作有起色。但是，确实也还存在很多不尽人意的地方。明年，协会要进一步理顺工作体制，加强自身建设，树立协会做好"三个服务"的形象。首先要加强对协会工作人员的思想教育，切实增强每一个同志"三个服务"的意识，端正服务态度，改进工作方法，提高服务质量。明年我们将推行会员评议制度，强化会员对协会工作的监督，定期征求会员的意见，提高协会服务质量；二是为适应《中国包装技术协会》更名为《中国包装联合会》的需要，协会机关内部也要本着精减、高效的原则，从更有利于开展工作出发，进行适当调整，该撤的撤，该合并的合并，该增加的增加，使机构设置更合理、更科学；三是加强对分支机构的管理工作。这项工作今年虽然已经启动，但进展不快，当然工作中也确实碰到了一些困难和阻力。任何工作都会有困难和阻力，更何况是机构管理工作。但如果怕难而却步，工作就会受损失，会员就会不满意。因此，态度必须坚决，迎难而上。这项工作明年一定要完成，而且一定要保质保量地完成。通过加强管理，使协会更团结、统一，工作更有章法；四是加强理事会的组织工作。"六大"以来，我们又新增会员一百多个，协会的队伍逐步壮大了，凝聚力逐步增强了。为了适应工作需要，这次我们还要增补、调整一些理事、常务理事、副会长。我们要坚持按协会章程办会，进一步发挥各位副会长、常务理事、理事的作用，实行民主决策。尤其是会长工作会，今后要争取开得多点、好点，请企业家副会长更多地参会、议事，充分发挥大家的积极性，体现企业家办会的原则，将中国包装联合会办成包装企业之家。希望通过大家的努力，明年发展更多的会员，使协会更加发展壮大。联合会要更多地请优秀的企业家参事、议事，这样才能使我们更多地反映企业的难处，企业的问题。让更多的企业家参加联合会，可以使我们的工作更反映企业实际，行业发展更快。现在不单是包装行业的企业要求加入到我们包装联合会，其他与包装密切相关的企业也希望加入包装联合会。联合会的大门是敞开的，我们非常欢迎包装相关企业加入我们的组织。

同志们：2005年我国经济形势的发展势头很好，对发展包装工业十分有利，我们一定要在总结经验的基础上，再接再厉，抓住机遇，奋发努力，把我国包装工业的建设提高到一个新的台阶，推向新的水平。

谢谢大家。

闪淳昌同志在六届二次理事会的总结讲话（提纲）

2004 年 12 月 17 日

同志们：

六届二次理事会今天就要胜利闭幕了，在全体理事和与会代表的共同努力下，在国资委和国家发改委的关心支持下，在中山市政府，特别是中山市火炬高新技术开发区管委会的支持和精心安排下，我们圆满地完成了各项预定议程。与会代表完全赞成石会长的工作报告，一致认为，包协“六大”以来，认真贯彻党中央、国务院的有关方针政策，以科学的发展观统领行业建设，包装行业在积极开拓市场，提高产品质量；狠抓技术改造，提高科技含量；调整产业结构，促进行业发展；坚持“三个服务”，加强协会自身建设等方面都取得了新的成绩。在新的一年，全行业一定要继续坚持以邓小平理论和“三个代表”重要思想为指导，认真贯彻党的十六届三中、四中全会精神和中央经济工作会议精神，按照中央制定的2005年经济工作总思路、总目标，全面落实科学发展观，着力推进改革开放，服务大局，励精图治、扎实工作。努力把联合会办成企业之家，积极促进我国包装工业持续、健康协调发展。

下面。我再强调几点意见，供同志们参考。

一、认真研究、分析各位理事及与会代表的意见，切实加强协会自身工作

同志们抱着对联合会的充分信任和希望非常坦城地提出了许多合理建议，也实事求是地反映了一些问题，归纳起来主要是：

1. 石会长的报告很好，但如何落实、细化需要深入研究，应通过开展各种有效地活动并及时向会员通报工作情况，真正发挥好协会的桥梁纽带作用。

2. 改变联合会在管理和服务上存在的散、乱、差的问题，如：有人打着协会旗号强行让企业订这订那，收费不规范，对会员提出的议案不作回复等。

3. 要理顺联合会与各省、自治区、市包协的关系，理顺与各分支机构的关系。

4. 要审时度势，争取新闻出版署等有关部门的支持，妥善解决好与印刷协会的关系，增加联合会的凝聚力。

5. 对西部地区包装行业的发展重视不够，应通过适当方式组织东部有条件的包装企业或引进外资支持西部大开发。

6. 应向政府呼吁，进一步支持中小企业的发展，减轻税赋，创造更宽松的条件。

7. 要进一步加强包装教育工作，支持科技创新，推进包装教育培训事业的发展。

8.《中国包装联合会分支机构管理暂行办法》（征求意见稿）尚不成熟，需要集思广益，听取各分支机构、企业和专家的意见，科学设计一个合理机构，使之既能充分发挥各分支机构作用，又不各行其是、各自为政，真正促进包装行业的全面发展。

9. 今后联合会的重要会议如何开，在哪里开要事先做好论证，充分听取大家意见，还可以采取争办的办法，最后在愿意承办的单位中，看谁的主、客观条件最好就在那里办会。

总之，大家的发言动情、入理，我代表联合会表示衷心地感谢，做得不到位和不如人意的地方我首先要作自我批评，而且回去后一定要认真研究，进一步改进协会工作，真正作好“三个服务”。

二、充分认识作好明年工作的艰巨性

当前，我国经济社会发展和经济体制改革进入一个关键时期，国际上综合国力竞争空前激烈，发展与改革工作面临的任务复杂而又繁重，转轨期、发展期的工作难度很大。

1. *加强和改善宏观调控的任务很艰巨*

今年，宏观调控取得积极成效，但成果并不稳固，稍有放松就可能出现反复。巩固和发展宏观调控的成果是明年经济工作的一项重要任务。一是加强和改善宏观调控是一项长期任务。有市场机制，就要有宏观调控，二者是相辅相成的，特别是我国社会主义市场经济法制还不完善，市场调节失灵现象还时有发生，再加上经济发展面临的资源、环境约束矛盾越来越突出，经济社会发展中的不协调、不平衡问题也更加凸显，加强和改善宏观调控的任务更为艰巨和紧迫。二是保持国民经济持续稳定健康发展，关键在于体制和制度建设。我国经济发展中多次出现投资盲目扩张和片面追求经济增长速度等问题，都与体制机制不完善直接相关。体制性、机制性弊端一天不消除，旧病复发的可能性和对包装行业的影响就会一直存在。三是改进宏观调控手段和方式的任务很艰巨。作为联合会如何把包装行业的资源配置进行优化，我们缺乏经验和手段。

2. 推进经济增长方式转变的任务紧迫而艰巨

今年我国消耗的原油、煤炭、钢材、水泥等，比去年又有较大增加。城乡取水量进一步上升，一些主要污染物排放量增加，水资源供求短缺的矛盾越来越突出，生态环境污染严重。经济发展中高投入、高消耗、高污染、低效率、质量不高的问题没有得到很好的解决，甚至某些方面还有发展的趋势。真正按科学发展观的要求，切实推动转变经济增长方式的任务十分艰巨，必须从当前着手，一步一步扎实向前推进。

3. 生产资料价格持续高位运行，对包装业压力很大

尽管目前随着宏观调控措施取得明显成效和国内粮食供求关系逐步改善，价格涨势有所减缓，但明年价格走势仍面临较多不确定因素。一是生产资料价格持续高位运行，可能推动下游产品价格逐步上涨；二是粮食等农产品价格波动仍存在不确定因素，特别是化肥等农业生产资料价格上涨，势必推动粮食等农产品生产成本进一步上升；三是明年公用事业和服务价格上涨压力较大；四是国际市场价格变动将进一步影响我国价格水平，输入型成本推动的压力很大。

4. 推进经济体制改革的任务十分艰巨

消除阻碍经济持续较快发展的体制性、机制性障碍，加快健全社会主义市场经济体制，是加强和改善宏观调控的重要任务。我国包装系统一定要处理好改革与发展、稳定之间的关系。

5. 从国际上看，不确定因素也在增加

加入世贸组织的三年来，我们面临很大的保护主义压力，日益增多的反倾销等保护主义措施，让中国企业，包括我们包装企业感受到了走入世界经济过程中的艰难。中国和其他 WTO 成员的经贸关系不可能总是一帆风顺的，贸易摩擦和纠纷将会不断发生。自由与贸易保护从来都是孪生的，争取在自由贸易体制下的公平机会需要我们采取更高超、更务实的应对手段。换句话说，中国要自觉进入从熟悉 WTO 规则向能运用、利用 WTO 规则转变的后过渡期。

中国企业开始在反倾销等贸易摩擦中成长起来，但与国外企业比较还存在差距。包围中国企业的“规则战术”将不仅仅是反倾销，还将以更隐蔽的、更高端形式出现。因此，后过渡期的关键是提高运用 WTO 规则的能力。

6. 国家对保护和节约用地的要求越来越高，限制越来越严格

今年以来，国家为保护耕地，大力加强对开发区用地的管理力度，取消一大批不符合发展要求的乱占耕地的开发区，限制开发区建设的规模和数量。国务院近期召开了全国国家级经济技术开发区工作会议，家宝总理作了重要的批示：建立国家级经济技术开发区，是党中央、国务院做出的重要决策。二十几年来，国家级经济技术开发区在改革开放中发挥了窗口、示范、辐射和带动作用。在新的发展阶段，国家级经济技术开发区建设必须贯彻落实科学发展观，努力实现经济体制和经济增长方式的转变。要严格执行国家有关经济开发区的各项政策，认真总结经验，更加注重结构调整和优化升级，更加注重引进技术和开发创新，更加注重开发项目的质量和效益，更加珍惜和合理利用土地，防止盲目追求数量和规模，努力提高国家级经济技术开发区的发展水平。

总之，我们必须看到，在经济发展的关键阶段，还存在不少长期积累、制约全局的深层次矛盾和问题，我们宁可把困难想地多些，工作做得更扎实些。

三、统一思想，明确任务，狠抓落实

全体理事和各级包装组织一定要深入学习领会中央经济工作会议精神实质，把思想和行动统一到树立和落实科学发展观上来，统一到中央对经济工作形势的准确判断上来，统一到中央的各项工作部署上来。中央经济工作会议明确提出要以科学发展观来统领经济社会发展全局，这是贯穿明年整个经济工作的一条红线。我们要结合包装行业的实际，结合企业自身实际，落实石会长的工作报告精神。

明年工作的重点是一个统领，八项任务。一个统领就是用科学发展观统领经济工作全局，八项任务就是加快产业结构调整的步伐，不断增强企业在

市场竞争中的实力；解放思想，开拓创新，用科技进步和人才培养推动包装工业的发展；加强行业自律，整顿包装市场秩序，维护企业的合法权益；抓紧作好世界包装大会的各项筹备工作；加强包装培训教育工作的力度，加快包装工业的标准化建设；积极开展国际交流与合作，为中国包装企业走向世界搭建平台；要进一步增强协会服务的意识，努力作好“三个服务”；进一步加强协会的自身建设。

此外，我们还要抓紧作好“十一五”规划和2020年远景目标的制定工作。作好这项工作，必须全面析今后时期世界经济、科技发展趋势，深刻认识全面建设小康社会的发展过程，充分反应完善社会主义市场经济体制和全面提高对外开放水平的要求，用改革的活力、改革的思路、改革的办法进行规划工作。使之成为全面贯彻落实科学发展观，切实体现“五个统筹”的规划，成为突出深化各方面改革，推进体制、机制创新的规划，成为以人为本，促进包装科技教育事业发展的规划。要充分发扬民主，深入研究改革发展稳定的重大问题，提高规划的预见性、科学性和指导性。

切实加强安全生产工作。最近国务院再次召开安全生产电视电话会议，部署安全生产工作，我们包装企业绝对也不能掉以轻心。一定要按照中央经济工作会议要求，“认真抓好安全生产，加大工作力度，坚决防止重大安全事故，保护人民群众的生命财产安全”进一步加强安全生产工作，完善安全生产管理体制和机制，增加对安全设施的投入，消除各种隐患，预防和减少重大事故的发生”。

总之，我们包装行业要同心同德，开拓创新，求真务实，扎实工作，不断取得新的成绩。

最后，我代表各位会长，对同志们在百忙之中，参加这次会议表示衷心感谢，对关心和支持我们工作的国资委、发改委和中山市等衷心感谢，对为会议筹备、服务的同志们表示衷心的感谢。

元旦、春节快要到了，我代表石会长和各位副会长提前给大家拜个早年，祝新年快乐，祝大家过一个欢乐、祥和、安全的节日。

石万鹏会长在中国包协第六届一次会长工作会议上的讲话

（2004年3月21日）

同志们：

昨天，我们大家一起参加了亚洲包装中心建设与中国包装产业发展高层论坛。首先要感谢各位副会长的出席和支持。通过举办这个论坛，集思广义，将对中国包装产业，以及亚洲包装中心建设，更好地贯彻科学发展观起到重要作用。借大家来杭州这个机会，召开一个六届包协一次会长工作会议。主要有三个议题：第一，审议《2004年中国包装技术协会工作要点》；第二，审议拟定于4月下旬在上海召开的中国包装技术协会常务理事会和秘书长工作会议议程；第三，审议《中国包装技术协会会费管理办法》。等一会儿，常务副会长闪淳昌同志还要就这三个文件向大家作些说明，现在我先讲三个问题：

一、结合包装行业实际，认真学习贯彻十届全国人大二次会议和全国政协十届二次会议精神

刚刚闭幕的十届全国人大二次会议和全国政协十届二次会议，是全国人民政治生活中的两个十分重要的会议。会议在总结2003年人大工作、政协工作以及政府工作的基础上，就深入贯彻落实党的十六大和十六届三中全会精神，全面建设小康社会，进一步作出了部署。会议开得很成功，特别振奋人心的亮点有三点：（1）会议审议通过了修改宪法的提案。“两会”全体代表一致同意把“三个代表”重要思想写进宪法。从而在法律上确定了“三个代表”重要思想与马克思主义、毛泽东思想和邓小平理论一起统成为全国人民建设社会主义的指导思想。（2）温家宝总理在政府报告里指出，过去的一年，是我国发展进程中重要而非同寻常的一年。在党中央的领导下，全国人民克服“非典”等一个个困难和灾害，采取积极的宏观调控措施，促进经济平稳快速发展，使我国的综合国力又取得了新的提高，国内生产总值比上年增长9.1%，达到11.67万亿元；按现行汇率计算，人均国内生产总值突破1000美元；财政收入首次突破两万亿元；进出口总额超过8500亿美元；外汇储备4033亿美元，居于世界第二，尤其是首次载人航天飞行获得园满成功，实现了几千年来中国人民的飞天梦。（3）确立了以人为本的科学发展观，进一步理清了GDP的增长与社会全面进步的关系，今年GDP的增长率，中央经过深思熟虑，确定在7%左右。温家宝总理在政府工作报告中强调，一是要统筹区域协调发展，重点是解决“三农”问题和合理调整投资与消费的关系等重要思想。以上这些“亮点”都将会在今后的政治生活和经济建设中产生重大影响。因此，这次的“两会”意义非常重大。我们一定要认真学习和贯彻好“两会”精神，用“两会”精神来指导我们的一切工作，包括我们包装行业的发展和企业的生产和经营。

中国包装技术协会是我国包装行业的牵头机构，“两会”精神能否在包装行业得到全面正确的贯彻落实，协会负有重要责任。希望今天在座的各位会长，首先要自己认真学习好“两会”精神，深刻理解“两会”的精神实质，把我们的经营管理理念统一到“两会”精神上来，用“两会”的精神去指导谋划企业发展的思路，争当行业的“排头兵”和“领头羊”；其次，包协机关要根据“两会”提出的深化经济体制改革的要求，积极推进企业的股份制改革，同时帮助企业牵线搭桥，实行强强联合、集约整合，把企业做大做强，增强企业抵御风险的能力。还要协助企业改善经营管理，不断增强企业的实力，促进企业的发展；第三，要认真按照温家宝总理在政府工作报告中对社会组织的要求，抓好协会的自身建设。充分发挥协会为会员单位，为行业、为政府服务的功能。

关于“两会”精神的学习贯彻中央还要作统一部署，我今天在这里先给大家吹吹风，作一次简单的动员。这也是我今天讲的第一个问题。

二、要求真务实，抓紧落实中国包协六大提出的各项工作任务

去年十月，我们在北京胜利召开了中国包协第六届全国代表大会，我在会上根据党的十六大提出的“发展是第一要务”的指导方针，结合我国包装产业的实际，提出了要把我国从“包装大国”建设成“包装强国”的奋斗目标。为了实现这个目标，我又对全国的包装行业建设提出了四个方面的工作意见，同时对本届包装协会的工作也提出了四个方面的重点。大家在讨论中对我提出的前后共8点意见，表示赞成。五个月来，包协上下乃至整个行业，紧紧围绕“六大”提出的工作任务和奋斗目标，求真务实，做了大量工作。从我掌握的情况看，发展势头很好，大家的信心也很足。这是一种十分可喜的现象。但是，我们也应该清醒地看到，在包装行业发展的道路上还充满着艰难险阻。市场竞争是一个严酷的现实，在全球经济一体化日益显现的当今市场，企业的优势就是生存的条件，行业的优势就是发展的基础，政府也没法保护落后的生产力，而且想保也保不住。所以，我们包装行业的企业家们必须认真地学习党的十六大和十六届三中全会，以及这次“两会”的精神，彻底转变经营理念，在如何提高企业和产品的档次上下功夫，练就一身在市场经济大潮中“游泳”的真本领，创造出自身的优势。首先是结构要调整，包括区域结构的调整和产业结构的优化升级，逐步形成以东部发达地区与中、西部，以及东北老工业区域协调发展的格局和以具有竞争力的大型包装企业为骨干，以专、精、特、新的中小企业为基础的包装产业格局；其次是加快技术改造步伐，在引进国外先进设备的同时，必须着力研发更为先进的技术与工艺。有先进、优质的产品和优良的服务就不愁占领不了国际、国内两个市场。对于那些设备陈旧、污染严重、高耗能、低效益的企业和产品。下定决心该关的坚决关，该停的坚决停。否则，不是代表了先进生产力，而是保护了落后生产力，对国家、对企业、对整个产业的发展都不利。第三要加强对市场的调查研究，多生产出适销对路的包装产品。这次中央提出要重点解决“三农”问题，促进工农业和城乡的协调发展。这是中央做出的一项为全面实现小康社会宏伟目标的战略性调整决策。我们包装行业也要注意开拓适应发展农业，提高农民生活水平需要的产品。中国的农村幅源辽阔，有9亿农民，其发展的空间很大，所占的市场份额也很大，这是完会可以大有作为的。

总之，在新形势下，为实现包协“六大”提出的宏伟目标，需要做很大的努力，我们一定要求真务实，开拓进取，面对机遇，接受挑战，克服艰险，去争取胜利。

三、要加强包协的自身建设，切实把协会办成政府信赖、企业拥戴的“包装之家”

党的十六届三中全会明确要求“积极发展独

立、公正、规范运作的专业化市场中介服务机构，按市场化原则规范发展各类行业协会、商会等自律性组织”。在最近召开的十届全国人大二次会议上，温家宝总理在《政府工作报告》中又指出“要加快政企分开，进一步把不该由政府管的事交给企业、社会组织和中介机构，更大程度地发挥市场在资源配置中的基础性作用”。所有这些都对协会在社会主义市场经济体制中的地位、作用作了进一步明确，提出了更新、更高的要求。我们包协一定要认真按照党中央、国务院的要求，充分发挥好职能、扎扎实实地开展工作。为了把今年的工作抓紧、抓实，切实抓出成效，包协秘书长办公会起草了《2004年中国包装技术协会工作要点》，提出了今年重点要做的 16 项工作。这个《要点》我们在京的几位会长都已过目，原则表示同意，今天提请大家审议，在听取大家的意见以后再作修改，然后以中国包装技术协会的名义下发文件。为了使这个《要点》落到实处，我再强调几点：一是包协的同志一定要紧跟形势，明确方向，坚决按照《中共中央关于完善社会主义市场经济体制若干问题的决定》和各项改革、发展的决策，加强行业管理，指导企业发展；二是要牢固树 立为会员单位、为行业、为政府服务的思想，把这三个服务作为协会一切工作的出发点和落脚点。特别要做好对会员单位的服务工作，想会员单位之所想，急会员单位之所急，热情地为会员单位排忧解难，维护会员单位的合法权益，千方百计为会员单位出谋划策，促进企业的发展；三是正确处理好存已与为人的关系。为了更好地做到三个服务，加强自身建设尤为重要，要按照“自立、自养、自主、自强”的办会方针，把协会的基础打牢固，切实提高协会的素质和管理水平。最近，我们在包协机关按照中央关于人事制度改革的精神，对部门正职及以下的职员进行了公开竞聘，本着精简高效和优胜劣汰的原则，采取双向选择和考核评议的办法，重新确定了各自的工作岗位。下一步还要对各专业委员会进行整顿，理顺包协总部与分支机构的关系，改善对“人、财、事”的管理，从而更好地发挥各专业委员会的作用。除此以外，我们还在总结包协以往工作经验的基础上，按照国家有关规定，结合包协的实际，重新修订了 20 个内部管理制度或规定，用制度管人，推进包协机关和包协工作的规范化管理。各级、各部门的职责以及职员岗位责任制也正在制定完善之中，通过明确各级岗位责任制，逐步形成职责分工明确、责权利明晰的工作机制。

中国包协在邱老等一批老同志的长期辛勤耕耘下，开创了很好的局面，打下了良好的基础，但在新的形势下，包协任重而道远，大家对包协的期望值也会更高，包协的工作量将会随之增加，经费开支也会相应而增加。但是目前中国包协每年从国家财政拿到的拨款只有十几万元，与每年实际需要支出近三百万元的数目相距甚远。为了保证协会工作正常运转，经征得部分会长的意见，秘书长办公会起草了《中国包装技术协会会费管理办法》，在今天的会上也提请各位会长审议，当然，中国包协的发展必须进一步开源节流，我们在今后的工作中将主要通过开拓业务，抓好服务，增强协会的实力。希望各位会长给予关心和支持。

今天，我先讲这些，请各位会长充分发表意见，共同把协会办好。

谢谢大家！

石万鹏会长在中国包协六届二次常务理事会上的讲话

（2004 年 4 月 21 日）

同志们：

经会长工作会议研究决定，我们今天在上海举行六届二次常务理事会议。上个月，我们在杭州举办了《亚洲包装中心建设与中国包装产业发展高层论坛》，同时召开了会长工作会，两个会议都开得很好。这次会议主要有三项议程：（1）审议并通过《2004 年中国包装技术协会工作要点》；（2）审议并通过《2004 年中国包装技术协会会费管理办法》；

（3）颁发常务理事任职聘书和桌牌。在进入三项议程前，我先讲三点：

一、中国包协六大精神开始得到全面贯彻，整个包装行业呈现出良好的发展态势

去年十月，在北京成功召开了中国包协第六届全国代表大会。中央政治局常委、全国政协主席贾庆林、中央政治局常委、国务院副总理黄菊分别为会议题词；全国政协副主席王忠禹亲自接见会议全体代表，并作重要讲话；发改委、国资委、商务部、民政部等多个国家部委局和兄弟协会的领导同志也都到会祝贺。会议选举产生了新的一届包协理事会、常务理事会和会长、副会长、秘书长，并在总结二十三年来我国包装行业的发展历程及第五届中国包协工作的基础上，认真学习贯彻党的十六大和十届三中全会精神，结合中国包装工业实际，制定了把我国从“包装大国”建设成为“包装强国”的宏伟目标。半年来，行业上下按照“六大”的总体部署和8项具体措施，奋发进取，开拓创新，呈现出稳步提高的良好态势。（1）结构调整的步子加快，一批集约型的生产基地应运而生。包装工业在原“六大”基地的基础上，杭州亚洲包装中心、江阴亚洲包装制造中心相继建立，上海国际包装印刷城的开城大典今天上午隆重举行，所有这一切都证明，中国包装工业“散、小、弱”的局面正在得到改变，集约整合、联合发展的新型工业化模式正在逐步形成。与此同时，中西部地区和东北老工业基地的包装企业也都加快调整，纷纷向东南沿海经济比较发达地区的包装企业提出合作的意向。（2）一批工艺设备先进、科技含量高的骨干企业已经成为行业发展的“领头雁”，在提升包装工业的档次，增强国际、国内两大市场的竞争力方面，发挥着积极的带头作用。半年来，我先后到上海、浙江、广东、深圳几个地方看了一些包装企业，受到很大鼓舞。浙江的爱迪尔集团、胜达集团、中粮美特公司、中山市张家边集团公司和深圳力嘉国际集团公司、雷盛德奎实业公司等都能较好地应用目前世界顶尖的设备，生产出国际先进水平的产品。（3）经过全行业的努力，不仅包装产品的数量能基本满足国内相关产业和出口商品的需求，而且包装产品的质量也不断改善，用户的投诉减少，由于产品质量引发的经济纠纷也不多见，产品的合格率和用户的满意率不断提高。（4）协会建设不断加强，为会员、为行业、为政府“三服务”的工作进一步拓展。各级协会通过贯彻中国包协“六大”精神，特别是通过学习、贯彻中央经济工作会议和最近召开的第十届全国人大二次会议、全国政协第十届二次会议精神，进一步明确了在社会主义市场经济条件下协会的地位和作用，求真务实，积极开展工作，协会在企业心目中的形象有所改进。

总之，中国包协“六大”以来，我国包装行业的发展势头良好，形势喜人。

二、认清形势，统一思想，坚持用科学的发展观指导包装行业的发展

温家宝总理在刚刚闭幕的第十届全国人大二次会议的《政府工作报告》中指出，要“坚持科学发展观，按照“五个统筹”的要求，更加注重搞好宏观调控，更加注重统筹兼顾，更加注重以人为本，更加注重改革创新，着力解决经济社会发展中的突出矛盾，着力解决关系人民群众切身利益的突出问题，正确处理改革发展稳定的关系，推动经济社会全面、协调、可持续发展，实现社会主义物质文明、政治文明、精神文明共同进步”。家宝总理的这段话非常重要，他用了“四个注重”，“两个着力解决”，必须引起我们的足够重视，认真地贯彻落实。一个企业的生存和发展乃至整个行业的发展与进步，如果不认清形势，不把握规律，“盲人骑瞎马”，就必然会栽跟头。所以，我们必须正确地判断形势，明智地选择方向，科学地做出决策，以促进行业和企业进一步兴旺发达。

目前，我国的政治经济形势总的很好，去年在遇到“非典”和严重自然灾害，以及以美国为首的经济发达国家制造贸易磨擦，设置贸易壁垒的干扰下，党中央审时度势，采取相应的积极措施，克服了种种困难，促进经济平稳快速发展，使我国的综合国力又取得了新的提高，国内生产总值（GDP）比上年增长9.1%，达到11.67万亿元；按现行汇率计算，人均国内生产总值突破1000美元；财政收入首次突破两万亿元；进出口总额超过8500亿美元；首次载人航天飞行获得圆满成功，实现了几千年来中国人民的飞天梦。改革开放继续推进，社会事业全面发展。同时，必须清醒地看到，经济运行中出现的突出矛盾进一步显现，有些问题还在发展。集中表现在投资增长过快，新开工项目多、在建规模过大，投资结构不合理，某些行业和地区盲目投资和低水平重复建设问题相当严重。由此带来煤、电、油、运和重要原材料供应紧张状况进一步加剧，物价总水平继续上升。因此，当前必须加强宏观调控，坚决控制投资过快增长，防止通货膨胀，防止经济大起大落。这是当前经济工作十分重要而紧迫的任务。

中央强调，必须要牢固树立和贯彻落实科学的发展观，正确处理改革、发展、稳定三者之间的关系，推动经济社会全面、协调、可持续发展。不过历史的经验告诉我们，经济的运行就像一列奔驶的火车，急刹车不行，“下猛药”也不行，需要有个逐步调整的过程，不可能在一夜之间就能解决能源紧缺、原材料价格攀升的问题。因此，大家得有充分的思想准备，要有迎战困难的措施。

我们在认清形势的同时，要结合包装行业的实际，探索一条科学发展的道路。

1. 要增强品牌意识，依靠科技进步，提高产品档次。随着我国经济的发展和人民群众物质文化水平的提高，传统的包装产品已不能适应市场的需求，必须要通过走出去，引进来，消化、吸收和研发更新、更精、更先进的包装产品和生产工艺，逐步淘汰陈旧的、高耗能、低效益、品质低下的产品和工艺。

我才到包协不久，走的企业也不多，但我所看过的企业，都有一条共同的规律，即只要生产的设备、工艺先进，包装产品的质量好、品位高、成本低，市场就大，销路就好，自然企业效益也就好；凡是设备简陋、工艺落后的企业，就很难生产出高质量、高品位的产品，本来耗能大，生产成本就高，还得靠压低价格来推销，企业必然困难重重，甚至难以为继。这就说明，只有提高产品的科技含量，生产出“高、精、尖”的产品，才能做大、做强自己的企业。在这里，我要特别强调，科学技术是在不断进步和发展的，今天我们有的企业可能拥有了目前世界上先进的工艺和设备，但明天也许就不是了，所以我们要不断地学习、引进国外最先进的科学技术，而且要善于消化吸收研发超越国外先进的工艺和设备，生产出世界顶尖的产品，这样才能立于不败之地。

2. 要加大企业改革的力度，下决心调整结构，彻底改变包装行业“散、小、弱”的状况，不断增强国际、国内两个市场的竞争力。经济全球化给我们包装工业的发展带来了难得的机遇，也同时带来了严峻的挑战。虽然近二十年来我国包装工业的发展取得了巨大成绩，包装企业从 1980 年的 2500 家发展到去年的 2 万多家，从业人员从 1980 年的 80 多万人，增加到 320 多万人，包装工业产值从 1980 年的 72 亿元，发展到 2700 亿元，翻了 5 番。过去我们的包装工业门类缺失、产品单一、质量低下，现在已发展成门类比较齐全、产品、数量能基本满足国民经济需要的“包装大国”。这确实是一件十分了不起的事情。但我们也要看到，我国包装工业的现状与发达国家相比，还存在很大的差距，很多包装产品在国际市场上还没有占有一席之地。随着我国加入“WTO”后各项承诺的逐步实现，降低关税、放开市场，国外的包装工业将会对国内市场造成很大的冲击，面对这种严峻的形势，我们必须要苦炼内功，彻底改变过去包装工业“散、小、弱”的状况，走新型工业化道路，加大企业改革和结构调整的力度，搞集约化的经济模式，建造起若干艘竞争力强、能抗风险的“航空母舰”，不断提高集约化程度，把生产、销售、科研、教学、展览等有机地结合在一起，打造具有相当规模、展现现代包装工业水平的“平台”。同时，还要统筹兼顾，按照市场规律，在自愿的基础上，推进企业的兼并和联合，包括东西部地区与东北老工业基地间的联合，最大限度地调动优势企业的潜能，提升包装工业的整体水平，促进中国包装产业的协调发展。

3. 要加强学习和培训，培育出一支业务技术精良，懂管理、会经营的企业领导班子和科技管理人才。包装工业的发展要靠人才。一个兴旺发达的企业必然有一支精明强捍的领导班子和管理、科技人才队伍。我国包装工业在改革开放的条件下涌现出了一批敢想、敢干，而且善于经营的企业家和能人。他们为撤底改变中国包装的落后面貌，把我国建设成为“包装大国”作出了积极的贡献。下一步我们在建设“包装强国”的进程中，仍然需要依靠这样一批中坚力量。今后，我们协会要通过举办培训班等多种形式和改进相关院校的教学，来培养和造就一批企业管理人才，而且希望企业也要通过竞聘的办法，在社会上招贤纳士，选拔一批优秀的专业人才。此外，我们还可以通过国内、国外的广泛交流与学习，不断提高自身的素质。

以上三点是推动我国包装工业发展的重点环节，抓住了这三个环节，我国的包装工业就能在新的形势下，把握机遇，迎接挑战，争取在不久的将来，实现把我国建设成为“包装强国”的宏伟目标。

三、要加强包协的自身建设，切实把协会办成

政府信赖、企业拥戴的“包装之家”

这个问题，我在 3 月 21 日的六届一次会长工作会上讲过了，今天在常务理事会上再讲一讲。

党的十六届三中全会明确要求“积极发展独立、公正、规范运作的专业化市场中介服务机构，按市场化原则规范发展各类行业协会、商会等自律性组织”。在最近召开的十届全国人大二次会议上，温家宝总理在《政府工作报告》中又指出“要加快政企分开，进一步把不该由政府管的事交给企业、社会组织和中介机构，更大程度地发挥市场在资源配置中的基础性作用”。所有这些都对协会在社会主义市场经济体制中的地位、作用作了进一步明确，提出了更新、更高的要求。我们包协一定要认真按照党中央、国务院的要求，充分发挥好职能、扎扎实实地开展工作。为了把今年的工作抓紧、抓实，切实抓出成效，包协秘书长办公会起草了《2004年中国包装技术协会工作要点》，提出了今年重点要做的 16 项工作。这个《要点》我们在杭州召开的会长工作会上讨论过，与会的 23 名会长都原则表示同意，今天再提请常务理事会审议，在听取大家的意见以后再作修改，然后以中国包装技术协会的名义下发文件。为了使这个《要点》落到实处，我再强调几点：（1）包协的同志一定要紧跟形势，明确方向，坚决按照《中共中央关于完善社会主义市场经济体制若干问题的决定》和各项改革、发展的决策，加强行业管理，指导企业发展；（2）要牢固树立为会员单位、为行业、为政府服务的思想，把这三个服务作为协会一切工作的出发点和落脚点。特别要做好对会员单位的服务工作，想会员单位之所想，急会员单位之所急，热情地为会员单位排忧解难，维护会员单位的合法权益，千方百计为会员单位出谋划策，促进企业的发展；（3）正确处理好存已与为人的关系。为了更好地做到三个服务，加强自身建设尤为重要，要按照“自立、自养、自主、自强”的办会方针，把协会的基础打牢固，切实提高协会的素质和管理水平。最近，我们在包协机关按照中央关于人事制度改革的精神，对部门正职及以下的职员进行了公开竞聘，本着精简高效和优胜劣汰的原则，采取双向选择和考核评议的办法，重新确定了各自的工作岗位。下一步还要对各专业委员会进行整顿，理顺包协总部与分支机构的关系，改善对“人、财、事”的管理，从而更好地发挥各专业委员会的作用。除此以外，我们还在总结包协以往工作经验的基础上，按照国家有关规定，结合包协的实际，重新修订了 20 个内部管理制度和规定，用制度管人，推进包协机关和包协工作的规范化管理。各级各部门的职责以及职员岗位责任制也正在制定完善之中，通过明确各级岗位责任制，逐步形成职责分工明确、责权利明晰的工作机制。

中国包协在邱老等一批老同志的长期辛勤耕耘下，开创了很好的局面，打下了良好的基础，但在新的形势下，包协任重而道远，大家对包协的期望值也会更高，包协的工作量将会随之增加，经费开支也会相应而增加。但是目前中国包协每年从国家财政拿到的拨款只有十几万元，与每年实际需要支出近三百万元的数目相距甚远。为了保证协会工作正常运转，秘书长办公会起草了《中国包装技术协会会费管理办法》。这个《办法》在杭州召开的会长工作会上也已讨论通过，在今天的会上也提请各位常务理事审议。当然，中国包协的发展必须进一步开源节流，我们在今后的工作中将主要通过开拓业务，抓好服务，增强协会的实力。希望各位常务理事给予关心和支持。

同志们：今年是实现“十五”计划的重要一年，也是全面落实党的十六大和十六届三中全会精神、深化改革、扩大开放、促进发展的重要一年。我们要以邓小平理论和“三个代表”重要思想为指导，认真贯彻党的十六大和十六届三中全会及刚刚闭幕的“两会”精神，按照包协“六大”提出的工作要求，求真务实，开拓进取，促进包装工业持续、协调、健康发展，为早日把我国从“包装大国”建设成为“包装强国”，为全面建设小康社会作出贡献。

在全国包协秘书长工作会议上的讲话

中国包协常务副会长闪淳昌

2004年4月23日

各位秘书长：

上个月在杭州，我们成功地召开了中国包协六届一次会长工作会议，前天又在上海举办中国包装财富论坛之际召开了六届二次常务理事会。在这两次会议上，石万鹏会长都做了重要讲话。他的讲话对于深入学习贯彻党的“十六届三中全会”和刚刚闭幕的“两会”精神，既是一个有力的动员，又是一很好的辅导。他运用科学发展观，结合包装领域的实际情况，对包装行业健康有序发展，对在市场经济条件下做好协会工作，进一步明确了思路。希望大家认真领会石会长的讲话精神，把他的讲话精神落实到协会今后的具体工作中去。

今天我们在这里召开全国包协秘书长工作会议，就是要进一步贯彻落实“六大”和“六届二次常委理事会”精神，围绕把我国从“包装大国”建设成为“包装强国”的宏伟目标，研究如何做好协会的工作。中国包协和各地方包协二十多年的实践证明，秘书长是承上启下、做真事、干实事的角色。对如何把协会的工作思路细化，变成实际起着十分重要的作用。在座的各位秘书长是各个省、直辖市、自治区，以及计划单列市、中心城市包协和中国包协专业委员会的代表，也是包装工作各个方面做具体工作的负责人，全国包协系统的工作取决于大家的共同努力。过去的二十多年，包协各级组织的秘书长克服了许多预想不到的困难，兢兢业业、任劳任怨、埋头苦干，做了大量卓有成效的工作，为建设包装大国作出了不可磨灭的贡献。在此，我代表中国包协、代表石会长向大家表示崇高的敬意和衷心的感谢。今后在建设“包装强国”的历程中，更要依靠在座的各位，依靠大家统一思想、团结一致、同心同德、求真务实、共同奋斗，使协会更加贴近企业和行业，更能代表行业和企业的利益，更进一步维护企业和企业家的合法权益，更加适应市场经济运行的需要。今天我们请各位秘书长来，一个是想进一步听听大家的改革思路；二是听取和学习大家好的工作经验；三是征求对包协工作的建议和意见。所以这个会议是一个十分重要的会议。下面我受万鹏会长委托，向同志们通报中国包协最近的工作：

一、“六大”以来的协会工作

六大以来，协会机关和行业在落实“六大”提出的各项工作任务上做了许多工作，我做一简要回顾。

1.在全行业积极贯彻落实党的“十六届三中全会”和“中央经济工作会议”精神及中央领导同志对包装工作的重要批示，积极宣传“六大”提出的从包装大国向包装强国迈进的宏伟目标。在地方包协的支持下，加强了协会在包装行业中的凝聚力。提高了协会在会员中的感召力。使得一大批包装企业和优秀的企业家团结在协会的周围，成为中国包装事业的中坚力量，也使全社会更加了解包装工业在国民经济中的重要地位和作用。

2.在协会机关及专业委员会，深入开展对协会组织职能的思考，进一步明确了协会为企业、为政府双向服务的宗旨，使协会干部的思想进一步统一，观念和作风都有了很大的转变，协会干部正在努力向职业化的方向迈进。遵照国办发·[2002] 35 文件精神，中国包协的人事制度改革已向聘任制的方向迈出了可喜的一步。中国包协最近完成了对 20 项规章制度的修订，使得协会在依法办会和制度化管理方面取得了可喜的进步。

3.坚持走“国际化”的道路，继续落实“走出去”与“引进来”工作。石万鹏会长、谢力健副会长成功地访问澳大利亚和新西兰，扩大了中国包协的影响，加强了双边关系。最近，我和 20 位同志前往英国等欧洲国家访问，重点介绍“六大”以来的新情况，为亚包中心首次海外招商签订了 10.4 亿美元的投资协议。协会充分发挥了在国际组织席位的作用，成功地说服有关会员国，使得亚洲瓦楞纸箱协会第十次全体大会和泛亚洲钢桶协会第五次大会在中国召开。经过协会的介绍，越来越多的会员企业走向国际市场。同时，在积极引进设备和技术的同时，遵照 WTO 的基本原则，保护国内企业的正当权益。

4. 在发改委、国资委、商务部、质检总局、统计局等的领导下，协会协助政府及有关部门做了大量的行业管理工作，完成了国家委托的国标、行标包装标准的制定工作；代表包装行业出席了全国重点行业提升竞争力，维护产业安全工作会议，向政府提出了保护包装行业产业安全的建议；完成了 2002 年《中国包装工业统计年报》等。

5. 成功地举办了亚洲包装中心建设和中国包装产业发展高层论坛、中国包协会长工作会议、中国包协六届二次常务理事会和中国包装财富论坛。

6. 会长工作会议后，协会先后在为重点企业的上市前期准备工作和重大项目列入国家专项计划方面，也做了一些具体工作。

7. 中国包协更名工作已经民政部同意报国务院，估计五月份可正式批准。

二、关于中国包协会费管理办法

这里主要有三个实际情况需要作个说明。一是按国资委和民政部文件的精神，不再对会费的收取额度进行限制，而是由各协会根据情况制定收费标准，这更符合市场经济的特点；二是根据我们对国资委管理的其他十几个协会的了解，他们都是采取逐级收费、逐级管理的办法，我们参考了他们的做法，并按其中下限的标准提出了初步意见；三是中国包协在实际工作中要加大为行业和企业服务的力度并拓展领域，但就目前的经济实力来讲，还是力不从心，特别是中国加入 WTO 以后，协会今后在应对倾销及保护产业安全方面将做很多工作，如目前已经做的马口铁方面的事，正在关注的美国商务部对我国塑料包装袋进行制裁的事等。下一步我们还将对包装印刷企业的问题进行专项行业调查等等。以上工作如果没有实力做基础，这些关系行业和企业生存发展大计的事就无法进行。中国包协每年从财政方面得到的拨款只有 13 万元，仅可支付办公电话费用。协会的实力已直接影响到为会员企业服务、为行业健康发展和政府服务的质量，这也是我们修改会费管理办法的原因。在前不久召开的中国包协会长工作会议上这个办法得到了 23 位会长们的一致支持。这次又得到了包协六届二次常务理事会的同意。希望各位秘书长在今后工作中支持协会做这项工作。

三、关于 2004 年协会工作要点

为了完成包协“六大”进出的各项工作任务，根据去年底召开的中央经济工作会议精神，结合包装产业的发展状况和包装协会的工作实际，从做好为会员单位、为行业、为政府服务出发，协会起草了《2004 年中国包装技术协会工作要点》，提出了今年重点要做的 16 项工作。这个要点主要内容涵盖三个方面，（1）充分发挥协会“参谋”和助手作用，积极协助政府加强对包装行业的宏观管理；（2）牢记协会宗旨，增强服务意识，为企业创造良好的发展环境和条件；（3）加强自身建设，把中国包协建成一个政府信赖、企业拥戴的“包装企业之家”。这三个方面既是协会今年的工作要点，也是一个时期内的工作目标。这个《要点》经中国包协秘书长公会起草后，先后征求包协会长、副会长、常务理事、各地方包协秘书长、中国包协专业委员会秘书长以及各直属单位负责人的意见。后来又根据大家的意见，作了一些修改和补充，在会长工作会议上进一步征求意见，这次六届二次常务理事会已原则通过。我们还将根据大家的意见，做最后的修改后尽快下发。我们认为，讨论修改《要点》的过程，就是不断统一思想的过程，明确任务的过程，也是依法办会、发扬民主的过程。希望大家能参照这个要点，结合具体情况安排好今年的重点工作。

四、关于下一步工作

（一）认真做好加快包协的改革和规范发展的工作

党的十六届三中全会明确要求“积极发展独立、公正、规范运作专业化市场中介服务机构，按市场化原则规范发展各类行业协会、商会等自律性组织”。这次温家宝总理在政府工作报告中又明确指出，“要加快政企分开，进一步把不该由政府管的事交给企业、社会组织和中介机构，更大程度地发挥市场在资源配置中的基础性作用。同时，加强对中介机构的规范和监督。”我们要认真贯彻中央的指示精神，做好包协的改革和规范发展的工作。

规范和发展工业行业协会，是当前一项十分重要而紧迫的任务，同时也面临新的机遇：一是我国社会主义市场经济体制进一步完善，政府进一步推进职能转变，以行业协会为主实行行业管理的工作越来越显得重要和迫切；二是中国加入世贸组织后，只有政企分开，以行业协会来履行行业管理职责才能进一步与国际接轨。但是，目前我国工业行业协会还存在着发育不够完善，组织不够规范，自律不够有力，以及一些思想性和体制性的障碍，在相当大的程度上影响和削弱了行业协会作用的发挥。由于一些协会缺乏服务意识，缺乏自我发展和市场竞争观念，往往因服务内容简单、功能低下而活力不足；因服务质量不高，对行业群体的凝聚力不足；因服务效果不好，得不到会员的积极支持而财力不足。我们协会面对市场需要和企业期待，以及国外的压力，必须抓住新机遇，迎接新挑战，开创新局面。

（二）转变观念、找准定位，使协会适应先进生产力发展的需要

1.进一步转变观念。协会的工作首先要转变观念。我们各级包协组织的领导首先要转变观念，要主动去工作、主动去服务，要主动争得各级政府的重视和支持。必须要明确“有为才能有位”，绝不能“无位就不为”，怨天尤人、自暴自弃。过渡阶段的特点就是一切都在逐步建立和完善之中，这要有个过程，不可能一蹴而就，因此就需要调动和发挥我们的主观能动性，突出“三个服务”的思想，杜绝“衙门作风”。做协会工作的同志还必须要懂行业，懂企业。懂专业，特别是要敬业。如果还是按照旧的思维方式和观念做协会工作，协会工作是做不好的。一方面要增强协会工作人员对企业工作的了解和认知度；另一方面要加大改革力度，从社会上引进人才。如果我们自己的素质不能提高，又不能吸引高素质的人才，协会就很难解决行政色彩浓，行业覆盖面窄，收费困难，公信度差等问题。

2.进一步找准定位。各级包协组织的根本宗旨就是服务。为企业生产经营服务，为行业健康发展服务，为政府管理服务是我国政治、经济、文化和社会发展对行业协会的客观要求。各级包协组织在市场经济体制下加快改革和发展，“三个服务”要作为最基本的功能不断加以完善，这是我们始终坚持的正确方向。一切改革和发展都要围绕有利于实现这一目标进行。在市场经济条件下，政府是社会公共利益代表的定位，行业协会是行业共同利益的代表。行业协会的生存发展主要取决于能否代表行业的共同利益和为企业服务的好坏。协会要主动去做政府不能或做不好的事，要做企业想做而做不了的事，企业对协会有需求，协会就有存在的必要。如果定位不好，服务就很难对路。目前，在参与世界竞争中，行业协会作为民间组织具有政府所不具有的功能，可以在世贸组织规则下对本行业企业进行政府所不能的公开保护。入世后贸易摩擦持续增加，单个企业难以面对和承担这些成本，需要联合起来，整合力量，需要行业协会在协调市场、协调价格、组织反倾销应诉等行动中发挥作用。所以，为企业服务首先要明确企业需要什么，协会就要提供什么服务。同时要超前一点，要了解企业未来需要什么，再提供相应的服务。这才是企业真正需要的协会。这“三个服务”归根到底要接受市场的检验，根本标准就是服务的好坏。中国包协与会员之间的关系是舟与水的关系；与行业之间的关系是组织的属性关系；与政府之间的关系是联接政府和企业间的桥梁纽带关系。协会要生存发展，就必须正确处理好这三个关系，坚持以服务为“天职”，强化服务意识和市场观念，改进服务手段，扩大服务领域，提升服务品位，形成协会管理的职业理念和特色文化，使协会的运行和管理更加符合市场机制的要求，更加科学有效，在自身改革和发展中找准自己的定位。

3.进一步使包协组织的工作适应先进生产力发展的需要。

中国包协面对的不仅仅是国有企业，而是各类经济所有制企业。指导、引导各类所有制企业健康发展，积极推广新技术、新设备、新材料、新产品，限制、淘汰落后的生产力，协会促进行业的进步就必须符合先进生产力发展的要求，必须促进先进生产力更快更好地发展，只有这样协会才真正具有生命力，才能真正生存发展下去。

4.进一步协调各级包装组织的关系，统一思想、形成合力为实现包装强国服务。

20多年来，我国包协机构已形成比较完整的组织网络。从地方包协来看，除各省、自治区、直辖市、计划单列市、中心城市建立了包协组织以外，大部分地、市级也建立了包协组织，甚至在发达地区也成立了一批县级包装协会。这些协会的存在带动和促进了包装行业的发展。从中国包协来看，除总部设立各职能部门外，目前经民政部重新登记认可的还有20个委员会。在隶属关系上，中国包协与委员会是领导关系，中国包协与地方协会是指导关系。由于一个时期中国包协对专业委员会的工作领导不力，委员会工作与地方包协存在着一些协调方面的问题。我们将在对分支机构的清理整顿中进一步加强领导，充实提高、调整重组，使这些分支机构能够适应市场经济发展和中国包协整体工作

的需要。除了理顺这20个委员会的关系以外，还将继续完成注册专家工作委员会、农副产品包装委员会等分支机构。协会的工作很重要的一点是协调协作。各级包协组织是一个整体，是不可分割的一部分，其根本目标是一致的，特别是“六大”后，更加统一了思想。各级包协组织之间是相互支持、相互促进、互利互惠、共同发展的关系。中国包协和委员会的同志要学会尊重地方包协的同志，遇事、开会等都要与地方协会的同志多商量，同时也要积极为地方协会提供各方面的服务。最近以来出现了一些好的趋势，地方包协年会期间主动邀请委员会的同志去讲课，受到了企业的欢迎。委员会的同志要主动去协调与地方协会的关系，搞好协作服务。中国包协的工作长期以来得到了地方包协的大力支持，地方包协是中国包协最可依靠的工作基础。希望地方包协一如既往地支持中国包协的工作。团结一致，统一思想、同心同德是我们干好协会工作、实现包装强国的重要保证。

（三）把握行业协会今后的发展方向，逐步构建包协组织发展的新模式

随着我国市场经济体制的建立和不断完善，今后各级协会组织在运行发展的主导特征上将发生6个根本性和转变：（1）由挂靠政府部门和大企业转变为在市场条件下独立运行自主发展；（2）由业务主管单位和登记管理部门双重负责管理体制转变为单一管理体制；（3）由政府部门主导设立转变为企业自发设立；（4）由政府官员领衔逐渐转变为龙头企业家和专业人士挂帅；（5）从对会员企业的政府指导型转变为对会员企业的市场服务型；（6）由政府部门的附属组织转变为市场经济的独立主体。这6个转变是市场经济体制下协会作为民间行业组织运行发展的基本规律和要求，也是今后按市场化原则规范发展行业协会的目标和必然趋势。中国包协在今后的工作中，要顺应形势发展要求，未雨绸缪，坚持正确导向，要在运行发展的框架上构建新模式，为促进协会规范发展做好思想、理论和行动上的准备。目前由于行业协会的改革涉及到外部的一些大的体制调整，有些条件还不具备，因此近期各级包协组织应把改革重点放在条件基本具备的内部改革上：

1. 加快内部改革。首先要加强研究，按照“精简、统一、高效”的原则优化自身组织结构，实现组织机构设置合理化。对于协会管理层人员，要按照专业化、知识化、年轻化的要求，引进竞争机制，按照市场化用人原则进行公开选聘，以推进协会队伍的职业化建设。其次要大胆把企业化管理理念引入各级包协组织，以经营的理念去改革协会的运行机制。各级协会的领导同志要学会经营，协会要进行权力、执行及监督机构的必要设置，按照现代科学管理理论确立分工和制约的关系，健全和优化内部管理机构，使协会的运行和管理更加符合市场机制的要求，更加科学有效。在改革过程中有时难免会得罪人，但从队伍和业务长远发展来看，行业协会不改是没有出路的，只有坚持改革才能走出一条好路来。

2. 加快“四自”步伐。协会通过加快自身改革，尽快实现“自立、自养、自主、自强”，这也是必然趋势。目前中国包协每年从国家财政拿到的拨款只有十几万元，比一些地方协会的拨款还要少得多，与每年度支出近三百万元的实际需要相距就更远，协会只有加快向“四自”方向发展，才能争得主动。一个协会如果自身没有实力，也就谈不上“三个服务”，最终形成越无实力越搞不了活动，越不服务越无实力的恶性循环怪圈。这次会长工作会议对我们有很大的启发。会长们指出协会要学会经营，并且还帮助出了一些点子，使具体工作的同志获益匪浅。发展是硬道理，“四自”是促进协会发展的关键。

（四）加强自身建设和自我约束

要进一步加强包协组织的思想建设、组织建设、制度建设、业务建设和作风建设，目的在于进一步提高协会队伍的整体素质。新形势、新任务要求我们要进一步与时俱进，营造良好的学习风气，坚持每天学习，时时学习，处处学习，更新观念和知识，提高协会职工队伍的整体素质，否则就难以适应当前形势的要求。要通过不断提高队伍的整体素质来解决目前存在的观念不适应、机制不适应、知识不适应、工作方式方法不适应的问题。

各级包协组织应进一步提高对自身的要求，强化内部管理，严格按照石会长的要求，进行规范化操作，实行公平、公正、公开，依法办会的原则，遵纪守法，透明运作，严格执行各项规章制度，树立协会的良好形象。行业协会最大的资产就是品牌形象，这是我们赖以生存发展的基础。这些年来出现的一些不好的现象，有损协会的形象，也影响行业的健康发展。我们绝不允许玷污协会的形象。更

不能因小利失大义，因短期行为影响协会的长远发展。我们每一个协会工作的同志都要树立为协会做贡献、为行业做奉献、为包协组织增光添彩的精神，把中国包协和各级包协组织建设成为令人羡慕的一流行业协会。

同志们，我们各级包协组织一定要树立科学发展观，一定要统一思想、团结一致，与时俱进，深入探索，勇于实践。在党的十六大、十六届三中全会和“两会”精神指引下，从战略发展考虑，从现实目标出发，从可行之处做起，把各级包协组织的工作做得更好，为实现包装强国的宏伟目标而努力。

2004 年中国包装技术协会工作要点

2004 年是实现“十五”计划的重要一年，也是全面落实党的十六大和十六届三中全会精神、深化改革、扩大开放、促进发展的重要一年。中国包装技术协会要以邓小平理论和“三个代表”重要思想为指导，认真贯彻党的十六大和十六届三中全会精神，按照包协“六大”提出的工作要求，开拓创新、求真务实，不断增强协会的行业管理和为企业服务的职能，促进包装工业持续、协调、健康发展，为早日实现包装强国的宏伟目标和全面建设小康社会作出贡献。

一、充分发挥协会“参谋”和助手作用，积极协助政府加强对包装行业的宏观管理

1. 通过《中国包装报》、《包装及相关行业信息》、《中国包装》二报一刊和《中国包装技术协会网》及《中国包装网》等媒体，大力宣传党中央、国务院的宏观经济政策和各项调控措施，引导广大包装企业顾全大局，自觉与党中央、国务院保持一致，促进国民经济持续、协调、健康发展。

2. 加强调查研究，及时了解、掌握包装市场的行情和生产布局、产业结构的状况，通过《中国包协专报信息》等渠道，及时向国家发展和改革委员会等政府有关部门提供可靠的数据和资料，特别要针对在行业上带有共性和普遍性的问题，提出预警预测的工作建议。同时，认真按照政府的宏观经济调控政策，结合包装行业实际，提出贯彻落实的具体措施。（1）要协助国资委加强对国有大中型企业的指导、推进国有企业股份制改革，建立健全适应现代企业制度要求的公司法人治理结构，促进国有资产的保值增值；（2）要根据《中华人民共和国中小企业促进法》的要求，积极扶持，引导、鼓励中小企业通过整合、兼并走联合发展的道路。同时，对技术落后、资源浪费、污染严重的中小企业坚决予以限制；（3）根据党中央、国务院关于开发西部和调整改造东北老工业基地的战略部署，积极牵线搭桥加强东西部、东部和东北地区包装企业相互间的交流和联系，促进区域经济的协调发展。

3. 做好统计工作。协会要在国家统计局的直接领导下，根据已经国家统计局批准的《中国包装行业统计报表制度》，依法实施对包装行业的统计工作。并在做好统计的基础上，研究分析国内、国外两个市场的情况，追踪国际包装科研技术领域最前沿的信息，向国家提出生产力布局和宏观调控的政策建议，完成国家发改委交办的《统计类信息》、《动态类信息》和《综合类信息》的上报工作。同时，定期面向社会举行包装行业宏观经济信息发布会，通报国家在经济方面的法规、政策和国际、国内两个市场的行情，正确引导社会投资方向。

4. 积极协助政府开展整顿和规范市场经济秩序工作，完善产业政策和行业规划。要配合政府有关部门，严格市场准入，凡在环保、安全、能耗、技术、质量等方面不符合标准的项目，尚未建设的不准开工，在建的要进行清理，已建的要抓紧改造。协会要结合包装市场实际，主动配合政府有关部门，充分发挥社会监督的作用，做好行业自律工作。重点是对少数包装企业以次充好，以假乱真，搞坑蒙拐骗的不法行为和不正当竞争行为，要力争早发现、早曝光、早处理。对消费者的举报和业内人士的投诉，都要及时移送相关部门，认真调查，严肃处理。当前还要针对“过度包装”和欺骗性包装的不良现象，主动配合政府有关部门制定遏制性的政策。

5. 加快包装法规的研究和包装产品的标准化建设。协会要针对目前我国涉及包装的法规还严重不足和包装产品的标准不全面、不配套、可操作性差，不能适应国际、国内两个市场需求的状况，在国务院有关部门的领导和支持下，组织专门力量，结合我国国情，对发达国家和国际组织现有的法规进行收集整理和研究，对国外包装立法的工作流程进行跟踪，并对照我国现已颁布的涉及包装的法规、标准，作好吸收和转化工作，使我们的法规、标准真正做到科学、合理、先进、可操作性，与国际接轨。今年协会要完成“包装储运图示标志”等 10 个国家标准和“埋纱包装袋纸”等 13 个行业标准的制、修订工作。同时，要积极向协会会员和全行业提供国内外相关法规、标准信息，指导企业按法规、标准组织生产，增强其产品的国际竞争力。

6.积极开展国际交流与合作。适应经济全球化和加入世贸组织的新形势，争取中国包装业在更大范围、更广领域和更高层次参与国际经济合作和竞争。协会要在政府的授权下加强与国际相关组织的对话，积极参加世界包装和亚洲包装联合会以及其他国际包装专业组织的各项活动，发挥中国席位的代表作用。进一步巩固与美国、英国、意大利。日本、德国、法国、加拿大等发达国家包装协会的工作联系，继续发展与俄罗斯、西班牙、奥地利、韩国、澳大利亚、瑞典等国家包协的关系，积极开拓与印度、东南亚国家、非洲、西亚、中南美洲等发展中国家包装协会的业务往来。

继续加强与香港、澳门包装业同行的交流与合作。要加强与台湾省包协的联系。组织中国包协对台湾经贸交流团，促进相互间的交流。

做好亚洲瓦楞纸箱联盟 2004 年会、泛亚洲钢桶协会第五次大会和首届中国包装财富论坛的筹备工作。

做好发起建立国际气雾剂联盟和成为国际包装机械联盟的观察员的前期准备工作。

组织好中国包协赴英、赴美参加 TOTAL 国际包装、PACKEXPO 国际包装展团的出访工作。

2006 年将在我国举办世界包装大会，同时举办国际包装展览等配套活动。这是进一步加强国际合作交流的大好机会，要早准备、早启动，成立由石万鹏会长担任主席的 2006 年世界包装大会主席团，并组成专门工作班子，抓紧、抓好各项筹备工作。

二、牢记协会的宗旨，增强服务意识，为企业创造良好的发展环境和条件

7.瞄准国际、国内两个市场的动态，为企业提供市场行情和科技进步的信息。协会要发挥自身的优势，拓宽信息渠道，随时掌握瞬间骤变的信息资源，为企业的发展服务，协会信息中心的工作将以宏观文献为主，在积极参与行业活动，留心收集第一手信息资料的基础上，利用一切其他手段，例如：报纸、杂志、内部刊物、网络等，不断充实、更新、整理资料室和以综合性与专业性为主的行业资料文献库，为行业与社会提供更全面、更周到的信息服务。协会将针对包装行业的各个领域，全面开展专项调查工作。重点对包装行业六大专业领域（纸、塑料、金属、玻璃、包装机械、包装印刷）的产值、销售额、利税、产量、设备状况及从业人员等进行调查，对全国包装行业骨干企业的经营等状况进行分析，以利于中国企业参加国际竞争。

协会要组织力量研究我国加入世贸组织后包装行业面临的国际环境，收集、研究发布国外相关包装组织、用户组织以及著名大企业的情况，引导国内企业借鉴发达国家的先进经验。同时要利用互联网定期向国外相关组织和重点企业发送中国包装行业的信息，增进国际包装界对中国的了解。

8.要满腔热情地为企业提供咨询服务，包括企业对国家法律、法规知识的咨询和国家标准、行业标准的咨询。对企业委托办理的新项目、新产品的可行性研究，要及时组织人员进行认真考察和论证，给企业提供全面、详实的可行性研究报告，为企业的科学决策提供可靠依据。

为了不断提高包装企业的管理水平，推动包装产品的更新升级，协会要主动组织包装企业出国、出境考察，学习和借鉴国外的先进管理模式和科学技术。同时协会要组织国内的专家和优秀科技人才，跟踪世界包装发展趋势，对具有共性、前瞻性、战略性的包装领域课题进行研究，丰富包装业的理论宝库。

要筹办好今年 4 月召开的《中国包装印刷发展思路学术报告会》和 7 月举办的《国际现代化包装及教育学术研讨会》和各项工作。

9.积极组织国内、国际包装展览，创造包装行业展览会品牌，促进会员企业开拓市场，提高市场占有率。2004 年协会将于 7 月分别在北京、上海举办的《2004 中国·北京设计博览会暨中国优秀品牌形象设计大奖》和《第十届中国国际加工、包装及印刷科技展览（ProPakchina2004）》，于 11 月在上海国际展览中心举办《2004 国际气雾剂技术展览会（AeroTech2004）》、《2004 国际金属容器制造技术展览会(MetalTech2004)》。中国包协展览办公室要开拓思路，积极办好、办出实效。

10. 充分发挥协会的“桥梁”与“纽带”作用，善于运用协调的手段，加强企业与政府之间的沟通，及时向政府有关部门反映企业的呼声和要求。今年要重点针对行业和企业中存在的难点、焦点问题进行调查研究，向政府有关部门报告，寻求解决的办法；加强协会与金融机构的联系，促进资金向包装行业的倾斜性流动；协助企业建立与包装工业上、下游行业的战略伙伴关系，力求在互惠互利的基础上，相互协作，取得双赢；要在包装行业内部树立讲团结、讲协作的良好风气，对于企业在竞争中发生的磨擦，协会要主动出面进行调解，及时消除误会和隔阂。

11. 为包装企业提供法律援助，极力维护企业的合法权益。对于企业要求协会出面干预的民事纠纷和经济纠纷案件，协会要积极支持，并酌情参与诉讼。凡经调查核实，确属会员企业的合法权益受到侵害的，协会都要在法律允许的范围内，协调司法机关和有关单位，做好说服工作，尽量减轻侵害、减少经济损失。

要认真履行原国家经济贸易委员会授予包协反倾销、反补贴保障措施的有关职能，积极开展工作，保护企业的正当权利。

12. 要认真贯彻党中央国务院召开的全国人才工作会议精神，重点抓好企业经营管理人才、专业技术人才和技工的培训。教育是培养人才的重要途径，我们必须下大力气抓好教育培训工作。教育培训包括高等教育、职业教育、包装行业员工继续教育和技术培训等多个层次。

协会要积极向国家提出建议，对包装专业的师资培训、出国进修、引进人才培养给予大力支持。鼓励在包装行业试办一些股份制大学，实行校企结合。要总结和推广株洲工学院与中国包装印刷基地联合办学和江南大学与申达集团联合创办产学研基地等经验，做到包装工业发展的科学研究与中国包装工业发展的人才培训有机的结合。

要积极总结包装职业教育的经验，扩大包装职业教育的规模，为包装工业现代化操作培养更多的高素质技术工人和实用人才。

协会及各专业委员会将会同包装教学院校和科研机构，继续组织编写包装设计专业和职业技术统编教材。同时，还要通过组织召开包装学科理论专题研讨会、建立多层次包装人才研究会等形式，加强学术交流，提高科技水平，为包装企业的持续发展增添后劲。

13. 积极支持亚包中心的创建工作，培育和发展一批拥有自主知识产权、主业突出、核心竞争力强的大公司和企业集团。我们要在国务院有关部门、浙江省及杭州市人民政府的大力支持下，积极扶持和支持亚包中心的创建工作，协调、动员社会各方面的力量，实行市场化、多元化、国际化运作。开好3月份的“亚洲包装中心建设与中国包装产业发展高层论坛会”，尽快把亚包中心建成一个国际性的集科教、研发、制造、金融、贸易、会展、信息、服务等为一体的社会工业园区，成为开展包装业多边、双边和区域经济贸易合作交流的平台，带动和促进我国包装工业的发展。

我们还要抓好中国包协批准建立的中国包装印刷生产基地、中国软塑料包装材料生产基地、中国纸包装开发生产基地、中国印铁包装容器开发生产基地、中国镀铝环保包装材料生产基地、中国包装纸板（华东）生产开发基地等六大基地和中国纸制品包装纳米技术应用研究中心及上海国际包装印刷城的建设，充分发挥其在行业中的龙头作用。同时，积极扶持中小企业，特别是科技型企业，促使他们向“专、精、特、新”方向发展，加快形成以大企业为主导，大中小企业合理分工，协调发展的格局。

三、加强队伍的自身建设，把中国包协办成一个政府信赖，企业拥戴的“包装企业之家”

14. 必须要依法治会，依章程办会，遵守国家法律、法规和协会《章程》。严格民主集中制，执行会长负责制和理事议事制。健全会长办公会制度，要定期召开常务理事会、理事会及会员代表大会，协会重大事项要经过常务理事会讨论。有各地方协会、中国包协各委员会等分支机构秘书长参加的秘书长工作会也要坚持制度化，每年举行一次，及时通报协会工作，广泛听取意见和建议，研究改进措施。今年上半年要开好“六大”以来的首次中国包协会长工作会议和常务理事会会议、秘书长工作会。

要制订和完善各项规章制度，健全监督制约机制，增强工作透明度，坚持会务公开，财务、会费公开，防止各种腐败和不良现象的发生。

15. 协会要走企业家办会的路子，继续巩固协会会员的组织基础，并按照《章程》做好发展新会员的工作。特别要通过协会服务意识和服务质量的提高来吸引更多的企业入会，成为这个“大家庭”的新成员。今年，要在地方协会和各专业委员会的支持配合下，力争将中国包协的骨干会员发展至1600家。

各专业委员会是中国包协在各专业领域内的分支机构，也是派出机构，是中国包协的重要组成部分，代表中国包协行使职权，必须接受中国包协的领导。今年，中国包协要着力理顺与各分支机构的关系，加强领导、改善对“人、财、事”的管理，按协会《章程》对选举产生的主任委员（理事长）和秘书长人选须经会长办公会确认，专业委员会的财务报表须经协会审核，专业委员会举办的重大活动须经会长办公会研究同意，其他业务活动也要建立协会备案制，从而充分发挥好专业委员会的作用。

为了强化对软塑料行业的指导，要做好建立《中国包协塑料委员会软塑包装行业联合中心》的筹备工作。

中国包协要加强对地方包协业务工作的指导，建立健全联系制度，及时传达中央、国务院有关经济工作政策，特别对包装工业、包装企业的政策和法规、标准等。同时，加强对地方包协的调查研究，注意总结推广地方包协的工作经验，帮助协调地方包协与政府部门及地方包协相互之间的关系，摸索出一条共同发展的有效途径。

16. 加强机关的思想建设、组织建设、制度建设和作风建设，按照邱老倡导的“团结、协作、创新、求实”会风和石万鹏会长提出的三条标准，切实提高协会人员的各方面素质。首先，要完善干部聘任制度，逐步形成任人唯贤的优胜劣汰的新型用人机制；其次是健全责任制，每个部门领导和工作人员都要定岗、定职、定责，实行协会的“四自”目标管理，年终进行考评，对于在工作中开拓创新、业绩突出的以资奖励，对于责任心差，无正当理由不能完成工作任务的人，要给予必要的处罚，以利于营造积极向上的工作氛围；第三是建立各项行政管理制度，用制度管人，规范机关的办事程序和行政行为，提高办事效率；第四是充分发挥党支部的战斗堡垒作用和党员的模范带头作用，加强政治工作和思想作风建设，保证各项工作任务的完成。

胜达集团

胜达集团的前身系1983年用2000元创办的萧山包装材料厂。历经二十余年的努力拼博取得健康发展，现成为一家主要生产经营纸包装、生活用纸、浆纸、纺织、钢构、化工、房地产开发及进出口贸易，集工、科、贸为一体的具有自营进出口权的现代化大型企业集团。集团公司被国家经贸委、中国包装联合会批准建立为"中国纸包装开发生产基地"，是全国最大的纸包装开发生产企业之一和中国民营500强企业。

目前，集团公司拥有三个纸包装生产基地、一个纺织生产基地和一个生活用纸及浆纸生产基地。三个纸包装生产基地分别坐落在萧山河上祥利工业区，萧山经济技术开发区，以及苏州吴中经济技术开发区；纺织生产基地坐落在萧山河上祥利工业区；生活用纸及浆纸生产基地坐落在江苏盐城市射阳黄沙港工业区。集团现有员工4000余人，其中，硕士、本科生及大中专、技校毕业生等技术人员占65%以上。集团总资产已超过20亿元，净资产18亿元。集团各生产基地引进国际先进设备达90%以上，产品质量稳定，深受客户好评。集团已通过ISO9001质量体系认证及ISO14001环境体系认证，生产的出口瓦楞纸箱是国家免验产品，生活用纸是国家免检产品。

目前,公司正朝着"以包强包、全面发展"的宏伟目标快速推进。在未来的发展规划中，集团将充分发挥各项优势，继续做大、做强做精企业，力争持续成为中国民营企业强者，为中国经济建设的发展史再写下辉煌灿烂的一笔！

MK1050YM Ⅰ－Ⅱ
高精密自动平压全息图烫印模切机
有恒
M K
Since 1971
MK
让我们一起站的更高
MASTERWORK
创新历程　永无止境……
印后新概念
实现新突破
完成新跨越
MK920YM Ⅰ－Ⅱ
平压全息烫印模切机
MK系列
高速自动糊折盒机
天津长荣印刷包装设备有限公司
地址：天津市北辰经济开发区双原道20号(300400)
电话：代表号86-22-26976666(8线)
传真：86-22-26973430/26978866
台湾有恒机械工业有限公司
Masterwork Graphic Equipment Limited

传承文化 沟通美丽
界龙集团总裁 费钧德先生

美国包装机械制造协会中国办事处

美国包装机械制造协会(PMMI)于2000年7月在上海设立中国办事处。其总部在美国弗吉尼亚州阿林顿市，是一个非盈利性的行业协会。

PMMI协会成立于1933年,现有会员近500家，均是美国和加拿大的包装机械及与包装材料和容器的加工机械制造商。其设备用于医药，食品，肉类，饮料，化妆品，化工，电子及其他等工业行业。PMMI协会致力于改善，领导以及统一全球范围内的包装领域。PMMI协会的宗旨是为其会员，包装机械或包装加工机械的用户，政府和社会大众提供信息，培训和服务。

PMMI美国包装机械制造协会网址是 www.pmmi.org，www.packexpo.com和www.pmtdirect.com它们对于从事电子商务，研究工作以及要为包装专业人员来说是理想的包装业万维网站。它们能搜索到最新的全球包装机械行业及有关信息。

在海外PMMI协会目前在两处设有办事机构。一设在墨西哥，另一就是中国办事处。这表明了PMMI协会对亚洲以及中国市场的重视。PMMI中国办事处将为美中两国的包装界及用户之间起一个桥梁作用。欢迎业内人士不吝垂询，我们将为您提供免费咨询服务。

PMMI China Office

Packaging Machinery Manufacturers Institute (PMMI), China Office was officially established in Shanghai in July 2000.

Established in 1933, PMMI has its headquarters in Arlington, Virginia, USA with its current membership of about 500 they are the manufacturers of packaging and packaging-related converting machinery in the United States and Canada. Their packaging machinery and approaches are applied in the industry sectors of pharmaceutical, food, meat, beverage, cosmetics, chemicals, biochemicals, petrochemicals, electronics, etc. PMMI is committed to improving, leading and unifying all segments of the packaging industry worldwide. PMMI provides information, education and services to its members, users of packaging or converting machinery, the government and the general public.

Our websites: www.pmmi.org www.packexpo.com and www.pmtdirect.com are the most ideal and major portals for packaging professionals in terms of e-commerce and research and packaging solutions. You will be able to find the most updated information on packaging industry and technology.

PMMI maintains two overseas offices. One is in Mexico and the other is the recently opened China office in Shanghai. This indicates that PMMI is paying attention to and highlighting the importance of the China market and the rest of Asia.

中文网站隆重推出

try me!

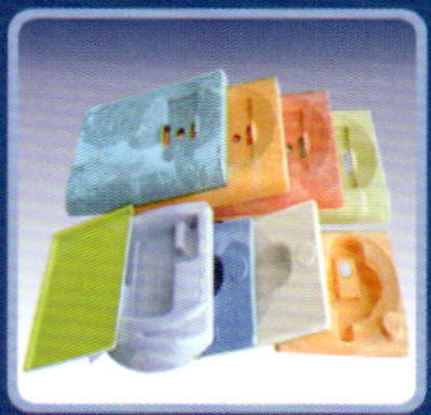

襄樊金飞环彩色包装有限公司

XIANGFAN JINFEIHUAN COLOR PACKAGE CO.,LTD.

襄樊金飞环彩色包装有限公司是香港贵联集团公司与襄樊卷烟厂合资兴办的大型彩色包装印刷企业。

公司位于七省通衢的湖北省襄樊市，公司目前拥有意大利UTECO七色凹印机、加拿大雅加发八色凹印机、瑞士BOBST横切机、日本伊藤切纸机、天津有恒烫模机以及上海亚华烫模机等各种先进的印刷和后加工设备。公司现已形成年产烟标30万大箱的能力。为了应对客户的供求方式，采用准时制（JIT）模式来运作。公司的设备技改计划正在实施，即将引进单凹机、罗兰6+1胶印机、博斯特烫金机以及相关配套设备，最终形成年产40万大箱的生产规模。

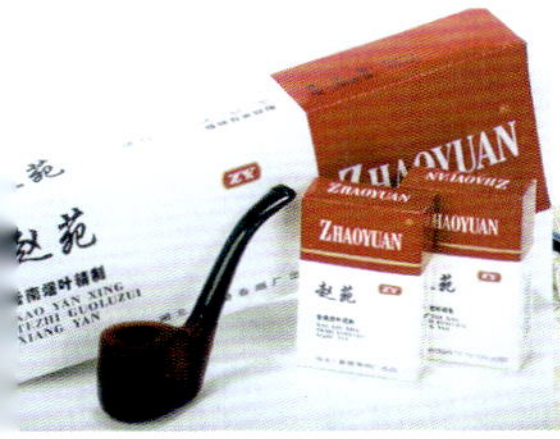

赵苑硬盒

襄阳佳品

凹印工段

柔印工段

烫模工段

人才是企业之根本

公司充分发挥员工的积极性和创造性，并注重员工的培训和人才的培养，现拥有大专学历以上及各种专业人才60多人，约占全体员工的40%。

质量是企业之生命

公司于2001年12月通过ISO9001质量体系认证。全面提升公司的质量管理水平，保质、保量、按时交货，让我们的客户满意。

市场是企业之导向

公司始终坚持以市场为导向。在发展过程中,公司的所有工作始终都围绕着市场、想客户之所想、急客户之所急，使企业产值逐年增长。

创新是企业之动力

公司从来都没有放弃对新技术、新工艺、新材料的开发和利用，使公司在现有设备的基础上不断开发和生产出新产品，并让顾客满意。只有不断创新，公司才有不断发展的动力。

总经理

二十一世纪是“质量的世纪”,我们将牢固树立“质量就是企业生命”的理念，进一步加强内部管理，不断提高企业的整体素质，坚持技术创新，追求品质卓越，不断地以市场为导向、以顾客为中心、以品质求生存、以创新图发展、以人为本，不断地开发市场需要、顾客满意、技术领先、品质优良的产品。我们将以高素质的员工、先进的技术、科学的管理、信得过的质量、周到的服务、生产一流的产品让客户满意。

地址：湖北省襄樊市丹江路30号
电话：0710-3489778　3444930　　传真：0710-3489777
电子信箱：jfh@cnbcd.com　　邮编：441000

大亚科技股份有限公司

董事长　陈兴康

大亚科技集团有限公司是国家520家重点企业之一、农业产业化国家重点龙头企业，是上市公司“大亚科技股份有限公司”的控股股东，拥有博士后科研工作站和工程技术中心。公司管理总部位于上海，主要工业基地位于江苏丹阳，并在美国设有国际营销和IT研发中心。

大亚科技股份有限公司专门从事包装材料的研发、经营，是中国包装技术协会的定点企业和中国烟草物资公司定点的卷烟配套材料生产基地。下辖铝业、丹阳印务、九子龙印务、延吉印务、上海印务、新型包装、滤材等分公司。集团共有员工3328人，其中中高级专业技术人员350人。具有江苏省铝基复合材料工程技术研究中心、涂料研究所、丝束研究所、印刷设计制版中心等科研机构，在包装材料领域其研发能力、设施等具国内先进水平。年销售额约16亿。

公司主导产品有：“金印”牌复合铝箔纸、“大亚”牌板卡纸、包装装潢彩色印刷、真空镀铝膜和真空镀铝转移卡纸、“大亚”牌铝箔、聚炳烯丝束等。

公司秉承技术创新、产品创新的经营理念，不断加强技术队伍建设，加大技术投资，提高产品技术水平，加大新产品开发力度，目前，公司技术水平位于国内领先地位。

地址：丹阳市经济开发区金陵西路95号
邮编：212300
电话：(0511)6981121　传真：(0511)6981052
网址：www.dareglobal.com
E-mail:jiangyumei@cndare.com

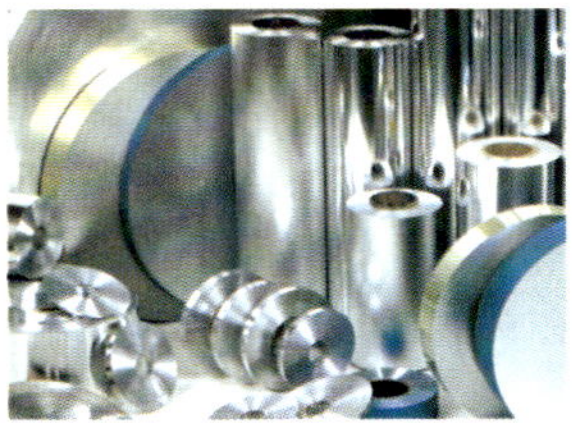

101优质精轧超薄双零系列铝箔

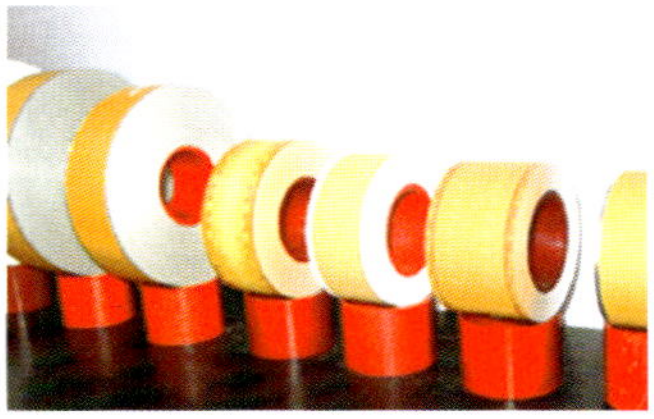

水松纸：各类卷烟接装用纸

高档彩色印刷制品

高性能丝束产品

SAP

中山包装学院挂牌仪式
暨开学典礼

常德金芙蓉铝箔包装有限公司

湖南省第十届人大代表、公司法人代表、董事长蔡得先生

团结奋进的经营班子

公司产品2003年被评为中国包装行业优质产品，广泛运用于芙蓉王等国内知名品牌烟标上

常德金芙蓉铝箔包装有限公司是由香港贵联集团与常德金芙蓉实业发展总公司合资兴办的中外合作型企业。于1996年6月27日成立，注册资金1319.5万元人民币。

公司先后从台湾引进设备，组成三条具有20世纪90年代先进水平的复合、染色、分切、复卷生产线，生产各色铝箔复合纸、铝箔复合卡纸、镀铝膜、激光镭射膜复合卡纸、环保型真空镀铝转移纸。公司产品经湖南省包装技术协会确认，属于国内高档包装纸，年综合产能达12500吨，年产值和销售收入均过亿元，是中国卷烟驰名商标“芙蓉王”卷烟烟标纸的长期、定点生产厂家，享有盛誉。

公司于2000年通过了ISO9000质量体系认证,2003年通过ISO9000：2000质量体系认证。“追求客户满意，提供精美包装用纸；坚持科技进步，持续改进质量体系”是公司对产品质量的庄重承诺。

视今天为落后，金芙蓉铝箔公司将永远站在零起点上向新的高度不断迈进，走向新的成功。

中国200强先进包装企业
证　书
常德金芙蓉铝箔包装有限公司
在改革开放中，为我国包装工业发展做出了突出贡献，被评为中国200强先进包装企业，特颁此证。

2000年，公司荣获中国包装企业200强称号

公司地址：常德市武陵技术开发区岩坪　　邮编：415000
联系电话：0736-7271525　　销售热线：0736-7271782

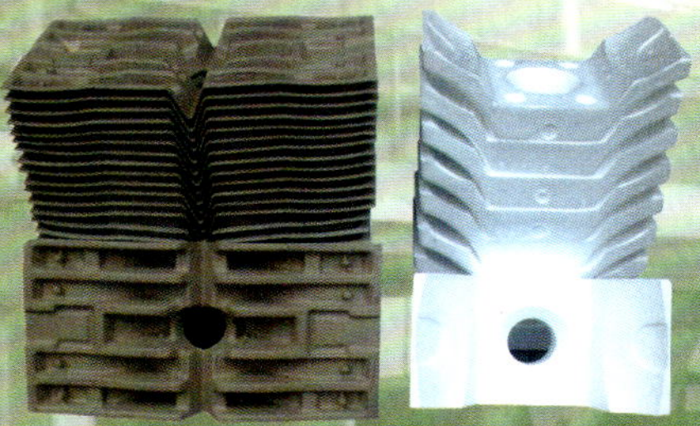

安阳市显像管玻壳包装厂系隶属于安阳市龙安区东风乡红旗村办集体所有制企业。厂址位于市太行路与107国道南环交界处东南隅。本厂为安彩高科股份有限公司玻壳产品包装配金套企业之一。1989年破土动工，1990年7月投产。我厂于1996年至2000年投资1200余万元先后三次进行了较大规模的技改工程项目，进行了二期扩建，增加了EPS聚苯乙烯为原料的泡塑包装产品生产线和纸板自动生产线自动接纸系统，形成了集生产、技术、管理为一体的现代包装企业。

安阳市显像管玻壳包装厂生产经营占地面积46662平方米；建筑面积19000平方米。拥有资产总额9086万元，其中：流动资产8302万元；固定资产原值1959万元。负债3030万元，企业净资产6055．8万元；资产负债率为33%。

安阳市显像管玻壳包装厂

目前我厂拥有国内先进水平的WRSM-IAB-1.6M型和WJ10162型纸板自动生产线各1条，纸板成型设备50台套；EPS聚苯乙烯泡塑成型设备45台套，年生产玻壳包装系列纸集装箱板1200万平方米，成为豫北地区大的纸制品及中原地区大的泡塑产品生产基地。主导产品彩色显像管玻壳纸集装箱,产品设计新颖、结构牢固、造型美观、无污染，产品通过国家鉴定。我厂凭借科学的管理、雄厚技术力量和先进的生产设备，曾先后荣膺CIP国际包装技术博览会金、银奖;1998年全国先进包装企业等荣誉称号。并获河南省乡镇企业局科技进步创新奖。产品经国家测试中心检测，质量均达到出口标准，各项技术参数可与日本NEC公司同类产品媲美，深受用户好评。

我厂深知“科学技术是第一生产力”的真谛，市场竞争归根结底是人才竞争，只有具备高素质人才队伍，才能使企业充满生机，在市场激烈的竞争中立于不败之地。全面推行“科技投入+人才工程”的企业可持续发展战略，对技术骨干、事业心强的员工实行倾斜管理，优先选拔任用，外出考察，参加学术会议、晋升技术职称等。形成学、比、赶、帮、超的良好氛围，为企业的可持续发展夯实了基础。为适应市场经济外部环境，我厂不断建立健全和完善以市场经济为主体和出发点的现代企业制度，创建各生产经营环节的激励体制，促进企业以人为本的经营管理模式。致力于不断孜孜追求产品质量最优化，商品产品成本的最低化，经营盈利的最大化为第一要务。

总经理：赵毓慧

我厂将进一步学习、贯彻、落实党的十六大精神,解放思想、转变观念、深化改革，加快经济发展步伐,抓住机遇，迎难而上。引进国内先进的管理技术，工艺技术水平向国外一流看齐，创建一流的质量保证体系，为安阳市的经济腾飞做出贡献。

地址：河南安阳市太行路南段
邮编：455000
电话：0372-3933644

汕头黄金叶彩印有限公司

总经理：陈俊雄

改革机制，金叶放彩

汕头市龙湖区黄金叶彩印有限公司座落在风景秀丽的粤东海滨城市汕头龙湖区,于一九九七年成立，经几年艰苦奋斗，现已成为汕头乃至全国以高科技包装印刷为龙头，集商贸、生产、加工为一体的大型现代化印刷企业，成为广东及全国多家烟草企业烟标印刷定点单位，是广东省卷烟商标印刷管理委员会成员。

公司由原创办之初仅1千多万元资产发展到今天1亿8千多万元固定资产，年生产烟标47万大箱，年产值约4.8亿人民币，创税利4000多万元，厂房由原来800平方米扩大到3万多平方米，职员工由60多人，增加到拥有高技术、高管理、高企业文化素质的信息化职员工328人，现已成为上规模、高科技印刷厂家。印刷设备由原仅有"05"、"08"胶印机发展到今天拥有当今世界先进，能主宰高新技术印刷及广告制作的德国海德堡5+1、6+1胶印机，瑞士博士特尚普兰七色凹版印刷生产联线及博士特烫金凹凸机、博斯特模切机，国内先进网印生产线,国内高精度平张凹印机及多功能高精度设计室、晒版工艺制作等印前、印刷、印后设备。这些先进设备的引进，为各烟草企业解决了一系列包装印刷难题，也为公司在制版及广告印刷上积累了丰富的经验。短短几年，公司在陈俊雄总经理的带领下，以强大实力成为国内彩印包装业领先的供应商之一。

公司坚持"管理以刚，质量为本"，抓好产品质量是一家企业的生命线，没有高质量产品，就没有广阔销售天地，也不可能占有一定营销市场，2004年通过ISO9001-2000国际质量认证，使产品质量更上新的台阶，增强了企业在包装印刷的竞争能力，印刷量的成倍增长，客户不断增加给公司带来了良好的社会效益和经济效益。

公司张宗仁标志集

安徽省徽商集团

玉金花服饰公司

乐土咖啡

创景房地产开发有限责任公司

银燕文化传播有限责任公司

彩阳印务有限责任公司

福雪纯净水公司

彩色雨工艺品有限公司

西羊红美食馆

兴田农业开发有限责任公司

年轮纪念品公司

东田画廊

新馨美容连锁公司

彩一乐布饰公司

明阳快餐店

文件、政策、法规

FILE POLICG KEGU IATION

中国包装联合会文件

中包联［2005］2号

关于印发增补、调整第六届理事会理事、常务理事、秘书长和副会长名单的通知

中国包协第六届理事会理事及有关单位：

中国包装技术协会六届二次理事会已于十二月十七日闭幕，会议表决通过了关于增补、调整第六届理事会理事、常务理事、秘书长和副会长的议案。现将本次会议表决通过的名单印发给你们。

一、副会长名单：

王山川　吕海燕　李　伟　邱亚夫　钱成锡
黄水寿

二、秘书长名单：

吕海燕（兼）

三、常务理事名单：

毛伟芳　关凤军（满）　齐茂忠　李赫逊
安首立　许占林（回）
许清源　杨伟民　杨素贞（女）　邹祖烨
林世旺　赵　军
赵　旭　高汝楠　徐志强　温庆巍
盛岩松　舒军池

四、理事名单：

王佑华（女）　邓玉堂　许晓光　孙　林
叶怡锻　任社明
刘发财　巩德江　杨　锐　芦义来
林朱江　林国强
粟国锦　都本强　徐建忠　蔡清爽
魏　群（女）　戴　武

二〇〇五年一月四日

中国包装联合会分支机构管理暂行办法

（征求意见稿）

第一条　［目的］为了加强对中国包装联合会（以下简称联合会）所属分支机构、代表机构的管理，根据《社会团体登记管理条例》（国务院令第250号）和《社团分支机构、代表机构登记办法》（民政部第23号令）等有关规定，结合联合会具体情况，制定本办法。

第二条　联合会的分支机构、代表机构应当按照联合会章程的规定，通过履行民主程序，经业务主管单位审查同意后，向登记机关提出申请。经登记机关同意登记后，方可开展活动。

分支机构可以称分会或专业委员会。代表机构可以称代表处、办事处、联络处等。联合会与分支机构和代表机构是领导与被领导的关系。分支机构和代表机构必须接受联合会的领导。

第三条　联合会分支机构、代表机构的设立要科学、规范、避免交叉和重复，坚持因需设置的原

则。

第四条 联合会分支机构、代表机构是联合会的组成部分，是联合会在某一专业和业务领域的代表，按照国家有关规定不具有法人资格，必须在联合会的领导下依法开展活动。

第五条 联合会分支机构、代表机构应当依据联合会章程制定相应的工作办法或规定。

第六条 联合会分支机构、代表机构一经确定,必须严格在确定的名称和业务范围内开展工作。开展业务活动、刻制印章必须冠以中国包装联合会的名称。

第七条 联合会分支机构、代表机构印章的规格、制发和管理，要严格执行《社团印章管理规定》。分支机构、代表机构印章名称前的“中国包装联合会”自左而右环行，分支机构、代表机构名称自左而右横行。分支机构、代表机构的英文译名应当与中文名称一致。

第八条 分支机构不得直接发展会员，但可以在联合会授权范围内承担联合会会员发展工作，产品门类的分支机构必须有一定数量的会员，其发展的会员属于中国包装联合会的会员。

第九条 分支机构可以受联合会的委托向相关会员收取会费。会费收据须使用由中国包装联合会提供的、财政部门监制、民政部门统一印制的“社会团体会费收据”。

第十条 设立分支机构、代表机构需提交下列材料（一式三份）：

一、设立申请书。申请书应当包括设立的理由，分支机构或代表机构的业务范围和工作任务；

二、分支机构或代表机构的筹备情况；

三、成立的分支机构或代表机构住所产权或使用权证明；

四、拟任主要负责人选的基本情况以及本人所在单位人事部门的意见。

第十一条 成立专业性分支机构必须有 30 家以上骨干企业作为发起单位。

第十二条 分支机构的设立可以有以下两种形式：

一、分支机构的办公机构设在同专业领域内具有代表性企事业单位的，经选举产生的主任委员和副主任委员、秘书长人选需报中国包装联合会审查批准。

二、分支机构的办公机构设在中国包装联合会的，主任委员、副主任委员经联合会提名由会员选举产生，秘书长由中国包装联合会委派。主任、副主任人选需报中国包装联合会审查批准。

第十三条 分支机构主任、副主任、秘书长任期为五年（一届），最高任期一般不超过二届。特殊情况需报联合会批准。秘书长年龄一般不超过 70 岁。

第十四条 经中国包装联合会同意后，有关登记报批手续由联合会行业工作部负责办理。

第十五条 联合会分支机构、代表机构的设立、变更、撤消、合并、考核及日常管理工作，由中国包装联合会行业工作部统一负责。

第十六条 分支机构、代表机构所开展的重要活动、外事活动及行业会议必须报中国包装联合会审批。

第十七条 各分支机构、代表机构必须在每年元月底前将上年工作总结和本年工作计划报联合会行业工作部。

第十八条 分支机构、代表机构必须在每年元月底前报送上年会员发展、会费收支情况及财务报表。

第十九条 分支机构、代表机构在经费自筹的前提下，可享受联合会职能部门的同等待遇。

第二十条 分支机构、代表机构有下列情形之一的，由中国包装联合会与登记管理机关依据《社会团体登记管理条例》第三十三条规定予以处理：

一、擅自冠以“中国”、“全国”、“中华”等名称开展活动的；

二、违反规定使用印章或非法刻制印章造成严重后果的；

三、不按审批的业务范围和工作任务开展活动的；

四、以地域分支机构名义进行活动的；

五、未经批准，擅自开立分支机构银行基本帐户的；

六、以分支机构、代表机构名义发展会员或收取会费的；

七、未经允许，在国际交往中擅自开展活动的；

八、其他严重违反联合会章程的。

第二十一条 本规定由中国包装联合会行业工作部负责解释。

第二十二条 本办法自全体理事会通过之日起执行。

关于中国包装技术协会更名的说明

各位理事：

中国包装技术协会第六次全国代表大会一致通过了中国包装技术协会更名为中国包装联合会的议案。更名报告经国务院国有资产监督管理委员会和民政部审核，国务院领导同志批准，民政部于今年九月二日正式批复中国包装技术协会更名为中国包装联合会（英文全称：CHINA PACKAGING FEDERATION 简称：CPF）。

中国包装技术协会（以下简称中国包协）成立于1980年12月，是我国经济体制改革初期，国务院探索工业管理体制改革过程中成立的第一个综合性行业试点协会。作为一个试点，中国包协当时挂靠中国科学技术协会，自然冠以“技术”两字。20多年来，中国包协坚持实事求是的科学态度，团结全国包装工作者，积极开展行业管理和行业服务工作，走出去引进来，不断提高我国包装技术水平，改变了我国包装产业落后的面貌，推动了我国包装产业的快速发展。

随着我国市场经济体制的建立和完善，部分行业管理部门撤消，根据国家的授权和委托，中国包协不仅有行业技术服务功能，而且更多的是对全国包装行业的管理和指导职能。中国包协在包装行业中赋有贯彻政府的政策、法令和意图，反映会员的愿望和要求，保护会员的合法权益，是会员和政府间的桥梁和纽带。尤其我国加入世贸组织以后，国际经济合作进一步扩大，贸易争端进一步增加，中国包协作为包装企业的行业性组织，将更多地参与国际包装界的活动，为包装企业争取更大的发展空间。因此，中国包协仍以“技术协会”的名称开展活动和参与国际交往已经不能适应当前市场经济发展的需要。

中国包协在“四大”和“五大”期间，曾有许多代表提出议案，要求去掉中国包协名称中的“技术”二字，以消除由此而造成的误解和工作不便。目前，中国包协更名条件已经成熟。国际包装组织和国内同类组织均以联合会或专业协会的名称开展活动，中国包协已拥有20个覆盖全行业各个领域的专业委员会，已经成为中国包装企业的一种联合性组织。中国包协更名为中国包装联合会能更准确地反映该组织宗旨，有利开展工作。

中国包协更名后，层次提升了，工作更有利了，但要求也更高了。我们协会的各级工作人员，要用改革、创新、发展的思想，认真研究更名后，如何更好地做好各级协会组织的工作，做好“三个服务”，使中国包装联合会真正成为政府和包装企业之间的桥梁和纽带，团结全行业为实现建设包装强国的宏伟目标作出更大的努力。

首先，中国包装联合会要根据更名及工作的需要，进一步按照“当好参谋，加强服务，推动进步”的原则，调整和充实好自己的职能部门。坚持按需设岗，使协会的职能部门能更加适应新形势的需要。

其次，进一步加强对分支机构的管理。为了适应市场经济发展的需要，适应对细分市场、专业、经济、技术和便于共同开展活动的需要，适当增设一些必需的分支机构，加强专业服务和指导，推动产品技术进步和专业化发展。

中国包装联合会与地方协会是业务指导关系，地方协会作为一级社团法人，应当依据自己的章程办事。中国包协更名后，地方协会是否更名由地方协会根据章程及有关程序妥善办理。

根据协会整体工作及前期准备工作的需要，协会决定在二〇〇五年元月一日正式启用“中国包装联合会”的名称和印鉴。涉及更名的有关事宜，按有关通知和规定正在办理，请各有关单位予以大力支持和配合。

各位理事，不要将更名认为只是一种名称的变化，而是为了更好的发挥协会的作用，将协会的各项工作做得更好，各级包装组织要根据地域和专业的特点，结合新形势下行业和企业的需要有的放矢地去开展工作。我们要坚持和发扬团结、协作、创新、求实的会风，紧密地团结在以胡锦涛同志为总书记的党中央周围，在党的十六大和中央经济工作会议的精神鼓舞下，树立科学发展观，努力工作，将中国包装联合会和各级地方协会组织越办越好。

中华人民共和国民政部

民函［2004］212号

关于中国包装技术协会更名为中国包装联合会的批复

中国包装技术协会：

经审查，你会申请名称变更登记理由充分，材料齐备，符合《社会团体登记管理条例》的有关规定，同意你会名称变更为中国包装联合会。

二〇〇四年九月二日

中国包装技术协会文件

包协［2004］61号

关于启用中国包装联合会印章的通知

各相关单位：

中国包装技术协会第六次全国代表大会关于建议将《中国包装技术协会》更名为《中国包装联合会》的提案，经过民政部审查并报国务院同意，已于2004年9月2日正式批复我会，同意《中国包装技术协会》更名为《中国包装联合会》。六届二次理事会决定，更名后的新印章于2005年1月1日开始启用，原《中国包装技术协会》印章同时自行作废。

二〇〇四年十二月二十一日

关于2006年世界包装大会有关情况的通报

世界包装组织秘书长奥兹迈斯·卡尔先生已于2002年6月4日电函中国包装技术协会，委托中国包协负责承办2006年上半年的世界包装大会。这既是世界包装组织对中国包装工业发展的一种肯定，也是世界包装组织对中国包协的信任。世界包装大会是国际包装行业的一次盛会，通过会议不仅可以展示各国包装工业的最新成果，加强交流，促进合作与发展，而且可以加强沟通，增进了解，扩大友谊。世界包装大会再次在我国召开，对我国包装工业将会起到很大的推动作用，对中国包装企业家来说，也是一次学习包装技术，了解国际发展趋势，展示自己的产品，拓宽国际市场销路的极好机会。

既然是一件大事、好事，我们就应该下决心、下功夫把会议办好、办成功。

世界包装大会我们在1996年5月承办过一次。在党中央、国务院领导的高度重视下，包装行业上下齐心协力，那次会议办得很成功，在国内外影响很好。我们要借鉴上次会议好的做法，结合中国包装工业10年来的发展，与时俱进、扎扎实实把2006年世界包装大会办得更好、更出色。

经研究，并征得世界包装组织同意，2006年世界包装大会拟定在2006年4月中旬召开，地点在北京。会议时间和地点确定的原则：一是4月中下旬的北京花团锦簇，春意盎然，季节最适宜；二是北京是我国的政治中心、文化中心、经贸中心，交通便利，国际影响大；三是会议主办单位在北京，筹备工作运作比较方便。

2006年世界包装大会的主题是："科技、环保、合作、发展"。大会除举行隆重的开幕式外，主要有两项议程。一是召开世界包装组织董事会，二是颁发2006"世界之星"奖。预计大会有外宾400名左右和国内同行600多名。

为了宣传中国包装工业快速发展的成就，利用世界包装大会扩大中国包装行业在国际上的影响，中国包协准备同期举办一系列的活动。

1.举办两年一届的"国际包装财富论坛"和"企业家论坛"，通过邀请国际、国内的专家、学者以及事业有成的企业家就国际、国内经济形势、包装工业及其相关产业的发展和市场走向，以及企业的经营策略等进行演讲，达到启发思路、提高理念、促进发展的作用；

2.举办国际包装展览，通过大规模的展览使社会各界，尤其是国际业内及相关产业的人士，领略到当今包装工业的前沿科技和产品；

3.举办包装经济技术交流会或包装行业信息发布会，通过国际间的专业对口交流，搭建合作平台；

4.举办我国包装设计"中国之星"颁奖大会和评选先进企业及绿色环保包装颁奖大会，极力营造世界包装大会的热烈气氛，加强对我国名牌产品的宣传力度；

5.召开中国包装联合会理事会或常务理事会，趁我国包装行业的巨头汇集北京的机会召开会议，节省大家时间，减少企业负担。

我们一定要在努力办好世界包装大会的同时，下功夫把我们自己开展的一些活动做好，加快我国建设"包装强国"的进程，实现社会、经济双赢。

为了把会议办好，经中国包协秘书长办公会会议研究，并经在京的协会会长、副会长讨论同意，成立世界包装大会筹备工作委员会（以下简称筹委会），并下设办公室。筹委会主席由中国包装联合会会长石万鹏同志和世界包装组织主席埃里克斯先生担任；执行主席由中国包装联合会常务副会长闪淳昌同志和世界包装组织秘书长奥兹迈斯·卡尔先生担任。

筹委会副主席若干人，由中国包装联合会副会长和有关人员组成。筹委会办公室主任由中国包装联合会秘书长吕海燕担任；副主任若干人，由中国包装联合会秘书长和有关人员组成；办公室成员包括中国包装联合会秘书长助理、联合会机关各部门（含无锡培训基地）负责人、地方分会负责人、各专业委员会负责人、新闻单位和协办单位负责人。

除成立筹委会外，还根据会议的实际需要成立有秘书组、会务组、联络组、论坛组、专业会议组、展览组、评选组、新闻报道组等若干个工作小组。会议做到责任明确，分工协作，各负其责，有条不紊，井然有序。

这次世界包装大会虽然由中国包装联合会牵头，但这是全行业的一件大事，需要全行业的关心、支持和共同努力，才能把事情办好。特此向大家提几点要求：

一、要提高认识。

这次世界包装大会在中国召开，不仅可以向世界同仁展示中国包装的风采，而且更重要的是向世界宣传中国，展示中国改革开放的伟大成就，展现中国人民的优良传统和精神风貌，对提高中国的国际地位，增进我国人民与世界各国人民的团结和友谊都能起到积极的作用。我们不但要从经济上去看待这次世包大会的作用，而且要从政治上去认识这次世包大会的重大意义，关心和重视这次会议的召开。

二、要全力支持这次会议。

这次会议规模大、规格高、内容很丰富，需要通过大家的共同努力才能把会议办好。做到凡是需要在会上发言的书面材料一定要准备好，凡是在展览会上展出的设备或产品一定要精选好。这不仅是展示本企业的形象，而且是中国包装工业形象的体现。凡是筹委会提出需要支持的事项，企业要以办好大会为己任，把大会的事情当作企业的事情尽力去做，做到不推诿、不扯皮。

三、要讲全局、讲团结、讲风格、讲协作。

这次大会涉及的面很广，情况比较复杂，主办会议的工作人员要尽量协调好各方面的关系，注意到各方面的利益。任何事情要做到面面俱到、绝对公平，是很难的，希望大家能顾全大局，服从整体安排，如果遇到问题或暂时不理解的，要从团结的愿望出发，发扬风格、搞好协作。

四、要把会议筹备工作作为明年协会工作的重中之重，切实抓紧、抓实、抓好。

现在时间已经很紧，关键是明年，明年的工作做好了，办好会议的主动权就掌握在了我们手中。所以，我们要将会议筹备工作作为明年协会工作的重中之重，周密安排，认真细致、扎实地把会议筹备工作做好。

中国包装技术协会会费管理办法

为了加强会费的管理工作，更好地为会员企业生产经营服务，为包装行业健康有序发展服务，为政府管理服务，根据国家民政部、财政部《关于调整社会团体会费政策等有关问题的通知》精神和中国包装技术协会章程，结合中国包装技术协会（以下简称协会）的具体情况，特制定本办法。

第一条　协会会员分为团体会员、个人会员和外籍荣誉会员。

第二条　团体会员会费

按照会员单位在行业和协会中所处的地位，采取分级收费的办法。协会会员分为团体会员、理事单位团体会员、常务理事单位团体会员和会长、副会长单位团体会员。

1.团体会员年度会费为 1500 元，新入会的会员需另交纳登记注册费 300 元；外资团体会员按照 WTO 规则，享受国民待遇，与团体会员收费标准相同；

2.理事单位团体会员年度会费为 3000 元；

3.常务理事单位团体会员年度会费为 10000 元；

4.会长、副会长单位团体会员年度会费为 50000 元；遇有特殊情况，需少交、免交或缓交的应形成书面申请，报会长办公会批准；

5.团体会员按在协会内最高任职档次标准交费，不重复收费；

6.地方包协及中国包协委员会秘书长、政府工作人员、相关行业协会人员在中国包协任职的均免收会费。

第三条　个人会员会费和外籍荣誉会员

1.从事科研、教育、宣传、设计等工作的非企业人员可申请成为中国包协个人会员，其年度会费为 100 元，登记注册费为 50 元；

2.境外从事包装工作的外籍人士，对中国包装行业发展做出突出贡献的，经会长办公会批准可申请外籍荣誉会员资格，免收登记注册费和会费。

第四条　会费的交纳和分配

1.各级会员的会费均应在本年度 12 月底前交纳给中国包协；

2.经授权，中国包协各专业委员会可代为发展中国包协团体会员，报中国包协审批，但不得以委员会名义发展会员。所收团体会员会费的三分之二返还给专业委员会作为工作经费，其余三分之一由中国包协用于为会员的服务；

3.经授权，各地方包协可代为发展中国包协团体会员，会费可采取一票制，即同一家企业可既是地方包协会员又是中国包协会员，只收一次会费。经中国包协审批后，所收团体会员会费的三分之二返还给地方包协作为工作经费，另外三分之一由中国包协用于为会员服务；

4.中国包协收费后即寄发给会员企业以财政部门监制、民政部门统一负责印制、盖有中国包协财务专用章的“社会团体会费收据”，同时寄发团体会员桌牌证书。副会长单位团体会员、常务理事单位团体会员、理事单位团体会员的桌牌及任职证书在协会的有关会议上颁发。个人会员及外籍荣誉会员经审核批准后寄发证书。

第五条　会费的使用

会费实行专款专用，主要用于为会员服务（为会员订阅报刊、发布和提供行业及产品信息、有关资料、内部刊物；在各项有偿服务中给予会员优惠待遇的补偿）和协会日常工作的部分开支；

会费还用于为团体会员企业提供的个性化服务及为维护行业健康有序发展所做的调研工作等。

第六条　会员退会或被除名时，不得请求退还已交纳的会费或资助、捐赠的财产。

第七条　会费的监督

1.协会建立严格的财务管理制度，保证会计资料的合法、真实、准确及完整；

2.会费的管理严格执行国家的有关财务管理制度，并接受会员代表大会及财务、税务等部门的监督；

3.协会每年向常务理事和会员通报会费的收取和使用情况。

第八条 中国包协会员及会费管理部门为中国包协行业工作部。

第九条 本办法由中国包协负责解释。

第十条 本办法自二〇〇四年四月二十三日起执行。

中国包装联合会文件

中包联[2005]12号

关于印发《中国包装联合会2005年工作要点》的通知

各部门、各专业委员会、各省、自治区、直辖市包装协会：

《中国包装联合会2005年工作要点》已经会长办公会议讨论通过，现印发给你们。为落实好2005年工作要点，提出以下要求：

一、各部门领导按照工作要点，制订部门年度工作任务和计划，明确分工，责任到人，每周进行工作检查，逐月进行工作小结和汇报，确保工作落实到实处。

二、各部门要加强部门间的工作配合，充分发挥专业委员会的作用，建立协调合作机制，形成合力，共同完成。

三、各部门要加强同地方包协的沟通与交流，充分发挥地方包协组织的作用，努力完成各项工作。

四、工作要讲原则讲大局，求大同存小异，讲求实效。

五、全体职工要解放思想，开拓创新，刻苦专研业务知识，保质保量完成好各项工作。

附件：《中国包装联合会2005年工作要点》

二〇〇五年三月十日

中国包装联合会2005年工作要点

为认真贯彻落实十六届四中全会精神，求真务实，将中国包装联合会（中包联）第六届二次理事会议上讨论通过的2005年工作重点落到实处，制定中包联2005年工作要点。

一、指导思想

以邓小平理论和“三个代表”重要思想为指导，贯彻党的十六届三、四中全会和中央经济工作会议精神，认真开展保持共产党员先进性教育活动，提高党性认识，增强支部战斗堡垒作用；用科学发展观统领包装行业发展，推动包装行业技术研究和开发体系的建立和完善；加强科技教育和培训，加大先进技术和引进设备的消化和转化工作；加强调查研究，解决影响行业发展和企业关注的问题；加强包装标准化建设，促进产业结构升级；加强东西部交流与合作，推动西部包装业发展；强化内部管理和制度建设，提高职工队伍素质和机关工作能力，努力做好“三个服务”；加强分支机构的管理，加强对地方协会的指导和服务，发挥中包联整体优势，促进我国包装行业持续、健康、稳步发展。

二、工作要点

按照石万鹏会长在中包联六届二次理事会议上的讲话精神，结合当前先进性教育活动，提出以下工作要点：

1.认真开展先进性教育活动，提高党性认识，增强支部战斗堡垒作用。按照国资委先进性教育领导小组的安排，结合实际，制订先进性教育活动方案，认真组织学习，坚定共产主义信念，提高党员素质，树立求真务实、清政廉洁、勤奋工作的作风，加强组织建设，发挥支部的战斗堡垒作用；扎扎实实做好分析评议工作，认认真真整改问题，结合工作实际建立和完善各项工作制度，实现制度化管理，使机关工作有实质性的改进，使所有党员树立立党为公，兢兢业业服务的意识，处处发挥共产党员的先锋模范作用，做到“两不误，两促进”。

2.加快产业结构调整的步伐，增强企业在市场竞争中的实力。推动行业发展是2005年工作的首要任务，通过完成国家发改委下达的《适应循环经济发展需要，大力发展绿色包装产业》课题，提出包装行业发展建议和需要解决的问题；通过制订包装行业“十一五”发展规划和2020年发展纲要，明确我国包装行业发展重点和阶段性目标，加快产业结构调整步伐，推动中国包装行业做强；通过加强对包装生产基地的指导和“中国包装优秀企业奖”评奖活动，提高企业在市场竞争中的实力；通过东西部技术交流与合作，加快包装区域性建设和发展，推动我国西部包装业的发展；通过举办各类经济技术展览和论坛，促进包装行业技术交流与进步。

3.开拓创新，用科技进步推动包装工业的发展。中包联将科技进步作为 2005 年的一项重点工作来抓，会同专业委员会、科研单位和大专院校，提出包装行业技术研究和开发体系建设方案，通过多种形式加快中国包装行业研发体系建设，加大引进技术和先进设备的消化、转化工作，提高我国包装行业产业升级；加快全国包装统编教材编写工作进度，加强宣传教育培训工作，通过各种媒体报道先进的包装技术和管理经验，通过举办不同类型的技术培训，促进企业人员素质的提高，促进企业产品升级和管理水平的提高；会同政府有关部门建立绿色包装评价体系和奖励机制，推动绿色包装工程的进展；会同政府有关部门推动国家标准《包装回收标志》（ＧＢ18455-2001）的贯彻实施，对符合国家标准的绿色包装产品颁发绿色环保合格证书，推动包装产品回收再利用工作的开展。

4.加强行业自律，提高服务意识，维护企业的合法权益。完善包装行业统计报告制度，建立包装行业信息快报体系，加强对包装行业的指导和服务工作；根据包装行业发展和分类，完善包装企业管理制度，提高企业自律能力，促进包装市场有序发展；通过广泛调研，会同有关部门协调解决《印刷业管理条例》存在的问题，维护包装企业的合法权益；发挥专业委员会和地方包协组织的作用深入企业调研，及时发现企业困难和问题，为企业提供信息和咨询服务，为企业出点子，谋发展。

5.加强国际间的交流与合作，做好世界包装大会的筹备工作。成立世界包装大会筹备工作委员会和办公室，明确责任分工，制订工作方案，努力做好 2006 年世界包装大会的筹备工作；在做好世界包装大会筹备工作的同时，做好“中国之星”和“世界之星”奖的评比工作，组织一定数量高质量的包装作品参加世界包装大会的评比，并协助世界包装组织做好 2006 年的颁奖工作；积极筹备好 2006 年世界包装机械设备展览，通过各种渠道组织国内外企业参展，为宣传我国先进产品和新技术引进创造搭建平台；筹备世界包装财富论坛，组织国内外专家介绍包装先进技术和包装行业发展形势，推动我国新技术和绿色包装产品的开发和引进；组织包装企业出国考察，参加各类相关会议，加强我国包装企业同国际相关组织的联系和合作。

6.加快包装标准制、修订速度和标准化建设。编制包装标准发展规划，明确标准制、修订工作重点，加快标准更新和同国际标准接轨的步伐；加强标准化组织管理工作，调整全国包装标准化技术委员会秘书处，完善标准化组织体系，调整秘书长；强化包装行业标准化管理工作，调整行业标准委员会秘书处人员，发挥包装科研单位和企业积极性，加快行业标准制修订工作进度；开展重要包装标准的宣传贯彻实施工作，组织不同形式的包装标准培训班，增强企业对包装标准的认识和理解，提升企业管理和产品质量；开展包装市场调查，围绕过度包装开展专题研究，搜集国内外相关规定和标准，建立过度包装评价标准，推动绿色包装工作的开展。

7. 加强协会自身建设，努力提高服务能力。认真学习贯彻《中共中央关于加强党的执政能力建设的决定》，结合包装行业工作实际和目前存在的主要问题，有计划地组织学习专业知识和机关文件撰稿知识，提高人员素质和服务本领，完善各项工作制度，强化机关管理。加强调查研究，为政府宏观决策提供科学依据，反映企业诉求，协助企业解决问题；调整机关内部组织机构，完善用人机制和制度，激发职工积极进取意识，努力做好本职工作；清理整顿分支机构，完善分支机构组织建设，发挥分支机构专业化作用，推动包装专业化发展；加强财务管理，建立定期核算制度，开源节流，积累资金，逐步壮大中包联的资金实力。

各省、自治区、市包装工业现状与发展前景

STATUS GUO AND DE VELOPING TRENDS

抢抓振兴东北老工业基地之机 加快黑龙江包装工业发展

自1999年省包协"四大"以来，黑龙江省包装工业已取得了长足的发展和进步，全省包装工业整体水平有了明显提高，取得了令人瞩目的成绩。2002年完成了包装工业总产值65.8亿元，完成工业增加值30亿元，工业总产值与2001年相比增长了12%，在全省国民经济40个主要行业中包装工业排列在第17位。从大量的事实中可以看到包装行业是朝阳产业，在市场经济中包装产品对产（商）品生产、运输、销售、价格、使用发挥着越来越大的作用。在当今国民经济持续、快速、健康发展的大好形势下，必须加快包装工业的发展，把包装工业作为新的经济增长点抓好。特别是要抢抓振兴老工业基地之机，包装工业要搞好配套服务。

关于今后的工作任务和发展方向，报告中指出：就整体发展水平而言，包装行业与其他行业在产品质量、经营管理、产需衔接、培育市场上还存在一定问题，与沿海省份比还有很大差距。每年因包装不善造成的损失仍然很大，有些企业整体素质差、效益低、改革慢、技术落后、设备陈旧、资金缺乏等等，都急需解决。

在我国已加入WTO和实现全球经济一体化的新形势下，黑龙江省包装行业整体发展战略是：按照党的十六届三中全会确定的工作任务和目标，以及省委省政府的战略部署，以科学技术为先导，以市场需求为导向，以经济效益为中心，兼顾社会效益；坚持以人为本，树立全面、协调、可持续的发展观；按照稳定政策，适度调整，深化改革，扩大开放，把握全面；为了振兴老工业基地，搞好发展配套，统筹兼顾，协调发展的思路，做好各项工作。

要坚持贯彻"三个代表"重要思想，深化企业内部改革。要把学习贯彻"三个代表"重要思想不断引向深入，继续在武装头脑、指导实践、推动工作上狠下功夫。目前，全省有1000多户包装企业，多种所有制并存，其中国有、集体性质企业占1/5左右，这些企业基本都属中小企业，要逐步通过联合、重组、改制等改革举措，以资本为纽带，配置和组建跨地区、跨行业、跨所有制的包装企业集团，发展壮大规模经济。

要坚持"科技兴包"战略，加大技术创新和技术改造力度。要千方百计提升包装产品创新水平，努力开发生产高科技含量的包装新产品。运用先进适用技术改造老设备，挖掘现有设备潜力。要下大力气开发节能、低耗、高性能、无污染的绿色包装制品。提高包装物的减量化、再资源化、重复利用化。要采取多渠道、多形式吸纳争取资金，加大对技术改造的投入，提高包装企业的产品水平、工艺水平、技术装备水平和经营管理水平。

坚持为振兴东北老工业基地服务，做好配套服务。党中央提出的加快老工业基地调整改造，振兴东北的战略决策，给全省带来了历史性重大机遇。包装工业应抓住机遇，坚持优质产品包装的原则，积极为装备工业产品、石化工业产品、绿色特色食品、林业产品、医药产品等做好外包装，加强包装改进工作，使之上档次、上水平，充分发挥包装改进的作用，提高社会效益和经济效益。

坚持抓好质量监督管理工作。要牢固树立"质量第一"思想，对国家规定的必须取得生产许可证的强制性认证包装产品，要积极配合有关部门做好监管工作。要全面推行ISO 9000国际质量认证体系，搞好质量认证工作，提高企业质量管理水平，适应与国际市场接轨的需要。要继续开展包装打假工作，重点打击利用包装物制售假冒伪劣产品的违法活动。整顿维护市场正常秩序，维护消费者的合法权益。

坚持强化宣传和教育工作，加大市场培育和人才培训的力度。各级包协组织和包装企业要提高对包装宣传工作的重要性的认识，要采取多种有效形式，利用包装报刊加大宣传力度，培育市场，扩大企业及产品知名度，拓宽销售渠道。通过宣传工作，普遍增强人们的包装意识，使人们更加关心和支持包装事业发展。

重视教育工作，加大人才培养力度，要发挥协会的优势，集中精力抓培训，提高职工业务素质。还要充分发挥包装专业高等院校作用，积极培养包装专业人才，提高他们的综合素质。

要坚持提高协会工作人员素质，充分发挥协会桥梁和纽带作用。协会工作人员要提高政治业务素质，增强创新意识、责任意识、开拓能力、创新能力、沟通协调能力，将协会各项工作做得更好。要教育职工坚持以人为本，真正做到权为民所用，情为民所系，利为民所谋，坚持讲真话，办实事，求实效。要充分发挥协会指导、协调和服务功能，将各项工作搞得更好。

甘肃省包装技术协会积极开展工作推动行业发展

2003年，甘肃省包装技术协会按照政府机构改革的要求，从加强协会自身建设入手，紧紧围绕“工业强省”的战略目标，转变工作作风，努力为企业服务，推动了省内包装行业的发展。

2003年，省包协认真筹备和积极组织召开了“甘肃省包装技术协会第五届换届大会暨全省包装工作会”。随着政府机构改革和职能转变，为充分发挥行业协会为会员和企业服务，为政府决策服务的纽带桥梁作用，更好地承担起政府赋予行业协会的职能，省包协为加强协会组织建设，2003年7月25日召开了甘肃省包装技术协会第五届会员代表大会，会议总结了省包协第四届理事会工作，安排部署了2003年包装技术协会工作；审议通过了省包装技术协会《章程》；选举产生了包协第五届理事会。由于这次大会准备充分，省内包装企业68个会员单位87位代表参加了会议，大会取得圆满成功。这次大会选举产生的新一届理事会和协会新的领导层，体现了“包装事业大家干，包装工作大家做”的原则，使一大批长期在第一线从事包装工作的企业领导走上了协会的领导岗位，为协会的发展增添了新的生命力。

省包协积极开展行业管理和咨询服务工作

协会根据工作需要，组建成立了“省包协专家咨询委员会”，聘请省内27位专家为协会专家委员会委员。该委员会自成立以来，在行业内已进行了3次行业评审活动和两次技术交流。配合省质量局和商检局在包装行业中开展了质量体系认证、危包生产许可证、瓦楞纸箱回收标志的宣传和咨询服务工作，协会为业内十一个包装企业进行了必要的咨询和现场指导。去年甘肃省包装企业获取ISO9000质量体系认证的企业26家；危包生产许可证已有35家正在报批。

协会注重抓基础工作。重新分类整理、编印了甘肃省包装企业名录200多家。建立了专家库和会员信息网。根据中包协要求，为中包统计部门确认和编印了省包装企业名单156家，同时也为省内下一步行业统计做了基础工作。包协深入包装企业抓协调服务。今年下半年共下企业7次，走访了17个包装企业了解情况，搞调研、找市场、抓协调，发展新会员8个。组织省内5家重点包装企业参加了“全国包装技术协会第六届代表大会”，并为大会推荐省常务理事2人，理事2人。

2003年包装行业完成技术改造项目6个，完成投资额2500多万元，建成兰州制桶厂200升锥形桶、天水新华印刷厂七层彩色纸箱生产线等项目。

协会按照中包协要求在省内开展了“瓦楞制品回收标志”申报工作。截至10月份全省已有8家纸箱企业获取了国际通用的“瓦楞纸箱回收标志许可证”。目前第二批回收标志申请工作正在进行。为了更好地为企业和会员服务，协会主动与质检部门协商，对省内纸箱会员单位的回收标志检测费实行了减免服务。

协会协助省质量局标准处，积极同中包标准化委员会联系，申报了省内兰州铁路局、兰州交通大学、省质量局等有关部门起草的“电碳化钙运输组合包装袋”地方标准提升为国家标准的评审材料和初审工作。

新的一年，甘肃省包协提出了新的工作思路

首先是继续加强行业协会自身建设和组织建设，牢固树立发展、改革、创新、服务的观念，不断提高协会的服务水平和质量。

省包协五届大会召开后，充分发挥新一届理事会的领导作用，研讨行业发展和协会具体工作。健全包协纸箱、装潢印刷、金属、塑料各专业委员会(或分会)的组织领导机构，把有创新能力，善于开拓，既懂经济又懂技术的人才充实到专业委员会工作。协会要组织各专业委员会在本行业中开展各类专业活动，进一步发挥包装专家委员会各位专家的作用，为行业评审、项目咨询、技术交流、企业评价、职工培训等方面进行咨询服务。要加强包装信息和《中国包装报》甘肃记者站工作力度。在行业中推荐和选拔一批思想觉悟高、思想敏锐、文字功底较好的通讯员，充实协会信息和记者站工作。年内召开一次纸箱、金属、塑料专业工作会会议，发布行业信息，组织行业交流，建立行业预警机制，帮助引导省内企业结构调整与发展。继续做好全省第二批国际通用“瓦楞纸箱回收标志”审查报送工作。要走企业办会的路子，适时举行各类包装新产品、新材料、新技术推介会，为企业提供优质服务。采取请进来，走出去的办法，积极组织省内包装企业的领导到外地参观学习先进技术和经验。

其次，进行包装产品结构调整，做好包装行业技术改造和项目建设工作。我国加入 WTO 以后，包装产品的优化升级和大力发展绿色包装，是应对各国技术壁垒、环境壁垒、检疫规则的根本措施。包装企业的要尽快了解和学习有关方面法规政策，同时要加大技术改造的力度，根据市场需求，有条件的企业要紧紧围绕省内“乳品、食品、药品、饮品、农副产品以及出口工业产品”的发展势头，不失时机的上一批技术含量高、市场潜力大的包装项目，坚决淘汰和限制低水平的重复建设，以包装骨干企业为龙头，把包装产业做大做强。根据甘肃省“工业强省”的发展战略，按照项目促发展的要求，适时召开重点骨干企业项目研讨会。

第三要切实增强包装产品的品牌意识。产品品牌是企业商誉的载体，也是企业参与市场竞争的无形资产，包装企业要想做大做强，必须要在争创名牌产品上下功夫。协会今年要在行业内进行名牌产品的推介和相关评审活动。在做好包装产品品牌建设的同时，要更加注重企业产品专利和商标使用权的保护意识。在维权服务上为企业多做工作。

第四要开展包装教育和职业资格培训工作。我国入世后，职业教育、职业培训已逐步与国际接轨。开展职业技能鉴定，推行职业资格证书是“科技兴国”的重要举措。根据中包协要积极抓好包装职工继续教育和培训工作的要求，协会将积极主动同中包总、中包协联系建立省包装职业资格考培鉴定站。把全省学历教育同职业培训有机的结合起来，充分发挥兰州交通大学、兰州商学院、兰州理工大学的教育资源，为全省包装企业培养一批高素质的技术人才。

第五要积极配合省商品检验检疫局、省产品质量检验局、省安全生产监督局做好 ISO 9000 质量体系认证和危险品包装生产许可证以及安全定点生产企业许可证的前期工作。

为企业成长成熟成功竭尽全力
北京包协求真务实全方位开展服务

北京市开展的包装·印刷工业战略调研以及守信企业公示等活动都引起广泛关注，而北京包协所做的工作功不可没，除此之外，北京包协还为包装企业及包装用户做了大量的信息服务、技术交流工作。

做好市政府主管部门委托的工作

1. 积极配合市经委行管办完成提升北京包装、印刷工业整体水平发展战略研究调研工作

包装、印刷工业以其无污染、多就业、服务性强的特点被北京市政府列入都市工业之一，成为今后北京工业重点扶持发展的行业之一。2003 年北京市经委行管办展开如何提升《北京包装·印刷工业整体水平发展战略研究》调研，北京包协积极配合参与调研。协会分别组织专家、重点包装企业并根据提纲和所掌握的行业情况提出书面材料，同时开通多种渠道收集素材、数据进行分类整合，形成了《提升北京包装、印刷工业整体水平发展战略研究调研报告》初稿。内容包括 5 大部分：世界包装工业的发展现状及趋势；我国包装工业发展现状和存在的主要问题；北京包装业的发展现状及存在的主要问题；北京发展包装工业所具有的优势和发展方向；发展北京包装业的若干政策建议。

2. 协助北京市质量技术监督局做好北京地区危险化学品包装物、容器产品生产许可证工作

为了做好北京地区危险化学品包装物、容器产品生产许可证工作，北京市质量技术监督局充分发挥北京包协技术人员以及包装行业专业优势，以及多年从事包装产品生产许可证的工作经验，委托北京包协做好北京地区危包生产许可证发放的前期调查摸底、实施细则的宣贯准备、企业申报工作。现已完成了对企业的调查摸底及企业申报和宣贯实施细则的准备工作。

3. 配合市工商局做好"守信企业"公示活动

2003年，北京市工商局把原在全市开展的"重合同、守信用"评审活动作为"守信企业"公示活动的延伸，并且第一次把这项活动的一部分工作交由行业协会办理。

为保证这一活动顺利进行，包协组成专门工作班子，并制定出实施方案，本着扶植、培育和严谨、细致、公开、公平、公正的原则做好推荐工作。协会严格按照"守信企业"标准对申报企业的业绩、诚信度、守法等情况，通过进行上网查询和对申报书面材料进行认真审阅，提出问题，及时纠正和补充。网上查询、书面材料全部符合要求后到企业进行现场考核。

通过考核，协会已将符合"守信企业"的包装企业推荐上报市工商局，待批准后正式颁发牌匾、证书。

认真完成中国包协行业委托的工作

1. 行业统计工作

为了更好地依法开展统计调查工作，建立统计调查制度，采集统计数据，北京包协制定了工作计划，并采取了如下措施：增强统计观念，向北京地区包装企业发信函500多封；按照中国包协的要求将相关文件分别送达北京市工商行政管理局和北京市统计局备案；从北京工商企业统计方面着手收集包装企业信息，查缺补漏；结合市工商局委托行业协会开展"守信企业"公示活动申报工作中收集企业信息再次查缺补、漏增补发统计信函。

2. 负责北京地区"瓦楞纸品回收标志"使用企业的受理工作

中国包装技术协会作为瓦楞行业唯一合法代表于2001年正式加入国际瓦楞纸箱联盟组织。根据中国包协授权，由北京包协负责北京地区"瓦楞纸品回收标志"的申请登记及对"瓦楞纸品回收标志"使用企业的联系与管理。

北京地区第一批在行业内申报使用国际通用"瓦楞纸品回收标志"的企业共有19家。

为包装行业服务、为包装企业服务

1. 加强行业质量管理，推进质量认证工作

为推动包装工业有序、健康的发展，提高包装企业的管理水平和综合素质，北京包协选择了成立最早、实力强、知名度高、信誉好、服务一流、认证范围全面、资深的中国方圆标志认证中心紧密合作，为包装企业开展ISO9000质量、ISO14000环境、OHSMS职业健康安全管理体系及产品质量认证工作。另外，协会为提高企业的整体素质和质量保证能力，与方圆认证中心合作举办了"包装认证企业ISO9000内审员培训班"，邀请了中国方圆委方圆认证中心的专家教授授课，为已通过方圆认证的10多家企业共29名领导和专业技术人员进行了培训。

2. 加快北京包装产业基地园区建设

为配合市政府包装、印刷都市工业的发展，加快北京包装都市工业建设步伐，为国内外知名包装企业进京发展提供平台，为打造京、津、唐环渤海包装基地，北京包装产业基地园区已初步建成，座落于著名的北京顺义空港工业区C区，规划占地6000亩。包装产业基地园以其独特的地理优势和空港的知名度及各种优惠政策吸引国内外知名包装企业入驻。

3. 与中国标准化协会合作，推进包装标准工作

中国标准化协会是专门从事标准化技术研究、标准制修订、编辑出版、标准的国际交流与合作的权威机构，在国际、国内有着广泛的影响。我国加入世界贸易组织后，市场竞争更加激烈，技术标准化的作用日渐突出。因此，北京包协根据包装行业的特点，借助中国标准化协会的优势，满足包装企业的不同需要，与中国标协合作开展制定中国标准化协会标准，推动包装标准与国际标准接轨的进程。

4. 组织推荐第四届质量管理优秀企业家评选活动

(1) 与市商检协会合作组织出口商品包装企业出国参观考察、交流

为了进一步了解国外包装工业发展的动态，学习国外包装企业的先进技术、先进管理经验，协会与北京市出口商品检疫检验协会共同组织北京地区包装企业厂长经理，赴澳大利亚参观国际包装展览并参观包装企业，开阔了眼界，找到了差距，使会员单位受益匪浅。

(2) 组织部分企业参加第三届中国印刷网印刷包装制品及防伪技术展示会

为了促进中国印刷包装制品行业的发展，北京包协组织部分会员单位参加了本次活动，北京北人羽新胶印有限责任公司、北京大宝化妆品有限公司等三家企业参加了展示会。为企业提供了直接寻找客源展示形象的机会。

充分利用多种信息渠道、为企业提供信息服务

1. 利用北京包装资料馆独家优势为企业服务

北京包协与崇文区图书馆合作建立的北京包装资料馆是全国惟一的一家包装专业资料馆，自1990年成立以来，为包装行业和相关行业做了大量信息服务工作。该馆拥有丰富的国内外包装专业图书、刊物、杂志和资料，为本市和外省市的专业技术人员和其他有关人员查询资料提供了便利。北京包装资料馆还与中国包装技术协会联合举办"瓦楞纸箱、印刷等多种专业质量技术培训班"，受到业界人士的好评。

2. 充分发挥中国包装报北京记者站的作用

中国包装报北京记者站已成为协会、会员宣传自我的阵地。一是将北京包协组织的各种会议及活动拟成稿件，在《中国包装报》上发表，使会员单位、包装企业了解包协的工作情况；二是宣传企业形象，提高企业知名度。

在"非典"时期，北京包协联络各企业的通讯员，将各企业在抗击"非典"中的先进事迹写出来发表在《中国包装报》上。

另外，北京记者站与《中国包装报》记者建立了联合采访会员单位的制度，定期走访企业，一同深入北京振兴纸箱厂、北京市纸箱厂、北京富特波尔容器有限公司等企业，了解企业的生产、经营及管理情况，并撰写专题报道。中国包装报北京记者站被中国包装报社授予2003年度优秀记者站称号。

与此同时，协会每月定期出版的《北京包装信息》，除了提供国内外最新实用信息外，还及时反映协会活动情况。为了更好地为广大会员单位服务，去年5月份新增设了"会员介绍"栏目，宣传介绍企业概况、生产经营、先进设备、先进技术、先进工艺、先进管理、信息化建设等。

包协除了定期出版《北京包装信息》外，还不定期出版《企业与市场信息》、《企业与企业家》内部刊物。

加强协会自身建设，增强协会工作活力

在抗击"非典"战斗中，北京包协全体职工团结一致，始终坚持一手抓抗击"非典"，一手抓协会工作。"非典"期间协会没有放过一天假，坚守工作岗位，"五一"长假期间都安排值班解决了应急的药瓶及消毒液用塑料瓶，没有一个人因个人、家庭困难请假，无一人感染，没有因"非典"而影响工作。

北京包装技术协会2004年工作计划

1. 积极配合市政府主管部门完成委托的工作

积极配合北京市工业促进局都市工业处完成《得升北京包装．印刷工业整体水平发展战略研究调研报告》，最后专家专业分析论证及成稿工作；

积极配合北京市质量技术监督局完成北京地区危险化学品四大类16种包装物、包装容器的生产企业生产许可证工作；

按照市工商局开展"守信企业"工作的要求和市工经联工作部署，认真做好北京包装行业"守信企业"推荐工作。

2. 继续做好行业主管部门委托的工作

按照中国包协的要求，努力克服困难继续做好北京地区包装行业的统计年报工作，为发展行业、政府制定发展战略决策提供参考依据；

受中国包协委托在北京包装行业中继续大力宣传、推广使用国际通用"瓦楞纸品回收标志"工作；

完成好中国包协交给的其他行业管理工作及组织好各项活动。

3. 推动行业技术进步，促进包装工业全面发展

对一些包装垄断性的原材料组织联合科研攻关，争取有突破；加快"北京包装产业基地园区"的建设步伐；充分利用协会信息灵通、渠道广的优势为有实力的包装企业介绍好的项目，积极引导多种方式的合资、合作。

4. 努力为包装企业服务、为会员服务

进一步加强协会与包装企业的联系，将走访包装企业作为缺席定下来，今年要完成50%以上包装会员单位及重点包装企业的走访工作，从而摸清行业情况，倾听企业需求，有针对性的为企业办实事，服好务；

继续加强与中国方圆认证中心的紧密合作，做好包装企业质量认证工作，不断提高企业管理水平、产品质量；

根据包装行业特点及企业需要举办各种培训班，全面提高包装企业素质，与中国方圆认证中心合作举办ISO 9000质量管理体系内审员培训班；与北京市检验检疫协会合作举办瓦楞纸箱质量检验人员培训班；与北京市中、小企业协会合作举办中小企业转制知识培训班。

5. 加强国际、国内包装技术交流与合作，适当地有针对性的组织包装企业参观考察、学习、交流进行商务洽谈。

6. 加强行业信息服务

充分利用并发挥北京包装资料馆、中国包装报北京记者站、中国包装工业杂志社、中国包装信息网等行业多种媒体作用，广泛宣传报道北京地区包装行业、包装企业、协会的工作；并加强与兄弟省、市协会和包装专业委员会的联系沟通信息；同时继续做好《北京包装信息》、《企业与市场信息》、《企业与企业家》内部刊物，可根据企业需求随时调整栏目、内容，为企业及时多提供有实用价值的信息服务。

7. 认真做好协会换届选举工作

8. 加强协会自身建设，适应市场经济发展原则

坚持企业家协会方向、坚持以人为本，培育出事业心强、能艰苦奋斗、不怕困难、不断创新勇于为自律、自强的协会组织，积极奉献的工作队伍。

坚持为行业服务、走进企业，倾听意见，广开思路，积极探索，求真务实，为企业发挥桥梁和助手作用。想企业所想，急企业所急，为企业多办实事增强协会的凝聚力，为发展北京市都市工业包装行业做出新的贡献。

温州包装行业的现状及发展前景

一、温州包装行业概况

1. 温州包装行业近年工业总产值、企业数、从业人数、占国内市场份额、产值超亿元企业数

目前包装行业各类装企业5000多家，包装工业总产值近70亿元(全省300多亿元)，从业人员达2万多人，其包装产品占有国内市场份额达5%以上，特别是包装印刷、包装机械在国内市场占有量达15%以上，全市产值超亿元的包装企业有6家（该六家企业以包装为主业，属跨行业多领域经营)。

2. 温州包装行业拥有科技术人员数量及分布，新产品开发、技术改造、人才培养引进情况

温州包装行业科技术人员比例极小，大专以上毕业生占从业比例不到2%，获中级职称以上的中高级科技人员不到1%。科技术人员主要分布在包装机械、包装印刷等几个专业上，包装行业新产品开发能力簿弱，技术改造力度不大，人才培养和引进未受到应有的重视。很多企业几乎没有专人或专门的技术开发机构进行技术开发与工艺改进。

3. 温州包装行业拥有的国字号基地、驰名商标、名牌产品情况

目前，温州包装行业拥有三个相关的国字号基地。这三个国字号基地是：“中国印刷城”、“中国塑料薄膜生产基地”、“中国编织袋基地”。

“葆春牌”包装机、“神力牌”印刷包装机械先后列入国家级新产品及国家火炬计划，先后多次荣获各类国家级金奖、银奖、国家新产品奖等奖项。还有“东方牌”、“东风牌”、“端起牌”等包装机械、塑料机械、印刷机械的品牌都是全国包装行业的知名品牌。

二、温州包装行业优势、劣势比较分析

温州市包装行业的产品结构较为齐全。从包装材料（主要是塑料、纸包装及复合软包装)、包装机械、包装印刷到各类包装制品(纸、塑等包装容器都已形成一定规模)，其技术水平与全国整体水平相

比，处于中等水平。

现将温州包装行业与国内外包装行业整体水平比较分析如下：

1. 人才素质方面

温州包装行业从整体上分析，比起国内外包装企业的人才素质相对较低。在国内上规模的包装企业的技术人才（大专以上）比例在5%～7%，国外发达国家包装企业技术人才比例在10%～30%，而温州包装行业的技术人才比例还不到2%。

在温州包装行业中，很多企业没有自己稳定的技术队伍，很多技术人员都是临聘、兼职和短期聘用。包装企业没有技术人员作后盾，常常是看到什么产品有市场，或企业中遇到什么技术问题就临时拼凑人员或到处临时招人，使产品开发的技术含量低，缺乏稳定而连续的技术开发能力。特别是遇到一些综合性、高难度的技术问题就无法解决。

企业对技术与技术人才的认识脱节或重视和认同不到位，他们也认为技术的重要，却对技术人才又不予重视（不愿花钱培养自己的技术队伍）。而且对技术重要性的认识只是遇到技术难题时才表现出来。

2. 技术创新方面

技术创新方面表现为能力薄弱，很多包装企业由于没有自己稳定的技术队伍，对自己的产品缺乏技术创新，总是几年搞一个不变的产品，一旦该产品经一段时间的市场销售后便从市场上消失，企业又去寻找新的产品，形成产品产业“短命”现象，致使温州包装企业很多搞不大。温州大部分包装企业往往在3～5年就销声匿迹了。

而国内外很多包装企业是不断地围绕自己的包装产品进行技术创新，长期在自己的领域进行研究和创新，使自己处于技术领先地位，不断有新的技术与产品推向市场，其实力与知名度也越来越大，这主要是他们几十年在包装领域不断的创新（如国内的京山轻机，国外的利乐公司等）。

3. 新产品的开发方面

温州包装行业中大部分企业是模仿能力过强，而新产品开发能力过弱。在知识产权越来越受重视的今天，企业难以再靠仿制与生存下去。这也可能是温州包装企业小而多，新发展企业创办多而寿命短的原因所在。温州很多小型包装企业是在找产品、借产品，看市场上有什么产品就去仿造，而不是去研究和开发新产品。

而国内外著名的包装企业是由专门的技术队伍不断在自己行业中瞄准有前途、有市场的技术去开发新产品。他们的新产品不断涌现，始终处于行业领先地位，他们为新产品敢于投入，善于利用和调动科技人员积极性，长期地在自己领域中构思、研究和开发具有领先水平的新产品，可能这正是温州企业最缺乏的。

4. 质量改善与降低成本方面

包装产品降低成本方面温州包装企业界都是做得很好的。但产品质量与先进的国内外包装企业相比存在一定的差距，特别是包装设备（如包装机械业）的使用寿命较低，维修率（返修率）较高。这主要是温州包装企业大部分产品属劳动密集型，更多的还是靠延长工作时间、减少劳动工资和使用低层次生产工人来降低成本，再就是技术人才的不足和先进技术术的缺乏。在技术方面投入的严重不足（很多企业在投入上重销售轻技术），最终影响了所生产的包装产品的质量。例如，温州生产的某些包装机械使用寿命仅为2～4年，而且使用时频繁地出现故障，使用户需要大量的维修费用，因此，很多用户对温州产品的评价是“好看不经用”。

而国内许多优秀的包装企业所生产的包装产品，质量很高、寿命很长、故障率几乎为零。例如德国的包装机和印刷机械，使用10年甚至30年也完好无损，能正常地工作。这主要是他们对产品质量的改善是建立在高层次技术人才队伍和长期对技术研究与大量的技术投入基础上，且长期跟踪包装技术领域的发展前沿，自始自终靠科学技术来改善质量和降低成本。

5. 防治污染方面

防治污染就是注重环境保护。作为包装行业，不属于污染型产业，但某些包装产品也有一定的污染成份。如包装机械的噪音、包装材料和包装容器等制品生产中的气体及溶剂的污染也是必须考虑的，而温州包装企业大部分在这方面还未引起足够的重视，可能会成为未来影响温州包装产业发展的重要因素之一。

6. 改进工艺和生产设备方面

温州包装行业的工艺与生产设备水平方面很不平衡。陈旧的设备、落后的工艺是温州包装企业的主流，但也有很少部分的包装企业购有先进的设备，引进或借用了先进的工艺。特别是在某些局部还使用了国外的先进技术，不过这方面予以重视的企业太少，真正产业化应用的技术很少。

工艺与设备上的不平衡表现在三个方面。企业内部的不平衡、行业内企业间的不平衡、某个产品上的不平衡。

企业内部的不平衡指企业内某些工艺与设备不相适应，设备先进而缺乏相配套的技术工艺。工艺落后使设备不能发挥作用。

行业内企业间的不平衡指同一类包装产品在不同的企业间，工艺与生产设备水平相差很大，而生产出的包装产品质量和档次也相差甚远，致使工艺与生产设备水平落后的企业用不正当的手段参与市场竞争，从而使包装行业陷入低档次、低水平（质量）的恶性竞争，导致了温州包装行业始终上不去水平，形成低水平仿制、倒闭、建厂再倒闭的怪圈。

某个产品上的不平衡指工艺和设备不配套，整体工艺不能适应该产品的实际生产要求，有的是仅仅为某一工艺而购置设备，一旦工艺改进或产品更新后，其设备就不能满足生产要求，最终导致产品更新达不到市场要求。

所有这些，在国内外先进的包装企业中，则始终保持工艺的先进性和生产设备的适应性。对工艺与设备的结合进行系统的研究，同时不断改进工艺以满足设备的高速高质量运转，同时有计划有目的地根据新产品开发和新工艺的应用去更新设备。

三、对策措施建议

1. 存在问题

温州包装行业存在问题如下：

(1)包装专业技术人员严重缺乏。

(2)缺乏先进的技术，特别是新技术和具有知识产权的技术。

(3)新产品开发和技术创新能力薄弱。

(4) 企业抗风险能力不强，缺乏长远发展的动力。

(5)信息不灵或缺乏行业发展的引导，不清楚行业发展的方向。

2. 对策与措施

(1)加强人才引进与培养

目前全国乃至全球，包装技术人才严重缺乏。这是因为包装行业是一个新兴的交叉行业，其人才的特点是复合及型创新型，现在我国包装方面的专业人才行业需求量很大，各地都出台相应的措施吸引他们。因此，温州包装行业要想持续发展并处于产业发展前列，就必然要设法引进人才，同时利用各种渠道和方式培养包装技术人才。

(2)建立包装技术创新中心

温州包装产业是一个由数千家中小企业组成，分布很广，规模很小。这些包装企业在技术上、产品开发上、技术信息收集上与相关产业结合关系上、参与国内外市场的运作上都没有一支自己的队伍，如果有一个专门的创新中心对这些相关技术加以研究，就有可能使温州包装产业做大做强。因此，应加快建立温州包装技术创新中心。

(3) 营造环境使之有利于技术的吸纳和人才的稳定

政府在包装行业的发展上，应加大环境改善。如人才引进上、技术成果的吸纳与转化上，政府应有相应的政策。例如，引进技术突出的专家或专门人才，政府应在待遇上用专项经费加以补贴，如北京市政府对获国务院津贴的专家就给予专项补贴。

具体就是国家给予补贴的，市政府还给予 1：1 的配套补贴，又如广东东莞对前来东莞创业的高层次人才在待遇上也有专门的市政府专项补贴。

3. 建议

(1)加强人才引进和技术投入，由政府通过具体政策加以引导。

(2)优化环境、出台引进人才和技术创新的措施与政策。

(3)创办温州包装科技园区，专门为包装企业提供技术、信息和其他帮助。

(4)建立包装新技术风险投资基金。

包协服务落在实处　产需衔接沟通城乡
安徽包装产业总体运行良好显现活力

安徽省包装产业总体运行良好，与全省工业同步发展。

1. 积极应对再攀高。去年虽因疫情、水灾等影响，工业生产受到波动，但全省上下积极应对，超前谋划，全省工业生产仍呈攀高态势，而包装工业更因一些大企业的新建、扩建和一些省外、国外包装企业的落户持续发展，按134家企业计算，预计产值超过80亿元，如按全省包装企业计算，产值可超过110亿元。

2. 在竞争中发展。随着安徽省工业的发展，对包装的需求增大，为产品配套的包装企业竞争激烈，一批企业被兼并被淘汰。一批企业通过技术改造，更新和引进设备，如永新、迎驾、山鹰、天福等产品适销，发展很快。一批企业产品对路，如国风、双津、特种容器等都极具活力。

3. 广阔农村是包装产品的大市场。农林牧副渔业的发展和加工，一些地方土特产品、瓜果和传统食品，需要包装机械和各类包装材料，促进了县乡镇包装企业的发展，如桐城、肖县、杨山及沿江一些县乡，到处可见包装企业。这些企业虽规模小，销售半径不大，却解决了当地就近的需要。

4. 股份制企业和私企发展很快。安徽省小型包装企业多，因公有制小型包装企业本身存在的一些问题，一些已倒闭或改制，较有影响的企业如蚌埠纸机厂、芜湖塑料四厂等已改为股份制。有的在倒闭后，资金、人才重组，一批小型纸、塑、印刷企业应运而生。据调查，这些小企业都有利润，并解决了一些就业问题。

5. 纸和纸制品有很大发展。经济的发展带动了包装工业的发展，原生产包装用纸的企业如金钟纸业等，特别是山鹰集团经过技改、扩建，年产量达35万吨，产值达10亿元。纸制品企业遍布城乡，在省包协的提倡推动下，小厂购大厂生产线纸板制箱，既提高了质量，也为大厂增添业务，如美菱、荣事达、迎驾、长征等都能稳步发展。特别是天福纸箱纸品公司拥有两条纸箱生产线，高强瓦楞原纸及纸管、桶等，预计2003年可实现销售收入2亿元，利税2000万元。

6. 塑料包装制品需求增加。塑料包装制品虽竞争激烈，但发展很快。在品种上如多层共挤膜、真空镀铝、双向拉伸聚丙烯膜、聚酯、塑编及各类膜、瓶、罐、盖及药品包装基本齐全，如永新、双津、国风等都是引进设备，产品具有一定竞争力。新增的还有迎驾特种容器公司及一些乡镇企业生产的各种塑制品很多，其设备也在不断更新，是一支不可忽视的力量。

7. 因市场需求和药用产品的增加，玻璃制品也有较大发展。如蚌埠、安庆、合肥等地玻璃厂不断改造，品种增多，淮南的乡镇玻璃企业现已为私企，也发展很快。

8. 按中国包协51号通知，为树立先进企业形象，提高产品质量和竞争力，开展了中国包装产品定点生产企业和中国包装行业优质产品活动，经省内评选并经中国包协评审批准，公布安徽省七家企业为中国包协定点生产企业，有两项产品为全国优质产品。

9. 原国家经贸委和国家统计局授予中国包协统计工作职能，中国包协召开了全国包装统计工作会议后，成立了统计部，在统计的企业和产品上，经与安徽省磋商，在原统计基础上，确定了安徽省134家包装企业的包装产品为统计对象。

10. 为展现安徽省包装装潢设计艺术水平，为产学研服务，并为“华东大奖”、“中国之星”评比做准备，省包协设计委员会于去年12月26～27日举办了省第六届设计艺术展。参评对象有企业、院校师生，展品有580余件，评比类别分为包装装潢、广告、造型和环艺三项，参展人员和参观群众热情洋溢，效果很好。

为建包装强省，今年安徽必须在提高技术装备水平，加速技术创新完善管理上下功夫，紧跟包装科研动态，开发新产品，多创名牌产品，寻求新的增长点，开辟新路子，以求新发展。

集约整合，联合发展。安徽省中小型企业多，受人才、资金、设备的制约，难以竞争，且易被淘汰，应实行集约整合，增强实力，才能上水平，上档次，提高竞争力。

积极开拓农村包装市场。广阔农村的农副产品和加工，对包装的需求很大，但因条件限制，包装相对薄弱。因此，开拓农村大市场，并提高其包装档次，既可解决其外运和有利于销售，又可增加收入和就业。

为企业服务是包协的宗旨。包协要做好咨询工作，为企业提供信息，组织企业参观参展和参加行业及专业会议，以拓宽眼界。对企业发展中遇到的问题，要认其帮助解决。

加强行业管理，适应调整，实施集约整合，增强竞争力，以发挥优势。如何赶先进，加速技术创新，开发新产品，创名牌？如何解决人才、资金、设备等问题？有些是需要国家、地方政府的支持和政策上的扶持，有些是靠协会和企业的争取。包装界的同仁，仍须群策群力。

（桐成）

宁夏包装产业保持良好发展势头

2003年，宁夏区包装行业在各级政府部门的关心支持下，在全行业广大包装工作者的共同努力下，按照全区经济发展总体要求，紧紧围绕加快工业化进程这一主线，推进包装工业结构调整，强化包装产业政策引导，加速包装工业技术进步和产业升级，提高包装企业市场竞争力，提高经济运行质量和效益，使全行业保持了持续快速健康发展的势头。

包装工业全年保持良好的发展态势

宁夏全区2003年完成包装工业总产值11.3亿元，比上年增长20%；工业增加值3.36亿元，增长16.7%；实现利润4500万元，增长26%。包装工业的产品产量进一步增长，纸包装制品完成11.74万吨，比上年增长26%；塑料包装制品3.88万吨，增长23%；玻璃包装制品3.32万吨，增长31%；金属包装制品1.82万吨，增长5%，包装装潢印刷24.6亿印，增长19%；包装机械的产量也比上年有所增长。包装企业的改革进一步深化，重点包装企业的技术改造得到进一步加强，市场竞争能力明显增强，重点包装产品的生产集中度和规模效益有所提高，科技先导作用在包装行业进一步得到重视，包装改进工作进一步深入，质量管理工作取得新的成效。

制定下发了2003年全区包装行业工作指导意见

根据全区经贸工作会议和全国包协秘书长工作会议精神，结合该区包装行业实际，制定下发了《2003年全区包装行业工作指导意见》。把握好改革、发展和稳定的关系，对全年包装工业结构调整、技术创新、深化改革、企业管理、包装改进等，提出了明确的指导意见。

贯彻执行《危险化学品安全管理条例》，认真做好危险化学品包装物、容器产品的监督管理工作

贯彻国家质监总局关于危险化学品包装物、容器产品实施生产许可证有关精神，会同自治区质量技术监督局组织召开了《危险化学品包装物、容器产品生产许可证实施细则》宣传贯彻会议，对全区换（发）证工作进行了部署。开展了危险化学品包装物、容器产品生产许可证申证企业有关条件的审查，进一步规范企业生产经营行为，加强企业管理，建立健全各项质量管理制度和检测手段，促进该区包装产品生产企业质量管理水平和产品质量的进一步提高。

组织开展包装行业统计工作

根据国家统计局的授权和中国包装技术协会关于开展全国包装行业统计工作的通知，组织实施全区包装行业统计工作，要求规模以上包装企业及时上报包装统计报表，加强与统计局的联系与合作，按时完成2002年度全区包装工业统计工作。对包装重点骨干企业的经营状况进行分析，为企业参与市场竞争提供统计依据。

认真做好包装标准制定工作

贯彻落实国家质监总局关于加强标准化工作的有关精神，针对电石软包装生产无标准的状况，会同有关部门进行广泛的市场调研和论证，帮助、指导有关企业制定了《碳化钙(电石)运输包装组合袋》企业标准，推动科技成果的标准转化，进一步健全企业质量管理体系，保证了产品质量，提高了市场竞争力。

开展多方面的交流

加强与沿海发达省市包装机构、企业间的交流与合作，组织区内包装重点骨干企业的经理厂长26人赴上海国际包装·印刷城、浙江爱迪尔集团等包装龙头企业学习考察，开阔了视野，拓展了思路，推进该区包装企业技术与管理水平的提高，促进优势企业加快发展。

努力做好信息工作，为包装企业发展提供优良服务

坚持定期印发内部刊物《包装及相关行业信息》，及时发布包装及相关行业主要产品生产、建设、科研开发和市场需求变化等信息，引导企业的投资方向和生产经营，全年共印发九期，取得了较好效果。

包协积极开展技术交流与推广工作，适应我国加入世贸组织后的新形势，经中国包协授权委托，自治区包协在该区包装行业推广使用国际通用“瓦楞制品回收标志”工作，促进并规范瓦楞纸箱产品的回收利用。组织部分包装印刷企业参加中国包协举办的“首届全国包装印刷产品质量评比交流展示会”，促进技术交流，提高产品质量。

加强政治理论学习和党风廉政建设

按照自治区经委党组的部署，认真学习党的十六大精神，学习贯彻“三个代表”重要思想，贯彻落实党风廉政建设责任的各项要求，参加有关知识竞赛。全体同志进一步提高了适应新形势的思想认识和依法行政、廉洁自律的自觉性，增强了抢抓机遇、加快发展的紧迫感和责任感。

2004年是深入贯彻十六大和十六届三中全会精神，深化改革、扩大开放、促进发展的重要一年，也是实现“十五”计划的关键一年。该区包装工作总的指导思想是：高举邓小平理论和“三个代表”重要思想的伟大旗帜，全面贯彻落实党的十六大和十六届三中全会精神，认真落实全区经济工作会议提出的各项任务，牢固树立全面、协调、可持续的科学发展观，以推进新型工业化为主线，不断提高包装工业经济运行的质量和效益；努力实现发展的速度和结构、质量、效益的相统一。开拓创新、求真务实，推动该区包装工业再上新台阶，为全区经济工作目标的实现做出贡献。

包协制定出今年的发展目标是：全行业完成工业总产值13.4亿元，同比增长19%；工业增加值396亿元，同比增长18%；实现利润5300万元，同比增长 18%。

围绕以上目标，自治区包装工业办公室、包装协会今年的工作重点和具体措施是：

按照走新型工业化道路的要求，大力促进包装产业结构调整

继续以优化企业结构和产品结构为重点，加大指导协调力度，大力推进全区包装企业集约整合，联合发展，培育具有竞争力的大型包装骨干企业，引导企业改善经济增长质量和效益，推进产业结构优化升级。

对大量的中小型包装企业，根据《中华人民共和国中小企业促进法》的要求，积极扶持、加强引导、完善服务、依法规范、保障权益，引导其向专、精、特、新方向发展。要结合整顿和规范市场经济秩序的部署，对技术落后、重复建设、资源浪费、污染环境严重的小企业加以限制，通过整合、兼并、民营化、股份制等多种方式进行改造，使中小企业充分发挥优势。

实施项目带动战略，推进包装企业技术改造

要抓住能够提升该区包装产业整体水平的环节或项目，重点推进，促成跨越式发展。着重抓好宁夏铁路利物实业有限公司危险货物运输包装生产基地项目的建设，宁夏宁嘉化学工业有限公司化肥包装袋扩能改造项目的工作。加强对小企业技改项目的指导，优化技改投资结构，提高企业的技术装备水平，推进全区包装工业再上一个新台阶。

大力推进包装工业企业技术创新

必须大力推进包装工业企业技术创新，使科研、技术、信息、教育、标准等方面形成合力，建立创新机制。同时大力发展高科技含量、高水平的包装装备制造业和绿色包装产业。下大力气培训科技人员和提高行业从业人员的整体技术水平和业务素质。

着手“十一五”规划的调研编制工作

根据自治区政府关于编制“十一五”规划的有关精神，总结我区包装工业发展的经验和教训，抓住新世纪经济和社会发展的重要机遇，树立“团结协作、与时俱进、促进包装工业与国民经济协调发展”的目标，把握‘包装与经济与社会与上下游产业的协调发展，行业自身各个层面的协调发展，地区间的协调发展，包装与环境的协调发展”的原则，认真做好‘十一五”包装工业发展规划的调研编制工作。

大力推行包装清洁生产

贯彻国家《清洁生产促进法》，按照国家有关要求，在包装行业施行清洁生产管理，大力推行清洁生产。对生产、销售列入强制回收目录包装物的企业进行监督检查。

认真开展质量管理工作

深入贯彻《危险化学品安全管理条例》，会同自治区质量技术监督部门，继续组织实施危险化学品包装物、容器产品生产许可证制度。按照自治区整顿和规范市场经济秩序工作部署，配合有关部门重点抓好打击伪劣产品、假冒包装和欺骗性包装的行为，搞好包装产品质量的监督检查工作。

做好统计工作

履行行业统计职能，依法组织实施全区包装行业的统计工作。在做好统计的基础上，研究分析国内、国际两个市场的情况，追踪包装科技领域前沿的信息，向政府提出生产力布局和宏观调控的政策建议，传达国家在经济方面的法规、政策。敏锐地反映行业中倾向性的问题，保护企业的合法权益。建立信息发布制度，加强对行业发展的指导。

坚持包装行业的对外开放

适应经济全球化和加入世贸组织的新形势，充分利用国际国内两个市场，拓展发展空间，以对外开放促进包装工业的改革和发展。进一步加强与沿海发达省市包装机构、企业间的交流与合作，适时组织企业外出参观学习，加大招商引资力度，积极主动的邀请有实力的外地包装企业来该区考察、投资。组织参加中国包协组织的出国交流考察、包装展览会等活动，促讲全区包装企业发展和工业化进程加速。

加强协会组织建设，依法治会

根据宁夏包装技术协会章程和行业实际，组织召开宁夏包装技术协会第三次代表大会，总结包协“二大”以来的工作，部署今后的工作任务，评选表彰全区先进包装企业、全区优秀包装企业家，进行换届改选，修改协会章程，建立健全各项规章制度，使协会工作健康发展。

进一步改进和完善工作方式

牢固树立面向各种所有制企业开展工作的观念，进一步转变职能，改进作风，改善管理方式，加强调查研究，推进依法行政，切实加强党风廉政建设，加强本单位规范化建设和内部管理，努力提高工作人员素质，提高为企业服务的能力。

广东省在全国印刷行业中占据十个第一

为改变我国印刷及设备器材工业落后的状况，20世纪80年代初，由原国家经委牵头的印刷技术装备协调小组提出了“激光照排、电子分色、胶印印刷、装订联动”的印刷技术进步的十六字方针。经过几个五年计划的努力，至90年代中期，十六字方针已基本实现。但和世界发达国家相比仍有相当大的差距。为此，受原国家经贸委的委托，中国印刷及设备器材工业协会组织了大批专家经过深入地调查研究、充分地讨论，于1999年正式提出了我国印刷业1996年～2010年的“28字技术发展方针”，即：“印前数字、网络化；印刷多色、高效化；印后多样、自动化；器材高质、系列化”。

近年来，我国的印刷业有了很大的发展，尤其是沿海地区。当然，这首先应归功于党的政策，但作为协会提出的技术发展方针是否起到了指导作用？是否对印刷业的发展具有前瞻性？该方针是否部分或全面得到了落实？受协会委托由技术委员会组织了一个调研小组，由协会副理事长杨靖华同志负责并于2003年12月份到广东进行了调研。

参加调研的人员主要来自协会和几个知名企业。有协会的有关专家，还有北大方正、天津长荣机械公司、陕西北人等企业代表。北京市工业促进局也派人参加了此次调研。调研组所到之处均受到了热情接待，广东省印协还派了专人陪同。调研历时5天，地点集中于珠江三角洲。共走访了四个印刷行业协会（广东省印刷行业协会、东莞市印刷行业协会、中山市印刷行业协会、深圳市印刷行业协会）和鹤山雅图仕印刷有限公司、中山张家边企业集团有限公司（中国包装印刷生产基地）、中山环亚塑料包装有限公司、中山伟达印刷有限公司、虎彩印刷集团有限公司、深圳金杯印刷有限公司、东莞恒辉集团（国际）有限公司、中华商务联合印刷（广东）有限公司、深圳劲嘉集团有限公司、嘉年实业股份有限公司、力嘉国际集团有限公司、羊城晚报印刷厂等十一个印刷企业，还拜访了海德堡中国有限公司深圳代表处。

通过调研我们对广东省的印刷业有了更加深入的了解，归纳起来可以用十个第一加以表述。

一、印刷企业数占全国第一

改革开放以来，广东省印刷企业数量增长近20倍，平均每年以15%的速度增长，超过其他工业发展速度。

据广东省印刷协会报告，根据行业统计，截至2003年6月底，全省共有印刷企业14723家，从业人员53.2万人。

据新闻出版总署统计，截至2002年底，全国共有印刷企业90788家，广东省印刷企业12999家，占全国印刷企业的14.318%，居全国第一位。

据国家统计局统计，2002年，全国共有印刷企业45086家，广东省5425家，占全国印刷企业的12.033%，居全国第一位。

二、民营企业数占全国第一

按国家统计局提供的2002年数据资料分析，广东省的民营企业为全国最多，下列数字可以说明。作为比较，同时显示了北京和上海的相关数据。

广东省不仅仅是企业数量大，而且也很有实力。例如虎彩集团有限公司创建于1989年，公司可提供设计、制版、印刷、烫金、标识等一条龙服务。现有ROLAN700印刷机八台、模切机十一台。产品主要为香烟包装盒，全国有100多个烟厂的烟标在此印刷，品种多达700个。2003年销售额可完成八亿元，较上一年增长30%。

三、三资企业数占全国第一

广东省现有三资企业1600家，约占全国2284家三资企业（不含三来一补企业731家）的70%。企业规模较大，如鹤山雅图仕印刷有限公司，目前共有员工一万多人，建筑面积18万平方米。现有生产线20多条，四色以上胶印机40多台，能全方位印刷、加工、制作各种类型纸制品，满足不同客户需求。主要产品有：包装盒、相册类、派对用品、贺卡、信封、拼图、立体书、儿童益智书、手提袋等。目前该公司的产品绝大部分远销欧、澳、非洲等世界各地，2002年出口总值5.89亿人民币。

广东同志深有体会的说：三资企业带来了新技术、新设备、新订单和先进的管理；他们还说：外资是龙头，民营企业是新生力量，可谓“两翼齐飞”。

四、产值占全国第一

广东省2002年印刷工业总产值实现659亿元，占全国1708亿元（不含设备与器材）的38.5%，其中深圳市为187亿元，占广东省的28.3%。

从全省印刷工业规模来看：

超过20亿元的有三家，中山包装印刷生产基地、鸿兴印刷（深圳）有限公司、鹤山雅图仕印刷有限公司。

超过5亿元的有10家，当纳利、虎彩、劲嘉、力嘉、新光等。

超过1亿元的有50家。

超过5000万元的有200家。

五、印刷加工出口额占全国第一

广东省印刷加工出口额占全国总出口额300亿元的2/3。其中鸿兴印刷（深圳）有限公司年销售额二亿三千万美元，产品全部出口；东莞金杯印刷有限公司印刷品99%出口；深圳力嘉国际集团2003年销售额实现七亿元，印刷产品有相册、各种彩盒、胶袋、手机盒、儿童玩具及瓦楞纸箱等，95%出口；中华商务联和印刷（广东）有限公司实现销售额六亿元左右，出口量占60%～65%。

六、采用新技术及进口印刷设备占全国第一

和国际上大的印刷设备制造商相比，目前国内印刷设备制造业在规模上、技术上还有一定的差距，所以每年都要从国外引进大量印刷设备，广东省不管是用汇数量上还是引进设备数量上均为全国第一。

广东省印刷行业无论在资金投入、先进设备拥有量上均远远走在了各省市的前面，这就为广东省印刷工业的发展提供了必要的物质基础。

例如，中华商务印刷（广东）公司拥有先进的印前、印刷、印后加工设备，率先在全国引进三台海德堡M600高速八色商业轮转机；又如，劲嘉集团拥有全球最先进的意大利Cerutti复合转移九色印刷联线凹印机组（全国仅此一台）、法国小森——尚帮七色联线圆压圆模切机组、瑞士Gullus七色＋丝印＋烫印＋模切柔印机群、全自动全息图定位烫金机及德国海德堡速霸胶印机群等各种先进设备。

七、CTP 拥有量占全国第一

截至到 2003 年 9 月底，CTP 全国拥有量为 226 台，广东省拥有 129 台，占 57%，且利用率普遍比较高。如广东羊城晚报报业集团从 1998 年开始引进 AGFA 北极星 100 型激光平板制版机，2000 年又引进了四台 200 型双激光头同类型制版机，生产能力 650 张/小时。

羊城晚报日平均 40 版、三次印刷，当天下午 2 时 30 分前必须印刷完毕，每次用版 832 张，四台制版机每次制版耗时 80 分钟（全彩），仅需制版工人五名。

八、印刷企业 100 强占全国第一

据 2003 年《印刷经理人》杂志登载：中国印刷企业 100 强旧行榜”中广东省就有 31 家印刷企业入围。

九、经济效益全国第一

广东省的印刷企业总的来说经济效益一直较好，三资企业经济效益更是高于民营企业、其出口则高于内销。据广东省印协提供的数字，广东省印刷企业年利润为 50 多亿元。例如，虎彩集团有限公司 2003 年销售额完成 8 亿元，较上一年增长 30%，利润达 6000 多万元。

十、重视印刷企业文化建设全国第一

广东省的印刷企业非常重视企业文化建设，特别是一些大型企业。

虎彩集团将企业文化看成是支撑企业发展的关键，主要内容有四点：(1) 利益共享，风险共担的 OTB 管理模式（即项项设目标、做事看效果、管人看考评）；(2) 不断求变、技术领先的创新能力；(3) 广纳百川、永葆强势的人才梯队；(4) 持续学习、超越自我的“学习型组织”。虎彩集团每年投入相当大的资金用于中高层管理人员及员工的培训。

劲嘉集团经营的理念是“持续创新永无止境、追求卓越创造完美”，让公司常新、让员工温馨、让客户放心。他们投资修建了占地 6000 多平方米的文化广场和建筑面积 1500 多平方米的文化中心，中心设有钢琴吧、网吧、酒吧、健身房、歌舞厅、网球场等体育娱乐设施。

深圳力嘉集团的领导认为，企业的成功有赖于员工的群策群力。为增强凝聚力，加强员工的归属感，公司投资兴建了容纳 4000 多名员工居住的职工宿舍，还修建了高尔夫球场、康乐室、阅览室等设施。

此外各大企业均有自办的刊物，虎彩办有《虎彩人》；雅图仕办有名为《LEO、PRESS》的刊物；劲嘉集团创办了月刊《深圳劲嘉》。这无疑也是企业文化的一大特色。

以振兴东北老工业基地为契机
打造吉林包装行业强势品牌

2004 年是国家提出振兴东北老工业基地的开局之年，也为包装行业带来了发展契机。要抓住机遇，发挥优势，推进吉林省包装工业的腾飞和发展。

1. 进一步强化行业协会的职能，包括代表职能，即代表本行业全体企业的共同利益，维护企业的合法权益，否则，就没有存在的必要；沟通职能，即政府和企业之间的桥梁；协调职能，协调同行企业之间的经营行为；监督职能，对本行业的经营行为进行严格监督；公证职能，受政府委托进行各项认证；统计职能，对本行业的基础情况统计分析；研究职能，对本行业的国内外情况进行调查研究，提出建议；服务职能，如信息、培训、咨询、展览、组织会议等。对这些职能要在实践中逐步落实和完善，真正成为政府和企业之间的中间层。

2. 当前要重点了解、掌握包装工业的市场行情、生产布局、产业结构的状况，搞清本省包装工业的优势和劣势所在，明确今后发展重点及其要解决的问题，引导企业通过重组整合，扩大资本实力，提高竞争力，实现优胜劣汰。

3. 要大力推进包装工业技术创新，全面提高包装产品质量。要采取有效措施，充分利用振兴东北老工业基地的政策和条件，推进包装工业企业的技术进步，协助企业改进装备性能，提高科技含量，改进产品质量，提升品位档次，引导企业进行有效的技术改造，提高整体装备水平。其重点是纸制品、包装印刷、塑料包装和包装机械四个行业要大力提高竞争力，提高市场占有率，增加社会效益和企业经济效益，逐步改变全省包装企业规模小、装备和技术比较落后，缺乏竞争力和效益低的状况，以适应本省在东北老工业基地改造中在食品、农副产品、医药、汽车零部件和化工产品等总量扩大后对包装的要求。

4. 开展全方位的咨询服务和各类人员的培训。根据企业要求，协会各专业委员会要有计划的把这项工作抓实，并见到成效。要同省质检局做好化学危险品包装容器生产许可证的工作，同时，协助包装印刷行业搞好技术培训，继续做好包装企业质量认证工作和推广绿色包装材料工作。

5. 要加强协会的组织建设。今年要召开省包协第四次委员代表大会，选举产生省包协新一届领导机构。同时，协助各市、州包协组织搞好换届工作。协会及各专委会要搞好自身建设，加强自律。

6. 要开展“吉林省包装强势品牌50强”评选活动。这项活动是根据市场的需求和企业的要求提出来的，其目的是，通过这次活动的开展，向社会推出品牌企业和产品，提升企业和产品的知名度，以增强包装产品的市场竞争力，加大包装行业品牌宣传力度。与会者还建议包协应多开展活动，真正把包协办成包装企业自己的行业组织，办成包装企业之家，使协会发挥多方面重要的作用。

四川包装工业持续快速增长

由于我国西部大开发战略实施的进一步推进，2003年四川国民经济发展增长11.8%，创下了历史新高。与此同时，国民经济重要组成部分的四川包装工业也有了新的发展，2003年增长12.1%，实现包装产值98.1亿元，包装产品的品种、产量和质量、经济效益都有较大提高，高档次、规模型企业不断出现，其发展继续保持快速增长的势头。总的来讲，主要体现在投资继续增长，品种数量增多等方面。

在包装材料方面，四川中达包装新材料有限公司（江苏中达集团子公司）总投资5.8亿元，在成都市经济技术开发区（国家级）建年产3.2万吨BOPP薄膜生产线，于12月16日正式投产。四川中金医药包装有限公司（江苏连云港中金医药包装有限公司子公司）总投资8000万元，在成都的都江堰科技开发区建PTP铝箔、SP复合膜医药包装项目已开工建设。四川眉山市东坡区在2003年厦门市召开的第7届中国投资贸易洽谈会上，与福建省建阳明珠纸业有限公司正式签定总投资15亿元、年产20万吨漂白纸浆项目，以满足四川包装用纸的需求。

在塑料包装方面，五粮液集团普什公司投资1亿多元，建成了世界上最大的3D影像塑胶生产线和世界上最大的立体影像塑胶生产线，并自主研发年产8万吨PET一次成型外包装生产线相继投产。四川琪乐塑编集团公司与中国塑编袋行业有影响的浙江隆兴实业公司签定了双方投资共建中国最大塑编集团的协议，年内首期投资3亿元。浙江隆兴实业公司联合当地40多家塑编企业加盟，在成都市新津县川浙合作工业区A区内，新建一个占地500亩的塑编袋生产基地破土动工。建成后产品将统一打上中国西部编织集团标识，预计在2至3年内，其产值将达到8亿元，成为名副其实的全国最大规模的塑料编织集团航母。成都清洋宝柏有限公司，由国外著名软包装企业加拿大铝业集团旗下的宝柏公司与成都一家民营企业合资成立，已成为四川中外合资的软包装龙头企业。

在包装科研方面，四川江安佳力纸业有限公司研制的竹胶合板新型生产技术已由中国包装总公司科技部主持顺利通过国家有关部门鉴定。该新型生产技术已获得国家发明专利及中国专利优秀奖。用该新型生产技术生产的竹胶合板，是理想的环保代木包装材料，并受到军工、机械、电子、化工等出口产品包装用户及外商客户的好评。西南交通大学材料科学与工程学院在成功研制出 ZNO 晶级复合抗菌剂的基础上，将其应用于 PC 和 PE 塑料包装材料中，研制开发出具有抗菌率达 99% 以上的抗菌包装袋。该产品已申请国家发明专利，并已开始在成都交大晶宇科技有限公司投产，投放市场便受到不少用户的青睐。

在包装印刷方面，台湾现代龙头企业秋雨集团与成都锦江区签约，投资 2.5 亿元，在锦江工业园区建设西南最大、具有国际一流水平的现代印务中心。四川兰剑集团的兰剑印务公司与美国麦安迪公司合作，总投资近亿元，新建的 8 色高精度柔版印刷生产线投产，为西南地区的食品和药品行业的知名产品率先生产出环保包装。

振兴东北老工业基地　加速辽宁包装工业发展

随着改革开放和市场经济的发展，全省包装工业在省委、省政府的领导下，由小到大，由弱变强，已经形成了门类比较齐全的，相对独立的现代包装工业体系。20 多年来，全省用于包装工业技术改造总投资达 70 多亿元，引进设备 3000 多台（套），生产线 250 多条，实施较大的技术改造项目 350 多项，开发新产品近 400 项。由于全省包装行业总体水平的提升，全省出口包装、运输包装因包装不善造成的损失下降到 0.5% 以下，全省累计包装减损，增收 15 亿元。全省包装工业年平均增长 12%，截止到 2003 年，全省包装工业总产值已突破 130 亿元。包装工业不仅每年承担全省 2400 亿元的国内消费品零售和近 140 亿美元出口商品包装的任务，也拉动了相关产业的发展，包装工业已经成为全省经济发展的一个新的经济增长点。

由于产业结构等许多深层次方面的原因，随着改革的深入，辽宁的经济发展曾出现困难局面，全省的包装工业发展也受到了一些影响。全省包装工业发展低于全国平均增长 18% 的增长速度，与沿海经济发达地区的差距在不断拉大，1982 年辽宁包装工业总产值居全国第三位，1985 年退居第四位，1990 年退居第九位，“九五”期间已被挤出前十位之外。包装材料和包装机械曾是辽宁包装工业的优势产业，曾为辽宁包装工业和全国包装工业的发展做出过突出的贡献。如上世纪 80 年代全省的纸和纸板的产量居全国第二位，产品运往全国各地，被称为“北纸南调”。80 年代初，国产第一台瓦楞纸板生产线诞生在辽宁丹东轻工机械厂，从而结束了我国瓦楞纸板生产设备长期依赖进口的局面。然而，随着珠江三角洲和长江三角洲经济的崛起，辽宁包装工业这两个优势也渐渐地失去了风采。随着我国加入 WTO，我国包装行业开始与国际接轨，2003 年全国包装工业总产值已达到 2700 亿元，已经发展成为包装大国。全国包装行业出现了企业规模集团化，生产基地化，销售国际化趋势。全国出现了 6 个国家级生产基地，上海国际包装印刷城等一些大型专业基地也正在建设中。相比之下，辽宁的包装工业发展还是相对滞后。省内包装企业还是以中小企业为主，没有形成规模经济，大中型企业不多，国内知名企业更少。各地区间包装工业发展水平不平衡，其中沈阳、大连两市集中了辽宁包装工业总产值的 2/3。因此，包装工业发展还不能适应全省经济的发展，特别是辽宁老工业基地振兴的需要。

党中央国务院实施振兴东北老工业基地战略决策，对辽宁经济的发展，产业结构调整和国有企业的改革，将带来巨大的推动力，国家在政策上、资金上等方面予以重点支持和扶植，这为全省包装工业发展也带来了极大的发展机遇。在辽宁包装工业面临发展机遇的关键时刻，闻书记对全省包装工作做出重要批示，这将激励全省包装战线的干部、职工开拓进取，做强做大辽宁省包装产业，使辽宁省早日成为包装大省和包装强省。

辽宁省是东北经济中心、交通枢纽，集中了东北地区的主要港口。辽宁是我国的装备制造业基地，拥有国有资产居全国第一，全省城市化水平也居全国第一位，全省 2003 年 GDP 达 6002 亿元，辽宁的区位优势、经济优势以及高素质的人才优势等，随着振兴东北老工业基地战略的实施，将得到充分展示，辽宁包装工业发展也是前景一片光明。辽宁有着巨大的包装市场容量，据统计，每年全省化妆品包装的90%，食品、饮料包装的50%、包装印刷的30～40%需要外埠配套。辽宁包装工业已成为投资的热点行业。全国最大的聚酯容器生产企业珠海中富股份有限公司，全国最大的瓶盖生产企业上海紫泉包装有限公司早已登陆辽宁，成为辽宁值得骄傲的包装企业。目前全省包装工业还有很多薄弱产业，如纸箱生产行业中，全省仅有生产线40条，全国有1800多条，仅占全国的2.2%。包装产品还有很多空白，如喷雾罐产品、七层瓦楞纸箱、高强薄壁轻量玻璃瓶等，全省包装工业有极大的发展空间。

闻书记在批示中还对包协的工作提出了具体要求：“要发挥包装协会的桥梁纽带作用，为企业搞好服务。”为此，省包协全体职工认真学习闻书记的批示精神，转变工作作风，增强服务意识，认真完成好政府委托的行业管理工作，为政府做好服务。同时要为企业做好服务，特别是来辽宁投资的企业，省包协要做好全方位的服务，做好与各级政府、包协、银行、铁路、港口等部门的协调，帮助协调解决在经营中遇到的困难等。总之，包装协会要为来辽宁投资建厂的企业做好保驾护航工作，不辜负闻书记的希望，为全省包装工业的振兴、繁荣做出应有的贡献。

全球化意识 国际化追求

——包装协会积极探索与国际包装业接轨的工作机制与模式

我国包装业处于一个高度开放的市场，也是跨国资本最早涉足的领域。面对这样一个几乎无所不“包”，覆盖了机械、化工、农林、纸业、食品、医药、国防等相关行业上下游的朝阳产业，伴随着改革开放的进程，昆明包装协会自觉突破行业、区域的思维定势，积极探索与国际包装业对接的包装理念、运行机制、运作模式、服务标准，努力打造业内的“地球村”。

昆明包协自1985年创建之初，从行使一定的政府职能实施行业管理，到今天逐步完成了市场化的演进，基本形成了一整套完备的服务体系。协会下设纸品、金属、玻璃、塑料、木包装以及包装科技、应用、包装机械、包装装潢设计、包装标准等委员会和法律咨询中心，并且承担《中国包装报》驻云南记者站的工作，为会员企业提供全方位的专业化服务，包括新技术开发，技术转让、中介；包装技术咨询，项目论证；包装装潢设计、包装工程设计、承包；编制项目建议书及可行性报告；企业决策分析及企业诊断以及组织国内外考察、技术交流活动等。

昆明包协遵循商会的国际惯例，严格按照市场的“游戏规则”设立门坎，当一些地方协会在绞尽脑汁拉会费、找钱路时，他们着重强调的是完善内部治理结构，理事会、理事长由会员大会经民主程序选举产生，对不能遵守协会章程、无故缺席协会活动以及有过不良记录的企业，坚决拒之门外。如果企业不能承担社会责任，出多大的价也无法获得会员资格，更不用说拿钱买理事长了——这是昆明包装协会的铁律。这条铁律贯彻了十几年，它不仅为协会赢得了公信力，深得会员企业的拥戴，而且行业的高度自律与健康发展，既为业内企业赢得了市场发展机遇，又为区域经济做出了贡献。协会的行业调研报告、《信息简报》以及有关包装与促进区域社会经济发展的提案，如包装业对区域经济的拉动、加快包装技术改造的建议、治理白色污染、组织科技成果鉴定的推广应用，加快建设昆明绿色包装产业基地等等，都引起了市政府、市政协的高度重视。

为了带动中国包装产业的升级，在“以市场换技术”的思想指导下，如今的国内包装高端市场——易拉罐、无菌纸盒、真空瓶盖几乎被跨国公司一统天下，使得包装行业即使在本土市场的发展空间上也受到了极大的挤压。面对这种严峻的状况，昆明包协以高度的危机意识和责任感，实实在在为企业研究对策，引领企业积极应对，突破重围。他们请来国家科技部授权机构中国包装总公司和研究院校的专家学者对当地包装企业的新产品、技术改造项目及生产线等科技成果进行国家级鉴定，为建立起企业的竞争优势，拓展产品的市场空间做了大量的基础性工作。日前，他们刚刚组织完成了对昆明两家企业技改项目的鉴定。

昆明包装协会最看重两个评价：一个是“会员之家”；一个是“学习型组织”。近几年来，由协会出面组织，当地会员企业的学习触角伸展到长三角、珠三角等地，业内领军企业的经验以及现代化的制造规模、设备工艺与经营模式，开阔了昆明包装企业的眼界；协会还组织当地的包装厂商到欧美等国参观国际包装博览会，考察包装及相关行业的跨国公司；而且在协会努力下，美国、德国、英国、瑞士等十几个国家的包装商会、厂商纷至沓来，带来国际上最先进的包装技术、工艺、设备、产品的信息，昆明包装业吸引了众多国内外战略合作伙伴。

文化是包装的根基。越是独特的民族风格就越能够吸引全世界的目光，秘书长王佑华这样诠释国际化的内涵。她对脚下这片神奇的土地有着一份永恒的爱，对这一方水土的文化底蕴有着深厚的理解。堪称“彩云之南”的云南，保留着自然、原始、绚丽的美，30多个少数民族风土人情多姿多彩，这一切给予她激情与创意，她以国际化的目光探索着源远流长千年传承的民族文化。《“西部印象”——首届中国西部民族包装设计精品大奖赛暨包装科技博览会》的策划倾注她的包装情结。业界对此给予了高度的关注、支持，这一尝试的意义就在于“越是民族的就越是世界的”，它将成为昆明包装协会对中国包装业的奉献。

把长春包装工业建成优势产业

自“五大”以来，长春包装工业取得了较大的成绩，整体水平有了明显的提高。市包装工业获得了跨越式发展，一直以高于全市国民经济发展的速度递增。全市包装工业总产值由市包协成立初期1981年的5871万元，到2003年达到15.5亿元；占全市工业总产值的比重由1981年的0.3%上升到1.1%；利税从1981年的580万元，上升到2003年的1.5亿元；包装企业从64家，增加到2003年的300多家；固定资产从2000万元，增加到2003年的5.3亿元；从业人员从1万多人，增加到5.5万人；各门类包装技术人员4300多人。

几年来，全市包装工业加快技术进步，积极引进国内外先进技术和设备。技术改造总投资达到2.8亿元，改造包装企业80多家，完成技术改造项目75个，有将近60%的骨干企业进行了改造和扩建。

报告中对我国在加入WTO和实现全球经济一体化的新形势下，长春包协所做的包装改进工作，包装统计工作，推广绿色包装产品，防治白色污染工作，推进包装企业ISO9000认证工作等进行了总结。

报告中指出：要坚持“科技兴包”战略，千方百计提升包装产品创新水平，努力开发生产高科技含量的包装新产品。继续强化宣传包装和包装教育工作，继续开展包装打假工作，重点打击利用包装物制售假冒伪劣产品的违法活动，整顿维护市场正常秩序，维护消费者的合法权益。

会议对未来五年长春包装工业的发展进行了部署。指导思想是：以邓小平理论和“三个代表”重要思想为指导，以全面建设小康社会为目标，紧紧抓住国家振兴东北老工业基地的契机，围绕长春市经济结构的调整，推进包装企业的改革，加速包装工业进步，促进包装工业的持续快速发展。

长春市包装工业的总产值，每年按30%的速度递增，到2010年达到58.97亿元，约占全市规模以上工业总产值比重的1.43%。到那时，全市的包装工业基本满足本地区的经济发展的需求，并成为长春产业新的经济增长点。

为此，长春市首先要加快企业改革，增强企业竞争力，使企业上规模、产品创名牌，加大科技含量，拓宽市场。具体做法是：(1)大力推动产权制度和经营机制改革，鼓励投资主体多元化、产权结构多元化。以资本为纽带，配置和组建跨地区、跨行业、跨所有制性质的包装企业集团，发展壮大规模经济，通过资产重组、整合，实现集约化经营。(2)要依靠科技进步，加快技术改造步伐。未来五年全市包装技术改造计划投入资金 5～10 亿元。改造一批重点、龙头企业，为长春市四大支柱产业——汽车零部件包装、粮食深加工包装（食品包装)、医药品包装、光电子包装等提供多品种、高质量的包装。加快重点骨干企业的技术开发体系建设，力争未来 5 年内有 3～5 户企业进入省、市企业技术中心行列。(3)要继续加强包装改进工作，提高产品包装改进的广度和深度。根据市场经济的不断深入和发展，包装改进工作已由改革开放初期的对重点产品、重点企业的包装改进，减少破损工作，转移到运用高新技术和适用技术迅速使包装产品适应市场需求方面。努力开拓技术含量高的包装材料、包装产品。改进和延长食品包装的保鲜期。发展绿色包装产品，包装达到环保要求。(4)要牢固树立质量第一的思想，抓好包装行业质量监督管理工作。积极配合技术监督部门做好对国家规定的必须取得生产许可证的强制性认证的包装产品的发证和监管工作。在本地全面推行 ISO 9000 认证工作。继续推广、使用国际瓦楞纸箱联盟通用的瓦楞制品回收标志。积极为包装立法研究探索，争取为国家提供有价值的条款。(5)要做好包装统计工作，履行行业统计职能。积极主动地承担起本行业统计职能，把真实的数据统计出来，把统计工作做好。(6)要做好协会工作，为包装企业服好务。强化为政府、行业、企业服务意识。提高服务水平，扩大服务面，服务内容不断创新，要与时俱进。协会工作人员素质要高、懂专业，协会要走企业家办会的路子，使协会真正办成“包装企业之家”。

坚持协会宗旨　提高服务水平

十年来镇江包协坚持为政府服务，做好政府的助手，将政府有关行业政策、方针、目标、法律法规及时传达给企业，架好政府与企业之间的桥梁，完成政府交给的各项工作；为行业服务，做好镇江市包装行业调查、行业规划、行业结构调整、行业统计、行业协调等工作；为企业服务，帮助企业开发产品，加强技术改造，培训专业人才，提高企业管理水平，打造镇江包装工业整体水平；加强行业管理，做好纸箱产品准产证发放工作，推动纸箱行业发展；为企业服务，帮助企业牵线搭桥、调剂设备、盘活资金，为企业技术改造添砖加瓦；积极开展技术交流活动，一方面请专家来镇江举办专业讲座活动，另一方面，组织企业领导到发达地区参观先进企业，开拓视野，更新企业经营管理理念，提高企业生产管理水平，加快企业发展步伐；重视协会自身建设，加强协会日常工作，协会人员在帮助企业提高技术管理水平的同时，注重工作人员自身专业技术水平的提高，积极参加有关专业学习，提高综合素质，更好地为企业服务；并做好一月一期“包装简报”工作，将行业动态、行业信息、行业发展趋势及有关新技术、新产品、新工艺、新材料等及时传达给企业，帮助企业掌握了解行业情况，把好企业生产经营关，走健康有序发展之路。镇江包协多年来还坚持为企业服务，帮助企业创名牌、树形象、争市场、求发展，帮助企业不断发展壮大，企业规模、实力、水平都发生了显著的变化，有力地推动了镇江市包装工业发展。截止 2003 年，镇江市包装工业销售收入实现 100 个亿，利税收入 13 个亿，占全市工业销售收入 13.12%，利税总额的 20.93%，形成具有镇江特色的在国内占有一席之地的纸包装、金属包装、复合包装的包装工业，成为镇江市国民经济的支柱产业之一。

一、修改、通过了新的《镇江市包装技术协会章程》；酝酿通过了市包协第三届理事、常务理事，并在第三届常务理事第一次会议上选举产生了第三届理事会会长、副会长和秘书长。

二、对包协今后几年的工作提出了几点要求：(1) 认真履行协会职能，真诚为会员服务；(2) 深入调研，积极建议，促进镇江包装工业结构调整和发展；(3) 解放思想，拓宽思路，开展形式多样，富有实效的活动；(4) 遵守协会《章程》，加强协会建设，提高协会工作的组织工作。

江苏省包协孙林秘书长参加了会议并讲了话："镇江包协成立20年来，为镇江包装行业壮大作了艰苦努力，取得了显著成绩，镇江包协的工作是走在全省各市包协前列的。"他说，当前协会工作围绕四方面进行：(1)进一步转变观念。要主动去工作、主动去服务，要主动争得各级政府的重视和支持，必须要明确"有为才能有位"。(2)进一步找准定位，包协组织的根本宗旨就是服务。政府、协会、企业是市场经济的主体，"三个服务"是我国政治、经济、文化和社会发展对行业协会的客观要求。(3)进一步使各级协会组织的工作适应先进生产力发展的需要，只有这样协会才能真正有生命力，才能真正生存发展下去。(4)进一步紧紧依靠各方面支持，要调动各方面的积极性，共同推进行业工作的发展。

三、充分认识行业协会的地位和作用。行业协会是一个专门从事行业协调管理和保持政企良好沟通的组织。现阶段，行业协会要在开展行业调查、研究、参与制定行业规划和行业标准、推广应用科技成果、组织人才、技术、职业培训、规范行业行为、实施行业自律、维护公平竞争等方面作出更多的努力。要创造性地开展工作，全力推动行业、企业的健康、持续、协调发展。协会要结合行业特点，充分发挥好管理服务功能。行业协会的宗旨是服务，既要为政府服务，更要为企业服务。为政府服务主要表现为以下四个方面：(1)宣传政府的产业政策，引导企业把握好发展方向；(2)积累行业发展的资料，为政府制定政策提供信息和参考依据，使之更加贴合实施，具有可操作性；(3)发挥协会专业人才优势，参与制订行业发展规划；(4)接受政府委托，组织开展行业调查。为企业服务就是通过行业内外协调并为他们提供技术、管理、经营、培训等各方面的支持。行业协会工作的关键就在于要做一些企业想做但做不了的事情，要为企业和整个行业的健康发展做一些实实在在的管理和服务工作。

上海包装工业演变新格局

2004年上海的包装工作在上海市包装技术协会的指导下，蒸蒸日上。在市场经济的大潮中，以科技创新为动力，充分发挥协会在企业中的核心作用，在政府职能转变过程中起到了发展包装产业、服务包装企业和规范包装行业的积极作用。

完成政府布置的各项任务

2004年，上海包协完成国家发改委布置的《上海市包装行业调查报告》，按时完成上海市经委交办的2003年都市型(包装·印刷)工作现状及2004年上海市经委交办的商品适度包装研究，经过专家、教授和行业资深人士的座谈、讨论完成《上海商品适度包装的暂行办法》的课题。

抓好行业平台建设 推进都市型工作发展

上海国际包装·印刷城，经过两年多的参与和筹措，终于在2004年4月21日落成开业，上海包协尽力帮助和精心策划，成功举办了有两千多位国内外同行参加的开业盛典，同时协助举办了中国包协常务理事会、海峡两岸包装设计交流会、首届上海包装·印刷机械及原辅材料展以及举办了上海市包协各专业委员会的年会活动。

举办中国包装财富论坛

在上海国际包装·印刷城举办中国包装财富论坛，这是在我国包装行业中的一次大胆尝试，在这次活动中，邀请了10多个国家的包装组织、60多位国外来宾，300多位同行参加，专家、学者发表的演讲，对我国包装的现状与未来发展，提供了透彻的分析。

强强联手 打造国际展览品牌

上海包协与上海现代国际展览有限公司强强联手，2004年6月，在上海新国际博览中心成功举办上海国际包装工业展，其中瓦楞纸箱展区规模达到12000平方米，集中汇聚了国内外瓦楞纸箱设备与技术，同时协会还举办了上海国际瓦楞纸箱发展高层论坛和长三角塑料包装产业信息交流会。

倡导循环经济 推进绿色包装

由上海市科协主办，上海市包协承办的《绿色包装与市民健康》主题沙龙在2004年引起有关专家、学者和新闻媒体的重视。在这个主题沙龙中，与会者针对市场上沿用的废旧再生塑料袋，剖析其隐性毒害，危及人身健康的严重性，进行了认真的探讨，并大声呼吁社会严禁隐性毒袋的使用。

开展国际性交流 适应全球经济发展

上海包协在2004年曾两度组团赴日本考察，参观日本包装、印刷、纸制品、木质包装企业，参观包装材料超市、参观生产企业的研究设计机构，出席第八届APD TOKYO亚洲包装设计交流会，组织企业出展2004东京国际包装展，拜会日本包装协会等5个相关专业团体，通过访问了解了国外先进技术和管理。

建立原创设计大师工作室 推动设计产业化

上海包协积极开展创建原创设计工作室的活动，近期推荐的首批二位大师级原创设计工作室将正式挂牌。

协会信息网络建设有新突破

上海包协积极开拓以上海市包装网命名的协会网站，去年上海包协获得了中国科协赋予的学会之星光荣称号，并获得上海市卢湾区财政局颁发的会计基础工作规范化证书。

加快推进云南省新型工业化健康发展

随着现代科学技术的迅猛发展和经济全球化、区域经济一体化进程的加快，我国正加快建立和完善社会主义市场经济体制，推动企业进入世界经济体系，参与国际竞争。为了增强我省企业的市场竞争力和综合实力，省经委正在按照“工业强省”的战略部署，以加快推进新型工业化为主题，积极推动工业结构调整，加大支柱产业和重点企业培育力度，大力打造行业龙头企业，增强企业的核心竞争力，积极引进战略合作伙伴，快速提升重点企业的整体素质。包装工业是为多个行业配套服务的产业，包装工业的组织结构和产品结构只有与各行业的发展与需求相适应才能健康发展。所以，各位企业家、专家、代表今天聚集在一起，研讨云南包装印刷产业结构调整问题，这对于促进包装企业的交流、合作和包装工业的发展具有重要的意义。

一、云南省加快推进新型工业化情况

工业是现代化的基础和前提。长期以来。云南工业发展滞后，工业的整体水平落后于全国，已成为制约我省经济社会发展的重要因素。为实现全面建设小康社会的目标，去年11月，省委、省政府召开云南省加快推进新型工业化工作会议，提出要全面实施“工业强省”战略。根据会议出台的《中共云南省委、云南省人民政府关于加快推进新型工业化进程的决定》、《云南省新型工业化重点产业发展规划纲要》，我省要率先发展工业，做强做大烟草及配套、能源、医药、农特产品加工、信息、冶金、化工、机械制造、建材、造纸等10个重点产业，重点建设30个工业园区，突出抓好30户大企业、大集团，实现云南工业跨越式发展。

为认真贯彻落实“工业强省”战略，今年以来，省经委以加快推进新型工业化为中心工作，组织编制了10大重点产业的发展规划。针对我省工业结构不合理，支柱产业单一的实际，在巩固发展烟草产业的同时，将发展的重点转到电力、冶金、医药、化工、煤炭、矿产业及农特产品加工等具有比较优势的非烟产业发展上。为尽快改变我省工业企业普遍规模小、竞争力弱的状况，依托优势企业或知名品牌，通过兼并、收购、联合及资产划转等方式，对冶金、化工、制药、建材、煤炭、机械、电子、制糖、橡胶、制茶等10个重点工业行业进行整合，促进各种优势资源向优势企业和优秀企业家集中，培育一批拥有自主知识产权、核心竞争力强、能发挥主导带动作用的大企业、大集团，提高产业集中度。根据国家宏观调控的有关政策，我们一方面通过产业政策淘汰落后生产设备、技术工艺；另一方面，着力于推广重大、关键、共性技术和先进实用技术。以10大产业为重点，瞄准国际国内先进水平，在精深加工、新产品开发、节能降耗、防治污染等方面，实施了一批重大技术改造项目。同时，积极支持中小企业向“精、专、特、优”和劳动密集型、精深加工型、出口创汇型方向发展，围绕优势产业和大企业，发展形成具有专业化配套和服务功能的中小企业群。并从政策、资金、环境等方面大力改善发展条件，放宽市场准入，消除体制性障碍，积极支持和引导非公有制经济发展。

目前，全省上下对发展工业的认识高度统一，政策措施到位，投入增加，工业经济发展势头强劲，速度与效益持续稳定增长，1～10月，全省规模以上工业完成增加值729亿元，同比增长16%，为“十五”以来工业增长最快的时期，工业在全省经济中的主导作用明显增强。

二、云南包装印刷业的发展现状及存在问题

包装是发展市场经济不可缺少的重要组成部分。随着我省经济的快速发展，人民生活水平的不断提高，生产企业越来越重视产品的包装。市场要求商品的包装要各具特色，不但要保护商品。方便运输和储存，还要能宣传商品、树立企业形象，提高商品的附加值和市场竞争力。我省的包装工业经过20多年的发展，已经形成拥有纸包装、塑料包装、金属包装、玻陶包装和木、棉、竹、麻包装制品以及包装设计、包装印刷、包装机械等门类基本齐全的工业体系。到2003年，全省已有包装企业900多家，从业人员近5万人，形成固定资产原值57.7亿元、净值43.3亿元，完成工业总产值74.2亿元、工业增加值25。8亿元．实现利税8.1亿元。其中，包装印刷业完成工业总产值占全行业的50.2%，工业增加值占全行业的50.5%，实现利税占全行业的64.5%，是我省包装工业的骨干产业。我省的包装印刷业是在烟草工业快速发展的带动下发展起来的，起点高、设备先进、产品一流是我省包装印刷业的优势，烟用小包、条包的印刷工艺是我省包装印刷业的代表作。我省上水平、有规模的彩盒生产企业基本上都是为“两烟”配套设立，跟随“两烟”的需要进行技改而不断发展起来的，包装印刷企业为我省打造“云烟”品牌作出了重要贡献。

根据《云南省新型工业化重点产业发展规划纲要》，今后，烟草配套产业要引进符合高档商标加工及短流程、低物耗要求的圆压、圆烫、压痕、模切工艺技术，发展新型胶印、丝网印刷和凹印生产线合理配组。按照我省即将出台的《云南省新型工业化烟草及配套产业发展规划》，2004年～2020年，烟草及配套产业要以卷烟制造、包装印刷、辅料制造、烟草机械为基本构架，形成以卷烟产品促进烤烟种植，带动包装印刷和辅料生产、机械加工集约配套的完整体系。卷烟包装印刷的发展方向是：重点抓好crP直接制版系统、卷筒软包全息烫金、多色凹印机及高速圆压圆丝网印刷、全息烫印、模切组合技术成果产业化等重大项目。积极调整产品结构，开发新型包装材料，降低成本，重视烟标防伪标志的印刷，拓展烟草配套以外的中高档印刷包装市场。2005年，生产负荷达到年设计能力的70%以上，提高10个以上百分点，向卷烟以外行业拓展取得实质性进展。通过整合，玉溪、昆明、曲靖、红河、昭通等主要产烟地区形成8～10户具有较强核心竞争力的印刷包装企业集团，使云南成为西南重要的印刷包装生产基地。

我唐推进新型工业化进程的加快和烟草及配套产业的快速发展，给包装印刷业带来了很好的发展机遏和巨大的商机。但是，我们同时也要看到包装印刷产业发展中存在的问题，主要是：

1. 包装印刷行业生产能力过剩，多数企业开工不足，造成设备闲置和浪费；

2. 同一地区重复设厂，且生产的产品趋同，不能适应市场需求多样化的要求；

3. 企业的技术创新能力较弱，新材料、新工艺的研发滞后，致使企业的市场竞争力弱，部分新产品订单外流；

4. 包装印刷企业更多依赖于烟草产业发展，产品结构单一，造成我省食品、药品、酒类、茶叶、食糖等包装物工艺水平不高，不少包装物需省外提供；

5. 企业的市场观念和竞争意识不强，对引进战略合作伙伴，改造提升自身的生产、管理技术犹豫不前，更缺乏“走出去”、向省外国外发展的勇气和魄力。　我省包装印刷业存在的这些问题，有思想观念落后的原因，但主要是产业组织结构和产品结构不科学、不合理，与已经发生了变化的市场需求不相适应，如果不及时优化调整结构，势必影响我省包装印刷业的健康发展。

三、对包装印刷产业结构调整的几点建议

1. 政府职能部门要加强对轻工产业的宏观调控。我省已经拥有国外进口的凹版印刷的生产线50多条，是全国进口凹印线最多的省份。早在1998年省经贸委就下文禁止再上凹印生产线，但由于种种原因，这些年各地又引进了10多条凹印生产线。各地往往只局限于眼前利益，并没有考虑市场需要和长远发展趋势。今后，在包装印刷项目审批和设备引进上，政府部门将加大宏观管理和调控力度，防止低水平重复建设。必要时，将听取相关行业协会的意见和建议。

2. 以资产为纽带，整合包装印刷业。各地职能管理部门要支持上规模、有实力的包装印刷企业进行资产重组，以股份制形式建立大公司、大集团，建立和完善现代企业制度，逐步改变包装印刷企业小而分散的状态，形成集团化、规模化经营，树立品牌优势，增强市场竞争力。

3. 包装印刷企业要加大产品开发力度。除了继续搞好为“两烟”配套包装外，要大力开发药品、食品、茶叶、酒类、食糖及农副产品包装，尽快改变我省涉烟以外产品包装落后和较大份额产品依靠省外提供包装的状况。’

4. 包装印刷企业要积极开拓国外市场。我省的许多包装印刷企业在技术、设备、资金、人才等方面都积累了较强优势，在周边国家市场有一定竞争力。随着中国——东盟自由贸易区建设进程的加快，我省的包装印刷企业要积极利用“两种资源、两个市场”，走出国门，到国外办厂兴业，发展壮大自己。

5. 要加强行业协会的作用。随着改革的深入和政府职能的进一步转变，作为同行业企业自愿组织建立、以服务为宗旨的行业协会，要在经济活动中发挥好联系政府和企业的桥梁作用。企业也要继续重视和支持省包装行业协会的工作，加强交流与合作，共同推进云南包装印刷产业的发展。

架起连心桥 实现新跨越

1. 回顾 1996 年全省包装工业总产值为 11 亿元，到 2002 年全省包装工业总产值为 17 亿元，占全省工业总产值的 1.4%，包装工业产值平均每年增长 9%，截至 2002 年底，全省包装、印刷企业共有 1400 余家，从业人数达 10 万人。主要包装产品产量大幅度增长，纸包装制品由年产 11.5 万吨增加到 130 万吨，塑料包装制品由年产 2.8 万吨增加到 22 万吨，玻璃包装制品由年产 9.7 万吨增加到 20 万吨，金属包装制品由年产 2.5 万吨增加到 12.5 万吨，包装装潢印刷由 30 亿印增加到 108 亿印，包装机械尤其是包装装潢印刷机械向微机程控化、系列化迈进。全省包装行业跨上了新台阶。但也存在着一些问题：(1) 包装企业大都规模小，产业集中度低；(2) 一些重要包装领域十分薄弱，主要技术含量的设备和原辅材料还严重依赖进口；(3) 包装制品成本较高，直接影响商品的竞争力；(4) 包装管理比较落后，技术人才严重匮乏，企业创新能力较差；(5) 包装的宏观管理亟待加强，涉及包装的标准、法律、法规严重不足等问题。

2. 开拓创新，与时俱进，开创包装行业协会新局面。山西省包装协会至 1982 年成立以来一直实行两块牌子一套人马合署办公，2002 年省包装办公室由省经贸委划转省新闻出版局，隶属关系变了，但包装协会的性质没有变，宗旨没有变。需要变化的是调整好人员的心态，转变观念，找准自己的位置，找准自己的工作平台，改善工作方法，求真务实，与时俱进，开拓创新，以适应新形势、新任务的需要。

3. 山西包装行业面临的形势与任务，协会要以十六大精神为指针，认真学习实践“三个代表”的重要思想，协会的工作要体现时代性，把握规律性，富于创新性，要开创山西省包装行业新局面。在今后工作中，协会的工作就是要以市场为导向，遵循市场经济规律，不断满足优质、安全、方便、美观、无污染、无公害的国内外包装制品市场的需求；发挥区域优势，依托优势包装工业专业化生产区域，实现包装制品的制造、研发与原材料基地紧密结合；适度规模经营，与原材料基地的规模和市场的需求相适应；采用先进的适用技术，保护和发展传统工业；发展和保护并重，防止包装企业对环境的污染和环境对包装制品的污染；充分发挥高新技术产业开发和工业园区的作用，走产、学、研相结合之路。要履行统计职能，建立信息发布制度，做到信息共享；强调了要加强协会的自身建设，提高协会工作人员的综合素质。

包装各行业现状及发展前景

PACKAGING RELATED TRADS:STATUS QUO & DEVELOPING TRENDS

2004 年医药包装市场发展新特点

2004 年已渐至尾声，纵观 2004 年我国医药包装发展情况，我们发现了不少亮点，如泡罩包装、防伪技术、多列小袋包装机、ＢＦＳ设备、丁基胶塞等，下面选择其中部分予以介绍。

一、泡罩包装——亮点不断

目前，泡罩包装已成为医药企业广泛使用的一种包装形式。据本报调查发现，药厂对泡罩包装有以下几大希望

1. 泡罩包装设备的一体化及精确性控制。泡罩包装设备与装盒机等联动设备形成包装生产线；生产过程中设备对包装材料的精准控制，如：伺服系统泡罩包装生产线，与机械控制的泡罩包装设备相比，其拥有较高的控制精确度，在传送工位上控制到位，既保证了较高的成品率又节省了包装材料。

2. 对新型泡罩方式的渴求，如钱夹式、保护儿童安全、适合老年人使用的泡罩包装、及用于烟片包装的纸板泡罩包装。

3. 提高在线检测的充分性，以保证产品的成品率。

4. 提高包装过程的流畅及速度。目前，国内多家药厂都引进了泡罩包装联动生产线，以提高成品率和生产效率。在泡罩包装技术上，国内供应商生产出了泡罩包装与热带铝成型包装联动生产线；而国内药包材企业也推出了不少防伪包装材料，如连云港中金推出的集多色印刷、荧光防伪、激光全息防伪于一体的防伪药包材。国外供应商在联动设备、生产中控制的高精准度、新型泡罩形式和包装材料上占据了龙头地位。

二、防伪——向着公众易识别和高技术发展

有效的药品包装防伪手段起着维护品牌信誉、保护消费者合法权益的作用，引起了许多药厂的重视，如：哈药六厂生产的“盖中盖”口服液包装盒使用了镭射膜防伪技术，“严迪”外包装盒使用了定位烫防伪识别、镭射防伪识别和多层染色纸防伪识别三重防伪技术；西安利君制药股份有限公司的“利君沙”产品采用了真彩色光聚合物、核径迹和电码防伪三种防伪措施。

目前，防伪正向着公众易识别和高技术发展：

一方面，以市场为主，简单、方便、准确，易于公众识别。防伪不是仅仅给专家看、给厂家看、给监控部门、给少数人看，而是给不同地域市场、广大的消费者看的，必须是让他（她）们在第一时间，不需专门培训就可以当场（第一时间），快速地鉴别真伪！

另一方面，防伪技术和手段必须是只有少数人才能实施的。如高技术的防伪产品－－北京清华试金石新技术有限公司的重离子微孔防伪标识，为“李医生”成功担当防伪卫士；上海朗创光电科技发展有限公司的新一代高聚物防伪商标，兼具物理性好且价格低的优势。并且，不可以是三家以上，否则起不到防伪的独一性，如：全息镭射定位烫印＋印刷防伪＋版纹防伪＋水印纸……防伪组合，打造多道防伪屏障，有效保护制药企业和消费者的权益。

此外，RFID 技术的防伪、防窜货功能使得广大药厂对之表示出了浓厚的兴趣，如：上海罗氏制药有限公司、阿斯利康制药有限公司、广州侨光制药有限公司等都非常关注 RFID 技术，并希望了解国内供应商的相关信息。

三、多列小袋包装机——市场发展的增值股

很多颗粒剂药品都使用袋包装，据统计，2003 年我国颗粒剂产量增长迅速，共计 60.5 亿包，比去年增长 23%。随着这些药品在市场上的供不应求，这就意味着医药企业需要更高的生产速度。于是，高速的多列小袋包装机应势而生，以其较高的生产速度、较低的人员成本和包装材料成本等优势与单列小袋包装机相抗衡，大有替代生产速度较低的单列小袋包装机之势。

目前，多家大型药品生产企业已使用多列小袋包装机，如：天津天士力集团、武汉健民药业集团

股份有限公司、内蒙古双奇药业股份有限公司、山东绿叶制药股份有限公司等。

国内已有不少企业可以生产多列小袋包装机，其中实力较强的有天津市三桥包装机械股份合作公司、成都乔富包装机械有限公司和北京迈威机械有限责任公司。国内供应商售后服务非常及时、有效，如：乔富成功解决了双奇药业物料吸水的问题，保证了其生产的正常进行，赢得了公司上下的高度好评。

2008年塑料包装的市场需求将超过纸质包装

近期美国市场研究企业Freedonia集团的研究表明，在纸和塑料作为包装材料的市场竞争中，2008年塑料在包装市场中的需求份额有望增加到50%（按重量计）。但是，由于塑料包装所占据的市场份额中大量的市场相当成熟，所以未来塑料市场份额的扩张速度将比过去10年慢。尽管如此，改进可延长储存期的塑料材料的性能、降低用量并发挥其方便特性将会为塑料包装的发展不断地创造机会。

该研究表明，2008年所有的竞争市场中，塑料包装份额都将超过纸包装，预期到2008年塑料包装的年增长率超过3%。该发展主要基于塑料优于纸的一些优点，以及生产工艺的提高和个人收入的增加，这都将为刺激其发展创造很多机会。预期塑料包装增长最迅速的市场是宠物食品、水果、饮料、鸡蛋、糖果和烘焙食物的包装。另外，单个供应的塑料牛奶瓶预期也会得到大力的发展，将会进一步代替纸板牛奶包装盒并赋予牛奶更多优于其他饮料的竞争力。此外，技术的快速进步和生产成本的降低，都为塑料袋在很多市场中的发展提供了大量机会，其中包括在宠物食品包装中的大范围应用。

要与塑料竞争，只有食品包装对纸的需求上升速度超过前述的平均速度。对纸质包装市场需求的刺激因素包括对食品包装的健康期望和一次性包装如纸板盒、纸盒、纸桶、包装纸和纸袋的相对较快的发展速度。另外，纸质包装材料受食品包装市场青睐的原因之一是其透气性和环保性。尽管纸质包装正在主要竞争市场中丢城失地，但由于瓦楞纸箱的普及性，其仍然占领着包装和船运包装的第二大市场。

凹印的现状与发展趋势

凹印发展到今天的大好局面，是通过众多行业的共同努力而形成的，印刷行业新工艺的实施等无不推动着凹印向着繁荣发展的方向迈进。当然，市场的需求是凹印积极发展的重要环节，随着社会经济的发展，越来越多的行业重视商品的包装，从某种意义上讲，商品的包装决定着人们的购买欲望。

国内凹印包装设备制造业与国外发达国家(特别是欧洲)仍然有着相当大的差距，主要体现在印刷设备应用技术方面如：润滑系统、封闭刮刀系统、无轴传动系统、生产管理系统等等。

一、凹印机的现状

国产凹印机的印刷速度为60～300m/min、印刷宽度为800～2500m，国外印刷速度为150～450m/min(软包)、800～1000m/min(纸张)、印刷宽度最宽达到4320m。

一般在凹版印刷机中，张力分成四段进行控制，分别是：放料、放料牵引(引入)、收料牵引(引出)、收料。国内多采用自动张力控制，有个别采用系统张力控制。国外多采用系统张力控制，它以可编程序控制器(PLC)为中心，对各段张力进行系统的采集、处理、控制，各段之间互为依托，集中补偿，套准国内多为纵向电脑自动套准，横向手动调整；国外纵横向全为自动套准。

二、凹版印刷的优势

1. 墨层厚实，墨色均匀(不同批次均可达到)

凹印能真实再现原稿效果，层次丰富、清晰，墨层厚实，墨色饱和度高，色泽鲜艳明亮。这是由凹印的特点所决定的。与凸版印刷、平版印刷依靠网点着墨面积不同的层次表现手法不同，凹版印刷采用的是网穴结构，即依靠着墨量体积不同来实现层次体积表现。

2. 可广泛采用无毒的水性油墨和醇溶性油墨，达到绿色环保印刷的标准

目前，凹印在出版领域已基本上采用水性油墨；在装饰领域(木纹纸印刷)大部分采用水性油墨；在软包装领域，虽然使用溶剂性油墨的比例还相当大，但人们在积极研发能够达到环保标准的水性油墨和醇溶性油已取得可喜的成果。

3. 适应介质广泛

凹印适用的介质非常广，PVDC、PET、PE、NY、CPP、OPP、BOPP、组合膜以及其他与以上材料有相同性质的薄膜类、纸张等。

4. 产品适应范围更广泛

软包装在包装类产品所占的比重，国外发达国家已占65%以上，有的已超过70%，而我国只占5%～8%。我国的软包装市场发展潜力主要有以下几个方面：奶业市场、果汁饮料和其他饮料业、蔬菜汁加工业、中药制剂业、保健饮料等。经过多年来的不断发展，各种复合材料在包装业得到了广泛应用，世界软包装业采用的复合包装材料也将向抗菌性、高阻热性、功能性、智能性等方面发展。

5. 凹印设备的综合加工能力强

凹版印刷机还可附加上光、复膜、涂布、模切、分切、打孔、横断等工序。随着各种各样纸质包装的不断出现，例如购物袋、商品袋、垃圾袋、冰箱保鲜袋等的频繁应用，工业品包装、家庭日用品包装、服装包装、医药包装也大量采用塑料软包装，各种固体包装盒、液体包装盒、烟包类、酒包类等都需要凹印设备的综合加工。

6. 凹印设备维护保养及维修方便，使用周期长

虽然凹印是最简单的印刷方式。但是，它的优势却不被人理解。如：凹印制版成本高，这使许多的包装产品放弃凹印而采用传统的胶印。但是，凹印滚筒可多次使用，每套版辊印数可达300～400万印。

目前随着油墨制造商对醇溶性油墨、水性油墨等环保型油墨的研发成功，推进了凹印的技术发展。同时在制版领域，不断寻求镀铬钢辊和铜辊的代用材料，还将会进一步降低成本，提高凹版印刷的经济效益，缩短印前调整时间，消除短版印刷的缺陷。同时，随着国内高速凹版印刷机价格的调整，成本不断下降最终会使凹印的市场占有率不断增加。

三、凹印发展的趋势

1. 承印物

(1)凹印软包装：商品外包装质量日益左右着消费者的选购商品动机。凹印在塑料袋、塑料盒、纸塑、铝塑及镀铝膜等软包装复合材料领域仍占主导地位。

大型凹印机可完成复合、横切、模切的联线加工，适合大批量的长版任务，也促进了各种复合材料的普及应用。将来的凹印技术采用复合环境的设计，性能可靠，结构简化，操作方便，产品换件时间短，生产周期更短。在凹印机上装置小推车越来越普遍，具备湿式、挤出、干法等不同形式的复合功能。节省资源、保护环境、降低成本、展示外观是未来复合包装膜发展的主流。

(2)凹印铝箔：超薄铝箔是软包装不可缺少的复合基材，由于表面呈银白色，施以凹印之后产生强烈的金属光泽，成本低，能够提高产品的档次。国外印刷以凹版为主，国内100%使用凹版印刷。

(3)凹印纸标：国内主要烟草包装印刷厂基本上采用进口凹印机印刷烟包卡纸和铜版纸。在竞争作用下，专业烟包印刷厂将目光转向日益增长的啤酒市场，其分色、调墨、套印、模切全部由电脑控制，其印刷质量、加工精度，比胶印有过之而无不及。

(4)凹印纸箱：装饰纸、水松纸，采用高速、高精度、宽幅纸张凹版印刷机进行涂布、印刷、上光、收卷之后作为面纸送到瓦楞生产线上做成纸板。其图案精美、色彩饱满，观赏性强，做成纸箱具有高抗压强度、耐磨损、防潮等特点。

2. 油墨

凹印油墨中，含有大量挥发性有机溶剂，其中如二甲苯、甲苯、醋酸乙脂、丁酮等低沸点、高挥发性的溶剂含有的芳香烃既有毒又可燃，不利于环保、健康和安全。近年来，随着高效溶剂回收系统的应用，污染相对减轻。同时，水溶性凹印油墨及电子束固化油墨在国内外的迅速推广。这类油墨不

含挥发性有机化合物，符合环保的要求。研发新的经优化的UV油墨，即可适用于塑料类材料的印刷，也适用于印刷非吸收性的纸张与纸板。

3. 制版方面

(1)全自动凹印滚筒电镀加工。

(2)迅速推行无软片雕版工艺：电子雕刻、激光雕刻。

(3)实现用图文数据库数字式快速打样。

四、国产凹版印刷机发展方向

1. 种类繁多如兼容机、双收双放、印复联线机等

由于现代包装的特点和印刷业务的改变，众多的软包装印刷厂希望拥有多功能印刷机，纸、塑兼容印刷机，纸、铝箔兼容印刷机，纸、塑、铝箔兼容印刷机，以求在市场竞争中取得主动地位。

双收双放多色机组式凹版印刷机，具有两组独立的收放料结构，两套张力控制系统，可任意组合成一台或两台独立使用的机组式凹版印刷机。

印刷与复合联线机，既可作为印刷机单独使用，又可作为干复机单独使用，还可以两种机型同时使用。该机联机后印刷、复合作业可一次完成。既满足了高档印刷品多色、浅网的防伪要求，同时又提高了工作效率。

2. 具有瓦楞纸板面纸预印功能的纸箱预印机

纸箱预印是用机组式凹版印刷机在卷筒纸上进行多色印刷，将印刷成精美图案的卷筒纸作为纸箱面纸上瓦楞纸生产线最后一道复合工序贴面做成带高级图案的瓦楞纸箱板，经过纵切、模切成单张箱板。具有生产效率高、印刷品质量高、瓦楞纸箱强度高、更适用大批量的长版活等特点。

3. 国内外包装印刷机械的产品竞争日趋激烈，企业今后应配合整体产业自动化趋势，以研发技术及发展高速印刷机械为主，机组式结构这种框架已基本定型，未来3~5年内不会发生较大的变化。主要在一些基本技术上取得突破，具体的努力方向是：

控制方式的智能化。在高速凹印机上应研发远程诊断功能，提供远程服务与工作流程，针对具体机器的故障点设计系统解决方案。

设备功能多元化。在大环境的变革下多元化、弹性化，且具有多种切换功能的包装印刷设备，如印刷涂布联线，印刷复合联线，印刷、模切、横切、压痕联线等等，不断满足市场的需求。

结构设计标准化、模块化。利用原有机型模块化设计，可在短时间内转换新机型。

机构运动高精度化。通过应用马达、编码器及数字控制(NC)、动力负载控制(PLC)等高精度控制器来完成，并适当做好产品延伸，朝高科技产品的方向进行研究。如"抽屉式封闭印刷单元的研发"，"印品在线检测"，"张力摆轴"，"平衡式收放料单元"，"定期润滑导轨支承"等。

无轴传动技术。用电子齿轮代替传统的机械齿轮，去掉传动轴。其优点在于避免由于传动轴的扭曲以及齿轮间隙对印刷机张力及套印造成的影响，可实现更高程度的同步运转，真正实现印刷机组模块化。

针对特殊应用的混合技术和通过连线生产增加附加值。

新颖的UV干燥技术的开发，如微波干燥，后勤保障系统与外围技术的开发。

（1）大幅面印刷机的研发

传感与控制技术确保质量稳定与生产最佳化，以实现和保持印刷质量的可观测性及可靠的再现效果。

（2）前台操作的可靠性

总之，凹印将朝着多用途、多色、高速、自动化、联动化和环保化发展。

标准化是邮政包装发展的大趋势

适应信息化时代的需要，各种新的邮政技术已在世界范围广泛使用。邮政包装标准化作为邮政新技术应用与发展的基础，已成为邮政包装发展的必然趋势。

由于邮包经历长途运输，因此适当的包装有助减少损坏的机会。

邮政新技术

邮政新技术的不断发展与应用，使邮包的旅程不断缩短。更安全、更可靠、更快捷的邮政技术缩短了以往一天、两天，一周、两周，甚至更长时间的期待。

美国可谓是邮政新技术应用的代表。

信息化建设全面推行

美国邮政抓住邮政业务流程的核心——邮件信息，建立了一系列邮件信息的处理系统和处理规范，形成了比较严密的邮件信息处理和传递网络。其拥有全国性的用户信息数据库：NCOA 全国地址变化文档、LACS 地址变动文档、AEC 地址要素更正文档等，还有全国性的分拣投递管理软件：DSF 投递次序文档、DTF 投递地址分类文档、DPBC 地址条型码文档，以及 ZIP+4 邮政编码系统。这些文档既为邮政服务提供完备的用户信息，为用者特别是大宗邮件客户提供信息咨询，同时也为邮件的机器识别提供有力的软件支持。

分拣技术效率更高

美国邮政于 2003 年～2004 年期间研制扁平件排序分拣系统（Flat Sequencing System，简称 FSS）和投递点捆包机（Delivery Point Packager 简称 DPP）。通过上述分拣系统的开发和应用，可以按投递顺序同时分拣函件和扁平件，然後将同一投递点的函件和扁平件包装在一起。从而提高邮件处理效率，降低成本。

安全监控功能强大

美国邮政根据《银行保密法案》的有关规定研制开发了一套软件系统，这套软件系统可以帮助美国邮政确认可疑行为，并对这些行为加以跟踪和报告。美国邮政要把这一软件系统用于反洗钱、反恐怖的防范系统中。

包裹实现全程跟踪

UPSnet 是一种全球电子数据通信网络，可以为国际包裹处理与递送提供信息处理渠道。该系统每天追踪 821、000 个包裹。1992 年，UPS 开始追踪所有陆运包裹。1994 年，UPS.com 问世，消费者对运输中包裹信息的需求剧增。接下来的一年里，UPS 为其网站增加功能，使客户能够追踪运输中的包裹。如今 UPS.com 每天都收到数百万条在线包裹追踪请求。

供应链解决方案

全球配送不仅涉及货物运送的管理，还涉及管理伴随货物一起传送的信息与资金流动。越来越多 UPS 客户要求利用这项专门技术，最终导致了 UPS 供应链解决方案业务部的形成。这是一个流线型的组织，为客户提供物流、全球货运、金融服务、邮件服务和咨询，以提高客户的业务表现并改进其全球供应链。

与此同时，德国、澳大利亚、荷兰、英国、法国、日本等国家都建立了自己的信息网络化系统。相对而言，中国邮政还远落后于美国等发达国家的邮政系统和信息采集系统。不过，中国邮政也正在积极改善自己的技术与手段。

邮政包装标准化趋势

邮政新技术的发展与应用，促进了货物传递速度加快的同时，对包装也提出了更高的要求。邮政系统的标准化与更快捷的数据采集，成为对邮政包装最基本的要求。

标准化

标准化是信息化的基础。没有标准化作基础，邮政信息化、自动化和现代化就无从谈起，各种高新技术设备的功效也就难以发挥。因此各国邮政都将标准化作为邮政建设的重点。以信封为例，6 月 1 日起，中国国家邮政局第四次启用新的信封标准 GB/T416-2003，更便于机械识别。同时，新标准的信封注重同国际邮政现代化接轨，务求进一步满足社会用邮需要。

条码识别

在包装标准化的同时，如果顾客寄递信函或包裹时，同时添加条型识别码，将有利邮政系统的加速运作。通过条码识别可以直接确定投递的方向与投递的次序。国外有些国家通过采取各种鼓励措施，已经试行条形码技术在邮政包装的应用。

专业化的邮包设计

标准化邮政不仅体现在邮件信息与识别的标准化上，还体现于邮件制备和包装的标准化。澳大利亚邮政为机构客户提供邮件制备和包装服务，使邮件符合邮政分拣、运输和投递的需要，保证邮件及时、安全寄达。这样也可以节省邮政客户的时间，使它们能够专注于市场的开拓，而不必关注邮件寄递的细节。邮政担当邮件的设计和包装，可充分利用邮政的专业经验，令邮件美观，使收件人满意，并提高机构客户的竞争力。

特殊的功能包装

为了适应特殊邮递的需要，不同国家邮政都积极开发新的功能包装邮寄业务。北京邮局近日在北京市各邮局营业窗口推出一种新型包裹包装袋。这种新产品采用新型包装材料，经特殊工艺与塑料气垫膜、编织袋复合加工制成。该产品具有防水防潮、自重轻、价格便宜、易书写、结实耐磨、利于环境保护等特点。经寄往新疆、西藏、海南和东北地区的跟踪调查和上机破坏试验，完全符合包裹运寄要求，并已经通过国家邮政局邮政用品用具质量监督检验中心检测。日本大部分邮局都可办理冷冻包装业务。“冷冻包裹”可寄递的生鲜物品包括鲜鱼、虾蟹、贝类和肉类等。邮局在“冷冻包裹”收寄、分拣、运输、投递等各环节均采取有效的保温措施，以确保邮件在寄递途中仍可新鲜如故，不致腐烂变质。

尽管特殊的功能包装日受重视，但是邮政包装标准化已经成为邮政技术与邮政业务快速发展的基础，并成为各国邮政系统不断追求的目标。

玻璃行业发展迅速 潜在价值正待挖掘

近期市场成交低迷，但正是挖掘潜力板块的好时机，而玻璃行业这一基于建材、汽车的下游产业目前的机会很突出，有较好的增长前景，其中的部分公司有较好的机会。下面就玻璃行业公司做一下整体的分析。

一、玻璃行业的发展现状

2004年是新一轮经济增长周期的第三年，国民经济继续保持快速增长。据国内权威机构预测，2004年GDP将增长8%～9%，全社会固定资产投资将增长20%左右。这种宏观经济运行环境，对玻璃的需求继续增长，进而支持玻璃价格的持续上升。因此2004年我国玻璃市场继续保持供求两旺的趋势，玻璃价格继续上升，但幅度将小于2003年。

2004年上半年我国玻璃工业发展态势良好，累计生产平板玻璃14793.18万重量箱，同比增长25.5%。6月份当月全国生产平板玻璃2715.96万重量箱，同比增长33.6%，产量达到历史最高水平。与此同时，上半年我国累计销售平板玻璃13696万重量箱，同比增长18.95%，累计销售率为95.09%，比去年同期低0.48个百分点。上半年，我国玻璃及玻璃产品制造业的销售收入达到471.66亿元，比上年同期增长37.99%。平板玻璃价格从去年下半年开始一直上涨，上涨趋势持续到今年3月份，之后价格明显下滑，并出现频繁的上下波动。5月份，平板玻璃市场价格开始回升并趋于稳定。上半年我国玻璃及其制品行业进出口情况良好，累计出口146996.3万美元，同比增长34.8%；累计进口121501.9万美元，同比增长27.0%。

二、行业内部的机会

我国经济已经进入快速增长期，建筑、房地产等玻璃需求较大的行业发展十分迅速，而且发展势头有望长期保持。我国玻璃深加工产业也在迅速发展，对优质玻璃的需求量逐渐增大。所以，玻璃生产企业前景看好，但要在持续扩大产能的同时，大力提高优质产品的比例，开发新产品，即那些相对高端的公司会有比较机会。而今年新上浮法玻璃生产线较多，投资者也应适当关注投资风险。

行业内部的机会在于有新增产能，产品定向高端的部分公司，行业的全面机会可能不大，而从行业内部看有进一步的细分的机会，像山东药玻(600529)主要面向医药行业，福耀玻璃(600660)针对汽车行业，新华光(600184)在光学领域都是有优势的，金晶科技(600586)新产品的投产对业绩的提升，行业机会不再会是全面的，分化也将是必然的。

整体看，8家公司平均价位不高，业绩差异较大，去除三峡型材和耀华玻璃(600716)平均市盈率在32倍(以2003年业绩记)，而今年的业绩都有大幅增长，甚至三峡型材和耀华玻璃三季度业绩均较去年大幅提升，流通股本不大，像金晶科技、新华光、耀皮玻璃(600819)均可看作是小盘股，扩张能力很强。

三、个股关注

山东药玻（600529）：该公司是医药包装业龙头企业，公司是我国药用玻璃行业中，模制瓶产能最大、品种规格最多、效益最好和市场份额达75%左右的龙头企业。公司的丁基胶塞，其产能亦将成为国内之首，有望发展成继模制瓶之后的又一利润支柱。今年公司依靠技术改造和产品内部结构调整，成功消化了纯碱和煤电涨价压力，保持了产品毛利率稳中略升；但因期间费用率同比上涨，业绩增速有所放缓，预计2004年净利润将只增长10%左右，EPS约在0.4元左右；明后年，公司将迎来下一轮快速增长高峰，首先是控股99%的子公司包头康瑞，两期共生产38亿只模制瓶的产能将在明年全部释放，增长销售收入的同时，还可享受当地较低的煤电成本和15%所得税的双重优惠；其次是丁基胶塞产品，明年将随着市场容量的放大、市场重新划分竞争格局之时，公司预期赢得约20%的市场份额，利润贡献颇为看好。

金晶科技(600586)：公司今年的前3个季度，实现了净利润4100万元，实现每股收益0.33元，每股收益水平在8家玻璃行业上市公司中居第一。金晶科技其浮法玻璃的年生产能力为530万重量箱，市场份额只占3.5%。正由于这种产能处于中等规模的状况，使得公司在生产经营中处于比较主动的地位。不必像其他一些规模大的公司那样，存在产成品大量压库的风险。公司的主要销售市场在山东省及其周边地区，而在这一地区，不仅公司是规模最大、实力最强的玻璃生产企业。另外，其募集的资金投向了600吨超白玻璃生产线，总投资达5.7亿元，目前这一领域主要靠进口，而其售价是普通玻璃的4～5倍，成本仅为普通玻璃的2～3倍，附加值很高，明年部分达产，产量在180万箱左右，新增收入约在7亿元，新增利润1亿元，风险在于超白玻璃在国内还处于初级阶段，有一定的市场风险，但结合其潜力仍值得中线增持。

钢桶包装涂料的现状及发展趋势

当今的包装用涂料产品广泛以石油工业、炼焦工业、有机合成化学工业等部门的产品为原料，品种越来越多，应用范围也不断扩大，涂料工业成为化学工业中一个重要的独立生产工业部门。我国目前涂料产量约为200万吨以上，其中工业涂料占60%，近年内需求量以3.4%的平均速度增长。

随着科技水平的不断提高，为涂料工业提供了多种新型原材料和技术装备，促使涂料工业的生产水平和技术水平得到迅速提高。目前使用涂料的包装工业正在高速发展，这就对作为保护、装饰材料的涂料产品，不断提出了更高要求。

20世纪90年代初，世界发达国家进行了“绿色革命”，对涂料工业是个挑战，促进了涂料工业的发展向“绿色”涂料方向大步迈进。以工业涂料为例，在北美，1992年常规溶剂型涂料占49%，到2000年降为26%；水性涂料、高固体份涂料、光固化涂料和粉末涂料由1992年的51%到2002年将增加到74%。在欧洲，常规溶剂型涂料由1992年的49%将降到2002年的27%；而水性涂料、高固体涂料，光固化涂料和粉末涂料将由1992年的51%到2002年将增加到73%。今后十年，水性涂料是成熟的技术，而60%以下固体含量的溶剂型涂料则是衰退中的技术。

目前涂料研究的方向其一是涂料应用的自动化，所提供的产品施工简便和安全，特别是产品涂刷的自动化；其二是向环保型涂料方向发展；其三是增加新的组成成分，使涂料在涂装后发生新的化学变化手段而构成涂膜以及将由一次施工只能得到薄涂层转变为得到厚涂层，涂膜层数也将由繁琐的多道配套简化为简单施工，涂膜的干燥过程也将利用各种物理、化学反应而大大缩短。

由于水性涂料的优越性十分突出，因此，近十年来，水性涂料在一般工业涂料领域的应用日益扩大，已经替代了不少惯用的溶剂型涂料。随着各国对挥发性有机物及有毒物质的限制越来越严格，以及树脂和配方的优化和适用助剂的开发，预计水性涂料在用于金属防锈涂料、装饰性涂料、建筑涂料等方面替代溶剂型涂料将取得突破性进展。乳胶涂料在水性涂料中，乳胶涂料占绝对优势。乳胶涂料的研究成果约占全部涂料研究成果的20%。研究较多的方向有以下几个方面：

1.成膜机理的研究。这方面的研究主要是改善涂膜的性能；

2.施工应用的研究。近年来对金属包装用乳胶涂料作了大量研究并获得十分可喜的进展，美国、日本、德国等国家已生产出金属防锈底、面漆，在市场上颇受欢迎。热塑性乳胶基料常用丙烯酸聚合物，丙烯酸共聚物或聚氨酯分散体，通过大分子量（3×10～3×10）的颗粒聚结而固化成膜。乳胶颗粒的聚结性关系到乳胶成膜的性能。近几年来，着重于强附着性基料和快干基料的研制，以及混合树脂胶的开发。一般水性乳胶聚合物对疏水性底材

（如塑料和净化度差的金属）附着性差。为提高乳胶附着力，必须注意乳胶聚合物和配方的设计，使其尽量与底材的表面接近，并精心选择合适的聚结剂，降低水的临界表面张力，以适应临界表面张力较低的市售塑料。新开发的聚合物乳胶容易聚结，使聚结剂用量少也能很好的成膜，现已在家具、机器和各种用具等塑料制品上广泛应用。新研制的乳胶混合物弥补了水稀释性醇酸（或刚性热塑性）乳胶各自的不足，通过配方设计，已解决了混溶性和稳定性差的问题。

3. 水性聚氨酯涂料。这是近年来迅速发展的一类水性涂料。它除具有一般聚氨酯涂料所固有的高强度、耐磨等优异性能外，且对环境无污染，中毒和着火的危险性小。由于水性聚氨脂树脂分子内存在氨基甲酸酯键和脲键，所以水性聚氨酯涂料的柔韧性、机械强度、耐磨性、耐化学药品及耐久性等都十分优异，欧、美、日均将其视为高性能的现代涂料品种大力研究开发。

国际食品和包装机械呈现新趋势

目前，国外包装和食品机械水平高的国家主要是美国、德国、日本、意大利和英国。而德国的包装机械在设计、制造及技术性能等方面则居于领先地位。2002 年德国包装机械产值达 34 亿欧元，其产量的 77% 为出口产品。最近几年，这些国家包装和食品机械设备发展呈现出新的趋势。

工艺流程自动化程度越来越高。目前自动化技术在包装生产线中已占 50% 以上，大量使用了电脑设计和机电一体化控制，目的是提高生产率，提高设备的柔性和灵活性，增加机械手以完成复杂的包装动作（模拟手工包装）。每个机械手均由单独的电脑控制，摄像机监控包装动作并将信息反馈到电脑以调整动作幅度，保证包装的高质量。同时对包装材质及厚度有自动识别功能，再由电脑计算后去控制机械动作，完全是个“自适应”系统，保证系统在最优状态下工作。

提高生产效率，降低工艺流程成本，最大限度地满足生产要求。德国的啤酒饮料灌装设备目前已达 12 万瓶 / 小时，香烟包装机达到 12000 支 / 分钟。高速设备一旦出现故障，损失也同样惊人，所以高速设备一定要有故障分析系统（自诊断系统）并能自行排除故障，使生产率得以提高。

适应产品变化，设计具有好的柔性和灵活性。为适应竞争需要，产品更新换代的周期越来越短，有的产品甚至一季一变，而产量都很大，包装机械的寿命远大于产品的寿命周期，所以某些包装机械要能适应产品的变化，只能以柔性和灵活性来适应，包括量的灵活、构造的灵活和供货的灵活。构造可以采用单元模块化，供货灵活是指一机可实现多种包装组合，设多个进料口及不同形式包装。

成套供应能力强。如一条饮料灌装线，有 200 多个微电脑件，100 多种控制软件，灌装封盖部分又是两套组合，其他部分共用。一个供货商可以为用户进行工程设计、安装、调试，最后交用户验收。

包装机械设计普遍使用仿真设计技术。把各种机器单元以数据库形式存入计算机，把图纸数字化后输入计算机，由计算机自动合成三维模型；再把实际生产的指标和数据、可能发生的故障等输入计算机。计算机三维模型即可依照实际工作情况进行操作，演示出生产能力、废品率、生产环节匹配、生产线瓶颈在何处等，还可根据用户意见进行修改模型直到用户满意。采用计算机仿真技术后，大大缩短了包装机械的设计周期及新产品开发周期。

另外，20 世纪 80 年代末开发的冷杀菌技术在国外已开始应用，他们包括超高压杀菌、超高压脉冲电场杀菌、强磁脉冲杀菌、脉冲强光杀菌、微波杀菌、放射线杀菌、紫外线杀菌、臭氧杀菌、超声波杀菌、高能射线杀菌和低温调控杀菌等技术。另外还有生物保藏技术、活性包装技术、栅（栏）障（碍）技术、膜分离技术及抗菌包装技术等都是在食品加工和包装方面的最新技术。食品超高压处理技术被称为“食品工业的一场革命”，“当今世界十大尖端科技”等。冷杀菌又称为物理杀菌，是当代的崭新科技。为了保持食品功能成分的生理活性及保持食品色、香、味及营养成分，食品包装机械的设计制造上采用冷杀菌技术是非常必要的。

国内市场液体包装袋发展的新动向

液体包装袋可用于灌装沥青、石蜡、松香、固碱等在高温时为液态，常温时为固态的物料和油漆、涂料等稠状物料，具有成本低、强度高、耐酸、耐碱、耐高温（450℃）、耐潮湿、能防止被包装物料表面老化、防毒、防腐蚀、堆码层多（高于20层）而整齐、方便运输（特别是铁路和海运）与装卸且节约储运容积、便于灌装且开包时不粘袋、可实现文明生产、废弃旧袋无有害物质且易于回收等特点，可以用于危险品包装。

用于制作液体包装袋的材料主要有牛皮纸、塑编布、无纺布、化纤布、橡胶、棉麻类所织的平布、维纶水溶纱、复合膜等，以高温复合的袋筒内表面，涂以耐高温防粘材料。

近来，用各类夹筋纸辅以其他材料制作液体软包装袋更显示出其特点，并已初步形成趋势。

液体包装袋的上端均制成敞口，大尺寸的包装袋上面做有瓶颈式装料口，灌装后再行封口。袋底均做密封处理，牢固度和密封性较高，袋身可用金属条加固。

用于包装建筑石油沥青、普通石油沥青、道路石油沥青的液体包装袋已经开始推广，国内已有数家石油化工企业开始使用，也已有数家制袋企业开发出几种不同类型的沥青包装袋，有的已形成行业标准，有的已有企业标准。

近来，一种盛装液碱和固碱的包装袋已经开发出来。

含水量较大的碱，俗称烧碱，用户大量使用时，往往使用保温的专用槽车来运输，达到目的地后，用管道放出使用。或者使用铁桶包装。固碱包装袋的研制成功，改变了固碱包装的旧面貌，提高了产品档次，增加了效益，解决了储藏、运输和使用过程中不方便的问题，减少了不安全因素。

使用包装袋灌装稠状物还可以节约灌装、冷却、储存的占地面积和运输费用。

果品包装业的前景以及对策分析

果品是果品主产区农村目前抵御自然灾害能力最强、经济收入最为稳定的支柱产业，也是农民增收、农村致富的主要经济支撑。

一、果品包装业

近年来，我国果品生产得到较快发展，其中还有部分包装精美的品牌果品在国内市场上形成了一定的影响力，带动了产业发展和效益增长。尤其是入世之后，果品包装作为品牌建设的重要组分，已成为各级领导和社会关注的热点。而目前我们要做的就是努力拉长产业链条，逐步推进果品产业化，果品包装作为果品产销链中的重要环节，对于提升果品市场竞争力，促进果品生产的健康发展，以及农民增加收入、农村实现小康有着至关重要的现实意义。

二、果品包装的重要性

好的包装是商品的终身广告和免费广告，包装直接针对产品，能兼起品牌商标、广告宣传等作用，是果品质量的有机组成部分。新颖美观、迎合消费者心理的包装，不仅能传达商品内涵，而且能增加产品价值，提高产品附加值。根据权威资料统计，有 50%～60%的消费者是受包装影响而产生购买兴趣的。所以，好的包装对于推广品牌、增加果品附加值具有重要作用。在果品销售中清楚认识到包装的作用，树立包装是商品第二质量的意识，自然有助于果品产业的发展。

三、发展趋势

在当今商品越来越丰富的今天，人们的消费观念、消费方式、消费价值观等都发生了显著变化。果品包装的发展有以下几个显著趋势：

1. 方便小巧型。目前，城镇水果消费已逐步趋向买新吃鲜、少量多次的特点，方便是消费者永恒的追求，因此10公斤以上箱装的水果已不能满足消费者的需求，取而代之的是3～5公斤，甚至更少含量的小包装水果。在选择包装时应注意产地和销售地市场要求的衔接，需要建立一系列标准化大小的包装并能适合国际上公制的要求。

2.精美高档型。国产优质水果包装高档化将是占领国内市场、走出国门参与国际竞争的必然选择。

3.信任透明型。在包装时采用部分透明材料，设计出一些可以透视的窗口，以吸引消费者的眼球，让消费者能够对水果的外形、大小、颜色等一目了然，增强了自然亲和力，促使消费者在进行同类比较后，较快地做出倾向性选择，提高了消费者的购买欲和信任感。

4.绿色环保型。果品的包装势必向绿色包装转变。回归自然，追求健康，不单单是消费者对果品品质的要求，也是对其包装的必然要求。目前果品包装材料已突破了普通纸箱包装的单一格局，向精美竹编、藤制、木制、可回收瓦楞纸箱等绿色环保、生态性能的包装材料发展。

此外，在图案、品名、色彩、文字中营造出绿色包装的氛围，使其形成一种设计主流而得到传播。

四、主产区果品包装应用状况

一般由果商在果品销售区域的果品市场(超市)经过认真细致的调查做出决策，然后到纸箱包装厂定制规格、版面、分层分隔一次到位。

高档包装方面：外观图案设计精美、纸箱用材精良、抗压能力、防潮能力均符合标准，纸箱上设计有自己的品牌、商标、装果数量及产地（如：深圳果商所用的纸箱,外观有自己的品牌、电话号码)，纸箱内部则分层分隔、发泡网套果，果实的色泽要求全红、果品优质等（果品优质要求符合国家绿色无公害果品质量标准），高档包装正逐步走向小型化，以3～5公斤装为主。

中档包装方面：消费群体主要是工薪阶层。纸箱上一般没有品牌、商标和产地，纸箱的质量一般，抗压能力、防潮能力都不符合标准，其内部果实品质各不相同，多用发泡网套果，不分层分隔。此类包装在市场中份额较大，纸箱的版面翻新快，以版面不断翻新适应市场的需求，趋同于消费者心理。

保鲜塑膜袋包装方面：主要销往中等城市和乡村，其内果品混杂多样。另外还有仅仅作为果品周转、运输、贮藏的大型专用包装。

五、果品包装业存在的问题

果品销售中使用的包装形式单一，档次偏低。

近几年发泡网的使用使果品销售包装的档次得到了一定程度的提升，纸箱由原来的低档次为主转向以中档为主，并逐渐向小型化、精品化方向发展，高档纸箱使用数量大幅上升。但从整体来看，果品销售中，尤其是中高档果品包装档次仍然偏低，包装纸箱的规格尺寸及印刷方式五花八门，质量参差不齐，“一流产品、二流包装、三流价格”的现象仍普遍存在。果品主产区所生产的优质果品没有充分体现其优质性，与果品包装的选择有很大关系。

六、果品销售中选择外包装的自主性较差

目前，果品主产区的果品销售仍以果商上门收购为主，多数果品经营户也只是代为外地果商收果。在选择果品包装时，往往是果商说了算，许多果商采用自带包装箱，果农和多数经销商没有选择外包装的余地，谈不上打出自己的品牌和实行统一包装。

七、包装标识不能突出产地名称和特色，品牌宣传效果不佳

果品主要产区长期以来受多方面因素所制约，在果品包装方面没有引起足够重视，使果品包装基本没有形成统一的品牌和标识，只是笼统地使用一些无注册、无信誉、无地域文化的杂乱品牌，不利于扩大对外宣传、提高果品的知名度。

八、应对的思路与途径

围绕果品品牌建设，实施果品品牌包装。

品牌是在销售市场上与竞争对手产品区别开来的无形资产，是消费者选择商品的依据，是企业（产业）实现利润最大化的手段，目前已成为市场竞争的主要措施，尤其对于农产品，从很大程度上讲，品牌最直接以及最终的表现就是包装。在果品包装上，要注意与果品品牌建设紧密结合，真正树立包装的品牌意识，在包装材料选择、包装设计等方面充分考虑到果品特性、市场特点、消费心理等因素，力争赋予包装强烈的现代视觉冲击力和文化品位，从而使精美包装、品牌包装与优质果品相得益彰。例如：2003年，河南省灵宝市在全市范围内实行了统一苹果包装箱文字图案标记，规定凡用于购销灵宝苹果的纸箱包装，必须印有“河南灵宝，国家无公害优质苹果生产基地”字样及“岭宝”牌、“寺河山”牌、“龙”牌、“福”牌等已注册的苹果商标图案，收到了良好效果，提高了灵宝苹果的知名度和信誉度。

九、突出个性化包装设计，提高果品包装档次

果品包装是果品产销链中的最后一道工序，同样的果品包装不同则销售不同，优质产品更需要精美的包装来体现，进而增强市场竞争力。从营销的角度出发，个性化包装图案和色彩设计是突出商品个性的重要因素，个性化的品牌形象是最有效的促销手段。目前果品主产区的果品质量近年得到了大幅提升，包装档次未能得到相应配套，关键是包装设计未能突出个性化，没有体现出包装适当超前质量的商品销售理念。个性化品牌包装设计应在考虑果品特性的基础上，从商标、图案、色彩、造型、材料等构成要素入手，针对不同的销售区域和消费习惯，科学分类，以高端市场和大型超市为目标市场，以高档纸箱、个性化品牌包装为突破口，带动整体提升果品包装档次。

十、以果品规模经营体为先导，引领果品包装上台阶

我国加入WTO后，国内、国际市场的不断变化和农村经济的快速发展，分散经营的千家万户与大市场的衔接问题、果农经营规模偏小与果品产业化、规模化、品牌化发展的矛盾逐步显露出来，成为果品包装业再上新台阶的制约因素。千家万户的老百姓不可能成为引领果品包装的主体，根据果品主产区当前的现状，主体应是那些果品规模经营体，包括生产大户和有组织的生产大村（果树协会）。这些规模经营的经济体，生产、包装、销售一体化，具备雄厚的经济基础、良好的经营理念、较强的科技意识、包装意识和市场意识，容易实现生产与市场的紧密对接，总之，他们既有经济、物质基础，又有精神、文化追求，这些特点是实现果品精美包装，尤其是打造名牌包装的必要条件。当这些规模经营体发展到一定程度后，其内在对利润和投资的追求动力，会促使他们在附近果园或生产基地联合越来越多的农户，推行自己的生产标准和技术要求，收购符合条件的果品，统一贴牌包装后进入市场，仿效工业中的贴牌包装理念。当规模经营体达到足够多时，优质果品、高档名牌包装的形象就会深入消费者心理，从而带动果品主产区整体包装销售和市场占有率的提升。

十一、适应市场要求，抓好“一大一小”两种包装

从果品产区果品包装的发展和国内、国际果品市场动态来看，当前果品包装有两个明显的发展方向，一个是包装的趋“大”性，另一个是趋“小”性。小型精品包装，主要是针对超级市场和经济较发达城市，随着人们生活水平的不断提高，小型包装已被越来越多的消费者所接受，引领果品包装的新趋向。大包装主要是作为果品的周转包装，多数外地果商把果品包装仅仅作为运输过程的一个保护措施，果品到达销售市场、口岸后，果商根据消费群体的不同和出口贸易的具体要求，重新进行小型化包装，采用独立品牌，实现营销增值。总之，这两类果品包装，在具体操作中要掌握果品包装的目标要求、市场要求、材料要求，快速响应市场，使其实实在在的成为果品产销链的“利润源”。

十二、营造绿色包装，体现生态理念

绿色包装符合生态、环保、健康的消费潮流，是果品包装未来发展的方向。果品绿色包装应考虑是否利于节约资源、能源、人力、物力和流通力量；是否会对果品、环境、各流通环节中的操作人员和果品消费者造成污染；是否有利于回收、循环或再生利用等，还应符合国际瓦楞铁纸箱联盟环保法规的要求，即瓦楞制品应没有覆膜或未经其他处理，可直接制浆造纸。果品主产区果品包装业在实际操作中，要注重选择可回收、无污染的包装材料，逐步实现果品绿色包装。可食用性薄膜包装（即涂蜡）是近年来逐渐兴起的一种绿色果品包装方式。据研究表明，由羧甲基纤维素与脂肪酸酯乳剂制成的水溶性复合薄膜和另一种有类似组成的含高比例短链不饱和脂肪酸酯的薄膜，可提高果实对某些真菌性腐烂的抵抗能力，能延缓果色变化，维持果实酸度与硬度，对气体与水蒸气具有半透性屏障作用，可替代合成性包装材料，提高甚至替代气调保鲜包装技术。目前这种技术在一些发达国家应用普遍，而在国内还较少采用。如果涂蜡技术得到普遍推广应用，对于优质果品走出国门进入国际市场，将起到巨大的推动作用。

十三、充分利用资源优势，建议发展高档包装纸箱企业

包装业是目前国际公认的一个朝阳产业。根据测算，一车纸可以生产5车纸箱，高昂的运费决定了纸箱生产企业的供应区域不会太大，跨区域流通有阻力。而果品主产区当前绝大部分包装企业生产的主要是附加值不高的低档材料和低档包装，其造纸原料主要是各种秸草。据市场调研表明，果品主产区有广阔的果树枝资源，完全可以成为高档木浆纸的原料，木浆纸可以用来制造高档纸箱、纸张、果实袋等，市场前景较好。

乳品包装设计现状及展望

提到乳品包装，人们的脑海里首先出现的就是包装形态或者包装上面的文字、图案。实际上，文字和图案仅仅是包装设计的一部分，设计包含了诸多复杂因素。包装是企业形象和营销的一个环节，是策略的执行，是传播的一种媒介，是经济效益，要善于利用，巧于利用包装设计。作为商业美术的包装设计不能脱离营销策略的指导；追求销售额或销售量的企业营销人员也必须树立包装审美意识，激发设计师创作出更具审美价值的包装设计，以帮助销售。重要的原则是：最适宜的包装设计才是最好的包装设计！

一、中国乳品包装设计存在的问题

为了有利于把乳品企业和设计师共同设计出优秀乳品包装的信念进行到底，纵观目前乳品包装设计存在诸多问题，总结成为以下十个，有则改之无则加勉

1. 乳品产品理念不清晰，或者不准确。想让所有的人都购买这只产品，在产品定位上太泛，所以包装设计不能针对性的和消费者沟通，俘获他们的内心。谁都不会相信购买包治百病的药。许多操作成功的产品定位往往狭窄，但却能准确命中目标。

2. 乳品产品肩负的营销使命角色没有界定，产品的档次和价值感不能和谐体现。包装是产品的外衣，犹如人的外衣一样，对产品的第一印象就是从包装设计呈现的。本来具有高品质内涵的产品，包装设计就像地摊货；原本不具内容物价值的产品，包装设计雍容华贵，让消费者望而却步或产生物不所值的感觉，不能二次购买甚至最终放弃持续购买——任何不和谐的匹配都是败笔。

3. 乳品产品的信息层安排不合理，主次不分明，包装信息不准确。很多需要直观看到的信息却得消费者费力去找；货架效果不好，不能瞬间抓住货架前的顾客；视觉效果弱，淹没在其他产品包装中，甚至摆在货架上看都看不到。

4. 一个企业的产品包装，摆放在货架上不像一家人。原因是包装设计风格各异。

5. 模仿。从产品内容物到包装设计，部分或者甚至完全模仿，只能给原型做传播

6. 一个地区生产的产品包装设计却像一个品牌、一个家族生产的系列产品。无法突破固有的思维模式看待包装的色彩、图形、文字的运用。具有本地特色的传统色彩、图形可以作为品牌的基调设计元素，但是同一地区的乳品品牌更要制造品牌视觉识别设计上的差异，以相互区别。

7. 没有发挥待尽包装具备的功能。例如包装设计和广告的结合；包装设计和促销的结合等；还有包装本身造型的设计（工业造型设计的范畴）。

8. 绝大多数国内的包装没有标识包装的开启、饮用、存储方式；或者标识不全面。在信息图标化方面，尚不能与国际接轨。

9. 在销售力和审美这两个鱼与熊掌间定夺不能。其实审美根本不影响销售；相反具有审美的产品包装会促进销售。

10. 评判一个好包装没有标准，仅凭企业相关决策人员的直觉。客户通过的就是好包装。企业市场部人员需要加强审美专业训练，否则不能激发和评判设计师的作品，并互动的创作出好作品。否则包装设计最终成为双方妥协的产物，并不能达到最优。懂营销不懂审美；或者懂审美不懂营销都要不得。

二、乳品包装设计要点

如何克服以上问题做好乳品包装设计呢？办法总比困难多。总结乳品包装设计的十个要点。

（一）准确的产品定位下针对目标人群的乳品包装设计

市场调查是必要的。包括了企业市场调查和消费者需求调查以及潜意识需求的挖掘。来自于市场需求的产品概念决定了产品的定位。企业的产品正好满足了目标人群的需求，就会被消费者接受。同样，包装设计的格调就是这个群体人喜欢的，他们

喜欢的字体、图形、色彩、词汇、行为、语气……音乐、美术、舞蹈等这些兴趣的东西都要算作在内——目的是满足需求。有些喜好是隐形的，在产品没有生产出来前，消费者没有说要这种产品；但是，当满足消费者隐形需求的产品推出后，被消费者接受并喜爱——创造需求。产品推出，设计超前，消费者短期内还没有接受——引导需求。例如移动通讯的3G被预测为未来的手机蓝本，并已开始对市场的培育。包装设计需要的元素不仅来源于调研报告，还有包装策略制定者的策略方向把握，不容忽视的还有设计师对生活的体会。

在正确的定位下，策略选择了某个方向，表现策略就可以从浩瀚的素材中总结提炼，直到浓缩成几个要素，但这几个要素并不狭窄，它们涵盖更为广阔的信息内容。因为包装设计的面积有限，以有限的空间展现无限的内涵，需要精炼。所以这个时候，包装上的任何一个文字、一个图案，都不是无意义的存在。

液态奶产品因其产品功能广博，可以含盖的消费人群从5岁到80岁跨度较大，加之中国各区域的消费者口味偏好、生活习性大有不同，产品概念被创意出来的机会就很大，带给设计以广阔的空间。

和酸奶相比，白奶更多的是一种日常营养食品，无论针对哪个群体，包装设计都不能违背健康、营养、卫生的基本点；既是日常营养食品，就不需要赋予她过分神奇的、夸张的、距离感的氛围。成功的液态奶包装设计例如“伊利纯牛奶”，单纯、直观、富有亲切感，蓝天绿地的色调突出了地源的优势，白底色比喻牛奶。色彩对包装很重要，人的视线最先被吸引的就是色彩。蒙牛利乐包纯牛奶包装设计在同类产品中，单纯就牛奶质感表达很好这一点来讲：黄色在不透明的白色包材上，与白色互为反衬，牛奶的奶油香甜感很足。这符合了一个科学规律：有时人的味蕾产生味觉，神经传输给大脑判断；有时人看到的颜色条件反射到人的大脑，经过经验判断，神经再传输给味蕾。视觉的魅力恰恰在于此。包装是乳品的第一外衣。由此不难看出，包装设计很重要。

酸奶包装在表达酸甜的感觉上，用色和氛围很重要。例如紫罗兰色更酸一些；干燥的土黄色在酸奶的凉爽、酸味感觉上表达上就不妥贴；但黄色在奶油、奶酪、添加鸡蛋、麦片等的白奶类产品包装上就表达充分合理。酸奶的口味比起白奶更加丰富多样，而且酸奶或酸奶饮料可以诉求年轻活力，包装可以营造的更有情调的氛围，设计的发挥空间较大。

值得一提的是雀巢的包装，无论液态奶、奶粉，包装设计在科学性、严谨性、针对性上表达充分合理，与其品牌定位“选品质，选雀巢”一致呼应。三元的新鲜屋白奶包装设计也是一组经典的作品。

（二）产品在产品群阵营中肩负的营销角色决定了包装设计的档次

产品包装的价值感要等同实质价值；即使高于产品的实质价值，也不能超过10%。用来做品牌形象的产品，包装设计一定要够体现品牌核心思想。售卖给大众的低端产品则不能设计成昂贵的精品货，让人望而却步，更主要的是经过反差对比，会给消费者造成一种内容物反而很差的心理落差。

例如光明袋装酸牛奶，是主要针对大众的低端产品，所以包装在秉承VI的前提下用一种非常朴实的表现手法。给人的感觉是大品牌生产的有品质保障、经济又实惠的酸奶。但是光明的利乐包设计突出品质感；另一个产品“心的酸奶伴”针对年轻有一定经济收入的都市女性，包装材料品质高而形式新颖，包装设计手法简练，浪漫时尚，富有时代感。

（三）乳品包装的信息应该具有合理视觉流程，即从品牌名-产品名-表达产品核心概念的主体图形/文字信息-广告语/规格容量-各类辅助信息/条形码等

信息按照重要程度分为不同的层次，近看和远看的信息，看得见和看不见的信息，核心意义和辅助意义的信息，画面之内的和画面之外隐含的意义。

乳品在快速消费品里面属于日常消耗品，所以在产品的更新换代上速度较快，这就意味着产品推陈出新的时候很多。在货架上的众多产品更重要的是在同类产品中，包装设计要具有鲜明的视觉特征，能瞬间从一大堆产品中脱颖而出；视觉的强度高，可辨识性强；但是又有合理的视觉流向，可读性强，让顾客的眼睛舒畅，不生涩，不要让阅读者的目光犹如行走在崎岖不平的山路上。因为顾客对产品包装上的文字、图形进行辨识的过程，也是购买的分析过程，如果信息杂乱无章导致他们不能快速辨别信息，他们就会因为辨识疲惫而放弃购买。

（四）让乳品品牌家族的系列产品陈列在货架上就像一个军团一样

各系列产品在统一品牌识别系统下依照各自的产品概念进行个性化延展。有些是在图形一致的基础上进行色彩的变化；有些是色调统一的基础上进行图案的变化——也就是说，一个品牌的产品包装设计具有变化中的统一，统一中的变化这一特点。

设计内含的文化背景要统一，它决定了风格的调性。国别、种族、地区、年龄所喜爱的文化不同，就有不同的调性。风格的鲜明和强烈也增加了视觉的强度，对本品牌产品区别于其他品牌的产品大有益处。

光明牛奶在奶滴造型的统一符号识别下系列产品包装设计又有不同的变化，属包装设计成功案例。

（五）乳品包装设计力图在原創的基础上求新，使包装个性成为产品新的生命

设计要求新、求异、求变、求不同。只有新颖的设计才会在大浪淘沙中闪烁出与众不同的光芒。

工业造型设计学里将包装造型的设计列为重要的课程，无论是汽车、电器、还是食品、乳品，在包装本身上的造型设计为工业化时代批量化设计注入新鲜血液和赋予蓬勃的生命力。例如国外一个叫“格林先生”的液奶产品包装，塑瓶本身被设计成一个格林先生的模样，本来已经很可爱，为了不让格林先生寂寞，又创作了格林太太，未来还有格林女儿、格林儿子，以及格林女婿、格林儿媳等等，更可爱处还有小小格林——格林孙女！好有情趣的家庭氛围！另一个例子是台湾统一的优酪乳，因为是针对年轻女性诉求喝出苗条轻盈的曼妙身材，所以瓶型设计曲线优美，宛若女性优雅的体态，产品卖点不言而喻——包装个性成为产品新的生命。

基地型乳业企业的产品包装设计极容易带有浓重的地源色彩，并且品牌产品包装设计之间的差异不大。愈是地源相近的品牌产品包装愈不能雷同，要统一使用共有传播资源时需挖掘新的设计元素，因为同一种文化背景的题材也会有不同的侧重点可以选择成为设计的一个方向。城市型乳业企业的产品包装因为不能借助地理资源的优势，所以设计更要以鲜明的风格示人。例如冰淇淋的包装设计随着产品更新快速而花样翻新的速度也随之加快，并且融合了目标人群的文化心理背景，距离现代生活最接近，设计风格不乏时尚前卫。但是，无论哪一种类型的企业，包装设计的基本原理“和谐产生美”还是不变的，随着商业经济的发展，消费者日益提高的审美水平要求包装设计与日提高。

（六）乳品包装设计要遵循四个原则：传递信息（Information）、盛装（Containment）、保护（Protection）、促销（Promotion）

乳品产品可供包装设计的面积较小。例如液态奶多为利乐包、新鲜屋、杯装、袋装、瓶装等包装。但是还有侧面或非主画面可做企业产品的介绍，或是长期广告；还有与消费者互动的促销活动讯息。包装外箱也可被充分利用起来，作为促销活动信息传播的窗口。

正因为包装是与消费者距离最近的一对一信息载体，在媒介环境越来越嘈杂的现代市场，包装成为营销活动的一个重要环节。

例如伊利牛奶利用包装剪角积分换领礼物；雀巢脱脂牛奶凭印在新鲜屋包装侧面的“飞龙冰上乐园入场券”回馈购买；台湾统一新鲜屋瑞穗鲜乳的体验营销活动“瑞穗鲜乳亲子放牧纽西兰”、“瑞穗鲜乳 放牧北海道”这些都是借用包装设计为促销活动服务的案例。

另外非乳类有一个利用纸盒包装侧面做促销信息告知的经典案例：台湾统一的副品牌饮冰室茶集。主题为“饮冰室茶集·[简讯]文学运动·手机里的友情与爱情” 的活动，包装侧面设计是诺基亚红色手机的正面造型，将活动参与和发送短信巧妙的结合并利用图形（手机造型）产生直观效果。文案这样写道：

“一场比‘五四’更具革命性的文学运动正在传送中。

你们之间是友情还是爱情？

许多话不好意思对他（她）表白？

[饮冰室茶集-简讯文学运动]

帮您传达手机里的友情与爱情

透过简讯文学解开友情与爱情的密码

凡参与活动，即可参加 NOKIA3310 抽奖活动，赠品以实物为准”

如果优秀的促销活动秉承了品牌的精神内涵与消费者进一步沟通，那么，运用在产品包装上的促销讯息无疑赋予了品牌在平面、POP 以外的无限的传播空间。

（七）将复杂的信息进行图标化的处理

除了包装产品本身的食用方法包括开启、饮用、存储方式等信息以外。一些提示使用的信息以及一些环保标志、可回收利用标志以更为人性化的图标形式直观的呈现。

（八）乳品包装设计既要销售也要审美

符合价值规律是设计存在的直接原因。设计不可能独立于社会和市场而存在，设计要解决问题。虽然就美学最单纯的意义来讲，商业化的功利目的在某种程度上束缚了设计的翅膀，但是有一点不得不承认：设计的成功却是以商业成功与否来衡量的。

虽然机械化大生产诞生了便于生产、印刷，具有大众审美观的批量包装设计，这是工业时代的包装设计。设计之美符合人性化是不可违背的自然规律。追求个性化虽然是设计的文化苦旅，但仍然是追求的目标。乳品包装设计将从满足人们“用”的基础上逐渐过渡到“借景抒情”，即消费者从包装设计中寻求到他们的渴望；或包装设计成为向别人表达自我想法的载体。含乳的能量饮料或运动型饮料比白奶成为更适合年轻人营养、运动、甚至扮酷的选择，可以设计得更加个性化——服务于人类生活需要是设计的最终目的。

乳品包装除了要表达奶制品本身的质感、功能等物理或化学特点以外，情感因素对包装设计的影响也是重要的，甚至是主要的。例如酸奶或乳酸饮料产品，情调的元素是必不可少的。酸奶的工艺技术不同于白奶：菌种不同，发酵时间长短，酸度的梯度，甜度的梯度，粘稠度，爽滑度……决定了酸奶的口感不同。人的味蕾会产生丰富的联想，形成各异的感觉。所以说，酸奶因口味变化而包装设计比较讲究感觉。

冰淇淋包装设计更是依照消费者心理需要命名、设计。蒙牛“随变”冰淇淋包装的概念延展，CF巧妙结合电影《蜘蛛侠》里蜘蛛侠在高楼中穿梭飞跃的动作，满足青少年的喜好。简短产品生命周期的快速消费产品要扣紧时代脉搏，适当运用流行文化元素。冰淇淋口味的千变万化和冰品本身适合年轻人的冰爽甜美感觉，这给予冰淇淋包装设计以无限广阔的创意空间和大容量题材资料储备，只是能否善于运用的问题。

婴儿奶粉的包装设计除了形象生动的特点外，对于营养含量、食用方法、适合的年龄段这三点的严谨性和科学性要求很高。更为人性化的设计是在使用方法中介绍指导妈妈如何冲泡、水温、用量、喂养方法、存储等信息。辅助包装的宣传册也会详细介绍喂养婴儿的注意事项。一些跨国企业还专门为妈妈们成立了学习班，专项教授育儿知识，例如惠氏。

当包装设计遵循清晰的营销策略指导下之包装策略，并且研究总结目标人群的喜好特点等营销策略之外无限的文化背景，创意出一个本群体喜欢的情感氛围时，不难执行出一个既有销售力又具有审美价值的乳品包装设计。

所以说，包装设计要销售力；也要审美。正如黄石讲道：“他们（消费者）终究是具有感情的活生生的男人和女人，他们需要情感的宣泄，需要理想的寄托，需要有情调的生活氛围。现代主义单纯追求功能的产品使生活充满了冷漠，如果不是因为它好用、流行和廉价，人们是不会把机床似的产品搬回家的。设计之美遵循人类基本的审美意趣。对称、韵律、均衡、节奏、形体、色彩、材质、工艺……凡是我们能够想到的审美法则，似乎都能够在设计中找到相应的应用。”

下面有两个设计个案，一个是三鹿婴幼儿奶粉包装设计；另一个是福是妙酸奶包装设计。从中我们可了解到：乳品包装既可以有销售力，也具有审美价值；既符合品牌规范，又可以个性延展。

（九）乳品包装设计个案

三鹿婴幼儿奶粉的营销策略是，将老产品进行改造，并划分成三个年龄段，新装上市。依此拟定的包装策略是，符合三鹿充满温情的品牌调性，新颖，品质感，区别于竞争品牌。

包装设计表现策略成为，用三只抽象的鹿（灵感来自于三鹿集团办公楼前的三只鹿雕塑）作为主体画面来表达鹿妈妈、鹿爸爸还有小鹿，形象简洁而可爱，设计感强烈。色调柔和的蓝色、桔黄、桃红充满温情的底色上，用来勾勒鹿的形象的线条形成圆环形，象征圆满的大家庭；三只抽象的鹿比喻三鹿这个品牌。包装上三口之家亲情互关爱的氛围营造得很浓郁。

福是妙八联杯装酸奶包装设计的营销策略是：添加蜂蜜的果粒/双果粒酸奶。包装策略是，虽然添加了蜂蜜，但是竞争激烈的八联杯装酸奶市场里几大品牌几乎占据了市场份额的70%，很难突破。利用包装设计的差异化脱颖而出，满足杯装酸奶目标人群求新求异，追求个性的心理。

包装设计表现策略是，在设计上反其道行之。以黑击白，先声夺人。如围棋执黑先行，落子取势。取材来自于星空的灵感:“人原本就是在星星上出生的，暂时居住在这颗叫做地球的星星上。因此，任何一个人，都具有星星般美丽的心灵。生命尽管有限,依然不断用微笑和爱向他人散发光芒……”(《七朵水仙花》)于是挖掘了星空的丰富与魅力。别以为黑色不是丰富色彩，美术上的黑色由众多丰富的色彩组成，它可以承载、包容无数种色彩。虽然大胆使用黑色底色看起来似乎有点冒险，但是产品上市的地区以天津为主要市场，以京津地区的传统审美观来讲，人们对于红&黑、黄&黑的搭配情有独钟由来已久，所以预期不会有反感情绪。在众多白色底色酸奶包装设计中，以包容万象的星空黑色做底，衬托草莓果粒的粉红娇媚；黄桃果粒的明艳高贵；菠萝果粒的温和朴实；荔枝+粟米的丰盈热闹；葡萄+蓝莓的幽静神秘。天然蜂蜜酸奶则采用“极简即极美”的手法，采用素白的单色调，借助黑色底色，反而衬托出酸奶更好的质感。与鲜艳的果粒酸奶互为映衬，显得格外素雅。

（十）一个好乳品包装设计的评判标准

1. 遵循营销策略下的包装策略，精心策划，符合品牌调性，系统设计。

2. 信息明确有主次，产品功能表达清晰。

3. 拥有统一要素：色彩/图形/排版/字型，有强烈的符号化特征，在统一中有变化。

4. 新颖，具有原创性，富有个性，区别于竞争品牌。

5. 不论怎样变化，乳制品的质感表现充分，干净卫生有食欲。

6. 情感诉求鲜明合理，氛围营造针对目标人群有的放矢。

7. 符合并充分利用包材印刷特点。

8. 结合节庆日推出节庆装，配合品牌传播和促销活动。

9. 产品/包装造型设计与品牌调性、产品功能配合辉映。

10. 能发挥并利用包装本身的优势。

总之，最适宜的乳品包装设计，就是最好的包装设计！

包装设计展望

未来包装发展增长速度预计将会达到 20%。规模化和全球化是发展的趋势。亚洲地区将会比欧洲与日本的包装市场增长更快，因为后者相对成熟稳定，前者正处于一个经济高速增长期。另外，机械和印刷业这两大产业的发展对促成包装业的上升起了极大的作用。今后乳品包装将向低成本、安全卫生、方便即食和环保方向发展。

未来包装设计将从现在的广告公司等综合艺术设计门类的设计部门单独脱离出来，成为专门针对包装设计的公司，或和印刷、制作业协作，甚至指导这些行业。例如日本的包装设机构大多包含在印刷机构里面，设计师对于材料、工艺很熟悉，可以保障印刷制作成品的品质，比目前国内这种独立于印刷之外的形式要有优势；因为熟悉工艺，还可以充分利用材料、工艺的特长，支持、激发设计。同时，设计对工艺提出越来越多的要求。如果说工业时代促成了包装设计；那么包装设计的发展也将促进工业时代的发展。也只有真正实现了设计的系统化，设计理念才得以贯穿产品诞生前后的整个流程，实现设计为生活服务的根本目的。

数码印刷市场展望

优势及缺陷

数码印刷在按需印刷、可变数据印刷、发行等方面具有其它印刷不可比拟的优势，很好地解决了活件的周转时间快，印刷版本不同，内容的定制化和个性化等问题。

例如传统的印刷中根本无法解决的可变数据印刷，在数码印刷中可以轻松实现，而且每一页上的图像或文字可以在一次印刷中连续变化。按需印刷适合于需要频繁更新的出版物和插入了很多图片的印刷品，如改动稍许后再版的手册、会议文件和图表等等。目前以施乐 DocuTech 为主导的数码印刷机，在美国已经占据了以前小型印刷机和复印机上生产的 85%的按需印刷活件，这种趋势正开始向彩色数码印刷机转移。

数码印刷技术确保了再版印刷品与第一版的效果相同，一份文件可以在几个地点同时印刷，这将降低储存和运输的费用，如一家公司可在总部制作出一份新的产品目录，然后把文件发到各地的分公司在当地印刷就可以了。

但是数码印刷还是遇到了很多问题，昂贵价格和技术的未完全成熟使众多印刷厂商望而却步，这也是推广落后于CTP的主要原因之一。虽然近几年经常有一些数字印刷设备成为热门话题，但大部分仍处于实验、试用阶段。即使可以投入生产的数码印刷机推向市场已久，到2000年底为止，全世界安装仍然不超过1500台。不过很多专家都乐观地认为近期推出的一些新数码印刷设备将推动数码印刷更快地发展。

欧美情况

美国的数字印刷顾问马克·W 富莱明较早前针对数码印刷前景做了一个调查，对象为购买和使用印刷产品的90多家单位。调查表明和数码有关的商务印刷从1997年的70亿美元增长到2000年的114亿美元，增长率达到了63%。值得一提的是这些数据并不包括一般的打印机、大型彩绘和票据印刷，而且3年之间增长63%已是相当不错的表现。

美国CAP

Venture 印刷调查公司最新的调查数据也突出了这一点。CAP 指出网络和数码技术的发展带动了数码印刷的增长。CAP 还预测美国的按需印刷零售额的年增长率将为18%，从2000年的210亿美元增长到2005年的480亿美元。

CAP 还指出同一时期美国印刷市场的总体增长率仅为4%。CAP 在欧洲的调查结果也基本相同。CAP 预测在欧洲的按需印刷零售额的年增长率为 22%，将从 1998年的 86亿1千万欧元增长到2004年的283亿8千万欧元，印刷市场占有率也将从 20%增加至 29%。

美国传统印刷业者也已意识到数码印刷的重要性。最近在NAPL（美国国家印刷指导协会）的一项调查中，NAPL 提出了这样一个问题“在今后的两年内您打算增加哪种服务项目”。令人惊讶的是48%的回答是“数字印刷服务”，远远超出了“电子商务”和“数据库管理”。

国内情况

在讲市场时，业内人士一般将国内市场和发达国家的市场分开对待，不过数码印刷是个例外。数码印刷就像互联网技术一样，大家都站在同一起跑线上，前可见古人，后可见来者。现在，我国的数码印刷已经具备雏形，如 APEC 会议期间，50 余万份的文件就是由会议中心地下室的一家数码印刷公司完成的。

去年中国加入 WTO，预计将促进数码印刷的应用。其一是跨国公司的商业印刷业务将按照惯例来进行，而这些业务又是数码印刷的重要市场；其次，知识产权日益受到重视，在防伪印刷中，有许多需要二维条码印刷，这将涉及到可变数据印刷，而可变数据印刷必须采用数码印刷技术和设备来完成；最后，国外数码印刷企业要打开中国市场，数码印刷的特殊性决定了不能单纯输出设备，而要与国内厂商开展技术合作，部分核心技术可能输入到中国。

数码印刷的国内市场也在日益扩大，如各种票据开始呈现出越来越强的个性化倾向，电信、邮政、银行、证券、保险等个性化印刷市场的潜力非常巨大；据一份调查表明，未来几年我国书刊印刷中的短版活将占整个书刊印刷的 60%；以及先行一步的如采用数码印刷用于包装与标签的设计生产系统等等。

数据分析

印品总数在不断上升，单一印品印量却在下降，这一趋势几乎是全球化的。通常我们把印量低于5000份的称为短版印刷，短版印刷随着这一趋式发展迅速。若以纸张消耗量来算，在1999年西欧单张纸胶印市场，短版印刷占整个单张纸胶印的21.4%。从1999年到2005年，短版印刷每年的增长将达到6.9%，届时将增加一半的纸张消耗量。数码印刷将得益于短版印刷。

就数码印刷的机结构来讲，分为无版数字印刷机和有版数字印刷机两种。但就印刷方式来讲，又可以分为两种，一是一张一张印刷不同图文的机型，如曼罗兰的Dicopage、Indigo、Xeikon等等，另一种是每个活件的图文都一样，如曼罗兰 Dicoweb、海德堡速霸 DI、高宝 74Krat 等等。但是需要说明的是，当前DI机型的数码印刷机在可变数据印刷方面还有局限性。

数码印刷（不管是生产出不同图文的电子成像还是生产固定图文的胶印直接成像）在 1999 年消耗了 103000 吨的承印物，其中 99200 吨为纸张。专家预计到了 2005 年将会市场容量将是现在的三倍，也就是说占短版印刷的9%，同时纸张消耗量将达到300000吨，占整个印刷市场的1.05%，首次突破1%的心理线。

数码印刷较传统印刷的一个竞争力就是在印量为5000张左右时经济又高效。现在的数码印刷品大致为书本（约占6%），商品目录（约占16%），商标（约占12%），商品传单（约占6%），手册（约占16%），政治类宣传品/安全印刷/身份证（约占5%）等等，几乎所有的按传统方式印刷的物品都可以以数码的方式印刷。

比较而言广告类的数码印刷最为活跃，且和传统胶印有得一拼。广告类包括小册子、单页宣传品、直邮、海报等。如果我们深入分析，印刷商（包括工厂、印前制作单位、复印商店）所生产的数码印刷产品中大约21%都可以归结为商品宣传资料，即广告。如果把商店里面的商品POP招牌、一些商品目录等推广材料也算上的话，数码印刷品中广告类占到45%左右。以前可变数据印刷技术还没有完全成熟，并且印量也有限，所以一段时间内广告类的数码印刷发展缓慢，当时有人预计到了2005年不过占到数码印刷市场14%～18%的份额。但是由于曼罗兰的Dico系列、Indigo、Xeikon等数码印刷机的出现，预计2001年就会增加5到7个百分点，专家认为2005年广告类印刷品会占到数码印刷总量的40%，如果乐观一点的话，50%也是有可能的。现在不仅专家认为数码印刷的主要增长来自于广告，大约49%的数码印刷商（48%是印刷厂，51%是在印前制作单位，51%在复印商店，数据可重叠）也表示广告的数码印刷潜力无可限量。相对而言，手册、书籍、商标等印品的估计就没有那么乐观了。

在2000年全世界安装了多少台数码印刷机这个问题上，不同的研究机构所出的报告不尽相同。如Pira机构的报告称，到2000年底，可变图文的数码印刷机的安装在1330台左右，固定图文的数码印刷机在300台左右；曼罗兰的研究机构则宣称，在1999年底，两者就分别达到了1340台和442台。虽然具体数字不一致，但是有两个观点比较统一，一是可变图文的数码印刷机的增长速度较固定图文的数码印刷机发展要快，二是数码印刷机的安装量每年将以14%～19%的速度递，数码印刷前景看好。

我国包装工业的发展预测及方向

从2006年到2010年包装工业的年产值预计达到4500亿元规模，保持年平均增速为7%。

从2011年到2015年包装工业产值预计达到6000亿元，平均每年以6%的速度增长。纸包装制品从2001年到2005年预计达到1900万吨，从2006年到2010年达到2700万吨，从2011年到2015年达到3600万吨。金属包装制品从2001年至2005年预计达到288万吨，从2006年到2010年达到385万吨，从2011年到2015年达到491万吨。玻璃包装制品从2001年到2005年预计达到1050万吨，从2006年到2010年达到1270万吨，从2011年到2015年达到1550万吨。塑料包装制品从2001年到2005年预计达到504万吨，从2006年到2010年达到707万吨，从2011年至2015年达到946万吨。包装机械从2001年到2005年包装机械预计达到67万台（套），从2006年到2010年达到93万台（套），2011年到2015年达到120万台（套）。

包装项目上规模

2003年初以来，国外一些大企业，大公司纷纷看好中国的包装市场，抓住机遇，招商引资，促进了企业生产上规模，产品上档次。2004年1月，美国史迈菲特公司宣布，其合作伙伴美国国际济丰集团公司已初步确定把纸制包装品的投资项目放在福建厦门同安西柯镇的食品工业园。该公司决定综合利用再生纸资源，采用专利技术开发、生产和销售纸垫板等用于包装的纸制品，并进行包装装潢的设计，印刷。该项目总投资1250万美元，有望于年底投产，预计投产后年产值达1.4亿元人民币。

2004年1～8月，内蒙古和林县盛乐经济园共引进项目20个，协议引资31.5亿元。其中，河北香河高氏纸制品有限公司在盛乐经济园组建内蒙古高氏纸业有限公司，该项目总投资4000万元，年产包装纸箱1亿平方米，年产值可达3亿元；四川成都超越彩印有限公司组建内蒙古盛都纸业包装印务有限责任公司，总投资5000万元，年产包装纸箱5000万平方米。这两个项目的招商引资，大大推动了内蒙古纸箱业的快速发展。

2003年12月，一个年产10万吨的液体饮料包装纸生产线在河南省新世纪恒兴纸业股份有限公司奠基，该项目2004年8月建成投产，是河南省实施生态造纸工业园工程的第一期工程。建成后，公司总体年收入可达10亿元，利税1.2亿元。其产品主要用于乳制品、饮料及食品、香烟等的包装，可在一定程度上替代进口产品。生态工业园二期工程规划占地1500亩，园区计划总投资22亿元，新上年产20万吨杨木制浆生产线、20万吨高强瓦楞纸生产线和日处理3万吨的污水处理厂等一大批项目。规划园区的目标是在2008年形成年生产能力80万吨、销售收入34亿元、利税超过5.8亿元的国家级大型造纸企业.

发展食品专用包装纸

目前，我国食品包装专用纸的研制开发步伐应该加快。在食品包装专用纸中，亟需开发的是食品保温包装纸。这种纸所应具备的功能，是能将熟食包装后保持香、鲜、热度，供人们方便地食用，以适应生活的快节奏。这种保温纸的原理是像太阳能集热器一样，能够将光能转化为热能。通常人们只需把这种特制的纸放在阳光能照射的地方，该纸所包围的空间就会不断有热量补充进去，从而使纸内的食物保持一定的热度。

纸罐发展前景广阔

目前中国铝易拉罐的年消耗量为60～70亿只，原材料需大量进口，且价格昂贵，加上污染环境等因素，国家已不再批准新建铝易拉罐生产线，能否找到代替铝易拉罐的新包装容器成为业界一直关心的问题。纸质易拉罐的诞生，克服了铝易拉罐的种种弊端，有着广阔的发展前景。纸罐可用于油漆、化工、食品、药品等包装，还可用来生产纸饭盒、纸杯、纸桶等系列产品。有关专家预计，中国纸易拉罐的年需求量将逐步达到150亿只，其优异的特性将为中国包装业注入新的活力。

提高纸包装的质量水平

近年来，中国包装纸箱业得到了快速发展。特别是国内外品牌产品和出口产品对包装纸箱、纸盒提出了越来越高的印刷要求。一是纸箱运输包装逐步向商品包装发展，包装纸箱印刷文字图案要求清晰，双色逐步发展到三色、六色，要求套色准确，网点从目前的60线发展到80线，同时对包装印刷机械精度要求相当高，并要发展柔性版包装印刷。三是包装白纸板逐步替代灰纸板，发展白底彩面印刷，以水性油墨替代油性油墨，从而使包装箱面美观、清晰、鲜艳，印刷技术含量高，以提高商品附加值，并符合环保要求。

重视包装纸的回收利用

近年来，随着经济的快速增长，香港业内人士日益关注包装制品与环境保护的结合问题。利用废纸回收制成了再生纸盒、纸袋、纸箱等，取缔了部分不利于环保的塑料包装制品；利用废纸再生，取代发泡聚苯乙烯，已成为香港包装制品的发展趋势。

未来十几年中，纸包装工业仍将处于发展中的调整生产时期。随着全球经济的发展，城市化进程的加快，人们生活水平的提高，消费结构的升级，纸品市场供需仍将快速增长，纸包装业有着巨大的发展空间。

我国电子信息产品包装现状与发展趋势分析

叶柏彰

近几年来，电子信息产业已成为我国各工业部门中发展速度最快、产业规模最大、外贸出口最多、效益位居前列的重要支柱产业，并为我国包装行业赢来了新的发展机遇。

信息产业保持良好态势　拉动包装行业提速发展

当前，我国正处于21世纪发展的重要战略机遇期，信息产业面临着有利的国际、国内形势。世界经济逐步回升和结构调整加快，经济全球化和全球信息化趋势快速发展，总体上有利于我国信息产业扩大出口，吸引外资，有利于结构调整与技术进步，有利于企业境外上市和“走出去”，为信息产业更好地在国际竞争中发展壮大，带来了难得的机遇。从国内情况看，国家推进经济社会协调发展，实施扩大内需、加快信息化建设、西部大开发、振兴东北等老工业基地，以及优先发展信息产业等战略举措，极大地激发了社会对信息技术、网络和服务的需求，为信息产业提供了广阔的市场空间，我国电子信息产业保持良好的发展态势。2003 年，我国电子信息产业实现销售收入达到 1.88 万亿元，增长 34%，完成出口额超过 1400 亿美元，增长 52%，已接近全国外贸出口总额的 1/3。电子产品源源不断飘洋过海，走向世界，其产品包装功不可没，成绩斐然。

在党的十六大、十六届三中全会及中央经济工作会议精神鼓舞下，电子信息产业要持续快速协调健康发展。2004 年信息产业发展调控目标为：我国电子信息产业销售收入 2.3 万亿元，增长 26%；出口总额 1400 亿美元，与上年基本持平。移动通信、固定通信、笔记本电脑、新型彩电、信息家电、汽车电子等将形成热点产品市场。如未来数字电视传输的实现，全国将有近 5 亿台电视机更换，所有编录、传输装置也都全部换代，产品产值将是千亿量级……。最近从国家权威部门市场预测分析报告中获悉，2004 年手机产量将达到 2 亿台，增速在 30%以上微型计算机产量将达到 4000 万台，增速在 50%以上；彩色电视机产量将达到 7200 万台，比 2003 年增加 1000 万台左右；等离子彩电、数字化彩电等高附加值产品的比重将大幅度提高；洗衣机产量将达到 2000 万台，比 2003 年增加 500 万台左右；空调器产量将达到 6500 万台，比 2003 年增加 11500 万台；电冰箱产量将达到 2600 万台，比 2003 年增加 600 万台……。其产品所需包装箱、缓冲衬垫、托盘等包装材料随之迅速增长，需要量是个惊人的数字。据不完全统计，仅彩色显像管年需耗用一次性托盘 200 多万个。如陕西咸阳彩色显像管集团公司，去年需用包装材料、制品费用支出 5700 多万元，比前年增加了 15%。青岛海尔集团去年需耗用纸制品包装费用支出 3 亿元左右(其中蜂窝纸板在 2000 多万元)：塑料包装制品的费用支出 2 亿元左右，均比前年增长 10%以上。广东科龙电子集团，去年仅空调包装材料、制品这一项费用支出两亿多元，比前年增加了 20%左右。四川长虹电器股份有限公司，去年支出包装费用四亿多元，亦比前年增长 10%以上。电子信息产业的迅猛发展，势必给包装生产企业注入了勃勃生机，拉动了包装行业的提速发展。如河北香河高氏纸制品包装集团，在不到十年的时间里，集团已发展成为拥有净资产 4.2 亿元人民币，生产设备达到了 203 台套，占地面积 1725 亩，职工近 2000 余人，先后合作的客户 150 多家，是建厂的 25 倍，创产值 10 亿元、实现利税 3.5 亿元，列入省、市百强企业，可喜可贺。一个 80 万元起家的名不见经传的私营企业，发展如何惊人?集团董事长高德谦深有体会地说：“以纸业为己任、实施科技兴企，紧紧抓住了京津塘地区电子信息产业包装应用大市场，使高氏集团兴旺腾达。”高德谦董事长在党的十六大精神鼓舞下，紧紧抓住电子信息产业发展机遇，深谋远虑、锲而不舍、下定决心，加大技改投入。去年，又投入了 3100 万元，在香河安平开发区征地 43 亩，建立香河普润鑫印刷公司，从德国、日本购进了罗兰、小森四色印刷机。接着又和西班牙、巴基斯坦客商，投资近 3 亿元人民币，合资筹建银象造纸厂，预计今年高氏集团产值达 7.1 亿元人民币，大手笔的投入，为更好打造拓展电子信息产业包装应用市场发展空间夯实基础。又如四川长虹包装公司发展至今，已具有各种先进精密的包装、印刷设备和配套设施，汇集了各类包装业，印刷业的精英，并秉承“求真务实，开拓创新，精益求精”的经营理念。目前，已具备年产 3500 万 m^2：瓦楞纸板、700 万只彩电纸箱、9000 吨 EPS 发泡塑料缓冲衬垫、1200 万套印刷品、800 万 m^2 纸蜂窝板、600 万米纸质型钢的生产能力，并拥有亚洲最大的自动 EPS 泡沫塑料成型机群和完整、齐全的纸蜂窝环保包装的生产制造线，以及先进数字印刷设备。目前，长虹包装公司在年总产值四亿多元的基础上，不断追求包装的环保技术质量、高档印刷技术和开发软件技术的创新，相继掌握了水墨调频印刷等多项领先印刷技术。最近又将投入 5000 多万元，加大包装技改，为提升“长虹”品牌家用电器包装的精品形象，打造“数字长虹”的包装经典，而坚持不懈作出积极努力。

电子信息产品要打造“绿色包装”

步入 21 世纪，随着人类对环境生态保护日益重视，绿色环保将成为电子信息产品立足市场的基本要求，电子信息产品本身如此，电子信息产品包装也概莫例外。“绿色包装”已成为当前产品包装的发展趋势，并已逐步付诸实施。

2003年年初，欧盟公布了《报废电子电气设备指令》和《关于在电子电气设备中禁止使用某些有害物质指令》两项法令，对电子电气产品制造提出了更高的环保要求。据业内人士认为，欧盟的这两项法令主要针对电子产品的原料、配件及包装物料，这将波及我国电子产品的出口。

包装是产品生产过程的继续，也是商品流通过程中的重要环节。欧盟2003年年初出台的这两项法令将加快全球电子产品的绿色环保进程，对于我国电子信息产品和包装走上“绿色环保”的轨道无疑是一剂强劲的催化剂。绿色包装符合世界绿色消费潮流，有利于突破国际上的“绿色”贸易壁垒，同时对降低商品在流通中的破损率、提高包装产品的质量和商品附加值都将起到积极作用，成为国际市场一种重要的竞争“武器”。

绿色包装涵括了从原料到产品的加工生产对环境无污染、可以回收循环使用或者再生利用，可在大自然中自行化解的包装。绿色包装是21世纪最震撼人心的包装革命，是绿色浪潮的重要组成部分。专家们认为，随着物质生活水平和环保意识的提高，人们对“包装”的要求也发生了很大的变化，以往人们对包装考虑最多的是它对商品的保护性，其次是它的经济性。而现在人们考虑最多的则是包装的生态特征，包括对人类健康的影响、对社会环境的影响以及包装废弃物处理的简便性等。因此，包装工作者在包装设计和开发新材料中，应该注重对其使用性、回收、再生、资源、环保等问题作通盘考虑，要做到无毒、无害，使用后易于回收或自然分解，力求以轻量化、薄型化、低消耗、两性能，取得最大的社会效益。目前各国政府纷纷制定包装法规和法令，要求制造商、进口商和零售商真正负起保护生态环境的责任。

随着我国加入WTO和经济全球化的发展形势，对外贸易大量增长，企业面临着良好的发展机遇、巨大的市场空间和挑战，电子信息产品和包装与国际市场接轨日显重要。尤其是目前欧盟对中、国家用电器的进口配额已解冻，欧盟正成为我国家用电器出口的另一重要市场，但欧盟各国对木质托盘、水质包装箱、EPS 发泡塑料和黏合剂、印刷油墨、涂料等包装材料、辅料及其包装废弃物都有严格的限制和规定。如进入德国的商品包装需申请“绿点”标志，进入法国的商品包装需申请“竖点”标志，特别是不要轻易粘上欧盟限制的铅、汞、镉、六价铬、聚溴联二苯醚和聚溴联苯等有害物质，以免因小失大。

从提升产品绿色环保包装形象，降低废弃物回收再生费用，避免“绿色”贸易壁垒角度考虑，研究、开发、生产、推广及应用“绿色包装”材料和制品，已是当务之急，并具有深远的意义。蜂窝纸板、纸浆模塑和竹胶合板、植物纤维包装材料制品节省资源、保护生态环境、符合国际包装发展趋势。近几年来，信息产业部包装办公室，不仅多次与有关部委联合举办了“纸浆模塑、蜂窝纸板、竹胶合板”等环保包装材料的技术交流和讲座，而且还以多形式、多层次、多方位的活动方式，举办培训班、技术研讨、现场参观、推广及应用等一系列的活动。通过这些有意义的活动，开阔了包装技术人员的眼界、拓宽了视野、激发了潜力，这对我国电子信息产品环保包装的技术提升、工艺改进、推广及应用等无疑起到了积极的促进作川。至今已取得了可喜的成绩。如移动电话机、电话机、传真机、打印机、电子琴等体积小、重量轻的电子产品，逐渐采用了纸浆模塑制品做包装材料，替代了EPS发泡塑料缓冲材料。一些出口的电子整机仪器、家用电器的包装，以蜂窝纸板、竹胶合板环保材料替代木质托盘、包装箱和EPS发泡塑料缓冲衬垫。

在调研中了解，广东地区的科龙、美的、格力等品牌空调，为在包装上与国际市场接轨，亦将蜂窝纸板陆续替代EPS发泡塑料衬垫和木质托盘。如科龙电器股份有限公司 2000 年就立项改进原有的空调包装，欲用蜂窝纸板、瓦楞纸板和EPE替代EPS缓冲衬垫，以简化包装结构，达到环保要求，并于2002年开始批量投入使用，今年将全面推广应用。青岛海尔电子集团的空调柜机，于前年年初开始正式批量采用蜂窝纸板包装材料，目前每天的使用量已超过2万多平方米，亦将在电冰箱等电器产品上推广应用。目前：年下半年以来，海信、澳柯玛等国内外知名企业的品牌空调、冰箱也陆续采用蜂窝纸板替代EPS发泡塑料和木质托盘。四川长虹电器股份有限公司，在前几年进行了相应的调研和技术储备，前年购置了蜂窝纸板和纸护角生产线。“长虹”包装研究所的科技、设计人员，刻苦钻研，博采众长，以蜂窝纸板为主要材料，将其与瓦楞纸板、纸护角、纸浆模塑等环保材料组合应用，已逐步形成了“长虹”品牌空调、彩电、背投、视听等家电系列产品绿色环保包装的解决方案，已逐步替代

EPS 发泡塑料及木质托盘，取得了可喜的成果。用户反映，采用纸浆模塑、蜂窝纸板材料不仅降低了包装成本(去年广东科龙电器股份有限公司仅空调包装节约成本 600 多万元；四川长虹电器股份有限公司降低包装综合成本 2000 多万元)；而且，有助于提升该公司的品牌和形象，减少了“白色污染”，为外贸企业产品出口打开了一条“绿色通道”。

电子信息产品包装存在问题不容忽视

我国电子信息产品包装已经取得了长足的进步，但与此同时，在某些方面也存在着一些不容忽视的问题，有待业界同仁共同探讨，进一步努力。

外包装结构缺乏整体构思和超前创新意识

在外包装结构设计方面，有些包装还不太合理，特别是家用电器一体化纸箱还在广泛使用，既浪费材料也达不到最佳防护效果。此外，家电生产商对不同气候条件下包装应做那些调整考虑较少。如北方干燥地区：和南方多雨潮湿地带对包装的防潮要求差别很大，而目前我国大型家电在外包装上几乎千篇一律，亦没有采取防潮、防雨的措施，完全是以不变应万变，导致在潮湿气候下部分包装箱受潮变软，保护性能大大下降。这种情况在出口电子产品包装上也时有发生。此外，有些企业片面强调降低成本，使用的原材料质量标准降低，用纸质量不能保证，纸箱达不到应有的强度，商品到达消费者手中纸箱时有出现破损。

透明包装在国内目前还没有被推广、接受，但在欧美等地区却大受欢迎和推广应用。这种包装形式精美，利于产品宣传销售。既可减少包装材料用量，避免资源过度浪费，又有利于废弃物的收集，符合环保趋势。同时，包装重量的明显减轻便于实现机械化、集约化、大规模运输，可大大降低包装成本和运输。

缺乏超前创新意识，处处跟风，或照搬或描摹，“知己知彼，百战不殆”。在全球经济一体化的浪潮中，在竞争日趋激烈的今天，商场犹如战场，充分研究了解竞争对手在包装设计方面的信息资料，超利避害，对产品在激烈的竞争中获胜至关重要。市场瞬息万变，人类对事物的价值观总是跟着潮流在变，包装也不能一成不变，老品牌也好，新面孔也好，谁能掌握先机，成为领导包装设计潮流的佼佼者，谁就能拥有市场。

环保物料使用量低

首先，缓冲包装方面依然在大量使用 EPS 塑料，不符合环境保护的要求，特别是在出口电子产品包装上，可能造成“绿色”贸易壁垒等影响。以彩电为例，每年我国就耗用 EPS 塑料 5 万吨左右，可以想象整个家用电器行业耗用的 EPS 塑料是个何等惊人的数字。

我国在电子信息产品包装上大力推广纸浆模塑和蜂窝纸板等新型环保纸质缓冲包装材料，取得了一定的成效。但是在推广应用中也遇到了一些问题，使用情况并不乐观，其主要原因是纸浆模塑产品本身存在的问题：如回弹性较差，结构设计、模具设计和制作加工能力等还远远不适应电子产品包装的需要，尤其是大型家用电器。国外一些比较先进的如激光切割成型多层纸质缓冲制品在国内还没有出现，目前国内研制的各类新型缓冲材料制品虽然不少，但大多存在这样或那样的缺陷，较难适应电子产品包装的需求。

其次，木质托盘仍然大量使用，节木代木工作进展的也不很顺利。仅以显像管和彩色电视机两个产品包装为例，据不完全统计，每年一次性木托盘就耗用木材约为 10 万立方米(包括显象管玻壳用一次性木托盘)。虽然各种塑料托盘、钢制托盘和蜂窝纸板、竹胶合板托盘都有使用，但在应用上还都不很理想。塑料托盘、钢制托盘、竹胶合板托盘主要式价格高、回收再用难。

环保包装制品制作技术及工艺滞后、原材料质量标准较低。

如纸浆模塑在生产的过程中，普遍存在效率低、能耗高、耗材大、机型少的问题。特别是模具制造手段落后，因此，不仅品种单一、成本居高不下，而且制品常常出现质量问题，如薄壁、制品反潮、缓冲性能差，目前生产的纸浆模塑制品经跌落试验表明，如首次冲击后，其缓冲性能大大降低甚至于基本丧失(也就是说弹性差)，经不起多次跌落或碰撞。与此同时，很难制作出大平面、高深度的纸浆模塑制品，从而无法满足大量家电产品如电视机、背投、电脑及显像管等电子产品包装的需求，这就制约了纸浆模塑的推广应用和产业的健康发展。

纸蜂窝材料用于在制作托盘、包装箱及缓冲衬垫等制品时，生产工艺、制作成型，总体技术水平较差，生产线自动化程度低，尤其是成型制作工艺方面几乎是手工操作，致使蜂窝制品难以达到标准化和系列化，从而影响了整机生产在流水线上的操作配套。而且其价格也居高不下，用户较难接受。

纸浆模塑、蜂窝纸板设备和制品目前还没有颁发国家标准，有些生产企业使用原材料的质量标准过低，直接影响了制品的外观色泽与表面质量。有些生产企业忽视了制品阻燃、防潮、防静电、防霉等技术性能和指标要求。如有的用户反映，由于蜂窝纸板、纸浆模塑制品防潮性能差，强度不够，经不起运输过程中的碰撞而破损。甚至于缓冲衬垫出现霉变，直接影响了电子信息产品的质量。这些企业的行为客观上压抑了蜂窝纸板、纸浆模塑制品的推广应用工作。

纸浆模塑、蜂窝纸板制品节省资源、保护生态环境，符合国际包装工业材料应用发展趋势。尽管目前我国发展这项工作还存在一些问题，但我们仍能看到纸浆模塑、蜂窝纸板制品前景非常广阔，它将以独特的魅力成为我国电子信息工业产品包装材料的主流。

蜂窝纸板质轻、强度大、刚度高、具有缓冲、保温、隔热、隔音等优异性能，自身易于经过特殊处理而能够成为具有阻燃、防潮、防霉、防静电等性能的优质环保包装材料，但是，蜂窝纸板也不是全能，有它的优势，也有它的弱点，如蜂窝纸板制品成型制作。工艺复杂、生产效率低，尤其是制作成各种几何形状的缓冲衬垫，那更是难了。

纸浆模塑制品是采用废弃纸品再生浆或草本植物纤维浆作基料，利用独特的工艺和专用助剂，在拟定的专用网模上塑造一定的几何形状，具有质轻、缓冲、阻燃、防潮、防静电等优点的环保包装材料。但是纸浆模塑的缓冲作用主要依靠结构单元及其组合的不同几何形状结构来实现。而传统的EPS 泡沫塑料是利用发泡材料受力以后自身的变形来吸收外界的能量，达到缓冲的效果。据实际应用对比，纸浆模塑制品的缓冲性能要低于 EPS 泡沫塑料。所以说，纸浆模塑制品目前还难以达到如电视机、背投等体积大、重量重，外观形状复杂的家电产品缓冲衬垫的需求。如能将蜂窝纸板、纸浆模塑、纸护角等纸质材料有机组合，形成优势互补，全纸质包装材料，这无疑是环保包装材料共同发展的方向，也将是电子信息产品较为理想的包装材料。

结　　语

随着我国加入 WTO 和经济全球化的发展形势，我国电子信息产业要持续快速协调健康发展，电子信息产业包装工作方兴未艾。要继续贯彻实施“可持续发展”的战略，在巩固已取得成果的基础上，以高效、低耗、节能、方便、安全、环保型包装材料的开发、应用为主攻方向，实施“绿色”包装工程。要以出口家用电器产品包装为重点，从提升产品绿色环保包装形象入手，降低废弃物回收再生费用，避免“绿色贸易”壁垒，研究、开发、推广应用蜂窝纸板、竹胶合板、纸浆模塑和植物纤维等绿色包装材料和制品，以替代木质托盘、木质包装箱和 EPS 发泡塑料缓冲衬垫包装制品，这将是信息产业部包装办公室、电子工业包装技术协会抓改进、提高电子信息产品包装水平的工作重点。

我国柔印行业的市场分类及发展方向

我国柔印在包装印刷中的占有率，除瓦楞纸箱较接近欧美水平外，纸张及纸板尚能紧跟，软包装与标签差距甚大，有较大发展空间。主要印刷方式所占比例中，含瓦楞纸箱与报纸印刷，20 世纪末，欧美印刷市场中胶印占 42%、凹印占 20%、凸印占 2%、柔印占 28%、其他印刷方式占 8%。我国印刷方式的主流与世界潮流相似，以胶印方式为主。我国铅版和铜锌版的凸印虽然已趋淘汰，但树脂版的凸印在我国仍占有 12%比重，特别是在商标、标签印刷领域仍占主导地位。2001 年，我国进口单张纸胶印机 645 台，价值 355 亿美元；卷筒纸胶印机 243 台，价值 260 亿美元；柔印机 111 台，价值 0.28 亿美元。柔印方式印刷的包装材料可分瓦楞纸箱、纸张及纸板、薄膜 3 类。

瓦楞纸箱印刷

瓦楞纸箱印刷在柔印中占较大比重，是发展较快的行业。随着对印刷质量要求的不断提高，原先的橡皮雕刻版已被感光树脂版取代。瓦楞纸箱的印刷方式可分后印和预印两种。后印是在瓦楞纸板成型后由印刷开槽机直接印刷加工，较好的国产印刷开槽机已能胜任彩色层次版的瓦楞纸板印刷，印制的产品成为家电、水果及蔬菜等理想的销售兼运输包装，该工艺目前仍需进一步开发市场。以往的瓦楞纸箱预印方式是将单张纸印刷后裱到瓦楞纸板上再成型，不但耗工，对纸箱强度也有破坏，柔版印刷面纸后在瓦楞纸板生产线上裱合制成瓦楞纸板，适合高质量、大批量瓦楞纸箱的加工。

塑料薄膜和金属箔印刷

塑料薄膜和金属箔是软包装的主要承印材料。关于柔印在软包装印刷中所占的分额，美国已超过75%，欧洲达到60%。柔印之所以能取得绝对优势，不仅有环保法律法规的支持，消费者自身保护意识以及柔印高效、低成本的优势也是促使其发展的巨大动力。我国柔印在软包装领域中所占的市场份额不足12%(软包装印刷仍以凹印为主)，采用柔印工艺的企业多半是外资企业，为达到安全标准要求，进行硬性规定。国外已严格禁止采用含有酯、酮、苯溶剂的油墨印刷食品、药品以及与人体接触的卫生与生活用品的包装。国内部分包装材料和印刷厂商片面追求印刷质量并贪图方便，置人民身体健康于不顾。

柔印器材的应用与开发

自20世纪90年代中期，窄幅连线多功能柔印机引进我国后，经过两三年的磨合期，并通过对柔印工艺较全面的了解，柔印机虽然结构简单，但要达到高质量并非易事，印版、油墨、网纹辊、粘版胶带以及模切刀等器材必须达到应有质量，且在每批印件开印前，均需对机器类型、印刷压力、印版硬度、油墨色相、粘版胶带等可变因素进行收集并做分析，做出最佳的配合，才能印制出高质量的产品。对柔印中各种参数的选择以及在印刷机上进行调节和试印，是柔印工艺操作技术实践及其水准的反映。

目前，国内多功能机组式柔印机已有400余台，其中国产50余台，在烟盒和酒标印刷上已取得较好成就，但由于部分工厂操作技术未能过关，产品质量不稳定，废品率较高，影响市场开发，造成"等米下锅"的情况。但整体上已有较大改观，制版及油墨等配套器材和操作技术有显著提高，柔印产品质量已被认可和接受，为开发市场创造了条件，特别是在商标、标签和折叠纸盒印刷方面，更有较快发展。

我国柔印业今后的发展

我国柔印业经过近10年的努力，已越来越为印刷界高层人士所重视，设备器材开发、技术工艺教育及培训均取得不错的成效。但部分包装用户和印刷厂商仍对柔印缺乏理解，这成为柔印发展的主要障碍。消除前进中的障碍，只能依靠业内人士苦练内功，把柔印在安全卫生、有竞争力的售价、适宜小批量生产，生产周期短、更符合包装要求等方面的优势显示出来。

包装用户不在乎采用何种印刷工艺，只要印刷质量符合要求、售价较低、按时按量交货、服务优质、满足安全卫生的规定即可。节约成本、降低废品率、实现工艺流程标准化，提高自动化水平、加强培训等措施对我国柔印界当前困境的改观有较大针对性，通过改进和提高管理，使当前产品质量不稳定、废品率过高等现象得到显著改善。

我

塑料机械工业是为塑料原材料工业、塑料制品加工工业提供重要技术装备的。现已广泛应用于建筑材料工业、包装工业、电器电子信息工业、农业、汽车及其他交通业、轻工业、石油化学工业、机械工业、国防工业等国民经济各个部门及人们生活的各个领域，因此，塑料机械实际上已成为各种制造业的生产制造手段，与金属切削机床一样是一种基础机械（金属切削机床加工金属，塑料机械加工高分子合成材料），在国民经济中日益显示出极为重要的作用。塑料机械工业的发展，在一定程度上反映了一个国家或地区国民经济及技术发展水平。

目前，我国主要的塑料机械制造企业有400多家，大部分分布在东南沿海、珠江三角洲、长江三角洲。其中：注塑机制造企业主要集中在浙江、广东，其次是江苏、上海、广西等地；挤出机制造企业主要分布山东、辽宁、江苏、甘肃、河南、北京等地；中空成型机制造企业主要集中在陕西、上海、江苏、广西等地；西藏、新疆、青海、宁夏、海南、重庆等省市区到目前为止还没有塑料机械制造企业。在全国所有的一百九十四个机械工业行业中塑料机械行业的主要经济指标居前列。目前我国能生产的塑料机械，已基本上能满足高分子合成材料的加工与成型所需要的一般技术装备。总体上与中国香港、台湾地区相当，有些已接近或达到了工业发达国家的水平，个别品种达到世界领先。

塑机设备已经渗透各行各业

建筑材料工业：在这一行业中，塑料机械工业主要用于下水管、上水管、各种装修材料、地板、地毯、门窗异材、防水卷材、线槽、线管等生产提供装备。

包装工业：塑料机械工业主要为各种包装膜、片材、瓶、缸、盒、桶、箱、编织布袋、网套、周转箱、托盘等塑料包装制品的生产提供装备。而这类塑料包装制品涉及门类繁多的行业，诸如：饮料、食品、化工、水泥、饲料、水产、水果、五金工具、服装、仪器、制药等几乎所有产品生产的行业部门。

电器、电子信息工业：冰箱、洗衣机、空调器、录相机、收录机、电视机、音响、小电器、电脑、打印机、传真机、手提电话、电话机等产品的机壳、元配件、传输线及插座等的生产，信息载体的各类光盘（CD、VCD、DVD、CD-R、CD-RW、DVD-R、DVD-RW、HDVD）的生产都由塑料机械工业提供装备。

汽车及其他交通（火车、船舶、飞机、宇宙飞船）工业；汽车保险械、仪表盘、专用电器（音响、空调）、披覆件、内装饰件、耐热耐压耐油管、燃油箱、密封条、行李箱、座椅、卧铺用材、车门锒板、防尘板、安全气囊覆盖胶、车厢底衬垫等的生产都需塑料机械工业为其提供生产装备。

农业：暖房、双层棚顶、排灌管道系统、育苗膜、透光或遮光膜、保肥保药膜等的生产需要塑料机械戒严提供装备。

除上述之外，尚有许多部门都需塑料机械工业提供装备，如日用品、机械部件、玩具、游戏机、体育用品、医疗器具、家具等行业。

塑机业面临的机遇与挑战 整体水平待提高

一些国内塑料机械企业抓住了近年来的大好时机，实现了跨越式发展，不仅占据了国内的较大市场份额，还有相当数量的产品出口，但是，出口产品主要销往发展中国家，属中、低档产品。就整体技术水平而言，我国塑料机械与国外发达国家的差距在 20 年以上。近年来依赖进口的塑机设备主要有：精密注塑机、一步法注拉吹机组、大口径实壁管和波纹管生产线、土工膜生产线、双向拉伸膜生产线、滴灌管生产线、医用导管生产线、音像片基和感光片基生产线、双螺杆混炼造粒设备，其中石化用大型双螺杆挤出造粒装备基本上完全依赖进口。这就形成了国外 20 余家塑料机械企业在国内的销售额等于国内数千家塑机企业销售额总和的局面。

机械性能差距大

与国外产品相比，我国塑料机械的性能在注塑、挤出成型速度、注塑制品的精度以及加工装备的控制水平上都存在着较在差距。国外公司注塑机的充模速度可达 500～1000m/s，吹塑 250ml 饮料瓶的单机产量一般可达 15000～20000 个/h，而国产设备的最高产量为 6000～8000 个/h；国内挤出机主机单机产量平均不到国外先进水平的 60%。日本 Nissei 公司生产的销模力为 20～360 吨的 ES 系列电动注塑机，成型制品的质量偏差可以控制在 0.00132g 以内，合模机构的位移控制精度可达 0.03mm，控温精度可达±0.5℃。

塑料加工装备的水平在很大程度上取决于测控水平的高低。国外先进塑料机械的控制系统普遍采用了以 PC、PLC、PCC 等为核心的可编程系统，并在一些高精度生产装备上采用了模糊控制、统计过程控制（SPC），以及基于网络的远程监控、故障诊断和控制系统。而我国在先进测量系统方面，基本上依赖进口。

技术创新促进发展

我国塑料制品的人均消费量仅为 14kg/年，居于世界排名 70 位以后，所以在未来的很大时间内，塑料制品和塑料机械的需求量还会保持较高的增长速度。这就给我国塑料机械企业提供了一个很好的发展机遇。同时，国外塑料机械企业更是瞄准了中国这个极具潜力的大市场，他们已经成为中国的塑料制品厂提供了大量塑料机械，并试图占据更高的市场份额。而国内塑料机械企业在技术创新上的投入很少，主要走仿制国内外同行产品的途径，鲜有自主知识产权的产品。这就造成国内塑料机械产品长期滞后于国外，国内产品雷同的局面。

同时，国内塑料机械专门研究机构少，普遍存在着科研创新经费严重不足的问题。随着我国进入 WTO，国内在知识和技术产权方面不断完善，加大科技创新的投入、吸引专业技术人才、实现规模化和专业化生产、努力缩短国内外塑料机械技术水平上的巨大差距，已成为了塑料机械领域有识之士的共识。

我国瓦楞纸箱的现状及未来趋势

我国瓦楞纸箱现状不容乐观

瓦楞纸箱是一种十分优良的包装材料，可以代木、代塑，可以回收利用，是绿色包装材料，故而受到重视环保的现代社会青睐，具有良好的发展前景。2004 年我国用于运输的瓦楞纸箱产量将达到 165 亿平方米，成为亚洲最大的瓦楞纸箱生产国。当前，亚洲所有包装材料中瓦楞纸箱占 66%。

随着商品市场的发展，纸箱包装数量逐年递增，因此目前国内纸箱销售增长速度迅猛，1996 年纸箱销售量达到 80 亿平方米，2000 年增长到 125 亿平方米，2002 年增长 1.5 倍，达到 200 亿平方米，可见瓦楞纸箱在商品包装中的地位不断上升。

但随着人们生活水平的不断提高，市场经济的不断发展及商品市场的不断繁荣，瓦楞纸箱的作用也因此发生了改变，用户不断提出新的要求。

传统的瓦楞纸箱多用于运输，由于二次包装，可重复使用的包装产品的激烈竞争，引发了包装商之间的竞争，因此，那些纯粹用于运输的瓦楞纸箱数量不断下降。市场对有较高强度和良好广告宣传功能的瓦楞纸箱需求与日俱增，对精美印刷的要求越来越高。一句话，瓦楞纸箱的促销作用已被提到日程上来。商家通过各种有特色的包装来吸引消费者，达到出奇制胜，通过对包装图案的高要求及产品外观的较高一致性，达到了让顾客能从众多的同类产品中辩别出他们产品的目的。此与同时，也使企业的形象得到充分的体现。

在追求外表精美的同时，也不可忽视自身的质量与运送的方便性，这必然引发市场对纸箱高强度低定量的需求。因此，我国瓦楞纸箱业的发展趋势是要求其能承受更大的负荷：瓦楞纸箱种类要求更多；用纸朝高强度、低定量发展；对纸箱的印刷精美度要求更高。

1. 高强度、低定量：由于经济的迅速增长，零售市场的进一步发展，消费水平的提高，预计到 2005 年我国瓦楞纸箱消费为 1500 万吨。与国外相比，我国使用的瓦楞纸箱普遍是高定量的，而且高强度瓦楞原纸较少，目前高强度瓦楞原纸进口量还不在少量。从市场需求来看，我国发展高强度瓦楞原纸必须向低定量、高强度、全规格方向发展。

近二三年，欧洲所用的瓦楞纸板，其定量已从 550～570g/m^2 降至 510～520g/m^2，即使面积增加 3%，总重量仍是下降的。中国 5 年前所用纸板定量大多数在 800～810g/m^2，现在虽有所下降，但仍不尽人意。

基于环保和成本的需求，降低瓦楞原纸克重是瓦楞纸箱发展的趋势。传统的瓦楞是 A、B、C、D 几种形状，大多是瓦楞高度较高。近年来新型瓦楞楞型 E、F、N 型出现了，主要特点是瓦楞高度比传统的瓦楞低得多，低定量的瓦楞原纸适合这种新型瓦楞。如何尽快开发出高强度低克重的瓦楞原纸是中国国内造纸业急需解决的重要课题之一。

2. 印刷要精美：随着社会的不断发展，瓦楞纸箱的印刷也逐步向高档次、高质量、视觉效果强烈的彩色化方向发展，以彩面多色网点印刷为方向，也就是以商品包装代替运输包装，以白板牛卡代替箱板牛卡达到色彩鲜艳、光泽度好、美观等特点。要使印刷精美度提高，中高档纸箱印刷制版必须以柔性版替代橡皮版。而在我国，大多数纸箱厂还停留在简单的网点或纸条印刷上。

目前，在世界范围内，包装印刷虽然已经形成柔印、凹印、胶印三足鼎立的局面，但总体看来，柔版印刷将占主要地位。

柔印的优点是制作成本较低。柔印直接印刷纸板再模切，生产效率较高，材料消耗小，因而制作成本较低；纸箱强度高。柔印是轻压印刷，对纸箱强度影响很小，产品可防伪，视觉效果好。

目前，用柔印方法印刷瓦楞纸箱有两种工艺，一种是预印（PREPRINT），即在瓦楞纸板生产之前，先对其面纸进行印刷，然后再将印好的面纸送到瓦楞纸板生产线上与底纸贴合；另一种是后印（POSTRPINT），即在已成型的瓦楞纸板上直接印刷。国内现在常用的是后印，国外瓦楞纸板的预印已成为重要的发展趋势，特别是高档瓦楞纸箱已采用预印工艺，即面纸印刷——纸板生产——模切开槽——订箱粘箱。

高强度、低定量及精美印刷是纸箱主要的发展方向，但“绿色包装”将对我国瓦楞纸箱企业包装提出更高的要求。同时，“入世”后，外国企业对我国的冲击，也必然要求我们在各方面有更进一步的提高，以提高自身的竞争能力。

目前需要解决的问题

在经济全球化的竞争时代，我国瓦楞纸箱企业要想更好地生存和发展，除了包装商需提供无可非议的优质服务外，培养人才、引进国外先进技术、产品创新、拓宽纸箱服务对象等都是应采取的决策。

1. 开发新产品，拓宽纸箱服务对象：扩大瓦楞纸箱的应用领域，向替代部分塑料、金属、木、竹包装方面拓展。应积极开发新产品，从深度和广度两方面发展。

瓦楞纸箱多用于商品的外包装和运输包装，这似乎成了一种约定俗成的规定，但随着商业的发展，市场对具有较高强度和良好广告宣传功能的微型瓦楞纸箱的需求与日俱增，这就要求瓦楞纸箱企业在发展销售包装方面下功夫。

2. 发展纸箱机械制造业：瓦楞纸箱生产要研究开发高速吸附式瓦楞辊，提高设备运行的稳定性，降低故障，适当限制技术含量低、高耗低效的单面瓦楞机的制造。面对国外微型瓦楞纸板迅猛发展的现状及我国的实际需求，须加大开发生产细瓦楞辊的力度，以促进我国微型瓦楞纸盒的发展。另外，机械零件应采用专业化协作生产，以降低整线生产厂的成本，避免给维修带来不必要的麻烦。

3. 引进国外先进技术：改革开放以来，我国瓦楞纸箱生产以高于其他包装产品的增长速度发展着，但效益并未增长多少，主要是因为我国瓦楞纸箱企业的发展主要靠投入大量的资金、设备、劳动力促进产值增长，而不是靠技术提高效益。科技是第一生产力，应合理有效地引进国外先进技术、及时消化、吸收并加以创新发展，才能更快地缩短我国瓦楞纸箱企业和发达国家水平的差距。

4. 培养人才：企业发展靠产品，产品靠创新，创新靠科技，科技靠人才。我国瓦楞纸箱行业人才缺乏，低于全国工业的平均水平，这使得我国瓦楞纸箱企业经济效益较低，企业发展缺乏活力和后劲。因此，我们必须提高企业人才开发意识，加强培养战略型人才，加大教育投入，加快培养人才的速度。

另外，改造瓦楞纸箱企业，不断调整产品结构，提高市场适应能力；实现规模经济，提高企业的规模经济水平，也是必不可少的。

我国印刷工业发展态势

我国加入世贸以来，印刷行业同其他行业一样面临着市场更加开放，竞争更加激烈的新形势，挑战与机遇并存，印刷工业呈现如下发展态势。

一、我国印刷及设备器材行业持续快速协调发展

据有关资料统计，2003 年我国印刷及设备器材工业总产值达到 2800 亿元，较 2002 年的 2550 亿元增长 10%，其中：印前 153 亿元，增长 10%；书刊 210 亿元，增长 7%；报刊 368 亿元，增长 5%；包装印刷 896 亿元，增长 12%；印刷设备 68 亿元，增长 10%；印刷器材 865 亿元，增长 12%；其他印刷 240 亿元，增长 12%。

2003 年印刷设备、印刷器材进出口总值为 41 亿美元，较 2002 年的 31.9 亿美元，增长了 28.5%。其中：印刷设备进口 16.1 亿美元，增长了 24%。出口 1.5 亿美元，增长 36%。印刷器材进口 18.3 亿美元，增长 29%。出口 5.1 亿美元，增长 45%。印刷品进出口总值为 1.2 亿美元(包括图书、报纸、期刊)。

从以上数字可以看出：

1. 随着我国国民经济高速发展，对印刷品的需求不断增长，印刷业市场呈现供需两旺的好势头，印刷及印刷设备器材工业持续保持快速发展。

2. 印刷设备、印刷器材的进出口总量增长较快，高档印刷设备、印刷器材仍需大量进口，印刷设备、印刷器材产品结构调整的任务十分艰巨。

二、区域性印刷产业带正在加速形成与发展

珠江三角洲、长江三角洲两个印刷产业比较发达的区域产业带已初步形成，并正在加速发展。广东省 2003 年的印刷业销售额已达到 700 亿元，已成为广东省支柱产业之一，全省企业数量、销售额、三资企业数量、民营企业数、出口额、引进设备、

CTP 拥有量、经济效益等十项指标均居全国第一。拥有像虎彩集团、雅图仕、张家边集团等一大批产值超 10 亿元的大型印刷企业。以上海为中心的长江三角洲地区印刷产业发展也十分迅速，上海将印刷业列为都市型工业，年销售额以 15%速度增长，江苏、浙江两省印刷业产值均超过 200 亿元，并已形成南京、无锡、苏州、江阴、杭州、温州、宁波等中心城市为纽带的产业链群体，印品市场覆盖全国。以京、津为核心的环渤海经济区印刷业也在加快崛起，北京市拥有 21 台商业轮转机，居全国领先地位。随着西部大开发和振兴东北老工业基地政策与措施的逐步到位，东部发达地区的印刷企业(包括外资企业)也将会通过各种形式的合作和联动开发带动中部、西部地区印刷业的发展。

三、技术创新和技术进步取得较大进展

面对激烈的市场竞争，印刷及印刷设备器材企业都面临着市场需求，调整产品结构和加速技术改造，提高产品水平和质量的任务。CTP 直接制版技术的逐步推进应用，带动了数字化印刷技术的发展与应用，由报业首先应用的 CTP 技术现在已扩大到商业印刷，书刊印刷领域，全国 CTP 拥有量已达到 230 台(套)。从最近协会组织专家赴广东珠三角地区的调研情况表明，广东省印刷业所以能取得较快速度的进展，得益于新技术和先进设备的应用，印刷企业技术改造的起点高，几乎引进了目前世界上最先进的胶印设备、印前和印后加工设备，也正因为如此，它才能承担高品质印品、精密包装印刷制品、出口加工印品等高档印刷品的任务。

四、印刷企业的改革正在不断深化

印刷企业的所有制结构已发生了很大变化，国有经济成份逐步缩小，混合型所有制经济正在不断扩大。据对 9 万家印刷企业统计，国有和集体企业占 34.5%，有限责任公司、股份制公司、外资和中外合资公司占 21%，个体、私营企业占 39%，已形成了多种经济成份印刷企业共同发展的新格局。

国际资本进入我国印刷业的步伐加快。加入 WTO 以来，新批印刷三资企业近 100 家，总投资达 5 亿美元，全国外商投资印刷企业已达 2107 家。随着国家对出版物印刷企业政策的进一步放开，将有更多的境外资本投向我国印刷业。如美国当纳利公司去年又在上海合资建设印刷厂，日本凸版最近决定在上海投资 9000 万美元建设大型包装印刷及油墨厂，"亚洲包装中心"落户杭州后，又将吸引大批外资。

五、中国印刷市场一花独放，成为世界印刷及设备器材制造商的必争之地

据欧洲印刷及纸加工机械制造商协会联合会(EUMAPRINT)统计数字表明，由于受世界经济不景气影响，德、法、美、意、瑞士等 7 国 2002 年印刷设备的销售比 2001 年下降了 13.08%，从经济景气指数分析，欧美及中国、俄罗斯、日本等 11 个国家中，只有中国、俄罗斯是上升的趋势，其余 9 国均是下降的。德国下降 12%、美国下降 16%、英国下降 24%。意大利下降 8%、中国增长 13.8%。

印刷油墨的市场需求状况及发展趋势

随着我国成为亚太地区增长最为迅速的经济体，世界主要油墨制造商都在我国进行了重大投资活动，如：东洋油墨、SakataInx、DIC、富林特油墨、东华油墨等。

据报道，DIC 集团希望通过提高生产效率和建造新工厂的方式在未来 5 年内使其在亚太油墨市场的份额提高至 35%。该公司期望在 2010 年在亚太地区销售 1000 亿日元的印刷油墨。目前，DIC 集团在亚太地区的市场占有率为 23%，该公司把中国和印度作为达到其增长目标的最重要市场。在此构想中，中国市场在 2010 年前每年将保持 10%的增长率，因此该公司认为中国市场规模有可能会比日本市场更大。富林特油墨在北京的新闻油墨工厂已经破土动工，目前正按预定计划进行建设，估计可能在 2003 年年底前完工。东洋油墨则宣布将投资 50 亿日元(约合 3.45 亿人民币)在上海淞江工业园区成立一家新的销售和制造公司--上海东洋油墨制造有限公司，新公司将提供包括包装材料在内的一系列东洋油墨现有产品。另一家日本油墨业巨头 SakataInx 株式会社也在上海成立一家从事油墨生产和销售的子公司，该公司名称为阪田油墨上海有限公司。该公司注册资本为 6 亿日元(约合 4000 万人民币），主要生产包装用液体油墨以及凹印油墨，计划年产量为3600吨。SakataInx株式会社也制定了2004～2006中期经营计划，根据该计划，该公司将使其在亚太地区的油墨年销量从2003年的67亿日元增长到2006年的100亿日元。日本东华(T&KTOKA)油墨将在未来5年内投资21亿日元(约合1.45亿人民币)大幅度提高中国子公司(杭华油墨化学有限公司和东华广州油墨有限公司)胶印油墨和UV油墨的生产能力，该项投资完成后将使东华油墨中国子公司的生产能力提高90%，达到每年3万吨。

近两年，我国印刷油墨市场需求增长较快，2002年产量已达到25万吨，成为世界第四大油墨生产国，约占世界总产量的6%。目前我国印刷油墨市场的年需求量约为50亿人民币，其中胶版油墨份额最大，占市场总量的40～45%，近两年增长率接近5%。我国要发展高档包装产品，增加产品的附加值和满足国内市场和出口的需求。因此，印刷工业必须巩固和发展业已存在的胶印生产能力，提高凹印、丝印、喷墨印刷和曲线表面印刷能力，发展柔印，改进印后加工技术。值得注意的是，跟凹版比较，柔印在中国的发展十分迅速。在啤酒标签市场上，柔印已占有近10%的市场份额。天津东洋油墨有限公司、陕西新世纪印刷材料有限公司及济南鲁阳油墨化学有限公司等经过开发研制已能大批生产柔印用水性油墨系列产品和柔版UV上光油及辅助材料系列。质量基本稳定，可供高档彩色网线柔版印刷使用。

我国啤酒行业发展迅速，2000年中国啤酒产量超过了2200万吨，比1999年增长25%，2001年啤酒产量为2274万吨，2002年啤酒产量达到2386万吨，首次超过美国成为世界第一啤酒生产大国。快速增长的啤酒行业带来了啤酒标签印刷的快速增长。2000年啤酒瓶体和瓶颈的标签印刷需求达到了340亿张，而啤酒瓶盖的标签印刷需求达到了70亿张，30%的青岛啤酒使用瓶盖标签，而铝箔瓶盖标签的发展也十分迅速。在啤酒标签印刷市场上，溶剂型油墨的份额超过了50%，水性油墨和UV油墨结合在一起的市场份额接近38%。在啤酒标签的印刷方式上，凹印仍占46%，胶印占35%，柔印占12%。

此外，柔版油墨也用于印刷瓦楞纸箱、塑料软包装和胶带。国际油墨公司和国内大公司也开发、销售高级窄幅面油墨，就价格而论，国内产品价格要低于进口产品。杭华油墨、陕西新世纪印刷材料、阿克苏诺贝尔油墨(广州)有限公司、北京艾瑞斯水墨有限公司是标签印刷柔印油墨的主要供应商。西安三维印刷有限公司是一家窄幅面柔版印刷公司，该公司目前60%的油墨由陕西新世纪印刷材料有限公司供应，其他的40%的油墨由阿克苏诺贝尔油墨(广州)有限公司供应。目前中国油墨业应该加强用于水性柔版油墨的颜料、树脂乳液和助剂的研究，同时应该制定水性油墨的国家标准和行业标准。在中国，环境问题正变得日益重要，印刷商对环保油墨很感兴趣。

业内人士指出，由于我国加入WTO、农村人口城市化、媒体业竞争和发展以及准备2008年奥运会等，将继续推动我国经济在未来几年内仍将以7%～7.5%的速度高速增长，而印刷业的增长率将高于国内生产总值的增长率，估计年增长率在8%～10%，包装业的年增长率将达到12%。平版油墨：今后市场需求量将是稳中有升，但上升幅度不会太大，估计在5%～6%，市场需求比例在40%～45%，其中轮转胶印油墨增长速度将会更快些。凸版油墨：市场需求比例将下降，但是其中柔性版油墨的比例会不断上升，这同美国、日本等发达国家的发展趋势是相同的。凹版油墨：总需求量将处于平稳状态，但其中的塑料油墨里印和表印为上升趋势，因为该领域涉及到环保回收等方面问题，因此与国际趋势不同。网孔版油墨：市场需求量趋于上升，主要是金属、玻璃和塑料丝网油墨使用量增加，而且丝网印刷设备已打破原手动印刷机的落后状况，有的地区已开始引进国外先进丝网印刷设备，使丝网油墨用量有所增加。专用和特种油墨：总需求量日趋增长，如喷印油墨、防伪油墨、珠光油墨、标牌油墨、荧光油墨和磷光油墨等品种的市场需求量都将增加。

中国化妆品包装发展趋势

中国加入 WTO 以后，全球品牌经营成为了企业国际竞争的重要战略，品牌开发、品牌教育、品牌创新等问题也日益受到国内企业的重视，虽然没有国际品牌丰富的品牌经营经验，也缺少成功品牌运作的管理方法，但中国民族企业依然在不断摸索，在创新中求发展。以化妆品、洗涤用品行业为例，虽然在人们的脑海中还留有白瓷瓶绿铁盖、古色古香、经济实惠的“大友谊”雪花膏的印象，但这一曾在上世纪 80 年代誉满全国、拥有亿万顾客的老品牌，如今也只能凭借日益削减的消费群体来维持其微薄的销量了。对面外来信息的介入、新技术的运用、新产品的出现，以及铺天盖地而来的包装与宣传，究其目的只有一个—争夺每一个犹豫不决的顾客。在物品极大丰富的今天，不变革、不创新，就要被淘汰。

化妆品的包装材料

一般意义上的“化妆品”实际上包括了护肤品、美容美发用品和香水等几大类。各种眼霜、夜霜、SOD 蜜及防晒霜等，均可归入护肤品之列；洗发水、护发素、染发水、唇膏、眉笔、指甲油等化妆用品可归为美容美发用品；而香水总是可以自成一家。

化妆品作为一种时尚消费品，它需要优质的包装材料，以提升其身价。目前，几乎各种材质在化妆品包装上均有使用，而玻璃、塑料、金属三种材料是当前主要使用的化妆品包装容器材料，纸盒则常用作化妆品的外包装。不断研制新材料和新的加工技术、追求新的造型一直是业内人士对化妆品包装容器的开发重点。材料的应用范围已不仅仅局限于玻璃瓶、塑料瓶，新材料的应用也已成为化妆品行业推出新产品、完善现有产品的一种方式。

以大家熟知的 P&G（宝洁）为例，其新推出的“激爽”沐浴品牌的瓶体材质就一改以往的硬塑料质感，而选择了更加人性化的软性硬度塑料包装，这样，在无形中，就增加了其产品的亲合度。可以说，“激爽”的成功推出，和其包装材料的选择不无关系。同样，“潘婷”在现有强势品牌基础上，在外包装图案和材质改进上下了不少功夫，为老品牌注入了新鲜活力。可见，时尚、醒目、活力、趣味的外包装设计与新瓶型的采用，将成为化妆品厂家决胜终端的手段之一。

在护肤品领域，耐用、精美的外包装更是层出不穷，以大连生态美化妆品有限公司出品的水晶系列产品为例：首先，因其独特的膏体制造工艺—首例用全自动电脑制膏机械，将各种不同功效的精华素制成球状颗粒、丝状花等多种形状，置于啫哩状透明凝胶中，不但外观上晶莹剔透、时尚美观，而且因其将精华素完整密封，并运用活性金属离子的传导作用，使其比一般膏状的护肤品能更迅速、更有效地恢复皮肤自然活力、消除肌肤问题。设计人员考虑到其膏体的美观性，在外包装瓶体的选择上，就有倾向性地选择了透明度好、可塑性强、手感与玻璃相同且更坚固的有机玻璃材料，再配以质量、光泽度上乘的金、银色瓶盖，赋予了水晶系列化妆品华贵、时尚的内涵。产品自投放市场以来受到了中青年女性消费者的青睐。

未来化妆品包装的发展趋势

化妆品的包装需要兼具保护性、功能性和装饰性，三位一体才是未来化妆品包装的发展方向。

◆保鲜装的化妆品会占据相当的市场。由于厂家为适应顾客需求，生产不含防腐剂的产品。厂家将它们灌装在极小的容器中，顾客可以一次用完，例如许多品牌的精华素就是采用了这种包装方式。这种化妆品价格太高，不会成为市场的主流产品，但它是未来时尚、奢华生活方式的标志，因此会有稳定的消费者群。

◆绿色包装材料的开发设计。许多化妆品厂家已经开始注重环保问题，在化妆品包装材料的选择上也加入环保的考虑，考虑这些材料能否被回收利用，这符合日趋受到重视的环保意识。

◆多层塑料复合技术。它能使多层不同种类的塑料复合在一起，一次成塑出来，可以选择任何可想象的色彩以及设计出各式容器。有了多层成塑技术，塑料包装一方面能完全隔绝光、空气，避免护肤品氧化；另一方面通过揉合不同种类的物质，在外观上获得奇妙的视觉效果和独特的手感，提高了软管的可曲折性。

◆真空包装悄然兴起。真空包装可保护含有脂肪、松香油、维他命的护肤品。它具有保护性强、弹力恢复性高等优点，真空包装的另一个重要发展方向是突出功能性，这对于不那么复杂的容器十分重要。

◆塑料瓶依旧占有重要地位。塑料容器的优势一直是重量轻、坚固和容易生产。通过化学家和塑料生产商的努力，塑料制品又取得了从前只有玻璃才有的透明特性。另外，PETG 很容易被染成各种颜色，而且即使经过抗 UV 处理，透明性依旧不变。

从总体来看，在外包装的设计、材料的运用上，国外的化妆品企业目前比国内企业更熟练，在材料的选择上也更广泛、更富于创意。但我们相信，随着市场的成熟、国内化妆品企业的成长，以及相关材料、信息资源的逐渐丰富，在未来两、三年内，会有更多的中国本土化妆品企业将在国际化妆品舞台上扮演重要的角色。

中国印刷工业的发展现状及展望

印刷工业是中国重要的工业门类之一，发展速度相当快。特别是近年来，中国印刷企业在经历产业升级，包括数码印刷等最新型的印刷技术正在深刻地改变着印刷这一传统工业领域。此外，包装印刷无论在企业数量还是经济规模上都绝对领先于出版印刷，成为中国印刷工业的主力。未来两三年，中国印刷业将迎来更大的发展空间。

企业规模和发展

据有关部门统计：目前中国现有出版印刷企业 8619 家，其中固定资产超过千万元的不足 400 家，仅占总量的 5%。预计中国出版印刷企业数量增长速度每年不高于 3%，到 2005 年为 9500 家，净增 900 家左右。

中国现有包装印刷企业 30000 家，固定资产超过千万元的不足 1000 家，仅占总量的 4%，全国 90% 的包装印刷企业生产规模小、技术装备差。预计包装印刷企业数量将以每年 10%的增幅发展，到 2005 年要发展到 39000 家，净增 9000 家左右。

印制票证、证件等其他印刷品的企业数量每年增长速度不会突破 3%，到 2005 年将净增 1700 家左右。

预计“十五”后三年中国包装印刷业发展空间大，增幅在 10%左右，将高于国民经济的增长速度。包装印刷企业的巨大市场需求，会给印机制造业带来巨大商机。通过另一组数据，也可以看出这种发展趋势。

此外，为了进一步调整产业结构，提高全行业的技术和装备水平，中国制定了“印刷业经营者资格条件暂行规定”，以期提高印刷企业准入门槛。一方面对现有印刷企业进行清理、整顿、重新登记、严格审批，另一方面对新建印刷厂的资产额度、设备配置也有具体要求，逐步改造、淘汰生产规模过小、技术落后的印刷企业。

这种借助于行政力量，实现优化印刷业结构的方法，目标是使中国印刷企业在总量、结构、布局等方面适应市场需要，产品结构适应市场要求，基本上满足多品种、小批量、高质量、短周期的要求。这一举措也必将刺激中国印机制造业数量的增速发展，为未来两年中国印刷机械设备的销售提供了广阔的市场空间。

除了按印刷行业分类外，未来两年中国还将对不同区域的印刷企业数量进行规划和调整，以期使不同地区的印刷企业能够满足当地的需要。

这种布局综合考虑了当地人口、经济总量、印刷业监管力度等情况。

“十五”后三年中国印刷市场需求的重点，除经济发达的广东、浙江、江苏、河北、山东等省市外，东三省和西部地区也被列入重点发展区域。而中部地区印刷企业的重点是加快产业升级，发展高附加值印刷业，发展外向型经济，形成各种规模、档次、特色并存和互补的印刷格局。

在企业所有制形式上近一二年来也发生了很大变化。行业内绝大部分企业完成了经济体制转换。非公经济成为国有企业不可缺少的互补力量，如中国印刷及器材工业协会的 153 家会员中，国有企业占 38%、民营企业占 40.4%、合资企业占 21.2%、独资企业占0.4%，随着改革的不断深入，这个比列还在不断变化，如威海滨田日本正在运作独资，湖南新邵已经转换成香港独资企业等。行业中一些老牌国有企业如北人集团、上海印包所属企业、中景集团、营口印机、潍坊华光等也率先完成了体制转换，温州地区的中德集团、吴泰集团以及配套企业上海新星、浙江诸暨、北京真亨利等民营企业的崛起无不显示改革後企业的强劲发展态势。最近东北地区哈尔滨印机厂、长春印机厂等厂也都完成了体制的转换。

生产和出口

据有关部门统计：2003年上半年全行业与去年同期比利润总额增长了21.4%，现价工业总产值增长了19.9%，产品销售收入增长了17.7%，经济效益综合指数增长了16.4%。预计全年各项指标与上一年相比会增加15%以上。

印刷工业特别是包装装潢印刷业的快速增长，也促进了中国印刷机械制造行业的发展，国产印机近两年来出现了产销两旺的局面。北人集团公司、上海高斯、上海紫光、上海紫宏、上海光华、亚华、申威达、江西中景等企业每年销售额都以两位数幅度增长，有的增长幅度达20%～30%，产销率达90%～106%。其中北人集团2002年单张纸胶印机销售1400台（单、双、四色）、卷筒纸胶印机82台；上海高斯2002年销售胶印机355个色组；上海光华2002年单张纸胶印机销售640台（单、双、四色）；江西中景2002年销售胶印机1500个色组；上海紫光2002年销售平装联动线10条，骑马钉书机47台、圆盘包本机200多台。2002年中国主要的42家印刷设备生产企业销售收入近38亿元。

2003年上半年中国印机行业发展势头良好，就是在SARS高峰期，北人单张纸胶印机还是出现了供不应求的局面。

仍以42家主要印机厂为例，2003年1到3季度，无论是在生产总值、销售收入、还是在利润总值和出口交货值上，都比上一年有了两位数的同比增长。其中六项经济指标平均增长15.5%。增长幅度较大的企业有：上海紫宏机械有限公司、上海高斯印刷设备有限公司、上海光华印机有限公司、上海紫明机械有限公司、北人印刷机械股份有限公司等。

2003年1到3季度完成销售情况前10位的企业和销售收入分别是：北人印刷机械股份有限公司，71245万元；上海高斯印刷设备有限公司，26964万元；上海光华印刷机械有限公司，19033万元；江西中景集团有限公司，16209万元；上海紫光机械有限公司，13284万元；上海亚华印机有限公司，12562万元；陕西北人印刷机械有限公司，12338万元；江苏昌升集团股份有限公司，11854万元；上海申威达机械有限公司，11214万元；上海紫明机械有限公司，8027万元。

在42家企业中，经济效益综合指数完成较好的企业有：上海紫宏机械有限公司，综合指数达到348.5%；其次是上海高斯印刷设备有限公司、江西中景集团有限公司和威海印机有限公司，经济效益综合指数分别达到310.8%、252.6%和243.8%。在经济效益综合指数排序中排在第10名的企业指数已提升到标准值的202%，且首次超过200%以上，说明印机行业经济运行总体水平又提升了一步。值得一提的是上海紫宏机械有限公司，2003年1～3季度的主要经济指标都出现了快速增长的势头，该企业在2000年前排在10名之外，2001年排序第五名，2002年排序第二名，2003年连续三个季度居于首位。

在印机产品的出口创汇方面，2003年1～3季度出口交货值完成19879万元，较去年同期提高16%。其中自营出口创汇完成2201万美元，较去年同期提高67.8%。这一方面说明印机行业产品对市场适应性增强，并初步具备了满足国际市场多元化、全方位需求的能力；另一方面也说明印机行业在积极开拓国际市场上初见成效。

不过在印机行业销售中也出现了压价竞争的情况，致使亏损企业数量增加，2003年42家主要印机生产企业中有10家企业出现亏损，较2002年同期增加2家；亏损额3292万元，较上一年同期增亏872万元。

未来的发展

2004年是中国经济增长的黄金年。也是中国印刷工业“十五”规划后三年总量、结构、布局全面提升的时段，这必将拉动新一轮印刷设备及器材的需求高潮和技术水平的提升。

随着国家对印刷行业进行调整，将引发中国印刷行业新一轮的设备引进热潮。各种先进的印前、印刷和印后设备将陆续形成生产力，特别是数字印刷将从由探索阶段速度走向实用化，并形成强有力的竞争力。企业在形成规模化生产的同时，也可以满足用户对短版活印的需求。

在印刷机械高速发展的同时，各种配套材料和设备包括油墨、版材等印刷原料也将获得空前的发展机遇。以油墨为例，目前中国已成为全球第4大油墨生产国。旺盛的市场需求几乎吸引了所有的主要外国油墨企业来华投资，如东洋油墨、SakataInx、DIC、富林特油墨、东华油墨等。DIC集团希望通过提高生产效率和建造新工厂的方式在未来

5年内使其在亚太油墨市场的份额提高至35%。该公司把中国和印度作为达到其增长目标的最重要市场；富林特油墨在北京的新闻油墨工厂已于2003年年底完工；东洋油墨则宣布投资50亿日元(约合3.45亿人民币)在上海淞江工业园区成立一家新的销售和制造公司—上海东洋油墨制造有限公司，新公司将提供包括包装材料在内的一系列东洋油墨现有产品；日本SakataInx株式会社也在上海成立了一家从事油墨生产和销售的子公司，名为阪田油墨上海有限公司。该公司注册资本为6亿日元(约合4000万人民币)，主要生产包装用液体油墨以及凹印油墨，计划年产量为3600吨。SakataInx还制订了2004～2006年中期经营计划，根据该计划，该公司将使其在亚太地区的油墨年销量从2003年的67亿日元增长到2006年的100亿日元。由此可见，中国印刷工业不仅为中国本土的印刷设备的材料供应商提供机遇，更是全球印刷设备和材料供应商最重要的舞台。

不过，在发展的同时也必须对存在的问题保持足够的警惕。目前中国印刷企业存在的主要问题是：

1. 供求失衡，总体生产能力高于市场需求。部分印刷厂设备闲置、开工不足。

2. 产品结构与企业组织结构不合理。表现在低水平印刷能力过剩，高水平印刷能力相对不足；大型骨干企业少，小型印刷企业数量多。

3. 市场秩序混乱，非法印刷活动猖獗。

这些问题，还有赖于国家的宏观管理和综合整顿。

2002年
中国包装工业统计资料

中国包装行业工业企业全部国有及年销售收入在500万元以上非国有工业企业主要经济指标一览表

计量单位：亿元

指　标　名　称	2002年
全部企业单位数（个）	11043
其中：亏损企业数（个）	2214
工业总产值（当年价格）	2536.64
工业销售产值（当年价格）	2468.46
工业增加值（生产法）	687.53
工业中间投入	1944.18
本年应交增值税	94.86
全部在岗职工年平均人数（人）	1412403
实收资本	1003.37
年末资产合计	3316.48
年末负债合计	1889.00
流动资产年平均余额	1450.72
固定资产净值年平均余额	1272.93
产品销售收入	2420.23
其中：产品销售成本	2048.02
产品销售费用	71.80
产品销售税金及附加	11.09
产品销售利润	289.31
管理费用	141.41
财务费用	46.52
利润总额	122.74

华北地区包装行业工业企业全部国有及年销售收入在500万元以上非国有工业企业主要经济指标一览表

计量单位：亿元

指 标 名 称	2002年
全部企业单位数（个）	1197
其中：亏损企业数（个）	277
工业总产值（当年价格）	233.70
工业销售产值（当年价格）	230.90
工业增加值（生产法）	60.20
工业中间投入	183.61
本年应交增值税	10.06
全部在岗职工年平均人数（人）	151385
实收资本	117.80
年末资产合计	394.40
年末负债合计	225.91
流动资产年平均余额	165.53
固定资产净值年平均余额	140.92
产品销售收入	228.81
其中：产品销售成本	189.59
产品销售费用	6.29
产品销售税金及附加	0.93
产品销售利润	32.00
管理费用	18.98
财务费用	4.75
利润总额	13.08

东北地区包装行业工业企业全部国有及年销售收入在500万元以上非国有工业企业主要经济指标一览表

计量单位：亿元

指　标　名　称	2002年
全部企业单位数（个）	639
其中：亏损企业数（个）	200
工业总产值（当年价格）	124.57
工业销售产值（当年价格）	121.16
工业增加值（生产法）	33.23
工业中间投入	95.79
本年应交增值税	4.44
全部在岗职工年平均人数（人）	103052
实收资本	78.75
年末资产合计	284.71
年末负债合计	169.11
流动资产年平均余额	105.16
固定资产净值年平均余额	123.81
产品销售收入	116.46
其中：产品销售成本	96.56
产品销售费用	3.72
产品销售税金及附加	0.39
产品销售利润	15.79
管理费用	8.77
财务费用	4.30
利润总额	3.79

华东地区包装行业工业企业全部国有及年销售收入在500万元以上非国有工业企业主要经济指标一览表

计量单位：亿元

指标名称	2002年
全部企业单位数（个）	4774
其中：亏损企业数（个）	733
工业总产值（当年价格）	1260.94
工业销售产值（当年价格）	1225.25
工业增加值（生产法）	334.08
工业中间投入	975.46
本年应交增值税	48.55
全部在岗职工年平均人数（人）	564891
实收资本	434.57
年末资产合计	1496.53
年末负债合计	849.07
流动资产年平均余额	663.61
固定资产净值年平均余额	579.94
产品销售收入	1202.87
其中：产品销售成本	1019.41
产品销售费用	34.44
产品销售税金及附加	5.31
产品销售利润	143.71
管理费用	63.84
财务费用	22.12
利润总额	67.86

华中地区包装行业工业企业全部国有及年销售收入在500万元以上非国有工业企业主要经济指标一览表

计量单位：亿元

指　标　名　称	2002年
全部企业单位数（个）	1293
其中：亏损企业数（个）	221
工业总产值（当年价格）	239.53
工业销售产值（当年价格）	234.74
工业增加值（生产法）	74.31
工业中间投入	174.26
本年应交增值税	9.03
全部在岗职工年平均人数（人）	195300
实收资本	80.23
年末资产合计	257.15
年末负债合计	144.35
流动资产年平均余额	113.48
固定资产净值年平均余额	94.23
产品销售收入	222.47
其中：产品销售成本	186.57
产品销售费用	8.24
产品销售税金及附加	1.58
产品销售利润	26.08
管理费用	9.93
财务费用	3.90
利润总额	13.22

华南地区包装行业工业企业全部国有及年销售收入在500万元以上非国有工业企业主要经济指标一览表

计量单位：亿元

指　标　名　称	2002年
全部企业单位数（个）	2052
其中：亏损企业数（个）	467
工业总产值（当年价格）	508.64
工业销售产值（当年价格）	494.24
工业增加值（生产法）	135.83
工业中间投入	388.43
本年应交增值税	15.61
全部在岗职工年平均人数（人）	249145
实收资本	200.76
年末资产合计	589.63
年末负债合计	324.65
流动资产年平均余额	270.35
固定资产净值年平均余额	224.19
产品销售收入	485.74
其中：产品销售成本	420.66
产品销售费用	13.37
产品销售税金及附加	2.01
产品销售利润	49.70
管理费用	26.36
财务费用	7.36
利润总额	18.04

西南地区包装行业工业企业全部国有及年销售收入在500万元以上非国有工业企业主要经济指标一览表

计量单位：亿元

指　标　名　称	2002年
全部企业单位数（个）	689
其中：亏损企业数（个）	196
工业总产值（当年价格）	117.62
工业销售产值（当年价格）	114.79
工业增加值（生产法）	34.23
工业中间投入	88.70
本年应交增值税	5.26
全部在岗职工年平均人数（人）	96207
实收资本	60.22
年末资产合计	185.38
年末负债合计	113.59
流动资产年平均余额	83.31
固定资产净值年平均余额	68.99
产品销售收入	110.99
其中：产品销售成本	92.03
产品销售费用	3.51
产品销售税金及附加	0.51
产品销售利润	14.93
管理费用	9.01
财务费用	2.67
利润总额	4.88

西北地区包装行业工业企业全部国有及年销售收入在500万元以上非国有工业企业主要经济指标一览表

计量单位：亿元

指　标　名　称	2002年
全部企业单位数（个）	399
其中：亏损企业数（个）	120
工业总产值（当年价格）	51.63
工业销售产值（当年价格）	47.38
工业增加值（生产法）	15.66
工业中间投入	37.92
本年应交增值税	1.90
全部在岗职工年平均人数（人）	52421
实收资本	31.03
年末资产合计	108.68
年末负债合计	62.32
流动资产年平均余额	49.28
固定资产净值年平均余额	40.85
产品销售收入	52.90
其中：产品销售成本	43.20
产品销售费用	2.24
产品销售税金及附加	0.35
产品销售利润	7.10
管理费用	4.52
财务费用	1.42
利润总额	1.87

中国包装行业工业企业全部国有及年销售收入在500万元以上非国有工业企业主要经济指标

计量单位：亿元

分类名称	全部企业单位数（个）	亏损企业数（个）	工业总产值（当年价）
总　　计	11043	2214	2536.64
一、按登记注册类型分组			
1. 内资企业	8977	1696	1671.43
(1)国有企业	1477	600	171.48
(2)集体企业	2022	333	377.88
(3)股份合作企业	712	89	115.20
(4)联营企业	97	9	20.63
(5)有限责任公司	1264	235	323.14
(6)股份有限公司	274	69	211.65
(7)其他企业	3131	362	451.45
2. 港、澳、台商投资企业	1370	345	518.07
3. 外商投资企业	696	173	347.14
总计中：国有绝对控股	1887	708	422.20
国有相对控股	126	31	115.00
其他	9050	1475	1999.44
二、按生产规模分			
1. 大型企业	490	129	778.33
2. 中型企业	782	254	299.45
3. 小型企业	9771	1836	1458.87

中国包装行业工业企业全部国有及年销售收入在500万元以上非国有工业企业主要经济指标

计量单位：亿元

分类名称	工业销售产值（当年价格）	工业增加值（生产法）	工业中间投入
总　　计	2468.46	687.53	1944.18
一、按登记注册类型分组			
1．内资企业	1621.84	443.92	1289.59
(1)国有企业	167.72	51.63	128.88
(2)集体企业	366.33	100.54	289.86
(3)股份合作企业	111.43	29.01	90.31
(4)联营企业	19.53	5.55	16.01
(5)有限责任公司	313.38	86.18	249.63
(6)股份有限公司	207.60	58.88	162.02
(7)其他企业	435.87	112.13	352.88
2．港、澳、台商投资企业	506.10	149.18	387.41
3．外商投资企业	340.52	94.43	267.17
总计中：国有绝对控股	412.86	121.90	320.86
国有相对控股	112.80	32.89	88.92
其他	1942.80	532.74	1534.40
二、按生产规模分			
1．大型企业	763.12	214.78	599.32
2．中型企业	290.66	84.61	226.72
3．小型企业	1414.68	388.13	1118.13

中国包装行业工业企业全部国有及年销售收入在500万元以上非国有工业企业主要经济指标

计量单位：亿元

分类名称	本年应交增值税	全部在岗职工年平均人数（人）	实收资本
总　　计	94.86	1412403	1003.37
一、按登记注册类型分组			
1．内资企业	62.03	1108328	521.45
(1)国有企业	9.04	190541	116.58
(2)集体企业	12.52	260157	73.09
(3)股份合作企业	4.12	71187	22.27
(4)联营企业	0.93	12903	11.19
(5)有限责任公司	12.65	210977	118.53
(6)股份有限公司	9.24	84817	97.81
(7)其他企业	13.54	277748	81.99
2．港、澳、台商投资企业	18.49	195172	282.74
3．外商投资企业	14.34	108903	199.17
总计中：国有绝对控股	20.55	309253	273.87
国有相对控股	6.80	42703	41.76
其他	67.51	1060447	687.74
二、按生产规模分			
1．大型企业	35.76	280175	440.42
2．中型企业	11.88	206791	116.62
3．小型企业	47.22	925437	446.32

中国包装行业工业企业全部国有及年销售收入在500万元以上非国有工业企业主要经济指标

计量单位：亿元

分类名称	年末资产合计	年末负债合计	流动资产年平均余额
总　　计	3316.48	1889.00	1450.72
一、按登记注册类型分组			
1. 内资企业	2108.48	1271.27	931.09
(1)国有企业	468.71	315.12	185.14
(2)集体企业	311.83	197.85	158.41
(3)股份合作企业	97.72	60.03	48.95
(4)联营企业	29.27	14.89	13.33
(5)有限责任公司	480.33	296.14	199.60
(6)股份有限公司	400.86	192.45	161.96
(7)其他企业	319.76	194.78	163.70
2. 港、澳、台商投资企业	695.09	346.84	308.43
3. 外商投资企业	512.92	270.89	211.20
总计中：国有绝对控股	999.46	583.69	390.54
国有相对控股	225.26	124.32	95.04
其他	2091.76	1180.99	965.14
二、按生产规模分			
1. 大型企业	1499.44	798.00	569.37
2. 中型企业	428.08	284.60	196.44
3. 小型企业	1388.96	806.39	684.91

中国包装行业工业企业全部国有及年销售收入在500万元以上非国有工业企业主要经济指标

计量单位：亿元

分类名称	固定资产净值年平均余额	产品销售收入	产品销售成本
总计	1272.93	2420.23	2048.02
一、按登记注册类型分组			
1. 内资企业	743.09	1591.28	1363.55
(1)国有企业	168.41	164.46	133.69
(2)集体企业	108.82	351.86	303.24
(3)股份合作企业	33.92	107.48	92.88
(4)联营企业	11.00	19.60	16.17
(5)有限责任公司	163.46	306.05	260.00
(6)股份有限公司	148.31	217.05	182.30
(7)其他企业	109.16	424.78	375.27
2. 港、澳、台商投资企业	290.87	491.02	413.03
3. 外商投资企业	238.97	337.93	271.45
总计中：国有绝对控股	381.39	412.72	341.07
国有相对控股	75.79	115.92	89.18
其他	815.75	1891.59	1617.77
二、按生产规模分			
1. 大型企业	615.98	778.05	635.21
2. 中型企业	162.07	279.75	235.10
3. 小型企业	494.88	1362.43	1177.71

中国包装行业工业企业全部国有及年销售收入在500万元以上非国有工业企业主要经济指标

计量单位：亿元

分类名称	产品销售费用	产品销售税金及附加	产品销售利润
总　计	71.80	11.09	289.31
一、按登记注册类型分组			
1. 内资企业	45.37	10.23	172.13
(1)国有企业	5.67	0.94	24.16
(2)集体企业	9.83	2.26	36.54
(3)股份合作企业	2.81	0.66	11.13
(4)联营企业	0.75	0.11	2.58
(5)有限责任公司	8.72	1.82	35.51
(6)股份有限公司	7.00	1.15	26.59
(7)其他企业	10.61	3.29	35.61
2. 港、澳、台商投资企业	13.48	0.49	64.02
3. 外商投资企业	12.95	0.37	53.16
总计中：国有绝对控股	13.67	1.92	56.05
国有相对控股	4.17	0.36	22.21
其他	53.96	8.82	211.04
二、按生产规模分			
1. 大型企业	23.66	2.36	116.82
2. 中型企业	9.90	1.08	33.68
3. 小型企业	38.25	7.66	138.81

中国包装行业工业企业全部国有及年销售收入在500万元以上非国有工业企业主要经济指标

计量单位：亿元

分类名称	管理费用	财务费用	利润费用
总　　计	141.41	46.52	122.74
一、按登记注册类型分组			
1. 内资企业	95.27	29.89	65.05
(1)国有企业	23.01	5.50	1.10
(2)集体企业	15.82	5.46	17.69
(3)股份合作企业	5.22	1.62	5.05
(4)联营企业	1.87	0.31	1.07
(5)有限责任公司	20.28	6.78	12.90
(6)股份有限公司	13.27	5.11	11.19
(7)其他企业	15.81	5.12	16.05
2. 港、澳、台商投资企业	24.79	8.64	33.37
3. 外商投资企业	21.35	7.98	24.31
总计中：国有绝对控股	42.52	11.48	11.41
国有相对控股	8.66	2.93	12.72
其他	90.24	32.10	98.61
二、按生产规模分			
1. 大型企业	52.10	21.95	50.18
2. 中型企业	20.58	6.65	9.48
3. 小型企业	68.74	17.91	63.08

中国包装行业工业企业全部国有及年销售收入在500万元以上非国有工业企业主要经济指标

计量单位：亿元

分类名称	全部企业单位数（个）	亏损企业数（个）	工业总产值（当年价）
总　　计	11043	2214	2536.64
三、按包装工业主要行业分			
（一）纸包装制品制造业	3516	638	814.48
1. 包装纸板	1464	297	435.73
2. 纸包装容器	1382	222	215.54
3. 其他纸制包装制品	670	119	163.21
（二）塑料包装制品制造业	3063	575	718.38
1. 塑料薄膜	559	131	208.58
2. 塑料片材	166	41	126.18
3. 塑料编织品	971	169	142.50
4. 塑料容器	628	120	112.14
5. 泡沫塑料	161	23	20.82
6. 塑料袋	356	62	58.39
7. 其他	222	29	49.78
（三）玻璃包装制品制造业	233	56	74.69
1. 日用玻璃瓶	152	41	45.81
2. 药用玻璃瓶	81	15	28.88
（四）金属包装制品制造业	711	183	195.04
1. 金属包装容器	468	118	111.68

中国包装行业工业企业全部国有及年销售收入在500万元以上非国有工业企业主要经济指标

计量单位：亿元

分类名称	全部企业单位数（个）	亏损企业数（个）	工业总产值（当年价）
总　　　计	11043	2214	2536.64
2. 压力容器	86	25	25.26
3. 其他金属包装制品	157	40	58.09
（五）竹木包装制品制造业	92	15	8.10
1. 木制品	51	12	4.26
2. 竹制品	41	3	3.84
（六）其他包装制品制造业	302	60	67.08
1. 麻袋	33	9	3.20
2. 其他制品	269	51	63.88
（七）包装印刷业	2625	586	509.55
（八）包装机械制造业	501	101	149.34
1. 通用包装设备	142	26	23.01
2. 纸包装制品制造专用设备	98	23	22.20
3. 塑料包装制品制造专用设备	20	4	3.73
4. 玻璃包装制品制造专用设备	13	2	3.55
5. 金属包装制品制造专用设备	7	2	1.25
6. 包装印刷机械	100	21	37.22
7. 其他包装机械	121	23	58.39

中国包装行业工业企业全部国有及年销售收入在500万元以上非国有工业企业主要经济指标

计量单位：亿元

分类名称	工业销售产值（当年价格）	工业增加值（生产法）	工业中间投入
总　　计	2468.46	687.53	1944.18
三、按包装工业主要行业分			
（一）纸包装制品制造业	792.65	217.53	629.12
1. 包装纸板	424.49	115.75	339.78
2. 纸包装容器	210.17	55.81	166.63
3. 其他纸制包装制品	157.98	45.97	122.70
（二）塑料包装制品制造业	701.07	182.02	558.63
1. 塑料薄膜	202.32	52.75	162.26
2. 塑料片材	123.84	26.53	103.32
3. 塑料编织品	139.24	37.14	109.47
4. 塑料容器	108.45	30.63	85.91
5. 泡沫塑料	19.69	5.35	16.16
6. 塑料袋	57.35	14.80	45.09
7. 其他	50.17	14.82	36.42
（三）玻璃包装制品制造业	71.94	22.14	55.97
1. 日用玻璃瓶	44.28	13.20	34.75
2. 药用玻璃瓶	27.66	8.94	21.22
（四）金属包装制品制造业	189.65	47.38	154.34
1. 金属包装容器	108.95	26.96	88.77

中国包装行业工业企业全部国有及年销售收入在500万元以上非国有工业企业主要经济指标

计量单位：亿元

分类名称	工业销售产值（当年价格）	工业增加值（生产法）	工业中间投入
总计	2468.46	687.53	1944.18
2. 压力容器	25.29	6.48	19.65
3. 其他金属包装制品	55.41	13.94	45.92
（五）竹木包装制品制造业	7.68	2.38	5.91
1. 木制品	4.03	1.43	2.92
2. 竹制品	3.65	0.95	2.98
（六）其他包装制品制造业	64.94	18.84	51.03
1. 麻袋	3.13	0.83	2.46
2. 其他制品	61.81	18.00	48.57
（七）包装印刷业	495.23	156.24	375.76
（八）包装机械制造业	144.83	46.31	109.26
1. 通用包装设备	22.67	7.21	16.86
2. 纸包装制品制造专用设备	20.50	6.54	16.43
3. 塑料包装制品制造专用设备	3.58	0.9369	2.87
4. 玻璃包装制品制造专用设备	3.40	1.14	2.55
5. 金属包装制品制造专用设备	1.19	0.42	0.87
6. 包装印刷机械	36.21	13.22	26.16
7. 其他包装机械	57.28	16.85	43.53

中国包装行业工业企业全部国有及年销售收入在500万元以上非国有工业企业主要经济指标

计量单位：亿元

分类名称	本年应交增值税	全部在岗职工年平均人数（人）	实收资本
总　　计	94.86	1412403	1003.37
三、按包装工业主要行业分			
（一）纸包装制品制造业	32.15	453872	284.49
1. 包装纸板	19.79	260294	167.88
2. 纸包装容器	6.91	122733	58.00
3. 其他纸制包装制品	5.45	70844	58.62
（二）塑料包装制品制造业	22.19	366889	296.77
1. 塑料薄膜	6.38	73912	77.80
2. 塑料片材	3.67	27941	57.04
3. 塑料编织品	4.10	133977	64.67
4. 塑料容器	4.39	54782	60.72
5. 泡沫塑料	0.69	11256	7.92
6. 塑料袋	1.48	36135	16.44
7. 其他	1.47	28886	12.18
（三）玻璃包装制品制造业	3.42	76421	27.97
1. 日用玻璃瓶	2.14	49687	22.77
2. 药用玻璃瓶	1.28	26734	5.20
（四）金属包装制品制造业	6.68	75880	89.63
1. 金属包装容器	4.04	45259	54.03

中国包装行业工业企业全部国有及年销售收入在500万元以上非国有工业企业主要经济指标

计量单位：亿元

分类名称	本年应交增值税	全部在岗职工年平均人数（人）	实收资本
总　　　计	94.86	1412403	1003.37
2．压力容器	0.87	14125	6.36
3．其他金属包装制品	1.77	16496	29.24
（五）竹木包装制品制造业	0.19	8673	2.23
1．木制品	0.10	5439	1.62
2．竹制品	0.09	3234	0.61
（六）其他包装制品制造业	2.79	40357	27.72
1．麻袋	0.10	7103	1.02
2．其他制品	2.69	33254	26.70
（七）包装印刷业	22.45	323556	201.85
（八）包装机械制造业	6.16	88539	71.84
1．通用包装设备	1.06	15606	13.95
2．纸包装制品制造专用设备	0.77	19476	7.27
3．塑料包装制品制造专用设备	0.08	2386	1.18
4．玻璃包装制品制造专用设备	0.13	2260	1.18
5．金属包装制品制造专用设备	0.04	1221	0.27
6．包装印刷机械	2.15	21210	18.12
7．其他包装机械	1.93	26381	29.87

中国包装行业工业企业全部国有及年销售收入在500万元以上非国有工业企业主要经济指标

计量单位：亿元

分类名称	年末资产合计	年末负债合计	流动资产年平均余额
总　　　计	3316.48	1889.00	1450.72
三、按包装工业主要行业分			
（一）纸包装制品制造业	1053.39	641.90	437.89
1. 包装纸板	663.65	413.98	253.52
2. 纸包装容器	203.70	117.27	106.29
3. 其他纸制包装制品	186.04	110.65	78.08
（二）塑料包装制品制造业	904.92	475.25	368.70
1. 塑料薄膜	278.59	162.84	116.49
2. 塑料片材	188.21	87.69	62.33
3. 塑料编织品	160.87	86.87	68.45
4. 塑料容器	161.88	81.50	62.80
5. 泡沫塑料	20.84	12.31	11.08
6. 塑料袋	42.78	21.93	23.08
7. 其他	51.75	22.10	24.48
（三）玻璃包装制品制造业	116.28	84.08	58.27
1. 日用玻璃瓶	84.32	58.29	40.05
2. 药用玻璃瓶	31.96	25.79	18.23
（四）金属包装制品制造业	238.43	135.43	117.20
1. 金属包装容器	143.61	80.20	71.77

中国包装行业工业企业全部国有及年销售收入在500万元以上非国有工业企业主要经济指标

计量单位：亿元

分类名称	年末资产合计	年末负债合计	流动资产年平均余额
总　　计	3316.48	1889.00	1450.72
2．压力容器	25.49	16.62	15.37
3．其他金属包装制品	69.33	38.60	30.07
（五）竹木包装制品制造业	6.65	4.47	3.66
1．木制品	5.06	3.61	2.54
2．竹制品	1.58	0.86	1.12
（六）其他包装制品制造业	95.32	57.22	35.50
1．麻袋	7.70	7.19	3.72
2．其他制品	87.63	50.03	31.78
（七）包装印刷业	680.71	362.73	314.59
（八）包装机械制造业	231.54	135.44	126.78
1．通用包装设备	40.07	22.77	22.99
2．纸包装制品制造专用设备	30.59	23.29	16.42
3．塑料包装制品制造专用设备	4.62	3.75	2.88
4．玻璃包装制品制造专用设备	6.87	2.93	3.22
5．金属包装制品制造专用设备	2.34	2.01	0.95
6．包装印刷机械	67.53	35.94	34.93
7．其他包装机械	79.51	44.74	45.39

中国包装行业工业企业全部国有及年销售收入在500万元以上非国有工业企业主要经济指标

计量单位：亿元

分类名称	固定资产净值年平均余额	产品销售收入	产品销售成本
总　　　　计	1272.93	2420.23	2048.02
三、按包装工业主要行业分			
（一）纸包装制品制造业	410.82	770.49	654.79
1. 包装纸板	261.22	412.26	350.05
2. 纸包装容器	68.96	204.43	175.91
3. 其他纸制包装制品	80.63	153.81	128.83
（二）塑料包装制品制造业	375.70	701.09	608.71
1. 塑料薄膜	111.84	206.34	175.50
2. 塑料片材	99.01	126.96	115.85
3. 塑料编织品	70.07	140.88	123.25
4. 塑料容器	55.70	103.89	87.12
5. 泡沫塑料	5.46	18.56	15.71
6. 塑料袋	14.60	56.23	49.89
7. 其他	19.02	48.23	41.39
（三）玻璃包装制品制造业	39.80	69.16	57.65
1. 日用玻璃瓶	29.82	43.28	36.21
2. 药用玻璃瓶	9.97	25.88	21.44
（四）金属包装制品制造业	96.44	185.80	159.65
1. 金属包装容器	57.88	108.54	93.59

中国包装行业工业企业全部国有及年销售收入在500万元以上非国有工业企业主要经济指标

计量单位：亿元

分类名称	固定资产净值年平均余额	产品销售收入	产品销售成本
总　　　计	1272.93	2420.23	2048.02
2．压力容器	7.13	22.58	18.95
3．其他金属包装制品	31.43	54.68	47.12
（五）竹木包装制品制造业	2.36	7.41	6.35
1．木制品	1.86	3.87	3.28
2．竹制品	0.50	3.54	3.07
（六）其他包装制品制造业	43.75	62.18	51.69
1．麻袋	2.20	2.46	2.20
2．其他制品	41.56	59.73	49.49
（七）包装印刷业	246.43	479.48	392.54
（八）包装机械制造业	55.86	141.78	110.33
1．通用包装设备	9.66	22.81	18.08
2．纸包装制品制造专用设备	8.38	20.41	16.79
3．塑料包装制品制造专用设备	1.28	3.51	2.85
4．玻璃包装制品制造专用设备	1.47	3.39	2.67
5．金属包装制品制造专用设备	1.28	0.87	0.72
6．包装印刷机械	14.34	34.51	25.19
7．其他包装机械	19.46	56.27	44.02

中国包装行业工业企业全部国有及年销售收入在500万元以上非国有工业企业主要经济指标

计量单位：亿元

分类名称	产品销售费用	产品销售税金及附加	产品销售利润
总　　　计	71.80	11.09	289.31
三、按包装工业主要行业分			
（一）纸包装制品制造业	22.48	3.66	89.56
1. 包装纸板	11.79	2.16	48.27
2. 纸包装容器	6.26	0.94	21.32
3. 其他纸制包装制品	4.44	0.57	19.97
（二）塑料包装制品制造业	17.56	3.20	71.63
1. 塑料薄膜	5.31	0.68	24.85
2. 塑料片材	2.63	0.52	7.96
3. 塑料编织品	3.12	0.82	13.70
4. 塑料容器	3.18	0.43	13.15
5. 泡沫塑料	0.75	0.08	2.02
6. 塑料袋	1.52	0.21	4.61
7. 其他	1.05	0.46	5.33
（三）玻璃包装制品制造业	3.82	0.65	7.05
1. 日用玻璃瓶	2.45	0.42	4.20
2. 药用玻璃瓶	1.37	0.23	2.85
（四）金属包装制品制造业	5.46	0.53	20.17
1. 金属包装容器	3.21	0.27	11.48

中国包装行业工业企业全部国有及年销售收入在500万元以上非国有工业企业主要经济指标

计量单位：亿元

分类名称	产品销售费用	产品销售税金及附加	产品销售利润
总　　　计	71.80	11.09	289.31
2. 压力容器	0.85	0.10	2.68
3. 其他金属包装制品	1.39	0.16	6.01
（五）竹木包装制品制造业	0.36	0.08	0.61
1. 木制品	0.25	0.04	0.30
2. 竹制品	0.11	0.05	0.31
（六）其他包装制品制造业	2.41	0.23	7.85
1. 麻袋	0.07	0.01	0.17
2. 其他制品	2.34	0.22	7.67
（七）包装印刷业	13.64	2.37	70.92
（八）包装机械制造业	6.54	0.51	24.41
1. 通用包装设备	1.04	0.09	3.59
2. 纸包装制品制造专用设备	0.69	0.09	2.84
3. 塑料包装制品制造专用设备	0.14	0.01	0.51
4. 玻璃包装制品制造专用设备	0.15	0.02	0.55
5. 金属包装制品制造专用设备	0.03	0.0045	0.12
6. 包装印刷机械	2.57	0.14	6.61
7. 其他包装机械	1.92	0.16	10.17

中国包装行业工业企业全部国有及年销售收入在500万元以上非国有工业企业主要经济指标

计量单位：亿元

分类名称	管理费用	财务费用	利润费用
总　　计	141.41	46.52	122.74
三、按包装工业主要行业分			
（一）纸包装制品制造业	38.50	16.48	39.93
1. 包装纸板	19.92	11.79	19.28
2. 纸包装容器	10.48	2.58	10.29
3. 其他纸制包装制品	8.10	2.11	10.36
（二）塑料包装制品制造业	34.53	12.27	30.67
1. 塑料薄膜	10.73	4.30	11.12
2. 塑料片材	5.67	2.12	1.25
3. 塑料编织品	6.16	2.37	5.91
4. 塑料容器	6.51	2.14	6.24
5. 泡沫塑料	1.24	0.29	0.69
6. 塑料袋	2.37	0.52	2.21
7. 其他	1.85	0.54	3.24
（三）玻璃包装制品制造业	5.79	1.62	1.04
1. 日用玻璃瓶	4.05	1.03	-0.11
2. 药用玻璃瓶	1.75	0.58	1.15
（四）金属包装制品制造业	10.22	3.57	6.04
1. 金属包装容器	6.19	1.94	2.52

中国包装行业工业企业全部国有及年销售收入在500万元以上非国有工业企业主要经济指标

计量单位：亿元

分类名称	管理费用	财务费用	利润费用
总　　计	141.41	46.52	122.74
2. 压力容器	1.61	0.50	0.79
3. 其他金属包装制品	2.43	1.13	2.73
（五）竹木包装制品制造业	0.53	0.09	0.05
1. 木制品	0.40	0.04	-0.06
2. 竹制品	0.13	0.05	0.11
（六）其他包装制品制造业	3.82	1.51	3.16
1. 麻袋	0.16	0.05	-0.0021
2. 其他制品	3.65	1.46	3.16
（七）包装印刷业	35.93	8.21	33.84
（八）包装机械制造业	14.58	2.62	9.47
1. 通用包装设备	2.17	0.40	1.47
2. 纸包装制品制造专用设备	1.90	0.46	0.56
3. 塑料包装制品制造专用设备	0.55	0.09	-0.15
4. 玻璃包装制品制造专用设备	0.22	0.02	0.19
5. 金属包装制品制造专用设备	0.10	0.02	0.02
6. 包装印刷机械	4.16	0.63	2.59
7. 其他包装机械	5.48	0.99	4.80

中国各省、市、自治区包装行业工业企业全部国有及年销售收入在500万元以上非国有工业企业主要经济指标（1）

计量单位：亿元

分类名称	全部企业单位数（个）	亏损企业数（个）	工业总产值（当年价）
全国总计	11043	2214	2536.64
北京	303	67	61.32
天津	360	91	59.28
河北	401	86	100.28
山西	96	22	7.49
内蒙	37	11	5.35
辽宁	237	86	51.73
吉林	209	61	43.61
黑龙江	136	39	14.69
上海	708	102	175.42
江苏	1005	192	340.08
浙江	1287	126	271.18
安徽	240	51	51.75
福建	404	83	71.04
江西	117	36	10.32
山东	604	80	203.46
河南	628	76	102.53
湖北	389	62	89.28
湖南	276	83	47.72
广东	1680	351	428.56
广西	173	73	16.83
海南	56	21	7.85
重庆	110	28	17.35
四川	310	75	52.09
贵州	97	34	8.71
云南	159	56	38.98
西藏	13	3	0.49
陕西	143	41	26.88
甘肃	170	43	10.78
青海	11	6	0.41
宁夏	13	2	2.86
新疆	62	28	10.71

中国各省、市、自治区包装行业工业企业全部国有及年销售收入在500万元以上非国有工业企业主要经济指标（2）

计量单位：亿元

分类名称	工业销售产值（当年价格）	工业增加值（生产法）	工业中间投入
全国总计	2468.46	687.53	1944.18
北京	61.01	14.15	50.33
天津	58.21	14.67	46.76
河北	99.45	27.09	77.36
山西	7.19	2.40	5.46
内蒙	5.05	1.89	3.69
辽宁	49.85	11.36	41.55
吉林	43.33	12.97	32.80
黑龙江	13.75	4.60	10.63
上海	171.55	48.73	134.54
江苏	331.43	86.81	265.55
浙江	263.66	64.94	216.78
安徽	50.61	14.90	38.86
福建	68.34	20.00	53.05
江西	9.86	4.42	6.31
山东	194.31	56.80	154.97
河南	100.90	30.32	75.68
湖北	86.70	29.77	62.79
湖南	47.14	14.22	35.79
广东	415.85	106.76	334.45
广西	16.33	5.18	12.40
海南	7.73	2.33	5.90
重庆	16.51	4.80	13.30
四川	51.15	15.09	39.05
贵州	8.40	2.16	6.97
云南	38.26	11.96	29.09
西藏	0.46	0.21	0.30
陕西	24.93	8.53	19.56
甘肃	9.75	3.13	7.93
青海	0.37	0.16	0.27
宁夏	2.79	0.84	2.13
新疆	9.55	3.00	8.03

中国各省、市、自治区包装行业工业企业全部国有及年销售收入在500万元以上非国有工业企业主要经济指标（3）

计量单位：亿元

分类名称	本年应交增值税	全部在岗职工年平均人数（人）	实收资本
全国总计	94.86	1412403	1003.37
北京	3.13	33364	43.58
天津	2.15	32200	28.97
河北	4.17	66536	38.59
山西	0.38	13073	4.63
内蒙	0.24	6213	2.03
辽宁	1.17	37786	42.96
吉林	2.15	44618	23.36
黑龙江	0.54	13968	7.05
上海	7.85	70669	97.68
江苏	12.24	126146	117.04
浙江	10.54	115463	62.74
安徽	2.00	33100	13.97
福建	2.01	33445	32.84
江西	0.41	14400	3.91
山东	8.31	125468	57.30
河南	3.46	96649	29.06
湖北	3.28	64651	26.72
湖南	2.29	34000	24.46
广东	12.65	185214	165.86
广西	0.75	19893	6.82
海南	0.38	3969	2.95
重庆	0.75	14799	5.87
四川	2.05	46857	24.60
贵州	0.42	10753	5.43
云南	2.03	22859	23.56
西藏	0.02	940	0.76
陕西	1.17	23810	14.36
甘肃	0.28	12116	2.64
青海	0.01	1026	0.19
宁夏	0.11	3778	0.71
新疆	0.32	11692	13.13

中国各省、市、自治区包装行业工业企业全部国有及年销售收入在500万元以上非国有工业企业主要经济指标（4）

计量单位：亿元

分类名称	年末资产合计	年末负债合计	流动资产年平均余额
全国总计	3316.48	1889.00	1450.72
北京	128.58	61.80	53.59
天津	120.18	69.34	48.70
河北	122.83	79.02	53.73
山西	16.16	11.41	6.77
内蒙	6.64	4.33	2.75
辽宁	116.46	59.90	42.98
吉林	118.47	74.68	39.17
黑龙江	23.67	18.59	11.07
上海	255.50	125.52	123.29
江苏	386.15	213.50	166.67
浙江	236.89	136.40	112.23
安徽	68.87	39.83	28.80
福建	77.17	38.25	37.83
江西	17.94	12.70	7.39
山东	283.02	185.86	114.80
河南	87.89	50.71	39.85
湖北	91.75	48.83	44.71
湖南	77.50	44.81	28.92
广东	470.07	256.83	223.80
广西	28.92	20.61	11.16
海南	11.67	7.45	6.49
重庆	23.88	15.61	11.72
四川	77.18	45.81	31.15
贵州	15.97	11.60	8.22
云南	67.06	40.19	31.89
西藏	1.28	0.38	0.33
陕西	52.42	29.38	24.27
甘肃	12.86	8.79	6.02
青海	0.85	0.66	0.40
宁夏	3.31	2.03	1.20
新疆	39.24	21.46	17.39

中国各省、市、自治区包装行业工业企业全部国有及年销售收入在500万元以上非国有工业企业主要经济指标（5）

计量单位：亿元

分类名称	固定资产净值年平均余额	产品销售收入	产品销售成本
全国总计	1272.93	2420.23	2048.02
北京	46.97	62.32	50.39
天津	35.12	57.89	48.42
河北	48.86	97.61	81.47
山西	7.09	6.89	5.88
内蒙	2.87	4.10	3.44
辽宁	56.90	48.52	40.19
吉林	46.77	39.93	33.03
黑龙江	10.21	13.09	11.04
上海	86.20	174.62	139.88
江苏	172.17	320.76	277.21
浙江	82.09	260.56	225.97
安徽	24.68	49.08	40.69
福建	32.97	66.93	59.34
江西	7.17	8.77	7.09
山东	97.36	189.93	156.70
河南	35.49	92.78	79.32
湖北	30.37	82.47	68.60
湖南	28.38	47.21	38.66
广东	180.89	412.94	358.54
广西	11.63	15.27	13.34
海南	3.69	7.55	6.62
重庆	8.01	16.46	14.06
四川	30.91	47.36	39.92
贵州	4.98	7.99	6.64
云南	24.21	38.83	31.03
西藏	0.88	0.35	0.38
陕西	17.60	25.78	20.02
甘肃	5.47	7.54	6.45
青海	0.38	0.35	0.28
宁夏	1.75	2.85	2.42
新疆	15.65	16.38	14.04

中国各省、市、自治区包装行业工业企业全部国有及年销售收入在500万元以上非国有工业企业主要经济指标（6）

计量单位：亿元

分类名称	产品销售费用	产品销售税金及附加	产品销售利润
全国总计	71.80	11.09	289.31
北京	1.77	0.16	10.00
天津	1.52	0.18	7.77
河北	2.59	0.52	13.02
山西	0.31	0.05	0.65
内蒙	0.09	0.02	0.54
辽宁	1.50	0.13	6.70
吉林	1.17	0.19	5.54
黑龙江	0.54	0.06	1.46
上海	5.97	0.28	28.49
江苏	9.05	1.48	33.02
浙江	5.08	1.62	27.89
安徽	1.90	0.20	6.29
福建	1.53	0.33	5.73
江西	0.47	0.10	1.10
山东	7.43	0.81	24.99
河南	3.30	0.60	9.57
湖北	3.42	0.71	9.75
湖南	1.52	0.27	6.77
广东	11.39	1.83	41.18
广西	0.37	0.08	1.49
海南	0.21	0.03	0.69
重庆	0.67	0.10	1.63
四川	1.85	0.24	5.35
贵州	0.27	0.06	1.03
云南	0.71	0.11	6.97
西藏	0.01	0.01	-0.05
陕西	1.39	0.17	4.20
甘肃	0.22	0.06	0.80
青海	0.01	0.00	0.06
宁夏	0.07	0.01	0.35
新疆	0.55	0.10	1.68

中国各省、市、自治区包装行业工业企业全部国有及年销售收入在500万元以上非国有工业企业主要经济指标（7）

计量单位：亿元

分类名称	管理费用	财务费用	利润费用
全国总计	141.41	46.52	122.74
北京	7.59	1.04	3.92
天津	4.37	1.42	3.40
河北	6.04	1.97	5.65
山西	0.66	0.20	-0.02
内蒙	0.32	0.11	0.13
辽宁	2.89	1.80	2.30
吉林	3.76	1.68	0.18
黑龙江	0.87	0.35	0.50
上海	15.65	2.68	13.12
江苏	17.16	4.70	13.41
浙江	9.51	4.00	16.14
安徽	2.92	1.05	2.72
福建	2.78	1.14	2.02
江西	0.66	0.19	0.31
山东	10.01	4.67	11.73
河南	2.73	1.34	5.79
湖北	3.86	1.57	4.55
湖南	3.34	0.99	2.88
广东	20.88	6.09	13.46
广西	1.26	0.38	-0.11
海南	0.55	0.18	0.41
重庆	1.16	0.39	0.42
四川	3.03	1.20	1.43
贵州	1.16	0.27	-0.20
云南	3.54	0.81	3.23
西藏	0.11	0.00	-0.01
陕西	2.17	0.64	1.80
甘肃	0.50	0.24	0.05
青海	0.06	0.02	-0.02
宁夏	0.18	0.07	0.12
新疆	1.61	0.45	-0.08

中国各计划单列市包装行业工业企业全部国有及年销售收入在500万元以上非国有工业企业主要经济指标（1）

计量单位：亿元

分类名称	全部企业单位数（个）	亏损企业数（个）	工业总产值（当年价）
全国总计	11043	2214	2536.64
大连	57	14	14.54
青岛	141	26	46.19
宁波	173	17	50.65
厦门	95	20	40.86
深圳	143	22	55.40

分类名称	工业销售产值（当年价格）	工业增加值（生产法）	工业中间投入
全国总计	2468.46	687.53	1944.18
大连	14.22	4.31	10.81
青岛	44.93	13.31	34.41
宁波	50.13	13.44	39.67
厦门	40.41	10.73	31.33
深圳	54.33	21.55	35.68

分类名称	本年应交增值税	全部在岗职工年平均人数（人）	实收资本
全国总计	94.86	1412403	1003.37
大连	0.58	6679	5.38
青岛	1.54	18796	11.98
宁波	2.46	16204	20.25
厦门	1.19	11202	16.85
深圳	1.83	40069	25.14

中国各计划单列市包装行业工业企业全部国有及年销售收入在500万元以上非国有工业企业主要经济指标（2）

计量单位：亿元

分类名称	年末资产合计	年末负债合计	流动资产年平均余额
全国总计	3316.48	1889.00	1450.72
大连	26.10	15.95	11.94
青岛	44.66	27.55	22.28
宁波	70.36	38.98	31.63
厦门	55.99	30.50	18.71
深圳	78.96	39.75	28.90

分类名称	固定资产净值年平均余额	产品销售收入	产品销售成本
全国总计	1272.93	2420.23	2048.02
大连	9.93	14.91	12.29
青岛	17.23	42.99	37.85
宁波	31.72	49.39	40.44
厦门	28.34	39.85	34.23
深圳	27.98	49.98	42.16

分类名称	产品销售费用	产品销售税金及附加	产品销售利润
全国总计	71.80	11.09	289.31
大连	0.52	0.01	2.09
青岛	1.15	0.25	3.74
宁波	1.17	0.22	7.56
厦门	0.68	0.03	4.91
深圳	1.40	0.07	6.34

中国各计划单列市包装行业工业企业全部国有及年销售收入在500万元以上非国有工业企业主要经济指标（3）

计量单位：亿元

分类名称	管理费用	财务费用	利润费用
全国总计	141.41	46.52	122.74
大连	1.26	0.47	0.81
青岛	2.04	0.72	1.21
宁波	1.81	2.08	4.43
厦门	1.30	0.88	2.77
深圳	3.67	0.71	4.28
—	—	—	—
—	—	—	—
—	—	—	—
—	—	—	—
—	—	—	—
—	—	—	—
—	—	—	—
—	—	—	—
—	—	—	—
—	—	—	—
—	—	—	—
—	—	—	—
—	—	—	—
—	—	—	—
—	—	—	—
—	—	—	—
—	—	—	—

2003年
中国包装工业统计资料

2003 年中国包装工业统计年报分析

2003 年，中国包装工业在国际经济形势复苏、国内经济快速发展的带动下，总体规模持续扩大的形势依旧，综合经济效益进一步提升，经济结构调整继续深化，产业结构更趋合理，东南部地区增长明显，其他地区与 2002 年相比变化不大。

这一年，世界多极化和经济全球化趋势继续深入发展，欧美经济得 NT 较快地发展。我国经历了“非典”疫情和美伊战争带来的不利影响。但是，从年底的统计数字来看，我国的经济非但未受到影响，反而，在下半年出现了部分行业发展过热的迹象。

2003 年是全面贯彻落实党的十六大精神的第一年。由于我国坚持实施了扩大内需的方针，继续实施积极的财政政策和稳健的货币政策，进一步深化改革，扩大开放，加快结构调整，加强就业和社会保障工作，努力提高人民生活水平，国民经济迈上了一个新的台阶。2003 年我国国内生产总值超过 11 万亿元人民币，按可比价格计算，比上年增长 9.1%，是 1997 年以来增长最快的年份。按照现行汇率计算，2003 年我国 GDP 总量相当于 1.4 万多亿美元，人均达到 1090 美元，保持了持续较快的增长。在遭受严重的“非典”疫情和频繁发生的自然灾害情况下，取得这样的成绩确实来之不易。

这一年，美伊战争和“非典”疫情使我国包装工业中的个别产业受到一定程度的影响，如塑料原材料涨价等，但是，在国际经济情况较好和国内经济快速发展的带动下，包装工业出现了总体发展小幅上跳的情况。从年报数字来看，2003 年我国包装工业总产值的增长率达到 10.64%，略高于国民经济增长速度的发展趋势。围绕着振兴东北老工业区和发展优势农产品的中心任务，全行业较好地完成了为国内社会消费品零售总额 4 万多亿元人民币产品的配套任务，以及为超过 4000 多亿美元出口产品的配套任务。

我国包装工业经济类型特点明显，虽然大量的外资抢滩中国大陆的包装行业，但内资企业占据主导地位的状况没有改变。在内资企业中，集体企业及其他非国有控股的民营企业一直是包装工业的主力军，而且这种状况可能将持续很长一段时期。从包装工业产业结构的比重情况来看，纸包装和塑料包装仍然是两个最大的包装门类。从发展速度来看，纸包装业最快，包装印刷业次之。从区域发展情况来看，长三角和珠三角等经济发达地区在包装工业总体规模及发展速度等方面都名列前茅。东、西部地区包装工业发展不均衡的问题已开始出现转机，东北老工业区包装工业的发展也有了新的起色。名牌产品、农产品深加工、旅游升温、以及广大人民生活水平的不断提高都对包装工业的发展提供了新的机遇和广阔的市场。

但是，在包装工业一派欣欣向荣的大好形势下，我们也应看到目前存在的问题。由于部分包装产品生产过剩而产生的价格恶性竞争，低水平重复建设而带来的包装技术水平提升缓慢，生产高端包装产品设备的大量进口，使产能超过市场需求而造成的资金浪费，以及非环保包装产品给社会环境带来的破坏等，都是我国包装行业宏观管理机构应尽快加以解决的问题。

一、总体增长出现小幅上跳，仍属合理范围

2003 年全国包装工业总产值实现 2806.42 多亿元人民币，比 2002 年增长 10.64%，略高于我国同期国内生产总值(GDP)9.1%增长率 1.53 个百分点。

1997 年至 2003 年包装工业和国家 GDP 的增速对比情况

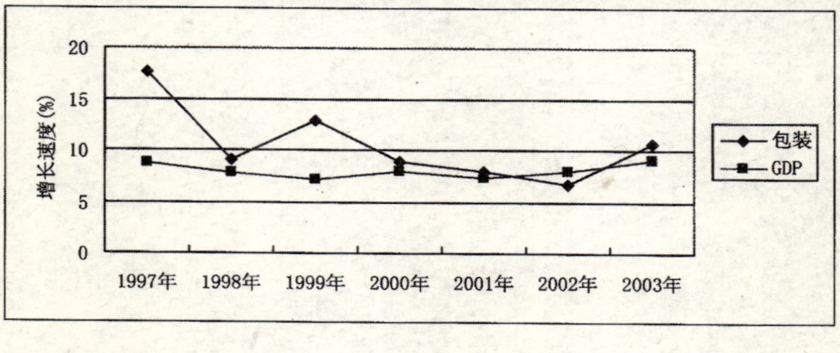

从上图可以看出，2003年我国包装工业的增速度出现了小幅上跳，略高于国内生产总值(GDP)的发展速度。其主要原因是，我国经济在2003年下半年出现了部分行业发展过热的迹象，如：房地产投资、钢铁行业、汽车行业、建材行业等。这些行业的过快发展，直接带动了包装行业的快速发展。但是，这种发展状况与包装行业近几年的平均发展速度基本持平，仍然属于合理的发展速度。

从包装工业总产值占国内生产总值的比重来看，2003年是2.4%。这与1997年至2002年这一比率的平均值2.35%仅高出0.05点。但从发展趋势来看，已经有下降的趋势。从环保及资源节约的角度来说，这一比值逐年适度下降应是合理的发展趋势。

从下图可以十分清楚地看出上述情况及与国外发达国家在这方面的差距情况。

我国包装工业占GDP的比率与国外发达国家对比情况

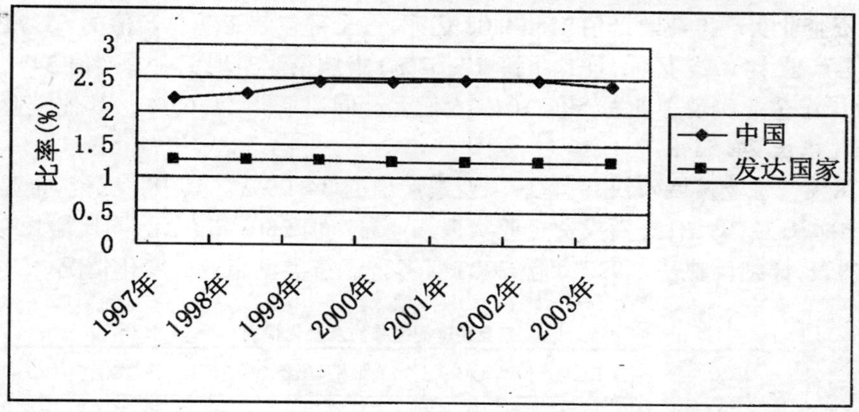

2003年中国包装工业完成工业增加值737.57亿元，同比增长8.69%；实现利税总额235.41亿元，同比增加8.26%；产品销售收入2702.41亿元，同比增长11.65%。预计2004年中国包装工业完成工业增加值802亿元，比2002年增加8.7%；实现利税总额256亿元，同比增长8.3%；产品销售收入3026亿元，同比增长12%。

包装工业主要经济指标完成情况

	单位	2002年实际完成数	1997年实际完成数	年均增长比率	2003年完成数	同比增长
工业总产值(现价)	亿元	2536.64	1641.50	10.91%	2806	10.54%
工业增加值	亿元	678.53	413.90	10.67%	738	8.69%
利税总额	亿元	217.59	110.80	19.28%	236	8.26%
产品销售收入	亿元	2420.23	1359.43	15.61%	2702	11.65%

2003年全部国有和年销售收入在500万元及以上非国有包装工业企业10977家，全部在岗职工年平均人数为127.38万人，年末资产合计为3251.77亿元。预计2004年全部国有和年销售收入在500万元及以上非国有包装工业企业仍保持在1.1万家左右，全部在岗职工年平均人数为1 50万人左右，年末资产合计仍将保持在3500亿元左右。

二、以民营企业为主的其他经济类型企业的比重超过半数以上，纸和塑料包装制品、包装印刷等产业持续快速发展

1. 包装工业经济类型结构

2003年，以民营企业为主的其他经济类型企业的比重高达51%，同比增长12个百分点。外商投资企业和“三资”企业所占比重有所下降，其他经济类型企业比重变化不大。

2003 年包装工业经济类型结构情况

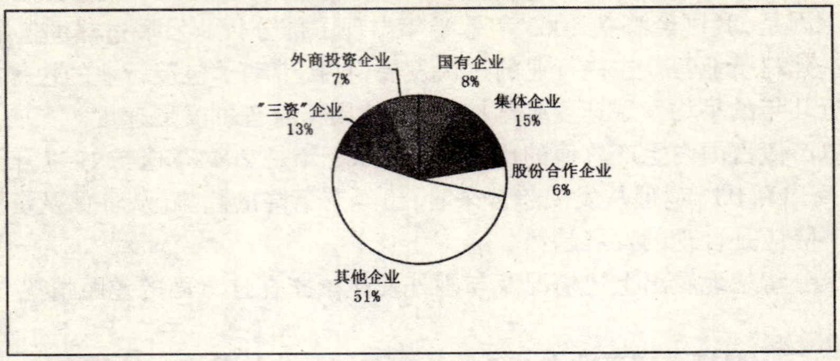

2003 年,内资企业实现工业总产值 1 844.08 亿元,占全部包装工业总产值的 65.71%。其中,国有包装企业实现工业总产值 141.27 亿元,同比下降 17.62%;集体企业实现工业总产值 347.1 1 亿元,同比下降 8.14%;股份合作企业实现工业总产值 101.76 亿元,同比下降 11.67%;其他企业实现工业总产值 1253.93 亿元,同比增长 24.54%。

"三资"和外商投资企业发展较快,占包装工业总产值的 34.29%。其中,"三资"企业实现工业总产值 582.28 亿元,同比增长 12.39%;外商投资企业实现工业总产值 380.06 亿元,同比增长 9.48%。

下面,通过列表,详细反映从 1 997 年至 2003 年各种经济类型企业的变化情况。

包装工业经济类型结构及变化情况

	按工业总产值计算（%）			按从业人员计算（%）			按资产总额计算（%）		
	2002 年	1997 年	2003 年	2002 年	1997 年	2003 年	2002 年	1997 年	2003 年
国有工业企业	6.76	26.63	5.03	13.49	31.07	8.43	14.13	28.21	11.16
集体工业企业	14.90	40.50	12.37	18.42	47.21	13.29	9.40	38.91	7.94
股份合作企业	4.54	6.42	3.63	5.04	5.93	4.68	2.95	6.32	2.66
其他工业企业	39.69	6.56	44.68	41.52	7.82	49.50	37.09	5.64	39.91
"三资"企业	20.42	19.89	20.75	13.82	7.97	16.07	20.96	20.92	23.34
外商投资企业	13.69	——	13.54	7.71	——	8.03	15.47	——	14.99

2. 包装工业产业结构

从 2003 年包装工业总产值中各行业所占比重来看，包装工业的两大支柱产业——纸包装业和塑料包装业两者所占比重之和达到 60%,包装印刷业位居第三。

2003 年包装工业产业比重对比情况

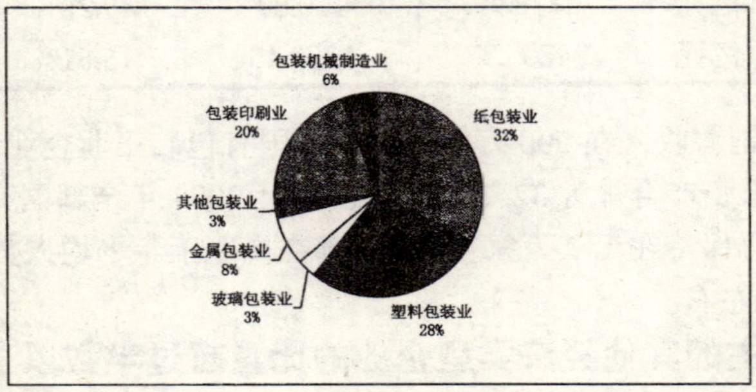

从包装工业产业结构来看，与 2002 年基本上没有变化。列前三位的产业仍然是纸包装业、塑料包装业和包装印刷业。而且,这三个产业之和达到 80%。

包装工业各产业结构变化情况

	工业总产值比重（%）			资产总额比重（%）		
	2002 年	1997 年	2003 年	2002 年	1997 年	2003 年
纸包装业	32.11	25.97	32.53	31.76	25.27	32.58
塑料包装业	28.32	27.31	27. 93	27.29	25.83	26.43
玻璃包装业	2.94	5.25	3.03	3.51	5.16	2.94
金属包装业	7.69	9.79	7.63	7.19	10.09	7.42
其他包装业	2.96	(6.18)	3.23	2.74	(6.66)	3.36
包装印刷业	20.09	17.65	20.09	20.05	18.41	21.27
包装机械制造业	5.89	7.85	5.56	6.98	8.58	6.59

注：括号内数据为计算值。

1997 年、2002 年、2003 年各种包装产业工业总产值对比情况

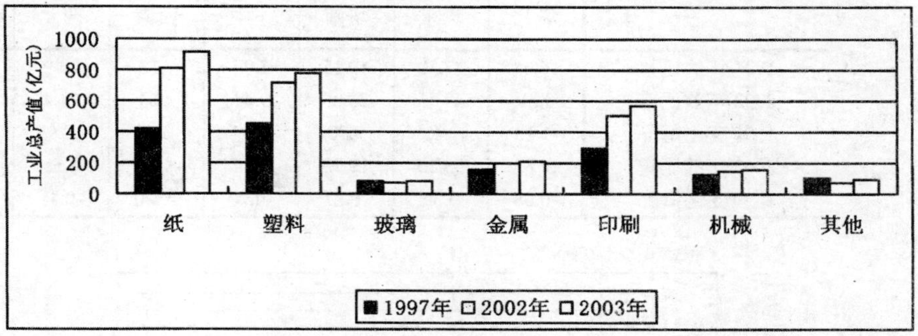

3. 包装工业企业规模结构

2003 年,小型企业数的比例同比增长了 3. 93 个百分点,总产值同比例增加了 12. 68 个百分点。预计 2004 年小型企业数比例仍有一定幅度的增长。

2003 年大型企业的总数有较大幅度的减少,其主要原因是,国家统计局重新制定了大、中、小型企业划分的方式和指标数值。在标准中,大型企业的划定指标有了较大幅度的提高。因此,2003 年包装企业结构比例中,大型企业的数量明显减少。

从实际情况来看，如果按原标准统计，全国包装企业中，大型企业的结构比重应该是有所增加的。

2003 年中型包装企业的总体规模变化不大，企业数比重增幅十分有限，同比增加仅有 0. 16 个百分点。从 2004 年前三个季度的统计数字来看,中型包装企业的总体规模的情况依然如此。

包装工业大中小企业规模结构表

年份	企业总数（个）	大型企业			中型企业			小型企业		
		个数（个）	企业数比例（%）	总产值比例（%）	个数（个）	企业数比例（%）	总产值比例（%）	个数（个）	企业数比例（%）	总产值比例（%）
1997	17600	514	2.92	26.76	3377	19.19	33.41	13709	77.89	39.83
2002	11043	490	4.44	30.68	782	7.08	11.80	9771	88.48	57.51
2003	10977	27	0.25	9.50	795	7. 24	33.21	10155	92.51	57.29

4. 包装工业地区结构

从 2003 年各区域包装工业总产值来看：除西北和东北地区以外，其他五大区域均有不同幅度的增长。

	华北	华东	华南	华中	西南	西北	东北
2002 年	233.71	1260.94	508.64	239.53	117.62	51.63	124.57
2003 年	239.33	1502.89	555.01	245.30	118.99	44.26	100.65
增减（%）	2.40	19.19	9.12	2.41	1.16	-14.27	-19.20

其中，华东地区增幅最大，达到 19. 19%；其次是华南地区，达到 9. 12%。西北和东北地区出现负增长，分别是 －14. 27%，－19. 20%。

从各地区工业总产值所占全国包装工业总产值的比重来看，在 2003 年增加的地区只有华东地区，其他六大地区均有不同程度的减少。其中，工业总产值数量减少最大的地区是华中地区。

全国各区域包装工业总产值比重及变化情况（%）

	华北	华东	华南	华中	西南	西北	东北
1997 年的比重	10.34	47.30	10.15	3.95	7.18	2.99	2.48
2002 年的比重	9.21	49.71	20.05	9.44	4.64	2.04	4.91
比重变化情况	-1.13	2.41	9.90	5.49	- 2.54	- 0.95	2.43
2003 年的比重	8. 53	53.55	19.78	8.74	4.24	1.58	3.59
比重变化情况	-0.68	3.84	-0.27	-0.70	-0.20	-0.46	-1.32

（用柱型图表示如下）

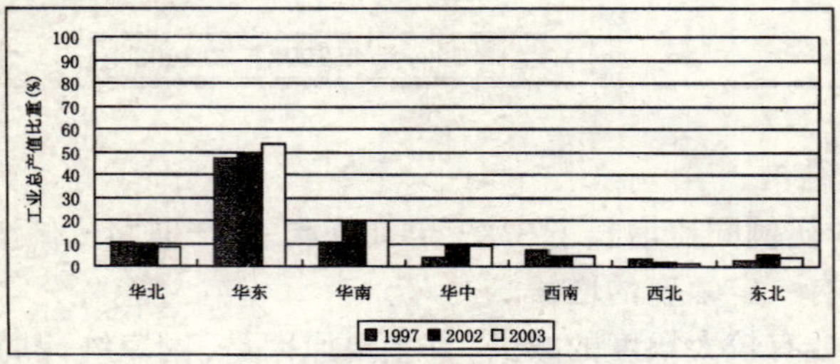

从 1 998 年到 2002 年这五年间包装工业总产值增长速度来看：华南地区年均增长最快，达到 22. 5 个百分点，其次是华中地区，达到 9. 37 个百分点，华东地区位列第三，达到 8. 74 个百分点。下面是华北地区年均增长 6. 39 个百分点，东北地区年均增长达到 5 个百分点。而西南地区年均回落 2. 86 个百分点，西北地区年均回落 6. 15 个百分点。从 2003 年的同比统计数字来看，各地区包装工业总产值的增减情况出现一些新的变化。华东地区由第三位提升到第一位，并且，其增长幅度明显高于其他各地区。其次是华南地区。而同比回落的地区变为东北地区和西北地区。西南地区由过去的负增长，变为正增长。

1997 年、2002 年、2003 年全国各区域包装工业总产值对比情况

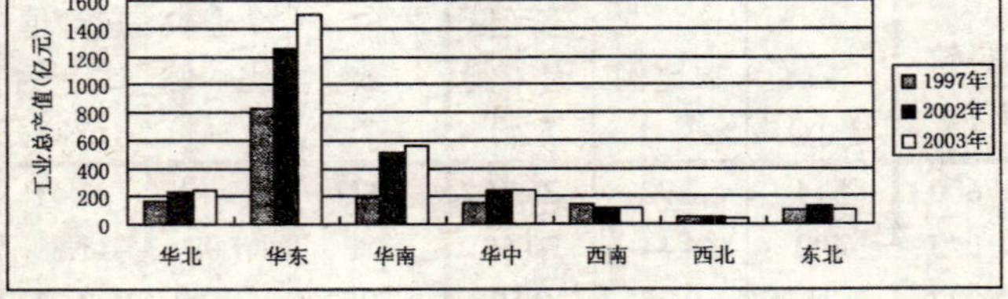

2003 年国有、集体、股份、其他、三资、外商投资等六种经济类型企业包装工业总产值的比重情况与 2002 年相比变化不大。国有企业在各个区域中所占的比重均相对较低，一般列在第四、五位，最高的华中地区也仅列第三位。集体、股份和其他经济类型的企业在各个区域均占有最大的比重，有两个地区竟达 70% 以上，最大的华中地区达到 75. 92%。“三资”企业在华南、东华和西南地区所占比重相对较大，华南地区列第一位。外商投资企业在华北和华东地区所占比重相对最大,华北地区列第一位。预计2004年全国各地区各种经济类型企业结构比重变化不大。

2002年、2003年全国各区域各种经济类型企业包装工业总产值比重情况（%）

	华北		华东		华南		华中		西南		西北		东北	
	2002	2003	2002	2003	2002	2003	2002	2003	2002	2003	2002	2003	2002	2003
国有工业企业	14.8	8.73	5.1	4.34	3.2	1.93	11.1	10.12	7.7	4.92	12.8	10.39	9.6	9.16
集体工业企业	17.5	17.26	14.0	12.67	11.0	7.46	29.1	20.79	8.2	5.46	22.1	20.58	10.7	7.24
股份合作企业	3.5	2.36	6.9	5.20	0.6	0.77	3.4	2.30	3.0	3.09	5.4	4.79	2.4	2.32
其他工业企业	36.7	21.35	22.3	46.24	11.2	31.82	44.4	52.83	53.8	61.87	47.7	50.47	44.3	60.15
“三资”企业	11.0	11.75	15.6	16.01	43.9	46.25	9.6	11.44	18.2	14.86	2.5	4.88	21.8	8.88
外商投资企业	16.5	19.65	17.5	15.55	10.4	11.76	2.2	2.52	9.1	9.79	9.5	8.88	11.2	12.26

从2003年全国各区域包装工业总产值中的产业结构比重情况看，所占比重最大的情况分别是：华中、华北、华东地区的纸包装业;东北、华东、华南地区的塑料包装业;西南地区的包装印刷业。

通过分析可以发现，当地的经济发展状况、自然资源以及名牌产品等在很大程度上决定了本地区包装工业产品的发展。各地区应该根据当地的实际情况，大力发展名牌产品，带动当地经济的发展。预计2004年全国各区域包装工业产业结构比重同比变化不大。

2002年、2003年全国各区域包装行业结构比重情况（%）

	华北		华东		华南		华中		西南		西北		东北	
	2002	2003	2002	2003	2002	2003	2002	2003	2002	2003	2002	2003	2002	2003
纸包装业	32.0	33.66	33.8	33.46	29.3	31.42	40.2	35.00	20.7	20.94	27.3	30.41	21.5	24.32
塑料包装业	23.2	24.28	29.2	29.71	30.8	27.53	23.0	24.80	17.1	17.11	27.5	25.62	36.4	29.73
玻璃包装业	3.1	3.71	2.9	2.74	1.2	1.43	4.2	5.23	9.3	9.10	1.4	2.67	2.4	2.29
金属包装业	10.5	10.99	8.0	7.28	7.7	7.41	5.0	7.22	6.4	7.35	5.4	6.80	6.3	7.19
其他包装业	3.0	3.64	3.2	3.72	2.1	1.84	1.8	3.35	0.8	0.97	1.6	1.36	17.2	21.49
包装印刷业	19.7	15.64	15.8	16.35	26.8	28.30	21.5	16.81	41.0	41.53	20.3	17.13	11.9	11.50
包机制造业	8.5	8.08	7.0	6.74	2.2	2.07	4.4	7.59	4.8	3.00	16.7	16.00	4.4	3.47

三、包装工业综合经济效益指数增长明显

2003年,包装工业企业亏损面为18.28%,同比下降1.77个百分点。2003年包装工业企业盈亏相抵后,利润总额达到139.90亿元,同比增加17.1 6亿元。在2003年亏损企业中,国有企业占17.54%,同比回落9.56个百分点,但盈亏相抵后的利润总额仍仅有1.02亿元。

2003年包装工业企业经济效益综合指数为1 27.78,同比增长近7.85点,高于近几年的平均值3.66点。

经济效益综合指数以较大幅度增长,说明国家经济体制改革在包装工业企业中产生明显效果。国有企业亏损面继续降低,同比下降9.56个百分点,对包装工业总体经济效益增长的贡献率继续提高。

四、2004年包装工业发展情况预测

从2004年前三季度包装工业统计数字可以看出，受国际经济形势好转及我国经济快速发展的带动下,我国包装工业总体水平的发展在这一年呈现出较大幅度的增长趋势,预计包装工业总产值达到3224.4亿元,同比增长14.89%。

2004年包装工业主要经济指标预测

	单位	2003年完成数	2004年预计完成数	增长率
工业总产值（现价）	亿元	2806.42	3224.40	14.89%
工业增加值	亿元	737.57	851.89	15.50%
利税总额	亿元	235.41	238.09	1.14%

有关的详细统计数据附后。

二OO四年十一月

中国包装行业工业企业全部国有及年销售收入在500万元以上非国有工业企业主要经济指标一览表

计量单位：亿元

指 标 名 称	2003年
全部企业单位数（个）	10977
其中：亏损企业数（个）	2007
工业总产值（当年价格）	2806.42
工业销售产值（当年价格）	2745.03
工业增加值（生产法）	737.57
工业中间投入	2164.59
本年应交增值税	95.51
全部在岗职工年平均人数（人）	1273779
实收资本	951.72
年末资产合计	3251.77
年末负债合计	1876.35
流动资产年平均余额	1464.60
固定资产净值年平均余额	1171.59
产品销售收入	2702.41
其中：产品销售成本	2308.98
产品销售费用	81.03
产品销售税金及附加	11.21
产品销售利润	301.19
管理费用	134.76
财务费用	44.96
利润总额	139.90

中国包装行业工业企业全部国有及年销售收入在500万元以上非国有工业企业主要经济指标（1-1）

计量单位：亿元

分类名称	全部企业单位数（个）	亏损企业数（个）	工业总产值（当年价格）	工业销售产值（当年价格）	工业增加值（生产法）	工业中间投入
总　　计	10977	2007	2806.42	2745.03	737.57	2164.59
一、按登记注册类型分组						
1. 内资企业	8811	1472	1844.08	1795.67	478.01	1428.14
(1)国有企业	864	352	141.27	138.32	40.85	106.75
(2)集体企业	1598	248	347.11	338.65	91.49	266.43
(3)股份合作企业	646	79	101.76	99.16	25.01	80.38
(4)联营企业	78	16	15.76	15.90	4.63	11.88
(5)有限责任公司	1428	277	432.90	421.69	107.31	340.37
(6)股份有限公司	270	70	179.89	175.71	48.64	138.00
(7)其他企业	3927	430	625.38	606.23	160.11	484.33
2. 港、澳、台商投资企业	1428	335	582.28	570.17	152.13	449.24
3. 外商投资企业	738	200	380.06	379.19	107.43	287.22
总计中：国有绝对控股	1184	455	316.62	309.58	86.39	243.80
国有相对控股	129	36	135.77	133.49	40.39	102.53
其他	9664	1516	2354.03	2301.97	610.80	1818.27
二、按生产规模分						
1. 大型企业	27	0	266.74	262.79	66.51	210.58
2. 中型企业	795	128	931.90	909.50	243.40	722.00
3. 小型企业	10155	1879	1607.79	1572.74	427.66	1232.02
三、按包装工业主要行业分						
(一) 纸包装制品制造业	3547	625	912.96	892.77	235.15	711.89
1. 包装纸板	1424	271	510.61	501.38	129.10	402.86
2. 纸包装容器	1679	274	284.02	277.27	72.51	219.83
3. 其他纸制包装制品	444	80	118.32	114.12	33.53	89.19
(二) 塑料包装制品制造业	3046	561	783.82	769.74	190.60	614.17
1. 塑料薄膜	593	146	256.60	254.60	59.22	203.10
2. 塑料片材	107	27	122.84	119.71	22.79	102.58
3. 塑料编织品	981	170	138.94	135.09	36.85	105.99

中国包装行业工业企业全部国有及年销售收入在500万元以上非国有工业企业主要经济指标（1-2）

计量单位：亿元

分类名称	本年应交增值税	全部在岗职工年平均人数（人）	实收资本	年末资产合计	年末负债合计
总　　计	95.51	1273779	951.72	3251.77	1876.35
一、按登记注册类型分组					
1. 内资企业	62.02	966855	466.12	2005.42	1244.37
(1)国有企业	6.32	107064	80.75	362.96	251.77
(2)集体企业	10.80	169261	56.03	258.22	160.31
(3)股份合作企业	3.62	59608	19.92	86.52	53.08
(4)联营企业	0.74	8072	10.15	25.85	12.65
(5)有限责任公司	14.76	216080	121.29	528.29	331.49
(6)股份有限公司	6.75	71260	64.29	282.36	149.98
(7)其他企业	19.04	335509	113.70	461.22	285.11
2. 港、澳、台商投资企业	18.97	204656	299.22	758.83	380.12
3. 外商投资企业	14.52	102268	186.38	487.52	251.85
总计中：国有绝对控股	13.54	187448	186.39	716.49	456.64
国有相对控股	7.14	37016	50.00	223.12	112.48
其他	74.83	1049314	715.33	2312.16	1307.23
二、按生产规模分					
1. 大型企业	10.35	77523	66.60	421.31	239.02
2. 中型企业	33.44	370437	372.80	1265.37	717.28
3. 小型企业	51.72	825819	512.32	1565.09	920.04
三、按包装工业主要行业分					
（一）纸包装制品制造业	34.06	415887	268.96	1059.43	652.16
1. 包装纸板	21.34	221114	164.55	681.63	430.92
2. 纸包装容器	8.32	150621	72.68	249.99	147.68
3. 其他纸制包装制品	4.41	44152	31.73	127.81	73.56
（二）塑料包装制品制造业	20.84	329564	282.28	859.41	479.15
1. 塑料薄膜	5.69	71670	86.25	322.24	188.92
2. 塑料片材	2.53	17342	46.00	130.25	83.73
3. 塑料编织品	3.89	113939	42.81	113.92	63.11

中国包装行业工业企业全部国有及年销售收入在500万元以上非国有工业企业主要经济指标（1-3）

计量单位：亿元

分类名称	流动资产年平均余额	固定资产净值年平均余额	产品销售收入	产品销售成本	产品销售费用
总　　计	1464.60	1171.59	2702.41	2308.98	81.03
一、按登记注册类型分组					
1. 内资企业	905.10	672.58	1760.84	1523.58	49.31
(1)国有企业	136.27	122.90	136.71	113.26	4.72
(2)集体企业	132.60	80.35	329.70	287.35	8.70
(3)股份合作企业	44.23	28.08	98.10	87.04	2.40
(4)联营企业	11.98	9.47	15.87	13.07	0.53
(5)有限责任公司	225.18	190.13	410.81	354.05	10.96
(6)股份有限公司	119.69	91.40	181.99	151.37	6.39
(7)其他企业	235.15	150.25	587.67	517.44	15.62
2. 港、澳、台商投资企业	344.85	293.80	564.99	478.88	17.03
3. 外商投资企业	214.65	205.22	376.59	306.53	14.69
总计中：国有绝对控股	271.91	266.23	311.99	258.81	10.44
国有相对控股	90.47	85.60	147.26	116.78	5.42
其他	1102.22	819.76	2243.16	1933.39	65.18
二、按生产规模分					
1. 大型企业	149.59	155.12	279.53	233.57	7.69
2. 中型企业	526.13	458.64	909.33	768.29	29.93
3. 小型企业	788.88	557.83	1513.55	1307.12	43.42
三、按包装工业主要行业分					
（一）纸包装制品制造业	449.69	414.34	877.33	754.75	25.45
1. 包装纸板	261.74	290.44	497.22	429.26	12.97
2. 纸包装容器	127.23	86.27	266.77	232.64	8.29
3. 其他纸制包装制品	60.71	37.63	113.34	92.85	4.19
（二）塑料包装制品制造业	351.42	325.27	765.44	674.30	18.99
1. 塑料薄膜	130.13	121.91	259.45	229.46	6.34
2. 塑料片材	35.97	63.70	120.67	112.74	1.57
3. 塑料编织品	53.69	44.28	131.53	115.78	3.10

中国包装行业工业企业全部国有及年销售收入在500万元以上非国有工业企业主要经济指标（1-4）

计量单位：亿元

分类名称	产品销售税金及附加	产品销售利润	管理费用	财务费用	利润费用
总　　计	11.21	301.19	134.76	44.96	139.90
一、按登记注册类型分组					
1. 内资企业	10.25	177.70	87.81	29.43	74.82
(1)国有企业	0.64	18.09	14.45	4.31	1.02
(2)集体企业	2.00	31.64	12.81	4.58	16.94
(3)股份合作企业	0.61	8.05	4.52	1.29	3.33
(4)联营企业	0.052	2.23	1.45	0.23	0.73
(5)有限责任公司	2.06	43.73	22.73	7.90	17.23
(6)股份有限公司	0.77	23.46	10.55	4.01	11.49
(7)其他企业	4.11	50.50	21.29	7.11	24.08
2. 港、澳、台商投资企业	0.55	68.53	25.85	9.00	36.10
3. 外商投资企业	0.41	54.96	21.10	6.53	28.98
总计中：国有绝对控股	1.21	41.53	28.71	9.24	8.99
国有相对控股	0.35	24.71	8.10	2.75	15.37
其他	9.65	234.95	97.95	32.98	115.54
二、按生产规模分					
1. 大型企业	1.04	37.23	13.60	6.13	20.50
2. 中型企业	2.72	108.39	47.66	18.65	51.24
3. 小型企业	7.45	155.57	73.49	20.19	68.16
三、按包装工业主要行业分					
（一）纸包装制品制造业	4.22	92.91	38.68	17.94	41.64
1. 包装纸板	2.46	52.53	20.31	13.18	21.54
2. 纸包装容器	1.40	24.44	12.51	3.08	11.19
3. 其他纸制包装制品	0.36	15.94	5.85	1.67	8.90
（二）塑料包装制品制造业	2.85	69.29	32.25	11.91	31.61
1. 塑料薄膜	0.66	22.99	11.26	4.63	9.78
2. 塑料片材	0.44	5.92	3.07	2.29	2.64
3. 塑料编织品	0.81	11.84	5.71	1.59	4.43

中国包装行业工业企业全部国有及年销售收入在500万元以上非国有工业企业主要经济指标（2-1）

计量单位：亿元

分类名称	全部企业单位数（个）	亏损企业数（个）	工业总产值（当年价格）	工业销售产值（当年价格）	工业增加值（生产法）	工业中间投入
总　　计	10977	2007	2806.42	2745.03	737.57	2164.59
4. 塑料容器	663	113	136.82	133.88	38.94	103.03
5. 泡沫塑料	134	23	19.23	18.92	5.20	14.60
6. 塑料袋	371	57	78.31	77.16	18.77	61.54
7. 其他	197	25	31.07	30.38	8.82	23.35
（三）玻璃包装制品制造业	372	80	85.05	82.33	26.46	62.24
1. 日用玻璃瓶	282	62	57.26	55.44	17.56	42.21
2. 药用玻璃瓶	90	18	27.78	26.89	8.89	20.04
（四）金属包装制品制造业	824	183	214.15	211.40	52.67	168.12
1. 金属包装容器	508	117	111.38	111.34	28.07	86.98
2. 压力容器	133	27	36.63	35.59	9.90	27.97
3. 其他金属包装制品	183	39	66.14	64.47	14.70	53.16
（五）竹木包装制品制造业	189	22	9.10	8.81	2.30	7.07
1. 木制品	122	13	6.38	6.23	1.59	4.99
2. 竹制品	67	9	2.72	2.58	0.72	2.08
（六）其他包装制品制造业	280	47	81.49	78.37	21.75	62.60
1. 麻袋	34	9	5.05	4.68	1.35	3.84
2. 其他制品	246	38	76.43	73.69	20.40	58.76
（七）包装印刷业	2034	365	563.71	551.85	170.05	417.01
（八）包装机械制造业	685	124	156.15	150.58	46.44	115.36
1. 通用包装设备	184	27	27.29	26.59	8.60	19.75
2. 纸包装制品制造专用设备	35	7	24.84	23.33	7.18	18.41
3. 塑料包装制品制造专用设备	202	35	4.15	3.99	1.08	3.21
4. 玻璃包装制品制造专用设备	10	3	4.19	4.14	1.45	2.86
5. 金属包装制品制造专用设备	6	2	1.29	1.28	0.297	1.02
6. 包装印刷机械	116	23	40.79	39.28	13.25	29.45
7. 其他包装机械	132	27	53.60	51.98	14.59	40.66

中国包装行业工业企业全部国有及年销售收入在500万元以上非国有工业企业主要经济指标（2-2）

计量单位：亿元

分类名称	本年应交增值税	全部在岗职工年平均人数（人）	实收资本	年末资产合计	年末负债合计
总　　计	95.51	1273779	951.72	3251.77	1876.35
4. 塑料容器	5.14	56459	73.70	189.66	88.31
5. 泡沫塑料	0.56	11667	6.26	18.02	10.99
6. 塑料袋	1.92	43179	18.57	57.25	29.33
7. 其他	1.10	15308	8.69	28.07	14.76
（三）玻璃包装制品制造业	3.66	79045	24.62	95.50	63.99
1. 日用玻璃瓶	2.51	58114	19.76	65.52	44.12
2. 药用玻璃瓶	1.15	20931	4.86	29.97	19.86
（四）金属包装制品制造业	6.62	74326	83.49	241.19	138.62
1. 金属包装容器	3.66	38288	48.08	134.57	77.05
2. 压力容器	1.24	19814	7.78	33.54	20.62
3. 其他金属包装制品	1.72	16224	27.63	73.07	40.94
（五）竹木包装制品制造业	0.27	7092	2.03	6.05	3.50
1. 木制品	0.198	5047	1.31	4.45	2.76
2. 竹制品	0.076	2045	0.71	1.60	0.74
（六）其他包装制品制造业	2.85	40695	28.46	103.25	62.07
1. 麻袋	0.13	6545	1.60	7.69	6.26
2. 其他制品	2.72	34150	26.86	95.56	55.81
（七）包装印刷业	23.29	281916	218.60	691.75	358.66
（八）包装机械制造业	5.63	67235	57.47	214.28	114.29
1. 通用包装设备	1.05	14824	12.89	42.24	25.31
2. 纸包装制品制造专用设备	0.75	9972	6.39	27.53	14.28
3. 塑料包装制品制造专用设备	0.14	1293	0.86	4.53	2.87
4. 玻璃包装制品制造专用设备	0.11	1563	0.79	5.00	2.15
5. 金属包装制品制造专用设备	0.029	1139	0.41	1.46	1.08
6. 包装印刷机械	1.92	19183	18.31	68.51	35.36
7. 其他包装机械	1.64	19261	17.81	65.00	33.25

中国包装行业工业企业全部国有及年销售收入在500万元以上非国有工业企业主要经济指标（2-3）

计量单位：亿元

分类名称	流动资产年平均余额	固定资产净值年平均余额	产品销售收入	产品销售成本	产品销售费用
总　　计	1464.60	1171.59	2702.41	2308.98	81.03
4. 塑料容器	74.71	63.21	129.37	108.21	4.08
5. 泡沫塑料	10.82	5.04	18.17	15.66	0.84
6. 塑料袋	31.60	17.48	76.08	67.63	2.10
7. 其他	14.50	9.65	30.17	24.82	0.95
（三）玻璃包装制品制造业	47.73	33.65	77.97	65.12	4.16
1. 日用玻璃瓶	32.72	24.37	53.25	44.90	2.87
2. 药用玻璃瓶	15.01	9.28	24.73	20.22	1.30
（四）金属包装制品制造业	119.53	85.12	206.21	177.65	5.99
1. 金属包装容器	69.45	47.33	108.10	92.76	3.19
2. 压力容器	18.61	9.02	34.52	29.52	1.20
3. 其他金属包装制品	31.48	28.77	63.59	55.37	1.60
（五）竹木包装制品制造业	3.30	1.85	8.67	7.51	0.297
1. 木制品	2.45	1.32	6.13	5.34	0.21
2. 竹制品	0.85	0.53	2.53	2.17	0.09
（六）其他包装制品制造业	38.15	44.10	77.34	65.49	2.85
1. 麻袋	3.98	2.28	4.38	3.93	0.13
2. 其他制品	34.17	41.82	72.96	61.56	2.72
（七）包装印刷业	335.07	236.68	538.13	442.54	15.41
（八）包装机械制造业	118.79	50.27	148.36	118.30	6.20
1. 通用包装设备	22.01	10.91	27.32	21.85	1.17
2. 纸包装制品制造专用设备	15.96	7.82	21.53	18.97	0.37
3. 塑料包装制品制造专用设备	2.75	0.92	4.00	3.19	0.19
4. 玻璃包装制品制造专用设备	3.01	0.85	4.19	3.37	0.19
5. 金属包装制品制造专用设备	0.90	0.43	1.02	0.86	0.027
6. 包装印刷机械	37.61	14.15	37.89	28.63	2.45
7. 其他包装机械	36.55	15.21	52.42	41.43	1.80

中国包装行业工业企业全部国有及年销售收入在500万元以上非国有工业企业主要经济指标（2-4）

计量单位：亿元

分类名称	产品销售税金及附加	产品销售利润	管理费用	财务费用	利润费用
总　　计	11.21	301.19	134.76	44.96	139.90
4. 塑料容器	0.42	16.66	6.83	2.30	8.56
5. 泡沫塑料	0.061	1.60	0.96	0.21	0.54
6. 塑料袋	0.28	6.06	2.83	0.55	3.11
7. 其他	0.18	4.22	1.58	0.33	2.54
（三）玻璃包装制品制造业	0.57	8.12	4.61	1.41	2.11
1. 日用玻璃瓶	0.42	5.05	3.33	0.99	0.69
2. 药用玻璃瓶	0.15	3.07	1.28	0.42	1.42
（四）金属包装制品制造业	0.68	21.88	9.95	3.10	9.84
1. 金属包装容器	0.37	11.78	5.48	1.62	5.08
2. 压力容器	0.16	3.64	2.11	0.46	1.40
3. 其他金属包装制品	0.15	6.46	2.36	1.01	3.36
（五）竹木包装制品制造业	0.073	0.79	0.44	0.059	0.24
1. 木制品	0.044	0.54	0.34	0.038	0.12
2. 竹制品	0.029	0.25	0.104	0.022	0.12
（六）其他包装制品制造业	0.25	8.75	4.05	1.44	3.72
1. 麻袋	0.030	0.29	0.21	0.077	-0.006
2. 其他制品	0.22	8.47	3.84	1.37	3.73
（七）包装印刷业	2.24	77.94	34.58	7.36	41.06
（八）包装机械制造业	0.47	23.40	11.66	1.90	11.59
1. 通用包装设备	0.091	4.20	2.34	0.48	1.72
2. 纸包装制品制造专用设备	0.082	2.10	0.93	0.076	1.17
3. 塑料包装制品制造专用设备	0.010	0.61	0.21	0.036	0.31
4. 玻璃包装制品制造专用设备	0.010	0.62	0.23	0.011	0.38
5. 金属包装制品制造专用设备	0.0055	0.13	0.10	0.015	0.026
6. 包装印刷机械	0.14	6.67	3.94	0.57	2.77
7. 其他包装机械	0.13	9.06	3.90	0.72	5.20

中国各省、市、自治区包装行业工业企业全部国有及年销售收入在500万元以上非国有工业企业主要经济指标（1）

计量单位：亿元

分类名称	全部企业单位数（个）	亏损企业数（个）	工业总产值（当年价格）	工业销售产值（当年价格）	工业增加值（生产法）	工业中间投入
全国总计	10977	2007	2806.42	2745.03	737.57	2164.59
北京	256	50	51.13	50.51	16.86	36.62
天津	323	71	60.14	58.95	14.02	47.84
河北	419	87	113.04	116.54	30.28	86.54
山西	90	20	9.30	9.53	3.13	6.66
内蒙	27	5	5.72	5.25	2.14	3.77
辽宁	288	87	48.42	48.47	12.42	37.99
吉林	94	23	32.72	31.71	9.69	24.34
黑龙江	127	36	19.51	18.43	5.61	14.54
上海	769	111	194.43	190.45	55.08	147.38
江苏	1084	186	329.64	322.00	84.96	256.39
浙江	1670	151	445.26	434.24	97.14	362.73
安徽	264	53	59.06	57.39	17.24	44.09
福建	539	132	138.03	134.69	31.90	109.53
江西	112	24	10.50	10.25	3.46	7.45
山东	860	122	325.97	313.51	94.26	243.92
河南	548	58	106.93	105.75	31.25	79.19
湖北	339	55	85.44	83.20	25.99	61.81
湖南	262	74	52.93	53.51	15.40	39.67
广东	1735	314	528.95	516.59	131.48	412.18
广西	139	56	18.60	18.30	5.40	13.98
海南	44	19	7.46	7.39	1.75	6.11
重庆	106	28	19.56	18.56	5.87	14.45
四川	302	61	54.73	54.90	14.86	41.79
贵州	88	31	8.10	7.75	1.96	6.48
云南	149	59	36.25	35.20	11.56	26.58
西藏	11	1	0.34	0.34	0.22	0.15
陕西	120	30	24.47	23.10	8.06	17.45
甘肃	132	37	9.60	8.63	2.99	6.88
青海	10	5	0.24	0.23	0.070	0.17
宁夏	10	1	2.18	2.18	0.66	1.63
新疆	60	20	7.77	7.48	1.85	6.30

中国各省、市、自治区包装行业工业企业全部国有及年销售收入在500万元以上非国有工业企业主要经济指标（2）

计量单位：亿元

分类名称	本年应交增值税	全部在岗职工年平均人数（人）	实收资本	年末资产合计	年末负债合计
全国总计	95.51	1273779	951.72	3251.77	1876.35
北京	2.32	22631	32.67	87.31	39.08
天津	1.72	25111	21.68	88.50	48.91
河北	3.77	61457	34.49	121.75	76.07
山西	0.48	16165	3.33	14.67	9.91
内蒙	0.20	4778	1.68	6.22	3.93
辽宁	1.98	31230	30.07	96.73	56.68
吉林	1.30	24210	14.80	64.70	39.07
黑龙江	0.64	15381	8.46	27.10	18.74
上海	8.03	70332	101.00	276.92	133.27
江苏	11.67	118526	88.24	331.10	216.48
浙江	14.61	147649	99.28	427.42	258.07
安徽	2.28	32387	14.33	82.85	49.21
福建	3.32	48259	60.90	162.04	79.55
江西	0.41	11541	3.79	16.70	12.06
山东	12.20	138083	71.81	340.88	216.87
河南	3.50	76891	20.88	72.11	43.08
湖北	2.36	38852	24.01	85.19	40.38
湖南	2.14	29785	23.81	93.50	55.26
广东	14.71	212826	198.85	555.10	295.19
广西	0.77	16554	6.19	31.41	23.06
海南	0.39	3369	2.29	9.66	6.19
重庆	0.75	14853	6.86	24.24	15.94
四川	1.91	45769	25.82	81.47	52.04
贵州	0.34	8768	6.68	15.55	8.75
云南	1.89	18687	20.35	57.67	33.59
西藏	0.019	512	0.31	0.71	0.13
陕西	1.03	18067	13.98	44.28	24.43
甘肃	0.27	11252	3.06	13.48	8.63
青海	0.0042	760	0.11	0.60	0.51
宁夏	0.11	2228	0.38	2.25	1.33
新疆	0.38	6865	11.62	19.69	9.91

中国各省、市、自治区包装行业工业企业全部国有及年销售收入在500万元以上非国有工业企业主要经济指标（3）

计量单位：亿元

分类名称	流动资产年平均余额	固定资产净值年平均余额	产品销售收入	产品销售成本	产品销售费用
全国总计	1464.60	1171.59	2702.41	2308.98	81.03
北京	40.55	29.21	51.88	40.70	1.80
天津	37.10	27.48	56.77	48.52	1.42
河北	51.10	48.66	108.58	92.90	3.00
山西	6.73	5.29	8.92	7.21	0.55
内蒙	2.87	2.50	4.33	3.49	0.07
辽宁	39.97	39.64	47.59	40.67	1.68
吉林	15.87	29.83	30.41	24.47	1.09
黑龙江	11.80	12.87	17.96	15.44	0.48
上海	127.68	91.10	198.75	163.17	6.46
江苏	154.12	111.18	316.55	274.54	10.46
浙江	211.69	139.39	428.34	372.07	8.77
安徽	35.64	28.13	57.80	47.93	2.20
福建	65.74	70.10	133.95	118.41	3.11
江西	6.92	6.78	9.64	7.99	0.31
山东	138.50	135.64	307.55	259.11	10.62
河南	34.91	27.52	100.00	86.58	3.40
湖北	37.94	26.06	81.01	68.80	2.78
湖南	31.04	29.71	51.39	42.23	1.33
广东	278.44	197.61	510.99	443.92	15.04
广西	12.25	11.76	17.45	15.07	0.49
海南	5.79	2.13	6.64	5.39	0.20
重庆	11.98	7.77	18.25	15.84	0.80
四川	34.60	33.26	52.20	44.94	2.09
贵州	8.06	4.51	7.05	5.67	0.48
云南	28.21	21.86	35.69	29.10	0.62
西藏	0.24	0.43	0.30	0.23	0.013
陕西	21.05	14.42	24.30	18.95	1.36
甘肃	5.54	5.61	8.10	7.08	0.16
青海	0.27	0.24	0.19	0.18	0.0054
宁夏	0.86	1.02	2.24	1.93	0.045
新疆	7.12	9.91	7.60	6.44	0.23

中国各省、市、自治区包装行业工业企业全部国有及年销售收入在500万元以上非国有工业企业主要经济指标（4）

计量单位：亿元

分类名称	产品销售税金及附加	产品销售利润	管理费用	财务费用	利润费用
全国总计	11.21	301.19	134.76	44.96	139.90
北京	0.11	9.27	4.89	0.66	4.91
天津	0.14	6.69	3.17	0.73	3.32
河北	0.46	12.22	5.56	1.94	5.93
山西	0.073	1.09	0.61	0.19	0.24
内蒙	0.015	0.76	0.40	0.12	0.24
辽宁	0.15	5.09	3.503	1.238	1.077
吉林	0.111	4.74	2.34	1.00	1.40
黑龙江	0.076	1.97	1.12	0.30	0.64
上海	0.27	28.86	15.10	2.75	14.20
江苏	1.35	30.20	15.34	4.56	13.37
浙江	2.29	45.21	14.59	7.57	25.65
安徽	0.23	7.44	2.87	1.31	3.33
福建	0.43	12.00	4.68	1.94	7.06
江西	0.11	1.23	0.62	0.20	0.39
山东	1.54	36.28	12.23	6.66	18.36
河南	0.60	9.41	2.87	1.34	5.74
湖北	0.66	8.77	4.32	1.20	2.90
湖南	0.36	7.46	3.65	0.91	3.09
广东	1.45	50.58	24.01	5.99	20.44
广西	0.076	1.81	1.12	0.45	0.28
海南	0.041	1.01	0.35	0.10	0.55
重庆	0.091	1.52	1.16	0.35	0.30
四川	0.19	4.98	3.26	1.72	1.30
贵州	0.039	0.86	0.75	0.18	0.16
云南	0.11	5.86	3.22	0.73	2.52
西藏	0.0029	0.058	0.045	0.0025	0.012
陕西	0.13	3.86	1.73	0.46	2.00
甘肃	0.064	0.80	0.48	0.19	0.13
青海	0.00076	0.0012	0.021	0.0024	-0.013
宁夏	0.0088	0.26	0.094	0.045	0.14
新疆	0.036	0.90	0.66	0.12	0.28

专著论文选登

MONOGRAPHS

中国包装工业的现状与发展

中国包装技术协会常务副会长　闪淳昌

中国包装工业二十多年来，经历了从无到有、从小到大的发展历程，一直以高于18%的年增长率迅速发展壮大，一举从20世纪80年代初国民经济40个主要行业的最后一位，跃升到现在的第15位，包装工业总产值在社会总产值中的比例已由80年代初的0.4%上升到现在的2.3%。

目前，中国生产的瓦楞纸包装制品、复合软包装、金属桶、集装箱、塑料编织袋等主要产量已居世界前列。中国包装工业已经基本形成了一个以纸、塑料、金属、玻璃、印刷、机械为主要构成，拥有一定现代化技术装备、门类比较齐全的工业体系。

2003年，中国包装工业总产值已突破了2700亿元。其中，纸包装工业产值866.4亿元、塑料包装工业产值764.2亿元、金属包装工业产值207.6亿元、玻璃包装工业产值79.83亿元、包装印刷工业产值80.2亿元。目前，中国约有5000家纸包装企业、8000多家塑料包装企业、1500家金属包装企业、4000家食品与包装机械企业。包装企业已从1980年的约2500家发展到2003年的规模企业11000多家。包装工业2003年承担着4.58万亿元国内社会消费品零售总额和4384亿美元出口商品的包装配套任务，基本满足了国民经济发展的需求。

改革开放以来，中国与世界包装业的交流合作也进一步加强。一大批世界著名的包装企业纷纷来华投资办厂。与此同时，中国包装工业坚持走国际化道路，积极引进、消化吸收国外先进包装技术和设备，加快与世界包装企业集团的广泛交流、学习与合作，涌现出一批接近国际规模和水平的大型包装企业集团，包装材料出口量逐年增加，中国包装机械产品已开始进入国际市场。亚洲包装中心落户中国杭州市；世界包装组织决定2006年世界包装大会将在中国举办。

中国包装工业二十多年来的努力，为国民经济的持续快速发展做出了积极的贡献，也为今后包装工业的腾飞积累了经验，打下了坚实的基础，一是得益于技术进步，有近40%的包装企业进行了技术改造和扩建；二是得益于扶持壮大重点骨干企业和非公经济的发展，上规模企业已发展到2万余家，创造了300多万个就业机会；三是得益于改革开放，外商投资企业增多，不断引进大量国外先进技术和装备。

但是，我们也必须清醒地看到，我国包装企业大都规模较小，产业集中度较低，在世界上有一定影响力的包装企业集团很少，绝大多数包装企业仍然是中小规模的加工厂；我国包装工业受国外跨国公司冲击和牵制，主要包装设备和原辅材料还严重依赖进口；包装机械增长缓慢，2003年工业总产值仅为151亿元，占包装工业总产值的5.6%。作为包装工业一大门类产品之一，包装机械在我国包装行业发展中应当占有重要位置。但由于受国家整体经济及技术实力局限的影响，包装机械的发展一直处于低水平状态；包装制品成本较高，对商品的竞争力有较大的影响。很多商品包装成本常常达到商品成本的30%～70%，有些包装成本甚至大大超过商品本身的价值；包装工业作为配套工业，产值比重相对较高；许多企业仍未摆脱高投入、高消耗、高污染和低产出的粗放经营状况；全国各地区包装工业发展很不平衡，包装工业产、供、销的运输半径过大，浪费也大，而且不符合东西南北中区域协调发展的要求；缺乏一大批现代化的包装企业家、科学管理和技术人才，企业技术创新能力较差，缺乏大量的熟练工人；包装生产的宏观调控亟待加强，涉及包装的法规严重不足。我们必须采取强有力的应对措施，尽快建成一个科技含量高、经济效益好、资源消耗低、环境污染少、人才资源得到充分发挥的现代包装工业。十六大和十六届三中全会通过的《中共中央关于完善社会主义市场经济体制若干问题的决定》为我国包装工业的发展指明了方向、目标，并提出了明确的解决途径和办法。

关键是坚持以人为本，树立全面协调可持续的科学发展观。要进一步转变发展观念；进一步转变经济体制；进一步转变政府职能，进一步把不该由政府管的事交给企业、社会组织和中介机构，更大程度地发挥市场作用；进一步转变工作作风。

强化和提升中国包装工业整体水平的办法主要是要抓紧对中小包装企业的集约整合，实施“联合发展”战略；加大力度，建立我国绿色包装工业体系，加快与国际标准接轨的进程；加快振兴包装装备制造；以信息化促进包装工业化。

中国包装工业未来十至十五年的发展趋势

1. 2004年，中国包装工业总产值预计达到3000亿元，年增速度达7%左右。其中，纸包装制品将达到1900万吨，塑料包装制品预计达到504万吨，金属包装制品预计达到288万吨，玻璃包装制品可望达到1050万吨，包装机械将达到67万台套。

2. 从2006年至2010年，包装工业的总产值预计达到4500亿元，保持平均每年的增速为7%。

3. 从2011年至2015年，包装工业总产值可达到6000亿元，平均每年以6%的速度增长。到2015年，纸包装制品可达到3600万吨，塑料包装制品946万吨，金属包装制品491万吨，玻璃包装制品1550万吨，包装机械120万台套。

4. 包装工业结合产业结构调整，会更多地体现在产品的消耗降低、结构优化、品种改善、质量提高和竞争力的增强。符合消费升级、科技进步和可持续发展的产品将加速增长。中国将对中高档包装原辅材料和高档机械设备的进出口给予足够的重视。

5. 到2020年，中国包装工业将满足中国全面建成小康社会的需求，建成一个科技含量高、经济效益好、资源消耗低、环境污染少、人才资源优势得到充分发挥的新型中国包装工业。

中国包装行业未来十至十五年的发展重点

1. 着力开发新型包装原辅材料；

2. 发展包装机械制造业，提高包装机械的科技水平，加速新产品的研制与开发；

3. 完善包装产业整体布局，配合国家的西部开发和振兴东北老工业基地战略，努力提高中国西部地区和东北老工业基地的包装配套能力；

4. 加强包装的资源综合利用，保持中国包装工业的竞争优势和发展后劲；

5. 积极发展集装化运输，减少商品破损和实现商品包装减量化；

6. 提高出口商品包装的质量和档次，增加中国商品的竞争力；

7. 增加国内短缺原材料、关键技术和重大设备的进口；

8. 充分利用包装行业的信息资源，逐步走上产业化的道路，以信息化促进包装工业的发展。

最具潜力的中国包装市场

2003年，中国国内生产总值(GDP)达到了11.67万亿元，比上年增长9.1%，人均国内生产总值突破1000美元，成为1997年以来增长最快的年份。中国经济呈现增长速度明显加快、效益水平显著提高、出口增长保持较高水平、经济结构继续改善的良好发展态势。食品、电子、医药、烟草、日化等相关行业的持续、快速、健康发展为中国包装工业的持续、快速发展提供了必要的前提和强劲的动力。

在食品领域，随着中国商品经济的繁荣与发展，人民生活质量的提高，以及生活节奏的加快，消费者对微波食品、休闲食品、冷冻食品等速食品的需求量越来越大，这种趋势将加速对速食品、方便食品包装的需求；与此同时，中国政府提出了农业产业化发展计划，重点发展农副产品深加工，而农副产品深加工项目需要配套大量包装机械和包装材料；中国国家发展和改革委员会将食品和包装机械列为食品工业发展的重点优先发展领域，这些都将给包装机械行业的发展带来广阔的前景，今后较长一段时间，食品与包装机械行业的年增长率可望超过12%。

乳品及饮料行业近年来已成为中国最具成长性的行业之一，随着人们对健康的日益重视，乳饮品产品品种及配套包装的产品品种层出不穷。同时，无菌灌装技术、啤酒、牛奶的PET塑瓶包装等技术正在被越来越多的厂家所看好和采用。

2003年，电子工业在国民经济中的增速超过了

30%，中国现在已发展为世界家电业的制造中心，为更好地面对国际家电及电子包装的绿色浪潮，降低中国出口商品在流通过程中的破损率，需要提高包装产品的质量。目前，中国政府正在全面贯彻落实《清洁生产促进法》，研究制定《包装物强制回收管理办法》，与欧盟接轨的《电子信息产品污染防治管理办法》也于不久前正式出台，海尔、长虹、格力、科龙等中国著名家电企业的产品包装已致力于向减量化和轻量化方向发展，对新型、节能、环保包装材料的需求持续增高；国内一大批家电企业也正在对蜂窝纸板、纸浆模塑、可降解塑料、植物纤维、气垫缓冲材料等各种绿色包材进行调研、测试和试用。

在医药领域，中国国家食品药品监督管理局（SFDA）于2002年、2003年相继颁布了34项国家药品包装材料和容器标准、25项药品包装材料检验方法标准，并下发了《关于加强中药饮片包装监督管理的通知》，旨在加强对直接接触药品的包装材料和包装容器的监管。目前中国约有医药包装企业1500家，年产值在150亿元左右，但医药包装材料的质量及包装品种都明显低于国际水平。中国《医药包装行业“十五”发展规划纲要》已将环保、高性能的OTC包装、优质管制和轻量模制瓶、丁基胶塞、优质铝塑组合盖、绿色胶囊、优质泡罩等作为今后中国医药包装的发展重点。

在烟草方面，2003年11月10日，中国政府在联合国总部签署了全球第一个关于控烟的国际公约《烟草控制框架公约》，成为该公约第77个签署国。该公约中“烟草制品的包装和标签”条款将对目前中国的烟草包装产生实质性的影响，中国烟草企业在2006年11月10日前将要进行一次全面、彻底的“换装”运动。为此，中国烟草企业现在正在烟包设计、包装材料和印刷工艺等方面积极寻找有效的对策；同时，中国烟草的最高管理机构——国家烟草专卖局也在烟草行业内积极推广环保的烟草包装材料，一些技术已相对成熟的绿色烟草包装材料如真空镀铝卡纸等正在被越来越多的烟草企业所认可。

在日化产品方面，随着跨国集团收购步伐的加快，国内日化产品包装已经越来越重视时尚潮流，各种新颖包装层出不穷，成为中国包装更新最快的市场之一。

除了颇具魅力的国内市场，中国产品的出口市场同样看好。加入WTO后，中国主要出口产品的出口额每年可望增加80亿美元至100亿美元左右。产品出口量的增加，必将带动相应产品包装的增长。

综上所述，伴随着中国国民经济的快速、健康发展，中国包装工业已成为一个极具发展潜力的产业，必将有着广阔的市场前景。

中国包装产业发展战略研究

张晓琪　王润球　张应高　杨连登　张公武

（株洲工学院）

包装工业是依据、配套、覆盖国民经济各个产业部门的大产业。

加快我国包装工业的发展，关系到整个国民经济的快速稳定和可持续发展。

从总量上看，我国已成为一个包装大国，但不是一个包装强国。面对新世纪我国包装工业发展面临的新机遇和新挑战，为了尽快实现我国由世界包装大国向世界包装强国的历史性跨越，制定中国包装产业发展战略，有着极为重要的现实意义和深远的历史意义。

一、中国包装产业发展战略制定的依据

中国包装工业的发展现状和面临的时代背景，是制定中国包装产业发展战略的内部依据和外部依据。

（一）中国包装工业的发展现状

改革开放以来，我国包装工业得到了长足的跨越式的发展，从无到有，从小到大，目前已基本形成了一个以纸、塑料、金属、玻璃、印刷和各类包装机械为主要产品的独立、完整、门类齐全的现代包装工业体系。国际上通用的大部分包装设备、包

装材料和包装制品我们都能够生产。塑料编织带、纸箱包装制品、复合软包装、金属罐桶包装制品等主要包装产品的产量已名列世界前茅。包装工业已成为我国国民经济的支柱产业。25年来，包装工业产值一直以高于18%的年平均增长速度递增。2003年，我国包装工业规模以上企业工业总产值已经超过了2700亿元，为4.6万亿元的国内消费品和近4400亿美元的出口商品提供了配套，我国成为名副其实的包装大国。

然而，我国包装工业底子薄、起步晚，仍然满足不了新世纪我国国民经济发展的需要，与经济全球化的国际竞争背景和我国国民经济发展的要求仍不适应。从总量上说，我国是一个包装大国，但从质量、效益、竞争能力来看，我国不是一个包装强国。我国包装工业作为一个新兴产业，无论从产品的质量、品种、技术含量还是从包装产品的出口能力以及新产品的开发能力来看，它的成长发育都尚不成熟，缺乏可持续发展的后劲。

我国包装工业发展的问题，主要有：

1. 企业规模小，低水平重复太多，产业集中度较低，行业总体规模小，不能实现规模经济。

2. 包装产品品种少、质量低、成本高、技术含量低，严重制约了它的市场竞争力和出口能力。

3. 包装产品结构不合理，主要包装设备和原、辅材料不足，严重依赖进口，受国外包装跨国公司牵制。

4. 包装科学技术研发经费及技术人才力量薄弱，应用和创新能力严重不足。

5. 包装法规极不完善。

6. 包装行业管理有待加强。

（二）中国包装工业发展面临的时代背景

当前，世界经济的发展取向和区域经济结构处于巨大的变动之中。在经济全球化趋势的驱动下，中国经济必然会更快地全方位地融入世界经济的大潮中。特别是我国已加入WTO后，市场开放的速度和范围不断加快和扩大，这对中国包装工业的发展带来机遇和挑战。这种机遇主要表现在：（1）有利于扩大贸易机会，促进我国出口商品的增长，从而带动产品包装的增长。（2）有利于引进资金、技术，加快我国包装行业的技术进步。（3）有利于我国包装工业更好地参与国际分工与国际市场竞争；更好地调整、优化和提升包装产业结构；更好地促进我国包装工业的发展。挑战主要表现在：（1）新的贸易壁垒——“绿色壁垒”，将对我国的出口商品包装提出更高的要求。（2）现代科技的飞速发展和产品科技含量的大大增加，对传统包装产品的存在构成威胁。（3）贸易自由化和跨国公司涌入，将使我国的民族包装工业和包装产业的国内市场受到严重冲击。

党中央、国务院一再强调：“入世”以后，搞好流通极为重要，要加快“走出去”的步伐。但是，没有包装行业整体水平的提高，就很难迅速实现物流现代化；没有接近国际水平的包装工业，我们的产品就缺乏国际竞争力，就不能很好地“走出去”。中国包装工业必须走规模经济之路，通过市场形成跨地区、跨行业、跨所有制和跨国经营的大企业集团，才能增强包装企业的竞争能力，保护我国民族包装工业的健康发展。

二、中国包装工业发展的战略概论

包装工业的发展，必须强调战略规划或者战略设计。制定包装工业发展规划，必须依据国家的总体发展战略，面对经济发展的总体趋势和包装工业发展的现状与未来发展趋势，确定战略定位、发展目标与发展重点，并提出相关的政策与保证措施。

（一）战略定位

发展中国包装工业，首先要明确战略定位，即确立自己在国际市场上的地位，以此确立一定时期内的发展规模、产品技术取向和特点。在经济全球化的大趋势下，中国经济与全球经济的发展息息相关，国内外市场相互融合，中国包装工业必须认同“中国包装中国，世界包装中国，中国包装世界”的走势，恰如其分地参与国际分工与国际竞争。根据我国包装工业发展的现状和存在的问题以及入世后面临的新形势和我国国民经济发展对包装工业发展的要求，中国包装工业发展的战略定位应该是努力提升整个包装产业，先争做亚洲包装强国，逐步向世界各国尤其是发展中国家渗透，争取用20年左右的时间，成为世界包装强国。

（二）战略目标

总体产值、产量目标的设定必须符合和满足整个国民经济的基本要求；每个品种和设备的产量必须以现有基础和2005～2015年市场需要基本预测为前提；有关指标的总量应借鉴发达国家在包装工业不同的发展时期可能出现的趋势做出调整。

1. 主要经济指标

包装工业产值和主要产品的产量目标如表（1）和表（2）所示：

表1 2005—2015年全国包装工业规划预计目标

项目	年份		
	2005	2010	2015
产值（亿元）	3 200	4 500	6 000
增长率（%）	8	7	6

表2 2005—2015年包装工业主要产品产量规划预测目标

项目		年份		
		2005	2010	2015
纸包装	产量（万吨）	1 900	2 700	3 600
	增产率（%）	8	7	6
塑料制品	产量（万吨）	504	707	946
	增长率（%）	8	7	6
玻璃包装	产量（万吨）	1 050	1 270	1 550
	增长率（%）	5	4	4
金属包装	产量（万吨）	288	385	491
	增长率（%）	7	6	5
包装印刷	产量（亿印）	4 170	6 130	8 600
	增长率（%）	9	8	7
包装机械	产量（万台套）	647	943	120
	增长率（%）	8	7	6

2. 发展趋势分析

包装行业是配套行业，除去自身发展的内在驱动以外，主要取决于国民经济发展、人民生活水平的提高，其发展趋势是随着商品生产的总量增长而增长。

（1）到2005年，包装工业产值预计达到3200亿元，平均每年以8%的速度递增，与预期第二产业的增长速度基本保持平衡。其中可能出现外商大面积介入的各种不利因素。

（2）从2006年到2010年，包装工业产值预计达到4500亿元。这一时期，国内第二产业的发展将有所减缓，“入世”带来的冲击也相对削弱，其他行业的调整也基本趋于稳定，包装工业产值年均的增长速度预计将由2005年以前的8%降至7%。

（3）从2011年到2015年，包装工业的产值可达到6000亿元。在此期间，包装工业产值与2000年相比已经翻了将近两番，基数已经很大，再加上整个国民生产总值基数加大，增长速度也逐步降下来，包装工业产值年均增速可能继续降至6%左右。

如果经济发展不出现大的波折，又能抓住机遇，到2010年中国包装工业与发达国家水平，差距有可能缩小到10年以内，经过努力可望在2015年到2020年期间，赶上世界先进水平。

从现在起，包装工业与其它需要配套行业之间的矛盾，在量上将居次要地位，而质量和品种将上升为主要矛盾。

（三）战略重点

1. 大力开发新型包装原辅材料，争取大多数包装材料在2015年左右实现国产化。

2. 提高包装机械的科技含量，加速新机型和成套技术设备的研制与开发。要注重技术创新，加强自主开发，使更多的包装机械达到真正的“中国制造”。要加强这方面的科研力量，及早结束“能研制火箭等高精尖的武器和设备，不起眼的包装机械仍要长期进口”的局面。

3. 加强包装的资源综合利用，保持我国包装工业的竞争优势和发展后劲。通过不同的方法和途径对包装资源进行复用和综合利用，大力实施绿色包装工程，做到发展包装、资源利用与保护人类生存环境相和谐。

4. 加快发展包装服务产业，优化和提升包装产业结构。要使包装服务业适当快于包装工业产值的增长，争取达到7.5%左右。提高包装服务业水平和服务质量，促进包装行业结构及产业结构的优化。

5. 加快包装高新技术产业的发展，把高新技术产业发展的方向放在包装新材料与先进、高档的包装机械上。

6. 把包装科研与包装教育作为发展战略重点的重中之重。在全行业实施“科技兴包”战略，贯彻“振兴包装，科技先行”的方针，鼓励和促进包装科研和生产的结合，组建包装科技集团，建设一批包装高新技术基地。大力发展包装教育是我国包装工业发展的重要保证。为此，可考虑以现有的全国惟一的包装高等学府——株洲工学院为基础，建立“亚洲包装教育和人才培训基地”。

三、中国包装工业发展的战略措施

（一）实施“联合发展”战略

我国包装企业集约整合，联合发展，按照现代企业制度运作已是当务之急。促进中小包装企业的联合，要制定相应的政策，处理好以下几个问题：

1. 在实行联合发展时，如何实现资金的集中问题，可通过转让部分或全部产权，由大型集团实行控股、参股。

2. 中小包装企业在实行联合发展时，不仅要看到包装行业内部的企业，也要注意与其他包装需要量大的企业联合，以保证包装产品销售的稳定和生产要素向包装生产领域的转移。

3. 生产同系列、同类型产品但规模均不能处于主导地位的包装企业之间或者专业互补型包装企业之间，可以采取合并、互相参股或以一方为主控股等方式形成有机的联合，成为一个企业集团，以实现优势互补。

（二）发展绿色包装

发展绿色包装，是包装发展战略的重要内容，当务之急要抓好以下几个主要环节：

1. 大力发展绿色包装材料。绿色包装除了一般的包装功能之外，还应包含环境保护和资源再生两大关系到人类生存与生活的切身问题。要制定切实可行的政策，促进绿色包装的发展。

2. 大力推行清洁生产。包装工业涉及人民生命安全和健康，在医药、食品、饮料等方面，在实施《清洁生产法（草案）》时，应以包装行业为试点，率先实行清洁生产管理。

3. 加大实施包装废弃物的回收利用。这是减少环境污染，节约自然资源的重要措施。国家可制定“包装废弃物管理规定”，依法对废弃物强制回收。依靠市场机制，建立全国性连锁的“废弃资源回收利用公司”。推行押金制，实行有偿回收，对能再利用的啤酒瓶、饮料瓶、PET 瓶均实行押金有偿回收，押金由销售商在整个流通阶段向最终消费者征收，在容器回收时予以退还。积极扶持科研机构，开发包装废弃物分离技术、清洗技术以及各种回收再生技术。

4. 加快与国际标准接轨进程。要在包装行业推广国际标准，消灭无标生产。包装企业要努力通过包装产品认证和 ISO 9000、ISO 14000、ISO 16000、ISO 18000 的认证；推广应用二维码，以尽快提高我国包装产品在国际市场上的竞争力。

（三）调整产业结构

从产业结构调整的角度来看，今后应采取如下措施：

1. 放开纸包装制品的发展，使其保持快速增长。

2. 促进金属包装制品的发展。

3. 提升玻璃包装制品的档次。

4. 均衡塑料包装制品的发展。即有替代的包装物即可替代，没有替代的尽量回收利用。加强高档次、低成本、多用途的塑料包装材料和制品的开发。

5. 加快研制开发高档次的各类包装机械特别是成套包装生产线。加速淘汰效率低、耗能高的落后机械设备。

（四）振兴包装装备制造业

要改变我国包装工业的弱势，必须振兴包装装备制造业。为此，需制定有关政策：

1. 注重可持续发展，使产品的技术水平不断逼近高效、节能、节材、节水和无污染境界。

2. 对一些重点企业和重点产品，实行集中扶持政策。

3. 制定技术创新政策，实现技术更新模式转变。

4. 加强对包装装备采购的监控，注意提高国内自主生产能力。

5. 组织产、学、研联合攻关，集中力量，实现关键装备的突破。

6. 培育一批大型包装装备企业集团。

（五）加快包装工业的法规建设

我国的包装法规应涵盖如下基本内容：

1. 包装法规应与我国现有《中华人民共和国环境保护法》等法规相容和互补，形成我国环境法规的完整体系。

2. 包装法规应促进包装科技发展，限制落后和有害环保的包装技术发展。

3. 包装法规应规定包装废弃物的回收率与再利用率的目标值，并根据技术的进步、环境的要求适时修正。

4. 包装法规应明确包装产品、包装材料的生产和销售者对包装物处理承担的责任和义务，限制过度包装，明确对包装废弃物处理收费的原则以及奖惩制度。

5. 开展国外包装技术法规的调查、收集、研究和转化。

（六）健全包装标准体系

利用包装标准化这个武器，有效地保护我国经济利益，冲破贸易技术壁垒，是摆在我们面前急待解决的重要课题。为此，需要做好以下工作：

1. 对现有的包装标准体系进行研究、分析和补充。完善和制定包装制品的产品标准、技术标准和质量标准。

2. 围绕包装产业结构的调整，加速重要、急需标准的制定与修订。

3. 加快技术壁垒性标准的制定与修订，建立自己的技术壁垒体系。

4. 全面分析研究国际标准，对适合我国国情的包装国际标准尽快采用。有的需要制定相应的对策。

5. 加大参与国际标准化活动的力度。

6. 抓紧培养一批熟悉国际标准体系、专业强、外语好的复合型人才。

（七）提高包装行业协会的地位和作用

1. 把行业管理与经济联合更好地结合起来。

2. 建立行业的技术开发中心和引进技术的消化吸收中心。

3. 制定、实行和强化标准化管理。

4. 要继续抓好包装改进大检查，推动包装行业改革和综合治理。

5. 继续抓好包装教育，加强包装人才的培训。

6. 建立包装行业统计报表制度。

7. 继续办好包装协会的刊物，搞好信息服务。

8. 强化行业协会管理职能，正确处理好行业管理和主管部门的关系。

9. 促进行业管理的现代化。

（八）加强包装科学研究

1. 促进包装企业建立现代企业制度。

2. 大型包装企业要借助行业建立健全企业技术开发中心，加速形成有利于技术创新成果转化的运行机制。

3. 制定有效的政策，鼓励和促进包装科研和生产的结合，促进企业与科研院所、高等院校的联合开发与协同合作，实行优势互补，利益共享。

4. 技术改造和技术创新过程中，实行行业引导和企业选择相结合，在总体上要面向市场，找准方向，起点要高。

5. 建立中国包装设计研究院。

（九）加大对包装教育的投入

1. 心须使我们的教育思想、教育体制和结构、教学内容和方法与现代包装工业的发展相适应。

2. 造就一批善经营、懂管理、懂技术，又有高度责任感的经营管理者和企业家，以促进包装企业管理水平的提高；培养一批科技创新的领头人才，促进科技水平和创新能力的快速提高；引进一批同行业、相关行业和外行业的人才，以促进全行业发展观念和服务观念的更新。

3. 制定切实可行的人才培养规划，既要防止人才继续匮乏，又能保证人才的质量。

4. 改革人才培养模式，试办一些股份制大学，实行校企结合。株洲工学院迈开了探索的步伐，该校与广东中山张家边企业集团联合创办了株洲工学院中山包装学院，为培养既有专业知识又有实践能力的创新人才，取得了成功的经验。可借助“亚包中心”，以株洲工学院为基础，创办亚洲一流的包装大学（亚华包装大学），建立亚洲包装人才培训基地和包装科研基地。

（十）建设好“亚洲包装中心”

世界包装组织批准在中国建设亚洲包装中心（本文简称“亚包中心”），给我国包装工业的发展提供了一个难得的机遇。建成这样一个包装工业的“航空母舰”和世界品牌，将有效地推动我国包装工业的改革和发展，符合我国“先争做亚洲包装强国”，逐步向周边国家和其他发展中国家渗透，最终实现成为世界包装强国的战略目标和战略定位，具有十分重要的战略意义和现实意义，我们必须抓住这一难得的机遇。

包装要着力丰富先进生产力的内涵

张公武　杨连登

（湖南省包装经济研究基地）

发展先进生产力是社会经济文明进步的重要标志。包装做为国民经济的支柱产业之一，必须正确分析本产业发展现状及经济全球化、国际化的发展趋势，强化“以人为本”理念，加强人才培养，注重创新体系的建立，走可持续发展的道路。

一、高新科技成果在包装领域中的应用，是先进生产力长入包装经济并得到丰富发展的客观反映，极大地丰富了先进生产力的内涵

改革开放20多年来，我国包装产业迅速崛起，到目前为止，全国主要经济产业中，包装产业占第14位，成为国民经济的支柱产业之一。综观包装经济、包装产业的发展，可得出一个结论，即包装的发展离不开高新技术的大力支撑，包装产业富集着先进生产力的诸要素，体现了先进生产力的丰富内涵。无论是包装材料、包装技术、包装工艺、包装设备，还是包装理论、包装形象设计，都吸收了先进生产力、先进文化的最新成果。如包装与环境是一对非常突出的矛盾。包装材料取自自然资源（尤其是生态资源），包装工艺流程严重污染环境，而废弃包装物对环境造成的破坏更甚；同时，药品包装、食品包装对人体健康构成危害等。随着高新科技的蓬勃发展，促进了对包装新材料、绿色包装材料和清洁包装生产工艺、废弃包装物的回收再利用等的研究开发与广泛应用，目前这一矛盾得到了极大缓解。在包装防伪方面也是如此，激光防伪标志、全瓷瓶封口技术、全息防伪塑基材与纸基材等的问世与推广应用，成为识辩真假商品的照妖镜，迫使假冒伪劣产品逐步退出市场，极大地维护了品牌的形象，维护了广大消费者与生产者的利益，保护了人民群众的身体健康。

在包装产业积极参与先进生产力发展的过程中，包装科技得到了长足的进步。突出的特点是：包装材料向自然生态资源攫取少了，包装与其内容物基本做到了和谐统一，包装实用性大大增强，体现了实事求是的风格，包装物的观赏性、艺术性、收藏价值得到提高，包装的文化品位不断提升，包装已成为对现代文明阐释的一个重要组成部分，直观地表达了人们追求“真、善、美”的心理需求和社会理想。因此，现代包装丰富了先进生产力的内涵，成为先进生产力发展的一面镜子、一个缩影，也是人们物质生活和精神生活的有机构成，是全面建设小康社会不可或缺的重要一环。

二、包装经济的发展，要注入“以人为本”的理念，大胆创新，着意展现先进生产力与诚信道德、市场规范有机结合的内涵

注入“以人为本”理念，是当代经济社会发展的一面镜子，包装也不例外。坚持科学发展观，“以人为本”发展包装经济，要注重两方面的内容。一方面要树立“一切为了人”的观念，维护消费者根本权益。（1）重视包装安全特别是食品、药品及日常生活消费商品的包装安全，保证消费者的健康；（2）重视环境保护，废弃包装物可回收再利用，节约资源，减少对环境的污染；（3）弘扬包装的道德精神，包装对商品的介绍要真实自然，不过份夸饰溢美；（4）迎合消费者的消费心理，提高包装的文化品位与科技含量，传承并弘扬经济文明与社会文明。另一方面要保护与激发包装人才的创造精神。包装经济的发展与人才的创造息息相关，保护和激发人才的创造精神，是发展先进生产力的重要手段。因此，要采取法律保护、经济激励、荣誉嘉勉等多种有效措施，鼓励包装人才鼎故革新，积极吸纳与借鉴外来先进的包装精华，结合中国传统包装文化的特点和当代消费者的心理趋势，大胆设计，创造与时俱进的中华包装品牌。

当前，我国市场经济发育仍不健全，市场失范状况较为突出。包装要丰富先进生产力的内涵，必须展现先进生产力与诚信道德、市场规范有机结合的内涵，在纠正市场失范方面发挥独特的作用。首先，包装要树立好自身的形象，担当起保护商品品牌的重任。防伪包装的问世，对假冒伪劣商品给予了有效打击，但是随着包装防伪技术的扩散，不仅使防伪包装技术越来越复杂化，如多层防伪、复合防伪已成为品牌的主流趋势，其高昂的防伪成本势必被转嫁到消费者身上。因此，怎样攻克简约、有效、可靠而便于大众识别的包装防伪技术难关，仍是摆在每位包装专业人才面前的重大课题，这也是包装丰富先进生产力的重要方面。其次，包装要实现简约化、实用化与审美化、品味化的有机结合，消除“卖包装”之嫌疑，杜绝商品的包装高利润化倾向。再次，包装要直观地反映商品的真实内容，在度量标准、质地、原料、相关安全数据及其正负面影响等方面都给予明确标示，避免对消费者的误导，以建立商品的市场信用基础。

创新是先进生产力诞生发育的原动力，是经济社会发展的灵魂。同样，发展包装也离不开创新。著名华裔科学家，诺贝尔物理学奖获得者杨振宁博士指出：21世纪是工业设计的时代，一个不重视设计的国家将成为落伍者。无独有偶，中央工艺美术学院柳冠中教授也提出“设计就是创造新的生活方式”的观点。这也表明了包装设计在包装经济发展中的重要地位，大胆创新的包装设计离不开大量高素质创造性人才的支撑，也离不开消费者大众的心理认同，既是对先进生产力内涵的丰富，也是对“以人为本”理念的实践。包装要服务于经济建设和社会发展，必须努力成为文化创新、艺术创新、技术创新的窗口。包装创新要塑造具有中国文化特色的包装品牌，适应知识化、市场化、全球化的新形势，强化自身的“品牌”意识，研究并发掘“品牌”的多元要素，增强“品牌”附着意识，从材料、造型、艺术、文化、技术、工艺等各个方面开展广泛而深入的研究创新，促进中国包装贴近时代，面向未来，引领世界风骚。

三、包装要与社会经济发展同进退、共荣辱，必须与时俱进，坚持科学发展观，重视并加强包装教育，把人才培养做为贯穿始终的崇高目标

在知识经济与全球化浪潮风起云涌之际，可持续发展成为当前炙手可热的重大课题。处在风口浪尖的包装经济产业，必须正视和研究解决这个现实而富有远见的问题，认真思考在新形势下，坚持以丰富先进生产力的内涵为前提，实施包装产业的可持续发展战略。可持续发展重视保护与优化自然生态环境和资源保护与合理开发，强调人与自然和谐相处。而从深层次看，可持续发展主要应解决人与生态的永续发展问题，关键在于发展教育与优化生态环境。同样，包装经济与产业的可持续发展也必须面对这两大问题，否则就无法跟上社会经济发展的步伐在世界性竞争中落伍并淘汰，拖累国民经济的发展速度，对实施“全面建设小康社会”战略产生严重的负面影响。

人才培养是事业兴旺发达、生生不息、长盛不衰的根本保证，是可持续发展的重中之重。因此，包装经济的可持续发展，一定要重视包装人才的培养，建立和完善多层次、多渠道的人才培养体系和包装教育体系，建立和完善多门类的包装学科体系和科研创新体系，建立健全人才跟踪培养信息体系，营造包装人才辈出的良好环境，第一，要整合包装产业的力量，实行产业与学校的密切协作，以产业投入与个人投入相结合，包装院校或相关专业提供教学资源等方式，抓好包装产业在岗人员的培训，不断提高包装产业队伍的专业素质和技术业务水平，不断提升包装行业人力资源素质，不断增强与国外先进包装产业的市场竞争力。第二，整合包装高等教育资源，加大包装高等教育投入，加强包装学科专业建设和包装教学实验、实习、实践基地建设，实行产、学、研有机结合，加快包装高级管理、技术特别是设计人才的培养，保障包装经济可持续发展对高级人才的需求。第三，要依托高等院校科研院所和实力雄厚的包装经济实体，建立包装科研创新基地与包装创新成果孵化基地，在更高层次上培养具有创新精神和创新实践的高级人才。第四，依托高科技信息传输系统，加强对各地包装专业人才的跟踪培养，提供最新科技情报信息和专业理论指导，保证包装行业促进生产力不断发展。

优化生态环境是可持续发展的重要内容。我国生态环境的现状证明，环境污染、生态破坏、资源浪费对人类会造成灾难性的后果，而包装产业对此应负相当大的责任。

包装产业要健康快速发展，生态环境必须优化，自然资源要在保护的前提下科学合理地开发利用，这是摆在我们面前的一个两难选择。要妥善解决好这对矛盾，只能从科技创新、发展先进生产力中去寻找正确的答案。首先，要建立严谨高效的包装科技创新体系，严格按照国际标准和市场要求，制定并实施包装产品标准检测与监督，开展包装技术与工艺创新，实行清洁生产。其次，要建立绿色包装监管体系，成立民间绿色包装机构，开展包装废弃物回收再生复用；建立绿色包装标准体系与法规体系，促进对包装标准的强制实施，强力推行包装材料资源替代研究开发和包装实业清洁生产标准体系，以法律法规为依据保障包装产业发展与自然生态优化的和谐统一。再次，要建立包装与人文发展中心，以包装理念转化、包装与理论、包装与自然、包装与健康、包装与文化、包装社会文明、包装现代设计等为主题开展活动，建立包装博物馆，举办包装博览会，以丰富多彩的形式将包装教育推向全社会，做到包装与经济发展、社会文明同进退、共荣辱，在全球化浪潮中可持续发展，永远立于不败之地。

包装循环经济的形成及实施

戴宏民　戴佩华

（重庆工商大学）

一、循环经济是经济发展的重要趋势

循环经济是在世界环境恶化、资源日益枯竭的形势下，为了保护人类生态环境，由环保工作者提出来的一种发展经济的新理念和新模式。这一新理念自美国人在上世纪60年代提出后，很快受到各工业发达国家的高度重视。

循环经济的主要目的是减少资源消耗，保护生态环境，传统的资源经济是一种资源单向流动的经济，其模式是"资源——产品——污染排放"；而循环经济模式是"资源——产品——再生资源"的物质反复循环流动的过程。前者是以越来越大的强度开发地球上的资源和能源换得经济的数量型增长，对资源的利用常常是粗放的和一次性的，并在生产加工和消费过程中大量排放污染和废弃物到环境中，这样无止境地消耗资源必然带来环境日益恶化的后果；而后者却是以自然资源的高利用和废弃物的低排放为特征，重视资源的循环利用，使整个经济系统以及生产和消费过程中废弃物最少产生，这种模式合理解决了经济发展与资源和环境所承受压力之间的矛盾，它将经济的单纯数量增长方式转变为可持续的增长方式，因此，能从根本上解决环境与发展之间的尖锐冲突。

循环经济模式已被国际社会认可，并与知识经济模式（在经济运行过程中，以智力资源替代物质资源，实现经济活动的知识转向）一起，并列为世界经济今后发展的两大趋势。我国在制定"十一五"计划中也将循环经济列为重要战略指导思想。

二、包装工业应实现循环经济模式

包装在发挥保护商品、方便流通、促进销售、提高商品价值等重要功能的同时，也产生了污染环境、消耗资源的严重负面影响。包装工业在世界和我国的国民经济发展中发挥了巨大的作用。但是，由于包装加工的粗放性，并且包装多属一次性使用，80%的包装在一次性使用后即成为废弃物，使包装工业不仅消耗浪费了大量的石油、石英砂、铁铝矿藏等不可再生的资源和宝贵的森林资源，而且在生产中和使用后排出的废弃物严重污染生态环境，尤其是不可降解塑料所造成的"白色污染"，更成为对环境的一大公害。因此说，目前的包装工业是传统资源经济产生严重后果的缩影。

循环经济最重要的本质是对资源回收后进行循环利用，而包装工业的各类制品在废弃后都能通过一定的技术处理，或再利用，或再生成新的制品，使资源能得以循环利用，获得节约资源和保护环境的双重效应。德国、欧盟通过立法，强制回收包装废弃物；美国主要通过市场杠杆调节回收包装废弃物，使包装资源循环利用；都取得了明显的经济和环境效益。德国上世纪末就制定了大规模发展循环经济的《循环经济法》；要求对所有资源必须尽力减少用量，废旧产品要回收利用。列入循环经济回收利用的产品有包装废弃物、废车辆、废旧电子器件和电子设备、废旧电池、生物废弃物、建筑或拆毁废墟、废地毯和纺织物、废弃木材等8大类。日本也从回收利用包装废弃物着手，制定了《推进循环型社会形成基本法》。上述分析和实践表明：包装工业是典型的资源经济，包装废弃物也是最具有回收经济效益的废弃物之一，因而包装工业是最有条件、最具可操作性实行循环经济的产业。

三、包装循环经济的形成

根据循环经济的特点，包装工业可从组成、运行、联系3个方面进行运作。

1.包装循环经济的组成方面

根据循环经济模式的特点，包装循环经济应由包装工业实施清洁生产、包装资源循环利用和包装废弃物高效回收利用3个部分组成。

（1）"清洁生产"就是指要用最少的绿色包装材料和清洁能源，确保生产工艺过程中最大限度地减少"三废"的产生和对环境的污染。

（2）资源循环利用是指包装产品能被多次循环使用，要尽量减少一次性包装制品，结构复杂的包装制品应采用标准化模块化设计，以便维修更换。

（3）废弃物的高效回收利用是指包装使用或消耗完后，应实行分类回收，重新变成可利用的资源，进入新的生产过程。

2. 包装循环经济的运行方面

包装循环经济运行应强调 3 个运行原则，即减量、再用、循环。

（1）减量就是应尽量减少包装资源的开采量、使用量，从源头减少包装资源消耗和包装废弃物产生。

（2）再用就是要增加包装使用的次数，使包装资源能多次重复使用，增加使用频率，延长使用时间。

（3）循环就是要在包装产品使用得不能再用的时候，设法通过再生的办法，使包装废弃物变成再生资源，或通过最终焚烧等处理，将其转化为热能，再循环到社会中去。当然，这种循环必须是以清洁生产为基本循环，把污染物消灭在生产过程中，还必须避免循环生产时产生再次污染。

3. 包装循环经济的联系方面

包装工业是一个大行业，将包装工业纳入循环经济必将牵涉到企业内部间层面、企业与企业间层面、企业与社会间层面的相互联系。为形成包装循环经济，正确协调它们之间的关系是十分重要的。

（1）在企业内部循环层面，必须发展“清洁生产”型的包装企业，加快实施 ISO 14000 国际环境管理体系认证，以生产达到环境标志的包装产品为共同目标而齐心努力。

（2）在企业之间循环层面，要大力发展产品上下游间的生态工业链和生态产业园区，即把上游企业的废弃物整合成一个企业的资源材料，再把这个企业的废弃物整合成下一个企业的原材料，如此周而复始的循环，就能取得最明显的减少自然资源消耗、减少对环境产生污染的实效。建设包装工业生态园区可效法广西贵港生态工业园的作法。它将制糖产生的蔗渣用来造纸，又把造纸过程中的碱高效率地回收用于造纸；不是轻率地排出制糖过程中产生的严重污染物——废糖蜜，而是将其浓缩制成甘蔗复合粉，用来作为种植甘蔗的肥料，从而形成了清洁生产的闭路生产循环。

（3）在企业与社会整体间的循环层面，需要大力发展旧包装资源回收利用产业；大力推行重视环境保护，重视节约资源；采用适度包装和简化包装，并在使用后自觉分类回收的绿色消费观和绿色消费市场。

综合上述 3 个运作方面，可得到图 1 所示的包装循环经济的框图。

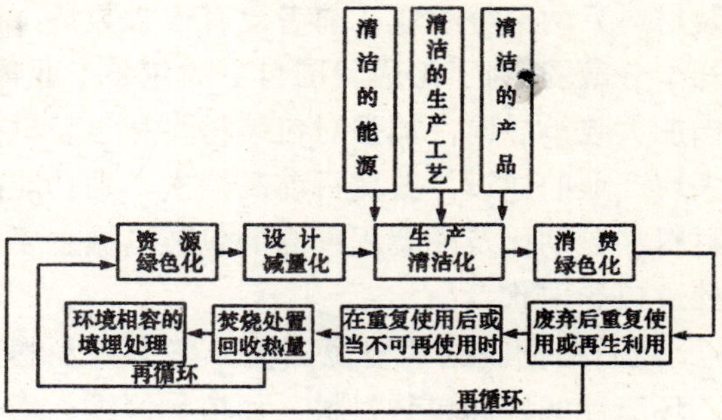

图 1　包装循环经济框图

四、包装循环经济实施对策

建立包装循环经济，还必须实施一系列的发展对策，本文从以下几方面提出供决策部门参考的建议。

1. 促进包装工业发展向循环经济模式转化

环境（资源）与发展是一对矛盾，单纯追求数量增长必将加大对环境和资源的压力，其后果是资源日益枯竭，环境越来越恶化。1992 年世界环发首脑会议以来，地球上由于环境退化造成的自然灾害所造成的损失相当于以前 40 年的总和；2003 年中国对世界经济量贡献为 4%，但煤、铁、钢材和水泥等材料的消耗却占了全球总量的 1 / 3；据报导，我国生态环境仍在继续恶化，范围在扩大，程度在加剧，危害在加重，生态环境整体功能在下降，抵御自然灾害能力在减弱，国家生态安全十分令人担忧。我国包装工业虽以 18% 的年增长率高速增长，但对资源的利用和生产过程仍然是粗放的，因而消耗资源多，对环境排污严重。上述情况引起的生态环境危机必须引起高度重视。

为此，我国包装工业应当调低年增长率，按国家 2004 年 GDP 增长 7% 的要求，将发展速度从原来的 18% 调低到 10% 以内。行业的宏观调控应当引导企业注意以下几点。

（1）追求产品数量增长，着力抓好提高包装产品的档次、品种、质量，尤其是环保质量，努力去达到国家环境标志认证标准和工业发达国家技术标准，环境标准，检验检疫规定的要求。

（2）将主要财力用于围绕实行清洁生产而进行的技术改造上，对没有能力进行“三废”治理的小企业和一些消耗资源多，污染环境严重的乡镇企业，应强制实行关停并转。

（3）加大行业内部结构调整力度，我国包装工业由包装制品工业和包装基础工业（包装机械、包装材料）两部分组成；前者已有很大数量，而后者却十分薄弱。为了形成我国自主的包装工业体系，应当加大政策导向，加强对包装材料和包装机械这两大块产业的建设。改变目前高档次、高功能的包装材料和自动化及配套程度高的包装机械主要依赖国外进口的现状。

（4）根据我国的资源国情，努力研发藏量丰富、环境性能好的包装材料，如植物纤维、纸浆模塑、竹胶板、竹浆等。

（5）以优惠政策扶持一批有规模、技术先进的包装回收加工企业，使包装资源循环利用起来。

2. 制定包装环保法规，强制回收包装废弃物

循环经济的基本特征是对废资源进行回收利用。包装废弃物随着经济的发展还在以每年 10% 的速率递增，根据德国、欧盟的经验，回收利用包装废弃物关键在于回收难；解决回收的关键是通过立法要求包装生产商和销售商承担回收的经济责任，对包装废弃物实行强制付费回收。我国包装行业经过 20 多年的高速发展，许多企业都已有这方面的承受力，所以制定《包装废弃物限制法》已基本具备条件，应成为当务之急。只有立法，才能按市场运作成立全国包装废弃物的回收利用系统（类似德国的绿点公司），推动包装循环经济的形成和运作。如果不立法，包装循环经济是不可能建成的。

3. 实施“清洁生产”，减少生产过程的废弃物

一般说，包装在生产过程之中排放的污染比在废弃后产生的污染还要严重，如纸包装的制浆造纸，纸板的粘接，全属制桶的涂装生产、磨边工艺等，都给环境和人身造成了严重污染。循环经济的循环必须在清洁生产的基础上进行，故清洁生产对包装循环经济的形成十分重要。我国人大已于 2003 年元月 1 日正式颁布实施《清洁生产促进法》，这必将对包括包装工业在内的循环经济的形成起到促进作用。

清洁生产在清洁的能源和原材料、清洁的生产工艺、清洁的产品三要素中，实施清洁的生产工艺最为重要。制定包装产品清洁生产工艺应遵循下述准则：

（1）以资源投入最小化为目标的“减量化”准则。

包装产品清洁生产工艺应最大限度地减少对不可再生资源的耗竭性开采与利用，对我国储量贫乏的资源应采用替代性资源，通过减少产品原料投入和优化工艺节约资源的损耗，对“三废”的产生和排放实行总量限制。

（2）以废弃物的利用最大化为目标的“资源化”准则。

在治理“三废”的生产过程中，尽可能将废弃物转化为有用的资源和副产品，同时采用产业群体间的高效协作，把本企业的废弃物转化为他企业的原料，加大产品和废弃物间的周期，使资源的使用效率最大化。

（3）以污染排放最小化为目标“无害化”准则。

通过优化工艺过程，对废弃物多次回收利用，实现废弃物多级资源化和资源的闭合式良性循环，实现废弃物的最小排放。

虚拟包装的概念及其应用

平幼妹　余本农

（天津商学院）

虚拟设计和虚拟制造是建立在计算机建模、分析和仿真技术基础之上的综合应用。虚拟设计是以软件模拟形式进行产品开发，先在计算机中生成虚拟原型，再制造虚拟样品，在产品开发中可以及早发现问题，能够精确的预测出产品的性能和对设计变更做出快速反应，实现及时的反馈和更正，无须制造实物样品就可以预测产品性能。虚拟样品的引入可以减少实物模型的试验次数，用精确分析的结

果制造出高质量的产品，还可以进行多方案对比，从中选出最佳方案，既可大幅度地降低产品研发成本，又能缩短新产品的开发研究周期。

在发达国家中，虚拟设计和虚拟制造已在许多行业得到了不同程度的研究和应用。我国也有一些行业已经开展了这一领域的研究工作，当前我国虚拟设计和虚拟制造应用的重点主要在产品性能有高科技含量要求的行业中，如航空、航天、军事、精密机床、微电子等领域。

文中将虚拟设计和虚拟制造在包装工程中的应用统称为虚拟包装。虚拟包装用包装产品的数字化模型取代实物样品，通过对数字化包装模型的计算机数字仿真试验进行包装产品的评估，虚拟包装也可以称为数字包装。虚拟包装能够以较低的设计成本获得较高的设计质量，缩短产品的开发周期，提高企业生产效益。虚拟包装技术的应用能够使包装企业的设计和生产具有高度的柔性化和快速的市场反应能力，从而大大增强市场竞争的能力。作为一种先进的设计、制造模式，随着相关技术的深入发展，虚拟包装的应用必然会不断扩大和深化，给更多的包装企业带来更大的收益。

虚拟包装目前还处于探索、研究和应用的起步阶段。对于虚拟包装，不同的研究人员从不同角度出发，有不同的认识和理解，国内外的包装行业目前尚还没有统一的定义。从理论研究和实际应用的角度出发，深入讨论虚拟包装的概念及其应用有重要的意义。事实上，虚拟包装的含义与其应用有密切的关系。据目前的一些相关应用情况看，虚拟可视包装、虚拟物理包装和虚拟包装件是虚拟包装的3 种重要的应用形式。本文试图对虚拟包装的这几种重要的应用形式做一些初步的探讨。

一、虚拟可视包装

可视化是虚拟现实技术应用的一个重要方面。许多 3D 图像技术应用软件都可以用来实现虚拟可视包装。虚拟可视包装的应用，能够帮助有商标品牌的生产厂家及其产品包装的设计者简化他们的包装设计和评价设计的包装产品。

虚拟可视包装设计时，首先要在计算机中生成产品包装的虚拟几何原型。产品包装的虚拟几何原型可以利用 3D 设计软件据原始的 3D 包装几何模型创建，也可以利用已有的包装 CAD 文件创建。一旦创建了产品包装的 3D 几何模型，即可给模型赋予预期的材质和表面纹理等属性，并可以精确地用数字化的方法来描述该包装的标签，及商品的大小、形状、颜色和透明度等某些视觉属性的信息。这种数字化方法描述的形式可以是从多个角度和用多种放大比例来观察虚拟实现包装原型的静止图像和视频资料等。

利用虚拟可视包装能在实际制造产品包装之前就可以用各种不同的包装结构、形状、外观颜色、材质、表面纹理和标签设计等来观察产品包装。当时间和预算经费有限，并且不可能实际制造出产品的多个包装样品来进行比较时，使用虚拟实现技术就特别有用。

还可以使用一种组合的技术，生成虚拟可视包装在货架上或在商场环境中的虚拟场景。这样能够看见所设计的包装和那些同类竞争产品怎样出现在货架上。此外，还能用不同的光线进行显示，以便能够评价在各种不同光线条件下包装的颜色、材质的表面特征等属性。

利用虚拟实现技术可以根据市场需求，运用现代设计理念调动文字、符号、数字、图案等各种视觉元素，准确、有效地传递那些关于产品特性的包装信息。因而，虚拟可视包装还能直接用来制作该产品的印刷广告或电视广告。在网络销售环境中，虚拟可视包装也可以用来经英特网在全世界范围内展示和营销商品。英特网上陈列的虚拟可视包装不仅可以用有真实感的视觉形象非常清楚地在全球范围展示包装的外观、标签及商品的某些属性等信息，而且还无须担心那些在虚拟环境陈列的商品是否会被污损或丢失。随着电视购物和网络购物更广泛地被人们所接受，虚拟可视包装的研究和应用，必将会赢得人们更多的关注。

用“Virtual Packaging”作为关键字，在英特网上可以搜索到大量的关于虚拟包装的信息。尽管其中有相当多的应用还只是在“虚拟可视包装”这个应用层面的“初级阶段”，但由此也可以看出，虚拟包装的应用在发达国家中已具有了一定的市场，并且正在迅速发展。包装 CAD / CAM 在国内也已有许多应用，如包装纸盒的 CAD/CAM 应用等，若其设计思想和表现方法能提升到虚拟可视包装的应用层面，必然会大大地增加其应用效果和价值。

二、虚拟物理包装

虚拟物理包装需要在产品包装的虚拟几何原

型的基础上，建立具有物理属性的虚拟模型。

利用具有物理属性的虚拟模型，可以进行各种虚拟的物理试验，即模拟包装对各种载荷响应的实验研究。例如，研究包装结构或包装容器的强度、刚度和稳定性，及研究温度、湿度等环境条件对包装结构的影响。

利用具有物理属性的虚拟模型，进行各种虚拟的物理试验或模拟包装对各种载荷响应的实验研究，目前工程上的实际做法是用有限元分析方法进行数值仿真。有限元法是一种功能强大的工程数值计算方法，以前主要用于航天、航空、军事等行业。

近年来随着计算机和有限元技术的发展和普及，该项技术在包装行业中已有一些应用的实例。例如，用正交异性弹塑性材料模型，采用基于材料塑性和大变形的非线性有限元分析技术，模拟在静压作用下纸板包装的力学行为；采用各向同性弹塑性材料模型，用有限元法模拟在静压作用下典型的纸浆模塑缓冲包装件的机械性质；采用线弹性模型，利用有限元三角形壳单元，用线性屈曲分析或几何非线性分析确定塑料包装瓶的临界载荷；以及利用非线性弹塑性有限元分析技术，模拟在静压作用下塑料包装瓶的应力和变形。国内也有利用 ANSYS 有限元分析软件，用线弹性材料模型分析玻璃啤酒瓶在内压情形下应力分布的应用实例。

尽管上述的有限元模拟分析还没有提升到虚拟物理包装的层面，其中有的还只是初步或简单的有限元分析应用，但也可以看出利用有限元分析虚拟物理包装这一实验平台有着巨大的应用价值。因为利用这个实验平台既可以节省宝贵的产品开发时间，又可以节约试验费用。在某些情况下，试验的费用可能很大，甚至无法做试验。采用这种技术，设计人员将能设计出价格低廉、满足顾客各种各样需求的产品。

利用具有物理属性的虚拟模型，有限元分析方法进行数值仿真的结果与实际情况的吻合程度与其物理模型采用的本构关系有密切的关系。是否采用了恰当的本构关系，对于数值仿真的结果非常重要。对于金属包装材料，通常采用线性或弹塑性的本构关系就可以得到较好的仿真结果。但是，对于包装工业中大量使用的纸或塑料材料，采用线性或弹塑性的本构关系有时却不能得到理想的仿真结果。这是因为纸材料是一种粘弹性材料，力与变形的关系与时间因数有关，而且纸材料的力学性能还与其含水率，或与其所处环境的相对湿度有密切的关系。塑料材料也是粘弹性材料，并且其力学性能与材料所处环境的温度也有密切的关系。因此对于纸包装（纸盒、纸袋、瓦楞纸箱、蜂窝纸板和纸浆模塑包装制品等）和塑料包装建立有物理属性的虚拟模型，在其本构关系的研究方面也还有许多基础工作有待于进一步研究。

根据实际应用或研究的需要，虚拟物理包装的研究对象可以是整个包装容器或结构，也可以是包装容器或结构中的某个或某几个重要部件。

三、虚拟包装件

产品经过包装所形成的整体称为包装件。这里所谓的虚拟包装件是指虚拟的数字化产品经过虚拟包装所形成的整体。与虚拟可视包装或虚拟 物理包装相比较，虚拟包装件中还包含了数字化的虚拟产品。

例如，在研究产品的缓冲包装时，就可以用虚拟包装件来进行模拟试验和研究。ANSYS 公司给出了一个应用 ANSYS / LS-DYNA 有限元技术进行电视机抗跌落分析的应用实例。该实例采用 ANSYS / LS-DYNA 的结构动力分析功能，对 21 吋彩色电视机连带外包装的跌落过程进行模拟，得到结构的瞬态动力响应。在用 ANSYS / LS-DYNA 对彩色电视机进行抗跌落性能分析中，几何模型包括整机各个部件，即前壳、后壳、玻壳、喇叭、喇叭支架、PCB 板及外包装（上下缓冲垫、纸箱）等，模拟电视整机连带外包装在跌落过程中结构的动态响应。计算结果及后处理可提供整体结构或任何一点的动态响应，例如整体对地面的冲击力、整体能量变化、缓冲垫对能量的吸收、整个结构的受力变化等；任何一点的信息包括某位置的应力、变形随时间的变化或玻壳质心的加速度响应等。除此之外，还可给出各个接触界面的接触能、接触力随时间的变化曲线等。将不同部件（或结构、联接等）在不同时刻的变形、受力状态、破坏机理清晰展示，给设计工程师提供结构改进及包装设计的理论依据。

如果要考察或研究产品运输、储存的流通环境或流通加工过程对产品的影响，也可以用虚拟包装件来进行模拟研究。例如，果蔬的预冷是为了保持水果蔬菜的新鲜程度和原有品质，在果蔬原料采收后的最短时间内，用人工方法将其冷却到一定的温度，使其把呼吸作用和蒸腾作用降低到维持其新陈代谢的最低水平。压差预冷是果蔬预冷的常用方法之一，它是利用压差风机在包装容器两侧形成一定的压力差，冷风通过包装容器两侧的通气孔在包装箱内流动对果蔬进行预冷。在对番茄的压差预冷的包装件建立物理模型的基础上，可以用有限元法仿真模拟不同送风速度、送风温度、开孔大小和番茄摆放方式的情形，并且用有限元分析的结果与实验结果能够较好地吻合。这说明可以用虚拟包装件来分析果蔬在流通环境中的压差预冷过程，以及包装箱开孔大小对果蔬预冷的影响。

虚拟包装件的应用技术非常复杂，但根据其具体的应用目的，一般情况只需要在对产品及其包装各部件某些方面的性质建立相关模型的基础上进行数字化模拟，而不必对产品及其包装的每一个部件的每一个方面的性质都做精细的数字化模拟。

四、结 语

包装科学技术及其应用水平的跳跃式发展，对我国要在短时间内从“包装大国”发展成为“包装强国”，具有十分重要的意义。尽管 CAD / CAM 在我国当前的包装设计和包装制造中的应用还远远没有普及，然而虚拟包装的研究和应用已成为我国包装科学技术和教育工作者当前亟待应对的一个重大课题。虚拟包装的研究和应用对促进包装工业的发展有重要的理论和实际意义。在虚拟现实的基础研究已列为《国家重点基础研究发展规划》的重要支持方向的形势下，集成包装设计、包装 CAD 和虚拟实现基础研究各方面已取得的研究成果，在低端硬件平台上研发出覆盖包装产品从设计、加工、制造到试验全过程动态模拟的虚拟包装设计应用开发平台，必将成为包装科学技术研究的一个重要方向。

虚拟包装是一个极富挑战性的课题，涉及一系列基础科学问题和关键技术，需要集中和协调多方面的力量来从事这项研究和应用工作。本文只是对虚拟设计和虚拟制造在包装工程中的几种重要应用形式做一些初步的探讨。除了文中讨论的应用形式外，虚拟包装还有许多其它重要的应用形式和内容有待于更进一步的探讨和研究。

环保型缓冲包装材料的现状及发展前景

耿东伟　许文才　曹国荣

（北京印刷学院）

随着关税壁垒的逐渐弱化，国产商品的出口开始受到“绿色贸易壁垒”的困扰。有媒体报道中国已成为美国“绿色贸易壁垒”限制进口最多的国家。在这些“绿色贸易壁垒”中，由于我国的包装材料不合格而被拒之在他国门外的占相当大的一部分。因此具有良好环境相容性的“环保缓冲包装材料”的研制与应用已成为21世纪的必然趋势。

一、瓦楞纸板

瓦楞纸板是人们较早使用的一种缓冲包装材料，它具有良好的加工性能，成本低，使用温度范围宽，既有利于环境保护，又可以回收利用。因此，多年来国内外许多学者对瓦楞纸板的力学性能进行了大量的研究。

据有关资料报道，全球瓦楞纸、纸板的消费量约占全部纸和纸板消费量的 1 / 3。据专家预测，2005 年我国纸和纸板消费量约 5000 万吨，瓦楞纸和纸板的消费如按 30％测算，届时我国瓦楞纸板的消费量将达到 1500 万吨。随着我国加入世界贸易组织，对纸制品包装的需求量更大，这无疑为瓦楞纸包装的发展，带来了千载难逢的发展机遇。

降低成本和降低定量仍然是瓦楞纸板的发展趋势。基于环保和成本方面的要求，瓦楞纸板平均定量，包括箱纸板和瓦楞原纸的定量都必须降低。我国的瓦楞原纸普遍是高定量的，且在强度能达到国家产品标准 A 等的不多，因此每年不得不进口相当数量的高强瓦楞原纸。

瓦楞纸板有许多优良的性能，但也存在一些缺点：如表面较硬，在包装高级商品时不能直接接触内装物的表面，使内装物与缓冲纸板之间出现相对移动而损坏内装物表面；耐潮湿性能差；复原性小等。这无疑在一定程度上限制了瓦楞纸板的发展。

二、蜂窝纸板

1998 年美国、加拿大及欧盟等国家限制中国木质托盘包装箱出口，提出严格的熏蒸检疫等既繁琐、又增加成本的难题之后，震动了我国包装界，致使蜂窝纸板在国内异军突起，欧盟2003年初出台的《报废电子电气设备指令》和《关于在电子电气设备中禁止使用某些有害物质指令》，将加快全球电子产品的环保型包装的进程，对于我国电子产品包装走上“环保”的轨道无疑是催化剂。据了解，广东地区的科龙、格力等品牌空调，为在包装上与国际市场接轨，亦将用蜂窝纸板陆续替代EPS发泡塑料衬垫和木质托盘。海尔、澳柯玛、长虹等国内外知名企业品牌空调、电冰箱也陆续采用蜂窝纸板替代EPS发泡塑料和木质托盘。采用蜂窝纸板材料不仅降低了包装成本，而且有助于提升该公司的品牌和形象，减少了“白色污染”，为外贸企业产品出口打开了一条“绿色通道”。

但是蜂窝纸板制品使用量并不乐观，主要原因有：（1）生产自动化程度低，难以达到纸蜂窝制品的标准化、系列化，纸蜂窝设备及制品在技术、工艺等方面有待进一步改进、提高和完善；（2）目前纸蜂窝制品不仅表面粗糙，而且印刷色彩不佳，不够档次，尤其是防水、防潮问题还没有得到很好解决；（3）目前纸蜂窝制品的价格用户难以接受。

三、纸浆模塑

纸浆模塑制品除具有质轻、价廉、防震等优点外，还具有透气性好、有利于生鲜物品的保鲜等特点，在商品流通上，被广泛用于蛋品、水果、玻璃制品等易碎、易破、怕挤压物品的周转包装上，是目前流行于国内外市场的泡沫塑料包装材料的换代产品。纸浆模塑包装材料以植物纤维为主要原料，采用先进的技术和科学工艺模塑成型，作为工业品的内包装，蛋托，果托等。

欧美国家在设备的生产和制品的成型工艺方面都处于领先水平。从1984年湖南湘潭纸浆模塑总厂从法国引进了我国第一条纸浆模塑生产线，到目前为止，我国年轻的纸浆模塑行业已走过了20年的历程。作为防治白色污染工作的先锋，我国纸浆模塑行业近几年来取得了有目共睹的成绩。目前高新技术的开发研制和移植应用已成为纸浆模塑行业的主体潮流；纸模制品应用领域的拓宽丰富了环保产业的内容，为防治白色污染增添了新的手段。

显然，从包装成本上，纸浆模塑包装材料与塑料无法竞争，但仅仅考虑生产成本无疑是片面的，更应该从社会成本、环保效益和经济承受能力等各方面进行分析。社会成本是指包装材料回收处理成本，泡沫塑料的回收理费用高，这无疑增加了政府财政负担；从环保效益看，塑料无论是焚烧、掩埋，还是弃入江河湖泊都严重破坏生态平衡，其对农业生产、土壤及水资源所造成的社会经济损失是无法估量的；从经济承受能力来看，随着人们生活水平的提高，消费观念的转变，高档次、高价位的环保产品越来越多被人们所接受。

四、缓冲包装纸

在发展瓦楞纸、蜂窝纸和纸浆模塑的同时，许多科研人员也正在寻找其他类型的缓冲包装垫。如英国一家公司开发的FLEXTRA纸卷，上面有许多小裂口，储运时占据空间较小；当纸卷拉开后，它就成为立体蜂窝状，高达原来的10倍，面积增加20%，能起到缓冲作用。这种纸卷用再生纤维制成，可以回收重复使用，废弃时，能生物降解。再如环保型充气纸垫是利用纸塑复合制袋充气而成的，它是一种具有良好缓冲性能、成本低、无环境污染的环保型缓冲包装材料。

五、可降解泡沫塑料

塑料包装材料在包装材料中占据很大比重，从目前国内市场来看，完全放弃是不太可能的，因此研究开发可降解塑料已成为人们研究的热点。

可降解塑料按降解机理可分为合成光降解塑料、添加光敏剂的光降解塑料和生物降解塑料，以及多种降解塑料复合在一起的多功能降解塑料。按降解塑料的环境条件分为光降解塑料、生物降解塑料（完全生物降解塑料、部分生物降解塑料）、化学降解塑料（氧化降解塑料、水降解塑料），以及上述3种降解塑料组合成的复合降解材料。

对于合成光降解塑料，目前以聚羟基丁酸酯（PHB）及聚羟基戊酸酯（PHV）研究最多，它们的性能与PE和PP相似，价格约为PE的10倍，其降解原理是聚合物吸收紫外光发生光引发作用，使键能减弱，长链分裂成较低分子量的碎片，物理性能下降。较低分子量的碎片在空气中进一步发生氧化作用，产生自由基断链，进一步降解为CO_2和水。

添加光敏剂的光降塑料是在塑料加工过程中加入少量的光敏剂。由于光敏剂的光引发作用及光化学反应而产生自由基引发源，因此可加快聚合物的光降解过程。这种方法简单，成本也较低。光降解塑料只有在太阳光辐照条件下才能降解，受地理环境、气候条件的限制，因此大面积推广应用受到一定的限制。

对于生物降解塑料，目前研究较多的是以淀粉与聚烯烃塑料相混的不完全生物降解型。这类塑料的降解机理是淀粉颗粒先被真菌和细菌侵袭、消耗，从而消弱了塑料的强度，同时经过塑料与土壤中存在的某些盐类接触，自氧化作用而形成过氧化物，促使塑料中聚合物的分子链断裂，它们互相促进，相辅相成，细菌消耗淀粉，使塑料表面积增大而有利于自氧化降解。周而复始，高分子链逐渐断裂、缩短，使塑料强度降低，直至聚合物的分子量降低到能被微生物代谢的程度。

完全生物降解塑料主要采用天然高分子材料如淀粉、废蜜糖和具有生物降解性的合成高分子材料或水溶性高分子材料为主要原料。据有关资料报道，一家公司最近开发的一种新型生物降解包装缓冲材料（ECO-Foam），其淀粉含量≥40％，可生物降解成分≥60％，发泡倍率达 30 倍，密度为 0.033g／cm^3，可用作精密仪器仪表、高档电子电器等缓冲包装材料，同时具有良好的环境适性。其降解机理是在常规室外自然条件下，自然界中的紫外线、氧气和微生物作用于制品，将聚合物的主链断裂，分子量急剧下降，缠绕在聚烯烃分子周围的淀粉同时分解，制品一触即碎。剩余物质能被环境接受，在昆虫和微生物的继续作用下，回归自然。德国明斯特大学微生物学家正在研究一种微生物造可降解塑料，生产这种可降解塑料的方法是通过微生物把有机物质吃掉转变成微型球体（聚酯化合物），然后从这些微生物身上取出微型球体，用溶剂溶解或用酶化解即可获得“生物塑料”。这种生物塑料的基本物质是天然脂肪酸，因此可以很容易被降解。

随着科技的发展已经研制出可降解的塑料，但是这种塑料价格昂贵，处理的条件要求严格。因此，这种塑料的推广也受到了很大的限制。低成本的可降解的泡沫塑料已成为研究的热点。

六、再生泡沫塑料

据中国塑料网报道，墨西哥国立自治大学化学研究所正在研究一种解决“白色污染”的新方法，该方法可利用溶液把废弃的聚苯乙烯泡沫塑料恢复到原始的球珠状态。该研究项目负责人赫苏斯·格拉西亚·范德里克介绍说，将收集来的聚苯乙烯泡沫塑料放到一种溶液中，聚苯乙烯泡沫塑料便会分离成一颗颗干净的原始球珠，这些球珠可被重新制作成泡沫塑料制品。范德里克指出，目前世界上主要用“熔融造粒法”回收泡沫塑料，即高温将其熔解后拉压成丝状物，然后再切割成再生塑料球珠，但是这种再生球珠的使用性能明显比新生球珠差，而用这种被称为“析出沉淀法”的新方法所得到的球珠同经过发泡处理后的新生球珠在性能上完全一样，并且可以立刻用于压模生产。范德里克强调，回收泡沫塑料还有其他一些重要环节，但关键在于将废弃的泡沫塑料还原成压模前的原始球珠状态。目前该项研究已进入提取实验的最后阶段，接下来该研究所将建立一个小型实验工厂，验证该回收方法的实际操作性和测定生产参数，以便进行下一步的商业推广。

七、发泡植物纤维

近几年，在研究可降解和再生泡沫塑料的同时，发泡植物纤维的研究也是一个热点。发泡植物纤维是以植物纤维（废旧报纸、纸箱纸和其他植物纤维材料等）以及淀粉添加助剂材料制作而成。国内外都在进行发泡植物纤维缓冲包装材料的制作及机理方面的研究，已取得了不同程度的阶段性成果。实验室制成的样品已显示出该产品的发展具有巨大的市场潜力。

目前，欧美及日本等发达国家为寻求无污染的新型环保包装材料，正在加紧进行植物纤维发泡技术的研究。国外植物纤维发泡制品所采用的工艺方法主要集中在不添加化学发泡剂，即无须发泡剂产生发泡，原料是通过水蒸气的作用发泡，形成颗粒型发泡纸浆。该制品工艺比采用添加化学发泡剂的工艺方法难度大，但该植物纤维发泡制品的生产和使用有利于环保。

国内也有几所院校及单位正进行这方面技术的研究和开发，并已取得了阶段性的成果。国内所研发的植物纤维发泡制品的工艺方法主要集中在使用添加化学发泡剂，即采用发泡剂产生发泡，原料是通过化学发泡剂的作用发泡，形成颗粒型发泡纸浆。使用发泡剂的工艺比不用发泡剂的工艺较为简单，但如发泡剂选择不当，该类植物纤维发泡的方法及制品在生产过程和使用后的处理对环境有可能造成一些不利的影响，故该项技术还有待于改进和提高。

当前，无论国内还是国外，对植物纤维发泡包装制品的研究基本上还处在实验阶段，还未达到工业化大规模连续化生产的要求。同时，目前对植物纤维发泡包装制品的性能特点的研究主要集中在单件和实验性，而对于多件或实际应用的性能参数还未获得验证。

八、结 语

无论是瓦楞纸板、蜂窝纸板、纸浆模塑、泡沫塑料还是植物纤维缓冲包装材料都有其各自的优点和不足，因此现阶段多元化研发新的环保型包装材料，推广使用可降解材料，无疑是包装产业的一次新技术革命。在这场新的革命中谁能取得胜利，这主要取决于哪种包装材料更加环保，更有利于社会的发展。

论包装防伪

李莉萍　吕新广

（郑州大学）

目前，医药、食品、烟酒、饮料等领域中的假冒伪劣商品屡见不鲜，这不单单是经济的损失，还直接危及着人们的健康和生命。一些久享盛誉的名牌商品，也都在假冒包装造成的恶风浊浪中纷纷倒牌……因此，防伪技术已成为当今保证商品安全生产与流通的一个重要途径。包装防伪就是要实现对包装保护功能的补充与完善，防止商品被仿造、假冒，具有难仿制性和易识别性。一方面，防伪技术所涉及的设备及技术含量高，工艺复杂；另一方面，要求识别商品真伪的方法简单快捷，特别应适于广大消费者借助感官即可识别，如视、听、摸、闻等识别方法。本文就防伪纸张、防伪技术、防伪油墨三方面对包装防伪技术作了概述。

一、防伪纸张

1. 磁性防伪纸

磁性防伪纸的原理是将纸基材上涂布具有磁性的磁粉，或在制造纸张时将磁粉以特殊的方式加入纸浆中，从而使抄造出来的纸张具有磁性。这种磁性纸在加入磁粉的部位手感不同于其它普通纸，特别是可通过带磁性的金属识别器或磁感应设备进行识别，从而区别于其它普通纸。可用于制作防伪商标、防伪磁性账卡和高档包装上的电脑识别磁性防伪标签等等。

2. 数字水印纸

数字水印技术就是用信号处理的方法在数字化的多媒体数据中嵌入隐蔽的标记，这种标记通常是不可见的，只有通过专用的检测器或阅读器才能提取。可以是文字、产品所有者的 ID 代码、二维图像、视听音频信息、随机序列等。主要用于版权保护、身份鉴定、拷贝保护和媒体跟踪，亦可用于保密通讯、多语言电影系统、网络访问权限制及媒体附加信息等，分为可见水印和不可见水印两种。可见水印只能用于图像的固定部位，用于鉴别作品的所有权；不可见水印为视觉不可见，主要用于标识作品的所属权和追踪作品的来源。

3. 防复印纸

防复印就是防止将原件经过复印机复印出和原件完全不一样的制品，可防止伪造。防复印的目的是让复印后的文字、图形、信息内容成为完全不能辨认的状态。按防伪技术用纸可分为利用底色花纹印刷隐藏文字、花纹、图案的防复印纸；利用着色特性的防复印纸；含有光变色材料的防复印纸；含有热变色材料的防复印纸；含有光致发光材料的防复印纸；含有荧光物质的防复印纸；利用光漫发射原理的防复印纸和利用偏振光的防复印纸。

4. 热敏防伪纸张

热敏防伪纸主要是将热敏物质涂布于纸基上而得到，利用热敏物质的热可逆变色特性来鉴别真伪。具有加热显色、冷却退色和多次重复显示的特点。目前，热敏防伪纸主要有液晶和无色染料两大类。

5. 光致变色防伪纸

所谓光致变色就是某些特质经光照后颜色发生变化，离开光照后返回原色；光致变色防伪纸就是含有这些物质的防伪纸。现有的光致变色防伪纸主要有两类：一是紫外光致变色防伪纸，这是目前应用最广泛和最成熟的技术，几乎所有国家的纸币都采用了紫外光致变色油墨印刷货币的防伪标记；银行鉴别时，只要将货币放在在紫外灯下，就可以看到特定部位显示防伪标记，离开紫外光源就不显示。另一类是自然光致变色防伪纸，这种纸变色的光源是自然光，包括一般的室内光，而不仅是太阳直射光。这种防伪纸的应用更方便，但目前还有待完善。

6.添加纤维丝、彩点加密的防伪纸

这种防伪纸是造纸过程中在纸浆中加入纤维丝或彩点制成。这种防伪纸的最早形式是在纸浆中添加有色植物纤维，目前常用的有如下几种形式：

（1）纸浆中添加彩色化学纤维或荧光纤维，前者用肉眼就在纸面上看到，后者必须在紫外光的照射下方可显现；其颜色以呈红色、蓝色、桔红色居多，形态可粗可细、可长可短。

（2）在抄纸过程中将金属丝、表面镀金属薄膜的塑料丝、带荧光的金属丝、镀有光学致变材料的薄膜或磁性材料插入纸层中，这种丝线在复印过程中难于再现，因而作为一种有效的防伪手段被广泛使用。

（3）将具有光学变化功能（如荧光、发光或变色）的材料，一般是塑料薄膜或金属薄片，制成一定的形状如圆形或多角形的小片分散在纸层中；其特点是用肉眼就可以识别，而且复印机难以再现。

二、防伪技术

1.雕刻凹版印刷

雕刻凹版印刷，不仅工艺复杂，设备投资大，而且设计、制版均不同于一般印刷，其印刷图文有明显的凸起感，雕刻凹版潜影印刷更具有识别方法简便、不易仿造的优点。至今，许多安全证件和大面额钞票的印刷仍采用雕刻凹版工艺。

2.激光全息

全息是指全部信息。全息术就是利用光的干涉原理，将物体发射的特定光波以干涉条纹的形式记录下来而成图像；此图像记录了物体的全部信息，故称全息图。当光照到全息图上时，由于光的衍射，而观察到再现的物体像。由于激光是很好的相干光源，可用激光记录，激光再现，故称为激光全息。现国内外所采用的是白光再现全息技术，主要是利用它们均可在日光或普通白炽灯照射下即可现的特点。它又分为模压全息和反射全息两大类。

3.胶印＋凹印技术

凹印的优点是转移到承印物上的油墨或上光剂多，其转移量比其它印刷方法多3～4倍，在使用金墨、银墨或珍珠粉时，为了得到理想的光泽，需要使用大颗粒的颜料。对于胶印而言，当印刷线数为60线／厘米时，允许的颜料颗粒为5～25μ；而对于凹印，在同样的线数时，允许的颜料颗粒则为10～60μ。此外，由于粘结剂和溶剂的选择范围很广，使用凹印可得到理想的涂布或上光效果；但一般的卷筒纸凹印只适用于长版活，所以限制了它的应用范围。胶印与凹印的结合不失为一种“扬长避短”的方案。

4.强紫外激光防伪技术

强紫外激光防伪技术是利用高功率密度的紫外激光对目标作用（该目标可以是铜板纸、水松纸或其他经过处理的纸张，也可以是经过特殊处理的其他材料，如玻璃、陶瓷等），发生特定的光化学反应或物理变化，在极短的时间内产生新的有色物质，从而导致变色，在目标上印上可见的标记。

5.激光全息虹膜技术

激光全息虹膜技术是采用激光全息摄影手段，在防震室中制出模版，然后通过一定压力将图纹转移到某种载体上。其产品在45度点光源照射下，可产生色彩斑斓的彩虹状的独特效果，且图像的立体感极强，深受消费者青睐，被一些有识之士称为21世纪无油墨的彩色印刷术。目前多采用冷压涂镀和做成烫印膜直接热烫两种工艺。由于这种技术的制版工艺比较复杂，难度大，国内仅有少数几个厂家能够生产，所以防伪效果极佳。应特别指出的是，全息摄影是在防震室里利用激光光源在极短的时间内将景物光波的振幅信息和相位信息同时摄取，利用光的干涉原理构成景物的每一个质点，形成全部信息。在制版过程中，室内细微的空气流动都能导致全息图像颜色的变化，所以，无论如何也不可能做两件一模一样的全息图版。

6.条形码防伪技术

商品条码是商品的一种代码，是人类为了以计算机对商品进行有效管理而设计的。如果我们能够合理地使用商品技术，包括合理地选择条码的载体，合理地选择印刷的方法及印刷机器，合理地选择印刷的位置等等，那么就有可能使得商品条码技术具有防伪作用。目前普遍认为具有防伪功能的条码只有两种，一种是隐形条码覆盖式隐式条码、光化学处理的隐形条码和隐形油墨印刷的隐形条码；另一种是金属条码。

7. 电码防伪标识及电话识别系统

电码防伪标识及电话识别系统，是通过在每一产品上设置一个随机密码，将所有入网产品全部记录存档于防伪数据中心库，让消费者利用电话、电脑等工具核对密码的正确与否，识别产品真伪。这项防伪技术实施在同一实物上，实现高度防伪的目的。

三、防伪油墨

1. 光学变色油墨

该墨技术含量高，价格昂贵。进口价为每千克数千美元，国产品每千克也在万元以上。用此墨印刷的图案及标记，在普通光线下，不仅有绚丽的干涉色调和金属的光泽效应，而且有神奇的转角变色功能。当我们转动印刷物平面角度时，就可以清晰地看到图案或标记的颜色（反射色）会随转动角度的变化而改变。

2. 紫外荧光油墨

紫外荧光油墨是在紫外光（200～400nm）照射下，能发出可见光（400～800nm）的特种油墨。

根据激发光源的波长不同，可分为短波紫外线激光荧光防伪印刷油墨（激光波长为 254nm）和长波紫外线激光荧光防伪印刷油墨（激光波长为 365nm）。

根据油墨有无颜色分为有色荧光油墨和无色荧光油墨两种。常用的荧光材料按其组成分类主要有 3 种：①有机荧光材料是具有大共轻体的不饱和分子，多是日光激发，用于色的明显的装饰，荧光稳定性差，易氧化分解；②经高温合成的无机荧光材料，是用于荧光屏、日光灯管的发光材料，具有抗辐射好，稳定性高，但在油性介质中难以分散、合成难度高、耐水性差；③化学合成的稀土有机铬合物作为荧光材料。常规的有机稀土荧光铬合物装备简单，在油性介质中易分散、溶解、细化，在可见光下无色，紫外光激发下表现较强和荧光效果。

3. 日光激发变色防伪油墨

日光激发变色防伪油墨是在太阳光下能发出可见光（400～800nm）的防伪印刷油墨。这种油墨从表面上看是由于太阳光作用而变色，实际上也是受紫外线照射而变色的。目前我国市场上已开发应用的几种此类油墨在太阳光（也可在紫外光）下发生变色效果；可以从无色变紫、蓝、黄等色，也可设计为从有色到无色变化，是防伪材料的新秀和奇葩。

4. 热敏防伪油墨

热敏防伪油墨是在加热作用下，能发生变色效果的油墨。根据变色所需温度的不同，可以分为物温型变色防伪油墨和高温变色防伪油墨。手温型变色防伪油墨是指在 34～36℃温度下，能发生变色效果的油墨。按照变色方式的差异，又可分为单变色可逆，多变色可逆和多变色不可逆热敏防伪油墨。

现在我国已经开发出五种手温型单变色可逆油墨，变色方式有：玫瑰红变无色，紫红变无色，蓝色变无色，绿色变无色，橙红色变无色；也可设计为有色变成各种其他颜色。3 种高温单变色可逆防伪油墨的变色方式有：粉红变蓝色、黄变红、红变黑等。热致变色物质可分为无机盐类，配位化合物，有机物（染料分子）和液晶高分子等。

5. 反应变色油墨

油墨中的化学物质，在一定条件下，能发生各种化学反应，从而使油墨改变颜色，达到防伪的目的。热敏防伪油墨的一部分，压敏变色油墨、湿敏变色都属于变色油墨。利用酸检指示剂添加到油墨中，印成商标后，遇到变色剂，也能使油墨的颜色发生变化，达到防伪的目的。

6. 磁性油墨

磁性油墨是用带磁性的氧化铁粉混入油墨中制成的专用油墨。现阶段主要用于印刷银行票证的磁性编码文字和符号，具有记录和存储信息的功效。将印有磁性编码的票证投入磁码识读器中可辨识真伪。将其使用在包装装潢上，具有较强的防伪性。

7. 生化反应油墨

这类油墨中混入了能产生生物化学反应的物质成份。先用此油墨在包装品及需要防伪的印品上做一个肉眼不可见的标记，然后，依据配方有针对性选择化学试剂，当采用微热、润湿、摩擦等方法操作时，就会显露出文字或图案，该油墨中化学成份较复杂，一些绝密文件、重要票证等采用了这种油墨印刷。

8. 液晶油墨

液晶油墨中加进了具有结晶性能的化合物。液晶在微弱电流和温度的影响下，因晶体发生变化而显示出明暗图案与色彩。用这种墨印出的包装装潢品可随着温度的变化产生反应;如果用于印刷日历,将会随着四季温度的变化而呈现不同的色彩,是一种很有生命力的新型油墨材料。将其推广使用在包装装潢领域,其防伪作用也是不可估量的。

包装业的发展趋势——合约包装

骆光林　王　睿

(西安理工大学)

随着市场经济的发展,行业之间的分工越来越细致,很多工作已不是一家单位就可以单独完成。比如制药公司等企业越来越减少直接负责那些与研究、开发、销售或市场营销无关的项目,他们需要寻求一个合作伙伴完成包括包装在内的其他功能等。合约包装正是顺应了这一发展趋势,在包装行业中新兴起来。

合约包装在英文中有很多种表达方式,如Co-packing,Contractmanufacturing,Repackaging,Co-packaging以及fufillment,虽然这些术语中的每一个都代表某此具体的行为,但许多包装工作人员都模糊了它们之间的差别,这些术语往往被行业人员交替使用。实质上讲,合约包装就是以合作的方式签订合约,把全部或部分包装完全交给专门的企业进行,承接包装的企业可以是单独的包装公司,也可以是几个公司的联盟。

合约包装目前在国外发展得比较好。美国《包装世界》(Packing World)杂志在2002年秋天对合约包装进行了一次深入的调查研究,从调查的结果可以看出被调查的合约包装企业对他们的业务都很乐观。大约60%的人认为他们的业务2001年有所上涨,而更有87.5%的企业期望在2002年的业务量会上涨。近2/3的合约包装企业在2002年购买新设备。而且82%的合约包装企业在2001年已经购买了新设备后,有87%的企业还将继续投资。由此可见合约包装企业发展呈上升趋势,有极好的投资前景。

美国一家著名的综合大型合约包装企业是位于费城的PCI服务公司。该公司就是Cardinal Health公司(位于爱尔兰都柏林)的制药技术和服务集团(Pharmaceutical Technologies and Servicesgroup)的一部分。它将药品配送和包装服务相结合,以实现客户价值的最大化。PCI公司除在美国和欧洲专攻包装和印刷业务外,还在Cardinal Health公司的某些加工点也有协同定位包装操作,或者在某个企业内部已经存在的包装点采用PCI公司的专门技术。这种包括各种形式加工生产和服务的综合合约包装,更有助于节省成本、提高效率。

合约包装在中国有极好的发展潜力。当企业发展中自身有一些不足之处,如对于某项特殊作业,企业内部没有设备或相关经验;或是一旦接受新业务或者大业务时造成繁重的短期工作量的巨大压力,没有足够有经验的人员;或是采用员工并不熟悉的新包装形式,可能还需要特殊设备时;或是产品生产量对于企业自己的生产线来说过小或者过大,不论是长期的还是短期的等等情况下都可以通过合约包装企业的帮助减轻压力,缓解存在的问题。尤其是企业内部调整和环境要求,公司面临设备的大量投资时,合约包装企业就可以起很关键的辅助作用。他们与企业长期合作可以联合起来弥补企业所不能实现的部分包装功能,提供有专业经验的技术人员,并减少企业的资金投入。

当企业有一些突发情况,如有一个特殊的短期需求,不是标准包装的促销商品或免费插入赠品,需要采用特殊设备或进行劳动力密集操作;或一个用于新产品市场测试、礼品包或季节性需求的短版作业;或是一种要在市场上进行测试的新包装形成,测试成功之后才进行大量推广,这时合约包装就起到很好的短期应急效果。

当企业仓库堆满了一种商品,这种商品需要进行重新加工才能销售;某项产品如果成批运送到较远的市场可能更经济更划算，然后再在当地进行个体包装；合约包装就显示出它在联合运作市场信息的丰富、运输的方便、技术的新颖等优越性。

合约包装可以免除企业在短期或突发情况下用于包装的设备投资。合约包装的企业本身是专门的包装企业，拥有先进的技术、完善的设备，能达到较好的精度、较高的质量，尤其是在要求较高的、较为复杂的包装时，合约包装就显示出不可比拟的优越性。

目前在中国不是没有合约包装，也有一些大的包装企业能进行包装设计、印刷、镀膜、成型等一系列工作以实现包装的目的。比如去年，佳宁娜、民生、建乐士、力嘉、汇达 5 家港资集团斥资 26 亿，在平湖物流基地开发了面积达 220 万 m^2 的华南国际工业原料城。该工业原料城特设了一个印刷纸品包装交易中心。交易中心下设了展示中心、技术研发中心、物流中心和交流中心，可以供印刷包装行业产业链的上下游企业直接进行沟通。并且，交易方式一改原来的现货和期货交易，企业可通过远程合同的电子合同进行交易。但是像这样的企业还很少。在国内更多的还是单一的、还没有呈规模化的中小型零散企业，只能完成包装工序中的一个或几个环节。这样的企业在市场竞争能力不论是从技术经验还是从资金方面都不如合约包装企业。

我国目前包装行业的这种单打独斗的经营方式的现状直接影响了国内市场包装的发展，更加影响了在国际市场上的竞争。因此我国包装行业的发展应借鉴国外的经验——发展合约包装，增强企业的综合能力。企业不断扩大，大企业吞并小企业，淘汰质量差的企业。企业之间强强联手向全方面多层次发展，专业分工的不断细化是市场的必然趋势。合约包装正是顺应了这一潮流，发展合约包装在中国是必然趋势。

一个完整的理念——论商品包装的设计定位

郄建业

（河北大学）

产品没有属于自己的个性位置，就难以决定其行销计划以及宣传目标。包装没有自己的明确位置，就不可能树立起适合于产品的视觉形象。对于产品包装而言，只有把设计活动放在恰当的位置上，才能确定包装需要表现的基本方针与意图。只有把商品形象的位置确立在为消费者服务的这个位置上，才能使产品包装设计获得成功。

所谓的定位（Position），就是给产品在市场营销过程中确定一个明确的位置。它的目的是为企业或产品树立一定的特色，以此与其他的同类产品相区别，在消费者的心目中塑造一种特有的视觉形象，用来满足消费者的心理需求。确定产品在市场活动中的特殊位置，就需要从众多的商品特点中，发现或形成有差别、有竞争的商品特质及其重要因素。这样，才能有机的将主观理论转化为实践活动。因此商品包装设计的首要任务就是确定包装产品在市场上的正确位置，即这个产品要做什么，是给谁用的等。

一、商品包装的共性定位

商品包装的先定位（共性定位）即是包装产生之初的基本条件。它包括生产资料、厂房设备、技术资金、人员管理等必要的硬件设施，以及市场调研、产品特点、消费分析等软件基础，它们构成了包装设计活动过程中的基础因素。

作为包装形成的前提，其中任何一个方面出现问题都会影响到包装设计的结果是否正确合理。商品包装的先定位是包装设计从业人员工作之初需要完成的基础工作。只有对这些内容的充分了解与把握，才能促成正确的设计结果。如果没有包装制作的资金、设备、原料、技术等，包装的设计只能是一种梦想。如果没有产品就不会出现包装。如果没有市场的分析与了解，包装设计结果就是空中楼阁。商品包装的先定位制约着包装设计的生存，决定着包装有无存在的必要。以此为基础在后定位的具体形式中实现包装设计的成功。

二、商品包装的个性定位

商品包装的后定位（个性定位）就是包装设计活动过程中的独特因素。如果包装设计活动没有创作出独特的风格与特色、结构与工艺、图案与色彩，那就很难赢得消费者的兴趣。消费者作为产品的最终受益者，包装作为产品与消费者之间的媒介物，此时发挥着关键性的作用。在不违背先定位的前提下，最大量的展示出设计个性，创造出独特的商品视觉形象，这样才能使商品包装后定位的主要特征得以充分的体现。与先定位比较而言，后定位具有明显的感性特征。它会通过潜移默化的表现手段打动消费者的购买欲望并促成消费，这正是其他手段所难以替代的地方。这要求设计者应具备较高的综合社会素质与专业能力，否则就难以将这些具体的内容转化为现实的设计结果。

相对而言，商品包装的先定位与后定位均是设计过程中的前提因素。它们只是较宏观的对整体内容与形式进行了分析与归类。要想对某个人或某件商品包装进行深入透彻的分析与了解，并找出其特有的规律，还需继续进行下一步的定位。这就表明定位活动是一个由大到小、由粗至细的定位过程，每个过程都有其不同的定位内涵。

商品包装的设计定位，是在先定位与后定位的前提下所进行的具体定位，此阶段的深入进行，使包装设计的活动步入了可操作的设计范围，商品包装的设计定位——商品信息传达设计构思时根本观点的确定，它所阐述的是当商品置于购物环境之中，消费者首先接触到的是商品包装，不论是人的触觉因素，还是视觉因素。因为，人们在消费活动过程之中，所获取的商品信息基本是由包装来传达的，这就要求设计者在包装设计构思的时候，要确定出什么样的设计观点，作为视觉形态的特殊表现形式，最终以什么样的图型与结构展示在购物场所中。商品包装的定位目的，在于怎么样才能使自己的产品在保持同类商品的共性时，将自身的风格与其它商品一起陈列时，留给消费者怎么样的印象，如何才能激起消费者的购买欲望，达到销售商品的最终目的。在此定位阶段，设计要更多地考虑消费的购物心理与行为。因为，此时产品将以其最终的形象与消费者（产品的最终目的）见面，对消费者的全方位认识与了解，是该设计阶段的关键所在。

消费者行为是极其复杂而多变的，每一个消费者都有自己的内在心态，这种心态受以前消费因素及有关外在环境的影响，使得商品包装信息传达到消费者那里时，信息会受到人们头脑里记忆系统的影响而有所改变，可能是被拒绝或受不同程度的更改，经过信息的接收并将其留存，被保存的消费者信息又形成消费者的信念，影响以后的消费行为。如果此时的定位设计不能很好的把握消费者的心理需求，不能使消费者对包装信息进行保留或形成信念，那么就很难促成其消费行为。由此看来该阶段的定位设计，也是在一定前提约束之下展开的。虽然制约的因素与范围已缩小，但由于设计活动的深入使包装设计活动的定位也增加了难度。包装的设计定位是在设计行为阶段展开的宏观的整体形态，它在具体设计活动中具有指导意义，只有明确了该定位的主导设计思路以后，所进行的分类设计定位才能有序的合理展开。

三、商品包装的设计定位

包装设计定位由“我是谁——我是什么——我要给谁”，也就是品牌定位、产品定位和消费者定位三个环节组成。

1. 品牌定位：是指设计图形以品牌（含商标）作为设计主体，以品牌的视觉信息为包装形态的主要信息符号。对于消费者而言，它具有可信性，因为以此定位形式设计的商品多具有较长的历史，在消费者心目中占有一定位置或是具有一定知名度的商品。这种设计定位不具有普遍的适用性，只适合在消费者早已认可的商品品牌，一些新上市的商品或不具有普遍认知的商品，不易使用此形式进行定位。因为，在消费者对该商品还没有较明确的认识基础时，用品牌来进行定位，就很难阐述清楚该商品要做什么，它到底是个什么东西，消费者通过品牌也不可能把握包装内的物品具有何种作用，不知自己有无购买的必要。

2. 产品定位：它是通过产品本身的形象传达给消费者和商品信息。它具有直观、易于接受的特点，不受语言、文化素质等因素的制约，能够充分体现出产品的特征以及真实可信的产品视觉形象。产品定位给消费者以客观认识。产品定位在设计过程中也有它的一定适用范围，并非什么样的产品都适合此种形式的定位设计。食品的包装多采用产品形式进行定位设计，这就表明消费者对直接作用于自己的商品，更加需要全面客观的了解，这为消费者使用该产品树立了良好的自信心。另外，一些新发明、新上市的产品，以及消费者不易掌握使用要领的产品，适用此种定位形式，原因是产品定位与其它定位形式相比更能客观的说明问题。

3. 消费者定位：就是通过设计活动表明产品打算给谁？强调这一点，很容易使商品打开销路。因为这样的定位使商品具有了明确的针对性，不同的消费者可以在购物活动中，通过消费定位的包装设计能够轻易的找到适合自己使用的商品。消费者定位与品牌定位、产品定位相比有着较大的创作难度，这是因为消费者的购物行为是一个复杂而全面的心理活动，不同的人有不同的消费特征，在此种定位的设计之初，要对该类商品的消费群体，进行全面的调查分析，诸如消费者的年龄、性别、兴趣、工作、教育、收入、生活环境等多方面的因素给予综合的掌握。如果此类调查不是很准确，就有可能造成设计结果的彻底失败。一般来讲，消费者的定位设计，可以有以下几类：定位在各阶层的人群。还可以根据商品的特点及销售的区域，以不同的种族、信仰、文化等现象区别消费对象。同一品牌的商品由于销售的地域不同，其设计活动也应多种多样，以便适合当地人的需要。尤其是一些外销商品，应对销往地区的消费习惯及消费特点有一个较充分的认识。同时，也可以从人的心理活动领域去定位。这是最难以掌握的，因为人的心理活动是千变万化的，促成购买的心理因素有欲求、认知、情感等，另有消费者的群体消费心理、流行心理、个性心理等多种心理过程。所以消费者定位的心理表现成功与否要看其设计结果能否达到受众的注意——兴趣——欲望——确信——购买行动，从而满足消费者的购买需求过程。

包装设计分类定位有品牌、产品、消费者这三种基本定位形式，在此定位的基础之上又可相互结合，产生出品牌与产品的定位、品牌与消费者的定位、产品与消费者的定位、品牌与产品、消费者的定位等不同的定位形式。这样综合的多种定位的形式，在原基础上变化的更加多意、更具说服性，为设计者增加了更多的创作依据。包装设计作为一个带有创造性的工作过程，需要社会、经济、环境、消费、市场、产品、企业等诸多环节影响包装设计的条件。同时，也要考虑包装本身的基础因素，如材料、工艺、加工、成本等问题。如此多的因素影响着一个商品包装的设计过程，这表明了包装设计是一门综合性的学科。

由此不难看出包装设计定位的重要性，它作为有秩序、有体系的定位过程，表现出由大到小、由普遍到具体的发展顺序。包装的先定位、后定位、品牌定位、产品定位、消费者定位、综合定位等一系列的定位，完整的体现出包装设计的定位体系。另外，还有与设计活动相邻的定位，如价格定位、市场定位、整体形象定位等，由它们组成了产品包装设计的全流程。包装绝非单纯的结构与图形设计，它涉及了众多学科领域，它是理性思维与感性思维的综合体现，是理论知识与实践活动的全面展示。作为设计人员，只有在此前提下，才能创作出令人信服的商品包装。

新世纪武器装备包装的研究与发展方向

李荣强　黄晓霞

（兵器工业第59研究所）

搞好武器装备包装工作，不仅能降低对仓储环境条件的要求，甚至可减少库房的控湿条件，面且又能适应野外和战争条件下的运输和储存，符合现代战争对武器装备野战储存条件的要求。国外十分重视武器装备包装工作，一些发达国家利用包装来提高武器装备的防护质量，将包装看成是部队快速反应的伙伴，把包装工作作为武器装备制造生产不可分割的一部分和重要工作环节，使装备包装具有时代特点。

当前，世界范围的新军事变革，促进了未来战争形态的变化。随着战争条件的变化，后勤机动保障和立体保障地位更为重要，对武器装备包装的防护功能、储运功能等也提出了更高的要求。

一、研究状况

1.国外

近十年来，由于世界格局的风云变换，各种战争连年不断，通过战争的检验，人们对包装的认识有了新的感知和提高，主要表现在以下几个方面。

（1）包装结构的设计。包装结构更合理化和功能化。如美国陆军军械研究、发展和工程中心试验鉴定的120mm坦克弹的金属筒包装结构、7.62mm弹药的金属箱＋丝捆木箱包装结构以及7.62mm枪弹WC750发射药的纸桶包装结构，一般都采用PA116金属筒包装。具体做法是：在筒内弹丸和可燃药筒的交接处增设了泡沫聚乙烯支撑件，提高了抗破坏的能力。这样的包装结构，使可燃药筒经受住模拟粗暴搬运的跌落试验，大大提高了包装防护性能。

（2）干燥包装。包装中，干燥空气包装封存是既经济又行之有效的方法。丹麦和瑞典的空军采用干燥空气封存包装，成功地封存了飞机武器系统；德国采用干燥空气封存法封存武器装备取得了良好的效果，德国为此开发了六种长期储存大型武器装备的动态除湿系统，即采用干燥系统的活动室（MRZ）、采用干燥系统的库房（LEH）、匹配的软包装封套（ASH）、通用软包装封套（USH）、模件防护棚（MSB）等。此外，美国、英国、法国、加拿大、荷兰和以色列等国也都相继采用了干燥空气系统封存飞机及武器系统。

（3）封套包装。近年来，国外发展了许多品种的软包装封套。它们从单一的塑料封套发展到复合材料封套，从防水、防潮和密封的基本功能发展到具有“三防”能力和防红外线摄像等特殊功能（即隐身包装）。美国Eiwiropak公司使用深蓝色的塑/塑复合材料封套封装M6041主战坦克和M11341装甲输送车；俄罗斯使用聚乙烯封套封装坦克和步兵战车；德国和英国等39个国家采用封套系统封装坦克、火炮、飞机、舰艇和弹药等装备；英国用自己的封套系统封存战车和飞机；意大利采用Pirelli公司生产的涂橡胶织物封套系统封存主战坦克。

（4）塑料包装容器。欧洲开发了一种包装、运输和储存三用的棉布袋散装火药的塑料包装筒，该塑料筒由筒体、插入式筒盖和筒底组成，其特点是具有足够的强度和优良的抗静电性能。在制造筒体时，加入碳纤维，并在筒体内壁涂上导电漆（例如含铝片的导电漆），可进一步提高抗静电的能力，筒盖和筒底也用加入炭黑、金属粉、金属纤维的聚乙烯或聚噻吩塑料制成。德国研制的一种包装炮弹的新塑料筒，该塑料包装筒由筒体、筒底、筒盖、内衬纸筒和弹性材料密封环组成，其特点是：筒体内表面纵向分布三条相隔120度角的圆弧形导向条，使纸筒易于定心推入筒体；纸筒由多层纸板螺旋卷制而成，粘固到塑料筒体内，具有吸收筒内水分的作用，以提高包装的防护功能。

（5）托盘集装包装和集装箱运输。美国是首先使包装木箱大型托盘化的国家，二战后美国匹克汀尼兵工厂率先制造了可装86发62mm火箭弹的大型托盘木箱，以代替装弹45发，体积相差不多的三只普通木箱。美军105mm坦克弹的包装是把30个或35个金属包装筒固定在一个金属托盘上，构成可供重复使用的单元包装。一个单元包装可供一辆坦克一次装弹使用，当装弹时，只需打开金属端盖取出炮弹，供弹机就自动把炮弹送入坦克，十分方便。

近几年，世界各国在武器装备集装箱的研制和使用方面都比较活跃，如：美军正在发展和采购可从顶部和侧面打开的新式集装箱，以适应快速灵活多变的现代战争需要。现在，美军运往欧洲的弹药80%都采用了军用集装箱运输。德国继美国之后开发了一种新型的全敞开式集装箱，既经济实用又灵活方便。该集装箱由两个侧壁、一个顶盖的一个端壁组成，属于外罩式结构，一个人可在40s内推开外罩，使其除去闭锁而自动升起。

（6）包装材料。为了改变包装纸筒材料受潮变形和弹药变质的缺陷，美国国立橡树岭研究所进行了改进纸筒及其他容器取代纸筒这两种方案的研究。在改进的纸筒中，在纸筒上涂覆防水和防潮涂料，同时还进行了筒壁结构和更易开启的颈口密封结构的研究，延长了贮存时间。对“防殉爆包装”，美国军方现已开发了一种可行的包装材料，即一种填充在包装爆炸物容器内可防殉爆的包装材料，该材料是同粘结剂混合在一起的一种复合材料，可进行铸塑。它具有重量轻、多孔、吸收动力冲击波和减震等特点。把这种材料填充到包装容器中，不仅能防止一个容器中的爆炸物发生殉爆，而且还能防止相邻其他容器中的爆炸物发生殉爆，解决了弹药包装中的难题。

（7）功能化包装。20世纪90年代以来，武器装备的防护包装向功能化方向发展。目前主要有下列几类：第一类是智能型高密封性包装；第二类是隐身包装，包括可见光隐身、雷达隐身、红外隐身、声波隐身等；第三类是野战食品长效高保质包装；第四类是静电屏蔽、防静电包装；第五类是防电磁包装；第六类是耐幅射包装。不论是在隐身包装、防电磁包装、防幅射包装材料的研制方面，还是在包装结构设计以及防护包装技术方面国外都有较大的发展。

2. 国内

长期以来，我国武器装备包装主要是采用木质包装箱和防锈油封存的包装方法。这种包装方法一般能保证兵器的使用性能，但防护性能较差，尤其在南方沿海地区的潮湿环境中，金属部分锈蚀严重，造成战时使用困难。自上世纪80年代起，军用包装的改革较为活跃，不少新型包装相继出现。例如枪械采用集合包装，大、中口径弹药采用玻璃钢筒包装后再装入铁笼的方法进行包装，基本上满足了军方使用的要求。"九五"以来，我国对军用包装的研究力度逐渐加大，一些跟踪国外先进装备包装技术和材料的研究相继出现，如隐身包装方面，《解放军报》曾报道，我军某海防团炮兵分队在一次海岸防御对抗演习中采用了自行研制的"轻型防雷达吸波炮衣"，使火炮在行军和持机时成功地躲过了敌侦察监视系统。总体来看，国内武器装备的包装可概括为两个方面，即战机、军舰、装甲车辆、火炮等大型装备基本没有采取外包装技术，主要是靠金属工艺及涂漆等手段来达到防护的目的；小型武器装备，如轻武器、弹药、光学仪器等，多采用箱式外包装的形式。现阶段，武器装备包装执行的标准主要按GJB1767-93《枪炮备件和工具包装通用规范》的有关要求执行。虽然这些包装方法基本上符合包装的保护功能，但就武器装备在现代战争中的使用要求而言，仍存在着以下方面的问题：①包装形式单一，难以采取集装作业；②包装的防护效果不是很理想；③包装技术落后；④武器装备包装的标准化、系列化、通用化程度低。

虽然，近年来我们在武器装备包装上取得了长足的发展，但由上对比仍可看出，国内军用装备的包装和国外差距甚大，一些适应现代战争的功能性的包装还刚刚开始，有的还尚未开展。

二、发展方向

没有军事后勤革命，就没有军事革命，为了建设一支现代化的21世纪的军队，目前一场前所未有的军事后勤革命正以迅猛之势在各国军队中展开。后勤将不再是一个以供应为基础、依赖于大量库存的系统，它正在迅速成为一个依靠计算机网络、以配送为基础的系统。从国内外文献来看，武器装备的包装将向以下几个方向发展。

1. 新技术、新材料的开发与应用

现代战争已经从海、陆、空三维战争向四维、五维战争方向发展，为了满足现代战争条件下武器装备防护的需要，各国不断开发和利用新技术、新材料，将其应用于军用包装中。在今后一段时期内，美军将会在智能型包装、防殉爆包装、超高功能包装、防静电包装、抗电磁包装、防红外包装、防辐射包装、纳米技术和纳米材料等方面进一步发展。

纳米技术和纳米材料是目前国外在包装领域应用最多的高技术。美国应用纳米技术研制包装材料，使包装材料具备了多种超高物理化学性能，对提高包装的功能具有划时代意义。

2. 信息技术将在军用包装中得到广泛应用

在今后的军事后勤革命中，以配送为基础的后勤保障，要求后勤人员及时掌握战场信息、驾驭信息。随着信息技术的高速发展，信息与后勤技术的结合是不可避免的趋势。二维乃至三维条码、射频技术等信息技术在武器装备包装领域的应用，大大加强了内包装物的透明性，提高了快速反应能力。在波斯尼亚，为了加快军品的流动，使用了战略包装、无线电频率标签、运输追踪系统和自动化运货单系统卡，大大加强了波斯尼亚地区军用物资部署活动。在海湾战争中，美军开发了自动化货单系统。该系统使用激光记忆卡作为数据库储媒介，提供关于集装箱所装物资的详细信息，从而帮助美军将堆积在港口和机场的成千上万的海运集装箱和空运货盘迅速转移至目的地。

3. 武器装备集装运输向配套化方向发展

在进行的军事后勤革命中，有人提出了"用速度型后勤系统代替数量型后勤系统"，即要把后勤从以供应为基础的、依赖于大量库存的系统转变成为依靠计算机网络、以配送为基础的系统。在欧洲，把用集装箱盛放的弹药从仓库运到部队所需要时间已从74天减至34天。在韩国和德克萨斯州胡德堡这样差异很大的地区，由一辆卡车（M1074或M1075）、一辆拖车（M1076）等组成的托盘化装载系统使其物资运输时间已分别从34天和23天减至

18 天和 9 天。这种系统还安装有驾驶员图象增强仪和移动式跟踪系统，使该系统具有全天候机动能力，使指挥所能准确掌握某一具体装备在战场上的运动情况，随时向车队下达命令。因此，集装化以其不可比拟的优点仍将是今后武器装备包装的重要发展方向。

4. 功能材料的开发与应用

随着红外探测技术、电磁波探测技术的迅速发展，给武器系统以及其他军用物资装备造成了致命威胁。隐身功能材料的开发应用，对武器装备的隐身包装具有重要的作用。隐身包装首先是从构成军品包装的材料入手的。目前已开发和使用的隐身包装材料主要有雷达隐身材料、红外隐身材料、电子隐身材料、可见光隐身材料和声波隐身材料等。雷达隐身如：俄罗斯最新一代隐身战斗机 S-37“金鹰”，广泛采用了先进的材料，机体外均涂刷雷达吸波材料，具有良好的隐身性能。法国的“拉菲持”级护卫舰是世界上第一种在设计中完全综合了隐身性能的作战护卫舰，除采用别具一格的流线型隐身外形设计外，舰上外部设备全部进行包装隐蔽，舰上还广泛涂敷对雷达具有吸收作用的吸波涂料。美国将在 2015 年推出的“未来作战系统”——全隐身坦克，也将大量采用反射雷达波能量低的复合材料和涂料。

5. 综合防护包装将是今后发展的重点

随着雷达、红外、激光、毫米波等现代探测和制导技术的飞速发展，以及中子弹、微波弹等在军事上的逐渐应用，对武器装备进行单一包装已经很难达到有效保护内装物资的目的。高新技术在武器装备上的不断应用，从而对其包装提出了更高要求，对其防护也不仅仅停留于传统的防潮、防湿等，还要考虑到电磁、辐射等新的环境因素对武器装备的破环。所以，今后军用物资尤其是高技术武器装备的包装必然继续向多功能防护方向发展。而随着科技的进步，各种光化学功能材料、隐身功能材料、导电功能材料、防潮防静电复合膜、防静电缓冲材料等新材料的研制成功，也为实现综合防护包装提供了技术保证。

三、我军装备包装中存在的问题和对策

军品包装是确保装备高可靠、长寿命的重要措施，是武器装备进入作战使用、转化为战斗力的必备条件和重要的技术手段。我军的装备包装在军包委的组织领导下，取得了显著的成绩，但就军品包装整体而言，同军委确定的新时期战略方针和后勤保障要求很不适应，与几个军事强国的差距较大，主要表现在：①武器装备包装同装备的设计生产不配套；②装备的运输性差，因包装不善造成的破损比较严重；③包装设计时一般只重视对运输装卸的安全要求，忽视部队的维护管理及作战使用要求，使部队的二次包装问题突出；④包装集装化程度低，不能快捷方便的实施“快速保障、综合保障”的目的；⑤先进的装备包装领域涉足不多，新技术、新材料的应用还非常不够。

鉴于上述问题，提出如下对策：

1. 转变观念，层层重视。在军用产品的研制和生产中，长期以来是重产品、轻包装，将包装工作与武器装备分隔开来。因此，必须将武器装备的包装工作作为武器装备完整的不可分割部分，把装备包装工作提到议事日程上来。

2. 解决二次包装的普遍问题。我国武器装备的包装现在是多头管理，军方是总后军品包装委员会领导，厂方是有关总公司。随着军方装备体制的调整，总后军包委不便对武器装备的设计下达包装方面的战技指标，这势必造成“先进装备、落后包装”的不良现象，从而增加了部队、仓库等使用单位进行“二次包装”的难度。因此建议成立统一负责全军兵器装备包装工作的管理机构，借鉴国外经验，在军品包装委员会设置专职包装参谋和包装工程师，加强武器装备包装工作的统一领导，协调各军兵种、部队和仓库的武器装备包装工作，将包装战技指标纳入军用装备的总体设计要求，增强装备包装的可靠性，统一协调，统一管理，杜绝二次包装。

3. 加强包装储运技术的研究。现代战争作战空间广，多种作战形式和作战行动综合运用，以及高新技术装备的大量使用，尤其是电子战、信息战、导弹战已成为战争的重要形式，战场的流动性大，使一体化后勤组织体系、配送式物资保障体系、立体化战略投送体系和越级保障、伴随保障等灵活机动的保障体系成为我军后勤保障的主要模式。因此，首先要重点开展单元集合包装、托盘包装、集装箱集装技术、组合化包装等的研究。其次要进行野战条件下武器装备的储存研究，开展储存、集装、供应、机动一体化的要求，研制新一代武器装备储运机动保障单元，形成流动的保障基地。

4. 提高军品包装的防护功能，加大力度开展包装新技术、新材料的应用研究。高技术战争具有大纵深、全天候、全方位、陆、海、空、电、磁5位一体的作战特点，对武器装备的防护不仅仅停留在传统的防潮、防锈等，还要考虑到电磁、辐射等新的环境对武器装备的破坏。因此，单一防护包装已不能满足对包装物的防护功能。要重视研究各种隐身功能材料、导电功能材料、光学功能材料、防潮防静电复合膜材料、防静电缓冲材料等，以及纳米技术在武器装备包装上的应用，抢占功能包装材料的制高点。

四、结　语

没有军事后勤革命，就没有军事革命。包装作为后勤科学中的重要因素，后勤系统的基石，在这场军事后勤革命中起着举足轻重的作用，其未来的发展同这场军事后勤革命息息相关。装备的包装未来发展如何，在一定程度上影响着这场军事后勤革命的成败。本文的推出，旨在唤起我国有关部门对武器装备包装的重视，看到我国装备包装与国外的较大差距，使我国武器装备包装紧跟国际先进的包装技术的发展方向，加快新技术、新材料在武器装备包装上的应用研究，实现我军武器装备包装新的飞跃。

我国军品包装的跨越式发展

马宏亮　郭宝华

（解放军包装工作办公室）

当前，世界范围的新军事变革，促进了未来战争形态的变化，即从机械化战争向信息化战争转变。在信息化战争中，军队的精确打击能力、机动突击能力不断提高，作战超越时空，直接攻击纵深目标，在非接触的状态下速战速决。随着战争条件的变化，后勤机动保障和立体保障的地位越来越重要，作战物资和装备条件日益恶化，对物资和装备包装的防护功能、储运功能等也提出了更高的要求。

军品包装作为后勤保障的重要因素和物资装备不可或缺的载体，在这场军事变革中起着举足轻重的作用，其发展与这场军事变革息息相关。军品包装的发展应紧紧把握中国特色军事变革的脉搏，密切跟踪国际先进包装技术的发展方向，以应对未来信息化战争的目标，加速包装人才培养，大力开展包装信息化研究，积极推进包装改进，加快新技术、新材料在军品包装上的应用，实现军品包装的跨越式发展。

一、加快军品包装人才的培养和引进

美军在二战时就针对民用包装不能满足军事目的的问题，提出军用包装工作必须由一批“完全合格的人才来承担”，并首次提出应建立一所培训学校，专门讲授军用包装材料及其处理，以区别于民用包装。经过多年发展，演变为今天的“军用包装技术学校”。

目前，我军的包装科研人员较少，科研机构尚未形成完整统一的体系，研究开发力量明显不足。人才问题已经成为制约军品包装持续、健康、快速发展的关键因素。首先，要探讨在军队院校开办军品包装工程专业的可行性；其次，要充分利用地方教育资源，采取接受地方院校毕业的包装专业大学生、联合举办包装培训班、邀请包装专家到部队讲授包装知识等形式，分层次、多渠道培养军品包装人才；三是要加强与地方包装科研机构的合作，充分利用地方科研技术力量为我军包装科研服务，以弥补军品包装科研力量不足的问题；四是要积极开展学术交流，采取开研讨会、技术讲座等多种形式，加强军内、军地以至国际间的学术交流，积极创造条件，组织科研骨干到国外进行考察学习，培养具有国际水平的中高级包装人才。

二、加快军品包装信息化建设

信息技术是新技术的先导，在军事领域的应用越来越广泛，对军队建设产生着不可估量的影响。未来的信息化战争更要求对保障资源、保障需求能够有效地控制，能够做到适时、适地、适量的精确化保障。

目前，二维乃至三维条码、射频技术等信息技术在军用包装领域的应用，大大加强了包装物的透明性，提高了快速反应能力，使物资管理工作变得更加简便易行。如美军开发的自动化货单系统，使用激光记忆卡作为数据存储媒介，能够提供关于集装箱内物资的详细信息。在物资补给保障中，采用以微电子技术为基础的激光卡和射频卡、电子询问机等组成的特定物品寻找系统，解决了集装箱物资在运输分发过程中的信息透明度问题，大大提高了补给效率。用户无需打开包装，只用自动识别仪即可进行阅读、查询，并确定该物资的名称、数量及种类。因此，要抓住信息技术带来的机遇，紧紧跟上世界科技发展的潮流，积极开展信息技术在军品包装上的应用研究。

三、提高军品包装的防护功能

高技术战争具有大纵深、全天候、全方位、陆、海、空、电、磁五位一体的作战特点。虽然战争的持续时间相对缩短，但实行全过程、多层次的封锁破坏将显著加强，对后方长时间、大规模、高精度的综合火力打击显著提高，使军事装备、器材、物资的战场生存环境日益恶化。我国幅员辽阔，气候条件千差万别，军用物资所经历的环境更是复杂多变。尤其是现代高技术武器装备，对包装提出了更高的要求。对其防护也不仅仅停留在传统的防潮、防锈等，还要考虑到电磁、辐射等新的环境对武器装备的破坏。因此，单一防护包装已不能满足对包装物的防护功能。要重视研究各种光学功能材料、隐身功能材料、导电功能材料、防潮防静电复合膜材料、防静电缓冲材料等，以及纳米技术在包装上的应用，抢占功能包装材料的制高点。

四、加强包装储运技术的研究

现代战争作战空间广，多种作战样式和作战行动综合运用，以及高新技术装备的大量使用，尤其是电子战、信息战、导弹战已成为战争的重要形式，战场的流动性大，非战争形态增多，军队机动频繁，使一体化后勤组织体系、配送式物资保障体系、立体化战略投送体系和越级保障、伴随保障等灵活机动的保障体系成为我军后勤保障的主要模式。如信息化战争要求尽可能利用各种现代运输工具，从陆地、海上、空中将部队作战所需的装备、物资快速准确地输送到保障地域。

积极开展包装储运技术的研究，可以进一步增强我军装备物资保障的快速反应能力，提高我军装备物资保障的效率。首先，要重点开展单元集合包装、托盘包装、集装箱集装技术、组合化包装等的研究，这些组合化、集装化、成套化包装技术造就了现代局部战争的机械化装卸、集装化运输保障的科学包装结构，满足了现代军事物流从传统落后的人搬肩扛向快速高效的信息化后勤保障的历史跨越。其次，要重点进行野战条件下物资装备的储存研究，开展便携式野战储运机动保障单元的研制，围绕集储存、集装、供应、机动一体化的要求，研制新一代物资装备储运机动保障单元，使装备、物资保障由现行的接收储存和供应转为单一的供应保障，增强保障能力，形成流动的保障基地，提高物资装备的野外生存能力，

五、加强军用包装标准的研究

标准对于规范和指导包装工作具有重要作用。经过十几年的发展，我军已初步形成了特有的军用包装标准体系，为军用物资装备的供应保障带来明显的军事效益和经济效益。随着我军现代化程度的提高，军事科学技术的发展，各种新技术、新材料不断涌现，使军用包装标准相对落后，不能满足新形势发展的要求。因此，要加强对包装标准的研究以及制定、修订工作。（1）要着重制订一批适用于采购合同的包装标准，满足军品订购的需求，避免二次包装。（2）要针对不断出现的新装备、新技术、新材料和日益恶化的战场环境，及时制订相应的标准，如隐身型包装、智能型包装、防辐射、防红外线包装等。（3）要加紧制订作战保障类包装标准，重点制定弹药、油料、食品、装备器材等集装化包装标准、单元配套包装标准和空投包装标准等一系列包装标准。

六、加强包装质量保证管理

军品包装质量建设是军事装备、器材物资在寿命周期内质量可靠性保证体系的重要组成部分，对提高军品质量具有十分重要的作用。要逐步开展包装质量全面管理和保证体系的建立工作；采用指定地方检测机构或自建检测机构的方式，进行军品包装质量的认证工作；严格把好论证、研制、生产等环节中的包装质量关，特别是出厂产品的包装质量，逐步达到军品出厂就具有科学、合理、适用的包装防护，减少二次包装的人力、物力投入。

论药品包装机械的概念设计

曹巨江　汤建明　孙军艳

（陕西科技大学）

近年来，由于我国经济形势的持续高涨和国家对制药行业强制性推行 GMP（药品生产质量管理规范）认证制度，药品包装机械取得了长足的进步，新产品日益增多，技术水平有了很大的改进，但与国际水平相比还存在着很大的差距，近 60% 的产品达不到发达国家上世纪 80 年代的水平，先进大型的设备主要依赖进口。我国药品包装机械的低技术水平在很大程度上是由我国企业设计人员低水平设计引起的。以改善这种现状为目的，文中提出药品包装机械的概念设计。

一、我国药品包装机械现状分析

我国药品包装机械与国际先进水平相比尚有较大的差距，国产药品包装机械设计上主要存在以下几点不足。

1. 机械性能落后。国产药品包装机械大多精度低、速度慢、平稳性差。包装机械运转过程包含大量复杂的间歇式运动，主要由凸轮、连杆来实现。然而许多设计人员不会根据工作循环图和精度要求独立设计计算凸轮连杆机构的运动学和动力学参数，只是简单的把国外样机的凸轮连杆零件拆卸下来进行逐点测绘，造成执行机构误差很大。国产药品包装机械大多运行速度较低。如铝塑泡罩包装机的冲裁频率一般为 100～300 个 / min，全自动药盒包装机的装盒速度 50～200 盒 / min，而国际上先进的铝塑泡罩包装机的冲裁频率能够达到 600 个 / min，全自动药盒包装机的装盒速度能够达到 600～800 盒 / min。国产药品包装机械不仅运行速度慢，而且还伴有较大的噪音。如前所述的全自动药盒包装机噪音可以达到 80db，而国际水平噪音指数仅为 40db。

2. 控制水平落后。国产药品包装机械大多控制水平低、自动性差、故障率高。国产药品包装机械（主要指盒装和灌装机械）大多采用 PLC 作现场控制，而国外先进的药品包装机械大多由计算机系统实现监控，控制水平相对落后。大多数国产药品包装机械自动性较差，（1）普遍采用单机生产模式，全自动生产线少。（2）做不到全自动运转，需要人工加料，手动装箱。如一些纸盒包装机中，药版、说明书纸页、纸盒都需要手动加料，且需专人随时注意说明书、药版、纸盒是否已经用完，以免造成机器空转或造成缺说明书、药版、药盒现象的发生。（3）国产药品包装机械故障率较高，控制元器件（如继电器、电磁阀、接触器、断路器等）等经常容易损环，死机故障也时有发生。

3. 功能单一、可扩展性差。药品包装机械是针对特定的包装形式设计的，一般在规定的规格范围内可调。而我国许多药品包装机械在设计时考虑不充分，没有为进一步的改造留出足够的空间。致使设计的机械只能适应于几种简单的模板。不适应包装材料或模板尺寸的变化，即使适应，生产的包装成品质量也不佳。

4. 综合考虑不足，资源没有充分利用。我国药品包装机械设计存在着混乱现象，许多机械设计人员对电机拖动同步技术、伺服传动技术不了解，可用简单的电器设备解决的问题却用复杂的机械装置来实现，有的虽然采用了同步电机等装置来控制机构运行，但选取不当，这些情况不仅造成了资源的极大浪费，而且使设计的机械的性能低下。

5. 造型死板。我国的药品包装机械设计时很少考虑机械的造型，很多厂家生产的机械造型不美观甚至没有造型，给人感觉僵硬、死板、没有活力。一些药盒包装机中，螺钉螺母都安装在机器的外面板上，而一些润滑用的油杯和油嘴也随处可见，加油时容易使机器到处沾满油污，给人印象粗糙，不美观。

上述不足有客观上的原因，然而设计理念的落后也是一个主要的因素。针对此现象，本文提出将概念设计融入到药品包装机械的设计中，以此来改善药品包装机械设计的理念和方法。

二、药品包装机械概念设计的内容

自从 Path&Beitz 于 1984 年提出了概念设计这一名词以来，人们经过多年的研究，将概念设计定义为："在确定了任务后，通过抽象化，拟定功能结构，寻求适当的作用原理及其组合等，确定出基本求解途径，得出求解方案，这一部分设计工作叫做概念设计。"概念设计是指明确设计目的和现有条件后，设计者搜索多方面的知识，分析提炼后生成框架式的广泛意义上的解。药品包装机械的概念设计要求根据产品生命周期各个阶段，进行产品功能创造、功能分解以及功能和子功能的结构设计；进行满足功能和结构要求的工作原理求解和进行实现功能结构的工作原理载体方案的构思和系统化设计。概念设计的过程是一个求解实现功能的、满足各种技术和经济指标的、可能存在的各种方案并最终确定综合最优方案的过程。概念设计的作用主要体现在产品设计的早期阶段，总设计师根据产品功能的需求而萌发出来的原始构思和冲动形成产品的主体框架，及它应包括的各主要模块和组件，以完成整体布局和外型初步设计。然后进行评估和优化，确定整体设计方案。再由各部分设计人员把总设计师的设计思想落实到具体设计中去，实现细节设计。

实施药品包装机械的概念设计首先要求设计人员加强对药品包装的认识，深化理解药品包装的内涵，引进现代包装理念，积极与国际接轨。现代包装不仅是保障产品的安全，使产品运输方便，而且起着宣传、环保、防伪、美观等多方面的作用，包含大量的附加信息。药品包装机械设计人员应密切关注包装系统的发展，深入研究包装工艺，熟悉包装材料的发展和其对机械产品的要求。只有这样才能设计出满足用户要求的高水平机械产品。药品包装机械的概念设计的内容主要有：

1. 明确设计任务，做好可行性分析。设计者在进行设计工作初始阶段，应充分考虑产品的可行性。一方面是市场的考虑，包括产品销售、产品原料、制造费用的考虑；另一方面是产品加工的考虑，包括现有加工能力、加工工艺、加工性能及周边配套行业的考虑。周边配套环境的考虑主要指当地企业加工能力、加工水平、热处理工艺及基础设施的建设等。

2. 功能设计。我国大多数药品包装机械是对国外同类机型的仿制，但由于我国存在的特殊国情，须对产品进行适当的改造，以满足我国的要求，而不是一味的照抄照搬。设计的机械除需要满足盒装、灌装功能外，我们还须考虑包装机械的附加功能，如包装盒中应加入量杯，药勺等工具，以方便用户使用。在机种的开发方面可以设计较为先进的机械，如无菌包装机械、保鲜包装机械等，还可以开发药品包装前处理成套设备和后处理配套设备。

3. 功能分解。药品包装机械属于机电一体化产品，设计时应全面考虑各功能。一般而言，药品包装机械功能大致可分为机构运动、监测传感、信息处理及控制功能 3 大部分。机构运动功能按不同机种又可细分。如铝塑泡罩包装机可分为成型、热封、压痕、冲裁 4 大功能，而纸盒包装机械可分为折纸、下纸、药版推送、纸盒打开、纸盒传输、折舌、插舌、压平和打批号等功能。在设计过程中还要考虑机械润滑、机械安全运行、包装卫生等功能。这要求设计人员充分考虑检测技术，光、机、电一体化技术、计算机技术，气动技术、物流技术之间的交叉联系。

4. 机构设计。为实现预定的功能，我们需要使用不同的机构，这一过程中需综合考虑整机的各个部分，使设计的产品在满足使用要求的同时，结构简单、实用。药品包装机械机构设计时，应选择和组合适当的机构运动原理，充分考虑实现特定运动所需机构，如凸轮机构，连杆机构，凸轮连杆机构。同时还应运用分离传动技术，综合考虑传动轴（如花键轴和阶梯轴等）和传动系统的设计问题。设计过程中应尽量减少不确定性因素造成的影响，使机构运行平稳。设计时还应对机械进行动力学分析，以提升机械运行速度的平稳性。另外还应考虑包装机械的多样、可调、容错、可扩展、平稳性以及美观化，追求机械轻巧但稳定。设计过程可参考各类包装机械设计的长处，同时借鉴别的机械（如塑料机械、印刷机械）的优点。除进行机构设计外，还应考虑各功能另外的实现途径，如真空、电器控制等，以期最优组合该产品。

5. 系统控制方案的设计。药品包装机械中一个很重要的部分就是对各机构实时检测补偿，以保证设备运行顺畅。现在很多机械产品选用了大量的光电开关作为检测元件，有的机械上还装备有诸如微机检测泡罩系统之类的系统，这都需要精心设计，和整个控制系统连为一体。

三、药品包装机械概念设计方法和对设计人员的要求

由前所述，将概念设计引入到药品包装机械设计过程后，整个药品包装机械设计的流程如下图所示。药品包装机械概念设计是一个反复的过程，流程图中的每一步都是分析、评价、再反求的过程。设计人员必须深入了解产品的各种特性，掌握各种现代设计技术，综合评价，得出一个优化解，然后在此基础上反复修改，不断改进。

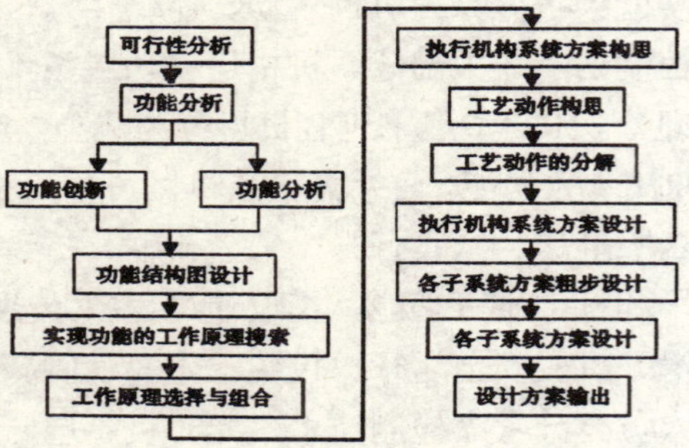

药品包装机械概念设计流程图

药品包装机械概念设计的具体方法有系统设计法、设计目录法、实例法、运动链发散创新设计法、键合图法、功能—行为—结构法、价值工程法等。这些方法都是对已有条件进行分析求解，综合考虑后得出最优解的过程。仅仅依靠人的概念设计将不能体现其优点，需借助计算机进行辅助设计，使用CAD / CAM技术，虚拟制造技术，动力分析技术，标准化、系列化、模块化技术，优化设计技术等现代设计技术对产品进行综合考虑、系统评估。

药品包装机械的概念设计是一创造性过程，对设计者提出了较高的要求，设计人员需掌握现代设计方法、先进制造技术、专业理论、商业运作等方面的知识。且需综合运用这些学科的专门知识和丰富的实践经验，并通过广泛的调查研究而占有大量的信息资料，再经过反复思考、推理和决策，才能创造出与众不同的、满足用户要求的设计方案来。

四、结 语

将概念设计的思想融入药品包装机械的设计可以减少设计失误，缩短设计周期，加快产品的开发，使设计的产品更合理、更具有亲和力、更适合人机工程，同时它也是降低成本和提高企业竞争力的主要手段。为了改善药品包装机械设计落后、缺乏竞争力的被动局面，以适应“后GMP时代”带来的挑战，设计人员必须重视产品概念设计，深化理解概念设计的重要性。

对我国平板玻璃包装现状的综合分析及问题的思考

杨振铎

（中国包装技术协会）

随着改革开放政策的进一步完善，市场的繁荣，我国平板玻璃生产有了高速度的发展，产量跃居世界首位，2003年产量达2.52亿重量箱，2004年还将有突破，产品质量也跨入了世界先进水平。平板玻璃除了满足国内需求外，每年都有大量产品出口，增加外汇收入。平板玻璃包装是平板玻璃生产中一个重要组成部分，研讨平板玻璃包装的改进，使其在装卸、运输、储存、销售中能承受冲击、碰撞、压力、温度等诸多因素的影响，对玻璃包装技术创新水平的提高和促进玻璃工业发展起着重要的作用。

一、简要的回顾

1.传统的木箱包装

平板玻璃的“传统包装”指的是木箱加稻草为填充物的包装方式。这种包装弊病很多，其中箱体结构简单、用钉不合理造成箱体稳定性的强度极差，加上填充物诸多原因，根本保证不了内装玻璃的质量，给平板玻璃营销带来了困难。

2.平板玻璃集装化运输的发展

在全国包装大检查后，为改进平板玻璃包装的落后面目，降低玻璃破损，减少对木材资源的过量开采，有关专家和玻璃企业开始考虑用铁制包装箱代替木质包装箱装运玻璃，并得到了国家相关部门和铁路运输部门的大力支持，为平板玻璃集装化运输的开展发挥了关键作用。从20世纪70年代末到90年代末，我国的平板玻璃集装化运输发展很快，全国集装化率已达45%左右，铁制集装器具总的分为二类（箱和架）十几种类型，为平板玻璃集装化运输做出了不可磨灭的贡献。

3. 平板玻璃木箱包装的发展

木箱包装作为我国玻璃产品主要的包装形式之一，20世纪80年代末改进平板玻璃木箱包装成为主导趋势，用稻草作箱内填充物的包装形式全部取消，代替其填充物有瓦楞纸、泡沫塑料、橡胶条、草纸板等材料；木箱结构也做了相应改进，关键部位的加固，有效增强了箱体的稳定性和强度；并改进了用钉合理的使用。形成了几种新型的平板玻璃木箱包装方式。

4. 其他代木材料包装的使用

菱镁混凝土平板玻璃包装箱：曾在西北和内蒙地区使用，该包装箱属于一次性使用，因占地面积大，管理比较困难。使用后工业垃圾难以处理，因此，不适宜推广使用。

瓦楞纸板平板玻璃包装箱：1992年南京工艺纸箱厂设计研制的瓦楞纸板高强力包装箱，其在公路上运输一次通过鉴定，但铁路运输还存在一定难度，尤其是起吊问题没有解决。

塑钢结构平板玻璃包装箱：塑钢材料包装箱完全可以装运平板玻璃，且有一定优势，但包装成本过高。

注塑平板玻璃包装箱：注塑包装箱在1993—1996年都出现过，但只是应用在较小规格平板玻璃的包装上，由于大型规格玻璃的涌现，注塑模具价格高居不下，玻璃包装难以采用。

强力折叠式平板玻璃集装箱：该箱结构复杂，制造烦琐，虽然可折叠、集装运输，但成本太高，很难开展使用。

蜂窝纸板包装箱：该类材料制成的包装箱用在装运钢化和夹层等深加工玻璃（规格较小的）还可以，因为该材料的戳穿力太弱，起吊问题不容易解决有待于进一步研制开发。

二、对平板玻璃包装现状的综合分析

前面粗略简述了近20年的平板玻璃包装的发展史，如果要谈目前平板玻璃包装现状，就难免对平板玻璃包装容器进行评价，如何正确评价我国现使用的包装容器，首先要保证玻璃产品在流通中的安全，即破损率，目前平板玻璃在流通中的破损率不过2%；其次要考虑运输、装卸、堆码、存储、回空、环境、成本等一系列问题，这的确是一项比较复杂而困难的问题。另外，由于诸多方面的原因，也不易评价。因此笔者只能选择“分析”这个词语来谈谈目前国内几种平板玻璃的包装方法：

1. 木箱包装：木箱包装是我国对平板玻璃传统的包装方法，制造工艺简单，利用木板和元钉钉制而成，一次性使用，用后不需要返回玻璃生产厂，用户比较欢迎。但我国木材资源紧缺，国家不得不从国外进口大批木材，以满足国内的需要。因此，木箱包装不是平板玻璃包装的发展方向。但随着社会主义市场经济的建立和发展，加上木箱包装有其他材料无法比拟的性能，说明木箱包装在平板玻璃的营销中有着一定的适用性，在提高适用性中又逐步改进了其结构、填充物、用钉方法、包装形式；其二，平板玻璃的营销方式、营销渠道早已转变，给集装化运输带来了新情况、新问题，但木箱简单、快捷的包装方式倒是显得必要和合理了；其三，浮法玻璃的大量涌现，也给能随时改变规格的木箱包装带来了方便；再有因铁路运力的紧张，玻璃企业资金的短缺，以及管理方面的诸多原因都给木箱包装提供了存在的必要性和合理性。

平板玻璃木箱包装虽然有它存在的必要性和合理性，有70%以上的使用比率，但与我国木材资源的匮乏是不相适应的。提倡过多使用木箱包装是不现实的，应该着手开发代木包装材料，创新平板玻璃包装技术，研制出新一代平板玻璃包装产品，在市场经济条件下展示出少用木材或不用木材的实用价值和经济价值。

2. 集装化运输：我国采用集装箱、集装架装运平板玻璃的包装改革已有二十几年了，不仅培养了一大批熟悉集装技术业务的管理人员，而且创造了显著的经济效益和社会效益，其重大意义和作用早已被玻璃生产企业、交通运输、物资储运和科研设计等部门所公认。但从比例来看，鼎盛时期也不过45%左右，目前也就是25%左右。就使用的集装器具说，“L”和“A”型架，因其结构和功能上的缺陷，基本上已淘汰，只有个别地区在公路运输中还在使用“L”型架少量装运。

（1）目前国内主要使用的集装器具为“H”和“HL”型的“折叠式集装架”，这种框架式的集装器具可有效地保护玻璃，其稳定性好，起吊位置在架体上部同一水平面，吊装稳妥，夹紧装置采用自重加楔块原理，操作方便，夹紧玻璃可靠，并可重载码放两层，折叠返空或折叠堆码存放。

（2）另一种使用架型是继折叠架之后推出的“整体套装式集装架”，这种架型是在“L”型架改制的情况下研制的，它有同折叠架诸多的优点，只是在堆垛存放和空架返回上是采用套装形式出现的。

由于玻璃生产工艺的进步，大规格的浮法玻璃涌现市场。平板玻璃的集装器具也在不断加大，“大规格整体套装式玻璃集装架”随之投放市场。

（3）由常州市雅仕锋新型包装公司研制开发的“滑动铰接复合折叠式平板玻璃周转箱”是又一种钢制的平板玻璃集装器具，它具有设计合理、结构紧凑、体积小、重量轻的优点，尤其是空架回空时，架体折叠后的高度仅为原架体高度的 1/5～1/4，且整体结构（包括夹紧装置在内的另部件）各另部件不会在流通中丢失，其折叠方式及整体结构也是平板玻璃集装技术的创新之举。但在装运中碰撞后容易局部变形，造成再使用的不便。

（4）高压密度板拼装式平板玻璃周转箱是株洲市卞大庆先生设计研制的，它借鉴了组合式木箱的包装工艺，采用高压密度板为材料，用特制的螺栓，以独特的连接方式完成了四个主要部件的结构，起吊部位采用双重密度板加固，保证了上部位置起吊平稳安全，玻璃满载后用钢带捆扎牢固。该周转箱装箱、卸载方便；玻璃破损少、节约木材资源、出口玻璃包装免检、回空周转使用是平板玻璃代木包装产品优选之一。

（5）弯曲木（胶合板）组合式平板玻璃包装箱也在玻璃包装市场投放使用。该包装箱采用多层薄皮木板经胶合，一次高温压制成槽型，制成上盖、下底、左侧档和右侧档四大部件，玻璃满载部件组合后用钢带捆扎。经检测各项指标均符合要求。有关专家认为该包装箱是平板玻璃包装中的一个新创意、新成果，是节钢代木新的包装产品。

3.出口平板玻璃的包装：改革开放使我国平板玻璃工业向深度和广度的推进，促进了我国平板玻璃工业由传统型到现代化，由内向型向外向型转变。出口平板玻璃目前还是以木箱包装为主，其中花格式大规格木箱居多，特殊玻璃的全封闭木箱和改裁后特小规格玻璃的全封闭木箱和斜支撑木箱也常见。在结构和板材尺寸上进行了改进，尤其在制箱工艺采用射钉枪技术，使出口平板玻璃包装受到外商好评，在国际玻璃市场受到青睐。

三、关于平板玻璃包装现状存在的问题及思考

我国平板玻璃包装改进时起时浮，有高潮也有低潮，到目前可以说是“稳步发展”了。对平板玻璃包装的发展和进步应该充分肯定，同时，亦对我国平板玻璃包装存在的问题也不应回避。那么，造成这些令人忧虑的状况其原因何在呢？

1.宏观调控力度不够，生产企业重视不足

我国平板玻璃产量宏观失控，造成年产量猛增的局面，一些玻璃企业不重视包装，只注重“建线提产”，70%以上的木箱包装有增无减。我们应该想到我国森林的覆盖率仅有 13.2%，水灾的发生，沙尘暴的出现无不与林木的乱砍乱伐有关。如果平板玻璃的年产量控制在 1.7 亿重量箱，那么 2003 年全年可以节约木材（以单耗 0.0042m^3/重量箱，木箱用量 75%计算）为：0.0042m^3/重量箱×（2.52 亿重量箱-1.7 亿重量箱）×75%＝258300m^3。每年就多砍伐近 26 万立方米的木材，这个数字要有多少棵树木被砍掉？真是触目惊心！相关单位和有些玻璃企业并未真正意识到包装的重要性，或是由于“种种原因”又淡忘了。这具体反映在几个方面：首先是平板玻璃集装化发展极不平衡；正因为业界对平板玻璃包装关注低，存在忽视平板玻璃包装现状的问题。这种忽视制约了平板玻璃包装改进的发展，甚至造成玻璃产品内销、外销的经济损失。从玻璃集装化发展的极不平衡来看，有相当一部分玻璃企业尚未起步，在 21 世纪的今天，百分之百的使用木箱包装是否和领导的思想认识有关？

有的玻璃企业集装化运输起步较早，但目前过量的使用木箱包装，而集装器具倒闲置起来，锈蚀损坏，直至报废。可喜的是还有一些玻璃企业对玻璃集装化非常重视，甚至是百分之百的使用。据了解，这些玻璃集装化运输较好的企业，经济效益也不错，而使用木箱包装较多的企业，经济效益多数不好。究竟为什么？

2.营销方式的转变，管理上的不配套

我国的经济体制转向市场经济后，平板玻璃的营销方式也随之转变。平板玻璃的营销以专营的玻璃公司大批量定货，转变为多渠道、小批量的购买方式。采用集装化运输平板玻璃不适应市场的要求了，以至平板玻璃集装化受阻。但是营销方式的转变，不能说玻璃集装化就不能搞了，铁路运输受到限制，还有公路运输、船舶装运，不是有的玻璃企业集装化搞的很好吗！关键是管理问题，由于有些玻璃企业对包装的忽视，包装管理组织形同虚设，或是某些处（科）室代管：有挂靠技术部门的，有归调度室管的，有设在销售部门的，有归供应部门代管的，还有挂靠企管办的、计划处或财务处的。更有的玻璃企业成立过包装专业组织，现在又撤消了，有的年年想成立，就是组织不起来，看来还是挂靠的好！

3.包装标准不完善，专业人才短缺

标准是衡量产品质量和工艺质量的尺寸，是整个生产活动的依据。就目前来说，木箱只有一部1993年颁布的行业标准：平板玻璃木箱包装（JC/T513-93）可以说过时了；集装箱架目前参照的是国标：平板玻璃集装器具架式集装器及其试验方法（GB/T6382.1-1995）和平板玻璃集装器具箱式集装器及其试验方法（GB/T6382.2-1995），这两部国标也应进一步修订完善。企业标准不统一，造成了平板玻璃包装容器的粗制滥造时有发生。

平板玻璃包装发展起伏、缓慢的原因造成了平板玻璃包装技术人员的短缺。据调查，我国从事平板玻璃包装的技术人员不足，而且多数是兼管人员。平板玻璃企业也不愿培养包装技术人员，有技术部门兼管就行了。领导想的只是“培养一个专业人才，要花许多费用，还需要相应的待遇”。倒不如请人设计，省去许多麻烦。所以，造成设计方面专业人才的缺乏。创新能力有限。不能适应平板玻璃包装的迫切需要。

4.改革力度小，固有阻力大

就平板玻璃包装来说，从节约木材资源、保护生态环境的角度考虑，平板玻璃企业的领导者应首先想到发展集装化运输或是代木材料的包装问题，关心包装重视包装，才能使包装更好地保护产品，为企业服务，为企业增加效益。一项创新产品和新技术出台后，经过反复试验、检测、论证后认为可以推广使用，并在节约木材、保护环境、降低成本、经济效益等方面都有成效，就应该积极支持并发展，这对国家、企业都是有利的。当然，很可能妨碍了某些人的即得利益，用固有的习惯势力，找一些冠冕堂皇的词语来搪塞新产品的出现，将会严重地阻碍平板玻璃集装化事业代木包装工作的开展。

总之，平板玻璃包装需要改进和发展，从发展现状看，主要是解决木箱包装用量过多的问题，如果说各级领导能以开拓的胸怀去重视，相关部门能给予相关的政策去支持，给予少量的资金去扶持，就能够创造平板玻璃包装的附加效益。所以，我们是到了应该重视平板玻璃包装的时候了。推动平板玻璃集装化运输，适当合理地使用木箱包装，鼓励开发代木材料的玻璃包装产品，促进平板玻璃产品在国内外市场上的繁荣。

大力推进信息化　提升包装产业竞争力

（中国包装网络管理中心常务副主任）　龚经强

包装业是国民经济和社会发展的物质基础，包装产业被称为“永不衰落的朝阳产业”，具有无可比拟的产业优势。现在，世界包装市场份额每年已超过8000亿美元。改革开放20多年来，我国包装工业一直以高于18%的年均增长速度递增。由于我国经济连年高速增长，社会政治稳定，有巨大的市场和丰富的人力资源，所以在新一轮国际产业结构调整中，发达国家制造业正在大举向中国转移。但是应当看到，我们现在还远不是包装强国。在世界500强企业中，迄今还没有一家中国的制造业企业。就劳动生产率而言，我国制造业只是美国的1/23、日本的1/25、德国的1/18。大部分企业技术创新能力薄弱，不少关键技术及设备仍然依赖国外。

为了加快实现从包装大国向包装强国的转变，迎接世界制造业基地向中国的转移，我们必须大力推进包装业的信息化，提高我国包装业的整体素质和竞争力。

1.信息化是当今世界制造业发展的大趋势，是

中国制造业实现跨越发展的重要机遇

自第一次工业革命以来，全球制造业先后经历了机械化、电气化和信息化三个阶段。信息技术出现后，信息化成为推动全球制造业进一步发展的强大发动机，制造业信息化技术由于集成了电子信息、自动控制、现代管理与生产制造等多项先进技术，能够同时调控物流、资金流、信息流，促进了产品设计的创新、企业管理模式的创新和企业间协作关系的创新，减少了资源消耗和环境污染，提高了产品质量和劳动生产率，从而大幅度增强了制造业的竞争力。发达国家的制造业早在上个世纪80年代就基本实现了信息化，现在正向高度智能化和网络化方向发展。目前世界各主要国家都在大力推进制造业信息化，我国与发达国家的差距如果进一步拉大，在未来国际竞争中将处于不利地位。

2.制造业信息化是加快实现工业化的突破口，是以信息化带动工业化的主战场

我国目前还处在工业化进程之中，距离完成工业化还有很长一段路。我们必须清醒地认识到：信息技术与包装行业的结合，关键体现在信息技术的产业化，只有产业化的信息技术才能给包装业带来巨大的影响和改变。应该充分利用信息革命的浪潮，大力推进信息化，加快信息技术在包装业的应用，以信息化带动工业化，以工业化促进信息化，进而实现全社会生产力的跨越发展。

3.包装业信息化工程的总体目标是通过信息化全面提升我国包装业的国际竞争力

我国包装行业信息化的战略目标是：建设与包装现代化进程相统一的包装信息化体系，构筑与包装现代化及与持续发展相配套的教育、科研与服务的新格局。这一目标是包装行业“十五”规划的重要任务之一。同时，在实现战略目标的过程中，在包装信息化体系的建设和完善进程中，要研究解决以下几个问题：（1）推进信息技术在包装行业中的应用与普及；（2）建设信息化网络；（3）充分开发和利用信息资源；（4）培养和引进信息化人才；（5）制定和完善信息化政策、法规和标准；（6）建立信息化效益分析体系等。

同时还要注意，包装信息化绝不是简单的计算机技术的应用问题，它涉及到企业基本素质、经营理念、行业管理行为和网络技术等诸多方面的变更与升华。落后的经营观念、管理行为和生产技术的不发达与先进的计算机技术的失衡，是实现包装行业信息化目标的障碍。实施包装信息化不仅是政策、行业或企业某一个层面的事情，必须实现政府行业与企业乃至相关行业各个层面目标的协调一致，以及观念、行为与技术的变更，尽快形成企业、行业技术创新机制，推动包装产业结构和区域结构的调整与升级，最终促进包装工业的现代化。

为了更好地启动行业信息化工程，中国包协成立了中国包装网络管理中心，其职能是制定包装信息网络的发展规划，规范包装网络的建设标准，建设全国性包装信息网络，推进信息技术在包装行业中的应用与普及，使中国包装互联网络的建设尽快步入正轨，并走在同行的前列。

4.信息技术是包装业实现市场战略的重要保证

信息技术在包装业的市场战略要素中是进行搜索市场动态、进行产品及创意宣传的有力工具，是实现市场战略的重要保证。从包装业市场的信息搜索上看，现代信息技术可以把时空差距几乎缩小为零。如今，市场经济在某种意义上就是信息经济，市场越发达，信息越重要。包装业市场如战场，做不到知己知彼，只能打败仗，信息技术在包装市场分析和科学预测以及包装技术开发上都应强有力地发挥“耳目”和“参谋”的作用，确保企业广、快、精、准地获得所需信息，赢得包装市场及包装产品竞争的胜利。

另一方面，在产品介绍及企业宣传上，计算机通信，卫星通信，光纤通信的飞速发展给人类提供了各种便捷、无污染的绿色信息通道，特别是随着技术和经济的高速发展，社会信息量的迅猛增加，使包装信息的畅通成为了事实，并不断为此提供更先进的设备和方式。

近年来，国务院、信息产业部及相关部门出台了一系列法规，促进产业发展。为降低互联网应用的发展铺平了道路，信息化建设已被提到一个相当重要的高度。随着政府、企业、家庭和学校上网工程的开展，互联网上网连锁经营管理等制度的出台，我国信息化基础设施建设和互联网行为规范化已有很大进展，主要表现在：

1.网民数量初具规模，增长进入高速时期

目前在中国，网民从以学生为主的玩网人群，扩大到白领、工薪族等广大社会中坚人群。据中国互联网络信息中心（CNNIC）报告显示，截至2003年12月31日，我国的上网用户总人数为7950万

人；上网计算机总数为3089万；CN下注册域名数量增长迅速达到34万，半年增长近10万；WWW站点总数接近60万，半年内增长12万；国际出口带宽达到27216M。表明我国互联网产业已初具规模。其次，网民占人口总数不足8%，远低于美、韩、新加坡等国50%以上的网普及率，因此还有着巨大的发展空间。根据国外的经验，普及率从5%到25%这一阶段，正是网民增长最快的“雪崩期”。

2.宽带网络发展迅猛，将向光速经济发展

目前我国网络基础环境有了很大改善。CNNIC报告同时显示，我国国际出口带宽从1997年25M增长到2003年底的27216M，专线、宽带上网发展迅猛。全国从骨干网到接入网都基本实现了宽带化，信息高速公路初见轮廓。中国已拥有世界最长的高速传输网络，互联网网络瓶颈节节打通，正在形成端到端的宽带应用环境。今天，用户可选的网络接入手段呈多样化，如拨号上网、ISDN、FTTB+LAN、WALN等。此外，网络内容分发存储（CDN、Storage）等新技术的应用，犹如信息高速公路上的立交桥，让信息传递更加快速畅通。

光速经济将使基于网络的虚拟世界与现实世界完美融合，基于网络的虚拟企业也将大行其道，网上电子商务、网络银行等将提供无间断服务，网络接入达到无处不在，随时可用的程度，互联网经济向光速经济发展。

3.经营走向务实，信息资源高速增长，“内容为王”时代正在到来

在互联网其他信息资源方面，随着“中国数字图书馆”、各行业数据库、企业产品库、网上影视音乐、人才交流、远程教育、电子商务等工程的推进，网上信息正呈海量增长。应用内容成为互联网制胜的法宝，“内容为王”时代正在到来。

4.构建新型产业价值链，进入新一轮的合作兼并阶段

目前，中国门户网站虽取得一定盈利业绩，但在营收上要全面稳定告捷，以及电子商务的全面启动，预计还需时日；互联网产业会首先在几个条件相对成熟的局部得到突破，然后由点成面，全面开花。在局部突破方面最大的可能是通过电信运营商与互联网企业合作，构建完整的新型产业价值链，形成多赢的网络合作经济模式。

回顾前阶段的互联网泡沫，让我们作出反思：在20世纪末期，中国网民规模不够大，价值也不够高。网站的内容空泛，对用户的粘度较弱；给网站投广告的相当部分实际多是网站的股东，而传统企业并未认可网络模式。盲目扩张、片面追求眼球效应、实际应用水平低等特征是前段发展中出现的突出问题，这也反映出人们对互联网发展有一个从感性到理性认识的过程。

中国互联网产业经过10年的发展，经过大起大落的泡沫阶段考验，目前将进入新一轮的合作兼并阶段，主要呈现三大特点：（1）务实不贪大，表现在网站与传统企业联手，朝实业网站、行业网站迈进。如2003年3月，中国包装网并购重组浙江中联展览有限公司。Tom.com公司投资5亿美元（首期1个亿）参与亚包中心建设。（2）网站间合作，实现业务优势互补。例如Tom通过对163.net的并购，填补其在邮箱服务的空白；（3）外资与本土公司争夺主角地位。中国的互联网市场将上演一场“强龙”与“地头蛇”的争夺，风险投资虽成为制造网络泡沫的导火线，但它并没有离去。现在第二波风险投资潮依然看好IT业，看好中国互联网。尽管对互联网的投资慎而又慎，现在风险投资商还是挑选了具备独有技术、盈利模式清晰、市场前景看好、务实的互联网企业。如美国eBay斥资3000万美元获得易趣33%的股份；3721获日本近千万美元风险投资。

历经入世冲击的中国企业，在企业信息化领域更具理性，而且占绝大多数的中小企业用户逐渐成为市场的主角。许多企业已经开始本着实用、低成本、逐步投入的原则，在不断产生的效益中建立起信心。随着这类企业的增多，企业信息化将进入一个快速成长期。而随着企业网站应用需求的不断提高，企业网站的功能已不单纯只是企业展示网上形象的窗口，通过网站收集、发布信息、开展网上贸易、网上调查、网上招聘、网上营销资源管理、网上客户关系管理、网上手机短信发布功能、手机短信查询等已成为企业下一阶段应用互联网和电子商务技术的主流需求。互联网企业与传统企业的联姻，不仅解决了企业电子商务、信息化改造过程中人才缺乏的问题，而且减小了企业的投入，降低了中小企业应用电子商务的门槛，从而帮助企业及早利用电子商务、信息技术提升企业的整体竞争力。

中国互联网产业经过10年的发展，经过大起大落的泡沫阶段考验，首先在几个条件相对成熟的局部得到突破，然后由点成面，全面开花。在局部

突破方面最大的可能是通过表现在网站与传统企业联手，朝实业网站、行业网站迈进，构建新型产业价值链。以浙江名闻遐迩的行业网站而言，不论是阿里巴巴、中国化工网，还是中国包装网、中国五金网，采用的都是 BtoB 的模式，服务对象是企业。这些行业网站，都缺乏综合网站和娱乐网站那样能抓住网民眼球的亮点，有些对普通网民来讲甚至"从未听说"。但行业网站的特点是能够为行业企业提供有价值的专业信息，因为企业需要这么一个专业的信息平台，只要网站的服务能给企业带来价值，它会付出成本。以中国包装网为例，作为中国包协惟一直属行业门户网站，拥有目前包装行业分类最齐全、功能最强大的信息发布和信息查询的信息平台，以专业化的行业信息和强大的网络技术全面服务于包装行业企业。利用"中国包装网"拥有的庞大联盟阵营（各包装相关行业机构、各包装相关专业服务机构和媒体组合等）进行全方位地对客户企业进行有效推广，如：在举办的一些大型招商引资活动中进行推介，在与中国包装网旗下的浙江中联展览有限公司、杂志（中国包装网月刊）、中国包装展览网（http://www.chinapackexpo.com）及合作报纸（中国包装报等）上进行全面推广，形成报纸、杂志、网站、会展、短信五大主流媒体进行时间及空间效果上的立体覆盖传播效应，从而达到事半功倍的效果。一个企业通过中国包装网发布信息后即被多家媒体及网站转摘，中国包装网上发布一条消息，传播效果往往超出了预先的计划。同时中国包装网在行业内的号召力也是首屈一指的，国内具有一定规模的展会都可以看到中国包装网主办、协办、独家网络支持的身影。2003 年 8 月 25 日，中国包装网入选《互联网周刊》发起的"最具商业价值的中国网站 100 强"，成为包装行业惟一获此殊荣的网站。

由此可见，网络经济并没有改变原来传统经济的基础规律，我们可以将网络经济理解为互联网技术和信息技术武装起来的传统经济，互联网只是改变了传统经济的一些商务运作和市场运作规律。因此，企业建网现在已越来越被成功的传统企业所关注，许多企业已经或者正在为自己企业建立网站寻找合作伙伴，并开始走向新经济时代数字化市场的尖端。

伴随着传统企业与互联网的整合已经成为国民经济各行业发展的趋势，我们仍需注意到：

1. 中国包装企业信息化发展需按不同行业、地区，结合实际总结典型经验

中国企业情况千差万别，仅靠少数典型，难以指导全面发展。需要通过科学的调查研究，在全面掌握实际情况的基础上，根据不同行业的特性和企业不同发展阶段的要求，分类指导，循序渐进。

据不完全统计，全国 500 人以下的中小包装企业有数十万家，其中大多数企业的信息化程度还很低，究其原因，主要是对作为信息化基础的网络化建设及其应用的水平还不高。如何提升这些企业的"用网"水平，可以说是紧密关系到我国企业信息化整体水平的提高。事实上，很多企业管理者都已经认识到及时、有效的信息沟通不但可以为企业节省成本、提高效率，还可以在充满竞争的环境下提高企业自身核心竞争力。IT 业界从最初的办公自动化(OA)、知识管理(KM)，到更加综合深入的 ERP、EAI 等，让企业更加高效、更加敏捷的企业信息化探索一直没有停止过。

我们认为，企业特别是中小企业信息化是一个渐进的过程，不是大而全，也不是高精尖，要在首先满足信息化基本的条件下进行，许多企业已经开始本着实用、低成本、逐步投入的原则，在不断产生的效益中建立起信心。随着这类企业的增多，企业信息化将进入一个快速成长期。

2. 中国传统企业要想顺利走上新型工业化道路，需要通过信息化增强企业活力和竞争力

随着经济全球化的发展，中国企业在做大做强的过程中，需要通过信息化增强企业活力和竞争力，顺利走上新型工业化道路。当前，中国包装企业正在走一条从单纯追求规模庞大转向强健有力的道路，信息化将从促进企业管理的现代化、产权制度的股份化、业务范围的国际化的角度，为企业创造更多的机会，更强的竞争力和更好的发展能力。

3. 提高中国包装企业总体的综合竞争力，关键在于坚持以信息化带动工业化，以工业化促进信息化，达成互联网产业与传统企业各自资源的有效整合，营造"你中有我，我中有你，共同进步，共同发展"的双赢局面

以信息化带动工业化是指运用现代信息技术，对企业产品设计、生产、管理、购销等信息资源进行整合和优化，以信息集成取代资源集成，带动企业产品设计方法和工具的创新、企业管理模式的创新、企业间协作关系的创新，实现产品设计制造的数字化、企业管理的系统化、生产过程控制的自动

化、制造装备的智能化、咨询服务的网络化、营销手段的电子化。

互联网在经历重重磨难之后，必将迎来较大飞跃，务实和理智将使互联网产业逐步复苏。互联网正以“第四媒体”独特的定位、丰富的资讯，在整个社会独树一帜，成为人们工作生活的助手和纽带。在前段抗击非典斗争中，网上交易、网上办公、网络教育等得到广泛应用，为减少非典对经济、社会活动的冲击作出了积极贡献，同时也推动了互联网自身的发展。

而包装产业今后的发展，必须把握我国数字信息化建设契机，加强与IT产业的融合，尽快加强电子商务、企业上网等信息化应用力度，以适应进入信息时代日益临近的国际商业竞争环境，努力开发多元化的经营方式和内容，以多赢互利共同发展来创造新的辉煌。

我国包装印刷设备的发展概况

韩晓良

（北京印刷机械研究所）

目前，我国包装印刷业的发展势头强劲，主要表现在瓦楞纸包装产品向大型家用电器、拼装家具、机电产品、水果蔬菜、鲜活海鲜、禽肉制品等包装产品扩张，不仅在数量上不断增长，而且由单色黑白印刷向彩色印刷发展。近年来，单层瓦楞纸正向多层瓦楞纸过渡，新型蜂窝纸包装的推出更提高了瓦楞纸的强度，从而进一步扩大了应用市场。多层复合纸和卡纸包装材料的用途更加广泛，已经应用于机电产品、家用电器、食品药品、服装鞋帽、日用商品、烟酒的内外包装。另一种广泛应用的塑料薄膜包装材料也主要用于食品、药品、生活用品的软包装方面。目前，这些包装产品已经深入到我们生活和生产中的每一个角落。同时，生产这些包装产品的包装机械设备制造厂也同步快速发展。下面以包装材料分类，介绍我国包装印刷机械设备的发展概况。

一、瓦楞纸印刷设备

瓦楞纸印刷设备主要以瓦楞纸印刷开槽机为代表，生产企业主要包括陕西北人印刷机械有限公司、上海电气集团印刷包装机械有限公司纸箱分公司、咸阳和丰印刷包装机械有限公司、湖北京山轻工机械有限责任公司等30多家企业。瓦楞纸印刷开槽机的印刷宽度从1600至3150mm、印刷厚度从2至11mm、印刷速度从180张/分钟至190张/分钟。在一次印刷过程中可以完成1至4色印刷、压痕、开槽、打扣手、打气孔、切角、分切等工序。

瓦楞纸印后设备主要包括平压平模切机、模切压痕机、圆压圆模切机、圆压平模切机、分隔机、切纸机、横切机、复合机、自动包装机、喷字机、自动折叠粘盒机等。主要生产厂家包括上海亚华印刷机械有限公司、河北玉田机械有限公司、北人集团公司、咸阳和丰印刷包装机械有限公司、上海申威达机械有限公司、长春印刷机械有限公司、四川中江利通机械有限公司、青岛美光机械有限公司等。据2001年对44家企业销售量的统计，瓦楞纸印刷开槽机18台、自动模切机127台、自动烫金模切机器277台、平压压痕机689台、切纸机2703台，销售额综合增长率约为 8%左右。其中，出口较好的企业有上海亚华、陕西北人等企业。2003年，销售量在保持继续增长的情况下，水性印刷开槽机的销量大幅增加，其中上海鼎龙销售量达100台。

目前，瓦楞纸印刷开槽机已经广泛采用水性油墨、感光树脂版、双面胶上版等先进技术和环保印刷器材。原来的单色印刷方式已向多色印刷转移；原来的瓦楞纸板直接印刷已向胶印复合印刷、直接水性印刷和采用凹印、柔印后的预印刷方向发展，使传统单调的包装印刷向着五颜六色的高档印刷品发展。

二、柔性版印刷设备

我国卷筒纸窄幅柔版印刷机的生产企业约有12家，分别是北人富士、上海紫光、陕西印刷、陕西黑牛、山西太行、瑞安东海、江苏宝南、温州神力、广东三星、山东青州、潍坊东航、浙江兰宝等。据对5家主要柔印机企业产量的不完全统计，1999

年为 7 台，2001 年为 14 台，2002 年为 13 台，2003 年产量开始下降，约为 10 台左右（其中一些新兴企业的产量未统计在内）。另外，单张纸四开柔印机于 2001 年在咸阳和丰厂问世，为印刷短版活多了一种选择。

柔版印刷机（瓦楞纸印刷开槽机因采用柔版印刷原理，通常也计算在柔版印刷方式之内）的进口曾有过一个高潮，近年来仍一直保持较高增长速度。现国内仅窄幅柔版印刷机已有 260 多台，其中国产占 20%左右。柔印机出口也在增长，主要是瓦楞纸印刷设备。根据海关统计，详情见表 1。

表 1　1998 至 2003 年柔印机进出口统计

日期	进出口	数量（台）	金额（万美元）
1998 年	进口	20	524
	出口	2	2.136
1999 年	进口	75	1828
	出口	14	12.26
2000 年	进口	88	1144.08
	出口	24	25.71
2001 年	进口	111	2803.4
	出口	25	23,94
2002 年	进口	75	2280
	出口	20	62.1
2003 年	进口	77	3340
	出口	27	90

进口主要厂家是：(1) MARK ANDY 美国麦安迪；(2) GALLUS 瑞士捷拉斯；(3) ALLIED GEAL 美国 A 牌；(4) APAIC 美国先锋；(5) FLEXO 美国博斯特；(6) NOVOFLEX 德国 W&H；(7) FA2500 丹麦 NILPETER 公司。另外，还有意大利跃券、英国富格仕、德国 F&S BHS、加拿大雅佳发等公司的产品。

随着柔印机应用的扩大，与之配套使用的耗材工业也随之发展。如水性油墨已有多家企业生产，其中陕西新世纪印刷材料有限公司已批量生产，在国内的市场占有率超过 50%。另外，上海锡克拜公司、上海 DIC 油墨公司也开始生产水性油墨。最近，洛阳百威林也试制成功，西安天心化工公司试制成功水性金属油墨。

柔印机的生产厂家包括：营口市印刷制版设备厂、曲阜天地、上海新星、泰兴方舟、广州白云科贸印务设备厂、江苏昌升等企业，品种较为齐全。

感光树脂版的生产企业较低少，尤其是窄幅柔印机使用的薄感光树脂版因受到技术的限制，目前主要依靠进口，这也是制约窄幅柔印发展的主要原因之一。

据有关专家估计，目前国内柔性版生产线约有 1/3 处于闲置状态，1/3 处于任务不足，另外 1/3 任务比较饱满。我国柔印方式仅占包装印刷的 3%，而美国则达到 60%～70%，已成为第二大印刷方式，2005 年将发展到 70%～80%。因此，推动柔版印刷的发展是我国业内人士义不容辞的工作。

三、凹版印刷设备

针对软包装的广阔市场，各种规格、档次的凹版轮转印刷机品种较多。仅从进出口凹印机的发展趋势上看，进口逐年减少，出口逐年增加，说明我国凹印机的制造水平有了较大提高。根据海关统计，详情见表 2。

表 2　1998 至 2003 年凹印机进出口统计

日期	进出口	数量（台）	金额（万美元）
1998 年	进口	113	2898
	出口	60	47.71
1999 年	进口	155	8544.9
	出口	60	70.51
2000 年	进口	155	4064.5
	出口	120	88.62
2001 年	进口	133	5922.9
	出口	162	139.9
2002 年	进口	195	7300
	出口	174	203.8
2003 年	进口	217	6900
	出口	334	381.2

由于我国包装印刷业的迅猛发展,增加了对凹印机的需求，除国营、合资企业外，不少民营、个体企业也加入了凹印机的生产行列，其中凹印机制造企业有：陕西北人印刷机器有限责任公司、温州神力集团、瑞安跃华印刷机械厂、汕头汕樟轻工机械厂、湖北京山轻工机械有限责任公司、顺德德堡印刷机械有限公司、无锡北人协民印刷机械厂等 40 多家企业。与凹印机配套的全自动分切机、中封、三边封制袋机、封口机、塑包机等生产企业也迅速发展。

为了进行实地印刷和专色印刷，尤其是各种烟酒外包装印刷需求量的增加，近年来单张纸凹印机供不应求，取得快速发展。据对北京亨利、上海紫明、上海海润、上海印包第三机械分公司和纸箱分公司、北京印联恒通等几家企业的统计，单张纸凹印机的规格有720mm、800mm、820mm、900mm、920mm、940mm、1020mm、1040mm等，凹印机的色组有单色、双色和四色，品种规格相当齐全，是发展的一大亮点。

四、纸张表面装饰设备

纸张表面装饰设备是印刷包装产品向精品化发展的重要手段。近十多年来，先后研制生产出苯溶剂、水性、干法覆膜机、UV上光机和局部上光机、压光机、压纹机、复合机（复金、银卡纸和其他纸张）、烫金机、接纸机等设备，生产厂家也较多，主要有：福建南平机械设备有限公司、天津轻工装潢机械厂、温州神力集团有限公司、温州群英印刷机械有限公司等近50家企业。据对其中8家企业的不完全统计，2001年生产覆膜机101台、上光机171台、压纹机4台，总的需求量在下降。

五、包装印刷设备的发展趋势

1. 绿色环保印刷将成为主流

随着包装印刷技术的发展，瓦楞纸印刷机、柔性版印刷机、覆膜机等设备已经实现使用环保印刷材料、消除油墨和复合剂对人和环境污染的目的。国际印刷市场的发展表明，在印刷方式中，柔版印刷方式将快速发展，其市场份额将迅速扩大，尤其在包装印刷领域最为明显。

2. 包装印刷设备复合化

包装印刷设备复合化指包装产品可以采用多种印刷方式进行组合印刷，并且印后工序如裁切、压痕、模切、复卷、折叠等作业可以在同一台机器上完成，使包装印刷的制造周期大大缩短，生产效率大大提高。

3. 数字化工作流程将进入包装印刷领域

目前，已进入数字化领域的设备，除印刷设备外，柔版数字直接制版机、凹版印刷的版滚筒、网纹辊激光雕版机、数字雕刻机都已经广泛应用。随着包装印刷业的发展，CIP3、CIP4、PDF、JDF等数字化工作流程也会进入包装印刷业，进一步推动行业的快速发展。

4. 无轴驱动技术广泛应用

卷筒纸凹版印刷机、柔版印刷机（包括卷筒纸平版印刷机、表格机、不干胶印刷机等）的各个功能机组，靠一根长轴连接传动，动力和速度的调整靠直流调速电机或变频电机。这种驱动方式不能实现流水线作业、设备调整环节多、印刷质量不稳定、人为因素多，同时不能实现印刷的个性化组合和柔性化作业。因此，应用数控技术，提高设备的自动化水平是当前发展的主要方向。

纸箱包装机械发展的新格局

郑　明

一、淘汰单面瓦楞机

单面机发展至今，因其档次低，不能保证纸箱质量，所以面临淘汰。

20世纪90年代初，国家发放出口纸箱包装“质量许可证”，认为单面机能够保证纸箱质量，这在当时还是从实际出发而做出的决定。因此，许多纸箱厂为了争做外贸包装业务，大量购进单面机。当时，湖北京山轻工机械厂正好赶上这班车，加大生产单面机。在90年代头两年，全国各地纸箱厂纷纷涌向地处偏僻的宋河镇，天天在京山厂里争相购机。该厂也由此兴旺起来。但二三年后，却渐渐冷下来了。这是因为，一方面单面机加工的纸箱，因纸板水分达不到标准，不能保证质量，特别是阴雨天气，用户限期要货却无法交货。如增加烘干装置，又用不起，而且烘干机又都不好使，许多纸箱厂开始还用一用，后来就成了废铁一堆，造成利润下降。另一方面，单面机产量低，不能满足企业发展的需要。有的厂为了扩大产量进了二台单面机，但产值还是提不高。直到90年代中期，我国纸箱包装机械的领头企业——湖北京山、广东肇庆、河北邯郸、北京航机、浙江宁波、山东烟台、河南宇航等企业陆续开发出“瓦楞生产线”供应市场，一大批靠单面机发展起来的纸箱厂，纷纷使用生产线（普通）替代单面机。使单面机变为生产线的补充，在一些小规格、低档次、内销纸箱的加工生产中继续使用。而批量大、要货急、外贸纸箱使用生产线加工。几年后，单面机就被生产线彻底代替。

目前，单面机在经济欠发达地区还在同单机配合使用。但为时不会太长，估计也就能再维持二三年的时间。

二、限制普通生产线

上世纪90年代中期，一批企业由单面机发展到生产线，虽然这是个飞跃，是生产线发展的起步。

但就设备档次而言，三层生产线及普通生产线，还都属于低档次线，产量低、质量差，不能满足市场发展的需要。国产普通生产线用了三五年，设备就老化了。近几年来，企业遇到了前所未有的市场变化和行业变化，市场的需求量扩大了，质量要求更高了。而普通生产线加工出来的产品质量跟不上市场的需求。为了既要提高产量，又要提高质量，设备必须上档次。同时，行业的变化使竞争开始升级，由紊乱竞争逐步转向有序竞争；由单一竞争走向合作竞争。新的竞争也要有新的档次设备作为竞争的手段。在使用普通生产线时期，大中小企业，都各做各的纸箱，都在市场上打混战。现在上了高档生产线后，既加工纸箱直接供应用户，又加工纸板供应给小厂，由小厂加工纸箱给用户。这是行业的变化。企业只有上高档线，才有竞争优势。这次设备档次换代风潮，来势猛，上的多。仅南京地区在一年左右时间，就上了7条大线，把普通生产线企业远远抛在后面。

普通生产线的数量将进一步受到限制，不断减少。但在经济欠发达地区，普通瓦线还是个宝，还有较长的发展期。若干年后，这些后进地区经济发展起来了，有可能被先进地区的高档线所渗透，普通低档线将被高档线代替。

三、发展后加工设备

这是纸箱行业发展变化的另一个落脚点，代表了纸箱包装的发展方向，将使纸箱生产进入专业化分工合作的新时期。

瓦楞纸板后加工设备是纸箱生产的重要组成部分。在经济发达地区，中小企业都在改造和加强后加工设备。把原来加工纸板的小设备去掉，按市场业务量重新配置和强化后加工设备。从根本上打破“大而全”、“小而全”的落后模式，使纸箱质量全面提高。只有这样，才能适应我国加入WTO后的市场需要。由于我国产品包装长期以来只强调外销包装的质量。今后，我国同国际接轨，在经济全球化时代，内外销产品包装的质量将日趋一致。在发达国家，内外销包装质量在国内市场和国际市场是完全一样的。我国长期偏重于出口包装质量，偏重于加工纸板的生产设备，而对后加工设备的技术、工艺、档次等尚未完全重视。例如苏州吴中三元纸盒厂，是一家典型的村办、小而全企业。原来加工纸箱有单面机、单机，后加工印刷、开槽、钉箱机等，都是国产设备，一年产值三五百万。老板动了一个脑筋，把国产小设备统统处理掉，从台湾购进一台小型印刷开槽机，一台自动钉箱机，使用外面高档线加工的纸板，通过后加工出来的纸箱，质量不亚于大线厂家的质量。产品质量上了档次，企业很快发展起来，产值扩大到2000多万元，效益200多万元。这是对后加工设备投资改造的成功典型。

四、高档大线的走势

高档大线向高速、宽幅发展，代表了新一代纸箱包装的水平。瓦楞纸板是纸箱的基础。有了高档大线才能加工出高质量的纸板，通过高档设备的后加工才有了高质量的纸箱。

高档大线在我国才刚起步。现在国产高档大线与国际高档大线相比还差距甚远。包装界有人认为我国纸箱包装机械已经达到国际20世纪90年代水平，国内某些包装机械企业为了兜售设备，也鼓吹自己的设备水平已经达到国际水平。而我国纸箱企业很少有机会出国考察，对国际设备不了解，听了国内包装机械企业大吹、小吹，也模模糊糊，似信非信。瓦楞生产线在国际上已有上百年的历史，而我国瓦楞生产线只有十年左右的历史。虽然我国赶超国际先进水平并不需要上百年，但也决不是十年就能赶上的。靠国产装备或进口一、二件装备，就鼓吹达到国际水平，这是骗人的。今后，我国的高档大线必须向国际高档大线发展。未来的纸箱包装企业是大的很大，小的很多。“大的很大”就是生产线档次高、速度快、门幅宽。国外高档线都在300m/min以上。我国现在还没有一家厂能有300m/min以上的生产线，而国产线100m/min就叫快速了。2.5～2.8m宽幅线在国外已很普遍，而我国是近几年才开始生产。我国的包装机械需要进行全面改造，要达到国际上高档、高速、宽幅还需要有个艰苦过程。在加入WTO后，国外包装机械也要进来，将加速我国包装机械向高水平的发展。

五、纸箱行业新格局

上述讲的四大变化，将构成行业的新格局。这个新格局将使大企业与小企业之间、大企业与中型企业之间、国外企业与地方企业之间进入新的竞争期，这是淘汰性的较量。

原来的中型企业将全部分化，自动下放到小企业队伍里争当排头兵。在小企业中将重新出现产值高、效益好、规模大的企业，比如年产值达3000～4000万，但还是小企业。因为搞纸箱的行家都知道，纸箱是加工产品，通俗地说，就是把纸搬进来，加工成纸箱又搬出去，还是纸，附加值不高，而未来企业大中小划分标准在不断升高。

大企业同中小企业之间有竞争，而更多的是合作。大小企业之间是相互依存的关系。大企业自找用户（大用户、高档次产品包装），自制纸箱不会超过总销售额的70%，其余30%以上要供应纸板（又叫纸片）给众多小企业。小企业以其灵活性、方便性、地方性（关系）以及廉价劳动力的优势争夺用户，只要有本事，大用户、中用户、小用户都可以争取，都可以满足用户的要求。今后，小企业后加工设备的档次就看业务量的大小，业务量大的小企业将会上高档次的后加工设备。

纸盒包装工业的发展趋势

许文才
（北京印刷学院）

随着现代工业的快速发展和人类环境保护意识的不断增强，纸盒包装的应用越来越广泛。尤其是折叠纸盒具有加工成本低、储运方便、适用于各种印刷方式、便于销售和陈列、适于自动包装、回收利用性好、有利于环境保护等特点，因此需求量不断增加，而且对纸盒的质量也提出了更高的要求。

一、板材及结构

纸盒使用的材料有单层、双层或3层，也有达4～7层的复合板。由于纸盒使用的领域在不断扩大，质量和性能要求越来越高，致使多层材料的用量有不断增加的趋势。常见的烟盒、药品盒、化妆品盒和部分食品盒等大都采用单层纸板材料；酒盒及部分食品盒大多采用2～3层复合纸板材料；一些对阻隔性要求较高的纸包装如饮料包装则采用4～7层的复合纸板材料。

折叠纸盒盒型结构既要满足纸盒封闭性和高速自动包装机的要求，又要适合包装印刷，特别是带有印后加工功能的凹印、柔印生产线的加工。为了方便顾客，要根据不同的目的和要求分别设计出具有特殊功能结构，如窗口、悬挂、提手、易开封开启撕裂口、倒出口结构等。

二、采用CAD设计

为了适应现代工业发展，缩短产品包装周期，提高纸盒精度和产品的市场竞争力，满足自动化包装及出口商品包装对纸盒的要求，德国、美国等工业发达国家在20世纪70年代就成功研制出纸盒计算机辅助设计（CAD）系统。80年代末，包装印刷企业已普遍采用了纸盒CAD/CAM新工艺。纸盒结构设计软件除具有交互式图形软件的基本功能，如高质量、快速完成图形生成、编辑、修改、标注尺寸等，还可满足纸盒设计的特殊要求，如设计纸盒盒片结构展开图、实现自动排料和纸盒立体图的任意旋转、显示纸盒的开闭过程，以及输出盒片模切排料图和设计参数，控制模切版、底模（背衬）版和模切刀具的制作等。

三、纸盒印刷向联机方向发展

折叠纸盒特别是药品盒较多使用专色，因此印刷色组数大多为6～8色，使多色卷筒纸印刷机（包括凹印、柔印和丝网印刷）的使用迅速增长。从目前折叠纸盒印刷市场的发展看，高档、大批量纸盒印刷中，凹印居主导地位；中小批量、中档纸盒印刷中，多采用胶印方式或采用柔印与丝网印刷组合方式。单张纸印刷机曾经是纸盒印刷的主要机型，具有制版简单、印刷色组标准化、通用性强等优点。但其印后加工复杂，一般只适合小批量生产。而卷筒纸印刷机采用联机切大张、烫印、模切、清废、复合、分切、复卷等所具有的优势，使折叠纸盒的生产工艺和联机生产设备的使用越来越广泛。多种工艺组合将成为如烟盒等印刷的理想方式。在印刷有层次的产品包装时，可选择胶版印刷；在印刷专色、金属墨时，可选用凹版印刷或柔版加丝网印刷方式。现代化的控制系统和先进的伺服技术，使得UV柔性版印刷、轮转丝网印刷、UV上光和从卷筒到卷筒的模切整合在一起，连续自动完成，从而大大提高了生产效率，并适合短版活印刷和重复印刷，尤其适用于折叠纸盒和不干胶印刷。

四、表面装饰的发展

由于覆膜后的纸张难以回收再生，使上光工艺的使用越来越受到欢迎，特别是环保型水性上光和UV上光越来越显示出竞争的优势。联机上光具有速度快、效率高等特点。在激烈的市场竞争中可以为产品增加附加值。为了更有效地进行包装防伪，越来越多的纸盒包装采用了烫印及相关工艺。因此，要求烫印设备应具有高速、高精度、操作方便、适用范围广等特点。烫印工艺分为普通烫印、冷烫印、凹凸烫印和全息烫印等。全息标识不仅具有非常好的防伪性能，还可以根据客户要求，将特殊号码或文字制作在全息标识中，此种方法在高档纸盒包装上的应用越来越广泛。圆压圆烫印的最大特点是线接触方式所带来的线压力，即使大面积烫印也会非常平整，不会像平压平方式会出现的气泡现象，即使是满幅烫印，也不会加大机器的负荷。

五、模切设备的高速自动化

版材的模切除国内常用的多层木胶合版（MULTIPLEX）外，国外还流行使用纤维塑胶版（DURAMA）和三文治钢版（SANDWICH）。多层木胶合版材易受环境温度和湿度变化的影响而产生变形，尺寸稳定性差。而纤维塑胶版和三文治钢版不仅精度高，克服了多层木胶合版易受温度和湿度变化影响的缺点，而且模切刀的使用分别为多层木胶合版的3倍和6倍以上。应用激光切割模切版不仅速度快、精度高，而且重复性好，特别是切割多联版和重复制作模切版时更为优越。

先进的平压平自动模切机大都采用可编程序控制器和人机对话触摸屏控制，机械传动系统大都采用气动离合器和扭力安全控制器等。除采用微机集中控制，不停机给纸收纸、自动定位、自动套准外，还具有自动清废、自动分离盒片功能，生产速度为7500～9000张/h，有的机型甚至高达12000张。配有自动控制装置的圆压圆模切机可以和轮转印刷机联动，以流水线形式生产包装纸盒，不仅提高了印刷、模切、压痕的定位套准精度，而且还可以控制纸卷的张力变化，从而保证了纸盒图案的正确套准。专门用来生产高档烟盒的卷筒纸圆压圆模切、烫印联动生产线，其主要特点是对已印好的卷筒纸板进行烫印、全息烫印、压模、模切、清废等一系列操作，从而将印张一次性加工成最终产品。平压平自动模切机正进一步向智能化、多功能、大幅面、高速度、系列化和联机加工方向发展，单张纸向卷筒纸、平压平向圆压圆、单机模切向联机模切方向发展

绿色包装战略的立法管理

韩锦平

（一）

自1972年6月联合国发表《环境宣言》以来，一场绿色革命开始了，包装界也开始了绿色包装，继《里约宣言》中提出绿色经济可持续发展的战略及五大要求：（1）人类处于环境与发展的中心，环境与发展密不可分；（2）为持续发展制定政策，在制定政策，制定社会、经济发展规划和法规时，要将环境与发展作为一个整体考虑；（3）不损害环境的工业发展和适度的消费规模；（4）管理目标的优生顺序应反映适用于环境与发展范畴；（5）加强为发展的资源保护和管理。由此，绿色包装的立法管理也进入了一个崭新的、以强调与环境和谐兼容的、适应生态环境的物资闭合循环管理阶段。

1978年以来，欧洲工业发达国家为发展绿色经济，首倡在国际贸易中逐步推行产品包装的“绿色标志”。凡标有“绿色标志”者，表明该产品包装从生产到使用，从消费至最后回收均符合环境保护的要求。一个产品包装只有取得了某国的环境标志，才能获得进入该国市场的“通行证”，否则禁其入境。1986年以后，欧盟一些国家又相继颁布了《包装废弃物处理法》等有关绿色法规，严禁不符合环境要求的包装入境。1991年，欧盟又发布了《包装/包装废弃物指令》。

从1998年1月1日起，只有符合各项主要规定的包装商品方可在欧盟市场上销售。指令中还包括包装废弃物的回收和再用，希望厂家、商家对其产品的包装废弃物所产生的环境影响负起责任，实现包装废弃物的有效回收利用和污染预防。这一法令的实行为各国厂商如何处理产品与包装提出更为明确，也更为严格的要求。

国际标准化组织ISO也站在全球绿色革命运动的前列。1996年1月1日起，（ISO）先后推出了“ISO 14001 环境体系”、“ISO 14014 环境标志”、“ISO 14026 寿命周期评估”等系列国际标准，对发展绿色经济、规范包装、促进绿色包装发展起到了十分积极的作用。经过几年的实践证明，世界各国厂商已开始慎重考虑包装设计和材料选择，力求在满足包装对产品的保护性、广告性、说明性的同时，增加其环保性能，减少浪费，降低包装成本。

与此同时，世界贸易组织WTO、“绿色和平国际”（GP）、“国际品牌联盟”（IBF）、各地民间环保组织（NGO）等也强调环境与发展、产品/包装废弃材料的回收和再生资源利用。绿色包装国际法规为绿色经济的持续发展做作出了贡献。

（二）

在这场轰轰烈烈的全球性绿色革命中，国外绿色包装的立法管理，以德国最具有代表性，大体可以分为以下三个发展阶段。

第一阶段是初步立法管理。1972年6月德国颁布的《垃圾清除法》，没有对废弃物的产生进行制约，以至于在随后的几年里，垃圾的增长一直居高不下，仍给环境造成污染。第二阶段是全程立法管理。即从源头减少与末端处置相结合的立法管理。自20世纪80年代开始，人们认识到环境的恶化与人类社会和经济活动密切相关，对环境污染的认识由末端的单纯治理转为控制源头。1986年对原《垃圾法》进行修改，出台了《关于避免和废弃物处置法》，相对于过去注重废弃物清除，更优先考虑避免或减少废弃物的产生量，强调回收利用；仅对目前技术无法利用的废弃物的产生量强调回收利用或进行焚烧及填埋处理。第三阶段是环境要素立法管理。即对资源循环与环境保护协调发展的立法管理。

1994年9月，德国颁布的《循环经济法》充分体现了上述指导思想。它与传统GDP和传统包装的不同点有六个方面：（1）强调资源综合利用、物质闭合循环的管理原则。首先必须以避免产生废物为主，特别是减少其数量和毒性；其次必须回收利用，或作为可用能源；最后剩下的包装废弃物以环境相容的方式填埋。（2）规定了资源闭合循环的义务。对所使用的包装物，只有对所产生的废弃物有正确的回收利用或合适处置的保证时，才可进入市场；（3）规定了厂商的环境保护责任。包装产品生产者具有避免废弃物，回收、再利用和处置包装废弃物的义务，提出了对其整个生命周期负责的生产责任制义务；当产品有毒成分过高，难以处理，不能保证与环境相容，就不许进入市场流通；（4）规定了包装产品的环境成本，需要收取押金者，应标明需求；对产品的生产者和销售者还规定了应承担回收的义务和有关费用；（5）规定了为保护环境避免产生包装废弃物的义务，即产品设计时就要考虑物质闭合循环、低耗、废弃物少等，鼓励消费者使用清洁生产的产品；废弃物有安全处置措施；（6）规定了环境相容的包装废弃物最终处置方式和管理监督的要求。

其他国家的包装法规大体上都效仿德国的《循环经济法》，采取经济抑制、生产者责任、经济鼓励、法制化管理、产品生命周期全过程管理等政策措施。纵观世界绿色包装法规和发展形势可以看出，绿色包装与环境保护正在经历以下八大变化：（1）环境保护和绿色经济意识正由局部性走向全球性；（2）在层次上正由各国的内政走向国际化；（3）在策略上正由“法制”走向“经济”，即策略将成为透过经济与市场机能达成环境成本的内部化；（4）各国法规与政策日益健全和严格，推出了一系列避免、回收、利用和处理的有效措施；（5）新型式的环境要素禀赋（包装环保税赋）推出；（6）清洁生产和ISO 14000环境认证，促进企业持续发展；（7）绿色经济意识、绿色消费运动与政府的绿色经济政策鼓励绿色包装产品的生产与消费；（8）产品生命周期评估技术的应用范围正在不断扩大。

我国虽然颁布了《固体废弃物污染环境防治法》等有关法规，但尚无专门的包装管理法规。2001年以来先后发布了一些解决包装白色污染的通知或临时管理办法。但是，由于体制不顺，相关法规不很完善。一些单位为了局部利益，置国家利益和人民群众利益于不顾，如今年两次被CCTV曝光的沱江污染环境就是一例。

由于没有专门的包装法规，长期困扰我国的包装废弃物造成白色污染的问题，一直没有得到根治。去年5月15日，政府有关部门又下发了《关于提高环保餐具产品质量加大查处力度的报告》。要彻底解决这一问题，不能只靠某一部门的行政命令，只有走法治的道路。

我国GDP排名世界第7位，但人均GDP却排在世界第110位。随着人们生活水平的提高，城镇建设的蓬勃发展，我国城市人口将在不长的时间内从目前的3亿增加到5亿以上，包装废弃物总量将会以大于10%的速率增长，如不采取措施，对环境造成的沉重负担将难以承受，对我国绿色经济和绿色GDP的负面影响不可忽视。

我国虽然地大物博，疆域辽阔，但可用资源特别是稀有资源远不能满足经济发展的需要。环境成本化和包装管理的立法问题，应该立即提到议事日程上来。包装废弃物的资源化问题急需通过立法措施加以规范，以促进经济与环境共同健康发展。

（三）

经济学是最古老的艺术，也是最新颖的科学。其实，人类一切活动都离不开经济学，世界环境与经济持续发展、产品包装与环境保护都离不开经济学。要了解经济学中的环境成本理论，就有必要介绍经济学中的两大理论：一是亚当·斯密的绝对成本学说；二是E·赫克歇尔的环境成本学说。

瑞典经济学家E·赫克歇尔(Elif Heckscher)在提出的环境要素禀赋理论中，首创环境成本学说。他把环境要素分为三大类，即自然资源（含土地）、资本和劳动。把自然资源又分为五类：农业和林业资源、渔业和狩猎用资源、矿产资源、水力资源以及运输资源。以他们为代表的理论对西方国家产业革命和国际贸易起到了积极的推动作用，对世界经济发展的影响极大。他们提倡的发挥“自然优势”生产（即环境成本论）、国际贸易与国际分工等理论，如今更加具有生命力。

环境成本是指产品在生产、使用、运输和回收过程中为解决和补偿环境污染、生态破坏、资源流失所需费用之和。一般说来，它由三部分组成，一是正常的资源开采、获取、使用应支付的成本；二是同资源开采、获取、使用及产品使用回收相关的环境净化成本和环境损害成本；三是由于当代人使用了这一部分资源而不能为后代人使用的效益损失。

世界包装与环境保护都有环境成本。根据经济学的原理，任何产品和活动都离不开环境。因此，所有产品和活动都存在环境成本问题。例如，环境资源被过度利用或滥用，造纸业把废水污水排入江河，污染了水源；工厂把废气排入大气，污染了空气；把废弃物随便丢弃，污染了环境，如此等等。

其主要原因就是使用了环境费用却没有进入成本核算，污染者没有因为污染环境而支付费用，但这并不意味着人类不付出代价。一般说来，这类费用由社会、组织或者其他人负担了，是一种极不合理的现象。

根据联合国“环境与发展原则”、“WTO 三大原则”，只有让相关组织（企业、公司、厂商）或单位承担这些费用，世界环境资源才有可能进入市场体系的资源配置，从而防止资源滥用和环境污染，保证人类的环境与发展。为了维护国际贸易公平竞争的环境，WTO 提出“三大原则”（即持续性原则、协调性原则、公平性原则），特别强调各成员国不得实行补贴的贸易战略。例如，一国环境标准较低，而其企业又无力承担治理环境污染的巨大费用时，为了保护本国的生态环境，由政府对其产品提供环境补贴，将本应由企业承担的环境成本转由社会承担，这显然违反了公平贸易原则。同时，由于该国出口产品/商品包装的成本中没有包含环境成本，它可以以较低的销售价格大量向他国出口，就构成了“生态倾销”（Eco-dumping），势必遭遇他国的反倾销。因此，WTO 提倡在国际贸易中实行“三大原则”，使用生态标识（Eco-labelling），以保证国际贸易的公平原则。

此外，更为重要的是，环境成本化的实施有利于将环境成本纳入国民经济核算体系，建立资源价值补偿机制、市场竞争机制，合理调节环境要素流动方向、结构和规模，防止稀缺资源“异化”为环境污染。将环境成本化，既能解决环境保护的资金来源，又真正反映了产品的价值，有利于实现国内环境资源的优化配置，有利于在国内、国际两种资源、两个市场，在更大范围内优化环境资源的利用，从而达到保护环境的目的，使世界的“环境与发展”同步进行。

（四）

绿色包装设计，是为了世界经济持续发展、保护生态平衡、保护资源而提出的。因此，绿色包装设计有以下四大原则。

1. 国际原则。主要是联合国的“五大要求”（如前面所述）和 WTO“三大原则”：（1）持续性原则，即保护环境，保障世界资源共享，持续使用；（2）协调性原则，即包装与环境保护相互配合，协调发展；（3）公平性原则，即当代人要考虑后代人的利益，公平使用。

2. 生态原则。在进行环保包装设计时，首先要考虑地球有限的矿产资源、生物资源、能量资源及生态平衡。然后根据 LCA 评估提供的数据选择合适的包装材料、包装方案。国际标准化组织 ISO 在这方面也提出了可行的方案。

3、4R 原则。我国每年包装废弃物高达 2000 多万吨，因而这是环保包装工程设计的一个重要方面。在包装“出生”时就要安排好包装废弃物的“后事”：或减少包装，或回收再用，或加工再用，或生产其它产品的途径或方法，以构成一个完美的包装废弃物的良性循环，减少对环境的负荷（影响）。包装材料、辅料（如粘合剂、缓冲泡沫等）能减则减，可省则省，能代就代；包装容器应有材料标识符号，便于回收再用；包装废弃物尽可能回收再生应用，减少一次性包装。前面三个原则实际上是国际流行的废弃物设计 3R 原则。

4. 评估原则。对包装进行多方面评估是全球性的发展趋势，特别是包装寿命评估（LCA）。进行绿色包装设计时，对包装进行生态寿命评估既是形势所迫，又是生产持续发展的需要，更是 WTO 国际贸易的必备条件。ISO 14000 国际标准明文规定，凡是国际贸易产品/包装商品必须进行环境认证（EA）和生态寿命评估（LCA），并使用环境标志（EL），由此可见其重要。

总而言之，绿色环保包装（Eco-pack）设计一要关注世界“环境与发展”同步进行；二要关注所耗材料和能量对自然环境资源的影响；三要关注释放到环境中的废弃物对环境的影响程度，即环境承受能力；四要关注包装与环境保护的环境成本，以保证我国绿色经济和绿色包装的持续发展。

大事记

EVENTS

大事记

EVENTS

【童爱平当选为BOPP行业协会会长】在BOPP行业协会第36次信息交流会上，江苏中达新饮料集团股份有限公司总裁童爱平当选为行业协会会长。

这次会议于2月28日在中达股份子公司——江苏中达新材料国际贸易有限公司召开，来自全国各地的20多家BOPP厂商参加了会议。中国包装技术协会副会长、申达科技工业园区管委会主任张国平出席了会议并作了重要讲话。

【第八届中国国际啤酒饮料及酿酒工业展在广州举行】第八届中国国际啤酒饮料及酿酒工业展览会于3月30日至4月2日在广州国际会议展览中心举办。为业界提供一个商业平台，让各展商及买家可以就业内的新技术及科技进行交流及研讨是本次展会举办的目的。

本次展会有来自12个国家的多家业内知名公司参加。展会展出各种最新的饮料制造技术及机械，包括各类饮料生产设备、包装机械及材料、充填设备如热灌装及无菌灌装、饮料配料、现场清洗系统、检测系统及辅助设备粘胶剂机械、喷码条码印制技术、吹塑机、注塑机、无菌生产机械及检测仪器等。由于展品范畴广泛，本届展会特设“饮料技术专区”及“乳品技术专区”展品专区以便观众搜罗最新技术。展会期间同时举办专题研讨会，包括“中国饮料发展论坛。”

【企业家要承担社会四大责任】“科学发展观的落脚点是以民为本。对于企业家来说，坚持科学发展观，就是坚持以民为本，善待百姓。”这是江苏省人大代表、中国包装技术协会副会长、南京金箔集团董事长江宝全在不久前召开的江苏省十届人大二次会议上发表的一番肺腑之言，从自己的角度出发，谈了对科学发展观的朴素理解。

【浙江年纳税500万元以上的包装企业达52家】2003年，浙江全省国税系统以“三个代表”重要思想为指导，全面落实“聚财为国、执法为民”的工作要求，牢固树立税收经济观，坚持“依法纳税，应收尽收，应退尽退，坚决不收过头税”的原则，按照“抓收入、促发展、严管理、强队伍”的要求，紧紧围绕发展这一主题，实现观念创新、制度创新、机制创新和服务创新，保证了国税收入持续、快速、稳定地增长。

2003年，全省国税收入历史性地突破千亿元大关，比2002年增长31.12%，从而为社会经济发展做出了新的贡献。这些成绩的取得，靠的是全省各级党委、政府及社会各界的关心支持，靠的是全省国税干部的扎实工作，靠的是广大纳税人的理解和依法履行纳税义务，尤其是占总收入40%以上的年纳税额超过500万元的1358户纳税大户的自觉依法纳税。日前，税务系统负责人在《浙江日报》“依法纳税，无尚光荣”的通栏标题下，以两个整版的篇幅颁布了“纳税大户光荣榜”，向全省广大纳税人，特别是纳税大户表示衷心的感谢。

【中国软包装行业受欢迎企业名单出炉】相关媒体公布了2003年度中国软包时行业内十大受欢迎的彩印厂、薄膜和粒子供应商、油墨供应商等名单。

受欢迎的彩印厂包括上海紫江彩印包装有限公司、奇妙包装（深圳）有限公司、宝柏国际控股有限公司等；受欢迎的薄膜、粒子供应商包括江阴申达包装材料有限公司、普立万聚合物（上海）有限公司和三井包装材料贸易有限公司等。

受欢迎的油墨供应商包括深圳深日油墨有限公司、上海DIC油墨有限公司和江门东洋油墨有限公司等；受欢迎的粘合剂供应商包括浙江新东方油墨集团有限公司、北京高盟化工有限公司等；受欢迎的设备供应商包括陕西北人印刷机械有限责任公司、汕头市汕樟轻工机械有限公司和中山市松德包装机械有限公司等。

【首届北京新印展开幕】首届北京国际印刷新技术新设备展览会于2004年3月16日在北京农展馆隆重开幕，来自新闻出版总署、中国印协、中国印工协、中国印刷集团、北京印刷集团公司、北京印协等单位的领导参加了开幕式。此次展会由北京印刷协会、香港高威展览促进有限公司共同主办，是在北京市为加快实现“新北京、新奥运”战略目标、团结奋斗之际举办的一次国际印刷业的新技术新设备交流展示盛会。

【全国塑料薄膜行业交流会召开】全国塑料包

装薄膜行业的新产品、深加工技术研讨会的内容越来越丰富了。于4月13日至15日在北京召开的这届研讨会有来自德国等七个国家的 11 家厂商以及国内4家厂商在会上就20个项目作讲演。

【2004 全国塑膜新品及深加工技术研讨会召开】有来自七个国家和地区的塑料薄膜设备制造企业参加的2004年全国塑料包装薄膜行业新产品、深加工技术研讨会于4月13日至15日在北京裕龙大酒店举行。

——中国包协的有关人员介绍，德国富乐斯多、莱芬豪舍、摩旦、贝尔斯托夫，日本三棱重工，美国 EGS 戴维斯，加拿大阿尔法，奥地利 NGR，芬兰凯威赫，意大利科林斯，香港捷成洋行，兰州中键、济南兰光，西安航空等在会上就二十个塑料薄膜制造技术及新产品题目与两百余家来自全国塑膜行业的企业进行深入的讨论。

【雄县塑料包装印刷行业峰会圆满召开】2004年3月18日，雄县塑料包装印刷行业峰会在河北省雄县白洋淀温泉城管理培训学院隆重举行。

保定市政府副秘书长苑丰平、中国包装技术协会副会长兼秘书长钱进、北京包装协会会长白荣五经及石家庄燕春集团、罗门哈斯中国公司、广东金明塑胶设备有限公司、台湾凤纪塑料机械有限公司的代表、北京科技大学的教授应邀光临此会。雄县各机关单位、乡镇领导，塑料包装企业，省、市电视台、报社等新闻媒体记者共一百五十余人参加了这次大会。

【中国条码15年表彰会在北京召开】 3月31日，"中国条码十五年表彰大会"在北京召开。大会总结了过去十五年中国条码工作的经验，并表彰了一批条码工作的先进单位和个人。

据悉，我国条码工作经过十五年的发展，物品编码中心拥有了 46 个分支机构，工作队伍覆盖全国。全国的条码工作已具有系统成员十万余家，上百万种产品包装上使用了商品条码标识，万余家超市采用了条码技术进行自动销售结算。条码系统已经形成了由千余家企业组成的自动识别技术产业队伍，我国还在条码工作中采用了ANCC全球统一的标识系统，使得我国的条码工作与世界接轨。

据悉，今后我国的条码工作的工作领域将从单一零售商品的条码标识扩展到非零售商品、物流单元条码标识，由此可以产生出诸如高效消费者响应、全球产品分类、全球数据同步、全球产品电子代码等新的工作领域，这必将进一步推进我国条码工作的发展。

【第六届西南印包会隆重举行】第六届中国西南（重庆）印包展于2004年7月7日至9日在重庆展览中心隆重举行。每年一度的西南印包会由重庆印刷协会、重庆海祺物资公司联合主办。

中国西南（重庆）印刷包装工业展览会从1999年至今已成功举办了五届。到目前为止，本届展会已吸引了威海滨田、北人集团、上海印包集团、上海光华、上海紫宏、江苏如皋、曲阜海恩、深圳精密达、台湾铋晟、青岛瑞普、中江利通、富士星光等国内知名厂家参展，显示出了西部市场的巨大潜力。

本届展会为了更好的配合参展商的现场销售，实现更大的成交额，真正的实现与客户的"双赢"，新海展览和海祺物资公司将一如既往的为参展商提供一手的市场需求信息，使"展"与"销"更完善的结合。

【塑料包装材料技术发展研讨推广会在汕头举行】由中国包协塑料包装委员会、中国食品工业（集团）公司共同召开塑料包装材料（与容器）技术发展研讨推广会暨中国包协塑料包装委员会第六届第三次年会4月在汕头市召开。

此次会议有一百多家海内外单位的人员参加，协会秘书长蔡明池在会上传达贯彻中国包协第六届全国代表大会精神，总结2003年塑料包装委员会工作和2004年工作安排，并详细地分析了2003年塑料包装材料经济运行情况；中国食品工业（集团）公司于亚总经理向大家介绍了中国食品行业现状及塑料包装的发展趋势，会议还邀请了奥地利兰精公司、德国W·H公司、美国3M公司、台湾汽巴精化公司、日本合成化学公司、德国贝尔斯托夫公司等分别介绍塑料包装新技术交流专题讲座。

会员单位广东金明、黄山永新、济南兰光、汕头远东装备、秦川机械、烈银化工等分别进行企业发展和新技术交流，其中济南兰光姜允中总经理所讲的"包装膜的气体渗透机理与各种测试方法的分析比较"，由于所涉及的尖端课题，引起与会专家的极大关注，详细询问了许多的问题，姜总均一一作了详细的解答。

与会代表收到了塑料委员会专家组成员的论文集，并参观了广东金明塑胶设备公司的多层共挤设备。

【纸包装和软包装设备展5月10日在京开幕】

纸包装和软包装是包装产业的两大支柱。中国国际纸包装设备器材展和中国国际软包装设备器材展为两大支柱服务，展示一流先进设备，于5月10日至13日，在北京中国农业展览馆举行。

【上海国际包装·印刷城开业大典隆重举行】 4月21日上午，上海国际包装·印刷城内锣鼓震天旌旗招展，中国包装行业盼望已久的盛事，上海国际包装·印刷城开业大典隆重举行。来自海内外十多个国家和地区的近三千名企业代表、政府官员、行业领导参加了此次盛会。

国务院参事、中国包协常务副会长闪淳昌主持庆典活动并致辞，全国政协常委、中国包协会长石万鹏、上海市人大常委副主任任文燕、世界包装组织秘书长卡尔·欧斯玛茨为开业揭幕。

【塑料、印刷、食品、包装机械展亮相广州】 由广东省包装和包装机械工业协会、振威国展有限公司等专业组织主办的2004'中国（广州）国际塑料、印刷、食品、包装机械展5月12—14日在广州中国出口商品交易会展馆举行。

广东一直处于改革开放前沿，完善的市场机制和外向型的工业体系，为广东的包装机械市场面向世界创造了条件。据省食品和包装机械工业协会会长宋智章介绍，珠三角地区的包装工业近年来一直以20%左右的速度高速增长，据省内统计，2002年广东全省包装工业销售额为556亿元，去年这一数字更是提高到了670亿元，由此可见广东市场的火爆。

据展会的主办人介绍，本次在广交会举办的专业盛会，将吸引来自国内29个省市区的展商及日本、韩国、泰国、马来西亚、沙特、印度、加拿大、俄罗斯、瑞典、德国及港、澳、台地区的客商莅临参观。展出面积达10000m^2，届时200多家国内外知名企业将携500多台套的先进设备与观众见面。

【天津生活用纸年会取得圆满成功】 在天津市举办的第11届生活用纸国际科技展览暨会议（CIHPC'2004）落下帷幕，展览和会议取得圆满成功。每年一次的年会是生活用纸业界的盛大聚会，与往年相比，今年的展览规模和参会人员之多前所未有，由于展览场馆新、面积大，使年会的气势更加热烈。在与国际性展览和会议接轨方面又迈出了坚实的一大步。本届年会包括展览、技术交流、碱法卫生纸专题研讨会、协会活动、贸易洽谈等多项内容。

【第七届造纸化学品技术研讨会在青岛举行】 中国造纸学会第七届造纸化学品技术研讨会暨山东造纸学会涂布纸及化学品应用推广会，2004年5月17日到19日在山东省青岛市青岛大酒店举行。

本次会议旨在有效传递国内外造纸化学品生产技术、品牌、功能的信息，交流各类造纸企业成功应用化学品的经验和成果，借此推动和提高化学品在造纸工业中的应用技术水平。

会议就造纸化学品与湿部化学控制技术，优质碳酸钙的物理化学特性及选用原则，双离子型淀粉改善新闻纸表面强度的生产实践，涂布纸的市场和发展趋势，造纸化学品在废纸脱墨浆生产过程中的应用和与造纸相关的化学品生产技术经验等方面邀请有关专家、学者和企业的代表作经验介绍，还有一些国外造纸化学品公司作技术报告。

【色彩管理系统及应用技术研讨会在京举办】 由中国印刷技术协会与《印刷质量与标准化》主办，文渊志达公司承办的“2004色彩管理系统及应用技术研讨会”六月在北京举办。

届时，会议邀请蒲嘉陵先生主持，并且特邀国内外著名印刷业专家高永清、李家祥、许文才、刘浩学、徐世垣、廉洁先生共同组成的专家组，与全国受邀到会的二百余位印刷厂高层领导一起，从图像输入、设计、打样（屏幕打样、数字打样）、CTF输出、CTP输出、制板、晒版、上机印刷等工艺流程入手，并配合纸张、油墨等相关辅助材料的特性，探讨色彩管理在印刷工艺流程的应用问题。

本次会议以技术研讨为核心，厂商发布的技术内容均通过本次研讨会专家技术审核组的审核。这次以技术为主题的研讨会是中国印刷业的首次，对推动目前色彩管理技术在印刷业的应用具有深远的意义。

【上海市政协主席蒋以任视察上海国际包装·印刷城】 上海市政协主席蒋以任在上海市普陀区委书记周国龙、副区长包建强等领导的陪同下视察了上海国际包装·印刷城。

蒋以任听取了普陀区政府有关领导的介绍。上海国际包装·印刷城总体规划占地1000亩，滚动开发。其中第一期占地83亩，被定位为“中国包装、印刷产业的中央商务区，行业CBD”。这个项目将成为中国包装、印刷界应对WTO，迎接全球化的战略高地。目前刚刚成功举办了开业典礼，已有300多家企业进驻，不久还将建设60层的包装大厦，以满足国际大型包装印刷集团公司的进驻。

【英皇家学院资深认证教师在华作专题演讲】 4月19日，由中国包装技术协会举办的“世界包装印刷发展在中国专业论坛”在新近落成的上海国际包装印刷城的现代化会议厅隆重召开。作为特约嘉宾，英国皇家包装学院的资深认证教师Alec Alden首先为200多家与会代表作了题为“全球纸盒包装设计的发展趋势”的专题演讲，介绍了欧美纸盒包装设计、印刷方面的最好资讯以及国际上普遍采用的CTP技术和工作流程，分析了降低纸盒生产以及印刷成本的方法，说明了不同印刷技术在各种材料上的应用，最后从市场驱动力的角度阐述了未来全球纸盒包装设计的发展趋势。Alec教授深入浅出的讲解加上各种图像、数据的演示，让听众受益匪浅。

4月20日，Alec教授又分两次就“全球瓦楞纸箱的工业发展”作了专题演讲，介绍了瓦楞纸箱在欧洲市场的最新应用和发展，比较了欧洲和亚洲、北美市场瓦楞纸箱工业的生产工艺和技术特点，阐述了瓦楞纸箱工业在全球的发展趋势，让与会代表对最新的瓦楞纸箱的生产、印刷技术应用以及发展趋势有了全面的了解。

【第七届“杜邦杯”环境好新闻奖评选活动在京启动】已经连续举办了六届、在全国新闻界和环保领域拥有广泛影响的“杜邦杯”环境好新闻奖，今年进一步扩大评奖规模，使奖项分类更为科学化，以吸引更多的优秀环保新闻。第七届评选活动日前在北京启动。

由国家环保总局主办、中国环境新闻工作者协会承办、杜邦中国集团有限公司协办的“杜邦杯”环境好新闻评选活动，从1997年开始已经评选出500篇（幅）获奖作品，并正式出版了六册《杜邦杯环境好新闻获奖作品集》。在此期间，一些亟待解决的环境问题由于“杜邦杯”环境好新闻获奖记者的深入报道而受到当地政府的重视，“杜邦杯”环境好新闻奖的影响力也因此逐渐扩大，成为国内新闻界的重要奖项之一。

【德鲁巴2004胜利闭幕】德鲁巴2004于5月19日胜利闭幕。所有参观者、参展商以及杜塞尔多夫主办方都认为这次德鲁巴大展已经成为预示着未来几年印刷媒体工业的导航标。

据官方统计，本次展会共有来自122个国家的超过394000名参观者。其中包括来自82个国家的3350名记者和30000多名工作人员，以及1862多家参展商。

在本届德鲁巴上，有超过四分之一的观众表示，他们对展出的用于包装和纸张生产加工的设备及流程很感兴趣。这类产品共计有294个展位，占地23276平方米，已经成为德鲁巴2004上第三大展示面积。

【崔立滨被黑龙江省委授予“小康建设红旗标兵”光荣称号】中国包协副会长、哈尔滨和鑫包装印刷有限公司董事长崔立滨日前被黑龙江省授予“小康建设红旗标兵”光荣称号。此次受到黑龙江省委命名表彰的“小康建设红旗标兵”共有100人。

【哈尔滨风华总经理被评为哈尔滨市青年五四奖章获得者】航天科工哈尔滨风华有限公司总经理祝文波被评为哈尔滨市青年五四奖章获得者。首届哈尔滨青年五四奖章评选活动，受到各级共青团组织的高度重视，纷纷推荐评选了一些政绩突出的、为振兴老工业基地服务做出突出贡献的优秀人才。经过组织严格考察、考核、测评、评选、公示等，最后确定10人获此殊荣。

【宁夏包装技术协会举行常务理事扩大会议】 5月19日，宁夏包装技术协会在银川举行了常务理事（扩大）会。自治区经委副主任高树校出席了会议并作了重要讲话。协会常务理事及部分理事40余人出席了会议。

会议传达了中国包协六届二次常务理事会和全国包协秘书长工作会议精神；通报了全区一季度工业经济运行情况；研究落实2004年全区包装行业重点工作；审议了“宁夏包装技术协会会费收缴具体实施办法”。

【昆明包装技术协会防伪专业委员会成立】昆明市包装技术协会防伪专业委员会成立大会6月2日召开。云南省标准化研究院石克燕院长、市包协王佑华秘书长、市科协领导、省内知名院校专家、包协团体会员单位领导30余人参加了会议。

这次会议的主题是“强化管理、普及提高、协作交流。促进发展”。会议由昆明市包装技术协会常务副会长兼秘书长王佑华主持，并代表防伪专业委员会筹备组介绍了委员会的筹建过程及情况。会上审议并一致通过了防伪专业委员会章程、任务及宗旨，选举通过云南省标准化研究院院长石克燕同志担任防伪专业委员会主任，许世华任秘书长。

【第十八届中国国际塑料橡胶工业展览会新闻发布会在京举行】 6月8号，第十八届中国国际塑料橡胶工业展览会在京举行新闻发布会。

第十八届中国国际塑料橡胶工业展览会于6月29日—7月2日在上海浦东上海新国际博览中心举行。

该展览会是欧洲塑料和橡胶工业机械制造商协会在我国唯一赞助的同类型展会，由雅式展览服务有限公司、国家轻工业联合会、中国塑料加工工业协会、上海塑料行业协会及上海外经贸商务展览公司主办及协办。

【中国印工协企业工作委员会工作会议在京召开】2004年6月4日，中国印刷及设备器材工业协会企业工作委员会在北京召开了工作会议，出席会议的有理事长于珍，常务副理事长王德茂，副理事长兼秘书长许锦枫以及企业工作委员会成员、有关媒体的新闻工作者30余人。

企业工作委员会主任鲁兵主持了会议，于珍、王德茂二位领导做了讲话。会议中心内容是讨论通过了《企业工作委员会工作条例》，调整充实了企业工作委员会成员。会议期间还举行了行业论谈。雅昌企业（集团）有限公司董事长万捷、上海中华印刷有限公司总经理潘晓东、北京印刷协会理事长林明、北人集团公司常务副总经理庞连东、北京华联印刷有限公司总经理张林桂、南京爱德印刷有限公司总经理韩沙宁等分别就我国印刷及设备器材行业企业现状、存在问题、今后发展，以及跨行业的企业管理、技术管理、如何振兴我国“大印刷业”等问题作了发言。

【全国纸包装行业年会结束】当中国包装装潢印刷工业协会纸制品委员会主任高燕云在2004年全国纸包装行业年会的报告中说，纸箱纸盒企业要赢得市场必须以扩大规模，技术改造，提升产品档次和技术含量，质量好，价格适中，诚信服务作为保证时，与会的八十余家纸箱企业的代表均表示赞同。

本届行业年会是由中国包装装潢印刷工业协会纸制品委员会与中国包协信息中心共同组织，于6月8日至9日在大连市举办的。

【杜邦中国包装奖正式启动】由美国杜邦公司设立的“杜邦中国包装奖”从2004年开始在中国评选，此项工作正式启动，为此，杜邦中国集团有限公司6月15日在北京召开“展示中国塑料包装行业风采，2004杜邦中国包装奖评选正式启动”新闻发布会。

此项活动由杜邦中国集团有限公司主办，中国塑料加工工业协会复合膜制品专业委员会作为顾问单位，上海励华国际展览有限公司承办。面向整个塑料包装供应链中已有商业订单或已实施市场销售的创意与革新，其中包括塑料包装新技术开发、产品包装新方式，新应用领域包装产品等，希望借此向世界展示和推广中国包装工业的实力及形象，提高国内塑料包装领域的科技创新水平。

【药品包装安全与标准化研讨会在京召开】6月20日中国医药包装协会在北京组织召开了药品与保健食品包装安全与标准化研讨会。国家食品药品监督管理局的领导、包装设计专家及制药企业的代表等70余人参加了研讨会。

近些年来，制药工业在我国有长足发展，化学原料药、化学药品制剂等产量已位居世界前列，但与之配套的药品包装发展则相对滞后。据介绍，国外发达国家的药品包装的产值占整个制药工业的20%甚至更高，但我国仅占到3%～5%。国家食品药品监督管理局药品安全监督司的领导介绍，我国目前实施的对药包材监督管理主要进行三项工作：首先，对药包材供应商进行质量审计；其次，对进厂的药包材主要质量指标进行把关；最后，对药品包装材料实施注册制度。

【2004年沈阳十大杰出青年企业家包装行业周建华、王晓晶榜上有名】由沈阳市政府、市团委、市青年企业家协会等部门联合评选的2004年沈阳十大杰出青年企业家日前揭晓。包装行业周建华、王晓晶榜上有名。这是几年来全市包装行业评选最多的一次，这一现象说明沈阳市在产业结构调整中，包装行业在全市经济中的地位日显重要。

周建华，沈阳中富容器有限公司总经理，铁西区人大代表，1994年由珠海中富委派来沈阳，先后组建了沈阳中富名下近10个项目和公司。公司获“中国最佳信用企业”称号，是美国“可口可乐”、“百事可乐”公司在中国的饮料灌装厂使用PET瓶的最大供应商。

王晓晶，女，沈河区人大代表，市工商联理事，区残联理事，沈阳市霞光印刷厂厂长。1995年开始独自创业，先后接收四个企业，解决108名下岗职工就业的问题，其中残疾人30人。

两同志同时被授予“沈阳市五四奖章”。

【北京市危包产品生产企业申领许可证工作正式启动】2004年6月22日，北京市危包产品生产许可证实施细则宣贯会召开，正式启动北京地区危包生产企业申领许可证工作。会议由北京包装技术协会李景华秘书长主持。

北京市质量技术监督局质量处石处长和李茹意等有关同志到会作了重要讲话。石处长强调贯彻国务院344号令《危险化学品安全管理条例》和《生产许可证试行条例》的必要性和执行《危包产品生产许可证实施细则》的重要性。重申了"凡在中华人民共和国境内生产并销售危险化学品包装物、容器产品的所有企业、单位和个人（简称企业），不论其性质和隶属关系如何，都必须取得生产许可证才具有生产该产品的资格。任何企业不得生产和销售无生产许可证的危险化学品包装物、容器产品。

【包装创新论坛在PROPAK CHINA 2004举办】 7月13日，国内首次包装创新论坛在第十届中国国际加工包装及印刷科技展览会上开幕。此次论坛将吸引各行各业的包装工程师和包装企业代表，展示国内最新包装技术和产品，推动企业的包装创新。此次论坛内容包括：1.探讨最先进的标识技术——RFID技术的应用，满足大型零售商的需求；2.美国全包通公司介绍："高质量≠高成本——最佳包装解决方案"；3.在线检测技术在食品和医药行业的应用；4.成型——灌装——封口（FFS）技术在食品和乳品行业的应用；5.英国包装机械协会（PPMA）秘书长Andrew Manly介绍有包装机械产品的CE认证的最新内容；6.英国皇家包装学院CEO Lynda Pursa主讲欧洲的包装发展。

论坛邀请国内外专家与听众进行面对面的交流讨论，并现场展示最新的包装材料和容器制品。食品、乳品、饮料、医药、保健品、日化企业包装负责人、采购经理、生产技术负责人。

【"华东地区镀膜行业联谊会"在南京成立】 由安徽省宁国双津（集团）实业有限公司发起并承办的"镀膜行业首次信息交流会"在南京国际会议中心召开，华东地区9家主要镀膜生产厂家参加了会议。

会议首先分析了镀膜行业当前面临的严峻形势。今年以来，市场供大于求，产能日益过剩，竞争日趋激烈，导致镀膜行业已处于无利和亏损的边缘。与会代表一致认为，镀膜行业必须积极采取切实可行的应对措施，实行行业自救，方能有效维护行业自身利益。因此，"镀膜行业的出路在于联合"已成为与会代表的共识。

会议决定成立"华东地区镀膜行业联谊会"，本次与会厂家均成为发起会员。联谊会在团结和联合同行业，在技术进步、设备改造、节能降耗、原材料采购、产品销售等方面，加强行业信息交流、行业宣传与合作，有效地维持镀膜行业市场秩序，推进行业自律，共同促进行业健康、协调发展。

【2004年瓦楞纸箱高层发展论坛在上海举办】 由上海市包装技术协会、纸容器包装委员会、国际现代展览有限公司、上海格雷展览服务有限公司主办，上海宝华展会服务有限公司承办的2004年瓦楞纸箱高层发展论坛6月14日～16日在上海新亚大酒店举办。

论坛邀请演讲者4位，与会代表共64位，分别来自浙江、福建、广东、南京、温州、山西、内蒙古。部分省市包协秘书长参加论坛。

论坛主要围绕中国瓦楞纸箱业现状和发展趋势及相应对策展开演讲和研讨。邀请了瓦楞纸箱机械制造厂商和有一定知名度纸箱企业的代表，共同研讨，互相交流。

【浙江省委书记习近平视察宁波中华纸业公司】 6月25日，浙江省委书记习近平等省领导在宁波市委书记巴音朝鲁、代市长毛光烈等陪同下来到宁波中华纸业有限公司三期工程——宁波亚洲浆纸业有限公司年产100万吨白纸板项目施工现场，受到金光集团总裁黄志源，公司总经理陈春福、常务副总经理董凤希以及员工们的热烈欢迎。

【牵手高交会ComNet展现国际信息科技新潮流】 第六届中国国际高新技术成果交易会10月12日～17日在最新落成的11万平方米的深圳会议展览中心如期举行。其中，计算机、通讯、网络、软件及数字化技术与产品展（高交会ComNet）是深圳高交会规模最大也是最重要的组成部分，今年的展览面积达3万平方米。基于对IT市场与技术潮流的分析，本次高交会ComNet全面聚焦国际领先的信息技术领域，为国内外厂家提供一个展示自己技术实力的平台，并为参展厂商以及观众把握未来高新技术应用潮流提供一个获取国际资讯的平台。对众多厂商来说，甚至于中小企业而言，高交会ComNet成为向用户以及潜在用户面对面传递自己真挚承诺的舞台。面对我国汽车制造业的强劲增长，中国的汽车产业呈现出蓬勃的发展态势，为此，第6届高交会ComNet展览会将全新推出汽车电子技术与产品展区，为中国汽车电子市场提供宽广的平台。

【K2004国际塑料与橡胶展10月在德国杜塞尔多夫举行】世界上最具规模的橡塑展—“K2004国际塑料与橡胶展”10月20日至27日在德国杜塞尔多夫展览中心举行。

半个多世纪以来，这个展会一直是全球顶级的塑料与橡胶工业展览盛会的同义词，每隔三年，来自世界各地的参展商和观众聚集在杜塞尔多夫，来了解塑料和橡胶这一富有活力和创新的工业领域的最新动态。

以“理念、创新、业务”为宗旨的2004年展会，有来自各地2800多家参展商登记参展，展位早在一年之前就已订购一空，这个展会将占据已再次扩建的整个杜塞尔多夫展览中心，净展览面积将达到160000m^2。主办方德国杜塞尔多夫展览机构得到德国机械制造商协会（VDMA）、德国塑料加工业公司（GKV）、德国塑料制造商协会（VKE）、德国橡胶加工协会（WDK）等单位的支持，展出内容十分丰富。

【中国包装技术协会9月中旬举办2004年全国软塑料包装新材料新技术研讨会】随着包装工业的发展，包装材料加工技术的不断提高，软塑料包装材料的用量骤增。特别是近年来，随着多种不同结构的新型软塑料及彩印复合技术的发展，软塑料包装材料不但广泛应用于食品、医药、日化等众多行业，也在包装的其它领域占有重要地位，它的应用正在成为一种发展趋势。但就我国软塑料包装行业整体水平而言，其技术、设备、工艺与产品质量还明显低于国际水平。而今后几年，将是我国软塑料行业快速发展的上升期。为进一步完善企业的技术水平，提高产品质量，满足各行业的特殊需求，中国包装技术协会于2004年9月中旬在北京举办2004年全国软塑料包装新材料、新技术研讨会。

【第十二届中国国际纸浆造纸暨纸制品工业展览会在上海举行】中国造纸开发公司与美国克劳斯公司联合主办的“第十二届国际纸浆造纸暨纸制品工业展览会”，2004年9月7～9日在上海国际展览中心举行。

这次展览会具有规模大、专业性强、国际参展商多、观众对口、研讨会水准高及实用性强等特点。此外，TAPPI组织的报告会也是本次展览会的特点，历年来深受造纸专业人士的欢迎。

【沁阳市关闭15家重污染企业】河南省沁阳市按照省政府规定，在6月25日前关闭的15家违法排污企业，提前两天全部关闭到位。

该市政府和环保部门按照省、焦作市政府的指示要求，环保、公安、工商、电业等部门密切配合，对应关闭的违法排污企业进行停产断电、拆除设备、清除原料、收回工商执照。在关闭的15家重污染企业中，有皮革生产、电镀企业等，还有造纸厂企业五洋造纸厂，被关闭了草类制浆生产线后，改为再生纸制浆。该厂负责人说，转产经济损失不小，再生纸的效益也低于麦草制浆，但增加了环保和社会效益，对于造纸企业的可持续发展充满了信心。

【包装装潢设计大奖赛引人关注】为了充分发挥包装设计产业在振兴东北老工业基地的作用，黑龙江省包装技术协会于6月26日召开了包装装潢设计大奖赛评奖会，对100多件包装装潢设计作品进行了认真评选，选出龙江设计之星金奖5名，银奖11名，铜奖11名；龙江设计新星金奖3名，银奖6名，铜奖8名。

此次包装装潢设计大奖赛评选活动，引起了省内各地市包协、包装企业，以及与包装相关的大专院校的重视和支持。他们积极踊跃报名参加，使大奖赛评选活动具有良好的群众基础。

【我国最大的尼龙薄膜生产基地在上海落成】我国最大的尼龙薄膜生产基地——上海紫东化工材料有限公司在上海成立。

8月3日，作为投资方的日本东洋纺绩株式会社与上海紫江企业集团股份有限公司在上海虹桥大酒店举行隆重的合资协议签署仪式。

上海市闵行区副区长张文越、日本东洋纺绩株式会社副社长山县浩一先生、紫江集团董事长沈雯出席了签约仪式。

作为五大软包装生产基材（BOPA、BOPET、BOPP、CPP、PE）之首的尼龙薄膜被世界公认为生产难度最高，而且复合包装中又缺其不可的材料。目前在国内市场还需大量依赖进口。

日本东洋纺绩株式会社是世界包装基材领域中最著名的企业之一，拥有世界一流的技术、研发、装备制造能力以及高端系列产品。

而我国规模最大、产品种类最全的包装类上市公司——上海紫江企业集团股份有限公司自成立以来，一直关注、研究和发展具有绿色环保概念的都市型包装新材料，在薄膜基材生产、饮料包装、纸塑包装、塑料软包装、标签生产、皇冠盖生产、油墨生产等领域形成了自己独特的优势，多项产品稳居中国同行业第一，历年来与可口可乐、百事可乐、达能、麒麟、统一、强生、花王、宝洁、壳牌、埃索、肯德基、雀巢、联合利华、杜邦等知名企业建立了紧密合作关系。

【2004 年中国国际啤酒饮料制造技术及设备展】由中国轻工业机械总公司和工商业展览有限公司共同主办的2004年中国国际啤酒、饮料制造技术及设备展览会9月6日至 10 日在北京中国国际展览中心隆重举行。这个被誉为规模最大、水平最高、专业性最强的亚洲贸易盛会总展览面积达25000多平方米。为期5天的展览会吸引逾50000名业界人士到场参观交流。

【南京市蒋裕德副市长到兰埔成新材料公司调研】8月5日，南京市副市长蒋裕德在南京市工商局、江宁区委及科学园开发区负责同志陪同下，冒着酷热到南京兰埔成新材料公司调研。

蒋副市长一行参观了公司自行设计制造的万吨级三层共挤双向拉伸聚酯线，详细询问了企业的生产经营及改革、改制等情况。在听取了徐成呈董事长的汇报后，蒋副市长对兰埔成新材料公司以实际行动认真贯彻落实科学发展观，为南京市实施“工业第一方略”，加快发展地方工业所做出的贡献给予充分肯定；对公司领导班子带领全体员工发挥“能打善拼，特别能战斗”的精神，勇于克服一系列困难，仅以十五个月时间就建成国内第一条、技术达到国外20世纪90年代中后期水平的生产线给予高度赞赏；对企业选择市场前景广泛，立足自我，走国产化、差异化的内涵式发展道路表示极大兴趣。当蒋副市长问及企业改革改制情况时，徐成呈董事长介绍说：“企业自2002年就较平稳地完成改制，我们做了充分的准备，给全体老职工进行了身份置换，从维护职工长远利益考虑，采取续签劳动合同的办法解决了部分老职工的后顾之忧”。蒋副市长对老国企如此平稳地改制给予肯定。

当蒋副市长了解到企业由于前期注册资本金小、贷款困难、且连日出现的高温天气，供电不足时，他当即责成随行的有关部门负责同志协调解决。

【我国上半年查处商标违法案 1.4 万件】据不完全统计，今年上半年，我国各级工商行政管理机关共查处各类商标违法案件13922件。

据国家工商行政管理总局介绍，上述案件案值总额4.52亿元，共计罚款0.99亿元，收缴和消除违法商标标识1223.29万件（套），收缴直接用于商标侵权的模具、印版和其他作案工具16894件，销毁侵权物品10952吨，移送司法机关案件14件，人数16人。

上半年，我国各级工商行政管理机关查处涉外商标（含港澳台地区）案件1309件，其中侵权假冒案件1303件，一般违法案件6件。

另据了解，今年上半年，全国商标申请量继续大幅增加，达到26.8万件，比去年同期增长30%以上。

【国际贸易与包装技术对策国际研讨会 10 月在京举行】由中国出口商品包装研究所主办的国际贸易与包装技术对策国际研讨会 10 月 11 日至 13 日在北京国管局第二招待所召开。

德、英、美包装与环境标准专家讲解国际最新标准。

据统计，我国每年有近240亿美元的出口商品因达不到国外发达国家的环保与包装要求而受到直接或间接的影响，国外技术性贸易壁垒中对商品包装的限制措施对我国企业的影响已十分突出。为使我国出口产品生产企业以及从事科研、检测、贸易、物流等部门和单位及时了解国外技术性贸易壁垒对我国商品包装的要求和限制措施，促进我国企业技术进步和扩大出口，会议邀请德国包装与环境协会主席、英国包装标准化委员会主席和美国包装专家协会理事长、英国皇家包装学院等包装方面的专家，就三国及欧盟有关包装法规、法令、标准、合格评定程序、标签与标记制度等包装技术政策进行讲解，并与参会代表进行包装技术研讨。此次研讨会旨在帮助中国企业突破国外的包装技术壁垒。

【《出口欧盟商品包装技术指南》企业座谈会在京召开】根据商务部关于技术性贸易措施体系建设项目计划，由中国出口商品包装研究所负责承担的商务部重点项目《技术性贸易措施体系建设——出口欧盟商品包装技术指南》，于 2004 年 8 月 16 日至 18 日在北京召开了由国内部分企业和有关主管部门和单位参加的座谈会。中国包装总公司、四川长虹电子集团、北人集团、联想集团、青岛啤酒集团、中国医药总公司、北京大发正大集团、北京纸箱厂、信息产业部包装办公室、北京出入境检验检疫局、青岛出入境检验检疫局、中国环境科学研究院、商务部13个单位的代表出席了会议。

【第三届中国装备制造业博览会防锈技术应用研讨会在沈阳举办】第三届中国装备制造业博览会

防锈技术应用研讨会9月2日在沈阳会展中心召开。

这次研讨会由辽宁省经贸委、沈阳市经贸委主办，沈阳市防锈技术推广基地、沈阳市涂装防锈协会、沈阳市防锈包装材料有限公司承办。

中国机械行业、省市政府、经济委领导到会祝贺讲话，中国科学院、中国机械工业协会、东北工学院等科研院所、大专院校的金属防锈权威及专家到会发表论文和研讨。另外，研讨会还邀请国内大型制造企业一汽、二汽、华晨金杯、上海通用、上海机床、沈阳机床、大连机床等数十家企业到会介绍防锈经验、与专家交流防锈信息。

【3万吨BOPP五层共挤多功能新材料生产线一次投料成功出膜】8月18日，江苏中达新材料集团股份有限公司入驻亚洲包装制造中心的子公司——江阴亚包新材料有限公司年产3万吨、五层共挤多功能新材料生产线一次投料成功出膜。这是中达股份继前不久CPP二期生产线一次投料成功出膜后，35天内的第二条新线建成，并一次投料成功出膜。

江阴亚包新材料有限公司五、六双线项目是中达股份与香港鹏隆实业有限公司共同合资建设的又一高新项目，总投资6亿元人民币，整条生产线是从日本三菱重工业株式会社引进，2003年8月20日开工建设。在建设任务重、质量要求高的前提下，做优、做精双线工程，赁借平膜企业设备的优势，吸取多达40条的建设性建议，各项工作围绕“稳、优、实”，精心策划、精心组织、精心施工，紧扣项目建设的各个环节，确保了每个节点目标高标准、高质量的如期完成。

【中国医药包协召开第七次会员代表大会】中国医药包装协会第七次会员代表大会在乌鲁木齐召开。来自全国各地制药企业、药包材生产企业、科研检测机构和各级食品药品监督管理部门的196名代表参加了本次会议。

会议听取了张鹤镛会长代表第四届理事会向大会做的工作报告，报告主要总结了2000年第六次会员代表大会提出的四项工作重点的落实情况。

【中国包协机械工业包装技术分会召开常务理事扩大会议】中国包协机械工业包装技术分会于8月16日至19日，在山西太原召开三届二次常务理事扩大会议。

会议研究的重点，为迎接明年扩大机电产品出口20周年，推进机电产品包装的企业管理向行业指导过渡。贯彻“专业定点、资质评定、统一标准、改进包装、国际接轨”的工作方计，实现机电产品包装的专业化、市场化、规范化，为明年机电产品出口达到3000亿元的目标而奋斗。分会名誉会长、全国政协常委、中国机械工业联合会会长于珍向会议作了书面致辞，分会顾问、国务院国有资产监督管理委员会大企业监事会主席贾成炳出席了会议，并作了重要讲话。

【首届科技出版发展论坛在京开幕】首届科技出版发展论坛开幕式于9月8日上午在中国科技会堂学术报告厅举行。中国科协副主席、党组书记、书记处第一书记张玉台致开幕辞，新闻出版总署副署长于永湛和中宣部、科技部、中国期刊协会、中国科学出版集团等单位的有关负责同志也出席开幕式并致辞。与会的还有中国版权协会、汤姆森科技信息集团、德国科技和工程学出版部（Springer出版社）的主要负责人，以及来自全国各地的科技图书、报纸、期刊、电子音像、网络出版机构的300多位代表。开幕式由中国科协书记处书记宋南平主持。

【胶粘剂行业金秋迎来两大盛会】10月20～22日，胶粘剂行业迎来两大行业盛会，一是在北京军事博物馆举行的中国国际胶粘剂及密封剂展览会；二是在北京喜来登长城饭店召开的世界胶粘剂大会。其中展览会已经成功举办了六届，本届展会的规模较以往有稳步增长：共有248个展位，140多家参展企业，展出面积达到5000平方米，预计参观观众4000多人。本届展会已有30多家国际知名企业报名参展，使展会较以往更具有代表性。其中汉高公司（Henkel）是首次参加此展会，并对此展会的专业性表示了高度肯定。

【流延薄膜技术发展研讨会在无锡召开】9月19日—22日，由中国包协塑料包装委员会组织召开的流延薄膜技术发展研讨会在无锡举行。来自全国各地与CPP、CPE流延薄膜有关的设备、原料、真空镀铝膜、高温蒸煮膜及彩印企业的代表100多人参加了会议。

【广东省表彰名牌产品五个包装产品榜上有名】9月21日，广东省政府召开全省实施名牌带动战略工作会议暨名牌产品表彰会议。在会议上，省经贸委主任陈冰代表广东省名牌带动战略联席会议宣布，2004年广东省有59家企业的64个产品被评为中国名牌产品，还有182家企业生产的187个产品被评为2004年广东省名牌产品（工业类）。陈冰主任在会上宣布，对每个获得中国名牌产品称号的企业，省政府将重奖100万元，并对获广东省名牌产品的企业提出表彰。其中，佛山杜邦鸿基薄膜有限公司的HG牌塑料包装薄膜、佛山塑料股份有限公司的汾江牌塑料包装薄膜、中山永宁塑料制品有限公司的力王牌胶粘带、永大（中山）有限公司的永大牌胶粘带等五个包装产品荣获2004年广东省名牌产品称号。

游宁丰副省长在肯定了前一段工作成绩后指出，广东省对名牌产品继续采取鼓励、扶持、保护的态度，今后不但要创建更多的广东名牌、中国名牌，还要创建国际知名品牌。游副省长还指出，今后名牌产品的评比要由行业协会、中介机构来进行，由市场来检验，而政府部门将逐渐淡出。

【首届湘高校设计艺术专业优秀毕业作品展在株洲工学院开展】首届湖南省平面媒体设计艺术作品展与首届湖南省高校设计艺术专业优秀毕业作品展9月18日在株洲工学院开展。

此次作品展分两大部分，一部分是湖南省平面媒体设计艺术作品展，共展出40多位平面媒体设计艺术家的80余幅作品，包括了北京、广州、深圳、上海等地湘籍设计艺术家的平面设计作品，汇集了湖南省高校、电视台、设计公司等创作的优秀媒体艺术作品。另一部分是湖南省高校设计艺术专业优秀毕业作品展，是湖南省内规模最大的一次高校优秀作品展。从湖南省20多所高校艺术设计专业的毕业作品中挑选出来的三百余幅作品、包括建筑设计、规划设计、室内设计、平面设计、包装设计、动画设计、服装设计、工业设计、媒体设计等多个设计门类、集中体现了湖南省高校的设计艺术教育水平。

【中国国际EPC与物联网高层论坛在京举行】2004年首届中国国际EPC与物联网高层论坛及EPC与物联网第二届联席会近日在北京隆重举行。EPCglobal、新加坡商品编号理事会，香港货品编码协会以及日本自动认识系统协会都派员出席。同时，本次论坛还邀请国家发展改革委员会高新技术司、科技部高新技术产业化及发展司、信息产业部信息化推进司、商务部信息化司以及国资委信息中心等有关单位领导出席。

本次论坛由国家标准化管理委员会主办，中国标准化协会、中国物品编码中心、中国自动识别技术协会、中国物流信息管理标准化技术委员会、AUTO—IT中国中心、中国ECR委员会等单位协办，由中国标准化研究院具体承办。本次论坛主要探讨国际EPC与物联网建设的技术、应用及发展趋势，研究标准化建设的发展策略，旨在进一步推动EPC、RFID和物联网在我国的研究、开发与应用。PHILIPS、德州仪器、SAP、华虹以及吉列等国内外知名企业就相关问题参与探讨。

【第四届中国杭州医药国际论坛暨药品食品包装技术博览会举办】由国家食品药品监督管理局和杭州市人民政府联合主办，中国医药国际交流中心、浙江省食品药品监督管理局和杭州市药品监督管理局承办的“第四届中国杭州医药国际论坛（药品、食品包装技术国际论坛）暨药品、食品、保健品及包装技术博览会”，于2004年10月19日至22日在杭州·浙江世界贸易中心举行。

【第七届中国国际胶粘剂及密封剂展览会新闻发布会在京举行】10月11日，第七届中国国际胶粘剂及密封剂展览会新闻发布会在京举行。

为了促进我国胶粘剂及密封剂工业高新技术的发展，展示近年来国内外胶粘剂及密封剂的技术进步和新产品的开发水平，加强与国际间同行的技术交流与合作，由中国胶粘剂工业协会与中国国际贸易促进委员会化工行业分会合作举办的第七届中国国际胶粘剂及密封剂展览会于10月20—22日在北京军事博物馆举行。参展内容包括胶粘剂、密封剂、原材料、辅料、仪器仪表、制品、设备制造等。这是国际胶粘剂及密封剂行业一次年度大聚会。由中国胶粘剂工业协会主办，美国、欧洲、日本、韩国、我国台湾地区胶粘剂工业协会协办的2004世界胶粘剂大会亦同时在北京喜来登长城饭店举行。这也是四年一度的全球胶粘剂行业盛会，有来自美国、德国、日本、法国、印度、南非等20多个国家的胶粘剂制造商、经销商、专家学者和用户等460余人参加，会上发表近60篇论文，举行这两次盛会是我国胶粘剂及密封剂行业的一件大事。

【湖南工业大学（筹）举行授牌仪式】10月10日上午10时，湖南工业大学（筹）授牌仪式在株洲工学院隆重举行。湖南省人民政府副省长许云昭等省市领导和该校近1000余名师生参加了授牌仪式。

为筹建好湖南工业大学，湖南省委、省政府给予了高度重视，将其列为了湖南省重点建设工程。该校占地4400亩，现有院、系34个，研究所29个，院士1人，教授100人，全日制在校学生27278人。2003年，该校的“机械设计及理论”等6个学科获准面向全国招收硕士研究生，它是全国惟一从事包装教育的高等学府，2003年被国际包装研究机构协会（IAPRI）吸收为正式会员。

【第九届国际食品加工及包装机械展在沪举办】由中国食品工业协会和上海市国际展览有限公司主办的“第九届国际食品加工及包装机械展”于10月12日至15日在上海国际展览中心举办。

这个得到国际上许多商会及各大食品机械制造加工商积极响应的展会，自1988年举办以来，每两年定期举办一次，至今已成功举办了八届。今年的展会有来自德国、意大利、法国、美国、英国、瑞典、瑞士、荷兰、比利时、奥地利、日本、新加坡、中国大陆以及香港特别行政区和台湾省等十五个国家和地区的参展商参加，其中德国BIZERBA、香港威博机械、意大利食品工艺、德国塞德曼、德国保利卡、德国特莱富、朗诺食品机械、美利经贸、东方莱茵 SGT（高乐）、山东小康、昆山好烤克、嘉兴艾博、嘉兴经开凯斯、上海花元、石家庄汉普均以大面积展位参展。

这次展出的内容有液体罐装设备、热收缩包装机械、贴标机、打印设备、屠宰及肉类加工设备、面包、糕点、饼干加工设备、真空、空压设备、果蔬加工设备、杀菌过滤、消毒设备、冷冻设备、食品分析及测试设备、食品添加剂及香精、香料等原辅材料。

【国际贸易与包装技术对策研讨会在京举办】金色的十月，受国家外国专家局委托，由中国出口商品包装研究所主办、中包安盛技术培训有限公司和北京包印通广告有限公司协办的“国际贸易与包装技术对策研讨会”于12～13日在京召开。

我国进入WTO后，针对国外技术性贸易壁垒对商品包装的限制益发突出的商贸形势，会议主办者邀请德、英、美等国的专家、学者，就欧盟及三国有关包装的法律法规、标准、合格评定程序、标签与标记制度等包装技术政策进行与国内有关人士“面对面”的研讨。

【2004第四届中国（中山）印刷工业及包装机械展览会隆重开幕】十月的北国，已是寒意渐浓，而此时的中山，依旧阳光明媚，花团锦簇，一派生机盎然的景象，2004第四届中国（中山）印刷工业及包装机械展览会暨中国广东包装财富论坛10月15日上午在广东中山会展中心隆重开幕。全国政协常委、中国机械工业联合会会长、中国印刷及设备器材工业协会理事长于珍，中山市市长、市委副书记陈根楷，副市长冯煜荣，中山火炬开发区管委会书记、副主任冯梳胜，中国印刷及设备器材工业协会常务副理事长王德茂，中国包装技术协会副会长、力嘉国际集团总裁马伟武，中国包装协会副秘书长赵军、刘承毅，广东省商业联合会秘书长赵东红，广东省包协副秘书长朱智伟，广东省印刷协会副理事长张香玉，中国包装报总编辑魏群等嘉宾出席了开幕式。

【“白色污染”治理对策研讨会在京举行】“白色污染”是世界性难题，各国的治理方法各不一样。中国在治理“白色污染”方面已经进行了20多年，比如禁止、替代、管理、回收、宣传等，有过一些成功的经验和失败的教训，但从总体看情况比较混乱，问题日益严重。面对诸多问题，综合国内外治理“白色污染”的经验，结合中国国情以及绿色奥运的契机，在北京环境科学学会的积极倡导和组织下，10月23日北京召开了“白色污染”治理对策研讨会。参会人员主要有北京市人大常委会城建环保委员会、北京市政管委、北京市发改委、北京市环保局、北京市工商局、北京市技监局、北京市固废管理中心、中国包装技术协会、中国塑料加工工业协会、中国环境科学研究院、北京市科学技术协会、国家环保产品质量监督检验中心、国家卫生部卫生监督中心、铁道科学研究院环控劳卫所、广州市环境卫生研究所、清华大学、北京工业大学、部分人大代表、北京通豪塑料制品有限公司、北京市金州安洁废物处理厂、南海波丽塑料包装有限公司、天津育新塑料包装有限公司、上海尚福包装制品有限公司、昆山保绿塑料资源再生处理有限公司以及中央电视台、北京电视台、人民日报、新华社、人民政协报、中国环境报、北京晚报的记者等80多人。

【云南省委书记白恩培率团赴宁波中华纸业考察】10月24日，中共云南省委书记、省人大常委会主任白恩培，省委副书记、省长徐荣凯率领云南省党政代表团一行110余人考察了宁波中华纸业有限公司三期工程。浙江省人大副主任李志雄，副省长王永明，省委常委、宁波市委书记巴章朝鲁，市委副书记、代市长毛光烈等省市领导陪同。金光集团总裁黄志源，宁波中华纸业总经理陈春福，顾问黄强，常务副总经理董凤希等公司领导到现场热烈欢迎。

【2004 国际气雾剂暨国际金属容器制造技术展举行】2004 国际气雾剂暨国际金属容器制造技术展览会于 11 月 16 日在上海国际展览中心开幕。展出面积 6000 平方米，国内外参展企业超过 110 家。展览会同期还将举办全国杀虫气雾剂产品质量分析会、国际气雾剂技术交流会及药用气雾剂开发及替代技术研讨会等行业会议。

【北京印刷学院第二届社会助学活动周开幕】北京印刷学院第二届社会助学活动周于 11 月 6 日在北京印刷学院隆重开幕。来自国家新闻出版总署、国家版权局、中宣部出版局、北京市新闻出版局、大兴区政府、中国印刷及器材工业协会以及海德堡、曼·罗兰，北人集团、豹驰等 20 多家国内外知名企业的领导出席了开幕式。北京印刷学院党委书记崔文志主持了开幕式，北京印刷学院院长曲德森发表了题为“探索产、学、研相结合的新型办学机制，为行业和地方经济社会发展提供优质教育服务”的开幕辞。

【第九届中国国际医药展览会暨技术交流会在京举办】由国家食品药品监督管理局、中国医药国际交流中心和杜塞尔多夫展览（中国）有限公司共同主办，以促进各国医药产业界相互交流与技术合作为宗旨的第九届中国国际医药展览会暨技术交流会（China-Pharm’2004）于 2004 年 11 月 17 日至 20 日在中国国际展览中心隆重举行。

【食品包装卫生安全研讨会在京召开】日前，由全球最大的软包装生产企业——加铝宝柏控股份有限公司、全球最大的水性粘合剂供应商——美国罗门哈斯公司、全球技术领先的油墨供应商——瑞士锡克拜油墨有限公司联合发起的“食品包装卫生研讨会”在京召开。国家食品药品监督管理局、国家环境保护总局、中国包装技术协会、中国食品工业协会、中国塑料加工工业协会以及 40 多家国际和国内的食品生产商代表和业内专家共计 100 余人，就国内食品包装安全卫生状况、国内外食品包装的相关法规和包装原材料的功能和发展状况等问题进行了深入的探讨。

【杜邦中国包装奖颁奖典礼在上海举行】宗旨为促进中国包装的创新，加速中国包装的发展，带动中国包装市场的整体提升，向全球展示中国包装工业整体形象的首届 2004 杜邦中国包装奖日前在上海揭晓，同时举行隆重的颁奖典礼。

出席这次颁奖典礼的有杜邦公司副总裁，杜邦大中国区总裁，杜邦中国集团有限公司董事长兼总裁唐博伟先生、中国塑料加工工业协会会长廖正品先生以及来自全国各地软包装企业的厂长、总经理等 150 人。

【环渤海印刷业发展高峰论坛在京举行】2004 年 12 月 13 日，由中国印刷技术协会、中国印刷杂志社，会同北京印刷协会、天津市印刷技术协会、河北省印刷协会、山东省印刷技术协会、辽宁省印刷技术协会、山西省印刷协会、内蒙古自治区印刷技术协会联合举办的“环渤海印刷业发展高峰论坛”在北京召开，新闻出版总署副署长于永湛出席论坛并讲话。新闻出版总署印刷复制管理司司长姜学中、副司长李琛，北京市工业促进局局长程连元，北京市新闻出版局副局长何宁，天津市新闻出版局副局长魏伟，河北省廊坊市副市长吕爱英等有关政府部门主管领导以及有关协会的负责人出席了论坛。环渤海地区的印刷企业代表、印刷科研教育单位代表和媒体代表 200 余人参加了论坛。中国印刷技术协会理事长武文祥致开幕词。本次论坛的主题是：“环渤海印刷业合作发展的机遇与对策”，论坛由原国家经委委员、中国印刷技术协会顾问鲁兵主持。

【2004 降解塑料国际研讨会暨标准宣贯会在成都召开】为了更好地推动降解塑料的技术进步，促进降解塑料的研发、生产和应用，建立和完善降解塑料产品的检验工作，同时引导各相关行业正确使用降解塑料，10 月 14 日～15 日召开降解塑料国际研讨会暨国家标准宣贯会议。

【日本包协代表团访问上海国际包装印刷城】日本包装技术协会代表团在上海包协庄英杰秘书长的陪同下，6 月 15 日参观了上海国际包装·印刷城。

包印城董事长钱成锡向来访的日本包协秘书长、事业部长一行详细介绍了上海国际包装·印刷城的十二大功能及城内入驻企业。在谈及未来发展规划时，钱成锡重点介绍了上海国际包装·印刷城第二期投资工程的重点项目——国际包装大厦，其目的是为了进一步打造国际性的印刷包装产业园，以吸纳更多的国际性大企业来中国投资，以品牌集聚，来推动我国包装印刷产业新一轮跨越式发展。

【我国首条出口欧洲的蜂窝纸板线在景德镇启运】7 月 13 日下午，由江西富祥机械设备有限公司自行设计制造的 FBJD 型蜂窝纸板生产线，满载 6 辆集装箱大卡车，伴随着阵阵的鞭炮声驶出公司大门，将飘洋过海在捷克共和国安家落户。据悉，这还是我国第一条出口的蜂窝纸板生产线，由此，结束了我国蜂窝纸板生产设备只有进口没有出口的历史，也标志着我国蜂窝纸板生产设备，已步入完善、成熟和高水平、高质量阶段。

行业简讯

NEWSIN BRIEF

行业简讯

NEWS IN BRIEF

【石万鹏出访澳大利亚新西兰】2月中旬，中国包装技术协会会长石万鹏在副会长谢力健、国务院国有资产监督管理委员会外事局局长王山川及国资委办公厅有关同志的陪同下，对澳大利亚、新西兰进行了正式友好访问。

此次访问是石万鹏同志当选中国包协会长以后第一次出访。澳大利亚和新西兰两国包协非常重视这次访问，澳大利亚包协会长威廉姆斯先生到机场迎接。

与澳、新包协负责人会面期间就包装行业情况、协会概况以及近期协会工作开展情况作了交流。石万鹏会长随后着重介绍了2006年即将在中国召开的世界包装大会情况，亚洲包装中心建设及招商情况。最后，石万鹏会长盛情邀请澳新同行在中国举办的世界包装大会，并率领企业来华投资合作，对方愉快地接受了邀请。石万鹏会长一行还分别参观了澳大利亚和新西兰的包装企业。

【亚包中心建设与中国包装产业发展高层论坛隆重举行】亚洲包装中心建设与中国包装产业发展高层论坛3月20日至21日在杭州隆重举行。会上宣读了中共中央政治局常委、全国政协主席贾庆林3月15日为亚洲包装中心的题词："建好亚包中心，提升包装产业，迈向包装强国，促进经济发展。祝世界包装组织亚洲包装中心建设成功！"

全国政协副主席王忠禹、中共浙江省委书记、省人大常委会主任习近平向高层论坛会发来贺信。

【张国平荣获"优秀民营企业家"称号】江苏省委、省政府在南京隆重召开全省民营经济工作会议。为表彰先进、推动民营经济快速健康发展，省委、省政府决定授予100家企业为"江苏省优秀民营企业"和100名企业家为"江苏省优秀民营企业家"光荣称号，并予以表彰。中国包协副会长、申达集团有限公司董事长张国平荣获"优秀民营企业家"称号；南京金箔集团有限责任公司、南京大贺户外传媒股份有限公司、无锡兴达泡塑新材料有限公司、江苏晟泰集团公司、淮安市飞翔纸业有限公司、江苏琼花集团有限公司、宿迁市彩塑包装有限公司等7家包装企业荣获"优秀民营企业"称号。

【首届中国西部民族包装设计精品大奖赛暨包装科技博览会举行】首届中国西部民族包装设计精品大奖赛暨包装科技博览会于8月举行，本次博览会立足西部民族特色文化，着眼于包装设计的色彩、图案、材料、结构、文字及造型等各个设计要素，以及设计——印刷——印刷材料选择——印制工艺的技术改进等方面，推出特色突出的作品，烘托产品主题，提升包装行业水平。

辽阔的地域，丰富的资源，独特的民族文化环境，悠久灿烂的民族历史文化，多姿多彩的民族风情，是西部包装行业发展的优势。本次博览会也是一次宣传西部相关企业，展示包装科技发展，加强西部与东部相关企业交流，扩大西部企业及相关产品知名度的好机会。本次博览会将以商业性、专业性和国际性为原则，以"世界的民族"为目标，打造国际包装博览会品牌，为今后每两年举办一届包装科技博览会奠定和夯实基础。

昆明市政府有关领导对此次活动十分重视，要求主办单位一定要把本次活动办成一个有广泛影响力的包装博览会，打造出一个有西部特色的包装博览会品牌。

【中国国际瓦楞展华南卫星展圆满成功】规模盛大的中国国际瓦楞展2004华南卫星展，3月29日至31日，在广东东莞现代国际展览中心举行。来自世界各地的250多家知名纸箱业设备与原材料供应商参加了展出，许多参展设备代表了当前国际纸箱纸盒生产设备先进水平。全国各地的纸箱纸盒加工业人士，不顾路途遥远，纷纷前来参观。展会为促进纸箱纸盒设备业技术水平的提高，开阔纸箱纸业人士眼界与思路，发展我国的包装工业，作出了突出贡献。

【亚包中心首次海外招商获得巨大成功在英国签订10.4亿美元投资协议】世界包装组织亚洲包装中心落户杭州后，首次在海外招商引资取得重大突破。北京时间3月31日晚在英国伯明翰举行的"中国日"新闻发布会上，签订了在亚洲包装中心总投资10.4亿美元的协议。

由中国包装技术协会、杭州市人民政府、亚洲包装中心联合组团参加了3月29日至4月1日在英国著名工业城市伯明翰举行的国际包装机械大展。前来亚洲包装中心展位洽谈投资、了解情况的外商络绎不绝。在新闻发布会上，亚包中心与美国信佳有限公司签订了总投资1000万美元的新型包装材料工业项目；与德国哈尔曼有限公司签订了“中德合资杭州哈尔曼——葆春机械有限公司”总投资3000万美元的包装机械工业项目；与欧美投资集团签订了总投资10亿美元的亚包贸易中心、欧美包装园等项目的框架协议。参加签约仪式的有国务院参事、中国包装技术协会常务副会长闪淳昌、英国加工与包装机械协会主席克来登和秘书长曼利先生、美国包装机械协会主席乔利先生等。英国包装组织还向亚洲包装中心总裁金祥佐授予“建成亚包中心，为世界包装业作出贡献”的牌匾。

【“零的突破”与持续发展纪念首次全国包装教育座谈会20周年】1984年4月23日，由中国包装技术协会教育委员会、中国包装总公司技术培训部和教育部有关司，在北京联合召开了我国首次全国包装教育座谈会。这也是我国第一次以国务院部委级政府部门召开的关于发展我国包装教育的专题研讨会。正是在这次座谈会推动下，我国正规院校的包装教育才踏上了起跑征途。2004年的4月23日，是我国包装教育界值得纪念的日子。

这次会议之所以值得纪念，是因为它是我国首次由中央主管部门，组织全国各有关方面，集中学习、领会中央领导关于大力发展我国包装教育的讲话。由代表们结合我国包装行业技术人才现状和需求情况抽样调查，进行认真学习、讨论，提高了认识，统一了思想，达成共识，从而对我国包装教育今后如何发展提出了切实可行的建议。大家一致认为，这次会议开得及时，大家畅所欲言，气氛热烈，生动。这次会议，大大鼓舞和坚定了代表们对大力发展我国包装教育的信心和决心。

【全国纸包装行业年会于六月举行】2004年全国纸包装行业年会6月7日至10日在大连举行。这届年会除有中国包装装潢印刷工业协会纸制品企业会员单位外，还邀请相关行业相关企业参加。会议由中国包协信息中心与中国包装装潢印刷工业协会印制品专业委一起组织召开。

会议的议程为，纸制品专业委年度工作总结，纸包装企业经营管理经验交流，信息交流及新产品发布，技术讲座及商务洽谈。会后参观大连联合包装制品有限公司先进的纸包装制品生产线。

【中国包装财富论坛首场专业论坛在上海召开】由中国包装技术协会主办的“中国包装财富论坛”，首场专业论坛——“世界包装印刷发展在中国”四月十九日在上海国际包装·印刷城大会议厅隆重召开。

中国包装财富论坛是由中国包装技术协会主办的品牌活动，主题为“包装、财富、发展”。此次论坛分为包装发展论坛、包装企业家论坛和包装专业论坛三大板块。其中“世界包装印刷发展在中国”论坛为重要的专业论坛活动之一，其主题为“技术、创新、发展”。

这个高起点、高层次、高水平的论坛在上海国际包装·印刷城开业庆典的前两天召开，中国包装技术协会的高层领导十分重视，中国包协副会长、秘书长钱进亲临论坛现场，并作重要讲话。

【泛亚洲制桶行业协会第五届北京会议召开】泛亚洲制桶行业协会第五届北京会议5月10日至12日在北京大观园酒店召开。来自中国、日本、韩国、新加坡、美国、澳大利亚等国家和地区的200多名代表参加了会议。全国政协常委、全国政协经济委员会副主任、中国包装技术协会会长石万鹏、国务院参事、中国包协常务副会长闪淳昌、中国包协副会长兼秘书长钱进出席了开幕式。

石万鹏会长在开幕式的致辞中讲道：几年来，在亚太地区各国以及国际社会的支持下，泛亚洲制桶行业协会的工作得到了很大发展，在区域合作进程中发挥着日渐显著的作用，向世界同行展示了亚太地区制桶行业寻求合作共赢的热切愿望。

【亚洲包装中心正式成为世界包装组织成员】正在瑞士巴塞尔召开的世界包装组织理事会决定，接纳正在中国杭州实施建设的亚洲包装中心成为该组织的正式成员。这标志着我国建立的第一个世界性产业中心——亚洲包装中心得到了全世界同行业的广泛认同，对我国从“包装大国”向“包装强国”迈进将起到积极的促进作用。

亚洲包装中心是经世界包装组织授权和我国政府批准在我国建立的世界包装产业中心，目前正在杭州实施建设。亚包中心总部将成为世界包装业的“小联合国”，制造业基地将成为世界先进包装制造业中心。在本届世包组织理事会上，世界包装组织主席埃里克斯先生为亚洲包装中心题词：“亚洲包装中心的建立是世界包装业的一件大事，它的建成对亚洲，乃至世界包装产业的发展，将起到巨大的推动作用。亚洲包装中心建设有中国政府强有力的支持、世界包装业同仁的积极参与，一定会取得圆满成功！”

中国包装技术协会副会长、亚洲包装中心总裁金祥佐代表亚包中心和中国包协出席了世界包装组织本届理事会，并会晤了世包组织主席埃里克斯和秘书长卡尔，向他们全面介绍了在杭州实施建设的亚洲包装中心进展情况。

世界包装组织领导对亚洲包装中心建设十分观注，并表示将全力支持中国政府和杭州市建成建好亚洲包装中心。

金祥佐在全体理事大会上就亚洲包装中心建设情况作了精彩的演讲，引起了与会代表的强烈反响并受到好评。

在本届理事会上，再次确定了2006年世界包装大会将在中国举行。

【石万鹏一行视察两公司】全国政协常委、全国政协财经委员会副主任、中国包装技术协会会长石万鹏，国务院参事、中国包装技术协会常务副会长闪淳昌，副会长兼秘书长钱进，会长助理杨伟民等一行五人，6月15日前往北京怀柔区雁栖工业开发区奥瑞金制罐在北京的北京奥瑞金新美制罐有限公司、北京奥瑞金印刷科技股份有限公司和波尔亚太（北京）金属容器有限公司视察工作，受到奥瑞金公司董事长关玉香、总经理周云杰、波尔亚太（北京）金属容器有限公司副总经理李贯乾的热烈欢迎和接待。

【2004 国际现代包装学术研讨会在株洲工学院举行】2004国际现代包装学术研讨会于7月3日至4日在株洲工学院隆重举行。本次会议以“21世纪的包装与教育”为主题，围绕包装高等教育与包装技术创新中的深层次问题，构建高层平台，交流学术成果，为推动我国包装工业的健康、持续稳定发展，实现中国包装技术协会“六大”确定的把我国建设成为“包装强国”的宏伟目标提供有力的理论、学术、技术成果支撑。

本次会议由中国包装技术协会主办，中国包装技术协会包装教育委员会、全国包装工程专业教学指导委员会、株洲工学院承办，《包装工程》杂志社、四川长江包装测试仪器厂、济南兰光测试仪器有限公司和中国包装报共同协办。来自美国、德国、英国、法国、澳大利亚、韩国等10多个国家及国内包装行业的42所高等院校和60多家企业单位的200余人参加了这次研讨会。中央政策研究室、国务院政策研究室、《学习与研究》杂志社社长兼总编辑倪力亚，国际包装研究机构协会主席、澳大利亚墨尔本维多利亚大学克斯·索维尔德教授，中国包装技术协会会长助理杨伟民，湖南省教育厅副厅长申纪云，株洲市副市长张雄等著名专家、学者和领导应邀出席。

【《绿色包装通则》国家标准审查会在北京召开】根据国家质量监督检验检疫总局国家标准制修订计划和全国包装标准化技术委员会标准项目调整计划，由中国出口商品包装研究所、中国包装科研测试中心、机械科学研究院、北京印刷学院、北京出入境检验检疫局负责起草的《绿色包装通则》国家标准［项目编号：包标委（2002）008 号］近日在北京召开了审查会。

会议由全国包装标准化技术委员会主持召开。国家标准审查部和交通、民航、信息产业、环保、出入境检验检疫、机械、包装、军队、质检、外贸、玻璃行业等有关单位和工厂企业的与会代表对标准送审稿进行了认真细致的讨论，并审查通过。会议代表一致认为该标准技术内容合理、先进、有可操作性，并可有效地指导我国绿色包装的生产和应用。该标准达到国际水平。

【调查包装行业有关情况】国家发展和改革委员会近日遵照中央及国务院领导同志的批示精神，对我国包装行业现状和政策进行调研。包装行业调研组于7月16日抵达杭州。亚洲包装中心总裁金祥佐在调研座谈会上全面汇报了亚包中心筹建情况，并提出了建好亚包中心的政策建议。

国家发改委的调查旨在为推动包装行业结构调整，促进包装行业健康发展。调查分为行业现状及发展趋势、存在的问题、存在问题的主要原因、政策建议四部分。浙江省经贸委在给国家发改委上报的“关于浙江省包装工业发展的情况汇报”中，将亚包中心建设列入政策建议的重中之重。浙江省经贸委的汇报中在分析了全省行业现状和发展趋势的基础上，指出了行业重复建设问题突出、由于生产成本增加使多数企业处于微利保本生产状态、内资企业面临更大的生存压力等主要问题，并剖析了深层次原因。在政策建议的第一条中要求给予“亚包中心”政策扶持，强调了在杭州建设亚洲包装中心的现实意义和战略意义。并指出：“我们恳请国家发改委将‘亚洲包装中心’项目列入国家重点建设计划项目。”同时建议：“‘亚洲包装中心’建设用地计划单列；国家在财政、税收、信贷、技改、出口、上市融资、海关等多方面给予亚洲包装中心政策扶持。”

调研组在杭期间，杭州市副市长、杭州市亚包中心建设领导小组副组长沈坚，浙江省经贸委副主任、杭州市亚包中心建设领导小组副组长徐震、杭州市经贸委主任王大安、副主任、杭州市亚洲包装中心建设领导小组办公室副主任陈伯雄等会晤了调研组全体成员。

【两项包装行业标准评审会议在京召开】由中国包装技术协会提出，由中国包协建材包装委员会为主要起草单位的《埋纱包装袋纸》和《夹筋包装袋纸》包装行业标准评审会6月21日在京召开。

会上，与会专家对两项包装行业标准送审稿的产品指标、要求、试验方法等技术问题进行了详细的讨论和审查，同时对标准的格式、专业术语的规范性等也进行了认真的讨论。经专家和企业专业技术人员的论证，一致认为本标准的内容具有科学性、先进性和权威性，能够作为纸浆复合夹筋包装袋纸的统一产品规范，指导制造商的生产和用户的使用。

本标准通过审查的同时，各位专家和与会代表还就标准中的专业术语的使用、语言和文字的组织编排等提出了宝贵的意见。

【《直接接触药品的包装材料和容器管理办法》出台】国家食品药品监督管理局以第13号局令发布了新的《直接接触药品的包装材料和容器管理办法》（以下简称《办法》）。新《办法》自发布之日起实施，原国家药品监督管理局2000年4月29日发布的《药品包装用材料、容器管理办法》（暂行）（国家药品监督管理局令第21号），以下简称《暂行办法》同时废止。

【亚洲包装中心将组团赴日韩两国参加会展】应日本包装技术协会邀请，亚洲包装中心将组团参加10月5日在日本东京国际会展中心举办的“2004东京国际包装展览会”。

亚洲包装中心此次组团参展，旨在进一步扩大亚洲包装中心的国际影响力，加强与世界著名包装机构、企业间的交流和联系，为实施亚洲包装中心全球招商引资做好基础工作。

此次展览会是由日本包装技术协会主办，日本经济产业省、外务省、日本包装机械工业会等协办，预计有500余家跨国集团、公司参展。

另应韩国包装技术协会邀请，亚洲包装中心将在结束日本“2004东京国际包装展览会”参展活动后，赴韩国参加于10月中旬举行的韩国包装学术大会。会上，亚洲包装中心负责人将就中国包装业发展现状、趋势，以及亚包中心适时落户中国、落户杭州对中国包装业发展的影响、意义进行演讲和学术探讨。届时，还将拜访和考察韩国包装行业的有关社团、机构、韩国包装界的学术专家和企业。

【环球时报负责人访问亚包中心】2004年8月2日，亚包中心负责人会晤了专程来访的人民日报环球时报社副总编、首都青年记者协会秘书长徐卫东先生。

会晤时，亚包中心负责人感谢环球时报社多次对亚包中心建设在宣传报道方面给予的大力支持，并详细介绍了亚包中心的筹建和规划情况。客人对亚包中心建设表示赞赏和关注，并表示将以环球时报和首都青年记者协会这两个平台，积极配合亚包中心建设进行宣传工作，特别是在适当的时候以青年记协的名义组织中央新闻单位到亚包中心进行采访报道。双方还就亚包中心的新闻中心工作、亚包信息中心未来规划和建设进行了交流。

【亚包中心负责人会晤韩国包装考察团】2004年9月1日，亚包中心负责人会晤了由韩国专程来访的韩国包装考察团，大韩民国行政自治部地域经济科事务官张炳铉、庆尚北道科学技术振兴科包装担当宋洪植、庆尚北道漆谷郡地域经济科包装担当李载洪、庆北新技术包装研究中心行政部部长金凤镐等一行参加了会晤。

会晤期间，亚包中心负责人对韩国包装代表团的到访表示欢迎，并就代表团成员所关心的亚包中心的性质、功能、作用，以及亚包中心的总体规划等作了详细介绍。韩国客人表示，韩国包装界对正在建设中的亚包中心十分关注，此次主动来访其目的就是希望通过直接接触、了解，建立未来的合作关系。

会谈中，双方就共同关心的科教中心、研发中心的规划，总部建设投资，以及韩国包装大企业、大集团入园政策等议题进行了交流。并确定将在今年10月份亚包中心赴韩国招商期间就双方合作框架作进一步磋商。

【中国民企500强揭晓22家包装企业榜上有名】全国工商联2003年度上规模民营企业调研排序榜日前正式公布。这是全国工商联自1998年以来进行的第6次调研。

在这份最新民营企业500强排行榜上，包装类企业占了22家，其中，尤以浙江籍企业居多，占了

14席，这也充分印证了浙江包装行业在全国的龙头地位，山东太阳纸业股份有限公司以287413万元的营业收入位居500强的第83位和包装企业的第1位。

以下22家包装企业榜上有名：

山东太阳纸业股份有限公司

无锡兴达泡塑新材料有限公司

浙江赐富化纤集团有限公司

华峰集团有限公司

宁波海天集团股份有限公司

杭州锦江集团有限公司

浙江胜达包装材料有限公司

四川科伦实业集团有限公司

四川华侨凤凰集团股份有限公司

湖南九芝堂股份有限公司

宁波太平鸟投资集团有限公司

山东华金集团有限公司

浙江景兴纸业股份有限公司

绍兴富陵实业集团有限公司

宁波培罗成集团有限公司

浙江无名皮塑集团有限责任公司

江阴联通实业有限公司

浙江华川实业集团有限公司

浙江永泰纸业集团股份有限公司

石家庄神威药业股份有限公司

宁波贝发集团有限公司

浙江新风热电有限公司

【利乐投资6亿北京设厂】经过一年的高效建设，利乐包装（北京）有限公司新厂于9月23日正式落成开业。中国包装技术协会会长石万鹏、北京市副市长张茅、瑞典驻华大使以及利乐公司首席执行官蔡尔柏先生先后致词并为新厂开业剪彩。国家有关部委和北京市政府的代表，中国乳品、饮料、食品、包装机械等行业协会及乳品企业的领导，利乐公司创始人劳辛家族成员劳辛先生出席了今天的开业典礼。

【我国将对过度包装立法】全国660个城市当中，有220个被各种垃圾包围，专家认为原因之一就是包装过度。为此，我国将立法对过度包装进行“控制”。

据了解，目前城市生活垃圾体积的30%是由各种包装物构成的。为了解决当前存在的包装过度问题，首次提请本月22日举行的十届全国人大常委会第十二次会议审议的固体废物污染环境防治法修订草案，一方面规定了对部分包装实行强制回收制度，另一方面，又针对我国目前对过度包装尚未作限制的情况，规定“国务院标准化行政主管部门应当根据国家经济、技术条件、固体废物污染环境防治状况以及产品的技术要求，组织制定有关标准，限制过度包装。”

全国人大环境与资源保护委员会主任委员毛如柏在就草案作说明时表示，随着我国经济的发展，包装物在生活垃圾中所占的比重越来越大。有效地控制和减少包装废物，对于减小固体废物产生量十分重要。

【2004华东地区包装企业合作洽谈会暨秘书长座谈会在井岗山召开】为加强华东地区包装企业的交流与合作，促进包装行业区域经济的优势互补和共同发展，经华东各省（市）包协秘书长共同协商研究，2004华东地区包装企业合作洽谈会暨秘书长座谈会近日在江西井岗山召开。参加本次会议的有江西、浙江、福建、山东、上海等省市包，协秘书长和华东各省市包装企业厂长（经理）60余人。

会议由江西省包协副会长李菊生主持江西省经贸委领导蒋国宾同志出席会议并作讲话。蒋国宾首先向各位代表致欢迎词并介绍了江西改革开放和经济发展以及本省包装行业发展的基本情况。并诚恳地邀请华东各省市同仁，多到江西走走看看，传经送宝，不断加强交流与合作，共同推进包装工业的发展。

【中包纸包装技术研发推广中心在温州成立】经中国包装总公司批准，中包纸包装技术研发推广中心10月21日浙江东经包装有限公司成立。中国包装总公司总经理助理马力任中心主任，浙江东经包装有限公司董事长蒋孟有任常务副主任。

该中心将与国内外大专院校和研究机构全面合作，研发新型纸包装材料、纸包装产品，并在全国推广，促进我国纸包装产业整体水平的不断提升，推动全行业纸包装产品的创新和发展。

中国包装总公司、浙江省包协、温州市各有关方面的领导到会祝贺。

【全国高职高专印刷与包装专业指导分委员会成立】为推进全国印刷与包装专业高职高专层次的人才培养工作，加强对该类专业教学改革的具体指导，经教育部和国家新闻出版署共同批准，全国高职高专印刷与包装专业指导分委员会日前在北京印刷学院成立。教育部高等教育教学评估中心副主任李志宏、中国包装联合会副会长钱进、新闻出版署人事教育司副司长孙文科、北京市教委高等教育处副处长徐山清、北京印刷学院院长曲德森等有关部门领导和专家专程到会祝贺。李志宏、孙文科代表教育部和新闻出版总署向委员会第一届委员颁发了聘书。该分委员会主任由北京印刷学院院长曲德森担任，副主任分别为新闻出版总署人事教育司副司长孙文科、北京印刷学院职业技术学院院长武军和上海出版印刷高等专科学校副校长藤跃民。

【青岛包协举行第五次代表大会】青岛市包装技术协会第五次代表大会暨包装工作会议在青岛召开。中国包协、省包协的领导到会祝贺。来自全市包装行业的厂长、经理及有关方面的领导140余人参加了会议。本次会议由市包协常务副会长，市包装技术办公室主任都本强同志主持，并作工作报告，市经贸委副主任、市包协会长王君庭同志作了重要讲话。会上转发了青岛市副市长、市包协名誉会长吴经建同志的书面讲话稿。

本次会议主题是：认真贯彻中国包协第六次全国代表大会和全国秘书长工作会议精神。总结回顾市包协第四次代表大会以来全市包装工作情况，探讨市场新形势下行业管理的新路子，研究部署下一步工作任务，选举产生新一届理事会，修改协会章程，更好地促进包装工业向纵深发展。

会议选举产生了协会新一届领导班子。此次当选的副会长、常务理事、理事大部分来自企业的厂长、经理。充分体现了企业家办会的宗旨。

【巡礼新世纪中国包装印刷业】由中国包装技术协会包装印刷委员会主办的《中华纸业杯》第二届中国包装印刷产品质量评比交流展示会，日前在湖南长沙隆重召开。

中国包协包装印刷委员会高汝楠主任、湖南省印刷技术协会马如俊会长、湖南省包装技术协会陈平生常务副会长、国家新闻出版署印刷复制司毛士彤处长等领导参加会议并致辞。

随着我国经济持续高速的发展，人民群众对商品需求也不断地提高，包装印刷已成为满足高需求，提高商品附加值的重要手段。

在市场竞争日益激烈的今天，提高包装产品质量，不仅是满足用户的需求，更是包装印刷企业自身生存与发展的需要，因而，备受包装印刷界有识之士的关注。

【中国包协金属容器行业工作会议召开】由中国包装技术协会和金属容器委员会主办的2004年金属容器行业工作会议11月14日至16日在上海召开。会议的主要议题是：面对原辅材料涨价和资源紧缺的双重压力共商应对大计。会议对金属容器行业如何依靠科技进步降低生产成本、“价格自律”和渡过难关力求尽快走出低谷，进行了广泛的讨论。

中国包装技术协会与上海市包装技术协会的领导对会议的召开十分重视。中国包协副会长兼秘书长钱进、马口铁产业联谊会会长邓宇、金属容器委员会主任委员马雨生、金属容器委员会秘书长翟之荣、气雾剂委员会常务副主任委员游一中等领导以及金属包装容器相关行业近300名企业代表出席了会议。会议在中国包协和金属容器委员会全方位的协调下，经过反复商讨，对部分金属包装制品的价格问题达成了共识。

【中国印协凹印分会成立暨第一次代表大会2004凹版印刷高峰论坛及国际技术交流会】中国印协凹版印刷分会成立大会暨第一次代表大会、2004凹版印刷高峰论坛暨国际技术交流会于2004年12月4～5日在北京隆重举行。成立大会由中国印刷技术协会副理事长、中国印刷及设备器材工业协会副理事长高永清主持，国家新闻出版总署印刷复制管理司副司长李琛、中国印刷技术协会理事长武文祥、中国印刷及设备器材工业协会常务副理事长王德茂、中国包装技术协会副会长钱进等有关方面的领导以及中山松德包装机械有限公司董事长郭景松、陕西北人印刷机械有限公司总经理陈邦设等企业代表出席了会议。

会议听取了分会筹备组组长许文才关于凹印行业现状及凹印分会筹备工作情况汇报、听取分会筹备组副组长左光申关于中国印协凹印分会条例的说明。审议通过了凹印分会条例，选举了北京印刷学院印刷与包装工程学院院长许文才为凹印分会理事长，选举张瑞林、赵洪雷、江继忠、黄炳文、魏来法、刘仁骁、刘克礼、苏利国、陈邦设、郭景松、李中灵、茹向阳、褚庭亮、张连章为副理事长，聘任左光申为秘书长，王伟欣、马二军、邱在伦、刘吉波、马平东为副秘书长。大会还推举武文祥、王德茂、钱进为凹印分会名誉理事长，聘请谭俊峤、沈忠康、曲德森、张耀权为凹印分会顾问。大会还审议了凹印分会2005年工作计划要点。

【世界之星 WorldStar 包装奖作品组委会成

立】据悉，世界之星 WorldStar 包装奖作品组委会成立大会将于 12 月 28 日召开。

为配合世界包装组织（WPO）每年一次的世界之星 WorldStar 包装奖作品的评选工作，使我国优秀包装走向世界，中国出口商品包装研究所作为世界包装组织（WPO）的理事成员，与清华大学美术学院、《包装与设计》杂志社和中国包装报报社联合成立“世界之星” WorldStar 包装奖作品推荐组委会（以下简称组委会）组委会为非盈利性质。

组委会的工作旨在促进我国包装设计水平的提高；扩大包装国际技术交流与合作；加速我国包装设计水平与国际接轨。

组委会的口号“提高包装设计水平、促进国际交流与合作、美化生活环境”。

组委会的任务主要是介绍世界包装组织（WPO）及世界包装动态，宣传世界及我国的优秀包装设计作品、征集国内包装设计作品，评选国内“包装之星 200X”、推荐获得国内“包装之星 200X”奖的优秀包装设计作品参加世界之星 WorldStar 包装奖评比、组织相关国际包装学术交流与技术活动、开展包装设计研究和包装改进等技术活动。

组委会由我国从事包装设计和包装研究与管理的专家组成，秘书处设在中国出口商品包装研究所。

【中国包装技术协会六届二次理事会召开】贯彻落实中央经济工作会议精神，商讨包装行业发展大计，中国包装联合会名称明年 1 月 1 日启用，提出 2006 年世界包装大会构想，这些重要内容，使得于 12 月 16 日至 17 日在广东中山市召开的中国包协六届二次理事会，成为本年度最重要的包装行业会议。会议的主题是：坚持以邓小平理论和“三个代表”重要思想为指导，认真贯彻党的十六届三中、四中全会精神和中央经济工作会议精神，按照中央制定的 2005 年经济工作总思路、总目标，全面落实科技发展观，着力推进改革开放，服务大局，励精图治，扎实工作，积极推进我国包装工业的新发展。

【《军品包装工程决策咨询系统》备受关注】《军品包装工程决策咨询系统》培训班在京举行。二炮装备研究院信息所承办了本次培训活动。

《军品包装工程决策咨询系统》自去年 7 月 30 日通过技术鉴定以来，受到了专家们的一致好评。举办本次培训班的目的，就是为了推广应用该成果，讲解系统的使用，操作及应用等各个方面的知识，以便为全军包装工作提供各种包装信息咨询，为提出军品包装要求和军品包装设计方案提供辅助决策。

【浙江地市包协秘书长工作会议在温州召开】

浙江省各地市包协秘书长工作会议在温州东经包装有限公司召开。

会议由省包协副秘书长程于德主持。张耀权秘书长传达了中国包协六届二次常务理事会和全国包协秘书长工作会议精神，同时还传达了省经贸委最近召开的全省经贸系统行业协会　工作会议精神和省经贸委纪委书记陈卫东《积极培育、搞好服务，促进行业协会工作有效开展》的讲话。结合浙江当前工作的实际，张秘书长提出今年下半年协会重点工作的初步打算：积极配合做好“亚洲包装中心”建设的服务工作；结合省委、省政府建设先进制造业基地的战略部署，认真培育该省包装行业的产业制造基地；组织专门力量，通过调研、编写“十一五”全省包装业发展规划；加强行业交流，组织企业赴包装业发达地区参观、学习；准备召开浙江省包协第五次会员代表大会。会议就出口包装容器商检收费有关问题交流经验。为全面、正确理解国家发改委、财政部发改价格（2003）2357 号“关于印发《出入境检验检疫收费办法》的通知”精神，维护包装企业的合法权益，省包协将积极、认真向有关方面反映企业的合理要求和建议，以使 2357 号《通知》得以切实执行，并维护各方利益。

【中国医药包装协会召开输液软包装安全性国际研讨会】随着国内输液生产采用软包装数量的增多，传统的玻璃输液瓶包装方式正越来越多地被输液软包装替代。如何保证输液软包装这一新型的包装材料在输液生产的灌装、灭菌、储存及使用中的安全性、可靠性已引起国内各药厂、包材厂及有关方面的关注。为此，中国医药包装协会于 7 月上旬在青岛市组织召开了由国内各输液生产企业、输液软包装生产企业及各有关管理部门、科研监测机构质量技术人员参加的输液软包装安全性国际研讨会。

【中国国际加工·包装及印刷科技展隆重召开】由中国包装技术协会、通用国际广告展览有限公司、华汉国际会展咨询服务（上海）有限公司主办的“第十届中国国际加工、包装及印刷科技展”（Propak China2004）7 月 13 日在上海新国际展览中心隆重召开。

中国包装技术协会常务副会长闪淳昌、中国轻工业机械协会理事长严龙、中国罐头工业协会理事长梁仲康、中国酿酒工业协会副理事长王延才、中国香精香料化妆品工业协会副理事长桑敬民、中国塑料机械工业协会秘书长梁红印、中国香精香料化妆品工业协会副秘书张金铁、中国罐头工业协会秘书长徐曦、人民日报社华东分社社长崔文玉以及美国 PMMI 会长查尔斯·尤斯卡、英国 PPMA 秘书长曼利等出席了开幕式。

【2004CtP 技术及应用研讨会在京召开】为了更好的推动 CtP 技术在中国的发展，并就目前国内 CtP 技术的应用状况做一个阶段性总结，解决目前国内用户以及即将引进 CtP 系统的印刷企业在如何构筑和使用 CtP 技术并使之高效运行、产生利润方面存在的疑问、疑惑和困难，充分利用和发挥 CtP 的技术优势，中国印刷技术协会联合北京印刷学院和全国印刷标准化技术委员会共同策划并委托北京文渊志达公关咨询有限公司组织“2004”Ctp 技术及应用研讨会——如何让 CtP 发挥作用并盈利。研讨会于 2004 年 10 月 28 日在北京中日青年交流中心二十一世纪饭店举办。

【黑龙江省包协召开包装机械绿色包装工作会议】黑龙江省包协在哈尔滨市召开了全省包装机械、绿色包装工作会议。认真学习贯彻了邓小平理论和“三个代表”重要思想，认真学习贯彻了胡锦涛同志在邓小平同志诞辰 100 周年纪念大会上的重要讲话精神。传达贯彻了省政府办公厅、省经委、省财政厅、省编办关于加强协会工作意见，总结交流了包装机械、绿色包装工作经验，选举产生了全省包装机械、绿色包装专业委员会主任、副主任、委员，为振兴东北老工业基地提供良好包装奠定了组织基础。

投产、鉴定、信息

PRODUCTION & IDENTIFICATION

投产、鉴定、信息

PRODUCTION & IDENTIFICATION

【新型可食肠衣自动扭结肠衣通过鉴定】广西科技厅下达给梧州市蛋白肠衣厂承担的“新型可食肠衣”和“自动扭结肠衣”科技项目，经过3年多的攻关成功。2003年底，科技厅组织有关专家对两个科技项目进行了鉴定。专家认为，两个项目研究开发均达到国内领先水平，产品填补国内空白，并可增强企业的创汇、节汇能力。

【国产最大废箱纸板处理系统成套设备通过鉴定】由山东济宁华一轻工机械有限公司研制的“400t/d 废箱纸板处理系统成套设备”，在济南市通过了省有关部门组织的专家鉴定。

【新式大型浮顶储罐安全系统通过鉴定】由燕化设计院和北京九鼎绿环科技有限公司联合研制的大型浮顶储罐自适应中央排水、罐内泡沫消防系统，通过了中石油公司组织的鉴定。专家认为，该技术可替代同类进口产品，并建议在国内新建10万立方米以上的大型浮顶储罐进行推广应用。

【新型防水包装用纸通过鉴定】湖南常德金芙蓉（特种）纸业有限公司研制开发的新型防水包装纸和纸板，最近通过中国轻工业联合会主持的鉴定。

该产品具有易回收、可降解、无污染等优点，生产技术应用性好，无需改变纸厂传统工艺流程，可在纸机上一次完成防水纸和纸板的生产过程。市场前景看好，有较好的经济效益和社会效益。

【废弃复合包装回收分离循环技术通过验收】由广东远东食品包装机械有限公司开发成功的高新技术项目“ＦＣＬＳ－１型废弃复合包装回收分离循环利用生产线”，通过了广东省科技厅专家组的验收。该项目被前国家经贸委列入了国家重点新产品计划。

【东北最大的工业用纸企业——沈阳永一造纸有限责任公司投入试产】沈阳永一造纸有限责任公司是2002年4月由韩国永一机械（株）与辽宁、新民市造纸厂共同投资组建的新型造纸企业。采用韩国的先进设备及经营模式，主要生产高档箱板纸等系列产品。公司投资总额为2920 万美元、注册资本为2800万美元。工程分三期实施：一期工程是年产5万吨的高档箱板纸已基本完工，经调试已进入试（新民）以及东北地区成为最大规模，最大产量的生产工业用纸的造纸企业。

【二氧化碳固定及其利用项目通过验收】内蒙古蒙西集团建设的“二氧化碳固定及其利用”项目通过了验收。

二氧化碳共聚物具有良好的阻气性、透明性和全降解特性，可望部分取代聚偏氟乙烯、聚氯乙烯等医用和食品包装材料，规模化用于一次性食品和药物包装材料。

【三门峡 APMP 林纸一体化工程奠基】河南省三门峡市鼎鑫纸业有限公司和美国硅谷园丰高科技发展公司合资兴建的年产10万吨杨木 APMP 林纸一体化工程项目，最近挂牌奠基。

该项目总投资 137.8 万元，占地 1000 多亩，建设周期为3年，生产期15年，拥有40万亩速生杨造纸原料基地。项目建成投产后，年生产10万吨杨木机械化浆和19.2万吨轻量涂布纸，年均消售收入11.99万元、利税670万元。采取污水循环处理、废渣脱水燃烧工艺的该项目，选用对环境污染小的机械化学制浆法（APMP）和世界先进设备，做到达标排放。

【全国首家蒸汽爆破法造纸项目落户河南】全国首家无污染蒸汽爆破法大规模造纸项目将落户周口，该项目投产后将成为河南省最大的高强度瓦楞纸纸浆生产基地。

蒸汽爆破法制浆技术属物理造纸法，不使用任何化学药品，对环境不会造成污染，是国家实用新型专利技术，被国家知识产权局批准推广应用。总投资1.5亿元的该项目，由周口裕隆发电有限公司投资建设，建成投产后年产30万吨纸浆、20万吨瓦楞纸，实现利税6000万元。该公司负责人称，将发挥其电、热、水直供的优势，待条件具备时再上马60万吨杨木纸生产线，使其成为草林浆纸生产一体化的深加工生产基地。

【隆丰纸业斥巨资引进制浆设备】近期，龙丰纸业有限公司与奥地利安德里兹集团公司签订了河南省濮阳市林纸一体化项目制浆工程设备引进合同，外企将为该项目提供10万吨杨木化机浆生产线，合同金额8000万元人民币。

安德里兹集团是世界上最大的木浆制浆设备生产商之一，拥有世界先进的木浆制浆设备生产技术。河南省重点项目的濮阳林纸一体化项目，总体规化为年产30万吨杨木化机浆和50万吨高档印刷纸，总投资10亿多元。

濮阳林纸一体化项目一期工程于2003年下半年开工奠基，将于两年内建成。一期工程的10万吨杨木化机浆和年产20万吨轻量涂布纸生产线投产后，每年可实现销售收入14.58亿元、利税3.9亿元。

【日照森博浆纸有限公司通过竣工环保验收】国家环保总局环评司组织山东省环保局、日照市环保局对日照森博浆纸有限公司漂白木浆及纸板工程进行了现场环保检查及验收。经过认真讨论审议，认为该工程执行了环境影响评价和环境保护“三同时”管理制度，落实了环境影响报告书及审查批复文件中规定的各项污染治理措施，验收监测结果符合有关污染物排放标准的要求，排放总量低于国家环保局批复的总量，符合环保验收条件，同意通过竣工验收，并对企业今后的环保工作提出了进一步的建议和要求。

【江门将成亚洲最大卫生纸生产基地】我国生活用纸行业销售量最大的企业之一维达纸业集团在广东省江门市新会区举行10万吨生活用纸工程奠基仪式。据悉，工程建成后，新会生产基地的造纸能力将达到16万吨，将成为亚洲最大的卫生纸生产基地。

据介绍，该项工程占地200亩，位于新会区会城镇东侯工业区。工程计划分三期进行，第一期工程规模2万吨，第二、三期均为4万吨。首期工程预计于今年年底峻工投产，全部工程力争在5年内完成。目前，维达纸业集团在北京、广东、湖北拥有3家大型工厂，年产能达到9万吨，产值超过10亿元。

【国风30万吨木塑新材料项目将投产】安徽国风集团30万吨木塑新材料项目奠基典礼日前在合肥市包河工业区“国风高新技术产业园”举行。这标志国风集团向着2010年实现企业资产、营业收入双超百亿元的目标，迈出了重要的一步。

该项目是国风集团利用所拥有的两项国家专利——木塑新材料发明专利和仓储托板外观专例，巨资兴建的大型环保项目，专业从事木塑型材、板材、棒材及其制品的研发、制造、销售和模具设计制作。项目计划总规模达到年产30万吨，第一期项目将于7月1日正式投产。

木塑新材料以废旧塑料和树枝树杈（木粉）、农业秸秆粉等植物纤维为主要原材料，采用先进工艺技术加工而成，产品可重复回收再利用。该产品具有良好的木质感，机械性能比单纯的木质材料高10倍，是天然木材的理想替代品。可广泛应用于包装、园林、运输、建筑、家具、家装、车船内饰等领域，市场前景极为广阔。

【安徽海螺集团英德龙山PVC型材生产线建成投产】安徽海螺集团英德龙山PVC型材生产线建成投产，年产12万吨。

海螺集团是国内最大的水泥生产企业。据悉，该集团拟投资30亿元建设三条日产5000吨、年产600万吨的新型窑外干法水泥生产线和建设年产12万吨吨PVC型材生产线，以及与水泥项目配套的大型塑料包装生产线等。其中年产12万吨PVC型材生产线于去年动工兴建。项目全部建成投产后，将为英德市新增工业产值达30亿元以上。据悉，两条日产5000吨水泥生产线将于今年5月和7月如期建成投产。

【多能薄膜生产线项目在广东南方包装科技园奠基】总投资2亿多美元的多能薄膜生产线项目在南方包装科技园奠基，从而进一步推动了当地印刷包装产业的发展。

平洲地理位置优越，有印刷包装企业140多家，年产值超过20亿元，是当地三大支柱产业之一，约占同业产值的三分之一。近年来更是得到了长足发展，无论是印刷包装，还是印刷包机械制造，其自身的产业链不断完善。目前，在平洲，以南方包装、南台纸箱、华翔彩印、南捷彩印等为主体的一批明星企业不断发展壮大。

此次投入2亿美元建设的生产线，将引领平洲的印刷包装业迈向规模化、品牌化，给平洲的经济注入新动力。

【中山松德“SDP650型无轴传动高速纸张凹版印刷机”通过中包总公司鉴定】2004年3月25日，中国包装总公司科技部在云南省玉溪市组织召开了由中山市松德包装机械有限公司研制开发的“SDP650型无轴传动高速纸张凹版印刷机新产品鉴定会，与会专家认真阅读了技术资料和相关文件，听取了研制和使用单位的详细汇报，并现场考察了该设备的生产过程和印刷产品，对设备的关键指标进行了现场测试。

该设备在控制、套准、接纸等方面有显著的创新性，成功地解决了多项关键技术难题，具有电子轴传动技术（无轴传动技术）、无套色补偿辊自动套印技术、在250米/分高速运行状态下“零速”接纸技术、高精度预对版及版对误差快速修正技术、大卷径收卷自动换料技术等特点。专家鉴定委员会认为，该设备填补了国产卷筒纸张凹版印刷机在无轴传动领域的空白，主要技术指标达到了目前国际同类产品的先进水平，可以替代进口设备，为国产卷筒纸张凹版印刷机进入国际市场创造了有利条件。

【中达股份1.6万吨BOPET生产线顺利通过验收】江苏中达新材料集团股份有限公司1.6万吨BOPET生产线顺利通过了验收。中达股份1.6万吨BOPET生产线是通过增发新股募集资金投资的项目，总投资2.5亿元。整条生产线从德国布鲁克纳公司引进，2002年10月26日动工建设，2003年11月14日成功投料出膜，15日正式开始试生产。

这条生产线自试生产以来，运行稳定，生产正常，生产线速度与产量均创造了布鲁克纳公司提供给其客户同类生产线的最高纪录，薄膜质量也均达到或超过了合同的要求，产品各项性能指标符合相关标准，顺利完成了考核运行及机电性能测试运行。

此次验收协议的签订，标志着江阴金中达生产线进入了一个全新的阶段，正式从建设期转入了生产期。

【美国富林特公司在中国设立生产基地】由世界油墨行业排名第二的美国富林特公司投资的富林特油墨（北京）有限公司在大兴工业开发区举行了盛大的开业典礼，这是富林特在亚洲设立的第一个生产基地。富林特油墨公司主席及行政总裁大卫·富林特先生出席了典礼。

家族制企业富林特油墨是目前世界上最大的私人油墨公司，2003年销售总额达16亿美元，占全球市场份额的25%。其强项是生产各类报纸、杂志及包装印刷油墨，新闻油墨一直是该公司创造及销售的第一产品，在北美新闻油墨市场上其所占份额达到55%。

截止到目前，富林特在全球设有北美区、拉美区、欧洲区、印太区、亚洲区5个地区分部。

富林特油墨（北京）公司投资总额700万美元，外方占80%的股份。北京青年报现代物流有限公司等四家单位各占5%股份，一期生产的主要产品是新闻油墨和热固油墨，年产量预计为6500吨。

“中国对于油墨用量的需求保持了和经济增长相同和高速增长，如果富林特再对这个市场坐视不见，其在全球市场上所占份额必将受到巨大影响。”这个以谨慎投资海外市场著称的家族制油墨巨头终于把触角伸向了中国。

富林特油墨（北京）有限公司董事长梁志介绍说，北京是富林特在中国建设的第一个生产基地，今后还会陆续建设其他的项目，中国不仅有迅速发展的新闻事业，包装印刷业的前景也十分光明，富林特在未来1至4年中还将进军中国的包装油墨市场，以期获得双倍的发展。

【TBZ3200型电脑自动涂布机组通过省级鉴定】由广东省科技厅组织，并委托汕头市科技局主持的《TBZ3200型电脑自动涂布机组》科技成果鉴定会于2004年4月29日在汕头市召开。鉴定委员会听取审查了汕头市远东轻化装备有限公司的有关报告和相关技术文件，考察了生产现场，进行了充分讨论，一致认为科技成果为国内首创，并达到国际同类产品的先进水平，市场前景广阔，可替代进口产品，具有良好的经济效益和社会效益。

【昆明两企业技改项目通过专家委员会鉴定】5月18日、19日，昆明市包装技术协会邀请中国包装总公司在云南昆明组织了对“屋顶式鲜奶包装盒生产线技术改进”、“瓦楞纸箱柔印技术应用及产品开发”两个项目进行鉴定。专家委员会听取了申报方对两个项目进行的汇报，考察现场，经过质询，认真审评，鉴定委员会认为：昆明德江彩印包装公司提出的“屋顶式鲜奶包装盒生产线技术改进”项目，引进美国麦安迪柔印联合公司生产的牛奶包装盒应用柔性印刷技术、无毒、无味、无污染，解决了食品无二次污染的问题，保证了产品的健康安全性，提升了用户的品牌形象，该生产线在引进、吸收国外技术的基础上，根据生产实际通过了改造，进一步完善集成控制系统，特别是本着节约资金，自力更生，有着灵活的办厂理念，为节约资金，自行创建“无菌车间”，保证了产品生化指标达标，风淋消毒室的设置具有实用性。专家通过该厂鉴定后提出建议望积极采用国际、国内先进标准，进一步完善产品质量保证体系。

昆明市福保彩印包装厂引进国产5色柔印机后，在印前数字化集成处理系统成功应用在瓦楞纸箱上提高了产品质量和产量。采用环保水墨印刷，循环使用，无毒、无味，使纸箱可以回收再利用，设备配备高精度陶瓷网线是带腔式刮刀系统，确保图像逼真，提高了产品的档次。柔印技术在瓦楞纸箱上的应用，完成了箱面图案和条形码的一次印刷，填补了云南省的空白，先进性达到省内领先水平。专家一致通过成果鉴定，建议加强管理，不断提高产品质量水平。

两项成果鉴定使两个企业看到存在的问题，找准开发产品的方向，并深深体会到，只有依靠科技进步，才能不断开拓市场，企业才能有经济效益和社会效益。

【高邮包装制品公司星火计划项目通过验收】江苏省科技厅立项的高邮包装制品公司新型 ABE 楞纸板星火计划项目，日前经专家组认真审查，顺利通过验收。

该项目为全电脑控制的、车速可达 200 米/分的高速七层瓦楞纸板生产线生产 ABE 楞七层纸板，纸板厚度增加 2mm，抗压强度可提高 50%，而成本能降低 10%。这种纸板集中体现了现代纸箱包装的多样性、合理性和美化效应，成为瓦楞纸板新品种，市场需求看好。

【江阴长江纸业 10 万吨涂布白板纸生产线投产】江阴长江纸业有限公司年产 10 万吨涂布白板纸生产线顺利投产，板纸的挺度、硬度和各项综合印刷性能指标分别提高 5 %～10%。

这是该公司继 1994 年经国家经贸委批准进行技改、投资 3.8 亿元、年产 6 万吨高档涂布白板纸生产线之后第二条具有国际先进水平的生产线。该公司 2003 年销售收入 3.9 亿元，综合实力位列当地企业第 32 位，是江阴市重点扶持的 66 家企业之一。

【印尼金光在上海兴建大型造纸基地】印尼金光（APP）集团的控股子公司——宁波中华纸业公司与上海轻工控股集团所属开伦造纸集团在上海签订协议，双方将在上海市奉贤区合资成立金奉园纸业股份公司，耗资 10 亿元兴建年产达 35 万吨的生产线。

按照协议，在该合资企业中，宁波中华纸业以技术和资金控股 80%，开伦造纸集团以设备、厂房等固定资产参股 20%,主要产品为白板纸、卡纸等工业用纸。

据悉，到目前为止金光集团在国内已有 12 家全资或控股造纸企业，年加工生产能力达 240 多万吨，其中镇江金东纸业公司是全球最大的单一铜版纸生产企业。

有统计数据显示，中国已成为世界上仅次于美国的第二大纸品消费国。1996 年以来，纸张需求缺口逐年加大，纸品原料及产品进口成为进口用汇最大的三类产品之一。

【天津金证造纸有限公司投产将年产双胶纸 7 万吨】金证造纸有限公司已进入试生产阶段，它标志着天津正式启动全国现代化大型高级纸生产基地。今年计划生产各种产品 3 万吨。该基地全部达产后，可实现年生产双胶纸 7 万吨，棉浆年产达 1.2 万吨，企业实现年销售收入 6 亿元，其产能规模、设备先进性及自动化水平均居国内同行业前列。

据了解，1997 年，天津曾立项并完成建设美术铜版纸、高级书写纸项目，但因故停产。为进一步发挥天津造纸工业的技术优势，今年，金证造纸有限公司决定采用租赁方式启动证券纸生产企业，并实现当年组建，当年投产，不仅恢复停产近 7 年的造纸项目，盘活 $15m^2$ 厂房，而且启用了闲置多年的造纸设备，先后安置 300 多名职工重新上岗。

此次，天津大型造纸企业的投产，为提升天津造纸水平、发挥天津技术优势及增强竞争力提供了条件。

【西安航空发动机公司引进设备开发部 4200 型宽幅高速分切机通过鉴定】西安航空发动机公司引进设备开发部与北京机械工业自动化研究所自控中心共同研制开发了 4200 型宽幅高速分切机，在大庆市林港塑胶有限责任公司成功安装调试，并通过了由中国塑料机械工业协会中国双向拉伸设备国产化技术分会组织的设备鉴定。来自大庆市庆港公司、天津市塑料集团公司、宝硕集团新材料公司、天津万华公司等 20 余位薄膜生产企业的负责人和技术专家现场观看了设备的运行。我国薄膜设备国产化的老前辈、中国机械装备（集团）公司专家组长李英葆教授也专程前来参加会议。

【西太森博山东浆纸有限责任公司漂白木浆及纸板工程通过国家验收】受国家发展与改革委员会委托，山东省发展计划委员会在日照市主持召开了山东日照森博浆纸有限责任公司漂白木浆及纸板工程竣工验收会议。

日照木浆是日照市重点扶持发展的龙头工业项目，是日照市工业强市战略的领头雁。该项目的投产运营，对日照经济发展将起到巨大的推动作用，不仅带动了日照市相关产业的快速发展，同时也将对我国造纸业产品结构调整产生积极的推动作用。

森博浆纸项目所引进的设备是目前国际上一流的，建设投资是同类企业最省的，建设周期是同行业最短的，试生产的速度是很快的，当年投产当年见效益。森博浆纸公司去年作为投产第一年，产值实现了12.6亿元，利税实现了6400万元；同时，成功地开始了与新加坡金鹰集团合资合作，并共同建设100万吨漂白木浆项目，也是山东省利用外资历史上最大的项目。

【河北省保定市博志绿色餐用品有限公司建成投产】华北惟一一家以植物秸秆为原料制作环保餐具用品的新型环保企业——保定市博志绿色餐用品有限公司建成投产。6月16日在其新产品发布会上，记者获悉，该公司研制的新型环保食物包装材料——秸秆纤维餐具将投放国内市场。此前，该公司的产品大多出口到日韩和欧美等国。

目前，全世界很多国家已经禁止使用一次性塑料发泡餐具，我国各大城市也相继明令禁止该类餐具的使用。该公司生产的植物纤维一次性免洗餐具是利用农作物加工后的固体废弃物，如：稻壳、稻草、甘蔗渣、麦秸、麦麸、玉米棒、花生壳及其他农作物秸秆等作为原料，经高温高压消毒后制成。原料60%以上都是植物纤维，无毒、无味、易降解，经检测完全符合国家GB180061-1999标准。

【第二条双向拉伸尼龙薄膜生产线将在厦门投产】厦门市新阳工业区将于9月建设全国第二条双向拉伸尼龙薄膜生产线，该项目即将开始设备安装。

以生产双向拉伸尼龙薄膜为主要产品的长华BOPP有机薄膜公司是今年厦门市重点项目之一，由香港顺宏国际有限公司与国内企业共同出资筹建。据项目筹建处负责人介绍，目前钢结构主体已经完成验收，本月将完成水泥地面浇灌，下月起就将进入设备安装与试产阶段。整个项目争取在今年投洽会前完成竣工验收。

【世界最大薄膜生产线在国风投产】7月24日，国风集团举行年产4万吨BOPET薄膜项目奠基暨年产3.5万吨BOPP薄膜生产线投产仪式。这条生产线从德国进口，可生产10～60微米厚度、10米宽幅塑料包装膜，年生产能力为世界之最。同时开工兴建的4万吨BOPET薄膜项目，采用国际最新薄膜生产技术，产品具有透明度高、无毒无味、抗拉强度大等优良特性，市场前景广阔。至此，该集团塑料薄膜生产能力达20万吨，居全国同行业前三位。

【天津高级纸生产基地投产】随着第一批进口针叶木浆、阔叶木浆的原材料投产，投资总额为5000万元的天津市金证造纸有限公司于日前投入正式生产，它标志着天津启动全国现代化大型高级纸生产基地。

据悉，该企业今年计划生产各种产品3万吨。全部投产后，可实现年生产双面胶版纸7万吨，棉浆年产达1.2万吨，企业实现年销售收入6亿元。

【中达股份CPP二期主线工程顺利建成】中达股份子公司南京金中达新材料有限公司CPP二期项目工程日前顺利建成，主线设备经过安装和初步调试，于7月14日成功调试出膜，目前已生产出第一批满足用户使用要求的合格产品。

南京金中达新材料有限公司CPP二期工程项目总投资7000万元（自筹），年生产能力8000吨，2003年12月开工建设，主线生产设备从美国巴登菲尔德公司引进，分切机从德国康普公司引进，具有国际先进技术水平。

据悉，该项目将主要生产尼龙阻隔膜和EVOH阻隔膜。尼龙阻隔膜和EVOH阻隔膜产品目前市场需求量大，前景广阔，国内用户主要依靠进口。

南京金中达新材料有限公司CPP一期工程，是中达股份通过融资自主建设的第一个项目，总投资109603222元，1999年底开工建设，2000年9月正式建成投产，年产能力6000吨；主线生产设备和分切机也是从美国巴登菲尔德公司和德国康普公司引进。该线投产以来，主要生产镀铝膜、复合膜和蒸煮膜，“金中达”牌CPP产品已经成为驰誉华夏的品牌。

【广西南宁万吨无尘纸项目投产】年产1万吨的无尘纸项目在广西南宁市华侨投资区竣工投产，这是我国西南地区最大的高吸水材料生产基地，其生产规模在国内居第二位。

生产线投产后，预计年产值可达2.55亿元，年创税金1252万元，利润4456万元，延长的产业链产值可达20亿至50亿元。

无尘纸是一种高级吸水材料，它替代绒毛浆生产妇女卫生巾、婴儿纸尿裤等个人护理用品，具有超吸水性、超柔软、超高低温、超透气性、超洁净、无静电、不留纸粉和清爽干净等特性；而绒毛浆的生产，却需要消耗大量木材，制浆过程中还会有污染。

无尘纸项目集资源型、环保型、高技术型、资金密集型为一体，将带动或可开发的产品包括：生活、食品、医药用品（如妇女卫生巾、婴儿和老年人纸尿裤、餐巾纸、纸桌布、医疗消毒、防护替代棉用纸、保健鞋垫、一次性手术床单）等，在制造业、汽车业等领域也有广泛的用途。

此项目由南宁糖业与丹麦国际气流成网设备有限公司、香港新丰亚洲发展有限公司、南宁华侨投资区经济开发总公司共同投资，项目总投资3000万美元，引进具有行业国际领先技术的生产设备，建成后将形成年产无尘纸1万吨的生产能力，预计销售收入近2亿元。

【北京多层塑料复合彩虹膜研究及产业化项目通过鉴定】由北京工商大学和万鹤包装材料有限公司联合实施完成的“多层反射塑料复合彩虹膜研究及产业化”项目日前通过了中国轻工业联合会组织的科技成果鉴定。

多层塑料复合彩虹膜是近年来流行的高档装饰装潢材料，广泛应用于包装、印刷等领域，国内一直依赖进口。北京工商大学塑料研究所（材料科学与工程系）历经数年研究开发，先后完成了实验研究、工业放大，成功地解决了彩虹膜制备中关键部件的设计加工、配方设计、工艺控制等一系列关键技术，形成了具有自主知识产权的彩虹膜加工技术，并与浙江省义乌市万鹤包装材料有限公司成功地解决了彩虹膜产业化实施中的相关技术，建成了可生产6个品种、幅宽800mm、1100mm、厚度20～50μm彩虹膜生产线。

该项目全部采用国产设备和自主设计加工的关键部件，工艺设计合理，技术具有创新性，填补了国内彩虹膜生产技术空白，工艺技术达到国际同类技术的先进水平。生产工艺过程中不含有毒、有害化学品，无废水、废气排放，回收利用边角料，符合国家产业政策和环保政策，具有良好的经济效益、社会效益和环境效益。

【高速瓦楞纸板生产线技改项目竣工投产】浙江省包装技术协会组织省、市包装行业与大专院校的专家、教授，在嘉兴对浙江大华包装集团公司新型包装材料生产线技改项目技术性能进行了验收鉴定。

浙江大华包装集团有限公司根据省经贸委“关于嘉兴大华包装集团有限公司引进新型包装材料生产线技改项目可行性研究报告的批复”要求，已完成项目的实施任务，引进台湾明纬纸器机械股份有限公司产 MW—250—2500D型全电脑高速瓦楞纸板生产线和法国马田公司、台湾TCY公司产四色水性印刷开槽机，已投入正常生产。该生产线可生产最大的纸板宽度为 2500m，最高生产车速为200m/min;产品适应性广，可较好地使用低克重瓦楞原纸和面纸，产品质量稳定，实现低克重、高强度的技改目的；该线开机产量高、损耗低、用工少，经济效益明显。

产品质量经质量监督检验部门检测，抗压强度、耐破强度、边压强度、粘合强度等各项技术指标均符合GB6543标准要求。

该生产线自动化程度高、工艺先进、功能齐全且价格适中（为欧美同类产品的1/3），可实现自动接纸、快速不停机自动换单、全电脑生产管理，并能生产1.5mm的微型瓦楞纸板。

专家组一致认为，该技改项目的实施是成功的，其工艺是先进的，质量符合低克重高强度的要求。投产后既提高了生产效率，又符合包装行业发展趋势。为大华包装集团公司实施包装、造纸、热电三大产业同步发展规划奠定了良好的发展基础。

【上海奉贤建成一个玻璃新产品生产基地】一个总投资 1800 万美元的玻璃生产合资企业——上海维特兴沪玻璃有限公司，在上海市奉贤区建成并投入试生产。

坐落在上海奉贤区星火开发区的上海维特兴沪玻璃有限公司，是上海轻工玻璃有限公司与世界最大的玻璃绝缘子及玻璃砖生产经销商意大利维特公司共同投资的合资企业。主要生产“玻璃绝缘子”和“玻璃砖”两大类产品。钢化玻璃绝缘子主要用于高压输配电设备，该产品将替代传统瓷绝缘子，是输配电行业的新兴配套产品。玻璃砖是我国近年来新型的建筑装潢材料，它具有隔音透光、防火保温、折光防潮、节能耐磨等性能特点。该公司已在国内建立庞大的销售网点和完善的代理机制，在20多个省都有着稳定的市场基础，参与了许多国家重点项目的配套设施建设和著名工程的合作。

【我国最大集装箱木地板生产线在内蒙古开建】内蒙古呼伦贝尔市中集木业有限公司的集装箱木地板生产线项目已启动，这也是我国最大的集装箱木地板生产线。

据介绍，这条集装箱木地板生产线项目，投资为1.5亿元，最终形成年产20万 m^3 的生产能力。内蒙古森工集团年产 200 m^3 洛叶松可为这条生产线提供充足的集装箱木地板原料。该项目预计明年初投产。

这个项目的开工建设，不仅有利于充分利用森林资源，生产更多的集装箱木地板，满足市场需求，而且还可以安置1500余人就业，提高经济效益和社会效益。

【甘肃省定西市最大纸箱厂投产】甘肃静宁县恒达纸箱厂在去年完成改扩建工程的基础上，今年又对后续工程进行了扩建。目前，项目已全部完成，建成了高档五层瓦楞纸板、高速三色水墨印刷、装订成型三条自动流水生产线。该厂的投产，使企业资产总值超过了1000万元，年纸箱加工能力达到了2000万 m^2，工业产值和销售收入分别达到1000万元，成为定西市最大的纸箱厂。

【常州新型涂料产业基地】常州新型涂料产业化基地是我国涂料产业首家国家级基地。2003年11月由国家科技部批准建设。

常州的涂料行业具有明显的集聚优势，拥有一批以我国涂料行业最具权威的常州涂料院为代表的科研队伍，专业科技人员近3000名；拥有一批以国家涂料工程技术中心为代表，市级、企业级涂料工程技术中心为补充的实验基地；拥有一批以光辉化工、兰陵化工、晨光涂料、猴王涂料为代表的骨干队伍，及以江苏鸿业、柏鹤涂料为代表的高新企业；拥有一批以江苏、海华、华光粉末为代表的原辅料的配套企业；拥有一批以江苏塑化城为代表的经销商、渠道商和以国家涂料质检中心、信息中心、标委会为代表的全国性技术服务体系。

【转移膜用原纸通过鉴定】一种用于转移法生产环保型真空镀铝卡纸配套用原材料——转移膜用原纸，最近由上海新伦纸业有限公司研制开发成功，并通过了上海市新产品鉴定。近年来，随着人们环保意识的不断增强，环保型真空镀铝纸正逐步取代原来被大量用的铝箔和PET复合膜，广泛用于高档食品、化妆品、烟类、酒类等产品包装。由于铝箔和PET膜不易分解，废弃后成为污染环境的一种公害，欧美等发达国家以上世纪80年代起就开始放弃和禁用。从20世纪90年代起，我国也开始逐步淘汰铝箔和PET复合纸，取而代之的便是环保型真空镀铝纸。但由于镀铝材料中底纸的质量要求较高，所以国内厂家一直依赖进口。据了解，新伦纸业公司研制开发的转移膜用原纸经过反复多次的小试、中试、生产试验和不断调整改进，试制出的产品经国家轻工业纸张质量监督检测上海站检测，其主要技术和性能指标都已达到和超过试制技术要求。成品纸经客户采用转移法制成的真空镀铝材料反弹小，结合牢度好，具有较强的印刷适应性和良好的包装运行性能，不爆墨，完全可以替代进口产品。经科技成果水平咨询，转移膜用原纸的研制属国内首创，填补了国内的一项空白。其主要技术指标达到同类产品先进水平，具有很高的推广应用价值。

【西北部最大的包装企业在包头投产】在西部大开发中，西北地区最大的包装制品企业——六合通金包装制品有限公司近日在内蒙古包头市正式投产。据介绍，这个项目总投资1.87亿元，拥有2条现代化生产线，高速瓦楞纸板生产线，四色印刷机等设备均达到国内一流水平。目前企业已拥有日产10万 m^2 瓦楞纸箱的生产能力，3年内将达到日产纸箱180万只的生产能力。据有关部门统计，内蒙古每年需价值20亿元的包装印刷品，而本地只能生产1/10，特别是伊利集团公司、蒙牛集团两大企业80%的包装制品都要从外地购进。六合通金包装制品有限公司投产，基本上能满足自治区对包装制品的需要。西北最大的包装企业在内蒙古包头正式投产，不仅对解决内蒙古包装制品需要十分有利，而且对促进我国包装业发展很有益。

【国内首个万吨PPE项目在山西芮城奠基】由山西芮城福斯特化工有限公司承担的总投资1.8亿元的中国首个万吨级聚苯醚（PPE）项目建设工程，最近在福斯特公司芮城总部奠基。

据介绍，该项目是福斯特公司从捷克克斯公司独家引进的具有专利权和填补国内空白的优势项目，预计明年7月建成。投产后可年产聚苯醚1万吨，改性聚苯醚合金1.8万吨，实现利税2亿元。PPE是一种耐高温的热塑性工程塑料，其合金是五大工程塑料之一，属国家化工新材料重点发展国家十五计划发展项目。

【环保型无粘合剂食品包装膜通过鉴定】安徽省科技厅组织召开了芜湖市天华塑业有限公司承担芜湖市科研开发计划项目“环保型无粘合剂食品包装膜”成果鉴定会。

该项目技术创新点新颖独特：（1）是在引进先进设备的基础上进行了重大技术改进，利用特殊的静态混炼器使原料在膜腔中进行二次塑化，达到了特殊的质量效果；（2）是在生产工艺上对各辊筒之间相互压力、张力和模具各加热段温度进行了优化，提高了无黏合剂复合薄膜的剥离强度；（3）是对主要部件硅胶辊的结构及其与冷却钢辊夹角进行了改进，使薄膜在高温状态下与基材接触时间充分，提高了薄膜复合牢度。

该公司通过对技术和设备的改进，实现了无粘合剂复合膜工艺，从根本上解决了溶剂残留的难题。产品经安徽省监督检验所和安徽省化工产品质量监督检验站检测，各项技术指标均优于国家标准GB/T10005-1998要求。

【宁波中华纸业召开记者招待会宣告三期工程即将开工投产】总投资118.2亿元人民币、由原国家计委批准建设的宁波中华纸业有限公司工程建设经过二年时间的精心施工，已接近尾声。

10月26日上午，宁波中华纸业有限公司总经理陈春福在三期工程项目建设现场热情接待了来自中央电视台、经济日报、浙江日报以及宁波市等十三家新闻媒体的记者，并就记者们提出的三期项目建设中的生产原料、产品种类、市场销售和环境保护等问题一一作了回答。

采访结束后，记者们在现场参观了造纸生产线，他们对世界上最先进的造纸设备和舒适优美的厂区环境赞叹不已。

宁波中华纸业有限公司三期建设项目投产后可年产白纸板100万吨，是宁波市“十大百亿工程”最早竣工投产的重点项目，其造纸设备由世界著名的纸机生产供应商——美卓公司生产，是目前国际上最大最先进的造纸生产流水线。经过二年建设期，其第一阶段75万吨白纸板工程已竣工投产。至此，中华纸业二期和三期第一阶段工程的总产量可达年产白纸板125万吨，成为中国乃至亚洲造纸规模最大、抄纸技术最先进的一流工业用纸生产基地。

【世界最大的玻壳生产基地在深圳建成投产】总投资39.3亿元、占地36万m^2、年产1600万套玻壳、预计年产值30亿元的目前世界玻壳生产基地，日前正式在深圳龙岗大工业区投产。

赛格三星投资的这一玻壳生产基地创五个“世界之最”：建成世界玻壳行业最大独立工厂；建成世界最大规模池炉及其配套的动力厂房、生产线；创造了同行业建设速度最快纪录；年产量为世界玻壳行业之最；年产值为世界玻壳行业之最。

赛格三星去年在深圳市大工业区购地36万平方米，投入韩国三星公司最新的玻壳生产技术。目前赛格三星新工厂3座池炉11条生产线，产量将由原来的3屏2锥生产线、年产800万套玻壳，增至8屏3锥生产线、年产1600万套玻壳，并增加TN/STN镀膜玻璃生产线，产品规格覆盖15至36英寸彩色显像管和彩电显示管玻壳，总日出料量能力达1300吨，年产1600万套玻壳，是世界玻壳行业最大独立工厂。预计年产值30亿元，利润5亿元。

【株洲工学院的“现代包装人才培养的研究与实践”项目通过省级鉴定】12月10日，湖南省教育厅组织专家在株洲工学院主持召开了“现代包装人才培养的研究与实践”项目鉴定会。鉴定委员会认为株洲工学院的这项研究成果处于国内领先水平，同意通过鉴定。并建议该校将其作为国家级教学成果奖进行申报。

“现代包装人才培养的研究与实践”项目系株洲工学院课题组的同志经过五年多的教学科研实践而在包装教育上取得的重大突破。在认真听取了该项目组的总结报告、审阅了有关资料并进行了质疑后，鉴定委员会认为：株洲工学院对这个项目所提供的鉴定资料规范、齐全、完整，符合鉴定要求。该成果在对国内外包装工程高等教育深入进行比较研究的基础上，对包装学科理论的构建、包装类专业体系的改造和建设、教学内容和课程体系改革、产学研结合的人才培养模式改革等方面进行了全面的研究，并能根据包装学科综合性、交叉性的特点，对包装学科的内涵及理论体系作深入的研究，构建了特色鲜明的、培养复合型人才的包装学科体系，使现代包装人才培养逐步科学化、多样化、特色化。该项目能以现代教育理念为指导，以工程设计为主线，注重工程技术与艺术的结合，深入进行课程体系的改革，成功构建了模块化课程体系，实现了课程的跨学科综合和整合。跟踪产业技术发展，更新教学内容，形成了主动适应社会需要的包装人才培养模式。

【《出口欧盟商品包装技术指南》通过验收】12月14日，商务部科技发展与技术贸易司在北京召开了由中国出口商品包装研究所承担的商务部“技术性贸易措施体系建设”重点项目《出口欧盟商品包装技术指南》验收会。

验收会由商务部科技发展与技术贸易司领导主持，验收委员会由华中科技大学、中国机械工业联合会、中国工业经济联合会、中国环境科学研究院、中国食品和包装机械工业协会、全军包装工作办公室、交通部科学研究院等单位的七名专家组成。验收会对项目进行了认真的评审后，通过验收。

专家论坛与工作研究

FORUM AND RESEARCH

泛珠三角：包装企业策略联盟

李石养
（广东省包装技术协会）

“泛珠三角经济圈”从设想到落实，已经取得了初步成效。从2004年7月14日在广州国际会展中心举行的“首届泛珠三角区域经贸合作洽谈会”上所获取的数据显示：此次洽谈会签约项目有473个，成交金额达2412亿元。其中，实业投资项目个数和投资总额，分别占项目总数和投资总额的49.36%和25.05%。这表明“9+2”省区之间的合作，已从以往商贸购销为主向投资实业特别是工业投资项目转变；同时也预示了泛珠三角区域内，产业梯度发展、转移的大趋势正在加快、提速。而且更具重要意义的是，企业在实质上已经成为这次洽谈会的真正主体。这表明“泛珠三角经济圈”在政府的推动下已经走入市场运作，完全符合区域经济一体化的市场规律。可以预见，在“市场运作、政府推动”的原则下，泛珠三角区域将从多层面稳步实现资源的重新整合，形成物流、信息流、人才流等市场要素的大统一局面，最终获得市场资源的优化配置。

策略联盟是企业迅速成长的一种重要方法。策略联盟能否实现取决于拟联盟企业之间是否具有利益分散点，同时企业文化是否能兼容，因为文化冲突是策略联盟失败的重要原因：其一，泛珠三角区域经济一体化导致产业聚集、市场细分加剧，企业之间的利益分散点增多；其二，泛珠三角区域经济一体化构建的大市场内形成了统一的市场机制，同时也必然无形中形成一种被各企业组织所默认的文化特质，这为策略联盟企业之间的文化融合打下了必要的基础。下面将泛珠三角区域经济一体化进程对包装工业产生的影响与包装企业实行策略联盟的必要性和机遇结合起来进行分析。

包装企业实行策略联盟是改变当前包装工业单打独斗、低水平重复建设的重要方法，泛珠三角区域经济一体化进程提供了包装企业策略联盟的外部环境。

在没有实现高度发达的市场化及区域经济一体化的条件下，包装在工业领域是一个相对滞后的板块，似乎总是跟在商品及物流发展等市场因素的背后。这既是包装产业的悲哀，也是一种荣幸。因为只要商品经济还存在，包装就有英雄用武之地。中国包装工业近二十年来，得益于市场经济的发展完善，成为公认的朝阳产业。一大批包装印刷企业及服务协调机构迅速建立，“你搞塑料，我玩纸品；你钻研技术，我开发市场。大着胆子，摸着石头过河。”几千元就可以起家，风风火火，成就了国内绝大多数的包装企业和他们的老板。时至今日，随着买方市场的出现，小打小闹、单打独斗的低水平竞争已经慢慢退出历史舞台。我国加入WTO后，这种趋势更加明显。在全球经济一体化和区域经济一体化的市场环境下，任何一个企业都很难再独撑一片艳阳天，而必须善于与产业链中或同一环节的企业进行越来越深入的双赢合作，同时达到客户利益最大化的目的。合约包装应运而生，但还只是“小荷才露尖尖角”，可能没有也不足以引起众多已经习惯了家庭作坊式运作的包装企业的重视。所谓合约包装（CO-PACKAGING或CONTRACT MANUFACTURING），即以合作的方式签订合约，把全部或部分包装完全交给专门的企业进行，承接包装的企业可以是单独的包装公司，也可以是几个企业的联盟。合约包装的实质就是集约化联盟，在市场进一步细分的条件下，企业摒弃非成长优势，发挥自身真正的特长，实行企业间多层次的合作。泛珠三角区域经济一体化进程以最终统一区域大市场、实现多赢为目标，在这一进程中，区域内各种资源将得到空前的整合优化，各省区之间人为的关卡将渐渐消失，交通、物流、信息流和人才流动将畅通无阻，而这恰恰是发展合约包装所需要的条件。合约包装在国外发展得比较好，例如位于美国费城的一家著名的综合大型合约包装企业 PCI 服务公司。该公司将药品配送和包装服务相结合，旨在实现客户利益的最大化。PCI 公司除在美国和欧洲专攻包装和印刷外，还在爱尔兰的某些加工点也有协同定位包装操作，或者在某个企业内部已经存在的包装点采用 PCI 专门技术，这些都有赖于其市场的高度发展。国内的合约包装还处于起步阶段，因为市场分散，各自为政，难以成气候。实际上，在区域经济一体化进程中，产业聚集、市场细分现象将迅速发展。产业聚集表现在包装产业通常是一些专门性的包装集中市场的建立，如包装印刷城的兴起就是这种聚集的产物。市场细分表现为个体企业经营项目数量的减少而质量提高，包装企业之间通过在包装交易市场或以其它方式进行优势项目的合作，形成“聚集中的细分，细分促进聚集”的产业局面。这是合约包装在区域经济一体化进程推动下的表现，它以联盟的方式加速了包装企业尤其是中小包装企业的成长。

合约包装与区域经济一体化进程的关系可以从位于深圳平湖物流基地的“华南国际工业原料城”为例进行的简要分析中看出，该工业原料城集交易、展示、信息交流、仓储、配送、货运以及金融结算功能于一体。总建筑面积约 220 万 m^2。其中，建筑面积逾 20 万 m^2、可提供 1700 多间商铺的华南纸品包装印刷交易中心，下设了展示中心、技术研发中心、物流中心和交流中心，可以供包装印刷行业产业链中的上下游企业直接进行沟通。更为重要的是，此交易中心的交易方式一举改变了原来的现货和期货交易，企业可通过远程协议和电子合同进行交易。这种将产业链中的所有包装企业集中进行资源优化，实现最大价值交易的方式，实际上是产业市场向高水平方向发展的产物，是产业聚集、市场细分及市场统一程度向高一级发展的必然结果。这恰恰是区域经济一体化的主要内容，也是包装印刷企业进行策略联盟的一种特有方式。

泛珠三角区域经济一体化进程中，环保问题将受到前所未有的关注，建立统一的生态补偿机制势在必行。

包装产业是一个名副其实的与环境保护密切相关的产业，而单个的包装企业无法在统一的生态补偿机制下完成环保的历史使命，整个产业链中的上中下游企业通力合作，才是真正解决问题的出路。因此，一体化进程中极受关注的环保问题进一步推动了包装企业走向策略联盟。

7 月 13 日，泛珠三角区域环境保护第一次联席会议在广州召开，“9+2”各政府部门环保负责人审议通过了全国第一个跨地区的大型环保协作协议——《泛珠三角区域环境保护合作协议》，标志着目前“9+2”地区已全面启动生态环境保护、污染防治、环境管理、环境科技与环保产业方面的全方位合作。包装是个制造美丽，同时也产生环境污染的朝阳产业，在市场竞争日益激烈而人们对环保又越来越关注的情况下，包装界不论是政府机构、行业协会，还是生产企业都从不同角度不同层次予以极大的关注，出台了很多行业标准，这些标准都十分重视包装对生态环境的负面影响。但是，受利益的驱使，因包装所造成的环境污染问题相当严重。一个非常普遍的污染现象就是塑料袋和 EPS 塑料快餐盒，因所使用的包装材料无法自然生物降解而使用量又极大，污染简直就像是洪水，防不胜防。如何解决以及能否解决因包装而产生的环境污染问题，已经成为制约包装产业向更专业化、现代化方向发展的瓶颈。产业规模越大，这个问题就越突出。

解决的办法，一方面必须出台更为严格的行业标准，将环保列入硬性标准并通过有效机制监督包装企业执行，同时加强科研力量研发经济实用的包装材料。另一方面，建立包装废弃物回收利用的有效补偿机制。这些都需要依赖企业主体之间的通力合作才能得到有效解决。利益是出现问题的起源，同时也是解决问题的方法。在通力合作解决环保问题时，各包装企业如能以利益为纽带进行协调，借泛珠三角区域经济一体化对区域大市场资源整合及跨区域环保协调机制构建发展的时机，加强上中下游各环节的双赢合作，环保问题是有望得到解决的，而包装企业本身也能从中得到相应的利益。如果政府实行对包装废弃物进行强制回收制度时，包装产业链中的各环节必然会出现利益冲突，究竟由谁来出钱回收呢？用户企业？生产企业？原材料供应商？代理商？其实都觉得有理，又都觉得无理，凭什么就让一个环节来承担呢？所以，归根结底，还是要合作，以最低成本实现最大价值，完成环保历史使命。相信随着泛珠三角区域经济一体化进程的发展，包装产业必将能承担起自身应有的环保责任，通过互惠互利的合作，将产业做大，成为名副其实的“朝阳产业”。

综上所述，泛珠三角区域经济一体化进程对包装产业造成的影响是显而易见的。当前包装企业除了提高产品与服务质量外，通过企业之间取长补短的策略联盟亦是加速企业成长的重要方法。庆幸的是，当包装产业正在为寻找自己合适的战略伙伴时，泛珠三角区域经济一体化便成了强力奏响包装产业走向策略大联盟的交响曲。这支交响曲将包装企业最精妙的“乐器”通过“市场”这个大指挥家的协调运作，发挥得淋漓尽致。兴奋着，期待着，谁能不为之心动呢。

发展中的四川纸箱包装行业

任杰才

（四川省包装行业发展中心）

由于纸箱是绿色包装，应用范围广泛，所以备受众多用户的青睐。在我国包装行业中尤以纸箱发展速度快、变化大。

笔者最近对四川纸箱包装行业的发展情况进行了调查，归纳出3个主要特点：一是发展变化大，二是仍然落后，三是前景看好。

一、发展变化

随着四川省经济的发展，纸箱包装行业又有了新的变化，呈现出多元结构、高中低型、规模型、扩张型、综合型的新局面。

1.生产企业减少，自动生产线增多。1993年，国家对瓦楞纸箱行业首次实施生产许可证制度时，全省获证企业有140余家，但绝大部分企业规模小、设备落后，以单机和单面机为主，只有近10条生产线；1997年换证时，企业下降到90余家，生产线却上升到59条。目前，企业只剩下60余家，生产线却上升到70余条。

2.生产规模扩大，设备档次提高。目前，企业拥有6条线的1家(康得利)；拥有4条线的1家(丰泰)；拥有3条线的2家(长虹、簇桥福利)；拥有2条线的6家(人民、沱牌、兰剑、佳洁、西溪、文庄)；拥有1条线的40余家；单机或单面机企业不足10家。特别是近几年，新上的近10条生产线，功能先进、宽幅、高速，后工序设备先进，整体配套协调优化。同时，少数企业的生产线对后工序配套设备也进行了技术改造。

3.内外扩张，做大做强。一是向省外扩张。哪里有市场，就把企业建到哪里。如四川康得利股份有限公司，在已有2条线的基础上，近几年投资上亿元，先后在湖北、贵阳、重庆等三省市新建了4条线，年销售收入在全省纸箱行业中首家突破3亿元，成为惟一向省内外扩张发展并取得成功的民营纸箱生产企业。二是向省内扩张。如四川丰泰股份有限公司成立5年来，企业销售收入年增长率达53%，在已有2条线的基础上，于2002年6月以3200万元全资收购成都市若兰纸箱厂(含2条线)，年销售收入在全省纸箱行业中首家突破亿元大关，成为率先从绵阳进入成都发展并取得成功的民营纸箱生产企业。目前，这两家企业已成为四川纸箱行业中的龙头企业。

4.包装大用户自建纸箱厂，发展既快又强。近几年，四川纸箱包装大用户企业对产品包装的配套，逐步从向社会采购转为立足企业自行解决。究其原因，一是出于安置企业富余人员和职工子女就业的需要；二是这些企业具有经济实力、管理先进、技术力量强、人员素质高等优势；三是由于自产自用，内部核算，资金结算到位，纳税层次减少，节约运输费用等，从而降低了成本。目前，全省包装最大用户之一的全国彩电大王长虹公司拥有3条线；中国名酒中四川的6朵金花有4家企业拥有5条线，其中沱牌2条线，五粮液、全兴、泸州老窖各1条；四川最大啤酒企业——兰剑2条线；四川最大两家名烟厂——成都和什邡各1条线；四川最大热水器企业——前锋等8家企业各1条线。

5.纸箱与造纸、纸盒、蜂窝产品相结合，闯出新的发展道路。目前，全省纸箱与造纸相结合的有顺发、鑫益、簇桥福利、乐山造纸厂、德阳孝泉造纸厂等；纸箱与蜂窝产品相结合的有长虹，于2002年9月新上1条蜂窝纸板生产线，成功替代了EPS塑料发泡缓冲包装；纸箱与纸盒相结合的有丰泰、鑫益、沱牌、佳洁、五粮液等5家企业。这些企业既解决了自己的部分包装，又降低了成本。

6.合资独资企业初露端倪，市场竞争出现新格局。目前，全省合资纸箱企业有3家，独资有1家，即成都东翔包装有限公司(由美国国际纸业公司和香港东翔有限公司合资)，投资1200万美元建成拥有西部惟一一条低克重、高强度、宽幅、高速、多功能、后工序配套设备自动化程度高的生产线，由于该企业产品享有国际免检，一直独揽成都外资和独资企业出口产品的包装。合资、独资企业的出现，形成了国内外市场竞争的新格局。

7.现代化管理使企业再上新台阶。目前，全省纸箱包装行业中1/3的企业取得了国际质量体系认证，多数企业实现设计电脑化，其中有些企业实现计算机网络化管理，如丰泰公司是本省首家实现计算机联网管理的企业。

8.设备制造企业增加，档次逐步提高。除上世纪80年代初的遂宁机器厂(现为四川远东新技术包装设备有限公司）外，又增加了成都飞机包装机械公司。由初期只生产单台机、瓦楞辊发展到能生产全自动生产线。同时，四川金龙包装机械有限公司还能生产纸箱用的钨合金圆切系列高级刀具。

9.纸箱印刷多样化，档次提高。纸箱印刷由单一的人工手推丝网印刷，发展为四色或六色全自动印刷、开槽、压痕一体化。同时，四川当今彩印有限公司从意大利引进的六色柔印纸箱彩面卷筒预印机，使纸箱印刷在纸板生产线上有机地结合。

10.集中制版，分散制箱，逐步迈向专业化。自动生产线可以生产高质量的纸板，在供大于求的情况下，一些企业将准备上新线的投入用于购买后道工序的先进印刷、开槽、压痕一体化的设备，然后再购买纸板加工纸箱。目前全省已有6家这样的企业。

二、发展差距

近10年来,四川纸箱包装行业虽然有了新的发展，但与先进省市相比，仍有很大差距，可谓任重而道远。

1、生产线拥有量不足广东省的1/10。据悉，堪称全国纸箱包装行业“第一世界”的广东，拥有生产线800余条，仅珠江三角洲的东莞就拥有200余条。每个企业普遍拥有2条以上,多则5条以上，广州近郊一家企业拥有10条线。然而，四川的生产线却不足广东的1/10，只相当于东莞的1/3。其次，堪称全国纸箱包装行业“第二世界”的江苏、浙江、上海三省市相加的总和为广东的一半，但他们所拥有的数量也分别在140多家以上。与之相比，四川只是这三个省市中任何一个的一半而已。显然，四川还属于全国纸箱包装行业中的“第三世界”。

2.设备档次至少低两个台阶。广东早已淘汰了单面机，普遍使用自动化生产线，并且已完成了第二轮技术改造，基本上属于功能先进、宽幅高速，多数为低克重、高强度，设计电脑化，后加工设备功能先进，印刷柔性版采用激光雕刻机等。同时，江苏、浙江、上海紧随其后，发展势头强劲。但四川与之相比，单机和单面机仍在使用，生产线绝大部分停留在第一轮技术水平上，仍是窄幅低速，后工序配套设备落后，印刷制版多数为手工雕刻，档次高的生产线和先进的配套设备很少。

3.原材料大量从省外购进。广东、江苏、浙江、上海的纸箱生产企业所需用纸均来自当地，且资源充足，特别是合资、独资造纸企业不断涌现，更是“衣食无忧”。其中，仅东莞就有“玖龙”和“理文”两个生产箱板纸、高瓦纸的大企业，年生产能力均为100万吨规模。而且“玖龙”于2002年与江苏太仓市合作，投资10.8亿美元，年产箱板纸、高瓦纸、铜版纸350万吨;“理文”在江苏常熟投资3.6亿美元，年产箱板纸、高瓦纸130万吨。而四川全省包装造纸总量只有30多万吨，大厂最多有5、6万吨，而且大多数亏损，产品质次价高，使得全省纸箱企业所需用纸的80%以上需要依靠省外供给。因此，四川纸箱生产企业的成本高于东部沿海城市，利润低，亏损企业不在少数。

4.企业管理水平低下。东部沿海城市纸箱生产企业采用计算机管理逐步增多，大部分企业都取得了国际质量体系认证。四川与之相比，采用计算机管理的企业很少，还有一半的企业未取得国际质量体系认证，造成企业硬件很好，但软件不行，在市场竞争中被兼并收购，如成都红旗、若兰、广汉包装装潢公司等。

5.传统生产方式改变不大。东部沿海城市纸箱生产企业集中制板，分散制箱的较多，制箱与纸盒结合，造纸与纸箱结合的也较多，其中“理文”造纸厂就拥有数条先进的瓦楞纸板生产线。其次，这些地方蜂窝纸板发展迅猛。而在四川，这方面才刚刚起步，且规模不大。

6.缺乏有序的市场竞争。东部沿海城市企业的先进性主要体现在设备档次，企业规模、管理水平、员工素质、产品质量和售后服务等方面。特别是广东，很少有压价、拖欠货款等现象。而在四川，有不少企业靠降价抢占市场，大打“价格战”，结果使全省纸箱行业深受其害，制约了纸箱行业的健康发展。

三、发展趋势

四川纸箱包装行业十年来的发展变化说明，在市场经济条件下，行业将朝着更快更高和竞争有序的方向发展。

1. 千载难逢的机遇。我国经济迅速发展，作为国民经济重要组成部分的包装工业也不例外。随着西部大开发战略的进一步实施，必然促进西部包装工业的大发展。

2. 重要生产企业或大用户自建生产线的技术改造步伐将加快。一方面将由功能先进、宽幅高速、多功能、低克重、高强度的新型生产线及先进的后加工协调设备取而代之。另一方面，将加强后序配套设备的改造，走采购瓦楞纸板与自行后加工设备配套制箱的道路。但现有的少数单机和单面机也将继续存在，以满足小批量和低档次产品的包装。

3. 纸箱包装企业不断做大做强，但数量不会太多。

4. 随着我国加入 WTO，改革开放的深入，合资企业将不断增加。

5. 纸箱包装企业新建生产线和包装大用户企业自办生产线的势头还会继续保持，更多大型造纸厂将走造纸与生产瓦楞纸箱相结合的道路，充分发挥集约效应。

综上所述可以看出，四川纸箱包装行业的发展潜力很大，发展前景乐观。在国家西部大开发战略的精神指引下，四川纸箱包装行业一定会迈上新台阶。

缓冲包装材料的现状及展望

骆光林　徐筱

（西安理工大学）

缓冲包装是一门综合性学科，与数学、力学、材料学和环境工程学等学科密切相关，主要是通过对产品破损的内因和外因进行研究和分析，合理地选择缓冲包装材料，设计科学的包装结构，从而缓和产品受到来自外力的冲击和振动。缓冲包装材料是指包装物品在流通过程中，因受外力的作用而遭到冲击和振动时，能吸收外力产生的能量，以防止产品遭受损坏而使用的材料。缓冲包装材料包括的范围相当广泛，既有天然材料，也有人造材料，但一般都采用具有高度压缩性能和复原性能的弹性材料。

缓冲包装材料的作用，一方面是将外界对包装件的冲击和振动经过缓和以后传递给内装物，避免应力集中，从而保护内装物。另一方面，又能支撑内装物，保护货物结构并保护包装材料本身。应该说明的是，触感柔软的材料不一定就是好的缓冲包装材料。缓冲包装材料必须具备的特性包括：冲击能量的吸收性、震动吸收性、复原性、压缩蠕变性、温度稳定性、耐水防潮性、防霉性、耐油性、防静电性、耐磨性、抗挠性和耐酸碱性等。所以，在选择适合某一用途的缓冲材料时，必须考虑多种因素。

缓冲包装材料按材质的不同，可大致分为以下三大类：

一、纤维状缓冲包装材料

1. 细刨花

细刨花是一种最早使用的缓冲材料。其缓冲性能与聚氯乙烯塑料条相似，既经济且容易得到。但如使用不当，木屑和灰尘可能会进入被包装产品的零部件内而擦伤光洁的表面。而且细刨花释放出的木酸能使与其接触的金属表面腐蚀。因此，最好用防水纸包成密封的垫子使用，或在内包装容器和外包装容器之间作缓冲层使用。细刨花极易燃烧，在某些特定的条件下可能自燃。目前，细刨花已多被聚氯乙烯塑料条和乙酸纤维素条等缓冲材料所取代。

2. 纤维橡胶

这是一种以动物纤维（如猪毛、马毛等）或天然植物纤维（如棕麻等）与适量橡胶加工而成的缓冲材料。除有较强的弹性外，还起粘接剂的作用，可将纤维相互粘结，具有良好的缓冲性能。与其他非橡胶类缓冲材料相比，具有回弹性好、耐压性强、冲击能量吸收性好等特点。因此，广泛用于仪器、精密机械及军用品的缓冲包装材料。

3. 玻璃纤维

具有不同密度的玻璃纤维缓冲材料，可制成不同厚度的板或冲压成不同形状的垫块，是一种回弹力很高，且不吸湿、不燃烧、不发霉、能抗菌、可耐强酸碱的缓冲材料。但某些类型具有高擦伤性，且易吸附灰尘。因此，使用时要与加工表面分隔，并将被包装物品的孔密封。

4. 天然纤维

天然纤维材料是一种以天然纤维为基体，用胶粘剂粘接而成具有综合性能的缓冲材料。同泡沫塑料一样，具有良好的缓冲性和广泛的使用性。由于纤维素本身具有强度高、耐腐蚀、高回弹和耐冲击等特性，因此常被称为弹性纤维。这种缓冲材料常用于易碎产品（如精密仪器、仪表和电子产品等贵重物品以及陶瓷、玻璃等易碎物品）的缓冲包装垫，特别是用在军用品包装方面，这是因为泡沫塑料缓冲材料的综合性能（如使用温度方面）往往达不到军用品包装缓冲性能的要求。

二、悬挂缓冲装置

对于一些大型的高级精密仪器等产品，可采用弹簧、悬挂装置等作为缓冲包装的缓冲结构，用弹簧等高弹性的缓冲材料，在坚固的外包装箱里将产品吊挂起来，使产品不与包装箱接触，从而起到保护产品的目的。

空隙结构物质材料

目前，在包装领域使用的绝大多数缓冲材料是属于空隙结构物质材料。一般来说，可分为发泡聚合物和纸质材料两大类。

1. 发泡聚合物材料

（1）泡沫海绵橡胶

泡沫海绵橡胶特别应用在使用其他缓冲材料时易受灰尘损坏的物品上。它通常具有较高的回弹性，不受湿度影响，价格虽贵但可以重复使用。泡沫海绵橡胶可以注塑成形状复杂的产品，也可制成不同尺寸和不同厚度的板材。

（2）微孔海绵橡胶

微孔海绵橡胶是一种特殊类型的缓冲材料，利用发泡方法，在一定压力下产生大小均匀互不连通的微孔结构。由于每个微孔的作用如同一个独立的空气垫，所以具有很高的回弹性、良好的保湿性和漂浮性能，没有明显的吸水性。

（3）气泡塑料薄膜

气泡塑料薄膜是一种在两层薄膜之间夹杂着整齐排列、大小均匀的空气泡的包装材料。多采用聚乙烯薄膜，其上涂覆聚偏二氯乙烯，可以减少空气的透出。两层薄膜，一层为平面薄膜，另一层为成泡薄膜。一般情况下，基层比泡层厚一倍左右。根据缓冲要求不同，也可以制成二层的气垫薄膜。气泡的形状有圆筒形、半圆形和钟罩形三种。由于两层薄膜之间夹杂着大量的空气泡，所以能有效地吸收冲击能量，并且有良好的阻隔性和隔热性。气泡薄膜耐腐蚀、耐霉变、柔软、质轻、清洁、防潮、防尘。缺点是当内装物有突出部分时，会使气泡受到很大的压力，使空气泄露而丧失缓冲效果。因此，不适于包装重量较大、负荷集中及形状尖锐的产品。广泛用于仪器、仪表和工艺品等产品的包装，同时也是目前惟一的透明状缓冲包装材料，因此可用作销售包装。

（4）泡沫塑料

泡沫塑料是以高分子树脂如 PE、PS、PVC 等为原料，经过发泡处理而制成的一种具有无数蜂窝状结构的缓冲材料。泡沫塑料的性能除取决于本身材质外，还取决于发泡程度和泡沫性质。而泡沫性质又取决于气泡结构，气泡结构可分为两种状态，一种是每个薄壁气泡相互隔离而形成独立气泡泡沫；另一种是气泡之间相互连通，成为连续的气泡泡沫。当泡体受到外力冲击作用时，这些开孔或闭孔气泡中的气体通过压缩和滞留使外力的能量被耗散，泡孔起到吸收外来冲击载荷的作用。具有质轻、易于加工成型、缓冲性能好、隔热、隔音、弹性好、耐化学腐蚀性等优点，因此是目前应用最普遍的缓冲包装材料。

泡沫塑料根据软硬程度不同，可分为软质泡沫塑料、半硬质泡沫塑料和硬质泡沫塑料三种形式。软质泡沫塑料具有柔软、弹性好的特性，以聚氯乙烯为主。硬质泡沫塑料具有一定的刚性，以聚苯乙烯为主。通常应用的泡沫塑料有聚乙烯、聚苯乙烯、聚氯乙烯、聚氨酯、环氧树脂、酚醛树脂、硅树脂、醋酸纤维素和脲树脂。包装中最常用的是聚胺酯、聚乙烯和聚苯乙烯泡沫塑料。

聚苯乙烯（PS）泡沫塑料是一种非常重要的缓冲包装材料，具有缓冲性能好、有优良的抗潮湿性、隔热性和电绝缘性、质轻、易于模塑成型、加工性能好等特点。其抗放射性能是目前塑料中最好的。在50˚C以下性能稳定，低温性能优良，所以更适宜用作低温隔热材料。缺点是性脆、耐热和耐候性差、耐溶剂性差。燃烧时产生苯乙烯蒸汽会造成污染。广泛用于精密仪器、军用品、医用器材等的缓冲包装材料。另外，还可以直接做成杯、盒、盘等小型包装容器及缓冲袋、缓冲纸箱等。

聚乙烯（PE）泡沫塑料是近几年发展起来的新品种，是一种物美价廉的缓冲包装材料，其化学特性几乎保持原树脂的特性，而且分子交联使性能进一步提高。其缓冲性能好、隔热性好、耐化学腐蚀、吸水性小、质轻、成本低、加工性好。可用于精密仪器、玻璃及陶瓷制品等的缓冲包装材料，制成缓冲袋、缓冲箱等包装容器，还可以制成冷冻食品的保冷袋及热食品的保温容器。低发泡的聚乙烯还可以通过切、削等二次加工，制成护角、护棱等定型缓冲材料。

表1　PU、PE、PS、PVC性能

性能＼名称	聚乙烯	聚苯乙烯	聚胺酯（软）	聚氯乙烯（软）
冲击特性	优	良	良	良
复原性	好	差	好	差
耐腐蚀性	优	不良	良	不良
吸水性	极小	较小	较大	较小
耐候性	好	差	差	差
柔软性	优	良	优	优
最高使用温度（˚C）	85	80	120	60

聚胺酯（PU）泡沫塑料耐热性能好，在耐化学性方面几乎不受油类（尤其是矿物油）的侵蚀，有良好的缓冲性能及阻隔性能，可用作隔热和隔音材料。目前，用量还不是很大，主要用于衬垫、量具盒、精密仪器仪表等。PU泡沫塑料可采用现场发泡包装方法，工艺简单、操作方便，不需要任何模具，以包装物和被包装物为模即可瞬时成型。对任何不规则的产品，特别是异形易碎物品均能按其形状、空间充填，使物品牢固地固定在包装箱内。

2、纸质材料

在空隙类结构物质中，纸质材料富有一定的弹性，既能起缓冲作用，又能分隔内装产品，使之牢固、稳定。纸类材料具有加工方便、价格便宜、可再生、处理简单等优点，特别是可以制成具有缓冲性能的容器，应用相当广泛。

（1）皱纹纸

皱纹纸是一种经济而且容易得到的缓冲材料，其特点是表面性能稳定，不容易产生粉尘，加工容易，可塑性好。其缓冲作用主要靠挤压皱纹纸而实现，能为质量轻的内装物提供良好的缓冲作用。

（2）纸垫

纸垫分为薄纸纸垫和毛毡纸垫两种。薄纸纸垫是由几张或最多达120张薄纸轻轻叠成。毛毡纸垫是由纸浆抄成。用作缓冲包装材料的主要是薄纸纸垫。纸垫柔软且中性，不会损伤产品表面；具有良好的透气性，使有害气体或潮气很容易散发；成本低，加工性能好。缺点是易产生灰尘，耐水性差。

广泛用于家具、乐器、家用电器等产品的表面保护。

（3）纤维纸板

纤维纸板又称纸纤维成型材料，是一种用废纸浆、渣浆等抄成的富有弹性的缓冲包装材料，可压制成单面单瓦楞纸板状，也可以制成柔软且有弹性的厚纸。有的纤维纸板还可以进行防水处理，或者贴牛皮纸面、贴衬里等表面处理，从而得到较好的表面性能。纤维纸板广泛用于裹包材料、衬垫材料和建筑材料等。

（4）瓦楞纸板

瓦楞纸板是用牛皮卡纸（箱板纸）作里和面，中间用瓦楞原纸（波纹纸）作夹芯粘结而成。改变夹芯、里纸的层数及瓦楞的形状、尺寸，可得到不同种类的瓦楞纸板。具有环保性能好、使用温度范围广、成本低、取材便利、生产工艺成熟、加工性能好等优点。缺点是柔软性差、回弹性差。瓦楞纸板广泛用于电子类、水果类等产品的缓冲包装材料，可以制成各种形状的垫片、垫圈、隔板、衬板、护角、护棱等。

（5）纸浆模塑

纸浆模塑是以废纸为主要原料，通过可排水的金属网模塑造成各种形状，经压实干燥，可长期保持形状不变的纸制品。该制品原料来源丰富、成本低、回收利用率高、不污染环境、使用范围广、重量轻、透气性好、可塑性和缓冲性好。纸浆模塑的应用始于20世纪60年代，我国在80年代初开始从国外引进数条各种型号的纸浆模塑生产线。目前，纸浆模塑已广泛应用于一次性快餐具、方便食品包装和鲜蛋、水果、玻璃、陶瓷、家用电器、五金工具及其他易碎产品的防振缓冲包装，是泡沫塑料的主要替换产品。可以预言，纸浆模塑制品作为环保型绿色科技产品，将发挥积极的作用，被越来越多的人们逐步认识和接受。

（6）蜂窝纸板

蜂窝纸板与瓦楞纸板相似，其纸芯不是瓦楞而是蜂窝纸芯，蜂窝纸芯起类似工字梁胶板的作用，空间结构优于瓦楞纸板，抗压能力强。蜂窝纸板是近几年发展起来的新型包装材料，具有较好的缓冲性能、较高的平压强度和静态弯曲强度，隔音、隔热性能优良，易回收利用、成本低等一系列优点。蜂窝纸板在包装中的应用主要有蜂窝纸箱、缓冲衬垫和蜂窝托盘等。蜂窝纸板制品节省资源，保护生态环境，符合国际包装工业材料的应用发展趋势。但由于蜂窝纸板的生产自动化程度低，蜂窝制品在技术、工艺等问题上还没有得到很好的解决以及价格昂贵等原因，蜂窝纸板制品在包装业并没有得到广泛使用。但笔者相信，随着蜂窝纸板的进一步研究和开发、品种增加、质量提高，将会逐渐应用到包装的各个领域。

缓冲包装材料从最初的麦草、稻草和木屑等天然材料发展到今天的可降解缓冲包装材料以及植物纤维缓冲包装材料，历经数载，发展迅速。在当今人类资源日益匮乏及人们环保意识愈来愈强烈的情况下，积极研制开发新一代绿色缓冲包装材料是人类共同的追求，让我们共同携起手来，为努力开创缓冲包装领域的美好明天而奋斗。

卷烟包装材料的应用及发展趋势

王理珉　魏杰　胡群　马静

（云南烟草科学研究院）

目前，我国烟草行业年产卷烟约3600万箱，由于人们消费水平的提高，在购买卷烟时，不仅关注卷烟的内在品质，而且还很在意卷烟的包装质量。因此，卷烟厂设计和选用的包装材料也越来越高档。但随之而来的环境问题也越来越严重。在全社会都在关注包装废弃物的环境问题时，国内许多卷烟包装材料厂都开始引进设备、投入人力进行环保包装材料的开发和生产，烟厂也在积极进行设备改造、新材料试机，一场卷烟绿色包装革命已经来临。因此，迫切需要我们深入了解各种卷烟包装材料的使用现状，积极对环保材料进行宣传和引导，推动卷烟包装材料的绿色革命，以利于烟草行业的持续发展。

一、卷烟包装材料的应用

1.卷烟透明包装材料

为了防止烟支受潮及水分和香气散失，美化产品外观，卷烟小盒及条盒外面包裹了一层薄膜，称为卷烟透明包装材料。全世界有85%以上的烟盒采用透明包装材料进行包装。卷烟透明包装材料具有阻隔性、透明性、热封性、机械加工性等特性。

卷烟透明包装材料已有50年的历史。一开始，赛璐玢（玻璃纸）是主要的卷烟透明包装材料；后来出现了热封型双轴拉伸聚丙烯薄膜（BOPP薄膜），由于BOPP薄膜尺寸稳定、透湿透氧率低、强度高、印刷效果好，能更好地满足高速包装机的要求，是目前使用的主要卷烟透明包装材料。国内现阶段使用的BOPP烟膜的厚度为18～22微米。

薄膜除防潮保香、保护产品外，还是防伪的重要工具。防伪技术可以和薄膜相结合，如防伪油墨、综合衍射技术和专门的编码等。国外烟厂的防伪措施一般就是使用防伪烟膜，采用普通油墨印刷定点简单图案，并定位包装，使烟膜图案覆盖盒皮图案，从而达到防伪效果。例如，“三五”牌烟多年来不改变盒皮的外观设计，不提高材料成本，而是通过烟膜进行防伪，甚至采用在烟膜上印刷满版烟标图案。

薄膜领域的技术创新不断，先后出现了隔断水分和香味的隔离薄膜、更紧地包裹烟盒的收缩薄膜、防伪薄膜以及印刷薄膜等。如UCB薄膜公司开发了一种新型收缩紧绷薄膜，名叫“宝洛”的收缩紧绷GLT16 薄膜。这种薄膜将低厚度与可控制收缩结合在一起，GLT 不受时间的影响，紧绷在烟盒上，没有收缩，没有褶皱，而且密封完整性好，相当于标准的20微米等级的薄膜。GLT16对溶剂具有抵抗力，有着良好的光学效果，可以用于自动售卖机。

英国ICI Propafilm薄膜公司新研制出一种卷烟外包装薄膜，称为Propafilm GLX，厚度分为16微米和20微米两种规格。其中，GLX16每平方米克重为14.7，是一种高得率、较薄的薄膜，并可保证机台高效率运行。由于采用先进的聚合物技术，其隔断性能近似于20微米薄膜的水平，特别有助于适应欧洲国家的包装立法，减少重量即可以减少包装处理费用。GLX20在机器上运行效率高，有较宽的密封范围，可以适应当今高速包装机的要求。GLX20的厚度为20微米，每平方米18.2克。

意大利Bimo公司新近推出了一种名为LLPX的BOPP收缩薄膜，清晰度和光泽度高，印刷性强，厚度也由原来的20微米降至16微米。

由于降低生产成本和环保的呼声在欧洲非常高，德国及其邻国已普遍使用厚度为16微米，而阻隔性能没有变化的薄膜替代20微米的薄膜。上面提到GLX16和GLX18薄膜的每平方米克重相差3.5克，由于塑料薄膜的自然降解要耗时数百年，可见使用更薄的薄膜将是减少薄膜污染的有效途径之一。

全世界烟盒薄膜外包的市场很大，但薄膜公司仍在不断地改进它们的产品。不久的将来，烟草业将会使用更先进、更经济并符合环境要求的薄膜。

2.卷烟商标纸及商标印刷

卷烟商标是卷烟制造商加在卷烟产品上的标志，商标设计不仅要美观大方，还与产品品牌塑造和市场营销紧密相关。现在许多大企业都从企业战略决策的高度来综合考虑产品商标的设计，以达到最好的广告效应，许多烟标设计独特、个性鲜明，起到了很好的传递产品信息的作用。

卷烟的商标用纸主要有胶版纸、铜版纸、铸涂纸和白卡纸等，要求纸质细致牢固，彩印着墨率好，包装时褶角柔软不破裂，彩印不脱墨，能保持小包外形的整洁美观。

防伪和环保是卷烟包装印刷工作的重心。卷烟商标材料主要有激光全息转移纸、防伪激光喷铝卡纸、BOPP激光彩虹卡纸、PET激光彩虹卡纸和铝箔复合卡纸等。其中激光全息转移纸和防伪激光喷铝卡纸是环保材料，而BOPP激光彩虹卡纸、PET激光彩虹卡纸和铝箔复合卡纸由于塑料膜和铝箔不能降解，环保性能较差。

激光全息转移纸是先制成全息塑料薄膜，然后再转移到纸张上面制作而成的，具有防伪、装饰及环保功能。它的物理性能与普通纸张一样，可回收降解，价位略高于普通喷铝金银卡纸，在发达国家是推荐使用的环保产品。激光全息转移纸综合使用效果好，符合包装行业工业化生产的要求。

防伪激光喷铝纸（卡）是用转移镀铝技术生产的金、银卡纸，它平整度好、光洁度好、印刷适性好、不易脱墨，再通过激光压印工艺，使其具有防伪功能。由于喷镀的铝膜极薄，废纸全部可以回收，是国际上公认的“绿色包装”。

BOPP激光彩虹卡纸和PET激光彩虹卡纸是将激光膜用胶贴在纸上，目前激光彩虹镀铝膜主要靠进口；后两道工序与普通复合卡纸生产工艺相同。一般用激光彩虹膜的非镀铝面与纸复合，镀铝面作为印刷面。BOPP激光彩虹卡纸和PET激光彩虹卡纸的性能差异是：BOPP激光彩虹卡纸抗张强度、纸张挺度等指标不及PET激光彩虹卡纸。由于BOPP激光彩虹卡纸的厚度较大，而挺度不如较薄的PET激光彩虹卡纸，这对高速烟草包装机不利；BOPP激光卡纸的印刷适性不如PET激光彩虹卡纸。

卷烟商标的印刷主要有胶印、柔印、凹印等方式。其中，凹印油墨中使用了大量低沸点（高挥发性）的有机化合物作为溶剂（溶剂成分占了50%），从而导致在凹印生产中产生大量有害废气，环境污染突出。胶印油墨溶剂中有机化合物（VOC）和多环芳香型溶剂（PCA）会产生有机化合物气体污染，润版液、清洗剂废液也会造成污染。由于目前柔印广泛采用低毒的醇溶性油墨及无毒的水性油墨印刷，因而柔印具有良好的环保性能，在烟标印刷中应提倡使用。另外在条盒上采用白卡纸，而在外塑料 膜上进行印刷，这在国外也很流行。国内今后采用单一的白卡纸进行烟包硬盒的生产应成为一种趋势。

3.卡纸

卡纸是用在卷烟硬盒包装内对烟盒起支撑作用的纸，俗称烟舌。材料和用于商标印刷的白卡纸一样，最常见的就是在白卡纸表面涂布了一层金色或银色的颜料，称为金卡或银卡。另外还有镀铝卡纸、激光卡纸、全息卡纸和复膜卡纸等材料。

卡纸除了烟盒包装所具备的一般性能外，随着消费者对卷烟吸味要求的提高，必须对卡纸的味道进行严格控制。无异味、低克重、高挺度，经济和环保是卡纸的发展趋势。

目前国外很多卷烟包装材料生产厂家都投入了大量的资金和人力研究和开发厚度更薄的纸板。开发和生产更薄、材料单一且性能稳定的卷烟包装材料，是卷烟包装达到环保要求的关键所在。

4. 卷烟内衬纸

卷烟内衬纸用在卷烟的小盒包装内，主要作用是防潮保香、防霉变，材料有压延铝箔纸、镀铝纸、沥青防潮纸和一般衬纸等，内衬材料要质地柔软易折叠而不破裂。

压延铝箔纸由纸基、粘合剂和铝箔压延而成，具有对光、气、水的高阻隔性和防腐性。当温度急速变化时，材料不会发生任何变形，是目前广泛使用的卷烟内衬纸。

直接镀铝纸是国外近年来发展较快的一种新工艺技术产品，其优点是具有很强的金属质感、色泽鲜明夺目，适用于各种印刷机、压纹机、高速模切机的加工。直接镀铝产品以其良好的环保性能、成熟的加工设备和工艺在近3至5年风靡欧美市场后，开始进入国内市场。国内烟酒行业相继大量使用直接镀铝纸（以进口为主）。2003 年，真空镀铝内衬纸也大量进入我国卷烟内包装市场。到 2006 年，我国的烟盒外包装将有 30%使用直接镀铝纸。

真空镀铝纸用直接喷镀法或转移法生产，铝膜薄而均匀，光学效果好，对光和紫外线等有良好屏蔽和反射作用，能有效地防止光对烟丝内容物的老化作用，属于环保产品，容易处理和再生利用，可完全焚烧成灰。

镀铝内衬纸在国外应用广泛，如英美烟草公司大量采用真空镀铝纸作为其名牌卷烟小包内衬材料。据统计，目前 70%的英国卷烟、50%的德国卷烟都用镀铝纸作卷烟内衬纸。

国外在开发新的卷烟内衬纸方面做了大量工作，如印度尼西亚一公司已引入一种镀金属材料替代原来的复合铝箔纸，这种纸表面涂有 0.04 微米的金属，厚度大大低于传统的压延铝箔纸。

二、卷烟绿色包装的紧迫性和必要性

在当今卷烟包装的流行趋势中，“环保”需求犹为重要，国内烟草企业和包装供应商已越来越认识到研制生产和使用环保产品的必要性和紧迫性。目前西方国家的卷烟产品，每个环节的环保程度都非常高，“绿色包装”产品的生产和应用将是今后几年烟草行业发展的重点。

目前，国内对卷烟包装材料的要求尚停留在诸如定量、厚度、抗张强度、伸长率、透湿性等物理指标上，还没有考虑环保方面的问题。随着社会对环保问题的重视，烟草行业有必要开展卷烟包装材料环保性能的研究和探讨，引导烟厂选用有利于环境保护的包装材料，降低对环境的污染，为今后我国绿色卷烟包装材料的研究开发打下良好的基础。

卷烟包装材料不仅是卷烟工业所面临的问题，还涉及到环保、化学、生物、电子等技术领域，以及政策法规的要求和约束。加大各方面的研究力度，制定合理的法律法规，生产和使用更经济、实惠并满足环保要求的卷烟包装材料，有利于卷烟行业的持续发展。

瓦楞纸箱行业发展的新目标

黄善祥

猴年春节前夕，笔者曾去无锡、苏州及南通地区一些有代表性的瓦楞纸箱企业走了一圈，想了解一下瓦楞纸箱行业都在忙什么？行家在想什么？下一步发展的目标是什么？

苏州、无锡一直是瓦楞纸箱工业的热点地区；南通虽然地处沿江临海，而纸箱工业却长期沉睡在落后状态，这几年忽然走出低谷，成为大发展地区。这三个地区的发展动态，基本上代表了瓦楞纸箱行业的变化。

变化

笔者所到之处，看到企业都在忙发展。无锡江阴“良丰”，年产值已近 8000 万元，今年目标要突破 1 个亿，忙着上设备，忙着征地盖厂房。苏州张家港“天时地”，年产值实现近 2 亿元，今年要翻一番，忙着进口高档生产线，忙着市场销路。苏州常熟“宏华”，靠一条变通五层 1.6 米的老生产线，年年投入改造，经常加班加点，实现产值近 5000 万元，设备能量已到极限，今年决定跨大步，忙着征地迁厂，忙着引进大线。南通地区，在经济迅猛发展的促动下，一批手握资金的行外老板，看中纸箱行业能发财，纷纷投资办厂，一年时间就新上十条瓦楞生产线，体现出江苏纸箱行业发展速度快、起点高的新变化。

这些企业的变化，是国家和地方经济发展的一点缩影。2003年我国国内生产总值(GDP)增长9.1%，人均GDP突破1000美元，增速为1997年以来最快，标志着我国经济进入了一个新的发展阶段。社会消费在升级，人们的需求在增长。据中国科学院中国现代研究中心日前公布的《中国现代化报告2004》指出：我国属于初等发达国家。

江苏是经济大省，也是包装大省。去年江苏GDP增长13.5%，高于全国平均水平4.4个百分点。江苏还是进出口大省，2003年进出口1000亿美元，实现了历史性的突破，超过上海，排在广东之后，外商直接投资位居全国第一。江苏的苏州、无锡成为老大、老二。2003年，南通的经济发展跃上新台阶，后来居上。南通沿江临海，地域优势好，长期来却像只雄狮沉睡在那里，省委、省政府领导要争当江北“两个率先”排头兵，实现GDP超……入超百亿的目标。由此南通各方面的……越的态势，招商引资、利用外资……工业投入增幅全省第一，南通……无锡、南京之后，真是个……

……发展、地方经济……跟随着大……

世纪70年代一直到80年代，我国的木箱包装长期占统治地位，认为木板做的木箱总比纸箱要牢固，于是出口商品的包装普遍使用木箱包装。到了上世纪80年代后期，开始重视纸箱的发展，因为出口商品木箱包装，在国际市场受到限制，外商要求纸箱代替木箱。同时，由于对外运输集装箱化的发展，出口商品包装推广集装箱运输，实行门对门运输交货（即出口商品包装后，由仓库装上集装箱，经过远洋过海运到进口国码头，再转运到进口商指定的仓库，叫门对门运输，确保商品安全），瓦楞纸箱就是在国际市场的要求和国际集装箱运输推广的双重推动下，在我国全面发展起来。

我国瓦楞纸箱经历了二十多年的发展，开始时在用纸的克重上，又受到一种老观念的支配，认为用纸克重越高，瓦层越多，纸箱强度越牢、越可靠。在计划经济时期，用于出口商品的纸箱，用的都是进口的高克重瓦楞纸和箱板纸。

瓦楞纸箱降低克重，首先是我国南方带头实行。广东人思想解放，大胆使用低克重纸制箱。这股风吹到江苏，至少要三五年，即使现在，江苏同广东的用纸定量还没有拉平，江苏还要向广东学习。

大家认为，当前出现的纸箱原纸普遍紧张、纸价上涨现象，说明我国的造纸同纸箱的配套没有到位。现在沿海地区普遍推广的“集中制板，分散制箱”的专业化生产，集中制板向大企业集结，势必加速瓦楞纸箱用纸消费定量的到位。

（二）纸箱机械向高档化、国际化和多极化定……

……瓦楞纸箱工业由单机到单面机，而后从……高档生产线发展，完全符合中国……健康的。目前，纸箱机械……机、单面机基本被淘汰。……由湖北“京山”、广……企业提供。近……还进口了……发……是发起来。而且在三五年后，意大利、德国、美国、日本的高档设备将批量拥进我国。因为国产设备的周期一般在五年左右，三五年后我国瓦楞纸箱机械将全面融入国际化。

设备的选择，一般年订单在 5000 万元以上就要选择高档设备，年订单突破 1 亿元，可以考虑选择台湾设备，年订单在 2 亿元以上会考虑进口设备。张家港“天时地”在实现年产值近 2 个亿时，不失时机地引进了德国生产线，因为有了国际先进的高档瓦线，可以在上海市场争取到 4～5 个亿的订单。

（三）瓦楞纸箱的标准、规格及价格要到位

目前，纸箱厂的厂长经理最头痛的是没有统一的严格的标准、规格和价格，这些要求又都在用户手里。做纸箱的永远是被动，一直跟着用户的要求跑。不像在发达国家，标准是统一的，用户和加工厂都用的是统一的标准箱；纸箱规格是统一的，用户按统一的规格做纸箱，而规格不可能很多。我们现在的纸箱规格五花八门，有上百种之多。给纸箱厂的机械、制板增加不必要的麻烦。业务做大了，要上几条不同生产线，以应付多规格纸箱的需求，雕刻板在一个屋子里堆得满满的。所以，许多纸箱老板说，搞纸箱太复杂了。讲到纸箱的价格，更是头痛的事，用户压价，压了张三压李四，再加上同行自相压价“残杀”。

我国已进入初等发达国家，发达国家就是我们的目标，发达国家怎么做的，我们要学习着做。

体系

瓦楞纸箱行业在国家经济大环境下，按照自身的发展规律，必然形成独特的体系。在计划经济时期，是由外贸主宰出口商品包装，建立全国外贸系统的瓦楞纸箱生产定点厂，成为独特的包装体系。例如，江苏由 23 家纸箱定点厂，统包了全省出口商品的纸箱包装，形成一个计划型的体系。到了市场经济，乡村企业崛起，逐步取代了老的定点厂，形成开放型的体系。目前的瓦楞纸箱体系，正在不断完善。瓦楞纸箱体系的建设集中体现在以下三个方面：

（一）外贸、合资、民（营）资企业成为瓦楞纸箱的共同发展体系

这是市场经济开放型的体现。外资企业是市场经济的重要组成部分，外资企业实力强、设备高档、管理先进，代表了国际水平。在我国经济发达地区，在同行业中，其规模水平处在领先地位。比如瓦楞纸箱企业的苏州“金海”、南京“景兴”、常州“特耐王”等，代表了国际型模式。中外合资企业主要是吸引外资，一般以外商投资入股、中方管理方式，也在高水平的发展。比如江苏泰州永盛纸品公司，由于外商的投资，使企业装备现代化。民资企业是个群体，代表了整个行业的基础，面广量多，其中少数民营企业也在向现代企业发展，同外资企业、合资企业相竞争、相媲美，亦有望成为当地行业之王。

我国瓦楞纸箱的三资企业，已形成发展的完整体系，一个也不能少，既是相互竞争，更是相互依存，共同发展。

（二）大中小企业全面合作体系

瓦楞纸箱行业在初级发展阶段常常表现出行业的紊乱、无序竞争，这是避免不了的。行业的发展，就是在乱中求生存，乱中求发展，在乱中出现高水平的大企业，促使整个行业向高级阶段发展。

在行业发展中，一批大企业的形成，出现了瓦楞纸箱行业的专业化分工，瓦楞纸板由大企业的瓦楞生产线集中生产，分散给中小企业加工纸箱，这是向现代化迈出的一大步，从此开创了大中小企业的全面合作体系，结束了长期紊乱的局面，由无序竞争逐步走向正常竞争，由低水平竞争走向高水平的大企业之间的竞争。

必须指出，目前这个新型体系才刚开始形成，仍然存在着诸多不稳定的因素，主要大企业还不够集中，瓦楞生产线的档次不高，集中制板分散，大企业还要有个发展提高的过程。同时，中小企业过多过乱，稳定性差，后加工的装备粗糙，同高档生产线生产的高级瓦楞纸板的后道工序配套不上，这又要有一个发展和调整的过程。民资企业的管理和人员素质还比较落后，要实现现代化的全面合作体系，亟待提高。而这个过程，天天在走，走向现代化。

（三）造纸、纸箱、印刷有机结合的体系

这是个基础性的体系。根据现代化的要求，这个体系不能长期分离。日前正在开始结合，但结合的难度很大。

造纸同纸箱是“夫妻关系”，有了男女结合，才能生男育女。而在我国，长期受着“离婚”之苦。造纸多了，造纸厂吃苦；造纸少了，纸箱厂吃苦。长期以来，不是你苦就是我苦。最近，纸张紧张，纸价上涨，纸箱厂叫苦连天。此种折腾何时能结

束？从江苏造纸产量看，对纸箱厂来讲，今后永远是小康，富足有余。笔者这次去苏州常熟看了港资办的“理文”纸业，在常熟沿江一片热土上，造纸规模之大、产量之高、投资之快，令人吃惊。沿江开发的造纸业，一个比一个大。而且这些大型造纸企业，都是面向全国市场和国际市场。造纸与纸箱不在于纸多纸少，而在于资源的整合，也就是造纸同纸箱的有机结合。瓦楞纸箱的现代化、造纸的现代化，就在于结合，这是个大目标，这个大目标一定要实现。

纸箱与印刷的结合也是受长期分离之害。瓦楞纸箱长期重纸板、轻印刷。瓦线纸板由生产线集中加工后，从根本上解决了纸板的质量。而纸箱印刷的矛盾就凸现出来，纸箱的整体质量转移到印刷上来，纸箱的后道印刷加工设备虽已受到重视，不断改进，但纸箱印刷质量还远远没有达到高标准水平。瓦楞纸板的前印后印，自然印设计没有受到重视，还有望出现新的奇迹。

造纸、纸箱、印刷的有机结合体系是瓦楞纸箱产品的质量基础，结合的过程就是纸箱现代化的过程，走完这个过程，需要我们共同努力。

微型瓦楞纸将成为电子信息产品包装的新宠

叶柏彰

（信息产业部包装办公室）

瓦楞纸技术的发明和应用已有一百多年的历史，技术日臻成熟，工艺不断提高，应用领域逐渐拓展，在包装领域中已占有重要位置。近年来，断蜂窝纸板、重型瓦楞纸板、“3A”型特种瓦楞纸板、增强夹心瓦楞纸板（俗称“瓦中瓦”）等新型包装材料之后，鲜为人知的微型瓦楞纸板（亦称“微细瓦楞纸板”）已越来越受到人们的青睐，将成为电子信息产品包装的新宠。

据有关资料介绍，人们把发明的第一个瓦楞纸形状定为 A 型瓦楞，其次为 B 型瓦楞，介于 A、B 楞型大小之间的称为 C 楞，之后又发明了 E 楞，而后出现了较大的 D 楞、K 楞。近年来又研发了较小型的微型瓦楞，如 F、G、N、O 等楞型，从 E 到 O 楞统称为微型瓦楞。下表为各种楞型的基本参数。

瓦楞楞型的基本参数

楞型	高度（mm）	节距（宽度）（mm）	缩率（成型系数）	楞数/m	厚度/um
D	7.50	14.96	1.48	67	8.0
K	6.00	11.70	1.50	85	6.5
A	4.45	8.66	1.53	115	5.0
C	3.66	7.95	1.42	125	4.0
B	2.50	6.50	1.31	154	3.0
E	1.16	3.50	1.24	286	1.6
F	0.75	2.40	1.22	417	1.0
G	0.55	1.80	1.21	555	0.8
N	0.40-0.50	1.90	1.21	555	0.8
O	0.30	1.25	1.14	800	0.6

据业内人士对各种瓦楞纸板进行的测试分析发现，楞型高度越高，其边压性能越强；而楞型高度越低，其平压强度越好；楞型高度和宽度越大，纸箱体积越大；楞型变小变细，纸箱演变成纸盒，但其物理性能超过相同克重的实芯卡盒。同时还发现，微型瓦楞纸板有很好的印刷适性。因此，根据其特性的不同可将不同的楞型组合起来加工制造不同的包装制品，以适应不同重量、类型、等级的产品包装。

微型瓦楞纸包装标志着现代包装技术与先进印刷技术的完美结合，是实现和提高商品价值的一个重要途径。正如美国一家权威杂志的预测：在未来的世界商品竞争中，将不再是商品价格之间的竞争，而是商品的质地、包装和设计之间的竞争。

微型瓦楞纸包装的诸多优点已引起海尔、科龙、TCL、华为、摩托罗拉、长虹、明基等电子信息产业的关注与兴趣。例如，微型瓦楞纸包装独特的结构、精美的印刷、低廉的成本，使“海尔手机”颇感兴趣，据海尔公司包装部的主管介绍，海尔每年对微型瓦楞纸包装盒的需求量在 1000 万只以上。摩托罗拉（中国）电子有限公司包装开发部的倪小姐称，微型瓦楞纸包装由于楞型小、挺括度好、结构紧凑、印刷精度和稳定性好等优点，非常适合体积较小的手机包装。华为公司结构造型设计部的蔡先生深有体会地说，由于微型瓦楞纸板硬度好、强度高、重量轻、成本低、便于印刷等优点，该公司采用了E楞微型瓦楞纸板用于集合化包装和电子产品的内衬包装，取代了过去采用的B楞、C楞等单瓦楞纸板。改进后的包装不仅达到了产品的安全运输要求，而且每年还可以降低包装材料和运输成本达100多万元。该公司还采用微型瓦楞纸板折叠成型的纸衬垫，替代了EPE塑料缓冲材料，仅这一项又可节约包装成本 80 万元。精美的印刷效果更是广东科龙电器有限公司采用微型瓦楞纸包装的主要原因，如该公司生产的6寸、8寸电冰箱等小家电产品包装采用 BE 楞纸箱，以及满意的胶印印刷工艺、涂 UV 上光油等，不仅达到了防潮效果，还减少了纸箱体积，提高了包装箱的抗压强度，并且降低包装成本达 15%左右。四川长虹电器股份有限公司对超薄 DVD 等产品包装的箱型进行了重新设计，将原来采用的A楞或B楞替换成E楞包装箱，既保证了纸箱的强度，又降低了包装成本20%以上。据著名的 IT 制造商明基电通信息技术有限公司负责人介绍，微型瓦楞纸包装与B楞等大楞型纸箱包装相比较，前者不仅结构牢固、平行压力的承压强度高、缓冲性能好、有效保证运输过程中的产品质量，而且还可降低包装成本20%。明基产品的包装盒彩色印刷图案精美、色泽艳丽，体现了强烈的逼真视觉效果，抓住了消费者的欲望心理，给人以美的享受。由此可见，微型瓦楞纸包装在数码产品包装市场大有可为。

电子信息产业作为高新技术产业的代表，十多年来一直是世界经济发展的主要推动力。目前我国已成为世界电子信息产品制造和出口大国，每年均以30%以上的速度在增长。2003年，我国实现电子信息产品出口贸易总额为1421亿美元，占全国外贸出口总额的 1/3，为世界电子信息产品贸易总额的20%。2004 年，我国电子信息产业持续快速协调发展，如手机产量将达2亿台，增速在30%以上；微型计算机产量将达4000万台，增速在50%以上；彩电产量将达7200万台，比上年增加1000万台，其中等离子彩电、数字化彩电将大幅度提高；洗衣机产量将达到2000万台，比上年增加1500万台；电冰箱产量将达到2600万台，比上年增加600万台。电子信息产业的迅猛发展，势必给包装生产企业注入勃勃生机，拉动包装行业的高速发展。

同时也必须看到，我国微型瓦楞纸板生产还存在起步较晚、品种少、档次低、生产技术及工艺水平不高等问题。较高档次的微型瓦楞纸板还需要进口。因此，国内微型瓦楞纸板生产企业还任重道远，需要尽快研发出抗压强度更高、缓冲性能更好、印刷更精美、克服“搓板”现象、成本更低的微型瓦楞纸箱（盒），真正成为电子信息产品包装的新宠。

我国纸箱包装及纸箱机械的发展

黄善祥

我国纸箱包装的发达地区，集中在沿海省市；代表我国纸箱包装水平的则在南方的广东。我国纸箱机械的重心，正在由北向南移。

广东纸箱包装的装备先进，行业规模、产品质量和产值效益都超越了全国其他省市自治区。这是行家公认的。例如，代表纸箱包装先进生产力的瓦楞纸板生产线，广东多达800多条，而江苏、浙江、上海加起来还不足500条。广东纸箱包装年产值约在150亿元，而苏、浙、沪合起来，大约在130亿元。广东企业加工纸箱，普遍使用高强度、低克重的纸，成本降低，质量保证。内地企业生产纸箱用纸，尚在波动中。

广东纸箱包装市场，供求基本平稳，企业之间有序竞争，大小企业专业化分工明确，发展状态良好。这得益于广东强大的经济实力和发达的轻工产品；得益于香港回归（供港纸箱约占广东份额的30%）同广东经济的融合。香港又连接国际市场，使广东得天独厚。

目前，我国纸箱包装行业已由恶性竞争开始走向良性发展：由中低级水平向高级水平发展；由国内水平向国际水平发展。

我国20世纪90年代的纸品包装企业，虽然处在高速发展期，但普遍是中小企业，大型企业很少，主要是中小企业的天下。中小企业为了发展，企业间进行了激烈的竞争，企业的市场定位，经过七争八斗，现已基本定局：大中小企业经纬分明。

进入新世纪，长江三角洲地区的纸箱包装企业基本上完成了行业的专业化分工，大企业的高档瓦楞纸生产线加工纸板给小厂，小厂使用高质量的纸板为用户加工纸箱，由此形成了大企业同小企业相互依存合作的新时期。现在的市场竞争，是大企业之间的竞争，是高水平的竞争，竞争的本质，将促使整个行业向高端发展。

企业生产使用的纸箱包装设备，代表上世纪90年代水平的是单面机和低档瓦楞生产线。进入新世纪，在纸箱包装发达地区，大企业都已进行了技术改造，淘汰了老设备，换上了高档快速生产线。瓦楞纸板生产线和印刷开槽机，过去基本上是国产制造，进口的很少。随着WTO的发展，国外的包装机械将向国内包装机械挑战，纸箱包装企业将日益倾向高技术。挑战反挑战，将使中国的包装企业迈向国际水平。

我国纸箱包装的发展前途在于“结合”，意在合力。企业不变革，早晚被淘汰。“结合”的主要内容包括：

纸箱包装同造纸的结合

在发达国家早已实现纸箱同造纸的结合、造纸同森林业的结合。而我国是长期分离，这几年开始有了纸箱同造纸的结合、造纸同纸箱的结合，而且发展势头很快。例如安徽省马鞍山市山鹰纸业集团公司与另一家小纸箱厂，投资上了一条瓦楞生产线，主要生产纸板供应周边地区小厂。由于自己造纸，用纸成本低，加上福利企业的政策优惠，一年产值6000万元，既销售了数万吨纸，又获得了可观的利润。尝到了甜头后，不久又上了一条高档大线，搞一个亿的年产值，同时在苏州和扬州地区又兼并及新办了纸箱厂。又如南京江宁造纸厂，投资上线办纸箱厂，专业生产瓦楞纸板，发展形势很好。我们在广东东莞市还看到香港独资的理文造纸有限公司，既造纸又生产纸箱，是较完整的结合，形成了产值1000万元的规模。理文在江苏常熟市海虞开发区，用地900亩，造纸年产65万吨，自建发电厂、自造码头。既造纸，还要办纸箱厂。无锡恒丰纸业有限公司，纸箱年产值6000万元，把多年生产纸箱积累的资金投入办造纸厂。扬州佳龙纸品有限公司也是生产纸箱的企业，为了自身的需要，也办了造纸厂。还有一种结合形式：常熟宏华外贸包装有限公司，年产纸箱4000～5000万元，自觉用纸量大，也到外地投资，联办造纸。

纸箱同纸盒（彩盒）的结合

在国外，纸箱同纸盒早已结合。我国常丰包装有限公司引进意大利的高档瓦楞生产线，号称亚洲第一，既能生产3A瓦楞纸板，又能生产加工很细的瓦楞。而我国长期将纸箱同彩盒分开。在分类上，纸箱为运输包装、大包装；彩盒为销售包装、小包装。纸箱厂生产大包装，印刷厂加工小包装。今后应将大小包装相结合。大小结合的关键在后道的印刷机。彩盒对印刷的要求高，因此必须使纸箱生产与彩盒印刷达到一致性。

纸箱同蜂窝的结合

在国外，用蜂窝复合纸板加工蜂窝纸箱，已达到瓦楞纸箱的标准。我国也已试制成功。纸瓦楞与纸蜂窝同属纸型结构，是同胞姊妹，而且蜂窝纸箱可以用瓦楞纸板的后道工具加工，但现在蜂窝纸箱尚未批量生产。如能打开这条路，必将拓宽纸箱的新领域。

纸箱包装的先进地区同落后地区的结合

目前，国家号召开发大西北，除国家投入开发外，更多要动员发达地区的企业，到大西北去开发办企业。外商也看中我国市场，纷纷来我国投资办厂。但先进地区的包装企业到落后地区办企业的非常少，很多包装企业还处于只派“钦差大臣”长途倾销产品。要知道，后进地区的市场是个潜在的市场，是发展的市场，到那里去开发办企业大有作为。

据笔者考察，认为我国纸箱机械的技术重心，正在由北向南移。预计不久将形成独特的南方优势。

瓦楞单机、单面机在纸箱包装发达地区已被淘汰；低档生产线也在不断消失。初级纸箱机械在纸箱包装欠发达地区，还将使用一个时期，但也只能是三五年的寿命。纸箱包装专业化分工实际分在两头，一头是纸板线，确保纸板内在质量；一头是印刷机，显示纸箱外表质量。什么样的设备，生产什么样的纸箱；什么档次的设备，加工什么质量的纸箱。未来大企业之间的竞争，设备是关键，这已被纸箱行家所共识。

现在低档瓦线和一般性印刷机，国产技术已经成熟。近年不少出名的机械厂加工的机械廉价销售，这对高档次纸箱设备是个冲击，但这种现象不会长久。

我国纸箱设备的制造技术，北方企业重于苦心研究，实践摸索，慎重发展。南方企业是鲁迅讲的“拿来主义”，把国外的先进技术拿过来，变成我有，搞快速发展。北方企业并不是不懂南方企业的诀窍，而是企业资金紧缺，只能啃老骨头。南方企业老板口袋里钱鼓鼓的，追求时尚。这是南北之差。

纸箱机械的新发展将是后道换前道，前道调后道。所谓前道是指瓦楞生产线，充分保证了纸板质量。而后道印刷同很多企业的前道存在不配套。现今纸箱、彩盒都在强调后道，要强化后道印刷。所以把位置换一换很有必要。我们还应看到后道印刷的作用，不仅大企业需要，小企业也需要。苏州一家小纸盒厂，把生产瓦楞的国产单机、单面机统统处理了，进了台湾印刷机和粘箱机，投资不大，到大企业拿来纸板，加工出来的纸箱，同大企业加工的纸箱一模一样。未来的中小企业上了高档印机，同样可以与大企业展开竞争。所以今后相当长的一段时期，后道印机将时兴起来。

企业的发展在管理，管理在人，人在素质。市场竞争就是企业管理的竞争，竞争的焦点在成本。成本决定企业的效益，效益是企业的生命。

现在的纸箱包装竞争，笔者认为，价格竞争已上升到第一位，质量退居第二位。现在的纸箱包装企业太多，设备利用率太低，效益太差。市场供大于求，产品严重过剩。行家虽然还在讲质量第一，而决定因素的是价格。因为现在的生产线已足够保证产品质量。而价格涉及成本，成本在企业的优势包括：企业造纸、低价用纸的优势；福利企业免税的优势等。这些都是企业降低成本的特殊优势。还比如用工优势、用纸优势、库存优势等都是管理优势。降低成本靠挖掘潜力，一个企业的潜力很多，主要是怎样去挖掘。挖潜就靠管理。而管理人才又是企业最宝贵的财富。

国内瓦楞纸箱印刷发展进程

黄卫宁

瓦楞纸箱在商品流通的运输过程中对产品能起到保护和方便运输的作用。所以早期的纸箱印刷只是比较简单地在纸箱上印出产品的名称和型号以起到识别作用。

正是由于最初“柔性版印刷”在国内没有发展起来，所以用“开槽机印刷”那些简单的名称来描述凸版印刷时，大多数印刷厂都采用手工雕刻橡皮版进行瓦楞纸箱印刷。手工雕刻只能做出实地色块、较大的文字等简单的效果。雕刻的文字边缘不直，看起来很粗糙，而且对于太小的文字或网点版，橡皮版是无法实现的。也正是由于橡皮版耐印力不高，版面平整度不好，实地印不实等原因使得瓦楞纸箱印刷在大多数人心目中，就是一种很粗糙的印刷方式。

1997 年左右，多数瓦楞纸箱印刷厂提供给制版公司的制作原稿都是复制品（纸箱印刷品），制版公司根据纸箱进行扫描，并将文字或图案的路径勾画出来。而我们都知道复制品在复制的过程中由于印刷压力、制版等等因素已跟原稿有所不同，所以这样的做法不仅增加了印前制作的时间，而且使得做出来的印版效果不好。

当然，也有部分客户提供胶印软片。但是胶印的印前工艺跟柔印区别较大。柔印在制作时要考虑各颜色之间套印不准而引起的漏白现象，根据不同的要求做扣套。而且受制版及印刷条件的限制，印版上很难制作出小文字及细线条，即使在印版上实现了小文字，可一经印刷后，小文字就可能糊在一起，难以识别文字内容。特别是当提供的软片为四色分色片时，那处理难度更大。因为胶印大多都是 175lpi，而柔印，特别是在纸箱柔印中，传统制版到现在也很难做出 175lpi 的纸箱柔性版，即使有，印刷机也很难印出想要的效果。所以制版公司必须对这些软片进行扫描，再对图像进行处理，使它适合柔性版纸箱印刷。胶印是平版印刷，所以它在制版时不用考虑印版尺寸的缩比，而柔印是凸版印刷，当把印版包在滚筒上时，印版上的图文部分就被延长了，因而考虑到印刷后的尺寸还原，输出软片时要根据印刷机滚筒的周长来计算一个变形百分比，事先在软片上将尺寸变小，印刷出来后才可还原回正常尺寸。胶印软片是阳图片，而柔印所需的软片是阴图片。

可以说，不管是提供复制品还是胶印软片，都不是制作柔性版的最佳原稿。

虽然，也有些客户提供的是电子文件，但由于胶印在国内的发展时间较长，大多数客户（包括广告公司设计人员）都会潜意识地按胶印的概念去设计文稿，可每一种印刷方式都有它自身的一种特性及不足之处，往往按胶印概念设计出来的产品不适合柔印，这就造成制版公司需重新按柔印的特性修改档案，再将档案给印刷厂确认。有时候，印刷厂还要给最终用户确认，每个产品的往返确认时间有时需要一两天，这也使得印版的交货时间延长。

但随着柔性版印刷在国内的发展，很多专业的国外制版公司先后在国内成立分公司，开始推动国内的柔性版纸箱印刷业的发展。刚开始很多印刷厂都很难接受柔性版印刷，觉得它比橡皮版印刷的成本高；但是当他们看到柔性版印刷出来的产品后，的确又感到柔性版印刷的效果用橡皮版是无法比拟的。

国内柔性版印刷瓦楞纸箱最初使用7mm厚的柔性版。而柔性版越厚，制版的限制越大，印刷也相对较难控制，这使得印刷出来的质量只能达到某一程度。后来更多的纸箱印刷厂使用了3.94mm厚的印版，相对7mm的印版来说，它的制版线数可以做得更高，文字可以做得更小，线条可以更细。印刷时，其背面垫有专用衬垫，这种衬垫弹性好，会吸收不平均的压力，使得印刷出来的效果更好。但它同样还是存在不足的地方。例如，它的最高网线数只能做到 65lpi，这样的效果从远处看还不错，但是走近一看还是显得较粗糙，跟胶印比起来还是差距很大。

2001年，国内引进了几台顶尖的纸箱印刷机及预印机，这些设备印制出来的产品确实很精美，它们所印制的一些产品也都属于高档品，但由于设备本身价格较为昂贵，所以在国内的普及不高，很多印刷厂都知道这些设备性能非常好，但因为价格也一直都还在考虑。同时受印前制版的影响，也使这些设备没有真正发挥出它的优势。据我了解，这几家客户目前还使用的是传统的柔性版。相信如果使用激光直接制柔性版，那印刷产品的效果是可以更接近于胶印，使印刷质量更上一层楼。

正是考虑到国内柔性版制版的局限性，2002年信华引进了国内第一台柔性版激光制版机。作为专业的分色制版公司，信华一直致力于国内包装印刷业的发展。激光版的广泛使用，使柔印印刷品质量提升了档次。采用 2.84mm 厚的激光柔性版进行瓦楞纸箱直接印刷已印刷出多个样品。这些样品的效果与胶印印样的效果接近，而且印制这些产品的印刷机都是国产印刷机。目前，用激光制版实现较高精度柔性版印刷的产品大都是电子产品的包装，在市场上原来也都是胶印印刷的。我们在做这些产品时，将柔性版的特性（包括制版特性、印刷要求）结合我们的图像处理技术，将这些产品还原到最佳程度。这些产品最初呈现在人们面前时，会以为是以较高线数来印刷的，但实际上其印刷加网线数只有 85lpi。我们也在不断去尝试更高线数的纸箱瓦楞直接印刷，接下去我们会做100lpi 的产品。相信不久，更为精美的柔印瓦楞纸箱印刷品就会在中国问世。

很多人都想了解为什么过去印不出较精美的产品，而现在却可以？这就是激光制版带给我们的创新面。

我简单介绍一下传统制版与激光制版的差异。

传统的制版方式是光线通过真空膜及软片后再照射到柔性版材上。这样容易引起光线漫反射，使得网点扩大，文字边缘变陡，反白空间变小，印刷时容易发生堵墨现象。

激光直接制版方式是激光直接烧蚀版材表面，避免了光线的漫反射，从而使网点及文字边缘更加垂直、锐利。激光制版选用2.84mm厚的版材，制版线数提高了，使印刷出来的图像效果更为细腻，层次更丰富，更好地还原图像，高光处更加清晰、亮丽！

过去，相信很多客户都会潜意识认为柔性版印刷纸箱效果实在太粗糙了，但现在，从实际产品来看，柔性版印刷纸箱的效果显著提高了，更接近于胶印了。记得我最初拿了两个样品给一些纸箱印刷厂商看时，他们都认为这是预印印的。但这些产品，不是用预印，也不是用进口设备印刷的，而的的确确是用国产纸箱印刷机直接印刷出来的。也就是说，印刷出这样效果的纸箱并不难。

纸箱现在已不仅简单的作为一种流通的外包装，它在大型超市中，常被作为销售包装放置在柜台上，或是放在一些醒目的位置，所以它的包装效果也越来越重要。它也从以往在单一的牛皮卡纸上进行印刷，走向在高档的白卡纸上进行印刷；从五层瓦到三层瓦，从A瓦楞到E瓦楞；印刷图案也从单一颜色的文字说明，走向四色或五色的有图像、有专色的网点层次印刷。从市场空间来说，纸箱印刷占了很大一块。我们现在看到，大多数的彩色纸箱都有采用胶印方式印刷的，以前因为各种因素，使得柔印纸箱的效果相对差了一点，但是现在用柔性版印刷的效果却能够接近胶印，而且就算使用一般的设备，使用激光柔性版印刷出来的效果，也会比原来传统柔性版印刷出来的效果好很多。相信很多厂家都会去考虑尝试使用激光柔性版，以此来争取更多的市场。

我们从一些产品的外包装就可以看出这个市场的空间。例如：手机、微波炉、电风扇、电饭煲等许多产品的外箱都不是柔性版印刷的；而这些恰恰是柔印都可以去做的一个市场。

胶印在国内的发展时间较长，工艺相对较为成熟。胶印的瓦楞纸箱是先将图文印刷在卡纸上，再将卡纸裱在瓦楞上。相对瓦楞纸箱而言，卡纸纸张的平整度好，印刷效果较为精美，但是这样也存在不足之处。由于是将卡纸印刷完后再使用胶水裱在瓦楞上，其模切不能在印刷机上连线进行，因此生产周期相对柔印要长许多，同时胶印纸箱的抗压性也不强。当然，目前也听说了国内有个别厂家实现了胶印直接印刷瓦楞纸，但它所能实现的厚宽仍是有限的。

目前信华即将引进宽幅激光制版机，以解决大幅版面需要拼接或由于抽真空不良等引起的印品质量问题来提高纸箱柔性版的质量，这将推动柔性版纸箱印刷进入新的发展阶段！

极具发展前景的工艺技术
——直接胶版印刷微型瓦楞纸板

颂方

近年来，数字技术、网络传输及CTP制版技术的发展，使胶版印刷技术实现了新的飞跃。进入21世纪以来，我国经济进入一个崭新的阶段，包装印刷产业在世界经济一体化的进程中进入飞速发展和工艺技术变革的时代，我国加入世贸组织以后对世界贸易依赖程度不断增加，绿色环保潮流对包装产业发展提出了更高的要求，同时消费品包装销售业态的改变给我国出口消费品包装带来了前所未有的市场商机和发展动力。

一、微型瓦楞纸板是一种新型的极具潜力的材料承印物

微型瓦楞纸板通过胶版印刷获得精美图案，是一种全新的材料和印刷叠加的工艺技术，已经为我们带来了巨大的发展商机。运用微型瓦楞生产的包装产品具有低克重、高强度的特点，而直接胶版印刷高档彩色瓦楞纸板又具备了生产周期短、尺寸稳定性好等特点。使用直接胶印瓦楞纸板方式印刷的包装品，具有印刷精良、强度高、份量轻、棱角清晰、包材识别功能强等优势，越来越受到用户的青睐，已逐渐成为高档商品的包装。由于其独特的承印效果，从而用其印刷的包装产品色泽艳丽并且具有强烈的视觉效果，足以与胶印实心纸板效果相媲美；而且它的纸资源节约20%，同时可以循环再利用。因此是消费品包装领域崛起的一种印刷新工艺，也是胶印工艺的一次创新。

二、微型瓦楞胶版印刷工艺流程解决方案

1.选择满足印刷1mm纸板的印刷机器

由于微型瓦楞纸板层间支撑点是瓦楞，它易受压变形，造成印刷网点的变异，故印刷时，要求对印刷压力的控制非常准确。印刷压力太大，瓦楞变形且网点扩大；印刷压力小，网点转移残缺不全或网点发虚，最终印刷还原效果差。因此机器的正确选择尤为关键。目前市场上能满足此要求的印刷机有KBA Rapida单张纸胶印机以及R905-6LV胶印机。

2.选择适合微型瓦楞纸板印刷的特种橡皮布

由于微型瓦楞纸板材质的特殊性，在开发直接胶版印刷微型瓦楞纸板时采用了高弹性、高油墨传递性能的特殊气垫层橡皮布。借助橡皮布良好的承压性能，来缓解印刷时急剧增大的压力，使微型瓦楞纸板的受压变形降到最低限度，使印版网点的还原效果达到最好。对橡皮布的要求具体有以下几点：

硬度的选择：橡皮布的硬度是印刷网点转移完整性的关键。硬度高，易磨损印版，但网点转移清晰；硬度低，网点易变形。

压缩变形小：在高速印刷过程中，橡皮布长期周期性压缩变形，产生压缩疲劳，长久会造成永久变形，使橡皮布厚度减少，弹性减少，硬度增加。

良好的油墨传递性能：橡皮布作为网点传递的中间载体，必须具备良好的油墨吸附能力、油墨的传递性能和较强的斥水性能。

表面耐油、耐溶剂性：橡皮布的表面胶层必须具有良好的耐油、耐溶剂能力，防止因接触印刷过程中的化学品而发生膨胀，造成网点变形。

伸长率适当：要求橡皮布底布织物细密均匀，光洁牢固，伸缩率小，与内胶层交叠粘合性能好，不易分裂，纵横方向绝对垂直。这样才能避免印刷过程中橡皮布易被拉伸，胶层减薄、弹性降低，会造成网点扩大变形、套印不准等现象。

经过多次试验，我们最终采用了可满足瓦楞纸板胶版印刷网点正确转移的特殊气垫层橡皮布。

3. 印刷时水墨平衡的控制

印刷时严格控制油墨乳化率，印刷中“洗衣板”问题的控制是胶印印刷过程中水墨平衡与印刷压力结合点的控制，是微型瓦楞板厚度一致性、含水率控制最佳点的控制。印刷时水墨平衡的控制至关重要，它直接影响印刷品的印刷质量与外观质量。印刷时水墨平衡是水在油墨中乳化的过程，而微型瓦楞板胶印印刷的润版液量的控制要小于正常胶印印刷中使用润版液的量。因为水的加入会引起微型瓦楞板印刷后出现“洗衣板”问题，因此，印刷时对油墨乳化率的控制也很关键。

4. 选择满足耐磨擦、高流动性、高着色力的油墨

由于微型瓦楞纸板表面的楞形，致使着色表面凹凸不平，因此在进行印刷时，若油墨选择有误，将导致在高出瓦楞峰顶的油墨网点被完全还原，而处于峰谷和网点将只会与承印材料的表面部分接触。因此，如果要避免出现亮和暗的斑点，必须要确保即使在不完全接触的地方油墨也能完全传递过来。因此要选择弹性更大的油墨来满足这一要求。

5. 挑选符合印刷要求的微瓦纸板材料

微型瓦楞纸板主要通过两个参数——楞高（以英寸或毫米表示）和楞距（以每英尺或每米的瓦楞数表示）来对其进行定义。例如F型瓦楞纸板厚度为0.75mm、每米有420个瓦楞数。目前，已有的微型瓦楞有E型、F型、N型、O型等。

直接胶版印刷中，瓦楞纸的选材是影响印刷质量的又一重要因素。因为是有水印刷，所以要选择质量好的瓦楞原材料，否则会使瓦楞纸板软化，无法进行准确印刷。瓦楞纸的原料大致分为两大类：一次纤维纸和两次纤维纸（再生纸）。因此为了保证印刷质量，要选用一次纤维纸制成的瓦楞纸板。

微型瓦楞纸板受压后塑性变形大，如何减少印刷时塑性变形非常重要。实践证明，印刷时采用横丝瓦楞纸板时，由于瓦楞方向与印刷线压力一致，横丝瓦楞纸板塑性变形大且有瓦楞压溃现象，印刷困难；采用直丝瓦楞纸板时，由于瓦楞方向与印刷线压力方向纵横交错，分散了印刷线压力，瓦楞纸板塑性变形大大减少，且无瓦楞压溃现象发生，且印刷网点转移性能良好。因此胶印印刷选择直丝微型瓦楞纸板作为印刷材料。

微型瓦楞纸板厚度的均一性，是直接胶版印刷高档彩色微型瓦楞板对材料的另一要求。因为微型瓦楞纸板厚度的不一致会造成印刷压力的变化而引起网点的变异。

三、微型瓦楞纸板在消费品包装领域的发展前景

微型瓦楞纸盒与纸板纸盒相比，有其不可替代的优点。尽管两者在外表上无明显差异，但其内部结构却有明显不同。与相同克重的折叠纸板相比，微型瓦楞纸盒具有较好的抗压强度和吸震性能。而这意味着可用较少的包装材料来获取相同的保护功能，同时减轻了包装的重量。从而也达到节省原材料降低成本的目的。而在瓦楞纸上直接印制精美图案，也省去了过去先印刷、后裱贴的双重加工费用，还相应缩短了产品的生产周期，真正实现降本增效生产。

随着现今销售方式的多样性以及网上购物的盛行，小型包装数量也随即上升，对产品外包装也相应提出更高的要求，要求包装能提高产品的保护性能，同时降低其重量从而创造新的市场商机。这时微型瓦楞纸盒将成为包装界的首选。因此，开发此项工艺技术适应欧美包装发展趋势，并能达到节约资源、降低成本的目的。

直接胶版印刷高档彩色微型瓦楞板由于（1）

纸类包装属环保产品，（2）低克重、高强度的特点有效地节约了纸资源，（3）微型瓦楞纸板的特殊性为消费品产品提供了新的产品防伪识别功能，（4）生产周期的缩短建立了快速高效的生产模式等优点，其产品可以被广泛用于电子通讯、网络包装、消费品包装等领域，它将给企业带来良好的经济效益。而且直接胶版印刷微型瓦楞板同时具有胶印与柔印的特点，是两种印刷技术叠加的全新技术，因此产品具有独特的生产工艺流程。

现该产品已在上海外贸界龙彩印厂试制获得成功，并于2003年11月通过由上海市科学技术委员会组织的专家鉴定，得到了与会专家的一致好评，认为该产品可广泛用于电子通讯产品、软件包装和食品消费品包装及网络销售包装领域，具有很好的经济效益和社会效益，市场前景良好。同时该产品已荣获2003年“牡丹杯”中国包装印刷产品评比新材料开发奖，该项目还被认定为上海市高新技术成果转化项目。上海外贸界龙彩印厂对该技术开发成功，有效提高了我国印刷技术的科技含量，使我国印刷水平与国际先进水平同步，并增加了中国包装产品在国际市场上的占有份额。然而技术的发展无终点，我们仍然要坚持技术创新，力求精益求精的包装产品，为包装印刷业，为全人类的环保事业作出更大的贡献。

瓦楞纸板印刷技术的发展

何晓辉

（北京印刷学院）

曾经作为运输包装主力军的瓦楞纸箱如今在“形象”上有了更加绚丽的表现，它承担着销售市场上无声推销员的责任，因而也发展成为运输促销两用型包装材料。瓦楞纸箱的彩色印刷技术随着市场的变化也有了长足的进步。从过去的单色橡皮版凸印，发展到现今的绿色环保柔性版印刷以及一次完成的直接胶印。瓦楞纸箱的彩色印刷中也透视了印刷技术的发展。

瓦楞纸箱结构特点

瓦楞纸板主要由两个平行的平面纸页作为外面纸和内面纸，中间夹着波形的瓦楞芯纸，各个纸页由涂到瓦楞楞峰的粘合剂粘合到一起而制成。根据瓦楞高度及间距的不同，通常将瓦楞纸板划分为A、B、C、E、F、G等几种楞型的瓦楞纸板。其中A、B、C型瓦楞纸板通常用于外包装。E、F、G型瓦楞纸板目前使用愈加广泛，其单位长度内瓦楞个数较多，瓦楞高度较小，具有薄而坚硬的特点，制成的瓦楞折叠纸盒比普通纸板缓冲性能好，开槽切口美观，表面光滑，可以进行比较复杂的彩色装潢印刷，因此能够很好地满足商家所要求的抢眼醒目效果，顾客可以在众多的物品堆中发现目标，比如像葡萄酒、软饮料、宠物食品等包装箱，

瓦楞纸型号标准

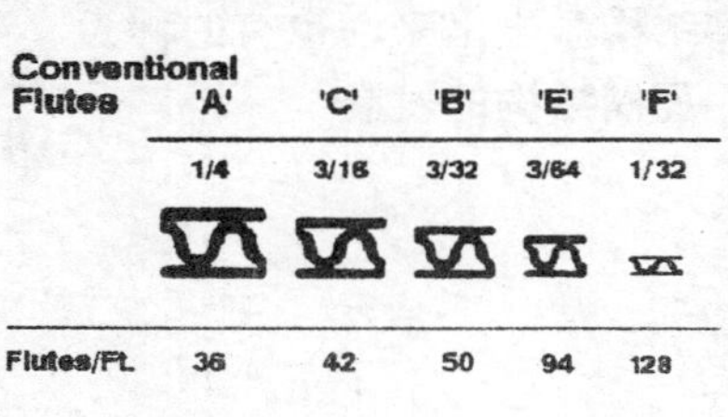

由此也促进了我们所说的细瓦楞纸板的使用。

瓦楞纸板的印刷技术

瓦楞纸板的印刷可以简单地归结为以下的几个发展阶段：

1. 手工雕刻橡皮版、单色凸版印刷

这是属于上世纪30年代的工艺。印刷为手工雕刻橡皮版，在橡皮版表面用雕刻刀刻出文字和比较简单的图案，其雕刻精度差，印刷效果不理想，只是起到简单的标识作用，而起不到装潢作用；印刷机精度低，干燥时间较长，不适合高速印刷。

工艺流程为：

原稿—向橡皮版转移图案—雕刻印版—校正—单色印刷

2. 手工雕刻感光树脂版（厚）、简单线条彩色凸版印刷

版材仍然以雕刻版为主，但已开始使用较厚感光树脂版。印刷图案只是一些简单的线条、色块及简单的网点图案。印刷油墨为水性油墨，干燥速度快，色泽饱满。

工艺流程为：

原稿—向感光树脂版转移图案—雕刻印版—校正—三（四）色印刷

3. 照相制版、彩色柔性版印刷

自从上世纪 70 年代美国杜邦公司研制推出感光树脂柔性版之后，开创了柔性版印刷的新纪元，

从而推动了柔性版印刷的发展，在瓦楞纸板的印刷中发挥着很大的作用。从此，柔性版印刷也成为瓦楞纸板印刷的主要方法。

工艺流程为：

原稿—阴图分色片—曝光—显影冲洗—干燥—后曝光—校正—印刷

这段时期开始使用较薄的感光树脂版，分色处理更加精细，印刷图像层次更加丰富、色彩更为绚丽，能够起到促销的作用。

4.薄版技术

上世纪90年代初期，薄版技术在瓦楞纸箱印刷中推广应用，大大地提高了瓦楞纸板的印刷质量及效率，网目调印刷在瓦楞纸板的印刷中得以普及，并且UPC条形码开始在瓦楞纸板上普遍地印刷。

应 用	厚度(英寸)	硬度(肖氏)
传统系统	0.185～0.276	32～34
厚版(带衬垫)	0.155,0.170,0.185	32～34
薄 版	0.112,0.125	38～39

开始应用于瓦楞纸板印刷的柔版比较厚，我们称之为厚版，其感光树脂版厚度大约为3.94mm、4.70mm到7.00mm，利用厚度为0.10mm或0.03mm的双面胶带将版材贴在一张厚度为0.25mm至0.30mm之间的透明胶片上，因此固定印版。在印刷的过程中，为了保证油墨的正常转移，往往需要设定超过正常所需的压力，印版由于受到过大压力而产生变形，因此产生较为严重的网点扩大，印刷质量大大降低。

为了克服厚版印刷所产生的严重的网点扩大，薄版技术应运而生。利用弹性衬垫来吸收多余的压力，是薄版技术在瓦楞纸箱印刷中提高质量的最佳方法。其贴版方式与一般的柔版印刷不同，是把印版直接贴在一张厚的片基上，然后挂在有衬垫的滚筒相对位置。印刷网点扩大的现象大大得到改善，印刷更为清晰，油墨转移效果更好，印刷质量也得到很大的提高。

5.胶印直接印刷

德国曼罗兰印刷机械公司2000年成功地向市场推出了Roland 900印刷机，可以直接在厚纸板和瓦楞纸板上印刷出质量精美的印刷效果。

Roland 900为超大幅面印刷机，可以直接印刷厚纸板和瓦楞纸板，其主要的技术特点在于输纸导轨部件，采用交错同步轮与可调输纸导板，并减小了进纸滚筒的直径，因此减少了纸板的弯曲程度，而传纸器上的梯形轮则避免纸板拍击印刷机；此外，最具特色的还包括Roland 900上的前规的改进，消除了瓦楞纸板背面可能产生的痕迹，而根据瓦楞纸板的特点开发出推规，可以与气动侧规调换，因此保证正确地将瓦楞纸板向前输送，并不产生任何损环。

与柔印相比，胶印直接印刷的套准精度更高，印品质量可达到175lpi，印刷速度可过11000张/时，甚至更快。

瓦楞与蜂窝结构的科学发展

黄善祥

一、科学的发现、发明、发展

早在148年前，英国人发现了瓦楞结构，由此发明了瓦楞纸品包装。又经过15年，美国人发明了单面瓦楞纸板，用来加工纸箱。再经过长达64年的发展，双瓦楞纸板问世在而后的半个多世纪里，瓦楞结构的科学发展更加完美、成熟，已成为整个商品包装的半壁江山。西方的瓦楞结构技术传到中国，也只有二三十年的历史，如今已基本达到了现代水平。

美国人在发现了蜂窝结构后，由此发明了铝合金蜂窝板，并应用于现代军事工业。而后转为民用，发明了蜂窝纸板，加工成蜂窝包装。另外，又发展了多种蜂窝复合材料，开拓了广阔的市场领域，创造了科学奇迹。

中国的蜂窝技术先由军工单位从国外引进，用于军工产品，而后军转民，试制出蜂窝复合纸板，并开发了蜂窝制品包装。但发展不快、企业不大、产品不多、困难不少。

近年来，中国包装界的有识之士又开发出了新的包装产品，并大力推广。新的结构基本上属于瓦楞与蜂窝结构派生出来，也有的称为“瓦中瓦”。

二、瓦楞结构的发展

运用瓦楞结构的科学原理制造瓦楞纸箱，经过世界范围内的包装行家近150年的努力、实践和不断深化，使瓦楞结构发展到了极限，再发展就必须开发新的天地。

1. 瓦楞纸箱机械化

瓦楞结构被英国人发现后开始手工原始制作，而后制造设备，使用机械生产纸箱，并由单机到单面机，发展成为瓦楞生产线，目前有三层、五层、七层生产线加工瓦楞纸板。通过后道加工纸箱成型，也已实现机械化。瓦楞机械生产的门幅，有1.4m、1.6 m、1.8 m、2.0 m、2.2 m、2.5 m、2.8 m。产品的质量、款式都已完全满足市场用户对瓦楞纸箱的要求。

2. 瓦楞规格（形状）基本定型

瓦楞结构有A、B、C、F型，生产瓦楞纸箱一般选用A、B、C型，F型主要生产瓦楞彩印纸盒包装。针对不同瓦楞纸板要求选择瓦型，已成为通用的常识。

3. 瓦楞纸箱生产市场化

瓦楞纸箱生产已全面进入市场化。纸箱行业“集中制板”、“分散制箱”的专业化分工是市场现代化的标志。今后要进一步提高专业化分工的水平。

4. 瓦楞纸箱供需严重过剩

瓦楞纸箱工业一般超前于经济发展速度。虽然瓦楞技术并非高精尖科学，但从瓦楞机械制造到瓦楞纸箱生产十分复杂。在高档次瓦楞生产线及先进的后道印刷开槽机解决后，瓦楞纸箱的供需就出现过剩。就全国而言，瓦楞机械的开机率，平均在50%上下。设备过多、开工不足、竞争激烈、效益低下、行业动荡，形成整个瓦楞纸箱行业的长期严重过剩。

有人称瓦楞纸箱为朝阳工业，认为瓦楞纸箱有着强大的生命力，瓦楞纸箱在整个包装中占有重要地位。但必须承认，瓦楞技术经过一个半世纪的发展，毕竟进入老年化了，必须寻求新的生命力。

三、蜂窝结构发展步履艰难

美国人发现蜂窝结构，由此发明了蜂窝金属制品，发展了军事工业并取得成功。而后转为民用，生产蜂窝复合材料，加工蜂窝制品，至今已有半个多世纪。中国人也很早发现蜂窝结构，制成儿童纸玩具，在民间春节庙会上叫卖，供人鉴赏玩乐，但未能转为生产工业品。

中国的蜂窝工业制品是从国外引进蜂窝技术，也是先军事后民用，前后发展了十余年。中国蜂窝事业的开拓者前赴后继，风风雨雨，酸甜苦辣，艰苦创业，创造了中国蜂窝的新天地，但要看看今天中国蜂窝的天下，又何其小！同瓦楞纸箱不能相比，把中国蜂窝产品的产值加在一起，还比不上浙江胜达纸品集团公司，也比不过湖北京山轻机（纸箱机械）公司。许多人为中国蜂窝纸业呐喊、奔走，虽有成效，但仍发展不快，步履艰难。

中国蜂窝的科学发展起源于北京，水平在广东，发展看江苏。江苏苏州是蜂窝的热点地区，那里有世界级水平的德国蜂窝生产线，也有日本、台湾的先进蜂窝设备，还有国产的蜂窝生产线，都在开发蜂窝市场。据笔者所知，也是步履艰难，发展不快。

从其他地区传来的蜂窝信息也表明这个行业的发展不容乐观。比如：湖南长沙兴光蜂窝纸制品公司，由高层次管理人才创办，辛苦多年，起起伏伏，深感困难重重，正在寻求合作伙伴。徐州天力蜂窝制品公司，用的南方蜂窝设备，开始很困难，维持不了，后经改制，虽然使企业起死回生，坚持了多年，尚有效益，但发展缓慢。

四、开发中性结构的出路

瓦楞与蜂窝结构的科学发展，经长期实践验证，为社会创造了巨大财富。近年来，中国包装界有志之士在瓦楞结构和蜂窝结构的启发下，研发了新型结构，也有称为“瓦中瓦”。2003年10月18日，笔者参加了在安徽合肥召开的“全国瓦楞暨蜂窝制品年会”，并在会上作了有关瓦楞及蜂窝的发言。

对此类新型结构怎么定名？笔者联想到包装门类中的中性包装，而这种新型结构基本上源于瓦楞与蜂窝结构之中，因此称其为包装中性结构。但现在就要下结论，还为时尚早。不像瓦楞与蜂窝结构的科学发展，已被实践和人们所肯定。瓦楞和蜂窝技术发展到今天，一个已到极限，一个步履艰难。中性结构能不能在中间道路上独来独往呢？笔者建议中性结构要与瓦楞、蜂窝结构有机结合，共同推向广阔的市场。

五、瓦楞与蜂窝结构的科学发展

瓦楞与蜂窝结构的科学发展要探索新天地，瓦楞、蜂窝及中性结构的科学结合，将创造新的强大的生命力。

1. 蜂窝产品亟待开发

蜂窝结构具有多种复合材料功能：

蜂窝复合纸板、蜂窝复合木板、蜂窝复合石膏板、蜂窝复合铝板……。

蜂窝产品利用多种复合材料，可加工多种替代产品：

蜂窝纸板可以替代重型瓦楞包装，替代家用电器包装，替代塑料泡沫衬垫缓冲包装，替代木托盘和木箱包装……。

细蜂窝纸板：是蜂窝纸板开发的方向，只要将蜂窝纸板做到3mm左右，就能顺利制作纸箱，并降低纸箱成本。而且，原蜂窝纸箱企业的后加工设备不需要改进。这也是纸箱结构的重大变革。

蜂窝木板：可以替代木板制作家具、木托盘、木箱等。哈尔滨光明集团进口韩国蜂窝设备，专业制造家具。而且宾馆的木器及会议桌、椅都可以由蜂窝制品制造，从而开创了蜂窝的新天地。

2. 优势互补，共同发展

瓦楞的优势是实力强大、产品成熟、人才雄厚、企业过剩，迫切需要开发新的市场。蜂窝的优势是市场大、产品新、效益好、困难多，希望瓦楞纸箱行业大力支持。这是互助合作、共同发展的基础。

近年来，我们看到一些纸箱企业创办了蜂窝制品，发挥了瓦楞企业的优势，使蜂窝产品开发顺利、效益丰厚、红红火火。

3. 结构结合，发展趋势

瓦楞结构同蜂窝结构以及中性结构相结合，是科学发展的必然趋势。现在不少产品已经在进行结合，比如，重型包装箱、家电包装、摩托车包装、柴油机包装、托盘等。今后，多种结构的科学结合，结合得越多，中国的瓦楞、蜂窝业就大有希望。

尽快改变我国纸盒设计的落后状况

王德忠 苟进胜 赵郁聪

（陕西科技大学）

一、彩盒市场前景看好，制盒技术水平落后

彩色纸盒以其制作精巧、结构优美、装潢考究、使用方便、价格适中、不污染环境等优点，深受人们的青睐。目前，彩色纸盒应用广泛，发展势头强劲，市场前景看好。

彩盒制造工艺比较复杂，在完成结构设计和装潢设计后，要经过制版——印刷——上光——压光——覆膜——烫印——模切——折叠——糊盒等工序才能生产出来。在传统的制造工艺中，手工操作或半机械化操作的工序繁索、生产效率低、制盒质量差。随着CAD/CAM、计算机控制、激光切割、CNC等高新技术在制盒行业的推广应用，模切版CAM系统、全自动模切机、高速纸盒糊盒机等先进制盒设备不断推出，显著提高了制盒行业的机械化与自动化水平。虽然我国制盒行业发展很快，但由于基础较差，制盒技术和设备与世界先进水平的差距还很大。

纸盒设计是保证制盒质量的重要一步，它包括盒型设计和装潢设计。而盒型设计又包括结构设计和拼版设计，是包装印前制作流程的关键环节。目前，国内许多包装企业盒型设计水平很低。有的企业仍采用传统的手工设计、制版和加工工艺，有的企业虽然采用计算机系统，但是由于对纸盒专业软件的作用认识不足，或因其他种种原因，加大了推广使用纸盒软件的难度。以致计算机硬件系统没有相应的纸盒专业软件配套，而是采用 Free Hand、Illustrator、Page Maker等通用图形软件或Auto CAD等通用软件完成盒型结构、拼大版等盒型设计。由于上述通用软件没有考虑到包装的特殊要求，所以往往给生产带来许多问题，如设计的纸盒结构不合理，从而导致纸盒在模切加工和自动糊盒时容易出现废品；在绘制纸盒展开图、印刷轮廓图、模切版排料图、背衬加工轮廓图时，因周期长、效果差、费用高，使产品质量很难达到高档印刷的要求。这种低水平的盒型设计必须尽快改变。

二、研发和推广纸盒专业软件的难度分析

在计算机的性能价格比大幅提高、用于盒型设计的纸盒软件不断推出的情况下，为什么国内许多包装企业的盒型设计仍处于较低的水平呢？只要分析一下纸盒专业软件的开发、应用情况就会明白。

1. 纸盒结构的复杂性和非标准化，增加了纸盒专业软件的研发难度

由于纸盒的结构复杂多变，至今仍没有国家标准，其部分结构的制造尺寸又与制盒工艺、设备、材料以及温湿度密切相关，从而增加了纸盒软件的开发难度。因此，要求软件开发人员不仅要掌握有关计算机软件开发技术，而且还需要了解纸盒制造方面的专业知识。软件开发人员必须通过大量的调查研究和科学分析，建立合理的数学模型，才能研发出理论联系实际、能够用于制盒生产的实用软件。

纸盒的种类繁多，每一类纸盒的成型方法、结构造型都有各自的特点。尤其是各式各样的异型盒，真可谓造型各异、结构独特，重复的结构几乎没有。这就决定了开发纸盒软件的工作量必然非常大，开发的周期不可能很短。同时，由于计算机技术发展很快，操作系统几乎每年更换一个新的版本。开发纸盒软件时不能不考虑软件产品的升级换代问题。

从以上分析可以看出，研发大型的功能先进的纸盒专业软件产品，除了要投入大量人力资源外，还必须解决上述一系列问题。由此，不仅影响到产品的成本、质量，而且直接影响到软件产品的推广应用。

2. 国外纸盒专业软件对国内市场有诸多不适性

国外著名的 Barco 公司为包装系统提供了包装制作的全套解决方案。其中包括盒型结构 CAD/CAM 软件 Aritos CAD、用于纸盒外观装潢设计和拼大版的 Pack Edge 软件，以及防伪设计软件 Secu Seal，还包括配套的切割机等硬件设备等。

另外，还有一些针对某一具体设计环节的专业软件，如包装盒型及模切版设计软件 Impact、用于纸盒外观设计和拼大版的 Artpro 软件、专门用于包装拼版的 Pandora 软件等。Quark 公司也推出了着眼于盒型设计结果的 3D 演示软件 Quark-Wrapture1.5。

国外的这些软件功能强大、非常专业，与包装设备接口也好，但它们对中国市场还有诸多的不适性。主要包括：（1）价位太高。一些软件产品随设备出售，很多用户承担不起。（2）对使用者要求很高。非中文界面增加了用户的培训费用，而国外软件产品的培训和售后服务花费很大，有诸多不便。（3）一些软件产品对设备的要求很高。如 Barco 公司推出的软件产品需要有专门的工作站配套。因此，使用国外专业包装软件的国内用户不多。

3. 国内其他软件产品的使用情况

蒙泰公司引进了日本的盒型设计与打样系统 Box-Vellum，汉化后在国内推广，其主要功能是盒型的结构设计和切割打样。

北大方正推出了我国自主开发的基于中文平台的专业包装设计系统，该系统具有包装盒型设计、拼大版，并能统一控制纸盒打样机、激光模切机、弯刀机等 CAM 设备等功能，该软件售价 5 万元，可自动设计 200 种盒型，但不少企业仍然认为此价格还是偏高。

国内还有一些单位研发的纸盒软件，因性能上存在某些不足，基本上还是实验室产品，商品化程度不高。或因价格、技术培训、售后服务不够到位，在市场上影响很小。

4. 企业存在重硬件、轻软件的错误倾向

有些包装企业只重视计算机的硬件建设，而不愿意在软件上投资，这种“重硬轻软” 的错误倾向是纸盒专业软件难以推广的另一个原因。这些企业没有真正明白计算机的硬件只能提供机器的潜在信息处理能力，而软件则是计算机系统的“灵魂”。一个 CAD 系统必要的硬件配备以后，系统软件就成为决定系统性能优劣、功能强弱和使用是否方便的关键因素。

在科学技术突飞猛进的今天，我国包装企业在激烈的市场竞争中求生存、求发展，必须牢记邓小平同志关于“科学技术是第一生产力”的教导，尊重知识、尊重人才，在推广应用计算机技术中，克服“重硬件，轻软件”的偏见。为了提高企业的经济效益，要在技术创新上抢时间，尽快改变包括盒型设计在内的制盒技术落后的状况。包装科研院所要充分发挥技术和人才优势，全力研发更适合用户要求、能提高用户效率的高质量的软件产品，切实搞好技术培训和售后服务，注意产品的升级换代。只有这样，我国包装企业才能在激烈的市场竞争中立于不败之地。

无菌包装 CAD

张华良　顾祖莉　李金

（上海大学）

无菌包装处理及包装技术（ASEPTIC PACKAGE 简称 AP）就方法而言是指产品、包装容器、材料或包装辅助器材经灭菌后，在无菌的环境中进行充填和封合的一种包装方法，它是现代食品及医药生产的最新及关键技术之一，是包装技术的主要组成部分。其主要目的和意义是实现被包装的产品在不添加防腐剂和常温条件下无需冷藏也能保鲜 0.5～1 年以上而不变质。无菌包装技术主要包括三部分：一是包装前物料的瞬间杀菌；二是无菌包装材料及包装容器的杀菌；三是无菌包装设备的杀菌。其主要优点除了可以最大限度地保持食品的天然风味，确保产品质量外，还具有便于自动化作业，节约包装成本，便于长途运输，便于回收利用等优点。作为一种新型的包装方式，无菌包装有着广阔的市场前景。

无菌包装技术诞生于 20 世纪 40 年代后期，60 年代后因材料的发展而得到广泛推广应用。迄今，国外共有 30 多家公司生产无菌包装设备，其产品已形成系列，如瑞典利乐公司（LEALER）、美国 DOLE 公司、国际造纸公司、法国埃卡（ER-CA）公司、美国 CHERRY-BURREL 公司等。70 年代无菌包装开始进入我国，许多厂家、科研单位都有从事无菌包装机理的研究、无菌包装生产线设计和无菌包装设备的生产等工作，但是至今大多数设备还是需要从国外进口，所以国内的无菌包装技术有待进一步发展。目前，无菌包装正向纵深稳步发展，并呈现以下发展趋势：工艺操作程序化，系统控制电脑化；不断深化杀菌技术和包装工艺的开发以提高无菌包装的效果；工艺方法、设备技术、包装材料三者有机结合，同步发展；扩大应用范围，开拓无菌包装新领域；广泛采用新技术，提高无菌包装机的技术水平。为了促进无菌包装行业的发展，需要开发无菌包装技术方面的相关软件。在这里简单介绍笔者开发无菌包装 CAD 软件的主要设计思想。

1. 无菌包装 CAD 设计思路

根据软件使用者的要求，即根据市场的要求，开发出操作方便、快捷实用的软件，软件设计应当包括无菌包装材料选择、物料灭菌技术查询、包装材料灭菌技术查询、包装容器灭菌技术查询及无菌包装设备的要求查询和选择这几个部分。

虽然无菌包装技术只是包装技术的一个分支，但这一技术所涉及的领域仍然相当广泛，从材料到设备再到工艺。包装的产品不同，它所对应的包装材料、灭菌工艺和包装设备都会有很大的变化。由于这些特点，所以对于不同的包装产品很难找到一些共性的地方，这就给设计工作带来了一些困难。在软件设计的过程中，首先将无菌包装这一大块内容分成了 3 个部分，即包装材料、无菌包装设备和灭菌技术。

（1）　无菌包装的材料选择 CAD 设计方法

① 无菌包装材料及其特点

无菌包装材料一般有金属罐、玻璃瓶、塑料容器、复合罐、纸基复合材料、多层复合软包装等，现在也出现了很多新型的无菌包装材料如纳米抗菌包装材料等。

新型的纳米抗菌包装材料能够发挥出惊人的杀菌效果。抗菌、无菌包装能使菌体变性或沉淀，一旦遇到水，便会对细菌发挥更强的杀伤力。且吸附能力强，渗透力也很强，多次洗涤后也还有较强的抗菌作用。目前应用较广的是抗菌薄膜，纳米技术在今天的无菌包装材料中会发挥巨大的作用；三菱公司现已研制成功被命名为“Zeomic”的一种无机物制品，可半永久性地以无菌状态下保质物质鲜度。该公司计划把此无机物制品与塑料薄膜相结合，并大批量生产供加工食品和热食品包装用的无菌包装材料。它很耐热，因此在进行与塑料的混合处理时并不影响其性能。而其效应基本上是半永久性的。它比其以往同类产品成本略高一些，但是用 0.5%～2.5%的 Zeomic 与塑料混合将可使该塑料具有显著的保鲜效应。Zeomic 还可应用于包括消除致病细菌和假牙等，以防止各种细菌的蔓延。新的包装材料的开发和利用将进一步推动无菌包装的发展。

②包装材料选择和查询 CAD 设计思路

在此软件中利用 vb 开发软件工具将材料包括复合材料及其属性做成数据库，在这一查询系统中利用了权重的概念，因为用户要求的材料的某种特性并非都要 100%的，所以在常见包装材料性能的分析设计时，必须把这些权重考虑进去，把每种材料的某一特性分成差（20%）、中（40%）、良（60%）、优（80%）、最优（100%）5 个等级，比如 PVC 的阻隔性在库中标注为 80%、其热封性为 40%等。如用户要求的这种材料具有很好的阻隔（优）和一定的耐热性（中），则可以选择 80%或 100%的阻隔性能和 40%的耐热性，系统会输出具有这种性能的材料，这样可以使得到的材料更加符合客户的要求，而不是要寻求同时具有多种特性的材料时，最后结果往往没有符合要求的材料。

此软件也可以为客户提供新的复合材料的方案。由于很多复合材料是根据市场的需求而产生的，现在有的复合材料并不能满足将来客户对材料的要求，因此在此软件中根据复合材料的特点和复合技术方法，根据客户对材料的要求，产生出相应的复合材料，供用户选择，当然这种材料可能需要做相应的试验来确定其可行性，但它可以为用户提供一个解决方法和思路。

同时系统可以进行材料性能分析查询，当用户选择相应的材料时，可以显示出这种材料包括复合材料的详细性能分析表，供用户参考。

（2）灭菌技术选择和查询 CAD 设计方法

灭菌（Sterilization）:灭菌是指采用任何一种方法，将物品的表面和内部的微生物及其各种芽孢、孢子全部杀死。经过灭菌以后的物品，应该不存在具有生命力的微生物，否则就是灭菌不彻底。由于在无菌包装中，产品的无菌处理和包装过程是相互独立的，因此无菌包装中的灭菌也就分为物料的灭菌、包装材料的灭菌和无菌包装设备的灭菌 3 个部分。

①物料包装灭菌技术选择和查询的 CAD 思路

对物料的灭菌一般要考虑几个关键因素，物料的粘度，pH 值、氧化性、热敏性等。其中物料的粘度还决定了采用什么热交换设备，而 pH 值则决定了灭菌采用何种温度和灭菌时间。若物料易氧化则可加抽气机或在杀菌时充入一定量氮气，即可防止。物料灭菌方法主要有过热蒸汽杀菌、干热空气杀菌、化学溶剂杀菌、紫外线杀菌、放射线杀菌等。

这里采用层次分析法来得到最佳的灭菌方法，如果就考虑上述几个关键因素，可以建立模型为：

灭菌方案的评价素数=粘度有效性*权重+pH 值有效性*权重+热敏性*权重+易氧化性*权重

层次分析法在建立各因素间的权重向量时，所用方法是成对比较。首先建立层次结构图，如图 1 所示，判断层次间各要素相对重要性，根据两两要素列出判断矩阵，通过矩阵求出各要素权重，并判断一致性，最后进行层次总排序和一致性检验得到各要素的权重，然后根据模型计算出各灭菌方案的评价系数，选择最高的为最优灭菌方法。用户先输入物料的粘度值、pH 值、热敏性和易氧化性，系统先根据满足单个要求的情况列出可行方案，再根据层次分析法对这些方案进行综合评价，得到最佳的灭菌方法。当然用户可以根据自己的要求输入这些因素的权重，来满足特殊的要求。最后可以得到相应的灭菌方法，灭菌温度，灭菌时间，热交换设备，是否要充入氮气，灭菌工艺等。

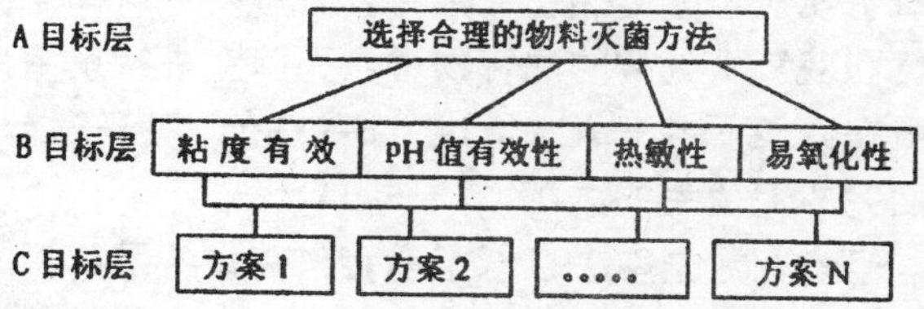

物料灭菌方法决策的结构层次图

② 包装材料灭菌技术选择和查询的 CAD 思路

无菌包装中包装材料的杀菌方法大体上可分为两种，即物理法和化学法，物理法主要有热力灭菌法、紫外线杀菌法和滤过除菌法等。在实际工程中常采用化学药剂灭菌技术或化学方法与物理方法相结合的灭菌技术，双氧水是无菌包装技术最普遍使用的杀菌剂。一般金属罐杀菌方法是干热杀菌，塑料包装材料的灭菌方法常用过氧化氢杀菌，纸容器采用过氧化氢与加热相结合的方法灭菌，由于复合罐的耐热性较差，因此一般采用 127℃左右的热空气杀菌。

包装材料灭菌方法查询较简单，输入相应的包装材料，即可得到相应的灭菌方法，软件根据市场上现有的相应包装材料的灭菌技术，用户可以通过查询得到相应的灭菌技术及其灭菌工艺和特点。如果是新型材料，则可根据用户输入材料的性质，得到相应的灭菌方法。同样使用了层次分析法，根据材料的性质及其权重得到相应的灭菌方法和灭菌工艺。

③包装设备灭菌技术选择和查询的 CAD 思路

在无菌包装的过程中，要保证在无菌的条件下进行，相应的就会对无菌包装设备提出较高的要求。无菌包装设备是无菌包装中的关键技术之一，也是无菌包装技术区别于其他包装技术的特征之一。无菌包装系统主要分为两大类系统，敞开式无菌包装系统和封闭式无菌包装系统，它们之间最大的区别是封闭式无菌包装系统比敞开式无菌包装系统多了无菌室，包装材料要在无菌室内杀菌、成形、灌装。无菌包装环境首先要确保的是设备无菌，对于敞开式包装设备，在无菌充填之前，包装机内与产品接触的表面必须经过杀菌，其杀菌是通过包装机自身产生的无菌热空气（或无菌热蒸汽）来实现。封闭式无菌包装机的杀菌只通过无菌热空气是不够的，还要保证封闭空间的无菌，即无菌室的杀菌。生产前，无菌室一般用双氧水喷雾和无菌空气的干燥来实现，无菌空气是通过包装机内的无菌空气加热器将其加热至一定温度所得到的，杀菌时，液态双氧水喷射至无菌热空气中并瞬时蒸发，这样无菌空气和双氧水气体的混合物进入无菌室进行杀菌，冷凝在内表面的双氧水通过无菌热空气进行干燥，从而完成无菌室的杀菌。

笔者在数据库中存入了现有包装设备及其相应的灭菌技术和要求，包装设备分成纸盒无菌包装设备、塑料杯无菌包装设备、塑料袋无菌包装设备、马口铁罐无菌包装设备、玻璃瓶包装设备、大袋无菌包装设备 6 大类，用户可以根据分类进行查询，并可得到设备的工艺原理和工艺原理图，使用非常直观方便，而且用户也可以不断将新的包装设备及其灭菌工艺加入数据库中，使软件不断完善。

（3）软件设计框图

根据上述的设计思想，总结为以下的功能模块，如图 2 所示。

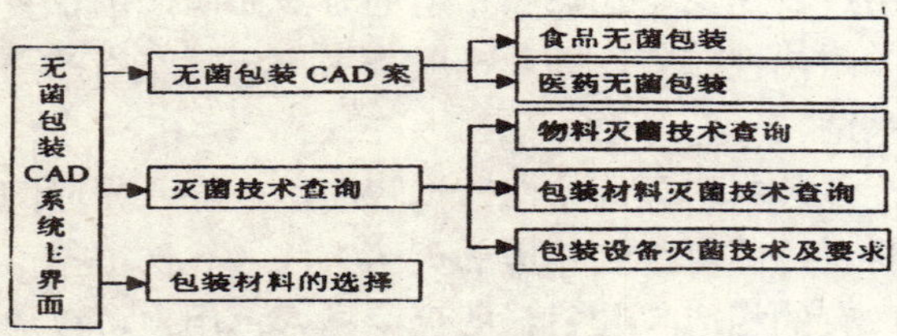

图 2　软件设计框图

2. 软件功能特征

此软件除了具有快速计算，存储大量程序和数据信息、实现快速检索、输入设计参数、输出数据信息等这些一般 CAD 所具有的特点外，它还具有以下几个特征：

（1）用户界面友善，方便使用。由于此软件具有良好的用户设计界面，采用了下拉式菜单、对话框等一系列界面技术，制作了可以用鼠标控制的用户界面，增加了软件的可视性、友好性、简单操作性。在设计的每一过程中都配有文字说明和图形提示，即可以随时找到相关的帮助，使设计过程自然流畅，为使用者提供了轻松的氛围，对非专业人士来说软件和纸盒设计方法也较容易学习和掌握。

（2）常用数据库的建立使用和完善扩充。此软件应用了大量的数据库，可以方便用户的查询，但是数据库需要不断完善的扩充才能保持软件的实用性，所以此软件提供了用户扩充数据库的途径，只要简单的操作就可完成数据库的更新。

（3）专门开发食品无菌包装和医药无菌包装这 2 个专业的灭菌包装 CAD 模块，其中考虑了其特殊性，如选择灭菌方式时还需要考虑药品的形态等。

3. 结语

本文较全面的论述了无菌包装技术，着重对包装材料、灭菌技术和无菌包装设备这 3 个无菌包装中的关键方面进行了比较详细的阐述。软件提供了详细的帮助功能，并有很好的人机交互界面，使软件简单易操作。此软件在设计思想上有较大的改进，综合考虑了包装材料性能的等级关系，满足客户的不同性能要求，并可以进行相应的复合包装材料设计，在灭菌方法选择上运用了层次分析法，计算出最佳灭菌方法，并设计了食品无菌包装和医药无菌包装 2 个专业模块。此软件的方法合理，结构先进，有普遍的应用价值。

无菌包装技术在屋顶盒包装机中的应用

王玉林　赵美宁　赵鹏

（西安工业学院）

随着科学技术水平的不断提高与发展，无菌包装技术的应用范围愈来愈广泛。特别是近年来我国的乳品工业得到了迅猛的发展，乳类产品特别是液态奶的消费增长迅速。但由于我国液态奶的生产与消费存在着极大的不平衡，城市中的消费量比较大，生产基本上都在一些偏远的农村及牧场。因此，近年来各乳品厂纷纷对液态奶进行塑料膜无菌包装，这就大大延长了液态奶的保质期。但这种包装形式消费者饮用起来不方便、不卫生，而且大大增加了“白色污染”，不利于环保。属于一种最低档次的包装形式。液态奶的屋顶盒包装，消费者饮用起来非常方便、卫生，而且外型美观适合于超市的货架销售。包装盒是纸质型的包装材料，属于环保型的包装材料，有很大的发展前景。但由于乳品厂的液态奶屋顶盒包装没有实现无菌包装。不但它的保质期短，而且必须进行冷链销售。这就增大了它的销售成本，使它的销售价很高。目前只在一些大的宾馆、饭店里有一些消费，阻碍了这种包装形式的推广使用，使我国的液态奶的包装水平停滞在一个低的水平上，使乳品厂的屋顶盒包装机的使用率很低。如果能将无菌包装技术应用于鲜奶的屋顶盒包装，也就是在乳品厂现有的屋顶盒包装机上加上一套无菌处理设备，就能实现屋顶盒的无菌包装。大大降低屋顶盒装鲜奶的销售价格，这种方便饮用而且符合绿色包装的包装形式很快就会推广起来，并且能够带动液态奶的销售。推动我国乳品工业的发展，带动相关行业如畜牧业、包装机械、包装材料的发展。

一、屋顶盒包装机上实现无菌包装的技术关键

1. 包装材料的灭菌

由于屋顶盒的包装材料是具有预制线的方筒形片状纸塑复合纸板材料，聚乙烯-纸板-聚乙烯，这类材料虽然在复合加工时的温度达到200 ℃左右，相当于对包装材料进行了一次灭菌处理，但在印刷、方筒型制作加工、贮运过程中又会产生微生物细菌的污染，因此在无菌包装时必须对包装材料进行杀菌处理。

包装材料的杀菌方法主要有物理方法和化学方法两种。物理方法主要有加热处理、紫外线辐射、高频电场处理等。由于屋顶盒为纸塑材料，进行加热处理，就会破坏屋顶盒的聚乙烯涂层，影响封接效果。高频电场处理在包装生产线上使用，安全性不易保证。紫外线杀菌就是用波长为 250～270μm 的紫外线照射包装材料，杀死包装材料上的细菌，使用紫外线杀菌虽然能起到一定的杀菌效果，但不能将包装材料上的细菌完全杀死。

化学方法主要有过氧化氢（H_2O_2）溶液灭菌。采用过氧化氢溶液对包装材料进行浸渍或喷淋，即可对包装材料进行灭菌。目前，各种单独使用双氧水进行杀菌的包装机一般采用 30%～35%浓度的双氧水，并将温度加热至 120℃左右，H_2O_2就分解成氧和水。新生态的〔O〕氧极为活泼，有较强的杀菌能力。但由于所使用双氧水浓度较高，包装材料上双氧水的残留量不易控制，从而影响包装物的质量。

但如果将紫外线照射与双氧水结合使用就会产生惊人的杀菌效果，图 1 所示为双氧水加紫外线与单独紫外线或单独双氧水杀菌效果的比较。低浓度的双氧水溶液（<1%）加上高强度的紫外线，只须在常温下就会产生很强的杀菌能力，比两者单独使用（即使在高温下用高浓度的双氧水）效果也要高百倍。

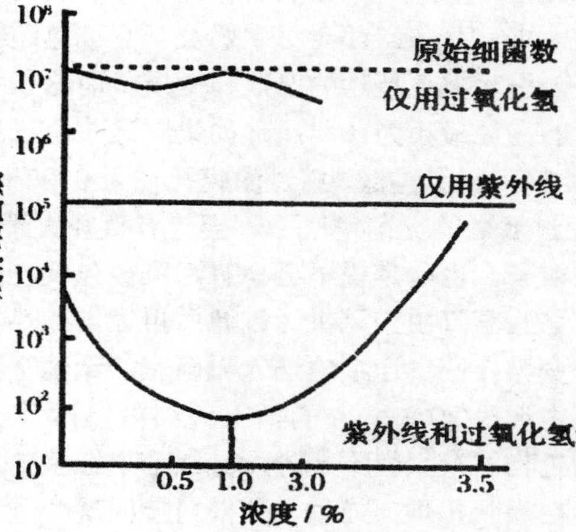

图 1　杀菌效果

因此，在屋顶盒包装机中要对包装盒进行灭菌，就采用双氧水加紫外线相结合的方法。由于屋顶盒是一个个单独的片状纸盒，就不能象卷筒材料那样用双氧水进行浸泡。必须首先将片状纸盒用真空吸盘打开成方筒型、再将底部成型封接后，用浓度为 0.1%过氧化氢溶液对其进行喷淋，结合使用一定的湿润剂，提高它的灭菌效果，一般需 3～5s 就能杀死细菌。同时辅以 90～100℃ 的无菌热空气喷射，一方面增强过氧化氢溶液分解出的新生态氧的灭菌效能，另一方面蒸发掉屋顶盒内的残余过氧化氢溶液及水。同时，在纸盒输送链道的上方安装波长为 250μm 的强紫外线等对包装盒内外进行辐射杀菌，这样就保证包装材料即屋顶盒的无菌。

2. 无菌室的形成

包装盒经灭菌后，如果将它置于空气中，空气

中的微生物细菌就会对它进行二次污染。另外在灌装及屋顶盒的顶部封接过程中空气里的微生物细菌就会加入被灌装的牛奶或其它被灌装物中，形成污染。就需要杀菌后的纸盒输送区及牛奶的灌装区是无菌的，如果给这些区域送入无菌空气，也就是这些区域充满无菌空气，而且区域内无菌空气的压力大于外部的大气压，外部的空气不能侵入这些区域，那么这些区域就成为无菌室。

空气中含有大量的微生物细菌，如城市室外空气中一般含有 103～105/m^3 左右的微生物，其中大部分是细菌如革兰氏阴性杆菌、芽孢杆菌、褐色球形固氮菌、金黄色葡萄球菌、过氧化氢酶阳性球菌、过氧化氢酶阴性球菌等，杆菌的宽度一般为 0.4～1.0μm，长度为 1～5μm；球菌的直径一般为 0.4～2.0μm。还有约占 10%的霉菌、酵母菌，它们的直径一般为 1～10μm。都会对牛奶及其它被包装物产生污染，引起被包装物的腐败、变质。而这些细菌及霉菌的直径最小为 0.4μm，如果对这些空气进行粗、中、精三级膜过滤，精过滤膜孔径为 0.25～0.3μm，经过滤后的无菌空气中不会含有直径大于 0.3μm 的粒子，也就是说不会含有污染被包装物的微生物。这些空气由鼓风机经过滤后再经过加热器的加热，变为热空气连续地送入无菌室，无菌空气在无菌室内形成 20～30Pa 的正压，这样，无菌室外的含有微生物的空气就不能进入。保证了经杀菌后的屋顶盒在灌装、顶部成型、顶部封接的整个过程中不会受到空气中的微生物的污染。另外，经过加热后的热无菌空气加速了喷在屋顶盒内的双氧水的氧化，也就是增强了它的杀菌能力及盒内水份及残余双氧水的蒸发。

3. CIP（Cleaningin Piace）清洗系统

对于无菌包装，CIP 清洗系统非常重要，屋顶盒包装的主要是鲜奶或果汁、饮料等，这些物料特别容易滋生细菌。每次生产结束后，必须对设备进行彻底的清洗，特别是料缸及灌装阀，根据选定的最佳清洗工艺，预先设定好清洗程序输入 PLC 控制器内，生产结束后机器就会自动运行清洗程序。为了保证清洗的干净，无菌包装机的管路、料缸及灌装阀采用以下的清洗程序：

（1）用水预冲洗 5～8min，将管道及料缸、灌装阀内剩余的鲜奶或饮料顶出。

（2）用 75～80℃的碱性洗涤剂（浓度为 1.2%～1. 5%的氢氧化钠溶液）冲洗 15～20min。

（3）用水冲洗 5min。

（4）用 65～70℃的酸性洗涤剂（浓度为 0.8%～1.0%的硝酸溶液或 2.0%的磷酸溶液）冲洗 15～20min。

（5）用水冲洗 5min。

每次清洗结束后，再用蒸汽进行杀菌。灌装头处的零件清洗干净后，应在 50%～70%的酒精溶液中浸泡保存。

生产开始前，首先用消毒液或酒精擦拭纸盒架、心轴、底部成型器等部件，再用蒸汽对管道、料缸、灌装阀等进行蒸汽杀菌，然后对整个无菌区用双氧水进行喷雾杀菌。这样就保证了生产开始前整个机器的无菌。

二、屋顶型包装机的工作流程

作者对普通屋顶型包装机进行改造设计的屋顶型无菌包装机，它的各执行部件及工作流程如下：

（1）储盒架。已预制好的片状纸盒储放在由几根立柱组成的盒架内，等待吸盘取下。

（2）盒片打开。真空吸盘将盒片自盒架上取下并打开成方筒形盒，再由推板推入心轴。

（3）心轴。套入纸盒内部，间歇运动至纸盒底部封接的各执行部件下，完成纸盒的底部封接。

（4）底部加热。经加热至 550℃的热空气由出风盒伸至底部张开的方盒内，将盒底内部四壁的聚乙烯膜加热熔化（不加热盒子的其余部分）。

（5）底部折叠成型。当心轴转至底部成型器下时，推钩及成型板分别从纵横 2 个方向将盒底部折叠成型。

（6）底部封接。压头压向已成型折叠好的盒底，并施加一定的压力，将盒底部已熔化的聚乙烯粘接在一起，完成了屋顶盒底部的封接。

（7）取盒入链道。真空吸头将已完成底部封接的屋顶盒自心轴上取下放入链道中，由链道输送至完成后边的工艺。

（8）输送链。将底部封接好的盒子间歇的向前输送至无菌区，无菌区内充满着经过滤的具有一定正压的热无菌空气。

（9）双氧水喷淋。喷淋器将双氧水溶液和润湿剂的混合溶液喷洒在屋顶盒内部，对屋顶盒进行杀菌。

（10）第 1 次紫外线杀菌。一定波长的紫外线对屋顶盒内部进行紫外线照射杀菌。

（11）第2次紫外线杀菌。紫外线继续对盒子进行杀菌，同时，无菌区内的热空气加速了盒内的双氧水溶液的分解，并将盒内的水分蒸发。

（12）顶部预折。折叠器将盒子的顶部折出一定的印痕，以备后边的顶部封接。

（13）灌装头。活塞阀将牛奶自活塞腔中推出灌入经杀菌后的纸盒中，为了防止在灌装中牛奶在盒内产生泡沫污染盒顶，在加热时产生糊焦味，灌装阀下有一个灌装跟随装置，灌装过程中，屋顶盒随盒内液面的升高而下降，保持盒内液面的整个灌装过程中与灌装头的距离一定，减少了泡沫的产生。

（14）顶部加热。火炉将加热至 500℃左右的热空气吹向盒顶内壁，将盒顶内壁表面的聚乙烯层熔化。

（15）顶部密封及日期打印。盒顶已熔化的屋顶盒在该处被封口钳加紧、密封，并由日期打印钳在此处压印出日期。这样，就完成了整个屋顶盒的包装程序。成品就出无菌区，送往装箱入仓库。

（16）料缸。储存待灌装的牛奶，保持料缸内液面的基本恒定。

（17）CIP 清洗管道。生产结束后，料缸、灌装阀及管道进行清洗，防止微生物的生长。

三、结　语

从上面的工艺过程可以看出，在现有的屋顶型包装机上加上无菌空气过滤器生成一个无菌区，再加上双氧水喷淋及紫外线的照射杀菌，实现了屋顶盒包装机的无菌包装。这样包装好的屋顶盒就不需要进行冷链销售，同时，大大延长了保质期，降低了销售成本。使这种环保型的屋顶型包装在国内得到进一步的推广和发展。

国内外油墨市场

郑育英

一、世界油墨市场

以2002年为例，世界油墨工业市场的总产值为130亿美元，总产量约为300万吨。第一名美国为160万吨，第二名为日本50万吨，第三名是德国45万吨，第四名是中国为22万吨。

传统地说，亚太地区是油墨制造业的中心，其油墨市场销售额超过 50 亿美元，销售量约为 130 万吨。在世界10大跨国油墨公司中，日本就占了5个。在亚太地区，中国、印度、越南等国经济增长速度是惊人的，他们印刷工业的增长比例远比平均值高得多。

实际上，亚太地区是许多不同民族和文化的中心，这些国家在当今世界的经济发展中是增长最快的。对于油墨制造企业来说，在该地区的发展出现了很好的机遇。

在美国，胶印油墨占市场份额的一半左右，柔性凸版油墨占20%，数字印刷油墨和凹版油墨占10%。

在欧洲柔性版油墨的应用更广，而日本数字印刷油墨的市场则更大。另外，其他对环保有利的水性油墨，UV 固化油墨与电子束固化油墨，这些油墨的配方比传统的溶剂型油墨在技术性能要求方面则更高。

二、中国油墨市场

中国2001年油墨总产量约为20万吨，2002年约为22万吨。2002年销售收入46亿元。2002年生产总量的同比增长为7.32%，销售收入同比增长为6.98%。

近年来，我国油墨工业持续高速增长，产量不断增加，产品品种不断增加，质量不断改善，档次不断提高。国产油墨的花色品种已有千余个，中高档产品所占份额有所扩大，一些产品的质量已接近国外同类产品水平。

我国油墨自给力在不断增强，并有部分产品出口，2001年为0.97万吨，2002年为0.9533万吨。合资企业已成为我国油墨工业的主力军。产量总数已占全国油墨的70%以上；产品质量具有很强的竞争力，在生产上占据了主导地位。

面对激烈的竞争形势，国有企业和民营企业必须积极采取应对措施。首先，要分析各自的优势及弱项，然后，扬长避短。在市场经济的大浪中找到自己的位子，准确定位，主动出击。对于上海地区的油墨制造企业来说，同样如此。昔日的优势已不复存在，国内外同行综合竞争力都很强。我们必须急起直追。

从油墨产品的市场结构看，胶印油墨仍然是市场的最大需求。我国胶印油墨的耗用量仍占油墨总量的65%左右，今后在比例上会略有下降，但用量仍会上升。

冷固着轮转油墨是印报油墨中发展最快的一种。热固着轮转油墨在国外是胶印油墨使用的重要市场，也是主流产品，但我国还是处在起步阶段，虽然至今已有60多条生产线，但是在我国广阔的市场中比例还是很小的。

凹印油墨在调整中

我国凹印油墨最大的应用市场是塑料薄膜的表印和复合包装里印。由于包装市场繁荣兴旺，使用量上升很快，所使用的薄膜品种和印刷工艺也有多种，从而出现了很多品种的凹印油墨。从环保角度看，不少塑料薄膜不易降解，迫使不少商品转向纸包装。但目前在市场占有的比例都不能大量替代一般薄膜包装，因而近期凹印油墨仍处于旺销态势。

发展中的柔印油墨

早期的柔印油墨有溶剂型的，也有水性的。制版、网纹辊、版材的技术进步使其印品质量大大提高，它的发展才迅速起来。就目前的印品而言，主要还是瓦楞纸箱印刷为主体，但印刷正向彩色发展，特别是白面的纸箱，如饮料、啤酒、纯水等外包装，很快发展起来。近来柔印油墨在窄幅商标、不干胶的印刷中也逐渐增多。

发展很快的丝网油墨

丝网印刷起源于中国，但发展在国外，到20世纪80年代，随着改革开放和经济发展的快速发展而增长。1985～1990年平均增长在30%左右，90年代也有15%～20%的增长。现在我国有50多家油墨厂生产丝网油墨。2001年油墨总量已有1.7万吨。销售额约为6亿元。迄今为止，我国仍有相当量的丝网油墨从国外进口。我国的丝网印刷厂和油墨厂生产规模相对比较小，生产设备落后，技术开发能力不足，这应引起业内企业的关注。

特种油墨的需求量会有较大幅度增加

随着我国国民经济的高速稳定发展，市场繁荣，各种高档包装印刷、票据和证券印刷、有价证券印刷、钞票印刷等迅速扩大，特种防伪油墨、专用油墨的市场需求量从整体上来看，呈上升趋势，尤其是防伪油墨、莹光油墨、珠光油墨和喷印油墨等需求量会有较大幅度的增加。根据预测，到2005年我国印刷油墨消费总量可达25.5万吨～28.5万吨。

瓦楞纸板水墨印刷技术探讨

刘伦亿

随着社会经济的发展，国民生活水平的提高，人们越来越注重商品包装的完美性。瓦楞纸箱包装以其独特的功能在整个物品包装行业所占的比重亦越来越大，而瓦楞纸箱最关键的技术则在于水墨印刷。本文就如何利用设备改良来提高水墨印刷的品质问题谈谈自己的体会。

一、印刷露白的处理

印刷露白是瓦楞纸箱生产中最常见也是最难以杜绝的质量问题，其产生的原因有：①纸质吸墨性能差；②印版脏；③纸板上的纸屑、灰尘等。对这些问题传统的处理方法是人工改箱，或是增大人工擦版的频率。这些方法在客观上会起到一定的作用。但改箱后改善效果不大，且易造成效率下降；擦版还会造成水、电、人工的浪费。

本人在设备安装、维修、管理的过程中，经过长期的观察分析，认为解决印刷露白的关键在于除尘，而灰尘的主要来源则是单刀分纸时产生的。基于这一情况，本人于两年前在纸板生产线的电脑横切刀后以及印刷机的送纸部先后安装了静电吸风吸尘装置。在电脑横切刀前使用吹风机，将单片刀分纸时隐藏于坑纹中的纸屑吹出来或吹掉，而后在电脑横切刀后的收纸架处利用静电吸风吸尘装置将纸屑吸走。在印刷机送纸部的送纸胶圈与送纸轮间隙处利用静电吸尘将纸板上的灰尘吸走，保持印刷面干净无尘，这样产品进入印辊时，上墨无障碍，吸墨均匀。

经过这样的改良后，产品印刷效果大大改观，并从根本上克服了灰尘造成的印刷露白现象。

二、套印走位的处理

现在商品包装愈来愈注重图案的艺术性、立体感，使消费者从外包装上感受到所购商品的完善。为达到该目的，包装印刷必须采用多色印刷——即多色套印。

在套印工艺中，往往出现后一色与前一色叠加或定位位置产生错位，致使印刷图案不能体现产品包装的设计效果，甚至大相径庭，完全破坏了产品的形象。

针对这一特殊问题，经过一段时间的深入现场调查研究，从电控反映速度到机械配合公差精度，进行了详细的计算，对现有设备进行了多处改良，同时制定了相关的设备维修措施。

1.提高印刷滚筒相位定位的精度

印刷滚筒相位定位采用Encoder与Counter配合控制，若Counter的精度太低，则造成Encoder位置不准确，印刷时走位。一般Counter反映速度为3K，但在定位时往往产生±1mm的误差。经与台湾电控公司商讨，生产出5K的Counter,使印刷滚筒定位误差缩小到±0.4mm。

2.对传动机械定时润滑、检测

在送纸过程中，如果传动机械不能保持良好而平稳的运转，则每一次纸板到达的位置都会产生变化，从而产生印刷及套位走位。因此对设备进行正确的维护保养及检测非常重要。我们制定了每日开机工作前试运行检查表，其中包括润滑保养。同时制定送纸轮、送纸圈磨损量的限度，不合格时必须翻磨，重新包胶或更换，从而克服了纸板在行走过程的走位、斜位等现象。

3.采用吸风送纸

传统的印刷机采用上印刷，只能采用检纸轮传送纸板，而新型印刷机采用下印刷、上吸风传送纸板这一先进技术。吸风送纸利用风力将纸板吸附在传送轮上，其吸力均匀、不走位、不斜位，而将弯曲的纸板吸平，印刷时对位准，上墨更匀、更平。

三、印刷上墨不良的处理

上墨不良除纸质问题、胶版问题外，在设备上还有上墨辊的技术处理问题。

上墨辊均采用的是网纹辊，在高标准纸箱印刷中，采用250lpi以上的网纹辊，其网孔最容易被墨渣堵塞，从而造成上墨不均匀，墨量不够，墨浅等现象。传统的方法是采用清水清洗上墨辊，无论水擦洗上墨辊或清洁剂擦洗等方法，效果都不太理想，一支新上墨辊使用不到一个月，效果明显不如从前。

我们通过长期的摸索、试验，觉得采用以下几种方法可有效地解决印刷上墨不良的问题。

1.在水墨桶内加设过滤网，不让水墨颗粒进入到上墨辊。

2.定期（一般半个月）使用网纹辊深层清理剂，进行循环清理。

3.每天下班时用滴水循环清洗上墨辊，并用60～100倍的放大镜透析上墨辊网孔，不得有墨渣残留，如局部残存墨渣，立即用深层清理剂擦洗干净。

通过以上几点维护保养，上墨辊上墨效果便能始终保持良好。

上述几项印刷技术问题在实际生产中对纸箱产品质量至关重要，通过对设备的认识及改良，以及良好的维护，即可生产出客户满意的产品，提高企业的综合效益。

水溶性塑料包装薄膜的研究、开发与应用

郝喜海

（株洲工学院）

水溶性塑料包装薄膜作为一种新颖的包装材料，在欧美、日本等国被广泛用于水中使用产品的包装，例如，农药、化肥、颜料、染料、清洁剂、水处理剂、矿物添加剂、洗涤剂、混凝土添加剂、摄影用的化学试剂及园艺护理的化学试剂等，它的主要特点是：

（1）环保安全、降解彻底（达100%），降解的最终产物是CO_2和H_2O，可以彻底解决包装废弃物的处理问题；

（2）使用安全方便，避免使用者直接接触被包装物，宜用于对人体有害物品的包装；

（3）能准确计量、防止浪费；

（4）力学性能好，且可热封，热封强度较高；

（5）具有防伪功能，可作为优质产品防伪的最佳武器，延长优质产品的寿命周期。

国外，主要是日本、美国和法国生产销售此类产品，象美国的 WTP 公司、CCIP 公司、法国的 GREENSOL 公司和日本的合成化学公司、可乐丽公司等。国内，在中国包装总公司科技部的支持下，株洲工学院与广东肇庆方兴包装材料公司联合研制开发了水溶性薄膜及其生产设备。目前已投入生产，其产品填补了国内空白，正在走向市场。本文就水溶性塑料薄膜成分、生产工艺过程及其特性加以介绍，并较系统地论述了水溶性塑料薄膜的生产、开发与应用现状。

一、主要成分、环保持性及其应用现状

1. 主要原料及成分

水溶性包装薄膜的主要原料是聚乙烯醇及淀粉，所有组分（包括添加的助剂）均为 C、H、O 化合物，且无毒。制膜过程中各组分之间只发生物理溶解，可改善其物理性能、力学性能、工艺性能及溶水性能，但不发生化学反应，不改变其化学性能。

2. 环保特性

水溶性薄膜产品属于绿色环保包装材料，在欧美、日本等国均得到国家环保部门的认可。

就降解机理而言，聚乙烯醇具有水和生物两种降解特性，首先溶于水形成胶液渗入土壤中，增加土壤的团粘化、透气性和保水性，特别适合于沙土改造。在土壤中的 PVA 可被土壤中分离的细菌的菌株分解，最终可降解为 CO_2 和 H_2O。

3. 生产及其应用现状

目前国内外市场生产与销售的水溶性薄膜主要有高温型和低温型两种类型。

（1）主要应用

①用于水中使用产品的包装。

例如，农药、化肥、颜料、染料、清洁剂、水处理剂、矿物添加剂、洗涤剂、混凝土添加剂、摄影用之化学试剂及园艺护理的化学试剂等。

②用于水转移印刷。

用于陶瓷、塑料、金属、木质物品的异型面的商标及图案转印，如电器外壳等。

③作为暂时性载体用于假发及刺绣的制作过程。

④用于种子带。

农用育苗用于农作物种子带（如小萝卜、洋葱头、胡萝卜及各种植物、花草种子）。包装的种子植于土壤中，由土壤中的水分溶解种子，一定时间后发芽生长。

⑤用于服装及纺织品包装。

高温水溶膜（40℃以下不溶），可用于服装及纺织品包装，食品保鲜膜等，尤其是出口产品的包装；

⑥用于洗涤袋。

溶解温度大约为 60℃，因此，适合于医院用洗涤袋等。

（2）国外主要生产厂家及用户

在国外，日本、美国、法国、韩国等生产厂家主要采用流涎法和吹塑法生产水溶性薄膜。如，法国 GREENSOL 公司和美国 WORDWIDETECHNOLOGY PARTNERS(W.T.P) 公司，美国 CHRIS CRAFT INDUSTRIAL PRODUCTS(C.C.I.P.)公司，日本的合成化学公司等。

国外主要生产用户有：AgrEva（艾格福），BASF（巴斯夫），Bayer（拜耳），Dow（陶氏），DuPont（杜邦），ELFATOCHEM（埃尔夫·阿托），Henkel（汉高），Novartis（诺华），Zeneca（捷利康）。Mansanto（孟山都），Rhone-Poulenc（罗纳·普朗克），American（美国氰胺），Rohm&Hass（罗门哈斯），Shell（壳牌），Sandoz（山度士），Unileber（联合利华）。

（3）国内主要生产厂家

20 世纪 70 年代，国内在上海塑料制品研究所、四川涪陵地区塑料三厂先后开发了 PVA 薄膜的流涎法和吹塑法，但由于质量差，能耗高，因而未能进行工业化生产。目前，中科院北京塑料研究所正在研究开发用吹塑法生产水溶性薄膜，暂处于实验室研究阶段，尚未投入生产。

1998 年开始，在中国包装总公司科技部的支持下，株洲工学院与广东肇庆方兴包装材料公司联合研制开发了水溶性薄膜及其生产设备，2000 年 12 月已投入生产。国内主要用户主要分布在广东省的深圳、东莞、新会、佛山、顺德及上海等地，用于刺绣载体和包装；另外，山东、北京、河北等地用户则主要用于出口商品包装。

二、主要性能及规格

1. 含水量

成卷的水溶性薄膜一般用 PE 塑料包装以保持其特定的含水量不变。当水溶性薄膜从 PE 包装中取出后，本身的含水量随环境温度发生变化，其性能也随之有所变化，直至平衡。当环境温度为20℃时薄膜的含水量如表1所示。

表1　20℃时的含水量　　(%)

相对湿度 RH	含水量
45	4～6
65	8～9
80	11～13

2.防静电性

水溶性薄膜是一种防静电薄膜，与其它塑料薄膜不同，具有良好的防静电性。在使用水溶性薄膜包装产品过程中，不会因为静电而引起其可塑性降低及静电附尘。

3.水分及气体透过率

水溶性薄膜对水分及氨气具有较强的透过性、但对氧气、氮气、氢气及二氧化碳气具有良好的阻隔性。这些特点，使其可以完好保持被包装产品的成分及本身气味。

4.热封性

水溶性包装薄膜具有良好的热封性，适合于电阻热封、高频热封，热封强度与温度、湿度、压力、时间等条件有关，一般为100～200g/cm。

5.力学性能

表2列出了当温度20℃时水溶性包装薄膜的力学性能。

表2　20℃时力学性能表　　kg/cm^2

相对湿度	性能指标			
RH(%)	弹性模量	抗拉强度	撕裂力	延伸率(%)
45	1500～2500	300～400	150～200	90～150
65	800～1700	250～350	100～180	200～300
80	400～1000	200～250	50～150	220～300

6.印刷性能

水溶性薄膜可以用普通的印刷方法进行清晰和顺利地印刷，印刷性能良好。

7.耐油性及耐化学药品性

水溶性包装薄膜具有良好的耐油性（植物油、动物油、矿物油），耐脂肪性、耐有机溶剂和碳水化合物等。但对于强碱、强酸、氯自由基及其他可与PVA发生化学反应的物质（如硼砂、硼酸、某些染料等），建议不用水溶性薄膜包装。

8.水溶性

水溶性薄膜的水溶性与其厚度和温度有关，表3为25μm厚薄膜的有关水溶性的数据。

表3　25μm水溶性薄膜的不溶性数据

温度/℃	溶解时间/s
65～80	20
30	45～50
40	25～30

高温水溶膜在40℃以下完全不溶，80℃以上则完全溶解。目前国内已开发出调整水溶性薄膜的水溶性的方法，在水温恒定的情况下，水溶解时间可在10s～50s之间任意调整，精度为±5s。该项技术已获得国家发明专利。

9.主要规格

厚度：0.020，0.025，0.030，0.040单位为mm；

长度：每卷1 000m或根据客户需求定；

宽度：在20～1 000mm之间，可按照客户需求的任一宽度出品。

三、生产工艺过程及设备现状

1.吹塑法

吹塑法生产水溶性塑料包装薄膜主要以聚乙烯醇为主要原料，添加水及其他助剂通过挤出吹塑机吹塑成膜。其工艺流程如图1所示。

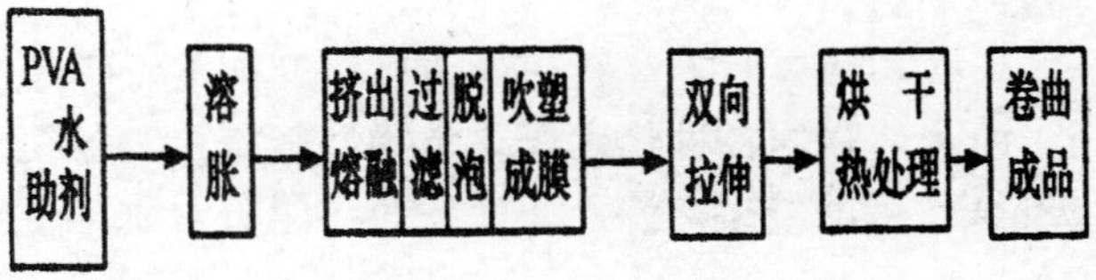

图1　工艺流程图

聚乙烯醇熔点为220～240℃，由于在160℃开始脱水醚化，200℃开始分解。因此，直接挤出熔融吹膜，在工艺上难以实现，采用含水量40%～50%的聚乙烯醇树脂用于挤出吹塑制膜。

2.流涎法

水溶性包装薄膜主要以聚乙烯醇及淀粉为主要原料，添加各种助剂，其工艺与传统的塑料薄膜成型工艺有所不同。它的工艺过程是：采用先将原料制成固含量为18%～20%的水溶性胶，再流涎涂布到镜面不锈钢带上，经干燥成膜后从钢带上剥离，然后进入干燥室干燥至规定水分后，切边收卷获得成品膜。其工艺流程如图2所示。

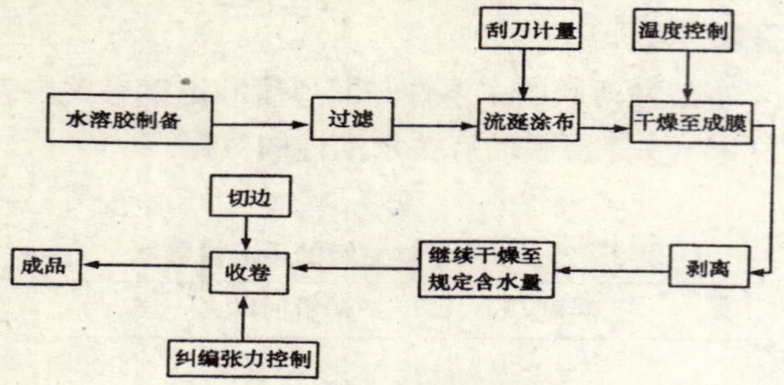

图2　工艺简图

流涎制膜一般在水溶性溶胶薄膜流涎机上进行，主要利用钢带流涎法进行水溶胶、溶剂型溶胶的流涎制膜。目前，国产设备基本技术参数如下：

薄膜厚度为0.02～0.2mm，幅宽≤1 000mm；

生产速度为2～5m/min。

四、今后的研究课题

水溶性包装薄膜作为一种新型绿色包装材料，在国内的研究应用刚刚开始，在国外也只有20年的发展历史，因而有很多课题有待于研究开发，具体有以下几个方面。

1.水溶膜生产的质量控制方法研究

由于水溶膜生产工艺独特，生产中会产生各种各样的缺陷，如气泡、厚度不均、厚边、“鱼眼”、穿孔、皱纹、“火山口”等等，其成因非常复杂，这些缺陷的产生直接影响水溶膜的应用，国内生产的薄膜与国外产品主要差距在此。因而，有必要进行深入研究。

2.各组分对水溶膜的影响及作用机理的研究

水溶膜的各种物理、化学等性能是由其各组分综合作用的结果，深入研究探讨各组分对水溶性包装薄膜影响及作用机理，对提高水溶膜生产的质量、满足用户要求以及开发新型水溶膜都具有重要的意义。

3.水溶膜生产率的改进、提高

目前，已开发的水溶膜生产设备生产速度为4～5m/min（国外同类设备在7m/min左右），与传统工艺生产非水溶膜设备相比，其生产率显然很低，这是水溶膜成本较高的一个重要原因。如何提高水溶膜的生产率将是今后一项重要的研究课题。

4.新型水溶膜的开发与水溶膜应用新领域的开拓

尽管水溶膜应用已十分广泛，但随着生产的发展、社会的进步，人类需求不断增长，水溶膜的应用在很多新领域有待开拓，需要开发各种新型水溶膜。例如，开发电力行业用于焊接辅料的耐热（300℃）水溶膜以替代水溶纸，在洗涤业中开发具有洗涤功能水溶膜以及用作膜型肥皂等等。

5.水溶性包装薄膜后加工设备的研究开发

（1）水溶性包装薄膜专用包装机械

由于水溶性包装薄膜的热封特性与常规薄膜的差别，使其不能适应现有常规包装机械的包装作业，因而急需开发水溶性包装薄膜专用包装机械，如，包装农药的全自动包装机，包装固体洗涤剂的包装机和服装袋的制袋机械等。

（2）水溶性包装薄膜后加工机械

水溶性包装薄膜压花后会大大改善其水溶性能，但由于水溶性包装薄膜的弹性使其不能适应现有常规压花机械的压花作业，因而需开发研究水溶性包装薄膜的压花机械。

BOPP薄膜抗静电剂的研究现状及发展趋势

周福海　涂志刚　吴增青

双向拉伸聚丙烯（BOPP）薄膜是聚丙烯专有料添加适当的功能助剂后经过双向拉伸工艺后得到的一种结晶型产品。它是上世纪60年代发展起来的新型透明包装材料，具有防潮、机械强度好、尺寸稳定性好、质软、无毒、无臭、收缩性和印刷性好等优点，被誉为“包装皇后”。在BOPP薄膜的加工或使用过程中，由于薄膜间的摩擦而产生静电作用，BOPP薄膜会吸附空气中的灰尘或其它脏东西，不仅影响到薄膜表面的美观，而且在BOPP薄膜的使用过程中也会发生相互粘结，影响正常生产，另外由于静电的存在会对人体造成极大的伤害，为此在BOPP薄膜的加工过程中加入抗静电剂或抗静电母料来降低并消除静电。

一、抗静电剂的作用机理

抗静电剂多为表面活性剂，一个憎水基团，保证添加剂固定在树脂内部，而亲水性基团则吸收空气中的水分，形成一层导电层来降低 BOPP 薄膜的表面电阻率。良好的抗静电取决于抗静电剂迁移到聚合物表面，吸引结合水的能力，当抗静电剂迁移到薄膜表面并结合水分形成导电层形成后，会分散电荷，减少静电对灰尘和微粒的吸引力，从而达到抗静电性效果。

BOPP 的加工过程中，为使添加剂如抗静电剂更好的和树脂本体相混合，可先将抗静电剂制成抗静电母料，将抗静电剂、树脂本体，分散剂和偶联剂等按一定的比例混合，熔融挤出造粒而形成抗静电母料，它可以更有效地利用抗静电剂。

二、抗静电剂的分类

抗静电剂是 BOPP 薄膜助剂中需求最大的品种，大多数用途的 BOPP 薄膜生产过程都需要加入抗静电母料。抗静电剂种类很多，按化学结构来区分，有阳离子型抗静电剂、阴离子型抗静电剂、非离子型抗静电剂和高分子导电型抗静电剂 4 种。阳离子型抗静电剂的品种有抗静电剂 SN、抗静电剂 TM 和抗静电剂 SP 等 ；阴离子型抗静电剂的品种有高级醇磷酸双酯钠盐、丁酸酯磺酸钠和抗静电剂 NP 等；非离子型抗静电剂的主要品种有脂肪醇聚氧乙烯醚、烷基酚聚氧乙烯醚、烷基乙氧基化合物、羟乙基烷基胺、甘油脂肪酸酯等。离子型抗静电剂对高分子材料附着力强，抗静电性能良好，但其热稳定性差，高温下加工易分解而变色，大大降低薄膜的透明度和光泽度。而非离子型抗静电剂不易引起塑料的老化降解等，有离子型抗静电剂不具备的优点，是理想的 BOPP 薄膜抗静电剂。它具有低极性不带电的表面活性分子，吸附水分子形成溶剂化合物而形成导电层来降低并消除薄膜表面的静电。

三、抗静电剂与 BOPP 薄膜的相容性

抗静电剂与塑料本体的相容性是影响抗静电剂向表面迁移速度的最主要因素。相容性由抗静电剂和塑料本体的极性差异所决定，两者的极性越相似，相容性越好。相容性越好，抗静电剂在塑料本体中混合越均匀，向表面的迁移性越差，抗静电的效果就越差；相反，相容性越差，其向表面的迁移速度过大会导致过分析出，又会产生影响产品外观等问题。例如，当抗静电剂过多的吸附在薄膜表面，会造成印刷效果不好或成型制品搬运时表面残留指纹等。为了不发生上述问题，而又能达到良好的抗静电的效果，最重要的是掌握两者极性的恰当平衡，选择适当塑料抗静电剂，即通过选定塑料本体和抗静电剂的溶解度参数（SP 值）差，它是由两者的极性差所决定，以使抗静电剂在塑料中具有极强的亲和力，又具有易移动性。以单硬脂酸甘油酯（GMS）为例，单硬脂酸甘油脂简称单甘酯，而甘油酯是各类油脂混合物的通称。不同的甘油脂的生产过程可能得到纯单甘酯或单、双、三甘油脂的混合物。每种甘油脂都会迁移，其迁移性因极性、分子量大小的不同而异，且对水的亲和力也不一样，例如单甘酯的亲水性很强，迁移速度较快，足量的单甘酯迁移到表面产生良好的抗静电效果。但是经过一定的时间，更多的单甘酯达到表面，结晶过程开始，最终形成低能态-通称单甘酯的β晶体结构，此时就丧失了结合水的能力，也就不再保持抗静电性能。普通的抗静电剂，如单双甘油脂、双甘油脂可能就会干扰到单甘酯的结晶行为，聚合物表面同时兼有单甘油脂和双甘油脂可能会推迟β晶体的形成，从而延长了抗静电性。

四、BOPP 薄膜抗静电剂的研究现状

1. 国外 BOPP 薄膜抗静电剂的研究现状

在国外抗静电剂的发展很快，尤其在美国、日本和西欧等发达国家，无论是抗静电剂的生产和销售均居世界前列。美国菲泽公司的 Astistat68、美国北方石油的Norchem700F用于PP、PE等多种树脂，耐温高达 240℃。日本的 BOPP 薄膜抗静电剂生产也在逐步增长，其中主要厂家有花王石碱、狮子、日本油脂、九菱油化、松本油脂以及第一制药公司等 6 家，另外日本大日精华公司开发的 Elecon-300 型用于 PP 和 PE 树脂。100 型适用于聚苯乙烯。日本住友化学公司的 Noblen FL311、FS2052、FS2057、WF203，新加坡聚丙烯公司的 cosmophlene FS2052、FS2053 也适用于 BOPP 薄膜。西欧总的来说发展比较稳定，但也看到抗静电剂的问题不容易根本解决，目前尚未有最佳消除 BOPP 薄膜表面静电的措施，国际上做了大量的研究，但进展也不显著。

2. 国内 BOPP 薄膜抗静电剂的研究现状

与国外相比，国内抗静电剂的研制工作起步较晚，远远落后于发达国家，每年都需要进口大量的抗静电剂和抗静电母料。但近年来抗静电剂的研制取得一定的进展，代表性产品有北京化工研究院开发的 ASA-40、ASA-51、AB-33、ASH-1 和 ASP-2 可用于 BOPP 薄膜。这一系列产品抗静电性优良，用量小且抗静电效果持久，热稳定性能好，不会影响基础树脂的力学性能，特别对树脂的光学性能影响很小，适用于 BOPP 薄膜，所得薄膜的雾度明显低于国内同类产品，表面性能较高。DS126 抗静电母料是北京度辰公司生产的一种专用于 BOPP 薄膜的抗静电母料，它具有低雾度、高效能的增滑及抗静电的复合性能，它适用于薄膜要求较低的摩擦系数，较低的表面电阻和较高的光学性能。杭州化工研究所生产的抗静电剂 HZ-1 是一种复合型抗静电剂，可用作 PE、PP 等塑料的包装薄膜。辽阳石油化纤公司的 1278、齐鲁石油化工公司和上海石化总厂塑料厂的 S38F 抗静电剂也都适用于 BOPP 薄膜。

五、BOPP 薄膜抗静电剂的发展趋势

随着科学技术的发展，人民的生活水平和社会生产能力的不断提高，抗静电剂的生产及应用越来越广泛，目前正向开发导电填料新品种、降低添加量、综合利用填料各种性能、革新加工工艺、提高和稳定产品的抗静电性能等方向发展。抗静电剂开发的技术关键集中在各类表面活性剂的结构设计和配伍性的考察。近年来，双亲水性高分子型永久抗静电剂的开发研制工作进展较快，并已部分实现商品化。用各种亲水性聚合物作为抗静电剂，由此开发所谓聚合物合金型永久抗静电树脂，永久性抗静电剂在树脂中的分散程度和分散状态对树脂的抗静电性有显著的影响。研究表明：永久性抗静电剂以层状结构或筋状形态主要均匀细微地分布在制品表面，形成网状“导电通道”，而中心部分较少且主要以颗粒状存在。高分子型永久抗静电剂可分为聚醚型和离子型两类。聚醚型包括聚环氧乙烷（PEO）、聚醚酯酰胺、PEG、PEEA 和丙烯酸甲酯等；离子型包括含季铵盐基丙烯酸酯共聚物、含季铵盐基马来酰亚胺共聚物、含季铵盐基甲基丙烯酸亚胺共聚物等。与低分子量的表面活性剂类抗静电剂相比，高分子型抗静电剂具有抗静电剂效果持效期长，发挥抗静电作用快，对空气的相对湿度依赖性小等优点。代表产品如汽巴精化公司的 Irgastat P22，可用于 PP 包装薄膜中。

近年来国内外抗静电剂的发展趋势是耐热、耐久、功能性强、适用性广和品种系列化。因此开展抗静电剂产品的研制和生产，开发抗静电浓缩母料和多功能性产品，开发抗静电性高分子材料是今后抗静电工业发展的必然趋势。因此应加强国内在抗静电剂方向的研究力度，早日达到国际先进水平。

国外包装市场与趋势

FOREIGN PACKAGE AND OVERSEA MARKET

德国：小轿车散件出口包装的大舞台

向　明（德国）

“CDK”出口方式为小轿车散件包装市场提供了无限商机

德国做为著名的汽车生产大国，每年都会有大量汽车出口世界各地。目前德国汽车出口采用最多的方式是全散件（CKD—Completely Knocked Down）运输方法，即大到汽车的车箱、发动机，小至车上的灯泡、螺钉等，根据其尺寸、重量、包装保护等级要求，选择不同的运输包装方法，其中包括各种包装材料、辅助材料、包装容器、包装技术等。常见的运输包装件有纸箱包装、木箱包装、塑料箱包装、金属容器包装、托盘包装等等。汽车零件出口运输包装中因为其大部分都是金属件，所以防锈包装技术在其中起着很重要的作用。

本文仅以宝马汽车公司和大众汽车公司的小轿车散件出口包装为例作一介绍。

物流公司应运而生，同时对散件包装质量和技术提出更高要求

宝马汽车公司为了解决汽车散件出口运输的问题，专门成立了自己的汽车散件物流中心，即把位于德国各个分厂生产的汽车零件集中到位于拜仁州（Bayern）的物流中心。先在此完成仓储，继而分类包装，然后用卡车或火车运到港口，再装船发往全球客户所在地。其包装以一次性包装为主，尤其以瓦楞纸箱托盘件、框架木箱包装件居多，而多次重复使用的金属包装容器相对较少。

大众汽车公司对小型汽车散件的出口操作方式和宝马公司相比有较大的不同。该公司没有设立自己的物流中心，而是采用目前全球通行的物流方式，将物流任务委托给另外的专业物流公司。这样做可节省人员、场地、管理等方面的费用。专门从事物流业务的专业公司技术力量雄厚，仓储、包装、配送、运输等方面经验丰富，又与许多航运公司关系密切。它们既能保证产品包装的质量，减少破损，还能协调各种物流关系，保证所需零件准确及时地运抵用户手中。

大众汽车公司委托的物流公司有好几家，其中有著名的“国际汽车物流有限责任公司（Schnellecke）”。该公司的总部位于大众汽车公司总部所在地沃尔夫斯堡（Wolfsburg）。这家物流公司负责将大众生产的各种型号的汽车散件运往全球各地，例如西班牙、南非、中国、巴西、阿根廷、墨西哥等。

下面就以 Schnellecke 物流公司为大众汽车公司所完成的出口包装为例，谈谈小型汽车散件出口包装涉及到的一些内容。

汽车散件包装：材料多种多样，方法五花八门，技术精益求精

汽车散件出口包装常用的包装材料有纸板、瓦楞纸板、聚乙烯塑料薄膜、聚乙烯泡沫溥膜、气相防锈薄膜、木材、金属等。相应的包装容器为各种型号的瓦楞纸相、木箱、金属箱等，其中常见的木箱和金属箱按规格大小有大、中、小三种尺寸，其容积比例为 4：2：1，而且包装容器的尺寸大小都考虑到了集装箱的尺寸，以便能更充分地利用集装箱内的空间。这些包装容器都为多次重复使用，用完后可以把侧、端板上部的连接拆开，折叠后运回物流中心，以备再用。大众汽车散件的出口包装以多次使用的包装容器为主，这也是大众公司和宝马公司散件出口中另一处不同的地方。

• 汽车大型金属件的包装一般采用框架木箱结构

在木箱底座和侧面端面设计好零件定位卡紧的垫木组合结构，并将这种结构固定在底座或侧板端板上。包装汽车发动机时一般只将发动机底部紧固于木箱底座上，而其它金属板状结构除了底部外，它们的顶部也经常使用木条压杆结构，压条上可以加工出一些凹槽，套合于金属板上部，以便这些零件更好地固定于箱内，避免运输过程中发生滑移碰撞而造成损伤。大型金属件在箱内坚固好以后，再在框架木箱的顶部和四周钉上一层气相防锈薄膜，就可以防止海运过程中气候变化带来的锈蚀现象。框架木箱较大时要注意的是，在装完内装物封合最后一个侧板时，要使用螺钉连接，便于用户在目的地开箱取货。

• 汽车小型易损件多采用金属包装箱

汽车小型易损伤的金属件如刹车盘、专用轴承等包装时，通常将它们按一定数量分成若干层，集合包装于中型金属包装箱内，层与层之间垫上一层纸板或者泡沫薄膜。有些精密的齿轮盘还需要用形状大小几乎一样的缓冲发泡塑料圆垫，套放于齿轮盘上对其加以特别保护。每一层中各列之间按需要用纸板或泡沫薄膜隔开。通过对气相防锈薄膜的各种折叠组合，保证该金属件所在层形成一个气相防锈小空间，以便使挥发的气相防锈分子易于附着在金属表面，从而对这些金属件起到一定的防锈保护作用。

• 汽车小型非易损件可散装于金属容器内

如果轻微的磨擦挤压对某些小型的金属件不会带来损伤，或者这些零件包装等级要求不太高时，也可以将其不分层次散装于金属容器内。这种包装相对而言比较简单，在箱底放一块薄纸板作为衬垫，然后在纸板上放置一个与箱体内尺寸匹配的气相防锈薄膜袋。包装时先把该袋上端悬挂于箱顶四周，接下来装入适量金属件，最后将气相防锈薄膜袋开口处折叠，并用胶带封合。

• 汽车塑料件可先装入瓦楞纸箱再统装金属箱

有些塑料件或特小金属件，可以按一定数量装入选择好的瓦楞纸箱内，再把这些纸箱装入套挂聚乙烯塑料薄膜的金属箱内。包装设计时已考虑到纸箱的优化问题，保证纸箱大小能合理占用金属箱内的空间，无论纸箱横放、竖放，尽量使纸箱之间不留空隙。万一某个角落或侧边留有一些缝隙，必须用折叠后的瓦楞纸板将其充填塞实，以防产生移动碰撞等损伤零件。最后把塑料薄膜在金属箱顶部的开口封合，就能防止运输过程中因纸箱吸水而降低其强度或伤及内装物，同时也起到了防尘作用。

汽车散件包装末道工序十分重要：标志醒目，明细完整，分类科学

所有包装箱在完成包装后，都要在箱外醒目处贴上一个不干胶塑料袋，然后把内装物明细表、包装标志等装入袋中，通过这些资料，提供包装件所往国家、货主名称和地址、内装汽车散件代号、包装箱代号、检验人员等信息。另外要说明的是，这些多次重复使用的包装箱一般情况下都省去了顶盖，但包装箱顶部结构和底部结构的设计加工，要考虑在仓库或集装箱内的堆码问题，从而保证箱与箱之间能相互套合，稳固堆垛。

开人眼界的德国包装教育

向　明

德国是开展包装教育与研究较早的国家之一，经过多年的探索与改进，已经逐步形成了自身的一些特点。本文简单介绍一下德国几所设有包装工程专业的高校和汉堡包装研究所的现状，并结合我国包装教育与研究的实际情况进行一些比较与分析。

术业有专攻

德国开设包装工程专业的高校有：多特蒙德大学（Universitaet Dortmund）、德累斯顿工业大学（Technnische Universitaet Dresden）、斯图加特印刷媒介学院（Hochschule fuer Druch und Medien Stuttgart）、柏林工学院（Technische Fachhochschule Berlin）、莱比锡高等技术经济学院（Hochschule fuer Technik，Wirtschaft und Kultur Leipzig）等。设有包装工程相关课程的高等院校有：慕尼黑工业大学（Technische Universitaet Muenchen）、汉堡应用科技大学（Hochschule fuer Angewandte Wissenschaften Hanburg）、不来梅高等技术学院（Hochschule Bremerhaven）等。挂靠在高校有名的包装研究所有汉堡包装研究所、多特蒙德大学包装研究所和德累斯顿工业大学包装

研究所。

包装工程是一门多学科交叉在一起的专业，其专业基础与专业方向的定位比较困难。在国内，关于包装工程的专业方向讨论了多年，现在基本上有了比较明确的结论，但在此基础上各个高校又有自己的偏重点。德国的包装工程专业经过多年的发展已经有了自己的定位，即在机械工程与经济管理的基础上突出包装特色。综观德国高校包装工程专业基础课与专业课的设置，可以说基本上与国内大同小异。其中包括高等数学、大学物理、大学化学、工程力学、电子学。机械设计基础、加工技术、企业管理、成本核算、市场营销、包装材料、包装设计、包装工艺、包装测试、包装机械、储运包装技术、包装控制技术、包装质量管理、包装经济学、包装与环保等。在这个大框架下每个高校又各有特点，例如，柏林工学院偏重一些食品包装；莱比锡高等技术经济学院偏重于包装工艺；斯图加特印刷媒介学院偏重点为包装设计与印刷；德累斯顿工业大学的专业方向是包装机械；多特蒙德大学注重传授物流方面的专业知识；而汉堡应用科技大学的课程方向是储运包装技术。

这里所说的偏重点仅仅是个别课程或学时数之间的差异，比如食品包装肯定要学微生物学、食品化学等。但各个德国高校的包装工程专业主干方向都是一致的，总的来说，包装工程专业方向在德国是以包装工艺与技术为主线的。

实践获真知

德国高校包装工程专业的另一个特点是非常重视实践教学活动。除了必要的基础实验外，包装工程专业都有自己的专用实验室，另外与包装工程专业相关的专业实验室也对包装工程的学生开放。学校安排学生去相关企业或港口码头参观实习的次数很多。每次在德国举办各种包装展览会的时候，几所高校都会及时调整教学安排，尽量让学生去展览会掌握最新的包装专业技术知识及发展趋势。对德国学生来讲，除了参观实习外，更重要的是大学期间的两次较长时间实习，每次大约半年。在此期间，学生自己找好相应的企业，并与指导教师协商确定其主要实习内容。经学校认可登记后，就进入企业正式开始实习。通过第一次实习，学生可以了解包装企业整个的运转情况，以及相关专业方面的知识，这就为后续的专业学习打下了一个坚实的基础。第二次专业实习，能使学生更好地理解掌握所学专业知识，并从中积累许多书本上或课堂上学不到的东西。特别是针对某一个专业方向或题目的重点参与，使其专业知识更加提高一个层次。最后一个重要环节是毕业设计。包装工程专业学生所选题目通常都是包装企业或包装科研机构的实际课题，学生们亲自去参与该课题的开发与研究。这样做不仅让学生真正经历一次实战锻炼，为以后的工作积累丰富的经验，而且同时增大了学生就业的机会，很多学生就是在毕业设计期间被企业或科研机构看中，毕业后就直接在那里开始工作。

产、学、研天地宽

除了包装工程专业高等教育外，德国的包装研究所也有很多特点。这里以汉堡包装研究所为例加以说明。汉堡包装研究所成立于50年前，当时选址汉堡自由港。开始时的业务以海运包装的咨询为主，后来经过市政府批准，该所与汉堡应用科技大学的包装实验室合并，发展壮大成今日有一定规模的汉堡包装研究所（Institut fuer Beratung，Forschung，Systemplanung，Verpackungsentwicklung und-pruefung an der Hochschule fuer Angewandte Wissenschaften Hamburg）简称 BFSV，其完整的名称内容包括咨询、研究、系统设计、包装开发与检测等内容。该所挂靠在汉堡应用科技大学名下，所长由大学的教授兼任。这个教授在大学的教学工作量可以减半，以便他能有更多的时间投入到研究所的工作之中。研究所占用大学的办公室和实验室，水电暖气由学校提供，实验室的一些小型仪器配置与修理大学也可以提供一些费用。但该研究所要承担大学与包装有关的课程讲授，例如机械类、经济类、运输类的学生。并负责学生的实验安排与实施。该所还要指导学生的专业实习和毕业设计，培养硕士研究生与博士生。除了所长外，所有的工作人员都由研究所自己聘请并发工资。这样一来，研究所既帮大学做了许多实际工作与广告宣传，又减轻了学校的财政负担。

汉堡包装研究所的收入通常有两条渠道，一是申请国家纵向课题和企业的横向课题。由于目前德国国家和企业的研究经费在逐年递减，所以要申请下来一个项目非常困难。但是毕竟汉堡包装研究所实力较为雄厚，并在欧洲及国际包装界有一定的影响，因此每年都保证至少有一个研究项目在正常运转。另一条创收的途径是为企业服务。该所拥有大量的包装测试仪器与设备，除了学生的实验实习和研究项目使用之外，还用来为工业界进行各种运输包装的开发与检测。它的主要业务包括纸、纸板、瓦楞纸板、塑料薄膜等包装材料的测试；还包括包装容器、包装品和运输包装件的跌落、冲击、振动、压力等试验；储运包装的气候环境模拟试验；防锈包装测试与分析；危险品包装试验与鉴定；安全运输和计算与评价等都是汉堡包装研究所的服务内容。另外，该所还涉足到包装企业的质量保证体系认证，国际间运输包装索赔评估等。总而言之，汉堡包装研究所能够自己寻找市场机会，并正确找到了突破口，每年在这方面的收入占到该所总收入的一半以上。

汉堡包装研究所在教学、科研、经营方面走出了一条新的路子，它实际上在大学与企业间起到了一座桥梁的作用。学生们在这里给企业完成实验与测试，可以了解企业都需要哪些包装方面的知识，通过和企业专业部门的接触也能够了解到企业对包装人才的要求。另一方面，研究所通过为企业开发研究包装项目，能征求到企业对包装教育的教学内容、科研方向等的建议，就可以及时调整课程设置，更新讲授内容，充实实验安排。还有一点，研究所在与包装企业的不断交往中建立了广泛的联系。它经常给学生们联系实习地点，介绍毕业设计，并通过自己的渠道帮助许多学生找到了专业对口的工作单位。所有这些说明汉堡包装研究所确实开辟出了一条高校建立研究所的新途径。

通过对德国和我国的包装工程高等教育进行比较与分析后不难发现，我国的包装工程高等教育重视理论教学，基础知识扎实牢固，这一点要比德国强；但我国包装工程专业的学生动手能力和解决实际问题的能力比德国学生要弱一些。因此，我们包装工程专业的学生还要进一步加强实验动手能力，提高专业实习效率。同样，如何在高校少投入的情况下把包装研究所办好，使它不仅成为大学的科研实验基地，而且通过它协助大学与学生更多更好地走向企业、走向市场，充分发挥包装工程高等教育在经济建设与国际竞争中的良好作用，提高我国包装工业的整体水平。就这一点来讲，汉堡包装研究所的经验很值得我们借鉴。

海外包装机械市场产需情况

胡志鹏

从目前情况看，全球的包装机械需求预计将以每年5.3%的速度增长，到2005年达290亿美元。美国拥有最大的包装设备生产商，其次是日本，其他主要生产商还包括德国、意大利和中国。但到2005年，包装设备生产增长最快的是在发展中的国家和地区。发达国家将从刺激国内需求中获利，并在发展中国家寻找当地合适的生产厂家，特别是在食品加工厂进行投资，提供包装机械设备。

国外包装机械市场需求情况

·法国

法国包装机械市场自1998年以来便以4%～5%的比率稳定增长，目前是欧洲第三大包装机械市场。法国包装机械工业主要由中小型高度专业化的公司组成。法国市场目前具有一个特征，即对灵活、通用和自动化的机械的需求量越来越大。法国的进口产品大部分来自欧盟，来自美国和日本的产品也占较大的比例。法国包装机械主要向欧盟国家出口，同时美国是法国包装机械主要的非欧盟市场之一。

·其他欧洲地区

美国 Frost & Sullivan 的市场调查报告中称，到2007年，欧洲包装机械的市场总值预计将由2000年的46亿美元增长至65亿美元；市场潜力巨大。那些传统上不使用包装系统的工业将成为包装机械市场的新客户，从而成为刺激销售增长的因素之一。已经具备包装设备的公司未来更新或增加包装生产线的比例将上升，特别是食品、饮料及制药业的需求最为殷切。

该调查报告还指出，过去只购置分离式包装机械的小型厂商也将逐渐了解“整体式包装生产线”的优势所在，而变成该类产品的潜在用户，所以在未来的包装机械市场中，这种包装机械的占有率将呈上升趋势。另一方面，OEM 制造业者与最终消费者将趋向购买操作简易且安装容易的包装机械，尤其是当前制造业大量裁员，时限要求增加，对简易操作系统的需求将与日俱增。因此，要想在未来包装市场取得一席之地，高效率的客户服务与机械维修将是最重要的竞争条件之一。

• 俄罗斯

俄罗斯包装机械的市场容量为每年 50～70 亿美元，其中俄罗斯的制造商只占有20%的份额，并且这些制造商主要生产半自动化的设备，目前还没有能力去满足俄罗斯包装行业的整体需求。德国、意大利和瑞典是主要的设备进口国。2002～2004 年包装机械市场销售中最有潜力的领域是食品工业、饮料工业、制药业和个人护理业。最有潜力的包装设备要求具有高质量、包装材料普遍适用性和中等价格等特点。

• 美国

美国包装工业起步于 20 世纪初期，自第二次世界大战以来得到快速发展，逐步建立并形成包括包装材料、包装工艺和包装机械完整而独立的工业体系。其包装工业总产值占国民经济总产值的 3%。其包装机械最大使用行业是食品产业，其次是饮料产业、家庭清洁用品与化妆品产业、医药用品及烟草业。

美国食品产业中，蔬菜和水果每年所需求的包装机械所占的比重最大，到 2005 年占 20.3%；肉品所需包装机械为第二位；乳品为第三位，面包第四位，糖果第五位。除肉品持平外，乳品、糖果包装机械的年需求值所占食品产业总需求值的比重都呈下降趋势。其他产业主要由家庭清洁用品与化妆品、烟草产品、医药产品、日杂产品 4 个行业组成。其他产业对包装机械年需求值占年总需求值的 1/3 左右。

美国当前前景看好的包装机械是：水平枕式微机控制、配有伺服电机和薄膜张力好的电力控制装置的包装机械。今后，微电子、电脑、工业机器人、智能型、图像传感技术和新材料等在包装机械中将会得到越来越广泛的应用，使包装机械日趋自动化、高效率化、节能化方向发展。

• 中国台湾

台湾地区包装机械发展历史超过 30 年，在以出口为导向的经济结构下，包装机械工业加速增长，自动化设备的需求激增。近年来产业转型，业者不断改变经营形态，在食品包装机械技术上大幅改进，未来数年各种包装机械的需求将快速增长。

台湾共有包装机械制造商 200 多家，大多分布在中北部地区，绝大多数资本额低于 5000 万新台币，规模多为 30 人以下的中小企业。由于业者生产规模普遍过小，很难进行资金筹措、技术改造和吸引人才。技术人才的欠缺导致关键零部件长期依赖国外厂家，产品质量难以提升，很快将面临发展中国家的威胁。

台湾地区各型机械进口在未来几年内仍十分看好，未来业者如果能在提高机械性能上力求精进，有计划的进行市场开发，并致力市场情报收集，在售后服务上加强，未来仍有很大的发展空间。

发达国家包装机械生产和出口情况

• 德国

德国包装机械在设计、制造、技术性能等方面居于领先地位。2002 年德国包装机械产值达 34 亿欧元，比 2001 年上升了 10%。如以不同的包装材料来划分，2002 年德国玻璃包装业增长了近 1/6%，木材近 3.6%，纸及纸板近 11.9%，塑料近 13.4%，金属近 6.2%，其中铝制包装产品增长近 3.9%。欧洲包装机械的 70%为德国生产，其产量的 77%出口，占世界包装机械出口市场的 29%，名列世界第一位。中国是德国包装机械的重要出口国，尤其是食品加工及包装机械。德国主要的包装机械出口市场依次为美、英、法、中、俄。德国的包装机械凭藉 85%的配额稳居世界首位。

德国的包装机械在计量、制造、技术性能等方面均名列前茅，特别是啤酒、饮料灌装设备具有高速、成套、自动化程度高、可靠性好等特点。一些大公司生产的包装机械集机、电、仪及微机控制于一体，采用光电感应，以光标控制，并配有防静电装置。其大型自动包装机不仅包装容积大，而且能集制袋、称重、充填、抽真空、封口等工序在一台单机上完成。德国包装机械业多年来始终处于稳定增长状态，出口比例占 80%左右，是世界上最大的包装机械出口国。

德国包装机械出口贸易有两大特点：一是绝对数额大；二是相对比例高。德国的包装机械制造商致力於研究高科技、高素质生产及可靠的服务。优胜之处在于能够提供各类生产问题的解决方法和完善的生产线，并与专业公司保持合作的关系。

• 美国

美国是世界上包装机械发展历史较长的国家，早已形成了独立完整的包装机械体系，其品种和产量均居世界之首。十多年来，美国始终保持着世界最大包装机械生产和消费大国的地位，其产品以高、大、精、尖居多，机械与计算机紧密结合，实现机电一体化控制。新型机械产品中以成型、填充、封口三种机械的增长最快，裹包机和薄膜包装机占整个市场份额的15%，纸盒封盒包装机在市场占有率中居第二位。从上世纪 90 年代以来，美国包装机械业一直保持良好的发展势头。美国的包装机械制造厂大部分附属于大型包装材料厂，销售也完全依赖母公司。中国已是继加拿大、墨西哥、日本、英国、德国之后，成为美国包装机械的第 6 大出口市场。

包装机械厂商越来越注重开发快速、成本较低的包装设备，设备向小、灵活、多用途、高效率方向发展。此趋势还包括节约时间、降低成本，因此包装界所追求的是组合化、简洁化、可移动的包装设备。在包装机械自动化方面，自动化操作程序已获得广泛应用，如 PLC 设备、数据收集系统等。

• 日本

日本的包装机械制造厂以中小企业为主，目前有 200 多家，还有 100 多家包装材料、包装机械相关设备生产厂。包装机械的品种近 500 种，规格有 700 多个。148 家包装机械厂商加入了日本包装机械工业协会，其产品占日本包装机械生产数量的 70%。而食品包装机械的销量占到包装行业的 51%。

包装机械以中小型单机为主，具有体积小、精密度高、易安装、操作方便、自动化程度高等优点。20 世纪 90 年代以来，已将变频调整、光电追踪、无触点电子开关、动态数据显示等技术运用在包装机械中。

日本包装机械的很大部分用于食品包装领域，食品包装机械产值占包装机械总产值的一半以上。

日本包装机械的主要市场是本国，出口额只占总产值的 10%。亚洲是日本包装机械的主要出口市场。从上世纪 90 年代以来，日本对中国的出口额连年大幅增长，自 1995 年起，中国已成为日本包装机械的最大出口国。

• 意大利

意大利是世界第四大包装机械生产国、第二大包装机械出口国。其包装设备多用于食品工业，如糖果包装机、茶叶包装机、灌装机等。意大利包装机械具有性能优良、外观考究、价格便宜的特点，出口比例占 80%左右，美国是其最大的出口市场。上世纪 90 年代以来，意大利对中国的包装机械出口额迅速增长，1995 年在意大利的出口排名榜上，中国已跃升为第二位。

近年来，意大利包装工业发展很快，产值和出口额连年增长，均居世界前列。意大利西帕公司生产的 PET 瓶一步法生产设备在世界享有盛名，美国可口可乐、百事可乐瓶装水厂均使用西帕公司的设备。意大利 Ilapak 公司生产的小剂量颗粒包装机采用机械转鼓式计量，连续式封合并裁切，一机多工位，控制系统采用微机和可编程控制器。意大利制造的制袋-充填-封口机在成型器的外部还安装了充气装置，向包装内充气，以延长被包装食品的保质期。这些都是值得学习的地方。

德国包装展会见闻

向　明

德国位于欧洲的心脏，是欧洲内部市场的中心，也是名副其实的展览王国，世界著名的国际性、专业性贸易展览会中，约有 2/3 都在德国举办。按营业额排列，世界十大知名展览公司中，有六个是德国的。每年，德国举办的国际性贸易展览会约有 130 多个，净展出面积达 690 万 m^2，参观商逾千万，参展商 17 万家，其中有将近一半的参展商（约为 48 %）来自国外。作为市场伙伴的参展商和参观者从 190 多个国家云集德国，具有全球的吸引力。

德国商品交易会具有悠久的传统。它是在中世纪时由单个贸易交换市场发展而来。商品交易会受到诸侯的保护。如 1240 年 7 月 11 日弗里蒂理西二世皇帝授予法兰克福（美因兹）城以商品交易会特权，并命令保护参加商品交易会的商人。还要感谢 1507 年马克西密里安皇帝所给予的特许权，莱比锡商品交易会获得了它以后的兴旺发展。

今天，德国早期的全功能式商品交易会已被一个或几个经济领域的专业商品交易会所取代。德国商品交易会地点是世界公认的。

德国商品交易会场所不断扩展，表现在为改建和新建而支出的巨大投资和不断更新的商品交易会方案。参加德国商品交易会的国外展览商不断增加。而不断增加的国际需求既活跃竞争，又借此吸引更多的国际厂商参加商品交易会。除了大型商品交易会，每年在德国还举行大约130个地区性的商品交易会和一系列小型商品交易会。

最重要的德国商品交易会城市有柏林、杜塞尔多夫、埃森、法兰克福、汉堡、汉诺威、科隆、莱比锡、慕尼黑、纽伦堡和斯图加特等。这里谈谈德国主要包装类展览会的一些见闻。

"FACHPACK"展

每年一届的包装展"FACHPACK（专业包装展）"于十月份在拜仁州的纽伦堡（Nuernberg）展览中心举行。这个展览会始创于1979年，当时是从一个建筑展分离出来的，后来作为一个固定的包装展览会按期举办。这个展览会以包装机械、包装技术、包装材料、包装辅助材料为主。2003年又增加了包装印刷和物流技术与设备。参加纽伦堡专业包装展的参展商以德国企业为主，也有国外展商，但国外参展的企业不是太多。去年参加这个包装展的国家有奥地利、比利时、中国大陆和台湾、香港地区、捷克、丹麦、芬兰、法国、希腊、印度、以色列、意大利、荷兰、波兰、葡萄牙、西班牙、瑞典、苏格兰、土耳其、阿拉伯联合酋长国以及英国等。该展览中心共有12个展厅，2003年参观者大约有27000余人。这个展会除了售票外，也有不少赠票，但赠票都是展出单位购买后送给自己的客户或协作伙伴的。

"FACHPACK"展内容分为三大部分：

一、包装类

1.包装材料和容器：即纸张、纸板、瓦楞纸板、塑料薄膜、塑料容器、缓冲塑料、金属容器、玻璃陶瓷容器、木材包装材料和容器等。

2.包装辅助材料：即标签及其粘合剂、包装标志及其相关材料、干燥剂和其他防锈材料、缓冲和充填材料、包装密封材料、包装密封辅助材料等。

3.包装机械：即纸包装加工机械、纸板和瓦楞纸板加工机械、塑料加工机械、金属玻璃陶瓷加工机械、包装拆卸机、缓冲材料加工机械、相应的电器和液压控制机构等。

4.标签机械：即标签印刷机、贴标机、标签装订机、打号机、条形码机、标签设计软件及技术等。

5.包装控制与测试仪器：即图像识别系统、重量控制系统、包装测试仪器和装备等。

6.托盘技术：即托盘装卸机械、裹包机、托盘件设计技术等。

7.包装回收装置：即包装回收压缩机、包装废弃物分拣机、包装废弃物粉碎机、其它包装废弃物处理机械与设备等。

8.包装服务系统：即包装回收处理、包装专业文献与出版物、包装研究与咨询、重复使用包装系统专业软件系统、包装协会和研究所、包装结构设计、包装测试技术等。

二、包装印刷类

1.包装印前系统与包装设计：图文加工系统、包装重复生产设备与材料、包装印刷制版材料和设备（包括胶印、凸印、凹印、柔性版印刷、丝网印刷、移印、其它特种印刷）。

2.包装印刷系统：包括上述各种方式的印刷设备与材料。

3.包装印后加工系统：上光、烫金、复合等印后加工设备和材料。

4.包装容器成型设备和包装材料的印刷与印后加工。

5.包装印刷和包装容器生产服务系统：包装印刷数据信息处理系统、研究与咨询、回收处理、包装印刷物流系统、包装销售等 。

三、物流系统类

1.运输与传送系统：升降机、叉车、吊车、传送装置、存储和分类技术、装载技术及设备等。

2.仓储系统及其管理：各种货架系统、自动控制系统等。

3.仓储辅助材料：托盘、各种特殊容器、仓储识别与记录系统等。

4.物流系统各种软件：运输、仓储、转动、配送、生产组织与管理软件系统等。

纽伦堡市政府把这个专业包装展览会当成该城市的一件大事，市长亲自为有关宣传品作序并出席开幕式，因为这是宣传这座具有悠久历史的名城的一次好机会。参展商与参观者在此期间的住宿餐饮以及交通工具的使用，给这座城市带来了很多机会。只要你到了中心火车站，不用询问任何人，就可以按照标志自己找到展览中心。“FACHPACK”名气越来越大，其分布在全球四十多个国家和地区的代理处功劳不小。这些代理处会找当地的专业厂家前去参展，或通过各种渠道动员有关部门组织人员去参观。另外，一些包装专业协会和专业报刊也起到了积极的作用，它们在此期间举办各种专业学术交流活动，使得展览会的活动更加丰富多彩，宣传效果更佳。

“INTERPACK”展

德国另一个有名的包装展览会是“INTERPACK”。这个国际包装博览会每3年在德国的杜塞尔多夫举办一次。2005年4月下旬将要举办第十七届国际包装展，会期一周。这个展览会的规模很大，共有18个展厅，大约15万m^2，2002年的参观者共计15万人次。参展的主要内容是包装机械、包装材料和包装辅助材料（包括包装容器）和与包装有关的各种服务系统；另一大类是食品机械，上届展览会各种食品机械占了整整三个大厅。

“INTERPACK”可以说是全球有名的包装展之一，其参展商来自世界各地，涉及到机械制造行业、食品行业（包括饮料）、药品行业、化妆品行业、包装材料与容器制造行业等。参观者更是遍布五大洲。2002年第十六届展览会的参观者有60%来自欧洲，16%来自亚洲，其中中国包装总公司也组织了一定规模的展览与参观。另外北美洲占7%，中南美洲和非洲各占6%，大洋洲占2%。这个展览会的门票以出售为主，其价格也较贵，一天票价达55欧元，三天票价也要120欧元。当然。如果提前预定，可以获得30%的优惠，而学生票只有一般票价的20%多，这也是促销的一种好方式。

展览中心各个展厅的展台也各显其能，有些实力雄厚的参展商占地面积很大，现场操作和演示接二连三，并采用多媒体的方式展现自己企业和产品的形象，宣传品纪念品堆了很多，称得上是顾客盈门。有的中型公司想方设法展现自己的特色，例如，生产蜂窝纸板的企业用这种包装材料搭个展台，OSB生产企业用这种板材立个门面；而瓦楞纸板公司制作出各种纸箱结构造型堆叠在一起也很吸引人。还有一些参展商设计出许多新颖的包装袋或包装盒，现场表演完后顺手发给观众。更有趣的是个别参展商让一些工作人员身披宣传广告，骑着滑轮车穿梭于展厅之间，招揽观众。

展览期间的讲座或聚会也不少，有的是由相关协会组织的，有的是企业或研究机构举办的。包装界的名流们几乎全体到会，报纸杂志电视记者蜂拥而至。有些企业为了吸引更多的人参观，或答谢客户而采用简单午餐的形式，还有的公司把早餐设在莱茵河的游船上。在此期间，整个杜塞尔多夫的旅馆饭店早已预定一空，很多人只好住在附近的杜伊斯堡、科隆等城市。好在这些处于鲁尔区的城市间距离不远，交通方便，实际上和在一个大城市差不多。这个展览会不仅是杜塞尔多夫的节日，更是整个鲁尔区的盛会。

另外，已有一定历史的印刷和纸张博览会（DRUPA，德语印刷DRUCK和纸张PAPIER的字头）也在德国的杜塞尔多夫举行。虽然该展览会也包含一定的包装内容，但还是以印刷为主，所以这里就不再多述。

德国包装类展览会虽然贸易性很强，但一般都安排专门的时间来接待普通公众。一般而言，展期为4天的展览会，开幕时间一般安排在星期四、星期五连续两天对专业客户开放，星期六和星期天则扩大到面向普通公众开放，以扩大普通民众对包装类展会的参与度和关注度，这或许正是德国包装类展览会广为社会各界所重视，在社会经济生活中具有重要影响的原因之一。

德国避免过度包装的一些做法

向　明

包装设计经常遇到两种现象，一是欠包装，另一个就是过包装。欠包装因为不能完全保护产品会导致产品在流通过程中发生破损；而过包装也称为过度包装，就是包装完全超过了保护产品，方便储运，促进销售所要求的基本的程度，包装被过于夸张与夸大，包装本身的成本超过了产品的价值，甚至超出好几倍。无论是运输包装，还是销售包装，过包装都会加大包装材料的用量，增大包装尺寸，提高包装成本和储运成本，经济上很不合算。从环保的角度来看浪费了自然资源，增加了包装废弃物回收处理的成本。下面谈谈德国包装界避免过包装现象的一些做法。

德国的绿党是执政党之一，它就是以保护环境而出名的。德国现任环境部长就是绿党的成员，因此对环保更加重视。其中一个重要措施就是想方设法减少包装材料的用量。在德国生产企业购买包装材料时都尽可能地节省其用量，因为除了包装材料费用外，德国规定企业购买包装材料时同时必须支付该包装材料将来的回收处理费用，这样就逼着企业在包装设计上下功夫，以便降低生产成本。

在德国就运输包装而言，在保证储运过程中产品不受到损伤的前提下，生产厂家都尽量简化运输包装。例如，很多包装箱省去盖子，或者在不影响包装性能的情况下，把包装箱的某一面切掉一部分。托盘包装件在德国使用也非常普遍，只要把产品及其包装堆放在托盘上，并用拉伸薄膜进行裹包即可，这种办法简单易行，安全可靠，实际上也就是降低了对包装的保护要求，节省了包装材料用量。至于运输包装是否合适，一定要用科学合理的包装准则和标准去设计，同时按要求去完成相应的包装测试。只有这样才能准确知道包装是否合适，同时又不会发生过度包装现象。德国企业对自己的运输包装设计与测试非常重视，靠经验或想象去估算而导致运输包装中的过度包装情况很少。还有一点，多次重复使用的运输包装容器目前在德国占很大的比例，它还有继续增长的趋势。与一次性使用的包装容器比较，其生产与回收成本相对较低。还有一种情况值得注意，有一阵很多企业热衷于使用单一包装材料的运输包装件，即内包装和外包装使用相同类的包装材料。最典型的例子就是纸托盘上连接一个瓦楞纸板包装箱，箱内的缓冲包装使用缓冲纸垫或纸板的组合结构。这种包装件的优点是有利于包装废弃物的分类和回收，适合于重量轻的内装物和集装箱门到门式的运输方式，同时运输距离也不过于遥远，尽量避免海运或河运。因为纸与纸板类包装材料吸湿后其强度会受到很大影响，要是再经过多次转运与装卸就会损伤包装及其内装物。经过一段时间的实践后，很多德国企业现在又觉得内包装用泡沫塑料作为缓冲垫并非没有优点。所以说不考虑产品特点和运输环境等，而一味追求包装件单一包装材料化，实际上也是一种过度包装。

德国的销售包装与国内相比那就差了许多。很多日用品包装十分简单，除了本身的包装容器外，几乎再不加别的外包装。因为消费者要支付小包装的费用以及回收处理费，过度包装会影响到产品的销售。因此销售包装简单一些也并非坏事。例如，在德国无论葡萄酒还是威士忌大部分都是简单瓶装，而省去了包装盒。拜访亲戚朋友，买一瓶香槟酒或葡萄酒，直接拿着酒瓶交给主人，根本不用豪华的包装盒去装饰，特别讲究的人最多就在瓶颈上扎一条彩带。另一种常见的礼品就是带一束用纸包装起来的鲜花。很多小孩的礼物包装也很简单，只要在简易包装的外面包上一层礼品包装纸就行。即使有一些印刷不错的包装盒或包装袋，其用色也不过于繁杂，这样就能节省制版与印刷的费用。德国的啤酒饮料销量特别大，但近几年以来，易拉罐包装的饮料和啤酒越来越少。由于易拉罐的生产和回收消耗能源多，原料成本高，对环保不利，大量使用易拉罐在德国已被逐渐认为是一种过度包装。德国的饮料包装以塑料瓶和纸塑复合包装盒为主；啤酒在酒吧饭馆以散装鲜啤为主，而超市的啤酒包装以 0.33 升或 0.5 升的玻璃瓶居多。现在的发展趋势是，将来有可能对啤酒包装用聚酯瓶代替玻璃瓶，主要是考虑到玻璃瓶属于对环保不利的材料之一，它又存在易碎易炸的危险。德国市场已出现了塑料瓶包装的啤酒，相信过一段时间大家就会象当初对塑料瓶包装饮料一样接受它。同时还有一个现象，购物时使用印刷精致的纸袋或塑料袋在德国已很少见，许多人愿意用布袋和枝条筐。很多超市的塑料袋都要自己掏钱购买。

参照德国的这些做法，我们要想方设法避免过度包装现象。无论是运输包装还是销售包装，首先必须把好包装设计这一关。运输包装的选材与设计现今都有成熟的理论与方法，运输包装件的测试与检验也有相应的国家标准和很多检测机构，只要企业按照这个要求去做，就可以逐步消除运输包装中的过度包装现象。销售包装的设计同样要考虑许多因素，所选用的包装材料、包装容器、包装结构、包装装潢一定要与包装内装物相匹配，还要顾及大众的收入和消费水平等。过度包装不符合保护环境的要求，应紧跟上经济持续发展的大趋势。所以，必须引起大家的足够重视。只有这样，我们才能跟上国际发展的潮流。

北美包装业全球化的影响

加拿大莫哈克学院包装专业教授 Mr. Walter George Soroka

经济的变化影响着传统的国际贸易秩序

在过去的几十年里，全球经济发生了巨大的变化，尤其是金融市场和制造业的全球化。

这些变化极大地影响着传统的国际贸易秩序。例如，1980 年，G7 集团是由四个欧洲国家、两个北美国和一个亚洲国家组成，即：美国、日本、德国、法国、英国、意大利、加拿大。当时这 7 个工业大国的 GDP 占全球 GDP 的 48.8%。而如今，这个数字已经下降至 43%左右。

当今，实际的全球经济 GDP 排名由三个欧洲国家、三个亚洲国家和一个北美国家构成，即：美国、中国、日本、印度、德国、法国、英国。它们的 GDP 总额占全球的 56.5%，并随着全球 GDP 的上升而上升。

1980 年以来，在经济排名前十二位的国家中，只有两个国家在全球 GDP 的份额是上升的，即：中国从 3.4%上升至 13.5%，印度从 2.8%上升至 4.9%。

另一变化是通过各种手段方式收购合并，使全球大公司数量大大增加。很多例证说明，这些大公司很少属于一个国家或一个国家利益，他们总是将财政和制造业划属于能为他们的投资提供最高经济回报率的地方。这就意味着大公司都在积极寻找劳动成本最低的国家和地区。

如果要问你谁是中国制成品最大的消费者？我想，最明显、最正确的回答应该是美国——为一世界上最大的经济体。

再问你一个更难的问题：谁又是中国制成品的第五大消费者？日本？一些人可能会认为是加拿大。因为我来自加拿大，实际上它并不是一个国家，而是一个公司——沃尔玛。沃尔玛公司的年销售额为 1571 亿美元。

具有讽刺意味的是，在早期，沃尔玛曾因具有美国血统而骄傲。作为一个零售公司，它经常通过在产品上标有“美国制造”来提升自己。当沃尔玛发现如果它们销售其他国家制造的产品能够得到更高回报时，它的民族自豪感便很快消失了。今天，沃尔玛销售的主要份额已经转移出美国。

像印度、中国和韩国这样一些国家，已经明显从这种形势中获得了利益，然而其他的国家则没有。例如，海地的服装工人每天劳动工资不到 2 美元。2 公斤一袋的米售价为 1.4 美元。与之相比，加拿大的最低法定工资为每小时 7.25 美元。

为什么他们都要从包装业着手呢？

包装业是个服务性行业。它不能单独存在。包装的对象必须是适合的产品 .随着一个国家制造产品产出的增长，包装业也随着开始活跃。同样，如果一个国家的制成品输出下降，那么包装业也会随着下降。

因此我们可以总结出，全球制造业格局的变化会反映到全球包装业的变化中。这些发展变化将会在很大程度上影响到任何一个参与到这些新近全球经济发展趋势中的国家的包装业。

现在再说说北美。当产品制造从加拿大、美国迁移到劳动成本低的国家时，北美的包装业失去了它的客源。

虽然现在有许多包装形式，例如：玻璃或塑料瓶、金属罐、袋子、纸板箱等，但是几乎所有这些集装箱类型和个别产品项目都是用瓦楞纸板箱装运发送给他们的用户。

例如北美波纹板箱产量调查的数据就可以作为分析整个北美包装业发展趋势的一个合理的近似数值。波纹板箱生产在 GDP 处于高层次并在趋 于下降时的年份里处于有利的形势。不好的形势始于 20 世纪 90 年代后期，但是最后三年最值得注意。美国波纹板箱的产量连续三年一直处于下降中。2001 年实际下跌 5.7%。2002 年仅增长 0.1%。加拿大 2002 年的数值显示：增长 1.9%。

北美主要集装箱板生产厂家都在 1998 年至 2003 年的 5 年时间内关闭。纸厂关闭使纸的生产能力降低了 6369000 公吨。

因此在北美，我们不得不去寻找管理一个停滞不前甚至日益萎缩的包装业的正确方法，那些接到服装、家电、工具、电子设备等订单的国家也有对应的问题。例如，中国的工业输出在 1982 年和 2000

年的快速增长导致了包装业这一块也产生了 24%的增长，而且预期包装业这一块在未来五年中将继续以每年 5%的速度增长。

随着制造业和出口如此快速增长，这些国家和快速壮大的新兴企业突然意识到他们应该在包装专业技术方面也应平行增长。很多例证说明，出口国家很少甚至没有有组织的包装工业或教育基础设施来帮助发展所需的专业技术。但是，他们至小目前依赖于从那些包装业高度发达的国家获取这样的专业技术。

这随之导致在美国密歇根州包装学校和其他包装学校里大量招收学员。加拿大莫霍克应用艺术及技术学院（我也是这里的一个教授）近来已对中国利益有所驱动，希望研究一下招收两年制包装专业学生的可能性。

总之，目前全球财政金融和制造业市场的变化正在要求对世界包装和包装原材料市场做出巨大的调整。很早以前我就听说，预想将来是一种危险的职业，所以我现在只观察到恢复国家保护主义的需求正在日益增长，至少现在在北美是这样。

古时候好像有句古训:“愿你生活在有意义的时代。”当然，在今天的包装业中，任何人不管生活在哪个国家，他们都“生活在有意义的时代”，尽管从个人角度上，我用一种更积极的方式来看待这个问题。

目的：抓住消费者的注视目光

——国外纸盒包装及外形的最新发展

程　敏　编译

纸盒包装的形状、特征及其印刷形式的目的是为了更多地吸引消费者的注意力，使它在形形色色的包装制品中如“鹤立鸡群”一样突显出自身的特色，让消费者能够立即做出选择。

纸盒生产企业在向消费者提供越来越多的可供选择的商品的同时，如何才能减少消费者在陈列商品货架前的选择时间是需要认真考虑的重要问题。因此可以说，对于一种成功的商品，只有消费者的选购才是最重要的。

根据德国 SIG Combi-bloc 公司的调查发现，55%以上的消费者是站立在陈列商品的货架前才决定选购哪种产品的。正如三年召开一次的 Anuga Focl Tec（阿纽伽食品技术）展览会上所见到的那样，包装世界也是时常进行革新的。例如在今年展会上展出的 Tetra Cart 是世界上最早使用高温高压灭菌食品技术的纸盒包装，这种纸盒包装可用于包装含水分的在常温下流动的食品，最长货架期可达 24 个月。

Tetra Par（泰特拉帕）公司的 Total Recart 生产线的速度为 24000 个 / 小时，是纸盒包装系统中速度最快的。该公司 2003 年展出了 1200 种以上的包装制品，其中，无菌纸盒包装系统已众所周知的有 Tetra Classic Aseptic 系统和远超出 Tetra Brik Aseptic 系统的包装，如 Tetra Fino“枕形袋”(Pillow Pouch)——一种廉价的印刷好的包装材料与单一包装机械组合而成的生产系统，是所谓用于新兴市 场的包装。Tetra Wedge 是在高速成长的市场上以经济性为重点的包装。而 Tetra Wedge Aseptic 包装是世界传统市场很熟悉的街头零售店市场的包装制品。目前已成为纸盒包装容器核心的 Tetra Classic Aseptic 和 Tetra Brik Aseptic 包装系统使用很广泛，备有多样化的开口部和再密封功能。Tetra Classic Aseptic 包装具有独特的外形，便于携带。该公司将这一包装容器放在纸盒包装的主要市场，具有高附加值的商品的有利地位。

Elopak（埃洛帕）公司将 Pure-Pak 系列包装容器中推出的第一个产品 Pure-Pak Cure 推向市场，让消费者可以圆满地看到其外观形象，虽然并非是很重大的变革，但其几乎完全不改变现行的生产线就可以采用，是这种新纸盒包装的极大优点。该公司还考虑改变包装形象的产品，突出品牌的差别化，以提高商品对消费者的魅力，使 Pure-Pak

的新形状对消费者产生“引人注目”的包装效果，以及“图案醒目”的广告效应。

SIG Combibloc（康比勃洛克，或称作康美包）公司也同样从传统的方型包装形象脱颖而出，采用新形状无菌充填纸盒包装制品，并已经上市。该公司指出，包装的形状和设计是决定消费者购买的重要因素，也是名牌公司销售商品的“神经中枢”。该公司备有大约40种不同形状的无菌纸盒包装制品，用户可以从中选择最适合自己产品的纸盒包装形式。“如果见到可口可乐的包装瓶，即使没有看到产品的商标标签，消费者也会很自然地从包装外形知道是可口可乐产品。”这是可口可乐公司市场部经理M·Schmedes先生有关包装的一段说法，可见包装形式对产品的重要意义。

该公司推出的这一包装——产品包括身部、底部和顶部等几个基本要素构成，加上拧一次就可以打开的由“外形扭转”（Shape Twist）的螺纹盖拧开方式组成了一整套产品包装的概念。

“怎样的包装形状和是否很好地适合产品”是不能用简单一句话就能回答的问题。现介绍一些公司是如何选定纸盒包装容器的过程。

如果适合包装果汁的纸盒容器，那么也一定适合装体育运动饮料。在决定选用包装容器时，可以采取从众多包装形式中选取3至5种客户喜欢的形状，然后再从中选定2种操作性好的包装，然后将这2种初定选中的包装与公司现有产品一道陈列在商店货架上，请专业人员将看到包装后的20秒钟时间内的感觉说出的方法，认定其中一种包装。但是，Tetra Par公司却这样说：虽然形状是重要的因素，但是因为还存在占据货架场地面积大小的问题，如果是效果低的包装形状，那也是销售中的缺点，因此不应该仅仅考虑形状因素。

归根结底，包装最重要的功能是保护内容物，特别如牛奶那样不能让光线直射的食品。相对于玻璃瓶和塑料容器包装，纸盒包装的优越性是不透明。这种优点是不会改变的。因此，用它包装牛奶类食品不会影响其味道或风味，也不会引起维生素会遭到损失。

纸盒包装用于装果汁等食品时的另一个优点是可以排除氧的影响而具有防止食品品质劣化的效果。还有一大优点是份量轻。Combibloc公司1升规格的纸盒包装重28克，只有制品总量的3%以下。Tetra Par公司指出，当前包装的基本潮流已经由玻璃瓶和其他材料制的容器向塑料和纸材料转移。而且，降低生产成本的方法与采用新材料比，削减材料使用量才是当前的主流，这是纸盒包装比玻璃和塑料都好、是今后发展方向的重要原因之一。

生产成本并不一定是至上的命题，相对于新的工艺设计和复合材料的采用，以及改善包装强度而言，就不能以降低生产成本的理由将所有先进的技术推出门外。

选择包装容器时，必须检查的项目之一是产品必要的货架期。也就是说，成品在常温保存时，是否需要冷藏条件以及需要检查对氧、光和蒸汽的阻隔性要素。总的来说，作为与消费者相关的因素，如规格大小的多样化、商品是否属于优质品、密封盖和盖的功能等都需要逐一加以研究和考虑。例如，Elopak公司生产的“Ca’U”形盖为Tropicani（特洛比凯尼）公司决定采用，新包装产品的货架期为2年。Tropicani公司产品的市场年增率为15%。但当时3种盖的供应不适应这种需求。作为解决的办法是改造模具，集中解决1种盖的供应问题。但又因为考虑到此盖在注入内容物后，消费者可能出现的意见，最终结果是重新开发新盖。这一决定使Tropicani公司于去年10月在欧洲市场投放优质果汁时采用550ml-2L容量的纸盒包装，同时使用了U形新盖。如果更进一步考虑的话，这种包装还有一个优点，就是对消费者的方便性。

消费者在家中消费时应考虑到用大容量包装较为经济，如在外面消费时，则用小容量包装或者称之为“单个服务”的小包装更方便、合适。

在方便商店（CVS）和加油站等场合使用小包装的品牌饮料的销售量增长很快。这种所谓“一餐定量包装”（Portion Pack）产品的市场正在不断扩大的原因是消费者外出时在外面饮食的趋势有所增加。随着这种趋势的继续扩大，必须发展与之相适应的包装、包装盖和形状相适应的包装功能。正如某著名包装品牌的生产商指出的那样，包装的功能和设计的更新固然很重要，但另一方面，必须直接考虑的是消费者自己的喜好。在考虑消费倾向总体变化时，必须考虑到便利性的问题；即使用操作的方便性、储运产品的便利性、饮用时的方便合适性，以及重新密封性等。进而还要考虑到包装材料的回收利用和再资源化等问题，这些便利性考虑都与经济性密切相关。

目前，欧洲市场存在着许多不同种类的制品，但都已达到饱和状态。在这种市场饱和的情况下，十分重要的是产品间特色的明显差别化。Combibloc 公司的 Combishap 纸包装容器最重要的一点是与传统使用的四方形包装完全不同的形状。

正如前面叙述的那样，目前，消费者在超市商店内选购商品的时间正处于渐渐减少的倾向，实质上是减少了消费者对同类产品在市场上有越来越多可供挑选的品种或品牌的对比、鉴别的机会和时间。在这种情况下是不可能期待消费者在如此短的时间内反复多次认定和购买自己已经习惯使用的商品。因此，最终的看法是，如果市场上存在某种具备一定水准的产品，那么它的包装容器形状就必须具备一经发现就会让消费者选定采购的商品。无论如何，生产公司或商家在商品上全力以赴的是以抓住消费者注视商品目光为终极目的，那么纸盒包装的形状就成为大家极为关注的重要因素。

创造一个令人激动的新方向

——葡萄酒 · 可乐 · 咖啡与包装创新

邝贤锋

产品及其包装会随着时间的流逝、科学技术的进步和人们需求与审美的变化而逐渐衰老、过失，不再受人们的欢迎。因此，产品要根据市场的变化而不断改进，通过包装的创新，使产品获得新的生命力。

通过包装实现我们的品牌策略

据美国《包装文摘》杂志 2004 年 5 月报道，位于纽约的 Canandaigua Wine 公司已经找到包装新的阿尔马登红桑格利亚葡萄酒（Almaden Red Sangria）的方法——500ml 利乐砖的包装。这是世界上第一种采用这种方法进行包装的酒，虽然这种利乐包对于奶制品已经非常普遍，阿尔马登红桑格利亚葡萄酒的风味将会在一系列的酒类中因其便利和独特的包装而更加突现出来。

随时可以饮用是这种红葡萄酒包装的主要特点。这种非玻璃容器的包装瞄准了当今生活节奏加快的消费者。独特的八角形利乐包可以防止破碎，包装上具有一个易开口的撕拉标签，可以确保酒的新鲜和风味质量。然而，这种特殊的利乐砖包装不是无菌包装，利乐砖包装通常适用于牛奶和茶饮料的无菌包装。

一直以来，阿尔马登牌酒类的包装都是 1.5 升、3 升和 4 升的玻璃瓶装，还有 5 升的袋装盒（bag-in-box）。“我们希望通过包装实现我们的品牌策略。”阿尔马登葡萄园的产品品牌经理 Diana Pawlik 说，“我们将 Almaden 的富有创新的酒和利乐公司的专业包装结合起来，创造一种面向现代生活方式的产品，将质量和便捷融为一体，为酒业创造了一个令人激动的新方向。阿尔马登的传统是创新，我们乐于创新，用独特的包装为消费者提供我们的美酒。我认为，包装对保鲜、便捷和功能性的保证来说确实是一招令人敬畏的解决方案。这是第一次把酒包装在 500ml 的利乐包装中，因此这还是惟一的规格。它提供了非常好的风味保持力，特别是这种特有水果味的产品。对于利乐包装来说，也可能是进军美国酿酒工业的一个突破。”

早在 2001 年，Canandaigua Wine 公司与利乐包装共同为 Almaden 红桑格利亚葡萄酒开发了这种独特的包装，在经过了一系列的货架寿命测试（Shelf-life Testing）、包装完整性试验（Package inregrity trials）和消费者试验（Consumer testing）后向更大范围的成人消费者市场推出。Pawlik 说，“消费市场研究（Consumer research）表明消费者对这种创新包装表现了极大的兴趣，对包装设计的整体吸引力和购买意图的打分都超过了我们的工业基准目标（Industry Benchmark Targets）。”

该包装的复合材料由七层组成，其结构为酒接触层／粘合剂／铝箔／粘合剂／纸板／金属化OPP印刷表面层／PE，最内层是经过特别设计的能与酒接触。货架寿命至少 9 到 12 个月。

澳大利亚的 Tucker Design 公司为其设计了光彩夺目的图案，外包装上显示了鲜艳成熟、葡萄香味四溢的图案和一个葡萄酒酒杯，将 Almaden 标志以黑底标签的形式贴在中央。该包装设计有一个时髦的金属磨光，采用四色和一个专色进行柔版印刷。包装系统采用利乐的TPA19系统。Pawlik还介绍说，他们希望其他的 Sangrias 葡萄酒和其他品种和酒都可以用这种包装，同时对更大尺寸的利乐包装容器也感兴趣。

200多个国家以每天超过10亿美元的速度在享受可口可乐饮料

另据美国《包装文摘》杂志 2004 年 5 月报道，可口可乐公司推出了最新产品——Coca-ColaC_2，它是一种碳酸饮料，所含的碳水化合物、糖和热量均是普通可乐的一半，使该饮料加入到低糖食品和饮料的行列中。可口可乐公司说，Coca-Cola C_2 首先将在日本推出，然后在今年夏天进入美国本上。可口可乐公司宣告该消息后，竞争对手百事可乐也推出了类似的产品，其低糖 Pepsi Tdge 也将于今年夏天面市。

历经了一年多的研究开发，Coca-Cola C_2 成为消费者驱动（consumer-driven）开发的产物。可口可乐公司主席兼总裁 Doug Daft 说，“消费者是该观念的真正的建造者。Coca-Cola C_2 尤其能满足人们希望低热量的可乐，同时还保持原有的口味不变。”

该包装设计由位于伦敦的一个设计顾问公司 Pearlfisher 设计，其特点是在一个“焦红色”背景上写上黑色的 Coca-Cola 商标。结果使 Coca-Cola C_2 与普通的可乐有一个明显的视觉差异，但将 C_2 贴在商标之上，商标还是像其他可口可乐产品一样像丝带盘旋。商标的字体也可以让人想到其主要商标。Coca-Cola 有瓶装和罐装，在零售店，也可以通过冷冻机提供。

虽然 C_2 是世界最畅销软饮料商标可口可乐的最新产品，但在最近两年，可口可乐公司也推出了四种新的可乐品种，它们是香草可乐、香草健怡可乐、柠檬健怡可乐和 2004 年最新的香橙可乐。可口可乐公司说，200 多个国家的消费者以每天超过 10 亿美元的速度在享受可乐饮料。

雀巢搅动了速溶咖啡市场

美国《包装文摘》杂志 2004 年 5 月还报道，雀巢味之选（Nescaf é (r) Taster’ s Choice(r)）速溶咖啡也换上了新包装，显得神采飞扬，其采用方便的、易于分发的塑料容器和盖代替了一直以来所采用的玻璃罐和螺旋盖。它由美国的雀巢公司 2004 年春天启用，新的包装设计承担了重新让品牌获得新活力的任务，再次将北美市场揽入雀巢王牌雀巢咖啡的品牌 Nescafe 中（“味之选”去年被引入雀巢咖啡的家族中）。

新的方形包装由 Pechimey 铸模，保留了原先玻璃容器的一些曲线，但曲线更靠近盖了，使得包装更容易用手抓紧。较大创新是在容器的铰链 PP 盖上，由 Phoenix Closures 定制设计和注射成型。盖子是深褐咖啡色，在盖颈部接头部分指示顾客“PUSH”（推），在盖颈部施加了推力之后，盖的顶部打开，很容易就能倒出速溶咖啡粉末。盖子的正向插栓能确保使用后安全关闭。提供有非标准的 76mm 和 82mm 两种尺寸的长椭圆形盖，可以盖在 4 盎司、7 盎司、10 盎司和 12 盎司（1 盎司＝28.35 克）等四种不同容积的速溶咖啡包装上，盖顶的半边注射成型有 Nescafe 的商标标志，而另一半有 Nestie 公司名和标志。

该新包装还采用了 American Fuji Seai 公司的收缩标签，对塑料瓶进行了整体收缩包装，使整个包装有更大的货架影响力。保留了公认的味之选（Taster’s Choice）品牌标识，图片包括一个在品味热气腾腾的浓香咖啡的男子，深红色的背景上有一些咖啡。

德国的饮料是怎样包装的？

向　明

德国的啤酒世界闻名，德国人能喝啤酒在中国几乎也是家喻户晓。其实除了啤酒之外，各种饮料在德国的销售量也很大。不管是在家还是出门，德国人都会准备好许多饮料。周末去超市采购生活用品，饮料都是成箱成捆地往家搬，至少要够一个星期用。去餐馆吃饭不喝酒的人肯定要点饮料。这里的饮料也是五花八门，原料由各种各样水果或它们的混合体组成，当然也不乏像可乐等配成饮料。既然有这么多的饮料，其包装肯定也是各不相同，下面我们就看看德国的饮料都是怎样包装的。

从德国的饮料包装材料来看，主要分为三大类，即纸塑复合材料、塑料和玻璃，而饮料包装容器以纸塑盒、塑料瓶和玻璃瓶为主。下面先来谈谈德国使用的各种纸塑复合饮料包装盒。

德国的饮料包装盒外表面是一层薄纸板，里边是一层铝箔。当然该铝箔是先和其他塑料薄膜复合在一起，然后再与纸板复合。纸板本身有它的优点，重量轻，有一定的强度，容易印刷并加工成型，成型后的纸盒有利于集合包装及堆码存放；铝箔与塑料复合而成的薄膜具有良好的渗透阻隔性能，既能防止液体渗出，又能起到使饮料保质保鲜的作用。同时塑料薄膜还具有良好的热封性能，纸塑盒的密封成型，实际上就是靠它来实现，而且时间短、速度快，适于流水生产线加工、纸塑盒外表的印刷非常精美，大部分都经过上光处理。其彩色图案和醒目标题让人一眼就知道里边是何种饮料。通常除了注明商标和生产厂家外，饮料的各种成分比例都详细地标注在一个小表格内，而且都是实事求是，并经过有关部门的检验。除此之外，饮料的保质期一般会印在盒子的顶部，盒子正面的右下方也印有“使用期限请看纸盒顶部”的文字。饮料盒的侧面印有“打开后可以冷藏三天”等说明。可以说，几乎所有的水果饮料在德国都使用这种包装。

还值得说明的是饮料盒的开启与再封。以前经常看到饮料盒的顶部罐装后全部密封，只是在折叠粘合后的一个三角上加工一条压痕线，并注明从此撕开或剪开的字样。这种开启方法给消费者带来许多不便，而且开启后无法再封，影响了饮料再饮时的质量和存放寿命。现在德国市场上出现了几种新的饮料盒密封开启口，一种是在饮料盒顶部的一个角开个小口，再将加工成型的方形塑料盖粘上去。此盖由两部分组成，一为粘合固定部分，另一活动部分和固定部分通过位于中间的一个小转轴连接在一起，这个活动部分可以转动大约 90°，活动部分在开口处往下转就打开，往上转就封闭，并没计有定位和卡紧的小零件。另一种也是在饮料盒顶部的开口处粘上由固定和活动两部分组成的方形塑料盖，此两部分一端已经加工连接在一起，另一端可以开合。饮料盒的开口很有讲究，它不像第一种方法那样开一较大的口，而是由一个小锥形孔和小圆孔两个小口组成，锥形孔可以倒出饮料，小圆孔进入空气有利于饮料倒出。这两个小孔由一小块复合铝箔密封，既保证了密封效果，又可以及时发现此饮料盒是否已经开启过。第三种方法是在饮料盒的开口处粘上带螺旋的塑料圆形盖，此圆形盖的下部粘合固定于纸盒，上部通常又由两部分构成，一是旋转盖，另一小部分粘在固定部分上，通过几根塑料细线把它和螺旋盖连接，如果打开螺旋盖，塑料细线就会断裂，那么马上就知道这盒饮料被打开过。

在德国，纸塑盒装饮料的容量除了常见的 1 升和 1.5 升外，还有一种 0.2 升的小盒，它的顶部开有一小圆孔，并用复合铝箔密封，套在小塑料薄膜袋内的小吸管被粘在盒边，使用时只要将吸管插入就可饮用，简易方便，特别适合于小孩饮用。这种小包装绝大部分都采用集合包装的形式，即把 10 小盒饮料用收缩薄膜缠绕起来作为一个包装单元。

德国饮料包装的第二大类是塑料瓶，即我们常说的聚酯瓶。常见的容量有 0.5 的小瓶和 1.5 升的大瓶。小瓶包装的饮料有苹果汁、柠檬汁、橘子和别的水果混合而成的饮料等，可乐也有使用这种小瓶包装的。大瓶包装常见的饮料有各种可乐，例如可口可乐、百事可乐和其他品牌的可乐；还有象樱桃汁、山楂汁和其他水果的混合饮料。矿泉水包装经常也能看到这种大小的聚酯瓶。聚酯瓶装饮料除了保质期直接印在瓶颈靠下的地方外，其他诸如商品名称、原料含量、生产厂家、回收标志和商标等都印刷在一定宽度的纸条上，然后绕瓶一周粘贴上去。无论大小塑料瓶的瓶盖都使用塑料盖。盖的下端有一个小圈，和主瓶盖通过相同材料的一些细线连接起来，拧开瓶盖时这些细线断开，瓶盖可以拧下来，但该小圈还留在瓶颈上，这时就能看出该瓶已被开启过。小瓶饮料一般都用热收缩薄膜把 6 个瓶子按两排包裹在一起作为一个包装单元，但该包装单元的两端没有封闭，伸手就可从任何一端拿起来，便于携带。大瓶单元包装与小瓶不同小异，也是 6 瓶分两排包裹在热收缩薄膜内，由于 6 大瓶组成的包装单元较重，所以在包装单元的外面两侧居中处粘一条宽约 2cm、长约 40cm 的塑料带，粘贴后该塑料带和包装单元顶部有一定的空隙，以便手提。这些大小包装单元大都堆码在托盘上，从而有利于装卸搬运。

德国饮料包装的第三大类是玻璃瓶，但与纸塑盒及聚酯瓶相比用量要少。常见的饮料包装玻璃瓶形状各异，瓶身有直桶型、细腰型和小幅度的锥体型，瓶颈有普通型与短颈型。玻璃瓶以白色玻璃为主。瓶盖都是金属盖，而且是螺旋盖。像啤酒瓶那种要用相应工具开启的瓶盖几乎很难看到。文字说明和彩色图案印在标签上，然后粘贴到瓶子上。玻璃瓶的容量以 0.5 升最为常见。这些装饮料的玻璃瓶或者以 12 瓶、16 瓶为单位直接装到有固定位子的钙塑箱内，或者以 8 瓶、10 瓶为单位装在瓦楞纸板小托盘内。这种小托盘有的像一个反放着的盒盖，有的像一个无盖并且两端面各被切掉一块的小纸箱，现在还有一种类似于封闭的纸箱，但两端面被切掉一大块，两长面都开一小窗的玻璃瓶饮料集合包装。在集合包装强度满足要求的情况下，生产厂家都在想方设法减少包装材料的用量。

最后还要说明的一点是，在德国现在已很难看到用易拉罐来包装的饮料。

全球对“绿色包装”的法律调控

国际条约与绿色包装的法律调控

《里约宣言》是联合国环境与发展大会的中心成果之一。宣言的主要内容是宣布关于环境与发展问题的 27 条原则。宣言指出，环境问题与发展问题之间具有密不可分的联系，环境问题阻碍人类社会的可持续发展，不可持续的发展引起并加剧环境问题。宣言提出了人类社会与经济发展的新模式，即可持续发展的模式，并指出实现可持续发展的基本途径是改变传统的生产和消费方式，以及推行正确的人口政策。

绿色包装是符合可持续发展原则的包装工业发展的新方向。正是《里约宣言》的发表，在全世界范围内掀起了新一轮绿色浪潮。在这股绿色浪潮的冲击下，各行业都试图寻找符合可持续发展的本行业最佳发展模式，包装业也不例外。绿色包装正是包装业为此所作出的努力，它使包装业走上了一条节约资源、保护环境的新道路。因此，《里约宣言》对绿色包装的出现和发展起了重要作用，绿色包装的许多思路都来源于《里约宣言》。

在国际环境法中，可持续发展原则是一项新的和处于形成和发展中的原则。它目前尚未获得国际习惯法的法律效力和地位。然而由于其在国际环境法领域里具有普遍指导意义、体现了国际环境法的特点并构成国际环境法基础的一部分，越来越多的国际法律文件承认和重申它，因此可持续发展原则是重要的“软法”性规范，在世界上具有广泛的影响力。

其他国际条约也规定了与绿色包装有关的环境保护法规，如 1989 年《巴塞尔公约》规定各缔约国“应采取适当措施，考虑到社会、技术和经济方面，保证将其国内产生的危险废物和其他废物减至最低限度”。这里的“废物”就包括了包装生产中产生的工业废弃物和作为生活废弃物的包装废弃物；《联合国气候变化框架公约》确立了关于控制温室气体排放，将大气中温室气体的浓度稳定在防止气候系统受到危险的人为干扰的水平上的原则。包装物生产中的废气排放也属于该条约的调控范围。

世界贸易组织与绿色包装的法律调控

贸易与环境问题已成为世界贸易组织的主要议题。《建立世界贸易组织的协定》中规定：“按照持续发展目标使世界资源得到最合理利用，维护和保护环境，并根据各成员不同需要和不同经济发展水平的情况，各国应努力加强措施。”在国际贸易中，包装是商品不可分割的组成部分。商品必须经过包装，才能进行分类与计数，才能在运输和储存过程中得到保护，通过包装上的装潢设计向流通部门、收发货人和消费者提供商品的有关信息，商品贸易、使用和消费才能顺利完成。因此包装当然受到世界贸易组织规则的制约，绿色包装也是世界贸易组织所提倡的包装方式。

欧盟与绿色包装的法律调控

欧盟于 1994 年 12 月提出《欧盟包装和包装废弃物指南》，目的在于避免或降低包装废弃物可能对环境产生的不良影响，而界定包装废弃物对环境造成影响的每一细节是一项十分艰巨的任务。因此，该指南添加了一个附件，附件中确定了《包装的基本要求》。该文件的主要原则如下：

包装材料的重量和体积应当降低到最低限度，以能够保证被包装产品的安全和消费者接受为准。

使用后，包装材料的有害成分和其他危险成分对环境的危害应当降低到最小限度。

包装材料应当适合于材料回收和能源回收标准，或者可以腐烂成为混合肥料，或者能够再利用，如果对此有要求的话。

《欧盟包装和包装废弃物指南》文本包括六个主要标准和一系列支持性标准。此外，该标准还包括一些报告，如《包装材料中存在的重金属和其他有害物质》、《为避免继续对环境造成妨碍而对包装材料制定的规定》等。

德国包装设计的几个特点

向　明

包装设计是以艺术与技术相结合的方式，采用适当的包装材料、结构造型、色彩图案、文字说明和包装防护方法等，并运用现代化的各种先进技术创造包装实体的过程。从而达到保证商品安全流通、方便消费、促进销售、保护环境的目的。包装本身就是产品生产的一部分，它的设计和质量直接影响产品的质量与价格。在产品转换为商品的过程中，包装设计起着非常重要的作用。包装设计通常分为包装装潢设计和包装结构设计。

包装装潢设计包括图案、色彩、文字、商标等内容。德国许多食品、玩具和生活用品的包装装潢设计常常以实物摄影为主，设计工艺简单，表现形式直观明了，从画面上就可直接知道包装内装物的形状与色彩。食品类包装装潢设计色彩鲜艳，图像逼真，让人看后胃口大开。玩具类的设计效果会让孩子非买不可，爱不释手。有些生活用品的散件包装也能立即从画面上看出是怎样组装在一起的。这种摄影作品也利于后期的计算机处理及其印刷加工。相对其图案色彩来讲，这类物品包装装潢设计的文字说明比较简单。而德国的药品和化妆品包装与食品类相比其包装装潢设计色彩图案较为简单，很多外包装上除了商标或标志外几乎看不到任何图案。相反，其文字说明占了很大一部分，因为消费者关心的是药品或化妆品的原料成分、实际效果与使用说明。

德国包装装潢设计在色彩的运用上很有讲究，一般很少使用专色，因为那样会使制版印刷工艺复杂化，增加成本。用黄品青三色套印完成最好。图案与文字的使用上也朝着简单化的方向发展，装潢设计上烦琐臃肿的文字说明经常会使消费者失去耐心，他们自然就不会轻易购买这种物品。另外，绝大部分的装潢设计上都附带有德国的绿色环保标志“GruenerPunkt”，这有利于包装废弃物的分类回收和处理。目前，德国对一次性使用的塑料瓶、易拉罐等收取押金，消费者必须把它们退回超市才能取回自己的钱。因此这类包装的装潢设计上还要带有押金标志，有些并要注明超市甚至集团公司的名称或简称，例如“ALDI”、“REWE－GRUPPEPENNY”等。因为超市结账要迅速准确，所以条形码必不可少。食品、药品、化妆品等的有效期限更不能缺，而且必须实事求是。

包装结构设计涉及到不同包装材料的包装容器造型结构。现在，德国也涉及到了运输包装中的内包装结构设计（包括缓冲包装、防护包装等），而且与托盘包装、集装箱包装紧密结合在一起。这种设计要能体现各类包装容器的审美功能与实用功能。很多小包装或小型集合包装最终要摆上货架，所以它们必须具有一定的造型美，吸引消费者。但同时它们又要实用，既要适合于生产加工工艺，又要方便储运，其容量尺寸要考虑到托盘集装箱等的要求。德国的食品包装以纸盒包装和纸板复合材料包装为主，其常见造型为粘贴方盒，也有其他的折叠纸盒形状，例如塔形、球形、圣诞树形等。其次是形状各异的塑料盒与塑料瓶，水果包装为带小透气眼的方塑料盒，早餐用火腿肉片包装是圆柱体塑料盒，矿泉水和部分饮料使用聚脂瓶。化妆品和洗涤用品以玻璃瓶、陶瓷瓶以及塑料瓶、塑料管为主。该领域是造型设计师们施展才能的好地方。柱体型、锥体型、扁体形、粗腰细腰型、平滑柔顺型、有棱带角型，真是五花八门，各显神通。当然是兼顾到了各种消费群体的审美观与需求。

包装结构设计还要考虑的一个问题是，由于这些具体的小包装必须从生产厂家运送到超市出售，在此期间经常还要在仓库存储，因此在对它们进行包装造型结构设计时必须考虑方便搬运，而且不会使包装品或小包装在储运过程中发生破损。在德国最常见的方法就是集合包装设计，即再设计一个包装容器，然后在其中装入一定数量的小包装。这种包装容器的尺寸要考虑到标准托盘的尺寸及托盘件的高度要求，因而这种集合包装在不超重的前提下，不管是横放、竖放还是横竖交错放置，其尺寸要设计得刚好占满托盘的使用面积，层数总高度控制在标准范围内。所用包装材料及其强度要符合在托盘上堆码的要求。这种集合包装容器目前在德国以小纸箱为主，并且逐步演变成无盖纸箱、开窗纸箱和瓦楞纸板小托盘等。也有的企业设计有几种专用的开口包装箱，其尺寸组合起来与集装箱内尺寸正好匹配。先把散件、小包装或集合包装装入该专用箱内，然后再把这种包装箱堆放进集装箱内，充分占用集装箱的合理空间。缓冲包装的结构设计主要以包装品的形状为主，其材料选用和尺寸大小必须严格按照有关设计标准完成。泡沫塑料作为缓冲材料在德国还占有一定的市场，而且据专家分析，经过改进的泡沫塑料使用量又有抬头的迹象。同时，瓦楞纸板加工成的各种附件结构作为缓冲包装还在向各种用品领域渗透。

借鉴德国一些好的做法，我们在进行包装设计时要注意几个问题。(1) 无论装潢设计还是结构设计的专业人员必须懂得相应的加工工艺，装潢设计一定要懂得制版印刷工艺，结构造型设计要了解印后加工工艺和容器制造工艺，这样才能避免少走弯路，节省加工成本。如果没有条件去对口企业实习几个月，至少要经常去加工单位参观与交流，看看自己的设计是如何加工成实物的。(2) 对出口产品的包装设计要充分了解出口国与当地人的喜好和忌讳，还必须注意哪些包装材料不能使用，哪些包装材料要进行预处理。出口包装装潢设计不能仅局限于销售包装，运输包装装潢设计也要加强，还要注意国际上统一规定的一些标志与文字说明决不能少。(3) 各种食品的包装设计要考虑到不同家庭结构与消费群体，包装容量的大小不能仅仅考虑大家庭，还要想到三口之家、两口之家、单身群体。许多人平时没时间采购，只是在周末要购买下一周的食品，所以在包装设计时这些方面都要照顾到。(4) 运输包装的托盘化，这在德国和西方已经广泛使用，可以节省人力与时间，实现高速自动化，降低成本，还可以减少破损。托盘化包装对我国的出口产品显得尤为重要。

发达国家包装环保大观

所谓绿色包装，是指有利于回收、复用、易于降解、可持续使用的环保型包装。目前在欧美日等发达国家，包装材料回收再利用已经形成拳头产业，其成功经验和做法值得我们借鉴。

美国：绿色包装法规林立

美国早在 1988 年就有 21 个州颁布了 2332 条法令，限制和禁止使用某些塑料包装制品。并于 1988 年开始实行环境标志制度，有 36 个州联合立法，在塑料制品、包装袋和容器上使用“绿色标志”，甚至还率先使用“再生标志”，以证明其可重复回收，再生使用。

上世纪 90 年代，美国包装工业的发展方案有两种：按 15%减少原材料和包装制品，或其中至少 25%可回收利用。这两种方案都得到美国包装行业的认可。美国至今已有 37 个州分别立法并各自确定包装废弃物的回收定额。佛罗里达州政府正积极推行《废弃物处理预收费法》(ADF)，为了鼓励包装容器生产商支持该法的实施，ADF 规定只要达到一定的回收再利用水平即可申请免除包装废弃物的税收。拿纸盒来说，美国每年度的回收量高达 4000 万吨，回收的包装旧纸盒经化学处理后完全可以重复使用，使得美国包装容器的回收再利用取得了显著成绩。据美国瓶罐回收研究所最近公布的数据，2002 年美国共生产了 1925 亿个饮料瓶罐（含铝、塑料和玻璃），回收率大约为 41%。美国每年大约人均消费 648 罐饮料，其中部分回收，但大约也有 1140 亿个饮料罐浪费掉了。尽管如此，回收的部分仍然使美国节省了相当于 3200 万桶原油的能源。

2003 年 1 月，美国 Biocope 公司率先推出由谷物合成的塑料——PLA 聚合物材料生产的水杯。该产品最先提供给悉尼奥运会，目前已投放美国市场，深受欢迎。该公司称，用这种新材料做的杯子其物理性能可与石油合成塑料相媲美，但由于来源于植物，能完全降解，其环保性能则是石油合成塑料无法比拟的。它可以不加任何处理与食品垃圾一道扔掉，该杯子可以和食品垃圾一起降解成水、二氧化碳和有机物。PLA 不但具有以上所列的良好环保性能，同时还具有极佳的合成稳定性。

据美国化学协会会议提交的研究成果显示，美国研究人员发现了一种低成本、环保型的快餐包装材料。这种新型材料是用小麦桔秆纤维和麦粒中的淀粉作原料，制成的包装盒可以完全降解。

美国百分之百再生纸板联盟（它是一个国际性联盟，代表全球 2/3 的纸板生产企业）做了一个市场调查。调查表明，越来越多的美国消费者要求用 100%再生纸板作消费品的包装。虽然调查中并未专门区分消费类废弃包装纸板和工业类废弃包装纸板，但调查结果表明，绿色包装正在影响着人们的消费习惯。调查显示，消费者希望能有更多的纸质包装采用再生纸板，能有更多的包装打上 100%再生的符号。85%的消费者认为，用再生包装材料“有利于孩子们的未来”；80%的消费者认为，购买 100%再生纸板包装的产品是“为环保作贡献”。

德国：“绿点”标识的创始国

1975 年，世界第一个绿色包装“绿点”标识在德国诞生，它是由绿色箭头和白色箭头组成的圆形图案，上方文字由德文 DERGRUNE PUNKT 组成，意为“绿点”。“绿点”的双色箭头表示产品或包装是绿色的，可以回收使用，符合生态平衡、环境保护的要求。1977 年，德国政府又推出“蓝天使”绿色环保标识，授予具有绿色环保特性的产品，包括包装。

1990 年，由 95 家包装工业、消费和零售行业的企业共同成立了 DSD 组织，目前已拥有 1.6 万家成员公司。DSD 成员向 DSD 组织支付费用，同时取得“绿点”包装回收标志的权利，支付的费用根据包装材料的类型和重量决定。非 DSD 成员的公司必须执行包装法规中的经济法规，所花费用更高。DSD 组织在城市的各个角落都放置有黄色圆桶，专门收集有 DSD 商标并带有“绿点”标志的包装废弃物。

德国于 1991 年颁布了《包装废弃物处理》法令，并采取措施推动工业界将盛装饮料用的“PVC”瓶改为“PET”瓶，还要求将 80%的“PET”瓶回收利用。1992 年 6 月公布了《德国包装废弃物处理的法令》。1996 年 10 月，德国政府根据污染者负担原则，颁布实施了《循环经济法》。此外，德国对使用难降解塑料的包装生产者征收环保税。

瑞典：森林丰富却“惜林如金”

瑞典人环保意识非常强，在森林资源十分丰富的情况下依然“惜林如金”。最典型的就是瑞典人发明的“绿色包装”——利乐砖包装。用这种“绿色包装”来包装的牛奶、果汁、饮料，无需冷藏，在常温下可保鲜六个月，节约了大量因冷藏而耗费的能源。同时，这种纸包装回收后可做成“彩乐板”制作家具、地板、玩具、音响设备等。由于利乐砖是名副其实的“绿色包装”，因此很快推广到整个欧洲，目前已成为欧洲液体食品包装的主流。

瑞典专家发明的“TPR”绿色包装材料是由碳酸钙经过特殊工艺与聚丙烯粘合而成。其结构与鸡蛋壳极为相似，它含有 95%的碳酸钙，其余为粘合剂聚丙烯。这种材料可采用热成型、吹塑成型、注塑成型以及挤压成型等多种方法进行加工，光洁平滑，可直接进行多种颜色的印刷标记。用该材料制成的黄油和冰淇淋包装制品已出现在瑞士、芬兰、美国和俄罗斯等国的市场上。

瑞典的包装上明确规定要“循环使用”，回收的纸盒可制成“彩乐板”，用于制作家具、装饰材料和玩具等。

瑞典国家消费局曾对全体国民进行了一次环保意识调查，共采访了 1000 多名瑞典公民。调查显示，有近 1/3 的瑞典人积极寻找并购买有“绿色标志”即“环保标志”的商品，几乎有一半的瑞典人愿为购置环保产品多支出 20%的价格。

日本：尤其注重开发纸包装

Nippon 纸业有限公司开发出的深度冲压纸“Npimold Paper”完全以天然纤维为原料，其伸缩性是普通纸的 5～10 倍。这种产品模压成形时可压制文字、图案和三维曲面，类似塑料制品的加工，将其凸缘加工平滑可实现更好的密封。这种产品的制作可采用当前的塑料制品设备，根据设计方案模压成形。由于加工前不需加热软化，可提高生产效率和节约能源。鉴于其安全系数高，可用作食品包装盒。

目前，日本在为食品包装时，尽量采用不污染环境的原料，如用纸袋取代塑料容器，减少了将用过的包装收集到工厂再循环所面临的成本和技术困难。包装设计在这方面也发挥了很大的作用。最近，日本高崎造纸公司用食品工业废弃的苹果渣生产出果渣包装用纸，其制法是：除去果渣中的籽，将其捣成浆状，加入适量的木质纤维即成包装纸。这种纸品使用后容易分解，可焚烧或做堆肥，不污染环境，是理想的食品包装用纸，并且可回收重新造纸。

日本90%的牛奶都是以有折痕线条的纸包装出售。这种容易压扁的包装不但生产成本较低，而且能够减少占用空间，方便送往再循环并减少运输成本。日本最常见的饮料 Yakutt 健康饮品也使用一种具备底部可撕开的设计特点的杯形容器。在撕开底部后，人们能够轻易地把容器压扁，方便送往再循环。日本东京每年都举行包装设计比赛，一个叫作 Eco Pac 的获奖饮料包装，目前正广泛使用。该包装由 100%再生循环的纸板盒和盒子内用来盛饮料的袋子组成，也就是所谓的衬袋盒的设计。使用时能够轻易地把纸盒和袋子分开，送去再循环时就较容易处理了。目前，日本市场上的酒类饮料，大半是采用这类包装。另一种开始被日本消费者接受的新包装设计是立式袋。由于开袋子比开瓶子更容易使内部液体溢出，因此袋子的开口都作了特别设计，方便打开。这类袋子包装主要是取代塑料瓶，比较两者，前者的塑料使用量只及后者的 1/5。除了饮料，日本市场上出售的食油很多也都是以复合纸包装出售的，大大减少了塑料的使用量。

法国：每设计一种产品均要考虑环保

法国政府的环保机构鼓励并帮助厂商投入巨资开发、研制和生产“绿色包装”，环保部门明确规定在食品包装上必须印有“循环利用”的环保标志。

法国每设计一种产品，均要考虑环保因素，包括广告画面。环保包装设计要考虑环保因素，减少造价，达到促销效果，并在法令的前提下进行一种完全革新的环保设计。法国有一家大商场，它位于法国的中部，有 300 家连锁店。一家包装公司为它设计的包装品上设计了 6 种图案贴在商标上，每种图案代表一种信息，使消费者一目了然。这 6 种图案分别代表：成分无害、产品回收、对环保无害、包装本身、绿色效果、提出建议等。这种包装产品出来后，很受消费者的欢迎。另一方面，如产品本身不合格，即使有再好的包装，也无济于事，首先消费者要处罚他们，政府也要处罚他们，取消产品的等级标准，而制造商最怕的就是市场份额大幅降低。

英国：一个包装纸方程式可省下 5 万棵树

英国政府推动包装法的贯彻实施主要是由 28 个包装、食品及非食品行业的制造公司组成的“制造者责任团体”负责，其目标是在 21 世纪到来之前使英国可再生制造的包装废弃物达到 58%。

2003 年 1 月，一个叫做卓别林的英国大学教授为了环保，为了拯救树木，研究出一个可以节省包装纸的公式。他的方程式是：$(2L+2H+X)\times(B+2H)$，方程式里的 L 是商品的长度、H 是高度、B 是宽度，X 则是包装纸重叠的长度。而这则公式的运算结果就是包装纸的面积，即商品长度与高度分别乘以 2，然后加相，并加上要预留的重叠部分，这三者之和再去乘以商品的宽度与高度的两倍之和，这样得出的答案就是商品包装所需要的最少的包装纸面积。这位和戏剧大师卓别林有着同样名字的英国教授说，每年圣诞节英国要用掉最少 2500 万方米的包装纸。他希望，他设计的包装纸方程式可以省下 8000 吨的纸，少砍 5 万棵树。

丹麦：首推《包装容器回收利用法》

1981 年，丹麦政府鉴于饮料包装容器空瓶增多所带来的不良影响，首先推出了《包装容器回收利用法》。由于这一法律实施影响了欧盟内部各国货物自由流动协议，影响其成员国的利益。于是一场“丹麦瓶”的官司打到了欧盟法庭。1988 年，欧洲法庭判丹麦获胜。

欧盟为了缓解争端，于 1990 年制定了《废弃物运输法》。1994 年 12 月发布了《包装及包装废弃物指令》。与欧盟相呼应，美国、加拿大、日本、新加坡、韩国、菲律宾、巴西、我国香港等国家和地区也制定了相应的包装法律法规。

丹麦还禁止使用一次性啤酒和饮料容器，也禁止进口此类容器包装的啤酒和饮料。

瑞典饮料包装的回收机制

现在，市场上销售的各种啤酒和饮料已成为人们的日常消费品，由于消费量极大，其包装（如铝制易拉罐、聚乙烯塑料瓶等）用后的回收已成为一个不可忽视的社会问题，如果处理不当，不仅浪费大量的材料资源和能源，还会使自然界里的此类物品留存量越来越高，对人类的生存环境造成难以挽回的污染。1981年，瑞典首先从用过的易拉罐开始，试行一种规范而有效的回收机制，并于1984年由国会立法批准，正式实施易拉罐回收及保证金制度，使当年的易拉罐回收率达到63%，1996年曾达到92%，目前保持在86%（即每年销售经保证金制度注册的易拉罐装啤酒或饮料共9亿罐，其中86%被该回收机制回收和再利用），处于世界最高水平。瑞典的饮料包装回收机制是饮料和饮料包装制造业成功参与环保事务的一个典范，行之有效，可为我国相关行业的改革提供借鉴。

一、易拉罐的回收

1. 物质基础

瑞典于1955年就将罐装啤酒产品引入国内市场，并从1967年开始，全国的啤酒行业实行向易拉罐包装生产的过渡，使瑞典该类包装啤酒的销售量于1979年就占到啤酒销售总量的一半，并于1981年实现了用于包装各类饮料的易拉罐产品的本国生产和供应。与瓶装或纸制包装饮料相比，由于用易拉罐包装拥有诸多独特的优势，因此瑞典罐装啤酒业的发展也极大地带动了其他饮料行业（如可乐、果汁和酒精软饮料等）采用易拉罐包装，为瑞典实行统一规范的易拉罐回收机制具备了物质基础。

2. 回收和处理过程

瑞典最大的罐装饮料销售点是各大食品超级市场，其次为体育中心和运动场、游艇俱乐部、大公司、旅游露营地、咖啡店、饭店、售货亭等的食品销售部。任何消费者只要将用过的或在家中积攒下来的易拉罐空罐放进销售点的专用回收机，该回收机就会自动识别易拉罐上的条码信息（EAN Code，该条码下部还包括可供查询的注册号码），对回收的每一只已在RETURPACK公司注册的易拉罐，当场返还消费者0.5克郎的有价凭证。比如，某消费者将20只已注册了的易拉罐产品空罐依次放入回收机，则立即可以得到10克郎（约11元人民币）的有价凭证，消费者可用该凭证支付在此销售点的购物支出或兑现。

各饮料销售点负责从各自的专用回收机收集所有的铝制易拉罐空罐，将其用专用集装箱运送至位于诺雪平市（Norrk ping）的RETURPACK公司处理场，被分类、压扁和打包，然后由啤酒生产商接受并登记，RETURPACK公司根据此登记返还销售商付给消费者的押金及处理费用。这些被打包的易拉罐作为原料被送到熔炼厂熔化后做成铝锭材料（此过程所消耗的能量只占从铝矾土生产同样数量铝锭材料的5%），然后被运至易拉罐生产厂重新加工成易拉罐包装产品，供饮料制造厂灌装饮料后供应市场。

现在，瑞典铁制易拉罐的回收业务由地方市政当局管理，RETURPACK公司正在研究将铁制易拉罐也纳入该回收运行机制。

3. 涉及的企业和他们的责任

瑞典RETURPACK（全称AB Svenska Returpack）是一个非盈利目的的管理公司，负责该机制的全部回收、处理、保证金的收取、支付和财务运作及协调业务。国际大型跨国包装公司REXAM拥有该公司股份的49%，瑞典啤酒制造业协会也占其股份的49%，余下的2%股份被瑞典大型食品连锁店公司AXFOOD、COOP、ICA和SSLF所分别拥有。

RETURPACK公司下属的易拉罐有限公司则专门负责管理其中易拉罐回收的所有相关业务，比如从易拉罐啤酒和饮料制造商及进口商收取基本保证金、将完成处理并已打包的易拉罐原料卖给熔炼厂、向零售商及易拉罐啤酒和饮料制造商支付或划拨相关的保证金和处理费用或账目、处理厂的有关易拉罐业务的营运管理和财务安排、每周五派人去各个回收点核对易拉罐回收机记录的回收数量、重新输入一次注册仍有效的条码信息以及向回收机输入新注册的条码信息等。

瑞典所有的易拉罐饮料生产企业都参加了该回收机制，他们负责提供条码信息并向RETURPACK公司注册，易拉罐饮料生产企业还负责对回收的空易拉罐提供处理资金。

所有易拉罐饮料的进口商也必须参加该机制，即负责提供进口产品的条码信息并向 RETURPACK 公司注册。

二、饮料塑料瓶的回收

1. 历史及现状

在瑞典成功地实施了易拉罐回收保证金制度之后，国会又于 1993 年立法批准建立饮料塑料瓶（聚乙烯对苯二酸酯 PET，Polyethylene Tereph Talate）的回收保证金制度，其运行过程与回收易拉罐相似，并于 1994 年开始实施。目前，经 RETURPACK 公司注册的塑料瓶包装饮料（包括纯净水、矿泉水、果汁、汽水、可乐等）每年的销售量达 3 亿瓶，空瓶回收率为 79%。

2. 回收和处理过程

瑞典市场上较为多见的饮料产品为 0.25～3 立升包装，由于饮料塑料瓶的个体和重量差异较大，专用回收机自动根据空塑料瓶上已注册的条码信息分别按不同的费率（每个 1 立升以下塑料瓶 1 克郎、每个 1 立升以上至 3 立升塑料瓶 2 克郎、每个可重复灌装使用的塑料瓶 4 克郎）将有价凭证即时返还给消费者。

饮料销售商负责收集所有回收的空塑料瓶（此时特别注意剔除其它材质的非饮料包装），并把它们用专用集装箱运至诺雪平市的处理场，经洗净、分类、压扁和打包后交给饮料生产商接受登记，RETURPACK 公司根据此登记返还饮料销售商付给消费者的押金及处理费用。之后，打包件被送入原料加工厂，按塑料瓶的性质分别将它们粉碎成两类原料，然后将可用于重新制作饮料塑料瓶的原料制成试管状的坯子（该坯子内外层均被覆盖上一层新的聚乙烯材料），再由机器吹制成饮料塑料瓶供给饮料产品制造厂灌装饮料。对于那些不可用于重新制作饮料塑料瓶的原料，将被卖给化纤厂制成化纤绒，用于生产绒衣、汽车的内部装饰材料或被褥的填充料等产品。

3. 涉及的企业和他们的责任

RETURPACK 公司下属的聚乙烯塑料瓶有限公司专门负责其中聚乙烯饮料塑料瓶回收的有关业务，比如从塑料瓶包装饮料生产商和进口商收取基本保证金、将完成处理并已打包的塑料瓶包装原料卖给塑料瓶加工厂或化纤厂、向零售商及塑料瓶包装饮料制造商支付或划拨相关的保证金和处理费用或账目、处理厂的有关塑料瓶业务的营运管理和财务安排、每周五派人去各个回收点核对饮料塑料瓶回收机记录的回收数量、重新输入一次注册仍有效的条码信息以及向回收机输入新注册的条码信息等。

瑞典所有的饮料生产企业和饮料进口商都必须参加该回收机制，除负责提供条码信息并向 RETURPACK 公司注册，以及负责对回收的空饮料塑料瓶提供处理资金外，他们还被要求得到由 RETURPACK 公司从瑞典农业管理局申请的特别保证，以确保对消费者返还押金。

由于饮料塑料瓶回收的保证金制度建立较晚，目前瑞典农业管理局还参与部分的监管工作，即负责向塑料瓶包装饮料生产商或进口商发放特别许可证，每年收取 1 万克郎的管理费用，如果该项资金在年中的支出超过了一半，则相关企业还需再续交 5 千克郎的管理费用，以使消费者及时得到押金的过程不受影响。

三、与回收机制运行有关的其他企业和情况

根据瑞典环保的相关法规以及由于销售利益的驱动，越来越多的瑞典食品商店特别是大型连锁店，都投资设立了方便消费者投放空易拉罐和空饮料塑料瓶的场地及设施，如在商场入口处的专用回收机房间（有的回收机设置地点也兼收其他类型的没有参加回收机制的包装材料，如纸箱、购物袋、玻璃啤酒瓶和汽水瓶等，它们都将被卖给相关的生产企业或批发商。此外，专用回收机也接收非回收机制注册的铝制空易拉罐，但无押金返还），以吸引消费者来此购物。虽然法律没有规定销售商必须参加该回收机制，但他们的参加与否，已被公众视为是否有良好信誉和环保意识的企业标志之一。所以，即使有少数的大型食品零售商店没有参加 RETURPACK 公司的回收机制，他们也按照各自独立的办法对用过的相关包装物品进行回收。目前，瑞典参加该回收机制的零售店有 5500 家，绝大部分与 RETURPACK 公司签订了直接付款协议 DC（Direct Crediting），即 RETURPACK 公司对零售店回收的空易拉罐和饮料塑料瓶提供返还成本及相关的处理费用的保证，为此每年支付约 7.5 亿克郎。

另外，回收空易拉罐或饮料塑料瓶数量较大的（特别是那些直接从生产厂购买产品的）零售店，都在相关产品生产商处做客户登记，即这些生产商只接收登记过的零售店送交的空易拉罐或塑料瓶，以方便回收处理。对于那些回收数量较少的零售店，可以在附近已做过客户登记的大零售店处登记，同样可以使回收过程获得便利。

瑞典专用回收机的制造供应商主要有两家，他们负责制造、向零售商供应和维修专用回收机，并每周向 RETURPACK 公司的相关公司提交回收数量和付款情况等记录，该记录是 RETURPACK 公司进行相关财务安排的基本依据之一。

四、宣传手段

瑞典回收机制运行获得成功的另一个重要原因是，RETURPACK 公司一贯高度重视环保、回收和再利用的宣传工作，主要手段有：

1. 与所有有关的社会团体和机构建立合作关系，其中包括所有类型的体育运动协会、促进室外活动协会、山区的滑雪学校等。

2. 经常举办或与其他物品回收机构合作举办大型宣传活动。

3. 宣传的重点人群为老师、学生、孩子、青年和成年人（18～44 岁）以及消费者。

4. 制作系列电影和电视宣传片及广告，如制作的滑稽、漫画音乐广告片的收视率极高，家喻户晓。

5. 所有宣传材料均可以从网上查阅和下载。

6. 向所有的合作伙伴免费提供刊物、广告标识和图片。

7. 每年向“保持瑞典清洁基金会”捐赠 200 万克郎。

德国的水产品包装

向　明

凡是去过德国汉堡的人都知道这座港口城市的一个旅游景点叫做“鱼市”。这个鱼市从 1703 年就开始了，当时的行政长官允许渔民在星期日早上出售他们的新鲜活鱼，以防止其变质。该传统一直延续到了今天，而且规模越来越大，品种越来越多，并已扩展到水果蔬菜，鲜花盆木等。除了严寒的冬天外，每个星期天从早 6 点到 12 点从不间断。人们可以站在码头直接从渔船上买到新鲜的鱼虾等。通常这些水产品用塑料袋包装，然后再放入手提筐或冷藏盒中带回家。但在德国不是每个地方都有鱼市，在汉堡也不是每天都能买到新鲜的水产品，水产品的真正购买地还是各种超市。德国的水产品在超市中品种各异，其包装也五花八门。下面我们就来看看德国超市里的水产品都是怎样分类包装的。另外，德国人吃水产品以鱼为主，还有少量的虾，所以这里我们就以鱼的包装作为主要例子予以说明。

一般的鱼类包装按常温、冷藏和冷冻等分为三类：

常温以马口铁鱼罐头包装为主，它又分为圆形罐与马蹄形罐。

圆形罐以平圆形最常见，它的内装量并不多。其直径大约 52mm，高度 30mm，大多数都用于包装经过处理的小鱼，并用一些食用油浸泡，例如葵花油。油的种类都在粘贴的标签上加以说明。标签上除了商标和生产厂家之外还有其他佐料成分的介绍，上面还印有有效期限，这种罐头的存储日期比较长，一般至少为 3 到 4 年。这种罐头包装绝大多数都是带有易拉环的易开罐。有些生产厂家还在标签上印有开启的图示说明，简单明了，消费者不用费神费劲很容易打开罐头。

马蹄形罐的品种及用量在德国超市远远多于圆形罐。主要考虑到单身和小家庭的消费者居多，所以马蹄形罐的内装量也分为各种不同的规格。这种罐头通常不仅单纯地装鱼，而且混装有许多酱汁类，例如德国人喜欢吃的西红柿酱和其他果酱。这种酱汁的含量也在标签上注明，例如总量 325 克，鱼重 200 克；有的 200 克总量中鱼重为 120 克；还有 125 克内装物中鱼占 90 克等等。这种罐头的盖上都配有易开拉环，极为方便。标签上除了常见的生产厂家及其地址外，还印有原料成分、有效日期、条形码、回收标志等。有的生产厂家为了让消费者放心，还会印上经某权威测试中心检测合格等说明。

冷藏类的水产品还是以鱼为主体，但多为经过处理加工可以直接食用的成品。德国人喜欢吃沙拉菜，所以就有鱼类沙拉。其中鱼的含量占到 40%，再与黄瓜、洋葱、奶油和其他沙拉油混合搅拌在一起，用适合于一到两人消费的小塑料盒装起来。这种塑料盒以扁的圆柱体最为常见，并配有套合严密的塑料盖。盖上贴有标签，包装所需要的文字说明及商标图案全部印在上面。这类产品的包装对冷藏温度和有效期限有特别醒目的说明。第二类常见的冷藏类是生鱼片，又大又薄的生鱼片或者装在密封的塑料袋里；或者装在扁长方体的塑料盒内，再配上类似于盖的密封薄膜。塑料薄膜上印刷的文字图案并不复杂，消费者能够透过薄膜直接看到包装内的生鱼片。尤其是最常见的鲜红颜色的生鱼片，顿时就能吊起人们的胃口，从而吸引消费者购买。另一类是塑料带套装的熏鱼，因为是把整条熏鱼完整地装起来，所以确切地讲，该包装更象一个塑料套管。为了防止熏鱼的味道渗透出来，它所用包装材料为较厚的高密度塑料薄膜。通常先把熏鱼装入成型的塑料薄膜套管内，然后热封开口，再贴上简易的纸标签。冷藏水产品除了鱼之外，许多超市还有包装好的小虾米。常见的主要有两种，一种是把拌有佐料的熟虾米装入小型的塑料方盒内，打开塑料盖就可以直接食用。另一种是把处理过的小虾米与奶酪做成一种粘稠的混合食品，吃时把它抹在面包上一起享用味道更好。这种包装也使用带盖并贴有标签的小塑料方盒。这两种小虾米的内装量都在100克到150克。

冷冻类的鱼虾品种最多。一种是德国人喜欢吃的炸鱼块，这是一种半成品，选用无刺的优质鱼肉块，外裹一层带佐料的面粉或面包渣，用油简单炸后冷却，然后装入白纸板纸盒内冷冻起来。纸盒外印着许多彩色图案和文字说明，其主色调以深蓝色与焦黄色为主，表示海洋的颜色及油炸后鱼块的颜色。包装上的文字说明非常详细，除了生产厂家与原料成分外，最多的是使用说明。例如，有些厂家对冷冻期限写得很详细，标有一颗“星”的冷冻温度可以存放四天，两颗“星”的冷冻温度可以储藏三个星期，三颗“星”的冷冻温度就能放置一年。有些对怎样在厨房做这种鱼块罗列得特别清楚，诸如油炸五分钟，油煎每面三分钟，用烤箱时200度的温度烤八分钟等等。的确给消费者带来了很多方便之处。各个厂家的纸盒大小和内装量都不相同，所装鱼块的大小也不一样，常见的数量多为12块或15块，重量为400克到700克不等。第二种是把加工清洗过的切断的大鱼块或几条较小的鱼直接装入较厚的塑料带内，热封后放入冷冻柜进行销售。此方法也适用于从更大的鱼剔下的几乎没刺的厚鱼片的包装。也有的生产厂家把一条经过处理的整鱼用这种塑料材料包装起来，这种鱼的重量一般都超过一公斤，和其他塑料袋包装的鱼的区别仅仅在于一条整鱼常采用真空包装的方法，使塑料薄膜紧紧贴到鱼的身上，然后进行冷冻，这样可以节省冷冻空间。

德国超市的冷冻虾以大虾居多，其包装也分为两种，一种是直接把清洗处理过的大虾装入印刷精制的纸盒内冷冻；另一种是把大虾装入塑料袋热封后冷冻。其包装容量都不大，只有200克到300克。这可能是德国人不大喜欢吃虾或者不愿意过多进厨房烹调的缘故。

总的来说，德国人不太愿意花过多的时间用于做饭，所以无论是鱼还是虾在包装前都事先处理干净了，消费者买回来后打开包装就可以直接下锅。当然生产厂家也绝不敢在质量上弄虚作假，否则会受到有关部门的处罚，也就不会有人购买这种产品了。另外鱼虾和其他水产品的包装量都较小，主要考虑到在德国单身和没有小孩的小家庭比例偏多，所以一般的包装都是给他们按一顿最多两顿的消费量设计的。

巴西包装业将有快速的发展

巴西2004年的GDP增长将达3.5%，包装行业的生产量将增长2.5%。由于能精确地反映出化妆品业和清洁及卫生业的发展状况，包装业一直被认为是衡量经济发展的温度计。这些预测数据是由巴西Getúlio Vargas基金会研究中心(IBRE/FGV)提供的，昨日由巴西包装联合会(ABRE)公布。

尽管2003年包装业产值下降了6.6%，巴西包装联合会还是认为2004年该行业的生产值将达260亿雷亚尔，增长10%。

另外玻璃和木材生产也将分别增长3.97%和12.26%。这些行业的发展都是由于受到出口增长的带动。巴西包装联合会会长贝勒格里尼(Pellegrine)强调，巴西包装业应该加快与国际接轨的速度，以弥补疲软的国内市场并保持产业的持续发展。

法国质量标签的发展状况

在现代商品销售中，与消费者关系最为密切的是商品包装上加贴的具有法律效力的代表商品质量程度的质量标签。目前，法国有四种官方认可的产品质量标签，即红色标签、特殊工艺证书、农业生态产品标签和原产地冠名标签。

一、农业生态标签（Agriculture Biologique）

农业生态标签是法国农业部颁发的一种生态食品特种标签，它证明产品符合欧盟有关法令的规定，保证某种食品是通过生物生产模式生产的。如精耕细作和精细的饲养方法，注重环保和自然界的平衡，不使用杀虫剂、化肥、转基因物质，同时也严格限制各种有副作用的添加剂的使用。另外，还保证该品以及至少 95%以上的配料经过了政府部门委托授权的认证机构的检验。

二、红色标签（Label Rouge）

红色标签是根据法国农业指导法律确立创设的，它证明一种农产品或食品具有事先确定的品质，并达到优等质量的水平。这一产品在生产和制作工艺等方面将有别于其他的一般商品。而两者之间的质量差距，消费者也可从味觉到包装等一系列的感受中区分出来。

如果某一产品要申请红色标签，它需要提供优质质量证明，特别是味觉方面的分析，符合“名、优、特口味”品质。而产品的生产工艺标准也是有关专业人士进行评审的一个重要方面，最后由“国家标签和鉴定委员会（CNLC）”考核通过后，再由农业部的官方公报进行认可。而加工厂是否按照有关生产工艺的标准，则是由国家委托授权的认证机构进行检查和监督。

随着技术的不断进步和普通产品质量的不断提高，为了维护加贴红色标签产品的高品质标准，国家农业部以部令的形式颁布“技术说明细则”，对牛、羊、鸡、鸭、鹅等家畜家禽产品和鹅肝、熟肉等加工品的标签规定内容进行周期性的调整，以使其工艺标准得到不断的更新。

三、特殊工艺证书（Certificationde Conformie）

特殊工艺证书证明一种食品或非食用、非加工的农产品符合某些特殊的品质要求，或达到预期的生产、包装、来源地等特殊工艺要求。这些特殊的品质要求是由客观的、可测量的、可检测的和具有实际效益的标准组成，具体生产商则将这些标准细化为自己的生产工艺准则。

在通过国家标签认证委员会的评审后，再由国家授权委员会认可的认证机构颁发证书。该类产品将在标签中注明认证机构的名称和被认证通过的产品所具有的某种特殊品质情况。与“红色标签”不同的是，这类产品没有统一的确定产品身份的官方标志，只有一些专业组织创立的相应标牌。产品来源地也可作为一项标准纳入特殊工艺证书中，而这一申请程序和所有的法律要求应完全符合欧盟 CEEn2081/92 法令“受保护的地域标识（IGP）”的规定。

四、原产地冠名证明（AOC）

加贴此项标识的产品是指由产地命名的质量受到保护的产品。它表示产品和某一特定地域之间的紧密联系，一个特定的地域范围的独特的地质条件、农艺方法、气候特征以及特有的耕作和管理方式培育出一种质量上乘的、长期以来已成为众所周知的产品，经过检验被纳入产地冠名的保护之中。这一法国首创的产地冠名制度目前已被欧盟及国际承认。

据悉，这种标识最早只适用于葡萄酒和烈性酒。由于在酒类方面的成功，促使政府在 1990 年将地域冠名渐渐扩大到了奶类产品和其他的农产品上。如今，大约 520 种产品拥有“原产地命名控制”标识。据统计，目前法国 AOC 的葡萄酒产值达 156 亿欧元，占所有葡萄酒类总产值的 85%，AOC 的烈性酒产值达 15 亿欧元，这是法国农产品出口中赢利最大的一项；实行 AOC 的奶制品，特别是奶酪的产值达 20 亿欧元，占同类产品的 20%。一般情况下，一种产品在获得了“原产地命名控制”的名称之后，其价值平均能够增加三分之一。

除上述四种质量标签外，法国 1999 年农业指导法律还推行了一种“山区产品”命名的产品质量标签，以证明该产品的所有原料以及所有的制作工序都在某一种特定的山区完成。

法国为了打击市场上假冒的质量认证标识，有专门机构对获得认证的企业进行检查监督，一旦发现问题，不仅其质量认证标识被撤销，而且还要对其作出严厉处罚。

国际食品市场应用复合软包装新动向

弓　长

随着工业的发展和消费的需要，人们希望未来的食品工业产品特别是保健食品的贮存期限更长，这就要求复合包装向着系列化、多功能、高性能、特殊功能等方面发展。

纸基复合包装：这是复合软包装中的一种，主要有贴膜型、衬袋型、嵌入型、液体型等。纸基复合包装的主要难题是解决防渗问题，这是因为油分子极小的缘故。像日本研制了一种盒装食油的复合纸盒，非常成功。复合纸的结构为 PE／纸／PE／AL／PET／PE，以纸为基材经铝塑 6 层复合制成。由于复合层有铝箔，其性能优于玻璃瓶和塑料瓶，既安全，又轻便，且印刷精美，提高了商品的附加值和竞争力。

新型复合“纸”：超强度复合纸在国外已经研制成功。该纸洁白如雪、薄如蝉翼、柔似锦缎，反复折叠后仍完好如初，又称软玻璃，而且价格低廉。这类“纸”是用玄武岩在 2000℃高温中拉成纤维，浸渍酚醛树脂并渗入白土粉后制成薄膜的。由于以岩石为主料，所以长期贮存不会变脆、发霉、虫蛀，而且可以染印色彩，用途较广。此外，还有无尘纸、灭菌纸、防臭纸、防带电纸、抗电磁干扰纸、高吸波纸（即隐身包材）等等。

一、防臭包装

由于超市和速食店的发展，近年国外兴起并流行一种 HMR 新观念，HMR 市场发展很快。为了防止包装物品臭味（指异味和臭味）的影响，研制开发了除臭包装。现在除臭包装材料已有 40 余种，主要分三种类型：

A 类属化学除臭型，能除去氮系化合物和硫系化合物加氨气、二甲胺、三甲胺、硫化氢等臭味或异味。

B 类属物理型，主要用于除去硫化氢、羧酸等类臭气或异味，其特点是对高浓度硫化氢除臭效果好。

C 类材料是混合除臭型。主要用活性炭除臭剂制成，低浓度除臭力好是此类材料的特点。

除臭包装纸薄膜用于食品包装还可以起到除臭保鲜的效果。一般除臭包装主要用于那些各具特殊气味或异味的食品，以及农产品、水产品的包装。

二、抗菌包装

微生物引起的食物腐败的问题，使抗菌包装成为热门话题。为此，日本在包装材料中添加一种新型无机抗菌剂，研制成功系列抗菌包装材料，它对多种病原菌有抗菌效果。该包装材料的主要特点如下：抗菌效果持续时间长；因为抗菌剂是气相型的，故对包装内容物无任何不良影响；稳定性好。

在包装加工过程中，热稳定性高，浓度稳定，对作业环境无不良影响。抗菌包装材料主要有片材、吸水片材、包装薄膜、抗菌包装纸等几类。片材是把抗菌剂混炼到聚烯烃等。

树脂中压制而成，吸水片材则是采用高吸水性树脂为基材制成的，通常有片型和涂布型。如无纺布／纸／混有抗菌剂的吸水树脂／纸／无纺布。

目前应用较广的是抗菌包装薄膜，在聚烯烃薄膜中加入抗菌剂制成，对大多数常见微生物如大肠菌、金色葡萄球菌、菜豆疫霉、穿抱杆菌、黑曲霉等有抗菌效果。

三、高阻隔性包装

众所周知，铝塑复合包装材料的性能优越，但不透明，为此专家研制成功一类高阻隔新型材料。它的阻隔性好，其他性能等于或优于铝塑复合材料。这种称为 GT 的复合包装材料，是在塑料薄膜表面沉积一层厚 10～100μm 的无机物（如纳米氧化硅或氧化钛）薄膜制成的。这种纳米涂层性能稳定，即使经过高温杀菌后，其阻气性、防潮性、透明性依然如初。

近年美国研制成功热效液晶聚合物膜（TLCP），由一种特殊致密的纤维状高分子长链组成，强度和韧性均好。2μm 厚的液晶聚合物的阻气性能即与 25μm 厚的 EVOH 相当，但价格比后者低许多。

四、低温密封包装

包装机械要简单方便、节约能源、提高速度、增加效率，以适应现代大批量包装的需要，因此使用低温封口包装材料是低温密封包装的必要条件。所谓低温包装材料，就是在薄膜表面涂一层以天然橡胶为主要成分的低温冷封涂层，不需要任何热量即可封口的包装材料。它具有一系列特点：（1）对包装内容物不产生热影响，因而特别适于厌热物品的包装；（2）可采用难于热封的基材；（3）可简化包装机械、降低成本、节约能源；（4）能实现高速包装；（5）封口耐寒性好，即使在-20℃下封口强度也不降低。

五、高速封口包装

对软包装的要求主要是时尚漂亮、价格低。例如，巧克力之类产品的包装，由于易受热的影响，因而要求包装温度要低而且封口漂亮。为此研制了高速封口的包装材料，这是一种涂有高速热封层HSS，在低温即能够高速封口的包装材料。它比其他材料如 EVA、丙烯酸树脂、热封清漆、微量石蜡等优异，因此可用于那些严格限制臭味或异味影响的产品的包装。其特点是封口速度快、适于高速机械。如用 OPP / KOP / HSS 包装材料，三方制袋机速度可达 500 个 / min。高速热封层 HSS 不仅可涂于纸、铝箔表面，还可涂布在 PP、KOP、PET、PVC、PE 等各种塑料薄膜表面，一般 HSS 涂层厚度为几微米左右即可满足要求。

六、复合塑料包装

我国“入世”后，由于关税的降低，塑料树脂进口税将下降 60%，我国塑料包装业有了更大的发展空间，食品软包装行业亦有了更好的发展前景。聚酯：目前全球 77%的瓶用聚酯树脂用于食品包装，非食品包装仅占 23%。食品包装中主要是碳酸饮料包装瓶，约占总量的 50%。其他饮料包装占 21%，食用油及沙拉包装约占 6%。在过去 5 年中，聚酯瓶年增长率达 18%。随着人民生活水平提高，对包装材料的要求也日益提高，而聚酯包装容器正好满足了这一要求。尤其在饮料包装方面，聚酯瓶以其优良的性能逐渐替代了聚氯乙烯瓶、马口铁罐及铝罐等。

聚氯乙烯：近年来，随着人们生活水平的提高，各种方便、保健、医疗、风味食品将成为食品工业的发展方向。为适应市场的发展要生产出更多的高阻隔性单膜和复合膜，满足各种蒸煮食品包装和无菌食品包装的要求。粮食的防霉和防虫包装、糕点保鲜包装、蔬菜和水果保鲜、长期冷冻食品包装、微波炉食品包装都是聚乙烯包装材料的巨大市场。

CT 材料：日本中央化学公司经过十年的努力，已研制成功符合环保原则的食品包装容器专用塑料 CT。用 CT 塑料制作的器皿表面上与其他食品包装容器无多大差别，但内在质量却大有改变。据专家介绍，这种塑料是在聚丙烯塑料中充入大约一半数量的产自我国辽宁的滑石粉，进行共混而制成的新复合材料。CT 不仅耐高温，还有一个最突出的优点，就是它的功能与俗称“泡法沫塑料”的 PSP 塑料制品相仿，而其体积只相当于后者的 1 / 4。这样在回收时避免了因体积庞大而产生的诸多麻烦，并为消除对环境的负面影响创造了极有利的条件。

杀菌吸水食品袋：俄罗斯实用物技术研究院最近开发出了可吸水、杀菌并能多次使用的食品包装袋，使奶酪香肠等容易变质的食品能保存较长时间。俄专家在食品包装包装聚合物中添加了脱水的多种矿物盐和酶等物质。

玉米塑料：前不久，美国科研人员研制开发出一种易于分解的玉米塑料包装材料。它是从制作生物聚合物的细菌中，提取了三种能产生塑料的基因，再转移到油菜的植株中，经过一段时期便产生一种塑料性聚合物液，经提炼加工后便可得到一种油菜塑料。用这种塑料加工制成的包装树料或食品快餐包装材料，弃后能自行分解，没有污染残留物。

小麦塑料：这是利用小麦面粉添加甘油、甘醇、聚硅油等混合干燥，再经热压成为半透明的热可塑性塑料薄膜。用小麦塑料包装食品的优势是，可由微生物加以分解。

细菌塑料：英国科研人员新近研制开发出了一种 PHB 细菌塑料。它是先用糖培育出一种细菌，然后通过加工制成与聚丙烯相似的材料。这种材料无毒，而且易于生物分解，是加工制作食品包装袋的理想材料。同时，弃后对环境没有污染。

功能性包装

我们知道，部分采用复合功能材料比全部使用复合功能材料显然更经济合理，于是业者研制了多种功能包装材料。常见的有防锈型、防变色型、防虫型、防霉型、保鲜型、纳米型等。

由于人们对现代生活的要求，保鲜包装得到了迅速发展。现已研制成功的系列保鲜功能材料有 100 多种。

七、智能包装

所谓智能包装，是指对环境因素具有“识别”和“判断”功能的包装。目前研制的智能包装，通常采用光电、温敏、湿敏、气敏等功能材料、包装材料复合而成。它可以识别和显示包装微空间的温度、湿度、压力以及密封的程度、时间等一些重要参数。这是一种很有发展前途的功能包装，对于需长期贮藏的包装产品尤为重要。

八、绿色包装

在绿色环保革命中，包装废弃物通常采用回收、再利用、燃料油料化技术，但对于柔性复合塑料薄膜而言，分类回收和再利用仍是一大难题，而采用燃烧或填埋处理，其排放的二氧化物或重金属类有害物质仍在污染环境。为此国外进行研究，开发出了环保型薄膜。

在这种环保型薄膜中由于加有活性氧化物，在进行废弃燃烧处理时，一方面促进了燃烧，另一方面又减少了二氧化物的生成，并且还与重金属反应，有效防止残灰中重金属的溶出，被誉为“清洁薄膜”而引人注目。

国外控制过度包装有三招

对于控制“货卖一张皮”的过度包装现象，世界上许多国家已经形成共识并取得不少经验。专家认为，这些经验对于我国有效控制和减少包装性废物堪称“他山之石”。

据全国人大环境与资源保护委员会主任委员毛如柏介绍，目前，国外对过度包装的控制手段主要有三类：

第一类是标准控制，即对包装物的容积、包装物与商品之间的间隙、包装层数、包装成本与商品价值的比例等设定限制标准。如韩国、日本、加拿大等国家。

第二类是经济手段控制，如对非纸制包装和不能满足回收要求的包装征收包装税，如比利时。另外，通过垃圾计量收费，引导消费者选择简单包装，如荷兰。

第三类是加大生产者责任，规定由商品生产者负责回收商品包装，通常可以采用押金制的办法委托有关商业机构回收包装。为便于回收，生产者会主动选择使用材料少、容易回收的包装设计。如德国、法国等国家。

为减少固体废物产生量和危害性，目前有很多国家已经开始对电器等产品的包装实行生产责任延伸，即生产者不仅要对生产过程中的环境污染承担责任，还需要对报废后的产品或使用过的包装物承担回收利用或处置的责任。

一些国家的实践表明，这种责任机制可以比较有效地解决生产、消费与废物处置责任割裂带来的问题，控制固体废物的过快增长。

韩国：DNA 条码让造假者望尘莫及

制假贩假已经成为许多不法商贩的牟利手段，为了使自己的假货更具有欺骗性，他们往往也会在商品的条码上大做文章，而现在商品条码存在的一个致命缺陷就是很容易被仿造，这也让消费者真假难辨。不久前，韩国的科学家宣布，他们发明出了一种 DNA 商品条码，有了它造假者只能望尘莫及了。

传统的商品条码主要通过印刷后贴到商品包装上，而 DNA 商品条码则是用一段 DNA 序列号来形成 DNA 商品条码，然后喷到商品上。要验证该条码，必须使用一种特制的解读器，这也让造价者无机可乘。

韩国科学家表示，DNA 条码技术并不是一种新技术，过去没有推广使用的原因是由于通常 DNA 条码的稳定性比较差，容易被腐蚀破坏。而现在研究人员将这种 DNA 条码装入一种由无机物质制成的纳米胶囊中，问题就全解决了；DNA 条码就如同穿上了一件防护服，再也不会和商品中的生化物质发生化学反应了。据称，整个 DNA 商品条码的研制过程中，涉及到了四种尖端技术，但这些技术是绝对不能公开的，因为造假者同样对这些技术很感兴趣。

此外，在口蹄疫、疯牛病爆发的时期，DNA 商品条码还可以用来精确检测出疫区出产的商品。科学家预测，DNA 商品条码一旦推广，将能大大提高人们对于商品的信任度。

美国杯类和杯盖类包装业市场调查及预告

美国俄亥俄州克里夫兰市的福利多尼亚市场调研公司（Freedonia, Inc.）近日出版了一份名为《杯子和杯盖》的研究报告。报告主要分析了1993，1998 和 2003 年的历史资料，还对 2008 年和 2013 年的有盖杯类包装市场作出了预告。以下为内容综述：

2008 年美国对杯子和杯盖的需求量将达 50 亿美元

美国市场对杯子和杯盖的需求量预计到 2008 年将达到 50 亿美元。这一增长的推动因素主要来自两个方面：

用于开支的这部分个人收入的水平不断提高，餐饮服务行业前景看好，尤其是对杯子和杯盖消耗量较大的业种如快餐店和咖啡及点心吧等。

尽管普通饮料杯仍将占据主要市场，但相对小巧的包装杯将成为赢利最快的产品——因为其应用需求的前景良好，且更多新辟用途能满足消费者对小巧方便的一次性包装品的要求，重新激活整个市场销售。

消费者偏爱健康的饮食习惯，杯子与杯盖销量得以进一步增加

刺激包装杯销量的有两大趋势：饮食习惯更趋健康；生产商对特殊消费群体（如儿童等）的定位更准确。另外一些快餐店逐渐转向提供更健康的餐种，如个人的什锦水果杯等，这也将推动相关包装杯的销售。

对杯盖的需求的快速增长甚于对杯子本身的需求，一方面由于加了盖的杯子所占比例在增加，另一方面因为对价格较高的特殊盖种的需求同时也增加了。时下随身饮料的消费量越来越大，也有越来越多的饭店为了安全卫生的原因采用在店内所有一次性杯子上加盖的做法，这都促使了有盖类杯子的比例的不断上升。但预计前景最看好的会是双层盖包装——同时具有一层柔性盖膜和一个硬盖，杯类包装应用术的不断发展和消费者的特别需求都对此类包装的发展起到了推动作用。

餐饮服务业仍将是主要市场

据称餐饮服务业占据了 2003 年杯类和杯盖市场份额的 70%，并将在今后数年中继续稳占首要市场的位置。餐饮服务业的一系列新发展趋势将为杯类和杯盖包装带来好的兆头，这些发展趋势包括有：部分业者转向使用用较大的饮料杯，杯体上的个性化印刷变得愈加重要，超值套餐大行其道，随身饮料的消费量显著增长等。

咖啡吧和点心吧的生意兴隆，刺激了杯类与杯盖包装品的销售。许多商家采用高价纸热杯(Hot cup)，饮、食品外带率也很高，这也增加了杯盖的使用需求。

杯类零售市场的前景也不错，现在越来越多的人喜欢居家消闲，一次性杯子不仅卫生而且方便清理。此外医药和牙科护理市场也将继续成为杯类和杯盖包装的利基领域（Niche Area），随着人口的增长和人口结构的老龄化，这块市场还会有适度的发展。

美国加强军用食品包装研究

近年来，美国加强了对于食品军用食品包装的研究，研究内容包括提高包装材料的环保性能和容器的方便性能等方面。

美国马萨诸塞州 Cambridge 的 Metabolix 公司与美国政府合作解决美国海军食品包装工业化应用生物降解膜问题。目前正在评估的生物降解材料是 Metabolix 公司的 PHA 膜，该膜遇热溶液稳定，在新鲜水或盐水、土壤或堆肥和厌氧条件下有生物降解性。

美国军队最近发明了一种干食品，依靠其独特包装袋对脏水的过滤作用，这种食品可以掺兑上脏水、甚至尿液，以减少士兵在作战时携带的水量。包装袋由很薄的纤维塑料制成，上面的特殊过滤膜布满了间距仅为 0.5 毫微米的小孔，可以过滤掉 99.9%的细菌和绝大部分有毒物质。

美国人的饮食风潮与包装法规

当今的美国人，在世界范围来说，真可谓是“跟着潮流走”的典范。单说美国人在饮食方面的潮流，便如走马灯似的，令人目不暇接。他们一方面在如痴如醉地追逐饮食新潮，而另一方面，他们又十分清醒地意识到，要用法律来保护自己在饮食方面的权益。于是，在我们去了解和观察美国人饮食潮流的同时，也了解到了那些形式各异的包装法规。

一

在 1983 年中，美国社会上掀起了一股“抗盐”风潮，人们视盐为高血压症的“罪魁”和过早衰老的“祸首”。在报纸上，连篇累牍地介绍食盐过量有害健康。在电视上，影星们在大谈“抗盐”可以保持容貌青春的经验，甚至连里根总统的医生也在告诫总统说：“你要想健康长寿，就应该少吃盐。”据调查，当时有 40%的美国人降低了食盐量。也有些人走火入魔似地，视盐为蛇蝎，拒绝再食用。

为此，美国食品与药物管理局于 1984 年初宣布：“从 1984 年 7 月 1 日起，凡在美国生产和销售的食品，必须在其包装或标签上印明该食品的含盐量，否则，将被视为违反食品卫生与健康条例，而予以处罚。”并将食品的含盐量分成无盐食品、低盐食品、减盐食品等几个等级，规定了几个等级的不同含盐量的标准。

这一法规的制定，使美国的低盐食品大行其道，以致波及到世界。

二

香烟是从欧洲、美洲传向世界的。在今天，美国的香烟更是销遍全球，然而，美国人自己，却要与吸烟誓不两立。

二十多年前，美国在世界上第一个制定了在香烟盒上必须印上“吸烟危害健康”字样的法律。近年来，美国的戒烟和禁烟运动更是风起云涌，甚至连生产云斯顿牌和骆驼牌香烟的公司老板也戒了烟，并且积极加入了倡议禁止青少年吸烟的行列。里根上台后，还亲自签署全国性的禁烟法令。法令规定：从 1985 年 10 月 1 日起，香烟的包装盒上必须印上：“吸烟会引起肺癌、心脏病和肺气肿”；“香烟含有一氧化碳”；“孕妇吸烟会危害胎儿”等等警告文句。

时至今日，全国 50 个州中，已有 45 个州颁布了各种禁烟法规，成为世界上禁烟法规最多，处罚最严的国家。

三

随着生活水平的迅速提高，美国人对胆固醇是否影响健康开始关注。

美国的医学界、心脏学会在不断地告诫美国人：“要限制胆固醇的摄入量。”为此，美国人的饮食潮流又一次翻新。人们又一次重新设计自己的食谱。尤其是那些肥胖的“美食家”们，更是将胆固醇视作洪水猛兽。在公众中，要求在食品上标明胆固醇含量的呼声，也日益高涨起来。

终于在 1989 年，美国食品与药物管理局颁布了一条法律。法律规定：在食品包装或标签上，必须标明食品中胆固醇的含量。并将其分为三个等级。对那些未达到“减胆固醇等级标准的食品，则应标明其胆固醇的百分含量。”

四

饮酒自古多误事。据美国政府的资料显示：美国因饮酒误事、发生交通事故，而导致的财产损失、额外开支费用，每年超过 100 亿美元。

早在 1969 年，美国参议员瑟蒙德曾向国会提出过一份议案，要求对酒类商品上必须印制警告性文字进行立法。但是，他当时的议案未能获得国会通过。

然而，一直以来，“酒祸”事故有增无减。同时，由于饮酒造成严重后果的责任归属问题，也时有发生，直到 1989 年 5 月，在西雅图发生的一件诉讼案，才使酒类生产厂家乃至美国政府受到了震动。

西雅图法院受理的这桩诉讼案，原告为一位年轻的妇女，被告为芝加哥酒厂。原告在诉讼中说，她在怀孕期间，由于经常饮用该酒厂生产的一种威士忌酒，结果儿子出生时先天不全，手脚畸形。原告认为：这是由于该酒厂没有在酒瓶上印上“酒精会伤害胎儿”的说明，致使她误饮而造成的恶果，责任应由厂方负责。这尚未了结的诉讼案，震动了全国许多酒厂的老板，他们自发组织起来开会研究，并作出了从当年的 11 月份起，在所有的酒瓶上印上“酒精危害健康”的警告性文句的决定。

也就在 1989 年的 11 月，美国国会通过了一项法律，规定：所有含酒精的饮料，包括烈性酒，葡萄酒及啤酒，必须在酒瓶上印上酒精不仅会危害健康，伤害胎儿生长，而且会损害人的架车能力，如未按规定执行，任何酒类均不得出售。

美国市场上流行七种新型食品包装

新的技术产品和环保材料的出现，对食品包装也提出了新的要求，目前美国市场上流行几种新的食品包装：

1. 高温杀菌塑料罐。其材料组成为 PP/EVOH/PP，其特点在于夹层以 EVOH 为材料。用这种塑料罐包装的食品，保存期与罐头相同，常温下可保存两年，可取代金属罐。

2. 可挤压瓶。用挤压技术制造而成，具有良好的保气性和挤压性，材料组成也为 PP/EVOH/PP，是果酱调味酱料理想的高温杀菌包装。

3. K-OAK 热充填系统。材料组成为低密度聚合物，适用于高温及酸性食品的包装。

4. 高阻隔积层材料食品包装。该材料阻气性能较高，金属化镀膜，适用于糕点、饼干等食品的包装，以及微波炉、烤箱用塑料盘。以结晶性ＰＥＴ为材料，是可耐高温的食品包装。

5. 无菌包装。流行当中求发展，今后发展趋势是多作为大容量的食品无菌包装。在今后 10 年中，美国食品包装的发展趋势是：对于大多数的新型包装来说，主要采用基于石油化工产物的原材料，无菌包装的进一步发展将减少冷藏设备的需要。愿意使用塑料罐和塑料瓶者越来越多，将会取代玻璃制品，在某种情况下还可以代替金属制品。

6. 柔性包装材料。通过改进包装材料性能降低包装成本，而不是片面追求材料价格的降低。包装件与一般产品不同，需要经常装料、包封、储存、运输等商品流程，顾客买来后往往有一个保管和使用的过程，所以必须保证和提高包装质量。

7. 包装轻型化。其发展趋向是便于取货搬运，需要库存者，由于包装较轻，托盘负荷相应减少，可以少用拖车和起重叉车。用来把单个的纸盒、玻璃和塑料容器以及柔性包装等食品包装集装起来的包装，需要增加其强度，以便于安全运输。

欧洲发展环保包装势头强劲

欧洲包装工业市场很大，各地区的情况有所不同，德国、法国、意大利和英国占据优势。

德国因为重视环保而在世界上赢得了声誉。德国在所有的包装方面仍在使用不同一般的玻璃包装，而一次性的 PET 瓶则较少使用。德国是欧洲第一家建立有关包装废弃物立法的国家，法规于 1991 年实施，其目的是刺激包装材料的回收利用和再循环。

意大利包装工业从 1990 年到 2000 年间着力开发新技术，如塑料包装在整个包装材料的使用中占有很高的份额。

英国的包装工业从1990年到2000年间着力开发新技术，其塑料包装在整个包装材料的使用中也占有很高的份额。

与此同时，东欧包装工业蕴含着大量的机会，这一地区已经出现明显的改善，但进口包装材料在满足这一地区对包装的需求上仍十分重要。

以俄罗斯饮料工业为例，它已建立了大量罐装厂，并且还在继续建设，这将对饮料罐产生大量需求。

许多欧洲主要马口铁生产厂商已宣布自 2004 年 1 月 1 日起提高马口铁价格，欧洲马口铁价格上升也将促进欧洲包装市场的发展。

在 PET 瓶市场持续扩大中，PET 瓶的收集和回收引起欧洲各国的重视。PET 瓶的利用对扩大欧洲包装市场的发展起到重要作用。

挪威的早餐市场出现一种用新型纸包装的谷类食品。这种食品的包装完全不使用塑料膜制的内袋，而是直接使用可以保护内容物的纸包装。由于纸材料的成本偏高，这类包装不适于廉价产品，但是它良好的环保概念已受到业界的青睐。

日本：包装讲究但不奢华

日本虽然是一个十分讲究商品包装的国家，但是其商品包装一点也不奢华，更不会出现外包装成本高于商品价值的问题。日本商品讲究包装主要体现在包装盒的装潢设计以及包装纸的图案、色彩搭配等方面，充分突出视觉效果，让消费者觉得包装非常考究。

在日本的百货商店或超市中可以看到，食品、饮料以及其他生活用品的包装基本上只是普通的纸盒，但是这些盒子的外观设计不仅方便实用，而且图案和色彩搭配非常协调和美观，印刷也很精致，这在无形中提高了商品的品位，也提高了该商品在人们心目中的价值。

近年来，日本一些地方政府和民间团体积极开展简化包装、节约资源、保护环境的运动，呼吁企业和消费者通力合作减少不必要的包装。大阪府号召生产厂家将包装减少到最低限度，尽量采用可以多次循环使用的容器和包装；要求商家在销售商品时向顾客了解是否是自用，如果是自用则希望顾客能合作，不要包装。他们还呼吁顾客自带购物袋，不用商场的塑料袋或纸袋，购物时尽量选购没有包装的蔬菜、水果以及其他食品；在必须有包装的物品中，尽量购买纸包装物品；在购买礼品时也尽量简化包装等等。日本三越百货商店的超市，原本是提供塑料袋和纸袋两种包装的，但现在收款员会主动询问顾客需不需要购物袋，需要才提供。通过各方面的共同努力，日本家庭包装垃圾有所减少，据日本《环境白皮书》提供的数据表明，若按重量计算，现在包装垃圾只占家庭垃圾的22.6%。

日本虽然还没有制定强制消费者预付押金、在包装物退还后返还押金的法律制度，但日本的啤酒行业已经实施了这样的行业规定。瓶装啤酒的价格中含有押金，消费者退还啤酒瓶时返还押金。许多自动售货机也采取了基本相同的做法，购买一盒纸装饮料的价格中含有 10 日元押金，当消费者饮用完毕，将折叠好的纸包装投入旁边的自动回收机后，押金就会自动返还。

日本还特别重视包装物的回收和循环利用，努力节约资源和减轻对环境的负荷。日本政府 1995 年就制定了《容器包装回收法》，明确规定生产厂家和消费者有义务将各种包装废弃物回收，进行循环利用。该法还规定必须将容器包装废弃物严格分为金属类、玻璃类、纸类以及塑料类，充分进行回收循环利用。消费者应在指定的时间，将废弃物摆放在指定的地点，由地方政府有关部门或者由其指定的回收企业定时回收，并送到指定的工厂进行加工利用。

为了促进包装废弃物的回收利用，日本还设立了财团法人“日本容器包装物回收利用协会”，指导消费者积极配合包装废弃物的回收利用，同时还接受企业的委托，协助它们进行容器包装废弃物等的回收利用。此外，日本政府还颁布了许多相关法律，对资源的有效利用以及环境保护起到了重要作用。

外国对出口包装规定各不同

在国际贸易中，由于各国国情不同，以及文化差异的存在，对商品的包装材料、结构、图案及文字标识等要求不同，了解这些规定，对我国外贸出口大有裨益。

一、禁用标志图案

阿拉伯国家规定进口商品的包装禁用六角星图案，因为六角星与以色列国家旗中的图案相似，阿拉伯国家对有六角星图案的东西非常反感和忌讳。

德国对进口商品的包装禁用类似纳粹和军团符号标志。

利比亚对进口商品的包装禁止使用猪的图案和女性人体图案。

二、对容器结构的规定

美国食品药物局规定，所有医疗健身及美容药品都要具备能防止掺假、掺毒等防污能力的包装。

美国环境保护局规定，为了防止儿童误服药品、化工品，凡属于防毒包装条例和消费者安全委员会管辖的产品，必须使用保护儿童安全盖。

美国加利福尼亚、弗吉尼亚等11个州以及欧洲共同体负责环境和消费部门规定，可拉离的拉环式易拉罐，也不能在市场上销售，目前已趋于研制不能拉离的掀扭式、胶带式易拉罐。

欧洲共同体规定，接触食物的氯乙烯容器及材料，其氯乙烯单位的最大容器规定为每公斤1毫克成品含量，转移到食品中的最大值是每公斤 0.01毫克。

根据美国药物调查局调查，在人体吸收的全部铅中，有14%来自马口铁罐焊锡料，因此，要求今后5年内焊缝含铅量减少50%。我国香港卫生条例规定，固体食物的最高铅含量不得超过6ppm（6%），液体食物含铅量不得超过1ppm。

三、使用文种的规定

加拿大政府规定进口商品必须英法文对照。

销往香港的食品标签，必须用中文，但食品名称及成分，须同时用英文注明。

希腊政府正式公布，凡出口到希腊的产品包装上必须要用希腊文字写明公司名称，代理商名称及产品质量、数量等项目。

销往法国的产品装箱单及商业发票须用法文，包括标志说明，不以法文书写的应附译文。

销往阿拉伯地区的食品、饮料，必须用阿拉伯文说明。

四、禁用的包装材料

美国规定，为防止植物病虫害的传播，禁止使用稻草做包装材料，如被海关发现，必须当场销毁，并支付由此产生的一切费用。

新西兰农业检疫所规定，进口商品包装严禁使用以下材料：干草、稻草、麦草、谷壳或糠、生苔物、土壤、泥灰、用过的旧麻袋及其他材料。

菲律宾卫生部和海关规定，凡进口的货物禁止用麻袋和麻袋制品及稻草、草席等材料包装。

澳大利亚防疫局规定，凡用木箱包装（包括托盘木料）的货物进口时，均需提供熏蒸证明。

五、港口规定

沙特阿拉伯港务局规定，所有运往该国港埠的建材类海运包装，凡装集装箱的，必须先组装托盘，以适应堆高机装卸，且每件重量不得超过2吨。

伊朗港口颁布的进口货物包装规定，药品、化工品、食品、茶叶等商品，分别要求以托盘形式，或体积不少于1立方米或重量1吨的集装箱包装。

沙特阿拉伯港口规定，凡运往该港的袋装货物，每袋重量不得超过 50 公斤，否则不提供仓储便利，除非这些袋装货物附有托盘或具有可供机械提货和卸货的悬吊装置。

意研讨包装机械未来

由Elau(芝加哥，IL)与意大利包装机械制造商组织 UCIMA，波伦亚市政府，以及各个意大利政府部门或组织联合发起的国际会议“包装的核心(The Heart of Packaging)”，于2004年在意大利波隆那举行。

来自德国，意大利和美国的发言者与超过 470位来自包装机械原装设备生产厂的与会人士，就包装机械的未来交换了看法。发言者的名单包括了来自意大利Nestl 栟琁 nilever，意大利Abbott实验室，Pharmacia，以及来自柏林，波隆那和 Modena的各间大学的教授。

意大利Nestle,Ermanno Capritti的意见是，包装机械需要变得更灵活。他相信未来的机器必须要能在一条包装线上包装一个以上的产品。他说：“关键就是高自动化与灵活的机器相结合。”

Unilever的Andrew McDonald说，未来的产品应该可以把不同的机器和来自不同生产商的生产线相结合。他提到的一个解决方法就是可以允许机器间进行交流的Plug-and-Pack概念(Plug-and-Pack指的是一套由OMAC用户组开发的指引)。McDonald还提到有必要使机器的重新安置变得容易起来。

意大利Abbott实验室的Giuseppe Motta表示，惟一的革新方法就是使公司内部各个部门，包括开发，市场，生产，控制和后勤等部门的沟通完善起来。密歇根州克拉马祖的Pharmacia的Robert

Martell 同意他的观点，并补充到医药产品的包装机器同时必须达到一定的标准，以符合每件产品对药品包装的要求。

大学教授们介绍了可以使完全数据传输成为现实的软件和应用方法。波隆那大学的Alberto

Tonielli 教授说包装业已经渡过了"幼稚"阶段,现在是时候让机器软件和交流界面变得标准化。这包括为远程诊断和维护而设的网页界面 —

一切都通过机器简化维护程序。根据他的研究,新的机器的设计必须能作出快速改变,以适应包装不同大小的产品。

OMAC Packaging Workgroup 的行政主管 Keith Campbell 参与的任务是:减少 50%的机器运输和启动时间,追踪,生产,变化,物质损耗,停工时间等等。Campbell 表示相信如果 OMAC 的 Plug-and-Pack 指引被最终用户和机器制造商广泛采用,它将有可能达到这些目标。他概括了公司到目前为止的许多成绩,包括 PackML,一种可以减少包装线结合时间,简化包装线启动和关闭程序,提高数据分析能力和使包装线最优化的包装机器语言。

从讨论和陈述中可以概括出这样的结论,就是对顾客需要的关注是未来的包装机器发展的关键。未来的包装机器包括新的技术,以及为客户短期,中期和长期的包装方案提供更好的服务,以减少成本的合作工作。

最新包装专利选登

PATENT ON PACKAGING

最新包装专利选登

PATENT ON PACKAGING

节能全自动塑料吹瓶机

CN2536384Y

节能全自动塑料吹瓶机设计结构包括瓶坯输送装置、环形预热烘道装置、控制系统、瓶坯成形装置和开合模装置，另外，还包括在瓶坯输送装置与环形预热烘道装置之间依次安装的瓶坯分配定位装置和瓶坯上料机械手。在环形预热烘道装置的瓶坯出口与瓶坯成形装置之间装有瓶坯进模机械手，在瓶坯成形出口的环形输送装置的侧面装有取瓶机械手。这种吹瓶机的瓶坯从瓶坯输送装置到环形预热烘道，再以环形预热烘道中取出两个瓶坯调整为拉吹时的两个成型瓶坯中心距一致，以及取瓶时均采用按预先设置的程序，均由微机控制电机或机械手一次完成。

双向拉伸聚丙烯镭射压印蒸镀基膜

CN2535228Y

双向拉伸聚丙烯镭射压印蒸镀基膜由上表层、芯层、下表层组成。上表层、芯层、下表层通过热熔共挤成为一个整体，上表层为压印蒸镀层，基膜的上表层、下表层的厚度分别为基膜厚度的 10%至 12%。这种双向拉伸聚丙烯镭射压印蒸镀基膜可以直接进行镭射压印蒸镀，蒸镀效果好，质量稳定。

号码隔色印码机

CN2535230Y

号码隔色印码机包括有一传墨系统，传墨系统主要包括墨斗、中间传墨辊组、下串墨辊和靠版辊。墨斗由隔色档板分成至少两个墨格，中间传墨辊组及下串墨辊的表面上的混色处均设有隔色槽，下串墨辊的串动量小于等于1倍以上隔色槽的宽度，最佳值为隔色槽宽度的0.5倍。这种号码隔色印码机可巧妙地解决油墨的串色问题，并同时实现匀墨，以满足印刷质量和大批量生产的要求。

凹版油墨印码机

CN2535231Y

凹版油墨印码机主要由机座、工作台、胶头运动机构、凹版上墨装装置及凹版组成。工作台和凹版固定安装在机座上，凹版上墨装置由活动架、固定销、墨斗构成，墨斗内设有存墨腔，存墨腔下方设有出墨口，出墨口为条形状，墨斗底部还带有一个辅助支点，墨斗由固定销固定在活动架横梁下方，并且贴压在凹版表面，墨斗出墨口的边圈与凹版的表面贴合。这种凹版油墨印码机结构设计简单合理，使用调整方便。

无色荧光油墨在线检测装置

CN2535232Y

无色荧光油墨在线检测装置由电源、信号采集装置、信号输入装置、信号输出装置以及控制器组成。信号采集装置为一信号盘，其外缘上设有采集信号用的信号反应块，信号输入装置为光电开关，其对应接收信号反应块采集到的输出信号，并将信号传送给控制器。这种检测装置可实现印刷过程中对无色荧光油墨的在线检测，可广泛应用于使用无色荧光油墨的印刷行业，在线检测准确可靠，有效地提高了印刷质量。

颗粒物料包装机

CN2535327Y

颗粒物料包装机的计量机构有定容料斗连接在储料斗的出料口下方，重力传感器安装在称量斗上，称量斗的上口置于定容料斗下口的下方，定容料斗与储料斗之间有一截料门，定容料斗的下口有放料门。储料斗中的颗粒物料经打开的截料门装满定容料斗，并经打开的放料门进入称量斗。截料门截止时，颗粒物料通过其上的小孔补入称量斗至达到预定值。这种颗粒物料包装机实现了以容量法作粗略计量和重量法作精确计量的计量方法，使被 计量的物料不论其容重如何变化。最终都以称得的重量为准。

捆包机自动送带机构

CN2535329Y

捆包机自动送带机构由进带组件、送带通道和送带组件构成。在送带通道的储带箱一侧设有档带用的叶片，叶片与送带通道之间为转动连接，并设有弹性复位机构。这种捆包机设置了送带通道结构，可以实现自动送带，使用时不需打开盖板，只需将捆扎带的起始端插入机体上的进带组件，即可自动储带，送带到位，操作方便可靠，显著提高工作效率。

新型塑料切粒设备

CN2536378Y

新型塑料切粒设备主要包括切粒机构和进料机构。切粒机构和进料机构分别由两台电机及两套无级变速机构驱动。切粒机构包括有驱动部分、转动轴、转动盘、动刀、动刀盘支座、定刀架、定刀支座调整部分和固定部分。定刀座上设有可沿动刀盘中心轴方向调节定刀位置的调节螺母及多个进料口，定刀片设置在每个进料口的一侧，其刀口方向与动刀旋转方向相反，动刀盘上可设3～24把沿其中心轴呈放射状排列的动刀。这种切料设备动刀位置调节方便，设有多个进料口，多把定刀可同时切割，生产效率提高，适用于软质和硬质条料的切割。

真空充气包装机

CN2535330Y

真空充气包装机主要由电气控制面板、工作平台、摆袋钢盒、充气嘴架、上摆工作室、下摆气缸等组成。结构特征是在工作平台上增设四组摆袋钢盒和两组充气嘴架，充气嘴架设计在中间，摆袋钢盒在两边，上摆工作室可在下摆气缸的驱动下左右摆动，在上摆工作室内设有两组加热条和两组隔气条。这种真空充气包装机避免了现有包装机械封口压力小、抽充气复杂、生产效率低等弊端，达到了封口质量好、操作简单、生产效率高的目的。

纸浆食品容器表面离心喷涂设备

CN2555946Y

纸浆食品容器表面离心喷涂设备主要包括喷胶装置、回料装置及离心装置。喷胶装置由装在胶料箱上的液压泵、装在离心转台正上方的胶料喷嘴及输料管组成，回料装置由装在离心转动台外的半封闭集料箱、胶料箱及回料管组成，离心装置由离心转台及装在离心转台下方的传动轴、电动机组成。这种纸浆食品容器表面离心喷涂设备具有容器表面胶料层厚薄及分布均匀、纸浆食品容器性能好、外表美观大方、胶料消耗量少的优点。

PLC控制缩口机

CN2555961Y

PLC控制缩口机涉及包装容器生产设备的控制技术领域，特别是一种进行缩口、翻边、滚筋的缩口机的PLC控制部分。技术方案是将控制缩口机动作的PLC控制部分连接于机身上，PLC控制部分控制进刀气缸及顶紧气缸的动作，从而控制成型滚轮、顶紧盘的进退。这种PLC控制缩口机实现了缩口动作的自动化控制，极大地提高了成型速度，最高可达到9只/分钟。而且，在加工过程中减轻了劳动强度，也避免了错误操作的发生，确保安全生产，显著提高了产品的合格率。

切纸机用推纸器

CN2555991Y

切纸机用推纸器主要包括推纸器壳体、齿板和传动机构。齿板安装在推纸器壳体的前面，传动机构位于工作台下面，横跨在工作台上方的推纸器支承梁和左侧板、右侧板，推纸器支承梁通过左右两侧固定板与工作台下面的传动机构连接，推纸器壳体通过三个以上的连接点悬挂在推纸器支承梁的下面。这种切纸机用推纸器通过调整各连接点即可调整推纸器的工作面与切纸机工作台面的垂直度，从而使推纸器的调整变得更加简单方便，在推纸器发生碰撞后不会造成位移现象。

全自动含气液体包装机

CN2537636Y

全自动含气液体包装机为立体结构，缓冲罐独立在机体外部，立式机架下侧安装有供膜机构，在立式机构的上部安装有膜成筒机构，膜成筒机构下部的机架上依次安装竖封机构、夹膜机构、供液板材、横封头拉膜，缓冲罐与含气液体输出罐相连接。这种全自动含气液体包装机自动化程度高，成功地解决了有压饮料的软包装问题，密封效果好，生产操作运行稳定。

捆包机捆紧力外部调节机构

CN2537632Y

捆包机捆紧力外部调节机构包括弹性调节结构和轴套。主要技术特征在于轴套上固定连接有管销，还包括有调节件、软轴和螺杆，软轴的另一端与螺杆的轴固定连接，螺杆的牙应对管销起限位作用。这种捆包机可以在外部调节捆包机的捆紧力，提高了工作效率，操作安全。另外，操作面板上标示相应的捆紧力，操作直观稳定。

聚乙烯密封拉链袋的模头

CN2537539Y

聚乙烯密封拉链袋的模头包括有模桶、模芯、模盖及模片，模芯安装在模桶内，主要技术特征在于模片上设有雌雄配合的成型孔，在密封袋的密封口处设有与夹链相互配合的开合拉头。这种聚乙烯密封拉链袋的模头在挤出机的作用下能一次性成型密封多沟拉链袋，其结实。简单，方便实用。

齿轮调整式印刷开槽机

CN2538538Y

齿轮调整式印刷开槽机设有行星齿轮传动系调整机构，主要结构包括印版辊、压痕设计、槽设。在印版辊、压痕辊和开槽辊的传动轴上设置行星齿轮传动系周向调整机构等周向调整机构包括固定在机架上的调整齿轮轴，固定在调整齿轮轴上的调整齿轮，与调整齿轮啮合的行星架齿轮，在行星齿轮的两侧分别设有行星齿轮、太阳轮、组合太阳轮和行星齿轮轴，太阳轮的齿数存在一定的差值，这种印刷开槽机由于设有行星齿轮传动系调整机构，使得传动结构更加简单，传动安静，加工安装方便，传动误差小，使用寿命长，调整维修方便。

凸轮调整式印刷开槽机

CN2538539Y

一种设有偏心凸轮式上下调整机构的印刷开槽机，主要包括有送纸上辊和与其配合的送纸下辊的送纸部、设有印版辊和与其配合的压印辊的印刷部以及设有开槽辊、印刷、开槽下辊和压痕下辊的开槽部。在送纸下辊、压印辊、开槽下辊和压痕下辊的端部设有偏心凸轮式上下调整机构，调整机构还包括调整台和移动台。这种印刷开槽机由于设有偏心凸轮式上下调整机构，可以方便地调整各个上下辊之间的距离，偏心凸轮式上下调整机构加工方便，安装使用简单，调整维修容易，自锁性能好。

高弹性蜂窝纸板

CN2538534Y

高弹性蜂窝纸板主要用于精密仪表和电子设备的包装或衬垫材料，是一种新型包装材料。纸板的技术方案是在现有蜂窝纸芯的空心蜂窝中装入泡沫塑料、橡胶或软木等多种弹性填充材料，同时在保证承压性能的前提下，可适当减少蜂窝纸芯用纸和面纸的厚度。这种高弹性蜂窝纸板结构设计简单合理，使蜂窝纸板的弹性大大提高。作为精密仪器仪表和电子设备的包装箱或衬垫材料，具有极好的减震性能。

多色丝网印刷机

CN2538542Y

多色丝网印刷机主要包括有机架、多色印刷机头、置于多台印刷机头之间的中间干燥装置、驱动装置、传送装置和最后的干燥装置。在机架上面的两侧安装有限位导轨，用于限制金属传送的左右摆动和上下跳动。承印件固定装置采用真空吸附方式，以保证可靠固定。限位导轨有效地防止了传送带在运动过程中发生跳动和左右位移，保证了传送带的直线运动。这种印刷机的金属传送带刚性好，不易变形，驱动辊或从动辊上的齿与传送带的齿孔啮合，不会出现滑动的现象发生。

激光防伪封口线

CN2556139Y

激光防伪封口线是一种用于编织袋的防伪封口技术，包括有棉、绦线和激光防伪线。防伪封口线一面印制有生产厂家特征的图文，是一种综合性防伪产品，可在自然光线下用肉眼观察到绚丽多彩的彩虹光泽，便于消费者鉴别真假。防伪封口线的应用，可取代原有的封口线，使用厂家无需增加包装工序，而且防伪封口线具有可检测性，在检测仪下可观察到呈红、黄两种不同的颜色。这种激光防伪封口线从根本上解决了水泥、化肥、面粉、饲料等粉状物料包装的防伪问题。

定心联动调径稳泡装置

CN2538523Y

定心联动调径稳泡装置由上环形固定板、下环形固定板、竖井柱的两端分别固定在上环形固定板和下环形固定板上的轴承座内，在竖井柱上还设有摆杆，竖井柱的底端连接调径机构，这种定心联动调径稳泡装置可使膜管中心稳定，调节一根即能全部联动调节距离，且可以减少摩擦，提高产品质量，可广泛用于各种塑料吹膜机组。

纸板印刷自动送纸机

CN2553995Y

纸板印刷自动送纸机是在一支架的上方设置送纸平台，平台上装有定位调节架，定位调节架的对面竖向装有档板，送纸板置于定位调节架和档板之间，档板下部装有进纸轮，进纸轮后部上下对称地装有两组导向传动轴，两组传动轴之间和纸箱印刷机送纸平台上分别装有传感器。进纸轮沿平台横向水平设置，由一离合制动器带动，两组导向传动轴也是横向水平设置，每组导向传动轴分别用过渡带连接，下导向传动轴受进纸轮带动，离合制动器受一电器控制盒控制，并由驱动马达驱动。这种送纸机可对印刷机进行纵向和横向送纸。

线性导轨印刷开槽机

CN2538540Y

一种在开槽部设有线性导轨的印刷开槽机主

要结构包括送纸部、印刷部、圆压横切部、开槽部、收纸部以及电器工程部等。开槽部包括机架、刀盘支撑轴、设有开槽刀、分纸刀和切角刀的刀盘、刀盘移动装置和固定在机架上的线性导轨，以及与线性导轨滑动配合的滑座，滑座与刀盘移动装置相连接，由动力机构驱动，可在线性导轨上自由滑动。这种印刷开槽机的刀盘轴向装置为一线性导轨，因此不易变形，可以克服现有技术存的导向轴变形而打坏开槽刀、分线刀和切角刀的现象，且动力传递平稳，完全可以确保开槽的质量。

丝网印刷设备铝框

CN2538543Y

丝网印刷设备铝框由截面形状呈矩形的管材构成，矩形管材内成型有菱形的加强壁，在菱形加强壁的中部还成型有纵向的加强肋板。这种丝网印刷设备铝框的结构设计合理，使整个铝框架的抗弯能力得到显著提高，效果基本上接近由实心材料制成的铝框架，从而很好地解决了节约材料与使用效果之间的矛盾。

双电机电子拨瓶器

CN2554162Y

双电机电子拨瓶器主要由拨瓶爪伸缩机构和拨瓶回转机构组成。其结构特征在于直线电机的电机轴通过连杆与拨瓶爪伸缩机构的四联杆机构连接，步进电机通过同步传动机构与拨瓶爪机构的支架的连接。这种双电机电子拨瓶器消除了气动式拨瓶器由于密封件易损坏而造成的工作不稳定，又克服了机械凸轮式拨瓶器拨瓶不均匀、不整齐造成的递送器处掉瓶的严重现象。

新型封盖机

CN2567152Y

新型封盖机主要由机架、转盘、落杯、罐装、放盖、封合、塑带、卸杯等机构组成、结构特征是在机架上设置间歇箱，间歇箱与主轴的一端与盘座呈固定连接，盘座与转盘工作台连接，转盘的下方设置有能承受封合模压力的平衡转盘的顶轮，转盘工作台的间歇转位与模具配合。放盖机构经间歇箱动作配合间歇的同时，吸放两个纸盖，可实现纸塑材料的互封作用。转盘工作台的转位运送模具取代了履带式直线移动模具的不足，通过更换不同的模具，实现多功能生产不同规格的纸质、塑封包装材料的产品，提高了模具的使用效率。

移印机速调油盘

CN2567035Y

移印机速调油盘的底部一侧为 45 度斜面，另一侧是垂直面，可由上下方向取放油盘。拆卸速调油盘时，旋松锁定螺钉，松开油盘压块，向上取出速调油盘。安装速调油盘时，向下放入速调油盘，平放在油盘座上，速调油盘的底部凹槽靠在定位柱的侧面，旋紧锁定螺钉，油盘压块压紧速调油盘即可。这种移印机速调油盘结构设计巧妙，实用方便，运行性能稳定。

过油上光机叼牙式交接纸装置

CN2567033Y

过油上光机叼牙式交接纸装置是在主辊筒的表面槽装翻斗轴，在翻斗轴上安装咬纸牙，翻斗轴的末端装有翻斗，在主辊筒上靠近翻斗处装定位块。在翻斗的尾部通过销钉轴与撑簧相连接，在撑簧杆上依次装有挡圈、撑簧及撑簧座。在前排坊上装有活栓头，在靠近主辊筒的后排坊上装有支撑轴，支撑轴上装有齿轮和接纸撞块，齿轮上装有链轮。在后排坊上还装有链轮轴和支承轴，链轮轴上装有链轮和放纸撞块，两链轮上设有链条，链条通过接纸排座与接纸排相连。这种交接纸装置与现有技术相比，具有交接纸稳定可靠和输纸平稳的特点，特别适用于薄膜纸的输送，解决了薄纸的过油上光问题。

片材挤出机机头模具

CN2567022Y

片材挤出机机头模具由机头上体、上口模及固定在机头上体的坚固件、机头下体、下口模及固定在机头下体的紧固件、上下口模间隙调节螺钉、阻力块及调节螺钉和侧档料板等组成。结构特征是机头内腔料流道与水平线即挤出机的螺杆轴心线的夹角为 50～60 度。这种机头模具的思构新颖，结构紧凑，物料可以是淀料含量高达 70%以上的全降解仿纸片材挤出机中经过输送辊炼、剪切塑化、脱水排气、增压挤出工序的塑性状态的熔体，机头模具还设有料流滞流区，作为全降解仿纸片材挤出机的挤出装置，可使塑性状态熔体挤出时出料均匀稳定，片材挤出成品率高。

喷雾罐二元包装阀门袋

CN2447069Y

喷雾罐二元包装阀门袋涉及一种设置于喷雾罐中的隔离剂液的包装阀门袋的改进结构。它的改进处是在阀门头部弹簧座的下方设有连接管，在连接管的下端部设有封口凸体，袋体上端口与封口凸体封口成一体，且阀盖上缘至罐装后，袋体的底面长度应不大于阀盖上缘至喷雾罐体底面凸体上缘的长度。这种喷雾罐二元包装阀门袋设计结构合理，装配效果稳定，抗冲击性好，成品率高。

小袋立式包装机专用封口装置

CN2567154Y

小袋立式包装机专用封口装置由辊筒支架、纵向热封辊筒、横向热封辊筒、冷横封辊筒、辊筒压板、特殊滑动轴承、传动齿轮锥齿轮、加压手轮及辊筒档板组成。这种专用封口装置的各辊筒轴均由带润滑性能的铜套支承，使其耐热性能好、运行平稳、使用寿命长；热纵封辊筒及冷横封辊筒均设计有特殊的花纹，使包装袋封口外形美观、强度高；在冷横封辊筒上加装了钢字压印系统，可对包装袋压制生产日期或批号。

胶印机供纸定位控制器

CN2439371Y

胶印机供纸定位控制器的旋钮手轮和主动齿轮固接在一起，主动齿轮和从动齿轮相啮合，从动齿轮和螺钉轴固定，螺钉轴与摆动杠杆通过螺纹相连接，摆动杠杆与夹板通过弹簧相接触，夹板与连杆固定在一起，连杆与控制杆固定在一起，吸嘴轴端杠杆设置在控制槽的槽内。控制器可使胶印的进纸吸嘴在一定范围内调整，纸张能相对叼牙辊前后移动，消除纸张折邹现象，改进了供纸装置的性能，可实现对薄纸和厚纸的顺利印刷。

印刷机供墨装置

CN2438576Y

印刷机供墨装置由墨斗轴、摆墨轴、墨轴、串墨辊、上下墨辊、滚筒和连接固定装置组成。它的技术特征在于墨辊与串墨辊之间设有下辊及上墨辊；在另一组墨辊与串墨辊之间也设有下墨辊及上墨辊。这种印刷机供墨装置由于延长了墨路，使油墨到达滚筒时更均匀，显著提高了印刷质量，适于各种印刷机械。

四线启破易开罐头盖

CN2567158Y

四线启破易开罐头盖由主盖体和铆接在盖体上的拉环组成。结构特征是在盖体上设有两道闭环冲压刻线和两道开环冲压刻线，两道闭环冲压刻线为一组并位于盖体的外圈上，其中外道为主刻线，内道为保护刻线；两道开环冲压刻线为另一组并位于两道闭环冲压刻线的内侧，其中外环为启破刻线，内道为保护刻线；拉环的铆接点设在闭环冲压刻线与开环冲压刻线之间且靠近启破刻线的位置上，拉环的前端作用点作为杠杆的一端位于主刻线上，环体作为杠杆的另一端而悬置。这种易开启盖从根本上改变了“罐头好吃口难开”的状况，使全开式罐头盖不仅开启方便，而且具有很好的抗压和抗变形的能力。

卧式塑料泡沫成型机

CN2441637Y

卧式塑料泡沫成型机主要由固定座、支座、导柱和进给装置构成。其结构特点是，在固定座与静模体相对应的连接部位设有通孔，因而改变了静模体进料口的方向既可加工较小规格尺寸或超薄、异形塑料泡沫构件，又可充分利用模具中心闲置的部位增设模腔，提高了模具一次性成型加工构件的数量。这种卧式塑料成型机因改变了构件的脱模方向消除了构件在脱模时的撕裂现象，使得构件的生产合格率显著提高。

保密封口胶带

CN2440755Y

保密封口胶带由基材薄膜和粘合剂层组成，在基材薄膜与粘合层之间设有标记。这种保密封口胶带能够在封口胶带被拆的地方留下标记，从而可以防止他人在不被察觉的情况下将胶带贴回原处。因此，保密封口胶带的保密性能好，适于在各种产品的包装上使用。

自动装盒机真空吸盒定位机构

CN2555232Y

自动装盒机真空吸盒定位机构涉及装盒定位装置的改进，包括装盒机上设有自动装盒工作线。在自动装盒工作线上设有定位真空吸管，定位真空吸管通过导气管连接气路控制器，气路控制器连通气泵。这种自动装盒机真空吸盒定位机构设计明确，克服了原装合机由于缺乏合理定位机构导致烂盒的缺陷，达到了装盒定位可靠，提高装盒产品合格率的目的。

具有旋紧结构的饮料瓶

CN2442945Y

具有旋紧结构的饮料瓶的结构特征是，在瓶盖内侧设有阴螺纹，瓶盖底部设有瓶垫，瓶体的瓶口上设有阳螺纹。在阳螺纹的下部还设有至少两个阴齿，阳螺纹的下部也设有至少两个阳齿。阴齿齿顶所在横截面的直径，应大于阳螺纹的齿顶直径，小于阳齿齿顶直径。在阳齿下端设有凸台，瓶盖下端面距离瓶垫的高度大于阳齿上端至瓶口的高度，小于凸台至瓶口的高度，这种饮料瓶设计结构合理，稍加用力即可旋紧或开启瓶盖，密封性能好。

罐装饮料制冷器

CN2442956Y

罐装饮料制冷器包括制冷装置、饮料罐夹持装置、电源插接装置、转轴及定位装置。制冷装置与饮料罐夹持装置固定连接，电源插接装置与饮料罐夹持装置通过转轴及定位装置进行定位连接。这种罐装饮料制冷器可直接与汽车上的点烟插座相插接，能使乘车者在没有配置冷藏设施的车中也能喝上冷饮，并且设计结构简单，使用方便。

纸浆模压拉管式阀门

CN2567410Y

纸浆模压拉管式阀门设置有外管、外管外接有与外管相通的管，外管内设有可在外管内滑动的内置管，内置管上设有孔。与控制转移模中的机械动作同步，随着转移模逐渐靠近模具槽，阀门中的真空通孔将由小至大逐渐打开，直到所需真空度对转移模中的纸浆湿坯进行吸附，当吸附完毕需要排水时，转移模逐渐离开模具槽，真空通孔渐渐关闭。这种纸浆模压拉管式阀门同现有技术相比，具有封闭性能好、节省能源、可靠性高等优点。

纸制缓冲材料制造装置

CN2555149Y

纸制缓冲材料制造装置的结构特点是，制造装置设有一对间歇切断辊体和一波浪成形导纸机构。在辊体上各间隔处设置有相同宽度的数条圆弧形凸条刀，各凸条刀的横边形成切入刀刃，两辊体凹条沟和凸条刀相互以适度的深度啮合，两辊体同一侧的外侧的各凸条刀具有完整的连续刀刃，其余条凸条刀上设有至少一个间歇缺口。当被加工纸材通过一对间歇切断辊体时，能被间歇切断成附有连接带的包含有多列细带条的细带体，在通过波浪成形导纸通道时，可在每一细带条上形成细密皱纹，在细带体上，全部形成波浪，缓冲效果理想。

纸质印刷品表面湿法转移上光机

CN2555152Y

纸质印刷品表面湿法转移上光机由薄膜卷绕机构、待处理纸品卷绕机构、乳液涂敷机构、膜压合机构、成品卷绕机构等组成。膜压合机构后边还设有用于将已压合膜重新分离的膜回收卷绕机构。这种表面湿法转移上光机可很方便地实现纸质印刷品表面湿法转移上光工艺，与现有技术相比，生产成本低，生产能耗小，产品绿色化效果好，且具有生产设备投资少、纸品上光质量好等优点。

圆形凹版油墨印码机

CN2555153Y

圆形凹版油墨印码机主要由机座、工作台、胶头运动机构、凹版及凹版上墨机构等组成。印码机的结构特征是，上墨机构由墨斗、墨斗固定销、墨斗摆动机构构成，墨斗内设有墨腔、出墨口、墨斗，它们分别设置在圆形凹版的外圆环、内圆盘上，墨斗摆动机构的墨斗固定销支板装置设在摆臂上，摆臂连接在主轴上，主轴连接传动机构。这种圆形凹版油墨印码机上墨机构的结构简单合理，调整方便，油墨不会飞溅，适用于圆形凹印刷。

不干胶标签印刷机

CN2553994Y

不干胶标签印刷机主要包括有供纸、印刷、模切、拉纸、剪切等装置。其结构特征在于印刷装置包括驱动机构、滑动机构和上墨机构，滑动机构采用直线滑轨做往复运动导向，用印刷辊轴将两滑座分别连接两端，形成桥式安装在滑轮上，大同步带轮啮合两条同步带，同步带经过四个小同步带轮后，将同步带两端分别固定在两个滑座上，拉动滑座在滑轨上往复直线运动，两个滑座上分别固定在连接板上，并随着滑座往复远动。这种不干胶标签印刷机套印准确，印刷字迹平滑且清晰度好，可打二次油墨，印刷效率高。

纸芯同步切断卷管机

CN2442831Y

纸芯同步切断卷管机包括有机架、送纸机构、动力传动机构、卷纸芯装置及切断装置。动力及传动机构包括双联链轮、卷纸芯装置用传动机构和切断装置用传动机构，且双联链接的其中一链轮与卷纸芯装置用传动机构连接，其另一链轮与切断装置用传动机构连接。这种纸芯同步切断卷管机由于卷纸芯装置和切断装置共同一套动力机构，既能有效简化设计结构，降低制造成本，又能保证运行的同步调节。

切纸刀传动装置

CN2573186Y

切纸刀传动装置主要包括摩擦式液压离合器

和平面二次包络环面蜗杆减速器。磨擦式液压离合器的缸盖锁紧在小油缸上，同时缸盖把O型耐油橡胶圈压入小油缸槽内，弹簧与聚氨酯密封圈嵌入小活塞的槽中，小油缸固定在蜗轮箱体上，使弹簧推动小活塞，嵌入小活塞内的单向止推轴承与套在推杆上的轴承内套压紧，并使轴承固定在推杆上，推杆套在蜗杆中。磨擦式液压离合器的磨擦组件内由两片组成，分别固定在蜗轮箱体和皮带轮上，通过插在离合盘孔中的弹簧使横销嵌压在推杆头上的槽中，皮带轮通过轴承固定在蜗杆上。由此，磨擦式离合器、油缸与平面二次包络环面蜗杆减速器构成了一个整体。

真空吸塑成型机制品移出装置

CN2573207Y

真空吸塑成型机制品移出装置包括移动架以及移动架水平驱动机构和移动架垂直驱动机构。在移动架下部设有若干行列的垂直条形夹，每根垂直条形夹的两片弹性条形片的间距为上大下小，且两者之间设有厚度小于两者上部间距而大于两者下部间距的水平杆，移出装置还设有可驱动水平杆相对于移动架上下运动的水平杆驱动机构。这种真空吸塑成型机制品移出装置可以在真空吸塑成型机的堆垛架上夹取若干行列的成型制品的同时将它们移出。

瓦楞机专用汽缸

CN2443184Y

瓦楞机专用汽缸涉及汽动机械领域，也是一种瓦楞机专用的汽缸。汽缸主要由活塞杆、连杆螺栓、前盖、摆轴、活塞、缸体及后盖等组成。在原有缸体外设的四根螺纹拉杆连接后盖和前盖的基础上，将缸体与后盖改进为一整体结构，缸体与前盖由连接螺栓拧紧固定。解决了后盖、前盖装配不便、易错位等问题。这种瓦楞机专用汽缸是目前结构紧凑、设计较为合理的一种气动执行件。

聚丙烯珠光标签基膜

CN2571585Y

三层共挤双向拉伸聚丙烯珠光标签基膜由上表面、芯层、下表面构成，上表面、芯层、下表面通过热熔共挤形成整体。上表层为珠光膜层，下表层为珠光膜层或基膜层，基膜的上表层、下表层的厚度分别为基膜总厚度的 4%～12%。这种三层共挤双向拉伸聚丙烯珠光标签基膜结构合理，设计新颖，加工工艺简单，用此基膜制造的标签，具有自然的珠光光泽外观的特质，而且耐油、耐水性能突出。其中，双面珠光标签基膜用于冷粘合用途时，无需涂剥离涂层。

新型马口铁包装容器

CN2571683Y

新型马口铁包装容器涉及一种增加镀锡薄板马口铁包装容器的底盖和上盖强度的包装容器。包装容器由容器上盖、容器底盖和容器体组成。容器上盖与容器底盖分别与容器体采用子口冲压咬合连接，容器上盖和容器底盖的边沿增设有向内凹进的呈阶梯坡形加强筋。增设加强筋的马口铁包装容器总体形状不易变形，码放稳定可靠，装卸时手拎桶盖不易起鼓。这种新型马口铁包装容器设计结构新颖，构造可靠，实用性强。

折叠组合包装板

CN2571692Y

折叠组合包装板包括在其上分布的底板、两组侧边和盖面。在底板上设有与上表面有凸出的边缘的包装盒相对应的两排承盒孔，两排承盒孔之间设有用于隔开与包装盒的隔板，在两排承盒孔的两侧分别设有底板与侧边之间的折痕，侧边的高度与包装盒的高度相一致，其中一侧边与盖面之间有折痕，盖面的宽度与底板有宽度相适度，盖面可与另一对应的侧边相连接固定。这种折叠组合包装板由于有两面不封闭，所以能给消费者一种可看到里面所装食品的直观感觉，且制作材料较少，生产工艺简单。

新型自动翻罐机构

CN2537641Y

新型自动翻罐机构是一种用于自动灌装流水线上把罐头翻转 180 度的装置。电磁铁安装在不锈铁框与外壳所组成的盒子内，转动轴的一端与轴承支架连接，转动轴的另一端和另一轴承支架的一头及安装在轴承支架上的 180 度转动动刀装置相接。这种新型自动翻罐机构利用杀菌器可将罐头开口倒置进行杀菌，杀菌后把罐头自动翻转 180 度进行灌装，可应用于自动灌装生产流水线，流水线可以灌装各种食品，如奶粉、咖啡等粉末颗粒状物料。

全自动制袋机热封切刀伺服装置

CN2537640Y

全自动制袋机热封切刀伺服装置由支架、牵引皮辊、承切皮辊、热封切刀及控制器组成。主要技术特征在于热封切刀安装在转动轴上，转动轴上设有齿轮，齿轮与设在机架上的主电机主轴上的齿轮相互啮合，主电机上设有皮辊运动传感器，热封切刀的转动轴上设有切刀位置传感器。这种热封切刀伺服装置结构设计科学合理，大大减少了制袋机的整体体积，并且由于牵引皮辊的连续运动，不存在受力距大小的影响，而智能控制器能准确地控制薄膜的设置长度。

复合外包装保护板

CN2571675Y

复合外包装保护板由片板层、中间层、发泡层组成。片板层、中间层、发泡层由胶粘剂相互粘接，片板层为 PVC、PP、PE 热塑性片板材料，中间层为塑料编织材料或无纺布材料，发泡层为塑料发泡材料所组成。这种复合外包装保护板具有良好的抗冲击、减震性、缓冲性能，并且具有良好的韧性、防撕裂和良好的防雨性能及较高的强度。

全息微缩线水印防伪纸

CN2571822Y

全息微缩线水印防伪纸的特征在于水印纤维毛纸层，在水印纤维毛纸层的不同位置上分别叠加有局部全息层和微缩印刷层，在局部全息层上制作有激光全息信息，在微缩印刷层上有微缩文字或图案。这种全息微缩线水印防伪纸简化了生产工艺，且综合性能高，在继承一般防伪材料“可减少生产中的麻烦，降低成本”优点的基础上，增加了现有标识防伪“防伪性能可靠，检验方便”的特性。

计算机直接制版印刷机

CN2573214Y

计算机直接制版印刷机的主要技术特征，在计算机与印刷机之间通过控制线和光纤维依次设有共享器、控制电路和激光器。共享器采用一托四打印机共享器，控制电路是佳能 BJC5500 彩色喷墨打印机所用的控制电路，激光器是 15W 的 CO_2 激光器。这种计算机直接制版印刷机可实现现有激光雕刻机、高精度彩色喷墨打印机和印刷机的组合，设计结构简单，自动化程度高，使用方便，可实现 300 线以上的高精度印刷。另外，还具有计算机控制的四色输出，在印刷机上进行直接制版，无需分色、制片、晒版、冲洗等工艺过程，将制版过程中的误差大大降低，节省大量工时。

凹版彩色印刷机无轴装版装置

CN257325Y

凹版彩色印刷机无轴装版装置是一种带滑座的卷筒材料无轴夹持装置，包括两端将卷筒材料定心的左右锥度顶套，设计特征是在卷筒材料的两端分别设有左右螺旋丝杆以及对应套在左右螺旋丝杆上分别由左右旋螺母带动的左右滑座上，另一端固定在设有一由气缸提供动力的气动顶紧组件的相应滑座上。这种无轴装版结构设计新颖，装卸快捷，运行安全可靠，不受卷筒材料的宽度限制。对卷筒材料筒芯的夹持力度大且平衡稳定，卷料对中性能好，可显著提高卷筒材料的放收卷质量。

多功能造纸黑液处理装置

CN2571821Y

多功能造纸黑液处理装置的特征是前置黑液贮存罐通过 1 号输送泵与黑液沉淀罐相连通，其上部与一级黑液贮存罐相连通，一级黑液贮存罐通过 2 号输送泵与二级黑液贮存罐相连通，二级黑液贮存罐通过输送泵与压力罐相连通，压力罐的项部通过输送泵与空气压缩机相连通，压力罐的底板框压滤机的进料口相连通，1 号药液贮存罐和 AC 药贮存罐通过输送泵与一级黑液贮存罐和 2 号输送泵之间的管道相连通。

环保型复合包装膜

CN2441747Y

环保型复合包装膜由三层复合膜制成，中间层是纯铝箔，一表面涂有热封粘合剂，另一表面与纸基复合。其中热封粘合剂是由丙烯酸树脂与氯乙烯醋酸乙烯共聚物混合而成。这种环保型复合膜解决了复合膜同时具有防潮性和透气性的高档次要求，又适合环保膜的需求，可广泛用于药品及其他产品的包装。

脱氧剂包装袋

CN2441764Y

脱氧剂包装袋由双层材料构成，包括有孔的复合内层和有孔的复合外层，在内层内充填有脱氧剂的内容物，复合内层与复合外层之间有空隙，复合内层上的孔与复合外层上的孔位置相互错开。这种脱氧剂包装袋主要用于食品的保质保鲜，设计结构合理，脱氧剂内容物不与食品直接接触，不会污染食品，保质保鲜效果理想。

圆丝纸箱装订机

CN2571579Y

圆丝纸箱装订机主要包括机壳和电机。其结构特征是在机壳上设有偏心盘，偏心盘上有转轴连接连杆，连杆由转轴连接钉钉闸刀，钉钉闸刀为长方条形，钉钉闸刀的两侧设有切丝闸刀，钉钉闸刀与切丝闸刀外设有闸刀滑槽，钉钉闸刀与切丝闸刀的下方设有舌块，舌块套有回复弹簧，舌块由一拨杆相对应，拨杆由一转轴连接在机壳上，拨杆有一斜面，斜面与钉钉闸刀上的顶块配合。在机壳上还设有一对轧轮，轧轮由偏心盘上的齿轮通过若干个传动齿轮连接，机壳上有一对送丝轮，送丝轮由偏心盘上的齿轮通过传动齿轮连接。这种纸箱装订机的优点是能利用圆丝在一台设备上完成轧丝、钉箱的动作。

纸管弯头卷曲加工模头

CN2465944Y

一种结构改进的纸管弯头卷曲加工模头，主要结构包括有待加工的纸管和模头。在盘状模头的底端设有固定的螺孔，在端面上设置有配合待加工纸管尺寸的导引沟槽，边缘上设有通至导引沟槽的辅弯件孔槽，通过将纸管导入导引沟槽并旋转模头，从而将纸管的内缘卷曲加工成弯头。一般待加工纸管的内缘预先切削成弯头加工面，在模头导引沟槽的内侧设有适当数量的扩张孔槽，以此将弯头上方的纸管内缘扩张压紧，使其具有导角。

新型纸浆模塑模具

CN2466206Y

新型纸浆模塑模具由上模孔、凸模、下模板、凹模等组成。另外，凸模呈中空状，内设有电加热原件，下模板中的加热器为嵌设在模板中部若干连通的蒸汽腔。这种新型纸浆模塑模具的最大特点是将凹凸模头从上下模板中独立出来，使之与上下模板分体，并形成一种活字印刷式的效果。当需要生产不同品种的产品时，只需拆下凹凸模即可，无需更换上下模板。

纸浆逆向轻质除渣器

CN2466202Y

纸浆逆向轻质除渣器的结构由除渣器壳体、进料口、排渣口和纸浆出口等构成。净化器壳体呈圆锥形，截面为矩形的两端分大小口的进料口，设置在除渣器壳体上端的外圆上，排渣口垂直设在除渣器上端的中间，纸浆出口垂直设置在除渣器的底部。这种纸浆逆向轻质除渣器制造成本低，净化效果好。

纸浆模塑制品成型机

CN2466207Y

往复循环式纸浆模塑制品成型机主要解决了现有纸浆模塑制品成型机使用模具多、结构设计复杂、再生产效率低的问题。采用在同一块板架上两面安装成型模具，板架在滑道内作往复循环运动的工作方式，并配有气夹紧装置。这种纸浆模塑制品成型机结构设计简单，工作效率高。

切纸机推纸机构

CN2467285Y

切纸机的推纸机构主要包括滚轮装置、支承架、活动拖板及工作台。在活动拖板上设有直线运动的球轴承。送纸器与活动拖板固定连接，传动丝杆与两根圆形导轨组成框架结构，在滚轮装置内设有滚轮座，并在滚轮座内设有滚轮。这种切纸机推纸机构定位准确，运行精度高，运动平隐，使用效果非常理想。

箱中袋液体包装装置

CN2534105Y

箱中袋液体包装装置包括硬质纸箱和箱内软包装袋。在软包装袋上设置有一液体输出管，液体输出管上设置有一开关，开关由一卡紧套和一弹性卡紧件组成，在卡紧套的前后壁面上有一相对贯通的孔，卡紧件的上部也有一与卡紧套相对应的通孔。这种液体包装装置的开关与液体输出管的内容物不直接接触，可以减少污染环节，而且体积小，节省空间，可制成各种造型，并方便地放置在箱中袋的硬质纸箱内。

造纸制浆多级分离机

CN2466201Y

造纸制浆多级分离机主要包括布浆预压段、压滤段、稀释转换段和卸料洗网段。在卸料洗网段中，从一滤网分离后，上滤网在转向之前的平移段的下部设有刮浆板，在上滤网与第一喷淋水管相对应处设有第一集水槽；在下滤网转向之后的位置设有第二喷淋水管，在下滤网与第二喷淋水管相对应的位置设有第二集水槽。这种造纸制浆多级分离机用水量少，黑液提取率高，使整个黑液提取及污水的处理成本显著下降。

圆锥形包装纸桶

CN2429447Y

一种带易拉盖和防漏内补层的圆锥形包装纸桶，可以替代塑料盖和无防漏内补层的圆桶形包装纸桶，可以在生产纸桶或运输纸桶的过程中把半成品或成品重叠放置。这样可以降低运输成本和占地面积。易拉盖可以有效地防止伪劣产品，特别是采用了安全扣，防止在运输过程中拉环被误拉。另外，在包装纸桶内增设了防漏内补层，这就可以包装和运输液体产品，扩大了圆锥形包装纸桶的使用范围。

造纸用滤网瓷嘴喷头

CN2436541Y

造纸用滤网喷头包括进水管和瓷嘴喷头。在进水管内设有滤网和支承滤网的骨架结构，在进水管的末端设有瓷函，进水管与与瓷函用接头连接为一体，瓷嘴喷头固定在瓷函中。这种造纸用滤网瓷嘴喷头由于集滤网与瓷嘴喷头于一体，所以不需要专门安装清水过滤器，喷头不易堵塞。拆卸清洗方便，使用寿命长。

新型环保纸桶

CN2424127Y

新型环保纸桶包括桶身、桶盖和桶底。主要特点是桶底的底板至少一个面呈碗形，且底板碗形周边的加强圈与底板为一整体的纸浆模塑制品，桶底通过加强圈与桶连接；桶盖也是其盖板，至少一个面为碗形，且盖板顶部的止动凸圈、盖板周边和止口与盖板三者成一整体的纸浆模塑制品，桶身上设置加强箍。这种新型环保纸桶具有连接结构简单、容易制造，且能提高承重能力和便于堆码的优点，是低成本的绿色环保纸桶。

废纸脱墨浮选装置

CN2441844Y

废纸脱墨浮选装置主要包括两个按照垂直方向由上而下依次排列的长方形槽体，其中相邻两槽体之间形成有一定的高度差，且各槽体内顺序设置有排墨装置、水位控制板、浆液自流口。由于采用将各槽体按垂直方向由上而下依次排列并形成有一定高度差的结构，利用浆液的高位势能而产生的自流效果，使油墨颗粒随气泡在流经槽体内设置的排墨装置时被分离和排除。这种废纸脱墨浮选装置在运行时不需要使用浆泵，大大节省了动力能源，且浆耗明显降低。

压光机辊筒同步调节装置

CN2571562Y

压光机辊筒同步调节装置包括伺服电机，结构特征是设有控制分别驱动各个辊筒的伺服电机运行速度相一致的同步调节装置。各个伺服电机分别由带有线速度传感器件且控制信号经伺服放大器放大的可编程序控制器控制。由于在伺服电机上设置了线速度传感器件，每年伺服电同分别控制一个辊筒的转动，线速度传感器件将信号传输给可编程序控制器，可编程序控制器通过设置的程序根据辊筒与伺服电机的减速比，计算比辊筒的线速度，将其中的一个辊筒的线速度设定为基值，另外的辊筒的线速度与之比较后，发出控制信号给伺服电机进行速度调整，使它们的线速度保持一致，实现同步转动。

对图复合机

CN2571584Y

对图复合机的机架上有一个刀片架，将印刷面料分割成两个半片，其中半片依次进入定位轴，由两组相互成直角的导向条片和与之成 45 度角的平衡辊组成的直角三角形结构而完成翻面，然后与另半一产一起夹住中间料进入复合辊进行复合。另外，定位轴设计成两段，支架也相应分为两部分。这种对图复合机结构设计巧妙，使一次印刷的薄膜可以得到两个印刷面内夹第三层的“三合一”产品，工艺调整方便，对图准确可靠。

新型分切圆刀

CN2442799Y

新型分切圆刀主要应用于纸板生产线上，由整体硬度合金制成。其结构设计特征为刀片呈环状，刀刃夹角为 25 度至 30 度，刀片厚度为 0.8 至 1.5 毫米。这种新型分切圆刀设计结构简单合理，大幅度提高了圆刀的使用寿命，刀刃耐磨锋利，强度高，使用安装方便，制造成本低。

环保型复合包装膜

CN2441747Y

环保型复合包装膜由三层复合膜制成，中间层是纯铝箔，一表面层涂有热封粘合剂，另一表面层与纸基复合，其中热封粘合剂是由丙烯酸树脂与氯乙烯醋酸乙烯共聚物混合而成。这种环保型复合包装膜解决了复合膜同时具有防潮性和透气性的严格要求，又适合环保的要求，可广泛用于药品及其他产品的包装。

复合型气相防锈膜

CN2441846Y

复合型气相防锈膜是在防锈原纸的一面复合有缓蚀剂的防锈薄膜，另一面复合有塑料膜的塑料编织物。这种复合型气相防锈膜有效解决了传统防锈纸存在的结晶、掉粉、吸潮等问题，并可加工成包装袋，可进行热封，使用非常方便。另外，采用的防锈原纸减少了光对被包装物的影响，缓蚀剂可以起到长期防锈的效果，特别适用于精密机械或有特殊防锈要求的金属制品使用，尤其是在高温、高湿、海洋运输中的防锈包装。

成型机合膜拉销装置

CN2447166Y

多层塑料中空成型机合膜拉销装置由合膜油缸和单向锁模油缸构成。活塞杆拉销轴位于合模油缸内，且只有一端连接有卡头，单向锁模油缸的上下各装有一锁模油缸活塞，两锁模油缸活塞的中间各装有一个闸板，两闸板的端部设有固定在单向锁模油缸上的弹簧室，弹簧室位于弹簧座内，在锁模油缸活塞和油缸的底部之间有弹簧，无接触点开关位于油缸的上部。这种合模拉销装置可对多台挤出机制造多层塑料包装桶进行脱模，且脱模效果良好。

新型防伪塑料膜

CN2444899Y

新型防伪塑料膜包括塑料基膜层，在塑料基膜层内设有彩色图像、图形、文字或其组合的防伪装饰段层，防伪装饰段层的厚度为 0.5 至 0.8 微米。这种新型防伪塑料膜不同于一般的塑料印刷品或塑料叠层产品，其表面无油墨或保护层，中间无粘合层表面平滑，在膜层中设有的防伪装饰段层不退色，美观实用，特别适用于塑料薄膜的防伪包装。

辊筒式塑料薄膜制袋机

CN2571581Y

辊筒式塑料薄膜制袋机主要包括机架及安装于机架上的原料架、送料轴、收料架、热合机构、拉料辊、传动机构、电动机和控制装置。热合机构由上下安装的胶辊及热合辊筒组成，热合机构的表面轴向嵌有两个电热元件，电热元件上粘有耐高温布，控制装置包括调温元件及计数器。这种辊筒式塑料薄膜制袋机运行时噪音小，故障发生率低，无需开车前预热，生产效率高。

模口间隙微位移调节装置

CN2571565Y

模口间隙微位移调节装置包括模头、推拉杆螺栓、调节螺钉和具有内外螺纹的调节螺母。调节螺母通过内螺纹与推拉杆螺栓呈螺纹连接，且调节螺母上开有槽，调节螺母通过外螺纹与模头螺纹连接，模头分割成模头本体和调节块两部分，模头本体和调节块之间具有间隙，并通过调节螺母固定在一起。这种调节装置巧妙地消除了调节螺母与推拉杆螺栓之间以及调节螺母与模头之间的螺纹间隙，从而避免产生错误动作，不仅调节方便，而且调节精度高。

热熔胶高速间断涂布枪

CN2571498Y

反吸式热熔胶高速间断不拖尾涂布枪主要结构包括主体、进气机构和供胶机构。主体中的腔体为圆形截面，胶体底端设置有涂布嘴，腔体内设置顶针和密封垫，依次分别设置第一气腔、第二气腔、待涂布热熔胶腔和涂布反吸腔。顶针的顶端固定有一活塞，活塞设置在第一气腔和第二气腔之间，并在顶针上套设弹簧；涂布反吸腔的直径略大于待涂布热熔胶腔，且位于待喷热熔胶的下面并与待喷热熔胶腔连通，涂布反吸腔与底端的涂布嘴连通；顶针下端是一直径略大于顶针的反吸阀体，反吸阀体位于涂布反吸腔内，反吸阀体与顶针通过渐变直径的圆台连接，反吸阀体的直径大于待涂布热熔胶腔的直径。

发光粉包封膜的制备方法

CN1184059Y

一种发光粉包封膜的制备方法主要是指使用该方法制备出的由发光粉制作的电发光器件不需要再作整体包封。氮化硅是一种透明材料，化学稳定性、热稳定性和密封性好，介电常数和绝缘系数高，耐击穿性强，能有效地防止离子的迁移。由于氮化硅化合物的温度较高（900℃以上），会导致发光粉的发光亮度降低，因此采用等离子体增强化学气相沉积。等离子体能量大，电子温度高，能使硅烷和氨气在较低的温度下化合成氮化硅。

书本式包装夹

CN2273690Y

一种书本式包装夹由书本夹皮、盆腔形书页、密封铝箔、扉页等主要部件组成。其中，盆腔形书页上设计若干个盛装产品的透明盆腔，密封铝箔粘合在盛装产品后的盆腔形书页上面，扉页放在粘合后的密封铝箔与书本夹皮之间，扉页的一端和书页端头粘接面均粘订在构成书本夹皮的封面和封底之间的连体部位的内侧，合上书本夹后，整个包装物如同一个袖珍书本，携带使用都方便。

新型印管设备

CN2437490Y

新型印管设备的技术特征，是将移印轮和版轮的轴承座一起安装在一个摆件上，可随摆件一起摆动。在摆件与机架之间连接有气动阀，由气动阀控制摆件的摆动，进而带动移印轮靠近或离开被印的管状物。这种新型印管设备的优点在于印制间隔大于移印周长的图案时，无需更换移印轮，只需用气动阀控制移印轮与管状物的分离时间就可以调整所印图案的间隔大小，操作起来方便灵活。

安瓿油墨快干印字机

CN2437491Y

安瓿油墨快干印字机由固体墨轮、字模轮、轮印胶轮、送料机构及垫板组成。在固体墨轮、字模轮、移印胶轮的四周设置有加热装置，加热温度为50～250℃。这种安瓿油墨快干印字机可使印刷图案或文字快速干燥定型，克服了印刷图案或文字模糊的缺点，也省去了原有设备庞大的烘干装置，使安瓿印字机的设计结构更加紧凑，体积减少，造价降低。

脱氧剂包装袋

CN2441764Y

脱氧剂包装袋由双层材料组成，包括有孔的复合内层和有孔的复合外层。在复合内层充填有脱氧剂的内容物，在复合内层与复合外层之间有空隙，复合内层上的孔与复合外层上的孔的位置相互错开。这种脱氧剂包装袋主要用于食品的保质保鲜，设计结构合理，使脱氧剂内容物不能与食品直接接触，不会传染食品，保质保鲜效果理想。

油墨搅拌机

CN2438575Y

油墨搅拌机主要包括外框架、中框架及内框架。中框架用左右两根避震支杆设置在外框架内，在中框架的底部设置有传动偏心轴的马达，偏心轴带动内框架呈前后上下摆动的状态，在中框架背部的顶端左右各设置一震动臂，震动臂的前端分别连接于内框架顶部的中央处，震动臂两端均设有避震装置，以产生悬吊式减震效果。另外，在内框架的内部还设有一夹固油墨罐的夹持座。这种油墨搅拌机不但具有高效搅拌功能，还可比现用机型噪音低，减震效果明显。

组合式工程陶瓷印字轮

CN2437602Y

组合式工程陶瓷印字轮包括基轮，在基轮上设置安装孔，在安装孔上安装印字轮，印字轮为工程陶瓷材料制成，表面阴刻有文字和图案。在基轮上镶套工程材料作印字轮，具有高硬度、耐磨性好及抗化学腐蚀等优点，中间的基轮采用轻质可铸铝合金材料，以尽量减少印字轮的重量，以适应高速印刷的需要，在塑料电线电缆上印刷的文字图案轮廓清晰。另外，这种印字轮也可用于印铁制罐、香烟纸带的标识图案的印刷。

高速全张双色胶印机

CN2437488Y

高速全张双色胶印机包括机架部件，在机架下方设置有动力传动部件，在机架底部安装有收纸部件，在机架上还装有传纸滚动部件。其技术特征在于在机架部件上安装有输纸部件，输纸部件的输纸轴安装在给纸部件上，在输纸部件下方的前部设有规矩递纸部件，机架上设置有两套印刷部件，在机架上还设有电气自动控制部分。这种高速全张双色胶印机可保证滚子施加在凸轮上的压力不变，整机传动平稳，咬纸力大且均匀，递纸运行可靠，套印精度高。

印刷色标编码器

CN2437489Y

一种印刷自动套印用色标式旋转编码器在第一块印版沿圆周方向设置色标，色标由零相标记和定位标记组成。零相标记由宽标记和窄空格组成，宽标记的宽度大于窄空格的宽度，定位标记由一组有一定间隔的边界标记组成，在后续印版上设置填入第一块印版间隔的套印色标。这种印刷自动套印用色标式旋转编码器以标记代替气孔，编码盘与光电检测电路分开设置，这样便于印刷自动套印的检测，同时具有自动寻址、套印准确、操作方便等优点。

新型梦幻胶带

CN2442969Y

新型梦幻胶带的设计是以透明或半透明的定宽薄膜为基材，背覆胶粘剂制成复卷的胶带。其中在制作复卷时，在基材上每隔适当的长度，印刷或贴合有与主题相关的叙述情节，主题情节以图样、文字或图文并茂的方式进行片段表达，依使用时逐次的撕去胶带而渐入情节，或渐次的揭晓题解，从而可营造出使用者的期待与惊喜的趣味效果，拓展胶带的使用范围。

滚轮式抚标装置

CN243633Y

滚轮式抚标装置是一种用于不干胶贴标机的抚标装置。主要包括主输送带、分瓶辊子输送机构、卷标机构和出标机构等。由于通过采用分瓶辊子输送机构和卷标机构巧妙结合的结构，因而不仅能够自动分料，而且被贴标物体是以圆周面定位，而不是以底面定位。所以，显著提高了贴标精度及抚标效果。另外，卷标机构可以确保被贴标物体在贴标时紧靠在相邻的两辊之间，因而保证了被贴标物体的自稳定性。这种滚轮式抚标装置设计结构巧妙，方便实用，不仅可用于低速贴标，更适合于高速贴标。

卷筒变量印刷装置

CN2445913Y

卷筒变量印刷装置包括有标准付印刷滚筒、变量付印刷滚筒。变量付滚筒直径的变量值为每英寸0.020至0.024毫米，在标准付齿轮与变量付齿轮之间设有高变位齿轮，高变位齿轮安装在摆臂上，并与传动齿轮组成同心付动付。这种卷筒变量印刷装置结构设计合理，利用变量印刷，避免了卷筒多联发票间圆周产生的积累误差，使印刷品达到标准要求，为卷筒票据的应用与推广创造了条件。

大幅面柔性树脂版洗版机

CN2440675Y

大幅面柔性树脂版洗版机主要由机座、洗版液槽、洗刷毛、毛刷底板、基板、连杆、驱动板、偏心轮及驱动电机等组成。其结构特征是在洗版液槽内的水平状毛刷四周的底板上设置有压力调节器，压力调节器上设置有受其支承并水平方向移动的基板，基板通过一可拆卸的铰接轴与驱动系统连接。此外，在洗版液槽及驱动系统上各设有一上盖，洗版液槽由密封材料封闭。

裁纸机裁刀结构

CN2440634Y

裁纸机裁刀结构包括有一裁刀固定座，在裁刀固定座的顶端设置有一连动机构，连动机构的两端，一侧有一切槽，切槽中固定安装裁刀，其技术特征在于裁刀柄的下缘设有一斜切缘，裁刀片固定于斜切缘处，这种裁纸机裁刀结构可以方便地拆卸置换裁纸机的裁刀，因而使整体成本有效地降低，不需额外加工处理程序，设计简单实用。

内置式定量灌装阀

CN2556186Y

内置式定量灌装阀主要结构是，在阀内设有定量杯，在定量杯内设有内阀芯，在内阀芯上设有直孔和横孔，在其上端设有弹簧、垫套和密封垫，通气管与内阀芯相连接并与直孔和横孔相通。内阀芯通过调级螺纹与下阀体相连接，在下阀体内设有下阀芯，在内阀芯上设有下料孔，其下端设有带有小孔的瓶口若悬河压板构成。这种内置式定量灌装阀由于设置了阀内定量杯，所以在灌装时，容器始终能保持一致，克服了现有灌装阀容积有差异、滴漏等不足，为灌装不含气的液体提供了方便。

玻璃瓶翻转传送装置

CN2556169Y

玻璃瓶翻转传送装置的主要结构是，在两轴承支座上通过轴承连接有主轴，在主轴中部套接有拨轮，在拨轮的轮面上间隔固定有拨块，在两轴承支座的内侧分别固定有底轨内盘和档板，在两档板上各开有至少一个豁口，在两档板的边沿连接有轮圈，在轮圈开有环绕一周的轨道槽，轨道槽的两端分别与两档板上的豁口相连通。这种玻璃瓶翻转传送装置将小瓶在被送入分装机前进行一次翻转传送，这样就可以自动将瓶中的残留物倒出，消除了由此造成的药品质量问题，提高了产品质量。

全自动瓶套机

CN2556184Y

全自动瓶套机主要结构是，前机架和后机架的连板经销轴铰接，后机架外端的导轨上设有可横向移动的小车，小车上装有薄膜料卷及轮轴和传动辊，后机架外端的下部设有光电纠偏装置。在后机架的中部至里端依次设有薄膜牵引机构、薄膜储存补偿系统、烫金装置、易拉线装置、光电跟踪装置和拉料装置。在前机架上设有转盘，转盘上设有若干模具，对应各模具在前机架上设有若干个工位，在前机架的转盘下面设有凸轮分度机构。这种瓶套机把现有的手工或单工序加工瓶套改成全自动生产，不仅提高了生产效率，而且加工尺寸精确，可适用于自动化灌装生产线。

灌装机瓶口定位装置

CN2557424Y

灌装机瓶口定位装置是一种将液体或半液体注入瓶中的灌注装置，特别是瓶口定位的可靠性非常好。其结构特征是在喷针固定板上设有套筒，套筒内有压缩弹簧，上端设有螺钉、螺柱和螺母，下部设有顶杆，在顶杆下方设有由上活动板、下活动板和两个摆杆组成的平行四边形机构，四边形机构铰接在固定板上，且机构上还连接有滚轮、左定位轮、右定位轮、拉伸弹簧及固定板上的限位螺钉。

这种灌装机构瓶口定位装置可广泛用于医药、食品、化妆品等行业中的包装作业。

商标印刷机贴膜装置

CN2445915Y

商标印刷机贴膜装置的内部设有提供动力源的传动装置，机架上分别装有上胶轮、承压轮、供给轮、马达、收卷轮及一组相对应的滑杆，滑杆上安装有滑套及胶轮，在引导轮的正下方设有上下对应的封压轮，要机柱端面的适当位置处设有控制启动与停止送料的装置和张力控制传感器。这种商标印刷机贴膜装置可达到高速作业的效果，进一步提高经济效益和竞争力。

缓冲式包装用品

CN2556153Y

缓冲式包装用品主要用于 CD-ROM、DVD-ROM 等光碟机及其他电子电器产品的包装。结构设计特征是在主板的侧边设有若干的折叠板连为一体，且主板与折叠板的表面为凹凸不平状。主板与折叠板连为一体，且主板与折叠析板的表面为凹凸不平状，主板与折叠板均采用纸质材料制作。采用这种结构设计后，主板与折叠板为凹凸不平的起伏状，所以当受到外界的冲击力时，可以通过自身的变形将冲击力阻隔或吸收，有效地缓解了外来冲击力，可更好地保护好内部的被包装物。另外，包装用品采用纸质材料制作，是一种绿色环保包装材料，不会对环境产生污染。

自动夹纸器

CN2441643Y

自动夹纸器包括底座和上盖组成的壳体，在上盖的上方开有长方形孔，在长方形孔内装有可前后滑动的推钮，在底座上还开有凹槽，滑块被嵌装在凹槽内，且可前后滑动，拉簧的一端与推钮连接，另一端与滑块连接。在底座的前端设有一个纸张插入口，在插入口的两端各装有一个扩张弹簧片，夹扣插入口开在底座的上面，并与底座上的凹槽相连通。这种自动夹纸器可向任意方向自动地把夹扣陆续推出，连续装订纸张，装填夹扣方便，不会发生嵌卡现象。

扫描仪进纸机构

CN2445926Y

扫描仪进纸机构主要包括输纸辊、档纸架、档纸板和搓纸橡胶板。在输纸辊和搓纸橡胶板的下方设有进纸辊和进纸被动辊，在壳体顶面的内侧装有施压盒，施压盒的内侧壁装有转轴，在转轴上装有可沿转轴转动的接触板和压板，接触板的底部与搓纸橡胶板相接触，压板的底部与接触板的底部相接触，压板的顶部伸出施压盒的部分与一弹簧连接。

逆顺多长网多层夹筋包装袋纸造纸机

CN2556244Y

逆顺多长网多层夹筋包装袋纸造纸机由 2n+1 个长网纸浆成形部和 n 个夹筋网编织部构成。各对长网纸浆成形部分上下两层水平直线列置，每对长网纸浆成形部中的上层成形网及上载纸层顺向运行，下层成形网及下载纸层逆向运行。上层成形网及载纸层先与下层成形网上方的压辊成绕接，而夹筋网编织部设在压辊的上方，将其产生的夹筋网压在上层成形网所载纸层的下面，并一起与下层成形网及所载纸层叠合同步送行。载有夹筋纸层的下层成形网与上压辊成绕接，并与在上下压辊之间通过的底层长网纸浆成形网及上载的纸层压合。

逆顺多长网不排污水箱板瓦楞纸造纸机

CN2556245Y

逆顺多长网不排污水箱板瓦楞纸造纸机由 2n+1 个长网纸浆成形部构成。各对长网纸浆成形部分上下两层水平列置，每一对长网成形部中的上层长网部的成形网及上载纸层成顺向逆行，而下层长网纸浆成形部的成形网及下载纸层成逆向运行，上层成形网与上载纸层先与下层长网纸浆成形部的压辊绕接，并与下层成形网有其上载纸层叠合同步逆行压合纸层，载有压合纸层的下层成形网与上压辊成包绕连接。底层长网纸浆成形部的成形网及上载纸层成顺向运行，并经过上下压辊之间与下层成形网上的厚层纸相压合。

纸浆挤压成型模具

CN2556248Y

纸浆挤压成型模具是一种压榨纤维纸浆或纸料制造物件的模具。模具设置有四根导轨，在中心位置安装芯管，在每根导轨上安装拉杆，拉杆的前端安装活叶，在相邻导轨之间安装滑块。由滑块的移动带动活叶向中心合拢或向外分开。这种纸浆挤压成型模具在使用时，向芯管与活叶之间的空腔注入纸浆，然后开动液压机构推动四个滑块同步向中心移动，带动活中收拢，挤压纸浆成型，再经过加热干燥即为成品。

纳米微粒防水瓦楞纸板

CN2557325Y

纳米微粒防水瓦楞纸板是利用纳米级碳酸钙微粒技术制造的防水纸板，防水纸板由若干层牛皮箱纸板及分别设于牛皮箱纸板之间的瓦楞原纸组成，牛皮箱纸板为经过油浸处理的牛皮箱纸板，瓦楞原纸为经过油浸处理的瓦楞原纸，牛皮箱纸板与瓦楞原纸之间采用纳米级碳酸钙微粒粘合剂粘合。这种纳米微粒防水瓦楞纸板适用各种包装用途，特别适用于重型物品的包装、仓储和运输。

双重防伪式桶盖

CN2446077Y

双重防伪式桶盖由盖体和启封手柄组成。其结构特征是位于盖体顶部中心设有内向凹孔，在凹孔的底部设有防伪膜，顶部设有揭开式防伪盖，同时位于盖体的内壁圆周上设有自动调节防漏环，在防漏环的上端设有档体，下端设有防脱盖扣线。这种双重防伪式桶盖具有双重防伪和防漏功能，可配合饮水机自动启封，可通用于不同厂家生产的非统一型号的桶口。

铝塑防伪瓶盖

CN2443918Y

铝塑防伪瓶盖是一种具有扭断式破坏标记的防伪瓶盖。在外盖与内盖之间设置有扭断圈及相应的跟转圈，其中扭断圈上设置有两个上下均凸出的凸齿，凸齿分别嵌在外盖的内齿圈和跟齿圈的凹孔内，跟转圈被铝圈固定在内盖的外侧，铝圈同时将内盖紧固在瓶口上。在瓶口与内盖之间设置有防漏垫圈，防止瓶盖的渗漏。这种铝塑防伪瓶盖结构设计合理，流量易于控制，外形美观大方。

新型瓶塞结构

CN2442948Y

新型瓶塞结构包括阀芯组件、阀套、阀体及阀塞，其中阀芯组件包括芯筒、按扭及芯轴。在芯轴的上部圆周设有若干顶部为斜边的小齿块，在按扭的下部圆周设有若干与芯轴小齿块相啮合的齿牙，在芯筒内壁的下部设有若干可与芯轴小齿块相啮合的高低相间棘牙。这种新型瓶塞结构由于采用了具有开关功能的阀塞设计，只需轻轻按压瓶塞按扭就可以实现对瓶口的封闭和开启，使用方便卫生，实用性强。

一次性餐具成型机

CN2573549Y

一次性餐具成型机以煤或燃料将导热流体在加热炉中加热，到达预定的温度后，送到上下模具中的加热管道中，导热流体在加热管中快速通过，并加热上下模具，完成餐具的热成型。这种一次性餐具成型机加热均匀，热容量大，提高了餐具的生产效率和质量。同时，由于使用了价格低廉的燃料，大大降低了餐具制造的能源费用和总体成本。

节能型餐具成型模具

CN2447160Y

节能型植物纤维餐具成型模具由阴模和阳模组成。在阴模内设置有两道通沟，在里沟内设有环形绝缘加热板和热传导介质，在外沟内填充有保温隔热材料，在模具的上部设有加强板与模壁固定。在阳模腔内设置有电加热管和充填有热传导介质，在模具的上部设有加强板与模壁固定。这种节能型植物纤维餐具成型模具安装、使用、维修方便，具有节电、省时、热效率高、安全等优点，明显降低了生产成本。

纸浆模压成型机

CN2573546Y

纸浆模压成型机设有机架，在机架上设有往复推动装置，往复推动装置依次连接真空箱体、成型模具，真空箱体和成型模具固定在机架的移动板上，成型模具的上方固定有浆箱。结构设计特征在于机架上位于浆箱的上方设有上移动板，上移动板与上推动装置连接且固定有定量罩，定量罩与成型模具相匹配，在定量罩上设有排气活门和补气阀门。这种纸浆模压成型机具有成型厚度均匀的优点。

增强纸质蜂窝托盘

CN2442943Y

增强纸质蜂窝托盘涉及货物包装运输业的一种搬运制品，其主要包括蜂窝夹芯、下面板、立柱体、上面板、垫块、长条形薄板及弹力保护板。这种增强纸质蜂窝托盘可以根据货物重量的大小，在蜂窝夹芯不同部位的空心封闭立体六角形内，安装一定数量的、不同材质的立体柱，以增强纸质蜂窝托盘的承载强度。

新型双幅烫金机

CN2573220Y

新型双幅烫金机是一种可提高工作效率的烫金机。技术方案是将加热辊可活动地安装在机架上，两个压辊分别固定在气缸的活塞杆上，气缸固定在机架上，且活塞杆的运动方向指向加热辊，加热辊的直径大于压辊的直径。这种新型双幅烫金机包括两组烫金机构，并且两组烫金机构可同时运行，大大提高了生产加工的工作效率，并且由于加热辊足够大，使得两组烫金机构在工作时互相不会影响，保证了加工生产的稳定性能。

瓦楞纸板印刷机自动送纸系统

CN2573221Y

瓦楞纸板印刷机自动送纸系统由印刷组合结构部和送纸组合结构部组成。印刷组合结构部的印刷版辊上安装旋转编码器，旋转编码器由伺服电机通过同步传动带驱动印刷版辊同步旋转，印刷版辊与拉纸辊、旋转编码器间由连接齿轮配合同步驱动。送纸部的墙板上安装有伺服电机，通过同步传送带及齿轮驱动下拉纸辊及上拉纸辊，另一同步传送带与驱动磨擦轮组连接配合，在磨擦轮组的下部连接着另一组伺服电机，两者间通过连轴节与滚珠丝杠连接，并由固定支座限定滚珠丝杠的轴向位置。

印刷机刮刀拭墨密封结构

CN2573224Y

印刷机刮刀拭墨密封结构是对刮刀拭墨装置密封垫结构的改进，主要是在着墨轮的轴端处衬设有档板座，并将密封垫设置于刮刀座上，由密封垫构成档板座与刮刀座及刮刀间的密封状态，且档板座又随着墨轮转动，具有与着墨轮的轮面相符的外缘，使刮刀得以同时贴靠于着墨轮及档板座的外缘，而保证墨液刮除的效果。这种印刷机刮刀拭墨密封结构的密封垫由于档板座的衬设而避免了与着墨轮的直接磨擦，不会形成墨液渗漏的缝隙。

印刷墨量数据采集和管理装置

CN2573223Y

印刷墨量数据采集和管理装置是一种用在荧光油墨印刷过程中对于荧光墨量进行控制的装置，设计装置主要由光电传感器、多路信号变换模块、A/D 转换模块、可编程序控制器及上位监控计算机等组成。光电传感器的输出接多路信号变换模块的输入，多路信号变换模块的输出接 A/D 转换模块的输入，A/D 转换模块的输出接可编程序控制器的输入，可编程序控制器的输出接口连接上位监控计算机，可编程序控制器的另一路信号输出与印刷仪器的控制部分的接口相接，时序信号通过磁感开关输入可编程序控制器。

多圆网不排污水箱板瓦楞纸造纸机

CN2573359Y

多圆网不排污水箱板瓦楞纸造纸机主要由 3～8 个圆网、一条上毛毯、一条下毛毯组成。3～8 个圆网的轴线相互平行，前面设有一流浆箱，各网顶的偏后上方均设有一伏辊，上毛毯成环接状，下毛毯的下表面分别与各圆网顶部的上表面成小变角近切向绕接，上毛毯穿经预压部的各上下辊间并与伏辊压榨器的比较靠前的上伏辊成包绕连接；下毛毯在顶压榨部的上表面与上毛毯的下表面相叠合并同向运行，而后下毛毯与伏辊压榨器的最后一对伏辊中较靠后的下伏辊成包绕连接。

自动真空包装机

CN2573375Y

自动真空包装机主要用于大米、豆类等颗粒状物料的包装。在机架的上方安装计量装置，并上接喂料器和存料斗，计量装置的下方通过料斗连接安装有夹袋机构的抽真空装置，在机架的下部装设有整袋机构和推包机构。夹袋抽真空装置设有滑板座，并装有抽真空吸嘴，滑板座安装在升降杆上，可以实现上下运动；在滑板座上设计有横向滑槽，可安装左右汽缸，连接左右推动撑袋杆；在滑板座的中部装有前后撑袋板，并由汽缸驱动连接；滑板座的中部还设有下料通道，上接料斗。这种自动真空包装机结构设计简单，夹袋方便，包装速度快。

全自动电子定量包装机

CN2573377Y

全自动电子定量包装机是一种适用于粉状和颗粒状物料的包装设备，主要由机械部分和电控部分组成。机械部分包括采用称重传感器采集重量信号的定量充填机构，使用成型器成型的自动制袋机构，气动封合的封口机构和传动机构；电器控制部分采用可编程序控制器与计算机处理，结合程序控制的电子定量部分、逻辑控制单元和独立的温度控制单元。这种包装机是由两个或两个以上的底部带卸料门，且连接称重传感器的称重料斗对物料进行定量计量，同时自动制袋机构及封口机构对包装膜成型并将定量物料进行包装封合，两个或两个以上的计量装置既可独立工作，又可相互交替的工作，使物料计量准确，自动包装速度快。

人性化自动颗粒包装机

CN2573383Y

人性化自动颗粒包装机将储料斗、包装材料、调整包装袋长度、检测包材色标的光电开关、测主轴转速的电感式接近开关、立轴横封位置同步开关、纵横封辊加热器的断路检测器以及驱动纵横辊的步进电机的驱动器和驱动主轴的电动机的变频器，全部由单片机构成的控制器来控制。这种包装机商标定位迅速，只需 1～2 个袋长，节省包装材料，并可通过显示屏显示包装机各部位运动的情况，整机操纵简单方便；另外，热压字头的紧固结构采用带有斜面的螺纹紧固销，使拆卸字头更加方便。

椭圆胶订包本机

CN2574904Y

椭圆胶订包本机主要由半圆导轨、书夹器和机架等组成。结构特征在于两半圆导轨由轴固定在机架的两端，与直导轨、底板、螺钉固定成椭圆形导轨，在固定轴上装有平面轴承、铜套和链轮，其中一端链轮上固定有一与小齿轮啮合的大齿轮，两链轮间通过一链条连接,并由链条上的销将书夹固定。这种椭圆胶订包本机构思巧妙，其椭圆运行轨迹使所有包本工艺全部安排在椭圆线上完成，相对于直线包本，它的效率得到大幅度提高，同时克服了圆盘包本机胶订工艺质量差的弊端，极大地提高了产品质量和精度。

便携式袋装大输液无菌灌封装置

CN2617683Y

便携式袋装大输液无菌灌封装置由卧式仪器箱、智能控制器、流量控制器、桌面式层流洁净工作台和自动灌封机组成。在卧式仪器箱中安装有升降台，自动灌封机与电磁定量控制器之间有医用胶管连接，智能控制器与流量控制器、自动灌封机之间有电路连接。这种无菌灌封装置的优点是大输液的灌装与封口两个步骤只用一步操作完成，减少了输液染菌的机会，保证产品质量，且生产装置结构简单，整体重量轻，方便携带，操作方便，适用于在室外或在无 GMP 的条件下生产。

高速自动装瓶入托装置

CN2573384Y

高速自动装瓶入托装置包括有将分托后的瓶托送至入托机构处及将装满瓶子的瓶托送出输送带，将成叠的瓶托自动逐个分开并发入输送带使之进入入托机构的分托机构，使瓶子自动与入托机构的装瓶动作同步运行的入托机构，与贴标机输送带连动的将贴好标签的瓶子装入瓶托的入托轮机构，其中分托机构和入托机构安装在输送带的机架上，入托轮机构安装在入托机构的旁侧。这种入托装置与卧式圆瓶贴标机联动实现了自动分瓶托和装瓶入瓶托，既可大大提高生产效率，降低人工装瓶入托过程中的污染和损耗，后面还可以与装盒等包装工序线连接。

吹塑密封装置

CN2574882Y

吹塑密封装置配合瓶坯插座或吹气头而实施，结构包括环形凹槽和一密封件。环形凹槽的内侧管壁至少设有一个通气孔，密封件的高度低于或等于插外管壁的高度，且与环形凹槽的上下端面相切。密封装置在无高压气体时，密封件内置于环形凹槽内，且不凸出于插座管壁，使得预制瓶坯的颈口部与密封件无接地插入或脱离插座，不致于损坏颈口部。当进行吹拉时，其气体压力足以推动密封件向凹槽外移动，凸出于插座管壁，直到与插座颈口部紧密结合为止。当吹拉结束时，在无气体压力的情况下，密封件向内回缩到初始位置，使瓶坯易于取出。

自动薄膜封口机打码机构

CN2573385Y

自动薄膜封口机打码机构主要包括转动轴和设于其端部的印字轮。主动链轮通过轴承转动连接在转动轴上，在转动轴上靠近主动链轮有中心开孔的止动轮，主要链轮设有轴向延伸端位于止动轮和转动轴间的空隙中，在空隙内还环绕设有盘簧，盘簧的一端连接止动轮，另一端连接转动轴，止动轮的外周面上设有台阶，外设的电磁伸缩铁芯和台阶配合构成电磁控制式盘簧松紧离合机构。这种打码机构通过电磁伸缩铁芯控制止动轮的转动使盘簧张紧或松开，进而控制转动轴及印字轮的动作，可以高速连续打码。

组合袋分步热合装置

CN2574888Y

组合袋分步热合装置包括机架、汽缸、组合袋热合成型机构、组合袋热合预热机构以及两个组合袋热合加固机构。这种组合袋分步热合装置与现有技术相比，可将组合袋成型的总热合时间用多次较短的热合时间组成，不仅能有效地解决不同厚度的材料之间的热合均匀一致的问题，同时还能有效地提高制袋的效率，热合效果非常理想，不会出现有的地方过热，而有的地方还没有热合完全的现象。

增强夹芯瓦楞纸板

CN2574891Y

增强夹芯瓦楞纸板包括面板和夹芯板，面板为瓦楞纸板面板，在面板之间夹有增强夹芯层。增强夹芯层是由瓦楞纸板制成的连续波纹型夹芯层，也可以是由瓦楞纸板制成的瓦楞纸板空芯柱体或纸管。空芯柱体可以为空芯圆柱体、方柱体、三角形、六角形、八角形、梯形或菱形柱体。这种增强夹芯瓦楞纸板结构设计合理，具有超强的强度，其强度与木板相当，是普通瓦楞纸板的十几倍，而且还具有防震性能好、易制作、可印刷、重量轻、可回收等优点。

印刷机供墨系统结构改进

CN2573225Y

印刷机供墨系统结构改进主要是在印刷机的档件与着墨轮及橡胶轮的转动端设置档板座，档板座不随着墨轮及橡胶轮转动，且具有与着墨轮及橡胶轮的轮面相符的外形，以使墨液由着墨轮及橡胶轮的轮面经过档板座流至档墨件，并由引墨管流至回收处收集。这种印刷机供墨系统由于增设了档板座而避免了与档墨件的直接磨擦，以减少着墨轮及橡胶轮端面的磨损，进而防止了间隙的形成，可有效地防止墨液的渗漏。

计量灌装控制机构

CN2573468Y

计量灌装控制机构包括步进电机、丝杆、活塞、计量缸体、组合阀、控制器等。步进电机与丝杆的一端连接，丝杆的另一端与活塞连接，丝杆和活塞设置在计量缸体内，控制器控制步进电机及组合阀的动作，步进电机带动丝杆、活塞在计量缸体内往复运动。这种计量灌装控制机构与现有技术相比，具有设计结构简单、灌装精度高、可实现宽量程灌装等优点。

新型液体灌装机

CN2573469Y

新型液体灌装机主要包括进瓶部件、跟踪部件、过渡输瓶部件、封口部件、出瓶部件、机架传动部件、灌装部件、上盖部件、电控箱等。进瓶部件中的输送带与灌装拨轮相接，灌装拨轮装于跟踪部件中心导向轴上，在拨轮对应的位置设有灌装部件，并与过渡输瓶部件中的链轮啮合，链条与封口部件上的轧盖拨轮啮合，封口部件旁设置上盖部件，电控箱设于机架台板的上面，传动部件装于机架台板的下面，输出轴上齿轮分别与跟踪部件和封口部件上的传动齿轮啮合。这种灌装机生产速度高，操作运行方便，灌装计量准确，封口效果好。

经纱交叉缠绕摆动式装置

CN2557497Y

经纱交叉缠绕摆动式装置尤其适合在网眼编织机上使用。其结构特征在于在装置上设置了带轮，带轮上固定有橄榄形穿线具，橄榄形穿线具上有定纱出纱孔，在定纱出纱孔的一侧有动纱出纱槽，经纱可以在动纱出纱槽内滑动。这种经纱交叉缠绕摆动式装置在工作时，通过橄榄形穿线具的摆动，使通过动纱出纱槽的经纱和通过定纱出纱孔的经纱在纬线的参与下形成相互交叉缠绕的动作，使得编织出的织物强度高，自锁性好，延长了网状织物的使用寿命。

塑料瓶理瓶机

CN2619873Y

塑料瓶理瓶机主要由瓶子提升机构、整理机构、调头机构、夹持输送机构、翻转机构等组成。整理机构的理瓶轨道与瓶子直径大小及形状匹配，调头机构上设有能钩住瓶口且能使其作 180 度调头的钩子，钩子的长度、形状均与瓶子相匹配，翻转机构中设有大小、厚度与瓶子相匹配的档轮。这种理瓶机调头机构上的钩子使从瓶子整理机构输送来的瓶子按同一顺序输送，再经翻转机构的档轮使瓶子翻转 90 度，成为规范有序的瓶口向上输送运行。另外，理瓶速度得到成倍提高，并使理瓶机与后道工序的衔接更为合理顺畅。

纵切压痕机纵切刀驱动装置

CN2619875Y

纵切压痕机纵切刀驱动装置由刀座、活动架、气缸、短轴、滑块、电机、连接器、刀盘等组成。结构特点是电机与活动架连接，电机上部有一气缸用销轴与刀座销接，电机下部装有短轴和滑块，并有活动架用螺钉将气缸和短轴及滑块连接，电机的输出轴用连接器与刀盘连接，刀盘外侧由盖板把刀螺接固定在刀盘上，形成每组纵切刀部分由单独电机驱动工作。

带定位转移激光层印刷薄膜

CN2620629Y

带定位转移激光层印刷薄膜是在基膜上印刷文字或图形的过程中，以文字或图形的方式在基膜表面涂覆上激光转移胶，用转移胶把镀铝激光基膜上的镀铝激光层转移到基膜的指定区域。在印刷完成后就可以得到一种美观且具有防伪效果的激光层定位转移印刷基膜。这种带定位转移激光层印刷薄膜可以广泛应用于软包装复合材料中。

新型圆刀开槽机

CN2617547Y

新型圆刀开槽机主要包括机座、一对夹具、夹具座、圆刀、圆刀座、减速机及电机等。在机座上固定有圆刀座，圆刀座可相对于机座移动，这样可以根据加工纸管的直径随时调节圆刀座的位置，圆刀的旋转轴上固定有链轮，链轮通过链条与减速机相连接。工作时，电机带动减速机旋转，并通过链轮带动圆刀旋转对要加工的纸管进行压槽。采用圆刀代替直刀进行压槽，这样既解决了开槽的要求，又解决了在已开的槽痕表面再压一次的需要。

纸箱印刷机凸轮摇板调隙机构

CN2617578Y

纸箱印刷机凸轮摇板调隙机构适用于纸板印刷机的上下送纸辊间隙的调整，将下送纸辊安装于左右两侧壁处的摇板上，摇板为一个连杆式的摇板，摇板的另一端通过摇板定位轴将其铰固于侧壁上，在摇板的下部有一个上部端面与摇板的下部端面相吻合的凸轮外套，在凸轮外套下部的圆孔内装有一个圆形偏心凸轮，圆形偏心凸轮的偏心孔内装有与其固定连接的调节轴，调节轴安装于左右两侧壁上，在调节轴的一端装有一个固定于侧壁上的蜗轮传动机构，蜗轮传动机构的蜗轮轴与调节轴连为一体。

胶印机数控调压装置

CN2617580Y

胶印机数控调压装置由步进电机、蜗杆、蜗轮、丝杆轴、编码器、丝杆套、第一芯轴、第二芯轴、第三芯轴、第一连杆、第二连杆、偏心套、摆脚等组成。这种胶印机数控调压装置与现有技术相比，因为使用了胶印机数控调压装置，可以实现对压力精确调节的同时，两端压力也同步一致调节，调节方式简单方便。

在线式防伪激光打标机

CN2557431Y

在线式防伪激光打标机主要包括激光器系统、外光路系统、恒温冷却系统、电控系统、计算机控制系统和传输系统等。其结构设计采用了YAG连续激光器和高速振镜头，在激光器系统和高速成振镜头保持固定静止的状态下，通过打标控制部分设置位移或速度补偿，在在线连续运动的包装材料表面进行激光打标，一次打标可同时在内外包装材料上形成两个重叠的清晰的永久性防伪标记，打标内容的制作、编排、输出和更改均由计算机系统控制完成。这种激光打标机的打标速度快，打标标记清晰永久，易于辨认，防伪效果好，难以仿冒。

除氧剂包装袋

CN2619882Y

除氧剂包装袋的上表面层由外向内依次为聚酯膜层、牛皮纸层和聚乙烯膜层，下表面由外向内依次为牛皮纸层和聚乙烯膜层，且均匀分布有密集的、穿过牛皮纸层和膜层的微孔。这种包装袋的优点是袋体上表面不设置透气孔，使用时使其上表面层与食品接触，下表面层作为吸氧层，可有效避免食品中的水分或油脂向除氧剂中渗透，提高吸氧效果，还可以有效防止除氧剂对食品的污染。

缓冲包装结构

CN2619900Y

缓冲包装结构包括由纸浆模塑成型的前盖和后盖。前盖和后盖的内侧分别设有与被包装物前部形状及后部形状配合的凹陷，前盖和后盖上分别有多个凹凸形状的加强结构，在前盖和后盖两侧边的对应部位设有贯通的凹槽。这种缓冲包装结构为前后盖方式设置，在两侧边上开设的凹槽可与纸箱上的提手孔配合，便于搬运和存放，同时还设置了说明书、线材和辅助材料的放置位置，设计结构简单合理。

新工艺、新产品、新技术、新设备

NEW TECHNOLOGY EQUIPMENS AND MATECIALS

新工艺、新产品、新技术、新设备

NEW TECHNOLOGY EQUIPMENS AND MATECIALS

【英国推出三面封制袋包装机】英国 Bradman—Lake 公司科研人员研制成功了一种三面封口的制袋包装机，已投放市场，受到包装业界的青睐。

这种三面封口制袋包装机采用了新设计的多功能机组，可以在设定的尺寸范围内，制袋生产效率达每分钟250个，使用这套功能机组制袋尺寸的转换时间降低到最低限度。制袋机的传动部分使机械轴传动齿轮和转盘均通过光导纤维电缆控制。装有橡皮抓手的传送器将口袋传送至新设计的旋转台，使口袋作90°的旋转，从而完成了三面封制包装的全过程。

【台湾研发出真空包装机】台湾大丰真空包装机械公司近日研发出各式包装机械，包括电子产品专用的封口机、收缩机、软袋整平机等。

该公司最新研发出的重型物外抽真空封口包装机可靠近产品完成包装，适用于大型仪器及粗重物包装。吸风口和封口座可调整角度，适合高低物或不同包装袋的包装，封口线可长达 2000mm 以上，包装袋长度可达 3000mm 以上，操作简单，并采用德国真空泵，可防潮、保鲜、防金属氧化变色。

【日立公司研出新型电脑包装喷印机】日本日立公司研制成功一种采用非接触式印字方式，可高速印标示和包装产品制造日期、使用期限、流水号码、批号、商标、条码的新型电脑包装喷印机，经使用证明，效果极佳。

日本日立公司推出的电脑包装喷印机，具有 0.4 英寸大型液晶中文操作面版，操作、保养容易，且省耗材。喷印机字体大小以 2mm～8mm 均可调整，可喷印中文、英文、日文，最高印速每秒 2270 字，油墨溶剂消耗量小，印字成本低，具有自动清洗功能，很适合食品、饮料、罐头、制药、电子及化妆品等行业包装使用。

【英国推出电脑操纵的自动包装机】英国伊拉派克有限公司最近推出一种实用性很强的包装机。这种称为 Carrera300 的机器，可为各种类型的食品及非食品包装，如比萨饼、馅饼、家禽、海产品、烧烤食品、点心、甚至牛羊肉等均可用它来包装。

该机器能以每分钟 300 次或更快的速度，使用热封膜技术或冷封膜技术进行连续包装。另外，该自动包装机还能识别误装物并拒绝包装，从而节省包装膜，提高生产率。

Carrera300 采用 468 电脑，可存储 100 个预格式化程序。由于配备了触摸式屏幕和 Windows 图形接口，操作者只需触摸屏幕上相应的符号，即可改变包装尺寸或进行其他调节。

【农产品气调保鲜成套设备研制成功】由浙江省科技厅立项、浙江大学生物系统工程与食品科学学院承担的“农产品产地气调保鲜成套设备及工艺体系的研究”已取得成功。该项目为我国农产品生产提供了小型成套产地保鲜加工设备，收获后的农产品可就地进行气调包装，明显减少果蔬的采后损失，延长干制品和易氧化食品的保质期。

该设备以现代传感技术与微机控制相结合，采用先进的质量流量控制原理进行比例调节和混合，不受环境温度和气源压力波动的影响，能精密调节各种混合气体比例。同时，采用动态气体混合方式，可实现连续配气和连续供气，并适用于需要配制不同种类混合气体的场合，保证了气调保鲜技术中气体置换率和理想气体比例这两大要素。该设备具有操作简便、使用成本低、投资省、见效快等特点，适合于果蔬、肉类、家禽、水产品的产地保鲜加工，同时还可用于熟食制品、软包装罐头及果冻等产品的气调包装。

【用于纸板涂布的无甲醛抗水剂研制开发成功】江苏省武进市运波化工有限公司自行研制开发成功的、用于纸板涂布的运波牌环保型无甲醛抗水剂，日前批量生产投放市场。

该产品是聚酰胺聚水溶性高分子，它和日本住友 sumj-rca636、美国的 Nopche1616 是同类产品。其主要技术指标均符合质量要求，性能和使用效果都优于常规的氨基树脂抗水剂。无甲醛抗水剂的特点是固化迅速，不需要熟化期，成纸下机后就具抗湿摩擦效果，能改善纸在印刷时的印刷适性，提高成纸光泽及印刷光泽。使用方便、安全，在生产、运输、使用过程中不释放有害的甲醛气体，有利于环境保护，存放过程中能保持良好水溶性，树脂粘度不变，有效期半年以上。

该产品经珠海经济特区红塔仁垣纸业有限公司使用后确认，所涂布白卡纸指标良好，与进口三聚氰胺甲醛树脂抗水剂差异不大，而且抗水熟化较快，能短时间、较低温度条件下熟化，成纸下机就有良好的抗水性，故能适用于使用传统抗水剂所无法胜任的高速印刷需求。湿强度方面，在碳酸钙和瓷土配方中，加入量增加到 6.6 份时，湿强度均有保证。与进口 MF 抗水剂、AZC 抗水剂相比成本低廉，使用量约为其 1/2～1/3，且能提供更好的耐湿摩擦强度及印刷适性。

该产品可广泛应用于各种涂布纸的涂料配方中，能有效地改善成纸的湿粘附强度、湿耐磨强度及油墨接受性；并可改善防起泡性能及提供优良的光泽和遮盖性能；印刷表面强度明显提高，特别适用于含缎白和轻质碳酸钙的高 pH 值涂布体系，使用效果是氨基树脂抗水剂的两倍。

【加拿大研制成功新型防伪密封纸品】加拿大蒙特利尔造纸厂研制开发生产出一种自行粘合密封纸，用于食品、日用品、药品等的包装，可减少包装时用线绳捆绑的麻烦。据介绍，这种密封纸的外层是牛皮纸，可供书写印刷，内层为特殊聚丙烯发泡材料，坚韧、无毒、并有保温、保湿等功能，包装食品的汁液、气味不会外泄。一旦拆封就失去粘性，该密封纸还具有一定的防伪功能。

【韩国晓星公司开发出新聚酯瓶】韩国晓星公司开发和销售一种热饮用聚酯瓶，希望在冬季能够增加公司聚酯产品的销量。

晓星公司称这种新产品可以阻隔氧气，保护饮料中的维生素 C，在保质期内有效的防止内容物的氧化。这些特性能够在温度达到 60 摄氏度的时候仍然保持饮料特有的风味。

【美国微孔塑料合成纸性能优越】美国一家公司研制成功性能优越的微孔塑料合成纸，是一种良好的新型包装材料。

这种微孔塑料合成纸，采用塑料与一种尚未公开的特殊材料制成，有微孔，具有抗冲击强度高、刚度好、重量比大、导热性低、介电常数低、透气性好等特点。除了适用于食品等包装外，还可以做其他材料使用，如用作分子过滤器等。

【江苏雅士锋推出铁质玻璃包装箱】无论是 L 型还是 H 型的铁质玻璃包装架，都给人一种傻大粗的感觉。木制包装由于浪费木材，包装时又费时费力，不但成本高，出口时还有检疫的问题，因此也很难成为玻璃包装的理想方式。江苏常州市雅士锋新型包装有限公司经过长期潜心研究，推出了一系列具有自主知识产权且构思精巧、方便实用、有利回收的铁质玻璃包装箱。在铁道部日前组织的专家评审会上，这种获得国家专利的包装箱获得了广泛好评。

【可代替泡沫塑料的纸质包装材料】英国一家公司生产了一种符合环保要求的纸质包装材料，可以代替常用的泡沫塑料包装材料。这种称为“弗列特拉”的包装材料是一种纸卷，上面有许多小裂口，因此在存储发运时，所占空间较小。当纸卷拉开后，它就成为立体蜂窝状，厚达原来的 10 倍，面积也增加 20%。它具有缓冲衬垫物的作用，适合填充和保护包装商品用。这种纸质包装材料是用再生纸研制成的，可以重复使用，并具有生物降解和再生性能。

【比利时推出注塑级薄壁包装】比利时 Totalfina 石化公司新推出注塑级薄壁包装牌号 Finapro PPC13612 和重包装片材牌号 PPC7712。

PPC13612 为非均相共聚物，兼有高抗冲强度、高刚性和良好的加工性。研究和试用结果表明，该牌号适用于食品包装。

与热成型包装比，成本低，原料和能耗小，成型周期短，生产效率高。熔体流动速率 100g/10min，专用于乳制品和小型食品包装市场，使加工厂可降低能量消耗和减薄制品，并仍保持良好的印刷性及机械性能。

PPC7712 为均相共聚物，熔体流动速率 13g/10min，室温下既有良好的刚性，又有极佳的冲击强度，制品翘曲小，适用于要求长期抗蠕变性、抗冲性能为关键指标的应用，如周转箱、格栅和包装箱。

【德国啤酒包装市场塑料射出成型机现商机】自 2003 年 10 月起，德国 Aldi、Norma、Penny、Plus 等折扣店开始出售 PET 塑料瓶装的半公升啤酒（PET 塑料瓶回收较易拉罐容易）。由于 PET 塑料瓶的需求量增大，可能会带动塑料射出成型机市场景气。

面对大众消费的趋势，目前已有比利时和丹麦的啤酒商向德国的折扣店供应这种包装的啤酒，但德国的传统啤酒商 Krombacher、Veltins、和 Bitburger 等至今持保守态度，仍继续出产罐装啤酒，并认为 PET 塑料瓶封紧性不如易拉罐，有走味的可能。

【美国发明超净塑料袋】近年来，一些行业对塑料包装袋内部的洁净度要求有了大幅度提高，由此带来了超净塑料包装袋市场的起步和繁荣。

美国发明了一种超净塑料袋。这种塑料袋可以使内装物置于无尘环境中，而且其本身所散发出的化学气体不会对内装物造成腐蚀。精密光学仪器和电子总线制造商是超净塑料包装袋的主要客户，包装对象小到小零件、微型装置，大至对粉尘敏感的总线制造设备和涡轮发动机。

为了使主产的塑料袋能达到超净的标准，洁净膜公司通常选择“超低气体释放” 塑料，经过一套价值 60 万美元的清洁机进行真空除尘处理后，膜上尘埃的尺寸降到亚微米以下，再由其它机器进行切割制袋。

【东洋油墨推出不用光聚合起始剂之 EB 硬化油墨】日本东洋油墨制造公司推出不用光聚合起始剂型之 EB（电子线）硬化油墨，该油墨可以实现高性能印刷系统，为全球首创。所开发之制品与一般制品相比，颜料浓度高 2.5 倍，可彩色化，因不用光起始剂、不含溶剂、瞬间基材密着，可以优异地印刷到聚烯烃薄膜上。

在各种薄膜及与纸等复合之软质包装材料相关印刷市场中，需要照相凹版油墨或包装油墨到可以降低有机溶剂的 UV（紫外线）硬化油墨、UV 硬化涂膜的印刷系统。但高速印刷性受到约束，且 UV 油墨所含的光聚合起始剂是造成成本上升的原因。东洋油墨制造推出的 EB 硬化印刷系统是［Min—Ebweb33］，印刷后，油墨瞬时硬化，可以即时卷起，可得高浓度、高隐蔽的印刷质量，对 PET、PP、PE、PS 等各种薄膜之密着性都高。

【国内首台回转式电子称重无菌包装机问世】廊坊包装设备制造总公司推出了国内首台回转式电子称重无菌包装机，这是继本年度成功推出“含气、不含气多功能饮料灌装设备”之后，向市场奉献的又一新成果。

据该公司技术人员讲，此机是借鉴了国外的无菌包装新技术，选择适合我国国情的无菌技术方案而研制开发的新一代饮料灌装设备。主要适用于桶装果汁、液态奶等的无菌低温灌装，同系列产品也可灌装各种液态油、清洗剂、药液、化妆品等，市场应用范围更加广泛，为用户提供了优质可靠的精良装备。

【美国用二氧化碳制造塑料包装材料】美国专家采用一项新的技术，利用二氧化碳制造塑料包装材料获得成功。

二氧化碳的化学性质稳定，单一的二氧化碳并不能制造塑料。但是，美国专家使用特殊的锌系催化剂，将二氧化碳和环氧乙烷（或环氧丙烷），按同样的数量混合，便制成了新的塑料包装材料。这种新型塑料包装材料具有玻璃般的透明度和不透气性，类似聚碳酸酯和耐纶酰胺纤维树脂。它除了在 240℃的温度下会完成热分解气化外，还具有生物分解性能，埋在土里几年时间，就可以完全消失，不会污染环境。

【香味聚乙烯材料在比利时开发成功】一种可使聚乙烯带有香味的新技术在比利时布鲁塞尔的 Clariant Master Batches 业务部开发成功。

该材料可用于注塑、吹塑和大于 100μm 的挤出膜，并可根据需要调节香味强度和留香时间。用该技术制成的聚乙烯可用于保健品包装、化妆品包装，但不能用于儿童用品的包装和玩具中。

【塑料废品成燃料】美国宾夕法尼亚大学科学家发现，塑料废品可以转化成用作燃料的塑料小块。在正常情况下各种各样的塑料废品，包括脏东西，必然要被填埋掉，然而在宾夕法尼亚大学开发的方法中，这种小块可以与煤混和作为火炉和锅炉的助燃料，或者在水泥炉中燃烧。在适当温度下将切碎的塑料送入一个电动加热的模具加热，使材料的外层熔化和熔合，而材料的其他部分并不熔化，然后将生成的压缩塑料切成小块。经计算可知，这些塑料小块提供的能量是生产它们所需能量的 20 倍。即使这些塑料可以重新熔化和重塑，传统的循环过程也需要相当高的能量投入。目前，宾夕法尼亚大学正在对这些小块进行燃烧实验，计算它们发出的热量。而研究者声称，他们并不打算使用聚氯乙烯，因其存在有污染的排放物。

【意大利研究出废旧塑料新技术】意大利科学家发明了一种新技术。可以从废塑料的混合物中生产出高强度高价值的聚合物。

这种技术是通过分解废塑料的分子，然后使这些分子重新化合成杂交分子，从而产生均匀熔化。最新的方法是在混合物中添加固体二氧化碳，二氧化碳在一定压力下变成液体，产生像热球碰撞一样的轻微爆炸，部分二氧化碳在几秒钟内蒸发成气体，结果是各种分子碎片在分解链的端点和不成对的电子发生高速反应，迅速重新化合，形成坚固的新聚合物。

通过这种方法生产出的复合材料具有同纯聚乙烯一样的强度，与PVC塑料一样坚硬和耐用。

【日本开发出高性能防水防油涂层技术】日本一个研究小组开发出一种高性能的涂层技术，运用这一技术能很方便地给物体穿上一件纳米数量级的透明“防护服”，物体就既不怕水也不怕油了。

研究小组使极其微小的粒子分散进入无机材料形成的薄膜中，通过简单的操作就可以让物体拥有一件结实的“防水防油服”。同时，薄膜中粒子的个头非常小，“防护服”上的凹凸相应也很微小，这样对光线几乎不产生什么影响，“防护服”就能保持很高的透明度。

通常的化学处理法很难使物体表面能够既防水又防油，物理处理法在物体表面形成的凹凸过大，导致光线散射，影响透明度。而由日本油脂公司、化学技术战略推进组织和九州大学合作开发的这项新技术，能使纳米“防护服”的强度和透明度都相当理想。这项技术能广泛应用于纤维、纸张、皮革、玻璃、胶片等物体的防水防油处理。

【无机纳米抗菌塑料受青睐】在欧美一些发达国家，抗菌塑料已开始用于大型家电、通讯器材、汽车制造等方面，其中采用纳米技术改性的无机抗菌剂最为人们所青睐。

这类抗菌剂由于粒径超细，增加了与细菌的接触面积，同时可穿透细菌的细胞壁进入细胞体内，破坏细胞合成酶的活性，使细胞丧失分裂增殖能力而死亡。因此，功能性纳米无机抗菌剂具有极其优异的抗菌效率，且安全无毒、时效长、缓释效果好，具有普通银系抗菌剂所不能比拟的光稳定性和热稳定性。

【隔离水分和气体的涂膜纸板在芬兰研制成功】芬兰的两家公司在美国申请了一项防止传递液体和气体的涂膜纸板，该发明公布了一种涂膜纸板及其制造方法，以及用其制成的包装材料。这种纸板至少有一层膜以防止传递液体和气体，该膜是由一种聚合物制成的，聚合物中散布有滑石粉，滑石粉占干膜重量的30%～80%。涂层是在纸板制造时在线涂复的。纸板可以是多层板，其中心层含有CTMP或其它类似的机械浆，其两侧外层为硫酸浆，最外层为含滑石粉的聚合物隔离层，板的一侧隔离层上加有热封层。

【日本研制出可回收再灌装新型塑料啤酒瓶】日本一家公司生产出一种可回收再灌装的新型塑料啤酒瓶。是由70%的聚丙烯晴和30%的苯乙烯制成。该瓶具有系列优良性能：气密性好，阻气性能优于PET瓶；耐蚀性强，可用热碱水清洗；有较高耐热性；耐压强度高；刚性大，瓶子变形量小；采用合适的着色剂，有较好的遮光性。这种塑料瓶被废弃时可与其他塑料同样处理，其燃烧发热量每千克达8300千卡。

【“塑料木材”在美研制成功】美国一家公司研制出白色垃圾回收利用技术，利用该技术可生产一种称为“塑料木材”的新型建筑材料。这种新技术回收利用各种各样的塑料制品，诸如牛奶瓶、矿泉水瓶等废弃物品，经过分类拣选后清洗干净碎成屑状，然后挤压成“塑料木材”。

它具有标准木材的形状，但其性能要优于天然的木材，像天然木材一样具有很好的可加工性，不吸水、不膨胀、抗腐蚀、不开裂、高抗冲击性和抗磨损性，特别适合于直接与土壤或水接触的地方，不腐烂，防虫，不会有化学物质渗透到周围的土壤中，对土壤安全没有污染，解决了经过高压处理和化学物质浸渍的木材对土壤的危害问题。

【美国推出婴儿膳食配料浅盘包装】美国纽约的Westraco有限公司向市场推出了婴儿膳食包装浅盘。该包装采用双层可烘烤纸板加工制成船形浅盘，具有2～3个食格，膳食配料可变，保证了食品丰富的营养。

这种包装浅盘采取回转上盖热封，其作业速度达70个/分钟。该浅盘不含金属成分，在微波炉中烤热后，两层结构可确保热量，同时盘内余食可在48小时内使用。该浅盘主要盛放水果、蔬菜、谷物以及以大豆为原料的各种婴儿配料食品等。这种包装浅盘热稳定性好，符合环保要求，该包装称之为“婴儿之友”，价格费用合理，比玻璃瓶低。

【澳大利亚研制出高屏蔽性能果汁包装杯】澳大利亚科研人员研制成功了具有高屏蔽性能的果汁包装杯，已被水果加工商使用，效果显著。

这种包装杯首先由澳大利亚最大水果加工商Mel bournebasedS. P. C股份有限公司使用，主要包装果汁、果冻，已大量进入超级市场销售，该包装杯的货架寿命为18个月。3层共挤结构，含一层PP、一层EVOH、一层黏结层。外层PP能吸收紫外线，透明包装杯具有高屏蔽性能，可防止果汁、果冻在光照下变色，该杯采用透明膜盖，可热充填，也可蒸煮。在热成型的深拉杯上采取单色或双色凹印，在透明膜盖及杯身上均可进行局部印刷。该杯采用纸套筒裹包，可采取6色印刷。直径为89.4mm，深度为105mm，该杯替代了部分金属罐包装果汁、果冻，应用前景十分广阔。

【德国与英国推出电子旋转 PET 灌装机】 CBIALFILL 公司推出了 VOLUFILL 电子旋转 PET 灌装机，它是单机结合旋转洗瓶、灌装、封盖的新系统，采用“瓶颈”传递系统，不同瓶体和包装间的转换可在1分钟内完成。

据介绍，CBIALFILL公司是德英两国两家公司的合资公司，主要从事通用电子高性能旋转灌装设备的开发，其主要产品有VOLUFILL电子旋转PET灌装机。VOLUFILL可帮助减少生产成本，获得专利的电动气动定量灌装系统及电子流动计量装置，可进行精确的连续灌装，减少浪费，避免了过量包装可能产生的危险。该系统适用于非充气饮料、碳酸饮料、含果肉饮料，灌装温度从5℃到70℃，每小时的灌装速度在44000瓶左右，根据饮料的不同类型和包装，容量不尽相同。

【环保型湿敏牛皮纸胶带涂布机】 常州永盛包装有限公司是我国大型的涂布、复合、分减少复卷设备制造商之一。该公司生产的永盛牌环保型湿敏牛皮纸胶带涂布机，可广泛应用于生产 BOPP、PET、牛皮纸、美纹纸胶带、牛皮纸湿敏胶带及时贴、双面胶带、铝箔胶带等。

【台湾推出连续自动真空封口包装机】 台湾地区包美真空包装机械公司最新推出“连续自动真空封口包装机”。

该机可根据容量分大、中、小型尺寸设计，采用不锈钢真空槽，具有高真空度、速度快、易保养、省电等特点，适用于各种保鲜食品的真空封口，以防止各种菌类入侵，也可防腐、防蛀，以及五金防锈、电子制品防潮等，各种固型物、粘性物、液状物等真空包装一样可封牢。

【德研究出可降解塑料新工艺】 德国莱比锡——哈雷环境研究中心已研究出利用沼气和细菌制造对环境无害且可降解的塑料新工艺。

据报道，这家研究中心利用的细菌是甲烷单菌。这种细菌可将甲烷经过新陈代谢，在其体内产生细微颗粒状的聚合多羟基丁酸，提取出来后可以制成塑料。聚合多羟基丁酸在物理特性上与 PE、PVC 等石化塑料产品非常相似，但它却易于生物降解，并且最后产物只有水和二氧化碳，不会污染环境。

【日本开发用废纸制造包装容器的技术】 日本一些企业最近利用废纸制造包装容器获得成功，其强度与塑料相当，并能回收再利用。

据报道，化妆品厂家花王公司以废纸为原料，开发成功了可制作各种形状容器的技术。花王公司试制的容器已经投放市场，其强度不亚于塑料。

另外，日本制纸公司也开发出伸缩性比一般纸高5至10倍的纸张，使用金属模具可把它制作成各种形状的容器。这种新技术的原材料全部采用木材和纸浆，不添加合成树脂，能够循环利用，也无害环境。

日本媒体认为，日本每年用于生产食品包装容器的塑料为100万到200万吨，如果用纸制品取代塑料，将会出现一个巨大的新市场。

【新型金属防锈包装纸投放市场】 天津商学院北戴河分院名誉院长郑东教授研发成功不锈钢防锈包装纸专利技术，产品已投放市场。

目前使用的防止金属锈蚀的包装纸，有气相型和接触型等，但均属于通用型金属防锈纸，因不是不锈钢专用防锈纸，不适合不锈钢产品的包装。而新开发的新型金属防锈包装纸，是专门针对不锈钢的锈蚀包装防护而研制的专利产品。

该包装纸对不锈钢锈蚀起专门的阻止和防护功能，不仅防锈效果好，而且防锈纸的生产过程无毒、无污染。

【澳洲新包装葡萄酒即将上市】 继澳洲 Franklin Estates 的罐装葡萄酒在英国上市之后，又一家澳洲公司的纸盒装葡萄酒也即将在英国上市。

位于新南韦尔斯美丽如画的墨基山谷的澳洲第6大红葡萄酒生产商之一——墨基谷（Mudgee Valley）葡萄酒公司生产的 250ml 装葡萄酒即将在英国上市。这种独具特色的实用性包装可以完全阻隔氧气，从而保证其新鲜度和风味，防止葡萄酒质量下降，延长葡萄酒的保质期，深受消费者的喜爱。此外，这种包装还易于贮藏而且不易破碎，对于烧烤、野餐、聚会等来说都是非常方便和理想的。

目前，澳洲葡萄酒已经超越法国成为英国人最喜爱的葡萄酒，但是要保持住这种优势，则需要具创新性。这种新颖和包装将会为该公司的葡萄酒赢得很好的销量。

【台湾推出包装机刀片】 台湾地区润原制刀工

业股份有限公司近来研发出以包装业用途为主的各种精密刀片。

新开发的包装机刀片，材料采用德国、日本产SKD-11和SKH两种钢材，经过1250度高温处理，再加上三次以上的回火，最后用零下100度的低温做深冷处理。这样一来，刀片硬度高，在低温环境下也不会变形或断裂。

【韩国试制成功耐用塑料管材】韩国三星通用化学品公司2004年1月开发出用于高压水、气管的新型管材，被认为是世界上最耐用和最经济的塑料材料之一。这种新的聚乙烯材料按国际标准分类被称为PE112，可使用50多年，其成本比钢材便宜60%，比现有的塑料管便宜30%。这家公司已为这种材料注册了11种专利。

日前，世界管子市场容量每年为500亿美元。韩国三星通用化学品公司每年管子材料总的生产能力约为18万吨。

【新型多层薄膜包装问世】该包Teknt-plex公司研制出一种含有防潮层的Novinex的多层薄膜。Novinex薄膜以Topascos这种包装与外层聚丙烯同时压制而成。在性能上与PVDC/聚合物多层薄膜相比具有更强的防湿性和透明性。由于该材料不含乙烯、卤素和增塑剂，故其安全性和环保优势明显。此外，Novinex在制作过程中是多层同时压制而成，与层层压制的薄膜相比，制作时的污染机会较小，而且加工处理工艺也易于掌握。Novinex薄膜根据其内层的不同，分为三个等级，各等级的薄颜色不同，分别是透明、白色和琥珀色。这种新产品可广泛应用于粮食、药品等产品包装。

Teknt-plex公司称Topascos是无定型工程塑料族的一员，透明、坚固、防湿性好、强度大、稳定性好，目前已获得美国FDA的同意，允许该材料直接用于各种食品的接触性包装，同时还获准用于药品的包装。

【日本Asahi Kasei公司推出新产品】日本Asahi Kasei（AK）公司是世界上第二大改性PPE供应商（仅次于GE），他们开发出新型的Xyron系列材料，重量更小，成本更低，抗化学腐蚀能力强，因而可应用在汽车电池上。同时，AK公司还推出了一系列PPE和PPS材料，可用于汽车底盘组件、唱片机机架和办公机器部件。这些材料被认为具有很好的可塑性和抗扭曲性。AK公司已经开发出乙缩醛材料的低摩擦系列产品和抗静电系列产品，前者可用于制备电讯设备，后者可用于制备燃料泵部件。

【“白色垃圾”可制保温建筑材料】山西省原平市通达屋顶胶经销处2004年1月用废弃的塑料袋、盒、纸等白色垃圾污染物，研制轻型保温建筑材料获得成功。据山西省建筑科学研究院的试验报告，其密度、抗压强度和导热系数都达到了同类产品国家标准。专家认为，该材料对治理“白色垃圾”有很大意义，目前已显示了特殊的环保意义和实用价值。

这种被命名为“KGT轻型多功能保温建材”的轻型保温建材，具有对屋顶、墙体、阳台及各种容器、管道的保温、隔热等用途，比同类建材产品可降低成本30%左右，而且表现出重量轻和保温性能更加显著的特点。

【低挥发型环氧乙烯基酯类树脂在欧洲推出】欧洲公司最近推出二种苯乙烯低挥发树脂（LSE），它们均系环氧——乙烯基酯类树脂，其苯乙烯挥发量减少50%以上。

这种新型苯乙烯低挥发树脂，是在原有的Derakane树脂中加入特殊添加剂而制成的。二种树脂的牌号，一种为“XZ95353”，其降低苯乙烯挥发量的水平与Derakane411-45树脂相当，其制品的机械性能和耐化学性能，均符合有关标准；另一种为“XZ92470”，是由获奖产品Derakane470改性而成的，在固化时可形成一层表面膜，从而大幅降低苯乙烯的挥发量。

这二种新树脂工艺性能均很好，但也有缺点。据中国环氧树脂行业协会专家称，其透光性能稍差。

【抗菌率达99%以上的抗菌包装袋面市】西南交通大学材料科学与工程学院在成功研制出ZnO晶须复抗菌剂的基础上，将其应用于塑料包装材料中，研制开发出抗菌率达99%以上的抗菌包装袋。

据介绍，除塑料包装外，还可用于纸类包装袋中及金属包装物的表面涂刷。该类抗菌包装袋的问世，引起市场的关注，多家包装材料和产企业均表示出积极的合作愿望。目前，该产品在成都交大晶宇科技有限公司投产，并已申请国家发明专利。

【美国推出新型透明超硬涂层材料】美国GaliforniaHardcoating公司2003年12月推出了一种名为Perma-New的透明超硬涂层材料。这种涂料可使产品外观保持常新且使用费用低。

Perma-New 涂料是一种硅与树脂的混合液体。

该涂料在室温条件下的稳定性 10 倍于其他涂料，它不同于普通透明涂料，经过 Perma-New 处理过的表面很耐刮擦。现在市场销售的硬涂层涂料必须处于 30%的相对湿度下，Perma-New 则可承受 75%的相对湿度。Perma-New 不需要湿度控制设备，大多数用户只需不到 2500 美元便可启动有限的涂层生产。这种涂料可用于保护如透镜、观察口、薄膜等透明塑料制品以及抛光过的青铜或铝等金属制品。该涂料具有良好的耐久性和抗磨性，可用于航空、光学工业及其他常规工业。目前，它的主要市场是塑料薄膜、眼镜和护目镜、防护面罩及汽车前灯制造方面。

【可以制透明瓶把的共聚聚酯】美国伊士曼化工公司新推出一种用共聚聚酯制成的透明瓶把（适用于挤出成型为多用途瓶，规格为 64～128 盎司），以期替代传统的一体化 HDPE（高密度聚乙烯）瓶的不透明把手。

该种聚酯可以制备透明度不同的瓶把，以区分瓶内产品，而且更为美观。伊士曼公司在拉斯维加斯举办的包装展览会上介绍了这种新材料。该公司市场经理认为，这种产品使“整体式”瓶的用户也有了无把透明 PET 瓶，或有透明共聚酯把的 HDPE 瓶两种选择。

【美 Aremco 公司开发出耐高温新材料】美国 Aremco 公司（专业生产各种陶瓷复合物与涂料产品公司）2004 年 1 月又开发出一种新型涂层材料。这种新型涂料产品Ceramacoat（TM）512N是一种单一的水基氧化硅填充粘附涂层材料，既可用陶瓷、金属、塑料电子元件的组装中，也可用于涂覆高温结构材料以保护它们免受腐蚀。该体系产品能经受高达1316℃的高温，专门设计用于取代传统的耐温仅为260℃的有机涂料。

512N不但具有优导的电性能，而且显示出很好的防潮、抗氧化和化学腐蚀性能。使用时用刷子或抹子涂刷，室温条件下其固化时间需要一个晚上，若用人工加热方式加速固化，则时间可缩短为2小时（93℃温）至4小时（177℃）。

【杜邦推出增强特氟隆复合材料】杜邦有限公司最近推出一种特氟隆复合材料，其商品名称为“Zymaxx”，并已在欧洲市场上面市。

这种新型聚四氟乙烯材料具有良好的耐化学腐蚀性能和抗蠕变性能，而且它的耐久性和耐磨损性能都比较好。杜邦公司利用这种耐高温型特氟隆材料，以及经过特殊处理的碳纤维增强材料制成的特种复合材料不但耐久性和耐磨性好，而且在高温下的机械性能保持率较高。

经对聚四氟乙烯样品蠕变性能测试，发现在 260℃温度、6.9MPa 载荷情况下，其蠕变值为 15%。但在相同的温度和相同的时间内，其所加载荷增加了 1 倍的情况下，Zymaxx 复合材料样品几乎没有发生蠕变现象。而在 260℃温度下，Zymaxx 复合材料的抗压强度值达到 138MPa。并且经过对比试验结果，发现在低于 200℃的温度下，特氟隆与 Zymaxx 复合材料的耐磨系数和动态摩擦系数基本相等；而在高于 200℃温度时，增强特氟隆复合材料的性能明显优于未增强的特氟隆材料。

这种新型 Zymaxx 聚四氟乙烯复合材料已在美国得到了广泛的应用，获得化学工业、石油精加工工业、流体动力工程和热力管理部门等各方面用户的好评。

【美用维生素 E 做食品包装材料抗氧剂】美国科研人员最近正在用维生素 E 作为食品包装材料的抗氧剂。

这种抗氧剂的特点是价格低、用量少，可消除或减少使用抗氧剂的气味问题，用于食品饮料的包装材料中，可改进聚合物的溶融流动指数、黄变指数，提高了制品的加工性和色稳定性，可减少聚合物的挥发问题，使抗氧剂暂不受损，还可应用于高温加工，减少凝胶形成，增加生产量等。维生素 E 可通过天然物质得到，也可合成，作为抗氧剂有其独到之处，给食品包装材料的制造开辟了一条新途径。

【水溶性薄膜被广泛使用】用于医药、化妆品和食品工业的水溶性聚乙烯醇树脂，根据坐落在美国的 Chris Sraft 工业产品有限公司和法国的 Greensol SA 公司的联合协议，在当前是很容易得到的。

伊利若斯的 Chris Craft 认为，要在世界范围内供应植物纤维包装薄膜是很方便的。据 Chris Craft 称，他们遵守美国食品和药品委员会的标准，短期内将推荐可食的植物纤维薄膜用于食品和医药用途。

Chris Craft 主张要在发展和商业介绍水溶性薄膜方面成为世界领导者。Chris Craft 认为，Mormsol 水溶性薄膜适合酸性的、铝制的、吸湿的或有强烈气味的产品包装的用途，已获得美国环境保护协会的同意。

在法国以桑（sens 为基地的）Greensol SA 公司在经营水溶性薄膜方面已有 30 多年的经验。将在法国使用包装操作，以决定由于水溶性薄膜的吸湿敏感度，对包装必要的用量、类型和尺寸进行测试。

这两个公司已拟定了一个测试草案，以确保薄膜性能不会由于同包装产品粘连而减弱。

【美国用大豆制成食品包装膜】美国开发成功以大豆为原材料的食品包装膜。

大豆包装膜是将大豆浸泡在水中使其变软，取出压碎，重放水中，分离出蛋白质，进行干燥，得到精细蛋白质粉末，再在粉末中添加其他物质混合成塑性薄膜，可用于盛放和覆盖食品。

大豆蛋白食品包装膜，是以分离大豆蛋白为原料，用 100 倍的 0.1N 氢氧化钠处理 2 小时，经高速离心分离，取出清液，用盐酸调节到蛋白质的等 电点，使蛋白析出沉淀，将沉淀物冷冻干燥而成。制成的食品包装膜均匀透明，氧渗透性低，保鲜能力好，适用于药品、糖果、水果、肉制品等产品的包装膜，并可食用。

【吉林多功能饮料瓶获国家专利】由吉林省农科院专家李良荣、孙洪斌发明的多功能饮料瓶获国家专利。

多功能饮料瓶呈保龄球状，饮用后，空瓶可作为儿童娱乐健身玩具。此种饮料瓶由瓶体、瓶盖组成，特征是瓶体颈口处造型向里收缩，瓶盖呈乳头状，瓶体为上宽下窄流线形状，瓶体上有带外螺纹的瓶口，瓶盖下部有内螺纹，两部分旋拧为一体，即成为一个保龄球形状。饮料瓶口也可用塞子封口，瓶体、瓶盖有相匹配的固定卡口，瓶盖可扣压在瓶体颈口上，成为一体。该瓶也可用塑料制成。

【法国西得乐研发充碳饮料三合一设备系统】

法国西得乐有限公司研发充碳饮料三合一设备和集瓶台联合系统。充碳饮料三合一设备集吹瓶、灌装和封盖于一体，填补了市场空白，其特点是效率高，总效率超过 95%；易于操作，产量高，每小时产量达 2.8 万瓶；卫生条件得到控制，免除了外界污染。集瓶台联合系统用于控制封盖机和贴标机之间的压力及集瓶台和上下输送过程中瓶子阻塞现象，并节省 33%的占地空间。

【万通公司研制开发新型纸塑包装机】牡丹江市万通公司研制开发的纸塑型复合材料颗粒包装机，一改过去小纸袋包装制袋、装料两条生产线的专统工艺，实现了制袋、装料一机完成，大大降低了成本，填补了国内包装行业的一项空白。

【国产首台利乐包生产线研制成功】国产首台利乐包生产线——TAZJ40900 型机组式凹版印刷压痕打孔机，由陕西北人印刷机械有限责任公司研制成功并开始投放市场。

该机首次将纸张的印刷、压痕、打孔联在一起，实现联机生产。该机采用了北人公司的最新研制成果——高速不停机对接装置，自动化程度和控制精度高，操作简便，接料平稳，废品小，功效高。其最高印刷速度为 120m/min，最大印刷宽度为 900mm。主要运用于利乐包装专用纸、铜版纸、牛皮纸、卡纸等纸张的印刷、压痕、打孔等。

【新型面纸包装袋可避免面纸氧化】改良的面纸包装袋。先将面纸包装袋设计成具有夹层的形式，再把传统包装袋的交叠热封部延伸至略与袋缘切齐，且仅封包装袋的两侧，使夹层形成。

【旋转喷涂工艺】旋转喷涂工艺是聚氨酯胶辊技术的一种全新加工方法。它是将加工辊体装夹在旋转装置上，当辊子缓慢转动时，配好的聚氨酯原料通过喷涂设备喷射到辊子上。这种聚氨酯是一种快速反应、硬化的混合物，凝固时间极短，成分特殊，允许多种喷涂，即使用机械方法（如撕裂法）和光学方法都难以确认两层间的结合接口。经过加工的聚氨酯胶辊表现出非凡的抗磨耗性能和优越的机械性能。该工艺及设备在钢铁、造纸、纺织、造船等行业运用后，成本明显降低，效率和质量大幅提高，特别是用于宝钢等一些带轴承的设备方面，寿命可延长一倍以上。

【超强瓦楞纸板在广西诞生】一种由增强夹心瓦楞纸板（瓦中瓦）制成的防震抗压包装箱、增强结构组合包装容器等三种产品在广西获得专利证书。这种材料是由广西桂林晨光纸品有限公司研制开发成功的新型包装材料。

据介绍，这种材料具有良好的平压和抗弯强度，可与纸管连接代替木托架，便于搬运。在构成上，“瓦中瓦”是以普通瓦楞纸板作面，又在两层面纸板之间加入瓦楞纸板和纸管的优良结构，以提高强度。

经测试，多项物理指标远超普通瓦楞纸，在抗压、防震性能方面接近木板。经独特工艺变形排列，以最佳的力学结构整合成型，由它做成的包装箱的6个面形成了强有力的管桩矩阵，能有效地防止箱内物品的破损，对体积较大、重量稍重、易碎、怕压的产品更能体现出它的优越性。可广泛用于大型家电及机电设备的包装。

【浙江复合纸板生产线通过鉴定】浙江瑞安市红旗轻工设备厂开发的"瓦楞蜂窝复合纸板生产线"在瑞安市通过省级技术鉴定。

自动式瓦楞蜂窝复合纸板生产线是利用企业自有专利技术而开发的，采用瓦楞、蜂窝复合结构，显著提高纸板的强度，其力学性能明显优于单蜂窝或单瓦楞结构的纸板。其主要功能是将再生纸全自动制成瓦楞蜂窝复合纸板，具有强度高、防震性能好、成本低、重量轻以及再生纸可循环利用、符合环保要求等优点，可广泛应用于包装材料、建筑材料、家具材料、交通工具材料等。该生产线采用PLC电脑控制、变频调速等技术，从再生纸送入，瓦楞成形，到瓦楞蜂窝复合纸板，实现全自动连续生产控制。该生产线结构合理，具有自动化程度高、制纸板速度快、运行安全可靠等特点。

【加拿大一家纸浆厂研制出新造纸术】加拿大一家纸浆厂研制出一种新型纸张，其原材料用本地普通农作物纤维取代木材，得到的纸张质地、强度、韧性可与传统木质纸浆造出的纸张相媲美。

该种新型纸张可适用于几乎任何纸张领域，包括办公用纸、烟草用纸、卫生用纸、出口用纸，甚至能印制现钞。

【美国研制成功微孔塑料合成纸】美国一家公司研制成功性能优越的微孔塑料合成纸。这种性能优越的微孔塑料合成纸是采用了塑料与一种特殊材料制成的。有微孔，具有抗冲击强度高、刚度好、比重大、导热性低、介电常数低、透气性好等优点。适用于食品包装，还可以用作分子过滤等。

【韩国研制用玉米秸生产高级纸张】韩国科技人员开发成功用玉米秸生产复印纸等高级纸张的技术。这项技术由江源大学教授元钟鸣和公州大学教授柳海日共同承担开发。他们将80%的玉米秸纸浆与20%的针叶木纸浆混合，制出了高级纸。用玉米秸制造纸张的成本要比用木材制造纸的成本低，使用化学药品剂量少，而且生产出的纸张与普通复印纸一样洁白、光滑、坚韧。这种纸张制造技术已在美国、日本和欧盟等14个国家和地区获得了专利。共同参与开发的韩国风险企业CPP公司已在美国威斯康星州建立了用玉米秸生产纸张的试验性工厂，拟在今年秋天玉米秸大量产出时正式投产。该公司还计划向韩国和外国的造纸企业转让这一技术。

【黑白膜成牛奶包装主流方式】日本市场开始采用新型环保型牛奶包装——黑白膜复合包装。

这种包装具良好热封性、避光阻氧、贮存运输简便、成本相对低廉的优点，市场反应良好。

该种包装膜由三四层不同的聚乙烯加黑白母料共挤复合而成。其热封层使用低密度聚乙烯（MLLDPE），具有支化度高、分布均匀且分子量分布窄的特点，可提高热封性，使其适应鲜奶包装工艺中高的热粘接强度的要求，并提高灌装速度。

从长远来看，黑白膜将是未来几年内鲜奶包装的发展方向。

【利乐公司开发全新无菌纸包装】作为全球纸包装行业的龙头企业利乐公司，为了赋予纸盒包装产品新的内涵，帮助客户提高产品形象，推出了利乐无菌包装。

这是一种全新的纸质包装，除了具有传统纸包装卫生、安全、保质期长等优点外，令人耳目一新的八棱面造型及金属外包装彩印赋予它强烈的视觉冲击力。利乐公司的这款无菌包装投放市场以来，深受消费者欢迎。在利乐无菌包装家族中，除250毫升和330毫升易拉贴外，还有新近推出的200毫升和1000毫升易开盖，以及最新的330毫升流畅盖等。

【巴陵石化推出热塑性橡胶新品】中石化巴陵石化公司研制的热塑性橡胶SIS、SEBS产品2004年2月通过技术鉴定，在国内率先实现工业化生产。

SIS兼具有橡胶和塑料性质，其显著特点是粘着力强，是热熔压敏胶、涂料、溶剂型粘合剂等的主要原料。其产品可用作包装袋、双面带及耐油标签等。目前该公司年生产能力达5000吨，主要销往东南沿海地区。

SEBS具有优异的耐老化性能，既有可塑性，又具有高弹性，无需硫化即可加工使用，边角料可重复使用，广泛用于生产高档弹性体、胶粘剂等。目前该厂的年产能力为300吨，产品主要销往福建、上海、浙江等地。

【阿托菲纳推出韧性透明聚丙烯】法国Atofina（阿托菲纳）石化公司推出间规PP新产品Fiaplas，特点为比传统PP柔韧性好，而且加工性好，十分容易成型各种容器。据该公司聚丙烯业务部副总裁Scott McEwen介绍，Finaplas的用户已用掺有这种新树脂的PP原料制备不同性能薄膜替代纸和其他传统薄膜，而且Finaplas适用于制备一般PP难于成型的复杂形状容器，使下游加工厂可以设计和生产特殊形状的容器。

Finaplas还具有极佳的透明性和光泽，熔点为128℃，可萃取物量少。另外，这种新树脂加工薄膜的收缩率大于一般传统PP收缩率，制备的流延膜和双向拉伸膜透明性高。Finaplas的其他应用包括：医用蒸煮容器、挤出发泡制品和耐用消费注塑制品。

【武汉理工大学开发新型改性环氧树脂】武汉理工大学2004年2月对环氧树脂分别进行改性开发，新的环氧树脂粘度低、强度高，适于复合材料业中的RTM、离心浇铸、拉挤等塑模成型工艺。

该改性环氧树脂浇铸体力学及物理性能优良。据中国环氧树脂行业协会介绍，有以下特点：

初始粘度（室温）mPaS 60～100；

固化温度11℃2h、150℃4h；

拉伸强度（MPa）87—11；

拉伸模量（GPa）4.5；

弯曲强度（MPa）131～180；

弯曲模量（GPa）2.8～4.0；

压缩强度（MP）133；

冲击韧性（KJ / m^2）16.2；

体积电阻率[（ρv）Ω·Cm]4.2×10^{15}；

表面电阻率[（ρs）Ω·Cm]6×10^{13}；

介电常数（ε）4～5；

介质损耗角正切（tgδ）3×10^{-3}；

马丁耐热 / ℃—205。

【北京研制放射性固体废物钢制包装容器用涂料】由北京化工大学和北京核工程研究设计院联合研制的放射性固体废物钢制包装容器用涂料，2004年2月成功推出。

该产品是双组份环氧树脂涂料，其基料是双酚A型环氧树脂。它不仅对钢制容器的附着力和抗化学介质性，特别是耐碱性优异，热稳定性好，而且抗辐射性突出，容易除去放射性污物。该涂料的固化剂为改性芳香胺，不仅毒性低、粘度小、相容性好，而且具有固化速度适中等优点。同时由于它的芳香环结构，使涂层的抗辐射性和耐热性提高。

放射性固体废物的处置是业内以及公众十分关心的问题，同时技术要求很高。该涂料的面世，将有利于处置技术措施的提升。

【普通流延PP渗透BOPP市场】随着聚丙烯（PP）树脂性能的改进以及成膜设备和加工技术的发展，普通流延聚丙烯（CPP）的市场竞争力进一步增强。据预测，其应用领域将进一步向BOPP市场渗透。一方面，CPP热封强度高，生产成本低，近年来其生产率平均上升25%。而且，CPP通过共挤出提高了性能，抗撕裂性能和冲击强度都得以增强，加上原有的高透明性，CPP比BOPP更容易控制形态，有更好的尺寸稳定性和平坦性。因此，在某些市场领域如DVD和音像盒包装物、面包糕点包装、蔬菜水果防雾薄膜和鲜花包装等方面，CPP能够代替BOPP。而且，我国生产的BOPP膜大部分使用通用级原料，极大的限制了薄膜特性，从而削弱了其对普通流延膜的竞争优势。

【美国研制出高性能包装贴标】美国伊利诺伊州CCL标签公司开发生产出了一种合成标签，既抗湿，又能吸湿，具有对标签印刷的保护作用。该标签采用了3mm厚度的BOPP薄膜，四色凹印。这家公司同时还生产一种外标为透明的2mm厚度，内标为白色的2-6mm厚度的合成BOPP膜标，外标图案七色柔印，内标通过窗口可视。

此外，威斯康星州CI＆Graphics公司最近还开发了一种背面五色柔印透明的1.25mm厚的OPP膜，该膜复合了一层铝箔制成的合成标签，在包装界获得了普遍使用。

【日本开发出聚烯烃接着薄膜】日本Okamoto公司开发出具有与聚氯乙烯塑胶（PVC）制品有相当程度粘着性的特殊聚烯烃（PO）接着薄膜。

该产品应用在食品包装方面，与一般的PO制接着薄膜相比，因新产品的粘着性提高，所以对食品容器的密封性也较高。又因耐热温度为150℃，因此可以使用在电磁波中，可以改善以往的PO接着薄膜的食品容器密封性差的问题。其耐热温度为150℃，耐冷温度可以达零下60℃。预估将有12亿日元的营业额。

【法国新近研制成功“不能复印的油墨”】法国一家公司新近研制出一种不能复印的油墨。

该油墨的工作原理是通过合并油墨中的某些分子来改变油墨的形状，从而使油墨在曝光下隐形，也就是说，复印机的闪光操作装置或扫描器的射束无法复印到油墨。这样文件就不可能被复印。

【用 PLA（聚乳酸）生产购物袋的手把】在日本，生物降解聚乳酸（PLA）聚合物正被用于制造象绳子那样的手把，生产购物袋。手把由 Matsuura Sangyo 公司生产，使用 plasrarch Biorope 公司的材料。聚乳酸纤维是 Kuraray 公司生产的，由包装公司使用这些材料来生产对环境友好的纸质购物袋。聚乳酸是通过用细菌发酵的玉米淀粉生产的乳酸制造的，据 Kuraray 公司介绍，生产一支购物袋的手把只需 15 粒玉米。

【AS3 快速消毒包装机在法国 PREPAC 公司问世】PREPAC 公司是世界领先的袋装液体包装机生产企业，成立于 1960 年，2001 年为加拿大杜邦公司（DuPont Canada）所收购，如今以 PREAPC S.A.S 公司的名义，统属杜邦集团的“液体包装系统”旗下。该公司的产品包括各种系列的液体及黏稠流体的包装机械，并带有巴氏消毒灭菌功能（UHT 处理），包装能力为 100mL 至 5L。

在消毒功能方面，PKEPAC 公司拥有 25 年的经验，在业内具有公认的可靠性和高效率。

PREPAC 公司同时提供聚乙烯薄膜，其中某些产品可使包装物保存期长达 6 个月以上。公司设有配件供应服务，并设有技术组，专门对机器进行维护。

【微调台式包装印刷打样机问世】湖北省丹江口市塑料厂下岗职工余胜兰根据多年的塑料包装印刷经验，设计制造了微调台式凹版印刷打样机，从而解决了包装印刷厂家和油墨制造厂家印前难以对油墨色相、附着、光泽的正确判决的难题。

微调台式印刷打样机分为 A 型和 B 型。A 型在打样时只需加入 0.1～10 克油墨就可作为凹版印刷的打样，而 B 型在使用时，只需将感光树脂版或雕刻（电刻或手工雕刻）橡皮版用双面胶布贴上，加入 0.1～10 克的油墨就可作为柔性凸版印刷打样，或将 PS 版固定在辊筒轮上，可作为胶印的平版印刷打样。

【台湾研发出双台面湿膜塞孔网印机】台湾地区东远精技公司研发出双台面湿膜塞孔网印机。该机能提高工作效率，有效解决漏印及残墨污染问题。

该产品专用于印刷电路板的液态感光防焊绿漆湿膜塞孔，不塞孔网印作业；由于采取双台面作业，配合双向印刷与专利的网版双轴向位移设计以及数控恒定印压装置，有效解决了漏印及残墨污染问题，达到完美塞孔效果，提高了生产能力以及产品优良率。

【PVC 新型抗菌塑料开发成功】华东理工大学超细材料制备与应用教育部重点实验室和上海氯碱化工股份有限公司合作，开发成功纳米复合抗菌聚乙烯功能塑料制备技术，制备出抗菌性能优异的聚氯乙烯塑料。这一新技术通过上海市科委主持的专家鉴定。

他们将纳米抗菌粉体研磨分散和湿法处理相结合，针对无机抗菌粉体，开发了湿法复合表面改性新技术。利用钛酸酯类偶联剂和硬脂酸对载银二氧化钛抗菌粉体进行复合改性，改善了抗菌粉体在聚氯乙烯基体中分散性能及界面相容性，提高了抗菌粉体聚氯乙烯的拉伸和冲击强度等力学性能。首次将载银磷酸锆纳米抗菌粉体应用于硬质聚氯乙烯，制出抗菌性能和力学性能优良的抗菌聚氯乙烯材料。

【台湾研发细菌生物塑胶】台湾地区的元智大学生物科技生物资讯研究所最近与远东集团的东联化学进行合作，共同出资近千万元新台币（33.3 元新台币合 1 美元），研究用细菌生产塑胶。

这项名为“微生物合成高分子聚合物 PHAa 的开发和应用”计划预定在 3～4 年内出成果。

据介绍，细菌生物塑胶是世界刚开始研发的生物技术产品，美国的宝侨公司和 Metabolix 生技公司已有原形产品。PHAa 多羟基链烷酸酯是生物塑胶的一种，加工后具有生物可分解性、生物相容性和热塑性。通过生物技术、生化工程和材料工程，以 PHAs 聚酯类为基础的产品具有介于高密度聚乙烯和低密度聚乙烯之间的机械特性，用途广，可作包装覆膜、纤维、薄膜、弹性体等。

【欧洲科学家开发出生态涂料】提起涂料，人们往往会将其与空气污染联系在一起。然而，欧洲科学家发明的一种涂料，能吸收汽车排放的可引起呼吸道疾病的二氧化氮气体，对空气起到一定净化作用。

据英国《新科学家》杂志报道，这种名为“生态涂料”的产品将上市。该涂料可涂在建筑物的外墙上，有效期可长达 5 年。其间，涂料在吸收二氧化氮的同时逐渐被消耗殆尽。这其中的奥秘在于，该涂料是由直径仅为 30 纳米的二氧化钛和碳酸钙球形微小颗粒混合，从而形成了一种名为“Polysiloxane”的硅基聚合物。

这种聚合物多孔，能让二氧化氮气体通过，二氧化氮气体因此吸附于二氧化钛颗粒上。这些颗粒通过吸收太阳光中的紫外线进行化学反应，将二氧化氮转化成硝酸，硝酸最后被碱性的碳酸钙中和。据介绍，这一过程中产生的无害的二氧化碳、水和硝酸钙最终都会被雨水冲刷，不会对建筑物和周边环境造成不良影响。

【美国研制出用大豆制造食品包装膜】美国开发成功以大豆为原料制造食品包装膜。

大豆塑料膜是将大豆浸泡在水中使其变软，取出压碎，重放水中，分离出蛋白质，在冰点下进行干燥，得到精细蛋白质粉末，再在粉末中添加其他物质混合成塑性薄膜，可用于盛放和覆盖食品。

大豆蛋白食品包装膜，是以分离大豆蛋白为原料，用100倍的0.1N氢化钠处理2小时，经高速离心分离，取上清液，用盐酸调节到蛋白质的等电点，使蛋白析出沉淀物冷冻干燥而成。制成的食品包装膜均匀透明，氧渗透性低，保鲜能力好，适用于药品。糖果、水果、肉制品等产品的包装膜，并可食用。

【新型酒包装打破传统】由玻璃瓶一统天下的酒包装市场地位近来受到威胁，一种塑料瓶装白酒正在取代玻璃瓶装的天下。

这种塑料瓶外形接近矿泉水瓶，奇特的设计吸引了消费者的关注。

时尚的外形及瓶盖的设计都大大提高了使用的方便性。而采用纸制“利乐砖”包装的红酒更是颠覆传统的红酒饮酒文化，只需要一根慑管，就可像喝果汁一样品红酒，深受年轻人喜爱。

【法国推出可鉴别转基因原料包装膜】法国一家公司向市场推出一种新包装薄膜，是用普通聚氯乙烯（PVC）材料经特殊处理加工而成。

用这种新包装薄膜包装大豆食品，如大豆油等是否用转基因大豆原料加工而成，即使只含有5%—10%转基因的大豆食品也能鉴定确认。该包装薄膜主要应用于包装南欧生产的非转基因大豆原料。

【一种可食性保鲜膜研制成功】一种能有效调节果蔬气体交换和水分散失，具在国际先进水平的可食性保鲜膜目前在成都高新区博创园的推广会上受到用户的称赞。

金锡萱在美国长时间从事可食性保鲜膜技术的研究，他专长于农产品可食性保鲜膜技术的研究与产后贮藏管理，曾获三项美国专利。他回国后专门从事我国可食性保鲜膜技术的研究。这次研发成功的“依柯可食性保鲜膜，果蔬保鲜剂”技术，可根据不同果蔬的生理特性采用疏水性和亲水性成分复配成制剂，有效地调节果蔬的气体交换和水分散失，降低代谢速率，减缓后熟过程，达到保鲜目的，其MA气调技术居全国领先地位，填补了国内空白。

【河南开发成功新型黏稠体灌装机】由河南科技大学食品与生物工程系研制生产的带颗粒黏稠体灌装机，通过有关专家组的验收，据悉，该机可广泛用于灌装番茄酱、豆沙、芝麻酱、带肉丁的调料酱等黏稠物料。

【维生素E可作食品包装抗氧剂】美国科研人员最近研制成用维生素E作食品包装材料的抗氧剂技术。

这种抗氧剂的特点是价格低、用量少，可消除或减少使用抗氧剂的气味问题，用于食品饮料的包装材料中，可改进聚合物的熔融流动指数、黄变指数，提高了制品的加工性和色稳定性，可减少聚合物的挥发问题，使抗氧剂暂不受损，还可应用于高温加工，减少凝胶形成，增加生产量等。维生素E可通过天然物质得到，也可合成。作为抗氧剂有其独到之处，为食品包装材料的制造开辟了一条新途径。

【鸡蛋牛奶液体饮料生产技术】该技术涉及一种食品领域中的鸡蛋牛奶液体饮料，它采用常规的饮料制备方法制备面成，其特征在于由牛奶和脱除胆固醇的鸡蛋复合而成，并添加了碳酸钙、维生素A、维生素D、维生素B#-(12)、维生素C、蔗糖、柠檬、乳酸、单甘酯等成分。由于该技术中鸡蛋无胆固醇，适应于大众化日常需要，具有营养价值全面、保健功能强的优点。

【维生素E做食品包装材料抗氧化剂】美国科研人员最近正在用维生素E作为食品包装材料的抗氧化剂。

这种抗氧化剂的特点是价格低、用量少，可消除或减少使用抗氧化剂的气味问题，提高了制品的加工性和色稳定性，可应用于高温加工，减少凝胶形成，增加生产量等。维生素E可通过天然物质得到，也可合成。作为抗氧化剂有其独到之处，给食品包装材料的制造开辟了一条新的途径。

【英国制出多功能新型塑料食品包装】英国公司成功研制出一种新型塑料食品包装，只有被动和主动屏障两种功能，有效地抑制了氧的渗入，甚至在食品袋蒸煮之后，作用仍然不会减弱。

新包装不仅可延长产品的储存期，而且可以直接采用微波炉加热，特别适合于方便食品的包装。据介绍，这种被称为“屏障之和”的新包装由6层不同材料复合而成。第一层为聚丙烯——一种具有高阻油性聚合材料。第二层和第四层为粘合胶，之间是阻氧聚合材料 EVOH。第五层是除氧剂混合物，被称为主动屏障，不仅可以阻止外来氧分子进入，而且可以吸附包装内的氧。最后一层是聚丙烯材料。在新包装中，除氧剂即使在有水分的情况下仍然能够保持活性，因而保证了食品的保质期不变。

【美国研制成功利用土豆制塑料薄膜】美国一家研究所研制成功一种利用土豆和乳清制成能生物降解的塑料薄膜，这种塑料薄膜的最大优点是可以分解为对环境无害的乳酸。

据介绍，这种制造塑料薄膜的方法是先将制酪时形成乳清后废弃的土豆用酶转化为葡萄糖浆，然后通过细菌发酵形成含乳酸的液体。液体中的乳酪经电渗透析分离出来后，加热使水分蒸发，留下的便是可以制薄膜和涂层的聚乳酸分子。这种制成的塑料薄膜可以作保鲜袋及代替涂有聚乙烯和防水蜡的包装材料等。

【武进国松推出电脑扭结糖果包装机】武进国松食品机械有限公司近几年来先后开发了硬软糖成型机、微电脑多功能枕式糖果包装机、新一代微电脑三角式包装机等高科技产品。但该公司并不停留在现有取得的成果上，仍不断进取，最近又投入30万元资金，开发了国内空白的扭结糖果包装机。

【加拿大公司成功研制包装热封机】加拿大安大略省某公司开发成功包装热封装置。该装置可对塑料、乙烯、多层、角形、枕形以及10寸的屏蔽膜袋进行热封和冷却，作业运行速度为750个/分。该袋可装重2磅的物品，系重型袋，需由输送进行分离，经加热可达到强热封，根据选择要求可调整热封头。

【荷兰制造出专用薄膜包装机械】荷兰一公司研制成一种薄膜包装机，可用于箱装货物防护性的薄膜包装，这是专为需当场包装的箱装货物而设计的。

该包装机的作业过程是：包装机移到箱体旁后，薄膜铺设装置就附在箱体上，按照预定的数据铺设薄膜。用这种薄膜包装机，每小时可包装约30只箱体高达2米的大型货箱，方向指示轮能保证该机按箱体形状进行包装。该机包装方便，实用性强。

【日本研制并上市粉体压缩体量包装机】日本长崎机器制造公司研制并已上市了一种全自动粉体包装机——粉体压缩体量包装机，受到了包装业界的关注。

据介绍，新研制的包装机是由内管装置和外管装置组成，内管由一金属过滤器和一块金属板组成。螺旋装置在输送处理过程的粉体时，其粉体中的空气在抽空中被抽除，剩下粉粒间的空气继续由内管中一特殊过滤器除气，不会泄露出任何粉粒。新研制的真空抽气装置经螺旋压缩作用，粉体的容积密度提高，使粉体包装减少。该包装机采用特殊过滤器，使真空脱气、螺旋压缩、自动计量及包装合为一道工序，具有省力、粉尘少、改善操作环境等优点，可用于面粉及其它粉体物质的加工包装。

【瑞士推出 UV 固化喷墨印刷机】瑞士公司推出的 Uvjet 215-C UV 固化喷墨印刷机使用了4个 Xaar 500 的压电喷墨头，最高分辨率为 360dpiX720dpi 。当使用最大分辨率印刷时，最快速度为 72m/h，所用承印材料的厚度最大可达40mm，最大印刷幅宽为215mm。该机使用 Sericol 的 UV 固化喷墨水，并配有2个高亮度的 UV 灯，还附带2个备用的灯泡。215-C UV 固化喷墨印刷机可在纸板、玻璃等硬质的材料上使用，也可在乙烯、聚酯、硬质 PVC 卷材上使用。

【新一代包装机械——YLZX-12D 全自动包装箱机】该机是在引进、吸收美国、日本、德国等先进技术的基础上，研制开发的新一代包装机械。采用日本三菱 PLC、WMC 气动元件，美国防大学诺信热溶胶机等世界一流品质的元器件，确保纸箱成型、折边、喷胶、封箱等后包装工序连续自动完成。具有结构合理、性能稳定、质量可靠、生产率高、适应性强、自动化程度高等特点。广泛适用于方便面、香烟、肥皂、饮料等产品的纸箱包装。

【改革茶叶传统包装 推出茶叶保鲜技术】由于绿茶生产的时效性和季节性很强，难以确保一年四季都新鲜如初，无锡江南大学科技园推出了采用新技术生产的“长生佛”常温保鲜绿茶。

据介绍，春茶上市时采购的新茶若保存不当，香气就会消散，色泽变黄，陈化劣变。而新买来的新茶，只是简单地放到冰箱里冷藏也有“串味”的可能。目前，国内外普遍使用冷藏的方法来保存绿茶，虽然在商业贮运中作用明显，但是仍然解决不了绿茶在常温下保存的难题。

无锡江南大学科技园采用物理电磁场休眠技术，抑制绿茶中各种氧化酶的活性，防止有效成分的氧化。同时，对传统包装进行改革，避免绿茶香气成分的散失和串味，而且不使用任何添加剂，在常温下即可达到绿茶保鲜效果。该项技术已于2003年底通过国内专家鉴定，并申请了国家专利。

【美日两国马铃薯保鲜包装技术】美国研究出超高气体透过膜，可使足够的氧气透过，从而避免无氧状态发生，达到最佳的气氛控制，起到保鲜作用。具体操作为：（1）辐射处理。（2）涂膜处理。（3）严格选剔，适时采收。（4）清洁贮藏。

日本脱水保鲜包装技术是采用具有高吸水性的聚合物与活性炭置于袋状垫子中，通过吸收马铃薯呼吸作用中放出的水分，起到调节水分的作用。同时可吸收呼吸产生的乙烯等气体，以及吸收腐败的臭味，可防止结露。另外一种是采用SC薄膜，它同时具有吸收乙烯和水蒸气的功能，能防止结露，又可调节包装内氧气和二氧化碳的浓度，还具有一定的防腐作用。SC薄膜透明性好，价格便宜，可防止马铃薯由于水分蒸发和微生物作用而发蔫、腐败；SC薄膜伸缩性好，不易破裂，能长期稳定使用，保鲜效果好。

【美最新研制热封可揭罐盖鲭鱼片包装技术】在饮料生产中，为满足消费者的要求，拉环被广泛使用在食品行业。美国皇冠控股有限公司最近研制出一种新的鲭鱼片包装技术——热封可揭起罐盖技术。

皇冠公司可揭罐盖新技术的可揭盖带一层薄铝箔，热封在硬钢或铝环上，通常这是一个卷边环以适应双层封口工艺。盖上有一个小拉环，很容易揭起罐盖，拉环是外层铝箔同内层聚丙烯薄膜的复合材料，表面可上光印字。这种可揭罐盖揭盖迅速、容易、安全。

【日本清纺公司开发出新型防潮包装纸】日本清纺公司开发出一种新型合成纸——防潮包装纸。该纸由五部分组成，以100～280μm厚的芯纸为基材，在纸内外各覆盖一层特殊聚丙烯薄膜，每层薄膜外有30微米厚的涂层。该新型纸防潮效果显著。

【一次性包装全降解方便面碗问世】一种一次性包装全降解新型植物纤维方便面碗正式问世。据有关专家介绍，该碗以谷壳等草本植物秸秆为主要原料，加入改良性玉米淀粉和其他辅料，采用热固化模成型工艺制成，能在自然条件下完全降解。这种新型方便面碗是目前市场上几类发泡塑料替代材料中性能价格比最优良的一种，该产品可降低成本30%～50%。

【日本旭化成推出自然分解保鲜膜】日本旭化成公司开发出一种新式保鲜膜，原料是由玉米的糖分制成，能生物分解的聚乳酸。旭化成利用独特技术，使聚乳酸制成薄膜后仍能保持很好的柔软度。该公司预计2005年底投资十余亿元，在三重县铃鹿工厂兴建生产设备，先在环保意识较高的欧美地区销售。

【Gerresheimer 推出香水新包装】Gerresheimer推出的新型的移动电话外观喷洒香水，Adidas 3的玻璃包装瓶几乎完全封装在塑料套内，塑料套则恰好可以置于手中。该产品只有包装瓶中部的迷人玻璃三角形露出。

男士用品为色彩鲜艳的黑盖，以蓝色突出，而女士用品具有更加纤柔的外观，呈白色和玫瑰色。Gerresheimer集团市场总监Burkhard Lingenberg称，它可能是当按左下部时向上喷射香水的第一种香水包装。在按压时，它从侧部向上升起，穿过塑料套，离开一段距离，即上部边缘中部，香水从喷嘴中嘶嘶喷出，就如电话的耳语一般。

【爱尔兰推出新型食品包装软件】一种新型食品包装软件在国际工程和食品会议上揭开面纱，这是专为新鲜产品改良大气包装（MAP）设计的，它可以告诉包装者需要的尺寸和薄膜类型。爱尔兰大学的一位先生解释说，这一软件开发的目的是告诉你需要何种类型的包装，它可以为指定产品选择最合适的包装类型。制造商可以输入特定产品，如美味的金黄色苹果，这个软件就会根据供应商或零售商的要求告知最理想的包装类型。但目前这一软件的应用仅限于水果和蔬菜，不能为低代谢食品如肉制品提供包装信息。同时该软件还不能投入商业应用，该项目仍处于研究阶段。

【德国开发出便于回收的新塑料】德国某公司推出一种新塑料，是苯乙烯和含自由羟基的丙烯酸酯类两种单体合成的水溶性聚合物，据称可像纸和纸板一样经济和容易回收。该公司已开始启动新材料试用工作，用于制作各种器皿，回收料还可以用做各种标签、防护膜、包装袋和复合产品的中间粘接层。该公司投资 1.5 亿欧元用于开发这种新材料和有关回收工艺技术。

【德开发研制出可“吸毒”的墨塑料】德国科学家最近开发一种具有“吸毒”功能的新型墨塑料，它能够有效附着对环境有害的二氧化物。

这种新型的墨色塑料主要应用于烟尘过滤装置，它能够紧紧粘住对人体和环境有害的多种二氧化物。在运行规定的温度下，表面沉淀物不会自行脱落。只有当温度超出运行温度时才会脱落。大量试验结果表明，这种墨色塑料具有很好的应用前景。目前，德国已有 3 套垃圾焚烧设备采用了这项技术。

【瑞士开发出包装新产品——自毁塑料包装】瑞士一家塑料加工公司开发成功了一种化学自毁塑料。这种化学自毁塑料是在塑料制品上喷洒一种特制配方的溶液，使其与塑料发生化学反应，并使塑料逐渐溶解，成为可被水冲洗掉的无害物质，不再污染环境。采用这种新型塑料生产的复合塑料薄膜，制成食品或其他物品的包装袋后，一旦将包装袋撕开，涂有特种试剂的内层吸收空气中的水分，与带有反应基的聚合物进行反应，薄膜会像穿孔似的慢慢被分解掉。这种塑料还被大量用于制造厕所便桶的坐垫，使用时不怕水，而废弃时却极易被水分解。

【美国 EDI 成功研制出新型挤片模头】美国 EDI 挤出模头公司开发出一种挤片模头，生产厂商可以在最短的停机时间内改变板材的宽度和厚度。用 EDI 公司的话说，板材的生产厚度可根据客户的需求而改变，一星期可改变 12 次，产量从数千公斤到 450000 公斤。

这种模头上安装了 3 种不同的系统，以实现产品的多样性。美国 Spartech Plastics 公司已经采用一套 325cm 的这种挤片模头，其板材宽度可在 15 分钟内由 152cm 调整到 305cm，而不需关机，板材厚度可从 1mm 调整到 12.7mm，不需要更换唇缘。

【巴斯夫推出环保纸包装保障性涂料】世界化工巨头——德国巴斯夫化工集团科研技术人员经过为期近两年的反复试验，前不久研制成功并向市场投放一种用于纸包装的保障性涂料。

巴斯夫这种保障性涂料符合环保要求，经聚合物分散液涂过的纸包装耐水、耐温、耐油及脂，使造纸企业可以生产有利环保而且又具有竞争力的供包装用的纸张，而不用改变现有的造纸生产工艺。造纸厂商 StoreEnso 公司已率先在世界上用巴斯夫集团提供的聚合物分散液，生产出制造环保纸包装制品的纸张和纸板。

【广州“废气”造塑料项目完成中试】广州市提出的“发展民生纳米工程，建立南方纳米中心”的发展战略已初战告捷，并取得多项成果。其中一个重大项目:“纳米技术高效催化二氧化碳合成降解塑料”的研究，是利用纳米技术将工业生产及生活中排放的二氧化碳气体合成为可降解塑料，在适当条件下可完全降解，不仅解决了工业生产的环境污染问题，也解决了塑料使用中产生的“白色污染”。目前,“废气造塑料”项目已完成了中试研究和生产。项目承担单位——中科院广州化学所与广重企业集团合作，不久将实现产业化。

【可防止糖果缺斤短两的包装检测设备】梅特勒－托利多仪器上海有限公司生产的条状糖果包装检测设备，可以有效防止条状糖果缺粒、碎粒，实现在线检测。而且与这种条状糖果检测设备配套的糖果包装机由世界著名的意大利 GD 公司提供。与 GD-5000 型相配套的包装检测设备，速度为 60 条/分钟；与 GD-2001 型相配套的包装检测设备，速度为 120 条/分钟。

【乳品饮料包装新设备】天龙公司研制成功纸铝塑六层共挤串联流延复合机，生产无菌枕、砖、屋顶型包装材料，用于牛奶的包装，产品质量达到国际同类产品的立平，解决了国内无菌枕、砖、屋顶型包装材料一直被利乐公司控制及设备材料捆绑销售战略制约的问题。天龙无菌枕、砖、屋顶型包装材料不用密封条，采用多层共挤复合技术，解决了因纸张和液体直接接触，导致液体渗漏、保质期缩短的问题。采用塑料和塑料直接焊接中缝的技术，用进口以及国产的袋、无菌枕、无菌砖、屋顶包装灌装机可直接灌装成无菌枕、无菌砖、屋顶包。使国产灌装机也可以灌装生产无菌枕、砖、B 型屋顶包。用于牛奶包装，经超高温杀菌，利乐枕保质达 45 天，B 型屋顶包达 8 个月，无菌砖达 8 个月。

【丹麦开发出肉制品易成形包装设备】丹麦开发的 INNO 20 / INNO30 设备可用于迅速发酵香肠用肉。该设备对肉制品加工具有多重功效。利用凝胶成形反应，新设备可以将新鲜的肉制品加工成各种形状。该公司表示，即使在加热处理后，也可以重新调整产品的形状。

【全自动给袋式包装机改造完成】自动控制和自动计量的全自动给袋包装机的升级改造在青岛义龙包装机械有限公司完成。这种设备是在原给袋式自动包装机与自动计量设备结合和基础上设计完成的，同时增加了自动打印生产日期、自动清扫、防落料口阻料等多种功能。升级改造后的全自动给袋式包装机由过去的六工位增加到八工位，不仅提高了产品的包装速度，还增加了自立袋、自封袋等特殊袋的自动包装功能。而且使包装机使用的寿命提高到 10 年以上。2005 年，该公司计划再推出适用于 3～5kg 包装袋的包装机。

【荷兰制造出专用薄膜包装机】荷兰罗伯特巴克公司研制出一种薄膜包装机，可用于箱装货物防护性的薄膜包装，这是专为需当场包装的箱装货物而设计的。该包装机的作业过程是：将包装机移到箱体旁后，薄膜铺设装置就附在箱体上，按照预定的数据铺设薄膜。用这种薄膜包装机每小时可包装约 30 只箱体高达 2 米的大型货箱，方向指示轮能保证该机按箱体形状进行包装。该机包装方便，实用性强。

【上海开发出自立式制袋机】上海轻工设备集团总公司轻工机械厂开发成功能生产自立式袋的 SDL400 自动制袋机。该机除了能生产自立式袋外，还能生产自封口袋、三边封袋。制袋的定位精度高、制袋速度快、张力控制佳、放料平稳、噪音低、性能稳定。制成的袋子外观平整、挺刮、形状美观。封边热合强度高，是软包装行业理想的替代进口产品。据介绍，该厂近年来开发的新品，主要性能指标均已达到国际同类产品的水平。

【新一代 YLZX-12D 全自动装箱机】该机是在引进、吸收美国、日本、德国等先进技术的基础上，研制开发的新一代包装机械。采用日本三菱 PLC、WMC 气动元件，美国防大学诺信热溶胶机等世界一流品质的元器件，确保纸箱成型、折边、喷胶、封箱等后包装工序连续自动完成。具有结构合理、性能稳定、质量可靠、生产率高、适应性强、自动化程度高等特点。广泛适用于方便面、香烟、肥皂、饮料等产品的纸箱包装。

【粉体压缩体量包装机上市】日本长崎机器制造公司研制并已上市了一种全自动粉体包装机——粉体压缩体量包装机，受到了包装业界的关注。该机由内管装置和外管装置组成，内管由一金属过滤器和一块多孔金属版组成。螺旋装置在输送处理过的粉体时，其粉体中的空气在抽真空中被抽除，剩下粉粒间的空气继续由内管中的特殊过滤器除气，不会泄出任何粉粒。新研制的真空抽气装置并经螺旋压缩作用，粉体的容积密度提高，使粉体包装减少。该包装机采用特殊过滤器，使真空脱气、螺旋压缩、自动计量与包装合为一道工序，具有省力、粉尘少、改善操作环境等优点，可用于面粉及其他粉体物质的加工包装。

【法国依玛士推出新型大字喷码机】居全球工业喷码设备领先地位的法国依玛士公司推出了 Crayon Plus 大字喷码机，这是一种使用 DOD 技术在纸箱包装的侧面或顶部喷印一至两行简单信息的喷码机。

Crayon Plus 是目前市场上性价比最高的一款大字喷码机。Crayon Plus 具有同类产品中最出色的喷印性能：喷印一至两行信息，信息长度可达 100 个字符，可喷印日期、时间、有效期和班次等各种多样化的信息。Crayon Plus 提供 28 种文字显示，9 种不同的字符喷印，共有 22000 个 Unicode 可供使用，具有较高的灵活性。

【英国公司推出全新连体式双软管包装】英国 Mueller 公司推出一种全新连体式双软管包装。该软管的纵向有一道封口将两个软管隔离开。其中一管灌装了 48 克酸奶，另一管是 16 克果酱。食用时消费者只需将软管反复折叠几次就可以将酸奶和果酱混合在一起，再打开封口后挤出，即可食用。Mueller 公司生产的 Comer 品牌酸奶原包装是采用分开或两个单独的热成型杯，其中二个灌装酸奶，另一个灌装混合用果酱。新推出的双软管包装是 Mueller 推出的第一款软管酸奶包装，它突出了 Comer 系列的基本特色，就是将两种食物混合在一起，新包装在这一特色上做出了更好的诠释。这种连体式双软管包装使用的薄膜材料由一家德国公司提供，基材为聚酯，用其包装的酸奶在冷藏环境下货架期可长达 31 天，和原来酸奶杯包装相同。

【伊士曼推出高收缩率包装薄膜】伊士曼推出了一种 Embrace 收缩薄膜，其收缩率最高可达 80%，能与各类容器的表面紧密贴合。该薄膜采用缠绕设计，具有极高的印刷分辩率，可有效表现品牌形象。采用 Embrace 收缩薄膜，可设计外形新颖的包装瓶，采用引人注目的颜色，实现 360 度标签设计。可灵活采用各种材料，充分发挥创造力和想象力。Embrace 的应用领域包括：运动饮料、乳品馀料、液态牛奶、果汁饮料、碳酸饮料、成人饮料、瓶装水、冷冻甜食、奶酪、酸奶、酸乳制品、调味品、药品和维生素、化妆品和个人护理品、婴儿食品等。

【Constar 推出新 PET 酒瓶】美国 Constar 国际公司研发成功可用来盛装木露酒的 Starshield PET 瓶，大大延长了产品的保质期。该产品质量轻巧，具有多层防碎结构，采用金属封口，从外观上大大提高了包装美感，达到玻璃瓶装的效果。同时，延长了酒类包装产品保质期，达到 9 个月。替代了过去 330 毫升装的传统塑料 PET 瓶。据 Constar 欧洲市场主管 Nicola Faccioli 表示，新 PET 瓶将有助于提高品牌产品外观，延长保质期，有助于饮料工业将市场拓展到更多地区。

【瑞士推出新型保健瓶盖】瑞士一公司推出一种可用于 PET 瓶的保健瓶盖，该种瓶盖可以向饮料释放原生菌和维生素等成分。据介绍，该技术改革了传统的 LIFTTOP 管通过刺入纸箱向饮料释放原生菌的传送方式，这种变革将带来巨大的市场机遇，采用这种技术不仅可生产保健功能的饮料产品，而且瓶盖还可包含调味品。该产品简单实用，采用保护泡结构，预计今秋将在法国首先上市。

【日本 JSP 推出半永久抗静电 PE 包装板材】

日本 JSP 公司开发出一种永久抗静电聚合物的不交联发泡 PE 板材。该产品利用 JSP 公司独特的高分子抗静电剂的微分散技术，可使表面电阻稳定保持在 1011～1012 欧范围内，具有不破坏材料的原有冲击性、节省能源和可回收性等优点。这种板材主要用于要求具有抗静电性能的 IT 产业制品以及食品等缓冲包装材料，可以避免由于静电导致的表面吸附尘埃和污染物引起的弱电等。

【澳大利亚研制出专用蔬菜水果包装纸盒】澳大利亚梅林斯包装厂研制出一种专用蔬菜水果包装纸盒，用来包装水果、蔬菜等含水分的农副产品。纸盒内外均涂覆一层聚丙烯或聚乙烯，以达到保持内装物水分的目的，故包装含水分产品时不需要再衬物料。该纸盒还适于包装冷冻食品，可使其在销售过程中保持食品水分。其外表还可印刷各种图案及商标，适用于出口产品包装。

【国外市场推出鸭嘴式易拉罐】国外饮料市场不久前推出一种鸭嘴式易拉罐包装，其特点是把鸭嘴形的开口装置与饮料罐合在一起，既巧妙又实用。这项包装发明在饮料界引起很大的反响。鸭嘴式易拉罐环是一个底部被削了边的鸭嘴形装置，它被反着铆接在罐盖的拉口之处。打开时，先要将盖口的一层透明膜弄破，然后用手指的压力将它固定住，一旦固定好后，鸭嘴装置和罐开口处连接得非常紧密，不会漏，其原因在于鸭嘴装置固定在罐盖边和开口之间。这项发明除了安全、实用外，还大大减少了嘴唇受伤的可能性。这种鸭嘴式易拉罐虽然在堆放时没有什么障碍，使用时也和过去的易拉罐装置一样容易，但在生产中所需金属材料增加，使得成本有所提高。

【澳大利亚推出不锈钢包装罐】澳大利亚 Ausvat 制造厂发明的不锈钢罐外部有冷却夹层，内部镶有橡木板条或橡木衬里。少量的空气可以进入。不锈钢罐密封性好，容易清洗，铲车移动方便，坚固耐用。不锈钢罐的主要优点是生产费用减少，劳动力降低，蒸发损失量小设备投资虽然增加了 20%，但可节约其它费用的开支，两年半就可全部补偿这一花费。经过比较品尝，葡萄酒的质量在早期与新橡木桶酿造的酒没什么区别，在某种程度上更好，当然，还需要继续观察监控。Ausvat 厂现有 46 个用户，有 320 个这种罐在使用。目前，该厂是唯一的生产者，在新西兰制造业 NDA 工程处已注册。迄今为止，该项技术只出口到南非，同时对德国、中国及美国都很感兴趣。

【美国推出塑料包装机械清洗专用材料】美国田纳西州 Techsperse PM 公司新推出了塑料加工机械清洗专用配混材料 Techsperse PM1570E4。据介绍，该材料可适用于大部分塑料加工设备，清洗专用材料能提高生产中不同颜色和各种原料之间的更换速度。Techsperse PM1570E4 可用于从注塑机到薄膜挤出机、电线涂覆机械和塑料配混机械等各种塑料加工设备的清洗。这种专用配混材料主要是由载体树脂聚乙烯和擦洗剂组成，清洗效果好，甚至能清洗掉螺杆、机筒和模头上的降解塑料和交联塑料。该清洗剂适用的工作条件为一般螺杆转速，清洗温度为 190～230℃。

【废旧塑料制包装托盘】武汉现代工业技术研究院的科研人员采用 PE、PP、PVC 废旧塑料和农作物秸杆及木质纤维等材料再生为新型环保工业用包装托盘的生产技术开发成功，并且通过了湖北省科技厅鉴定。应用该技术不但可以生产包装用托盘，并且可生产多种工业用包装材料，如包装箱、支撑架、防潮垫仓板、建筑用模板等制品。该产品除具有硬度高、装饰性好、防潮防腐、抗静电、阻燃等优点外，其使用寿命比一般木质包装材料长达5倍以上，与塑料材料相比，成本可降低50%以上。

【澳大利亚用生物降解包装取代塑料包装】澳大利亚墨尔本合作研究中心推出了一项新的环保研究成果——使用生物降解包装制品取代一次性食品塑料袋包装和农业用塑料薄膜，该技术已获取专利。这项技术是墨尔本合作研究中心为国际食品制品和包装科技公司专门开发的。新产品在外表和手感上均与普通塑料无异，而且可以染色、切割和压膜，其主要成分是玉米粉，放入水中后可完全降解。

【印刷巨头当纳利携克里奥开发热凹印工艺】

当纳利联合克里奥和 Acigraf 开发首台热凹印刷系统，以此为美国的商业轮转市场服务。在雕版印刷市场，热凹印工艺将使客户在更短的交货期内拿到一致和精美的印刷品。首台热凹印刷机可能将于今年晚些时候安装在内华达州里诺当纳利的印刷车间。公司引进这台机器是为了开发更为密实、精美的印刷工艺，为客户印刷出更高质量的印刷品。以前，雕滚筒的图文是用机电方式制成的，用钻石雕刻笔在滚筒上刻出无数的图文痕迹。这和其他的机电工艺很类似，目前的滚筒雕刻工艺有许多值得改进的地方。新的热凹印技术是用激光头代替了多个钻石雕刻笔，减少了可移动的装置。这样改进之后，当纳利将可以雕刻过程进行更好的控制，提高雕刻图文的质量。

【复合包装膜生产工艺】经过多年的发展，复合膜生产工艺已较完善，短期内不会有太大的变化，但由于在复合膜现有的生产工艺过程中，或多或少会产生废弃物，因此有必要在生产工艺和原辅料选择上有所改进，以适应对环境保护的需要。在复合膜干法复合过程中，所用溶剂常为乙酸乙酯。虽然《大气污染物综合排放标准》对乙酸乙酯气体排放未做出明确规定，但该气体对人呼吸道有损害作用，因此应尽量减少使用。目前，已开发出聚氨酯胶醇溶性胶粘剂代替乙酸乙酯的溶剂，该胶粘剂以酒精为溶剂，无污染，而且成本也不高，将会得到广泛的应用。

【拓保推出高温热敏防伪包装技术】记忆材料用于防伪领域是拓保公司独有的防伪技术，具有世界先进水平。标识在被检测时可对检测过程实时记录，具有四种特征进行真假识别，突破了其他防伪技术一种技术使用一种鉴别方法的模式，防伪专家均对此项技术给予了高度评价，认为是热敏防伪技术的重大突破。这项技术改变了以往可逆与不可逆的不可改变性——即可逆的永远为可逆的，不可逆的技术永远为不可逆技术，将可逆与不可逆对立统一起来，并在特定条件下进行转化。该技术是国内最新型防伪技术，是目前国内在防伪检测方面最简单、最易于操作的纳米级材料防伪。鉴别时只需一滴水涂在标识上，图案即消失，水分干燥后，图案自然恢复，具有可逆性，是国内独家专有技术。

【大米生物保鲜技术获新突破】国内首条大米生物保鲜剂生产线获国家卫生部批准在岳阳高新技术开发区正式投产。据专家严格测试鉴定，大米生物保鲜技术较好地解决了长期困扰人们的粮食储存难题，填补了国内空白。这一项目又被科技部列为国家“十五”农业科技成果转化资金项目，每年至少可为粮食行业挽回损失2亿元以上。采用这项技术，可使大米保存1～2年不陈化、不霉变，而且还以其优良的成膜性抑制生虫感染，起到增光、增白的效果。据了解，目前投产的我国首条大米生物保鲜剂生产线，设计年生产能力为1000吨。

【金科聚氨酯推出现场发泡包装技术】金科聚氨酯现场发泡包装，是目前国际上广泛采用的一项先进技术，具有以下优点：（1）设备先进。智能化电脑控制，瞬间能将A、B两种原料均匀混合，能对各类产品进行现场自由发泡填充。（2）简单快捷。不需任何模具，瞬时发泡成型，立等即可，25秒钟之内发泡成型，一分钟之内完成一件包装。（3）缓冲性好。泡沫质地柔软，能有效保护商品不受损坏。（4）整体性好。由于现场发泡能使产品与包装箱成为一体，被包装物被泡沫紧紧包住，而不能产生位移，从而确保产品不被损坏。（5）操作简单方便。不需要专业技术人员，只需经过本公司培训之后，一人即可操作使用，维护简单。（6）可以对以下产品采用现场发泡包装：军工产品、电子产品、工艺品、异形易碎物品等。

【澳大利亚研制果蔬保鲜活性包装材料】澳大利亚开发一种果蔬保鲜活性包装材料，经保鲜几个星期的果蔬及鲜花十分新鲜丰满。这种活性包装材料基本上能使果蔬处于休眠状态，可以控制水果周围的气体，明显延缓生物变化过程，使整个成熟过程和正常的植物呼吸全部处于晕厥和假死状态，因而保鲜效果十分理想，远胜于同类包装材料。

【日本用艾蒿制成食品保鲜袋】日本一家公司

前不久利用植物艾蒿制造出一种新鲜食品保鲜袋。这种保鲜袋可反复使用，用完后还能够被生物分解，化为土壤。据这家公司提供的资料，艾蒿具有抗菌、防毒、防虫和药用功能。新开发的食品保鲜包装袋是用60%的可降解塑料、20%的艾蒿粉及20%添加物混合加工而成的薄膜制作的。把蔬菜、水果等食品放在里面，置于冰箱内，可确保食物处于抗菌、防霉、防虫的环境中，能够将食物保鲜期延长两倍。如果这种保鲜袋用脏了，经过涮洗还可以反复使用，直到用破为止。

【芬兰开发出食品包装新材料受业界青睐】芬兰开发出新型食品包装新材料 Enso-harr。受到包装业界的青睐。这是一种新型防护涂层的纸板，比常规的塑料防护涂层优点多，防护涂层仅有3层，可保留食品的色香味，能达到无菌包装要求。该纸板可用作理想的无菌包装材料，应用于流体及固体食品包装，能大大延长食品的货架期及销售周期。

【可包装食用油容器的包装薄片】一种包装食油容器的“专利”包装薄片问世。该专利涉及一种用于制造包装食用油容器的包装薄片，薄片必须含有不受油影响的防油内层，即使经长期贮存，也不致有问题。符合这种条件的包装薄片，内部具有一层用两种塑料复合成的防油层。这两种塑料名为ILDPE 和 LDPE。

【新型食品级包装用 PVC 硬片】随着我国食品类品种的不断增加，特别是包装食品材料的升级换代，食品级 PVC 硬片的市场需求量也明显增加。冀州市澳华橡塑制品有限公司，在国家有关科研部门的协助下，参照国外同类产品技术标准进行攻关，并取得成功。

该公司研制的新型食品级包装用 PVC 硬片具有物理性能好、透明度高、对人体无任何副作用，而且价格比同类产品低20%。产品先后通过了国家化工产品质检中心及国家食品包装材料检测中心的质量测定，在吉林、山东等省市20多家生产企业使用均获得好评。

【澳大利亚成功研制出高屏蔽性能果汁包装杯】澳大利亚科研人员成功研制出具有高屏蔽性能果汁包装杯，已被水果加工商采用，效果显著。这种包装杯首先由澳大利亚最大水果加工商采用，主要包装果汁、果冻，已大量进入超级市场销售，该包装杯的货架寿命为18个月。该包装杯为3层共挤结构，含有一层 PP、一层 EVOH、一层粘结层。可替代部分金属罐包装果汁、果冻，应用前景十分广阔。

【美国研制成功新型包装薄膜材料】美国一家研究所研制成功把制乳酪后的废弃土豆转化为葡萄糖浆，再用细菌发酵成乳酸液，经电渗析分离、加热使水分蒸发，得到可制薄膜的聚乳酸，可作保鲜袋及代替聚乙烯和防水蜡的包装材料。

美国一家公司生产聚乳酸工艺是将玉米淀粉经水解为葡萄糖，再用乳酸杆菌厌氧发酵，发酵过程用液碱中和生成乳酸，发酵液经净化后，用电渗析工艺，制成纯度达99.5%的 L-乳酸。

【加拿大推出耐热食品包装材料】加拿大某大学食品技术中心研制成功一种新型耐高热食品包装材料 PEN 聚乙烯萘酚树脂。采用这种 PEN 聚乙烯萘酚树脂材料与目前传统食品包装材料 PET 聚对苯二甲酸乙二醇酯混合后就形成了 PEN / PET 新型材料，具有耐高热、抗脆裂、不怕潮湿、抗氧化和耐紫外线辐照的优点。由于新型食品包装材料具有耐高热的特性，食品包装可以在高温处理中完成，因而食品的寿命可有效地延长。

【德国巴斯夫研制成功环保纸包装保障性涂料】经过为期两年的反复试验，一种用于纸包装的保障性涂料，由世界化工巨头的德国巴斯夫化工集团科研人员研制成功，并已投放市场。

巴斯夫公司推出的这种保障性涂料符合环保要求，用其聚合物分散液涂过的纸包装耐水、耐温、耐油脂，使造纸企业可以生产有利于环保而且又具有竞争力的供包装用的纸张，而且不用改变现有的造纸生产工艺。

【新型瓶盖防伪技术】新型瓶盖防伪技术是浙江余姚市忠明朔业公司的专利产品——“热变色隐形荧光显示”高档瓶盖，是利用印刷技术和开瓶即毁进行防伪的。该瓶盖表面字体加热到50摄氏度以上时，字体消失或变色，冷却至常温时恢复原有颜色。用验钞紫外线照射表面，隐形的防伪码或字体即可显示，开瓶时盖体即毁。目前该瓶盖已经“江口醇”等多家企业使用，均达到了很好的防伪效果。有关业内人士认为，在假冒伪劣产品愈演愈烈的白酒市场，防伪已成为厂家打假的重要手段。

【德国环保公司推出分拣废弃包装新技术】德国一环保公司正在试验一套价值450万欧元的垃圾分拣系统，可将各种有用物质，如罐头盒、包装纸盒、各种塑料制品等自动分拣干净。

据介绍，人工每小时最多只能分拣3吨垃圾，自动化分拣设备每套系统每小时可以分拣14吨。它分拣垃圾时采用了光学技术，用光源照射垃圾，由传感器记录下垃圾的反射光谱，计算机根据光谱来确定以哪种方式处理这种垃圾。所分拣出的各种材料纯度高，受到可再生材料企业的欢迎。

这种自动化垃圾分拣系统只能作为现有垃圾处理设备的补充。德国市政管理部门计算指出，至少还缺少100套垃圾分拣设备，预计需投资10亿欧元。

【铝塑膜软包装液态锂离子二次电池技术问世】由中信国安盟固利电源技术有限公司与北京大学合作研发的“铝塑膜包装液态动力锂离子二次电池新技术”在京通过了由北京市科委组织的成果鉴定。

“铝塑膜包装液态动力锂离子二次电池新技术”的研发成果属于国内外首创，该技术的应用对我国锂离子动力电池行业的进一步发展将起到积极的推动作用。

【英发明用秸秆浆造纸新技术】英国一妇女正在为拯救世界上的森林而努力。其发明的新颖技术——用秸秆造纸，在下一个10年里，将在全世界建立一大批这种工厂。

英国这位女士研究的能把秸秆迅速制成纸浆的技术，还能循环利用废水黑液中的能量和化学物质。这种技术生产出的高质量纸浆，适合生产打印纸和书写纸，其使用的能源仅是传统方法的一半，化学物质也比较小，对环境没有有害影响。更重要的是，即使在非常小的范围，此项技术也有利可图，具有商业优势，不仅更有效而且很便宜。它使众多小工厂也能对减轻全球森林资源的压力做出持续性的贡献。

【印度用多层薄膜代替金属罐的新技术】印度一家食品公司利用多层薄膜代替金属罐包装食品，不仅降低了包装成本，而且保鲜防腐效果好。多层薄膜系由聚酯薄膜、铝薄膜和聚丙烯薄膜三层材料复合而成，用于食品包装，既可保证软包装罐头的强度，又可防止漏光和氧化。据介绍，用多层薄膜包装沙丁鱼，保存期达两年以上。

【用石头做原料制造纸张】两千多年来，人们都是以植物纤维为原料造纸。今天，一项新技术的应用使石头也可以用来造纸。

云南云丰等国内一些造纸企业，开始以非金属矿物硅灰石代替部分植物纤维原料，生产出数千吨优质纸张。据测算，造纸中每使用一吨硅灰石超细粉，大约可节省木材3.6立方米，还减少了木材制浆过程中的“黑液”排放，保护了环境。用石头做原料制造的纸张，不但具有防水、抗撕裂、抗冲击的优点，同时每使用一吨硅灰石超细粉可以降低成本100元到300元。

【瑞士研制成防水并溶于水的塑料容器】瑞士某公司研制成一种既防水又能溶于水的塑料包装容器，它具有一般塑料包装容器的各种性能，并且能防水，而在需要时，还可以用不同的方法溶于水。

这种包装容器用既防水又能溶于水的塑料制成，该塑料是先将惰性的、带有水溶性反应基的单体聚合，进而共聚，得到一种不溶于水的聚合物；然后，用一种特殊的助剂，将不溶于水的聚合物激活，从而得到水溶性塑料。其溶解于水的速度，可随意调节。将这种水溶性塑料制成容器后，用来包装食品，废弃后放入水中，即可自行溶解；用来包装游泳池消毒的化学品次氯酸盐，平时能防水，一经启封投入游泳池后，水一进入，整个容器及次氯酸盐都会溶解于水。

【韩国研制出新概念保鲜盒】韩国一公司成功研制的新概念保鲜盒品牌“乐扣乐扣”来到中国。

这个被誉为将引领未来10年保鲜潮流的食物储藏保鲜最新技术，采用低压保鲜，以四面结合的方式对盒面封闭，其四周压力均匀，能起到100%密封效果。实验证明，“乐扣乐扣”保鲜盒保持食物新鲜度的期限是同类产品的3倍以上。该保鲜盒材质采用PP塑料，为透明色，可以制作微波食品盒，冷热都可使用，也可以当收纳盒，用于分类收藏。

【荷兰开发出三文鱼新包装】荷兰食品包装公司已经开发出一种新的钢罐，据称可以使三文鱼生产商利用相同的包装在全球销售。新的食品罐利用先进的聚合体镀层钢制造。该公司指出，这种钢罐超过FDA和欧盟食品安全标准，三文鱼制造商完全可利用同一包装在全球销售产品。

制造商同时指出，这种钢罐可以满足三文鱼包装为消费者提供尽可能好的产品的需求。在钢罐中使用的聚合体在化学性质上是不活跃的，因此对产品的味道没有影响。先进的聚合体镀层为包装内部和外部都提供了高度的抛光处理，生产者可以区分他们的品牌，提高零售效应。

【美国研制出含防潮层的包装膜】美国一公司

研制出一种含有防潮层的多层薄膜，这种新产品可广泛应用于粮食、药品等产品的包装。

据介绍，这种含防潮层的包装膜以 Topascos 为内层，与外层聚丙烯同时压制而成，在性能与 PVDC 聚合物多层薄膜相比，具有更强的防潮性和透明性。由于该材料不含乙烯、卤素和增塑剂，故其安全性和环保优势明显。同时，薄膜的制作过程是多层同时压制而成，与层层压制的薄膜相比，制作时的污染机会较小，而且加工处理工艺也易于掌握。至于内层新材料——Topascos，是无定型工程塑料族的一员，此材料透明、坚固、防潮性好、强度大、稳定性好，目前已获得美国 FDA 审定，同意该材料直接用于各种食品的接触性包装。这种薄膜根据其内层的不同，分为 3 个等级，各等级的薄膜颜色不同，分别是透明、白色和琥珀色。该公司非常看好新型多层薄膜市场前景。

【欧美包装市场出现全新包装纸】欧美市场又推出了全新的食品专用包装纸，它是 100%纯纸浆，不含荧光剂和危害人体的化学物质，具有防水、防油、抗粘、耐热的特点。使用方便、清理简单、安全卫生，符合美国 FDA 食品卫生标准。这种食品专用纸使用后经清水清洗可回收，并可以反复使用 50 次。这种食品专用包装纸有成卷的，也有压制成各种纸杯形状的，不管是用于蒸制、烘烤，还是微波加热，都不会变形和褪色。

【国外成功研制出超强度包装复合纸】国外已经研制成功一种超强度复合纸，这种纸是用玄武岩在 2000 度高温中拉成纤维，浸渍酚醛树脂并渗入白土粉后制成薄膜。由于以岩石为主料，所以长期贮存不会变脆、发霉、虫蛀，而且可以染印色彩，用途较广。该新型复合纸的特点是：洁白如雪、薄如蝉翼、柔似锦缎，反复折叠后仍完好如初，且价格低廉。

【日本推出六层复合包装纸盒】日本研制出一种六层复合纸盒，可用于盒装食油的包装。该种产品结构为 PE／纸／PE／AL／PET／PE，采用纸为基材，经铝塑 6 层复合制成。这种包装盒具有安全、轻便、印刷精美的优点。相对塑料瓶及玻璃瓶优势明显，市场前景看好。

【用于液体制品的包装和涂布装置】该产品是一种液体制品的包装和涂布装置，具有一个容器，装纳制品并有一个颈部，颈部的自由边缘角有一开口；可取下装置，以密封的方式封闭所述开口；一个涂布器，具有至少一个开口或半开口部件的泡沫塑料块的形式，能够通过泵出方式施加该制品，并固定在颈部内。

所述涂布器包括一个与容器内制品稳定地与液体接触的第一端，和一个相对条一端的第二端，所述第二端构成涂布表面，可在涂布制品涂布表面径开口露出颈部外的第一位置，与涂布表面收入容器中的第二位置之间轴向移动。

【检测包装金属残留物的新设备】某公司开发出一种专为食品生产者和包装工人使用的高频金属检测器。

在食品加工过程中，由于加工机器局部剥落产生的碎屑或碎块，来自过滤筛网的金属碎丝及碎屑以及在机器维修时切削或钻孔时的杂物，往往会在生产过程的任何阶段渗入到生产线中，从而进入包装的食品中。

新开发的这套检测器，采用一个纯粹的超高频，能有效地检测出包装后的各种干食品如饼干和烘烤食品中的金属物，这样就不需要再对产品进行开包检查，从而加快了操作速度，节省了时间，提高了效率。

【可食性薄膜机试制成功】对可食性薄膜的研究发展又有新突破——科研人员试制成功一种生产可食性薄膜的设备——CM-1 抄膜机。

据介绍，该机结构紧凑，采用箱体状的机架，配有传动、加热干燥、调节等功能装置和管道、阀门组成。膜料经过调厚、干燥、调湿等工艺制成膜，并进行卷膜，该机适用物料广泛。

【罗兰新推出联线加箔印机】罗兰在德鲁巴推出一个全新设计的冷箔辗压系统，为联线印刷装备带来革命性的改良性能。新设备能在整张纸的表面或局部表面上，进行金属箔片压印。还能采用相适应的金属箔印胶水，可达致极佳的效果。

该设备一般应用于标签、香烟盒、展览品、高档包装、安全印刷及一般商业印刷。使用该设备，客户无需进行额外的热箔浮凸压印工序，便可以达致高质的光面印刷效果，从而减少生产成本。由于生产过程只需印版，所以毋须任何特别的凸印工具。此外，联线生产可避免套准问题，可于高速印刷中完成工序，这是一项可在印刷厂内完成的增值生产程序。

【日本推出超高速折纸机】日本著名的印刷后处理设备制造商最新推出“EF-354”超高速折纸机。

这种折纸机每小时的折纸速度达到3万份。该产品具有强力吸气式送纸输出功能，一般纸张、铜版纸、特殊纸张都可轻易准确送入。同时，该机可达到20毫米的超短折纸长度标准，折好后直立或堆置，便于立即捆包发送，可满足印刷装订业、药厂、制造业及有高速折纸需求的用户。

【食品预装真空袋新工艺在美国问世】美国两家公司联合研制推出了排骨包装用预制袋真空包装新工艺，受到了市场的欢迎。这种排骨包装袋是用5层共挤膜制成，即乙烯醋酸乙烯／垫料／乙烯乙烯醇／垫料／EVA。该收缩膜具有良好的抗刺穿性能，可防止排骨刺穿薄膜，并确保袋边耐摩擦，不渗漏肉汁，袋装排骨为5～10磅。该包装袋采用6色柔性版印刷，使袋抗光性能增加，大大提高了对排骨的阻氧保护作用。采取预制袋真空包装工艺，不仅保持了排骨的风味不变，同时又降低了相关费有。

【伊利采用纸盒防潮收缩包装工艺】伊利一些产品陆续采用纸盒包装，据该公司相关负责人介绍，为了防止纸盒受潮变形，除了选用250克白板纸外，公司还巧用心思，使用了一些提高防潮效果的“奇招”。

据相关负责人讲，一些同类产品纸盒的开口方式采用“易撕口”，如果在模切时掌握不好的话，不易撕开或撕坏。伊利为解决这一问题，没有在纸盒上设计易撕口，而是将纸盒的开启方式设计为插入式，这样既不容易破损，又可反复开启。另外，一些家庭装的包装盒外还加了一层热收缩塑料膜，这样可以更好地增强包装的防潮性能。

【美国开发出新型食品软包装】美国推出了可重新封口的食品小包装，比如可重新封装的真空软包装鸡肉，内包装是一个透明薄膜袋，宽边边缘处安装一条拉锁，拉开拉锁取食鸡肉片，剩余鸡肉再装入袋内重新拉上拉锁，可避免袋内鸡肉与空气接触，保持鸡肉新鲜。外包装是纸盒板，纸盒上有一小孔，可挂在货架上。这种重新封装的真空软包装鸡肉，一次吃不完，可重新封装保鲜。这种新型食品软包装已得到消费者的青睐。

【美科学家推出聚酯控氧保鲜瓶】美国科学家发明一种聚酯控氧保鲜瓶，即用等离子体蒸气沉淀技术在塑料瓶外形成一层柔软的聚酯薄膜，能够使瓶内装的食物保持新鲜。这种塑料表面镀层能够使氧气减少10%以上。镀层类似石英，厚度小于3毫米，并且该塑料瓶在回收时不需要作特殊处理。

【日发明用香蕉纤维制成的包装袋】日本名古屋市立大学院森岛教授开发出应用制纸（一种日本纸）技术，以香蕉废弃物制造一种强度较高的纸。香蕉纤维非常硬，能否将其纤维处理成像棉纤维那样光滑的细纤维是技术的关键。日本东京都立产业技术研究所的木通主任研究开发出能批量生产的加工方法。剥下香蕉茎上的皮，用制蔗糖用的压榨机使其脱水。然后把脱水后的茎在水中发酵，或者在碱水中浸泡发酵。把一般生产棉，麻等纤维用的开松机进行改造，在上面装上几个可以旋转的刀。用这样制成的香蕉布手感如麻，可以用于制作出口咖啡的包装袋。

【日本推出非接触式新型计算机包装喷印机】

一种采用非接触式印字方式，可高速喷印标示，同时包装产品的制造日期、使用期限、流水号码、批号、商标、条形码等皆可喷印的新型计算机包装喷印机，由日本日立公司研制成功，经使用效率很佳。

日本日立公司推出的计算机包装喷印机，具有10.4英寸大型液晶中文操作面板，操作、保养容易，且省耗材。喷印机字体大小从2mm至8mm均可调整，可喷印中文、英文、日文，最高印速达每秒2270字，油墨溶剂消耗量小，印字成本低，具有自动清洗功能，适合食品、饮料、罐头、制药、电子及化妆品等行业包装使用。

【法国研制出不能被复印的油墨】法国一家公司研制出一种不能被复印的油墨，该油墨通过改变油墨中的某些分子结构而改变油墨的性能，从而使油墨在曝光下隐形，而复印机的闪光装置或扫描仪的射束无法复印到油墨上，这样文件就不可能被复印。

办公自动化使人们的工作与生活更加快捷和方便，各种文件可以轻而易举地被复印，而有些文件是不希望被复印的，这一愿望终于可能通过使用这种特殊油墨进行文件的印刷而得以实现。

【日本开发出新型防潮包装纸】日本清纺公司开发出一种新型合成纸——防潮包装纸。该纸由五部分组成，以100～280μm厚的芯纸为基材，在纸内外各覆盖一层特殊聚丙烯薄膜，每层薄膜外有30μm厚的涂层。该新型纸防潮效果显著。

【德国推出香水新包装】德国一集团公司推出新型的移动电话外观喷洒香水，Adidas 3的玻璃包装瓶几乎完全封装在塑料套内，塑料套则恰好可以置于手中。该产品只有包装瓶中部的迷人玻璃三角形露出。

男士用品为色彩鲜艳的黑盖，以蓝色突出，而女士用品具有更加纤柔的外观，呈白色和玫瑰色。该集团市场总监称，它可能是当按左下部时向上喷射香水的第一种香水包装。在按压时，它从侧部向上升起，穿过塑料套，离开一段距离，即上部边缘中部，香水从喷嘴中嘶嘶喷出，就如电话的耳语一般。

【日本推出可反复使用的塑料箱】日本积水化学工业公司研发生产并在市场上推出一种供食品配送流通使用，既可保热，又能保冷的新型塑料容器，商品取名为“赛基希 e 贮物箱”。采用该贮物箱，食品加工公司、超级市场和食品物流中心等用于发送货物的费用可减少 50%，因为这种新贮物箱可以用水洗净，还可以反复多次使用。

积水化学公司应用该公司独创的成型技术，将硬质材料的外层与发泡的内层用同一材质的树脂——特种聚丙烯材料通过成型处理合二为一，然后再进行一次热处理，加工制成回收洗净后可反复使用的新塑料成型贮货箱。

【爱尔兰推出新食品包装软件】一种新型食品包装软件在国际工程和食品会议上揭开面纱，这是专为新鲜产品改良大气包装（MAP）设计的，它可以告诉包装者需要的尺寸和薄膜类型。爱尔兰大学的一位先生解释说，这一软件开发的目的是告诉你需要何种类型的包装，它可以为指定的产品选择最合适的包装类型。制造商可以输入特定产品，如美味的金黄色苹果，这个软件就会根据供应商或零售商的要求告知最理想的包装类型。但目前这一软件应用仅限于水果和蔬菜，不能为低代谢食品如肉制品提供包装信息。同时该软件还不能投入商业应用，该项目仍处于研究阶段。

【瑞士开发出新型自毁塑料包装】瑞士一家塑料加工公司开发成功了一种化学自毁塑料。这种化学自毁塑料制品上喷洒一种特制配方的溶剂，使其与塑料发生化学反应，并使塑料逐渐溶解，成为可被水冲洗掉的无害物质，不再污染环境。采用这种新型塑料生产的复合塑料薄膜，制成食品或其他物品的包装袋后，一旦将包装袋撕开，涂有特种试剂的内层吸收空气中的水分，与带有反应基的聚合物进行反应，薄膜会像穿孔似的慢慢被分解掉。这种塑料还被大量用于制造厕所便桶的坐垫。

【美日推出马铃薯保鲜包装新技术】美国研究出超高气体透过膜，可使足够的氧气透过，从而避免无氧状态发生，达到最佳的气氛控制，起到保鲜作用。具体操作为：（1）辐射处理；（2）涂膜处理；（3）严格选剔，适时采收；（4）清洁贮藏。

日本脱水保鲜包装技术是采用具有高吸水性的聚合物与活性炭置于袋状垫子中，通过吸收马铃薯呼吸作用中放出的水分，起到调节水分的作用。同时可吸收呼吸产生的乙烯等气体，以及吸收腐败的臭味，可防止结露。另外一种是采用 SC 薄膜，它同时具有吸收乙烯和水蒸气的功能，能防止结露，又可调节包装内氧气和二氧化碳的浓度，还具有一定的防腐作用。

SC 薄膜透明性好，价格便宜，可防止马铃薯由于水分蒸发和生物作用而发蔫、腐败；SC 薄膜伸缩性好，不易破裂，能长期稳定使用，保鲜效果好。

【美国推出新型可再封嘴式包装】位于美国弗罗里达州迈阿密的蓝星食品有限公司与金字塔软包装公司共同合作，推出了可再封嘴式包装。一商店将六种精心挑选出来的蟹肉封入袋中，这样可使客户给产品分类，可保证再将口袋封起时剩余的肉保持新鲜。由 Presto 产品提供的经过特别处理的抗压抗热树脂拉链是再封的关键之处，是专门为食品服务行业、会员商店、超级市场而设计的。节约包装运输、贮藏成本，提供了更简单安全的用户操作，降低产品浪费并节约包装材料。

【Quick packing 快速发泡包装】快速发泡包装是为不同大小和形状的产品提供缓冲、支撑和定位功能的简单包装方式。这种包装方式采用的是发泡倍率高达其液体体积 280 倍的进口发泡液，在数秒内对您的产品进行“量身定做”式的包装。

快速发泡包装可以经济有效地包装不同大小、形状和重量的产品，显著降低包装成本，而不会损失产品的性能，并大大提高生产效率。总之，产品无论是需要精确的缓冲、高速空隙填充或者是高强度的支撑定位，快速发泡包装均能满足需求。

【德国发明双组分注塑新技术】德国某公司在 2004 年杜塞尔多夫德国国际橡塑工业展览会上宣布，该公司将展出配有聚氨酯混合计量装置的 KM160-750CX 型注塑机。

据悉，该机是第一台成功地组合了注塑成型和反应工艺的设备，用于热塑性塑料和 PU 双组分注塑成型。这种名叫 Skinform 的工艺已加工出豪华轿车座位保险带扣环，结构为 PU 封铸尼龙预成型品。特点为具有极好的表面质量，而一般多组分注塑成型热塑性弹性体工艺达不到这么高的质量。

据公司技术管理负责人介绍，由于 PU 粘度低，需配备特殊模具适应加工 PU 的要求，PU 厚度为 0.8～3.0mm，但该公司在展会上将不会展示此工艺中的 PU 的具体结构，也不会透露是微孔结构还是其他泡孔结构。

【英国研制出多功能新型塑料食品包装】英国公司成功研制出一种新型塑料食品包装，具有被动和主动屏障两种功能，有效地抑制了氧的渗入，甚至在食品袋蒸煮之后，作用仍不会减弱。新包装不仅可延长产品的储存期，而且可以直接采用微波炉加热，特别适合于方便食品的包装。据介绍，这种被称为屏障之和的新包装由 6 层不同材料复合而成。第一层为聚丙烯，是一种具有高阻油性聚合材料。第二层和第四层为粘合胶，之间是阻氧聚合材料 EVOH。第五层是除氧剂混合物，被称为主动屏障，不仅可以阻止外来氧分子进入，而且可以吸附包装内的氧。最后一层是聚丙烯材料。在新包装中，除氧剂即使在有水分的情况下仍然能够保持活性，因而保证了食品的保质期不变。

【美用维生素 E 做食品包装材料抗氧化剂】美国科研人员最近正在用维生素 E 作为食品包装材料的抗氧化剂。这种抗氧化剂的特点是价格低、用量少，可消除或减少使用抗氧化剂的气味问题，提高了制品的加工性和色稳定性，可应用于高温加工，减少凝胶形成，增加生产量等。维生素 E 可通过天然物质得到，也可合成。作为抗氧化剂有其独到之处，给食品包装材料的制造开辟了一条新的途径。

【美成功研制出可控气氛包装薄膜】美国一公司研制成功一种可控制气氛包装薄膜——新型聚合物包装薄膜，可用来包装水果、蔬菜等新鲜食品，使保鲜期延长 1 倍。

这种可控制气氛包装薄膜，是一种带有细小气孔的薄膜。它能控制包装内氧气与二氧化碳气的交换，使包装内能放慢水果、蔬菜等新鲜食品的呼吸，以延长保鲜期。该薄膜也能作为标签，直接覆盖在不透气容器的通气孔上，来实现容器内最佳气氛控制。

这种新型聚合物包装薄膜，食品厂家可自行生产，并可按照需保鲜的食品种类、形状、重量、体积和不同新鲜食品的呼吸速率，对其构成进行调整。生产设备主要有热封设备、薄膜生产设备及容器生产设备等。

【意研制出 SINERGIA 拉伸吹塑机】具有专业技术及生产经验的意大利 SIG 集团最近研制开发出 SINERGIA 拉伸吹塑机，并已投放市场。

据介绍，SINERGIA 是整体拉伸吹塑、灌装、封盖机，展示了 SIG 同 SIMONAZZI CORPORLAST 部门的合作成果。它利用单一供货的原理，采用 SIG CORPOPLAST BLOMAX SERIES 吹塑机、SIG SIMONAZZI STILLJET 灌装机和双盖喂料封盖机，所有装置在一台整体设备内，无需传送带或冲洗机，根据速度、空间和容量的不同需求，SINERGIA 有缓冲器和直接传送系统两种选择。缓冲器可让设备在停机时清空所有瓶子，如果需要还可连接贴标机。直接传送系统采用星形轮在设备之间传送包装物。

【荷兰制造出专用薄膜包装机械】荷兰一公司研制成一种薄膜包装机，可用于箱装货物防护性的薄膜包装，这是专为需当场包装箱装货物而设计的。该包装机的作业过程是：包装机移到箱体旁后，薄膜铺设装置就附在箱体上，按照预定的数据铺设薄膜。用这种薄膜包装机，每小时可装约 30 只箱体高达 2 米的大型货箱，方向指标轮能保证该机按箱体形状进行包装。该机包装方便，实用性强。

【加拿大成功研制出包装封装机】加拿大安大略省某公司开发成功包装热封装置。该装置可对塑料、乙烯、多层、角形、枕形以及 10 寸的屏蔽膜袋进行热封和冷却，作业运行速度为 750 个/每分钟。该袋可装重 2 磅的物品，系重型袋，需由输送进行分离，经加热可达到强热封，根据选择要求可调整热封头。

【YLZX-12D 全自动包装箱机问世】该机是在引进、吸收美国、日本、德国等先进技术的基础上，研发的新一代包装机械。该机采用日本三菱 PLC WMC 气动元件，美国防大学诺信热熔胶机等世界一流品质的元器件，确保纸箱成型、折边、喷胶、封箱等后包装工序连续自动完成。具有结构合理、性能稳定、质量可靠、生产率高、适应性强、自动化程度高等特点。广泛适用于方便面、香烟、肥皂、饮料等产品的纸箱包装。

【日本研制出粉体压缩体量包装机】日本长崎机器制造公司研制并上市了一种全自动粉体包装

机——粉体压缩体量包装机，受到了包装业界的关注。

据介绍，新研制的包装机是由内管装置和外管装置组成,内管由一金属过滤器和一块金属板组成。螺旋装置在输送处理粉体时，其粉体中的空气在抽真空中被抽除，剩下粉粒间的空气继续由内管中一特殊过滤器除气，不会泄露出任何粉粒。新研制的真空抽气装置经螺旋压缩作用，粉体的容积密度提高，使粉体包装减少。该包装机采用特殊过滤器，使真空脱气、螺旋压缩、自动计量及包装合为一道工序，具有省力、粉尘少、改善操作环境等优点，可用于面粉及其它粉体物质的加工包装。

【去除纸浆木质素新工艺问世】造纸工业一向被认为是污染大户,造纸厂每年要处理1亿吨纸浆，这使许多毒物被排放到江河湖海。美国新一期《科学新闻》载文报道说，化学家发明一种新工艺，可使造纸成为无污染作业。

美国农业部林业产品实验室的工作人员，发明了一种从纸浆中清除木质素的新方法。研究人员发现，若干种多氧金属阳离子是一种可重复使用、含有氧和金属的无机催化剂，既能去除纸浆中的木质素，又不会使纤维素分解。工艺的长一步是使用一种多氧金属阳离子氧化木质素，使其溶于水。该道工艺将产生纤维素的酸性溶液，但其他种多氧金属阳离子会使溶液呈中性，即pH值为中性。第二步工艺是将氧加到反应混合溶液中，最初加入的多氧金属阳离子，会起催化作用，进一步分解可溶的木质素，直到反应产物只有水和二氧化碳为止。与此同时,最初加入的多氧金属阳离子又回到其原始状态，可再一次使用。

专家预测，基于多氧金属阳离子的工艺将在5年左右时间投入商业化生产。

【用天然气中的甲醇生产丙烯的新工艺】鲁奇公司开发了一种利用天然气中的甲醇生产丙稀的工艺，使得甲醇可作为一种可选择的原料来生产通常以石油为原料生产的丙稀。该工艺已在示范装置上验证了其可行性。甲醇在催化剂作用下转化为二甲醚、未反应的甲醇和蒸汽。然后这一混合物在420～490度、1.3～1.6bar压力下，在固定床反应器中生成丙稀，生产率约为70%。固定床反应用由sud chemie公司生产的沸石催化剂，而这一催化剂可以在现场、在与反应器相同的温度和压力下，用含21%的氮气再生。部分未反应的原料被循环回工艺流程的入口。为了检验丙稀的质量，在borealis公司的研发中心，采用borealis公司的borstar技术把丙稀聚合，然后热成形为塑料杯。Borstar是双模型工艺，包括闭路的气相反应器采用专利的齐格勒-那塔催化剂。它所生成的聚丙稀范围更广，产率更高，与传统材料相比其功能更均衡。该工艺将投入工业应用。如采用鲁奇公司的生产工艺，成本不到80美元/吨，其投资偿还期预计为二年半到三年半。

【Shoks 四角封合包装】United Biscuits 公司去年推出 Mini Hula Hoops Shoks 产品系列时采用了革新型方块状软包装。这一包装方式已适时投放市场，以满足越来越多的公司通过增值型立式成型/灌装/封口袋装形式寻求市场优势的需要。无论从技术角度还是从设计角度来看，Shoks 包装均代表袋装领域的最新发展。同时，最初由 Rovema 于 20 世纪 90 年代中期推出的再封口式及引人注目的四角封合式袋装机在过去5年中一直稳步发展。上述两种包装方式并驾齐驱，再封口式四角封口袋主要用于大米和饼干等产品的包装。

在生产方底袋时，四角向内5～7mm范围处采用热封合。通过这一方式，同时改善了包装袋的刚性和外观,包装甜食等粉状产品时不再需要纸板箱。其中一角采用纵向封合，这样包装图案完全不受影响。Rovema称，就体积而言，与传统型枕式包装袋相比，比其原有的包装袋节省空间达 13%。因此，可节省运输包装空间及商场货架空间。

目前，该公司已将四角封口与 Rovema 公司的 SBS 包装袋封口系统相结合，并运用到 United Biscuits Shoks 包装袋中。

Rovema VIP 袋装机可使包装袋间歇运动。之后，包装袋向前输送及灌装（尚未封口），再进入 SBS 封合机各分隔盒内。通过一系列连续性动作，袋的顶部被封合、折叠后与包装袋封合，形成方块状，支撑于两角上使可站立，便于货架陈列。

【研究表明食品包装遮光是牛奶保鲜的关键】挪威一家食品研究所最新研究成果表明，光线是牛奶等液态食品保鲜的大敌，因而食品包装技术必须重视遮光。这家研究机构的科学家指出，他们对奶制品的不同包装进行试验，检测光线对食品质量的危害情况，从中了解包装材料的不同性能与食品储藏质量的关系。结果发现，维生素和蛋白质这两种最重要的营养物质一旦接触到光，就会大量流失。

有时光照对食品造成的危害，比食品中细菌滋生造成的后果还要严重。

【日本推出水果包装新技术】日本技术人员研究出一种适合长途运输而费用较低的水果包装新技术。该项技术是在水果包装容器上钻一定数量的孔，在孔上粘贴一层聚硅酮透气型高分子薄膜，这层膜能通过并排出氧气，而二氧化碳则不易透过，这样在包装容器内就能保持一定的气体浓度。采用这种包装技术，在15天的运输期内，水果质量不亚于低温储存。

【BOPS开始用于食品包装】食品托盘主要使用PS、PVC和PP等材料制作。近来科学证实，PS、PVC、PP三种包装材料都含有不同程度的有害物质。

一种更安全的环保型包装材料BOPS开始用于食品包装盒。BOPS具有几大特点：良好的光学性质，在冷冻和水汽中可保持良好的透明度和光泽度；刚性强，有较高的回收价值，可安全回收或焚化；无气味，不会产生气味转移；成本低，在同等强度下，BOPS与PVC的价格比为0.7:1。因此，专家认为，用更为安全可靠的BOPS作食品包装材料取代PS、PVC、PP势在必行。

【包装食品测定仪】英国一家公司制成了一种包装食品的气体测定分析仪，利用它测定分析包装食品的二氧化碳和氧气含量的精度可达98%，可广泛用于鱼肉食品和预制果蔬包装产品的气体监测。在使用时，分析数据可打印出来，内容包括气体分析结果、产品密码、生产线序号、日期和时间等。

【调味品包装柜】斯里兰卡一家公司生产了一种新颖的调味品包装柜。该包装设计成小木柜式，上抽屉可自由开闭，可长期用于复用包装，又具有实用小器具的特点，使用方便。柜内盛放调味品的容器上方有波浪形的小隙，便于调味品的散洒，下面容器可装容量较大的调味品。容器的图形与文字设计古朴典雅，很受用户喜爱。

【罐头质量自动检查装置】保加利亚普罗迪夫市罐头工业研究所制造了一种能自动检查罐头质量的装置，可安装在罐头传送带上。该装置随时监视罐头的密封性，一旦发现有不密封的罐头，立即从传送带上挑出。检查量为每小时1万盒罐头。查出的不合格罐头进行再次消毒。

【新型环保包装瓦楞蜂窝复合纸板生产线问世】浙江瑞安市红旗轻工设备厂开发的瓦楞蜂窝复合纸板生产线，通过了省级技术成果鉴定。该生产线利用企业自主专利技术开发，采用瓦楞、蜂窝复合结构，显著提高了纸板的强度，其力学性能明显优于单蜂窝或单瓦楞结构的纸板。其主要功能是将再生纸全自动制成瓦楞蜂窝复合纸板，具有强度高、防震性能好、成本低、重量轻，以及再生纸可循环利用，符合环保要求等优点，可广泛应用于包装、建筑、家具、交通工具等。该生产线采用PLC电脑控制技术变频调速，将再生纸送入，经瓦楞成形、牵引竖条、上胶、烘干、切割、复合等装置，制成瓦楞蜂窝复合纸板。实现了全自动连续生产控制，结构设计合理，具有自动化程度高、制纸板速度快、运行安全可靠等特点。该生产线价格只有进口产品的1/5，具有较佳的性能价格比，其主要技术性能指标达到国内领先水平。

【美国开发研制出多功能包装机械】由美国新泽西州一公司开发出FVL16/48型成型/充填/热封机，可在成型充填后，在袋四侧进行热封。由泵保持对大食品输送给料。该机操作速度为100循环/分钟。包装范围为2～7寸长、9寸宽，充填重量为7盎司。热充填温度达90度，可对面包、调味计以及成套餐具进行包装。

【空罐压实机】日本一公司推出一种用脚对使用过的饮料空罐进行压实处理的简易机械。其特点是：在家里或工作单位均可随时随地对空罐进行压实处理；体积小，不占地；以脚为动力，不用电能；容量在500毫升以下的铝质、钢质罐均可处理；用后可折叠起来保存。

【我国首台无菌枕灌装机研发成功】无菌枕灌装技术长期被欧洲国家垄断，我国首台无菌枕灌装机近日由山东泉林包装有限公司试制研发成功，并在上海举行的第10届国际加工包装印刷科技展览会上演示。据介绍，这台机器是我国第一代单头高速无菌灌装机，灌装速度可达每小时8000～9000包。目前，我国液态奶市场广泛采用利乐包，其灌装技术由瑞典利乐公司掌握，这家公司掌握着我国90%以上的液态奶灌装生产线。新研制的灌装机有望打破国外技术垄断。

【欧洲推出准确高效的食品较重机】称重和包装线供应商——欧洲Ishida公司已经推出高效精确的较重机DACS-Zenith，该机型专为饼干和乳制品等目标重量很小的食品而开发。因此，Ishida将艺术级的较重技术同速度、准确率和可靠性相结合，即使和预定参数存在微小差别，这种机械也能够准确判断出来。DACS-Zenith 拥有电子称重传感器，Ishida 利用数码过滤技术消除外部噪音和干扰，在不同的工厂条件下都能提高称重效率，发挥最佳性能。快速运转的传送带、光滑的周线、大彩色显示屏展示都能减少清洁和更换产品的停顿时间。

称重已经成为加工过程中的重要环节，制造商可以通过其追踪特定产品。生产过程中的每个公式或计量步骤都可提供确定或标记特定成分的可能，这对顾及欧盟生效的追溯性规定至关重要。欧盟的这一规定将自2005年1月起生效，食品制造商必须证明他们能通过食品链准确追溯产品。因此，食品称重部门需要进行重大创新。Ishida 认为，DACS-Zenith 代表了重大的技术发展。

【俄研究出细菌合成塑料技术】俄国科学院生物化学研究所成功研制出用微生物生产聚合物的工艺方法，用该法生产出的多胫丁酰酯聚合物 80%由细菌组成，具有热塑性，在土壤中能够完全降解，是一种理想的包装材料。这种固氮菌类细菌组成的聚合物，能在土壤中快速降解，埋在土中4个月后，只余少量残留，经两个夏季后可完全降解，降解物还可成为天然农家肥。

【耐水加工纸 MWS】MWS 耐水性、透气性好。因此浸透率比别的材料高，其表面强度和层间强度高，有抗菌性，还能吸收氨气等。这些特征并非靠添加树脂和化学药品来获得，而是靠原材料的浆材，因而安全无害。因 MWS 具有以上特征，可应用于食品包装材料、结露吸水薄膜（片）及其他领域。目前 MWS 已应用于酒槽渍食品和真空包装，与其他材料复合，作为多水分半成品食品的包装纸，充分发挥其防霉、吸水和耐水性的优点。

【草莓变为食品薄膜】美国农业部的食品科学专家近期对外宣称，一种新环保型食品包装材料可望问世。这种新型环保包装材料完全采用粉碎的草莓制成，因此非常符合环保要求，可能取代传统的聚乙烯塑料薄膜而成为食品包装新材料。

据美国农业部的食品专家表示，这种新研制成功的食品包装材料从性能上说与传统产品没有什么区别，用它制成的食品包装薄膜同样能阻止氧气的渗入，达到食品保鲜的目的。由于这种新型材料的成分主要取自于不适合食用的蔬菜和水果次品，因此是一种可以自然分解的、符合环保要求的材料。在测试中，用这种“神奇”材料制成的包装薄膜不仅可以起到保鲜的作用，还能够改善香蕉和苹果等水果的味道。食品专家表示，在不久的将来，不仅草莓可以用作包装材料，就连胡萝卜、花椰菜等也可以用作包装材料。

【欧美包装市场出现全新的食品专用包装纸】

欧美市场又推出了全新的 PLMEX 食品专用包装纸，它是100%纯纸浆，不含荧光剂和危害人体的化学物质，具有防水、防油、抗粘、耐热的特点。使用方便、清理简单、安全卫生，符合美国 FDA 和德国 BGA 食品卫生标准。这种食品专用纸使用后经清水清洗可回收，并可以反复使用 50 次。这种食品纸有成卷的，也有压制成各种纸杯形状的，不管是用于蒸制、烘烤，还是微波加热，都不会变形和褪色。

【新型保鲜包装薄膜】澳大利亚一家公司研制成一种保鲜包装薄膜，能使容易腐败的水果和蔬菜保持数周新鲜。这种包装材料具有以下特点：（1）可渗透性薄膜让适量的二氧化碳气体和氧气透过，使果蔬保持“休眠”状态；（2）内含一种有机化学物质，能吸收果蔬散发出来的有催熟作用的乙烯气体；（3）能使果蔬周围的空气保持湿润，同时除去包装内凝结的湿气；（4）浸有少量的缓释杀菌剂，可抑制霉菌生长。

【美推出弹性 PP 发泡塑料】美国威斯康星大学近日成功地研究出一种新型弹性 PP 发泡塑料。它不仅具有 EPS 的诸多优点，还解决了 PS 的一些不足。据介绍，这种弹性 PP 发泡塑料的生产方法是，先在丙烯分子聚合反应时加入金属催化剂，使产生的 PP 分子以硬质和弹性两种类型交替出现，形成嵌段聚合物，然后加入特殊的发泡剂进行发泡，从而得到具有弹性的 PP 发泡塑料。其硬质的分子链使材料具有一定的强度和稳定性，而弹性分子链则赋予材料坚韧和可挠曲的性能。这种弹性 PP 发泡塑料以其优异的性能已引起包装行业的浓厚兴趣，尤其是作为填充材料用于家电、易碎器皿的内包装时，在运输及装卸过程中的保护效果非常好。虽然使用这种塑料的价格较高，但因其具有牢固、回收方便、可反复使用等特点，总的使用成本仍旧偏低。

【美国推出包材新品】美国帕铁富公司推出了两种包装箱用衬垫保护材料 Micro foam 和 AstroFoamorca，这两种材料采用复合材料制成，具有通气好的特点。相对同类产品具有更优良的抗裂强度、高磨擦系数和柔软性，对产品的抗刮保护及包装后通气效果显著。

【“绿色塑料”亮相北美市场】美国威尔金生物制造公司开始生产以玉米为原料的聚合乳酸（PLA）加热成型包装材料，并将这种绿色塑料推进北美市场。据了解，这种使用卡吉尔·道公司“天然”商标的绿色塑料制品现在已经在欧洲和亚洲国家用作生鲜食品的包装，使用威尔金森公司“天然聚合乳酸塑料”注册商标的这些包装容器使用后可以丢弃。据该制品经营人员介绍，这一商品计划已推出15个月，作为石油树脂的替代品，对环境无不利影响，得到了市场的好评。现在用于包装各种精美食品和新鲜食品的聚合乳酸绿色包装材料已上市经销。

【美国推出两种新包装材料】美国开发出两种新包装材料。美国杜邦公司推出的“特卫克”包材，是用高度聚乙烯微细纤维经特殊处理成型的一种无纺布，具有强度高、重量轻、光滑、不起毛、遮光、防水、耐腐蚀、耐磨、防燃和良好的可印刷性等优点，兼有纸、薄膜、布的优良性，应用广泛。美国Ticona 公司向市场推出Veetranl.cps液晶聚合物，对氧、水蒸气、香味都有高度不透过性，可与作杀菌袋多层膜的常规包装树脂和作热成型的盘和盖子的刚性材料一起挤出，也可以做成2.5μm非常薄的薄膜，应用于需要高度屏蔽的食品和医用包装。

【英国开发的保鲜膜可与水果同吃】英国剑桥大学的科学家开发出了一种水果保鲜膜，不仅能延长水果的保鲜期，而且能与水果一起吃。这种水果保鲜膜是将糖、油、纤维酶和甘油等制成特殊的溶液后，再把水果放入这种热溶液中略为浸泡；当水果从热溶液中取出，表面就会留下一层薄得几乎瞧不见的保护膜。该保护膜既能有效地防止细菌渗入，防止水果腐烂；又能连同水果一起吃，且味道鲜美。

【德国两公司联合开发干法纸复合材料】位于德国Vreden市的设备供应商Saueressig公司签订了一项使用 McAirlaid’s 公司专利技术的协议。McAirlaid’s公司的总部设在德国Steinfurt市，该公司生产气流成网干纸产品。根据这项被称为Airlaid’s Alliance协议的相关条款，Saueressig公司将设计、开发和制造用于压花、印刷和在纤网中处理原料的设备；McAirlaid’s 公司已在 1998年开发了不采用合成粘合剂或胶料生产气流成网干法纸复合材料的专利技术，它的Supercore气流成网技术已获得1999年Index奖。这种干法纸复合材料可用于个人卫生用品、食品包装材料和过滤材料市场中的吸收或吸附产品。这项Airlaid Alliance协议将使这两家公司从强强连手中受益。

【可测病菌的包装材料】加拿大 Tox inAlert公司研制开发出可测病原菌的新包装材料，利用以蛋白质为基础的抗体检验系统，该包装材料可检测出沙门氏菌、弯曲杆菌、大肠杆菌、李斯特菌等四种病原菌。当包材接触到受污染食品时即发生变色反应。该包材还可用于检测害虫或基因工程食品的蛋白特性。包材可加工成任何形状，适合不同产品需要。组成成分 80%为聚合薄膜，其他是金属箔与板材。

【食品垃圾成为环保包装新宠】美国科学家的一项最新研究使食品垃圾成为环保“新宠”。据美国《新科学家》杂志介绍，夏威夷自然能源研究院的生化学家将食品垃圾制成了一种可被生产降解的聚合物，研究人员风趣地称之为“完美塑料”。这种可在短时间内被降解的塑料应用广泛，不仅可用来制造瓶子、袋子等包装物，还可制成药物的胶囊外衣。

据《新科学家》引用自然能源研究院生化学家的话说，新型可降解塑料的原料是水与各种食品垃圾的混合物，每100公斤混合物可生产22～25公斤可降解塑料，不仅大大降低了生产成本，也为大量“无处藏身”的食品垃圾找到了好归宿。目前，许多垃圾处理公司都希望利用这一技术替代填埋技术，对学校和公司餐厅的食品垃圾进行处理。

【玉米变成“塑料袋”】玉米是一种美味又有营养的食物，随着技术的进步，科学家们发现利用玉米能制造出多种塑料用品。日本和我国台湾地区研究成功的“玉米淀粉树脂”就是一种新型的绿色环保材料。这种树脂以玉米为原料，经加工塑化而成，用它可制成多种一次性用品，如水杯、塑料袋、商品包装等。据实验，这种包装材料可以通过燃烧、生化分解和昆虫吃食等方式处理掉，从而免除“白色污染”的危害。如今，国外已有不少大公司看好这种新的环保材料。如可口可乐公司在盐湖城冬奥会上用了 50 万只一次性杯子，全部是用玉米塑料制成的，这种杯子只需 40 天就在露天环境下消失得无影无踪。

玉米是怎么变成塑料制品的？首先，玉米中的糖分被提炼出来，经过发酵蒸馏萃取出制造塑料和纤维的基础材料——碳，再被加工成一种名叫 PLA 的直径只有 4.57 毫米的细微颗粒。最后，这些小颗粒被压制成包装袋、泡沫塑料或餐具。

【食品包装材料纸 MFD】MFD 具有热封性、通气性，并具有耐油、耐水性好，安全无害等特点。为了使包装纸具有热封性，要在热封树脂纸的表面覆以涂层或用聚乙烯粘合使其具有热封性，无须进行二次加工以获得通气性，它的通气性可根据用户要求加以控制。用这种具有通气性的包装纸包装的食品，可用电子波加热，包装内无蒸气，这样可以保持食品表面的清爽。由于具有以上特征，MFD 可期待作为用电子波加热的冷冻食品的包装材料，目前已用来包装汉堡包。

【日本研制出纸与可降解塑料的合成材料】日本静冈县富士工业技术中心前不久推出可降解塑料合成材料。可降解塑料由于成本高而难以普及，但它与纸混合之后就可降低成本，制出不同的新材料。这种混合技术有 3 种：混合造纸法、层压法和成型加工法。混合造纸法是利用通常的造纸方式，使塑料与纸的比例为 6：4，30 天内就可将其完全降解，可生产快餐食品用的包装。层压法是将纸与塑料薄膜贴在一起，目前正在研究将其用做薄膜和缓冲材料。成型加工法是利用注塑成型机，使产品成型，这种方法使塑料与纸融为一体，适合于生产园艺用材料。

【美国生产出耐蒸气消毒医疗包装】美国利用 Ticona 公司环烯烃共聚物共混物生产出蒸气消毒片材，能耐 121 度蒸气消毒 20 分钟。这种共混物加工成的薄膜应用目标为单剂量液体药物和药片的凸泡泡装。据称这种白色半透明薄膜收缩率和翘曲都非常小，成型时十分容易精确控制膜的厚度。另外，薄膜还具有极佳的韧性、高光泽和良好的阻隔性等优点，计划开发用做医疗诊断设施、光学元件、婴儿用品和电容器薄膜。

【挤压式包装】可口可乐的新品种 Aquana 饮料的外包装采用易掌握、可挤压的设计。这种新型包装只需对瓶体施加少许压力，液体就会很容易的流出，更方便人们在运动或休闲时饮用。Portala 包装公司选用蓝色运动式的按压式瓶盖，使 0.75 升的瓶体更具有运动效果，这种瓶盖可允许重复关闭。光滑的、有动感效果的标签是热收缩标签，粘贴在瓶肩部位。

【纸制容器的研究在日本有新进展】日本对由纸制容器取代塑料容器的研究最近有了新的突破，一些企业已经研制成功在强度上与塑料产品相当的用废纸做原材料的纸制产品，具有很好的环保效益和经济效益。

花王公司和日本纸制公司都已研发成功纸制多种形状容器技术并投放市场，实现了完全替代塑料容器。目前正在开发可用于食品和生活用品的纸制包装材料技术。由于纸制品的原材料为木材和纸浆，有利于环保和再利用，相信在容器市场会有很大的生存空间。

【顶部易于开启的包装袋】袋顶采用聚丙烯薄膜制成，易于开封。这种聚丙烯薄膜由 Exxon Mobil 公司研制，可跨薄膜方向撕裂，而不是按传统方式沿薄膜方向撕裂。六年来，Rovema 一直致力于机械装置生产 Stabilo 包装袋，并适合于各种包装尺寸。然而，公司以前一直采用方形成型管，限制了截面面积，不利于灌装入袋。为了解决这一问题，Rovema 开发了适用于 Stabilo 包装袋的圆形成型管，大幅度增加了截面面积，便于各种尺寸的包装袋灌装。彩圆形管可提高生产速度，可媲美枕式包装袋。同时，还可减少产品在灌装管中造成拥塞现象。圆形成型管对粉状产品包装亦具有优势，因为可采用大直径螺杆进行粉料计量，从而加快生产速度，减少产品破损。

【新型环保塑料包装袋投放市场】澳大利亚塑料技术有限公司研究开发的一种遇水就会慢慢溶解的新型环保塑料包装袋投放市场，这种新型塑料包装袋具有生物可降解性，对人体无害，其主要原料是玉米淀粉等。该公司研发生产的新型环保塑料包装袋主要用于包装饼干、巧克力等食品，公司计划在今年内，推出具有更多用途的塑料包装袋。

【美国推出双层葡萄酒包装酒标】双层酒标的关键是采用了高科技印刷技术，酒标第一层可以方便地揭下来，便于消费者收藏或者拿着它从琳琅满目的葡萄酒店里找到同样的酒。第二层则详细记录了酒的特点和酿酒师对酒的评价。该酒标由 CCL 标签公司印制。该公司在全美有 25 家工厂，为宝洁、联合利华等世界著名大公司印制商标。CCL 公司参与了双层标签历时两年的研发过程。由 IMPAQ 公司研制的双层标签的成本比普通的单层标签稍高一点。该公司的高层主管相信，这种双层标签极具市场应用价值，将来有可能得到普及。

【美国多功能包装瓶现已实现国产化】美国专利产品多功能包装瓶，现已实现国产化。该容器具有保质、保鲜、不漏气、不变形等特点，主要用于包装膏体产品，并有以下两个主要功能和作用：(1)有内囊及保鲜嘴，使用中，囊体始终处于真空状态，可有效延长保质期和增强保鲜作用。产品无毒、防紫外线，可用于包装化妆品、食品、药品等保质期短的产品；(2)采用气压原理制造，能定量挤压，不漏气，不变形，即使内囊挤空，外壳始终不变。产品美观、实用并可以任意变形，可用于包装牙膏、洗涤、洗发等高档日用品。

【日本发明香蕉纤维做的包装袋】日本开发出应用制纸（一种日本纸）技术以香蕉废弃物制造一种强度较高的纸。香蕉纤维非常硬，能否将其纤维处理成像棉纤维那样光滑的细纤维是技术的关键。日本东京都立产技术研究所的木通主任研究开发出能批量生产的加工方法。剥下香蕉茎上的皮，用制蔗糖用的压榨机使其脱水。然后把脱水后的茎在水中发酵，或者在碱水中浸泡发酵。把一般生产棉、麻等纤维用的开松机进行改造，在上面装上几个可以旋转的刀。用这样改造的开松机，可以制造100%的香蕉纤维。这样制成的香蕉布手感如麻，可以用于制作出口咖啡的包装袋。

【新型玻璃纸有利果蔬保鲜】日本研制了一种新型玻璃包装纸，可有效延长果蔬保鲜期。该玻璃包装纸在其表面有一层含桧酸的涂层，利用桧酸抑制乙烯生成酶的活动，减缓果蔬新陈代谢而达到保鲜效果，利于长途运输保鲜，减少损坏及防腐剂的使用量。

【英国开发包装新材料】英国研究人员开发成功新型包装材料——PHB 细菌塑料，可广泛用于食品包装行业。该技术采用培菌技术，先用糖培育出一种细菌，然后通过特殊加工工艺制成类似聚丙烯的材料。该产品无毒，可生物分解，对环境无污染。

【日本推出新型包装材料】日本波纹纸公司和常盘木纱制作所共同推出了用于需要低温运输的花卉、食品等用途的包装材料，并在日本及美国申请了专利。研究人员采用合成树脂发泡膜制成波纹状的中心部，中心的沟部隔一定距离设堰，再在中心部的两面张贴纸板衬垫而制成容器，改善了传统包装存在的隔热性能差、保鲜效果不理想的缺点。据介绍，用这种材料制成的容器与普通瓦楞纸相比具有很高的隔热性、透气性和耐湿性，可折叠并能重复使用，在外包装方面具有良好的印刷性，市场前景看好。

【日本开发新不饱和聚酯】日本触媒开发含有PET 瓶回收树脂高比率的不饱和聚酯树脂。该公司针对触媒及树脂添加剂以自有技术，将回收的 PET 瓶含有率从原来的10%提高到25%，目前已取得环保产品推荐标记。为确保其各种物性及成型性和原来的产品相同，将以纤维加强塑胶（FRP）用途为中心全面展开，该公司含回收 PET 瓶树脂的全年销售量是1666吨左右，2003年度扩大为3000吨。

所开发的树脂是将回收 PET 瓶粉碎成薄片，添加乙二醇进行酯交换反应后，使不饱和酸反应溶解于液状交联剂，成为不饱和聚酯。从废 PET 树脂制造不饱和聚酯的技术虽早已周知，不过由于结晶的沉淀、硬化性均会随时间变化，着色问题没有普遍得到解决。

【瓶盖密封剂】Dupont Packaging & Industrial Polymers 公司研制的新型 Appeel 瓶盖密封剂为多层薄膜盖，尤其是为硬质包装的盖子提供保护。该公司称，使用这种密封剂可使 APET 材料能够很好地密封，体现了易于剥离和操作的特性。该密封剂可密封的温度范围较大，而不同温度对密封效果没有影响，而且所有的密封剂都符合食品包装条例。

【美国开发出衬垫保护材料新产品】美国帕铁富公司开发生产出两种包装箱用的通气性能优良的衬垫保护材料新产品，分别是 Micro foam 和 Astro foam，它们都是由复合材料制成的片材，以通气性良好为特征。两种保护性衬垫片材尤其适用于具有通气性要求高的商品包装箱内，可以长时间保持透气性。

据该公司介绍，该通气性片材具有比同类制品更好的抗裂强度，更高的摩擦系数和柔软性，十分利于操作，使用方便。特别适合于木材和需要较大抗刮伤强度的商品使用。Astro foam 是 PP 发泡性基材与 PE 膜、LDPE 组成的复合材料构成的片材，是又一种通气性缓冲材料。两种材料都是可以“呼吸”的保护性衬垫材料。

【美国发明新型热塑性离子聚合物】一种品牌为 Clarix 的新型热塑性离子聚合物，在美国俄亥俄州阿克伦城的舒曼公司问世。据介绍，这是一种基于乙烯酸的共聚物，可用于薄膜、吹模、注模和表面涂装，同时也可作为其他树脂的增强改性添加剂。新聚合物的透明度与玻璃相近，也可以添加改进成各种颜色。产品的耐化学品、耐冲击、耐刮擦和耐穿孔能力较强，制成的包装牢固可靠、使用方便。作为增强改性添加剂，新产品的弹性好、兼容性好，对金属、玻璃、纺织品和纸张的粘合力强，适合各种应用。

【德国研发成功新型塑料保鲜薄膜】一种经过叶绿素染色的塑料薄膜问世，它可以防止光线与绿色食品中的叶绿素发生氧化作用而导致食品腐烂，因此大大延长了绿色食品的保存时间。此项成果是德国科研人员将塑料薄膜用叶绿素以特殊方法进行染色，经过处理后的薄膜用来包装可以有效截获致使食品腐烂的光线，从而大大延长了食品保鲜期。新方法不仅简便易行，而且成本低廉。

【泡罩包装添新宠】随着包装产业的快速发展，人们对用于药品泡罩包装的塑料薄膜要求非常严格：要既薄且能达到阻隔性能，还要易于撕破却不易开裂，并且透明度高，药品一目了然。所以，制药公司非常小心地选择泡罩包装的材料。PP 是一种部分结晶的塑料，在生产过程中，经过双向拉伸，会处于高弹状态；在加热时晶格更会被破坏，令薄膜明显收缩。此外，PP 片材在延压工艺生产过程中，拉伸度减至零，由于其内部晶体很小，若配合骤冷技术，可避免使塑料呈高弹状态这个不利的生产情况。

【用于高温管道的吸入式吹塑新设备】Kautex 机械制造有限公司将继续保持其 50 年的成功传统，成为在产品质量、服务可靠性和对客户及市场需求相应灵活等方面都追求高标准的具有创新精神的制造商。因此，用户可以安全地规划未来。Kautex 公司生产的具有极度三维曲线管道类产品、六层共挤塑料燃油箱和容量最高达 5000 公升的大型容器方面是挤出吹塑设备及市场的领先者。在杜赛尔多夫 2004 展会上，Kautex 已在一台 SB8 吸入式吹塑设备上演示了三维管类设备在耐高温产品方面的应用。

【防腐包装体系带来食品包装新变革】GPI 公司已经推出防腐包装体系，消除了产品昂贵的冷藏需求。该公司认为，新型 ROTATHERM(RT)防腐体系能为制造商提供比杀菌罐和 SSHE 等传统防腐体系更大的优势，这是因为产品没有经过燃烧过程，新体系有能力处理粘性很强的产品，可无菌加工 25 毫米的微粒。GPI 公司同时指出，由于该体系具有 HTSH（高压、短时）煮热装置、长时间不间断生产和更加紧密的特点，能提高产品的营养价值，改善口味。因此，产品加工可以保证食品制造商在保持原始限度和最大供应量的情况下进行生产，然后实现在周围的温度下储存和装运产品。

【Harland 推出旋转式压敏标签贴标系统】Harland 机械系统公司推出一种先进的自动旋转压敏标签贴标系统。此系统提供更高的精确度和稳定性，并减少原料的损耗。该系统有 6 个贴标机，运转速度为每分钟 1000 件，可实现出众的产品操作、标签材料选择和连续高速贴标。该系统有多达 40 个产品托盘，可连续旋转、凸轮带动或控制，并能够以较高的精确度处理多组标签。机器维护和操作以及模式转换非常简单。先进的自动转换系统意味着可以自动更换标签，进而减少停工期。标签推进台可以进行放射状运动或自动定位，而且伺服控制平台提供了多种功能。这种性能优异的不锈钢设备可以把标签更换次数降至最低，充分考虑了客户对提高生产效率的要求。由于产品平台和控制系统独特的分段式设计，客户可以很容易地根据不同应用的需要重新组装，而不必把系统返回厂家处理。

【台湾开发出植物纤维包装设备】台湾研发出全自动植物纤维制品成型设备，可实现环保包装材料的生产。该设备采用天然农作物废料做原料，具有无毒、防水、防油等特点，还可用在微波炉中使用。使用后在土壤内自然分解，可完全替代塑料制品，成本上与纸制品相当。此外，这家公司的生物分解助剂可使育苗杯、育苗盘定时分解，属世界领先的专有技术。

【美开发出新型食品装瓶诊断设备】美国 Sensor Wireless 公司开发出一种用于食品装瓶和装罐生产线对食品和饮料包装品质进行控制的新型无线诊断装置。这种名为 Agent QC 的定型设备包括三个不同大小（4.5×2 英寸、5.5×2.5 英寸和 8×3.5 英寸）用食品级丙烯酸塑胶制的传感器，以及新的功能广泛多样并具有升级能力的桌面数据软件。传感器能够安装在生产线上，直达各种规格大小的瓶和罐的肩部，在程序的支持下，通过传感器能够报告任何瓶或罐的缺点、裂缝和与填充、封装等操作有关的数据和其他问题。有关数据会立即不断地传送到控制室的计算机上，能够即时看到并进行统计分析和记录存贮，从而达到对品质的诊断和控制的目的。据公司有关负责人介绍，这种装置使用方便，记录数据快捷，而且价格便宜，适于中小型食品饮料生产企业的各种装瓶机、装罐机使用。

【第一批 PEN 瓶装啤酒出线】嘉士伯公司和TUBORG公司开始采用PEN新型瓶装啤酒。萨西布公司是这两家大型啤酒制造厂的技术合作伙伴，PEN瓶装啤酒就出自萨西布灌装线。

PEN 瓶可保持啤酒原有的口味及其他品质，并可防光、防氧化和防二氧化碳析出，其材质是一种简称PEN的特殊聚乙烯类塑料，特别适用于做啤酒瓶。PEN具有许多优点——轻：容积为380ml，较玻璃瓶多15%，但重量却比玻璃瓶轻35%。容易开启：带有皇冠木塞盖，可不用开瓶器或其他工具开瓶。不易破损：可与通用的饮料塑料瓶相比。此外，为尽可能向消费者保证供应新鲜啤酒，其货架周期定为3个月，同时也是为了促进空瓶的循环。由于PEN瓶仍属初始采用阶段，瓶子数量有限，因此只有嘉士伯公司和TUBORG公司开始采用PEN新瓶，而且只由零售商销售。

【美国食品软包装实现重大突破】美国推出可重新封口的食品小包装。例如可重新封装的真空软包装鸡肉，内包装是一个透明薄膜袋，宽边边缘处安装了一条拉锁，打开拉锁取食鸡肉片，剩余的鸡肉再装入袋内重新拉上拉锁，这样可避免袋内鸡肉与空气接触，保持鸡肉新鲜。外包装是纸盒，盒上有一小孔，可挂在货架上。这种重新封装的真空软包装鸡肉，因消费者一次吃不完，可重新封装保鲜，受到美国食品市场及消费者的青睐，可谓是软包装的重大成功改革。

【法国开发乳酸新包装】法国推出以乳酸为包装材料的包装盒。该产品属环保产品，可自然降解。该技术由法国达诺内奶制品公司开发，以甜菜为原料进行发酵转化得到乳酸，再进行脱水形成丙酯。通过对丙脂的再加工得到聚乳酯，掺入矿物质后便成为一种轻型、坚固的材料。并可根据需要加工成盒、杯等包装产品。该产品可在自然条件下降解，是无污染的有机物。

【美国COC复合包装可降低水汽透过率】美国塑料薄膜厂 Tekni-plex 公司在高阻隔泡罩型复合包装膜生产中首次采用环烯烃共聚物(COC) Topas和三氟氯乙烯(PCTFE)两种材料，使泡罩包装的水汽透过率大大降低。这种新型的泡罩包装膜Tekinflix 的应用目标是药品包装。同一般的 PVC和PVDC为阻隔的泡罩包装膜相比，环烯烃共聚物在泡罩包装的应用开发成功，不仅使材料的水汽透过率非常低，而且厚度可以减薄，刚性增加。其中，COC 厚度范围为 200-350μm，PCTFE 厚度为 10～100μm。

【日本超薄镀锡板啤酒罐受欢迎】日本钢铁公司生产的镀锡薄板啤酒罐，被用来包装低麦芽糖啤酒，目前已销售了7200万瓶。这种新型啤酒罐的罐壁厚度只有 0.19mm，重量比普通的钢质饮料罐轻30g。罐的开口端还是使用铝材，在炼钢时要添加铝作脱氧剂，罐上这一片铝正好可作脱氧剂之用。该罐像铝罐一样可以回收，其制作成本比铝罐还便宜。目前在日本啤酒罐市场，铝罐占绝对优势，占有比例达到99.3%，钢罐仅约0.7%。

【瑞典推出啤酒聚酯瓶】瑞典泰特拉帕公司经过试验研究，加工制成符合啤酒等要求具有优异阻隔性的新型聚酯瓶。阻隔性聚酯瓶历来存在两大缺陷，即材料的价格过高或强度不够，还存在不能回收利用的问题。泰特拉帕公司研究的技术之一是采用二氧化硅透明玻璃样的复合层，当吹塑成型聚酯瓶时涂敷在瓶的内侧。这一新加工方法使聚酯瓶中引进了聚烃硅氧的前体物和氧，并在瓶的内层和外层均处于真空状态下，通过微滤能的加热除去其中的气体混合物，从而使聚酯瓶中玻璃样的薄层物完全形成同玻璃一样的高阻隔性。第二个技术简称I.O.I，该技术是利用一种独特的新材料，可在回收后分解，在聚酯瓶吹塑成型前挤入到聚酯材料中去。

【欧洲兴起啤酒条板箱】目前在欧洲，啤酒条板箱越来越流行，啤酒生产商甚至将其作为吸引消费者的手段。不少企业开始采用聚碳酸酯（PC）取代高密度聚乙烯（HDPE）为原料生产啤酒条板箱，并采用触感柔软的把手和模内贴标技术。透明 PC板可以印刷，贴上透明模内商标或者增加整体透明度，有利于消费者观察箱内啤酒。新型啤酒条板箱的缺点在于：其价格通常比普通HDPE啤酒条板箱高出15%。主要是因为PC的价格较高，而模内贴标和触感柔软把手等技术也需增加生产成本。目前，新型条板箱的主要用户是大型啤酒生产商。

【欧美推出多功能环保包装纸】欧美推出全新PLMEX 食品专用包装纸，不含荧光剂和危害人体的化学物质，旋即受到市场的青睐。该纸由纯纸浆造成，还具有防水、防油、抗粘及耐热等特点。另外，这种食品专用纸使用后可用水清洗并回收，反复使用次数多达50次。

【鸡蛋新包装】英国发明了一种包装鸡蛋的新容器，不仅可以减少鸡蛋在运输时的破损率，而且盛蛋器还有煮蛋计时的功能，使鸡蛋成为一种方便食品。新发明的这种容器是盛装一个鸡蛋的聚苯乙烯小盒，盒子结实而透明，内有减震物；另外还制作了一种盘子，每个盘子可以牢牢固定6个、10个或12个鸡蛋。煮蛋时，每个蛋都可以连同包装盒一起放入沸水中。盒底的孔洞让水慢慢浸入直到浸没整个蛋，以防蛋壳破裂。每个蛋盒均有颜色记号，让人们在煮蛋的不同阶段可以检查鸡蛋的熟度。当盒底变成黄色时，说明这只蛋仍嫩；变成绿色时，表明蛋煮得适中；如变成蓝色，则说明蛋煮得过老了。盛蛋器不存热，很容易从沸水中取出而不烫手。鸡蛋煮熟后，可以连盒底一起端上餐桌。

【美国发明可降解食品容器】美国农业部的研究人员正利用小麦淀粉开发重量轻、可降解和外卖的食品容器。加州植物物理学家同地壳包装公司协同合作，完成了这一环保容器的开发项目。用小麦淀粉制造的容器，如杯子、碗和碟等经过防水涂层处理，可以维持形状和浓度。研究人员指出，在比聚苯乙烯昂贵的时候，可以选择小麦和玉米淀粉为原料，可为制造商提供维持有竞争力定价的灵活性。吸引人、耐用、易于使用的小麦容器在几周后就可以降解成混合肥料，而其他聚苯乙烯容器只能像垃圾一样堆积。

【美国推出一种新型铝瓶包装的啤酒】美国一家酿酒公司推出了一种新型铝瓶包装的啤酒。据了解，此次推出铝瓶啤酒的是美国“铁城”啤酒制造商匹兹堡酿酒公司，该公司目前已经与世界最大的铝制造商美国铝业公司达成合作协议，由后者提供铝瓶。这种铝瓶啤酒的最大特色在于包装瓶是用高纯度铝制成，“保凉”时间比普通啤酒要长很多。这样一来，人们就能更好地享受“冰啤酒”的美味了。另据了解，此次提供的铝瓶含铝量是现有铝罐啤酒的3倍。由于材质改变，铝瓶啤酒的“保凉”时间比玻璃瓶装啤酒还要长至50分钟。

【比利时使用生物降解塑料啤酒杯】比利时啤酒厂Alken Maes公司于2004年8月份向市场供应1500万杯啤酒，使用的是生物高分子制备的生物降解塑料杯，替代能重复使用的聚碳酸酯杯。该公司成为比利时第一个使用这种杯子的啤酒厂家。这种新型杯子是Hubtamaki公司用生物降解塑料制备，所用原料是Gargill Dow公司采用玉米加工处理而成的聚乳酸(PLA)Nature Works。

【果汁包装功能多样化】不少国家加强了对果汁包装的研究，具有各种不同功能的果汁包装不断推向市场。例如，澳大利亚科研人员研制出具有高阻隔性能的果汁包装杯。该种杯子带有3层共挤结构：PP、EVOH和粘结层，外层PP能吸收紫外线，可防止果汁、果冻在光照下变色。它采用透明膜盖，可热填充，也可蒸煮，货架寿命为18个月。又如美国开发成功一种新型果汁灌装全密封装置。该装置在充填灌装时处于全封闭状态，果汁能免遭热气、蒸气的不良影响，可保持果汁的酸度，适用于包装低酸材料。当充填温度低于250摄氏度时，仍可满足杀死细菌等微生物的要求，保持罐装的稳定性。

【单层啤酒瓶用PET树脂加工工艺】采用Poly Shield PET树脂，在经拉吹加工成型时，用美国Mitsubishi Gas Chemical公司的MXD6进行混合。尼龙6树脂可以改善氧和二氧化碳的阻隔性能。据称，由于材料透明性的改善，使尼龙阻隔层的尺寸减少了10倍，在标准的PET阻隔层中，仅有15μm。Poly Shield PET树脂中含有兼容剂，以减少瓶的雾度，改善尼龙/PET混合物的可染色性。用Poly Shield PET树脂监控程序加工成型的单层啤酒瓶，其氧气阻隔性能可以得到86%的改进，二氧化碳的阻隔性提高38%。

【沥青软包装工艺关键技术研制成功】沥青软包装生产工艺中封口、复合、防粘等关键性技术已由大连新科包装材料股份有限公司研制成功。使用该技术制造的软包装袋具有可降解性，填补了我国包装产品的一项空白。从而被国家环保总局评为国家重点环境保护实用技术。环保型沥青包装袋克服了铁桶包装自身重量重、体积大，且熔化不净、浪费大、成本高的缺点，使用该技术的包装袋既可回收利用，还具有高温灌装、易剥离、不沾袋、防潮湿、防粘连、抗老化等优点，因而受到国家有关部门和企业的一致好评。

【德国开发出泡沫纸生产工艺】德国不莱梅的PSP公司开发出泡沫纸生产工艺，用它生产的包装材料可替代泡沫塑料。该公司生产的泡沫纸采用旧书报、废纸和面粉作原料。先将回收的旧书切成碎条，再碾成纤维状的纸浆，将其与面粉以2：1的比例混合，混合后的纸浆料注入挤压机压成圆柱颗粒。挤压过程中，原料受水蒸气作用成为泡沫纸。用泡沫纸颗粒作原料，可以根据不同需要生产多形状的包装材料，泡沫纸可一次成型，无须化学添加剂，使用后可回收重新加工。

【再生饮料灌技术风行日本】日本三得利和麒麟等饮料业巨头开始采用再生饮料罐技术，以用过的饮料罐为化学原料制成新的饮料罐再次加以使用。据介绍，这项循环再生技术可以在保持饮料罐品质不变的前提下重复循环再造出新的饮料罐。这种尝试在世界上尚属首次。除三得利和麒麟公司外，朝日饮料、札幌饮料以及伊藤忠等也已经决定采用再生树脂生产饮料罐。而可口可乐（日本）公司也在研究引入这种再生饮料罐技术。

【加拿大制成耐热食品包装材料】加拿大安大略省某大学食品技术中心研制成功了一种新型耐高热食品包装材料PEN聚乙烯萘酚树脂。将这种材料与目前传统食品包装材料PET聚对苯甲酸乙二醇酯混合后形成PEN/PET新型耐高热、抗脆裂、不怕潮湿、抗氧化和耐紫外光辐照的新型耐高热食品包装材料。由于新型食品包装材料具有耐高热的特性，食品包装可以在高温处理中完成，比如果酱可以在94℃中加热包装，因而食品的寿命可有效地延长。

【德国开发易回收塑料】德国推出新型塑料，其成分是苯乙烯和含自由羟基的丙烯酸酯类两种单体合成的水溶性聚合物。据称可以像纸和纸板一样容易回收，且价廉。该公司这项计划共投资1亿5千万欧元，已开始启动新材料试用工作，用作各种器皿，回收料还可以用做各种标签、防护膜、包装袋和复合产品的中间粘接层。

【美国开发出高阻隔复合材料】美国开发出新尼龙复合材料AegisOX，可用于PET等包装领域。这种复合材料为活化/钝化阻隔材料，具有高阻隔性，采用纳米粘土为钝化阻隔层，与适宜的吸氧剂作为活化剂起协同作用。该材料能使PA6的氧透过率(OTR)降低100倍，氧的渗入量几乎为零。经用于三层结构啤酒瓶的芯层，显示其货架寿命可达180天。

【德国尝试用“染色”薄膜延长食品保鲜期】

一种经过叶绿素“染色”的塑料薄膜问世，它可以防止光线与绿色食品中的叶绿素发生氧化作用而导致食品腐烂，因而大大延长了绿色食品的保存期。此项成果是德国科研人员将塑料薄膜用叶绿素以特殊方法进行“染色”，经过这种处理后的薄膜用来包装食品就可以有效“截获”致使食品腐烂的光线，从而大大延长了食品保鲜期。新方法不仅简单易行，而且成本低廉。

【美日合作开发出新阻隔材料】美日联合成功开发了纳米粘土阻隔材料——Imperm，并已推向市场。该产品由美国纳诺科公司与日本三菱瓦斯化学公司合作开发。据悉，Imperm比PET的氧透过率低100倍，比标准PAMXD6对二氧化碳的阻隔率分别提高50%和70%，透明性和抗剥离性与标准PAMXD6相同，三层结构(PET/M9/PET)啤酒瓶可达到欧、美啤酒保质期的要求。

【法国开发乳酸新包装材料】法国推出由乳酸为包装材料的包装盒。该产品属环保产品，可自然降解。该技术由法国达诺内奶制品公司开发，以甜菜为原料进行发酵转化得到乳酸，再进行脱水成丙酯，通过对丙脂再加工得到聚乳酯，掺入矿物质后便成为一种轻型、坚固的材料。并可根据需要加工成盒、杯等包装产品。该产品可在自然条件下降解为无污染有机物。

【法国推出专用于包装肉类的双层叠加膜】法国向市场推出专用于包装肉类的双层叠加膜。其外层是具有特殊结构和性能的高密度聚乙烯薄膜，内层是可食用纸。叠加后的双层膜呈半透明，非常薄，厚度仅12微米；但强度好，安全、无毒，可直接与肉品接触，用该膜包装肉品可解决普通材料包装肉类会浸出血与油脂、紧贴肉上不易分离并使表面结成硬皮的问题，能保持肉类原有的色香味。

【Vacmel 推出全息镀铝纸】Vacmel 包装公司将全息技术应用在镀铝纸，使其看起来更华丽，印刷效果更出色。使用全息镀铝纸作为商标使产品更加引人注目，促进了产品销售，给用户带来了更大的利润空间。该产品广泛应用于礼品包装、装饰纸、纸板箱等。Vacmel 包装公司最新的发明成果是将全息技术应用在事先选择好的几个区域内。公司可根据用户的要求在某个特定的区域使用全息镀铝纸。该产品可满足包装数量少且对成本要求不高的用户需求。

【加拿大开发出可测病原菌的包装膜】加拿大研制开发出一种可测病原菌的包装膜，利用以蛋白为基础的抗体来检测。该包装膜可检测出沙门氏菌、大肠杆菌、李斯特菌等病原菌，当接触到受污染的食品时，即发生变色反应，从而确定有病菌污染，杜绝食品变质对人类的危害。

【砂糖制塑料可望替代传统工艺】巴斯夫公司与美国马萨诸塞州凯布里兹的某公司签署了用砂糖制造塑料的合作研究协议，合作期限为一年。这家公司以砂糖为原料，应用发酵技术制造聚酯材料的研究已通过小试和中试，现将中试规模得到的批量材料提供给巴斯夫公司，由巴斯夫公司的研究部门探索研究这种聚酯材料的各种性质和性能，并进一步加工成塑料制品。这种以砂糖为原料应用生物技术制成的聚酯材料属于生物降解塑料，可广泛利用在薄膜、纤维、热可塑性材料、粘接性材料或者涂敷用分散剂的生产中。应用这种微生物发酵技术制造塑料材料在今后有着很大的发展性。从作为长期的工业生产手段来看，这种新材料不但具有重要的经济意义，而且可作为石油制品的替代品，很有发展前途。

【新型6色瓦楞纸板柔性印刷研发成功】由中国运载火箭技术研究院、北京多贝克包装印刷机械有限公司联合研发的多贝克柔性版印刷机 TP2200 在京发布。多贝克 TP 系列柔性版印刷机是采用法国最新印刷机设计和控制技术，用中国航天工业强大的技术和制造优势而研制成功的一种高精度无轴传动瓦楞纸板印刷机。该机采用先进的永磁无刷电机、伺服反馈计算机控制系统和模块式单机独立控制系统。具有机械传动结构简单、振动小、传动精度高等特点。该机既兼顾了大批量活件的高效生产，又能实现高质量的网点印刷。

【英德联手推出电子旋转PET灌装机】一家德国和一家英国公司推出了电子旋转 PET 灌装机。该机采取单机结合旋转洗瓶、灌装、封盖的新系统。采用瓶颈传递系统，不同瓶体和包装间的转换可在一分钟内完成。该灌装机可减少生产成本，配备有获得专利的电动气动定量灌装系统及电子流动计量装置，可进行精确的连续灌装、减少了浪费，避免了过量包装可能产生的负担。该系统适用于非充气饮料、碳酸饮料、含果肉饮料产品，灌装温度为5～70摄氏度，每小时速度可达到44000瓶左右。

【CMR公司设计出柔性版纸盒印刷机】CMR 公司设计生产的柔性版纸盒印刷机可用于印刷和连线轮转模切折叠盒与翻盖香烟盒。该机同时可用于印刷纸张并进行堆垛。通常，柔性版纸盒印刷机采用6到8个印刷单元，配备连线轮转模切和压痕。由于采用了先进的传动控系统，PLG 控制各项主要功能，还可选配功能强大的故障自诊断软件系统。同时，还可配备连线的各种不干胶生产装置，如复合、烫金和上光单元等。并可配备全自动纵横向套色系统、印刷质量监视系统、油墨粘度自动控制系统、物料自动纠编系统等。该机印刷成品有两种输出形式，一是配备毯式系统实现由卷到折叠盒；二是配备堆垛装置实现由卷到堆垛单张纸。

【维美德展示最新技术的复合机】维美德包装加工机械除了提供广泛的包装加工印刷机械方面的最新信息外，最近又展示了一台罗特麦克 SL500 型复合机。该机体积小，适用于无溶剂粘合剂的薄膜、纸张和铝箔。配有5个辊的涂布单元，采用无轴放卷和收卷工艺。最高速度可达300米/分钟，最大料卷直径为1000毫米，薄膜宽度为1000～1200毫米。

【荷兰罗伯特巴克公司研制成薄膜包装机】荷兰罗伯特巴克公司研制成一种薄膜包装机，可用于箱装货物防护性的薄膜包装，这是专为需当场包装的箱装货物而设计的。该包装机的作业过程是：包装机移动箱体旁后，薄膜铺设装置就附在箱体上，按照预定的数据（包装高度和薄膜包装程度等）铺设薄膜。用这种薄膜包装机每小时可包装约30只箱体高达2米的大型货箱，方向指示轮能保证该机按箱体形状进行包装，方便实用。

【意大利研制开发出SINGEGIA拉伸吹塑机】具有专业技术及生产经验的意大利 SIG 集团最近研制开发出 SINERGIA 拉伸吹塑机，并已投放市场。据介绍，SINERGIA 是整体拉伸吹塑、灌装、封盖机，展示了 SIG 同 SIMONAZZI、 CORPORLAST 部门的合作成果。它利用单一供货的原理，采用 SIG CORPOPLAST BLOMAX SERIES 吹塑机、 SIG SIMONAZZI STILLJET 灌装机和双盖喂料封盖机，所有装置在一台整体设备内，无需传送带或冲洗机，根据速度、空间和容量的不同需求， SINERGIA 有缓冲器和直接传送系统两种选择。缓冲器可让设备在停机时清空所有瓶子，如果需要还可连接贴标机。直接传送系统采用星形轮在设备之间传送包装物。

【凯乐施新型包装机上市】法国凯乐施公司推出了新型 KP600 装盒机，以保持其在灌装和装盒机市场的优势。该机为 KPS 机型的改进型，采用多项新技术，其生产速度每分钟可达 65 盒。该机采用加固型机械部件设计，取消了悬梁和滑轨等部件，在纸盒封口位置增加了一个工位，实现了产品入盒与封口分别在两个工位进行。据介绍，新机器可根据客户需要安装喷墨打印、热打印、热熔胶、打印批号、摄像机监控、条形码识别等。

【英国推出塑料聚合物提炼新技术】英国两所大学的科学家联手培育出一种叶片中含有大量塑化聚合物的油菜，已用这种油菜种子和叶片成功提炼出天然塑料，并加工成家用垃圾筒及包装瓶等包装物。为培育这种油菜，科研人员首先利用基因遗传技术，将3种能产生塑化聚合物的生活基因植入油菜种子，然后进行播种。这种油菜不仅能像其他油菜一样自然生长，而且种子和叶片中含有较多塑化聚合物，其中种子塑化聚合物的含量可达 20%，极具商业开发价值。据介绍，用油菜种子和叶片提炼的天然塑料与普通塑料相比，最大特点是没有污染，可自行生物降解。因此，培育含有大量塑化聚合物的油菜，并用这种油菜种子和叶片提炼天然环保塑料的应用前景十分广阔。

【韩国蔬菜保鲜新方法问世】韩国发现了一种新的包装方法，可提高蔬菜的新鲜度，使蔬菜在常温下可多贮存3～5天时间。新鲜度是生菜、紫苏叶、辣椒等蔬菜的生命，而在流通过程中经常发生变质等现象，大大降低了产品的价值。以韩国江原大学郑川顺教授为首的研究组利用新包装方法，在包装内充入氧气、二氧化碳的混合气体，然后密闭保存。包装内的气体对人体无害，不破坏蔬菜的营养，同时可保持蔬菜新鲜。

【美 IP 公司将推出纸制智能包装】美国国际纸业公司（IP）将很快为一些产品的包装增加灯光、声音以及其他一些特殊效果。该包装采用了以色列能量纸公司开发出的超薄柔软电池。这种新型电池可像油墨一样被印刷在产品的包装上。国际纸业公司和能量纸公司认为，这种可任意使用的新型电池可使制造商更有效地通过产品包装来吸引消费者。据悉，由这种新型电池驱动的包装物将于今年末上市。国际纸业公司正在对这种新产品进行测试。能量纸公司则准备近期开始在位于香港的工厂生产这种新产品。

【英国开发新型环保包装衬垫】英国一家公司生产出一种名为“FLEXTRA”符合环保要求的纸卷，可代替泡沫塑料做包装衬垫。FLEXTRA 纸卷用再生纤维制成，可以回收重复使用。废弃时，能生物降解，不会对环境造成污染。这种 FLEXTRA 纸卷上面有很多小裂口，在储存发运时，占据的空间较小，当纸卷拉开后，就成为立体蜂窝状，体积增大 10倍，面积增加 20%。能起到缓冲衬垫物的作用，适合填充保护商品。

【Faerch 推出聚乳酸包装制品】丹麦 Fearch塑料公司已开始采用降解塑料用于包装，用美国 Cargill Dow 公司的聚合物聚乳酸 Natureworks 开发制成各种包装制品。新产品将用于包装低温新鲜食品，包括各种面食、肉和沙拉，适用于手工和自动包装生产线，食品加工厂可以使用现有包装生产设备。Fearch 公司现有包装产品包括各种盘、瓶、能热封包装的原有加工树脂为 PS、PP 和 PET。该公司经营主管 Jems Borstein 认为，采用这种全新产品将使公司和其他用户位于包装工业的前沿。

【Sealed Air 公司的发泡包装获银奖】在保护性包装部，Sealed Air 公司的 Inflatable Bubble Wrap 包装系统获得非食品类银质奖。据 Sealed Air 介绍，由于这种新型包装系统包含衬垫材料 -Inflatable Bubble Wrap，所以减少了储存包装材料所需的空间。其膜泡比目前的最大膜泡高度还高。这附加的高度提供额外的缓冲保护，可让用户少用25%的材料包装同样的物品。Inflatable Bubble Wrap 系统使用标准 110 伏电源，不需要另供给压缩空气，十分方便。

【美研发新型合成包装标签】美国研发成功一种合成标签，该新标签既抗湿，又能吸湿，能对标签印刷起保护作用。该标签采用了 3mm 厚度的 BOPP薄膜，四色凹印。同时还生产出一种外标为透明的2mm 厚度、内标为白色的 2～6mm 厚度的合成 BOPP膜标，外标图案七色柔印，内标通过窗口可视。

【美国生产出防啤酒氧化失鲜的瓶盖】美国研制生产出可防止啤酒氧化失鲜的瓶盖，该瓶盖内带有一种类似血蛋白质的物质，能同肺叶血红蛋白作用相似分子一样进行工作，能紧紧贴在任何一个与它相遇的氧分子上。啤酒瓶盖内所带的血红蛋白质便能抽出混入啤酒瓶的氧气，使啤酒不因氧化而失鲜。

【新型玉米聚酯包装】索尼泛太最近发布一款泡罩包装的新式便携收音机。这种包装由卡吉尔陶氏公司的玉米聚合物聚丙交酯开发而成的。这款从去年七月引进的收音机泡罩包装，提供了与众不同的卖点，具有既清晰又环保的外观。它的成型泡罩能干净牢固地收拢到背后纸板卡的裂口，牢牢固定在纸板上。纸板用蓝色的生产信息标示，强调了这种材料的环保特性。索尼从2000年12月起，就用这种在板纸正反面的标志表示该种包装材料可以分解的特征，向消费者传递产品环保的信息。

技术交流与研讨

TECHNICAL COMMUNICATION

纳米二氧化钛保鲜薄膜的保鲜机理和制备

韩永生　聂柳慧
（天津科技大学）

随着生活水平的提高，对水果和蔬菜在贮运和销售过程中的保鲜度以及货架寿命提出了更高要求。据资料表明，我国新鲜果蔬有 25%～80%是采摘后损失掉的，既造成了浪费，又给环境带来了严重污染。随着人们对营养摄入认识的不断深入，对新鲜果蔬的需求量迅速上升，要求这些食品的货架寿命至少在 1 周以上。新鲜果蔬最常见的包装技术为 MAP（气调包装技术），其保鲜机理主要是依赖包装膜材料高分子链热振动形成的间隙作为透过气体分子的通道。这就要求通过气体渗透，保持包装内部的气体组分对果蔬保鲜的最佳比例。所以其关键是保鲜膜的研制。

二氧化钛是一种无机功能材料，而纳米级的二氧化钛则显示出普通二氧化钛所不具备的优异功能，如抗菌杀毒、吸收紫外线、自洁功效及良好的阻隔性和力学性能等。所有这些性能，对果蔬保鲜包装材料来说是再理想不过了。

一、纳米二氧化钛的特性

1. 光催化性

由于纳米材料具有较高的表面积、表面键态和电子态与颗粒内部不同、表面原子配位不全等特点，导致表面活性位置增加，使纳米颗粒具备了作为催化剂的先决条件。

TiO_2是一种 n 型半导体，其光催化性能可用半导体的能带理论来阐释。在半导体能带结构中，被价电子占有的低能带称价带（又叫满带），它的最高级能中叫价带缘；与价带相邻的那个较高能带即激发态称导带，它的最低能级即导带缘。导带缘与价带缘的能级差就是禁带宽度 Eg，又称带隙能。TiO_2的电子结构特点为一个满的价带和一个空的导带，锐钛型 TiO_2的禁带宽度为 3.2eV，受光照射时，如光子能量达到或超过其带隙能（λ<400nm）时，价带电子被激发到导带形成空穴一电子对，在电场作用下，电子与空穴发生分离，迁移到粒子表面的不同位置。空穴可将吸附在二氧化钛表面的 OH 和 H_2O 分子氧化成强氧化性的羟基自由基。活性自由基具有很高能量，能氧化分解各类有机物，最终生成二氧化碳和水。

此功能对果蔬保鲜包装来说是很有用的。一方面，在果蔬包装中，对货架寿命最有影响的一个因素是：新鲜果蔬呼吸过程中产生有害气体一乙烯，它诱导果蔬的成熟和衰老过程，还参与植物逆境胁迫响应的病理过程，即加速果实实物病变霉烂，而纳米二氧化钛的光催化性能够将产生的乙烯氧化分解成二氧化碳和水；另一方面，细菌等微生物也是由有机物复合构成，纳米 TiO_2 在光照射下产生氧化性很强的活性自由基，这些自由基可氧化一些微生物体内的蛋白质，从而使其蛋白质变性，抑制微生物的生长甚至杀死微生物，因此对环境中微生物具有抑制或杀灭作用，与常用杀菌剂相比，纳米 TiO_2抗菌杀菌效果迅速，灭菌彻底。

2. 自洁功能

纳米二氧化钛具有自清洁功能的原因主要有以下两个。

（1）光催化性所产生的羟基自由基具有很强的氧化性，对有机污物有降解作用，降低污染物与基体的结合力，从而使制品具有自清洁功能。

（2）二氧化钛的超亲水性。据文献报道，当水在二氧化钛薄膜表面的接触角小于 15° 时，具有高流动性；小于 10° 时有自清洁效果，小于 7° 时有防雾效果。无论哪一方面，都对果蔬保鲜有重要作用，可以保证包装保持自身洁净和防雾滴功能。因为包装内部如果产生雾滴→抽吸现象，将使果蔬水分不断蒸发而导致枯萎，同时，水蒸气变为水滴使包装内部湿度下降，也将会加速果蔬枯萎。而纳米二氧化钛这一特性恰恰阻止了这一现象的发生。

3. 紫外线吸收性

由于纳米粒子的小尺寸效应和量子尺寸效应，诱导光吸收带蓝移，可使原来在紫外波段没有吸收能力的常规材料通过纳米化技术的改造，而产生宽频带强紫外线吸收能力。实验证明，粒径为 30～40nm 的纳米二氧化钛的树脂膜对 600nm 波长以内的紫外线有良好的吸收性能。这一特征很重要，因为纳米二氧化钛只有在吸收一定紫外光后，才能通过价带电子的能级跃迁，产生空穴，并继而产生活性自由基，发挥抗菌、分解内毒素及除异味功能。另外，塑料包装制品在紫外线照射下容易老化变脆，如果在包装表面涂上一层纳米二氧化钛，就可以防老化，从而增加塑料包装的用途和寿命，为塑料包装的二次使用奠定基础。

二、纳米二氧化钛薄膜制备

纳米包装材料是用晶粒尺寸为 1～100nm 的单晶或多晶体材料与其他包装材料复合制成的纳米复合包装材料。由于纳米颗粒具有特殊的原子结构，因此它可赋予包装材料很多特殊性能，且对与纳米二氧化钛复合的有机基材种类没有特殊要求。

1. 制备机理

纳米二氧化钛薄膜的制备方法很多，不论是那种方法，有机基体与其中的纳米相组份的相互作用力的大小是复合材料表现综合性质的决定性因素。纳米微粒表面基团和表面结构与有机基体结构相似，按“相似相容”原则，容易复合。

2. 制备方法

复合方法大致可分为 4 种：纳米微粒填充法、纳米微粒原位复合法、聚合物基体原位聚合法、两相同步原位合成法。这里详细介绍两相同步原位合成法。

（1）纳米微粒填充法

目前，此方法应用较多。它是直接将纳米粉体填充到聚合物基体中合成复合材料。混合形式可以是溶液、乳液，也可以是熔融共混。这种方法的优点是简单易行，无机纳米材料与有机聚合物的几何参数和体积分数便于控制。但这种方法存在一定缺陷，即所得复合体系的纳米单元空间分布参数一般难以确定，且纳米二氧化钛颗粒容易聚结成团，使纳米二氧化钛相在有机聚合物基体中产生相分离，影响复合材料的物理性能。

（2）纳米微粒原位复合法

该方法是利用聚合物特有官能团对金属离子的络合吸附及基体对反应物运动空间位阻，或是基体提供了纳米级的空间限制，从而原位反应生成纳米微粒构成复合材料。

（3）聚合物基体原位聚合法

该方法主要是在纳米微粒的有机单体的胶体溶液中。有机单体在一定条件下，原位聚合生成有机聚合物，形成分散有纳米微粒的复合材料。它的关键技术是保持胶体溶液的稳定性，胶体粒子不发生团聚。

（4）两相同步原位合成法

该方法是指纳米材料和高分子基体同步原位形成纳米复合材料，包括插层法、蒸发（或溅射、激光）-沉积法及溶液-溶胶法等。

溅射-沉积法是利用直流或高频电场使惰性气体发生电离，产生辉光放电等离子体，电离产生的正离子和电子高速轰击靶材上的原子或分子溅射出来，然后沉积到基板上形成薄膜。而二氧化钛复合薄膜则是先将塑料薄膜成型，以金属钛作为靶材，并通入氧气、氩气用来活化反应，然后将塑料薄膜基材通过靶区，沉积纳米二氧化钛。其中塑料薄膜基材可以采用可降解材料，以此方法制备的薄膜阻隔性比插入法要好得多，同时兼具有降解性、抗菌性以及自洁性。

溶液-溶胶技术最先是用来制备玻璃和陶瓷等无机材料的方法，后来有人利用该方法制备纳米复合薄膜。其基本步骤是：先用金属无机盐或有机金属化合物在低温下液相合（称为溶液），然后采用提拉法或旋涂法，使溶液吸附在衬底上，经凝胶化过程，成为凝胶。凝胶经过一定温度处理后即可得到纳米晶复合薄膜。如：先将纳米二氧化钛均匀有效地分散在聚合物基体中，若采用特殊的表面活性剂能使二氧化钛分散均匀。以含不饱和双键的油酸做表面活性剂，将 $TiCl_4$ 加入到甲基丙烯酸甲酯中，进行水解和缩聚形成稳定的溶胶，随后在自由基的作用下，甲基丙烯酸甲酯聚合得到 TiO_2-甲基丙烯酸甲酯杂化材料。其中甲基丙烯酸甲酯的作用有两个：1）为聚合反应提供双键；2）作表面活性剂来包容 TiO_2 纳米粒子，达到“软包硬”的相容效果，获得稳定的海岛结构。克服了纳米微粒与基体产生相分离的可能性。用该方法制备的纳米 TiO_2 复合材料具有结构组分可调的特点。

新鲜果蔬采摘后，呼吸作用并未停止。在呼吸过程中不断产生CO_2和H_2O以及乙烯等一些有害物质，这些有害物质在包装贮运过程中，会导致果蔬变质、腐烂。纳米二氧化钛复合薄膜会有效地减少这种情况的发生，它的光催化性、自洁功能及良好抑制甚至杀灭贮运过程中产生的细菌及其它微生物，减少了环境污染和新鲜水果的浪费，克服了目前市场上的保鲜技术（MAP、涂保鲜剂）的缺陷，以其良好的包装效果，使TiO_2复合薄膜保鲜技术拥有很好的应用前景。

纳米隔热环保包装涂层材料的研究

陈希荣　耿世斋

（青岛佳丽彩印包装有限公司　青岛恩特节能环保材料有限公司）

的杀菌能力，可以分解果蔬呼吸过程中产生的乙烯，

新材料是高技术发展的物质基础和重要依托，其发展已远远超出自身的范畴，关系到各个学科领域的发展和产品的革新。其中，纳米材料目前已成为国内外材料科学的研究热点。

以前我们在研究材料的性质和结构时，长期停留在微米阶段（即10^{-6}米）。在这一量级范围内，材料的性能和结构存在很大缺陷。纳米材料是指尺寸为纳米（即10^{-9}米）级（1～15纳米）的超微颗粒，经压制、烧结或溅射而成的人工凝聚态固体，是20世纪80年代发展起来的先进材料。80年代中期，德国和美国的一些材料科学家在实验室首先制造出这种材料，被誉为“21世纪最有前途的材料”。美国《时代周刊》将纳米材料选定为：“今后10年最可能使人类发生巨大变化的十项技术”之一。纳米粒子在涂料中的应用研究，美国已赶在世界的前列，有多家公司实现了纳米涂料产品的商业化。

表1　国外纳米隔热功能涂料实例

序号	涂料名称	基本结构	原理	用途	生产厂家
1	纳米透明隔热涂料	氧化铟锡（ITO）类半导体纳米材料+树脂	纳米半导体材料的光学效应	透镜玻璃	美国Nanophase Technologies Co
2	透明隔热涂料	ZnO/AIF复合纳米粒子+树脂	纳米半导体材料光效应	PE树脂膜玻璃	日本、专利JP11—292621

一、纳米材料结构的奇特性能

1.第三固态结构

纳米材料具有特殊的结构。由于组成纳米材料的超微粒尺度属纳米量级，这一量级大大接近于材料的基本结构——分子甚至于原子。其界面原子数量比例极大，一般占总原子数的50%左右，不论这种超微颗粒由晶态或非晶态物质组成，其界面原子的结构都既不同于长程有序的晶体，也不同于长程无序、短程有序的类气体固体结构。因此，一些研究人员又把纳米材料称之为晶态、非晶态之外的“第三态固体材料”。

2.异常奇特性能

正是由于纳米材料这种特殊的结构，使材料自身具有小尺寸效应、表面界面效应、量子尺寸效应和宏观量子隧道效应，从而使其具有许多与传统材料不同的物理、化学性质。例如，纳米铁材料的断裂应力比常规铁材料高12倍；气体通过纳米材料的扩散速度比一般材料快几千倍；铜到纳米级后就不再导电且比常规铜材料的热扩散增强了近一倍；某些纳米材料制成的刃具，比金刚石制品还要硬。人们还发现，纳米颗粒的外形会逐渐变化，粒度越小，变化越强；纳米材料中有大颗粒“并吞”小颗

粒现象；纳米颗粒与生物细胞膜的物化作用很强，因而能被细胞吞噬。正由于纳米材料这些奇特的力、电、光、磁、吸收、催化、敏感等性能而使之具有广泛而诱人的应用前景。

完全的纳米涂覆材料现已在包装上有所应用，借助于传统的涂覆技术添加少量的纳米材料或在线形成纳米颗粒，可使传统涂层的功能得到升级：提高硬度、减少摩擦形成的自润化性，并提高耐高温、抗氧化和抗老化性。还可产生抗菌、保洁效果。

二、实验与制备原料

采用丙烯酸纳米微乳液制造的水性热反射隔热涂层材料的制备

为解决现有的涂料因含有大量有机溶剂会造成环境污染，并且热反射和隔热性能差的技术问题，研制出水性热反射隔热涂料，其原料包括：丙烯酸纳米微乳液、常规丙烯酸乳液、颜料、填料、红外线反射剂、助剂、pH调节剂、增稠剂、软化水，重量比为：（15-25）：（15-25）：（1-20）：（5-20）：（0.1-1）：（1-10）：（0.5-2.5）：（0.1-0.5）：（0.2-1.5）：（20-40）。不含有机溶剂。

空心微珠包括空心陶瓷微珠、空心玻璃微珠和电厂漂珠中的一种或几种。电厂漂珠是发电厂的煤渣中产生的一种副产品。空心玻璃微珠是以水解度低的硼玻璃为原料制得的。

颜料包括氧化铁黑、氧化铁红、氧化铁黄、钛白粉、酞青红、酞青蓝和耐晒黄中的一种或几种。要求所选颜料对红外线吸收率低或红外反射率高。

填料包括轻质碳酸钙、沉淀硫酸钡、滑石粉和云母粉中的一种或几种。

红外线反射剂是纳米二氧化钛微粉和/或贵金属钌、铑、铱的纳米级氧化物微粉。

增稠剂是聚醚类和/或碱溶性丙烯酸乳液类缔合型增稠剂。

助剂包括分散剂、润湿剂、流平剂、消泡剂、防霉剂、防腐剂。其中分散剂的选用因颜料性质而定，对于钛白粉、氧化铁红等无机颜料，可以采用烯基单体与不饱和羧酸及其酯类共聚物的钠、铵、胺盐，例如：德国汉高公司的5040、5027分散剂、美国罗门哈斯公司的T-731分散剂，用量为颜料量的0.5%～2%；对于酞青蓝等有机颜料，可以选用带亲颜料基团的高分子嵌段共聚物，例如德国毕克公司的Byk184或荷兰埃夫卡公司的EFKA-4550，用量为颜料量的5%～20%；润湿剂选用聚醚改性炔醇，如美国气体化学公司的SURFYNOL GA、SURFYNOL TG，用量为涂料量的0.1%～0.3%；流平剂可以选用硅烷或氟碳改性聚醚，例如德国毕克公司的Byk348、307，荷兰埃夫卡公司的EFKA-3570；消泡剂选用聚醚改性有机硅，例如德国汉高公司的SN313、NXZ、NDW，毕克公司的BYK024，用量为涂料量的0.01%～0.1%；防腐剂可以是东方-罗门哈斯公司的KATHON LXE，用量为涂料量的0.1%～0.3%；防霉剂可以是东方-罗门哈斯公司的SKANE M-8、徐州农药厂的BCM防霉剂，用量为涂料量的0.1%～0.5%。PH调节剂是挥发性碱，例如：氨水、2-氨基-1-丙醇、N-甲基吗啉、N-乙基吗啉、三乙胺、N，N二甲基乙醇胺。增稠剂是聚醚类或碱溶性丙烯酸乳液类缔合型增稠剂，例如北京东方-罗门哈斯公司的TT935增稠剂，美国维乐斯公司的Rh-278增稠剂。软化水是去离子水或蒸馏水，其中水溶性物质的总量＜100ppm，电导率＜20μs/cm。

三、实验与制备方法

丙烯酸纳米微乳液的制备方法

（1）在1号反应容器中加入第一份混合不饱和单体、溶剂和引发剂的混合物，搅拌，通氮气，升温到80-110℃，保温1.5-2h；其中第一份不饱和单体包含甲基丙酸甲酯、丙烯酸丁酯、甲基丙烯酸丁酯、甲基丙烯酸、丙烯酸，它们的重量份依次为：（10-20）、（6-20）、（0-10）、（0-1）、（0-1）；溶剂和引发剂的重量份依次为：（6-10）、（0.3-1）；

（2）将第二份混合不饱和单体、溶剂和引发剂的混合物均匀滴加入1号反应容器中，滴加时间为0.5～1h，在80～100℃保温1～1.5h；其中第二份不饱和单体包含甲基丙烯酸甲酯、丙烯酸丁酯、甲基丙烯酸丁酯、甲基丙烯酸、丙烯酸，它们的重量份依次为：（10-20）、（6-20）、（0-10）、（0-1）、（0-1）；溶剂和引发剂的重量份依次为：（6-10）、（0.3-1）；

（3）将第三份混合不饱和单体、溶剂和引发剂的混合物均匀滴加入1号反应容器中，滴加时间为0.5～1h，在80～110℃保温1.5～2h；其中第三份不饱和单体包含甲基丙烯酸甲酯、丙烯酸丁酯、甲基丙烯酸丁酯、甲基丙烯酸、丙烯酸、顺丁烯二酸酐，它们的重量份依次为：（10-30）、（8-20）、（0-10）、（0-2）、（0-2）、（0-2）；溶剂和引发剂的重量份依次为：（8-10）、（0.4-1）；

（4）将pH调节剂和软化水加入到2号反应容器中，搅拌，将1号反应容器中的物料转移到2号反应容器中，搅拌乳化 1～2h；其中：pH 调节剂和软化水的重量份依次为：(3-7)、(100-150)；

(5) 对步骤 D 中得到的物料抽真空脱出溶剂，并过滤，滤除较大颗粒，得到丙烯酸纳米微乳液，真空度一般可以为 500～700mmHg，过滤可以采用 100～150 目滤网过滤，最好采用 120 目滤网。步骤 E 中得到的丙烯酸纳米微乳液的主要成分是丙烯酸共聚物，该丙烯酸共聚物的数均分子量为 20000～100000，数均粒度在 10～100nm 范围内的大于 95%。

(6) 在配浆容器中加入软化水、助剂、红外线反射剂和丙烯酸纳米微乳液，搅拌均匀；采用可调式高速分散机搅拌，以下 G、I、J 步骤同此项。

(7) 在步骤 F 中得到的混合料中加入颜料和填料，搅拌均匀；

(8) 将步骤 G 中得到的混合料研磨至细度 30 μm 以下得到色浆，采用球磨机或砂磨机研磨。

(9) 在调漆容器中加入色浆、空心微珠和常规丙烯酸乳液，搅拌均匀；

(10) 在步骤 I 中得到的混合料中加入增稠剂，搅拌均匀；

(11) 在步骤 J 中得到的混合料中加入 PH 调节剂，调节 PH 值至 8～10；

(12) 将步骤 K 中得到的混合料过滤，滤除较大颗粒，得到水性热反射隔热涂料。采用 60～100 目滤网过滤，最好采用 80 目滤网。

四、优异的性能

与普通涂料和现有的溶剂型热反射涂料相比，有以下优点：①热反射和隔热性能优异。由于水性热反射隔热涂料中含有红外线反射剂和空心微珠，前者可以反射光线中的红外线，后者的表面可以反射光线，中间的空心可以隔热，使水性热反射隔热涂料可以反射 50%～80%的太阳热能，显著降低容器内或室内温度；②使用安全方便，不燃、不爆、无公害。丙烯酸纳米微乳液和水性热反射隔热涂料以水为分散介质，不含有机溶剂和助溶剂，不会造成环境污染，对人体无毒害，改善了施工环境，避免了火灾隐患。③装饰性好。水性热反射隔热涂料的基料为常规丙烯酸乳液和丙烯酸纳米微乳液，后者乳胶粒径小，可以填充前者的乳胶粒间隙，得到均匀细腻、高装饰性的涂层材料。④漆膜综合性能好。由于在水性热反射隔热涂料中，常规丙烯酸乳液和丙烯酸纳米微乳液合理搭配，成膜致密，漆膜附着力、机械性能、耐水性、耐碱性、耐候性皆佳。具优良的耐冻融稳定性。

五、实施案例

如表 2 所示，实施例 1 至 6 分别是六种丙烯酸纳米微乳液的原料配比。

表 2　丙烯酸纳米微乳液的原料配比

步骤	原料	实施案例（g）					
		1	2	3	4	5	6
A	甲基丙烯酸	8	8	8	8	8	8
	甲基丙烯酸甲酯	100	150	150	100	200	200
	丙烯酸丁酯	150	150	100	200	200	100
	甲基丙烯酸丁酯	150	100	150	100	0	100
	过氧化苯甲酰	1.0	1.0	1.0	1.0	1.0	1.0
	正丁醇	7	7	7	7	7	7
B	甲基丙烯酸	12	12	12	12	12	12
	甲基丙烯酸甲酯	80	110	110	75	150	150
	丙烯酸丁酯	110	110	80	150	150	75
	甲基丙烯酸丁酯	110	80	110	75	0	75
	过氧化苯甲酰	0.5	0.5	0.5	0.5	0.5	0.5
	正丁醇	8	8	8	8	8	8
C	甲基丙烯酸	20	10	0	0	10	15
	丙烯酸	0	0	20	10	10	0
	顺丁烯二酸酐	0	10	0	10	0	20
	甲基丙烯酸甲酯	80	110	110	75	150	150
	丙烯酸丁酯	110	110	80	150	150	75
	甲基丙烯酸丁酯	110	80	110	75	0	75
	过氧化苯甲酰	0.5	0.5	0.5	0.5	0.5	0.5
	正丁醇	10	10	10	10	10	10
D	三乙胺	3	4	5	3	4	5
	2-氨基-1-丙醇	3	2	1	0	0	0
	N,N 二甲基乙醇胺	0	0	0	3	2	1
	软化水	150	130	110	150	130	110

表 2 中过氧化苯甲酰为引发剂，正丁醇为溶剂，三乙胺、2-氨基-1-丙醇和 N，N 二甲基乙醇胺为 PH 调节剂。

根据上述实施案例，现仅以实施案例 4 的制造方法为例说明如下：

其制造方法包括以下步骤：

1. 在 1 号反应容器中加入第一份混合不饱和单体、溶剂和引发剂的混合物，搅拌，通氮气，升温到 80～110℃保温 1.5～2h；其中第一份不饱和单体包含甲基丙烯酸甲酯、丙烯酸丁酯、甲基丙烯酸丁酯、甲基丙烯酸，它们的重量（g）依次为：100、200、100、8 溶剂采用正丁醇，重量为 7g，引发剂采用过氧化苯甲酰，重量为 1.0g。

2. 将第二份混合不饱和单体、溶剂和引发剂的混合物均匀滴加入 I 号反应容器中，滴加时间为 0.5～1h，在 80～110℃保温 1～1.5h；其中第二份不饱和单体包含甲基烯酸甲酯、丙烯酸丁酯、甲基丙烯酸丁酯、甲基丙烯酸，它们的重量（g）依次为：75、150、75、12；溶剂采用正丁醇，重量为 8g，引发剂采用过氧化苯甲酯，重量为 0.5g。

3. 将第三份混合不饱和单体、溶剂和引发剂的混合物均匀滴加入 I 号反应容器中，滴加时间为 0.5～1h，在 80～110℃保温 1.5～2h；其中第三份不饱和单体包含甲基烯酸甲酯、丙烯酸丁酯、甲基丙烯酸丁酯、丙烯酸、顺丁烯二酸酐，它们的重量（g）依次为：75、150、75、10、10；溶剂采用正丁醇，重量为 10g，引发剂采用过氧化苯甲酯，重量为 0.5g。

4. 将 PH 调节剂和软化水加入到 2 号反应容器中，搅拌，将 1 号反应容器中的物料转移到 2 号反应容器中，搅拌乳化 1～2h；其中：pH 调节剂采用三乙胺和 N，N 二甲基乙醇胺，它们的重量都为 3g，软化水的重量为 150g。

5. 对步骤 D 中得到的物料抽真空脱出溶剂，抽真空的真空度为 500～700mmHg，并用 120 目铜滤网过滤，滤除较大颗粒，得到丙烯酸纳米微乳液。

表 3　六种丙烯酸纳米微乳液的性能

项目	实施案例					
	1	2	3	4	5	6
自乳化性	优	良	优	良	优	良
热稳定性	优	良	优	良	优	良
机械稳定性	优	良	优	良	优	良
研磨效率	良	优	良	优	良	优
漆膜耐水性 h	120	168	96	120	96	168

六、作用机理

纳米 TiOx 对涂料的作用机理是：纳米 TiOx 颗粒小、比表面积大、表面原子数多、表面能高、表面原子严重配位不足，具有很强的表面活性与超强吸附能力，添加在涂料中，极易与树脂中的氧起键合作用，提高分子间的键力以及涂料的施工性能和涂膜与基体之间的结合强度；纳米 TiOx 具有常规材料所不具备的特殊光学特性，并普遍存在“蓝移”现象，对紫外长波、中波及红外线反射率高达 85%以上，且纳米 TiOx 光学反射谱重复性好，故添加在涂料中可以达到屏蔽紫外线的目的，大幅度提高涂料的抗老化性能；纳米 TiOx 具有的小尺寸效应使其产生淤渗作用，在涂料层界面形成致密的“纳米涂膜”，大大改善涂料的耐洗刷性和涂膜表面自洁性；纳米 TiOx 特有的空间网状结构，表面存在大量不饱和残键和不同键合状态的羟基，可与涂料体系产生良好的亲和性，从而改善涂料的悬浮稳定性。涂层干燥后，纳米粒子学地排列，形成完整的空气隔热层。

四、应　用

1. 产品特性

纳米环保隔热涂层材料是采用先进的纳米技术开发生产的专用乳胶漆，它以优异的强反射红外线的能力和其独特的微孔结构，构成隔热保温层，夏季可使温度下降，冬季可减少热量散失，“冬暖夏凉”节省能源；使用国际标准色，可实现任何色彩。且具良好的附着力、高弹性和致密性、防水、防腐、隔音等功能。在潮湿环境和潮湿界面涂装，产品的使用寿命期可长达 10 年。产品经过二年多在厂房屋顶、外墙、石油化工装置、储槽、贮罐、管道、车箱、集装箱、船舶、活动板房、仓库、冷库等表面涂装，有很好效果，取得较好的社会效益和可观的经济效益。不失为环保型的绿色包装涂层材料。

2. 产品性能指标

项目	指标
表干	≤30 min
干燥时间实干	≤24h
对比率	≥0.93
耐碱性（24h）	无异常
耐水性（48h）	无异常
耐洗刷性，次	＞2000

3. 操作要求

密度：约 1.3g/cm^3

干膜厚度：≥30um/道

湿膜厚度：60～80um/道

理论用量：110～140g/m^2

干燥时间(标准环境下)：表干≤1h，实干≤24h

涂装间隔：

环境温度	5℃	20℃	0
最短	24h	12h	8h
最长	不限制		

涂装道数：2 道，干膜厚度≥60um；

表面处理：批刮丙烯酸腻子；

基材处理：要求平整、无附着物。无空鼓、含水率小于 10%。喷涂前根据所涂材质不同（金属、板材或水泥等）、用专用封底漆进行处理；

涂装方法：喷涂——稀释剂——水——稀释量：0%～10%；

喷嘴口径：2～3mm；

喷出压力：0.3～0.4MPa（约 3～4kg/cm^2）；

滚涂/刷涂 稀释剂：水；

稀释量：0%～5%（漆量）；

可以喷涂、辊（滚）涂、刷涂、使用量 0.4 千克/平方米，复涂间隔 2 小时，涂施温度 5℃以上。底材温度高于露点以上 3℃。

4. 产品开发

目前，已经开发生产出系列纳米弹性隔热环保涂层材料；热克力专用乳胶漆、复层浮雕涂料、荧光乳胶漆、真石漆系列等。如：荧光乳胶漆作为一种绿色环保产品，具有耐高温、耐腐蚀、不潮解、性能稳定、无毒、无味、无放射性污染等特点，白天可吸收太阳光的能量，夜晚可自行发出彩色的荧光，可广泛用于美化、亮化工程及标识性涂装层、功能型纳米包装涂层材料。

电子产品防静电包装设计

丁 毅

（陕西科技大学）

静电对电子行业的影响在 20 世纪 60 年代以后开始普遍存在。此后，随着对静电非常敏感的 MOS 器件的出现，静电问题也出现了，70 年代静电问题越来越严重。到 80～90 年代，随着集成电路的密度越来越大，其二氧化硅膜的厚度越来越薄，承受静电电压能力越来越大，而且产生和积累静电的材料如塑料、橡胶的大量使用，使得静电影响越来越严重。近年来，美国电子行业因静电损坏而造成的直接损失高达每年 200 亿美元，而潜在损失更是不可估量。

一、产生静电及对电子产品的破坏原因

静电产生主要来自 4 个方面：与其他物质的接触与分离、电荷释放、接收外来电荷、物质内部电荷的位移以及偶极子取向和固定。

静电对电子产品的破坏表现也有 4 个方面：静电吸附灰尘，降低元件绝缘电阻，缩短寿命；静电放电破坏，使元件受损不能工作；静电放电电场或电流产生的热使元件受损；静电放电产生幅度很大，频谱极宽（从几十兆到几千兆，达几百伏/米）的电磁场使电子产品受电磁干扰损坏。

想完全控制静电是十分困难的，这是由于静电对电子产品的损坏具有隐蔽的、潜在的、随机的、复杂的特点。例如，产生可以听见“嘀哒”一声的放电需要累积大约 2000 伏的相当大的电荷，而 3000 伏才可以产生人体小感觉的电击，5000 伏才可以看见火花。人体在干燥的季节里活动可以产生几千伏乃至数万伏，然而大部分敏感的电子元件仅能承受几百伏的静电压。

二、实例

下面用电子产品经常遇到的一些事例说明防静电的困难。

例如：如果带有足够高电荷的电气绝缘的导体（螺丝起子）靠近有相反电势的集成电路（IC）时，电荷“跨接”，引起静电放电（ESD）。

ESD 以极高的强度很迅速地发生，通常将产生足够的热量熔化半导体芯片的内部电路，在电子显微镜下的外表向外吹出的小子弹孔，引起即时的和不可逆转的损坏。而且 ESD 有可能产生出幅度很大频谱极宽的电磁波使周边电子器件失效。

更加严重的是，这种危害只有 10%的情况能引起元件失效。其他 90%的情况，ESD 损坏只引起部分的降级，这意味着损坏的元件可毫无察觉地通过最后测试，商品到顾客手中之后出现过早的现场失效，直接影响了厂商与客户的信誉。

静电对电子产品的影响贯穿于产品的整个生命周期，例如：印刷电路版的工艺过程（即收货、验收、

储存、插入、焊接、验管、包装、出货）静电产生主要表现于：

1. 印刷电路板时，包装机在包装过程中，塑料薄膜从膜卷上拉开时会产生静电，薄膜牵引过程中，与牵引带、磙子、制袋管等的摩擦产生静电；

2. 包装过程中人工操作时的人体（人体本身就是一个巨大的静电源体）；

3. 产品运输时，将经受反复的震动，包装材料摩擦起电；

4. 运输与储运环境中，来自外界的强电场、强磁场。

三、应采取的方法

目前解决以上 a 和 b 的办法主要是：使用不产生静电的包装材料（即使用电阻较低的材料，增加静电的耗散，减少静电积累，从而防止静电在材料表面积累到可以危害的程度）。操作工人要求正确穿戴防静电服装，地面使用导电的地板，机器接地，通过这些措施可以防止 90%的静电。但是在操作台、包装机等的绝缘体上还残留 10%的静电，它不能通过接地去解决，目前最有效的办法是使用离子发生器，安装在工作区域上方，吹出离子化空气流，中和在绝缘体上的任何电荷，离子发生器选用可根据工作区域的大小选用桌面型或过顶型。

解决以上 1.4. 主要通过使用良好的防静电性能的包装材料来解决，例如使用防静电屏蔽材料作为电子产品的内包装，现在已开发了许多改良的适于各种用途的塑料复合材料，既廉价又满足防静电的功能要求。

目前的防静电包装材料可分为 6 类：

1. 填充型防静电包装材料。往塑料中添加粉末状、鳞片状或纤维状的导电填料来降低材料的电阻系数，提高材料的静电耗散率。目前导电填料主要有 5 种系列：金属系列、金属氧化物系列、金属化纤维系列、有机高分子系列。

2. 镀层型防静电包装材料。采用电镀、化学镀、物理气相沉积（PVD）、化学气相沉积（CVD）、热喷镀（涂）等工艺方法在高分子材料表面形成一层导电的金属镀层。

3. 表面改进型防静电包装材料。塑料材料在进行接枝共聚时，先用射线对单体混合物进行辐照处理，可以使共聚物获得良好的防静电性能。

如近年用β射线辐照聚酰胺后再接枝到聚乙烯或聚丙烯上，用 r 射线辐照聚酰胺后再接枝上甲基丙烯酸，都可使他们的抗静电性能显著提高。在加热的同时用 60Co 源的 r 射线辐照下，用丙烯酸、丙烯酰胺，乙烯基-3-乙氧基硅烷及它们的混合物接枝到聚四氟乙烯上，制成的塑料薄膜具有明显的抗静电效果。

用电子束、激光对高分子材料进行处理，也可以获得优良的防静电功能。美国用电子束处理过的包装袋已上市销售，它可与抗静电剂型和碳黑填充型防静电材料媲美，而且其耐久性好，没有腐蚀，没有污染，性能优良。

4. 结构型导电高分子材料。又叫本征型导电高分子材料，这是一种新型高分子材料。它们通过自身化学结构的作用，使其有与金属自由电子同样作用的π电子的分子结构，电子运动经过π共轭系而呈现导电性，再通过化学方法进行掺杂（如掺碘、五氟化砷、五氟化硼）以增加其导电能力。

5. 静电剂处理型。在塑料薄膜中加入某种化学药物（抗静电剂）来抑制或消除静电，常用的抗静电剂有羟胺化合物、羟已基脂肪胺非离子化合物，这类物质均融于水，加入到塑料薄膜终会完全迁移到其表面，并形成促使电荷放电的水溶液导电层（即起霜），增加表面导电能力，使静电易于释放。

但是抗静电剂属于化学物质，如果他们用于食品包装，与食品长期接触会产生一些不利因素，因而它大都用于农药、兽药等非食品类物品的包装。

6. 涂层型。在材料外部涂敷的添加抗静电剂的方法制成涂布、塑料等该种材料除静电效果比较好，但是包装工艺非常复杂，材料来源困难、价格昂贵、易脱落、缺损，限制了其应用。

四、防静电包装应注意的问题

测量材料的防静电性能通常用电阻、电导率、体积电导率、表面电阻率、电荷（或电压）半衰期、静电电容、静电常数等，但是最常用、最可靠的还是电阻及电阻率。国际电工委员会（IEC）根据产品的静电敏感度和性能要求的高低，将静电包装分为 3 个等级，静电屏蔽包装，要求包装材料的体电阻率 $\rho_v < 10^2 \Omega.cm$；静电导电型包装，其体电阻率 $\rho_v < 10^4 \Omega.cm$；静电逸散型包装，其体电阻率 $\rho_v < 10^4 \sim 10^{11} \Omega.cm$。

一般而言，包装材料的电阻越低，其静电电容越低，静电衰减时间越短，防静电性能越佳。

在设计电子产品包装时，为了充分利用材料性能，应选择适当的包装材料，以免造成过分包装增加成本，或包装不够造成元器件损伤，在满足防静电要求的同时，尽量可以考虑外表美观的包装材料，提高产品的外观等级。

由于电子产品受静电的影响越来越普遍，而现在电子产品大量使用，使得近年来防静电包装材料的发展极为迅速，防静电包装的推广应用程度和用量多寡，已与一个国家的电气化程度密切联系了起来。在这方面，日本、德国、美国等的研制、生产和市场均处于世界领先地位。根据美国的调查报告，近年来美国的防静电聚合物材料发展较为迅速，1987 年美国导电聚合物销售总额为 17000 万美元，到 2000 年已增加到 85000 万美元；1987 年导电制品消耗相对总计 2 万吨，1990 年达 5.67 万吨；其中用于防静电包装的聚合物销售额 1988 年为 8500 万美元，2000 年达 25000 万美元。

在防静电包装研究上，我国虽然与国外还存在一定差距，但是通过近年来的努力已取得了长足的进步，某些方面也已达到了国际先进水平。

物理新技术对天然淀粉包装材料改性的研究

张瑞宇

（重庆工商大学）

利用天然高分子聚合物——淀粉开发可食性或可降解包装材料具有多方面的充足理由，随着对包装绿色性能要求的严格化，相关的研究工作全面展开，现已取得一些有希望的成果和继续探索的明确方向。研究表明，单以天然淀粉加工包装材料，存在着阻隔性能、力学性能和工艺性能方面的明显缺陷，不能满足实际生产的需要，必须寻求技术改进途径。淀粉独特的分子结构和性质是确立研究思路的共同基点，改性与复合相结合是有效可行的途径。淀粉化学改性的多种产物已经获得了商业应用。随着研究的深入和其它学科新技术的产生，基于物理学的微波技术、挤压技术、γ-射线辐照技术和超微细粉碎技术等在淀粉改性上的应用也展示了良好的前景，尤其是用于食品包装时，不会存在安全性方面的困扰。

一、天然淀粉的性质与特征

天然淀粉是颗粒状球晶，由直链淀粉和支链淀粉组成，两者的基本结构单元都是 D-吡喃葡萄糖，主链由 1.4-苷链相连，支链分支点是 1.6-苷链相连，支链淀粉高度分支。每个葡萄糖 2、3、6 碳位上连接着—OH，因此分子链上的大量—OH 互相结合形成氢键，并产生较强的范德华力，致使分子间结合紧密，有规则的排列成束状，导致较大的抗张强度（TS），较低的断裂伸长率（E）。邻近的分子片段间形成微晶结构。淀粉为部分结晶物质，分子中存在着微晶区、亚微晶区和非晶区，因此淀粉性脆，易断裂，同时淀粉的熔融温度高于分解温度，因而淀粉不具有热塑性，难于加工成型。

淀粉的玻璃化转变温度（Tg）是一个重要的性能指标，一般淀粉含水量＜20％时，Tg＞25℃，在常温下必然性脆，Tg 反应了材料的柔性和使用温度。淀粉的多羟基结构使其具有极性和亲水性，很难与非极性物质相容。水分子能进入无定型区和亚微晶区，与淀粉的—OH 结合形成新的氢键，削弱了分子链间的结合，使淀粉颗粒溶胀，结晶度下降，因而水对于淀粉改性很重要。淀粉结构的无序化，还需要一定的温度，通常的糊化温度是 65℃。

二、微波辐照改性淀粉

1. 微波辐照改性淀粉原理

微波是频率在 300MHz～300GHz 范围的电磁波。在一定频率的微波辐照下，介质发生热效应和电磁效应。微波热效应是介质内部无温度梯度加热方式，因在极性高频变换的微波场中，介质分子作有序高频振动，相互碰撞、挤压、磨擦，分子具有的动能转变成热能，介质升温，微波同时还引起介质化学反应动力学变化，使介质反应速度加快或分子结构发生改变。

介质吸收微波能的多少决定于介质的介电常数和介质损耗。水具有较大的介电常数，淀粉含有一定量的平衡水分，这些水分分布于淀粉分子链表面和分子链螺旋结构凹陷处，在微波场中水分子以某一定位与微波频率介电耦合，从而吸收微波能。因此淀粉中游离水、结合水含量，淀粉分子与水分子间的相互作用都是影响淀粉对微波吸收的重要因素。而微波频率则影响到微波效应的强度与速度。已有实验表明，如淀粉中含有金属盐，可有效地增强微波场中质子的活力，进一步加强微波效应。

2.微波对淀粉改性的作用

水分含量为5%～35%的土豆淀粉，在2450MHz的微波炉中低火辐射，其它条件相同的情况下，辐射后含水20%的淀粉粘度最大。耐受微波的淀粉比未经微波辐射的淀粉的糊化温度高，x-衍射分析表明，土豆淀粉的结晶型已从原来的B型转化为A型（谷类淀粉）。黄明德等以微波低火处理淀粉6min，使其改性，再加入丙烯腈，改用中火继续加热19min，使92%的淀粉与丙烯腈共聚，同样效果如用常规加热处理需数小时，从而显著地降低了时间和能源消耗。

较早的研究发现微波能以独特的方式促进某些有机反应，使其速度提高几倍到几百倍，上世纪80年代以来，相关研究进展很快，多方面成果的积累已催生了一门新的学科——微波化学。目前微波改性淀粉的研究尚处于理论探索阶段，但天然高聚物微波改性和转化的深入研究必然成为微波化学发展和完善的重要方面。

三、挤压技术改性淀粉

1.挤压技术改性淀粉的原理

挤压技术适用于以淀粉为主成分的物料，淀粉改性过程在螺杆挤压机中完成。淀粉应调质到一定的含水量（13%～20%）。在挤压机套筒中，螺杆运动使物料在向前推进的过程中受到强大的挤压和剪切力，又受到卸料模具和套筒节流装置的反向阻力，由于磨擦生热和外部加热，机腔内温度可上升到150～200℃，压力达到3～8Mpa，淀粉在高温、高压和各种机械作用下，颗粒解体，原来的化学键断裂，结晶结构无序化，部分分子链被切断，分子间出现间隙，经过玻璃化转变之后呈现出均一的熔融态，天然淀粉不可逆地转化成热塑性淀粉，可以按通用工艺加工成型。挤出条件对改性结果影响极大，不同温度、压力、螺杆机剪切力、淀粉/水体系含水量、挤出时间等，使挤出物的塑化程度、分子链降解程度各有不同，因而表现出不同的物性特征和工艺性能。在优化的条件下，淀粉热塑性转化比较快。特别应强调的是体系含水量，水是淀粉良好的增塑剂，它能有效地降低淀粉的结晶度，同时水对体系Tg的调节也有重要作用。在一定范围内水分增加，Tg急剧下降。温度、压力也至关重要。甘油具有良好的增塑作用，添加甘油后，淀粉材料的断裂伸长率（E）增大。

2.热塑性淀粉的制备和共混

有报道在160～170℃高温、35Mpa压力下，以水、甘油、乙醇等适当配比作增塑剂，熔融压片制得的热塑性淀粉膜具有较高的透明度和一定的耐煮性；关正军等以玉米淀粉挤压的系统参数为主要因素，通过试验研究确定了这些参数对淀粉糊化的影响规律，发现螺杆转速为160rpm，200℃下，含水13%的玉米淀粉通过挤压处理，糊化度达到90%以上。将淀粉、多元醇和聚乙烯混合，在一定的温度、压力和螺杆机转速下挤出，淀粉与其他成分熔融，挤出后仍保持非晶态，淀粉不是填充在聚乙烯中而是以分子状态与其结合为有机整体。将热塑性淀粉添加到新型可生物降解合成塑料中，不仅解决了原淀粉与这类材料不相容的问题，而且可使新材料的应用成本降低。据研究，热塑性淀粉可与聚乳酸（PLA）很好相容，共混后淀粉/PLA体系力学性能很好。含水量20%的淀粉/PCL复合材料抗张强度、断裂伸长率也最高。

Novon是美国开发的新型热塑性淀粉复合材料，由热塑性玉米淀粉、聚ε-已内酯、聚乙烯醇复合而成，淀粉含量可高达90%以上，Novon性质类似聚苯乙烯（PS）。

挤压技术的应用已近百年，在处理淀粉、蛋白质等天然高聚物时，机内的高温、高压和机械力引起的物料搅拌、混合、摩擦、挤压，形成了一个特殊的反应体系，物质的变化十分复杂，基于此，挤压机实质上就是一台高效生化反应器，人们由此对挤压技术更加关注。

四、超细微粉碎技术改性淀粉

1.超细微粉碎的技术原理

超细微粉碎技术指采用物理（机械、气流）的方法，克服颗粒的内聚力，使物料破碎，粒度达到10μm以下从而引起物料性质的巨大变化，是近20年来快速发展的技术，已渗透到电子、材料、航天、医药、食品等多个领域。

起细微粉碎的机理是机械力化学效应。物质在强大的机械力作用下，伴随着颗粒细化和比表面剧增，其微观结构和性质也发生着重要的变化。结构方面，表现出结晶颗粒的结晶构造由表及里地受到逐层破坏，晶格受损，物质结晶度降低，直至完全成为非晶态；物质化学键断裂，分子量降低，产生自由离子、电子或不饱和基团；高聚物空间结构发生改变。基于这些本质性的变化，新的性质产生：微粒中内能的聚集和大量新表面的形成使其处于化学活跃状态，易于发生化学反应；物料因高度的表面活性而极易分散、吸附和溶解。机械力化学效应的研究已受到国内外高度重视，已经揭示出它具有不同于一般热化学反应的独特性，由此形成了一个专门的研究领域——机械力化学。根据淀粉性质和改性目标，超微细粉碎技术在淀粉改性上优势明显，只要控制适当的技术参数，使淀粉分子量下降，并降低结晶度形成无定型结构，从而产生热塑性；而微粒巨大的表面能、良好的吸附性和分散性，使其易与共混物质稳定结合，形成均相体系，极大地改善了共混物料的相容性。

2.超微细淀粉与PE的共混效果

淀粉细化后，以适当的改性剂对其进行疏水处理，再与PE树脂共混，由于极易产生分子交联，两者的相容性显著改善。天津大学制备的淀粉/PE复合塑料中淀粉含量达70%，材料在光与生物作用下可完全降解。其生产技术是：首先使淀粉超微细化，然后进行表面处理，再将光敏剂加入原料中制成母料，控制必要的条件，使弱料与定量PE共混，经挤出、吹塑，制成绿色包装材料，该材料价格低廉适用范围非常广泛。

五、^{60}Co ϒ-射线辐照改性淀粉

ϒ-射线是放射性同位素核衰变过程中释放的光子流，具有高能量、长射程、强穿透力。对高聚物而言，ϒ-射线的高能量常会引起高分子链的断裂、交联，化学键破坏和某些官能团的氧化，使高聚物的原有结构发生改变。

淀粉高分子长链中存在着C—O键、C—H键、C—C键、氢键等多种化学键，当氢键破坏后，淀粉分子链间失去结合力，结构则无序化；α-1.4苷链是易断裂的键，由于它的断裂，淀粉分子降解，聚合度降低。根据对辐照后淀粉糊化特性的研究，发现在2～12kGy的剂量范围内，随着剂量增大，淀粉糊的最高粘度、热浆粘度和冷胶粘度均明显下降；高剂量下，直链淀粉明显减少。当化学键的断裂为均裂时，则形成淀粉自由基。顾正彪等通过生物化学发光法和顺磁共振法分析，证实了淀粉自由基的存在。在淀粉的接枝共聚体系中，辐照形成的淀粉自由基可与具有不饱和键单体结合，使淀粉原有的分子结构改变。实验还发现，淀粉分子中C—C键断裂较易发生在C_2—C_3处，因此辐照产物中，低分子物质的含量增加。在自由基的作用下，吡喃葡萄糖环上的—OH常被氧化成—COOH，使辐照后淀粉的—COOH增加。自由基是多种辐射化学反应的引发物，但它却不稳定，单纯的淀粉辐照后，自然存放一段时间，自由基的量很快下降。

关于合成高分子辐照改性已有大量的研究报道，但淀粉等生物高分子的ϒ-射线辐照改性处于实验探索阶段，尚无现成规律可循，辐照改性效果不仅与淀粉本身的特性有关，也与辐照剂量和剂量率有关，辐照时的温度、湿度、O_2、光照等也产生着复杂的影响，所以当前一些研究都采用了恒温和充氮保护措施。在淀粉辐照接枝共聚方面，不同的处理方式有不同的效果，黄强等将淀粉与单体一起辐照，两者都能形成自由基，可产生接枝共聚和均聚。对淀粉预辐照后，再加入单体，由于自由基在淀粉分子链上，所以主要形成接枝共聚物，很少出现均聚。杨波等研究了玉米淀粉与丙烯酰胺的辐照接枝共聚，明确了辐照时间与接枝聚合率的关系以及辐照温度、剂量率、淀粉浓度、单体浓度对聚合反应速率的影响。

总之，无论采用何种技术，都应对影响改性效果的系统参数和操作参数进行深入研究，掌握其影响和变化规律，逐步优化，使技术走向成熟。

复合软包装材料结构的设计研究

邝贤锋

（广东轻工职业技术学院）

众所周知，全世界生产的塑料主要消耗在包装应用上。2000年，全球合成树脂的产量达到13亿吨，其中塑料包装材料的发展最迅速，占塑料总产量的41%，2001年，美国产量占38%，欧洲占37%。

而包装中应用最多的又是食品和饮料。食品塑料包装的主要要求是确保产品在一定的货架寿命期内到达消费者手中仍然能保持产品的感官质量（色香味）。塑料包装应该最小化环境/包装、产品/包装之间的相互作用以及降解反应导致的产品质量下降：营养含量、味道、新鲜程度、颜色等。

针对食品和饮料的包装，需要准确回答下列问题：

(1)要保证产品在货架寿命期内的质量，其包装的气体阻隔性能如何？

(2)考虑多层结构时应如何设计塑料包装，使包装成本合理又满足产品要求？

要回答第一个问题，就需要建立复合塑料薄膜的水蒸气透过性的模型，使这种多层结构能满足特定食品饮料的包装要求。该理论模型可以应用于共挤出塑料薄膜、挤出涂布塑料薄膜和层合塑料薄膜。

下列因素要重点考虑：（1）食品或饮料的生产、运输和储存条件；（2）包装特征；（3）产品货架寿命；（3）塑料材料的选择；（4）包装结构最大层数的选择；（5）多层薄膜结构设计的厚度范围（最大值和最小值）。

一、计算方法

1.确定产品最大渗透率

一般来说，食品和饮料在与水蒸气和氧气、二氧化碳、一氧化碳等气体接触时会发生化学变化和物理变化，特别是水蒸气和氧气。为了防止被包装物品吸收或排出水分/氧气，保证产品的性能稳定，需要采用低透湿率和低透气率的包装材料。

食品允许获得或失去的最大气体量是指在观察到食品发生变质或感官变化前，进入到包装内或离开包装的最大气体量。表 1 是一些食品和饮料产品典型的允许最大吸氧量。在产品中氧气的存在加速了氧化反应和味道的变化。有了这些数值，就可以计算出确保给定货架寿命的最大允许渗透量。

表 1：食品和饮料产品允许最大吸氧量

食品和饮料产品	允许最大吸氧量（mg/g—每克产品中的含氧量）
啤酒	0.001—0.004
葡萄酒	0.003
果汁饮料	0.02
苏打饮料	0.04
咖啡	0.11
奶酪	0.42
牛奶和类似产品如调味料、肉制品、蔬菜和干果	0.015

$$\left(\frac{P}{X}\right)_{气体\max}=\frac{V_{气体}}{\theta*A*(P_2-P_1)} \quad (1)$$

和

$$V_{气体}=\frac{G*W_{产品}}{\rho_{气体}} \quad (2)$$

式中：$\left(\frac{P}{x}\right)_{气体\max}$：允许气体最大渗透量，单位：ml/(m² · 天 · atm)；

$V_{气体}$：气体进入或离开包装的量，单位：ml；

θ：货架寿命，单位：天；

A：接触空气的包装表面积，单位：m²；

P_2：包装外的气体分压，单位：atm；

P_1：包装内的气体分压，单位：atm；

G：允许气体获得量或丢失量，单位：mg/g（每克产品的气体获得量或失去量 mg）；

$W_{产品}$：产品重量，单位：g；

$\rho_{气体}$：渗透气体的密度，单位：g/ml。

对水蒸气渗透情况比较特殊，允许最大渗透量的计算相当不同，由于获得或失去水分的任何一种产品，水分含量是相对湿度或水分活性的函数，因此我们可以获得吸附等温线。在给定温度条件下，产品吸湿等温线显示获得了水分（见下图），而产品解吸等温线显示失去了水分。产品中湿度的存在促进了水解反应、微生物和细菌的生长和色、香、味等感官性能的丢失等。通过计算允许水蒸气的最大透过量，确保给定的货架寿命，如（3）式所示：

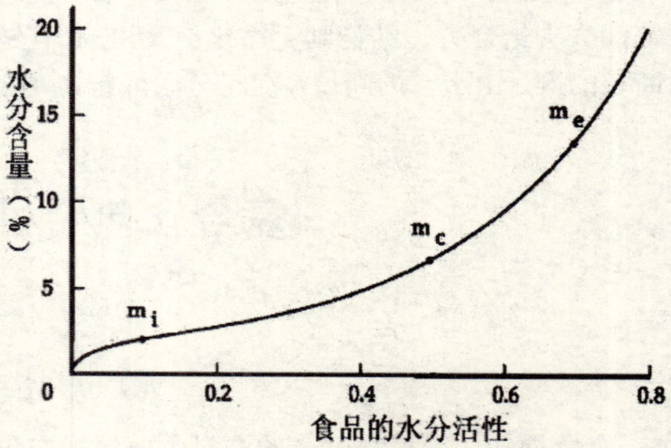

典型的产品吸湿等温曲线图

注：食品的水分活性是指在特定温度压力下，食品绝对含水量与饱和含水量之比，所以任何温度水分活性总是介于0～1.0之间(相当于相对湿度)。该含水量指的是食品的结合水（结晶水的形态），以前计算食品水分含水量的方式是将食品进行干燥比较其重量，最近采用热力学的方法，用水分活性的观点比较合理。

$$\left(\frac{P}{x}\right)_{\text{水蒸气}\max}=\frac{\ln\left(\frac{m_e-m_i}{m_e-m_c}\right)}{\left(\frac{A}{W_{\text{产品}}}\right)*\left(\frac{P_v}{b}\right)*\theta} \quad (3)$$

式中，$\left(\frac{P}{x}\right)_{\text{水蒸气}\max}$:允许的水蒸气最大渗透量，

单位：$g/(m^2 \cdot 天 \cdot atm)$；

m_e: 在内外水分均衡时的产品的含水量，单位：g水分/g产品；

m_i: 产品初始的水分含量，单位：g水分/g产品；

m_c: 产品的临界水分，单位：g水分/g产品；

A: 接触空气的包装表面积，单位：m^2；

$W_{产品}$: 产品重量，单位：g；

p_v: 蒸气压，单位：atm；

b: m_c与m_i之间的吸湿或解吸特性曲线的斜率，单位：g水分/g产品；

θ：货架寿命，单位：天。

2.确定塑料多层结构的渗透性

如果给定的产品（食品或饮料）必须防潮或防气体渗透，开发的塑料包装必须满足下列形式的阻隔条件：

$$\left(\frac{P}{x}\right)_{\text{总}i} \leqslant \left(\frac{P}{x}\right)_{\max i} \quad (4)$$

式中：$\left(\frac{P}{x}\right)_{\text{总}I}$：对某种气体或水蒸气i,多层结构的复合薄膜总的渗透量；

$\left(\frac{P}{x}\right)_{\max i}$：对于某种气体或水蒸气i，产品的允许最大渗透量。

塑料材料本身的大分子结构不同，对于不同的气体或水蒸气，在不同的温度和相对湿度下，每一种塑料表现出不同的阻隔性能。因此，多层复合包装要求不同塑料的各层（极性和非极性）都要满足要求的阻隔条件。极性塑料材料通常是良好的气体阻隔材料，而非极性塑料材料通常对水蒸气有良好的阻隔性。多层结构的总渗透量的计算由方程5定义，在这个方程中，下标i与透过多层塑料薄膜的气体或水蒸气有关。

$$\left(\frac{P}{x}\right)_{\text{总}i}=\frac{1}{\sum_{j=1}^{n}\left(\frac{x_j}{P_j}\right)_i} \quad (5)$$

式中：n：复合薄膜的层数；

X_j: 第j层薄膜的厚度，单位：μm,

P_j: 第j层薄膜的渗透系数，单位：ml·μm/(m^2·天·atm)。

3.温度对渗透性的影响

由于渗透系数随着温度而改变，渗透系数应该在多层复合包装/产品的储存或货架条件下获得。在一般情况下，气体渗透系数是指温度在23℃、相对湿度0%条件下测量的；而水蒸气渗透系数通常在37.5℃、90%的相对湿度下测量的。为了方便比较，通常应给定标准状况（1atm和0℃）下的渗透系数，温度对渗透性的影响关系遵循阿累尼乌斯方程（Arrhenius equation)。

$$P_j=P_{j0}*e^{\frac{E_j}{R}\left(\frac{1}{T}\ \ \frac{1}{T_0}\right)} \quad (6)$$

式中，P_{j0}: 第j层薄膜参考温度下的渗透性系数，单位：ml ·μm/(m^2·天·atm)；

T: 储存温度，单位：K；

T_0:参考温度，单位：K；

E_j: 第j层的活化能，单位：J/mol；

R: 气体常数值，单位：8314J/(mol·K)。

4.相对湿度对渗透性的影响

极性塑料随着相对湿度的变化，其渗透性能也容易发生变化，在把这些极性塑料放在外层或内层（与食品接触）的情况下，根据实验数据，可采用多项式回归的方法，渗透系数在多层包装/产品的存储或货架条件下得到修正。如果极性塑料被放在中间层，影响塑料的相对湿度应该根据相邻层的水蒸

气透过性来进行计算，如方程 7 所示。

$$RH_j=RH_{外}-\left(\sum_{J=1}^{n-1}\frac{x_j}{P_j}+\frac{x_n}{2*P_n}\right)\left(\frac{RH_{外}-RH_{内}}{\sum_{j=1}^{n}\frac{x_j}{P_j}}\right) \quad (7)$$

式中，RH_j：在第 j 层的平均相对湿度；

$RH_{外}$：包装外的相对湿度；

$RH_{内}$：包装内的相对湿度。

5. 多层结构的组成

为了进行包装设计，计算模型需要考虑产生包装袋材料多层结构使用的层数（n）和塑料材料的选择（m）。在设计中采用 m 种材料和 n 层结构的组合，需满足下列标准：

（1）塑料材料的相容性：如果相组合的塑料材料的相容性不能保证，那么就需要一层复合薄膜粘合层包含在两层不相容的塑料材料中。

（2）外层材料的选择是根据塑料的水蒸气透过性，内层材料的选择根据塑料的热封性。

（3）吸湿性塑料通常作为薄膜材料的中间层。

（4）应考虑包装结构的给定最大层数。

（5）应检查多层塑料薄膜结构设计中的给定厚度范围（最小值和最大值）。

6. 验证多层薄膜结构的合理性

薄膜结构应满足食品和饮料的要求，该要求在方程 4 和前面提到的一些标准中得到了体现。另外，要使成本最小化，每平方米包装薄膜的成本可由以下方程得到：

$$Cost=\sum_{j=1}^{n}(\rho_j*C_j*x_j) \quad (8)$$

式中，C_{OST}：复合薄膜的总成本，单位：元/m²；

ρ_j：第 j 层塑料的密度，单位：kg/m³；

G_j：第 j 层塑料的成本，单位：元/kg；

x_j：第 j 层薄膜的厚度，单位：μm。

二、试 验

1. 试验材料：塑料薄膜

（1）中低阻隔性能的复合薄膜结构:PET(12μm)/PP(38μm)；PET(12μm)/PP(33μm)；BOPP(25μm)/BOPP(25μm)；BOPP(20μm)/BOPP 珠光膜（30μm)；BOPP(20μm)/BOPP(20μm)；PET(12μm)/BOPP 珠光膜(30μm)；BOPP(17.5μm)/金属化 BOPP(17.5μm)。

（2）高阻隔共挤出薄膜结构：PA(46μm)/EVOH-F(8μm)/PP(28μm)/PE-m(25μm)；PP(18μm)/EVOH-F(4μm)/PP(18μm)；PE(21μm)/EVOH-L(4μm)/PE(16μm)，其中 EVOH-F 含 32%的乙烯基，而 EVOH-L 含 27%的乙烯基。

2. 采用的标准

水蒸气渗透率和氧气渗透率按照以下国际标准测量：

(1)水蒸气渗透率（WVTR）：标准采用 DIN53380II，条件是 40℃和 90%的相对湿度，实验设备采用 Bruger GDP-C。

(2)氧气渗透率（OTR）：标准采用 ASTM3985-95，条件是 23℃和 0%的相对湿度，实验设备采用 MOCON 潮气分析仪，OXTRAN 100。

结果与讨论

塑料薄膜通过试验得到的渗透性数据与模型计算的数据进行比较，试验数据由于温度和相对湿度的变化，进行了适当的修正。表 2 所示是各种复合薄膜水蒸气渗透性的实验结果。可以看出试验结果和计算结果吻合得非常好。

表 3、表 4 和表 5 表示了不同阻隔性塑料薄膜的氧气渗透性的实验结果和计算结果。分析了低、中、高阻隔塑料薄膜结构。可以清楚地看出，低阻隔的薄膜在测量值和计算值之间偏差最大，中等阻隔的薄膜比低阻隔薄膜偏差小一些，而高氧气阻隔性薄膜与模型的计算数据吻合得非常好。低氧气阻隔性薄膜偏差比较大，可能是因为 OTR 设备对高阻隔性的测量的精度较高。

表 2：几种复合薄膜的水蒸气渗透性：测量值与模型计算值的比较

结 构	测量的渗透量 [g/(m^2·天·atm)]	计算的渗透量 [g/(m^2·天·atm)]	偏差（%）
PET(12μm)/PP(38μm)	18.11	17.32	4
PET(12μm)/PP(33μm)	22.08	19.86	10
BOPP(25μm)/BOPP（25μm）	7.76	7.45	4
BOPP(20μm)/BOPP(20μm)	10.41	10.77	-4
BOPP(17.5μm)/金属化 BOPP(17.5μm)	1.04	1.04	-0.04

表 3：几种低阻隔性薄膜的氧气渗透性：测量值与模型计算值的比较

结 构	测量的渗透量 [ml/(m^2·天·atm)]	计算的渗透量 [ml/(m^2·天·atm)]	偏差（%）
BOPP(20μm)/BOPP 朱光膜（30μm）	715.890	959.080	-34
BOPP(20μm)/BOPP(20μm)	774.960	956.910	23
BOPP(25μm)/ BOPP(25μm)	783.070	579.960	26

表 4：几种中等阻隔性薄膜的氧气渗透性：测量值与模型计算值的比较

结 构	测量的渗透量 [ml/(m^2·天·atm)]	计算的渗透量 [ml/(m^2·天·atm)]	偏差（%）
PET(12μm)/BOPP 朱光膜(30μm)	96.950	90.520	7
PET(12μm)/PP (38μm)	113.520	90.120	21
PET(12)/PP(33μm)	109.920	90.730	17

表 5：几种高阻隔薄膜的氧气透过性：测量值与模型计算值的比较

结构	测量的渗透量 [ml/(m^2·天·atm)]	计算的渗透量 [ml/(m^2·天·atm)]	偏差（%）
PA(46μm)/EVOH-F(8μm)/PP(28μm)/PE-m(25μm)	0.845	0.812	3.83
PP(18μm)/EVOH-F(4μm)/PP(18μm)	1.671	1.687	-0.93
PE(21μm)/EVOH-L(4μm)/PE(16μm)	0.873	0.857	1.80

根据目前的研究表明，已开发的计算模型对于预测塑料多层结构的阻隔性能是一个非常有价值的工具，满足了特定食品或饮料的要求。该计算模型的使用改善了复合薄膜的包装设计，同时也对薄膜加工、印刷非常有用。

软包装干式复合膜气泡成因分析

马　兰

（石家庄市软包装彩印厂）

一、干式复合用薄膜方面的因素

1. *薄膜表面张力的影响。*复合用薄膜的表面张力必须达到一定的值以上（比如聚乙烯薄膜的表面张力要求必须大于38达因），如果薄膜的表面张力太小，则胶粘剂在其表面的润湿性就比较差，可能会导致涂胶量不足，在胶少或没胶的地方就会产生气泡。此外，薄膜的表面张力应当是均匀一致的，如果表面张力不均匀，则涂胶也就不均匀，容易产生空洞和气泡。因此，塑料薄膜在复合前一般都要进行表面处理，以提高其表面张力值，保证复合工艺的顺利进行。在生产之前一定要对薄膜的表面张力进行认真仔细的检查，一旦发现其表面张力达不到要求，就必须重新进行表面处理。

2. *薄膜平均厚度误差及误差分布的影响。*复合用薄膜的厚度应当尽可能地均匀一致，平均厚度误差应控制在误差范围之内，越小越好，而且平均误差的分布也应当均匀，如果分布不均，厚度太大的地方就会出现凸筋，造成复合压力的不均衡，压力小的地方就会出现空档，从而形成气泡。

3. *薄膜表面清洁度的影响。*在干式复合工艺中，要求所要进行复合的薄膜表面必须清洁、干燥、无灰尘、无油污，如果塑料薄膜表面不太清洁，粘附了灰尘、油脂等污物，就会使复合膜的两层基材之间无法紧密贴合在一起，中间就会夹有这些异物，也会形成空档和气泡。如果薄膜表面不清洁，除了用干净的棉布进行清洁外，还可以对薄膜重新进行电晕处理，电晕处理也可去除薄膜表面吸附的灰尘、水分及其他油垢，提高薄膜的表面张力，并使表面有良好粗糙度，从而能够减少气泡等故障的发生率，并进一步提高复合牢度。

4. *薄膜含水量的影响。*对于一些吸湿性较强的薄膜，比如PT、NY等薄膜，如果保管不当致使其吸收了大量的水分而又未加处理就直接使用的话，在复合或熟化过程中水分就会逐步向外蒸发，也有可能会使复合膜产生气泡。因此，对于吸湿大的薄膜一定要注意防潮，如果发现薄膜已经吸潮，可以先进行预热烘干，然后再进行复合。

二、油墨及印刷工艺方面的因素

1. *油墨类型和质量的影响。*正确选用油墨也可以从一定程度上控制和减少复合膜气泡的产生。我们知道，复合里印油墨的一大特点就是与复合用胶粘剂有良好的亲和性，如果印刷所用的油墨与复合所用的胶粘剂的亲和性比较差，就会造成油墨表面上的涂胶量少，甚至有漏涂的地方，这就容易形成气泡。如果是生产蒸煮包装膜（袋），则必须采用耐蒸煮的复合里印油墨，否则包装经过蒸煮后可能会产生气泡，甚至发生有油墨处的两层薄膜剥离、脱开的现象。因此，在实际生产中应当根据承印物材料的类型、内容物的性质、后加工的条件等具体的情况和要求来选择适当类型的复合里印油墨，这也是保证复合膜粘接强度的一个方面。

2. *油墨干燥性能的影响。*油墨的干燥性能是油墨的一大主要印刷适性，如果油墨干燥不良，特别是当油墨中大量地使用了甲苯、丁醇等沸点比较高的溶剂，就会有许多溶剂残留在油墨层中，经过复合工艺之后，这些残留溶剂就可能产生许多小气泡，影响复合膜的剥离强度。因此，在印刷过程中一定要对油墨的干燥性能进行严格的控制，保证油墨能够充分干燥。

3. *印刷工艺的影响。*在印刷过程中还要注意对印刷速度和干燥温度等工艺条件的控制，这些也会对油墨中溶剂的挥发干燥产生一定的影响。一般来说，在设定干燥箱的温度时，必须要综合考虑印刷速度、油墨的干燥速度、承印物材料的种类以及印刷图案的大小等因素。如果印刷速度较快，且印刷机的干燥箱的温度又比较低的话，则油墨中的溶剂可能无法完全挥发掉，这些残留的溶剂就会形成一些小泡，从而使复合膜中夹杂气泡，此时，应当降低印刷速度，并适当提高干燥温度。

三、胶粘剂方面的因素

1. *胶粘剂黏度的影响。*胶粘剂的黏度对胶粘剂的流动性、润湿性、涂胶均匀度等都有着十分重要的影响。干式复合中应当将胶粘剂的黏度值控制在适当的范围之内，如果胶的黏度太高，分散性和流平性可能比较差，影响胶粘剂在复合基材表面的润湿性，在涂胶过程中就可能会发生漏涂和气泡等故障。

2.胶粘剂类型和质量的影响。必须综合考虑复合基材的种类、性能、后加工条件以及复合材料的最终用途等实际情况来选择适宜类型的胶粘剂。否则，就可能会影响到复合膜的产品质量。比如当包装内容物具有比较强的碱性、酸性或刺激性时，则所用的胶粘剂必须具有较强的抗介质性，否则就可能会影响粘接牢度，局部产生小气泡，并最终引起复合膜的分层、脱胶。

3.胶液的配制。在配制双组分胶粘剂时一定要搅拌均匀，使其均匀分散，有利于在复合薄膜上的润湿和粘合，减少气泡的发生。此外，配制好的胶液还要充分静置脱气，然后再倒入胶盘中使用，而且倒胶时要沿着胶盘边缘缓慢地倒下，不能剧烈搅动胶盘内的胶液，以免由于空气的混入而在复合膜中形成气泡。

4.稀释剂的影响。目前，干式复合聚氨酯胶粘剂所使用的稀释剂一般为乙酸乙酯，而且要求乙酸乙酯中水分和醇的含量不能超过 0.2%。如果稀释剂的纯度不高，含有水、醇等活性物质，聚氨酯所含的-NCO 基团就会跟水或醇中的活泼氢原子发生反应，反应的同时会放出 CO_2 气体，从而生成气泡。因此，一定要对稀释剂做好检测工作，保证其纯度，控制 CO_2 气体的产生。

四、干式复合工艺及工装方面的因素

1.涂胶量的影响。涂胶量太少也是产生气泡的原因，涂胶量不足，有空白处，就会夹杂小气泡。调整涂胶量即可消除气泡。在实际生产中应当根据包装内容物的不同要求来确定合适的涂胶量，影响涂胶量的因素主要包括以下三个方面：(1)涂胶用的网纹辊，其网线数、网穴深浅都直接影响着涂胶量的大小；(2)胶液的浓度；(3)涂布胶辊的软硬程度、压力大小、刮刀的角度及压力大小也会对涂胶量产生一定的影响。

2.烘道干燥温度、排风量的影响。干燥温度太低，胶粘剂干燥不够充分，溶剂挥发不彻底，就会产生小气泡。但如果干燥温度太高的话，会使胶粘剂起泡，或者使涂胶层表皮结膜，影响涂胶层内部溶剂的挥发，也会造成溶剂的残留和微小气泡的形成。总的来说，在实际生产中，应当根据基材的耐热性、复合线速度、胶液中溶剂的含量等具体情况综合考虑和设置干复机烘道三段的温度，使溶剂能够充分干燥，严格控制溶剂的残留量，减少气泡的发生率。一般来说，干燥烘道三段的干燥温度分别控制在 50℃～60℃、60℃～70℃、70℃～80℃三个梯度之间。

3.复合线速度的影响。复合线速度的快慢间接影响着胶粘剂中溶剂的挥发，复合线速度过快，基材通过烘道时间短，不利于溶剂的挥发，胶粘剂干燥不充分，造成残余溶剂量过多，从而有可能使复合膜产生气泡。因此，在实际生产中应当掌握好复合线速度和溶剂的挥发速度。

4.复合钢辊表面温度的影响。如果复合钢辊表面的温度太低，就会影响胶粘剂的活化程度，胶粘剂活化不足，流平性差，形成微小的空隙，就会产生小气泡。一般要求复合钢辊表面的温度控制在 50℃～90℃之间，具体还要取决于复合基材的性质、复合膜的厚度以及复合线速度等因素。

5.复合压力的影响。如果复合压力太小，则复合基材之间贴合不密切，就会产生小气泡，复合压力一般控制在 4～5kg 之间为好。

6.复合夹角不合适。复合夹角不宜过大，越小越好，如果复合夹角过大的话，两层复合膜中间就容易夹入空气，从而产生气泡和隧道现象，特别是当薄膜材料比较厚、比较硬时更容易产生气泡。

7.熟化程度的影响。双组份聚氨酯胶粘剂在复合后一般要在 40℃～50℃的温度下熟化 24～48 小时，如果熟化时间不够，也会有微小气泡产生。

8.残留溶剂太多。在烘道内干燥过程中，要求胶粘剂中的溶剂挥发越干净越好。因为溶剂若没有挥发干净，残余溶剂的逐渐积累会在冷却后的复合膜上形成微小的气泡。而且，胶中的残留溶剂乙酸乙酯还是油墨粘结料的良好溶剂，也会逐步渗透到油墨层并使油墨发生软化，从而在有油墨处也会形成气泡。如果残留溶剂比较多的话，应当适当地提高烘道的干燥温度，降低复合线速度，并加大排风量，以使溶剂能够充分挥发。

9.干复工装的影响。在干复机工装中，当数涂布辊、涂布胶辊和复合胶辊是最重要的三大部件，这里仅介绍这三者对复合膜气泡成因的影响。

（1）涂布辊。涂布辊的作用是在一定的压力作用下将胶粘剂转移到薄膜表面，它跟复合膜气泡的产生也有一定的关系。由于涂布辊的网穴深度直接影响涂胶量的大小，因此，如果涂布辊的网穴被堵塞，或者有些网穴已经损坏了，就会直接影响涂胶量的大小以及涂胶的均匀度，给复合膜气泡的产生制造了机会，尤其是在炎热的夏季，更容易发生涂布辊网穴堵塞现象，因此一定要注意经常及时清洗涂布辊。

（2）涂布胶辊。涂布胶辊的作用是给涂布辊以一定的压力，同时将涂布辊上的粘合剂转移到薄膜上去。涂布胶辊的软硬程度、压力大小对涂胶量也有一定的影响，如果涂布胶辊的表面有损坏、凹痕、砂眼等现象，或者表面橡胶层的硬度不一致，就会造成涂胶压力和涂胶量的不均匀，容易产生气泡。因此，要求涂布胶辊表面光滑，无压痕、划伤、凹坑等弊病。

（3）复合胶辊。复合胶辊的作用是在一定的温度、压力下，将两层薄膜相互贴合在一起。如果复合胶辊表面有缺陷，比如有划道、凹痕、砂眼等，复合时这些地方就会形成空档，压不实，从而使复合膜中产生小气泡。此外，如果复合胶辊表面老化程度不一，硬度不一致，也容易产生气泡。

五、车间环境方面的因素

1. 环境温度和相对湿度的影响。环境温湿度过高或过低都不利于复合膜的生产。如果车间的温度和相对湿度过高，会使已经配制好的胶液中混入水分，并产生气泡。此外，相对湿度过高，则塑料薄膜容易吸咐空气中的水分，尤其是吸湿性大的塑料薄膜，如尼龙和玻璃纸等，致使复合后形成气泡。相反，如果车间内的温度和相对湿度都比较低的话，比如在寒冷干燥的冬季，而且如果车间内没安装空调的话，就会造成胶粘剂分散不好，对薄膜润湿和粘附性都不太好，也会导致气泡的产生。

一般来说，车间内的温度应控制在 18℃～25℃之间为宜，相对湿度应保持在 60%～70%之间为宜。

2. 车间内的环境卫生状况。车间内的环境卫生状况对复合产品的质量也有很大的影响。如果环境卫生状态比较差，空气中有大量的灰尘、杂质等粒子，这些灰尘、粒子一旦被吸附到塑料薄膜上，或者落到涂布辊、复合辊等工装上，或者落入胶液中，都会影响两复合基材贴合的密切程度，将两层膜顶起，复合膜的此处就会形成小气泡。因此，车间内的环境要保持清洁、卫生，经常清扫烘道，尽量使车间环境能够保持良好的密封状态，减少灰尘等的影响。

六、结束语

前面我们对干式复合膜产生气泡的一些主要原因进行了简单的分析和介绍，针对上述几大方面的影响因素，在实际生产中我们可以采取积极的预防和应对措施，减少复合膜气泡的发生率，并进一步提高复合膜的产品质量。

1.加强对各种原辅材料（包括薄膜、油墨、胶粘剂、各种溶剂等）的检测工作，严把质量关，对不合格的原辅材料一定要严格控制，从源头上降低复合膜气泡及其它故障的发生机率，提高复合膜质量。

2. 在实际生产中应当根据印刷工艺的不同、薄膜的类型和特点、包装内容物的性能和要求以及后加工条件等具体情况来选择合适的印刷油墨和复合用胶粘剂，并根据具体的生产情况调整和控制印刷和复合工艺参数，保证复合膜的产品质量。

3. 在日常操作过程中，对工装要倍加爱护，并要注意工装的保养和维护，每次开车前及停车后要及时清洁工装，用浸有少量溶剂的干净柔软的棉布擦净粘附在涂布辊和胶辊表面的胶粘剂或其他污物，避免这些粘附物干固后影响涂胶的均匀度，从而减少气泡的发生率。此外，对于涂布辊还要用毛刷或铜刷反复刷其网穴部分，尽可能全部清除网穴内残存的胶粘剂，以免造成网穴的堵塞，影响涂胶量及涂胶均匀度。

在保存涂布辊、涂布胶辊和复合胶辊时，应当将其放置在专用的支架上，绝不允许直接置于地上，以防硌伤，从而影响复合产品的质量。另外，还要经常检查各辊是否有损坏，一旦发现就要及时更换或者修补。

4. 应当使印刷车间内的环境温湿度保持相对恒定，有条件的话可以安装空调或者抽湿（加湿）等装置。同时还要注意保持库房和车间内的环境卫生，保证清洁干净，并具备良好的通风条件，避免灰尘、砂粒等杂质异物对复合工艺及复合膜质量的影响。

浅析软包装材料的透湿性

汤德芳

（大连轻工业学院）

随着经济的发展和生活水平的提高，人们越来越重视产品的质量。如果包装材料选择不当，就会使包装产品受到一定量水蒸气的影响而造成损害，降低了产品的性能，甚至完全失去使用价值，尤其在食品和医药行业最为明显。因此，对包装材料透湿性的要求也越来越高。

一、软包装材料的透湿性

根据包装物品的特性，防潮包装主要分为两大类，一类是防止包装物品失去水分的包装，主要是通过高阻湿的包装材料防止包装中的水分向外排出，其防潮能力主要取决于包装材料的透湿性。另一类是防止包装物品吸收水分的包装，主要是在包装内加入高吸湿性材料，即一定量的干燥剂，吸去内部的水分来防止被包装产品受潮，其防潮能力决定于包装材料的透湿性、干燥剂的性质和数量、包装内空间的大小等等。因此，无论是哪一类包装，包装材料的透湿性都是极其重要的。所以，包装材料的透湿性是评价包装材料对内装物保护性能的一个非常重要的指标。许多产品如：食品、药品、化妆品、化工产品、仪器仪表、金属制品等均要求其包装材料具有防潮功能，以达到防止产品吸收外界水蒸气或防止包装内产品的水分蒸发的目的。以前主要采用金属、陶瓷和玻璃作为防潮包装材料，因为它们的透湿性是最低的，透湿度几乎为零。但目前广泛采用的防潮包装材料是塑料单层薄膜及其复合薄膜。主要是因为塑料薄膜不仅易于成型加工、资源丰富、价格低廉，而且作为软包装材料的薄膜便于流通运输。由于水蒸气的水分子能扩散透过薄膜，不能达到完全隔断水蒸气流动的目的，因此包装容器的防潮性在很大程度上决定于所用软包装材料的透湿性，即薄膜的透湿性。

二、影响软包装材料透湿性的因素

虽然自古以来人们就知道蜡纸包装有防潮的功能，但并没有探索其功能如何。近30年来，软包装材料的透湿性开始从初步定性向定量的方向发展，使软包装材料得到更有效地运用。

目前虽然对单层薄膜的透湿性研究比较多，但单层复合薄膜不能完全满足包装产品的要求，而复合薄膜可以聚合多种单层薄膜性能的优点，具有综合的性能。因此，现在还应该对复合薄膜的透湿性进行研究。一般判断软包装材料的透湿性能是测定其透湿度。目前一般认为复合薄膜的防潮性能是各层薄膜防潮性能的总和。当复合薄膜各层的透湿度分别为 R_1，R_2，……Rn 时，复合薄膜的透湿度可根据下式求出：

$$1/R=1/R_1+1/R_2+\cdots\cdots+1/R_n$$

但这只是个理想的推导结果，并没有考虑实际的问题。因为复合薄膜的透湿性不仅仅与复合薄膜本身的阻隔性能有关，其复合薄膜的工艺、复合层压参数的选择与控制都会对复合薄膜的透湿性有着直接的影响。

1.复合薄膜工艺对复合薄膜透湿性的影响

目前，复合工艺约有七种，每种工艺所需的辅助材料是不一样的，如干式复合需要粘合剂作为辅助材料，而挤出复合则需要的辅助材料是树脂。而辅助材料或多或少都会影响到复合薄膜的透湿性，所以工艺不同，复合薄膜的透湿性也不同。

一般常用的是干式复合，干式复合就是将粘合剂溶液均匀地涂布于基材表面，然后经覆膜机烘道干燥，再进入复合辊与另一种基材相遇，两种基材在热压状态下被粘合成平滑的复合材料。在干式复合工艺中，粘合剂是关键点。不同的粘合剂具有不同的阻隔性，一般聚酯类的粘合剂有较好的阻隔性，而聚醚类的粘合剂有较差的阻隔性。因此粘合剂的种类和用量也会影响到复合薄膜的透湿性。

2.复合层压参数的选择与控制对复合薄膜透湿性的影响

复合层压参数的选择是指在复合薄膜中复合不同种类的薄膜和不同的层数。复合不同种类的薄膜可以是纸、铝膜等，也可以是塑料薄膜之间的复合。同时，根据具体要求少则二、三层，多则五、六层。而纸和铝膜以及不同塑料薄膜具有不同的阻隔性，因此选择不同的复合层压参数就会有不同的透湿性能。由于防潮包装材料不仅仅是阻止外面的水蒸气进入，而且也要阻止里面的水蒸气出来，因此要求柔性包装材料具有双向阻隔性。所以，复合薄膜中的各层薄膜排列顺序不同，其透湿性也会不同。要根据包装物的具体情况对各种不同的软包装材料透湿性加以运用。

三、软包装材料透湿性能的发展

为了更好地保护产品的质量，必须改善软包装材料的透湿性能。近几年来，软包装材料向高阻隔性材料发展，包装材料对水蒸气的阻隔性，就是采用包装材料的透湿量予以描述的。厚度 2.5 丝（0.025 毫米）的薄膜，透湿量低于 $5g/m^2.24h$ 的称为高阻隔性（高阻湿性）包装材料；透湿量在 5～$20g/m^2.24h$ 之间的称为阻隔性（阻湿性）包装材料；透湿量大于 $20g/m^2.24h$ 的称为低阻隔性(低阻湿性)包装材料。

据报道，美国阻隔性薄膜消费年均增长率为 13.6%，1995 年用量为 104 万吨，2000 年达到 199 万吨，预计 2005 年将达到 320 万吨。日本共挤出阻隔性复合薄膜，1995 年消费为 1.45 万吨，尽管近几年市场低迷，塑料薄膜消费量下降，但阻隔性薄膜以其优异的性能价格比仍获得稳定增长。我国防潮包装阻隔技术的应用与研究虽然起步较晚，但也已能生产 9 层的复合膜、6 层的复合片材等。如在苏州的 Achievement 工业国际有限公司采用 7 层吹塑薄膜生产线生产药用包装阻隔性薄膜，就取得了较好的效果。

对软包装材料的透湿性进行探讨，了解软包装材料透湿性的功能，对包装厂家来说无疑是包装设计的一大捷径。同时，对促进商品流通、减少资源浪费、保障消费者利益等诸多方面也都具有十分重要的意义。

电磁波灭菌技术在包装中的应用

向贤伟

（中国包装总公司包装新技术与材料重点实验室　株洲工学院）

一、微生物和微生物控制（灭菌）

微生物是生物界中重要的组成部分，是肉眼看不见的生物。但微生物对生态环境以及和人类的关系方面却有着重要的不可替代的作用，与人类的生产生活有着密切的联系。

微生物在自然界广泛存在，种类繁多，只要条件适合就能在各种介质上生长、繁殖，造成产品品质变化，性能下降，甚至是毁灭性的破坏。尤其在食品包装中，成为控制食品保存和卫生安全性的一个关键因素。因此，控制微生物的技术——灭菌，成为技术研究的重点之一。

灭菌（Steriligation）是指杀灭物体上所有微生物的方法，从而形成一个无菌的环境（状态）。无菌（Asepsis）即没有活的微生物存在。例如，微生物实验室中的无菌操作技术、食品厂的无菌包装、经过灭菌和过滤成为无菌空气等。

影响微生物生长的因素有很多，因此也研究开发了许多灭菌技术，主要有加热（高温）灭菌、化学试剂灭菌等。但由于加热灭菌技术的效率低，且在高温条件下物品（特别是某些食品）性质和包装材料会发生变化；而化学灭菌技术由于应用的化学试剂存在残留物的安全性（毒副作用）问题，已日益引起人们的关注，使它们的应用受到了限制。因此，研究开发新的高效安全的灭菌技术成为当务之急。

二、电磁波灭菌技术

所谓的电磁波是指电场和磁场在时间上的变化，在空间传播的波动的总称。按波长从小到大排列，有 r 线、X 线、紫外线、可见光、红外线、电波等。

从灭菌作用的特性来看，r 线、X 线、紫外线等由于具有很高的能量，可直接破坏被照射物的分子构造而达到灭菌效果；红外线、微波（电波）等是通过给予被照物分子振动能，由此引起分子运动而产生热达到加热灭菌。另外，加速电子线虽不是电磁波，但是作为放射线的一种，利用电子流达到灭菌的目的。

电磁波灭菌技术的历史虽然悠久，但仅局限于紫外线的简易灭菌，范围狭小。随着灭菌技术要求的不断提高，特别是无菌包装技术对包装材料灭菌、生产车间环境无菌化的要求，迫切需要加强对具有安全性、效率高、易于控制等优点的电磁波技术进行研究与开发应用。

三、电磁波灭菌技术在包装中的应用

1.紫外线

紫外线是电磁波中最早被应用于灭菌的电磁波。其中波长254mm（2500～2700埃）的杀菌力最强，被称为灭菌线。其灭菌机理为：微生物中的遗传因子和核蛋白被紫外线能量所破坏。

以前，紫外线一直在制药厂、食品厂、医院等用于减少空气中的浮游微生物，或用于食品、器具表面、水的灭菌。但由于紫外线灯的输出功率弱，达不到彻底灭菌的目的。因此，提高紫外线灯的功率成为攻关课题。目前已取得突破性进展，高输出功率的紫外线灯已经产品化，比以前的输出功率大20～40倍。灭菌效果大大提高，可部分代替加热灭菌技术。即使是枯草等耐热性细菌，若距灯10厘米左右，1秒钟内细菌数就会减少48%；就连一般难以杀死的细菌胞子，1秒钟内也会大约减少30%。

紫外线灭菌操作简单、作业环境清洁、安全性高。如能将其与加热、酒精、过氧化氢、臭氧等其他灭菌、抑菌方法结合使用，能更好地提高灭菌效果。主要用于食品及包装材料的灭菌，以及无菌包装系统。

紫外线灭菌的缺点是紫外线照射不到的阴影部分，基本上没有灭菌效果。因此，必须事先清除造成阴影的异物。如果是塑料薄膜，应注意清除因静电而附着的灰尘等。此外，菌数多时，即使长时间照射，也很难减少到几个以下。这是因为菌数多时，微生物互相重叠产生阴影，妨碍紫外线的杀灭效果。

紫外线的杀菌效果还受紫外线输出功率的时效变化、光源距离、照射角度、被照射物的形状、环境湿度、异物、灰尘、微生物污染的程度、微生物的种类性质等的影响很大。因此，研究和开发某种食品或包装材料在什么样的条件下灭菌，进行什么样的质量管理，才能获得更佳效果的程序系统成为重点。

2.远红外线

红外线分为近红外线（0.76～2.5u）、中间红外线(2.5～约10 u)和远红外线(～1000u)三种。通常远红外线是以中间红外线为中心的红外线的通称。照射用的远红外线在吸收远红外线能量的食品（因构成成分不同，吸收波长而异）表面变换成热能，并能产生一定的浸透效果。由于空气、金属等不被加热，其能量转换效率很高。

用远红外线进行食品灭菌，很早以前就曾尝试过，但因放射体的能量弱并缺少基础知识而告失败。最近，由于陶瓷材料的技术革新，相继开发出性能优异的远红外线放射体，其能量变换效率好，波长范围广泛，从而使其成为一种实用的方法。

远红外线灭菌技术可用于包装。远红外线在通过塑料包装材料时不会被吸收，可直接给食品表面加热，具有能效高、安全性好的特性。但应用时应充分掌握包装材料对远红外线的吸收特性。

3.微　波

微波是高频电波（300MHｚ～30GHｚ)，用于UHF电视广播、雷达、微波通信等。微波加热用的频率，国际上规定采用2450 MHｚ和9150UHｚ两种。

微波对微生物的杀菌是由微波的热效应作用于微生物所造成的。把食品等电介体放入微波中，食品所含的水分等极化分子（双极子）受电场力作用，按电场方向排列整齐，振动次数和微波频率相等，因此导致分子相互间引起激烈摩擦而发热，使微波的能量转换为热能。

通常电力转换为微波的效率为60％～80％，从微波转换成热能的效率为70％～80％，说明电力的40％～90％被转换成热能。

微波灭菌的优点是：（1）加热速度快，加热效率高；（2）不论是海绵状、糊状，还是形状复杂的物品都能被均匀加热；（3）可对含水的食品进行选择性加热；（4）操作、控制简单，安全性高；（5）可保持作业环境的清洁。

微波加热可用于固体、液体和高粘度等多水分食品的灭菌。其方法是：把食品充填在柔性容器内，用微波进行短时间加热，杀死耐热性细菌之外的微生物，从而获得一定的保存时间。另外，研究开发的可加热到140℃的微波食品灭菌设备，能用于无菌充填和蒸煮袋食品。

微波加热还可用于食品的干燥、高蛋白质制品的凝固、膨胀化加热、粮食的杀虫等。

微波加热灭菌技术在包装上应用时需注意以下问题：一是包装的食品利用微波加热进行灭菌，有时反而比未加热的食品易发霉。这是因为尽管食品

的温度上升了，但包装材料的温度没有上升，从而使附着在包装材料上的微生物引起食品的霉变。因此，用微波灭菌时，应采取措施使包装材料温度也同时上升。二是微波加热尚需提高高温加热时的均匀性。可采取光导纤维直接测定微波加热时的温度，并结合包装形态的研究开发，改进加热方法以及和远红外线等其他加热方法并用等来发挥微波加热的优点，不断扩大应用范围。

4.放射线

放射线的灭菌作用是在19世纪末发现X射线以后被人们发现的，其灭菌机理为：微生物繁衍所需的核酸、蛋白质等在放射线的电离作用下受到损伤而变性。

放射线灭菌有很多优点：（1）可用于难以或不能进行加热灭菌的物品；（2）灭菌效果可靠；（3）能连续大量地处理；（4）所需能源少；（5）安全性高等。因此，放射线被用于医疗器具、动物饲料、包装材料的灭菌。

常用的放射线源为钴 60，具有极好的透过力；有时也使用电力加速器产生的加速电子线。

1980 年，国际原子能机构（IAEA）、粮农组织（FAO）、世界卫生组织（WHO）的专家委员会通过大量充分的有关照射食品安全性的实验数据，确认了放射线的安全性。提出在实验平均照射剂量不超过 10KGY 的范围内，对任何食品进行放射线照射，其安全性都没有问题。

包装材料的 r 线灭菌已经实用化了，加速电子线由于在单位时间内的放射量大、易于控制照射剂量、安全等特性，在包装材料灭菌上将有大的发展。

目前值得关注的是，由于钴 60 的资源有限，研究开发灭菌专用电子线技术将成为热点之一。

吸水保水剂在果蔬保鲜包装中的应用

杨福馨

（温州大学）

果蔬保鲜中遇到的主要技术难题就是在包装中产生的露珠。露珠是导致微生物繁殖的培养基，会使果蔬加快腐烂。如果设法将包装中的露珠消除，便可大大处长果蔬的保鲜期，尤其是在常温下保存，更为重要。为此，经过大量试验，最终采用吸水保水剂技术，解决了这一难题，效果较好。

一、技术特点

采取在塑料薄膜包装袋内加入吸水保水剂方法的主要特点是：

1. 吸水保水剂可以吸收包装袋内的结露水，使包装袋内不出现过湿状态。

2. 可以捕集袋内空气中的水分，并且当袋内湿度降低时，可自行放出已捕集的水分，调节湿度，使袋内经常保持在一般果蔬适宜贮存的湿度70%～90%（相对湿度）范围内，从而抑制袋内病菌的繁殖。

3. 若再配以气体吸收剂和气体发生剂，则不仅能调节袋内湿度，而且还能调节袋内气体的组成，更有益于果蔬的保鲜。

二、使用方法

1. 用量

因果蔬的种类、水分含量、水分蒸发、包装状态、贮存温度和湿度等的不同，使用方法亦不同。一般用量为果蔬质量的 0.05%～5%。

2. 用法

将吸水保水剂以丸状、球状、柱状、块状等各种形状成型后，装入以无纺布或其他薄膜等制成的透气性小袋中，连同要贮存保鲜的果蔬一并放入大袋中贮存。

将吸水保水剂和塑料薄膜、纸和无纺布等积层复合，制成高吸水性复合片状物，以具有吸水保水剂的一面为内表面进行捆包，或制成包装袋进行包装，或将吸水保水剂制成的片状物连同要贮存的果蔬一起装袋使用。

可制成含有吸水保水剂的塑料薄膜，直接用这种薄膜或用其制成包装袋包装果蔬。

为进一步提高保鲜效果，还可以将吸水保水剂与气体吸收剂或三氧化碳气体发生剂并用。例如，为降低袋内氧气浓度，可与还原铁粉、硫酸亚铁系或碳酸亚铁系氧气吸收剂并用；为吸附果蔬在成熟过程中放出的具有催熟作用的乙烯及醛类、醇类等有机气体，可与上述各种保鲜剂并用；为降低二氧化碳浓度，可用碳酸气体吸收剂氢氧化钙、氢氧化钾、氢氧化钠等并用；为利用二氧化碳的杀菌保鲜作用，可用碳酸气体发生剂碳酸钙、碳酸氢锂等并用。气体吸收剂和二氧化碳发生剂的使用量，因果蔬的种类、包装形式、贮存温度、袋内需要气体的浓度等的不同而不同。但一般用量，可按所贮果蔬的质量计算，控制在 0.05%～5%的范围内。

三、保鲜试验

1. 生鲜香菇的保鲜试验

（1）试验方法

将吸水保水剂（自身交联型聚丙烯酸盐）按 $50g/m^2$ 的量散布于厚度 30 微米的聚乙烯薄膜上，制成一面是吸水保水剂，一面是聚乙烯的复合膜，再将该复合膜制成吸水保水剂面向内的 15×18 厘米的包装袋，将香菇 73～79 克装入袋中后密封。作为对照使用的是不含吸水保水剂的聚乙烯袋。将其放置在 10℃条件下 7 日后，检查薄膜吸湿和香菇品质变化的情况。

（2）试验结果

详见表 1 所示。

表 1　香菇保鲜试验结果（10℃下贮存 7 日）

类　别	薄膜质量（克）		香菇外观
	最　初	第 7 日	
不含吸水保水剂的聚乙烯袋	3.43	4.68	香菇表面和袋内均有露水，香菇部分腐败
含吸水保不剂的聚乙烯袋	5.51	18.57	无结露水，保存状态极好

2. 生鲜葡萄的保鲜试验

（1）试验方法

采用吸水保水剂与氧气吸收剂并用方法，即将氧气吸收剂（还原铁粉系）3.5 克和表 2 所列的不同数量的吸水保水剂（自身交联型聚丙烯酸盐）分别装在透气性的小袋包装中，然后将这些小袋分别连同要贮存的 500 克串状葡萄一起装入厚度为 20 微米的聚乙烯薄膜袋中，在室温下贮存 4 日后，检查葡萄的脱粒数，以脱粒率来评价对葡萄的保鲜效果。

（2）试验结果

详见表 2 所示。

表 2　葡萄保鲜试验结果（室温下贮存 4 日）

类　别	葡萄脱粒率（%）			
	不加吸水保水剂	加吸水保水剂（1 克）	加吸水保水剂（5 克）	加吸水保水剂（10 克）
加氧气吸收剂	32	9	5	2
不加氧气吸收剂	73	60	41	20

四、使用范围

1. 适用于吸水保水剂保鲜的果蔬种类较多，如无花果、樱桃、枇杷、李子、葡萄等各类茎杆类果蔬。

2. 可用于食品保鲜，如馅切糕、点心、蛋糕、香肠、面包及水产品、酱类、酿造品、干酪等奶制品，保鲜效果良好。

3. 如配以气体发生剂和气体吸收剂，应用范围更广泛。

自动包装机的技术与应用

宋宝丰

（株洲工学院）

一、自动包装的作用

具有革命意义的自动化改变着包装的制造方法及其产品的传输方式。设计、安装的自动控制包装系统，无论从提高产品质量和生产效率方面，还是从消除加工误差和减轻劳动强度方面，都表现出十分明显的作用。尤其是对食品、饮料、药品、电子等行业而言，都是至关重要的。自动装置和系统工程方面的技术正在进一步深化，并得到更广泛的应用。

机器人学（Robotics）已经改变了人机的共存方式。自动包装的关键在于依据生产加工或包装过程，设计出一个能够得以实现自动控制的结构方案。显然，自动装置（机械手或机器人）的选择取决于这一过程的需求及特性。依据定义，一个自动装置即是能通过自动控制或遥控方法完成任务的一台机器或一个机构。它可以是简单的，例如，从一个位置移向另一位置的一种单轴结构的气动压力联动装置；也可以是复杂的，例如，具有六轴结构的能动外科手术的机器人。包装过程的各个项目选择以及各类工业自动化机构，可以在一个具体工作场所的空间范围内，使每一个设计方案完成一项任务。

目前，自动装置的结构型式是多种多样的。例如，可以满足某一项具体操作的需求。工业机械手的结构特点都处在单轴与六轴之间。根据这种轴结构的性能，机械手“臂”的设计在运动可控程序下，操作一个端部操作器或臂端工具。轴的数量代表了机械手臂的“自由度”。另外，还有辅助臂。例如，传送带的轴等，但它们通常不是以机械方式与机械手主臂相联结的。对于不同机械手型式，一般都是根据其“x”、“y”、“z”三个主轴组成的坐标系来分类的。大多数机械属于下述五种基本类型之一：笛卡尔或直角坐标系、圆柱面坐标系、旋转式或铰链式坐标系、球面或极坐标系和柔选工组合型机械手（SCARA）。

二、自动功能的外部设备

一个完整的自动化结构方案由很多部件组成，其中，端臂操作工具、材料运送装置和识别/验证系统是主要组成部分。

1.臂端操作工具

机械手就是利用与其端部联接的装置从一个位置移到另一位置的一种工具。臂端操作工具，即端部操作器，是用来抓取产品、定向移动和感受性能参数的一个部件。在包装应用中，端部操作器通常设计成能直接使用的真空套、夹紧爪或两者结合的型式。它们的结构方案可以从单一型的真空套到系列型真空套或夹紧爪的排列式结构等。

2.材料输送装置

材料运送及处理装置是在传动和制造过程中，为产品的输送、储运和控制时自动移动所需要的某些类型的设备。其中包括动力传送带、单轨吊车、自动导向车和机械手等。在包装过程中，需要考虑材料运送处理的因素有：产品形状、重量及材料性质；在运输、包裹及装载期间产品的运速、距离和方向；与其他装置进行联接时所需控制水平以及如果需要时允许重新形成构件的机动灵活性。一种典型的材料运送及处理系统包括：带型输入传送器、贴标机、条码阅读器、自动装置和输出传送器。一个用户图形界面提供了描绘出托盘堆码形式的容易操作的平台。根据控制生产的工件数量，机械手抓取、定向移动和安放（堆码）每个包装容器（箱、盒、桶和罐等）在正确的托盘位置上。

3.识别及验证系统

识别、验证和精确跟踪产品的能力已经成为整个包装系统不可缺少的环节。识别方法可以使用传统的条码到无线电射频（RF）传感器，它们能够跟踪托盘或全部产品。联机的条码印刷及验证也是必要的。能够提供有效可靠手段，确保产品质量的可视技术（Vision technology）可用于包装的很多场合，例如，产品的检测和定向、充填水平及计数、光学贴标、文字识别、贴标文案验证、标贴记录以及全部文字和图形的验证（离开生产线）等。条码系统通过产品型式、日期/区码和制造厂名为印前或联机的印刷工序识别产品。条码扫描仪和视频识别系统记录并验证产品标贴以确保识别的完整性。一种典型的可视条码检测能力可以确认每个条码对应于每种产品。

三、自动包装的过程

实现包装自动化，首要和最重要的一步就是定义过程。一项优质的工作项目是根据过程的特点，而不是根据自动化设备来确定最终设计方案。在定义这一过程时，需要考虑的三项关键因素是产品及包装结构型式、生产总量和劳力人力因素。

1.产品/包装结构型式

产品/包装的结构设计直接影响到所需自动操作器和材料运送处理的形式。产品/包装的结构尺寸、形状、材料和重量将决定端部操作器的结构设计方案和自动器有效载荷的需求。具有复杂形状特征的包装件结构设计，如椭圆形包装容器比标准的圆形或方形包装件具有更困难的定向问题。增加系统复杂性的定向需求，应在加工实施以前进行仔细研究和分析。在进行充填箱盒的情况下，机械手端部自动操作器一般都提供一种工序，即能够抓住足量的产品，一次性充填一个完整的箱盒。这样，使得自动操作器的移动距离尽可能减少并保持传送带或生产线上的产品连续行进。

2. 产品生产通过量

促进包装自动化设计的主要动力在于产品生产总的通过量。生产线的速度越快，应用自动抓手和分类装置有助于降低自动器的工作负荷，而跟随包装件的标准自动器可能会越少。生产线速度不但影响到处理产品的自动化装置，对贴标操作和可视检验也有影响。为了达到有效可视检测技术，必须表明几项相关问题。其中包括：零件图形一致性、检测可重复性、传递速度一致性（例如生产线的波动情况）、需要完成检测的数量和合适的软件程序等。这些因素突出地影响到一个可视系统的型式和成本。按一般规则，如需检测的数量越多，视频运转速度就越快，这样就会导致更复杂更昂贵的结构方案。当视频装置与自动机构组合成一体后，整个自动器就能连续一致地并以可重复方式实现包装件的定向和展现。

3. 劳力或人力因素

自动化包装设备的运行是管理、工程和生产各部门之间不断有效的合作、交流、互动创造的成果。所有相关人员及技术部门必须集合在一个紧密团结的集体中——这个集体按照制定的工作过程共同行动——以同一目标为动力、以战略方式体现出一种凝集力。

四、自动系统的项目管理

如前所述，最佳的自动化结构方案总是基于良好设计的完整过程。这就需要一个具有一定管理水平的项目，此项目确保所有相关问题均已进入最终设计中。在研制一个自动化方案时，首先要建立好队伍。这支队伍应包括包装过程中各个部门的代表——采购、投资、质保、工程、生产、后勤、保健、安全、管理以及与卖方的系统协调。内部和外部用户必须形成伙伴关系。例如，系统的协调管理者必须成为集体中的一分子。卖方应成为包装质量管理过程中的组成部分。这样，每个人都制订有明确的要求，都能遵循这些要求，并且能评价并纠正不规范之处。其次是制订包装系统的规范和要求。这些构成发展为一个详细系统设计的主要框架。最好的办法是同卖方协同工作，创造出一个“功能性设计规范”，使其同时满足公司和卖方两者的要求。规范应该详细确定诸如运行速度和检测方法等项目的指标，但还不是能达到的具体硬件或软件模型。没有专家或协调者参与的输入信息，有可能造成过度性规范，会限制设计创新和技术发展。一项优良的规范将使一个过程和项目在目标上有清晰明确的表达和理解，并且可以作为有效的包装过程的开始。

系统规范提供了一个方案性研制的系统框架。方案设计，或称初步设计或预备方案，是用来说明包装过程或系统将如何解决项目规范中具体的规定和要求。方案设计时常是制造厂方和自动线卖方之间的联合工作，其内容是多方面的，可以从简单的二维图形直至主体的三维图形等。

对于自动化技术的理论必须有深刻的理解，而自动控制包装的规范及准则仍然是以实施过程为基础。成功的自动化可以归结为以下几个方面：

1. 管理方面

通过管理形成一个具有凝集力的集体，其中包括被卖方所确认的项目运行是稳定的和可行的。必须认识到，人员素质的影响程度将超过技术因素。在制订工作计划时，要以每周而不是每日进行预测，以便及时修正失误之处并加以完善。

2. 主动性方面

过程是每个人员获得成功工作的最终结果。技术人员和生产工人必须要了解所生产的机器，而他们本身就是操作和维护机器并使其处于正常生产的关键。

3. 培训方面

来自生产线组织的教育和评估将会减小过程运行中的阻力。关键岗位上的工程师和技术人员，在机械产品交货装运之前，应利用一段时间与包装系统协调管理人员一起进行培训。

4. 协调性方面

像所有人际关系问题那样，与卖方关系达到充分协调需要时间和耐心。卖方受到满足客户要求的挑战。所以，精心确定的规范要求将有助于保证项目的成功。一个制造商肯定会小心慬慎，项目的变更必须由双方批准并用书面文件加以确认。

PET——高阻隔聚酯瓶的改性技术及发展前景

韩虞梅　韩　笑

目前，聚酯瓶（PET）已逐渐成为饮料包装领域的首选材料，由于其具有透明性好、化学性质稳定、阻隔性相对较好、质轻价廉和可回收再利用等优点，因而应用十分广泛。但作为啤酒包装，PET瓶的气体阻隔性仍不符合要求。因此，不断提高聚酯瓶的气体阻隔性是当前的主要研究方向。我国是世界啤酒生产大国，也是啤酒销售大国，研究开发啤酒的高阻隔聚酯包装材料具有十分重要的意义。

一、共聚改性

为提高聚酯（PET）的阻隔性能，通常采用二醇类、二羧酸类或NDC（2，6—萘二甲酸二甲酯）等作为共聚载体，对聚酯进行共聚改性。最近，日本三井石油公司开发的共聚酯B010，就是由对苯二甲酸、间苯二甲酸、乙二醇和一种特殊的二醇聚合而成的，属非晶型聚合物，当其与20%的PET共混时，共聚物可在与PET相同条件下成型加工，气体阻隔性能优于PET，产品主要用于小型塑料容器市场。另外，美国Amoco公司也已开始生产一种含有稳定氧键的透明共聚聚酯Amosorb3000，用该共聚聚酯制作的啤酒瓶，不仅能阻隔从容器壁通过的氧，而且可以消除生产中封存在容器顶部的氧。

二、共混改性

在聚酯（PET）中加入其它物质，如LCP、MAX6、PEN、纳米/无机/粒子等，可对其进行共混改性。现已有改性PET进入市场销售阶段。用PET制作的饮料瓶，不仅提高了耐热温度、气体阻隔性和耐紫外线性，还可以进行高温清洗，并在高温条件下灌装饮料。另外，符合环境保护要求，可以重复使用，是未来取代玻璃啤酒瓶的理想高分子包装材料。目前，国外正在研究通过PET和液晶聚合物（LCP）、聚萘二甲酸乙二酯（PEN）共混来制造瓶壁更薄、阻隔性更好的包装容器。LCP有极好的阻隔性，在PET/LCP共混物中，LCP粒子被双向拉伸，分子形成类似于片状的结构，片状结构平行错开排列，对气体渗透有类似于“迷宫”的效果，可有效地阻止气体的渗透。另外，PET/LCP多相结构呈不透明雾状，也是对光敏感的奶制品的理想保护包装。

三、多层复合改性

为提高聚酯（PET）的阻气性能，国外市场上的大多数啤酒瓶是将PET经过表面涂层法或多层复合法制得的。具有代表性的多层瓶为EVOH与PET共挤吹塑制成的PET/EVOH/PET/EVOH/PET五层瓶（中间还有粘接剂层）、PET/MXD6尼龙五层瓶等。最近，美国Superex聚合物公司把LCP作为PET的层合阻隔材料，开发用于制作啤酒瓶，效果比涂复EVOH和PVDC涂层的PET瓶还好，还可以制成食品托盘作为微波加工食品包装。法国Pechiney公司专门从事经营包装及铝制品，最近也研制出一种多层塑料啤酒瓶，由三层塑料复合组成，其中两层是PET，另外一层是乙烯和乙烯基的共聚物，可储存啤酒的时间为12周。瑞士Altoplast-Claropack公司以改性尼龙层为阻隔层的五层PET瓶也已上市，2000年生产90万瓶投放市场，每个瓶重28克，容积为500毫升，瓶装啤酒的保鲜期为4个月。另外，美国Plastipak包装公司和加拿大Husky注塑设备公司联合开发出一种用于生产PET阻隔性瓶子的多层瓶坯的新方法，气体阻隔层是通过共挤出—吹塑和最终型坯分开方法制得

四、表面涂层改性

表面涂层法也是提高聚酯（PET）阻气性能而经常使用并且经济实用的方法。国外市场上的大多数塑料啤酒瓶都是将PET经过表面涂层法处理的产品。美国PPG公司成功开发了用于PET瓶的气体阻隔涂层技术，该涂层在废瓶回收利用时可去除。涂层由双组份的环氧—胺组成，该热固型涂层具有韧性和耐湿性，对0.5L的PET瓶，涂层厚度为4～19微米，对氧的阻隔性可提高2～12倍，涂层的使用不仅不影响瓶子的透明性，而且能提高PET瓶的光泽度。另外，日本日精ASB机械株式会社开发的硬质碳膜涂层（DIC）应用技术、法国Sidel公司开发的Acticl内表面无定型碳处理技术、瑞士Tetrapak公司的Glaskin工艺和Sealica工艺、利乐公司开发的在PET啤酒瓶内表面涂复20纳米SiOx涂层技术等，目标都是针对氧敏感性食品包装

市场，如蕃茄酱、果酱以及啤酒瓶等。

五、纳米复合改性

20 世纪 90 年代，世界材料科学进入了纳米时代。因此，纳米复合改性（采用纳米粒子、纳米材料）已经成为制备先进包装材料的主要途径和成功之路。其中，表面纳米涂层法是研究最广、投入最多的新技术，主要是采用各种高阻隔性涂料和各种涂覆技术，在 PET 瓶的内外表面形成很薄的阻透涂层，以隔绝气体的进出，从而达到啤酒保鲜及延长货架期的目的，已成为提高聚酯瓶气体阻隔性的重要手段。美国、日本、欧洲已开始使用，例如近两年美国 Eastman 化学公司和 Nanocor 纳米公司联合开发了以 PET 为基材的纳米复合包装材料，大大改进了阻隔性和耐热性等性能，主要用于饮料包装。我国中国科学院化学所与燕山石化公司合作，进行 PET/MT 纳米复合材料（蒙脱土）及其应用的探索研究，已制造出半透明的啤酒瓶样品，据说阻隔性比 PET 瓶高出 3～4 倍，耐热性也有所改善，应用前景良好。目前正对纳米表面涂层可能会受到的一些影响因素，如瓶子比表面积、涂层韧性、食品安全等问题进行深入研究。

总之，研究开发聚酯瓶（PET）表面涂覆新工艺，全面提高聚酯瓶的阻隔性，包装业还有许多曲折的路要走，还有大量的工作要做。

新型复合易拉盖冲切热压工艺及装置

张志良　刘乘　唐静静

（陕西科技大学）

马口铁/铝塑材料易拉盖是一种新型复合易拉盖，由马口铁盖圈和铝塑复合膜盖片两部分组成。其相应的成型设备须完成铝塑复合膜盖片的成型、盖片与马口铁盖圈的热压粘合、压花等工艺。新成型工艺采用冲切热压方法，即将冲切工位与热压工位合二为一，可以很好解决传统工艺中存在的模切断点以及剩料的回收处理等问题。

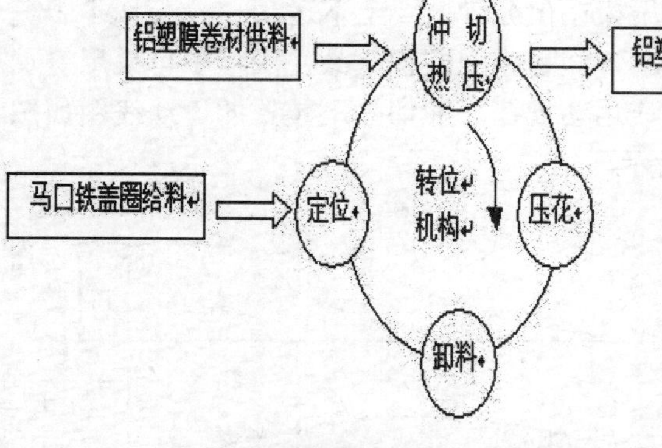

图 1　易拉盖成品成型工艺原理图

一、冲切热压工艺方案

用传统工艺来加工铝塑复合膜盖片，一般是根据切纸原理，将钢线刀弯曲成所需形状，采用正面切断。根据工艺要求，模切刀每分钟上下运动，模切 80 个盖片，由于模切需要一定的速度和压力，因此对钢线刀的磨损很大，又因铝塑膜具有很好的延展性，当钢线刀磨钝后，易出现粘料情况，即铝塑膜盖片将粘在钢线刀上。因此，钢线刀在使用很短的时间后便需要更换。而且热压工序也是另外独立完成的，这就使得工艺更加复杂。新成型工艺采用冲切热压工艺，将冲切和热压工序合二为一，可以很好地解决传统工艺出现的问题。易拉盖成品成型工艺原理见图 1。在冲切热压工位，冲切刀上升，以冲切方式对铝塑膜进行冲切，紧接着机构继续上升，直接将冲切成型的铝塑盖片压到马口铁盖圈上，对二者进行热压封合。该工位的加热装置设置于马口铁盖圈上方。热压封合后的半成品依靠转位机构依次进行压花、卸料，最后得到成品。

二、冲切热压装置

根据工艺方案的设定，将冲切和热压工序合二为一，一方面可以保证模切后盖片定位精确，另一方面省却了由于机构分开而多出来的传动机构，节省空间，提高生产率。铝塑复合膜盖片的成型方法采用冲切工艺，其中模切刀分为阳模和阴模两部分，阴模固定，当铝塑膜夹在两模之间时，阳模上移，依靠阴阳两模的挤压将铝塑膜冲切出所需形状。该方法的优点是对模切刀的磨损小，不用频繁更换刀具。不足之处是冲切的盖片没有切纸工艺切出的盖片边缘整齐。而采用电阻加热法进行热压封合使得热压装置结构简单、经济实用。因此，在该模切热压装置中采用电阻丝加热方案，电阻丝热封接器具有多种形式结构。根据易拉盖封合部位的形状，将电加热器设计成圆薄片，电加热器由外协提供。将电加热器固定在上压板处，为上部加热。模切热压装置的工作原理如图 2 所示。

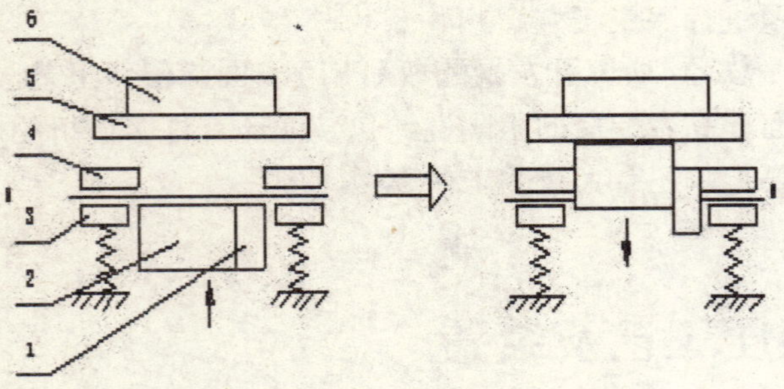

1、拉手冲切模　2、圆片冲切模　3、压纸板　4、冲切阴模
5、上压板　6、加热器

图 2　模切热压装置工作原理图

冲切模具的阳模根据铝塑盖片的形状，分为两个部分。一部分为圆形冲切模，另一部分为冲切拉手的拉手冲切模。圆片冲切模通过连接体固定在缸体上，随缸体做上下直线往复运动。拉手冲切模固定在可与缸体做相对滑动的导轴上。在未到达冲切位置前导轴与缸体共同运动，为导轴提供运动的是安装在连接体内部的滑块。滑块通过压缩弹簧固定在连接体内部，其初始位置由于弹簧的弹力处于连接体外，支撑着导轴。当缸体向上运动时，滑块将带动导轴一起向上运动，该阶段圆片冲切模与拉手冲切模处于同一水平面。压纸板的上端面略高于阳模的上端面，当阳模向上运动时，压纸板先到达冲切阴模处，将铝塑复合膜压紧在冲切工位上，其压力由压纸板下方的压缩弹簧提供。当阳模运动至冲切位置时，圆片冲切模和拉手冲切模同时对铝塑膜冲切，冲切的原理即利用阴阳两模挤压原理实现铝塑膜盖片的成型。当冲切完成时，拉手冲切模导轴到达定位块，拉手冲切模因导轴被定位块挡住，不再向上运动。由于支撑导轴的滑块为弹簧支撑，可以在连接体内做水平运动，因此拉手冲切模运动的停止不影响缸体的继续向上运动。圆片冲切模随缸体继续向上运动。加热器放置在上压板上方，通过上压板传递热量，圆片冲切模将模切好的盖片送至热压位置，并将盖片压在马口铁盖圈，实现二者的热压封合。

三、冲切热压装置的运动分析

根据以上装置的结构分析，结合马口铁盖圈夹持机械手的结构尺寸，设定上压板与上冲切模之间的距离为 7mm，上切模厚度为 7mm，铝塑膜厚度为 0.1mm，为给铝塑膜的走纸留出足够的空间，设定冲切热压模上端面与上切模下端面之间的间隙为 3mm。由此可确定冲切热压模的最大行程为 17mm。根据转位机构的运动规律，0.5s 为停歇期，由于铝塑送料与转位机构同步，故冲切热压模的冲切热压动作应在 0.5s 内完成。为了确保热压封合的质量，热压时间需在 0.4s 以上。为了不使冲切热压动作冲击过大，设定热压时间为 0.4s。又因需要协调铝塑走纸动作和冲切热压模的动作不发生相互干涉，应保证铝塑走纸动作发生在冲切热压模位于上冲切模下端面 0.1mm 以下的时间内。为使走纸宽裕，不发生铝塑膜和冲切热压模发生相互干涉，设定冲切热压模位于上切模下端面 0.5mm 处时铝塑膜开始走纸。即当冲切热压模从最低位置上升 2.5mm 时，铝塑膜停止走纸，冲切热压模继续上升，进行冲切、热压动作，当冲切热压模完成一次冲切热压动作后，下降至 14.5mm 时，铝塑模开始下一次的走纸动作。该冲切热压过程由升程运动和回程运动两个部分组成。在升程运动中，考虑机构可能发生的刚性冲击和柔性冲击，选择冲切热压模的升程运动规律为正弦加速度运动规律。在回程运动中，根据客户要求冲切热压模在 1 分钟内要上下运动 80 次，属于中速轻载运动，回程为空回程，故在回程中可采用等加速等减速运动规律。冲切热压装置的运动线图如图 3、4 所示。

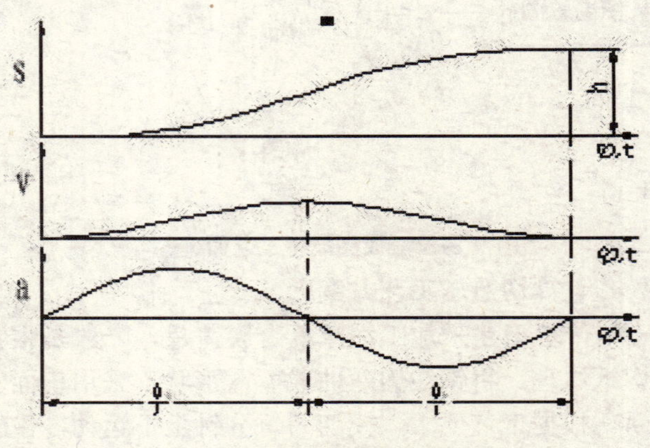

图 3　正弦加速度运动线图

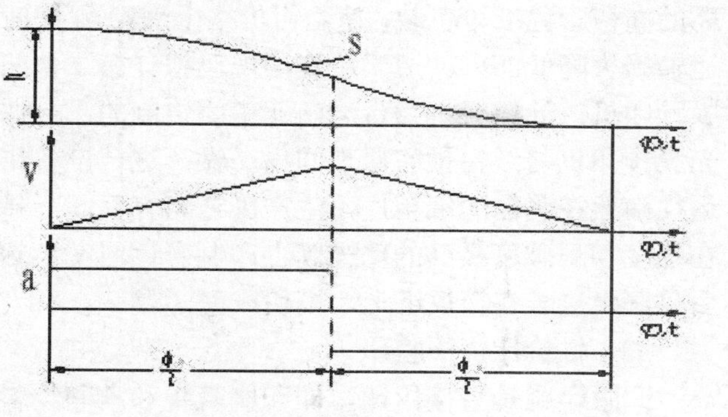

图 4　等加等减速运动线图

要实现冲切热压模在各个时期做不同的运动形式，能实现模切热压机构复杂运动的机构通常采用凸轮机构或连杆机构。针对本机的设计，凸轮机构和连杆机构相比较，具有设计相对简单、体积小、结构紧凑、易于达到动平衡等特点，因此选用凸轮机构来实现模切热压机构的运动。采用盘形凸轮，凸轮与从动件的封闭方式为弹簧力封闭。

马口铁/铝塑易拉盖具有遮光性好，对热与光均有反射能力，阻挡性好，能防潮，不透气且具有保香性能，保护性强，使内装物不受氧气、日光和细菌的侵害，从而能更好地保护内装物，使产品具有更长的货架寿命，可广泛应用于粉状、颗粒状等食品的罐装包装。

在铝塑盖的成型工艺中采用冲切热压工艺，可以很好地解决在成型工艺中由于铝塑膜盖片自身一些固有特性所引起的加工问题，使得马口铁/铝塑易拉盖成型工艺不仅大大降低了生产成本，而且其结构更加简化，总体布局更加合理。

凹印纸箱应运而生

肖铁树

纸箱仅是外包装的概念已经过时，使纸箱厂向产品包装商的供货变得复杂起来。首先要经过质检，包括尺寸、图文、色彩、耐磨、防滑、装箱性能等理化指标；其次要经过商检，运输商、经销商直至消费者都会以前所未有的挑剔来审视外包装箱的商业用途，这些都是纸箱生产工艺产生技术演变的市场背景。

一、纸箱加工的演变

简单地讲，瓦楞纸箱由两道工序组成，即印刷与成型。印刷工艺设备有胶印、柔印和凹印；成型工艺设备有单面机、纸板线和开槽/模切/粘箱机。印刷承印物料可以是单张纸、卷筒纸或多层纸板；纸板机可以层合印面纸板和无印刷原纸。如果先印刷后成型，被称为预印；先成型后印刷则称为后印。

单张纸胶印是传统预印方式，也是目前国内高档彩色纸箱的主要加工方式。胶印预印方式投资不大，但工艺复杂，纸箱厂需配置四色全开胶印机（如罗兰800型）、单面瓦楞机、贴面机、上光机、粘箱机和模切机，工序多、效率低、环保安全性差。柔印机自上世纪90年代兴起后发展迅猛，成为纸箱彩色化的一种便捷工艺和主流方式。一般由三个或三个以上色组及开槽/模切组构成，在三层、五层纸板上水墨印刷，这种被称为柔版后印的纸箱印刷加工方式只需配备2台设备，即纸板线和宽幅机组式柔印机。后印工艺采用柔性感光树脂版在瓦楞纸板上轻印，不可避免的网点扩散导致层次版印刷局限在80线以下，精美程度不及胶印，大部分后印只能相当于彩色纸箱的中档水平。配置UV上光系统的高档后印技术，如博斯特的MASTERFLEX柔印机能够接近胶印水平，但机器成本非一般纸箱厂所能承受。国内应用最多的柔印机来自台湾，国产机型如南海东方和京山轻机也很普遍。

欧美纸箱业在上世纪80年代推出一种全新预印技术——卫星式卷筒纸柔印。该设备由中央压印辊（Central Impression）主导多个色组对宽幅卷筒纸印刷、干燥、上光、固化，网点印刷达到150线，目视效果和胶印精美程度完全一样。进纸速度每分钟150米，一台门幅1200毫米的六色预印机每天（3班）可印制40万只标准640毫升瓶装纸箱，生产效率是全开胶印机的4倍。与胶印预印工艺最大的不同之处是卷筒纸预印后直接上瓦楞纸板线卷对卷贴面，下线后的纸板上开槽/模切/粘箱机成型。全部工艺配置3台设备，工序少、效率高，既安全又环保。国内已引进的2台卫星式预印机（W&H

和 Belloni）运转正常，代表高档彩箱生产的前沿工艺。但将柔版预印的优点转化成商业优势难度较大，由于卫星式卷筒纸柔印机还没有实现国产化，价格昂贵是阻碍纸箱厂放手投资的瓶颈。如 Belloni 六色机利用了世界银行的贷款，而 W&H 八色机则耗时两年才安装完成，可见资本投入对纸箱厂来说并非易事。

二、凹版预印打拼柔印

据统计，瓦楞纸箱柔版后印占北美纸箱包装的60%，预印占到35%，并呈现上升趋势。胶印常规楞型（A、C、B）纸箱所占份额微乎其微，但近年来随着罗兰、高宝公司推出瓦楞纸板直接胶印技术，微型瓦楞纸箱开始强占纸盒市场。欧洲和日本高档彩箱的比例则更高。根据我国消费者的欣赏和消费习惯，彩色精致的包装更容易吸引购买者，这是胶印长期占领瓦楞纸箱市场的原因之一，也是包装业转向凹版卷筒纸预印的切入点。

目前国内生产和销售纸箱凹版预印机的制造商共有4家：陕西北人、西安秦华、汕樟轻机和西安华阳。其中，陕西北人售出纸凹印机6台、秦华3台、华阳4台、汕樟轻机3台。国内使用凹印纸箱包装产品的知名企业有青岛啤酒、三鹿、蒙牛和伊利等。预计2004年国内新增凹版预印机15台，向美国、韩国出口4台。国产机组式六色纸凹印机分别以1300毫米、1650毫米和2500毫米三种幅宽定价在150万元、300万元和500万元左右，相当于进口卫星式柔印机价格的1/3，是进口机组式凹印机价格的1/6。

国外印刷机制造商如博斯特、赛鲁迪和 W&H 一直专注柔印后印、预印和窄幅厚纸印刷机的开发，用于纸箱印刷的宽幅纸凹印机基本是空白。其中，凹印机钢制版辊成本过高是制约凹版预印发展的主要原因之一，版辊成本每色900欧元，包装箱色彩丰富而版量有限，凹版预印在欧洲市场的确不算经济。国内激光制版业的普及为凹版预印铺平了道路，由于接近柔版价格的版费，使纸箱厂在印刷方式中“舍柔逐凹”。随着企业集团的整合及全国品牌的出现，大批量长版印刷让产品包装商们为凹版预印拍手叫好。

纸凹印机使用户具有很强的灵活性，不仅可以承接纸箱预印，还可以印刷卡盒、利乐包、烟包、装饰纸和其他包装制品。汕樟轻机是国内较早尝试开发纸凹印机的厂家，2001年首台凹版预印机在浙江通天星集团安装，解决了衢州椪柑出口加拿大所需的高档彩色纸箱包装，使衢柑价格上涨30%，同时运输损失降低25%。通天星集团现已拟订第二台凹版预印机。汕樟轻机为台湾南亚集团定制的一台珠光膜预印机与纸箱预印原理同出一辙，这台设备将运往南亚在美国的纸箱厂，生产工艺略有不同，是在强度和耐破度极好的珠光膜上印制彩色图案，然后将薄膜复合在箱板纸上，模切成型。

三、性价比优于胶印

凹版印刷是直接压印，即印刷版辊和承印物料在压力下滚合，迅速产生图像转移。凹版印刷墨层厚实、网点清晰，精美程度直逼胶印，采用凹版预印不必担心印品会出现质量问题。但凹版预印工艺在纸箱强度方面绝对优于胶印方式，实验证明，同等克重的配纸结构，卷筒纸预印纸箱强度高出10%。胶印单张印面与瓦楞板裱贴，贴面机使用冷胶作业，压力辊对纸板施压加强粘合时会下压瓦楞尖峰，从而降低瓦楞纸箱的抗压强度和堆码强度。胶印强度损失部分在为凹版预印配置结构时可降低相应纸克重而维持所需强度，原纸一般占纸箱总成本的60%，降低克重可降低成本10%。降低克重的方法在胶印机上是有限的，低于200克的白板纸采用胶印贴面，成箱后出现明显的“搓衣板”条纹。纸板线上卷对卷制作瓦楞纸板使用淀粉热胶，通过蒸气预热纸板迅速凝胶，热端烫板对纸板平面施压，不会损伤瓦楞，也不会形成“搓板”条纹。如果把凹版预印的效率计入成本的话，纸箱总成本还会下降。

国内凹印纸箱实际上是受国外柔版预印工艺的启示开发出来的，新技术日新月异的今天，还有许多先进的包装理念值得借鉴。美国 ADALISCORP 公司致力于瓦楞纸箱的优化研究，推出了一种名为 Sesame 的纸箱补强带，适合预印纸板工艺。一种表面预涂热溶胶的丝状 PVC 在纸板线上利用蒸气高温内粘在瓦楞纸箱里层，使纸箱强度增加20%，北美乳品包装商已纷纷开始采用。

四、细说优点，实说不足

与柔版预印一样，凹版预印纸箱具有以下优点：

1. 可获得高质量、高感观效果的彩箱；

2. 精确的条形码复制能力；

3. 较好的压印效果，瓦楞不会形成压印损伤，纸箱最终获得更高强度；

4. 可提高瓦楞纸箱自动线的生产效率，满足工期短，产量大的长订单，且能保持恒定的色彩和印刷品质；

5.工艺简捷，便于生产管理。

与进口柔版预印机相比，国产凹版预印机加工精度不够，在纸箱厂生产过程中还暴露出一些普遍问题。在印机厂的协助下，找到了相应的解决方案：

1.起皱：高克重预印纸卷张力大约为50kg，比薄膜（10kg）和薄纸（25kg）更难控制。水分不均或厚薄不匀时，更大的张力变化会造成纸板横向摆动，形成印品表面折皱。为纸凹机加装预热装置，有助于减少水分丢失引起的张力变化（水分过低则需安装增湿器）；如果增设调偏展平辊，则有助于纸卷走料时尽量平展，减少摆动。

2.油墨拉花：除采取前面提到的耐温油墨和光油外，最新气垫式加热板热传导控制系统可降低纸板经过热端时的受热温度和受力强度。其工艺是加热板与纸板之间的间隙处设置空气喷放通道，可在瞬间喷出空气，形成气膜托起纸板，避免纸板受热受压过度而产生的划痕、拉墨等缺陷。这一系统已经由美国马桂公司开发并得到实际应用。

3.露白：主要是由于纸卷表面粉尘和油墨堵版所致。在实地印刷组分别安装除尘和防爆式静电吸墨装置可分别吹风吸尘，改善着墨效果，减少网点丢失现象。

4.螺旋式收卷：因造纸机收卷张力与印刷机放卷张力不一致，预印纸卷收卷时会形成前紧后松、内松外紧的复卷效果，即菜心现象。纸卷搬运时，外层纸板纷纷散落，影响物料运输。纸板线上的放卷横切也不精确。使用PLC电脑纠偏装置可进行纸卷张力锥度控制，能在放卷后立即测出纸张张力，并相应调整收卷张力。

5.收边不齐：断面收边不齐，可增加备压辊（收料胶辊），把空气从纸卷中赶出来，消除表面静电，纸卷收料牵引时贴紧辊装置，减少收边摆动。安装PLC电脑纠偏装置也有助于缓解收边不齐，另一办法是离线复卷。

6.纸卷搭接：印刷过程中如果纸卷搭接不当会造成停机怠工，同时影响印品的一致性。可采用零数对接方式接纸，不中断印刷过程。

纸箱预印工艺初探

孙敬忠　成西良

（陕西北人印机公司）

凹版印刷纸箱预印，是指将瓦楞纸箱在制作瓦楞纸板之前，采用凹版印刷技术在宽幅卷筒纸（纸箱面纸）上预先印刷出所需要的精美图案，然后将印刷好的卷筒状面纸上瓦楞纸板生产线制作瓦楞纸箱板，再用模切机模切压痕成箱型。

目前，在欧美等一些发达国家，瓦楞纸箱总产量的30%均采用预印技术。随着我国纸制品包装行业的高速发展，近年来很多客户稳定的纸箱厂如蒙牛、百威、青岛啤酒等已将目光投向预印技术。另外，饮料、家电和食品等行业的产品包装也对瓦楞纸箱的设计和用量有较大的需求，采用卷筒纸预印技术生产高档彩色瓦楞纸箱将成为未来包装业发展的趋势。

一、卷筒纸预印技术的特点

目前，国内绝大多数彩色瓦楞纸箱采用的是平张纸胶印预印方式，其工艺流程为：

将卷筒纸切成单张纸→胶印机印刷单张面纸→同时单面机辊制二层瓦楞纸板→面纸和单面瓦楞纸板在贴面上裱背或贴面机贴面→模切压痕成型→钉箱/粘箱

卷筒纸凹版预印技术的工艺流程为：

凹版印刷机印刷面层纸卷→纸板生产线裁切成三层（或五层）纸板→模切压痕成型→钉箱/粘箱

凹版预印技术相比胶印技术的优势主要有两点，其一是凹印能够轻松地提供高质量的彩色印品；其二是电子雕版技术使金属版辊的制作周期和成本大幅度下降，接近甚至低于柔版。而且陕西北人印机公司已生产出高速宽幅纸凹印机，其价格只是进口柔版印刷机的1/3，采用凹版预印技术将更适合我国包装企业的实际。

人们将以往常用的印刷工艺称为“后印刷”，预印刷与后印刷相比也具有一些明显的优点：

1. 可获得更高的印刷质量，适应性更广。预印刷采用凹版印刷机或柔版在平滑的纸张表面印刷，与后印刷采用印刷开槽机在凹凸不平的纸板表面进行印刷相比，可以进行层次更丰富、色彩更鲜艳的精美彩色印刷，而且印刷质量也会更稳定可靠。

2. 可使瓦楞纸板获得最高强度。由于预印刷不用在纸板成型后对其压印，可避免造成瓦楞变形和纸板强度减弱。而采用瓦楞纸板印刷开槽机进行后印刷，由于每一色印刷都会使瓦楞纸板产生或多或少的变形，而且色数越多，对瓦楞纸板的变形影响会越大。

3. 生产效率高，便于生产管理，废品率低等。预印刷已成为瓦楞纸板印刷的一个重要趋势，特别是高档纸箱（包括大型和异型纸箱）的印刷。

采用凹版纸箱预印技术与传统的彩色胶印印刷技术相比，有以下几个显著的特点：

1. 生产效率高。凹版印刷卷筒纸的印刷速度达150～200 米/分钟，基本上可与国内众多瓦楞纸板生产线相匹配，比传统平张纸胶印和贴面裱瓦等工序短、人工成本低、效率高。

2. 印刷质量高。由于凹版印刷套印精度高，不大于 0.2mm，还可以将印刷和涂光油一次完成，印刷网线可达 300 线；凹印的上墨量比其它印刷方式大，最高可达 4.5～6g/m^2；印品墨色饱满、柔和、鲜艳、牢固，且凹版印刷后每色有充分的烘干系统。所以，在选用表面平滑度较高的纸张进行印刷的前提下，凹版印刷可得到很高的水墨印刷品质。例如，烟包大多都是采用凹版印刷。目前，国内生产的纸张凹版印刷油墨也已经比较成熟，制造出的水性纸张凹印油墨，完全可以经受住瓦楞纸板生产线上180℃高温和热板的磨擦。

3. 可以进行大幅面多色组的彩色印刷。传统的彩色胶印最大幅面一般可达 1.2×0.9m（大全张），且多为四色印刷。纸箱预印机组式凹版印刷机最大印料幅宽为 2.5 米（陕西北人印机公司目前已经生产出多种规格的预印机，如 1300mm、1650mm、1800mm、2000mm、2200mm、2500mm，且运行良好），印刷色数可达到 4～10 色组，同时还可以进行金墨、银墨等特殊油墨的印刷。

4. 适合大批量的长版印刷。预印用版均采用钢制镀铬电雕凹版，耐印次数为 300～400 万印，减少了换版时间，特别适合大批量长版活的印刷。

5. 使瓦楞纸箱强度更高。由于预印用生产瓦楞纸箱是在生产线上完成的，在制作时有一定的加热成型时间，最终生产的瓦楞纸箱强度高，而且可以在贴面机生产时避免产生涂胶不匀、纸箱起筋、纸板翘曲等现象。

二、纸箱预印的生产设备与材料

纸箱预印的主要生产设备是大型机组式凹版印刷机，其辅助设备是瓦楞纸生产线电脑控制横切与纵切装置。具体操作是，将预印后的面纸装在瓦楞纸板生产线的挂面工位上，经过施胶、贴面、压平、烘干、裁切等工序，最后制成彩色纸板，再经模切、粘箱等后道加工工序，最终完成纸箱制作。

凹版纸箱预印生产线的重要配置是瓦楞纸板生产线上的电脑横切，即必须在瓦楞纸板生产线横切刀上加装识别横切控制功能。其控制原理是，由光电眼识别瓦楞纸板印刷图案上的横切标识，将横切标识到达光电眼的时刻传送给控制电脑，再由控制电脑控制横切的时间，从而在图案的分界处准确切断瓦楞纸板。目前，国内外横切机生产厂家都能为纸箱厂安装这一装置，横切精度可控制在 0.5mm 以内。电脑纵切和电脑横切是同样的原理。

三、凹版纸箱预印的主要材料包括：

油墨与光油。凹版纸箱预印使用的油墨主要以醇溶性油墨为主或水性纸张专用凹印油墨。预印生产用的纸张在瓦楞纸生产线上进行压平和烘干工序时，要求使用的油墨耐高温、耐摩擦性好，否则彩面会被拉花或出现拖墨现象。目前，天津东洋油墨厂生产的“天狮”牌油墨能满足水性纸张凹版印刷，其成本低、无污染，符合国家环保要求。山西精华科工贸公司生产的凹版纸箱预印油墨是以纤维素为基料，主要溶剂为醇和酯。与水性油墨和胶印油墨相比，此种油墨色泽鲜艳，光泽度高，耐磨擦，可耐 180℃～250℃高温，印刷适应性好，印刷图案清晰，色彩表现细腻等，同时对大多数的印品表面具有优良的附着力。上光油，国内部分厂家采用美国 Cprecision In & Technology 公司的耐高温光油，效果较好。

印版。预印的印版采用钢制的镀铬电雕凹版，凹版的网线数可达 300 线以上，完全可适合实地版印刷和色调过渡的网点层次版印刷，只是纸张印刷的凹版比一般塑料印刷的凹版在雕刻时网穴雕得更深些。凹版制版的价格已经从 0.7 元/cm^2 降至 0.35

元/cm^2左右，接近于柔版，而凹版的印数是柔版的3～4倍，可达300～400万印。上光辊可使用固定线数的网线辊，采用无轴传动。目前国内制版厂家较多，如上海运城、南方制版、三门峡蓝雪等生产的电雕版均已达到国际先进水平。

纸张。凹版纸箱预印的承印材料一定要使用表面平滑度好、印刷适应性强、含水分稳定（6%～7%）的涂布白面纸。进口涂布牛卡和国产灰底白板能满足高档彩色瓦楞纸箱面纸的配纸要求。芬兰M—REAL林业公司以生产卫生标准很高的涂布纸而闻名世界，185g的涂布纸已经在国内预印机上普遍使用，纸张的定量范围为150g～350g/m^2；美国Mead纸业一直使用500克原木浆涂布牛卡纸凹版印刷纸盒和听装啤酒手提纸箱，强度超过了瓦楞纸箱。

四、凹版预印存在的问题与解决方案

凹版预印的包装产品包括装饰纸、泡泡糖纸、啤酒饮料箱、烟盒、药盒、牛奶箱、水果箱和家电日用品箱等预印纸卷，特点是设计精美、色彩鲜艳、需求量大。针对目前凹版预印中出现的一些常见问题，有如下解决方案供参考。

1.起皱：高克重预印纸卷张力大约为50kg，比薄膜（10kg）和薄纸（25kg）更难控制。水分不均或厚薄不匀时，形成的更大张力变化会造成纸张横向摆动，使印品表面出现折皱。纸凹机加装预热装置有助于减少水分丢失引起的张力变化（水分过低则安装增湿器）；如果增设调偏展平辊，则有助于纸卷走料时尽量平展，减少摆动。

2.油墨拉花：除采用前面提到的耐温油墨和光油外，最新研制的气垫式加热板热传导控制系统可降低纸板经过热端时的受热温度和受力强度。其工艺是在加热板与纸板之间的间隙处设置空气喷放通道，可在瞬间喷出空气，形成气膜托起纸板，避免纸板受热受压过度而产生划痕、拉墨等缺陷。

3.露白：产生的主要原因是纸卷表面粉尘和油墨堵版所致。在实地印刷组分别安装除尘和防爆式静电吸墨装置，可分别吹风吸尘，改善着墨效果，减少网点丢失现象。

4.螺旋式收卷：预印用凹版印刷机应采用闭环控制系统，确保收放张力锥度控制。

5.收边不齐：断面收边不齐，可增加备压辊（收料胶辊），把空气从纸卷中赶出来。消除表面静电，纸卷收料牵引时贴紧辊装置，减少收边摆动。安装PLC电脑纠偏装置也有助于缓解收边不齐；另一办法是离线复卷。

6.纸卷搭接：印刷过程中，如果纸卷搭接不当会造成停机怠工，同时影响印品的一致性。可采用零数对接方式接纸，不中断印刷过程。

7.陕西北人印机公司生产的纸箱预印用凹版印刷机主要有以下几个特点：

1.印刷速度高、套印精度高

该系列机型印刷速度为150-200米/分钟。套印精度：纵向±0.2mm（自动套准系统跟踪，正常印刷），横向±0.2mm（手动控制）。

2.印刷幅面大、印品质量好

该系列机型印刷幅面可分为以下规格：1300mm、1650mm、1800mm、2000mm、2200mm、2500mm，均可与瓦楞纸板生产线配套。

3.印刷、涂油一次完成

该系列机型可实现4～10色水墨印刷，并和涂光油一次完成。涂布机组为单独电机驱动，可使用不同于印刷版辊直径的涂布辊，节约费用。

4.使用醇溶性环保油墨或环保水墨印刷

该系列机型配有独立的智能化干燥系统，全封闭的烘箱，热源可二次回风利用，可充分对油墨进行干燥和固化，可确保印刷面进入瓦楞纸生产线与垫板磨擦后不掉色、不“拉花”，油墨自动循环系统和搅墨棒的使用，可大批量生产印品，墨色均匀无色差。

5.高速自动不停机接换料卷

该系列机型可实现高速不停机自动接换料卷，大大提高成品率，节约工作时间。

6.自动化控制

该系列机型整机采用闭环张力控制系统，日本太洋公司的DT950MⅡ光电套准装置（或国产套准装置），静止画面观测系统，电脑自动接换料系统，同时采用气动无轴装版、气动刮刀、压印、无轴夹料、纸张预热、水冷却等结构，使机器操作更加方便可靠。

采用预印技术生产纸箱在国内还是方兴未艾，在机械制造商、油墨、纸张、印版供应商和广大纸箱企业的共同努力下，我国纸箱包装的档次必将提高到一个新的水平。

凹印机纸品印胶的探索

张志坚

（新乡市塑料厂）

采用预印技术生产纸箱在国内还是方兴未艾，在机械制造商、油墨、纸张、印版供应商和广大纸箱企业的共同努力下，我国纸箱包装的档次必将提高到一个新的水平。

凹版印刷机一般用于塑料薄膜的彩色印刷，但用于纸品印胶还较为少见。纸张印上热溶胶后可用于各种医疗制品的包装。这也是企业利用原有设备进行技术革新、开发新产品的一种探索和创新。

凹版印刷机在纸品上印胶，除了有设备方面的因素外，用纸和用胶也是保证包装产品质量的重要因素。纸的厚薄、韧性、张力以及胶的配比等都会对产品质量产生较大的影响。主要有三个方面：（1）纸张的品种及克重。不同要求的产品，选择不同类型的卷筒纸。（2）热溶胶的配比及温度控制。使用温度合适，凹版上的胶转移到纸上后会很快风干、固化，在以后的运转及收卷时会比较顺利，否则会造成多个牵引导向辊及纸卷上粘满热溶胶而清理困难。热溶胶的配比主要是指热溶胶和聚乙烯蜡的混合。胶越多，剥离强度越高，影响包装效果；蜡多了，剥离强度会过低，包装易开裂。因此，要做多次试验，以达到比较合适的配比。（3）纸品上印胶量的多少，也对产品质量有较大的影响。过多过少都不合适，过少了会粘不牢，影响产品质量；过多了，成本太高。

理想状态是使用合适的纸张，并在其表面形成一层均匀、网线清晰、无缺陷的胶层。由于实际生产的复杂性，生产工艺中的多方面因素都会影响到产品的质量。因此，必须采取适当的措施，将缺陷降至最少，保证产品质量达到包装要求。

一、凹版印胶控制系统

影响印胶分布状态的控制系统有以下几个部分：

1. 胶辊—网线辊—刮刀—胶槽系统。该系统决定了胶的涂布量，并保证胶以一定的分布密度铺展于载胶纸的表面。

2. 胶槽。胶槽在印胶过程中起着重要作用。由于热溶胶熔化有一个过程，即：加热—熔化—老化（黄、黑色出现）。要使热溶胶熔化得比较好，必须使胶槽有一定的热容量，以使胶槽保持恒温时间较久，并且使槽内各处温度一致。因此，要求胶槽壁较厚，槽中间要有立筋，便于导热，胶槽的宽度及深度要依据印纸的宽窄及网线辊的直径大小来决定。

3. 鼓风。室温及通风状况影响胶的硬化速率，利用印刷机自身的一至二组鼓风机，可以加速胶的固化。

4. 收卷。开始收卷时，一定要打好底，粘牢卷心。

二、原材料

1. 热溶胶。一般通用的热溶胶均可使用，不同生产厂家的热溶胶的熔点有区别，有些甚至差异较大。为了确保优异的涂布质量，应仔细鉴别，方可使用。

2. 聚乙烯蜡。主要用于控制粘接的牢度。它的配比决定了包装的质量。选用时应注意不得带有难熔的晶点、杂质等。另外，还要考虑与热溶胶的相溶性，若溶解后形成表面稀的一层液体，应多加搅拌，混合后方可使用；否则，印到纸上的都是蜡而不是胶，无法进行下一步生产。

3. 载胶纸。纸的选择，一是根据用户提出的要求进行选择，二是对纸耐受张力进行选择。否则，在印胶过程中会常出断裂现象。一般来讲，纸耐受的张力远远小于塑料薄膜，因此开车起动时要稳、慢、匀速，突快、突停都会导致纸断而造成大量浪费。另一方面，纸卷在各个导辊上的受力应方向一致、大小一致，否则也会断个不停。再就是纸的存放时间，一般不要超过一年，否则纸的白度、韧性等都会受到较大影响，这一点必须引起重视，最好随买即用。

三、工艺因素

1.混合胶与网线辊的匹配。为了使纸品印胶量合适，网线清晰，必须考虑不同的上胶量采取不同的网线辊，这一点常常会被疏忽。一般可遵循以下原则：由于上胶量越大，采用的网线辊的网线越少；上胶量越小，采用的网线辊的网线越多。因此，应准备三套网线辊，即80线一套，用于粘接牢度最大的，其涂布量也是最大的；100至120线一套，用于粘接牢度适中的；130至150线一套，用于普通的粘接度较小的产品。另外，胶辊与网线辊在工作时一定要平行，并有一定的压力。否则，会造成局部缺网线、胶转移不多的现象。再就是网线辊及胶辊的直径及宽度尺寸也是应考虑的因素，力争在使用中摸索出常用的规格尺寸，尽量做到既不影响生产，又不过多使用胶辊及网线辊，造成不必要的浪费。

2.胶辊的硬度调整。系统中胶辊提供一定的压力，强迫胶从网眼中挤出，并在载胶纸表面分散。因此，胶辊的硬度对胶的分散影响较大。值得注意的有两个方面，首先，国产胶辊一般硬度不高，而且不同厂家产品的硬度有一定的差异。其次，胶辊的弹性随着使用时间的延长会降低，胶辊的软硬决定了胶转移量的多少，一定要选取软硬合适的胶辊，使印在纸上的胶网线清晰。

3.系统的清理。由于热溶胶的特性，加热溶化，冷却凝固。因此，要注意对印胶系统的清理。各种导辊、鼓风出口、网线辊两端，特别是有时纸断在胶槽内会带出很多胶到系统中，如若清理不净，会导致纸被压烂、腾空、印不上胶等现象发生。

4.开车注意事项。开车前，首先要计算好胶的用量，如果连续开车，要事先将配好的胶预热，以熔融状态倒入胶槽，恒温一至二小时后，检查胶融化较均匀时方可开车。其次，由于版辊未浸入胶槽内，其温度较低，也不能开车。应让版辊浸入胶槽内运转10至20分钟，待网线辊与胶温度基本相同时方可开车，这时胶应呈液体状。再则，开车时要将卷筒纸理顺，使之受力方向一致、大小一致，以免纸被拉断。

四、车间生产环境

车间空气中的尘埃会粘附在纸上，破坏胶粘的牢度，尤其在送风口处，强气流会夹杂着尘埃颗粒撒向纸胶，影响产品质量。所以，除了要经常保持车间的清洁外，送风口处的滤网也应该经常清洗更换。

以上是影响凹印机纸品印胶质量的因素和改善印胶效果的方法。因正常生产过程比较复杂，在分析某一质量问题时，还需要进行全面的综合考虑。

快干瓦楞纸箱淀粉粘合剂的研制

黄亚文

（岳阳市包装技术协会）

瓦楞纸箱的质量在纸质和加工工艺相同的情况下，主要取决于所使用的粘合剂。因此，粘合剂在瓦楞纸箱生产中起着关键性的作用。

目前，我国大部分纸箱厂都是小型企业，没有烘干设备。所以，尽管用硅酸钠作瓦楞纸箱粘合剂具有碱性大、易吸潮泛碱、腐蚀性大等缺点，而且国家严格限制使用，但因硅酸钠具有价廉且干燥迅速的特点，大部分企业还是使用硅酸钠作粘合剂，而不愿意使用干燥速度相对较慢的淀粉粘合剂。因此，如何尽快研制出干燥速度和硅酸钠相当，且价格低廉的淀粉类粘合剂是亟待解决的问题。我们经过10多年的研究探索，研制出快干型的淀粉粘合剂，并且经湖南包装企业多年的使用，证明其制作工艺简单、质量稳定、贮存期长、不易胶凝、干燥速度和硅酸钠相当，每吨粘合剂成本大约为350元左右，生产费用比硅酸钠降低25%～30%。用该粘合剂制作的纸箱，经湖南出入境检验检疫局检测，各项指标超过出口包装纸箱的标准。

一、粘合剂的氧化反应机理

氧化淀粉糊稳定性高，凝沉性大为减弱，凝结成凝胶的倾向较小，流动性高，透明度好，胶粘力强。我们研制的粘合剂是在常温下，以硫酸镍为催化剂，以次氯酸钠为氧化剂，当淀粉氧化达到一定深度后，添加其他辅料制成氧化淀粉糊。次氯酸钠在水溶液中受热或催化剂的作用下分解，释放出具有很强氧化能力的初生态[0]，淀粉在初生态[0]的作用下，进行了氧化反应，氧化作用使淀粉葡萄糖基环间的甙键部分断裂而降解，致使聚合度降低，分子量减少，水溶性和亲和力增加，从而可制出含较高固体含量的粘合剂，提高了干燥能力。同时，因氧化作用使淀粉中羟甲基变成醛基。进一步氧化，还可使部分变为羟基，这样使其与纸纤维中的结合力强的羟基基数增加，从而使氧化淀粉的粘合力大大提高。另外，因氧化后产生的醛基，制止了微生物对淀粉的发酵及生物降解作用，使制出的粘合剂提高了防腐、防霉能力。

氧化反应的速度随着温度及氧化剂量的增加而加快。在常温下，为了提高氧化反应的速度，添加硫酸镍作为催化剂，使氧化反应即使是在低于10℃下也能进行。对于自制自用的中小型企业来说，因每天粘合剂用量不多，为了降低生产成本，可适当减少氧化剂用量，以延长氧化时间来达到氧化深度。一般可以在晚上让其静止氧化12小时左右。

二、粘合剂的制作

1. 原料和配方

1. 淀粉：可用玉米淀粉或木薯淀粉，色白，100目以上，含水14%以下，含蛋白质0.5%以下，不发霉，不结块。

2. 液碱：含量30%±0.02的工业品（固碱亦可）。

3. 氧化剂：有效氯含量为10%的工业级次氯酸钠。

4. 氧化催化剂：工业级硫酸镍，使用时配制成0.5%的水溶液。

5. 交联剂：工业级硼砂，使用时用冷水配制成2%的水溶液。

6. 添加剂：含硫、氮、磷、有机物等物质，均为工业级。

基本配方如表1所示。

表冷制淀粉粘合剂配方（单位 kg）

配方	1	2
木薯淀粉	100	
玉米淀粉		100
次氯酸钠	14	20
液碱（30%）	30	34
硼砂	3.5	3.0
硫酸镍	0.025	0.030
催干剂	3.0	3.0
稳定剂	3.0	3.0
磷酸三丁脂	0.020	0.020
水	500	500

2. 主要设备和工艺流程

主要设备为反应器和电动搅拌器。因反应过程是在常温及弱碱性下进行，故腐蚀性不大，可用薄钢板焊制或用砖砌水泥披档。电机功率视产量大小可选3～5千瓦，搅拌转速为60～70转/分。整个生产过程在反应器中进行。

粘合剂的生产工艺流程如下图所示。

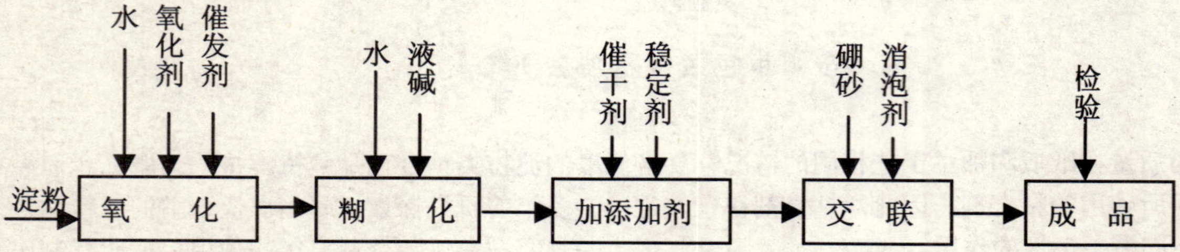

粘合剂生产工艺流程图

3. 生产方法

1. 氧化：在反应器中先加水100公斤，在不断搅拌下加入14公斤次氯酸钠，再加入100公斤木薯淀粉搅匀，最后加入25克0.5%硫酸镍溶液，搅拌5分钟左右，让其静止氧化过夜。

2. 糊化：先加入100公斤水，搅匀后，加入30公斤用30%的液碱预先配好的10%的溶液进行糊化，搅拌20分钟左右，使其成为均匀透明的淡黄色胶体，随后加入3公斤配成5%浓度的催干剂，及3公斤的稳定剂。

3. 交联：在搅拌下加入3.5公斤的硼砂预先配成2%的溶液和适量的水，用4号杯测量其粘度为

40～50S 即可，最后视泡沫量加入消泡剂磷酸三丁酯 20 克左右。

三、影响粘合剂质量的主要因素

冷制催化氧化淀粉粘合剂质量的好坏，与许多因素有关。质量好的粘合剂外观必须是清彻透明，略带浅黄色，不起泡，有适当的粘度，稳定性高，贮存期长，干燥速度快，粘合力强。下面仅讨论影响质量的几种因素。

1. 氧化剂用量和氧化时间、氧化温度之间的关系

次氯酸钠是较强的氧化剂，对于一定量的淀粉来说，在其他条件相同的情况下，氧化剂用量增大，氧化速度将增快。也就是说，粘合剂的粘度将下降。所以要根据生产实际情况定出氧化剂的合适用量。如需缩短氧化时间，可适当增加氧化剂用量，当达到氧化深度后再加终止剂硫代硫酸钠，终止反应。中小企业自制自用，可利用晚上时间进行氧化，以延长氧化时间，这样可减少氧化剂用量，减少原材料消耗，达到降低成本的目的。

氧化反应的温度也影响氧化反应的速度，温度越高，氧化反应速度越快，在其他条件相同的情况下，制出的粘合剂粘度也越小。因此要根据不同的温度条件，控制不同的氧化剂的用量和氧化时间。

2. 氢氧化钠用量的影响

在冷制淀粉中，氢氧化钠作为糊化剂，能使不溶于水的氧化淀粉和水形成均匀、透明、有粘胶性的淀粉糊。这是因为加入氢氧化钠后，其氢氧根与淀粉分子中羟基结合，破杯了淀粉大分子间和分子内原有的羟基之间的氢键结合，使大分子溶胀糊化。另外，氢氧化钠使氧分子中的羧基变成羧酸钠基，增加了与水的溶解性。同时，氢氧化钠在无氧的条件下能稳定直链淀粉溶液，使胶粘剂不易胶凝。但氢氧化钠并不是加得越多越好，其用量和温度都要严格控制。用量过大时，因碱性太高会破坏纸纤维，而且当空气湿度大时，易吸潮泛黄。另一方面，加入氢氧化钠时，浓度也不能太高，因浓度高，糊化时反应剧烈，极易糖化，使上胶机甩胶，裱出的瓦楞峰上出现花胶现象，从而引起纸板开胶且难以干燥。一般氢氧化钠的加入量（固体）为淀粉量的 9%～10%，加入时的浓度为 10%为宜。

3. 羟基硼砂用量的影响

硼砂作为交联剂，它在水溶液中水解时以硼、氧为中心离子，能与粘合剂中的羟基、羧基结合为配位体，形成网状结构的多核络合物，从而使粘度增加。并能更好地固着在带有羧基的纸张表面，增加粘合剂的初粘力，使生成的薄膜坚固，提高了抗水性和自然干燥的能力。但硼砂也不可加得过多，否则会使胶层发脆，造成脱胶现象。

4. 添加剂的作用

在粘合剂中，加入添加剂是为达到快干、稳定、抗胶凝的目的，以延长贮存期。我们在配方中加入一种无机复盐和溶于水的含氮有机物作催干剂，虽加量不多，但确实起到催干作用。我们将制作瓦楞纸板的原料纸裁成均匀的、规格为 120×80mm 的纸片，按每平方米 100 克粘合剂的量进行涂刷，每块纸板由 5 层纸粘成，所涂粘合剂的总量，控制误差在 0.02 克的范围，否则换纸重粘，把粘好的纸板放在温度为 20℃，湿度为 80%的条件下进行干燥。前期每隔 30 分钟称重一次，接近全干时，每隔 6 分钟称重一次，从而测出纯氧化淀粉粘合剂、加有催干剂的氧化淀粉粘合剂及硅酸钠的干燥数据，详见表 2。

表 2 中的数据说明，加有催干剂的粘合剂，其初干性能优于纯氧化淀粉和硅酸钠，全干性能和硅酸钠相当。在粘合剂中加稳定剂，从而使粘合剂在存放 1 个半月后，流动性、粘度及颜色都基本保持不变。

表 2 三种粘合剂干燥百分率（%）测试数据

时间	1	2	3	4	5	6	6.5	7	全干时间
纯氧化淀粉胶	39.0	64.5	78.3	86.7	93.4	96.6	97.9	98.9	8.0
加催干剂胶	39.3	64.8	79.2	87.0	95.3	97.8	99.6		6.7
硅酸钠	39.2	64.4	78.2	86.8	95.2	98.0	99.9		6.6

四、实际使用情况

使用该配方生产的粘合剂，已在湖南省包装企业中使用了 10 多年，效果反映良好：7 分钟后撕裂粘合面可全部发毛，无跑楞，加压 15 分钟后可任意搬动；生产工艺简单，成本低廉，比用水玻璃节省成本 30%以上。经湖南出入境检验检疫局检测，粘合强度平均达 80N/楞•10cm，超过国家标准（58.8N/楞•10cm）。

保鲜瓦楞纸箱的研究与开发

杨福馨

（温州大学）

瓦楞纸箱是重要的包装制品，随着对环境的重视和农产品包装要求的提高，瓦楞纸箱包装的作用越来越大。传统的瓦楞纸箱多用于加工产品或工业品的包装，但作为具有生命的生鲜农产品对其包装及保鲜提出了更高的要求。如何使传统的瓦楞纸箱为多功能化，特别是适应远距离的商品流通、贮藏与转移，并增值，使开发新型的保鲜瓦楞纸箱显得十分迫切。

一、瓦楞纸箱的保鲜原理

1. 传统瓦楞纸箱的保鲜原理

传统瓦楞纸箱的保鲜原理是利用纸质纤维材料对水分的吸收来调节包装内的水分与湿度，使包装箱内不产生露珠和水滴，从而消除某些细菌和维生物在包装箱内的繁殖，最终达到有限的保鲜效果。这种保鲜方法对水果（如苹果、梨等）的包装起到了较好的保鲜效果。但保鲜效果是十分有限，例如，一旦环境较为恶劣，或包装物本身具有特殊的要求（如湿度大、包装内温度和卫生条件要求严格等），就很难实现保鲜功能。

2. 现代瓦楞纸箱的保鲜原理

现代瓦楞纸箱的保鲜原理是借助新技术和相关学科知识的交叉与渗透，使瓦楞纸箱对包装产品实现保湿、保温、调节气氛、抑制微生物、降低呼吸强度、防止氧化和腐烂等。也就是在制作瓦楞纸箱包装时，必须利用化学、环境、生物、机电、材料等学科知识，对包装材料进行改性或组合，达到多功能化。现代瓦楞纸箱的保鲜原理见图 1 所示。

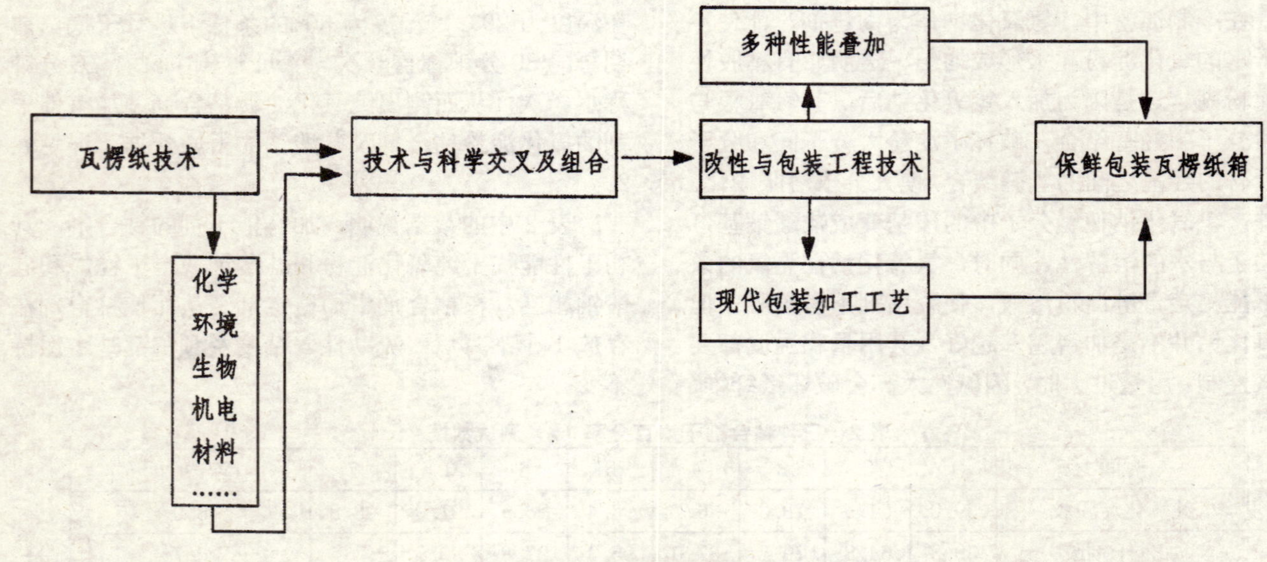

图 1 现代瓦楞纸箱保鲜原理方框图

二、保鲜瓦楞纸箱的技术

1. 技术与方法

保鲜瓦楞纸箱技术与方法，是根据保鲜包装的产品所要求的保鲜特性，将具有满足其特性的功能材料或技术加以组合，利用包装工程的特点，使瓦楞纸箱具有保鲜的功能。主要技术与方法有两大类，一是纸质纤维材的改性；二是表面处理与结构创新。见图 2 所示。

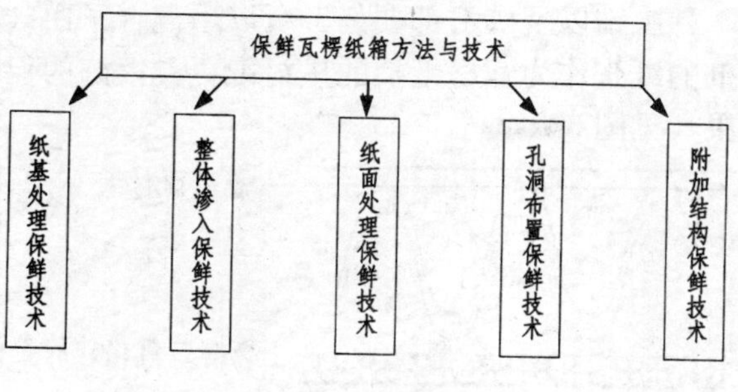

图2 保鲜瓦楞纸箱技术方框图

（1）纸基处理保鲜技术

纸基处理保鲜技术是指制造保鲜包装纸时，在原有的造纸原料成分中加入具有保鲜功能的原材料或添加剂。制作包装后，在包装农产品时，所加入的保鲜功能原料或添加剂便发挥保鲜作用。纸基处理保鲜技术最常见的是利用中草药植物作造纸添加成分，例如中草药渣就被用作保鲜包装纸的添加成分。

纸基处理保鲜技术的特征是在纸板（张）成形前的保鲜处理。包括在原有意义上的原材料处理（变性或改性），加入具有保鲜、防腐、杀菌等功能的添加剂，也可加入或改变原有材料组成。从严格的意义上讲，纸基处理保鲜技术是纸包装材料制造的范畴，属于特殊包装纸的开发与制造。

（2）整体渗入保鲜技术

整体渗入保鲜技术是在制作包装的纸板中渗入具有不同保鲜作用的液体成分。制成包装后，在包装生鲜农产品时，所渗入在包装中的成分便发挥不同的保鲜作用。

整体渗入保鲜技术主要是利用了纸质所具有的吸水性，同时使具有保鲜功能的物质经溶解渗入纸质中的内部间隙。该技术的关键是针对不同的农产品选择不同的渗入物质成分。这些物质成分包括憎水、憎油、抗氧化等特殊物质。

（3）纸面处理保鲜技术

纸面处理保鲜技术主要指在纸面上进行覆膜（或覆上其他材料）或表面喷涂。目的是增加纸包装的密封性，减少生鲜农产品水分或其他易蒸发物质（成分）的蒸发和散失，从而达到保鲜的效果。例如，叶类蔬菜或香料就是利用这种方式适当延长保鲜保质期的。

纸表面的喷涂主要是在包装表层涂覆胶状或油性物质，使纸包装在增加刚性和强度的同时，还可使生鲜农产品的水分蒸发率降低，从而达到保鲜的目的。

（4）孔洞布置保鲜技术

孔洞布置保鲜技术指纸包装的透气孔的布置方法。包括纸质本身的孔隙大小和在包装上专门设置的透气孔的布置。

纸质本身的孔隙在纸板制成后很难改变，但为了利用现有的纸张制作一定孔隙（透过率）的保鲜包装，就需要合理选择不同密度的纸张或将不同孔隙的纸张进行组合或复合使用。而在包装上的透气孔设置，则是在包装制作时，对那些透气性要求较高的农产品需要针对它们的透过效果设置不同大小、不同方位的孔。例如，用瓦楞纸箱包装的水果和蔬菜，在进行长途运输和贮藏时，就设有专门的透气孔。直接在包装上开有透气孔是最简单而且经济的办法，但会影响包装的强度和寿命。

（5）附加结构保鲜技术

这种技术是在纸箱内增加附件的方法实现保鲜。如在包装箱内部设置具有特殊功能（吸氧、吸收乙烯、保湿、防霉…）的护角、垫块、隔板等。这些附件或附加结构可单独成件，制成单一的功能配件（纸箱配件），也可制成多功能系列包装纸箱附件。使用时，根据不同的产品和流通、贮藏环境、货架期加以选用。

2. 保鲜瓦楞纸箱的种类

（1）抗菌保鲜瓦楞纸板与纸箱

生鲜果蔬类的包装保鲜，对于包装容器内温度、湿度和空气等环境条件的控制很重要。例如，保持适度低温才能使内容物的呼吸作用受到抑制，保持适当的湿度可减少水分蒸发，内容物自然散发出的乙烯气体应予消除才能抑制老化现象。此外，有害于果蔬保鲜的另一个重要原因是由于病原性微生物的污染导致果蔬凋萎、腐败。因此，如何采取措施来抑制微生物繁殖以达到抗菌保鲜的目的也是一个不可忽视的问题。抗菌保鲜瓦楞纸板是在纸板里衬纸的表面敷有一层抗菌防腐剂，这种防腐对食品卫生没有影响。其构成如图3。

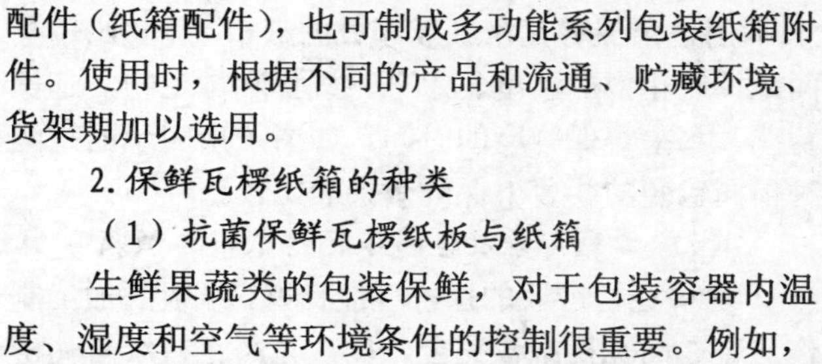

图3 抗菌保鲜瓦楞纸板的构成

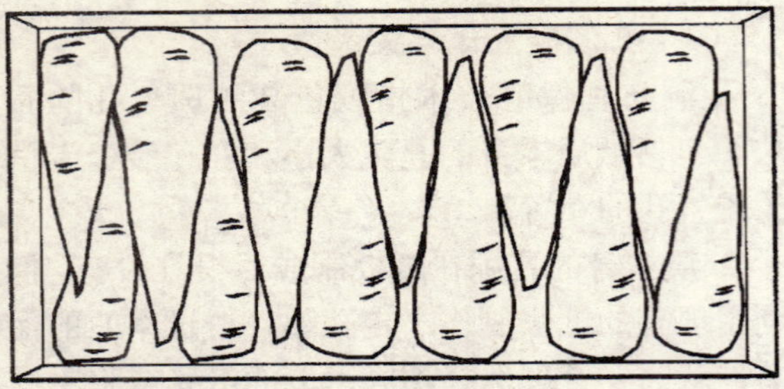
抗菌保鲜瓦楞纸箱

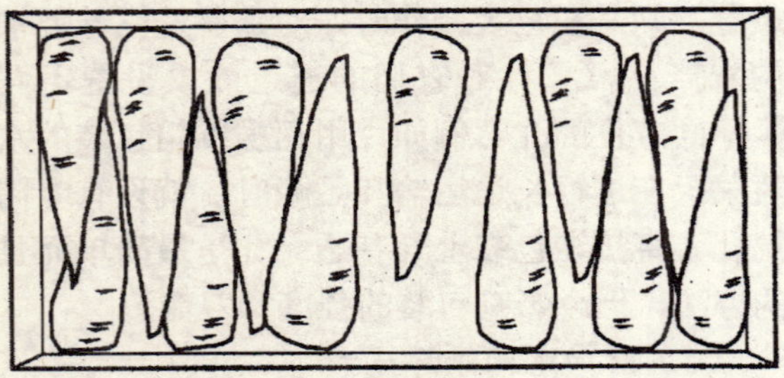
普通瓦楞纸箱

图 4 抗菌瓦楞纸箱的保鲜包装效果试验

试验过程两者在同样温度 30℃、湿度 65%条件下进行，经保存 12 天后显示的情况

用抗菌保鲜瓦楞纸板制成的纸箱，能够比较全面地抑制箱内的温度、水分、气体和微生物，延长蔬菜、水果等保鲜度的时间。如图 4 所表示的是两种不同包装的胡萝卜保鲜效果的比较。

（2）二氧化硅混合衬纸瓦楞纸板与纸箱

这种瓦楞纸板的保鲜性能良好，纸板的加工制作与普通的瓦楞纸板完全一样，无需在衬纸与瓦楞之间夹加任何材料。它的保鲜作用在于纸板的里衬中含有能够吸收乙烯气体的粉剂，这种粉剂是用白硅石为原料制成的以二氧化硅为主要成分的多孔型粉剂，由于白硅石对于吸附乙烯气体的性能比活性碳、稀土锆以及沸石都要好，所以用混合了白硅石粉剂的纸张作为瓦楞纸板的里衬纸更具很好的保鲜效果（见图 5）。

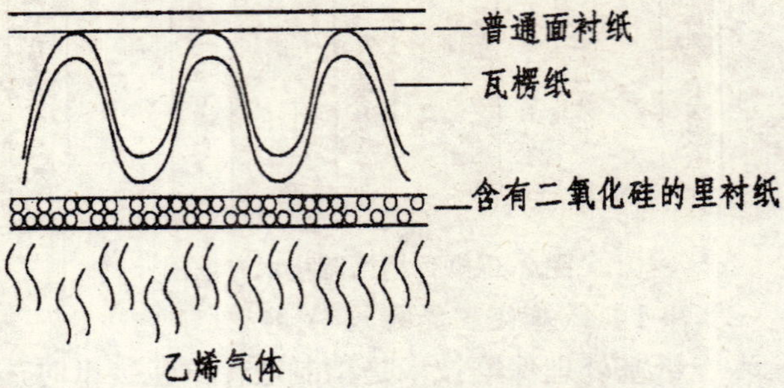

图 5 二氧化硅混合衬瓦楞纸板（箱）示意图

保鲜瓦楞纸箱是一种特殊的包装，也是一种技术创新产品。它是借助于现代科学和技术与包装工程交叉结合的产物，体现了现代包装技术的发展方向。

1. 保鲜瓦楞纸箱包装必须根据所包装产品的保鲜特性进行研究，并加以试验。

2. 保鲜瓦楞纸箱是一种多学科技术的交叉应用，研究的基础必须建立在多学科基础之上，其效果与性能必须进行试验和应用加以检验。

3. 保鲜瓦楞纸箱包括瓦楞纸板的研究与瓦楞纸箱的创新。纸板的保鲜是基础，但某些保鲜效果又决定于纸箱结构。

4. 保鲜瓦楞纸箱的种类繁多，保鲜的方法也多种多样，其保鲜效果也是随所包装的产品和贮运环境的不同而不同。

5. 保鲜瓦楞纸箱的关键是对传统瓦楞纸板进行改性和对传统瓦楞纸箱结构进行保鲜设计和创新。

双层叠置 AB 型双瓦楞纸板的冲击与振动特性

付云岗　郭彦峰　骆光林

（西安理工大学）

AB 型双瓦楞纸板在缓冲包装中的广泛应用，不断推动人们对其开展进一步的研究。本文通过试验研究双层叠置 AB 型双瓦楞纸板的冲击与振动特性，给出双层叠置 AB 型双瓦楞纸板的最大加速度——静应力曲线及其特征系数和经验公式、最大加速度——时间曲线以及振动传递率——频率曲线；并将 AB 型双瓦楞纸板与发泡聚氨酯泡沫塑料、蜂窝纸板作比较，对其在缓冲包装中的应用进行了探讨。

一、验样品及其预处理

试验材料选用由西北纸箱厂提供的 AB 型双瓦楞纸板，其用料为（300/180A/180/180B/300）g/m^2。试验前对所有试样进行预处理，试验环境的温湿度分别为 T=20℃、pH=64%。在测试过程中采用 AB 型双瓦楞纸板双层叠置，故实际厚度为 13.44cm。按照 GB8167-87《包装用缓冲材料动态缓冲试验方法》测试 AB 型双瓦楞纸板的最大加速度—静应力曲线；按照 GB4857.10-86《包装用缓冲材料正弦振动（变频）试验方法》测试 AB 型双瓦楞纸板振动传递率——频率曲线。

二、层叠置 AB 型双瓦楞纸板冲击吸收特性分析

（1）动态压缩试验数据及最大加速度——时间曲线

动态压缩试验数据如表 1 所示。图 1、图 2 分别为双层叠置 AB 型双瓦楞纸板在 40cm、60cm 两种跌落高度下进行动态压缩试验，得到的典型最大加速度——时间曲线，冲击波形类似于半正弦波形；当跌落高度从 40cm 增大到 60cm 时，AB 型双瓦楞纸板的最大冲击加速度变大，冲击作用时间延长。

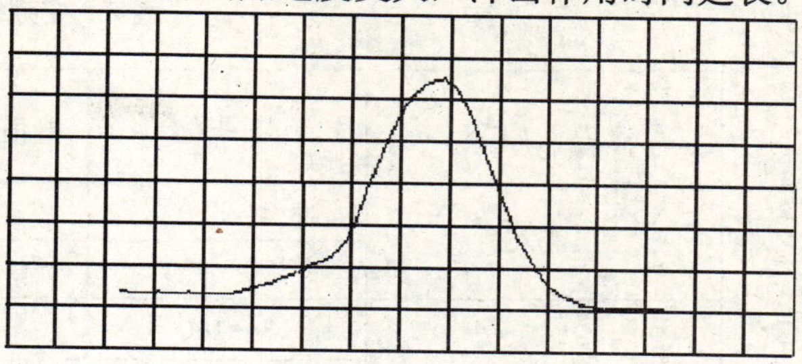

101.1

图 1　最大加速度—时间曲线（DH=40cm）

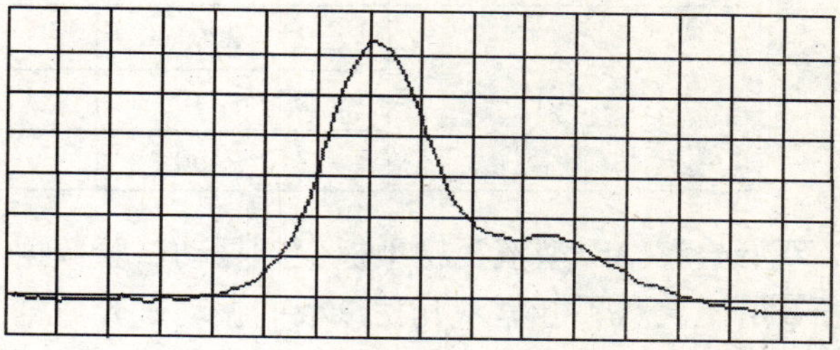

113.3g

图 2　最大加速度—时间曲线（DH=60cm）

表 1　AB 型双瓦楞纸板动态压缩试验数据

跌落高度/cm	静应力/10^4Pa	0.0699	0.1361	0.1635	0.1875	0.2747	0.3169	0.4055
最大加速度 G_m/g	40	114.05	109.70	77.40	133.33	139.03	221.77	207.10
	60	105.70	109.98	125.60	215.40	237.40	332.00	294.60

根据最小二乘法原理，利用 Matlab 软件拟合动态压缩试验数据，得到了最大加速度——静应力曲线的经验公式以及最大加速度——静应力曲线。

图 3 是双层叠置 AB 型双瓦楞纸板在 40cm、60cm 两种跌落高度下的最大加速度——静应力曲线。显然，双层叠置 AB 型双瓦楞纸板的最大加速度——静应力曲线呈凹谷状，开口向上，只有一个极值点。从曲线还可看出，双层叠置 AB 型双瓦楞纸板在较低的冲击载荷作用下表现出良好的缓冲性能；随着跌落高度的增加，相同静应力条件下所对应的最大加速度增大。

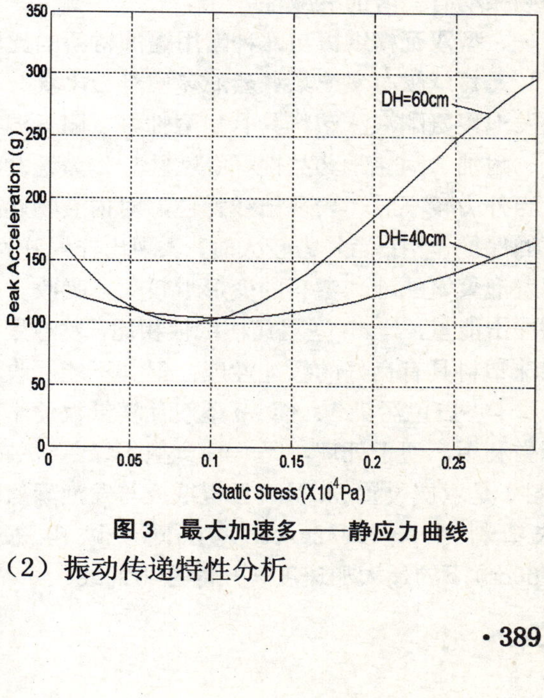

图 3　最大加速多——静应力曲线

（2）振动传递特性分析

表 2　变频振动试验数据

静应力（kPa）	扫频范围（Hz）	峰值频率（Hz）	传递率 $T\gamma$	阻尼比 ξ
1.635	3～350	255	6.352	0.079
	350～480	360	5.592	0.089
1.875	3～180	145	9.648	0.052
	180～240	210	1.178	0.324
	240～330	270	2.878	0.164
	330～450	370	2.924	0.162
1.361	3～220	200	5.894	0.085
	220～340	240	5.691	0.088
	340～450	350	4.497	0.111

双层叠置 AB 型双瓦楞纸板变频振动试验数据如表 2 所示。分析 AB 型双瓦楞纸板的振动试验数据可知，双层叠置 AB 型双瓦楞纸板的振动传递率曲线一般具有多个共振频率点，即具有多模态性，而且这些共振点对应的传递率具有明显的差别，即有主次之分。把振动传递率最大的共振点定义为主共振点(或第一共振点)，其他的分别称为第二共振点、第三共振点等，以此类推。正因为其振动具有多模态性，故在利用双层叠置 AB 型双瓦楞纸板进行缓冲包装设计时，要尽量避免其主共振频率段范围，以免其对包装产品产生过强的冲击作用。从双层叠置 AB 型双瓦楞纸板的振动传递率曲线还可以看出，在高频激励处的传递率非常小，因此 AB 型双瓦楞纸板对高频振动有显著的衰减性。

一、型双瓦楞纸板与几种常用缓冲材料的比较

1. 瓦楞纸板与发泡聚氨酯泡沫塑料的比较

发泡聚氨酯泡沫塑料具有耐磨性好、耐低温性优良、耐油、耐化学药品性好等性能。作为缓冲材料，当外力较小时，表现出线弹性，对内装物起到良好的保护作用；当外力较大时，表现出非线弹性，此时发泡聚氨酯泡沫塑料的变形量较大，吸收了很大的冲击能量，与 AB 型双瓦楞纸板相比，发泡聚氨酯泡沫塑料具有良好的缓冲性能，但其不能回收利用，属于“白色污染”；而 AB 型双瓦楞纸板便于回收再生利用，便于处理，是一种典型的绿色包装材料。图 4 是双层叠置 AB 型双瓦楞纸板与发泡聚氨酯泡沫塑料（ ρ=0.032g/cm^3 ）在同一跌落高度(DH=60cm)下的最大加速度——静应力曲线。

（2）　型双瓦楞纸板与蜂窝纸板性能的比较

蜂窝纸板的强度和刚度高，耗材少、质量轻、受压均匀、抗压、抗弯、抗剪强度高，具有良好的防振、隔音性能；而且蜂窝纸板有利于回收再利用，是一种理想的新型包装材料，这一点与 AB 型双瓦楞纸板是相似的。但蜂窝纸板生产设备的生产效率远低于 AB 型双瓦楞纸板，生产工艺也不如 AB 型双瓦楞纸板成熟。在应用方面，蜂窝纸板只适用于大型仪器、电子计算机、家具、玻璃制品以及各类一次性缓冲材料等。而 AB 型双瓦楞纸板适用于食品、水果、蔬菜、小家电、五金、工业器件、文化用品等质量较轻的工农业产品。图 5 是双层叠置 AB 型双瓦楞纸板与不同厚度的蜂窝纸板在同一跌落高度（DH=40cm）下的最大加速度——静应力曲线。

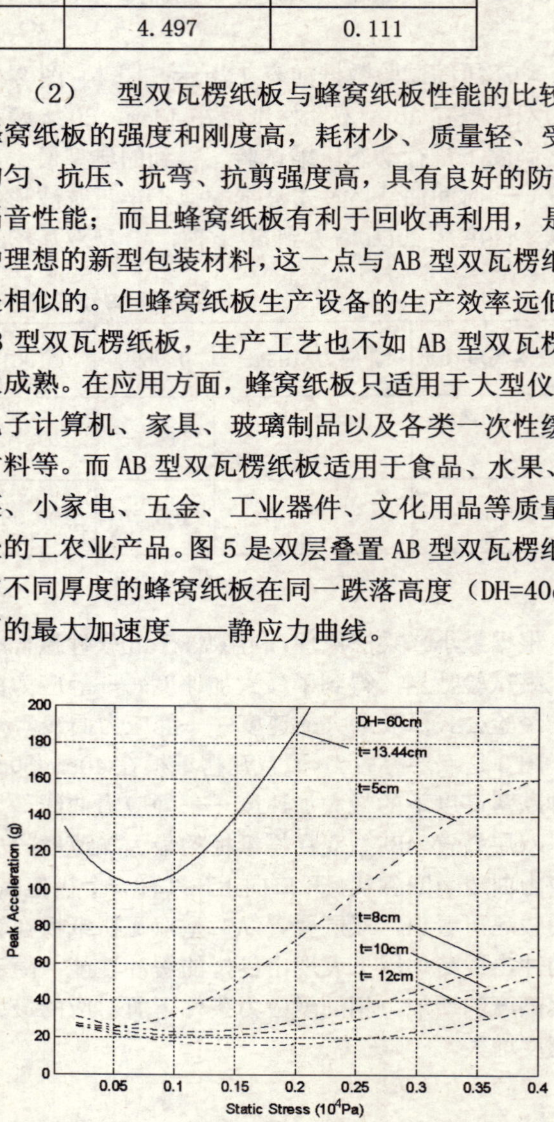

图 4　双层叠置 AB 型双瓦楞纸板与发泡聚氨酯泡沫塑料最大加速多——静应力曲线

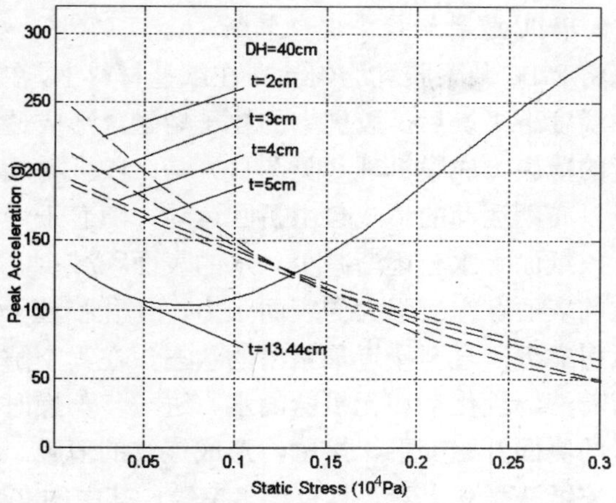

图 5　双层叠置 AB 型双瓦楞纸板与蜂窝纸板最大加速多——静应力曲线

AB 型双瓦楞纸板的应用还有另一优点，就是瓦楞纸板衬垫可利用瓦楞纸箱生产过程中的废品或边角余料，经模切后粘合即可制成各种形状的缓冲衬垫，具有一定的经济效益。但也有一定的局限性，AB 型双瓦楞纸板衬垫的厚度只能通过改变层数来改变，而泡沫衬垫与蜂窝纸板的厚度的选择相对而言比较灵活。蜂窝纸芯的厚度决定蜂窝纸板的厚度，可以做成 5mm、8mm、10mm、15mm、20～100mm 厚度；泡沫衬垫在不影响缓冲效果的情况下，更可以根据实际情况来选择其厚度。

通过测试双层叠置 AB 型双瓦楞纸板在不同跌落高度下的最大加速度——静应力曲线，并采用最小二乘法拟合双层叠置 AB 型双瓦楞纸板的最大加速度——静应力曲线，得到其经验公式，探讨了 AB 型双瓦楞纸板在缓冲防振包装中的应用。试验研究表明，AB 型双瓦楞纸板冲击作用时间较长，吸收冲击能量大，冲击载荷较小时具有良好的动态缓冲特性，在运输包装中占有较大优势，是理想的缓冲包装材料。但在应用时必须注意，从缓冲的角度而言，AB 型双瓦楞纸板要根据实际内装物的尺寸、质量来选择最优的设计。

聚偏二氯乙烯涂敷牛皮纸的应用研究

邝贤锋

（广东轻工职业技术学院）

随着科学技术的发展和生活水平的提高，人们对包装材料提出了各种特殊的要求，尤其是对环保的考虑，使绿色包装成为当今包装行业发展的潮流。其中纸质包装材料就占有重要的地位。据有关调查显示，在纸、塑料、玻璃和金属四大包装材料中，纸和纸板占全世界所有包装材料的 40%以上。作为包装材料的纸和纸板有其他材料无法比拟的优点，既有适当的刚度和强度，又有良好的弹性和韧性，能够对被包装物起到良好的保护作用，并适合机械操作；具有优良的印刷适性，印刷清晰、美观、牢固；可以回收；作为废弃物，可作堆肥处理，不产生污染，是符合时代发展要求的绿色包装材料。

然而，单纯以纸和纸板作为包装材料同样也存在不足之处，主要是纸和纸板的阻气性（O_2）和阻湿性（水蒸气）达不到要求，尤其是对这两种性能要求较高的包装制品更是如此。如果用阻隔性包装材料涂布纸张，可以改善和提高纸张的阻隔性能。目前，广泛应用的阻隔性包装材料主要有聚偏二氯乙烯 PVDC、乙烯-聚乙醇共聚物 EVOH 和腈树脂。其中，PVDC 是综合阻隔性能最好的一种，它无毒，使用安全，因此被许多国家誉为“绿色”包装材料。在美国，PVDC 制品属于无毒安全的塑料材料，可以用于与食品接触的高阻隔透明材料；在德国，该包装材料拥有“绿色”标志；而在日本和韩国市场上流通的小食品、药品、化工产品和电子产品中，有近 60%左右使用 PVDC 作为包装材料。

目前市场上以 PVDC 为材料的透明高阻隔性薄膜类型有复合型和涂覆型，对于涂覆型高阻隔性薄膜，PVDC 可适合于多种基材，采用 PVDC 材料以乳液形式涂覆在 PP、PA、PET、BOPP 上已经很普遍。在发达国家，由牛皮纸/PVDC 胶乳组成的复合包装材料被广泛应用于农药、工业药品、肥料及食盐等的包装，而国内使用仍然较少。本文对用牛皮纸作基材，进行 PVDC 胶乳涂覆进行了研究，并对该复合包装材料的阻隔性和封口强度进行了检测，认为PVDC/牛皮纸完全可以用于上述领域的包装。

一、PVDC 涂覆牛皮纸的试验和性能测试

1. 试验用的原材料

牛皮纸：定量为 90g/m²

1#PVDC 胶乳：为 VDC-MA 共聚物（配比 90：10）

2#PVDC 胶乳：为 VDC-MMA 共聚物（配比 90：10）

3#PVDC 胶乳：为 VDC-BA 共聚物（配比 90：10）

4#PVDC 胶乳：为 VDC-MMA-AN-AA 共聚物（配比 90：5：3.5：1.5）

5#PVDC 胶乳：为 VDC-BA-AN-AA 共聚物（配比 90：5：3.5：1.5）

6#PVDC 胶乳：为 VDC-MMA-AN 共聚物（配比 90：7.5：2.5）

2. PVDC 胶乳涂覆牛皮包装纸

将 PVDC 共聚胶乳均匀涂布在纸基材料上，在适当的温度下干燥后，胶乳中的粒子熔融，形成透明连续的薄膜。成膜机理（见图 1）是：胶乳树脂的粒子以布朗运动的形式自由折回运动，随着干燥的进行，纸面上水分逐渐减少，水的表面积减少。因为水的表面存在着强大的表面张力，使乳胶粒子相互吸引靠近，直至接近最紧密的状态，在其空隙中残留着溶解乳化剂和无机盐的水。进一步干燥时，粒子的侧面开始变形、熔融，形成连续的薄膜。由于牛皮纸从微观上看，具有很多空隙，其中的 PVDC 乳液部分还渗透到这些空隙中，水分干燥后 PVDC 层与牛皮纸有很好的附着力。

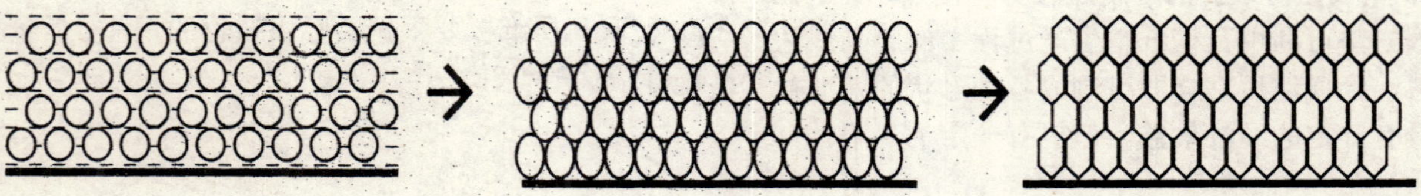

图 1　PVDC 乳基材上成膜形态变化

3. 涂覆 PVDC 后纸张的阻隔性能

阻隔性对于包装材料来说是非常重要的一种性能，它能确保被包装物不发霉、变质和失去原有香味。而 PVDC 由于具有很高的结晶度，对许多气体有极好的阻隔性，是一种低气体渗透性和低水蒸气渗透性的包装材料。在纸质包装材料上涂覆 PVDC 乳胶，若涂覆量过少，则达不到阻隔性能的要求；涂覆多了，又会造成生产成本的增加。

根据研究，在纸基材料上涂覆 PVDC 胶乳，涂覆量与氧气透过率有如下关系（见图 2）。

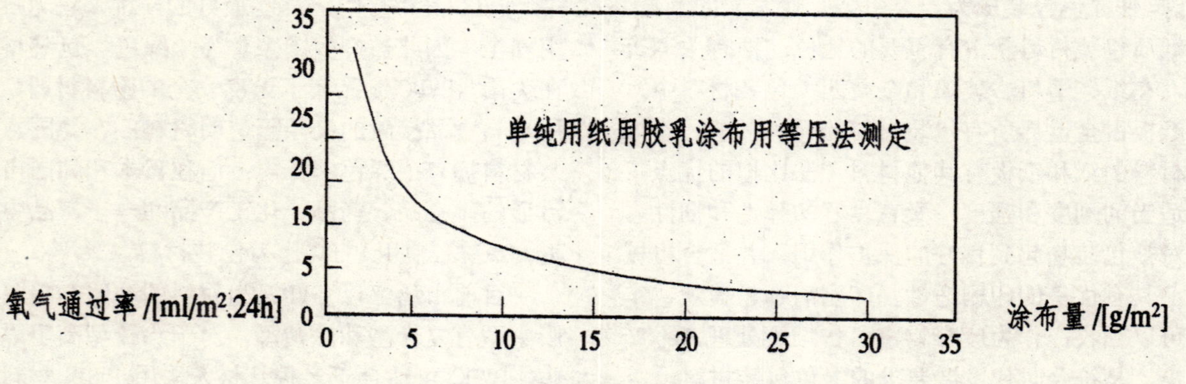

图 2 PVDC 乳胶涂覆量对氧气透过率的影响

由图 2 可见，涂覆量小于 15g/m² 时，其氧气透过率有较大的差距；大于 15g/m² 时，其氧气透过率的差别很小。在实际应用中，可以把涂层的定量定为 15～19g/m²。在此次试验中，涂层的定量是 15 g/m²。

对该复合材料进行透氧率和透湿率的测试，结果如表 1 所示。

表 1　PVDC 胶乳在牛皮纸上涂覆后的阻隔性能

项目 材料	透氧率		透湿率	
	透氧系数 (×10^{-8}cm3·cm/cm2·s·kPa)	透氧量 (×10^{3}cm^{3}/cm^{2}·d·kPa)	透湿系数 (10^{-11}g·cm/cm^{2}·s·kPa)	透湿量 (g/m^{2}·24h)
牛皮纸	3.66×10^{5}	22.43×10^{5}	117000	1850
1#PVDC/牛皮纸	4.31	6.62	3.18	3.65
2# PVDC/牛皮纸	3.93	4.48	3.10	3.71
3# PVDC/牛皮纸	2.27	4.07	6.40	2.64
4# PVDC/牛皮纸	9.14	16.82	9.60	7.64
5# PVDC/牛皮纸	8.47	14.51	9.71	7.20
6# PVDC/牛皮纸	5.20	11.74	8.68	4.84

4. 涂覆 PVDC 后牛皮纸的物理强度

牛皮包装纸在涂覆 PVDC 胶乳后，由于 PVDC 本身具有较大的塑性和强度，使得到的 PVDC/牛皮纸复合材料的物理强度指标较原纸有较大的提高（见表 2）。

表 2　涂覆 PVDC 后牛皮纸的物理强度指标

项目 材料	拉伸强度 (kN/m)	伸长率 (%)	抗张指数 (Nm/g)	耐折度 (次)	撕裂指数 (mN·m^{2}/g)	耐破度 (kPa)	平滑度 (s)
牛皮纸	5.5	2.13	66.23	270	1.73	3.47	71.3
1#PVDC/牛皮纸	6.40	2.50	78.23	320	1.74	4.16	37.1
2# PVDC/牛皮纸	6.72	2.54	79.07	337	1.84	4.47	36.4
3# PVDC/牛皮纸	6.31	2.48	78.66	310	1.74	4.32	37.8
4# PVDC/牛皮纸	6.65	2.74	79.71	328	1.85	4.51	45.9
5# PVDC/牛皮纸	6.71	2.73	79.64	331	1.88	4.55	47.0
6# PVDC/牛皮纸	6.37	2.64	78.47	318	1.76	4.38	53.2

5. 涂覆 PVDC 后纸张的热封强度

塑料的热封性是指塑料在加热到熔融状态后，它同本身或其他种类的塑料所具有热粘合性能。这种热粘合性能在塑料包装材料的粘结和制袋中有重要的意义，特别是在高速自动化生产中。塑料热封效果的好坏通常用热封强度来表征。热封强度是指两层相同或不同材料在一定熔融温度下经过一定压力后，热粘合在一起后的剥离强度。

牛皮纸本身是不具有热封性的材料，但在牛皮纸上涂覆具有良好热封性的 PVDC 胶乳后，就能赋予 PVDC/牛皮纸复合包装材料良好的热封性能，使其具备了良好的加工性能。同时 PVDC 具备良好的阻隔性，使它在一定程度上可以代替昂贵的 PE/铝箔/纸（PE 是热封层，铝箔是阻隔层，纸是基材）。

表 3 为牛皮纸涂覆 PVDC 乳胶后的热封强度试验结果。

表 3　牛皮纸涂覆 PVDC 乳胶后的热封强度

材料	1#PVDC/牛皮纸	2# PVDC/牛皮纸	3# PVDC/牛皮纸	4# PVDC/牛皮纸	5#PVDC/牛皮纸	6# PVDC/牛皮纸
热封强度（N/1.5cm）	5.02	5.54	4.92	6.12	6.44	5.63

综上所述，PVDC 乳胶涂覆牛皮纸可以获得较好的阻隔性能和热封性能。氧透过量和水蒸气透过量随着涂覆量的增加而减少，但涂覆量在 15g/m² 以上时，阻隔性能相差不大。因此考虑生产成本因素，一般在 15～19g/m² 为好。

由于 PVDC 配方不同，阻隔性能和热封性能有一定差异，引入 AN 和 AA 单元的存在，影响了阻隔性能，因而在保证热封性的条件下尽量少引入 AN 和 AA 单元。但 AN 和 AA 的引入会使热封强度提高。因此，在选择 PVDC 乳胶时也应该注意其配方。

总之，PVDC 乳胶涂覆牛皮纸制备的复合材料，具有了较好的阻隔性能和热封性能，同时物理强度指标也较基材有所提高。而且较之塑料成本较低，工艺简便、利于环保。因此 PVDC/牛皮纸的复合包装材料的推广应用将是非常有意义的。

瓦楞纸箱抗压强度可靠性分析

张峻岭　熊烽

（华中科技大学机械学院）

在产品包装中，瓦楞纸箱被公认为是经济、实用、方便和使用广泛的一种。为保证被包装物在仓贮、运输过程中不受损害，瓦楞纸箱的抗压能力是决定包装可靠性的一个关键因素。但长期以来，瓦楞纸箱的强度设计主要是凭借经验和抽样测试，缺乏必要的理论依据，其安全性衡准也主要是采取确定性的思维方法，使得设计结果带有很大的经验性和粗糙性。事实上，瓦楞纸箱的抗压强度受原材料性能、瓦楞楞型、纸箱结构、制造工艺以及流通条件等诸多因素的影响。从本质上来说，这些影响因素大部分都具有随机变化的特性，含有大量的主观和客观不确定性。由于结构可靠性理论与方法能够更客观准确地反映外载荷和结构性能的变化特性对设计结构的影响，因此引入可靠性概念研究受到大量不确定性因素影响的瓦楞纸箱强度设计问题是十分适当和必要的。由于原材料、纸箱结构、制造工艺的多样性和复杂性，因此难以取得大量样本。为便于研究，本文选择武汉金泰包装有限公司生产的 0201 型 C 楞三层瓦楞纸箱这一具体箱型为研究对象，通过试验测试，收集影响此类纸箱抗压强度主要因素的统计数据，分析各个设计变量的统计特征；以纸箱承载达到其极限抗压能力为主要失效模式，建立了瓦楞纸箱抗压强度可靠度计算模型；通过敏感性分析，研究了各个设计变量对瓦楞纸箱抗压能力的影响程度。

一、瓦楞纸箱抗压强度试验测试

1. 试验对象

试验对象选择的是武汉金泰包装有限公司为妙士牛奶生产的 0201 型 C 楞三层瓦楞纸箱，纸箱的几何尺寸为：370×300×152*mm*，每个纸箱规定装 20 瓶 500 *ml* 的妙士牛奶。

2. 试验数据

选取制造妙士牛奶纸箱的原纸，对其进行环压强度测试。测试标准式样的几何尺寸为：(152±5)×(12.7±0.1) *mm*；并对成形空箱进行压缩试验，测定纸箱的抗压强度。试验数据为（单位：*N*）：

面纸环压强度：【192，193，194，195，196，197，198，200，200，205，206，206，207，207，208】；

里纸环压强度：【142，144，147，148，152，153，154，155，155，156，160，161，162，163，164】；

芯纸环压强度：【198，198，199，200，201，204，206，207，207，207，208，216，217，218，218】；

纸箱抗压强度：【2051.5，2118.2，2279.3，2356.6，2500.6，2604.4，2744.0，2833.7，2833.7，2967.1，3140.6，3366.7，3453.8，3528.6，3592.6】。

二、瓦楞纸箱抗压强度的计算

根据原纸的环压强度计算纸箱的抗压强度有许多公式，但较为简练实用的是凯里卡特公式，它适合于用来估算 0201 型纸箱的抗压强度。公制单位下的凯里卡特公式为：

$$R = Rx(4 \cdot X_Z / Z)^{2/3} \cdot Z \cdot J \qquad (1)$$

式中：aX_Z—— 瓦楞常数，对于 C 型楞，aX_Z=6.10；

J—— 纸箱常数，对于 C 型楞，J=1.26；

Z—— 纸箱周边长（*cm*）；

R—— 瓦楞纸箱的抗压强度（N）；

R_x—— 单位长度瓦楞纸板原纸的综合环压强度（N/cm）。

对于三层瓦楞纸板，原纸综合环压强度计算公式为：

$$Rx=(R_1+R_2+R_m\times C)/15.2 \quad (2)$$

式中：R_1—— 面纸环压强度测定值（$N/15.2\ cm$）；

R_2—— 里纸环压强度测定值（$N/15.2\ cm$）；

R_m—— 芯纸环压强度测定值（$N/15.2\ cm$）；

R_m C—— 芯纸伸放系数，对于 C 型楞，C=1.477。

根据凯里卡特公式，对于某一具体的纸箱，其抗压强度与原纸的综合环压强度之间呈线性关系，这一点与试验结果相符，但试验数据与凯里卡特公式的理论计算结果之间存在较大的误差（见图 1 所示）。

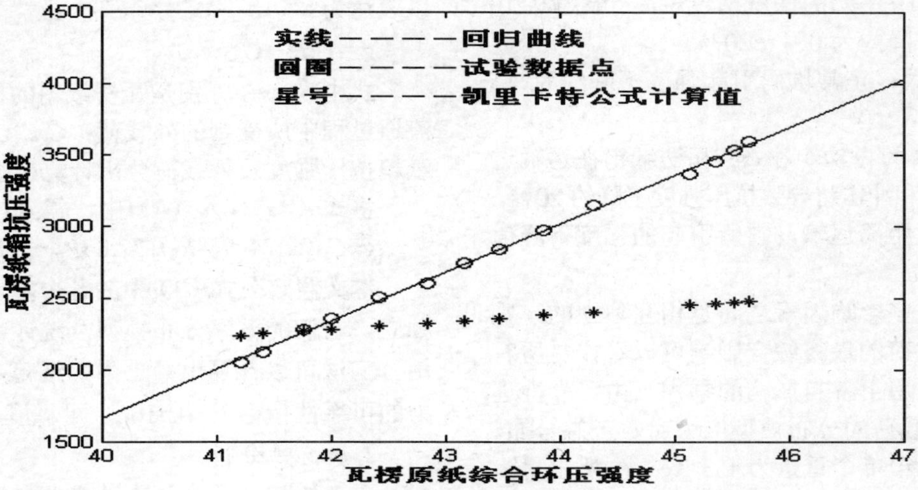

图 1　试验数据与凯里卡特公式的比较

图 1 表明，试验对象的抗压强度与原纸的综合环压强度之间的线性关系与凯里卡特公式不符。根据实测数据进行线性回归分析，得到两者之间的线性关系为：

$$R=338R_x-11849 \quad (3)$$

将式（2）代入（3）中，将各常数合并，得到试验纸箱的抗压强度计算公式为：

$$R=22.24(R_1+R_2)+32.84R_m-11849 \quad (4)$$

在可靠性分析中，结构材料或元部件的强度分布模型通常选为正态分布或 Weibull 分布模型。假定面纸、里纸、芯纸的环压强度均服从正态分布，由试验数据的统计分析可得到其统计特征（见表 1）。

表 1　基本随机变量及其描述

变量名	R_1	R_2	R_m	S	C_r	C_s
分布类型	正态分布	正态分布	正态分布	对数正态分布	正态分布	正态分布
均值	200.267	154.400	206.933	2568.200	1.0	1.0
标准差	5.738	6.906	7.295	204.340	0.1	0.1

二、瓦楞纸箱外载荷的计算

在正常堆码情况下，最底层纸箱所受压力最大，也最容易因压塌而失效。理论上，最底层纸箱所承受的压力为：

$$P=W(n-1)\times 9.81 \quad (5)$$

式中：P—— 正常堆码下最底层纸箱承受的压力（N）；

W—— 纸箱装货后的重量（kg）；

n—— 堆码层数。

瓦楞纸箱在流通过程中不可避免地受到流通环境、仓储时间等外界因素的影响，这些外界因素将引起纸箱抗压强度的变化，从等效作用的观点来看，纸箱抗压强度的变化与其所受外载荷在相反方向的变化是完全等效的。因此，研究瓦楞纸箱在流通过程中外载荷的变化范围主要考虑了以下几个影响因素。

1. 空气湿度：通过查阅武汉市气象局历年来天气预报中关于空气湿度的报告，其变化范围为65%~90%。空气湿度在此范围内的变化将导致纸箱抗压强度下降约24%～45%，等效为外载荷上升同样的幅度（以下同）。

2. 仓储时间：牛奶的保质期较短，一般为0~10天。引起强度下降约为0%～20%。

3. 堆码方式：正常堆码引起强度下降约为15%～20%。

4. 运输工具的振动和冲击：瓦楞纸箱在运输过程中受到的振动和冲击将导致抗压强度下降约20%。但牛奶一般是近距离运输，它所引起的强度下降值约为0%～10%。

假定以上这些影响因素之间是相互独立的，则它们对纸箱外载荷的最终综合影响可以看作是所有独立因素单独作用下各自影响的乘积。由可靠性理论分析，此时外载荷的分布模型应为对数正态分布。已知妙士牛奶纸箱单个重量为0.3 *kg*，牛奶重量为10 *kg*，堆码层数为15层，基于公式（5）及上述分析，可以得出纸箱在流通过程中其外载荷 S 变化范围的上下限分别为：

上限：$(15-1)\times10.3\times9.81\times(1+0.24)\times1\times(1+0.15)\times1=2017.2\ N$

下限：$(15-1)\times10.3\times9.81\times(1+0.45)\times(1+0.20)\times(1+0.20)\times(1+0.10)=3249.1.2\ N$

研究认为，纸箱外载荷 S 服从对数正态分布，并且其随机变化值位于所计算出的变化范围上下限之间的概率约为99.74%，由概率论中的3σ规则可以计算出外载荷的均值和标准差（见表1）。

二、瓦楞纸箱可靠性分析

1. 可靠度计算

基于极限抗压能力的瓦楞纸箱极限状态函数可以表达为：

$$g=C_rR-C_sS \tag{6}$$

式中：R、S分别是瓦楞纸箱的极限抗压强度及流通过程中所受到的外载荷；C_r、C_s 分别代表瓦楞纸箱抗压强度及外载荷分析计算模型的不确定性。

将式（4）代入（6）中，得到：

$$g=C_r[22.24(R_1+R_2)+32.84R_m-11849]-C_sS \tag{7}$$

本文假定公式（7）中的各个基本随机变量相互独立，它们的概率分布模型及统计特性见表1。运用JC法可以计算出妙士牛奶纸箱基于极限抗压能力的可靠性指标 $\beta=0.5166$，可靠度 $p_r=0.6973$。

2. 敏感性分析

表2给出了各个基本随机变量敏感性因子的计算结果。由表2可见，瓦楞纸箱抗压强度及外载荷分析计算模型的不确定是最重要的；其次是瓦楞芯纸的环压强度和外载荷，面纸和里纸的环压强度更次之。

表2　基本随机变量敏感性因子

变量名	R_1	R_2	R_m	S	C_r	C_s
敏感性因子	0.2347	0.2825	0.4406	-0.4007	0.5182	-0.4918

3. 安全系数分析

由于纸箱抗压强度和外载荷均为随机变量，因此定义为强度与外载荷之比的安全系数也是随机变量。随机安全系数 n 的范围是：

$$1\leqslant n\leqslant[n^2(C_n^2+1)-3n+1]/(n-1) \tag{8}$$

式中：$\bar{n}$——均值安全系数，

$n=1+\beta\sqrt{C_R^2+C_S^2-\beta^2C_R^2C_S^2}/1-\beta^2C_S^2$；

C_n——随机安全系数的变异系数，

$C_n=\sqrt{C_R^2+C_S^2}$。

其中，β 为可靠性指标，C_R、C_S 分别代表纸箱抗压强度和外载荷的变异系数。

由试验数据及表1的计算结果可以得出纸箱抗压强度和外载荷的变异系数。假定变异系数保持不变，在可靠度 $p_r=0.99$ 的情况下由公式（8）计算出随机安全系数的范围为：$1\leqslant n\leqslant2.856$。目前的瓦楞纸箱抗压强度设计计算中，安全系数一般取为4～5，可见现行的强度设计方法是偏于安全的。

不断发展的上光干燥技术

唐辉宇　陈丽娜

在包装印刷品表面涂（或喷、印）上一层涂料，经流平、干燥、压光、固化后形成一层薄而透明光亮的膜，起到增强印刷品表面平滑度、保护印刷品图文装饰的上光工艺已成为印后精加工的重要手段，在产品包装上获得了很大的成效。

随着上光工艺的不断普及，上光涂料和机械的研制开发越来越受到印刷包装行业的高度重视。上光涂料已由氧化聚合型、溶剂挥发型发展到热固化型、光固化型等。依靠空气中的氧发生聚合反应，减少了上光涂料成膜设备的投入；依靠涂料中的溶剂挥发干燥成膜的流平性好，加工性能和适应范围广，减少了操作工序；依靠涂料中成膜树脂的高分子结构所含有的活性官能基团和涂料的催化剂遇热发生交联反应，使干燥成膜自动化上光设备的效率提高；依靠涂料吸收辐射光能量后分子内部结构发生聚合反应，可以将紫外光干燥上光机构与印刷同步进行，达到一机多用，一次完成。

干燥技术作为上光工艺中的重要一环也在不断地改进与发展，从氧化聚合、溶剂挥发的热风干燥方式，到电热、紫外线干燥处理方式，不断追求对清洁能源的最大利用。目前，欧美国家研制的电子束干燥技术已开始运用，并迅速发展到紫外光/电子束与加热/电子束混合式最新干燥处理系统，将成为包装印刷行业在新世纪的最新发展成果。

一、电子束（EB）加热干燥技术

该技术是近年来国际上发达国家将原用在穿孔、刻槽、切割等机械加工方面的电子束加工工艺运用到多色高效印刷生产中的一种新型能源转换加工手段。所谓电子束（EB）就是通过电真空器件产生聚合、密集并具有一定方向的电子流。利用高功率密度的电子束加工方法，使从热阴极发射的电子受控制电极及加速阳极的静电场控制被聚集成向同一方向运动的、密集的、载面很小的电子束。当电子束冲击到工件时，动能变为热能，产生极高的温度，可使任何材料瞬时熔化或气化。这种最新干燥技术可以使油墨、上光涂料最大程度地交联和聚合，而无后固化和溶剂残留，同时热能的利用率最高。可适宜在高速流水线作业所需要的油墨、胶粘剂和上光涂料的干燥。但如单独运用电子束（EB）作为干燥处理手段，则在价格和空间利用上不经济。

二、电子束混合式干燥技术

将紫外线光固化或加热干燥方式的任何一种与电子束加热干燥技术相结合，无论涂层多厚都能处理均匀，使其完全固化。该技术使生产速度提高，对载体基材无热损伤变形，能提高上光涂料的应用性能，增强粘附力，提高印后精饰加工的效果。

在紫外光/电子束混合处理过程中，除低能、低热的紫外光可以固化涂层的表面，涂层的深处同时可被电子束干燥。照射光源的功率只需 2～40W/cm，比普通的紫外光系统节能 60%。由于产生的热量低，避免了基材的收缩变形。

在加热干燥/电子束混合处理过程中，耗能和产生的热量均减少约 40%，可使水基上光涂料得到充分的固化，抗划伤性能好，适用于没有化学物质转移的软包装材料、半硬包装材料和无需后固化材料的快速固化层合处理。

为保证固化充分，电子束固化处理过程中通常需要用氮气除去被处理材料的氧。而在混合式固化处理中，可以省去氮气，降低了生产成本。

混合式固化处理运用在包装印刷和印后精加工方面，可以在一个通道内进行多种涂布，在一台机器上可以完成多色印刷和上光的最佳固化，包装印刷产品具有高光泽、抗划伤的优点。操作安全，类似微波，节约能源，是印后精加工的发展趋势。

纸包装装潢表面的光泽处理技术

汤德芳　欧阳建

（大连轻工业学院）

据统计，80%以上的包装纸盒都要进行表面光泽处理，以提高包装档次。目前，纸包装装潢的表面光泽处理技术主要有覆膜和上光两种。

一、覆膜

纸制包装品覆膜后，具有了耐磨擦、耐潮湿、耐光、防水和防污的功能，不仅保护了纸制品包装装潢表面，而且还大大提高了包装装潢的美学价值。

1.覆膜材料

覆膜材料必须具有如下特点：（1）具有较高的透明度和光泽度，透光率一般应达到92%以上；(2)要有优良的机械强度、韧性、挺力和耐冲击力，对覆膜工艺有良好的适应性；（3）化学稳定性好，具有良好的耐热性。（4）保护性好，能防污染、防潮、防水、耐磨擦；（5）价格便宜。目前广泛应用于覆膜工艺中的材料是：双向拉伸聚丙烯塑料薄膜（BOPP）、聚氯乙烯薄膜（PVC）、聚酯膜（PET）等。

粘合剂也是覆膜工艺中的重要材料，直接影响着覆膜技术质量的好坏，如覆膜中出现的气泡、打卷、翘曲、异味等问题都可能与粘合剂的应用有关。由于覆膜生产中采用的塑料薄膜种类、产地、表面处理工艺不同，其表面能亦不相同，甚至相差很大。因此对于不同的纸制包装品进行覆膜，应选用相宜的粘合剂。粘合剂除了要具有一般粘合剂的基本性能外，还应具有适合覆膜工艺特殊性能的要求，如：有较好的耐油墨性，能在纸张、油墨层及塑料薄膜表面形成良好的润湿、扩散，并具有良好的粘接性能和持久的粘合力，不影响装潢表面图文色彩，具有较高的耐折性等性能。常用的粘合剂有：EVA类、聚氨酯、聚丙烯酸酯、橡胶类、聚酯等溶剂型或乳液型粘合剂。目前正逐步向低毒甚至无毒的水溶型和醇溶型粘合剂方向发展。

2.覆膜工艺

根据原材料和设备的不同，可分为即涂覆膜工艺和预涂覆膜工艺两种。即涂覆膜工艺就是在操作时，先在装潢表面均匀涂上粘合剂，之后再进行热压。目前国内采用较多的是即涂覆膜工艺。预涂覆膜工艺是近年发展较快的技术，预涂覆膜工艺是将粘合剂预先涂布在塑料薄膜上，然后烘干收卷。大大简化了覆膜工艺，改善了劳动条件，无环境污染，而且避免了气泡、脱层等缺陷的发生。现在世界上一些发达国家如美国、德国等大多采用这一技术。近年来，我国正努力向水性覆膜方向发展，主要是因为它具有环保性好、亮度较高、操作简单、运行成本低等优点。

3.覆膜存在的问题

尽管覆膜技术是当前国内应用最广泛的一种印后表面光泽处理工艺。但在世界范围内，这一技术的应用却很少，主要是因为存在这样一些问题：首先由于覆膜工艺的复杂，使其质量受很多因素影响。如纸张种类、油墨用量和种类、粘合剂、检测设备、工作温度、压力、环境气候等都会对覆膜过程和覆膜质量造成影响，控制不当容易出现粘合不良、起泡、涂膜不均、皱膜、弯曲不平、脱落分离等表面质量问题，很难能圆满解决。在实际工作中，覆膜后的纸制包装品往往出现异味问题，这主要是因为使用的印刷油墨和复合胶粘剂原料中含有较多的有机溶剂，应用于食品和烟草的纸制包装品应特别注意这一问题。

覆膜对环境的危害主要源于塑料薄膜难以降解，造成白色污染。另外，纸制包装品经覆膜后形成纸/塑复合材料，对包装物的回收利用带来一定的难度。所以，现在正努力向采用可降解塑料薄膜的方向发展。

二、UV上光

为了适应环保要求，纸制包装品表面光泽处理的技术正逐步向紫外线固化（简称 UV）上光方向发展。由于UV上光技术不使用溶剂，故无溶剂挥发带来的空气污染问题。同时，UV上光技术工艺流程简单，固化速度快，能耗低，可以使纸制包装品的装潢表面具有良好的耐磨擦、耐指划性和高光泽度。因而越来越受到食品、医药、烟草企业的重视。

1.UV上光油的组份

UV 上光油主要由齐聚物、活性稀释剂、光引发剂及其它助剂组成。齐聚物是 UV 上光油中最基本的组份，其性能对固化过程和固化质量起着决定性作用。目前，常用的齐聚物有环氧、丙烯酸酯、聚氨酯丙烯酸酯和聚酯丙烯酸酯等，其中环氧丙烯酸酯具有固化速度快、附着力好、价格便宜等特点，是应用最广泛的一种齐聚物。

活性稀释剂是用来调节 UV 上光油的粘度、固化速度和固化膜性能的。目前大多使用的是丙烯酸酯类单体。根据含有丙烯酸基的数量不同，可分为单官能团稀释剂和多官能团稀释剂。相对而言，多官能团活性稀释剂挥发性低、闪光点高，故应用较多。常用的有：已二醇二丙烯酸酯（HDDA）、新戊二醇二丙烯酸酯（NPGDA）、二缩三丙二醇二丙烯酸酯（TPGDA）、三羟甲基丙烷三丙烯酸酯（TMPTA）等。

光引发剂是任何 UV 固化体系都需要的主要成分，分为两种类型。一种是夺氢型。需要和一含活泼氢的化合物相配合，通过夺氢反应形成自由基，进而引发聚合反应，二苯甲酮（BP）及其衍生物属此类。另一种是裂解型。受紫外光激发后，分子内解出自由基，此自由基可引发树脂或活性稀释剂的聚合反应，安息香及其脂肪醚属此类。UV 上光油常用的助剂有稳定剂、流平剂、消泡剂等。

2.UV 上光的工艺和分类

UV 上光工艺过程一般是：除粉——电晕处理——打底油——UV 上光——冷却。影响其工艺过程的因素很多，如：油墨、印刷品的上光适性、工艺中相关条件（涂布量、干燥温度及涂布车速等）的选定，以及外部环境条件的影响等。油墨层的润湿作用和它的颗粒度，以及墨层干燥情况等都会直接影响上光油的涂布质量和流变性。纸张的平滑度和吸收性对上光质量的影响也尤为显著。在其他因素相同的情况下，纸张平滑度越高，上光效果就越好；反之亦然，容易产生局部凹陷现象。为获得高平滑度的纸张，往往在上光之前先涂布一层底胶层。不同的纸张对上光油的吸收是不同的。吸收过强，会使上光油很难形成较平滑的膜层，易出现与纸面凹凸状态相似的膜层。吸收过弱，会使流平中的渗透、凝固和结膜作用明显降低，同样不能形成高质量的膜层。因此要选择适宜的吸收性。

UV 上光的方式也有很多，且其分类方法也很多，主要有三种：（1）按上光机与印刷机的关系可分为：脱机上光和联机上光。（2）按上光方法可分为：辊涂上光和印刷上光。（3）按上光产品类型可分为：全幅面上光、局部上光、消光上光以及艺术上光等。

3.UV 上光的应用及存在的问题

纸制包装品经过 UV 上光处理后，能提高其外观效果，使印刷质量厚实饱满、光泽丰满滋润，提高纸制品的装潢效果，并可明显提高耐折性和耐化学性，改善其使用性能，减少产品在运输、储存过程中的损失。对于防潮要求高的产品（如电器等），其纸制包装品通过 UV 上光处理，可提高包装件的防潮能力。

UV 上光在近几年发展较快，在包装印刷品行业中所占的比例正在逐步增加，但同时也还有许多问题有待于解决。

首先是安全性问题。目前 UV 上光油中使用的活性稀释剂都有一定的挥发性或刺激性，对环境仍有污染。目前正在研制开发的水性 UV 上光油，是用水或增稠剂替代活性稀释剂，从而解决了挥发性和刺激性问题，是一种理想的环保型产品。

其次是气味问题。现在正逐渐向低气味方向发展。目前 UV 上光的包装制品还没有获得美国食品药品局的认可，不能与食品直接接触。因此，需改善工作条件和环境，提高干燥效果，得到彻底固化，从而降低气味。

再次是在氧化聚合型油墨上的附着性问题。不仅存在气味，光泽低等问题，而且附着较困难。现在往往使用双上光来提高 UV 上光质量，但同时也使成本提高。因此，有待提高 UV 光油与油墨的适应性。

最后是降低成本问题，虽然目前成本已下降了许多，与 BOPP 复合膜复合的成本相比要便宜。但在国内，UV 上光油的种类很多，性能不一样。所以价格差别较大。总体来说，成本还是过高，需要进一步降低光油成本、涂布成本及设备运行费用。

三、结束语

目前在我国印刷包装行业中，使用最为广泛的表面光泽处理技术是上光和覆膜，且覆膜技术的使用率高于上光，主要是因为覆膜技术的成本相对较低、设备简单、印后整饰和保存效果容易体现。但随着人们环保意识的加强和不断对 UV 上光技术的研究，UV 上光技术将会得到很快发展。

海外视窗

OVERSEA WINDOW

海外视窗

OVERSEA WINDOW

【麦当劳全球启用“i'm lovin' it(TM)”标志新包装】从2004年1月起，美国、加拿大和拉美地区麦当劳店中的成人纸袋和冷饮杯将率先换用新包装。

2003年9月25日，麦当劳开始在全球推出“我挚爱它”（“i'm ovin'it(TM)”）的全新标志。不要以为这只是一个简单的小标志，据麦当劳介绍，到2004年底，全球的麦当劳店中都将飘动“我挚爱它”的身影。

美国当地时间12月16日，麦当劳总部伊利诺伊州橡树溪发布新闻，该公司将在全球启用新的包装标志体系。麦当劳表示，包含“i'm lovin'it(TM)”的包装标志倡导简洁明快的生活方式，意在向消费者传递清新自然的生活格调。从2004年1月起，美国、加拿大和拉美地区麦当劳店中的成人纸袋和冷饮杯将换用新包装。2004年3月，“i'm lovin'it(TM)”快乐餐包装将全部启用，到2004年底，有大M标志，1/4红色衬底和食品目录的纸杯和包装袋，将全面登陆119个国家3万多个麦当劳汉堡包店。

麦当劳常务副总裁兼首席市场运营官拉里·赖特说，“标志不是策略，我们并不认同它是在传递一个品牌信息，它只不过是个产品载体而已。不过我们的包装倒成为了一种流动的户外广告。”拉里·赖特认为，此举标志着麦当劳的新变化，特别是在与消费者之间的沟通上传递出不同以往的新声音和新态度。“以单一品牌包装、单一品牌信息的方式亮相在麦当劳历史上是头一次，我们将在全球恒定推广。”

【德开发非印刷全息防伪标签】据德国《世界报》报道，德国一家公司研制出一种新型防伪标签系统，利用激光束把数据信息以微米大小的光点形式打入标签里，通过识别光点形成的全息图，鉴别产品的真伪。

这套防伪系统是由海德堡一家公司的两位物理学家开发研制的。新系统结合了全息摄影和聚合材料薄膜的数据存储技术的优点，通过激光束将随机数量的光点烙在一片仅有二万分之一米厚的聚合材料薄膜上，每平方毫米薄膜可以烙一百万个光点，这些光点可形成一个三维全息图，代表一个图像、数字代码或是企业标识。此外，光点中还可以储存一千字节的数据信息，比目前通行的条形码容量多出一千倍以上，用以介绍产品的情况。

使用时，通过特殊的读识装置和激光束，再现全息图，并读出光点储存的产品信息。尽管市场上全息图已经在防伪技术上有所应用，但由于传统防伪措施采用的是印刷技术，而且同类产品的防伪标识设有区别，已经无法适应防伪的需要。相比之下，新标防伪系统采用随机产生的光点，使得每个标签的全息图都各不相同，加之光点本身还储存有特定的信息，使得对伪劣产品的鉴别更加准确、便捷。

研究人员预计，这种新型防伪标签在产品及包装等领域应用前景广泛，尤其是药品行业。世界卫生组织曾经对全球发出警告说：“世界上每天有70人因假冒药品而死亡。”

【欧盟——网上购物将考验包装市场】欧盟委员会2003年底发表的一份报告说，近几年来，欧盟的电子商务市场发展迅速，电子商务营业额将从2000年的100亿欧元上升到2003年的700亿欧元。

报告指出，欧盟于2000年推出的电子商务指令对促进各成员国电子商务市场的自由化和一体化产生了积极影响。鉴于技术不断革新的电子商务快速发展，欧盟委员会将加强对该指令在成员国执行情况的监督，以保障电子商务市场的顺利发展。

目前，欧盟大约有1.85亿因特网用户，因特网的商用和家用普及率都提高很快。电子商务虽然只占欧盟零售额的1%～2%，但增长的前景却极为看好。仅在去年圣诞节期间，欧盟网上销售额便比上一年增加了86%。

报告预测，随着网上购物合同法的完善以及网上购物的被接受程度日渐提高，到2006年，欧盟将会有54%的因特网用户在网上购物。

而近日，美国环保局也举办了名为“从摇篮到摇篮”的包装设计比赛，其目的就是将包装设计、环保和网上商务几个未来值得关注的主题提到公众的面前。

【美国PET瓶装啤酒指数上扬】美国啤酒包装容器，主要是金属铝罐和玻璃瓶，但塑料PET瓶用量近年来增长很快。现在，高档啤酒使用玻璃瓶包装的比例显著提高，这是玻璃瓶用量增长的一大因素。塑料（PET）瓶在啤酒包装中应用是最近几年才出现的，据统计：1999 年的 PET 瓶的用量仅为 0.5 亿只，但 2000 年就增长了 200%，达 1.5 亿只，2001 年又翻了一番，增至 3 亿只。

据专家估计，2005 年和 2010 年美国啤酒消费量将分别为 2380 万吨和 2400 万吨，其中 PET 瓶装啤酒的比例将再创新高。

【意大利包装机械销售持续增长】据意大利自动化包装机械制造厂商协会前不久的一份资料显示，近年来意大利包装机械销售情况理想，2002 年增长 3.8%，估计 2003 年增长幅度可达 2 位数。

该协会表示，下属会员公司在 2002 年的总利润达到 27.38 亿欧元，比 2001 年上升 6.8%，其中 81% 来自外销市场，所以出口增长 7.1%。据统计，2003 年增长率在 8%～10%之间。据悉，意大利包装行业在美国市场销售状况良好，在其他地区的发展表现也不错，包括俄罗斯、中国及东南亚市场，欧洲包装市场也没有下滑的迹象。这是因为医药、化妆品、化学品以及食品工业的需求较稳定。

【包装垃圾多达 30%】来自法国环保部门的统计资料显示，目前 30%的生活垃圾是各种各样的包装纸。而环保部门人士称，我国的包装垃圾增加的趋势同样不可忽视。

商家为了取悦消费者，不断推出花哨且缺乏环保观念的一次性包装。尤其是在圣诞节和新年来临之际，更是绞尽脑汁为各种礼品设计出精美的包装，有些产品包装物的重量甚至远远超出内容物的含量。

对环保和环卫部门来说，处理大幅增加的包装垃圾成了沉重的负担。据介绍，目前我国城市居民家庭生活垃圾与 20 年前相比成倍增加，增加的部分几乎全是包装材料，而这些包装材料中大部分是豪华礼品包装和一次性包装。

有关人士以并不“豪华”的一次性的方便型速溶咖啡为例，其所需的包装纸也相当于同等量袋装咖啡的 8 倍之多。而一旦换上了“豪华包装”，使用的包装纸的量更可能超过一般包装的 10～20 倍！

【一根玉米棒制成 10 张 CD，三洋生物降解树脂——MildDisc】三洋 MAVIC Media 成功开发出采用生物降解树脂的 CD 盘片“MildDisc”，并于 2003 年 12 月 1 日开始接受客户订单。

据称，生物降解树脂使用的是聚乳酸（PLA）。其主要生产原料是玉米。据说一根玉米棒能生产 10 张 CD 盘片。而 MildDisc 主要面向音乐 CD、VCD 和 CD-ROM 等用户。

通过使用生物降解树脂，就能够解决现有 CD 盘片废弃时对环境造成的污染。这是因为由于使用了植物性乳酸，因此与过去使用的聚碳酸树脂（Polycarbonate Resin）相比，焚烧时的燃料能量较低。另外，进行填埋处理时，2～5 年即可快速地生物降解。而过去的聚碳酸树脂在废弃时一般进行焚烧或填埋。焚烧时必须要有可高温加热的设备，填埋时废弃的 CD 盘片则会半永久性地残留于土壤中。

不过，仍有一些课题尚待解决，这就是耐热性和价格。比如，在车用 CD 机等高温环境下，可能盘片会发生变形。价格方面，由于包括数据刻录和盘盒印刷等，每千个批量购买时每张盘将达 500 日元（约合人民币 33 元）。

由于生物降解树脂对环境造成的压力小，因此最近几年越来越受到了世界的关注。2002 年秋，不仅索尼在“随身听”机壳中采用了此类产品，而且富士通也在部分电脑机箱中采用了此类产品。另外，NEC 也已决定在 2004 年内在电子产品机壳中采用生物降解树脂。

【欧洲塑料食饮包装用量呈上升态势】据市场预测报告显示：近几年来及未来几年后，欧洲塑料包装用量呈上升态势。到 2007 年，欧洲的食品、饮料包装用塑料的市场销售额将由 2000 年的 49.1 亿美元增长到 71.5 亿美元，年均增长率为 5.5%。

业内人士分析：欧洲市场塑料包装销售额增长速度最快的将是聚丙烯包装市场，其中热塑性聚丙烯平均增长率将达 10.7%，透明聚丙烯将增长 9.5%；其次是 PET，平均增长率为 9.2%左右，而发泡聚苯乙烯和软质 PVC 的市场增幅最小，甚至可能停止增长。

【日本将开发陈米造塑料技术】从 2004 年开始，日本政府将援助实施一项新的产业——利用政府拥有并难以处理的大量陈米生产可降解塑料。这种塑料以植物为原料，废弃后可以在土壤中分解。

据悉，这种塑料可以通过土壤中的微生物分解成水和二氧化碳。由于原料使用的是大米和玉米淀粉，这种塑料除了被用于农用保温大棚外，一些日本公司也开始采用这种新型塑料——索尼公司已着手将其用于制作立体声耳机，丰田公司则使用这种塑料制造汽车零部件。

2002 年，日本政府国产大米的库存量达到了155 万吨，其中 53 万吨为 1996 年和 1997 年生产的难以再食用的陈米，而这部分大米最终将被用于可降解塑料的生产。

【英专家认为未来5至10年内数字喷印将成为包装印刷的主流技术】

全球著名的英国印刷、包装、出版和纸加工业研究咨询机构 PIRA，发表一项最新调查统计，指出目前已有 90%的包装印刷厂家及终端用户，正在探索数字印刷在包装领域的应用；而喷印技术作为主要的数字技术，吸引了众多公司在喷印解决方案方面进行开发投入。由于灰梯技术可以在一大批不同底基上输出近似照相质量的印刷效果，其应用将进一步加速推动这一趋势。如最近推出的采用灰梯技术的 Xaar 公司 Leopard 喷墨打印头，就体现了包装印刷应用领域的一个重要突破。这种喷印头可以在诸如塑料瓶、金属薄片、纸板箱、标签等各种不同底基上，直接进行高质量的印刷。

英国 Xaar 公司产品经理 David Frew 先生认为，在包装工业面临来自品牌形象愈益重要的社会中消费者需求不断增长之时，包装的价值正在变得与产品本身的价值同等重要。而数字按需喷印技术在初级和二级包装印刷领域不断扩大的应用，使得产品制造者能够通过对其产品的包装和展示，来提升其品牌价值，满足消费者的需求。

David Frew 先生说，产品包装不光要求外形好看，还必须为商品制造者提供向消费者展示可变信息内容的可能，如有关商品促销的信息内容。此外，市场还会要求包装印刷厂商能够提供低成本的生产样品，以及小量的试销产品。传统印刷方式在这种短版活生产方面成本过高。数字按需喷印技术则提供了一种新的高效益选择，它可以做到图文迅速转换和交工及时的生产，并通过减少库存而极大地节约成本。David Frew 先生预测，在今后 5 至 10 年内，数字喷印将成为一种主流技术而被包装印刷业采用，在未来产品包装中发挥重要的作用。

【Sonoco 完成出售高密度薄膜部门的工作】全球性的包装企业 Sonoco 已经完成出售其高密度薄膜部门的工作。

Sonoco 高密度薄膜部门的售价约为 1.19 亿美元，其中包括约 8100 万美元的现金，外加一定数量的次级证券和 Hilex Poly Co., LLC（位于加州洛杉矶的 HPC Group of Companies 旗下会员单位）和 DCH Investment Holdings LLC 的没有投票权的优先会员股。DCH Investment Holdings LLC 是位于佐治亚州亚特兰大和加州洛杉矶的 Dewberry Cesinger Hodgson 旗下子公司，而 Dewberry Cesinger Hodgson 则是始建于亚特兰大的 Dewberry Capital Co reoration 旗下私人股权投资子公司。截至 2003 年前九个月，Sonoco 高密度薄膜部门共为 Sonoco 带来了约 650 万美元的净盈余。

Sonoco 高密度薄膜部门透过其在美国境内的 5 个工厂生产塑料杂货店、零售、生产和快速服务单位所需的塑料袋和农用薄膜。这 5 个工厂共拥有约 800 名员工，这些工厂分别坐落在南卡罗莱纳州 Hartsville、宾夕法尼亚洲 Milesburg、北卡罗莱纳州 Mount Olive、印地安那州 North Vernon 和德州维多利亚。

【箭牌公司宣布收购糖果业务】箭牌糖类有限公司（Wm. Wrigley Jr. Company, NYSE:WWY）宣布，它已经和西班牙私营食品巨头亚古利民糖果集团（Agrolimen）签订了收购其旗下佳口集团（Joyco Group）部分糖果业务的协议。

“箭牌公司这次收购行动的主要动因是战略上的配合和创造巨大价值的潜力。”箭牌公司的董事长、总裁兼首席执行官小威廉.瑞格理（Bill Wrigley Jr.）表示，“佳口集团强势品牌、济济人才和糖果业务经验的加盟，将有助于我们业务的长远成功，并加强使箭牌产品融入全世界人们生活每一天的能力。”

箭牌公司负责全球战略和新业务的高级副总裁 Peter Hempstead 也表示，“我们对佳口的收购在如下方面符合我们的主要战略抉择：为我们的产品组合增添了强势的泡泡糖品牌，扩大了我们的胶姆基生产规模；使我们在咀嚼型糖果和包括棒棒糖在内的其他硬糖领域更加多元化；在欧洲以及主要发展中国家市场，如中国和印度，进一步扩大我们的分销系统和产品种类。”

此次收购将是一宗总额达 2.15 亿欧元（2.72 亿美元）的现金交易，资金来源为箭牌公司的现有资金及贷款额度。对于佳口集团的收购，预计将在 2005 年为箭牌公司增加总体盈利。

【新型铝成型技术公布】Bi-Link Metal Specialties 已经公布了一种新型金属成型技术，这种技术可生产出与铸造类似的产品，而质量却相当于金属冲压的质量。利用这种新的工艺——热成型（HotForming）技术可生产精密度极高的关键零部件。这为金属喷涂设计师提供了新的选择。

热成型技术使设计师不再受到旧的约束，并带来一种更洁净的产品外观。此外，作为一种附加的好处，它还能节约总成本，因为不再需要粘合的过程。产品看上去不再像是经过装饰的塑料，而是精密金属零件。

经阳极处理的表面抛光材料的热成型铝盖外形非常出色，塑料根本无法复制。目前，阳极处理的表面可带来难以置信的质感、颜色和图案。事实上，想要的任何一种颜色都可透过阳极处理获得，而且金属表面既可以做得非常光滑，也可以进行蚀刻。经过适当阳极处理的表面具有和手工打磨的光漆表面一样的厚度和美感。

目前的这种表面抛光材料与精心制作的外壳或面板相配合，即使是最外行的消费者也能看出效果。拥有经阳极处理的出色表面和铝盖的零件从房间的另一头都能明显看出其出色的外观和触感。正是这种抛光表面激发了消费者的购买热情。

【北美地区包装柔印增势强劲】尽管2003年北美经济发展缓慢，但是柔性版印刷仍然是包装印刷业中的一大重点，2003年的增长幅度达到5%。

根据柔印技术协会的统计结果，北美6000多家柔印企业在2002年的印刷生产总值超过850亿美元，覆盖的市场领域包括软薄膜包装、纸袋、多层包装袋、标签、瓦楞纸/预印、折叠纸盒、信封等。据柔印技术协会预测，柔印行业的增长幅度将超过国内生产总值增长幅度，达4%~5%，占北美包装印刷市场的74%，占全世界印刷出版市场的24%。食品包装及医药包装的市场预测也继续显示出强劲的增长势头。软包装承印物及纸制品加工技术的进步，也推动了市场稳步向前发展。

【荷兰食品包装机械发展快】近年来，随着对食品科技的投入加大，荷兰食品包装机械产业得到了快速发展。为了促进包装机械在市场上的竞争力，荷兰包装机械企业间的并购风不断，包装企业的整合促使这些企业的国际地位更加巩固。包装工业不断进行技术革新，保持其与国际客户的密切合作关系，致使荷兰包装工业企业近一半的营业额来自外销，包装原料使用量的减少也是近年来重要的研发成果之一。

目前，荷兰在食品肉类方面的加工机械已发展到从生禽到鲜肉成品的连贯作业、自动机械化，并采用了微电子技术进行品质管理控制，以符合最严格的标准。由于制造商坚持产品的高质量，从而使荷兰肉类加工机械制造商均有85%的外销市场。

荷兰的乳品在质和量方面均远胜其他国家，且为世界乳品第一输出大国。荷兰乳业年产160万公斤牛奶，其中65%供外销。

荷兰的乳品及饮料机械均包含了包装、储存、冷藏、挑选及配销设备在内。由畜牧业、机械供应商及学术机构构成的铁三角，造就了荷兰今天的乳品国际地位。

荷兰的一般食品加工机械，主要以各类疏果、马铃薯加工机械为主。机械供应商不但注重设备的生产力，而且注重与环保的互动关系，以适应绿色装备的市场需求。在混合饲料机械方面，主要为壳类、宠物及鱼饲料的加工机械。因疯牛病与猪瘟的爆发，促使荷兰业界加速研发了新的机械及技术。如卫生改善、加热处理、酶添加、节约能源等成为研发的重点。荷兰混合饲料的产量位居欧盟第三，在家畜饲料及技术方面则居领导地位。

【欧洲塑料母料生产商控制全球市场】据英国市场研究咨询公司AMI最新的一份研究报告指出，在过去的五年里，欧洲塑料母料产能以年均5.5%的速度快速增长，2002年欧洲母料的总产量已达到80万吨。其中欧洲母料生产前五强：Schulman、Ampacet、C\ari-ant、Cabot和Polyone公司占据了全球塑料母料总产量的近60%，而且由于它们在全球各地都有生产装置，因此它们也控制了全球母料市场。

2004年1月，塑胶产品提供商A.Schulman(SHLM)的股票遭遇卖压，跌幅一度超过6%。稍早时这家总部位于俄亥俄州Akron的公司宣布，第一财季的盈利为950万美元，即每股盈利32美分，超过上年同期盈利830万美元，即每股盈利28美分的水平。但是A.Schulman还指出，汇率变化使该财季的盈利增加了160万美元，合每股增加5美分，同时这一财季的出货量和盈利率均低於预期。

【多功能环保型包装纸品受青睐】美国明尼苏达州Liberty制纸股份有限公司开发出M-Guard屏湿性纸板，状似瓦楞纸板，也类似于常用内衬纸板，可印刷，可回收再打浆加制。该纸板的屏湿性能具有视觉效果。这种屏湿性能是在制纸板工艺过程中，因内部化学粘结性能的作用所致，无须任何转化，可以节省时间。该纸板通过其内在的吸收作用而达到良好的屏湿性能。

英国一家公司开发研制成功可替代泡沫塑料作包装材料的环保纸卷，上面有很多小裂口，占据空间较小。当纸卷拉开后，它就成为立体蜂窝状，面积达到原来的10倍。它能起到缓冲衬垫物的作用，适合填充和保护包装商品用。该纸卷用再生纤维制成，可回收重复使用；废弃时，能生物降解。

【2010年前全球烟草消费预计将有所增长，但增长速度下降】联合国粮农组织（FAO）2004年1月8日公布的一份最新研究报告（对2010年前烟草生产、消费和交易情况的预测）指出，由于人口和收入的增长，预计2010年前全球烟草需求将会增加，但增长速度较过去有所下降。

FAO指出，尽管发达国家的烟草消费量肯定会继续下降，但发展中国家的消费却会有所增长。

预计，2010年，根据烟叶重量统计的全球烟草产量将由1997年和1999年的590万公吨增至或超过710万公吨。这较1992年的烟草产量750万公吨有所下降。

该报告指出，烟民数量预计将会从1998年的11亿增至2010年的约13亿。这意味着每年增长约1.5%。

吸烟是烟草消费最普遍的形式。经过工业加工的和手卷的烟草数量约占全球所有烟草消费的85%。中国大约有3.2亿烟民，是全球主要的香烟消费市场。

大约有100个国家生产烟草。其中主要生产国为中国、印度、巴西、美国、土耳其、津巴布韦以及马拉维，这些国家的烟草总产量占全球的80%以上。中国一国的产量是全球的35%以上。

2010年，发达国家的烟草消费的全球比重预计仅为29%（1998年为34%），而发展中国家的比重将为71%。

预计，需求增长的主要地区是在远东，特别是在中国。2010年中国的全球烟草总需求比重可能保持在37%左右。

印度是烟草消费的第二大市场，常规纸烟消费仅为25%。多数人以非纸烟的形式（如手卷雪茄烟、咀嚼等）消费烟草。印度的烟草总需求可能继续增加，但增长的速度比较先前的几十年慢。

【BASF推出环保纸包装保障性涂料】世界化工巨头——德国BASF化工集团前不久研制成功并向市场投放一种用于纸包装的保障性涂料。

BASF这种保障性涂料符合环保要求，其聚合物分散液涂过的纸包装耐水、耐温、耐油及脂，使造纸企业可以生产有利环保而且又具有竞争力的供包装用的纸张，不用改变现有的造纸生产工艺。2004年年初，造纸厂商StoraEnso公司已经率先在世界上用巴斯夫集团提供的聚合物分散液，生产出制造环保纸包装制品的纸张和纸板。

【可口可乐多事之春】帕玛拉特公司的新闻话题余热尚存，全球最大的软饮料生产商可口可乐公司再度成了媒体的焦点。

有报道称：三位前可口可乐公司（Coca-Cola Co.）财务官员对美国当局表示，该公司上世纪90年代通过向日本灌装厂出口过多的浓缩液来虚增利润。调查人员约见了可口可乐现任和前任的管理层人士，询问其在日本的会计操作。日本业务约占可口可乐营业利润的20%。

美国联邦调查局（FBI）、亚特兰大律师办公室和SEC目前正在调查可口可乐公司是否利用仓库或第三方卖主来储存所称已出售的或还未发货的浓缩液。可口可乐公司称，“政府尚未把调查中感兴趣的细节问题通知我们，但如果他们这样做的话，我们将全力配合。”

据联邦调查人员称，他们正对现任和前任的可口可乐公司雇员进行调查，询问有关公司通过向数个包括日本在内的国际市场出售过剩可口可乐浓缩剂，达到虚增公司销售数据目的的问题。

公司前雇员控告公司造假，通过称之为“暗转”（channel stuffing）的手法，将过剩可口可乐浓缩剂向海外罐装厂转移，达到虚增销售目的。美国亚特兰大州总检察长办公室（United States attorney's office in Atlanta）、美证交会（SEC）和联邦调查局（FBI）自2003年5月已开始对公司进行调查，据两位曾遭询问的前雇员称，联邦调查人员对公司董事会主席和CEO Douglas N. Daft在这个活动中所起的作用很感兴趣。他1999年在公司的中东和远东地区的子公司工作，这两位员工称当时发生过“暗转”行为。调查人员询问了各种问题，甚至包括公司在Daft接手后企业文化发生了那些变化。

在调查逐步升级的时候，公司董事长兼行政总裁Dou-glas N. Daft于2月19日对外宣布了其退休计划和过渡过程安排。

Daft先生的声明部分内容如下：

“今天，我已告知可口可乐公司董事会，我打算到2004年底从董事长兼行政总裁的位子上引退的计划。此外，我还告知董事会，在退休后我将以董事会认为合适的任何身份为公司提供支持。这与我之前已经知会过董事会的个人意愿相一致。”

“1999年，当公司董事会请我担任董事长兼行政总裁一职时，这个公司面临着一系列重大的结构性和策略性挑战。过去四年来，我们取得了大量的成就，并使公司重新回到加速发展的轨道上来。现在，我们的品牌更加强大，我们的全球生产和销售系统也已恢复到良性状态。我为我们所取得的成就而骄傲。而我对我们在2003年所取得的财务业绩感到尤为高兴。此外，我们2004年的成功前景也十分看好。”

【全球经济活力复苏】2004年2月2日，美国经济谘商局（The Conference Board）公布的最新预测称，美国和全球经济的大部分已经开始了真正的经济增长，并将有可能达到自1984年以来的最高水平。

经济谘商局表示，今年美国经济增长率将达到5.9%，而全球经济的增长率则会达到5%。虽然欧洲和日本经济将以3%以下的速度缓慢增长，但全球大部分地区都将以6%甚至更高的速度增长。不过，这种速度还是反映了欧洲和日本经济的健康增长。

经济谘商局的报告指出："迅速的营收增长和利润创造能力方面的好处意味着近期利润增长的幅度将是巨大的。美国经济和全球经济持续处在强劲经济周期的高效阶段。该阶段加速的增长可以创造生产力和利润，同时劳动用工的不断增长则会创造收入推动消费支出增长的新阶段。”

经济谘商局预测认为，2004年的通货膨胀率将为2.2%，2005年则会上升到3.2%。预计实际消费性支出今年将攀升5.3%，明年则会增长4.5%。

谘商局报告也指出，现实的危险是，这些“好时光”掩饰了潜在的成本竞争力的恶化，特别是在下降的失业率推动工资的增长、较高的且不断提高的商品价格提高了非劳动成本，同时固定成本结构也开始增加的时候。而且价格、成本和利率也有可能突然提高，有可能事先没有预警，从而为美国和全球其他地方的未来带来不稳定性。

而《路透财经》则称，根据一份调查1000多位商业经济学家的结果显示，全球经济环境自2000年的繁荣以来首次再现当前这样良好的形势，这个好消息是各地经济增长将会持续下去。

据来自对全球92个国家的跨国公司、学术机构和商会的经济学者们的季度性调查显示，这次经济景气的跃升绝大部分是因人们对目前状况的正面评价而推动的。报告称，未来6个月的预期将会进一步升高。

由德国的Ifo研究院和巴黎的国际商会（International Chamber of Commerce）联合编制的经济环境指标（economic climate indicator）从2003年10月的100.2点升值1月的111.0点。而预期指标（expectations indicator）从122.8点升至128.1点；当前状况指标从76.7点飚升了近20点，达93.2点。

【世界塑料市场将走强】据国外专业人士预测，2004年世界塑料市场将出现增长，不过聚乙烯（PE）和聚苯乙烯（PS）的市场表现仍将滞后于聚丙烯（PP）和聚氯乙烯（PVC）的表现。

CM AI的分析师称，2004年全球PP市场前景更为看好，美国PP市场在经历了2003年增长3%的基础上2004年还将增长4%～5%，这种需求的强劲增长将促使美国PP产能和需求处于平衡，装置开工率也将处于80%～90%之间的较高水平。PP生产商有望在本月完成对PP上涨2美分/磅的调价计划。同时CM AI的分析师还指出，2004年美国市场PP供应有可能因装置的非计划停工而引起供需紧张局面。此外亚洲对PP产品的强劲需求也在一定程度上刺激了PP价格的走强。

CM AI的分析师还预测，2004年PVC市场需求在经历了2003年的平淡后将增加4%，不过2004年全球新增PVC产能的计划和投资仍然很少，这使得2004～2005年全球PVC装置的开工率和利润将进一步提高。

【FDA：新条形码规定将降低医疗事故风险】2月25日，美国食品和药物管理局（FDA）宣布，为降低医疗事故的风险，数千种普通处方药和生物科技产品将像普通消费商品一样标注条形码。

FDA的新规定要求，相关产品提供商必须在多数处方药、某些非处方药和血液产品的商标上标注条形码，以便跟踪这些产品的运输和销售情况。条形码中必须包括这种药物的国家药物编码，公司也可以在其中加入有关产品有效期的资讯编码和其他数码。

FDA预计，一旦完全付诸实施，新规定将在未来20年中减少50万例并发症和输液错误，节省约9300万美元的健保开支，减少患者因医疗错误带来的痛苦，避免工作时间被浪费。

FDA委员马克·B·麦克莱兰(Mark B. McClellan)指出，“我们鼓励广泛采用这种技术，这样就可以帮助健保服务提供商避免成千上万的医疗事故。条形码的可靠性和有效性已得到证明，它可以保证很多商业和医疗行为的精确性。我们将首先在那些生命急救系统中实施新的规定。”

FDA指出，新规定适用于多数药物生产商、再包装商、再贴商标商、私营品牌分销商和血液制品商。受新规定管辖的新药必须在获准上市60天内标注条形码，那些已获得上市许可的药品和所有血液产品及相关产品必须在两年内标注条形码。

【美将对亚洲三国征收塑料袋反倾销税】据海外媒体报道，美国商业部最近宣布，将对来自中国、马来西亚和泰国的价值1.75亿美元的塑料袋制品征收反倾销税。

据报道，美国商业部准备对从中国出口的塑料袋制品征收1%到接近123%的反倾销税，对马来西亚的塑料制品征收0.14%到101.74%的反倾销税，对泰国的塑料制品征收2.84%到122.88%的反倾销税。

据悉，美国国际贸易委员会将于今年8月就此问题进行投票表决，做出最后裁定。

【加工业CPM市场未来5年将保持约11%的年增长率】全球加工业CPM（协同生产管理）市场规模2003年超过了11亿美元。该市场的解决方案需求将持续增高，今后5年的年增长率将保持在大约11%的水平，2008年将接近20亿美元。美国调查公司ARC日前对全球加工业CPM市场做了一项调查并发布了上述预测。CPM解决方案是通过调整与操作有关的全部制造数据来支援和管理生产活动的集成化软件。

通过采用CPM解决方案，能够得到增加产量、降低能耗、降低原材料用量、减少次品以及提高安全性、增加生产自由度和速度、提高效率、改善产品质量、降低生产成本等诸多优点。目前有很多企业对ERP、SCM和CRM等应用程序进行了投资。不过，为了提高这些应用程序的使用效果，就必须随时了解工厂的实际状态，并及时将获取的数据反映到生产中。为此就要求构筑基于CPM的应用基础。

【帕玛拉特将收缩跨国业务对120个品牌进行“瘦身”】深陷财务丑闻深渊的帕玛拉特公司公布了重组计划的纲领性意向声明，它将通过出售非核心业务和“债转股”两种方式，彻底摆脱破产阴霾。

这家多灾多难的意大利奶业公司在一份声明中表示，公司今后将把主要精力投入到30个与饮料、牛奶相关的品牌当中。这意味着帕玛拉特将对现有的120个品牌进行大规模“瘦身”，包括意甲俱乐部帕尔玛在内的非核心业务将统统出售。此外，作为意大利最知名的跨国企业，帕玛拉特在30多个国家拥有分支机构，在今后的发展蓝图中，其跨国战略将由扩张变为收缩，仅保留西班牙、加拿大、澳大利亚、南非、委内瑞拉等个别销售业绩良好的海外市场。

据报道，帕玛拉特在2004年5月至6月间出台完整而详尽的重组计划书。

【钢铁价格猛涨威胁全球经济增长市场产生恐慌】日本至中国的现货铁矿石价格自2003年12月份以来，据称已上涨了300%。澳大利亚的麦格理银行（Macquarie Bank Ltd., MBL.AU）称，全球钢铁原材料价格的迅猛上涨已经转化为恐慌，并且这种状况将急剧恶化。该银行警告称，这种局势非常可怕，将威胁到全球和中国的经济增长前景。

该银行表示，焦炭、现货炼焦煤、废钢和钢铁产品价格几乎每天都在上涨，原因是轮船和材料的短缺以及对未来供应状况的担忧。

【德国造纸业价格持续下滑】德造纸企业协会宣布，近年德造纸业销售价格平均每年下滑7%；2003年德造纸业销售额为119亿欧元，下降3%;由于经济增长乏力，成本上升，税前利润由7%降为4%。虽然利润和销售额下降，但该行业的生产并未下滑，当年纸张、纸箱和纸板的产量达到1930万吨，增长4%，其中出口820万吨。对东欧的出口增长最为强劲，三年来出口量翻了一番，2003年已达110万吨，弥补了销售不畅的国内市场。

2004年德造纸业的形势也不容乐观。纸浆、废纸等原料及能源价格上涨，纸张销售价格仍继续下降，该行业利润情况令人担忧。此外，现有造纸企业本未满负荷生产，新的企业仍在增加。预计2004年该行业产量将增加4%。由于世界经济将出现复苏，德造纸行业的出口机会较好。

【全球苯乙烯业发展迅速】根据美国化工市场研究会（CMAI）报告分析，2003 年全球苯乙烯需求同比增长 7.1%，2004 年将继续保持良好增长的势头，增幅约为 4.4%，全球苯乙烯市场需求将达到 2170 万吨。由于苯乙烯价格较高再加上供应紧张等因素，将对未来几年苯乙烯的消费增长速度产生一定负面影响。CMAI 预测，2003～2007 年全球苯乙烯消费平均增幅为 4.3%，略高于 1997～2002 年 3.6%的平均增长水平。

据预测，2007 年之前，全球苯乙烯产需将基本保持同步增长。不过，地区不平衡局面仍将存在，表现为欧洲供应过剩，而亚洲供应不足。亚洲苯乙烯进口将增加，近期进口来源为美国和欧洲，远期进口来源为中东地区。目前我国苯乙烯单体仍需要大量进口，苯乙烯衍生物进口量也不断增加。未来我国仍将是苯乙烯需求增长的主要动力。

根据业内人士表示，2004 年全球新增苯乙烯产能约为 85 万吨，除了上述 Lyondell 与拜尔策略联盟新建的产能外，还有德国巴斯夫新增产能 9 万吨/年，韩国 LG 化学新增产能 12 万吨/年等，预计都将在 2004 年第四季度建成投产。根据业内人士统计，2004 年全球苯乙烯总产能将达到 2480 万吨，较 2003 年增加 4.4%。

【2010 年全球需再建 45 座聚乙烯厂】美国化学系统咨询公司聚合物副总裁最近指出，为了满足 2010 年全球需求的增长，需要建设 45 座年产 35 万吨的聚乙烯生产设备。

全球聚乙烯需求预计将由 2002 年的 5400 万吨增长到 2010 年的 8700 万吨。对现有装置进行去瓶颈改造可以增加 400 万吨/年的产能，需要新建项目来填补剩余 2900 万吨的新增需求。线型低密度聚乙烯和高密度聚乙烯的需求预计有所增长，低密度聚乙烯需求保持平稳。

全球各国需求增长速度最快的是中国，化学系统公司预测在2010年前中国年平均增长率为9.7%，预计 2010 年聚乙烯进口量将翻一番，超过 1000 万吨。

【全球塑料包材需求仍快速稳步增长】美国 Freedonia 集团的统计分析，1996～2003 年，美国包装领域中纸和塑料平均增长率为 2.4%，其中纸板为 1.6%，塑料为 3.4%。

而日本《包装技术》的统计资料显示，日本塑料包装材料销售量在各类包装总销售量中所占比例为 15.4%仍位于纸和纸板（57.5%）之后居第 2 位，其余为金属 12%，玻璃为 9.2%，木制品为 5.2%，其他为 0.7%。

综合分析欧美日等相关数据，有关专家认为，在未来相当一段时间内，塑料包装仍具有相当的增长活力。

【国际烈酒市场复苏预计零售总额将增长 3.9%】英国专业咨询公司 IWSR/GDR 对世界烈酒市场趋势进行了调查分析。这份覆盖 28 个酒类生产国和 110 个消费国的调查分析报告显示：

烈酒市场在经过连续四年的下滑后正在显示恢复迹象。1997~2001 年间，全球烈酒市场连续四年下滑，2002 年全球烈酒消费 25 亿箱（每箱 9 升），预计到 2006 年会有 0.5%的增长；2002 年全球烈酒零售总额 1469 亿美元，预计到 2006 年还将增长 3.9%，达 1525 亿美元。

亚洲仍然是最大的烈酒消费市场，亚洲占世界烈酒消费的 57%以上，但消费量一直在下滑。韩国仍然是世界上人均烈酒消费最多的国家，平均每人每年喝掉 30 升烈酒，且丝毫没有下降的迹象。但中国和日本的烈酒消费正在下降。

预计北美将是烈酒消费增长最快的市场。到 2006 年，北美（美国和加拿大）烈酒消费将增长 914 万箱。伏特加是烈酒领域的主力军，而且还将继续蚕食市场份额，而朗姆酒和龙舌兰酒仍是消费量最大的烈酒。

【世界自然基金会警告将抵制亚洲浆纸产品】世界自然基金会最近对亚洲浆纸公司发出警告，指责亚洲浆纸公司消耗了过多的天然森林，而人工造林又没有跟上，从而破坏了自然环境。基金会表示，将呼吁消费者抵制该公司的产品，这个警告使已经面临债务危机的亚洲浆纸公司雪上加霜。

世界自然基金会表示，如果亚洲浆纸公司不努力加强其对天然森林的保护，该组织将呼吁在全球对亚洲浆纸公司采取联合抵制行动，并敦促亚洲浆纸公司的客户重新考虑是否购买亚洲浆纸公司的产品。这些产品包括书写纸、复印纸、绵纸和包装纸等。世界自然基金会是环境保护非政府组织，在全球的影响很大。目前，已经有一家美国公司宣布减少对亚洲浆纸公司的订单。

【欧盟拟提高纸包装再生指标】欧洲委员会将纸包装的回收再生指标由 55%提高至 60%，较有争议的关于包装废弃物指令中的塑料再生指标为

22.5%差距颇大，该项变动似乎使造纸工业方面感到不满。

根据现有的法规，欧盟会员国纸与塑料包装的现生率要达到 15%，自从欧盟首次于 2000 年提出特有的物料不同目标受到批评。该包装废弃物指令经欧洲议会于 2004 年 6 或 7 月份投票后成为法规。有关方面指出，委员会的建议可能取得通过，但原指令将作若干修改，可能会受到造纸业方面的欢迎。

法令的最后期限也将由 2006 年底延长至 2008 年底，希腊、爱尔兰、葡萄牙更可放宽延长至 2012 年底。

欧盟包装废弃物出口将接近会员国的再生指标。对环保有害包装的处罚系统也正在研究中，最后将于 2005 年 6 月出版公布。

【FDA 可能“封杀”医用 PVC 产品】美国食品和药物管理局（FDA）的官员日前对医用 PVC 制品的安全性提出了质疑。因为 PVC 本身虽对人体无毒性，但在生产过程中为增加其柔软性而添加了酞酸二丁酯等添加剂成分。上述添加剂在酸性介质中极易溶出，从而对 PVC 使用者构成一定危害性。

但也有人反驳说，迄今为止尚未有病人使用 PVC 管道袋或药瓶有不良副作用的报道。

【Piper Jaffray & Co. 发布最新研究分析报告：包装行业的兼并、收购活动】Piper Jaffray & Co. 发布最新研究分析报告：包装行业的兼并、收购活动。

Piper Jaffray & Co 发布了一份题为“包装行业的兼并、收购活动——2003 年回顾及 2004 年展望”的研究分析报告。报告由该公司中型市场兼并、收购事业部副总经理、投资银行家 Doug Lawson 先生领导完成，报告主要包括以下几个部分：包装行业概况、包装企业的价值评估、行业兼并、收购活动的水平、衡量经营业绩的指标、目标企业的投资价值要素以及对 2004 年兼并、收购活动的展望等。

Lawson 先生说：“我们相信包装行业的兼并、收购活动将会带来巨大的创造新价值的机会，在未来几年里将会出现大量（企业间）的整合。”他同时认为，除了外部经济环境的改善和更为有利的金融市场环境之外，下列因素将导致、驱动未来包装行业的兼并、收购活动：

——包装行业经营的高度分散；

——“规模经济”的利诱；

——强大的市场需求；

——可产生利润和增长的客户服务及创新；

——企业整合后所产生的在采购购买力方面的“协同作用”；

——需求利润增长。

该报告还详细叙述了包装行业在 2003 年发生的兼并、收购活动的一些突出特点：

——正式宣布的兼并、收购交易量比 2002 年略有上升，达到 311 起；

——涉及交易的金额也比 2002 年略有上升，达到 143 亿美元；

——在已宣布的兼并、收购活动中，纸、木板及塑料类包装企业占据了多数；

——“战略”收购者继续扮演着兼并、收购活动的主要角色；

——使用 5 至 7 倍的 EV / EBITDA（企业价值/未扣利息、折旧、摊销及所得税前的企业所得）作为交易价值评估时的计算系数。

报告还根据包装行业的各个细分部门进行了更为详尽的分析，包括：部门概况、目标市场、竞争状况及兼并、收购活动的展望等。

总部位于美国明尼阿波利斯市(Minneapolis)的 Piper Jaffray & Co.是一家致力于提供高级金融咨询、投资产品以及完成交易的专营证券公司，有员工 2900 人，111 家办事处遍及美国 23 个州和英国伦敦。

【英国研制新型蔬菜包装——胡萝卜纸面世】由于食品包装应用的塑料材料极难自然降解，废弃物很难处理。为了解决这类问题，一些发达国家采取了一系列的措施，包括部分限制塑料包装的使用。而开发应用可食性包装纸是减少垃圾、保护环境的有效途径之一。

英国推出了一种能吃的蔬菜包装。这种包装以胡萝卜为基料，添加增稠剂、增塑剂、抗水剂，并利用胡萝卜的天然色泽，制成物美价廉的可食性彩色蔬菜纸。这种产品可用作盒装食品的个体包装或直接当作方便食品食用，既能减少环境污染，又能增强食品美感，增加消费者的食欲。

【日本开发出新型环保包装材料——钢箔】日本一家公司开发出一种环保包装材料——钢箔。当它被废弃送到垃圾填埋场后，可以很快地生锈分解，几乎不会污染到周围的环境。

这种用金属制成的钢箔，厚度仅30微米，质地柔软、细腻，其弹性和绸缎相似，同时坚韧耐磨。用它包装糖果、饮料等食品，可以有效地防止微生物、昆虫和啮齿动物的入侵，既确保食品的安全，还可延长保质期。

【美国推出可自行降解的塑料杯】由谷物合成的塑料——PU聚合物材料生产的杯子由美国一公司研制成功。该产品目前已投放美国市场，深受用户青睐。

该公司是一家物质合成与生物降解的生产商。据介绍，用这种新材料制作的杯子，其物理性能可与石油合成塑料相媲美。它来源于谷物，能完全降解，而其环保性能则是石油合成塑料无法比拟的。它可以不用任何处理，与食品垃圾一道扔掉，降解成水、二氧化碳和有机物。据悉，其不但具有以上所列良好的环保性能，同时还具有极佳的合成稳定性。

【德国成功研制便携式真空包装器】一种体积小、重量轻、使用携带方便的真空包装器由德国一家公司研制成功。这种真空包装器在使用时，将点心、饭菜、食品等放在塑料食品袋内，按动真空包装器的按钮，即可在塑料食品袋的开口处将袋内空气抽净后密封，使袋内食品如同软包装罐头，密封后在室温下一周内食品不变质。用此法贮藏鱼、肉、青菜等，可保持味道不变，并能防止维生素、矿物质等营养成分被破坏。如将易变形食品放入真空塑料袋内，经过这种真空包装器处理后再冷藏可防止变形。真空包装器的问世，开辟了食品贮存的新途径，使用方便轻巧，可部分代替冰箱。

【美国成功研制出玻璃塑料】美国研制成功一种具有玻璃性质的塑料。这种玻璃塑料是在制备玻璃过程中加入20多种有机聚合物，并使这些聚合物的分子链与玻璃在近似于分子级上结合在一起。采用这种技术制成的塑料，固化时体积不收缩、不变形，性能类似玻璃，但不易破碎，而且其密度仅为玻璃的1/4，不仅可用来制作各种器皿，也是一种良好的建筑材料。

【绿色塑料包装容器在食品和电器领域扩大试用】从1953年起就开始生产制造食品用包装容器和集装箱的美国威尔金逊制造公司（Wilknson Manufatuning Cop.）——最初开发生产的食品用铝箔制托盘——已经开始生产以玉米为原料的聚合乳酸（PLA）制造的加热成型包装材料，日前已将这种“绿色塑料”推上北美国家的市场。这种使用卡吉尔·道公司天然商标（Cargil Dow，Nature Works）的绿色塑料制品现已在欧洲国家用于包装生鲜食品的容器和电器领域。使用威尔金逊公司天然聚合乳酸塑料注册商标的这种包装容器，用过后可以舍弃。该制品经营人员介绍说，这一商品计划已经过15个月，作为石油树脂的替代品，对环境无不利影响，受到市场良好评价。现在用于包装各种精美食品、面包和新鲜食品的聚合乳酸绿色包装材料，分别以Display Pie、Just Fresh、Pari Pak和Versa Pak——以前用OPS制作盖材——等多种注册商标在市场试销，供零售业和食品厂使用。

【欧盟强化对食品商标标签的限制】欧盟（EC）发表了强化限制可能招致误解的食品标签标示和广告宣传的新规定。新规定扩大了限制对象，不仅对营养和功能性，而且还扩大到对健康有关的文字，如对低脂肪、低糖和高食物纤维等文字内容的限制。只有经过科学证明有效，才可以在商标标签和广告上宣传以外，其他一律不许在标签和广告中出现。具体对低脂肪的定义为：每100克食品中含脂肪3克以下。一般如食品和饮料标签中经常出现的“减肥瘦身”这种使人联想到低热量的用词不允许使用。但是，根据英国某民间团体经过三年时间对消费者调查发现，许多消费者对商标上的“分离除去脂肪”等内容认为不是“不完全的东西”，而是“高档形式的高价品”，这些标签可以不加限制。这种观点与欧盟对商标文字内容的严格限制显然产生了很大矛盾。

【英国回收利用纸包装全面展开】近年来，英国已经全面展开大规模回收饮料用纸包装的再生利用。纸包装生产企业斯密思安德逊公司（Smith Anderson）最近投资50万英镑建成一家专门再生利用纸包装的新厂。可见纸包装的回收利用已成为包装界的必然发展趋势。这笔投资有70%是由英国液体食品包装协会（LFCMA）助成的。

这家新建成的纸包装再生回收工厂每年可以再生处理纸包装约18000吨。“在英国目前限制纸包装回收利用的不是技术上的问题。”纸包装生产的大公司泰特拉帕（Tetra Pak，即国内称为利乐包公司）的理查德（Richard）说。据说，问题是在英国的许多纸包装如何回收上来。也就是说，在全面提高国民意识问题的同时，还必须为全面容易回收纸包装的社会环境整备条件，以及进行大量宣传广告（PR），使回收再生成为可能，这是不可少的必要条件。

【南美包装市场增速加快】近年来，南美洲包装业得到了快速发展。据资料显示，巴西的包装业在 2005 年以前有望实现 18%的增长，紧随其后的是阿根廷，有望增长 14%。整个南美洲在 2005 年前将是全球包装市场增长最快的地区。而日本和美国的包装业目前增长率分别是 1.43%和 2.4%。据预测，烟草包装市场的终端用户增长率最高，到 2005 年将增长 9%。这是由于大多数西方国家对健康问题日益关注，吸烟人数持续下滑，烟草制造商们开始转而瞄向东欧和亚洲的发展中国家市场。食品饮料包装也有望增长。饮料包装增长率将从 2002 年的 0.7%上升到 2004 年的 7%。在包装材料方面，纸张将继续受到全球市场的欢迎，市场平均占有率将达到 40.5%。

【美国开发出具有通气性的衬垫保护材料】最近，美国帕铁富公司（Pactiv Corp.）开发生产出两种包装箱用通气性优良的衬垫保护材料新产品：分别在 ORCP 生产上制作的 Microfoam 和 Asto. FoamORCA——它们都是由复合性材料制成的片材，以通气良好为特征。两种保护性衬垫片材尤其适合用于装有通气性要求的商品的箱内，可以在长时间移动中保持透气性。

Micrfoam 厚 1/10 寸，由 PP 发泡材料与 0.8 密耳（moi，为千分之一寸）的 PE 膜复合而成。据该公司介绍，该通气性片材具有比同类制品更好的抗撕裂强度、延长特性，更高的摩擦系数和柔软性，十分利于操作，使用方便，特别适合木材和需要较大抗刮伤强度的商品使用。Astro-Foam 的厚度为 3/16 寸，是 PP 发泡性基材与 0.8 密耳的 PE 膜和 LDPE 组成的膜撮合材料构成的片材，是又一种子通气性缓冲材料。两种材料都是可以“呼吸”的保护性衬垫材料。

【美国皇冠控股有限公司（Crown Holdings）荣获两项“世界之星奖”（World Star Awards）包装实用技术革新奖】皇冠腔股有限公司子公司之一的 Crown Food Europe（皇冠欧洲食品公司）开发的两项包装技术荣获了“世界之星奖——食品产品类”。此两项技术分别为：EoleⅢ易开式曲型易拉罐拉环革新和罐型储汤容器。“世界之星奖”得主于 2004年5月13日在瑞士巴塞尔举行的庆祝仪式上正式受到表彰。

“消费者需要实用性强的、方便的、易于开启的包装产品来适应他们日趋繁忙的生活方式。”皇冠控股有限公司董事会主席兼首席执行官 John Conway 先生讲到，“皇冠（公司）了解这一需求，并力求开发出那些可以带给客户最大方便的优势产品。我们非常荣幸地能够获得这两个奖项。它是对皇冠（公司）积极参与产品创新活动的酬答和对‘皇冠’包装品牌的认可。”

EoleⅢ易开式曲型易拉罐拉环将人类工程学和“易开启”技术完美结合起来，使老人、孩子或身体有残疾的人士都可以更简便、更安全地使用罐装产品，而无需“启罐器”的帮助。其技术的先进性在于一个特别设计的弯曲部分，它的作用是使姆指或食指更容易地伸进易拉罐拉环下面。

目前，EoleⅢ易开式曲型易拉罐拉环可适用于全欧洲各类 73 毫米口径的罐装容器。潜在的应用还包括：汤类、辣椒、蔬菜、奶制品、熟食等食品的包装应用。更值得一提的是，EoleⅢ易开式曲型易拉罐拉环是一种完全可回收的环保型产品，且它可以与现有大多数的制罐、填充、密封及加工设备相兼容。如稍加改动，EoleⅢ易开式曲型易拉罐拉环甚至能够与一些定制的罐盖输送系统整合使用。这样一来，生产商和包装商的工作都被大大简化了。

作为一个卓越的国际包装奖项，“世界之星奖”只授予那些已在本国的产品脱颖而出，又由专家评审团在这些来自世界各地的同类产品候选者中比较、选出的最优秀者。

【曼罗兰尖端科技亮相德鲁巴】在 DRUPA2004 展会上，曼罗兰公司的最新尖端产品不仅大放异彩，还取得了骄人的佳绩。此次展出的新产品主要有三大部分：商业印刷、出版印刷和包装印刷。展现了曼罗兰顶尖的多元化产品和服务。例如，PICOWEB 可变幅面、ROLAND DIRECT DRIVE、PICOKIT 和 RFID 标签。网络印刷的展示主要集中在印刷网和 PECOM 电子流程管理上。通过现场演示，曼罗兰向客户展了如何利用软件和网络将印刷过程所需的各种流程变得更直观、更高效。同时，便印刷质量达到最佳。网络印刷技术的展示还体现在其他相关的应用实例上，特别是出版、报纸、商业和包装印刷领域，这也正是曼罗兰的强项。

此次展会的与会人数高达39.5万，其中有70%的人参观了曼罗兰所在的6号馆。同时，在展会上，还为曼罗兰带来了高达4.7亿欧元的订单。其中包括阿根廷、毛里求斯、日本、中国、韩国、俄罗斯以及其他亚洲国家和地区。

曼罗兰主席Mr.Cerd Finkbeiner在接受媒体采访时表示，公司今后研发的方针和政策将注重行业成效，加强印刷品的增值服务，其中包括通过提供广泛的应用方案来拓展其他商机的构思。这次展会通过向客户展示众多可以为他们及其最终客户带来的利益的创新技术和新发展，证明得到了可喜的回报。这是一个极大的鼓励，也印证了曼罗兰在展会上取得了空前的成功。

【食品保鲜膜宜少用】据专家介绍，食品保鲜膜宜少用，因为有些食品保鲜膜中含有一种被称为DEHA的塑化剂，它可以增加保鲜膜的附着力，但会渗入食品中，尤其是高脂肪的食品。这种物质会扰乱人体内的荷尔蒙，引起妇女乳癌新生儿先天缺陷、男性精子数减少、易患精神病等。美国消费者联盟最近测试部分保鲜膜，在19种产品中发现有7种含有高DEHA，其每百万个单位平均含有153个单位。而欧盟市场规定的容许范围是每百万个单位最多只能含18个单位。

【澳大利亚墨尔本合作研究中心推出生物降解保鲜包装制品】澳大利亚墨尔本合作研究中心前不久推出一项新的环保研究成果——使用生物降解包装制品取代一次性食品塑料包装和农业用塑料薄膜。此项技术成果已取得专利。据有关方面人士介绍，这项技术成果是澳大利亚墨尔本合作研究中心为国际食品制造和包装公司专门开发的，新产品在外表和手感上均与普通塑料无异，而且可以染色、切割和压膜，其主要成分是玉米粉，放入水中后可自行分解。

【能判别水果生熟的智能标签】由新西兰赫特研究机构与标签制造商詹金斯集团耗时5年研究开发成功能够判别水果生熟的智能标签。该标签的核心技术是一个高科技传感器，它可以感知水果发出的芳香气味分子，从而显示出红、橙、黄等6种颜色，分别代表水果从生涩到成熟6个不同的成熟期，消费者只需看看颜色，就可以知道水果处于哪个口感期，选购时就有了把握，而不必像以往那样又捏又敲，还常常买不到自己心目中理想的水果。

据专家介绍，梨与苹果不同，它在达到最佳口感前必须软化，所以消费者在选购时经常又捏又掐，对水果造成很大损害。使用智能标签的包装不仅可以密封水果气味，方便消费者观察它们的成熟度，还可以防止它们在外力下受损，同时也让商家少受损失。

智能标签的研制成功，让健康专家与水果销售商十分兴奋。近年来，由于新鲜水果的销量逐年减少，其原因就是由于选购不方便，消费者怀疑口味是否合适，影响了消费者的购买欲望。智能标签的出现很可能一举解决这两个问题，水果商希望能够借助智能标签提高水果的销量。

目前，新西兰的一些超市已经出现了贴有智能标签的水果包装。并于2004年10月进入美国和欧洲市场。

【加拿大研制成功食品毒素报警新包装】加拿大公司成功研制出一种能够在食品含有致病细菌、农药或转基因成分时会改变颜色的新型食品包装。该包装的结构主要分为几层：与食品直接接触的第一层是多孔层，致病微生物可以从这一层穿过，到达凝胶层。凝胶层含有混合了彩色化合物的抗菌素，与细菌接触后，彩色抗菌素会被激活，并进入最外面的包装层，与涂在看不见的警告标志上的抗体相结合。这样，标志就显示出来，提醒消费者不要购买这种商品。该包装中使用的抗体非常普通，在实验室中经常使用它们检测能引起食品中毒的细菌。包装的外形与普通三明治的包装别无两样，便宜、实用。

【美国开发环保防潮薄膜】美国Teknt-plex公司日前开发了Novinex多层薄膜，它的独特之处是具有防潮功能，据称是包装材料研究领域的又一个新突破。

据介绍，Novinex薄膜是由Topascos做内层，与外层聚丙烯同时压制而成；而内层又分为三个等级，各等级的颜色分别是透明、白色和琥珀色。

在工艺上，Novinex采用多层同时压制，减少了污染机会。同PVDC/聚合物多层薄膜相比，Novinex具有更好的防湿、透明性，不含乙烯、卤素和增塑剂，安全环保，稳定性好。目前已获得美国FDA的同意，该材料可直接用于各种食品的接触性包装和药品包装。

【法国PYGMALYON电子公司研制出电子智能标签系统（DAG SYSTEM）可采用无线电频率对物品进行跟踪管理】法国PYGMALYON电子公司在

2004年3月9日至12日举行的巴黎“运输和后勤展览会”(SITL2004)国际周期间展示了其新近开发的电子智能标签系统。

展览会期间，该公司在45000平方米的展览大厅里，采用十几个天线，展示了各种不同的远距离无线电频率识别系统的跟踪管理技术。参观者可以带上一个DAG（小型智能标签）进行试验，在一条回路上装备了1D、2D、3D的天线。装在入口处的3D天线用以对人员、邮件或其他需要跟踪管理的物品进行控制。平面天线（1D）可以有各种不同的宽度。2D天线可以探测通过方向。托盘天线可以用3D的方式对放在托盘上的行李进行探测。

该公司同时向参展的专业运输和后勤公司提出建议，为他们直接安装无线电频率识别组件，比如短距离识别组件、长距离识别组件，包括一个读出器、一个2.3米的通过天线、一组100个1D电子智能标签和100个3D电子智能标签。由此，通过一些从事运输和后勤的专业公司，试验了配备有智能标签系统的电子跟踪管理技术。

【越南投入巨资发展塑胶工业】由于越南国内及周边国家地区市场塑胶原料制品价格不断上涨，越南政府工业部前不久做出决定，将投资7.2亿美元，建设两家年生产能力为4万吨的BOPP塑胶生产厂、两家年产45万吨的PP胶粒厂和一家年产45万吨的PE生产厂。越南政府工业部指出：如果上述5家工厂建成投产后，越南可减少50%的塑胶原料进口量，越南政府还将对国内若干塑料制品深加工投资，这些塑胶制品包括包装产品、建材产品、日用工业品等。

【美国包装业发展现状观测】1.包装工业迎合消费者的需求变化而迅速改变，生产趋向多样化。以食品工业为例，由于当今美国人对食品的消费需求已向多规格、多样化、特色化方向变化，故食品加工业已将费用投向开发具有更加灵活和机动能力的包装线上。前几年开发一种新的包装产品，通常需要2～3年，现只需半年就能让新产品上市。这充分说明，美国包装界开发新品种、新产品的速度快、时间短。

2.包装工业致力于为消费者提供更方便的包装。根据美国人口调查局的预测，到2025年美国将进入高龄化社会，美国包装界充分考虑到老年消费者对包装产品潜在的需求，开始研制适应未来老龄化社会特点的包装，如带有拉链式的封盖、便于开启的金属顶盖、双指拉环等。

3.为确保消费者的安全，防盗开封口包装趋向为多种产品所用。如美国制药业最先采用防盗开封口包装。近年来药品的多样化，更加使防盗开封口包装有增无减。现在这种确保产品品质的安全包装，已经应用于食品加工业、乳酪、饮料等的包装。

【美国推出冷冻新包装】美国陶氏化学公司（Dow Che）推出一种新型包装材料——HDPE树脂。据称它可用于制造冷藏食品的包装材料和包装容器，以及其他低温器件。

据有关资料报道，这种新型树脂的牌号为Dowlex IP-51，其熔体指数为50g / 10min，密度为0.947g / cm^3。

美国陶氏化学公司称，新型树脂有高的熔体指数，以使其具有更好的机械加工性能；具有的高密度则可以提高包材的耐冲击性，改善包装容器的保护功能；另外，具有优良的耐低温性能，适于冷冻型包装使用。因此，该新型HDPE树脂特别适于制作薄壁型注射包装容器，例如：酸乳酪杯、牛奶包装、熟食容器、饮料杯等。上市后受到食品工业界人士的好评。

【具有更多效能的“积极包装”技术】据英国《新科学家》网站报道，具有更多效能的“积极包装”技术已经在美国、法国等国家投入使用。

所谓“积极包装”技术是指能够有效地保护食品质量，或是显示食品是否新鲜，避免消费者买回食品后打开包装才发现食物已变质的问题。例如，为避免食品因氧化而变质，目前普遍的做法是在包装中放入一个铁粉小包，利用铁的氧化过程消耗包装里的氧气。但有些顾客在食品包装中看到“勿食”字样的小包会感到不舒服。而新包装是在包装纸里加上一层“吸”氧的材料，这就可以使顾客感觉好多了。再比如，一些保鲜食品需要在低温下保存，否则里面的细菌就会活跃起来，导致食品变质。如在包装上贴上能指示时间和温度的新型标签，其中的化学成分在温度升高时会发生聚合作用，标签的颜色会发生相应的明暗变化，使顾客由此可以知道食品在什么温度下储存、储存了多长时间、新鲜程度如何等等。美国公司正在开发冷冻食品的保鲜指示包装，这种新式包装可以监测肉、鱼或蔬菜因冷冻不当腐烂变质释放出来的气体。另外，针对水果、蔬菜保鲜时所需要的氧气和二氧化碳浓度不同的特性的包装技术也在研制之中。如加利福尼亚一家公司正在研制一种包装膜，可以随温度改变其渗透能力，以满足不同水果、蔬菜对氧气和二氧化碳的不同需要。在新西兰，研究人员正在开发一种水果包装，可以指示像桃子这样怕挤的水果什么时候熟透。研究人员估计，未来20%到40%的食品包装会应用“积极包装”技术。

【独具匠心的韩国糖果包装】韩国的糖果包装设计师总是给人以强烈的视觉冲击，他们设计的糖果包装新颖独特、色彩鲜明、造型美观，让人眼花缭乱，颇受顾客好评。

一种“挤着吃”的泡泡糖，打破了传统泡泡糖的包装形式，看上去与牙膏的包装几乎毫无差别，在材料上使用的也是塑料软管，并选用活泼可爱的卡通形象，配以鲜艳的色彩特别标明，非常符合9至13岁孩子们的心理特点，而且该设计还避免了将糖送入口中时，被手上的细菌污染。

一种为成年人设计的摆在办公桌上的“白领”糖果，采用矮矮的圆形白色HDPE（高密度聚乙烯）瓶包装，瓶盖采用易于取出糖果的拉铰链分配盖，色彩运用沉稳大方，极具现代感，以冰冷的黑色为瓶身的主基调，突出了该糖果“提神醒脑”的功效，整体设计非常符合成年人的审美观。

糖果吃多了会造成龋齿，而一款新型的糖果包装却将糖果和牙齿巧妙地结合在一起。该设计将装糖果的盒子做成了牙齿的形状，采用HDPE材料制成。该包装看上去就像一颗洁白的牙齿，而贴在包装盒上的彩色商标更是给整个设计注入了几分活泼的元素，起到了画龙点睛的作用。该包装的设计意义在于激发儿童购买欲的同时提醒小朋友要爱护自己的牙齿。

【日本关注方便面包装容器的卫生问题】据日本农林水产省2004年2月25日公布的消息说，方便面包装用的发泡聚苯乙烯塑料容器在添加紫苏油或白苏油后会引起容器变质。该消息的起因是在2月中旬，农水省消费技术中心提出了如下问题：“在杯装面中加入市售的紫苏油后，用沸腾的开水冲泡面条食用时，发现杯底有变质现象。”这是来自消费者的反映。然后，该中心进行了试验研究。结果同样发现杯装方便面和其它杯装食品等各种包装食品用的发泡聚苯乙烯塑料容器在使用后存在内部表面变质并形成变质薄层现象。这种变质现象揭示了使用紫苏油和白苏油的安全性问题。

目前，农水省对相关业界和消费者提醒注意这个问题，需要采取相应的适当措施。日本即席面食工业协会和日本植物油协会等产业界团体通过家庭网站呼吁公众注意，谨防由于容器变质现象可能出现的漏汤和烫伤的危险发生。此外，这些团体正在进行探查原因的研究。

迄今为止，已经知道的情况是，聚苯乙烯发泡容器可能因含有柠檬等柑桔类果皮中的萜烯（Terpene）成分和香精油等引起变质。

【由砂糖制造生物分解性塑料的研究】BASF公司与美国麻萨诸塞州凯布里兹的梅塔鲍利克司公司（Metabolix）签订了用新型原料制造塑料的合作研究协议，合作期限为一年。

梅塔鲍利克司公司以砂糖为原料，应用发酵技术制造塑料材料——聚酯的研究已通过小试和中试，现将中试规模得到的批量材料提供给BASF公司的研究部门，继续探索这种聚酯塑料材料的各种性质和性能，并进一步加工成型塑料制品的生产技术。

这种以砂糖为原料的生物技术制成的羟（氢氧化）化链烷酸酯（Hyclro-oxi-alnonoate）聚酯材料是一种生物分解性塑料，可广泛应用在薄膜、纤维、热可塑性材料、粘接性材料或塑料涂覆用分散剂的生产中。使运用这种微生物发酵技术制造材料有着很大的可能性。作为长期的工业生产手段，这种新材料不但具有重要的经济意义，而且还是很有魅力的石油制品的替代品，有着广阔的发展前景。

【新型跟踪技术研究有了创造性突破】Demes物流公司是欧洲一流的包装物流提供者，最近推出了一种具有独创性的新型跟踪系统-Ident,在联营管理方面取得可喜的进展。

Ident标签由钴制成，采用磁技术向手持扫描仪或安装在传送带上的自动读取设备发送唯一的识别码。这种轻型标签由超声波工艺焊至包装物品如衬垫上，这样管理者就可对单一物品建立起详尽的历史记录。与射频标签相比，Ident标签成本低、简单易用、抗磨损和破裂。Demes物流公司已对这一新产品进行了大量的冲洗、冲击和加速寿命周期等性能测试。

【日本昭和产业成功开发出耐水性生物分解材料】由于在豆腐生产加工过程中产生的豆腐渣难于处理，农业和食品业界对将其废弃物转化为生物分解性材料的研究早就开始了。

日本昭和产业公司通过与食品综合研究所和日本制钢所的合作研究，终于研究开发成功以添加玉米面筋粉的豆腐渣为原料生产制造的耐水性生物分解材料的方法，并利用注射成型法制造出育菌罐和食品容器等。

食品综合研究所对这种耐水性好的生物分解薄膜制造方法又进行了新的研究，从而发现：为了提高耐水性，使用玉米种子蛋白醇溶蛋白是有效的。为了降低生产成本，可添加含醇溶蛋白的谷胶朊和谷蛋白粉的豆腐渣和农作物茎叶、蘑菇培养基等为主要原料，使用挤出法制成片料，并成功地将片料注射成型为薄膜。

【日本利用茶叶残渣加工成塑料材料及制品】日本伊藤园公司是一家大型饮料公司。该公司与日本油脂公司油化事业部合作研究开发成功利用茶饮料生产过程中产生的副产物——“茶脚”，即茶叶浸出提取后的残渣，生产出“配合茶叶残渣复合物”新型材料的技术。用这种新材料为原料制成的成型制品中有挤出成型法制品，也有注塑成型法制品。不过，挤出成型的片材大都用于手工等简易方法制成的主品，不是用大型机械制作的。而注塑成型制品通常用模具和机械加工而成的产品，如浴室用品、化妆用品、卫生用品及文具用品等。在制造过程中，含有大量水分的“茶脚”残渣可直接添加到塑料原料中，具有抗菌性的茶叶将有效成分——绿茶多酚化合物和茶的香味等成分固定在树脂片料中。

近年来，随着茶类饮料的研究开发和市场需求的不断增加，生产中产生的大量“茶脚”残渣迅速增多。由于“茶脚”含水量大，放置时间一长就容易腐败变质，需耗费资金适当处理。通常有焚烧、干燥和碳化等处理方法，但必须具备有隔离设施的场所和封闭式的大型设备，需要大量的设备费用和燃料资源，同时，二氧化碳的排放也是个大问题。综合利用“茶脚”残渣，加工制成“茶残渣复合物”塑料材料及加工制成产品是“变废为宝”，解决了上述各种问题。

【新型跟踪技术研究有了创造性突破】Demes物流公司是欧洲一流的包装物流提供者，推出了一种具有独创性的新型跟踪系统－Ident，在联营管理方面取得可喜的进展。

Ident 标签由钴制成，采用磁技术向手持扫描仪或安装在传送带上的自动读取设备发送唯一的识别码。这种轻型标签由超声波工艺焊至包装物品如衬垫上，这样管理者就可对单一物品建立起详尽的历史记录。与射频标签相比，Ident 标签成本低、简单易用、抗磨损和破裂。Demes 物流公司已对这一新产品进行了大量的冲洗、冲击和加速寿命周期等性能测试。

【墨西哥制定木质包装材料新措施】墨西哥政府有关部门最新制订了有关木质包装材料及相关认证标志的植物卫生措施的技术规范，措施的实施将影响到所有对墨西哥出口产品所用木质包装材料的国家和地区。

墨西哥新制定的措施对各种木质包装材料加以限定，木质包装材料要经过热处理或溴甲烷熏蒸处理，采用这些措施处理过的木质包装材料应加贴全球承认的标记，并通过这些标记对包装材料进行监管。

【美国流行无菌包装】据美国《PACKAGING TECHNOLOGY》报道，美国人近年来对无菌包装食品表现出前所未有的热情。五年前，美国当时流行的无菌包装食品仅限于盒装果汁和牛奶。而如今，各种无菌包装如浓汤、豆类、谷类、运动型和营养型饮品以及番茄酱等应有尽有。像 Gerber Products、Dean Foods、COCA-COLA 和 Cadbury Schweppes 等公司都在无菌包装加工机械领域投入巨资，而包装企业如位于密苏里州 Joplin 的 Jasper Products 和纽约州的 Elma 的 Steuben Foods 等更是当仁不让地加大了投入。

无菌包装看起来成本较高，但它能使食品加工过程比其他如罐头和普通纸盒等保鲜方法更精细，因此尤其深受高端市场的全天然食品店和美食店的青睐。虽然这些店出售的烤红椒汤、榛子奶和萝苷莓汁等比普通包装的同类产品贵，但由于口味在保持食品的色泽、纤维和营养等方面都更胜一筹，消费者宁愿出双倍价钱购买。另外，无菌包装食品还具有贮存便利的优势，未开封时可以放在常温下，吃剩的能连包装一起放在冰箱里，不会变质或出现异味。

目前，无菌包装食品主要是供应食品服务业。美国许多餐馆已经逐渐习惯用无菌包装的面糊、奶油和荷兰酸辣酱制作蛋糕，特别是一些咖啡店也非常乐意购买像豆奶、牛奶这样的无菌包装产品，因为它们可以保存在常温货架上，节约了冰箱的空间。无菌包装食品进入主流社会也得益于媒体的大力推介。最近，美国美食权威杂志《名厨画报》专栏宣传无菌包装的食品口味大大优于罐头包装的同类食品。许多餐馆都向该杂志索要无菌包装食品制作美食的食谱。

【菲律宾修改木质包装材料进口要求】菲律宾修改了木质包装材料的进口要求，该要求现已正式生效。为此，国内有关人士提醒我国采用木质包装运输货物的出口企业、木质包装生产企业及国际货运企业，要及时了解《国际贸易中木质包装材料管理指南》的主单细目录以及不同出口国对木质包装的特殊检疫要求，加强出口检验检疫，避免造成不必要的损失。

【NOVACEL 公司成为表面防护膜领域的全球性商标】法国 NOVACEL 公司于 2000 年收购了美国 IVEX 集团表面防护部的业务之后，更名为 IVEX NOVACEL 公司。从 2004 年 5 月开始，Novacel Inc. 公司成为 NOVACEL 公司在北美的分公司。

Novacel Inc. 公司在北美防护膜业务领域是一家开拓性的企业，这一并购行为进一步加强了 NOVACEL 公司防护膜领域在全世界的创新、生产和销售能力。为了加强客户服务，Novacel Inc. 公司以其在欧洲和亚洲的经验为基础，在北美洲制定了一个服务中心网络，这是一个真正的地区性客户服务企业网络。在芝加哥的 IL 服务中心开通之后，帕默的 MA 服务中心也于 2004 年 4 月 30 日开通，达拉斯附近的雷德伯德 TX 服务中心也将在不久的将来开通。有了这些服务中心， NOVACEL 公司将可以更好地满足客户的期望。

【英国研制出特别耐用的新型塑料托盘】为更好地满足小批量用户以及其他急需者的需求，Kaysersberg 塑料公司为英国及欧洲的用户提供了一种在仓库使用的托盘。

该公司现有三种常见规格的托盘：Duro 托盘 800×1200mm(三向进叉、光滑顶面、叉孔至顶面的厚度为 6mm)、Duro 托盘 1000×1200mm（光滑顶面、叉孔至顶面的厚度为 6mm）以及 Hy Rack 托盘 1000×1200mm。可用于堆垛的 Duro 托盘仅有黑色，由结构性泡沫 HDPE 注塑而成，但 HyRack 有兰和黑两种颜色，由聚丙烯塑料制成。上述三种托盘均特别耐用，通常是木制托盘使用寿命的 10 倍以上，操作安全，无引起意外伤害的裂缝或钉子，在潮湿的环境里重量保持恒定。尺寸的一致性和完整性使该塑料托盘具有优良的性能，可与自动操作系统有效配合，而且不会腐烂、腐蚀，即使放至港口也不会附着微生物，在食品业有良好的应用前景。

国家包装标准选登

SELECTED CHINA PACKAGING STANDARDS

ICS 71.060.50
G 12

中华人民共和国国家标准

GB 19105—2003

过氧乙酸包装要求

Requirements of packing for peroxyacetic acid

2003-05-16 发布　　　　2003-06-15 实施

中华人民共和国
国家质量监督检验检疫总局 发布

过氧乙酸包装要求

1 范围

本标准规定了用于盛装过氧乙酸(过醋酸)的包装容器的要求、性能试验和检验规则。

本标准适用于过氧乙酸的包装。

2 规范性引用文件

下列文件中的条款通过本标准的引用而成为本标准的条款。凡是注日期的引用文件,其随后所有的修改单(不包括勘误的内容)或修订版均不适用于本标准,然而,鼓励根据本标准达成协议的各方研究是否可使用这些文件的最新版本。凡是不注日期的引用文件,其最新版本适用于本标准。

GB 190 危险货物包装标志

GB 191 包装储运图示标志

GB/T 4857.3 包装 运输包装件 静载荷堆码试验方法

GB/T 4857.5 包装 运输包装件 跌落试验方法

GB 15258 化学品安全标签编写规定

GB/T 17344 包装 包装容器 气密试验方法

3 要求

3.1 过氧乙酸应采用最大容量为 60 L 的塑料桶、罐和最大净重为 50 kg 的由塑料瓶和纤维板箱(包括瓦楞纸箱)组成的组合包装进行包装。

3.2 每一个过氧乙酸包装容器(以下简称包装)上应标明符合《关于危险货物运输的建议书 规章范本》规定的持久性联合国危险货物包装标记。

3.3 包装应结构合理、防护性能好,符合《关于危险货物运输的建议书 规章范本》的规格规定。其设计模式、工艺、材质应适应过氧乙酸的特性,适合积载,便于安全装卸和运输,能承受正常运输条件下的风险。

3.4 包装与过氧乙酸直接接触的各个部位,不应由于接触过氧乙酸而造成强度的降低。

3.5 添加稳定剂的过氧乙酸的包装其封闭装置应使稳定剂的质量分数(%)在运输过程中不会下降到规定的限度以下。

3.6 如果盛装过氧乙酸的包装由于内装物释放氧气(由于温度增加或其他原因)而产生较高的压力时,可在包装上安装一个通气孔。但释放的氧气不应因其排放量过大而造成危险,否则内装物的量应加以限制。对拟运输的包装,通气孔应设计成保证在正常的运输条件下防止液体的泄漏和外界物质的渗入。如果使用组合包装,其外包装的设计应使它不会影响排气装置的作用。

3.7 组合包装中塑料瓶的放置方式,应做到在正常运输条件下,不会破裂、被刺穿或其内装物漏到外包装中。当使用衬垫物时,衬垫物应不易燃烧,不会引起过氧乙酸的分解。

3.8 所有新的、再次使用的包装应能通过第 4 章规定的试验,并应达到Ⅱ类危险货物包装的要求。

3.9 过氧乙酸生产和销售单位在使用包装时,应遵照附录 A 的要求。

4 性能试验(检验)

4.1 试验的施行和频率

4.1.1 每一种包装在投入使用之前,其设计型号应成功地通过性能试验。

4.1.2 对于包装的次要方面，如内包装规格降低、净重减小和桶、罐、箱等包装在外部尺寸上的微小降低等已与试验类型不同，主管部门可允许进行有选择的包装性能试验。

4.1.3 若试验结果的正确性不会受影响，可对一个试样进行几项试验。

4.2 包装的试验准备

4.2.1 对准备好供运输的包装，其中包括组合包装所使用的内包装，应进行试验。

4.2.2 当使用的塑料桶、罐的原材料发生变化时(包括塑料牌号的变化)，在试验前需直接装入过氧乙酸贮存六个月以上进行相容性试验，对贮存期的第一个和最后一个 24 h，应使试验样品的封闭装置朝下放置，但对带有通气孔的容器，每次的时间应是 5 min。在贮存期之后，再对样品进行 4.3 所列的性能试验。

4.2.3 试验项目

4.2.3.1 塑料桶、罐应进行跌落试验、气密试验(密封性试验)、液压试验、堆码试验。

4.2.3.2 组合包装应进行跌落试验、堆码试验。

4.3 性能试验方法

4.3.1 跌落试验

4.3.1.1 试验样品数量和跌落方向

每种包装的试验样品数量和跌落方向见表 1。

除了平面着地的跌落之外，重心应位于撞击点的垂直上方。

表 1 试验样品数量和跌落方向

容器	试验样品数量	跌落方向
塑料桶和罐	6 个 (每次跌落用 3 个)	第一次跌落(用 3 个样品)：包装应以凸边斜着撞击在冲击板上。如果包装没有凸边，则撞击在周边接缝上或一棱边上。 第二次跌落(用另外 3 个样品)：包装应以第一次跌落未试验过的最弱部位撞击在冲击板上，例如封闭装置
纤维板箱 (包括瓦楞纸箱)	5 个 (每次跌落用 1 个)	第一次跌落：底部平跌 第二次跌落：顶部平跌 第三次跌落：长侧面平跌 第四次跌落：短侧面平跌 第五次跌落：角跌落

4.3.1.2 跌落试验样品的特殊准备

在塑料桶、罐和组合包装的塑料瓶中加入不少于容器容积 98%的含有防冻剂的水，并将试验样品及其内装物的温度降至−18℃或更低。

4.3.1.3 试验设备

符合 GB/T 4857.5 的 2 中试验设备的要求。冷冻室(箱)：能满足 4.3.1.2 要求。

4.3.1.4 跌落高度

跌落高度为 1.2 m。

4.3.1.5 通过试验的准则

包装在内外压力达到平衡后，应无渗漏。

4.3.2 气密(密封性)试验

4.3.2.1 试验样品数量

每种塑料桶、罐取 3 个试验样品。

4.3.2.2　**试验前试验样品的特殊准备**

将有通气孔的封闭装置以相似的无通气孔的封闭装置代替，或将通气孔堵死。

4.3.2.3　**试验设备**

符合 GB/T 17344 的要求。

4.3.2.4　**试验方法和试验压力**

将包装包括其封闭装置箝制在水面下 5 min，同时向其内部施加 20 kPa 的空气压力，箝制方法不应影响试验结果。其他具有同等效果的方法也可以使用。

4.3.2.5　**通过试验的准则**

所有试样应无泄漏。

4.3.3　**液压试验**

4.3.3.1　**试验样品数量**

每种塑料桶、罐取 3 个试验样品。

4.3.3.2　**试验前容器的特殊准备**

将有通气孔的封闭装置用相似的无通气孔的封闭装置代替，或将通气孔堵死。

4.3.3.3　**试验设备**

液压危险货物包装试验机或达到相同效果的其他试验设备。

4.3.3.4　**试验方法和试验压力**

通过向包装注水等方式，连续地、均匀地施加压力，直至 100 kPa，并持续 30 min。

4.3.3.5　**通过试验的准则**

所有试样应无泄漏。

4.3.4　**堆码试验**

4.3.4.1　**试验样品数量**

试验样品数量为 3 个。

4.3.4.2　**试验样品的特殊准备**

组合包装(纤维板箱)应在控制温度和相对湿度的环境下至少放置 24 h。有以下三种办法，应选择其一。温度 23℃±2℃和相对湿度 50%±2%是最好的环境。另外两种办法是：温度 20℃±2℃和相对湿度 65%±2%或温度 27℃±2℃和相对湿度 65%±2%。

4.3.4.3　**试验设备**

符合 GB/T 4857.3 的要求。

4.3.4.4　**试验方法和堆码载荷**

在塑料桶、罐和组合包装的塑料瓶中加入不少于容器容积 98%的水，试验样品的顶部表面施加一载荷，此载荷质量相当于运输时可能堆码在它上面的同样数量包装件的总质量。如果试验样品内装的液体的相对密度与待运液体的不同，则该载荷应按后者计算。包括试验样品在内的最小堆码高度应是 3 m。组合包装的试验环境应满足 4.3.4.2 的要求，试验时间为 24 h。塑料桶、罐应在不低于 40℃的温度下经受 28 天的堆码试验。

堆码载荷按式(1)计算：

$$P=\left(\frac{H-h}{h}\right)\times m \quad \cdots\cdots(1)$$

式中：

P——加载的载荷，kg；

H——堆码高度，m(不小于 3 m)；

h——单个包装件高度，m；

m——单个包装件的总质量(毛重)，kg；

$(H-h)/h$——计算值带小数点时，小数点后应进位取整。

4.3.4.5 **通过试验的准则**

试验样品不得泄漏。对组合包装而言,不允许有所装的物质从塑料瓶中漏出。试验样品不允许有可能影响运输安全的损坏,或者可能降低其强度或造成包装件堆码不稳定的变形。在进行判定之前,塑料包装应冷却至环境温度。

5 检验规则

5.1 包装生产厂应保证所生产的过氧乙酸包装符合本标准规定,并由有关检验部门按本标准检验。

5.2 有下列情况之一时,应进行性能检验:

——新产品投产或老产品转产时进行性能检验;

——正式生产后,如结构、材料、工艺有较大改变,可能影响产品性能时;

——在正常生产时,按5.3的要求进行;

——产品长期停产后,恢复生产时;

——国家质检部门提出进行性能检验。

5.3 性能检验周期为1个月、3个月、6个月三个档次。每种新设计型号包装的检验周期为3个月,连续三个检验周期合格,检验周期可升一档,若发生一次不合格,检验周期降一档。

5.4 在性能检验周期内可进行抽查检验,抽查的次数按检验周期1个月、3个月、6个月三个档次分别为一次、两次、三次,每次抽查的样品不应多于2件。

5.5 过氧乙酸包装有效期是自包装生产之日起计算不超过12个月。超过有效期或再次使用的包装需再次进行性能检验,包装有效期自检验完毕日期起计算不超过6个月。当包装灌装过氧乙酸后,其有效期自灌装日期起计算不超过6个月。

5.6 对于5.1至5.3规定的检验,应按本标准的要求对每个生产厂的每个设计型号的包装逐项进行检验。若有一个试样未通过其中一项试验,则判定该项目不合格,只要有一项不合格则判定该设计型号包装不合格。

5.7 对检验不合格的包装,其生产厂生产的该设计型号的包装不允许用于盛装过氧乙酸,除非再次检验合格。再次提交检验时,其严格度不变。

附 录 A
（规范性附录）
过氧乙酸包装要求使用规范

A.1 包装在充灌过氧乙酸时，应留有足够的未满空间，以保证不会由于在运输过程中由于温度变化带来的液体膨胀而造成的过氧乙酸的泄漏。一般情况下，过氧乙酸灌装至包装容积的98%以下。

A.2 用组合包装盛装过氧乙酸时，塑料瓶应固定并安全衬垫，限制其在外包装中的移动，其封闭口不能倒置。在外包装上应按GB 191的要求标有明显的表示作业方向的标志。

A.3 组合包装应完好无损，封口应平整牢固。打包带紧箍箱体。

A.4 每个包装外面都不应粘附任何危险残余物。

A.5 每个过氧乙酸的包装上应加贴符合GB 190规定的危险品标志。危险品标志应包括“有机过氧化物”的主危险标志和“腐蚀品”副危险标志，并按照GB 15258的要求加贴化学品安全标签。

A.6 盛装过氧乙酸的包装应存放在阴凉、通风的仓库，避免阳光照射，并禁止与其他可能与过氧乙酸发生危险反应的货物一起存放。

ICS 55.140
A 82

中华人民共和国国家标准

GB/T 6982—2003
代替 GB/T 6982—1986

软包装容器透湿度试验方法

Test methods for water vapor permeability of flexible containers

2003-11-04 发布

2004-05-01 实施

中华人民共和国
国家质量监督检验检疫总局 发布

软包装容器透湿度试验方法

1 范围

本标准规定了密封软包装容器透湿度的测定。

本标准适用于密封软包装容器进行单项或多项的运输包装件试验后的透湿度测定。

2 规范性引用文件

下列文件中的条款通过本标准的引用而成为本标准的条款。凡是注日期的引用文件，其随后所有的修改单(不包括勘误的内容)或修订版均不适用于本标准，然而，鼓励根据本标准达成协议的各方研究是否可使用这些文件的最新版本。凡是不注日期的引用文件，其最新版本适用于本标准。

GB/T 4122.1 包装术语 基础

3 术语与定义

GB/T 4122.1 确立的以及下列术语和定义适用于本标准。

3.1

软包装容器的透湿度 water vapor permeability of flexible containers

在规定的湿热试验大气条件和时间下，透入内部空气保持干燥状态的密封软包装容器内的水蒸气量。单位是 $g/m^2 \cdot d$。

3.2

湿热试验大气条件 hot hamiding test atmoshere condition

相对湿度保持在 88%～92%，同时温度保持在 40℃±1℃的恒定湿热试验空气条件。

4 试验目的

4.1 评价或筛选包装容器所用的材料、结构和工艺措施的优劣。

4.2 比较不同类型包装容器的防潮性能。

4.3 确定特殊产品专用容器的防潮保护措施的适宜性。

4.4 用来确定包装容器防潮性能要求的指标及控制方法等。

5 试验设备

5.1 试验箱(室)

5.1.1 在试验箱(室)内应装设温度和湿度传感器和测量装置，以用来控制和观测箱(室)内的温度和湿度条件。

5.1.2 试验箱(室)工作空间空气的相对湿度和温度条件应保持在规定的条件范围内，并在试样周围持续不断地循环。同时，在试验期间不应在样品上产生凝露现象。

5.1.3 试验箱(室)内的冷凝水要不断地排出，排出的冷凝水未经纯化处理前，不得再作为湿源的水使用。

5.1.4 应保证试验箱(室)工作空间中各处温、湿度均匀，并尽可能和控制点的数值相一致。

5.1.5 试验箱(室)顶部和壁上的凝结水不得滴落在试样上。

5.2 称量天平

5.2.1 适宜的实验室天平。灵敏度为 1 mg。

5.2.2 当对重量在 1 kg 及其以上的产品进行试验时，天平的灵敏度应不低于产品包装重量的万分之一。

6 试样

6.1 试样应具有代表性，并是密封好的典型容器。

6.2 同类试样的表面尺寸和形状应尽量一致；内装干燥剂应(接近)相等，以使试验结果便于计算和比较。

6.3 干燥剂的放置量

应保证在试验期间保持内部干燥，每个容器内放入 80 g～100 g，当实际容器可容纳的干燥剂小于 80 g 时，则应装入其容量的一半。干燥剂在使用前应进行干燥处理。

6.4 干燥剂的要求

应使用对水有高亲和力，并有高干燥效率的，即在吸收大量水份后仍具有低的水蒸气压。通常可使用干燥的细孔硅胶，或性能与其相当或较好的其他物质，如无水氯化钙等。干燥剂应是颗粒状的或小团块状的，使用时筛去颗粒直径小于 600 μm(30 号筛)的粉末不用。

6.5 干燥剂的处理条件

细孔硅胶在 150℃下干燥时间不少于 5 h；无水氯化钙在 200℃下干燥时间不少于 24 h。干燥时干燥剂的放置厚度不应超过 25 mm。

6.6 当试验是用来确定特殊产品(应是干燥的)专用包装容器的适宜性时，则可用干燥的产品来代替干燥剂。但此时，容器应装填到正常的实际使用的容量，且产品的含水量应在试验开始前予以测定。

6.7 试样的数量一般为 5 个，对特殊产品专用的包装容器按相应标准执行，但不得少于 2 个。

7 试验条件

7.1 常规试验：温度 40℃±1℃，相对湿度 90%±2%。

7.2 仲裁试验：温度 40℃±0.5℃，相对湿度 90%±1%。

7.3 合同另有规定的除外。

8 试验程序

8.1 试样准备

将选定的干燥剂或干燥的产品放入试验用的容器样品中，当实际包装是带有合适衬垫时，此时也可带相应的衬垫，但不应带有任何其他物品。包装样品的密封，应按实际的密封操作方法来进行，并应在试验报告中说明所采用的密封方法。

8.2 预热处理

将试样放入温度试验箱(室)内缓慢地加热到 40℃。

注：恒温恒湿箱亦可用来预热试样。这时，可将试样直接投入按本标准规定条件的湿热试验箱(室)内，注意在预热时仅加温而不加湿。

8.3 湿热试验

将预热了的试样立即转入恒定湿热条件试验箱(室)内进行湿热试验，若原来在湿热试验箱(室)内预热的，则对箱内空气进行加湿。并调控到 5.1.2 规定条件对样品进行持续的试验。

8.4 定期称量

根据包装容器材料透湿度的大小，以适当的时间间隔对样品进行称量，求出重量随时间变化的增量，并作出增量与时间的关系图，试验持续到至少有三个连续点成一直线时止，曲线这部分直线的斜率，即为恒定增量速率期间的透湿度值。

8.4.1 称量过于频繁会影响试验的精确性，故有关的产品标准应根据对容器透湿度大小的判断来确定合适的称量间隔时间。推荐采用下列称量间隔时间：对具有高透湿度的容器，推荐最小的称量间隔时间为 3 d；对具有低透湿度的容器，推荐 15 d～30 d 称量一次。

8.4.2 称量时，最好不要将试样取出试验箱(室)外进行。若这样做不可能时，则可将试样取出试验箱(室)外进行，并按下列方法之一操作：

a) 将试样一次取出一个，立即称量，称完后即放回试验箱(室)内，每次称量按同样的先后顺序进行；

b) 将试样取出立即放入带有密闭盖的干燥器或桶内(其内不放干燥剂)，盖上盖。然后再从中一次取出一个循序称量，称量后立即放入另一带有密闭盖的干燥器或桶内(其内无干燥剂)。每次称量应按同一顺序进行。全部称量完毕后立即放回试验箱(室)继续进行试验。

8.4.3 试样取出试验(室)外称量，允许在称量处放置时间为 1 h，使温度适当平衡，取出试验箱(室)外的时间应尽量缩短，时间一般不应超过 3 h。

8.5 透湿度计算

8.5.1 内放干燥剂的容器按 8.4 的方法称量，得到连续三点成直线时止。求出其斜率，将其换算成每 30 d 的透湿度值，即为该容器在恒定透湿期间的透湿度值。为了便于与其他类型的容器进行透湿性能的比较，亦可将透湿度换算成外表面积为每平方米时的值，单位：$g/m^2 \cdot 30\ d$。

8.5.2 当用干燥产品放入容器进行试验时，有可能得不到恒定增量速率的情况。这时应首先测定试样在投入试验前的质量或其含湿量，然后将样品投入试验箱(室)试验一预定时间(通常为 30 d)后，再测定其质量或含水量。该时间内的质量或含水量的增加量，即为包装容器的透湿度值。

9 试验报告

试验报告应包括下列各项内容：

a) 软包装容器的防潮阻隔层材料、包装密封工艺及衬垫材料等说明；

b) 所使用的干燥剂的品种和数量，或使用产品时的情况说明，包括其投试前的含水量与测定方法；

c) 试样的数量；

d) 试验箱(室)中的温湿度条件不符合本标准的规定时，应详细说明其最大变化范围与经历时间；

e) 称量的间隔时间；

f) 透湿度值，应计算出恒定增量速率期间的值，取有效数字二位，算出平均值、最大值和最小值；若是用产品来代替干燥剂时，则应给出试验开始前和试验结束后的含水量及内装物的净重等资料，用以计算 30 d 的透湿度值；

g) 试样在透湿度试验前，所经受的任何其他试验的说明；

h) 按本标准试验，试样在试验中及试验结束时外观变化等影响效应的说明。

ICS 55.200
J 83

中华人民共和国国家标准

GB/T 7311—2003
代替 GB/T 7311—1987

包装机械型号编制方法

Editorial nominating method for the model designation of packaging machinery

2003-11-04 发布

2004-05-01 实施

中华人民共和国
国家质量监督检验检疫总局 发布

包装机械型号编制方法

1 范围

本标准规定了包装机械类产品的型号编制方法。

本标准适用于包装机械类产品设计时机器型号的命名和编制。

2 规范性引用文件

下列文件中的条款通过本标准的引用而成为本标准的条款。凡是注日期的引用文件，其随后所有的修改单(不包括勘误的内容)或修订版均不适用于本标准，然而，鼓励根据本标准达成协议的各方研究是否可使用这些文件的最新版本。凡是不注日期的引用文件，其最新版本适用于本标准。

GB/T 4122.2—1996 包装术语 机械

GB/T 19357—2003 包装机械分类

3 命名原则

包装机械类产品按 GB/T 19357 的规定分类并命名。

3.1 全称

全称应包括品牌名称、类别代号和型号。全称应反映产品的类别和主要参数。

3.2 品牌名称

品牌名称应反映企业和产品的主要特征。

3.3 类别代号

类别代号的含义应与 GB/T 4122.2 术语中的机器主要功能相符合。

3.4 型号

型号应包括类别代号和主要技术参数。型号应反映产品的类别、系列、品种、规格、派生和改进的全部信息。

4 型号编制要求

型号包括主型号和辅助型号两个部分。

4.1 主型号

主型号包括包装机械的分类名称代号、结构型式代号、选加项目代号。

分类名称代号以其有代表性汉字名称的第一个拼音字母表示，遇有重复字母时，其分类名称代号可采用第二个拼音字母以示区别。也可用主要功能的具有代表性的汉字名称的拼音字母组合表示。

无分类名称代号的产品，其分类名称代号可自行确定。

结构型式代号和选加项目代号，根据产品标准或生产企业自行确定。

4.2 辅助型号

辅助型号包括产品的主要技术参数，派生顺序代号和改进设计顺序代号。

主要技术参数用阿拉伯数字表示，应取其极限值。当需要表示二组以上的参数时，可用斜线“/”隔开。

包装机械类产品常用的主要技术参数有充填量、包装尺寸、封口尺寸、灌装阀头数、生产能力等。

派生顺序代号以罗马数字Ⅰ、Ⅱ、Ⅲ……表示。

改进设计顺序代号依次用汉语拼音字母 A、B、C……等表示。第一次设计的产品无顺序代号。

4.3 格式

4.3.1 编制格式

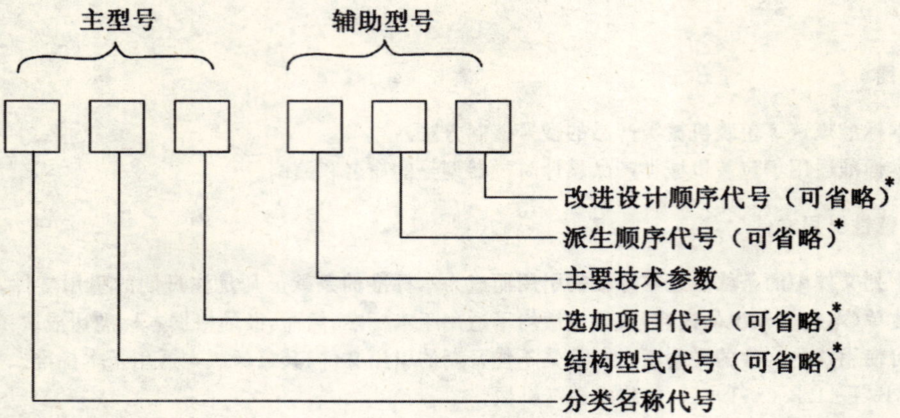

注：* 省略部分可在合同中说明

4.3.2 编制示例

示例 1：

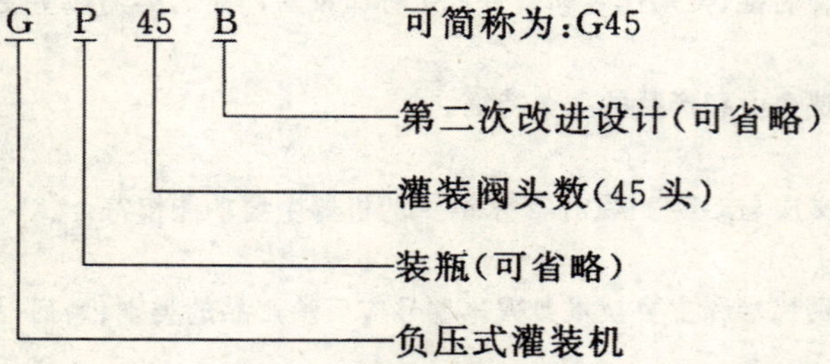

示例 2：

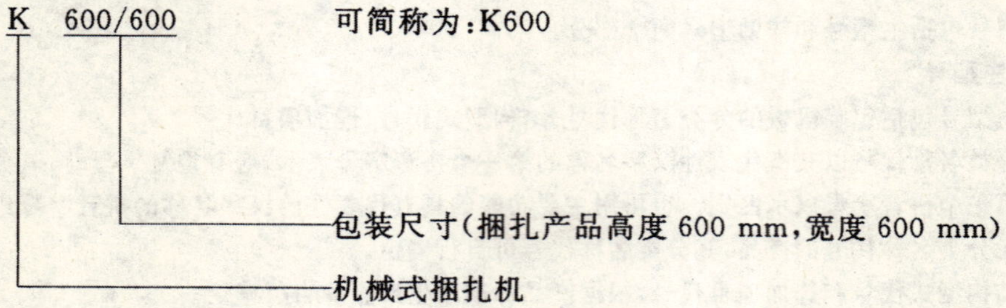

附 录 A
（规范性附录）
类别代号和主要技术参数目录表

A.1 包装机械产品的类别代号和主要技术参数，见表 A.1。

表 A.1 包装机械产品的名称、类别代号和主要技术参数

名　称	类别代号	主要技术参数内容
充填机	C	被装入产品的容量/质量/生产能力
灌装机	G	灌装阀头数/生产能力
封口机	F	封口尺寸/生产能力
裹包机	B	包装尺寸/生产能力
多功能包装机	D(可用多个字母组合表示)	主要功能的生产能力
贴标签机	T	尺寸/生产能力
清洗机	Q	生产能力
干燥机	Z	生产能力
杀菌机	S	生产能力
捆扎机	K	包装尺寸
集装机	J	规格/生产能力/按产品标准确定
辅助包装机	A(或根据机器名称的第一个汉字确定)	规格/生产能力/按产品标准确定

A.2 包装容器制造机械产品的类别代号和主要技术参数，见表 A.2。

表 A.2 包装容器制造机械产品的名称、类别代号和主要技术参数

名　称	类别代号	主要技术参数内容
制盖机	按 4.1 的规定确定	规格/生产能力/按产品标准确定
制瓶机	按 4.1 的规定确定	规格/生产能力/按产品标准确定
制罐机	按 4.1 的规定确定	规格/生产能力/按产品标准确定
制桶机	按 4.1 的规定确定	规格/生产能力/按产品标准确定
制箱制盒机	按 4.1 的规定确定	规格/生产能力/按产品标准确定
制袋机	按 4.1 的规定确定	规格/生产能力/按产品标准确定

A.3 包装材料制造机械产品的类别代号和主要技术参数，见表 A.3。

表 A.3 包装材料制造机械产品的名称、类别代号和主要技术参数

名　称	类别代号	主要技术参数内容
制板材机	按 4.1 的规定确定	规格/生产能力/按产品标准确定
制薄膜机	按 4.1 的规定确定	规格/生产能力/按产品标准确定

ICS 85.060
Y 30

中华人民共和国国家标准

GB/T 5402—2003
代替 GB/T 5402—1985

纸和纸板　透气度的测定(中等范围)葛尔莱法

Paper and board—Determination of air peremeance(medium range)—Gurley method

[ISO 5636-5:1986,Paper and board—Determination of air peremeance (medium range)—Part 5:Gurley method,MOD]

2003-10-20 发布　　　　2004-06-01 实施

中华人民共和国国家质量监督检验检疫总局　发布

纸和纸板　透气度的测定(中等范围)　葛尔莱法

1　范围

本标准规定了测定纸和纸板透气度的葛尔莱法。

本标准只适用于透气度在(0.1～100)μm/(Pa·s)之间的纸和纸板。不适用于表面粗糙的材料,例如绉纹纸与瓦楞原纸,因为这些纸不能被牢固地夹紧,故而难免漏气。

2　规范性引用文件

下列文件中的条款通过本标准的引用而成为本标准的条款。凡是注日期的引用文件,其随后所有的修改单(不包括勘误的内容)或修订版均不适用于本标准,然而,鼓励根据本标准达成协议的各方研究是否可使用这些文件的最新版本。凡是不注日期的引用文件,其最新版本适用于本标准。

GB/T 450　纸和纸板试样的采取(GB/T 450—2002,eqv ISO 186:1994)

GB/T 10739　纸、纸板和纸浆试样处理和试验的标准大气条件(GB/T 10739—2002,eqv ISO 187:1990)

3　术语和定义

下列术语和定义适用于本标准。

3.1

透气度　air permeacnce

在规定条件中,单位压差下,单位时间内通过单位面积的空气平均流量,用微米每帕斯卡·秒表示[1 mL/(m^2·Pa·s)=1 μm/(Pa·s)]。

4　原理

用浮动在液体上的垂直竖立圆筒的自身重力来压缩筒内空气,使压缩空气与试样相接触。随着空气通过试样,圆筒便会平稳下落。测量一定体积的空气,通过试样的所需的时间,并按此计算透气度。

5　仪器

5.1　葛尔莱透气度测定仪

此仪器示意图见图 A.1,它是由一个外圆筒和一个内圆筒组成的。外圆筒内装有一定量的密封液体,内圆筒可在外圆筒内自由滑动。由内圆筒自身重力形成的空气压力,施加于夹在孔径为(28.6±0.1)mm 夹板间的试样上。早期仪器的试样夹板在圆筒顶部,新型仪器的试样夹板在底座上,后者为最佳选择[见图 A.1a)]。在夹板有空气压力的一侧,贴着一个橡胶衬垫,以防纸面和夹板间漏气。

衬垫由薄的、有弹性、耐油、抗氧化的材料制成,并且有光滑平整的表面。衬垫厚度为(0.7～1.0)mm、硬度为(50～60)IRHD(国际橡胶硬度标度),内径为(28.6±0.1)mm(面积为6.42 cm^2),外径为(34.9±0.1)mm。衬垫的孔应准确对准夹板孔,在使用过程中,为了使衬垫和夹板的两个孔对准并保护衬垫,应将衬垫粘贴在夹板的定位槽内。该圆槽与其相对的夹板孔应同心,其内径为(28.41±0.04)mm,槽深为(0.45±0.05)mm,槽的外径为(35.2±0.1)mm。

注：有些仪器槽的内径为 28.65 mm，使衬垫稍稍张紧配合。

仪器的外圆筒高为 254 mm，内径为 82.6 mm。在其圆筒内壁等距竖立排列三根或四根金属条，金属条的长度在(190～245.5)mm 之间，条的截面或为 2.4 mm 边长的正方形，或为 2.4 mm 直径的圆形，金属条作为使内圆筒上下移动的导轨。内圆筒高为 254 mm，外径为 76.2 mm，内径为 74.1 mm，质量为(567±0.5)g。

上面提到的容积是仪器的理论容积，实际容积会略有增加，因为在试验时内圆筒壁代替了部分液体。在实际操作中，这些正常原因所导致的误差是仪器所共有的，因此可忽略不计。仪器的内圆筒容积可按附录 B 的方法进行校对。

5.2 密封液

密封液在 38℃时密度为 860 g/m^3，动力粘度为(10～13)mm^2/s[相当于(60～70)s Saybolt]，而闪点应不低于 135℃。

5.3 辅助设备

秒表或电子计时器，最小分度值或分辨率为 0.2 s。

6 取样

取样按 GB/T 450 的规定进行。

7 温湿处理

温湿处理应按 GB/T 10739 的规定进行。

8 试样的制备

从选出的 10 张纸样中分别切取一个试样。

仪器的夹板如在内圆筒顶部，试样尺寸应为 50 mm×120 mm；仪器夹板如在底座上，试样尺寸应为 50 mm×50 mm。

9 试验步骤

9.1 校对

将平滑的、坚硬致密的、无渗透性的金属或塑料薄片夹在两孔板之间，检查仪器的密封性。按 9.3 进行检查，经 5 h 的测定，泄漏空气应不大于 50 mL。

9.2 环境

试验应在与温湿处理时相同的大气条件下进行。

9.3 测定

将仪器调准至水平，使两圆筒成垂直状态。将油注入外圆筒内至 120 mm 深，即达到内壁的环状标记处(在后面的测试中，若油面高度保持不变，可省略此步骤)。

对于夹板在底座的仪器，应先将内圆筒升高，使其边缘在外圆筒的支撑装置上。将试样夹在夹板之间，然后移开支撑装置，使内圆筒下降至能被浮起为止。

对于夹板在顶部的仪器，用一只手提起内圆筒，另一只手夹住试样，然后放开内圆筒，使其浮在油中。另一种方法是将内圆筒移开，然后将试样夹好，使内圆筒在外圆筒内缓慢下降。

注 1：应交替上紧滚花螺母，使夹板两边的压力相等。如果仅仅上紧一个螺母，夹板不能平整地压在试样上，可能会出现空气泄漏。

注 2：交替上紧螺母时应十分小心，以防油溅到试样上，减少油的体积且会污染试样。

当内圆筒平稳下移时，应从零刻度开始计时，测定初始两个 50 mL 间隔(即 0 mL 至 100 mL 的间隔)，通过外圆筒边缘时的所需时间，测定准确度如下：

≤60 s	准确至0.2 s
>60 s至≤180 s	准确至1 s
>180 s	准确至5 s

对于透气度较差的纸和纸板，可在第一个50 mL的末端处开始计时；对于很疏松的纸或带孔的纸，可以测定较大体积的空气通过时的所需时间。如果在到达零刻度之前，圆筒未能均匀移动，则可从50 mL刻度处开始计时。

注：应避免仪器震动，因为这会增加空气的通过速度。

9.4 试验次数

试验时应五个试样正面朝上，五个试样反面朝上。

10 结果的表述

10.1 根据式(1)计算透气度，以10次测定的算术平均值表示结果，准确至两位有效数字。

$$P=\frac{1.27V}{t} \qquad \cdots\cdots(1)$$

式中：

V——透过空气的体积，单位为毫升(mL)；

t——通过V mL空气的所需时间，单位为秒(s)；

P——透气度，单位为微米每帕斯卡·秒[μm/(Pa·s)]。

注1：式(1)是以平均压力差1.23 kPa和试验面积6.42 cm^2作为计算基础的。

注2：因P与t为非线性关系，故不应用t的平均值计算P的平均值。

10.2 如果需要标准偏差，可按式(1)从重复测量的次数中计算，并修正成微米每帕斯卡·秒。

10.3 如果通过试片正反两面的透气度有较大差别，又要求报告这个差别，则应在每一个面各测量10个试样，并且分别报告这两个结果。

10.4 如果需要报告透气阻力，则应用葛尔莱透气阻力来表示，单位为秒，即9.3所测得的时间。若报告结果≤10 s，应准确至第一位小数，其他的则为两位有效数字。

11 精密度

从同一纸样中获得的两份试样，由同一操作者在同一实验室进行测定，两个测定结果的平均值的偏差应在10%内。

12 试验报告

试验报告包括以下项目：

a） 本标准编号；

b） 试验日期和地址；

c） 完整鉴定样品所需的全部数据；

d） 使用仪器的类型编号；

e） 温湿处理和检验时的温度及相对湿度；

f） 被测试样的数目；

g） 试验结果；

h） 需要的标准偏差或变异系数；

i） 与所规定步骤任何偏离之处。

附 录 A
（资料性附录）
仪器的变更

A.1 图 A.1 中列出了两种型式仪器的参考资料，其中一种夹板安装在浮动的内圆筒顶上[图 A.1a)]，而另一种夹板固定在仪器的底座上[图 A.1b)]，并且所用的尺寸都来自现在这种型式的样机。这种仪器的许多早期式样仍然存在，最早的仪器是没有装配衬垫的。不过可以认为自从 1945 年以来，所制造的仪器都装有衬垫。在这些仪器中，尺寸是略有不同的，但测定结果的差别并不显著。衬垫的内径和槽似乎也略有不同，因此有时需略微撑开衬垫才能固定在槽内。但试验的有效面积一直为原来的 6.452 cm^2(1 in^2)，偏差在 1%之内。

A.2 有些仪器的内圆筒，在开头 100 mL 内以 25 mL 作为单位刻度，而且在 400 mL 处也有刻度。有些圆筒上的刻度是用带有刻度的标签粘上后制成的。

A.3 另外可使用另一种内圆筒，其质量为 142 g。当用这种圆筒测定时，其空气流量可近似认为是 567 g圆筒测量值的 1/4。

A.4 也可以采用测量孔径为 1.61 cm^2(直径 14.30 mm)或 0.645 cm^2(直径 9.05 mm)的夹板，由它们测定的空气流量大约为正常值的 1/4 或 1/10。

当使用上述不同的圆筒和夹板时，应在报告中说明，因为其结果仅能换算为标准仪器的近似结果。

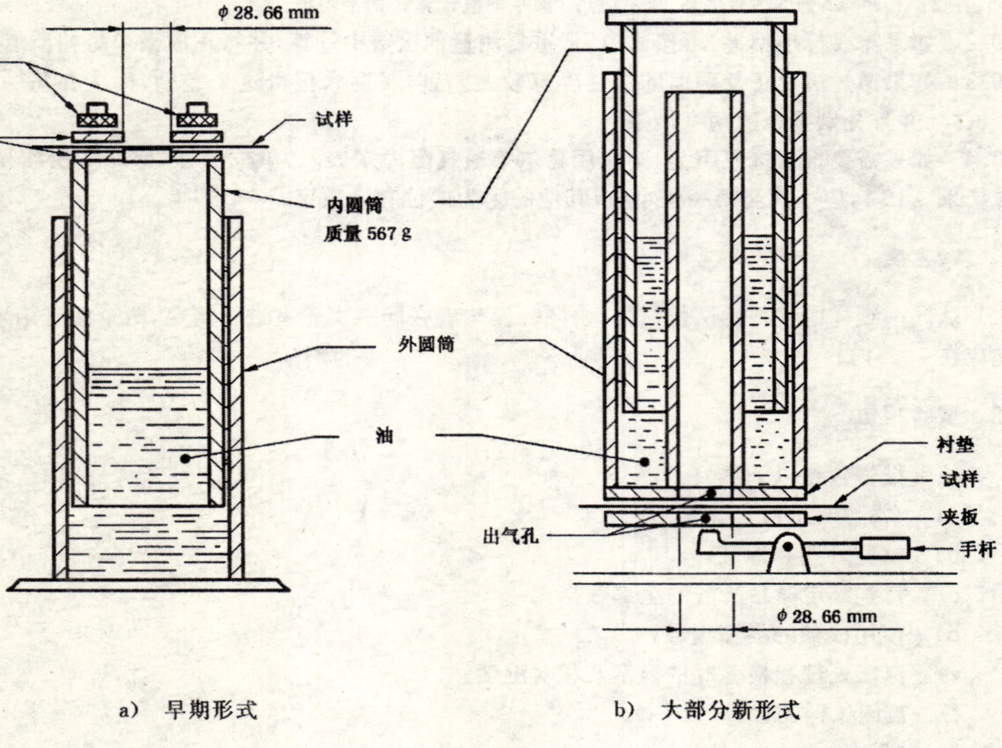

图 A.1

附 录 B
（规范性附录）
容 积 的 校 对

B.1 按 9.1 检查空气泄漏情况。如果 5 h 泄出的空气超过 50 mL，应用软橡胶代替硬面材料重复上述检查。若在夹板处没有发现漏气，则应查找其他漏气处，并用氯丁橡胶或其他粘合剂封堵漏气部位。

B.2 图 B.1 表示内圆筒容积的检定装置。用一种专门的连接平板（见图 B.2），通过两个三通开关 A 和 B，将葛尔莱仪与 100 mL 滴定管连接起来。滴定管的刻度为 0.2 mL/格，在真空管与开关 A_1 之间加一个三通开关 D。所有的连接均应使用耐压橡胶管。

B.3 当真空管抽气时，应接通 A_1、D_2 和 C，使水进入滴定管，并使水面达到 35 mL 刻度线，然后放开 D_1 恢复滴定管的大气压力。打开 B_1，提升内圆筒至密封液的液面以上，再关闭 B_1。接通 A_2 和 B_2，使水从滴定管中流出，并使内圆筒的零刻度恰好在外圆筒的参考点上。将仪器静置 15 min，以检查空气泄漏情况。如果内圆筒有移动，则检查所有的接口是否有漏气现象。

B.4 调整零刻度线，使其与参考点对正，记录滴定管示值，应准确至 0.1 mL。使水从滴定管中流出，直至内圆筒上的第一个 50 mL 刻度线与外圆筒的参考点重合，并再次记录滴定管示值，准确至0.1 mL。则两示值之差即是葛尔莱仪器的第一个 50 mL 间隔的容积。

B.5 从 0 mL 至 350 mL，应进行每个 50 mL 间隔的三次测量，并计算每三次测量的平均值。如果每个测量值与平均值的偏差不是在 1.0 mL 内，则应进行重复测定。应从每一个平均值中减去 5.4%，以补偿圆筒壁所置换的流体容积。如果误差大于 3%，则应编制一张内圆筒的刻度校正表。

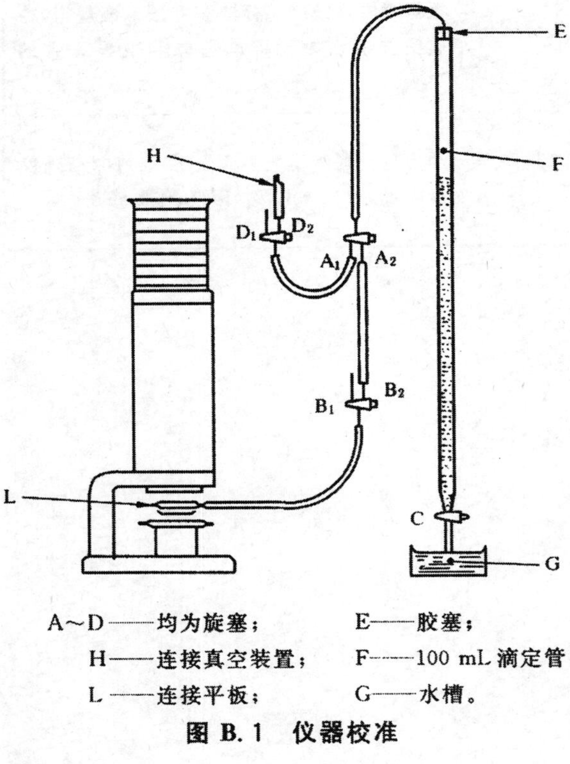

A～D——均为旋塞；
H——连接真空装置；
L——连接平板；
E——胶塞；
F——100 mL 滴定管；
G——水槽。

图 B.1 仪器校准

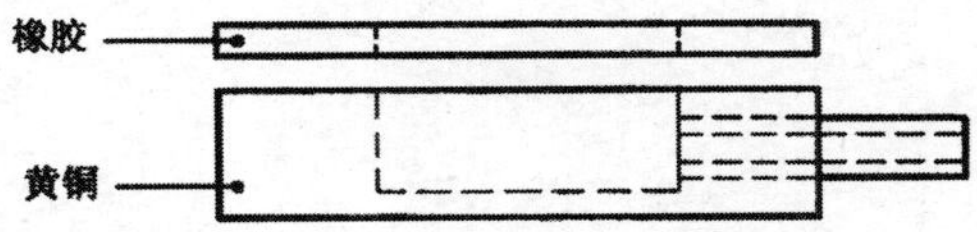

图 B.2 连接平板

附 录 C

（资料性附录）

本标准与 ISO 5636-5：1986 技术性差异及其原因

表 C.1 给出了本标准与 ISO 5636-5：1986 技术性差异及其原因的一览表。

表 C.1 本标准与 ISO 5636-5：1986 技术性差异及其原因

本标准的章条编号	技术性差异	原因
1	将 ISO 5636-5：1986 第 1 章的“目的和应用范围”改为“范围”。	强调与 GB/T 1.1 的一致性。
2	将 ISO 5636-5：1986 第 2 章的“参考资料”改为“规范性引用文件”。	强调与 GB/T 1.1 的一致性。
3	将 ISO 5636-5：1986 第 3 章的“定义”改为“术语和定义”。	强调与 GB/T 1.1 的一致性。
9.3	增加“在后面的测试中，若油面高度保持不变，可省略此步骤”。	以适合实际检测过程。
10.1	去掉公式 $P=\frac{127}{t}$	因 $P=\frac{127}{t}$ 与 $P=\frac{1.27V}{t}$ 一致。
12h)	将“标准偏差或需要的变异系数”改为“需要的标准偏差或变异系数”。	根据我国造纸产品标准和方法标准规定，检验报告中多数无标准偏差和变异系数的要求。
附录 B	将 ISO 5636-5：1986 附录 B 第二段“滴定管的刻度为 0.1 mL”改为“滴定管的刻度为 0.2 mL”。	因为在我国滴定管产品标准系列中准确度最高级为 0.2 mL/格，因此，作此修改。

附　录　D
（资料性附录）
本标准与 ISO 5636-5：1986 章条编号对照

表 D.1 给出了本标准与 ISO 5636-5：1986 章条编号对照的一览表。

表 D.1　本标准与 ISO 5636-5：1986 章条编号对照

本标准章条编号	对应国际标准章条编号
附录 C	—
附录 D	—
注：本表之外的本标准其他章条编号与 ISO 5636-5：1986 其他章条编号均相同且内容相对应。	

ICS 85.060
Y 30

中华人民共和国国家标准

GB/T 462—2003
代替 GB/T 462—1989

纸和纸板　水分的测定

Paper and board—Determination of moisture content

(ISO 287:1985, Reapproved 1991, MOD)

2003-10-20 发布　　2004-06-01 实施

中华人民共和国
国家质量监督检验检疫总局　发布

纸和纸板 水分的测定

1 范围

本标准规定了取样时纸和纸板水分含量的测定方法。

本标准适用于各种纸和纸板，但这些纸和纸板不应含有除水分以外，在规定的试验温度下能挥发的任何物质。

2 规范性引用文件

下列文件中的条款通过本标准的引用而成为本标准的条款。凡是注日期的引用文件，其随后所有的修改单(不包括勘误的内容)或修订版均不适用于本标准，然而，鼓励根据本标准达成协议的各方研究是否可使用这些文件的最新版本。凡是不注日期的引用文件，其最新版本适用于标准。

GB/T 450 纸和纸板试样的采取(GB/T 450—2002，eqv ISO 186:1994)

3 术语和定义

下列术语和定义适用于本标准。

3.1

水分 moisture content

纸和纸板中的含水量，即按规定方法烘干后，纸和纸板所减少的质量与取样时的质量之比，一般以百分数表示。

4 原理

称取试样烘干前质量，然后将试样烘干至恒重，再次称取质量。试样烘干前后的质量之差与烘干前的质量之比，即为试样的水分。

5 仪器

5.1 天平：感量为 0.001 g。

5.2 试样容器：用于试样的转移和称量。该容器应由能防水蒸气，且在试验条件下不易发生变化的轻质材料制成。

5.3 烘箱：能使温度保持在 105℃±2℃。

5.4 干燥器。

6 容器的准备

取样前应将数量足够、洁净干燥的容器编上号，并在大气中平衡，然后将每个容器称量并盖好盖，直至装入样品。

7 取样

应按照 GB/T 450 取样。

注：如果取样的地方温暖而潮湿，应避免样品受到污染或造成水分损失，操作时最好带上橡皮手套。为了避免因样品暴露在大气中，会使其水分发生变化，取样后应立刻将样品全部装入容器中。

8 试样的选取、制备和称量

从整批中取出的各包装单位的取样过程应按8.1或8.2的规定进行。

8.1 当包装单位可拆包或可全部打开时

8.1.1 当包装单位内无小包装时(有或没有垫板)

8.1.1.1 测定一批样品的水分平均值

8.1.1.1.1 当纸或纸板的定量小于或等于224 g/m² 时

应去掉最外三层和全部已损坏的纸张,依次选取至少四张试样,将试样快速折叠或切开后全部装入容器中。容器中装的试样应至少为50 g,称量装有试样的容器,并计算试样质量。

应从所取的包装单位中,同时制备两份试样。

注1:去掉纸张层数的多少取决于包装效果和贮藏条件。

注2:如果是定量较低的纸,50 g试样的体积一定很大,因此可以使用较少量的试样,但应在试验报告中说明。

8.1.1.1.2 当纸或纸板的定量大于224 g/m² 时

应去掉最外层和全部已损坏的纸张,取一张或多张试样,试样宽度应为50 mm～70 mm,长度应不小于150 mm,其总质量应至少为50 g。将试样直接装入容器中,称量装有试样的容器,并计算出试样质量。

应从每一采取的纸样中,同时制备两份试样。

8.1.1.2 测定纸页中间与边缘的水分变化

按照8.1.1.1.1或8.1.1.1.2选取样品,并连续选取若干张样品,使之足够两份试样。每份试样应至少为50 g,且应按照图1所示方法切取试样(见注)。

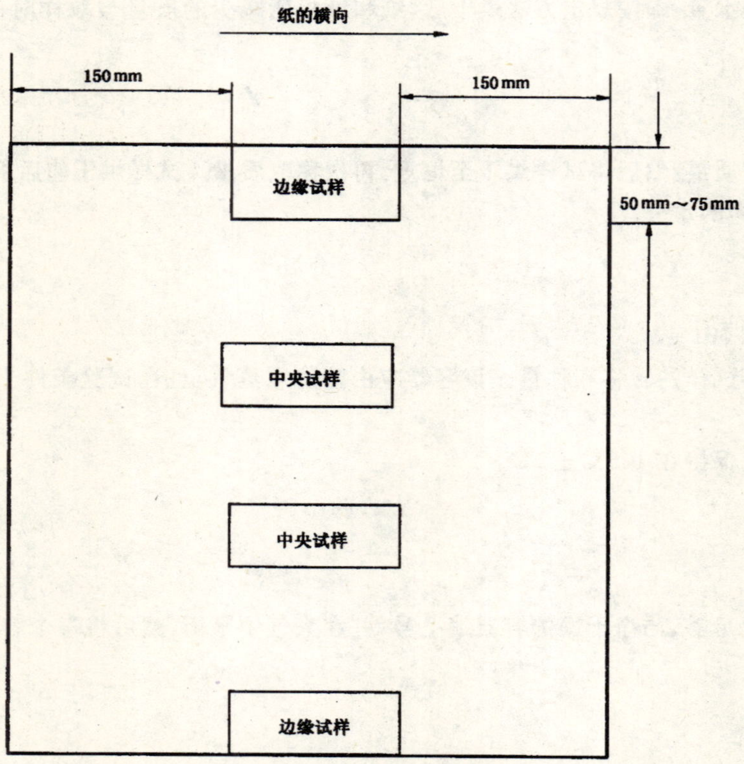

图1 边缘试样和中央试样的位置

按图1所示，将所选样品切成50 mm～75 mm的试样，并切除距离原样品边缘150 mm以内的纸和纸板。切好后去除顶层和底层试样，并将中间的两组合并成一份试样。每种样品应有两份试样，每份试样的质量应至少为50 g。立即将两份试样分别放入容器中，并称量装有试样的每个容器，然后计算出每份试样的质量。

注：如果是定量较低的纸，50 g试样的体积一定很大，因此可以使用较少的质量，但应在试验报告中说明。

8.1.2 当以包装单位（令、包）作单位并包装成件时（有或没有垫板）

按照GB/T 450选取包或令的样品，并按其规定的相应方法进行。

8.1.2.1 测定一批样品的水分平均值

8.1.2.1.1 当纸或纸板的定量小于或等于224 g/m² 时

应从每令或包的中央依次抽取四张试样，其后步骤应按照8.1.1.1.1中所述。

应从所取的包装单位中和每个位置上，同时制备两份试样。

8.1.2.1.2 当纸或纸板的定量大于224 g/m² 时

从每令或包的中央依次抽取的纸板应足够两份试样，每份试样的质量应至少为50 g，其制备方法应按照8.1.1.1.2中所述。

应从所取的包装单位中和每个位置上，同时制备两份试样。

8.1.2.2 测定纸页中间与边缘的水分变化

按照8.1.2.1.1或8.1.2.1.2选取样品，按照8.1.1.2制备试样。

8.1.3 当单位是卷筒时

8.1.3.1 测定一批样品的水分平均值

将卷筒外部的损坏层全部去掉，如果纸和纸板的定量小于或等于224 g/m²，应至少再弃去三层未损坏层。如果纸或纸板的定量大于224 g/m²，应至少再弃去一层未损坏层（被弃去的层数取决于包装好坏和贮藏条件）。

沿卷筒横向切取至少厚5 mm的样品层，然后将样品层铺平。在选取的样品层上沿卷筒纵向切取宽50 mm～75 mm的试样组。在靠近卷筒的两个边缘各切取一组试样，在卷筒中部切取另一组试样，或从卷筒的整幅上切取。当试样切取时应注意，不要将一叠样品中的纸页或一组样品中的试样分开。

弃去每组试样条顶部和底部的纸页，将余下的试页合并成试样，其质量应至少为50 g，然后将试样装入容器中，称量装有试样的容器，并计算出试样质量（见注）。

应从所取的包装单位中和每个位置上，同时制备两份试样。

注：如果是定量较低的纸，50 g试样的体积一定很大，因此可以使用较少的质量，但应在试验报告中说明。

8.1.3.2 测定卷筒横向的水分变化

按8.1.3.1规定的方法，在卷筒横幅上至少三个位置选取试样，沿卷筒横向切取宽50 mm～75 mm的试样，试样的长边应沿纸张纵向。对每个位置所取的试样进行试验，并分别报告其结果。

应从所取的包装单位中和每个位置，同时制备两份试样。

8.2 当包装单位不能或不应全部打开时（例如按惯例进行贮藏或选择出的卷筒，可能有垫板的令）

8.2.1 测定一批样品的水分平均值

8.2.1.1 当已知纸或纸板的纵向时

切取宽度为50 mm～75 mm，长度至少为150 mm的试样，且试样的短边应为纸张纵向，所切取的纸张量应满足试样所用量。然后去掉上面三条和任何已损坏的试样，余下的试样应至少为50 g。立即将试样放入容器中，称量装有试样的容器，并计算出试样质量。

在各包装单位中，所切取的试样位置是可以变换的。

应从所取的包装单位中和每个位置上，同时制备两份试样。

亦可选用宽度为50 mm～75 mm的整个横幅作为试样。

8.2.1.2 当不知纸或纸板的纵向时

切取约为 100 mm×100 mm 的试样，应使试样的一个边与纸页的长边平行，其后步骤应按照8.2.1.1进行。

注：如果是定量较低的纸，50 g 试样的体积一定很大，因此可以使用较少的质量，但应在试验报告中说明。

8.2.2 测定卷筒横向或纸页中间与边缘的水分变化

按 8.2.1.1 规定的方法，切取宽度为 50 mm～75 mm，长度至少为 150 mm 的试样。在卷筒或纸页的横向上，应至少取三张试样。对每个位置所取的试样进行试验，并分别报告其结果。

应从所取的包装单位中和每个位置上，同时制备两份试样。

9 试验步骤

9.1 将装有试样的容器，放入能使温度保持在 105℃±2℃的烘箱(5.3)中烘干。烘干时，可将容器(5.2)的盖子打开，也可将样品取出来摊开，但试样和容器应在同一烘箱中同时烘干。

注：当烘干试样时，应保证烘箱中不放入其他试样。

9.2 当试样已完全烘干时，应迅速将试样放入容器中并盖好盖子，然后将容器放入干燥器中冷却，冷却时间可根据不同的容器估计出来。将容器的盖子打开并马上盖上，以使容器内外的空气压力相等，然后称量装有试样的容器，并计算出干燥试样的质量。重复上述操作，其烘干时间应至少为第一次烘干时间的一半。当连续两次在规定的时间间隔下，称量的差值不大于原试样质量的 0.1%时，即可认为试样已达恒重。第一次烘干时间对于定量小于或等于 224 g/m² 的试样，应不少于 30 min；对于定量大于 224 g/m²的试样，应不少于 60 min。

10 结果的表示

10.1 计算方法

水分 X(%)应按式(1)进行计算。

$$X=\frac{m_1-m_2}{m_1}\times 100\% \qquad \cdots\cdots(1)$$

式中：

m_1——烘干前的试样质量，单位为克(g)；

m_2——烘干后的试样质量，单位为克(g)。

10.2 结果的表示

同时进行两次测定，取其算术平均值作为测定结果。测定结果应修约至小数点后第一位，且两次测定值间的绝对误差应不超过 0.4。

11 试验报告

试验报告应包括下列项目。

11.1 当要求测定一批样品的水分平均值时：

a) 平均值；

b) 最大值和最小值；

c) 标准偏差；

d) 试验次数。

以上各项是对于所选取的全部试样而言的。

11.2 当要求报告纸页或卷筒横向的水分变化时：

a) 平均值；

b) 最大值和最小值；

c) 标准偏差；

d) 试验次数；

e) 取样位置。

以上各项是对于按照8.1或8.2的规定所选取的每种试样而言的。

此处给出了可选择的试验步骤，并详述了任何环境或干扰对试验结果带来的影响。建议报告平均值95%的置信区间。

附 录 A
（资料性附录）
本标准与 ISO 287:1991 技术性差异及其原因

表 A.1 给出了本标准与 ISO 287:1991 技术性差异及其原因的一览表。

表 A.1 本标准与 ISO 287:1991 技术性差异及其原因

本标准的章条编号	技术性差异	原 因
10	在结果的表示中增加了水分的计算公式，并规定同时进行两次测定，取其算术平均值作为测定结果。测定结果应修约至小数点后第一位，且两次测定值间的绝对误差应不超过 0.4。	根据 GB/T 20001.4—2001《标准编写规则 第 4 部分：化学分析方法》的有关要求：应指明结果计算的方法，包括表示结果的单位、计算公式、公式中代数符号的含义、量的单位及计算结果的有效位数。

附 录 B
（资料性附录）
本标准章条编号与 ISO 287:1991 章条编号对照

表 B.1 给出了本标准章条编号与 ISO 287:1991 章条编号对照的一览表。

表 B.1 本标准章条编号与 ISO 287:1991 章条编号对照

本标准章条编号	对应的国际标准章条编号
1	1
2	2
3	3.1
4	4
5.1～5.3	5.1～5.3
5.4	—
6	6
7	7
8	8
8.1	—
8.1.1～8.1.3.2	8.1.1～8.1.3.2
8.2	8.2
8.2.1～8.2.2	8.2.1～8.2.2
9.1～9.2	9.1～9.2
10.1	10.1
10.2	—
11.1～11.2	11.1～11.2

ICS 71.060.50
G 17

中华人民共和国国家标准

GB 19107—2003

次氯酸钠溶液包装要求

Requirements of packing for sodium hypochlorite solution

2003-05-16 发布　　2003-06-15 实施

中华人民共和国
国家质量监督检验检疫总局　发布

次氯酸钠溶液包装要求

1 范围

本标准规定了用于盛装次氯酸钠溶液(漂白水或漂白液)的包装容器的要求、性能试验和检验规则。

本标准适用于次氯酸钠溶液的包装。

2 规范性引用文件

下列文件中的条款通过本标准的引用而成为本标准的条款。凡是注日期的引用文件,其随后所有的修改单(不包括勘误的内容)或修订版均不适用于本标准,然而,鼓励根据本标准达成协议的各方研究是否可使用这些文件的最新版本。凡是不注日期的引用文件,其最新版本适用于本标准。

GB 190 危险货物包装标志

GB 191 包装储运图示标志

GB/T 4857.3 包装 运输包装件 静载荷堆码试验方法

GB/T 4857.5 包装 运输包装件 跌落试验方法

GB 15258 化学品安全标签编写规定

GB/T 17344 包装 包装容器 气密试验方法

3 要求

3.1 次氯酸钠溶液应采用最大容量为450 L的塑料桶、最大容量为60 L的塑料罐和最大净重为60 kg的由塑料瓶和纤维板箱(包括瓦楞纸箱)组成的组合包装进行包装。

3.2 每一个次氯酸钠溶液包装容器(以下简称包装)上必须标明符合《关于危险货物运输的建议书 规章范本》规定的持久性联合国危险货物包装标记。

3.3 包装应结构合理、防护性能好,符合《关于危险货物运输的建议书 规章范本》的规格规定。其设计模式、工艺、材质应适应次氯酸钠溶液的特性,适合积载,便于安全装卸和运输,能承受正常运输条件下的风险。

3.4 包装与次氯酸钠溶液直接接触的各个部位,不应由于接触次氯酸钠溶液而造成强度的降低。

3.5 如果盛装次氯酸钠溶液的包装由于内装物释放氯气(由于温度增加或其他原因)而产生较高的压力时,可在容器上安装一个通气孔。但释放的氯气不应因其排放量过大而造成危险,否则内装物的量应加以限制。对拟运输的包装,通气孔应设计成保证在正常的运输条件下防止液体的泄漏和外界物质的渗入。如果使用组合包装,其外包装的设计应使它不会影响排气装置的作用。

3.6 组合包装中塑料瓶的放置方式,应做到在正常运输条件下,不会破裂、被刺穿或其内装物漏到外容器中。

3.7 所有新的、再次使用的包装应能通过第4章规定的试验,并应达到Ⅱ类危险货物包装的要求。

3.8 次氯酸钠溶液生产和销售单位在使用包装时,应遵照附录A的要求。

4 性能试验(检验)

4.1 试验的施行和频率

4.1.1 每一种包装在投入使用之前,其设计型号应成功地通过性能试验。

4.1.2 对于包装的次要方面,如内包装规格降低、净重减小和桶、罐、箱等包装在外部尺寸上的微小降低等已与试验类型不同,主管部门可允许进行有选择的包装性能试验。

4.1.3 若试验结果的正确性不会受影响,可对一个试样进行几项试验。

4.2 包装的试验准备

4.2.1 对准备好供运输的包装,其中包括组合包装所使用的内包装,应进行试验。

4.2.2 当使用的塑料桶、罐的原材料发生变化时(包括塑料牌号的变化),在试验前需直接装入次氯酸钠溶液贮存六个月以上进行相容性试验,对贮存期的第一个和最后一个 24 h,应使试验样品的封闭装置朝下放置,但对带有通气孔的容器,每次的时间应是 5 min。在贮存期之后,再对样品进行 4.3 所列的性能试验。

4.2.3 试验项目

4.2.3.1 塑料桶、罐应进行跌落试验、气密试验(密封性试验)、液压试验、堆码试验。

4.2.3.2 组合包装应进行跌落试验、堆码试验。

4.3 性能试验方法

4.3.1 跌落试验

4.3.1.1 试验样品数量和跌落方向

每种包装的试验样品数量和跌落方向见表 1。

除了平面着地的跌落之外,重心应位于撞击点的垂直上方。

表 1 试验样品数量和跌落方向

容　器	试验样品数量	跌　落　方　向
塑料桶和罐	6 个 (每次跌落用 3 个)	第一次跌落(用 3 个样品):包装应以凸边斜着撞击在冲击板上。如果包装没有凸边,则撞击在周边接缝上或一棱边上。 第二次跌落(用另外 3 个样品):包装应以第一次跌落未试验过的最弱部位撞击在冲击板上,例如封闭装置。
纤维板箱 (包括瓦楞纸箱)	5 个 (每次跌落用 1 个)	第一次跌落:底部平跌 第二次跌落:顶部平跌 第三次跌落:长侧面平跌 第四次跌落:短侧面平跌 第五次跌落:角跌落

4.3.1.2 跌落试验样品的特殊准备

在塑料桶、罐和组合包装的塑料瓶中加入不少于容器容积 98% 的含有防冻剂的水,并将试验样品及其内装物的温度降至 −18℃ 或更低。

4.3.1.3 试验设备

符合 GB/T 4857.5 中试验设备的要求。冷冻室(箱):能满足 4.3.1.2 要求。

4.3.1.4 跌落高度

跌落高度为 1.2 m。

4.3.1.5 通过试验的准则

包装在内外压力达到平衡后,应无渗漏。

4.3.2 气密(密封性)试验

4.3.2.1 试验样品数量

每种塑料桶、罐取 3 个试验样品。

4.3.2.2 试验前试验样品的特殊准备

将有通气孔的封闭装置以相似的无通气孔的封闭装置代替,或将通气孔堵死。

4.3.2.3 试验设备

符合 GB/T 17344 的要求。

4.3.2.4 试验方法和试验压力

将包装包括其封闭装置箝制在水面下 5 min,同时向其内部施加 20 kPa 的空气压力,箝制方法不应影响试验结果。其他具有同等效果的方法也可以使用。

4.3.2.5 通过试验的准则

所有试样应无泄漏。

4.3.3 液压试验

4.3.3.1 试验样品数量

每种塑料桶、罐取 3 个试验样品。

4.3.3.2 试验前容器的特殊准备

将有通气孔的封闭装置用相似的无通气孔的封闭装置代替,或将通气孔堵死。

4.3.3.3 试验设备

液压危险货物包装试验机或达到相同效果的其他试验设备。

4.3.3.4 试验方法和试验压力

通过向包装注水等方式,连续地、均匀地施加压力,直至 100 kPa,并持续 30 min。

4.3.3.5 通过试验的准则

所有试样应无泄漏。

4.3.4 堆码试验

4.3.4.1 试验样品数量

试验样品数量为 3 个。

4.3.4.2 试验样品的特殊准备

组合包装(纤维板箱)应在控制温度和相对湿度的环境下至少放置 24 h。有以下三种办法,应选择其一。温度 23℃±2℃和相对湿度 50%±2%是最好的环境。另外两种办法是:温度 20℃±2℃和相对湿度 65%±2%或温度 27℃±2℃和相对湿度 65%±2%。

4.3.4.3 试验设备

符合 GB/T 4857.3 的要求。

4.3.4.4 试验方法和堆码载荷

在塑料桶、罐和组合包装的塑料瓶中加入不少于容器容积 98%的水,试验样品的顶部表面施加一载荷,此载荷质量相当于运输时可能堆码在它上面的同样数量包装件的总质量。如果试验样品内装的液体的相对密度与待运液体的不同,则该载荷应按后者计算。包括试验样品在内的最小堆码高度应是 3 m。组合包装的试验环境应满足 4.3.4.2 的要求,试验时间为 24 h。塑料桶、罐应在不低于 40℃的温度下经受 28 天的堆码试验。

堆码载荷按式(1)计算:

$$P=\left(\frac{H-h}{h}\right)\times m \qquad \cdots\cdots(1)$$

式中:

P——加载的载荷,kg;

H——堆码高度,m(不小于 3 m);

h——单个包装件高度,m;

m——单个包装件的总质量(毛重),kg;

$(H-h)/h$——计算值带小数点时,小数点后应进位取整。

4.3.4.5 通过试验的准则

试验样品不得泄漏。对组合包装而言,不允许有所装的物质从塑料瓶中漏出。试验样品不允许有可能影响运输安全的损坏，或者可能降低其强度或造成包装件堆码不稳定的变形。在进行判定之前，塑料包装应冷却至环境温度。

5 检验规则

5.1 包装生产厂应保证所生产的次氯酸钠溶液包装符合本标准规定，并由有关检验部门按本标准检验。

5.2 有下列情况之一时，应进行性能检验：

——新产品投产或老产品转产时进行性能检验；

——正式生产后，如结构、材料、工艺有较大改变，可能影响产品性能时；

——在正常生产时，按5.3的要求进行；

——产品长期停产后，恢复生产时；

——国家质检部门提出进行性能检验。

5.3 性能检验周期为1个月、3个月、6个月三个档次。每种新设计型号包装的检验周期为3个月，连续三个检验周期合格，检验周期可升一档，若发生一次不合格，检验周期降一档。

5.4 在性能检验周期内可进行抽查检验，抽查的次数按检验周期1个月、3个月、6个月三个档次分别为一次、两次、三次，每次抽查的样品不应多于2件。

5.5 次氯酸钠溶液包装有效期是自包装生产之日起计算不超过12个月。超过有效期或再次使用的包装需再次进行性能检验，包装有效期自检验完毕日期起计算不超过6个月。当包装灌装次氯酸钠溶液，其有效期自灌装日期起计算不超过6个月。

5.6 对于5.1至5.3规定的检验，应按本标准的要求对每个生产厂的每个设计型号的包装逐项进行检验。若有一个试样未通过其中一项试验，则判定该项目不合格，只要有一项不合格则判定该设计型号包装不合格。

5.7 对检验不合格的包装，其生产厂生产的该设计型号的包装不允许用于盛装次氯酸钠溶液，除非再次检验合格。再次提交检验时，其严格度不变。

附 录 A
（规范性附录）
次氯酸钠溶液包装要求使用规范

A.1 包装在充灌次氯酸钠溶液时，应留有足够的未满空间，以保证不会由于在运输过程中由于温度变化带来的液体膨胀而造成的次氯酸钠溶液的泄漏。一般情况下，次氯酸钠溶液灌装至包装容积的98%以下。

A.2 用组合包装盛装次氯酸钠溶液时，塑料瓶应固定并安全衬垫，限制其在外包装中的移动，其封闭口不能倒置。在外包装上应按GB 191的要求标有明显的表示作业方向的标识。

A.3 组合包装应完好无损，封口应平整牢固。打包带紧箍箱体。

A.4 每个包装外面都不应粘附任何危险残余物。

A.5 每个次氯酸钠溶液的包装上应加贴符合GB 190规定的“腐蚀品”危险品标志，并按照GB 15258的要求加贴化学品安全标签。

A.6 盛装次氯酸钠溶液的包装应存放在阴凉、通风的仓库，避免阳光照射，并禁止与其他可能与次氯酸钠溶液发生危险反应的货物一起存放。

ICS 85.060
Y 31

中华人民共和国国家标准

GB/T 13024—2003
代替 GB/T 13024—1991

箱　纸　板

Liner board

2003-10-20 发布　　2004-06-01 实施

中华人民共和国
国家质量监督检验检疫总局　发布

箱　纸　板

1　范围

本标准规定了箱纸板的产品分类、技术要求、试验方法、检验规则和标志、包装、运输、贮存。

本标准适用于制造瓦楞纸板用的非涂布箱纸板，既适用于普通箱纸板、牛皮挂面箱纸板，又适用于牛皮箱纸板。

2　规范性引用文件

下列文件中的条款通过本标准的引用而成为本标准的条款。凡是注日期的引用文件，其随后所有的修改单(不包括勘误的内容)或修订版均不适用于本标准，然而，鼓励根据本标准达成协议的各方研究是否可使用这些文件的最新版本。凡是不注日期的引用文件，其最新版本适用于本标准。

GB/T 450　纸和纸板试样的采取(GB/T 450—2002，eqv ISO 186:1994)

GB/T 451.1　纸和纸板尺寸及偏斜度的测定

GB/T 451.2　纸和纸板定量的测定(GB/T 451.2—2002，eqv ISO 536:1995)

GB/T 451.3　纸和纸板厚度的测定(GB/T 451.3—2002，idt ISO 534:1998)

GB/T 462　纸和纸板　水分的测定(GB/T 462—2003，ISO 287:1991，MOD)

GB/T 1539　纸板耐破度的测定法(GB/T 1539—1989，eqv ISO 2759:1983)

GB/T 1540　纸和纸板吸水性的测定(可勃法)(GB/T 1540—2002，neq ISO 535:1991)

GB/T 2679.5　纸和纸板耐折度的测定(MIT 耐折度仪法)(GB/T 2679.5—1995，eqv ISO 5626:1978)

GB/T 2679.8　纸和纸板环压强度的测定(GB/T 2679.8—1995，eqv ISO/DIS 12192)

GB/T 2679.10　纸和纸板短距压缩强度的测定法(GB/T 2679.10—1993，eqv ISO 9895:1989)

GB/T 2828　逐批检查计数抽样程序及抽样表(适用于连续批的检查)

GB/T 10342　纸张的包装和标志

GB/T 10739　纸、纸板和纸浆试样处理和试验的标准大气条件(GB/T 10739—2002，eqv ISO 187:1990)

3　术语和定义

下列术语和定义适用于本标准。

3.1

箱纸板　liner board

用于制造瓦楞纸板、固体纤维板或“纸板盒”等产品的表面材料。

3.2

普通箱纸板　liner

未用硫酸盐木浆抄造的箱纸板。

3.3

牛皮挂面箱纸板　kraft faced liner

表面两层或一层用硫酸盐木浆抄造的箱纸板。

3.4

牛皮箱纸板　kraft liner

俗称牛皮卡纸，配浆中硫酸盐木浆占80%以上的，且正反面色泽相近的箱纸板。

4 产品分类

4.1 箱纸板分为普通箱纸板、牛皮挂面箱纸板、牛皮箱纸板。

4.2 普通箱纸板、牛皮挂面箱纸板按质量分为优等品、一等品、合格品三个等级，其中：

优等品：适用于制造重型、精细、贵重及冷藏物品包装用的瓦楞纸板；

一等品：适用于制造一般物品包装用的瓦楞纸板；

合格品：适用于制造轻载瓦楞纸板。

4.3 牛皮箱纸板分为优等品、一等品，适用于制造重型、精细、贵重及冷藏物品包装用的瓦楞纸板。

4.4 箱纸板分卷筒和平板两种。

5 技术要求

5.1 定量技术指标

普通箱纸板和牛皮挂面箱纸板的技术指标应符合表1的规定，牛皮箱纸板的技术指标应符合表2的规定，其中产品定量也可符合订货合同的规定。

表 1

<table>
<tr><th colspan="2" rowspan="3">指标名称</th><th rowspan="3">单位</th><th colspan="3">规定</th></tr>
<tr><th colspan="3">普通箱纸板和牛皮挂面箱纸板</th></tr>
<tr><th>优等品</th><th>一等品</th><th>合格品</th></tr>
<tr><td colspan="2">定量[a]</td><td>g/m²</td><td colspan="3">125±7 160±8 180±9 200±10 220±10
250±11 280±11 300±12 320±12 340±13
360±14</td></tr>
<tr><td rowspan="2">横幅定量差
≤</td><td>幅宽≤1 600 mm</td><td rowspan="2">%</td><td>6.0</td><td>7.5</td><td>9.0</td></tr>
<tr><td>幅宽>1 600 mm</td><td>7.0</td><td>8.5</td><td>10.0</td></tr>
<tr><td rowspan="2">紧度
≥</td><td>≤220 g/m²</td><td rowspan="2">g/cm³</td><td>0.70</td><td>0.68</td><td>0.65</td></tr>
<tr><td>>220 g/m²</td><td>0.72</td><td>0.70</td><td>0.65</td></tr>
<tr><td rowspan="5">耐破指数
≥</td><td><160 g/m²</td><td rowspan="5">kPa·m²/g</td><td>3.30</td><td>3.00</td><td>2.20</td></tr>
<tr><td>(160～<200)g/m²</td><td>3.10</td><td>2.85</td><td>2.10</td></tr>
<tr><td>(200～<250)g/m²</td><td>3.00</td><td>2.75</td><td>2.00</td></tr>
<tr><td>(250～<300)g/m²</td><td>2.90</td><td>2.65</td><td>1.95</td></tr>
<tr><td>≥300 g/m²</td><td>2.80</td><td>2.55</td><td>1.90</td></tr>
<tr><td rowspan="5">横向
环压指数
≥</td><td><160 g/m²</td><td rowspan="5">N·m/g</td><td>8.60</td><td>7.00</td><td>5.50</td></tr>
<tr><td>(160～<200)g/m²</td><td>9.00</td><td>7.50</td><td>5.70</td></tr>
<tr><td>(200～<250)g/m²</td><td>9.20</td><td>8.00</td><td>6.00</td></tr>
<tr><td>(250～<300)g/m²</td><td>10.6</td><td>8.50</td><td>6.50</td></tr>
<tr><td>≥300 g/m²</td><td>11.2</td><td>9.00</td><td>7.00</td></tr>
<tr><td rowspan="2">横向短距压缩指数[b]
≥</td><td><250 g/m²</td><td rowspan="2">N·m/g</td><td>20.2</td><td>19.2</td><td>18.2</td></tr>
<tr><td>≥250 g/m²</td><td>16.4</td><td>15.4</td><td>14.2</td></tr>
<tr><td colspan="2">横向耐折度 ≥</td><td>次</td><td>60</td><td>35</td><td>12</td></tr>
<tr><td colspan="2">吸水性(正/反) ≥</td><td>g/m²</td><td>35.0/70.0</td><td>40.0/100.0</td><td>60.0/200.0</td></tr>
<tr><td colspan="2">交货水分</td><td>%</td><td>8.0±2.0</td><td colspan="2">9.0±2.0</td></tr>
<tr><td colspan="6">a 本表规定外的定量，其指标可就近按插入法考核。
b 横向短距压缩指数，不作为考核指标。</td></tr>
</table>

表 2

指标名称		单位	规定：牛皮箱纸板 优等品	规定：牛皮箱纸板 一等品
定量[a]		g/m^2	125±6　160±7　180±9 200±10　220±10　250±11 280±11　300±12　320±12 340±13　360±14	
横幅定量差 ≤	幅宽≤1 600 mm	%	6.0	7.0
	幅宽>1 600 mm		7.0	8.0
紧度 ≥	≤220 g/m^2	g/cm^3	0.70	0.68
	>220 g/m^2		0.72	0.70
耐破指数 ≥	<160 g/m^2	$kPa·m^2/g$	3.40	3.20
	(160～<200)g/m^2		3.30	3.10
	(200～<250)g/m^2		3.20	3.00
	(250～<300)g/m^2		3.10	2.90
	≥300 g/m^2		3.00	2.80
横向环压指数 ≥	<160 g/m^2	N·m/g	9.00	8.0
	(160～<200)g/m^2		9.50	9.0
	(200～<250)g/m^2		10.0	9.2
	(250～<300)g/m^2		11.0	10.0
	≥300 g/m^2		11.5	10.5
横向短距压缩指数[b] ≥	<250 g/m^2	N·m/g	21.4	19.6
	≥250 g/m^2		17.4	16.4
横向耐折度 ≥		次	100	60
吸水性(正/反) ≤		g/m^2	35.0/40.0	40.0/50.0
交货水分		%	8.0±2.0	

a 本表规定外的定量，其指标可就近按插入法考核。

b 横向短距压缩指数，不作为考核指标。

5.2 尺寸

5.2.1 平板箱纸板的尺寸为 787 mm×1 092 mm、960 mm×1 060 mm、960 mm×880 mm，其尺寸偏差为不超过±5 mm，偏斜度应不超过 5 mm。

5.2.2 卷筒箱纸板的幅宽为 750 mm～2 500 mm，每 50 mm 为一档，其偏差应不超过 $^{+8}_{0}$mm。

5.2.3 卷筒箱纸板的卷筒直径为 800 mm、1 000 mm、1 100 mm、1 200 mm，其直径偏差应不超过±50 mm。

5.2.4 其他尺寸可符合订货合同规定。

5.3 箱纸板不经外力作用时，不应有分层现象。

5.4 定量相同的箱纸板每批产品的色泽应基本相近。

5.5 箱纸板表面应平整，不应有明显的毯印。

5.6 箱纸板不应有褶子、洞眼或露底等外观缺陷。外观缺陷按 6.11 规定的方法进行检查，不合格纸片所占比例应不超过 2%。

5.7 卷筒箱纸板在每 10 m^2 内，对于直径 5 mm～20 mm 浆疤的规定如下：优等品和一等品应不超过一个，合格品应不超过两个。平板箱纸板不应有直径大于 20 mm 以上的浆疤。

5.8 卷筒箱纸板纸芯不应有扭结或压扁现象。每卷纸的接头优等品应不超过一个，一等品应不超过两个，合格品应不超过三个。接头处应用胶带纸粘牢，并作出明显标记。

5.9 平板箱纸板的切边应整齐光洁，不应有缺边、缺角、薄边等现象。卷筒箱纸板的端面应平整，形成的锯齿或凹凸面应不超过 5 mm。

6 试验方法

6.1 试样的采取和试样的处理按 GB/T 450 和 GB/T 10739 规定进行。

6.2 尺寸和偏斜度按 GB/T 451.1 进行测定。

6.3 定量和横幅定量差按 GB/T 451.2 进行测定。

6.4 紧度按 GB/T 451.3 进行测定，应测得厚度后换算成紧度。

6.5 耐破指数按 GB/T 1539 进行测定，应测得耐破度后换算成耐破指数。

6.6 横向环压指数按 GB/T 2679.8 进行测定，应测得横向环压强度后换算成横向环压指数。

6.7 横向短距压缩指数按 GB/T 2679.10 进行测定，应测得横向短距压缩强度后换算成横向短距压缩指数，但不作为仲裁考核指标。

6.8 横向耐折度按 GB/T 2679.5 进行测定，初始张力为 9.8 N。

6.9 吸水性按 GB/T 1540 进行测定，浸水时间为 2 min。

6.10 交货水分按 GB/T 462 进行测定。

6.11 外观缺陷：分为卷筒箱纸板和平板箱纸板的外观缺陷。

6.11.1 卷筒箱纸板外观缺陷：去除卷筒箱纸板外部受污损的纸层后，切取(3～6)层，将每层裁切成为 200 mm×250 mm 的试样。取连续的试样 100 张以上，挑出有外观缺陷的试样并计数。计算具有外观缺陷的试样在全部试样中所占的比例，且计算结果应准确至 1‰。

6.11.2 平板箱纸板外观缺陷：平板箱纸板可任意抽取五件纸，每件纸中各取连续 20 张进行外观检查，计算不合格的纸张数。计算具有外观缺陷的试样在全部试样中所占的比例，且计算结果应准确至 1‰。

6.12 箱纸板色泽等项目的检验可由目测进行判断。

7 检验规则

7.1 铁路运输时，以一个车皮为一个抽样批；采取其他运输形式时，以一次交货为一批，但应不多于 50 t。数量大时可分批抽样，分别进行检验和处理。

7.2 生产厂应保证所生产的箱纸板符合本标准的规定，每件产品交货时应附有一份合格标识。

7.3 产品交收检验时，抽样检查按 GB/T 2828 规定进行，样本的单位为卷筒或令(件)。

7.4 合格质量水平(AQL)按不合格品率计，抽样方案应符合表 3 规定。

7.5 判定规则：若同时出现 B 类和 C 类不合格品时，在 B 类不合格品数符合 A_c、R_e 合格判定要求的前提下，同时只有在 B 类与 C 类不合格品数之和小于或等于 C 类不合格品的 A_c 值时，则判为批合格；若大于或等于 C 类不合格品的 R_e 值，则判为批不合格；若小于 R_e 且大于 A_c，则进行第二样本的测试和判定，判定方法同前。

7.6 供方应保证所提供的产品符合本标准的规定。需方有权按本标准进行验收，如对该批产品质量提出异议，应在收到货物后一个月内通知供方，由双方共同取样进行复验或委托第三方检查。如符合本标准或订货合同的规定，则判为批合格，由需方负责处理。如不符合本标准或订货合同的规定，则判为批不合格，由供方负责处理。

表 3

批量 卷筒、令(件)	抽样方案						
	正常检查二次抽样方案　检查水平Ⅰ					不合格分类	
	样本大小	B类不合格品 AQL=6.5 A_c	 R_e	C类不合格品 AQL=10.0 A_c	 R_e	B类不合格	C类不合格
1～25	2	0	1	—	—	耐破指数、横向环压指数	定量、横幅定量差、紧度、横向耐折度、吸水性、交货水分、尺寸、接头数、外观缺陷
	3	—	—	0	2		
	3(6)	—	—	1	2		
26～150	5	0	2	0	3		
	5(10)	1	2	3	4		
151～280	8	0	3	1	3		
	8(16)	3	4	4	5		

8　标志、包装、运输、贮存

8.1　按 GB/T 10342 的规定包装，并作如下补充。

8.1.1　卷筒箱纸板产品应用三层箱纸板作为外包装，两头用聚丙烯塑料带或铁皮扎紧，优等品箱纸板可根据需方要求加裹防潮塑料薄膜。

8.1.2　平板箱纸板产品用两块田字形木或竹夹板夹住，再用铁丝或绳子捆扎成件。每件产品的纵横向应一致，并在包装上注明产品的纵向。

8.2　产品或其包装上的标识应标明产品名称、规格、等级、质量、生产日期、生产厂厂名和厂址、产品标准名称或标准编号。

8.3　箱纸板应妥善保管，严防受潮。

8.4　纸卷(件)在运输过程中，应使用有篷而洁净的运输工具。

8.5　不应将纸卷(件)从高处扔下。

ICS 55.200
A 80

中华人民共和国国家标准

GB/T 19357—2003

包 装 机 械 分 类

Classification of packaging machinery

2003-11-04 发布 2004-05-01 实施

中 华 人 民 共 和 国
国家质量监督检验检疫总局 发布

包 装 机 械 分 类

1 范围

本标准规定了包装机械的分类原则、类别和名称。

本标准适用于包装机械产品的命名和行业管理。

2 规范性引用文件

下列文件中的条款通过本标准的引用而成为本标准的条款。凡是注日期的引用文件，其随后所有的修改单(不包括勘误的内容)或修订版均不适用于本标准，然而，鼓励根据本标准达成协议的各方研究是否可使用这些文件的最新版本。凡是不注日期的引用文件，其最新版本适用于本标准。

GB/T 4122.1—1996 包装术语 基础

GB/T 4122.2—1996 包装术语 机械

3 分类原则

3.1 本标准以包装机械产品主要功能的不同作为划分类别的原则，对包装机械产品进行分类。各类产品定义详见 GB/T 4122.1 和 GB/T 4122.2。

3.2 在同一类别中的包装机械产品按其功能原则进一步划分。

3.3 包装产品方法的实现方式可在产品的系列中体现。

3.4 包装产品材料、容器的方式可在产品的品种中体现。

3.5 包装产品的形状方式可在产品的规格中体现。

4 包装机械产品的类别和名称

完成全部或部分包装过程的机器。

4.1 充填机

将包装物料按预定量充填到包装容器内的机器。

4.1.1 容积式充填机，包括：

量杯式充填机；

气流式充填机；

柱塞式充填机；

螺杆式充填机；

计量泵式充填机；

插管式充填机。

4.1.2 称重式充填机，包括：

单秤斗称重充填机；

组合式称重充填机；

连续式称重充填机。

4.1.3 计数充填机，包括：

单件计数充填机；

多件计数充填机；

定时充填机。

4.2　灌装机

将液体产品按预定量灌注到包装容器内的机器。

4.2.1　等压灌装机；

4.2.2　负压灌装机；

4.2.3　常压灌装机；

4.2.4　压力灌装机。

4.3　封口机

将产品盛装于包装容器内后，对容器进行封口的机器。

4.3.1　热压式封口机；

4.3.2　熔焊式封口机；

4.3.3　压盖式封口机；

4.3.4　压塞式封口机；

4.3.5　旋合式封口机；

4.3.6　卷边式封口机；

4.3.7　压力式封口机；

4.3.8　滚压式封口机；

4.3.9　缝合式封口机；

4.3.10　结扎式封口机。

4.4　裹包机

用挠性包装材料裹包产品局部或全部表面的机器。

4.4.1　半裹式裹包机。

4.4.2　全裹式裹包机，包括：

折叠式裹包机；

扭结式裹包机；

接缝式裹包机；

覆盖式裹包机；

缠绕式裹包机；

拉伸式裹包机；

收缩包装机；

贴体包装机；

现场发泡设备。

4.5　多功能包装机

能完成多项包装工序的机器。

4.5.1　成型-充填-封口机，包括：

箱(盒)成型-充填-封口机；

袋成型-充填-封口机；

冲压成型-充填-封口机；

热成型-灌装-封口机。

4.5.2　真空包装机；

4.5.3　充气包装机；

4.5.4　泡罩包装机。

4.6　贴标签机

采用粘合剂或其他方式将标签展示在包装件或产品上的机器。

4.6.1 粘合贴标机；
4.6.2 套标机；
4.6.3 订标签机；
4.6.4 挂标签机；
4.6.5 收缩标签机；
4.6.6 不干胶标签机。

4.7 清洗机

对包装容器、包装材料、包装物、包装件进行清洗以达到预期清洁度要求的机器。

4.7.1 干式清洗机；
4.7.2 湿式清洗机；
4.7.3 机械式清洗机；
4.7.4 电解清洗机；
4.7.5 电离清洗机；
4.7.6 超声波清洗机；
4.7.7 组合式清洗机。

4.8 干燥机

对包装容器、包装材料、包装辅助物以及包装件上的水分进行去除，并进行预期干燥的机器。

4.8.1 热式干燥机；
4.8.2 机械干燥机；
4.8.3 化学干燥机；
4.8.4 真空干燥机。

4.9 杀菌机

对产品、包装容器、包装材料、包装辅助物以及包装件上的有害微生物进行杀灭，使其降低到允许范围内的机器。

4.9.1 高温杀菌机；
4.9.2 微波杀菌机。

4.10 捆扎机

使用捆扎带或绳捆扎产品或包装件，然后收紧并将捆扎带两端通过热效应熔融或使用包扣等材料连接好的机器。

4.10.1 机械式捆扎机；
4.10.2 液压式捆扎机；
4.10.3 气动式捆扎机；
4.10.4 穿带式捆扎机；
4.10.5 捆结机；
4.10.6 压缩打包机。

4.11 集装机

将包装单元集成或分解，形成一个合适的搬运单元的机器。

4.11.1 集装机；
4.11.2 堆码机；
4.11.3 拆卸机。

4.12 辅助包装机

对包装材料、包装容器、包装辅助物和包装件执行非主要包装工序的有关机器。

4.12.1 打印机；

4.12.2 整理机；
4.12.3 检验机；
4.12.4 选别机；
4.12.5 输送机；
4.12.6 投料机。

5 包装容器制造机械产品的分类和名称

制造包装容器，如桶、罐、盒、箱、瓶、袋的机器。

5.1 制盖机

用各种材料专门生产各种瓶盖的机器。

5.1.1 皇冠盖制盖机；
5.1.2 玻璃盖圆边机；
5.1.3 旋开盖制盖机；
5.1.4 易开盖制盖机；
5.1.5 塑料盖制盖机；
5.1.6 铝塑盖制盖机。

5.2 制瓶机

将圆柱形玻璃料滴或聚脂料坯制成成品瓶罐过程的机器。

5.2.1 成型制瓶机；
5.2.2 聚脂制瓶机。

5.3 制罐机

将平板材料制成成品罐的机器。

5.3.1 二片制罐机；
5.3.2 三片制罐机；
5.3.3 纸质复合罐生产线；
5.3.4 螺旋卷绕制罐机；
5.3.5 四旋卷绕制罐机；
5.3.6 异型罐制罐机。

5.4 制桶机

用各种材料和方式制成桶状容器的机器。

5.4.1 纸桶机组；
5.4.2 纸碗机；
5.4.3 纸杯机；
5.4.4 纸罐机；
5.4.5 纸管机。

5.5 制箱制盒机

将各种材料切割，压线并折成需要的形式并制成箱、盒容器的机器。

5.5.1 纸盒机；
5.5.2 瓦楞纸箱成型机；
5.5.3 纸浆模塑机。

5.6 制袋机

将包装材料制造成袋状的机器。

5.6.1 纸制水泥袋机；

5.6.2 薄膜袋自动封切机；
5.6.3 阀式包装袋机；
5.6.4 多层纸袋制袋机；
5.6.5 塑料袋制袋机；
5.6.6 编织袋制袋机。

6 包装材料制造机械产品的类别和名称

专门直接用于包装材料制造的机器。

6.1 瓦楞纸板生产线

将两层或多层的瓦楞芯和纸板制成瓦楞纸板的机器。

6.1.1 芯板机；
6.1.2 裱胶机；
6.1.3 分纸机；
6.1.4 压痕机；
6.1.5 切口机；
6.1.6 开槽机；
6.1.7 钉箱机；
6.1.8 瓦楞机。

6.2 吹塑机

用空气或氮气将型坯或片材吹胀成中空制品的机器。

6.2.1 薄膜吹塑机；
6.2.2 注塑吹塑成型机；
6.2.3 挤出吹塑成型机；
6.2.4 拉坯吹塑成型机；
6.2.5 多层吹塑机。

7 无菌包装机械

在无菌的环境下对产品完成全部或部分包装过程的机器。

7.1 砖形无菌包装机；
7.2 枕形无菌包装机；
7.3 三角形无菌包装机；
7.4 屋形无菌包装机；
7.5 大袋无菌包装机。

包装企事业名录精选

INTRODUCTION OF PACKAGING ENTERPRISES

单位名称：泰安财源印铁制罐有限公司

单位地址：山东省泰安市南关路 3 号

邮政编码：271000

单位概况：泰安市财源印铁制罐有限公司是 2000 年度由集体型企业改制成为股份制民营企业，现有员工 146 名。主要生产各种型号及规格的食品空罐、饮料罐等马口铁包装制品，年产值 2000 万元，实现销售收入 1500 万元，总产值 1270 万元，各项经济指标在同类行业中名列前茅。相继被评为“全国先进包装企业”并通过 ISO 9002 质量体系认证，每年度最佳金融系统“守合同，守信用”先进单位，总经理王满村被评为全国“跨世纪优秀民营企业家”。

本公司愿以良好的信誉，周到的服务，满足市场的需求，并热忱欢迎各位领导及新老朋友惠顾，加强合作。

董 事 长：总经理：王满村

电　　话：(0538)8671888

传　　真：(0538)6218819

网　　址：www.echina6314.com

单位名称：漯河市新特药品包装材料有限公司

单位地址：漯河市淞江路东段

邮政编码：462000

单位概况：漯河市新特药品包装材料有限公司，地处中原腹地——漯河内陆特区金山开发区，京广铁路、京珠高速公路及 107 国道纵贯于此，交通十分便利。本公司是国家药品监督管理局定点生产药品包装材料的专业公司，通过了 ISO 9001 国际质量管理体系认证（证书号：4100/200211933），并具有自营进出口权，是中国医药包装协会会员单位。

公司主要生产药品包装用聚氯乙烯（PVC）硬片（注册证号：国药包字 20020209）、药品包装用(PTP)铝箔(注册证号：国药包字 20020169)和各种塑料彩印等产品。PVC 硬片产品有各种规格的普通片材、彩色片和食品、化妆品、服装等包装用材料：PTP 铝箔产品有各种规格的素箔、单、双、多色印字箔，各种彩色箔以及防伪箔等：药品包装用 PVC/PE 复合硬片、药品包装用复合软包装。公司拥有先进的生产设备、完善的工艺管理、雄厚的技术力量、完备的检测手段、标准的生产厂房，保证了高品位、高质量产品的稳定生产。

公司自投产以来，产品销往全国各地，并出口马来西亚、越南、阿富汗、蒙古国等，在国内外享有“质量信得过单位”的称号。产品供不应求。

展望未来，“新特”人将一如既往坚持“诚信为本、质量第一、客户至上、服务一流”的经营宗旨，愿同国内外新老客户精诚合作、互惠互利、共同发展，愿我们的诚信能给新老客户的事业带来更加辉煌的未来。

电　　话：0395—3930686　3933659

传　　真：0395—3930969　3931636

单位名称：德阳佳和机电设备有限公司

单位地址：四川德阳市旌湖开发区珠江东路 99 号

邮政编码：618000

单位概况：佳和机电设备有限公司包装厂位于四川省德阳市经济开发区，是原德阳利通包装厂的改制企业，是四川省包装行业中通过了铁道部成铁局和四川省技术监督局质量认证的三家企业之一，是四川省技术监督局指定的出口包装定点生产企业。佳和公司以雄厚的技术实力、十多年专业生产制造各类型木包装和复合材料包装的经验，为用户提供机电产品包装的设计、生产等一整套服务。多年来，佳和公司的包装产品已经伴随着用户的机电产品走遍了祖国的大江南北，更走出了国门，为用户的产品保驾护航。更为用户的产品增添光辉。佳和公司以优质的产品和高效的服务赢得了用户的依赖和广泛好评。

佳和公司的经营理念：以用户满意为标准，为用户创造价值为已任。以诚信、永续、高效的服务，使公司成为用户最信赖的朋友。

佳和公司承诺：以您的满意为我们工作的最高准则，为您创造价值是我们的责任。您的要求，就是我们的目标。对每一个的“您”我们都将真诚到永远。

电　　话：(0838)2510948　2656037

传　　真：(0838)2653681

E－mail：jiahe－dy@sohu.com

单位名称：上海 DIC 油墨有限公司

单位地址：上海市沪闵路 3688 号

邮政编码：201108

单位概况：上海 DIC 油墨有限公司是由上海紫江企业集团股份有限公司与 DIC 亚太股份有限公司合资兴办的企业。总投资 1376 万美元。

随着印刷事业的高速发展，对油墨的档次，市场的需求量都有了更高的要求，公司引进当今世界上最大的油墨生产厂家大日本油墨化学工业株式会社的先进技术，配方及检测方法。从日本、瑞士、德国、美国等国引进最先进的油墨生产的检测设备，生产各类高档平版胶印油墨、塑料凹印油墨、铝箔专用油墨、柔版油墨、金属油墨、制罐涂料、荧光油墨、各种上光油、粘合剂等产品。产品质量好，档次高，完全可以替代进口品，在印刷界享有盛誉。

公司分别通过了 ISO 9001.2000 版质量体系认证和 ISO14001 的认证。被评为上海市先进技术企业、高新技术企业及双密集型企业。1998 年起至今名列上海市销售 500 强。公司自成立起，就以高起点，硬、软件全方位到位的姿态出现在油墨行业中，利用先进的技术，一流的设备，优秀的人才，不断开发新产品，生产高档、优质的产品以满足市场需求，为印刷事业作贡献。

电　　话：021－64890888

传　　真：021－64890888

单位名称：上海康吉包装纸业有限公司

原上海横沔外贸纸业有限公司

单位地址：南汇区横沔新镇川周公路 313 号

邮政编码：201319

单位概况：生产内外销纸盒及彩印。

总 经 理：庄建能

电　　话：021－58131081

传　　真：021－58131082

销 售 科：021－58132851

单位名称：沈阳市纸箱厂

单位地址：沈阳市皇姑区半屏山路 34 号

经营范围：瓦楞纸板、纸箱、彩色包装系列产品，本企业通过 ISO 9001.2000 质量体系认证。

邮政编码：110031

电　　话：024－86206496

传　　真：024－86206227

邮　　箱：YDZQ2003@sima.com

单位名称：江门市新会区三江正兴塑料编织厂

单位地址： 中国广东省江门市新会区三江镇边沙咀工业区。

单位概况： 经营范围：塑料编织袋、高低压 PE 薄膜、彩印复膜袋、纸塑复合袋、尼龙复合袋、珠光膜复合袋、吨装袋、彩条布、蓬布、地毡布以及长期提供各种国产、进口 PP、PP 粒、改性塑料、橡胶材料、各种再生料等塑料化工原材料。

董事总经理：李景汉　**副总经理：**赵如亦

电　　话：86(750)6208800　6208818　6202333

传　　真：86(750)6208801　6208008　6202028

Http://www.PPbag.com

E-mail:gdim@xhjne.com　LHM1121@263.net

单位名称：昆明五彩包装印务有限公司

单位地址：昆明国家经济技术开发区经开路 10 号

邮政编码：650217

经营范围：包装、装潢、印刷品的印刷

电　　话：0871-7260888

传　　真：0871-7260688

网　　址：http:/www.ptcolor.cn

邮　　箱：ptcolor@ptcolor.cn

单位名称：蚌埠烟草分公司第二卷烟材料厂

单位地址：红旗一路 283 号

邮政编码：233000

单位概况： 蚌埠第二卷烟材料厂是一家专业为卷烟产品配套的辅料生产型企业。主要生产高中档烫金、印刷水松纸、铝箔复合纸、纸箱、纸品、烟用香精及烟草薄片等六大系列 28 个品种。企业已通过 ISO 9001.2000 质量管理体系认证。

企业拥有资产 2400 万元，各种专业生产设备配套齐全，现有员工 300 余人。拥有一批高素质的专业技术人员队伍，不断地推动企业产品向更高层次迈进。

企业秉承"勤奋崇智，共创共享"的企业理念。愿以"一流的质量，诚实守信，互惠共赢"的精神为新老客户提供满意的服务。

法人代表：张世华

电　　话：4011713

传　　真：4011713

网　　址：http://www.bbyc2.com

单位名称：西安奥达油墨有限公司

单位地址：西安市北郊玄武路东段 62 号

邮政编码：710016

产品目录：BE210 型塑料凹版（表印）油墨　BE210A 型高档塑料凹版（表印）油墨　BE220 型塑料凹版复合（里印）油墨　BE220A 型高档塑料凹版复合（里印）油墨　BE230 型醇溶凹版纸张（烟包）油墨　BE240 型醇溶凹版水松纸油墨　BE250 型高温耐蒸煮塑料复合油墨（聚氨酯）　BE260 型聚酯（PET）尼龙复合油墨　BE270 型　液体包装（表印）专用油墨　BE280 型 PVC 热收缩膜专用油墨　BE290 型凹版编织袋复合专用油墨　FC310 型醇溶塑料编织袋专用油墨　FC320 型环保水性编织袋专用油墨　WR620 型水性凹版纸张油墨　WR640 型凸版水性纸张纸箱油墨　WR650 型　水性水松纸滤嘴油墨　R801 型风雨虹高能外墙乳胶漆　R802 型太阳湖高档外墙乳胶漆　R803 型四季春环保内墙如胶漆　R804 型世纪彩丝绸内墙如胶漆　3750 型聚氨酯胶粘剂（耐蒸煮型）　3950(3975) 型聚氨酯胶粘剂（普通高透明型）　3850(3875) 型聚氨酯胶粘剂（耐煮沸型）　4001 型纸塑腹膜胶　5002 型单组份腹膜胶

电　　话：029-86718794、86734356

传　　真：029-86722733

网　　址：www.xaaoda.com

邮　　箱：xaaoda@xaaoda.com

单位名称：上海浦东民新包装材料厂

单位地址：上海浦东新区东川公路 7549 号

邮政编码：201201

经营范围：纸箱、纸盒、印刷（含商标印刷）、五金加工、塑料制品、捻线、服装

法　　人：张惠根

电　　话：021-68911820

传　　真：021-68911813

网　　址：//www · shmx · D · Z com

单位名称：卫辉市银利达彩印有限公司

单位地址：河南省卫辉市唐庄镇金松大道

邮政编码：453100

经营范围：塑料彩印复合包装系列产品的加工、销售、经营本企业自产产品的出口业务，经营本企业生产、科研所需的原辅材料、机械设备、仪器、仪表及零配件的进口业务

法人代表：闫银凤

认证标准：GB/T19001-2000

电　　话：0373-4228066

传　　真：0373-4228158

单位名称：上海市崇明县裕安印刷厂

单位地址：上海市崇明县陈家镇裕安路 1 号

邮政编码：202162

经营范围：包装装潢及零件印刷、纸箱、纸盒、书刊排版、书刊印刷、书刊装订、涉及许可经营的凭许可证经营。

电　　话：59403765

传　　真：59404013

邮　　箱：Yu an@vip.163.com

单位名称：上海泉美包装材料有限公司

单位地址：上海市普陀区真南路 2598 号

邮政编码：200331

单位概况：本公司是上海市复合塑料编织制品的专业生产企业，系上海包装协会成员单位。公司占地面积 18000 平方米，拥有固定资产 1000 万元。公司引进具有国际先进水平的拉丝机、圆织机、意大利涂膜机、成袋机等成套流水线，具备年产量 3000 万条以上的规模。主要产品有三合一复合袋、方底阀口袋、环保多层纸袋、铝箔复合袋、BOPP 五合一复合袋、水泥袋及包装材料涂膜系列等等。广泛适用于化工、塑料、食品、饲料、水泥等行业粉状、粒状、块状产品的包装。

经营范围：塑料包装袋、塑料制品、化工原料（除危险品）、建材、五金电料、包装材料（销售）纸塑复合袋制造，零件印刷、包装装潢印刷品印刷。（涉及许可经营的凭证许可证经营）。

总 经 理：石磊 021－52842581

联 系 人：葛宁 021－66083850

电　　话：021－62841718　　62845571

传　　真：021－32052211

公司网址：www.quanmei.com.cn

E－mail：www.shilei@quanmei.com.cn

单位名称：哈尔滨航天风华股份有限公司
包装自动化分公司

单位地址：哈尔滨市中山路 115 号

邮政编码：150036

经营范围：从事包装机械的生产与销售，并提供相关的技术开发，技术咨询，技术服务。主要产品仍以纸箱机械为主，约占年总产值的 60%，其他产品包括纸管设备，物流设备等产品。

纸箱设备主要有：ZYK－1400 全自动高速水性印刷开槽机组、SSY－1400A 斜齿轮瓦楞纸板水性印刷机、SSY－1400 型瓦楞纸板水性印刷机、WQJ－1D 型瓦楞纸板压切机、WQJ－1B 型瓦楞纸板压切机等产品．最近我公司新研制的 4TYK－2000×840 瓦楞纸板四色推板式水性印刷开槽机，该机采用摸快化设计二、三、四色任意组合，推板送料．具有电动行车，气动锁紧功能．真空吸附推板式自动送纸．印刷滚筒相位可 360 度电动调整(无须停机)套色精度±0.5mm．网纹辊为六角连通型，特别使用于精细网点印刷，寿命长、印刷精致美观．传动部分采用自动循环润滑系统，提高齿轮使用寿命．可精确套印 260mm 宽纸板，特别适合小规格纸箱．

纸箱设备主要有：FJ－1600 型分切复卷机、FJ－1600A 型分切复卷机、LJJ－II 型螺旋卷管机、LJJ－III 型螺旋卷管机、LJJ－IV 型螺旋卷管机、型螺旋卷管机、SHZ－II 型纱整形机、HGJ 系列全自动纸管烘干机、QJQ－1600 型全自动纸管精切机 JQJ－I 型精切机。

物流设备有纸盘热收缩包装生产线、报刊封包生产线海关安检线等产品。

电　　话：(0451)86798230　　82616258

传　　真：(0451)82616258

邮　　箱：master@hrbfenghua.com.cn

网　　址：www.hrbfenghua.com.cn

E－mail：xiaoshou@hrbfenghua.com.cn

单位名称：泸州北方包装制造有限公司

单位概况：泸州北方包装制造有限公司是泸州北方化学工业有限公司所属的一个专业从事包装制造的子公司。位于四川泸州高坝，与成渝、泸隆高速公路相连，与泸隆铁路和四川出海口岸—泸州集装箱港口相邻，距泸州机场仅 20公里，水陆空交通十分便利。

公司技术力量雄厚，售后服务完善，曾多次荣获省、市优秀包装企业称号。产品已通过 ISO9001 质量体系认证，被广泛应用于食品、化工、机械产品的包装，还随产品远销美国、加拿大、约旦、东南亚等国家和地区，深受用户好评。

产品品种主要包括：18－208 升钢桶、各种规格的方型金属包装箱、ϕ300－450 纸桶等，并可根据用户需求设计、制造各类包装物。

公司将秉承“诚实守信、创建一流”的宗旨和多年专业制造之经验，想用户之所想，以优秀的产品和服务，期待着与您合作，在激烈的市场竞争中助您一臂之力。

电　　话：0830－2796258

传　　真：0830－2796399

单位名称：安徽省阜阳市长征纸箱厂

单位地址：阜阳市颍上路 288 号

邮政编码：236012

经营范围：瓦楞纸板、纸箱、纸盒彩印、包装材料。

法人代表：刘忠良

电　　话：0558－2269356

传　　真：0558－2263289

单位名称：上海天渡精密机械有限公司

单位地址：上海市平凉路 2716 号

邮政编码：200090

单位概况：上海天渡精密机械有限公司（Shanghai Tian Du Precise Machinery Co.Ltd）是一家专业生产皇冠瓶盖机成套设备及零部件的民营企业。1998 年被中国包装技术协会批准成为中国包装技术协会团体会员。

本公司成立十几年来，在制盖机械方面积累了丰富的经验，产品质量符合上海市企业标准。成套设备已外销到摩尔多瓦、越南等国家。所有零部件制造要求均符合意大利萨克米机械公司（SACMI IMOLA）的技术标准，已供货上海紫泉包装有限公司、青岛啤酒股份有限公司、福建省泉州百威制盖有限公司等国内外 140 多家著名企业。并以精湛的技术和优良的售后服务获得客户的好评。

公司现有厂房 1500 平方米，拥有数控、数显机床及全套金属切削设备。有员工近百名，大部分原先从事航天事业，高、中级工程技术人员占员工比例的 15%。

本公司以国际先进制盖技术为目标，以发展中国包装设备为宗旨，为客户提供一流的服务。

总 经 理：冯有然

电　　话：021－65673586

传　　真：021－65674086

网　　址：www.sh－tiandu.com

E－mail：webmaster@sh－tiandu.com

单位名称:广州市联合包装彩印有限公司
单位地址:广州市白云区黄石西路彩印大楼
邮政编码:510430
单位概况:广州市联合包装彩印有限公司成立于1992年,由市侨属企业“联合印刷厂”与具有五十年印刷经营业绩的香港“联新柯式印刷有限公司”合作成立中外合作彩色印刷和包装制造企业。

公司具有“出版物印刷许可证”、“印刷商标单位证书”、“包装装璜印刷许可证”、“卫生许可证”等营业资格,主要经营承印与加工制造国内外彩色商标广告、画册、说明书、包装袋、手挽袋、食品包装、化妆品等各款精装纸盒,以及年历、挂历、贺卡、吊咭、单薄表册、中西信封、文件套、利是封等,兼经营印刷设计、复片制作、纸品压塑、加厚裱纸、大小纸箱等服务与加工。

公司本着为社会各界服务为宗旨,技术精益求精,印件色彩鲜艳,图文清晰准确,产品保质保量,起货快捷,服务真诚,为社会各界所赞誉。

法人代表:白礼贤
总 经 理:邓美珠
电　　话:36012794　36012679
传　　真:36012794

单位名称:上海森泰彩印包装有限公司
单位地址:上海奉贤区新寺新林路3号
邮政编码:201416
经营范围:包装装潢印刷、普通商标印刷、包装纸箱制造、加工。
电　　话:021－57493553
传　　真:021－57493556
电子信箱:sentai－sh@163.com

单位名称:四川宜宾岷江机械制造有限公司
单位地址:四川省宜宾市上江北大麦坝前
邮政编码:644007
经营范围:酿酒机械,酒类饮料包装机械,压力容器,贮罐、输送提升机械,各类非标专用机械等的设计、制造、销售、安装。
联 系 人:黄良文　08313702287
电　　话:0831－3702272　3702299
传　　真:0831－3702277　3701333
网　　址:www.ybminjiang.com
E－mail:ybmj112@163.com

单位名称:上海梅欣包装容器公司
单位地址:上海市南汇新场镇兴卫村
邮政编码:201314
经营范围:封箱带,橡塑制品,金属罐、盖、桶、纸制品,包装箱,纸制品生产原料(以上经营范围涉及许可经营的凭许可证经营)。
法人代表:龚国兴
电　　话:021－68172965
传　　真:021－68172992

单位名称:上海济丰石东包装纸业股份有限公司
单位地址:上海市嘉定区南翔镇宝翔路8号
经营范围:生产包装制品、加工办公用纸、生活用纸、包装装潢印刷品印刷及商标标识印刷,销售本公司自产产品(涉及许可经营的凭许可证经营)。
法人代表:谈理平
电　　话:021－59125566
传　　真:021－59123344

单位名称:齐齐哈尔市利华包装制品有限责任公司
单位地址:齐市建华区建设街道号新委207组
邮政编码:161000
单位概况:利华包装制品有限责任公司位于齐齐哈尔市星火开发区,公司占地面积一万平方米,建筑面积六千平方米,员工270人,专业技术人员50人,该公司下设三个车间,年生产高、中、低档瓦楞纸箱10000吨,塑料编织袋2000万条,公司发展以质量求生存,信誉求发展,连续被中国包装技术协会,黑龙江省包装技术协会评为优秀包装企业,20强优秀包装企业,总经理徐范1986年从事包装管理协会工作,多次立三等功,曾被评为优秀包装企业家,连续两届被选为省包装技术协会副会长,建华区人大代表。

齐齐哈尔市是世界闻名的丹顶鹤之乡,位居嫩江江畔是中国的绿色之都,是夏季避署的胜地,总经理徐范携全体员工,竭诚欢迎广大新老朋友到我公司做客观光,洽谈业务,我们将以最热情的服务,欢迎您的到来。

经营范围:纸箱、纸盒、水性油墨、然料编织袋。
总 经 理:涂　范
电　　话:0452－2571555
传　　真:0452－2571666

单位名称:仙桃市亮旺金属制品有限责任公司
单位地址:湖北省仙桃市彭场镇彭场大道196#
邮政编码:433018
经营范围:钢制铁桶,五金制品的加工,销售。

本公司是生产金属容器包装的专业性企业,公司占地面积21000平方米,拥有各类设备105台套,形成16—200升钢桶生产线3条,年生产能力50万件产品共15个规格25个品种,主要用于石化、医药、粮食、土产、食品、农药等产品的配套出口包装。本公司设备先进,技术力量雄厚,产品齐全,用途广泛,适应性强。

法人代表:刘祖亮
电　　话:0728—2612442
传　　真:0728—2612442

单位名称:上海亚华印刷机械有限公司
单位地址:上海市茶陵北路20号
邮政编码:200032
经营范围:生产各种印刷包装装潢机械及其相关的机电产品,可供出口的其他机电产品,并提供对上述产品的售后服务。
电　　话:021-64045160
传　　真:021-64041244
E-mail:yawainc@online.sh.ch
网　　址:http://www.yawainc.com

单位名称:上海西西艾尔气雾推剂制造与罐装有限公司
单位地址:上海浦东新区顾高路1001号
邮政编码:201208
单位概况:上海西西艾尔气雾推进剂制造与罐装有限公司(中文简称上海西西艾尔公司,英文简称SCAL),是国内首家集优质气雾推进剂制造与罐装为一体的大规模现代化罐装中心,位于浦东新区,占地66000平方米,总投资1900万美元。公司拥有全套进口水处理设备,各类化学原液配制设备和六条罐装生产线,可以灌装各类液体,气雾剂,软管和袋装产品,年罐装生产能力超过1亿只,能为客户生产高品质,多品种的各种个人护理品和家庭用品。

目前,上海西西艾尔公司已拥有宝洁、安利、吉列、拜耳、伊卡璐、强生(中国)公司和联合利华等国际知名公司为代表的众多客户。

本公司技术力量雄厚、检测设备先进,以优质的产品与服务热忱欢迎国内外新老客户惠顾、垂询。

电　　话:8621—68488988
传　　真:8621—68488088　68485540
网　　址:www.shcal.com

单位名称:锡克拜(上海)油墨有限公司
单位地址:上海莘庄工业区申富路689号
邮政编码:201108
经营范围:瑞士锡克拜公司成立于1927年,是世界知名的专业油墨供应商,公司遍布全球5大洲38个国家。其防伪油墨适用于钞票、银行支票及其他高风险产品的印刷。锡克拜集团在中国上海总投资1250万美元,于2000年4月独资成立了锡克拜(上海)油墨有限公司。占地2万多平方米的新厂房,坐落于上海莘庄工业区,拥有员工110人,年产能力为5000吨,在中国重点生产适合于烟包印刷的各种水性和溶剂性油墨,适合于软包装印刷的醇溶性油墨,UV/EB油墨及相关产品的防伪油墨,以及用于印刷装饰的墙纸和地板的水性工业油墨。
电　　话:(8621)54423689
传　　真:(8621)54424689
网　　址:http://www.sicpa.com

单位名称:上海三樱包装材料有限公司
单位地址:上海市嘉定江桥镇曹安路2611号
经营范围:设计开发、制造和销售彩印复合软包装材料(包括食品、化妆品、日化用品复合膜、全塑管及铝塑复合管,药品包装用复合膜及复合软管)。
法人代表:陈伯湮
总 经 理:陈子荣
电　　话:021—69131888
传　　真:021—69131666
网　　址:www.shsuna.com
E-mail:dean3in@163.net

单位名称:河南省瑞光印务股份有限公司
单位地址:河南省郑州市二环路35号
邮政编码:450012
经营范围:图书报刊及其他印刷品、商标印刷、设计、制作、发布、代理国内印刷品广告业务、包装装潢、电脑制版;印刷物资、印刷机械及配件;自营本企业生产产品的出口业务;自营本企业生产、科研所需的机械设备、零配件、原辅材料的进口业务;经营本企业的进料加工和三来一补贸易业务。
电　　话:0371-3958808
传　　真:0371-3956691
邮　　箱:rgltd@public2.zz.ha.cn

单位名称:浙江武义张氏包装实业有限公司
单位地址:浙江武义项山干工业区
邮政编码:321200
单位概况:我公司是国家一类纸箱生产企业,中国包装产品定点生产企业。主营纸箱、彩盒、印刷及纸板,浪纸销售。公司拥有目前国内最先进的七层瓦楞纸板生产线和五层瓦楞纸板生产线,形成了年生产8000万平方米瓦楞纸箱及8000万只彩盒的生产能力。已成为浙中地区规模最大的包装生产基地。公司将始终坚持“以质量求生存、以管理求效益,质量第一,信誉至上”的宗旨,竭诚为新老客户服务。
董 事 长:(总经理):张岳良
电　　话:7627018　7632278
传　　真:7621853　7622248
邮　　箱:zsbz8888@zsbz.zjip.com

单位名称:山东丽鹏包装有限公司
单位地址:烟台市牟平区姜格庄镇邹革庄村
邮政编码:264114
单位概况:公司占地6万平方米,资产总值1.2亿,职工1300余人,属关联多元化式的一条龙服务企业。辖属铝板厂、印铁厂、瓶盖厂、机械模具厂、橡塑厂、牟平分公司、成都海川制盖有限公司,湖北劲鹏制盖有限公司等企业,是国内生产销售铝板、铝板涂料印刷、瓶盖及瓶盖自动半自动生产线、电脑创意雕刻、数控冲床、冷冲模、塑料模等一条龙服务的厂家。年可轧制各种规格铝板三千余吨,涂印铝板七千余吨,生产各种防盗防伪瓶盖十亿余只,产品遍布全国二十多个省、市、自治区及东亚市场。1999年公司获得了自营进出口权,2000年通过了ISO9001国际质量体系认证。
法人代表:孙世尧
电　　话:0535—4661121
传　　真:0535—4661123　0535—4661394
http://www.lp.com.cn
E-mail:lipeng8@public.ytptt.sd.cn

单位名称:天津市怡润包装容器有限责任公司
单位地址:天津市津南区八里台工业园区重庆道5号
邮政编码:300350
单位概况:天津怡润包装容器有限责任公司(原天津东洋油墨公司包装容器厂)建于上世纪50年代中期,已有近五十年的生产史。多年来,经过油墨,涂料等产品包装容器的生产实践,积累了丰富经验,为适应国内外油墨、涂料包装装璜的需求,公司采用现代化的生产管理及新技术等手段,为用户提供外形美观、质量可靠的包装容器。公司技术力量雄厚,生产设备先进,拥有瑞士等国的先进制造设备—公司技术开发部有多名专业技术人员,进行新产品从开发—模具—专用设备—成品均一条龙生产。公司除生产三片V形盒外,目前又开发出多种新型二片V型盒以满足用户的需求。
董 事 长:王天福
总 经 理:纪伟
电　　话:022—28752223
传　　真:28752253 销售电话:022—28752237—87
网　　址:www.yirun.cn
E-mail:wtf@yirun.cn

单位名称:沈阳隆达包装制造厂
单位地址:沈阳市于洪区鸭绿江北街89号
邮政编码:110033
经营范围:纸箱制造
电　　话:024-86670091
传　　真:024-86670091

单位名称:浙江东经包装有限公司
单位地址:浙江温州104国道丽岙段东经路1号
邮政编码:325202
经营范围:包装装璜、其他印刷品印刷;纸制品包装纸箱检测。
电　　话:85399999
传　　真:0577—85390777
邮　　箱:mail-dongjing@dongjing.com

单位名称:上海纺印利丰印刷包装有限公司
单位地址:上海市隆昌路399号
邮政编码:200090
经营范围:各类印刷品及各类包装用品,普通商标印制兼人用药品、烟草制品商标印制。
电　　话:021-65432325
传　　真:021-65430511

单位名称:长沙鹤祥包装材料有限公司
单位地址:湖南长沙市中意一路1029号
邮政编码:410114
经营范围:铝箔复合(压花)纸、转移纸、镭射纸、烫金(打孔)水松纸等一系列卷烟辅料和各类食品、药品包装材料。主要客户有白沙集团等数家大型企业。
电　　话:0731-5631688
传　　真:0731-5630028

单位名称:北京市南苑制桶厂
单位地址:北京市丰台区大红门三星庄甲35号
邮政编码:100068
经营范围:10-200升钢桶的生产和服务,200升塑料桶的生产和服务。
电　　话:010-67563518
传　　真:010-67564149

单位名称:东莞振华特种包装有限公司
单位地址:广东省东莞市麻涌镇第二涌工业区
邮政编码:523130
经营范围:主要生产经营符合国际海运危规规程的危险化学品出口包装钢桶、聚乙烯塑料桶以及复合编织袋、塑料薄膜袋等产品、包装设备(附包装生产技术等)。
电　　话:(0769)8825498
传　　真:(0769)8822857　8825498

单位名称:天津市腾达包装有限公司
单位地址:天津市静海县双塘朴楼村
单位概况:天津市腾达包装有限公司成立于1999年7月21日,位于静海县双塘镇朴楼村,公司占地面积3万平方米,建筑面积6千平方米。注册资金500万元。现有职工145人,公司主要生产各种规格钢桶及钢桶封闭器,年销售收入3000万元,利税200万元。2002年公司参与起草了钢桶封闭器GB/T13251-2002国家标准。公司成立后连续数年被中国农业银行天津分行评为"AAA"级信用企业。

经天津出入境检验检疫局审核,取得了"出口商品包装容器质量许可证"。公司质量管理体系符合ISO 9001.2000标准,获得产品质量认证证书。
负 责 人:杜庆新
电　　话:022-68865502
传　　真:022-68868553

单位名称:浙江乐清市兴华印刷包装有限公司
单位地址:乐清市白象镇交通东路105号
邮政编码:325603
经营范围:彩印包装、企划设计、商标设计、招贴广告、瓦楞内外箱
董 事 长:缪国兴　手机:13806600808
电　　话:0577-62881808、62893808
传　　真:0577-62881808
网　　址:www.xhprint.net
E-mail:yqxinghua@wall.wzptt.zj.cn

单位名称:四川天马玻璃有限公司
单位地址:四川省射洪县柳树镇中街天马149号
邮政编码:629209
单位概况:四川天马玻璃有限公司是一家生产白酒、啤酒、饮料等各种类型、不同档次和颜色瓶罐的合资企业,注册资金2380万美元。拥有两处生产基地,四座窑炉,各类设备均属国际一流、性能可靠并符合国际环保要求,加之雄厚的技术实力和先进的管理经验,产品远销东南亚。公司已通过ISO 9001.2000质量体系认证。
电　　话:0825-6766888
传　　真:0825-6716888
网　　址:www.smglass.com.cn
邮　　箱:admn@smglass.com.cn
经营范围:生产各类玻瓶。

单位名称:青岛金龙包装有限公司
单位地址: 山东省青岛市平度经济技术开发区泉州路9号
邮政编码:266700
单位概况: 公司已通过ISO 9001.2000国际质量体系认证，拥有全电脑控制的宽幅瓦楞纸板流水线、水性印刷开槽模切机，苹果电脑、法国柔性版制版机、德国打样机、荷兰纸箱纸盒软件组成的印前设备、完善的检测设备及FLINT环保油墨配墨中心,并配有世界先进的八色凹版预印设备和罗兰805-7B型五色胶印机，主要从事瓦楞纸板、纸箱、纸托盘等系列产品的生产及印刷，年设计生产瓦楞纸板、纸箱1亿平方米，产品已成为青啤、海尔两大集团的主力配套产品。
董 事 长:李金堂
电　　话:0532-8394555
传　　真:0532-8384555
E-mail:jinlong@qea.cn

单位名称:北京东达包装制品有限公司
单位地址:北京市通州区里河沿14号
邮政编码:101100
经营范围:纸箱　纸板
电　　话:69555817　69545646
传　　真:69546974

单位名称:东阳市野风包装有限公司
单位地址:浙江东阳市北江工业区
邮政编码:322105
经营范围:包装纸箱、商标印制、纸板、纸盒
法人代表:卢天妙
电　　话:0579-6733511
传　　真:0579-6730317

单位名称:北京四维包装设备有限责任公司
单位地址:北京石景山区刘娘府路琅山村西口
邮政编码:100041
单位概况: 北京四维包装设备有限责任公司是制造瓦楞纸板生产线关键易损件——瓦楞辊的专业公司。本公司拥有制造瓦楞辊的优秀专业人才和精良的专用设备，为您设计各种齿型，采用先进技术和工艺方法，选用优质合金钢材,制造和修复瓦楞辊,质量达到国内同行业的最好水平,本公司承接国内外瓦楞辊的制造和修理业务。保证质量,价格合理。坚持用户至上,信誉第一的宗旨,为用户提供良好快捷的服务。
总 经 理:种和刚　手机:13311092856
电　　话:88726766　88736686
传　　真:88727447

单位名称:上海市申加机械工贸有限公司
单位地址:上海嘉定区徐行经济城永新路1155号
邮政编码:201808
单位概况: 上海申加机械工贸有限公司系民营独资企业，成立于1993年。公司拥有各类机械设备一百多台，具有进口五坐标数控加工中心，电脑自控磨床、车床、动平衡机等先进机械加工设备,产品销往国内二十多个省市、自治区几百个厂家。

公司法人徐云总经理是个事业性强，诚实守法的企业家，近几年来带领全体员工努力提高产品质量和档次。公司于2003年通过了ISO 9001.2000版认证。

主要产品:

一、纸箱成形机械:全自动印刷开槽模切机、纵切机、薄刀分纸机、切角开槽机、粘箱机、纸箱设备等产品。

二、网纹辊、瓦楞辊等滚筒产品。

公司宗旨:不求最大、但求最好、诚实守法、优质服务。

总 经 理:徐云
电　　话:021-59555272
传　　真:021-59555057
网　　址:www.shenjia.com.cn
E-mail:shenjia@pack.net.cn

单位名称:大连吉润塑料包装制品有限公司
单位地址:大连市金州区石河南台小区
邮政编码:116101
经营范围: 主要产品有用于鲜奶、饮料、调味品等包装的PE液体包装膜;用于购物,服装,食品,水产品及其他类工农业产品包装所需的PE、BOPP膜、袋和热吸缩膜、拉伸膜、保护膜等。
法人代表:高吉良
电　　话:0411-87160238
传　　真:0411-87160186
邮　　箱:gymllcn@yahoo.com.cn

单位名称:**浙江港发软包装有限公司**
单位地址:中国印刷城温州龙港镇人民路968号
邮政编码:325802
经营范围:包装装潢、其他印刷品印刷,塑料制品加工,经营本企业自产产品及技术的出口业务;经营本企业生产、科研所需的原辅材料、机械设备、仪器仪表、零配件及技术的进口业务(国家限定公司经营和国家禁止进出口的商品及技术除外);经营进料加工和"三来一补"业务。
电　话:0577-68601111
传　真:0577-64203246

单位名称:**临沂市亿丰包装有限公司**
单位地址:临沂市南坊办事处古城工业园
邮政编码:276037
单位概况:临沂市亿丰包装有限公司是一家始建于2000年的中型民营企业,它位于南坊办事处古城工业园,占地面积40000平方米,建筑面积20000平方米,在沂蒙老区同行业中拥有进口设备和印前、印后自动化程度最高的印刷包装企业,业务以彩色印刷加工高中档包装、商标、宣传册、挂历、手提袋为主,年产值逐年递增。

近年来,亿丰人秉承"勇于创新、敢为人先、争创一流"的企业精神,坚持"塑人品、出精品"的质量方针和真心服务,诚信经营的理念与客户双赢,亿丰公司在党和政府的关怀下,经过自身不懈拼搏努力,已经完成了原始积累向规模经营的飞跃,。今年公司又提出了"努力提升人品,争做行业先锋"的口号,不断更新设备广纳人才完善管理,又踏上了做大印刷包装的快车道。
董 事 长:杨廷祥
电　话:0539-8611498
传　真:8603899
网　址:http://Lyyf.ccbip.net

单位名称:**天津科技大学包装与印刷工程学院**
单位地址:天津市河西区大沽南路1038号546#信箱
邮政编码:300222
单位概况:天津科技大学包装与印刷工程学院现有包装工程(包装工程方向、物流工程方向)、印刷工程(信息图文方向、电子出版方向)、木材科学与工程(室内与家具设计方向)等五个专业,在校生969人。经教育部批准,我院在"轻工技术与工程"博士学位授权一级学科范围内自主设置包装工程博士点和印刷工程硕士点。近三年,共完成国家级科研项目、教改项目4项,省部级、局级以及横向科研项目多项;在国内外学术刊物上发表论文80余篇,主编出版国家级"十五"规划教材2部、天津市"十五"规划教材1部、学术专著近10部。经过二十年的建设,为国内培养了大批高级包装、印刷或家具与室内设计专业人才。
负 责 人:孙诚院长
电　话:022-60273395
传　真:022-60273395
学校网址:www.tust.edu.cn

单位名称:**东阳市野风塑胶有限公司**
单位地址:浙江省东阳市歌山镇工业区
邮政编码:322105
经营范围:高阻隔型PVDC胶乳的生产、销售和技术服务。主要产品有:1.Y101底胶 2.Y201香烟包装膜用胶 3.Y301食品包装膜用胶 4.Y401医药包装用胶 5.Y501纸张涂布专用胶 6.环保餐具专用胶
电　话:0579-6730839　6733705
传　真:0579-6730839
网　址:pvdc.com.cn
邮　箱:pvdc@pack.net.cn

单位名称:**青岛正进包装有限公司**
单位地址:青岛市城阳区城北工业园春城路中段
邮政编码:266109
单位概况:青岛正进包装有限公司成立于1996年,总投资6000万元,占地面积20000余平方米,位于青岛城阳城北工业园春城路中段。

公司引进台湾WJ-2500-II型五层瓦楞纸板高速生产线、全自动印刷开槽机、平压平模切机等自动化程度较高的纸箱包装设备,主要生产各种楞型的瓦楞纸板、纸箱与彩盒,班生产能力达10万平方米。

为提高企业的市场竞争能力,公司建立完善的质量管理体系,通过了ISO 9001.2000版质量管理体系认证,能够做到为客户提供质量高、性能好的产品。
电　话:0532-7962355-3077
传　真:0532-7962437
邮　箱:info@zhengjin packing.com
经营范围:瓦楞纸板及纸箱的生产加工和服务。

单位名称:**绍兴富陵实业集团有限公司**
单位地址:浙江省绍兴市袍江工业区富陵
邮政编码:312075
经营范围:公司引进国际先进塑料薄膜生产流水线四条,分别从德国布鲁克纳、莱芬豪舍及意大利保利泰公司引进,专业生产食品包装用BOPP、CPP及POF塑料薄膜,年生产能力为十万吨。公司生产的"百草园"牌聚烯烃塑料薄膜,2004年被国家质检总局授予"国家免检产品"称号。
法人代表:赵建昌
电　话:0575-8036716
传　真:0575-8038009
邮　箱:E-mail:web@zj-flsl.com

单位名称:**宁波双宁达纸塑包装制品有限公司**
单位地址:宁波开发区 G14 工业区(小港)义成路 48 号
单位概况:宁波双宁达纸塑包装制品有限公司是中外合资企业,是国家检验检疫局认定的出口包装定点的生产企业,创建于 1992 年 12 月,公司现有规模,总资产达 3500 万元,下辖二个厂区,纸箱厂和造纸厂。其中纸箱厂的固定资产 2000 万元,占地面积 6100 平方米,建筑面积 5300 平方米,设备采用国内较先进的 1800 型电脑数控五层瓦楞纸板生产线, 四色印刷开槽切角机,叁色印刷机和自动开槽切角机,自动模切机,装订机等纸箱制作的成型设备一应俱全:而为纸箱生产配套的造纸厂总投资 1500 万,设备采用先进的 1800 型造纸机,专业生产高档规格的高强度瓦楞纸和箱板纸;为本公司的纸箱制作提供了有利条件,降低了生产成本,增强了市场的竞争能力。现具有一定规模的包装企业,公司现有员工 135 人,其中管理人员 20 人,专业技术人员 15 人,工程师 6 人,下设营销、生技、品管、财务等部门。各部门均配备了有一定技术基础的管理人员。为此,本公司设备先进、技术力量雄厚,生产经验丰富,是具有一定管理水平和比较娴熟的生产技能及机械维护队伍,是本公司坚实的基础。年生产能力可达 1000 万平方米的瓦楞纸箱和 9000 吨的各档瓦楞纸和箱板纸,产品远销长江南北和世界各国,产品质量均能符合 GB6543 – 86《瓦楞纸箱》与 GB13023 – 91《瓦楞原纸》和 GB13024 – 91《箱板纸》的标准技术要求,有优异的质量和良好的服务赢得用户的青睐,曾多次被评为宁波市先进包装企业和宁波市瓦楞纸箱行业优质产品。

本公司的经营宗旨:以质量拓市场,以顾客为导向,以诚信兴企业,以改进求发展。价格合理,交货及时,送货上门,竭诚为各出口公司和生产厂商合作,提供一切优质服务,欢迎光临惠顾!

董 事 长:胡道奎
电　　话:86221244
传　　真:86222119/86229045

单位名称:**天津王朝包装印刷制品有限公司**
单位地址:天津市北辰区兴淀公路
邮政编码:300402
单位概况:天津王朝包装印刷制品有限公司是中外合资企业,成立于 1995 年 11 月,是瓦楞纸箱的专业生产厂家,座落于北辰区兴淀公路,占地面积 37000 平方米,建筑面积 11000 平方米,固定资产 1900 万人民币。本企业的指导思想是:不断适应市场对王朝酒逐步增长的需求,更好地解决包装物的供求矛盾,并逐步形成为全社会服务的新型包装企业。公司自注册以来秉承质量是企业的生命,信誉是企业基础的信条,严把质量关,确保信誉关,以质量和信誉不断开拓和扩大产品市场,以优良的服务博得了广大客户的信任。

截至目前,已有员工 200 余人,大中专及本科人数已达到六十余人,占总人数的 30%以上,人才的融入使公司更具有发展潜力。现瓦楞纸板的日产量已达到 50000 平方米,产品年销售额为 3500 万元人民币,利税 500 万元人民币,创利润数百万元。本公司在国内已成为具有相当竞争能力的包装企业。目前,本公司已实现近期内跨入国内一流包装生产企业行列的目标,购置并安装了瓦楞纸板中型生产线,并具有瓦楞纸板双拱生产装置和一条 B、E 楞生产线,最近又引进了国内一流的印刷、模切及成型设备,能生产各种类型的彩面和普通瓦楞纸箱,并配备了相应的检测仪器,增加了企业的竞争能力。目前,除满足王朝酒的需求外,还增加了完达山、海河乳业、福海食品厂、帕玛拉特、调料公司、大红碗方便面、津河乳业、同生、国顺、利金粮油等十几个单位的上百种产品,并承担了天宫公司、天津市医疗记录纸厂等单位的产品出口包装业务,相信在不远的将来,天津王朝包装印刷制品有限公司将以更加崭新的面貌出现在包装行业的大军中。

电　　话:022 – 26996433
传　　真:022 – 26996433

单位名称:**上海内德机械有限公司**
单位地址:上海杨行工业园区共悦路 199 号
邮政编码:201901
单位概况:上海内德机械有限公司是一家专业从事瓦楞纸板流水线(中、高档)干部系统研发与制造的专业厂,公司秉承"以质取胜,以德取信"的理念,以不断提高广大纸板、纸箱生产企业的生产效率及产品质量,降低客户的生产成本,提高客户的竞争力为己任,应用世界先进的自动化控制技术和产品,结合瓦楞纸板、纸箱制造技术的实际情况和发展方向,不断推陈出新,产品及服务赢得了众多业内人士的一致好评,其产品(电脑薄刀纵切压痕机、电脑横切机)被评为"中国包装行业优质产品"。

公司主要产品:数控断纸机、电脑薄刀纵切压痕机、电脑横切机、自动堆码机、其他应用软件……

电　　话:021 – 56390628　56391658　56391698
传　　真:021 – 56391700
邮　　箱:ned@ned – china.com

单位名称:**中山中粤马口铁工业有限公司**
单位地址:中国广东省中山市中山港第二加工区
邮政编码:528437
经营范围:生产经营镀锡薄钢板、镀铬薄钢板及其深加工产品(包括钢板、钢卷的裁剪),加工生产涂料铁、印花铁。

电　　话:(0760)5596487
传　　真:(0760)5596252
邮　　箱:zymkt@pub.zhongshan.gd.cn
zymkt@gdtp.com

单位名称:**刚泰集团有限公司**
单位地址:浙江省台州市路桥区樱花路 288 号
邮政编码:318050
经营范围:各种轻重型瓦楞纸箱制造、彩印、胶印产品生产与服务。
法人代表:徐建刚
电　　话:0576 – 2406777
传　　真:0576 – 2406628
邮　　箱:chinagantai@163.com
网　　址:www.chinagangtai.com

单位名称:**成都市簇桥福利纸箱厂众和分厂**
单位地址:成都市武侯大道文昌段 73 号
邮政编码:610043
经营范围:我厂是集废纸回收、造纸、加工纸板、生产纸箱及出口商品包装检验并办证等于一体的规模型福利包装企业,能根据不同客户的要求生产各种规格、各种材质的瓦楞纸箱。其印制精美、色泽鲜艳、工艺考究,各项物理指标均完全符合国家有关标准,广泛适用于机电、设备、轻纺、化工、医药、食品、饮料、家具等行业包装。其产品先后获得国际包装金奖、银奖等荣耀并在全省同行中首批取得 ISO 9000.2000 认证。同时被客户称誉为"重合同、守信誉"单位。

电　　话:(028)85029666　85030483
85037667　85010903
传　　真:(028)85012971　85013428

单位名称：长沙星沙包装有限公司
单位地址：中国湖南省长沙经济技术开发区漓湖路
邮政编码：410100
经营范围：纸箱、纸盒的生产制造和服务
电　　话：0731－4060292
传　　真：0731－4060293
邮　　箱：xianfeng@pack.net.cn
网　　址：http://www.xianfengpack.com

单位名称：株洲市万达轻工机械有限公司
单位地址：湖南株洲芦淞区高家坳
邮政编码：412012
经营范围：主要生产激光全息包装膜成套生产设备
1. WDM－1200型宽幅软模压机
2. WDD－1200型滚镀电铸机
3. WDY－800型宽幅硬模压机
电　　话：13908431762　0733－8512198
传　　真：0733－8512198

单位名称：河南省新密市恒丰纸业有限公司
单位概况：河南省新密市恒丰纸业有限公司位于河南省郑州(南)新密市大隗镇(中州造纸名镇)境内，与宋代古都开封、九朝古都洛阳及中国名刹少林寺为邻，本公司交通十分便利，距郑州国际机场25公里，距陇海铁路线12公里，公路直通107国道专线。
公司始建于1984年，特别是无我公司成立以来，锐意进取、大胆改革、不断创新，现已发展为固定资产3500万元(其中设备投产2000万元)，产量35000吨，产值8200万元，税利680万元，占地面积45000平方米，现有职工368人，专业技术人员30多人。造纸机三台，1750型、2400型、3200型各一台。
我公司系河南省造纸定点厂，也是中国包装协会会员厂，是商标局订为商品准于出口厂家。1997年曾获得郑州市人民政府命名综合经济效益最佳100强企业，市委市政府订为重点保护企业，河南省技术监督局颁发的“质量信得过”产品，是环保合格达标单位，已取得全国ISO9002质量体系认证。
法人代表：张本立
电　　话：0371－9272626
传　　真：0371－9272622

单位名称：山东将军开元纸业有限公司
单位地址：山东德州经济开发区天衢东路东首
邮政编码：253000
单位概况：本公司是将军烟草集团投资兴建的一家专业生产包装箱、铝箔纸、金卡纸等产品的大型包装材料生产企业。公司技术力量雄厚、设备先进、管理完善，取得了ISO9002国际质量体系认证证书和出口商品质量许可证。
公司拥有七层纸板生产线和五层纸板生产线各一条，TCY五色印刷开槽模切机，三色印刷机，两色对开胶印机，单、双片半自动钉箱机等具有国际一流水平的相关纸箱配套设备43台套，另有铝箔纸复合机、金卡机、分切机等相关铝箔纸配套设备15台套，具有生产各种高中低档纸板、纸箱、各种精美的彩印纸箱和不同规格品种铝箔纸的能力。
公司本着“我们的产品使你的产品更加完美”的宗旨，竭诚欢迎各界朋友携手合作，共同开拓市场，创造美好的明天。
电　　话：(0534) 2552866
传　　真：(0534) 2552866
邮　　箱：jjzy@cntmi.com

单位名称：外贸无锡印刷有限公司
单位地址：江苏省无锡市梁溪路5号
邮政编码：214062
单位概况：公司主要从事各类纸制品包装的彩色装潢设计、制版和印刷，业务以中、高档彩色包装为主，公司于1999年11月一次性通过ISO9001及ISO14001体系认证，在医药、化妆品和电动工具等彩包领域具有较强的质量、技术优势。
公司拥有3台德国海德堡对开四色印刷机、1台日本三菱对开四色印刷机、2台海德堡烫金机、2台瑞士博斯特全自动模切机、2条瑞士全自动糊盒生产线、1台专门为医药针剂包装配套的瑞士全自动防伪瓦楞托架成型机、多台压光机、UV上光机、过油机、覆膜机、瓦楞机等主要生产设备。
电　　话：0510－5804923
传　　真：0510－5804928
网　　页：www.wxfph.com
邮　　箱：fph@public1.wx.js.cn

单位名称：天津市津港印铁制罐厂
单位地址：大港区火车站迎宾桥西侧
邮政编码：300270
经营范围：承揽各种规格的冷板，马口铁的内防腐、外装潢的印涂和彩色印刷来料加工；能为各种规格的铁板清除表面油污；能为各种规格的卷板开、平、裁一条龙加工服务。
法　　人：储有福
电　　话：022－25990430
传　　真：022－25990430

单位名称：上海惠昕包装制品有限公司

单位地址：上海市南大路 373 号 7，8，15 栋

邮政编码：200436

经营范围：环保型 PP 中空板材，PP+PE　复合片材及制品和各种规格周转箱。EPE 发泡片及各种成型缓冲包装制品。PU，PE，EVA 制品。纸，塑复合制品。

电　　话：021－62843284

传　　真：021－62842686

江苏昌昇集团股份有限公司（如皋印机厂）

单位地址：江苏省如皋市福寿路

邮政编码：226500

电　　话：（0513）7525158

传　　真：（0513）7516416

网　　址：www.jscsjx.com

E－mail：yxzx@jscsjx.com

经营范围：我公司主要生产对开\大对开\全张\单色\双色\四色\单面\双面\高速\中速系列单张纸平版胶印机以及 CS2800 水性印刷开槽机等包装印刷机械。

单位名称：襄樊市立业实业有限责任公司

单位地址：襄樊市立业路 9 号

邮政编码：441002

单位概况：襄樊市立业实业有限责任公司是民营公司，共投资 5 家分公司和生产工厂。本部地址：襄樊市立业路 9 号。

1. 纸制品分公司（原市第二制箱厂，独资）：年生产三、五、七层高、中、低档的内、外贸各种纸箱、纸盒、纸板能力达 3000 万元以上。地址：立业路 9 号，电话：3251300、3220794。

2. 汽车门护板衬板厂（独资）：主要为东风全部中型卡车生产配套门护板衬板，年生产东风和富康车门护板衬板能力达 100 万辆份。厂址：汉江路 63 号，电话：3992808、3900999。

3. 汽车内饰材料分公司（原市无纺布厂，绝对控股）：为东风商用车驾驶室顶盖和围板生产配套环保型热塑麻纤板，同时也为春兰和北汽福田等汽车驾驶室和内饰顶盖配套生产环保型热塑麻纤板产品。电话：3119860、13886236137。

4. 鑫福涂料化工公司（柑对控股）：年生产高、中、低档各种油漆能力达 3000 吨。地址：人民西路，电话：3112888，传真：3111888。

5. 房地产开发经营公司（独资）：拥有两块计 106.65 亩的出让土地，在渔梁洲明珠路和樊城区立业路。现已成功开发立业家园一期商住楼，二期和渔梁洲 80 栋别墅群既将动工开发。电话：3992808、13607276368。

法人代表：刘家国

电　　话：（0710）3220794

传　　真：（0710）3251300

单位名称：山东中联包装集团总公司

单位地址：山东省临沂市蒙山大道 113 号

邮政编码：276006

经营范围：包装钢桶、各种胶合板、三片罐等。

电　　话：0539－8355260

传　　真：0539－8355259

单位名称：成都锦台包装印务有限公司

单位地址：成都外东三瓦窑街 201 号

邮政编码：610063

经营范围：生产经营高、中档瓦楞纸箱、纸质复合容器。

电　　话：028－85350887　　82481981

传　　真：028－85350887　　82481981

E－mail：jintai@cdjintai.com

单位名称：江西月兔丰华彩印有限公司

单位地址：江西省广丰县芦林工业园

邮政编码：334600

经营范围：纸张、文化用品、纸制品、包装、装潢、印刷、铝箔、纸箱等包装材料的生产、加工及销售，书刊的印刷。

法　　人：董信江

电　　话：0793－2617080，13979390666

传　　真：0793－2656128

E－mail：jx　fhcy@163.com

单位名称:宁波亚洲纸管纸箱有限公司
单位地址:浙江省宁波市北仑区小港镇青峙工业区
邮政编码:315803
单位概况:宁波亚洲纸管纸箱有限公司、宁波亚洲纸器纸品有限公司两公司位于中国浙江省宁波经济开发区青峙工业区,地域相邻,占地36万平方米,建筑面积6万平方米。工厂距华东最大港口北仑港仅7公里,离宁波国际机场40公里,沪杭甬高速公路可直达开发区。均已通过ISO 9001.2000和ISO14001双体系认证。

宁波亚洲纸管纸箱有限公司拥有先进的台湾裕力2.2M宽幅复瓦机,可生产A、B、AB等三、五层瓦楞纸板,并配套有3台先进的进口水性印裁机,可生产各种规格的纸箱,年产能已达6万吨,待05年初扩建完成后产能将达12万吨。成为华东地区纸制品包装行业名副其实的龙头。

宁波亚洲纸器纸品有限公司主要产品涉及美妆纸箱、彩色纸品、单卡纸盒、美术印刷等多项印刷领域,装备有世界上先进的德产、瑞地产精密印刷机器,如海德堡高速五色胶印机、博斯特模切机等。公司已成为浙江省第一大彩色包装印刷企业,客户遍及华东地区,是不少国内外著名厂家的重要合作伙伴。

电　　话:86-574-86227461/86227462/86227463
传　　真:(0574)86224437
E-mail:NBAsia@mail.nbptt.zj.cn

单位名称:深圳恒明辉纸品有限公司
单位地址:深圳市宝安区松岗镇潭头第二工业区
邮政编码:518105
单位概况:我公司从事纸制品包装十多年,于1999年5月成立中外合资企业,主要生产经营B、C、E、F型三、五、七层瓦楞纸板、纸箱及B、E、F见坑和彩印包装后工序啤、裱、粘(钉)及彩盒、彩色坑纸,产品全面内、外销。

2001年公司推出的F坑瓦楞坑纸、纸板、纸箱,广泛适用于礼品、装饰品、化妆品、医药、保健品、食品、烟酒、手机、精密器材、玩具、电器等产品的高档包装,具有质量好成本低等特点。

我公司愿与您共创辉煌未来,为您包装美好的明天!

电　　话:0755-27134888(10线)
传　　真:0755-27134322
网　　址:www.sz-hmh.com
E-mail:info@sz-hmh.com

单位名称:青岛海尔丰彩印刷有限公司
单位地址:青岛市四方区重庆南路99号
邮政编码:266032
经营范围:研制、开发新型包装材料和印刷技术;设计制做彩色样本、宣传品及大型包装彩面。
电　　话:5751225
传　　真:5751298
网　　址:haierfungchoi.com

单位名称:浙江黄岩佳乐包装有限公司
单位地址:浙江省台州市黄岩城关小东门路32弄8号
邮政编码:318020
经营范围:瓦楞纸箱、彩色纸盒、各种规格箱板。
法人代表:陶佳
电　　话:(0576)4258120　4258131
传　　真:(0576)4254328

单位名称:山东容百亿塑编股份有限公司
单位地址:山东省淄博市临淄区人民东路(东外环)
邮政编码:255400
经营范围:塑料编织袋、淋膜袋、纸塑复合袋、方底阀口袋、柔性集装袋、网眼袋、塑料薄膜、涂覆专用料加工、销售,印刷版加工、销售。
电　　话:(0533)7226885　7225667　7225691　7221020
传　　真:(0533)7225730
网　　址:http://www.ronbie.com
E-mail:info@ronbie.com

单位名称:成都市跳灯彩印制罐有限责任公司
单位地址:成都市成华区龙潭乡秀水村四组
邮政编码:610051
经营范围:制造、加工彩印制罐,销售:五金工具、白铁制品
董 事 长:宋明德　**总经理:**袁立新
电　　话:028-84205127　82982557
传　　真:028-84205128
电子邮箱:ylx207@sohu.com

单位名称：云南白象彩印包装有限公司
单位地址：昆明市春城路石家巷3号
邮政编码：650011
单位概况：云南白象彩印包装有限公司是云南省工业总公司与香港嘉发集团有限公司共同组建的中港合资企业。是云南省加碘食品复合小包装材料定点生产基地，亦是为食品、药品、茶业、真空保鲜、牛奶液体、冰袋等行业及企业提供各种塑/塑、塑/铝复合彩印软包装膜、袋的专业生产厂家。公司年产彩印复合软包装材料2000多万平方米。

公司拥有先进技术水平的电脑控制凹版彩印复合生产线二条，技术力量雄厚，生产经验丰富，采用现代科学管理方法及ISO 9001.2000质量管理体系对生产全过程的人、机、物、环境实施控制与管理。

"诚信、务实、创新"是公司的经营理念，我们将以优质的产品，满意的售后服务，与广大客户一起携手前进，共创未来。

电　　话：0871－7156660　7156841
传　　真：0871－7156660　7156661

单位名称：北京华益兴盛包装制品厂
单位地址：北京市密云县西门外大街21号
邮政编码：10500
单位概况：本厂始建于1992年，原属国有企业。于2002年5月转制为股份合作制企业。全厂共有员工150人，其中有专业技术人员15人，管理人员8人。全厂占地面积158000平方米，其中建筑面积9458平方米，拥有固定资产1600万元，流动资金500万元。

本厂技术力量雄厚，加工设备先进。拥有"千万平米""瓦楞纸板生产线"。和"二色、三色、四色"全自动印刷开槽机，及全自动贴面机和全自动模切机。主要加工不同规格的三到八层纸箱，保证质量、送货及时。2003年本厂又通过了由中国方圆认证中心批准的2000版的ISO9001质量体系认证。稳定的产品质量深受国外和国内用户的欢迎。

电　　话：89095508
传　　真：010－69044309

单位名称：青岛广华啤酒保鲜容器有限公司
单位地址：青岛市高科技工业园株洲路
邮政编码：266101
经营范围：1.用于盛装鲜啤酒的各种规格的啤酒保鲜桶及配套清洗、灌装设备。2.用于旅行休闲，特别适合于野餐、野营、运动、垂钓等的便携式保温箱；适用于户外移动销售和运送需保温的冷热食品和饮料的各种规格保温箱。
电　　话：0532－8618211
传　　真：0532－8618217
邮　　箱：soar@public.qd.sd.cn
网　　址：http://www.soar.com.cn

单位名称：中山市星达集团有限公司
单位地址：广东省中山市东凤镇富华路11号
邮政编码：528425
经营范围：生产、销售：灯饰、电子电器产品、音响、家具、皮具、玻璃器皿、办公用品、玩具、汽车用品、纸类制品（不含商标印刷）；销售：服装、燃器具、塑料、化工原料（直供直调）
电　　话：0760－2611888（10条线）
传　　真：0760－2612038
邮　　箱：sinda@pub.zhongshan.gd.cn

单位名称：河北鑫田纸箱机械制造有限责任公司
单位地址：河北东光城南104国道292公里处
邮政编码：061600
单位概况：河北鑫田纸箱机械公司是从事纸箱包装机械设计制造的专业集团公司。现占地面积130亩，拥有员工千余人。

集团公司与河北工业大学联合成立纸箱机械研究所，积极运用最新科技成果，开发研制智能化、人性化、现代化的高速机械产品。

集团公司主要产品有中、高档水性印刷开槽机、包括单色、双色、三色、四色及切角开槽、模切等八大系列三十多个品种规格；三层、五层、七层瓦楞纸板生产线及单面机、薄刀机、横切机等。

集团公司在上海、温州、无锡、杭州、成都、西安、大连等设有二十几个产品销售及售后服务办事机构。产品行销全国各地，并出口俄罗斯、韩国、阿联酋等国家，年出口量达2000多万元。

集团公司以质量求生存，奉行"诚信为本"的经营宗旨，严格执行ISO9001国际质量管理体系标准，以一流的产品回报新老客户对我们的支持和信赖。

电　　话：0317－7751078　7751508
传　　真：0317－7751986
电子邮箱：info@hb－xt.com
网　　址：www.hb－xt.com

单位名称：上海盛禾印务有限公司
单位地址：上海市宝山区爱辉路701号
邮政编码：200431
单位概况：上海盛禾印务有限公司是民营合资企业，主要设备有多色印刷机二台（德国海德堡CD型4色机一台、F102型5色机一台），晒版机二台，程控切纸机二台；后加工设备有对开复膜机一台，模切压痕机三台、烫金机一台，及有关配套设施等。

主要经营：产品样本印刷，广告包装印刷，另件和宣传品印刷以及包袋印刷制作、后加工业务等。

本公司具备了一套先进的设备，并具有一支强大的技术队伍，在目前激烈的市场竞争中取得了一定的成就，希望广大新老客户进一步给予支持。

电　　话：021－66203922　66203923
传　　真：021－66203924

单位名称:雷盛德奎集团
单位地址:上海市奉贤区齐贤镇航南公路 3358 号
邮政编码:201403
服务范围:彩妆、个人护理、保洁、医疗及食品包装服务。雷盛德奎集团拥有三十多年包装经验、五个地点优越的生产厂，分别位于天津、上海、深圳和印尼的泗水和雅加达。各厂均拥有多元化成型、吹瓶、射吹机器，各式二次加工生产设备和技术，为世界知名品牌客户提供彩妆、个人护理，保洁产品包装服务。同时，深圳及天津厂均设有十万级的洁净车间，为保健及医疗食品客户提供最严格的洁净车间包装服务。
电　　话:86－2157578066
传　　真:86－2157576541

单位名称:浙江黄岩纸箱厂
单位地址:浙江省台州市黄岩区印山路 208 号
邮政编码:318020
单位概况:本厂以先进的设备工艺，过硬的产品质量，优秀的管理团队，优良的诚信服务，提供优质的瓦楞纸板、瓦楞纸箱和彩印瓦楞纸箱，在客户中赢得了良好的信誉和知名度，被省商检局和省经贸委定为出口包装定点企业，通过 ISO 9000.2000 质量管理体系认证，获浙江省包装企业 50 强称号。
法人代表:徐从杰
电　　话:0576－4223374　　4223750
传　　真:0576－4112707
http://www.hy－carton.com
E－mail:hycarton@pack.net.cn

单位名称:烟台鸿裕包装制品有限公司
单位地址:山东省烟台市莱山区银河路 21 号
邮政编码:264003
单位概况:鸿裕包装制品有限公司是一家港资独资的大型包装装潢公司。创建于 1999 年。主要致力于中高档烟、酒、药等包装产品的设计、生产、总投资 648 万美元。

公司现有职工 150 余人，占地面积 1.6 万平方米，拥有一流的设备、先进的配套设施和高素质的人才。公司遵循“以实力为先导，客户为中心，设备为基础，人才为根本”的发展战略，不断扩展印刷包装领域，招揽管理精英，设立专业的技术设计中心，同时引进加拿大雅佳八色柔印机、德国波拉切纸机、德国 CP2000 海德堡 6+1 速霸胶印机、凹印机、丝印机、瑞士博斯特全息定位烫金机、全自动烫金机、模切机等世界一流的印刷设备和配套的设施，具有年生产能力 40 万大箱烟包的生产能力。

开拓创新，务实求精，追求卓越，质量第一，客户至上，是鸿裕始终不愈的经营理念；雄厚的经济实力，先进的技术设备，优秀的员工素质，一流的管理水平，是企业发展坚强后盾；强烈的市场竞争力，永不满足的品质意识，是企业发展的永恒动力。我们将不断努力，为广大客户提供更高品质的产品和满意的售后服务。
电　　话:0535－6718822
传　　真:0535－6718800
网　　址:www.hongyupacking.com

单位名称:青岛美特容器有限公司
单位地址:青岛市李沧区沔阳路 18 号甲
邮政编码:266041
单位概况:1993 年 8 月由山东铝业公司、美特容器海外有限公司、东方鑫源实业投资有限公司三方共同投资 2900 万美元组建，先后通过 ISO9000 和 ISO14000 认证，产品获国内外知名品牌“青岛啤酒”、“可口可乐”、“百事可乐”等企业的生产许可，多次被中国包装技术协会评为“中国包装龙头企业”，被授予“青岛市先进技术企业”。主要产品为 330ml、355ml 全铝两片易拉罐。提供优质、价廉、绿色的产品，持续而充分的满足客户需求，是我们的立足之本。
电　　话:0532－4619666
传　　真:0532－4635161
邮　　箱:qmcp@ball.com

单位名称:波尔亚太(北京)金属容器有限公司
单位地址:北京怀柔雁栖工业开发区 B 区
邮政编码:101407
单位概况:波尔亚太（北京）金属容器有限公司地址在北京怀柔雁栖工业开发区 B 区，于 1994 年 8 月 24 日成立，占地 106 亩，投资总额 3000 万美元，注册资金 1800 万美元，目前总资产 4800 万美元。波尔亚太(北京)金属容器有限公司拥有全套引自美国的制罐生产线是目前亚洲单线速度最高的两片易拉罐生产线，设计能力为每分钟 1800 只罐。公司专业生产 206 型铝质两片易拉罐，含 355ML 及 330ML 供应客户包括青岛啤酒、可口可乐、百威啤酒、生力啤酒、百事可乐、燕京啤酒、嘉士伯啤酒、健力宝等国内外著名饮料厂家。
第一副总经理:李贯乾
电　　话:010－61668288
传　　真:010－61667148

单位名称:北京鹏冀包装制品公司
单位地址:北京市房山区琉璃河火车站西侧琉璃河水泥厂院内
邮政编码:102403
经营范围:水泥包装袋、塑料包装袋、塑料编织袋复膜、印刷。
电　　话:010—89384175　　89384154
传　　真:010—89384175
邮　　箱:zuohao@m165.com

单位名称:**南京安顺自动化装备有限公司**
单位地址:南京市和燕路291号金港大厦A座906
邮政编码:210028
经营范围:薄膜分切机、分条机、双螺杆挤出机
董 事 长:彭凌云
电　　话:025—85551179
传　　真:025—85551279
邮　　箱:chinaascent@yahoo.con.cn

单位名称:**江西嘉成包装有限公司(通过ISO9001—2000版认证)**
单位地址:江西省南昌市国家经济技术开发区青岚大道
邮政编码:330013
经营范围:纸箱、纸盒、纸袋生产、产品外包装印刷及批发零售,包装材料的批发及零售商标印制。
电　　话:0791—3811199　3812200
传　　真:0791—3812288
邮　　箱:jxnc.jc@163.com

单位名称:**淄博科力达塑胶有限公司**
单位地址:山东省淄博市淄川区北苑街6号
邮政编码:255100
单位概况:主要生产经营钙塑瓦楞箱、中空格子板、导电及防静电中空板。产品用于出口蔬菜包装、食品、农药、轻工、五金、建陶、仪器、仪表等各类包装及家电产品的配套、室内外广告装饰、大型展览会布展、周转箱板材、玻璃瓶托、汽车顶棚等。部分产品出口。
法人代表:田其文
电　　话:0533—5181846　5180549
销售业务:0533—5181168　5185155
传　　真:5158173
网　　址:www、zbkld.com
电子信箱:zbkld@zbkld.com

单位名称:**四川省彭州市九和包装厂**
单位地址:四川省成都彭州市工业开发区
单位概况:本厂位于四川省成都彭州市工业开发区,占地十余亩,职工人数60余人,专业技术人员7人,较早取得了"出口商品包装容器质量许可证",生产纸桶,纸箱已有20多年的历史,设备先进,技术力量雄厚。

本厂研制了全国最先进的液压卷底技术,桶身,桶底同时卷合,纸桶负重可长期颠破运输。产品质量一直稳定,长期供应昆明药业,陕西汉江药业,乐山三九药业并成为一大批企业的定点供应商。由于我厂产品质量好,供货及时,连续被省市包协评为"先进单位",为西部地区原料等,化工食品、茶叶出口包装作出了贡献。

本厂坚持"质量第一,用户至上"的生产经营原则。以科学的管理,精益求精的技术手段,为您提供质优价廉的产品,周到的售后服务,我们期待与您的合作,一定是您企业优秀的供应商。
联 系 人:菊古秀 13094460360　汪波 13036667241
电　　话:028—83719688

单位名称:**成都新锦犀医药包装制品有限公司**
单位地址:四川成都国家高新技术产业开发区(西区)迪康大道中段7号
邮政编码:611731
经营范围:本公司系部颁"GMP"标准规范生产系列医药包装制品的专业厂家。公司位于高新开发区,占地40亩,投资规模4000万元人民币。从原料入库、生产过程、成品检验,均严格按照国际质量管理体系ISO 9001.2000进行,公司目前主要产品为各种规格医用安瓿、管制抗生素玻璃瓶,产品销往国内各知名大型医药企业;"诚信、务实、合作、进取"公司以现代的生产技术和优质的产品为你服务,诚邀医药界同仁、朋友携手,共谋发展。
电　　话:(028)87856566　87848222　87856238
传　　真:(028)87856566

单位名称:**汕头市新加新包装材料有限公司**
单位地址:汕头市龙湖区新溪镇金新工业区
邮政编码:515822
经营范围:包装装潢印刷品,其他印刷品印刷,生产售销:纸塑包装制品,手袋、工艺美术品(不含金银饰品)。销售:化工原料,(危险化学品除外)金属材料,包装机械,经营本企业自产产品及技术的出口业务,但国家限定经营或禁止进出口的商品及技术除外。
电　　话:(0754)6203798　5762389
传　　真:(0754)5765389
邮　　箱:xijiaxi1000@yahoo.com.cn

单位名称：洛阳春都食品股份有限公司特种材料包装公司

单位地址：洛阳市西工区纱厂西路75#

邮政编码：471000

经营范围：洛阳春都特种包装材料公司主要从事高阻隔性PVDC材料的研究、加工、应用的专业公司，与国际PVDC材料应用企业合作联合开发生产的PVDC为主导的高阻隔包装材料广泛应用于高低温食品、医疗、烟草、军事等领域，主要产品有：1.各种规格、颜色的片状肠衣薄膜；2.PVDC为中间层的复合膜、复合袋；3.PVDC为中间层的共挤流涎薄膜及衍生产品；4.承接PVDC吹塑产品的来料加工；5.各种塑料薄膜的印刷业务；6.根据客户需要设计、生产应用PVDC薄膜为主导的特种包装材料。

开具发票单位名称填写：洛阳春都食品股份有限公司

电　　话：0379—3185216

传　　真：0379—3185216

单位名称：玳纳特（香港）有限公司

单位地址：香港荃湾横窝仔街28号利兴强中心11楼A－B室

单位概况：ITW Dynatec是美国ITW工业集团的子公司，专业生产制造热熔胶喷胶设备，目前在世界34个主要国家及地区设有三百多家办事机构，玳纳特（香港）有限公司是美国ITW Dynatec公司的派出机构之一，为中国地区的用户提供热熔胶喷胶设备和各种技术服务。

产品特点："特氟龙"涂层的加热熔缸，降低碳化物形成，简便快捷、图示化的控制面板，方便操作者设置参数，喷枪的内嵌式加热过滤网设计，大大降低堵喷嘴的机会。应用于食品、饮料等行业。在开箱、封箱、制盒、封盒、纸箱成型、裹包等自动化生产方面，有效提升生产效率，降低成本，并可提高产品附加价值。

电　　话：852－24081420

传　　真：852－24062532

E－mail：itwhkg@itwdynatec.com.hk

Web：http://itwdynatec.com

单位名称：福州佳通第一塑料有限公司

单位地址：福建省福州市连江北路253号

邮政编码：350011

单位概况：福州佳通第一塑料有限公司系属国际性佳通集团在福州投资并专业生产各种塑料薄膜制品的外资企业。本公司由意大利、美国、德国等地方引进了多条生产薄膜的先进设备，并按集团一贯性国际管理模式，讲究工艺技术，坚持产品的质量方针及完善的售后服务，各系列产品深受广大用户的青睐。

产品系列：·CPP复合膜、镀铝膜、蒸煮膜、扭结膜·PVC糖果膜、自粘膜、镀铝膜、香烟膜、食品保鲜膜·PE拉伸膜、食品保鲜膜、各种彩色平光、压花网纹膜、强力轮胎包装膜。

电　　话：0591－83660730/83660310

传　　真：0591－83661061

E－mail：fanhuang@pub6.fz.fj.cn

单位名称：青岛龙世包装制品有限公司

单位地址：青岛即墨市龙鹤路11号

单位概况：青岛龙世包装制品有限公司是青岛即发集团与香港利运图发制品有限公司合资兴办的包装制品生产企业。主要产品有各种胶印产品、不干胶产品、工艺礼品盒、布标、各种规格纸箱、塑料袋、表格等各种包装辅料，具有商标印刷，人用药品和烟草制品商标印刷，商品条码印刷资格证书。

拥有世界先进水平的德国曼·罗兰R700四色胶印机、海德堡CD74四色胶印机、日本琳得科LPM－300CT五色不干胶标签印刷机、工艺礼品盒成套设备等。

公司在2002年顺利通过了ISO 9001.2000版的质量体系认证和英国UKAS质量体系认证，2004年荣获全国企业文化建设先进单位荣誉称号、商务部评审为"质量'3+1'企业诚信单位"、消费者保护基金会评为"全国市场质量诚信建设优秀示范单位"。现为中国印刷技术协会、中国包装技术协会、全国标准化技术委员会会员单位。

电　　话：0532－8586030 8581968

传　　真：0532－8584699

E－mail：qdlongshi@publjc.qd.sd.cn

单位名称：凯里市龙顺包装厂

单位地址：贵州省凯里市环城北路72号

邮政编码：556000

经营范围：高、中、低档瓦楞纸箱、彩箱（盒），瓦楞纸、各种纸板、废纸回收经营。

电　　话：0855－8503941

传　　真：0855－8503859

单位名称：宁波佳何彩印有限公司

单位地址：宁波宁海县大佳何镇涨坑村

邮政编码：315611

经营范围：纸张、纸箱印刷（含商标）纸张印刷材料批发、零售、五金、电器加工

法人代表：林足宝

电　　话：0574 65158266

传　　真：0574 65155858

单位名称：上海人民印刷十厂
单位地址：上海市西藏北路 818 号(1318 号)
邮政编码：200070
单位概况：上海人民印刷十厂是上海包装造纸(集团)有限公司所属骨干包装印刷企业，创建于 1928 年，位于西藏北路 1318 号，总资产达 1 亿元，年销售收入 1 亿元以上。

企业主要为国内外用户提供服务的项目有：各类商品包装印刷，高档复合彩印纸盒、不干胶、标签、样本、高级丝印广告印刷品等。

为繁荣商品包装和实现自身发展，近年来企业连续引进国际先进的印刷设备。目前拥有，电脑设计制版系统、网屏 8060 电脑激光分色、照排等印前设备；当代先进的海德堡对开五色胶印机、三菱对开五色胶印机、丝维雅丝网印刷机、不干胶彩印机等印制设备；博斯特自动模切机、自动粘盒机及瓦楞配套生产线等印后加工设备。在国内包装印刷行业具有相当规模的综合实力。

上海人民印刷十厂已涉足通信、食品、化妆品、医药、轻工、机电等行业，成为国际跨国公司、外商独资、合资企业以及国内知名企业的重要供应商。

近年来，我们的产品多次荣获国家级荣誉奖，华东六省一市优秀奖，年前通过了德国 TUV 公司 ISO9002 质量体系认证，是上海市市级“文明单位”，上海包装 50 强、全国优秀包装企业。

上海人民印刷十厂奉行“开拓、务实、励精、拼搏"的企业精神，推行以成本控制、信息化建设、技术创新、机制探索、素质工程等为核心内容的管理创新，以服务客户、追求客户满意度为企业的终极目标，实现员工、企业、社会的互动和共同发展。

电　　话：(021)56625668
传　　真：(021)56636471

单位名称：北海容器(天津)有限公司
单位地址：天津市塘沽区胡北路 869 号
邮政编码：300454
单位概况：专业从事 PE、PET、PVC、PP 等塑料包装容器和注塑件的生产制造、销售，并能为客户提供产品设计、模具制造等服务的企业实体，公司产品质量及服务已得到壳牌、福斯、埃索、福临门、先正达、联合利华等国际公司的认可、我公司已成为其合格的供应商。
负 责 人：王雅军
电　　话：022－66581907　022－25351868 转 8003
传　　真：022－25350824
E－mail：tianjin@beihai－rongqi.china.com

单位名称：四川省峨眉山市天翼包装有限责任公司
单位地址：四川省峨眉市乐都镇
邮政编码：614224
公司主营：复膜塑料水泥包装袋
电　　话：(0833)5578313
传　　真：(0833)5578219

单位名称：华西包装(集团)有限责任公司
单位地址：重庆渝中区捍卫路 6 号临华大厦 10－14 楼
邮政编码：400013
经营范围：包装品制造、印刷、纸容器、印铁制罐
董 事 长：史江滨　**总经理：**刘茂翔
电　　话：023－63508329
传　　真：023－63507784
http://www.hxpg.com
E－mail：bgs@hxpg.com

单位名称：黑龙江省鼎鑫包装制品有限公司
单位地址：黑龙江省双城市经济技术开发区
邮政编码：150100
单位概况：黑龙江省鼎鑫包装制品有限公司主要生产加工中、高档三层、五层瓦楞纸板与中、高档三层、五层瓦楞纸箱。

公司选用国内一流生产五层高速、电脑横切、薄刀纵切瓦楞纸板设备和高速、高精度三色、四色水性印刷开槽设备及相应的配套设备。先进的设备技术条件居黑龙江省首位。

电　　话：0451－53118477
传　　真：0451－53118509

单位名称：延边龙川包装机械有限公司
单位地址：吉林省龙井市朝阳川胜利西路 8 号——1 户
邮政编码：133401
单位概况：本公司生产“梅花鹿”牌扎捆机系列产品。其中有组合式、分离式、手动式、无锁扣式以及全自动钢丝扎捆机，近年来又研发了大型全自动控制捆扎热轧卷板、热轧窄带包装机构，填补了国内空白。
董 事 长：王利国
电　　话：0433－3589432
传　　真：0433－3580286

单位名称:厦华源发包装工业有限公司
单位地址:厦门市海沧新阳工业区新光路158号
邮政编码:361022
单位概况:厦华源发包装工业有限公司成立于1995年12月，是厦门厦华电子股份有限公司与香港华发国际有限公司强强联手的合资企业，总投资1700万元人民币，主要生产瓦楞纸板、纸箱等纸制外包装产品。

随着厦门经济特区产品出口量的逐年增加，以及特区企业在国内市场占有率的大幅度提高，厦华源发作为产品包装装潢企业，依托众多大企业，如厦华电子、厦新电子、灿坤电器、万利达、冠捷、恒安集团等，凭着自身的产品优势和优质服务，业务不断扩大，固定资产逐年增加。

公司于2001年3月搬迁至海沧新阳工业区，员工人数增加到目前的450人，年产值上升到亿元，成为厦门经济特区包装印刷行业的龙头企业。几年来，公司购置一批具有国际先进水平的生产设备，如瓦楞纸板生产线、四合一开槽机、压痕机、单色、双色、三色印刷机等。

厦华源发在短短的几年内，以跳跃式的发展速度，跨入国家二级包装企业行列，跻身“中国200强先进包装企业”、“中国印刷企业100强”、“百佳重点包装装潢印刷企业”、“厦门市包装技术协会会长单位”，除了有花园式的工业厂房和先进和设备，不断完善的管理机制，以及对顾客诚信热情的服务，对品质锲而不舍的追求外；还有一个励精图治、不断进取的决策层；一批以厂为家，爱岗敬业的管理人员和众多技术纯熟、吃苦耐劳的生产工人，由此组成的企业团队目标一致、分工合理、职责明确，保证了企业的高效运作。

电　　话:0592－6515688
传　　真:0592－6515058

单位名称:东海粮油工业(张家港)有限公司
单位地址:张家港市金港镇
邮政编码:215634
经营范围:208升钢桶、钢塑复合桶生产与销售(钢桶部)
电　　话:0512－58388561、58388338
传　　真:0512－58388322
邮　　箱:drum@eogi.com.cn

单位名称:昆山市曼氏包装容器有限公司
单位地址:昆山市千灯镇曼氏路12号
邮政编码:215341
单位概况:昆山市曼氏企业坐落在著名爱国学者顾炎武的故乡——千灯镇。占地面积250亩，是一家集科研、生产、贸易为一体的综合型民营科技企业。公司坚持以一业为主、多方位发展的经营战略，自1993年创建以来，先后成立了香精厂、香料厂、纯水厂、包装容器厂以及贸易公司，形成了一个拥有资产7000多万元、年营业额达2亿多元人民币的曼氏企业集团。

NO.1是我们的企业宗旨，无论质量，还是服务，追求第一永远是我们的目标，我们愿竭诚为广大化工、食品企业提供优质的产品和服务。

昆山市曼氏包装容器有限公司是曼氏企业于2001年4月成立的新兴产业，占地面积20000平方米，专业生产200－208L闭口及开口钢桶、钢塑复合桶，广泛应用于农药、染料、树脂、涂料、医药、食品等行业。公司引进了国外先进的全自动电焊接设备，每分钟可生产钢桶4只，年生产能力达80万只。钢桶涂装采用自动喷漆，蒸气换热循环加热烘干工艺，中断加工全部采用液压驱动，电脑控制，使产品质量得到了严格控制。

电　　话:(0512)57468888
传　　真:(0512)57460806
邮　　箱:vmf@china.com

单位名称:吉林省延吉卷烟厂包装材料分厂
单位地址:吉林省延吉市长白路兰天胡同1号
邮政编码:133001
单位概况:吉林省延吉卷烟厂包装材料分厂，坐落在长白山脚下、图们江畔的吉林省延边朝鲜族自治州首府延吉市，国家包装行业一类企业，占地面积9000平方米，建筑面积6342平方米，资产总计1703万元。20多年来，企业专注于瓦楞纸箱、彩色包装箱制造，年产量550万平方米，企业现有职工123名，专业技术人员占职工总数的11%。

2003年，我厂顺利通过ISO 9001.2000换版工作，国家包装行业一类企业已通过验收；取得了出口商品包装容器质量许可证。规范化，标准化正在成为干部职工的具体行动，“开拓、进取、求实、发展”的企业精神已深入人心，我们本着“诚信、创新、包装精品”的企业经营方针竭诚为广大用户提供满意的产品。

电　　话:0433－2215414;0433－2222761
传　　真:0433－2227002
邮　　箱:ncj9501@163.com

单位名称:北京立元伟业纸制品有限公司
单位地址:北京市平谷区山东庄镇鱼子山村
邮政编码:101211
经营范围:生产出口、内销各种产品包装纸箱、纸盒及其它纸制品。

兼营塑料袋及塑料制品。

我公司的质量方针是——规范管理、严格控制、持续改进，为客户提供合格的产品，满意的服务。

法人代表:刘桂英
电　　话:(010)60968296
传　　真:(010)60968933

单位名称:亚洲纸业(上海)有限公司
单位地址:上海市浦东新区川沙路9号
邮政编码:201209
经营范围:生产纸制品、高强瓦楞纸板及纸箱，商标标识印刷，销售自产产品(涉及许可经营的凭许可证经营)
电　　话:021－58638838
传　　真:021－58632989
联 系 人:潘家强

单位名称:广州市花都安达纸品制造有限公司

单位概况:本公司成立于1992年7月,公司位于狮岭镇第二工业区(107国道边),占地面积26000平方米,员工200人,总投资598万美元。公司拥有一条自动化水平较高的纸板生产线(台湾产)和先进的纸箱生产线,主要生产经营纸箱、纸盒及各种瓦楞纸板,可日产纸板12万米,纸箱(盒)五万多个,是花都区同行业中最大的纸品包装装潢印刷企业。

公司先后通过ISO 9002.1994和ISO 9001.2000国际质量体系认证。并导入5S管理及人力资源管理,使公司管理水平日趋规范化、制度化。公司纸板生产线实行两班制24小时作业,纸箱印刷品包括飞达音响、科达、YKK等,深受用户喜爱,营销网络遍布广州、东莞、佛山、顺德、清远、湖南、江苏、上海等地。

"以人为本,诚信勤慎,自强不息,共创多赢"是安达人朴实的经营理念。"积极创新,深入细致,市场导向,与时并进"是安达人一贯坚持的质量方针,公司以不断满足用户包装需求为已任,注重人力资源,推行科学管理,重视产品质量和服务水平。以严格、高效、科学的管理,提高客户满意度及进一步促进公司生产业务的健康发展。"服务至上,信誉第一",哪里有安达的产品,哪里就安达满意的服务,这是安达人对顾客永远不变的承诺。

单位名称:扬州海克赛尔新材料有限公司

单位地址:江苏省扬州市扬子江中路168号

经营范围:生产和销售高档金属化装饰材料

主要产品:真空镀铝纸(膜)、镭射转移膜、高档镭射烫金箔及各种电化铝烫金材料。

电　　话:86-514-7897999

传　　真:86-514-7860045

电子邮箱:hiexcel@hiexcel.com

单位名称:石家庄三五零二服装总厂福利纸箱厂

单位地址:河北省石家庄井陉县三号信箱纸箱厂

邮政编码:050308

单位概况:石家庄三五零二服装总厂福利纸箱厂,从事军、民、外贸产品包装生产已有15年历史。生产各类规格的纸制品及服装垫肩、塑料袋、丝网印刷品等。年产纸箱、纸盒100万平方米,服装垫肩180万副,纸箱手工防潮油20吨,产品多次在军内、省内评比中获奖。设备齐全,技术力量雄厚,具有国家一类瓦楞纸箱和外贸出口许可证书。工厂连续多年被评为河北省先进包装企业和石家庄市社会福利生产先进企业,1998年获全国优秀包装企业,2000年厂长刘振刚荣获"中国当代优秀企业家"称号,2002年被河北省授予"产品质量信得过企业",2004年3月工厂通过ISO9001,ISO14001国际质量环境体系认证,在同行业中有较强的竞争力。

电　　话:13803369620　0311-2024455　2038687

传　　真:0311-2036834

单位名称:石狮市锦兴包装用品有限公司

单位地址:石狮市虫蚶镇厝仔工业区锦明东17号

邮政编码:362700

经营范围:纸包装制品

法人代表:许清源

电　　话:88911177　88912713　88913583　88911708

传　　真:88912817　88911640

单位名称:安徽迎驾包装有限公司

单位地址:安徽省霍山县佛子岭镇

邮政编码:237271

单位概况:安徽迎驾包装有限公司系安徽迎驾集团麾下一员,注册资金1850万元,固定资产4000多万元,在职员工500余人,年产值6000万元。公司设备先进,技术力量雄厚,有五台胶印机、瓦楞纸板生产线、纸箱三色印刷开槽机、国产最先进的全电脑控制高速凹印印刷机组、全自动裱纸机、全自动模切机、平面丝印机以及全自动粘盒机、半自动粘箱机等。主要从事各种商标、酒类、医药、化妆品及其他商品包装盒(箱)和各类礼品盒、挂历、画册、扑克、手提袋等印刷包装产品的设计、生产。公司先后荣获2000年度"中国200强先进包装企业"、2003年度"中国包装产品定点生产企业"、2004年度"安徽省印刷企业十强"等称号。

公司以"质量第一、客户至上、不断改进、争创一流"为宗旨,总经理程培华先生携全体员工竭诚欢迎广大新老客户光临洽谈!

电　　话:0564-5231168

传　　真:0564-5231168

E-mail:caiyin@yingjia.cn

单位名称:南通三信电子有限责任公司

单位地址:江苏省启东市台角工业园区

邮政编码:226200

单位概况:公司通过ISO9001质量管理体系认证,产品通过技术鉴定,被评为国家级重点新产品

多层共挤流延薄膜机组可生产CPP,CPE,宽度2700mm,厚度:0.02-0.20mm,最高机械线速度:180m/min,卷取最大直径:800mm,最大挤出量:600kg/h

塑料表电晕处理设备　最大可处理宽度:8m,最大输出功率(单台):30kw,适用于各种塑料薄膜、板材,金属膜、编织布、纸张、电线电缆、石油输送管道,汽车密封条等表面处理。

经　　理:陈伟

电　　话:0513-3214154　3210768

传　　真:0513-3214152

网　　址://www.ntsanxin.com

E-mail:qdcdl@pub.nt.jsinfo.net

单位名称：通化市东昌区精美福利彩印厂

单位概况：吉林省通化市精美彩印厂，成立于1987年。主要经营各种高档产品包装印刷，各式精美礼品包装印刷，画册样本印刷，不干胶标签等印刷品。

我厂在市场经济的发展进程中，总结历史经验，吸取先进技术。资金实力雄厚，技术人才济济，设计水平高超，价格优而精致，加上专业管理人员的深层培训，精明睿智的领导领航，质量、效率随时保持着顶尖状态。我们的服务宗旨是

品质一流　　服务周到
价格优惠　　真诚合作

我们注重产品的质量，深信拥有好的产品质量，才能吸引广大的顾客；我们的服务周到热情，尽量做到来到我厂让您有宾至如归的感觉；我们的价格优惠低廉，让您以最低的价格购买到最好的产品，我们真诚的与您合作，希望与您保持友好的合作关系。

今后我厂会不断的引进新的设备，学习新的技术，招揽全方面的人才，让我厂不断的进步，让客户您放心满意。

希望将在我厂员工的共同奋斗努力下，让我厂的未来更加辉煌，让我们的产品使您更加满意！

让我们来共创美好的明天！！！

单位名称：新疆伊力特印务有限责任公司

单位地址：新疆伊宁边境经济合作区上海路

邮政编码：835000

单位概况：伊犁伊力特印务有限责任公司是新疆伊力特实业股份有限公司下属的独立法人企业，总资产4000万元，由印务公司、彩丰公司、印务一分公司构成，年生产能力达到6000多万元，主要经营包装印刷，是制作彩箱、黄板箱、酒盒、商标、彩色宣传品、书、报刊、高档丝网印刷品，并经营印刷物资、文化用品和造纸的综合性包装企业。

公司法人：殷红星

电　　话：0999－8138508　　8133055

传　　真：0999－8131585

网　　址：cszz－yn@xj.cninfo.net

单位名称：江苏晟泰集团公司

单位地址：江苏省昆山市淀山湖经济开发区

邮政编码：215345

单位概况：江苏晟泰集团公司，位于"中国21世纪示范镇"——淀山经济技术开发区，东临上海，西靠苏、锡、常。厂房占地面积10万平方米，厂房面积4万5千平方米，资产总额1.8亿元，年生产纸板能力达1.2亿平方米。被国家农业部评为国家乡镇企业集团，成为中国包装纸箱行业中的大型生产企业。

公司以优良的品质保证，一流的服务水准和现代的管理手段，通过了国际ISO 9001:2000版质量体系认证。先后荣获"江苏省现场管理优秀企业"、"苏州市明星企业"等光荣称号。

公司以"为用户提供品质适用、价格便宜、数量准确的产品和准时周到的服务"为质量方针，对产品质量产生、形成和实现的整个过程，实施分阶段的质量控制。同100多家国内外著名品牌企业建立了长期稳定的协作关系。产品质量信誉，深得客户信赖。

在未来的发展中，江苏晟泰集团公司将以饱满的热情、踏实的作风，向"不求中国最大，但求中国最好"的目标进军！

电　　话：0512－57480089

传　　真：0512－57482225

网　　址：http://www.shengtai.com

E－mail：pub@shengtai.com

单位名称：余姚市江南印务有限公司

单位地址：浙江余姚市阳明科持园区兴业路26号

邮政编码：315400

经营范围：本公司承印各类画册，样本、彩印包装、底卡、不干胶、贴纸和各种印刷品等。同时具有从策划、摄影、设计、制版，打样，印刷为一体的全套服务。

董 事 长：徐焕冰

电　　话：＋86－574－62501190 62501191 62501196

传　　真：＋86－574－62501189

http://www.jnyw.cn

E－mail：x13805808378@163.net　jnyw@jnyw.sina.net

单位名称：福建省晋江市安海纸箱厂

单位地址：福建省晋江市安海成功中路51号

邮政编码：362261

单位概况：经营范围：纸箱(出口)、纸盒

总 经 理：丁莱旋

电　　话：0595－85786364

传　　真：0595－85787829

单位名称：欧亚包装(中山)有限公司

单位地址：广东省中山市火炬开发区健康科技产业基地康泰路

邮政编码：528437

经营范围：铝质喷雾罐、铁罐、塑胶瓶、塑料制品、气雾剂阀门、家用型喷射、喷雾机械器具及其零配件；包装装潢印刷品印刷。

电　　话：0760－8789866

传　　真：0760－8289866

邮　　箱：eap@euroasia－p.com

单位名称：杭州伟成印刷有限公司
单位地址：杭州萧山经济技术开发区建设一路28号
邮政编码：311215
经营范围：中高档铝箔卡纸盒及彩色印刷品制造
电　　话：0571－82836888
传　　真：0571－82831038
邮　　箱：vechn@vechn.com
网　　址：www.vechn.com

单位名称：福建福旺金属制品有限公司
单位地址：福建省福清市上迳镇排边工业区
邮政编码：350308
经营范围：各种型号饮料、食品空罐的生产销售，各种食品商标、饮料、文具盒等彩印，各种规格内涂印及留空涂料。
电　　话：0591－85623966　85622566　85621936
传　　真：0591－85621938
电子邮箱：wqx8012@yahoo.com.cn

单位名称：吉林纽威普包装有限公司（吉林省敦化市蓝天包装有限责任公司）
单位地址：吉林省敦化市民主街航空路
邮政编码：133700
单位概况：吉林纽威普包装有限公司是具有20年生产纸制品包装的厂家。多年来一直是吉林省商检局指定的包装定点生产厂家，也是市属重点企业之一。公司于2000年通过了国家ISO9002认证。

公司位于敦化市民主街航空路，厂区占地2万平方米，拥有现代化的纸箱生产线，公司集造纸、彩色印刷、制做纸箱于一身，可为用户设计制做生产各种规格的包装制品，固定资产1100万元，员工210人，专业技术人员80人，纸制品包装生产能力年2000万平方米，是年创利税百万元企业。

为适应国内外纸箱包装用户的需要，总经理王志携全体员工，为开创“一流的技术、设备、产品和服务”新格局，使我公司的纸制品包装不断迈向新台阶，因此选用我公司承制的纸箱包装是您最理想的选择。

联 系 人：陈培国
电　　话：0433 6320977
传　　真：0433 6320988

单位名称：德州华美彩色印刷包装有限公司
单位地址：山东德州市新华路155号
邮政编码：253006
单位概况：各种茶叶包装盒、酒盒、药盒、礼品盒、手工艺盒、手提袋、纸箱、包装箱等上百个品种。
电　　话：0534－2613999
传　　真：0534－2671262

单位名称：中益油墨涂料有限公司
单位地址：广东省中山市港口镇群富工业区
邮政编码：528447
经营范围：生产、销售：油墨、涂料、丝印材料；销售：印刷及绝缘材料、家用电器、电子产品、化工原料、装饰材料、印刷机械及配件；激光排版等。
联 系 人：郑敬尉
电　　话：0760－8416338
传　　真：0760－8417380

单位名称：苏州新东印务有限公司
单位地址：苏州市吴中区龙西路256号
邮政编码：215128
经营范围：出版物印刷、包装装潢印刷品印刷、其他印刷品印刷；批发、零售：印刷机械及其配件、印刷材料。
电　　话：0512－65281075
传　　真：0512－65281075
邮　　箱：jane zhuang0522@163.com

单位名称:温州市鹿城制桶成套设备制造厂

单位地址:温州市吴桥路吴滨巷 10 号

邮政编码:325003

单位概况:经营范围:铁箍牛皮卡纸圆桶成套设备是生产木底木盖铁箍纸圆桶包装容器，如配套铁盖机后同时可生产纸底铁盖纸圆桶。是化工、医药、矿山广泛应用的包装容器,满足出口、药物、化工原料的包装需要。是全国包装和食品机械行业名优产品、符合国内外包装要求,远销欧美。2004年通过 ISO 9001.2000 质量体系认证。

电　　话:0577 - 88623341

传　　真:0577 - 88624980

网　　址:http://www.wlzsj.com

E - mail:zhuyu@mail.wzptt.zj.cn

单位名称:温州瑞达机械有限公司

单位地址:浙江省瑞安市经济开发区毓蒙路 1108 号

邮政编码:325200

单位概况:本公司是集开发、制造、售后服务于一体,生产系列枕式包装机的专业制造商。主要产品有食品、药品、卫生用品、日用品及机械零部件五大系列的枕式包装机。

本公司以市场为导向，积极开拓适应市场需求的高科技产品，狠抓产品质量，实施品牌战略，加强售后服务，使企业取得了长远发展，并曾先后荣获国家 10 多项专利、全国专利产品博览会金奖。为此产品在国内享有较高声誉，产品遍及国内 31 个省、市，并远销中东、东南亚、韩国、俄罗斯、欧美等国家和地区。

法人代表:钟锦唐

电　　话:0577 - 65606666

传　　真:0577 - 65606667

http://www.qiujingchina.com

E - mail:info@qiujingchina.com

单位名称:舟山龙文机械有限公司

单位地址:中国浙江舟山临城开发区荷花浦桥

邮政编码:316023

单位概况:舟山龙文机械有限公司是专业设计、制造全系列自动制罐机械及食品罐头机械的专业厂家，为国内最大的多工位罐身组合机系列产品的生产企业。是浙江省机械工程学会理事单位、中国包装技术协会会员单位。主要客户有海南椰树、上海梅林(原上海梅林嘉多宝)、杭州美特、太仓兴达、海南椰风、北京奥瑞金新美、漳州土坪、漳州和成、漳州嘉亿、黄岩永固、天津东洋油墨等知名厂家。产品并出口到台湾、哈萨克斯坦、土耳其、叙利亚、印尼、菲律宾等地。主要产品包括:每分钟生产能力达 500 罐的翻边、滚筋、封底多工位罐身组合机；每分钟生产能力达 150 罐的大罐翻边、滚筋、封底多工位罐身组合机；每分钟生产能力达 120 罐的气雾罐缩颈、翻边、封底盖、封顶盖多工位罐身组合机;化工罐(油漆罐)用翻边、封底、封圈多工位罐身组合机;异形罐用翻边、胀罐、滚压成形、封底多工位罐身组合机;每分钟生产能力达 500 盖的波形切料、冲盖、圆边、注胶、烘干高速底盖生产自动线;

每分钟生产能力达 80 罐、冲压力达 100 吨的二片罐生产自动线异形盖罩边、注胶、烘干组合机。

联 系 人:翁兆丰 13906806399 骆宗毅 13506807759

电　　话:(0580)3091899　　3095499

传　　真:3091717

http://www.longwen - mach.com

E - mail:lwjx@mail.zsptt.zj.cn　longwen@pack.net.cn

单位名称:上海建中医疗器械包装有限公司

单位地址:西藏南路 1558 号 1 号楼 2101 室

邮政编码:200011

单位概况:专业生产适应蒸气、气体、射线、灭菌的一次性医用包装，提供灭菌前符合、灭菌中适应、灭菌后保护的医疗器械包装用品。

董 事 长:宋龙富

电　　话:021 - 53079468、53074793

传　　真:021 - 53076819

邮　　箱:slf2101@vip.sina.com

单位名称:海宁市粤海彩印有限公司

单位地址:浙江省海宁市西山路 832 号金贸大厦八楼

邮政编码:314400

经营范围:复合包装材料制造、塑料印刷(含商标印刷)、印刷材料、批发、零售(经营范围涉及法律法规规定实行许可经营的凭有效许可证经营)

单位概况:公司创办于 1993 年,占地面积 60000 平方米,建筑面积 35000 平方米,已有固定资产 1 亿元,员工 400 余人,是专业生产软包装复合材料的企业。现拥有从日本引进具有国际先进水平的成套软包装生产线三条,主要用于生产各类食品、农药、日化用品包装，年生产量达 10000 余吨，年销售额 2 亿元，营销网络遍布全国。

多年来,公司被授予嘉兴市“百强企业”、“重合同守信用”单位、海宁市“文明单位”、重点“兴海工程”、“明星企业”等一系列荣誉称号。公司为浙江省中二型工业企业、全国乡镇企业同行业百家最大规模企业之一。公司已通过了 ISO9001 质量体系认证。

电　　话:0573 - 7290776

传　　真:0573 - 7290796

邮　　箱:yuehai@zj - yh.com

单位名称:吉林亚泰三川塑编有限责任公司

单位地址:吉林省辽源市向阳街连阳路 139 号

邮政编码:136200

经营范围:塑料集装袋、编织袋、土工布。

产品用途:集装袋、编织袋广泛适用于粮食、矿产以及化工产品的包装。土工布作为新型工程材料具有重量轻、强度好、施工方便的特点，广泛适用于水利、电力和公路工程。公司秉承“编织精品、追求卓越”的经营理念，愿意与广大顾客精诚合作，共创美好明天。

联 系 人:洪先生　崔女士

电　　话:(总机)0437 - 3190564

传　　真:0437 - 3190374

销售电话:0437 - 3188019、3188045、3190738

网　　址:http://www.yatai.com/cement/sb/index.asp

单位名称：浙江大东南集团
单位地址：浙江诸暨市璜山镇
邮政编码：311809
经营范围：塑料薄膜、塑料包装制品、纸包装制品、金属制品的设计、开发、生产、销售、经营、进出口业务。
电　　话：0575 – 7091468
传　　真：0575 – 7091508
邮　　箱：ddn@chinaddn.com
网　　址：www.chinaddn.com

单位名称：温州市博大机械有限公司
单位地址：温州市黎明西路 11 号海螺大楼六楼
工厂地址：温州市经济技术开发区富春江路
邮政编码：325003
经营范围：专业制造涂布、印刷、分切设备
电　　话：0577 – 88822100　88826916
传　　真：0577 – 88820505
电子邮箱：boda@china – boda.com
网　　址：www.china – boda.com

单位名称：福建省福清市万马包装有限公司
单位地址：福建省福清市宏路镇福耀玻璃工业村内
邮政编码：350301
经营范围：真空袋、蒸煮袋、铝箔袋、高透明 OPP 袋，激光防伪包装袋，拉链袋，直立袋等各种塑料复合包装袋制品及自动包装膜等。
电　　话：0591 – 85387631、85366631、13959121527
传　　真：0591 – 85387651
邮　　箱：wanmapacking@163.com

单位名称：浪速(上海)包装贸易有限公司
单位地址：上海市宁海东路 200 号申鑫大厦1809 – 1810 室
邮政编码：200021
经营范围：制袋机、包装机、充填机、分切机、挤出复合机、凹板印刷机、检品机、套标机、纸加压机、旋转加压脱水机、热收缩膜包装机等。

本公司还经营机械设备的系列零配件和耗材，例如：NIKKA 油墨刮刀、新宝频闪仪及灯泡和电池、富士油墨循环泵、套印系统光缆及卤素灯泡、日东、中兴耐高温胶带。化学品有造纸分散剂、各种助剂、水处理用凝集剂、各种化学产品等。

法人代表：池上宽
电　　话：021 – 51035209，63743992
传　　真：021 – 63747978
网　　址：www.ikegamikoeki.com
邮　　箱：shcnikegami_1809@sina.com

单位名称：中山华力包装有限公司
单位地址：广东省中山市坦洲镇第三工业区
单位概况：中山华力包装有限公司是香港华侨城有限公司投资 1.2 亿港元兴建的现代化瓦楞纸包装企业，占地面积 77.6 亩，总建筑面积近 2.9 万平方米，拥有从意大利 Fosber 公司引进的 2.5 米幅宽五层高速瓦楞纸板生产线，并配有多台多色水墨印刷机、滚筒模切机、自动平压模切机等纸箱生产设备和各种先进的检测仪器，可以生产各种国际标准的瓦楞纸板、纸箱、卡板、纸塑、彩盒和啤盒，年生产能力达 5 万吨，是目前珠江三角洲设备最先进、最具规模和竞争力的瓦楞纸包装企业之一。

华力的目标，不仅要加强在国内业界领先地位，更要不断向国际先进企业学习、靠拢，与他们竞争，并赶超他们。

中山华力秉承华力包装“以质量取胜，以信誉立业”的经营宗旨，弘扬华力精益求精、严谨务实的诚信精神，积极引进先进的生产设备和生产工艺，全方位、多层次开展员工培训，提高员工综合能力，实现企业的科学管理，规范运作，建立完善的质量保证体系和销售服务体系，不断为客户提供优质的产品和服务。

在中山华力经营班子的领导下，公司同仁经过共同努力，于 2004 年 7 月顺利完成了珠海佳能和中山佳能两个大客户的订单转移工作，中山船井、豪利士、藤仓等客户的订单转移也于 8 月份全部完成。并不断引进新的客户，积极开拓珠三角市场，努力挖掘自身产能，使生产能力逐步达到设计水平。9 月，经过全面环境质量整顿，得到了 SONY 绿色伙伴认证，并顺利通过 ISO9001：2000 质量管理体系及 ISO 14001.1996 环境质量管理体系双项国际认证，有效保证了企业在国内外市场的品牌竞争优势。

经过香港华侨城和华力高层人员的多次研讨，2002 年，华力提出“做大、做强、做实”的发展战略，新一轮发展由此启动。2002 至 2003 年，华力各公司进行了多项大型技术改造和新建项目。

未来发展将会表明，在中山市和坦洲镇政府的关怀下，在业内同仁和社会各界的支持下，在华侨城集团和香港华侨城公司的领导下，中山华力将与各华力公司一致，一如既往，踏实进取，最终实现做大、做强、做实纸包装行业的战略目标。

董 事 长：倪征　总经理：兰嗣兵
电　　话：0760 – 6159333
传　　真：0760 – 6159368　6282998
E – mail：hlyw@zshuali.com

单位名称：常州市金翎彩印有限公司
单位地址：常州市茶山乡复兴工业园 15 号
邮政编码：213014
经营范围：本公司拥有对开四色海德堡胶印机等 5 台套，厂房 4000 平方米，加工各类高档印刷品，包括样本、包装盒、拎包、吊牌等。本公司与市印刷协会联办“印刷技工实训基地”，面向全国同行业及社会招生，培养一线技工。
电　　话：0519 – 6650604
传　　真：0519 – 6643075
网　　址：www.czjlcy.com
电子邮箱：jlcy@czjlcy.com

单位名称:深圳市讴华包装设备有限公司
单位地址: 深圳市宝安区西乡镇固戍一路东昇工业园一楼
邮政编码:518126
经营范围:1. 生产、加工销售包装机及其配件、国内商业及物资供销业(不含专营、专卖、专控商品);2. 主打产品:①工业码垛器人、②全自动高速收缩包装机、③半自动收缩包装机、④直线式充填锁盖贴标生产线、⑤转盘式充填锁盖生产线、⑥软袋横式(立式)自动包装机、⑦全(半)自动贴标机、液体充填机、⑧意大利自动卡板缠绕膜机。
联 系 人:周经理
企业类型:有限责任公司
电　　话:(86-755)27496343
传　　真:(86-755)27495079
E-mail:ouya@alpha-pack.net
Website:www.alpha-pack.net

单位名称:枣庄盖泽塑料包装有限公司
单位地址:山东省滕州市界河镇
邮政编码:277531
单位概况: 枣庄盖泽塑料包装有限公司主要从事塑料包装袋生产等经营活动,为中国包装技术协会会员单位,中国建材产品包装委员会委员单位,全国水泥包装袋生产定点企业。

公司地理位置优越,交通发达,位于墨子故里滕州市北15公里,北邻孟子故里邹城市,南邻微山湖,104国道、京福高速与京沪铁路汇聚于此。

公司拥有14000多平方米的国际标准钢结构厂房,年生产2亿条包装袋,位山东省前列。

公司内部管理体系完善,产品质量优越,顺利通过ISO 9001.2000质量管理体系的认证。

盖塑公司时刻期待着与您握手,共赢美好明天!

电　　话:0632-2725371　2725375
传　　真:0632-2725363

单位名称:莱阳吉龙包装有限公司
单位地址:莱阳市龙旺庄街道办事处纪格庄村西
邮政编码:265209
单位概况: 莱阳吉龙包装有限公司是山东吉龙集团总公司辖属的分公司,成立于1999年5月,拥有全套先进的湖北京山瓦楞纸板、印刷、成型生产线,各种PET、PP、PVC瓶,各种塑料袋的吹塑、印刷、成型、瓶盖注塑等整套加工设备。我公司年生产包装纸箱3000万平方米,各种塑料包装1000多吨,经商检部门考核,已达到出口商品包装定点生产单位。产品除满足集团公司各企业出口产品的包装外,还面向全国各地市场。
法人代表:孙国胜
电　　话:0535-7719599
传　　真:0535-7719708
http:www.jilong.com.cn